日藏漢籍善本書錄

下册 集部 索引

嚴紹璗 編著

中華書局

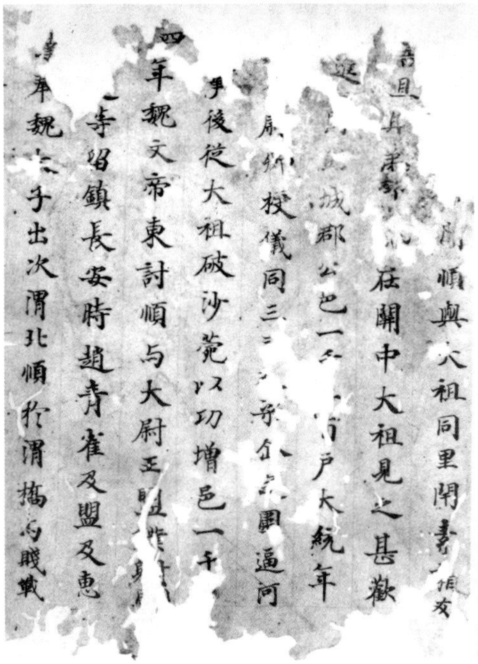
順與大祖同里閈
在關中大祖見之甚歡
城郡公邑一 戶大統年
校儀同三 逼河
後從大祖破沙苑以功增邑一千
四年魏文帝東討順与大尉
寺留鎮長安時趙青雀及盟及惠
魏 子出次渭北順於渭播為戰

集　部

(一)楚　辭　類

楚辭(篆字)二卷　附一卷

不著撰人姓名

明刊本　共十册

内閣文庫藏本　原豐後佐伯藩主毛利高標等舊藏

【按】此本係日本仁孝天皇文政年間(1818—1829年)出雲守毛利高翰獻贈幕府。明治初期經太政官文庫而入内閣文庫。

卷中有"佐伯侯毛利高標字培松藏書畫之印"等印記。

【附録】日本静嘉堂文庫藏日人池永道雲寫、明人陸士仁撰《楚騒》(篆文離騒經)五卷共六册。

楚辭十七卷

(漢)王逸章句　(宋)洪興祖補注

明覆宋刊本　共四册

内閣文庫　静嘉堂文庫　京都大學文學部中國語學文學哲學研究室藏本

【按】每半葉有界八行,行十七字。注文雙行小字。

卷中避宋諱,凡"貞、頊、敬、驚、沅、胤"等皆爲字不成。

内閣文庫藏本,原係昌平坂學問所舊藏,共四册。

静嘉堂文庫藏本,共四册。

京都大學藏本,共六册。

森立之《經籍訪古志》卷六著録求古樓藏明代重雕《楚辭章句》十七卷,與此本爲同一刊本。

【附録】孝謙女天皇天平勝寶三年(751年)日本完成第一部書面文學集《懷風藻》的編纂,其中第六十五首大學助教從五位下下毛野朝臣蟲麻吕撰《秋日於長王宅宴新羅客·序》中有"飛西傷之華篇,繼北梁之芳韵;人探一字,成者先出"文句,其"北梁"一詞,語出《楚辭·九懷》"决北梁兮永辭"。第八十七首贈正一位左大臣藤原朝臣總前撰《侍宴》中有"錯繆殷湯網,繽紛周池蘋;鼓枻游南浦,肆筵樂東濱",其"南浦"一詞,語出《楚辭·河伯》"子交手兮東行,送美人兮南浦"。這是日本古文獻中最早運用《楚辭》的記録。

據瑞溪周鳳《卧雲日件録》中"寳德二年(1450年)十二月八日"記載,是日和尚與天英周賢問答,引《楚辭》等爲據。

桃園天皇寛延二年(1749年)京都上柳治兵衛等據毛氏汲古閣校刊本重刊(漢)王逸章句、(宋)洪興祖補注《楚辭》十七卷。此本有京都風月莊左衛門等後印本。

桃園天皇寛延三年(1750年)江户崇文堂前川六左衛門刊印(漢)王逸注《楚辭》十七卷,并附《楚辭音》一卷。此本由日本莊田允益等校。

光格天皇寛政八年(1796年)河内堂刊印(漢)王逸注《楚辭》十七卷,并附《楚辭音》一卷。

楚辭十七卷

(漢)王逸章句　(宋)洪興祖補注

明汲古閣校吴郡寳翰樓刊本

東洋文庫　尊經閣文庫　京都大學文學部中國語學文學哲學研究室　大阪大學文學部懷德堂　大谷大學附屬圖書館藏本

【按】東洋文庫藏此同一刊本兩部。一部原係藤田豐八等舊藏,共四册。一部原係小田切萬壽之助等舊藏,此本係天德堂藏板,共六册。

尊經閣文庫藏本，共六册。

京都大學藏本，原係狩野直喜等舊藏，共四册。

大阪大學文學部懷德堂藏本，原係大阪懷德堂等舊藏，共四册。

大谷大學藏本，原係神田喜一郎（鬯庵）舊藏，共五册。

楚辭十七卷

（漢）王逸章句　（明）黄省曾校

明正德十三年（1518年）刊本

大阪大學文學部懷德堂藏本　原大阪懷德堂舊藏

【按】前有明正德十三年（1518年）王鏊《序》。

楚辭句解評林十七卷　附各家楚辭書目一卷　楚辭章句總評一卷　屈原傳一卷

（漢）王逸章句　（明）馮紹祖校

明萬曆年間（1573—1620年）武林馮紹祖觀妙齋刊本

宮内廳書陵部　内閣文庫　静嘉堂文庫　東京大學總合圖書館　京都大學文學部中國語學文學哲學研究室　東北大學附屬圖書館　大阪大學文學部懷德堂藏本

【按】每半葉有界九行，行十八字。注文小字雙行。白口，左右雙邊（21.3cm×13.6cm）。無魚尾，版心有刻工姓名，如信文、信中、信武、信巳、子信、英中、英元等。偶見寫工人名，如杭州郁文瑞等。

前有明人黄汝亨《叙》，後有明萬曆丙戌（1586年）馮紹祖《後序》。

宮内廳書陵部藏本，共八册。

内閣文庫藏此同一刊本三部。一部原係林羅山等舊藏，卷中有"江雲渭樹"印記，共一册；一部原係昌平坂學問所舊藏，此本僅附《書目》一卷，共一册，一部原係楓山官庫等舊藏，共四册。

静嘉堂文庫藏本，原係陸心源十萬卷樓舊藏，共四册。

東京大學藏此同一刊本兩部。一部存文學部漢籍中心，共八册；一部存總合圖書館，原係江户時代南葵文庫（紀州德川家）舊藏，共四册。

京都大學藏此同一刊本兩部，原皆係狩野直喜等舊藏，各八册。

東北大學藏本，原係狩野亨吉等舊藏，共二册。

大阪大學文學部懷德堂藏本，原係大阪懷德堂等舊藏，共六册。

楚辭句解評林四卷　附録一卷

（漢）王逸章句　（明）馮紹祖校

明萬曆年間（1573—1620年）刊本

東京大學東洋文化研究所藏本

楚辭章句十七卷　首一卷　附疑字音義十七卷

（漢）王逸章句　（明）陳深批點　凌毓枏校

明萬曆二十八年（1600年）吴興凌氏朱墨套印刊本

内閣文庫　東洋文庫　尊經閣文庫　東京大學文學部漢籍中心　京都大學文學部中國語學文學哲學研究室　大谷大學附屬圖書館　金刀比羅宫圖書館藏本

【按】每半葉無界八行，行十八字。《附録·疑字音義》注文小字雙行。白口，四周單邊（21.4cm×14.0cm）。

前有明萬曆二十八年（1600年）《序》。

内閣文庫藏本，原係昌平坂學問所舊藏，共八册。

東洋文庫藏此同一刊本兩部，皆共四册，其中一部原係小田切萬壽之助等舊藏。

尊經閣文庫藏本，共四册。

東京大學藏本，《疑字音義》卷十六、卷十七，係後人寫補，共四册。

京都大學藏本，共四册。

大谷大學藏本，原係神田喜一郎（鬯庵）舊藏，1984年由神田氏家族獻贈，共四册。

金刀比羅宫藏本,原係别當金光院等舊藏,共四册。

楚辭十七卷

(漢)王逸章句　(明)俞初校

明萬曆十四年(1586年)序新安俞初校刊本

東京大學總合圖書館　早稻田大學圖書館藏本

【按】東京大學總合圖書館藏本,原係江户時代紀州德川家南葵文庫等舊藏,共四册。

早稻田大學圖書館,原係服部南郭家服部文庫等舊藏,共八册。

楚辭章句十卷

(漢)王逸章句　(明)俞初校

明萬曆年間(1573—1620年)刊本

内閣文庫　大阪大學文學部懷德堂藏本

【按】前有明萬曆十四年(1586年)《序》。

内閣文庫藏本,原係江户時代林羅山等舊藏。此本卷末有游紙,紙上有日本後水尾天皇寬永四年(1627年)江户時代儒學巨擘林羅山手識文。其文曰:

"余嘗讀朱子《集注楚辭》及《後語》而爲之訓點,然《七諫》、《九懷》、《九嘆》、《九思》者,朱子所除也。如今就王逸本而加訓點于《諫》《懷》《嘆》《思》四篇,蓋一朝一夕以終功焉。其他它日滴露研朱而已。丁卯仲秋初四日　羅山子志"

又有林羅山識文一則,其文曰:

"王逸注《楚辭》全部加之訓點了。道春又記。"

林羅山識文之後,又有其後人林信言(江户時代第五代大學頭)于桃園天皇寶曆十二年(1762年)《書楚辭後》七言詩一首。其詩曰:

"楚辭一部思忡忡,宋玉之徒慕遺風。

可嘆三閭大夫志,仲貞節操傳無窮。

壬午孟春十九日　國子監主林子恭書。"

此詩後有"信言"朱文方印。

此本係白綿紙印,紙質精美,裝幀高雅。卷中有"江雲渭樹"印記等。共四册。

大阪大學文學部懷德堂藏本,原係大阪懷德堂等舊藏,共五册。

楚辭五卷

(漢)劉向輯

明正德年間(1506—1521年)刊本　共四册

尊經閣文庫藏本　原係江户時代加賀藩主前田綱紀等舊藏

楚辭五卷

(漢)王逸章句　(宋)朱熹集注　(明)黄象玉等纂輯

明崇禎十一年(1638年)序刊本　共四册

東洋文庫　東京大學東洋文化研究所　京都大學文學部中國語學文學哲學研究室藏本

【按】東洋文庫藏本,原係小田切萬壽之助等舊藏。

京都大學藏本,原係狩野直喜等舊藏。

楚騷(纂文楚騷)五卷　附録一卷

(明)王穉登書法

明萬曆二十八年(1600年)王氏刊本　共六册

大阪大學文學部懷德堂藏本　原大阪懷德堂等舊藏

楚騷五卷　附録一卷

明刊篆字本　共五册

京都大學文學部中國語學文學哲學研究室藏本

楚辭(楚辭集注)八卷　辯證二卷　後語六卷

(宋)朱熹集注并撰《辯證》《後語》

元天曆三年(1330年)陳忠甫刊本　共四册

内閣文庫　京都大學文學部中國語學文學哲學研究室藏本

【按】每半葉有界十一行,行二十字。注文雙行小字,行二十四字。白口,四周單邊(21.5cm

×13.0cm)。

《目録》末有刊印木記,文曰:"天曆庚午孟夏陳忠甫宅新刊"。

内閣文庫藏本,原係昌平坂學問所等舊藏。此本封面係用室町時代(1393—1573年)丹色紙裝訂,卷中有朱點。

京都大學藏本,原係狩野直喜等舊藏。

【附録】日本後光明天皇慶安四年(1651年)京都村上平樂寺刊印《楚辭》(楚辭集注)八卷及《後語》六卷。

中御門天皇享保九年(1724年)文臺屋治郎兵衛等刊印《楚辭》(楚辭集注)八卷及《後語》六卷,并《辯證》二卷。

楚辭(楚辭集注)八卷　辯證二卷　後語六卷

(宋)朱熹集注

明成化十一年(1475年)何喬新刊本

内閣文庫　京都大學人文科學研究所東洋學文獻中心　大阪大學文學部懷德堂　宮城教育大學附屬圖書館藏本

【按】内閣文庫藏本,原係江户時代林氏大學頭家舊藏,共七册。

京都大學藏本,原係松本文三郎等舊藏,共三册。

大阪大學文學部懷德堂藏本,原係大阪懷德堂等舊藏,共二册。

宮城教育大學附屬圖書館藏本,原係宮城縣師範學校等舊藏,共四册。

楚辭(楚辭集注)八卷　辯證二卷　後語六卷

(宋)朱熹集注并撰《辯證》《後語》　(明)張旭校

明正德十四年(1519年)沈圻刊本　共四册

宫内廳書陵部　内閣文庫　京都大學文學部中國語學文學哲學研究室　大阪大學文學部懷德堂　鹿兒島大學附屬圖書館　御茶之水圖書館藏本

【按】每半葉有界九行,行十七字。黑口,四周雙邊。版心有刻工姓名(陰刻)。

宫内廳書陵部藏本,卷中有後人寫補,共八册。

内閣文庫藏本,原係昌平坂學問所舊藏。

京都大學藏本,原係狩野直喜等舊藏。

大阪大學文學部懷德堂藏本,原係大阪懷德堂等舊藏。

鹿兒島大學藏本,原係岩元氏等舊藏。

御茶之水圖書館藏本,原係尚古堂舊藏,後歸德富蘇峰。卷中有"尚古堂藏書印"等印記。

楚辭(楚辭集注)八卷　辯證二卷　後語六卷　附反離騷一卷

(宋)朱熹集注并撰《辯證》《後語》　《反離騷》(漢)揚雄撰

明嘉靖十四年(1535年)汝南袁氏刊本　共六册

國會圖書館藏本

楚辭(楚辭集注)(殘本)二卷

(宋)朱熹集注

明嘉靖年間(1522—1566年)刊本

東京大學總合圖書館藏本　原金澤文庫渡邊信青洲文庫舊藏

【按】是書全本八卷,此本僅存卷一、卷二,共二卷。

卷中有附箋,係日人用和式漢文寫就。其文曰:"豐公征韓分捕品之内頗珍書,八雲軒藏書印,有脅坂家、淡路守藏印,及金澤文庫本。"據此言,則此本乃豐臣秀吉進擊朝鮮時所得,爲金澤文庫後期藏本。

(刻京本三閭大夫)楚辭八卷　注解後語六卷　辯證二卷

(宋)朱熹集注并撰《後語》《辯證》

明萬曆元年(1573年)積善堂陳氏昆泉子刊本　共五册

大垣市立圖書館藏本

楚辭(楚辭集注)八卷　辯證二卷　後語六卷

(宋)朱熹集注
明萬曆二十五年(1597 年)吉府刊本　共六册
内閣文庫藏本　原江户時代小島實素等舊藏

楚辭(楚辭集注)八卷　辯證二卷　後語六卷

(宋)朱熹集注　(明)蔣之翹校
明末秀水蔣之翹刊本
内閣文庫　東洋文庫　東京大學總合圖書館　京都大學文學部　大阪大學文學部懷德堂文庫　早稻田大學圖書館　大谷大學附屬圖書館悠然樓　米澤市立圖書館藏本
【按】前有明天啓六年(1626 年)《序》。
内閣文庫藏此同一刊本兩部,原皆係昌平坂學問所舊藏。一部共二册;一部缺《辯證》及《後語》,共四册。
東洋文庫藏本,原係小田切萬壽之助等舊藏。此本係忠雅堂藏板,共十二册。
東京大學藏本,原係江户時代南葵文庫(紀州德川家)舊藏。此本今僅存《辯證》二卷,共一册。
京都大學藏本,原係狩野直喜等舊藏。此本係忠雅堂藏板。
大阪大學文學部懷德堂文庫藏本,原係大阪懷得堂舊藏,有《附覽》二卷,共二册。
早稻田大學圖書館藏本,共六册。
大谷大學附屬圖書館藏本。原係大西行禮等舊藏,共六册。
米澤市立圖書館藏本,原係江户時代米澤藩主家舊藏。此本題《七十二家批評楚辭集》,共四册。

楚辭集注八卷　辯證二卷　後語六卷

(宋)朱熹集注
明刊本　共五册
國會圖書館藏本

楚辭(楚辭集注)八卷

(宋)朱熹集注
明末刊本　共四册
内閣文庫藏本
【按】内閣文庫藏此同一刊本三部。一部原係原楓山官庫舊藏,共四册。一部原係昌平坂學問所舊藏,共四册。一部亦原係昌平坂學問所舊藏,共二册。

楚辭(楚辭集注)八卷　首一卷

(宋)朱熹集注
明古與堂刊本　共四册
内閣文庫藏本　原木村蒹葭堂舊藏

楚辭(楚辭評林)八卷

(宋)朱熹集注　(明)沈雲翔輯
明崇禎年間(1628—1644 年)刊本
東洋文庫　廣島大學文學部　早稻田大學圖書館藏本
【按】前有明崇禎十年(1637 年)《序》。
内封題署"楚辭評林"。
東洋文庫藏本,原係小田切萬壽之助等舊藏,係吴郡八咏樓藏板,共六册。
廣島大學藏本,共四册。
早稻田大學圖書館藏本,共二册。

(孫月峰先生批點)楚辭評注釋八卷

(宋)朱熹集注　(明)孫鑛批點
明刊本　共四册
關西大學附屬圖書館泊園文庫藏本　原江户時代藤澤東畡三世四代泊園書院舊藏

楚辭辯證二卷　後語六卷

(宋)朱熹撰
明刊本　共四册
東洋文庫藏本　原小田切萬壽之助等舊藏

楚辭八卷　楚辭聽直一卷

(明)黄文焕撰
明崇禎十六年(1643年)刊本　共五册
京都大學文學部中國語學文學哲學研究室　大阪大學文學部懷德堂藏本
【按】前有明崇禎十六年(1643年)黄文焕《自序》。

楚辭集解七卷　離騷蒙引二卷　考異一卷　大序一卷　天問注一卷

(明)汪瑗集解　汪仲弘輔
明萬曆四十六年(1618年)序刊本
國會圖書館　内閣文庫　東洋文庫　東京都立圖書館　京都大學文學部中國語學文學哲學研究室藏本
【按】每半葉有界十行,行二十字。《序》文每半葉六行,行十三、十四字不等。黑口,四周單邊。
前有明嘉靖戊申(1584年)七月昆山歸有光《序》,又有明萬曆乙卯(1615年)澹園老人焦竑《序》,又有明萬曆著雍敦牂歲嘉平月臘日汪仲弘《楚辭集注補紀由》等。
國會圖書館藏本,共五册。
内閣文庫藏本,原係江户時代堀杏庵舊藏,後歸豐後佐伯藩主毛利高標所有。仁孝天皇文政年間(1818—1829年)出雲守毛利高翰獻贈幕府。明治初期經太政官文庫而入内閣文庫。卷中有"佐伯侯毛利高標字培松藏書畫之印"等印記,共四册。
東洋文庫藏本,原係小田切萬壽之助等舊藏,共十册。
東京都藏本,共八册。
京都大學藏本,原係狩野直喜等舊藏,共八册。

楚辭疏十九卷　條例一卷　讀楚辭語一卷　楚辭雜論一卷　附一卷

(明)陸時雍編
明末緝柳齋刊清學山堂印本
内閣文庫　尊經閣文庫　東京大學總合圖書館　京都大學文學部中國語學文學哲學研究室藏本
【按】每半葉有界九行,行二十字。注文小字雙行。白口,無魚尾,四周單邊(20.7cm×13.9cm)。
卷中《讀楚辭語》一卷,(明)陸時雍撰;《楚辭雜論》一卷,題魏文帝等撰,陸時雍輯。
内閣文庫藏本,原係江户時代林氏大學頭家等舊藏,共二册。
尊經閣文庫藏本,今無《讀楚辭語》一種,共四册。
東京大學藏本,共八册。
京都大學藏本,原係狩野直喜等舊藏,共四册。

楚辭述注十卷

(明)林兆珂編述
明萬曆年間(1573—1620年)刊本　共四册
内閣文庫　蓬左文庫藏本
【按】前有明萬曆三十九年(1611年)林氏《序》。
内閣文庫藏本,原係江户時代林氏大學頭家舊藏。
蓬左文庫藏本,原係江户時代尾張藩主家舊藏。此本係日本明正天皇寬永九年(1632年)從中國購入,卷中有"尾陽内庫"印記。

楚辭(三忠集)七卷

(明)郭惟賢編
明萬曆二十二年(1594年)序刊本　共六册
内閣文庫藏本　原木村蒹葭堂等舊藏

屈子一卷　評一卷　楚釋全二卷　參疑一卷　傳一卷

(漢)王逸章句　(明)毛晋參定
明萬曆年間(1573—1620年)緑君亭刊本　共三册

内閣文庫　京都大學文學部中國語學文學哲學研究室藏本

【按】内閣文庫藏本,原係楓山官庫等舊藏。京都大學藏本,原係狩野直喜等舊藏。

楚辭一卷　附評一卷　章次一卷　楚釋二卷　參疑二卷

(明)戈汕　毛晋同參定

明萬曆四十六年(1618年)東吴毛氏刊本　共三册

京都大學人文科學研究所東洋學文獻中心藏本

離騷一卷

(明)孫茂芝校

明崇禎十一年(1638年)序刊本硯枰齋藏板　共一册

東洋文庫藏本　原藤田豐八等舊藏

(新刻删補)楚辭旁注直音一卷

(明)劉汝芳等校　蔡占春删補

明萬曆二十七年(1599年)金陵吴繼武刊本　共一册

蓬左文庫藏本　原江户幕府大將軍德川家康　尾張藩主家等舊藏

【按】此本原係江户時代第一代幕府大將軍德川家康舊藏,後贈送其子尾張藩主家。世稱"駿河御讓本"。

卷中有"御本"、"尾陽内庫"印記。

離騷直音六卷

(漢)王逸章句　(明)張學禮　胡文焕音　陳邦泰臨書

明萬曆二十年(1592年)金陵刊本　共一册

内閣文庫藏本

繪像楚辭述注三卷

(漢)王逸章句　(宋)朱熹集注　(明)王亹校定　來欽之述注　陳洪授畫

明崇禎十一年(1638年)來氏刊本　共三册

大阪大學文學部懷德堂藏本　大阪懷德堂等舊藏

屈宋古音義三卷

(明)陳第編撰

明萬曆四十三年(1615年)刊本

東京大學東洋文化研究所藏本

廣離騷(不分卷)

(明)張正聲撰　鄭胤鳳等校

明刊本　共一册

内閣文庫藏本　原木村蒹葭堂等舊藏

廣離騷(不分卷)

(明)孫鑛編

明刊本　共一册

内閣文庫　尊經閣文庫藏本

【按】内閣文庫藏本,原係楓山官庫等舊藏。

楚辭後語六卷　楚辭辯證二卷　反離騷一卷

(宋)朱熹撰

明初覆宋刊本　共三册

御茶之水圖書館藏本　原德富蘇峰成簣堂舊藏

【按】每半葉有界十行,行十八字,注文小字雙行。黑口,四周雙邊。

卷中有市野迷庵藍筆批注,紺色封面爲楊守敬添補,外封爲德富蘇峰所加,并有昭和六年(1931年)手識文。

卷中有"八雲軒"、"脅坂氏淡路守"、"江户市野孝彦藏書記"、"森氏"、"星吾海外新得秘笈"、"藤亨"、"安元"、"灑竹文庫"等印記。

楚辭後語八卷

(宋)朱熹撰　(明)蔣之翹校

明刊本　共二册

大阪府立圖書館藏本

（二）别　集　類

（漢魏晋人别集之屬）

董仲舒集一卷

（漢）董仲舒撰　（明）汪士賢校

明刊本　共一册

静嘉堂文庫藏本　原中村敬宇等舊藏

【按】此本與《司馬長卿集》合綴。

董仲舒集一卷

（漢）董仲舒撰

明末刊本　共一册

御茶之水圖書館藏本　原藤森弘庵　德富蘇峰成簣堂等舊藏

【按】每半葉有界九行，行二十字。

卷中有"如不及齋"等印記。

董膠西集二卷　附録一卷

（漢）董仲舒撰

明天啓四年(1624 年)閩漳張燮刊本　共一册

京都大學文學部中國語學文學哲學研究室藏本

司馬長卿集一卷

（漢）司馬相如撰　（明）汪士賢校

明刊本　共一册

静嘉堂文庫藏本

【按】此本與《董仲舒集》合綴。

【附録】九世紀日本著名的學者菅原道真(845—903 年)在《菅家文草》卷一中有《史記竟宴　詠史得司馬相如》一首。詩曰："犬子猶寺馬，相如有舊聞。官嫌爲武騎，曲喜得文君。苦諫長楊獵，多勞廣澤軍。大人今可用，何處不凌雲。"這是日本古文學中最早的關於司馬相如的記載。

東方先生集一卷

（漢）東方朔撰　（明）汪士賢校

明刊本　共一册

静嘉堂文庫藏本　原中村敬宇等舊藏

【按】此本與《揚子雲集》合綴。

東方大中集一卷

（漢）東方朔撰

明崇禎年間(1628—1644 年)婁東張溥刊本　共二册

東京大學總合圖書館藏本　原江户時代紀州德川家南葵文庫舊藏

揚子雲集一卷

（漢）揚雄撰　（明）汪士賢校

明刊本　共一册

静嘉堂文庫藏本

【按】此本與《東方先生集》合綴。

揚子雲集三卷　附傳一卷

（漢）揚雄撰　《傳》（漢）班固撰

明刊本　共一册

東京大學總合圖書館藏本　原江户時代紀州德川家南葵文庫舊藏

揚子雲集六卷

（漢）揚雄撰

古寫本　共二册

静嘉堂文庫藏本

漢劉子駿集一卷

(漢)劉歆撰　(明)張溥校
明刊本(明刊《漢魏六朝百三名家集》零本)
共一册
茨城大學附屬圖書館菅文庫藏本　原水户史學家菅政友舊藏

蔡中郎文集十卷　外傳一卷

(漢)蔡邕撰
明正德十年(1515 年)蘭雪堂銅活字刊本
共二册
静嘉堂文庫藏本　陸心源皕宋樓舊藏
【按】每半葉有界七行,行十三字。白口,四周單邊。版心題"伯喈集卷"(一至十)。
前有宋天聖癸亥(1023 年)歐陽静之《序》。次有《目録》。
《目録》後有刊印牌子二行,文曰:"正德乙亥春三月錫山蘭雪堂華堅允剛活字銅版印行"。《外傳》後又有刊印牌子二行,文曰:"錫山蘭雪堂華堅允剛活字銅版印"。
文中標題及題目皆大字,行文雙行小字。卷一正文首行題"蔡中郎文集卷之一",次行上空三字題"漢左中郎將蔡邕伯喈撰",第三行上空二字題"故太公喬公廟碑"。
【附録】九世紀日本藤原佐世《本朝見在書目録》"别集家"著録"蔡邕集廿卷"。這是日本古文獻中關于《蔡中郎文集》的最早記載。
光格天皇寬政十一年(1799 年)中國商船"佐字號"載《蔡中郎集》一部一帙抵日本。

蔡中郎文集十一卷

(漢)蔡邕撰
明萬曆八年(1580 年)吴興茅氏文霞閣刊本
共六册
蓬左文庫藏本　原江户時代尾張藩主家舊藏
【按】此本係明正天皇寬永六年(1631 年)從中國購入。
卷中有"尾陽内庫"印記。

蔡中郎文集十卷　外傳一卷

(漢)蔡邕撰　(明)馬維驥等校
明萬曆三十九年(1611 年)刊本　共八册
内閣文庫　無窮會神習文庫藏本
【按】内閣文庫藏本,原係昌平坂學問所舊藏。
無窮會藏本,原係井上賴囶等舊藏。

蔡中郎文集八卷

(漢)蔡邕撰　(明)汪士賢校
明刊本　共二册
静嘉堂文庫藏本　原中村敬宇等舊藏

蔡中郎文集六卷

(漢)蔡邕撰　(明)俞憲等校
明嘉靖二十七年(1548 年)刊本　共四册
内閣文庫藏本　原楓山官庫舊藏
【按】每半葉有界九行,行二十一字。
前有宋天聖癸亥(1023 年)歐陽静之《序》。次有明嘉靖二十七年(1548 年)喬世寧《刻書序》。次有明嘉靖戊申(1548 年)俞憲《序》。

(漢丞相諸葛)忠武侯全集九卷　首一卷

(漢)諸葛亮撰　(明)諸葛羲編
明崇禎五年(1632 年)序刊本　共五册
内閣文庫藏本　原楓山官庫等舊藏
【附録】日本平安時代有諸葛亮《出師表》寫本一卷。全紙高 28cm。有界欄,每行約十三字,共五十行。卷首題署"出師表一首,諸葛孔明。諸葛亮字孔明,琅耶人也"。全篇有朱墨點。紙背有"連"字墨印,乃原爲東寺之物。卷首又有"讀杜艸堂"朱印。卷末附有别紙一枚,上有 1879 年日人題識,其文曰:"右《出師表》東寺古莢底所傳,大江匡房真迹云,必有來由,故色燦然,最可貴重矣。明治己卯冬日畑成文觀。"此本今存宫内廳書陵部。
江户時代有明人張溥校閲《諸葛丞相集》一

卷寫本一種。此本原係南葵文庫(江户時代紀州德川家)舊藏,今存東京大學總合圖書館。

據《商舶載來書目》記載,中御門天皇享保十七年(1732年)中國商船"志字號"載《諸葛丞相集》一部一帙抵日本。

據光格天皇天明六年(1786年)《寅十番船持渡書改目録寫》記載,是年中國商船"寅十番"載《諸葛丞相集》一部一帙四册運抵日本。《目録》注明"古本,脱紙五張"。

據光格天皇文化七年(1810年)《唐船持渡書物目録留》記載,是年中國商船"未九番"載《諸葛丞相集》二部抵日本。

陳思王集十卷

(魏)曹植撰　(明)李廷相編

明嘉靖年間(1522—1566年)刊本

内閣文庫　静嘉堂文庫藏本

【按】前有明正德五年(1510年)田瀾《序》。

楊守敬《日本訪書志》卷十四著録明刊本《陳思王集》殘本四卷,當與此本爲同一刊本。其識文曰:"僅存賦及詩四卷,雜文以下無之,無目録。後《跋》與《江文通集》合爲一函。賦四十一篇,詩六十三篇。按,《思王集》原書三十卷,久佚,後人從類書選本中抄出爲此集。《提要》所稱嘉定癸酉宋刊本賦四十四篇,詩七十四篇。自張燮、汪士賢以下,漸有增入,無復減少者。此本賦四十一篇,所原似更在嘉定本之前,故所載反略,其中往往有缺字。又如《矯志》詩題下注'作乎',之下脱二句,《三家集》則僅'於'字下注一闕字。陳朝輔本則並不注缺脱。其餘異同,更難悉數,大抵皆出後來臆改,則此本可貴也……其刊當在嘉靖間,其款式實源宋本。按,明朱之蕃有《唐百家集》,其版式字體略與此同,而所載唐人集亦唯存詩賦,此本或亦朱氏所刊與?"

内閣文庫藏本,共四册。

静嘉堂文庫藏本,原係徐興公、陸心源十萬卷樓等舊藏。卷中有周星詒手識文。其文曰:"癸酉子月廿五日,周星詒借儀顧夫子藏本校所蓄天啓刊本訖。此本間有脱訛,且爲李氏重編,不及天啓本尚仍舊本次序,然據以補正彼本者,凡數十字。披沙揀金,往往得寶,舊刊之所以可貴也。並記。"共二册。

【附録】公元751年(中國唐玄宗天寶十年、日本孝謙天皇天平勝寶三年)日本完成第一部書面文學集《懷風藻》的編纂,其第二十三首爲紀朝臣古麻呂所作《秋宴得聲清驚情四字》一首。此詩結句曰:"忽逢文雅席,還愧七步情。"詩中"七步情"之典,則源自曹植故事。據《世説新語》記載,"魏文帝令東阿王七步成詩,不成將行大刑。遂作詩曰'煮豆燃豆萁,豆在釜中泣;本是同根生,相煎何太急。'文帝大有慚色。"《文選·任彦升〈齊竟陵文宣王行狀〉》有相同記載。這是曹植文學最早浸入日本古代文學的記載。

嵯峨天皇弘仁九年(818年)日本完成平安時代"敕撰三集"之二的《文華秀麗集》的編纂。學界一般認爲,此集取名"文華",其義來自曹植《王仲宣誄》中"文若春華,思若湧泉;發言可詠,下筆成篇"句。日本空海和尚(弘法大師,774—835年)有《文鏡秘府論》六卷存世,其《地卷·十四例·輕車錯謬之例》中曰"陳王之誄武帝,遂稱'尊靈永蟄'"。"尊靈永蟄"出自曹植《武帝誄》。又"南卷·論文意"中論及"文章第一字與第五字須輕清"時,徵引"高堂多悲風,朝日照被林"爲證,此二句出自曹植《雜詩》中。這是日本古文獻中關于曹植文學的早期記載。

九世紀日本藤原佐世《本朝見在書目録》"别集家"著録"魏曹植集三十卷"。這是日本古文獻中關於曹植文集的最早記載。

曹子建集十卷

(魏)曹植撰

明刊本

宫内廳書陵部　蓬左文庫藏本

【按】宫内廳書陵部藏本,凡一册。

蓬左文庫藏本,凡三册。

【附録】江户時代有曹植撰《曹子建集》十卷

的手寫本一種。此本現存國會圖書館。

曹子建集八卷

(魏)曹植撰
明活字刊本　共三册
東洋文庫藏本　原藤田豐八等舊藏

嵇康集十卷

(晋)嵇康撰
古寫本　共二册
静嘉堂文庫藏本　原吴匏庵　顧南原　汪伯子　黄丕烈　王雨樓　陸心源等舊藏

【按】卷中有顧南原手識文。其文曰：

"《嵇中散集》十卷,吴匏庵先生家抄本。卷中訛誤之字,皆先生親手改定。自版本盛而人始不復寫書,即有書不知校讎,與無書等,衹蠹損浥爛耳。觀前賢於書籍用心不苟如此,又可憑以證他本之失也。庚子六月入伏日,記於顧南原之味道軒。"

卷中有1806年黄丕烈手識文二則。其一曰：

"六朝人集,存者寥寥。苟非善本,雖有如無。此《嵇康集》十卷,爲叢書堂抄本。且匏庵手自讎校,尤足寶貴。曆覽諸家書目,無此集宋刻,則舊抄爲尚矣。余得此於知不足齋,渌飲年老患病,思以去書爲買參之資。去冬曾作札,往詢其舊藏殘本《元朝秘史》,今果寄余,並以此集及元刻《契丹國志》、活本《范石湖集》爲副,余贈之番餅四十枚。閑窗展翫,因記數語於此。觀張芑塘徵君《跋》,知此書舊出吴門,而時隔三十九年,又歸故土,物之散聚,可懼可喜。特未知汪伯子爲誰何耳。嘉慶丙寅寒食日,晨雨小潤,夜風息狂。蕘翁書。"

其二曰：

"四月望後一日,香嚴周丈借此校黄省曾本,云是本勝於黄刻多矣。余家亦有黄刻,暇日當取校也。前不知汪伯子爲誰何,今從他處記載,知其人乃浙籍而寄居吴門者,家饒富,喜收藏骨董,郡先輩如李克山、惠松崖皆嘗館其家,則又好文墨者也。是書之出於其家固宜,後人式微,物多散佚,可慨也。然思後人得其物而思其人,俾知愛書好古,昔有其人,猶勝於良田美産,轉徙他室,數十百年後,名字翳如,不更轉悲爲喜乎!伯子號念貽云,余友朱秋厓乃其内侄也,故稔知之。蕘翁又記。"

又有1813年黄丕烈手識文一則。其文曰：

"是書余用别本手校副本備閲,於丁卯歲爲舊時西賓顧某借去,久假不歸,遂致案頭無副,殊爲可惜。頃因啓厨見此,復跋數語,俾知此本外,尚有餘校本留於他所也。癸酉五月廿有六日復翁記。其去得書之日已閲八歲矣。"

黄丕烈手識文之前,有"乾隆戊子冬日得於吴門汪伯子家張燕昌"一行。

卷中又有1835年吴志忠手識文。其文曰：

"余向年知王雨樓表兄家藏《嵇中散集》,乃叢書堂校宋抄本,爲藏書家所珍秘。從士禮居轉歸雨樓。今乙未冬,向雨樓索觀,並出副録本見示,互校稍有訛脱,悉爲更正。朱改原字上者,抄人所誤;標於上方者,已意所隨正也。還書之日,附志於此。道光十五年十一月初九日,妙道人書。"

卷中又有1847年程餘慶手識文。其文曰：

"魏中散大夫《嵇康集》,《隋志》十三卷,注云梁有,十五卷,録一卷。新舊《唐志》並作十五卷。疑非其實。《宋志》及晁陳兩家並十卷。則所佚又多矣。今世所通行者,惟明刻二本,一爲黄曾省校刊本,一爲張溥《百三家集》本。張本增多《懷香賦》一首,及原憲等《贊》六首,而不附贈答論難諸原作,其餘大略相同。然脱誤並甚,幾不可讀。昔年曾互勘一過,而稍以《文選》《類聚》諸書參校之,終未盡善。此本從明吴匏庵叢書堂抄本録過,其傳抄之誤,吴君志忠已據抄宋原本校正,今朱筆改者是也。餘以明刊本校之,知明本脱落甚多……其餘單辭衹句,足以校補誤字缺文者，不可條舉。書貴舊抄，良有以也。道光丁未壯月烏程程餘慶校畢，記於六九齋。"

【附録】公元 751 年（中國唐玄宗天寶十年、日本孝謙天皇天平勝寶三年）日本完成第一部書面文學集《懷風藻》的編纂，其第七十七首爲但馬守百濟公和麻吕所作《秋日於長王宅宴新羅客》一首。此詩結句曰："人是雞林客，曲即鳳樓詞；青海千里外，白雲一相思。"此詩中"一相思"之典，則來自《世説新語·簡傲篇》。其原文曰："嵇康與吕安善，每一相思，千里命駕"。這是嵇康其人其事其文浸入日本古代文學的最早的記載。又《懷風藻》第九首爲日本僧人智藏所作《秋日言志》一首。此詩結句曰："因茲竹林友，榮辱莫相驚。"此詩中"竹林友"之説，源自《世説新語·任誕篇》。其原文："陳留阮籍、譙國嵇康、河内山濤、沛國劉伶、陳留阮咸、河内向秀、琅邪王戎，七人集于竹林之下，肆意酣暢，故世謂'竹林七賢'。"則此詩也含以稽康事作詩的痕迹。又《懷風藻》第九十二首爲式部卿藤原朝臣宇合所作《游吉野川》一首。詩中有句曰："忘荃陸機海，飛繳張衡林；清風入阮嘯，流水韻嵇琴；天高槎路遠，河廻桃源深。"此詩把中國六朝時代諸多文學家一起入詩，蔚然壯觀。此詩中的"流水韻嵇琴"，則是以嵇康《琴賦》爲作者創作的才源，同爲日本古代文學鍾情于嵇康的最早記載。稍後，日本空海和尚（弘法大師，774—835 年）有《文鏡秘府論》六卷存世，其"南卷·論文意"曰"正始中，何晏、嵇阮之儔也，嵇與高邈，阮旨閑曠"，也有關於嵇康的記載。

嵇中散集十卷

（晉）嵇康撰

明嘉靖年間（1522—1566 年）南星精舍刊本　共一册

静嘉堂文庫藏本　原陸心源十萬卷樓舊藏

【按】前有明嘉靖乙酉（1525 年）黄省曾《序》。

卷中有"顧白文"、"千里"、"秦恩德印"、"石研齋秦氏藏書"等印記。

嵇中散集十卷

（晉）嵇康撰　（明）汪士賢校

明刊本

宫内廳書陵部　内閣文庫　静嘉堂文庫藏本

【按】宫内廳書陵部藏本，共四册。

内閣文庫藏本，原係昌平坂學問所等舊藏，共二册。

静嘉堂文庫藏本，原係中村敬宇等舊藏，共四册。

金谷集一卷　附一卷　甘棠遺事一卷

（晉）石崇撰

明人寫本　共一册

静嘉堂文庫藏本　原陸心源皕宋樓舊藏

【按】此本首載《晋書·石崇傳》，次行題"晋太僕衛尉渤海石崇季倫著"。

卷末有 1631 年虚舟子手識文。其文曰：

"《金谷集》一卷，乃慈公何先生借抄，云得自越客者，並有《沈休文集》一册，以書近二三百葉，姑捨以俟後日。崇禎四年秋九月十三日，虚傳子筆於一字齋中。"

此書集外録有石崇之妾緑珠、翾風二人詩各一首，並《緑珠傳》與《翾風傳》。

《甘棠遺事》一卷，題署"陳留清虚子撰，丹丘蔡子醇述"。甘棠姓温名琬字仲圭，初姓郝氏，小名室奴，爲汴京花流女子。此集有温琬詩三十餘首。

是書《四庫全書》未録。

卷中有"御史振宜之印"、"滄葦"等印記。

支遁集二卷

（晉）沙門支道林撰

古寫本　明人葉弈手識本　共一册

静嘉堂文庫藏本　原季滄葦　陸心源等舊藏

【按】此本依毛扆汲古閣寫本録過。上卷凡詩十八首,下卷書銘及贊凡十五首。

卷中有明人葉弈手識文。其文曰:

"崇禎己巳(1629年)得是集於曹生,舅氏爲余録就。八月二日晚,李涵仲偕余對勘一過。原本乃嘉靖乙未(1535年)七檜山房抄,爲景陽主人舊籍,五川居士校,各有印記。五川居士,氏楊諱儀字夢羽,官禮部員外郎。震澤葉弈。"

是書《四庫全書》未録,阮元進呈。

卷中有"季振宜印"、"滄葦"等印記。

【附録】日本空海和尚(弘法大師,774—835年)有《文鏡秘府論》六卷存世,其"南卷·論文意"中曰"語居士以謝公爲首,稱高僧以支公爲先"。這是日本古文獻中關于支遁的最早記録。

陸士衡文集十卷

(晋)陸機撰

明仿宋刊本　共一册

内閣文庫　静嘉堂文庫藏本

【按】每半葉有界二十行,行十八字。

此本與《陸士龍文集》合爲《晋二俊文集》。前有宋慶元庚申(1200)仲順徐民瞻《二俊集序》,又有明正德己卯(1519年)都穆《重刊跋》。

内閣文庫藏本,原係江户時代林氏大學頭家舊藏,卷中有林梅洞手識文。此本無《陸士龍文集》,共一册。

静嘉堂文庫藏本,共四册。

【附録】公元751年(中國唐玄宗天寶十年、日本孝謙天皇天平勝寶三年)日本完成第一部書面文學集《懷風藻》的編纂,其第九十二首爲式部卿藤原朝臣宇合所作《游吉野川》一首。詩中有句曰:"忘荃陸機海,飛繳張衡林;清風入阮嘯,流水韻嵇琴;天高槎路遠,河廻桃源深。"此詩把中國六朝時代諸多文學家一起入詩,蔚然壯觀。此詩中的"忘荃陸機海",則是陸機文學浸入日本古代文學創作的最早記載。作者以"海"比陸機之才,當來自《詩品·上品》"陸才如海"之論説。稍後,日本空海和尚(弘法大師,774—835年)有《文鏡秘府論》六卷存世,其"天卷·四聲論"稱陸士衡曰:"陸公才高價重,絶世孤出,實辭人之龜鏡,固難得文名焉。"又徵引《文賦》多處,以證其論。同書"地卷·十七勢"中又引陸士衡詩句"顧侯體名德,清風肅已邁",以論"直把入作勢"(此和語,謂開門見山之意),此二句出自陸士衡《贈顧交阯公真》。又同書"南卷·定位"引陸機《文賦》以證其"篇既速位而合,位亦累句而成。然句無定方,或長或短"之論。

據中世紀時代瑞溪周鳳《卧雲日件録》中"長禄三年(1459年)八月四日記載,是日和尚讀《文選》,并品評"陸機詩"。

陸士衡文集十卷　目一卷

(晋)陸機撰　(明)汪士賢校

明刊本　共二册

宫内廳書陵部　東京大學東洋文化研究所　東北大學附屬圖書館藏本

【按】宫内廳書陵部藏本,原係江户時代德山藩主家舊藏,係德山藩三代主毛利元次廣收"天下秘籍"之一。東山天皇寶永三年(1706年)《御書物目録》著録此本,明治二十九年(1896年)男爵毛利元功獻贈宫内省圖書寮(即今宫内廳書陵部)。

陸士龍文集十卷

(晋)陸雲撰

明仿宋刊本　共四册

宫内廳書陵部　静嘉堂文庫藏本

【按】每半葉有界二十行,行十八字。

此本與《陸士衡文集》合爲《晋二俊文集》。前有宋慶元庚申(1200年)仲順徐民瞻《二俊集序》,又有明正德己卯(1519年)都穆《重刊跋》。

宫内廳書陵部藏本,原係江户時代德山藩主家舊藏,係德山藩三代主毛利元次廣收"天下秘籍”之一。東山天皇寶永三年(1706年)《御書物目録》著録此本。明治二十九年(1896年)男爵毛利元功獻贈宫内省圖書寮(即今宫内廳書陵部),共三册。

静嘉堂文庫藏本,共四册。

箋注陶淵明集十卷

(晋)陶潜撰

宋刊本　共四册

石井積翠軒文庫藏本

【按】每半葉有界九行,行十六字。左右雙邊,或四周單邊(17.3cm×12.0cm)。版心有刻工姓名(陰刻,模糊不清)。

卷首有《序》及《目》,又有《總論》。卷末有宋紹興十年(1140年)《刊語》。

卷一脱落第一葉,卷九第一葉係後人寫補。

卷中有“橘林生人”等印記。

【附録】公元751年(中國唐玄宗天寶十年、日本孝謙天皇天平勝寶三年)日本完成第一部書面文學集《懷風藻》的編纂,其第九十二首爲式部卿藤原朝臣宇合所作《游吉野川》一首。詩中有句曰:“忘荃陸機海,飛繳張衡林;清風入阮嘯,流水韻嵇琴;天高槎路遠,河廻桃源深。”此詩中所謂“河廻桃源深”,則源自陶淵明《桃花源記》。這是陶淵明文學浸入日本古代文學的最早記載。九世紀日本藤原佐世《本朝見在書目録》第三十九“别集家”著録《陶潛集》十卷。這是日本古文獻關於《陶淵明文集》的最早的記載。

五山時代著名學僧龍泉冷淬(?—1365年)《松山集》中有《題漁磯》一首,有句曰:“人間槐樹都千變,秦外桃花祇一竿。”此處“秦外”係指“仙景”,學界以爲此句取陶淵明《桃花源記》之意象而成詩。又有“五山學僧”古創妙快(生卒年不詳)《了幻集》中有《春江》一首,有句曰“歸去來兮波浪嶮,數聲欸乃白鷗前”。首句係用陶淵明《歸去來辭》之意象而成詩。後,同時代著名詩人絶海中津(?—1405年)有漢詩集《蕉堅稿》二卷,其中有《題歸田圖》一首記陶淵明人品和文學曰:“柳色陰陰隔水村,休官歸去問田園。義熙年後無全士,獨喜先生靖節存。”又有《移菊苗得琴字》一首,記陶淵明曰:“膏雨晴時春正深,東籬移菊愜幽心。傍人應比淵明宅,三徑有松床有琴。”又有詩人鐵舟德濟(生卒年不詳)有漢詩集《閻浮集》一卷,其中《病菊》一首曰:“殘菊愁眠敗砌間,不堪惆悵見南山;如何寂寂東籬下,消得松窗白日閑。”從中可以見到陶淵明文學在日本中世紀時代被接受的狀態。又有名僧一休宗純(1392—1481年)《續狂雲詩集》中有《菊》一首,有句曰“因憶淵明無限意,南山吟興一籬東”。此兩句係取陶淵明《飲酒》詩中“采菊東籬下,悠然見南山”之意象而成詩。這是日本五山時代(1192—1573年)關于陶淵明文學的記録。

東山天皇元禄十五年(1702年)彌生吉且《倭版書籍考》卷之七著録《陶淵明全集》十卷八册。其識文曰:“《陶集》有數本。有六卷本,有昭明太子輯八卷本,有北齊楊休之輯十卷本。此本卷首有總論,卷尾有附録。全集由菊池東勻並施倭點。”

仁孝天皇天保十一年(1840年)有和刊本《陶淵明集》八卷。此本由松崎氏復校。

據《外船書籍元帳》記載,仁孝天皇天保十二年(1841年)中國商船“子三番”載《陶淵明集》三部各一帙運抵日本,售價十五匁。

箋注陶淵明集十卷　首一卷

(晋)陶潛撰　(宋)李公焕注

宋末元初刊本　共四册

内閣文庫藏本　原江户藩主市橋長昭等舊藏

【按】每半葉有界九行,行十六字。黑口,左右雙邊。版心題“陶詩”,間或單題一字。

首有《目録》四頁。次爲《補注陶淵明集總論》,題署“盧林後學李公煥集録”。

每卷首行題“箋注陶淵明集卷之幾”,分目連正文,題目低二字,題目後並詩,後録諸家評語,皆低三字。

卷末有昭明太子《序》(此或爲裝訂之誤,本應置於卷首)。

此本原係市橋長昭舊藏,爲市橋氏向幕府三十種宋元版獻書之一種。

董康《書舶庸譚》卷六著録此本,斷爲"宋刊本",並曰:"靖節詩僅見湯漢注四卷,此孤本也。"

箋注陶淵明集十卷　首一卷

(晋)陶潛撰　(宋)李公焕注

宋末元初刊本　共四册

静嘉堂文庫藏本　原陸心源皕宋樓舊藏

【按】每半葉有界九行,行十六字。注文雙行,行同正文,細黑口,雙黑魚尾,左右雙邊(15.3cm×11.0cm)。

前有梁昭明太子蕭統《陶淵明集序》,次有廬陵後學李公焕《補注陶淵明集總論》,次有北齊楊休之《叙録》,次有宋庠《私記》。

後有宋治平三年(1066 年)五月望日思閲《書後》,宋紹興十年(1140 年)十一月無名氏《跋》。

卷中有"玉韞山房"、"張漢文氏"、"停雲"、"歸安陸樹聲藏書之印"、"歸安陸樹聲叔桐父印"等印記。

箋注陶淵明集十卷　首一卷

(晋)陶潛撰　(宋)李公焕注

宋末元初刊本　共四册

岡山大學附屬圖書館藏本

【按】此本卷五以下原刊本缺佚,以明刊本配齊。

箋注陶淵明集十卷　首一卷

(晋)陶潛撰　(宋)李公焕注

元刊覆宋本　共四册

東京都立中央圖書館藏本

陶淵明文集十卷

(晋)陶潛撰

明嘉靖乙巳(1545 年)劍泉山人刊本　共二册

静嘉堂文庫藏本

【按】前有昭明太子《序》,次有北齊楊休之《叙録》,次有宋庠《私記》,次有曾紘《跋》等。

陶淵明集十卷

(晋)陶淵明撰

明萬曆七年(1579 年)刊本　共三册

御茶之水圖書館藏本　原島田翰　德富蘇峰成簣堂等舊藏

【按】每半葉有界九行,行十八字。白口,四周單邊。版心有刻工姓名。

此本係文政三年(1820 年)物庵朱筆校録本。

卷中有"傅經廬圖書記",並有島田翰藏書印記。

陶靖節集十卷　總論一卷

(晋)陶潛撰

明嘉靖戊申(1548 年)九江郡齋刊本　共四册

宫内廳書陵部藏本

【按】每半葉有界九行,行十八字。

前有昭明太子《序》,尾有九江知府王廷幹《跋》。

卷中凡"殷、徵、真、竟"等字仍然缺筆,則此本源出於宋本也。

卷首有"卧看江南雨後山"印記。每册首有"菊廬"、"節山秘藏"印記。第三册首有"鳳池鄭澄私印"、"黄堂清暇"、"龜洞刊出"印記。第一册至第三册尾有"小野節家藏書"、"宜爾子孫"等印記。第四册首有"世揚印"等印記。

【附録】後西天皇明曆三年(1657 年)京都武村市兵衛刊印《陶靖節集》十卷。此本由菊池東匀校並施點,題簽"陶淵明全集"。其後,此本有靈元天皇寛文四年武村三郎兵衛(1664 年)重印本,又有京都五車樓等重印本,又有桃園天皇寶曆十一年(1761 年)京都野田藤八修補重印本。

陶靖節集十卷

（晉）陶淵明撰

明萬曆四年刊本　共二册

御茶之水圖書館藏本　原德富蘇峰成簣堂等舊藏

【按】每半葉有界八行，行十八字，注文雙行小字。白口，四周單邊。

卷中有日本桃園至後櫻町天皇寶曆年間（1751—1763年）寺社奉行青山因幡守忠朝的花押。各册及書帙内有德富蘇峰的手識文。

卷中有"擷芳園"等印記。

陶靖節集十卷　總論一卷

（晉）陶潛撰

明萬曆七年（1579年）華亭蔡汝賢刊本　共二册

内閣文庫　東京大學總合圖書館　京都大學文學部中國語學文學哲學研究室　御茶之水圖書館藏本

【按】每半葉有界九行，行十八字。白口，四周單邊。版心有刻工姓名。

前有昭明太子蕭統《序》，次有耿定向《序》，次有《總論》，次有《陶淵明傳》，次有《目録》。後有明萬曆己卯（1579年）蔡汝賢《跋》。

内閣文庫藏本，原係江户時代林羅山等舊藏，卷中有林羅山手識文，並有"江雲渭樹"印記，共二册。

東京大學藏本，原係森林太郎氏鷗外文庫舊藏。此本附（梁）昭明太子撰《陶淵明傳》一卷。卷中有讀者批注。共三册。

京都大學藏本，共四册。

御茶之水圖書館藏本，原係德富蘇峰成簣堂等舊藏，帙内有德富蘇峰手識文，共二册。

森立之《經籍訪古志》卷六著録容安書院藏明萬曆己卯刊本《陶淵明集》十卷，與此本爲同一刊本。

陶靖節集十卷　總論一卷

（晉）陶潛撰

明萬曆丁亥（1587年）休陽程氏刊本

宫内廳書陵部　京都大學文學部中國語學文學哲學研究室　廣島大學文學部藏本

【按】前有昭明太子《序》。

宫内廳書陵部藏本，原係德川家康舊藏，後水尾天皇慶長十九年（1614年）於駿府贈送其子德川忠秀。曾藏楓山文庫，《御書籍來歷志》著録此本。每册首有"秘閣圖書之章"印記。共四册。

京都大學藏本，共四册。

廣島大學藏本，共二册。

陶淵明文集十卷

（晉）陶潛撰

明毛氏汲古閣刊本　共三册

國會圖書館藏本

箋注陶淵明集六卷　附陶集總論一卷　律陶一卷　和陶一卷

（晉）陶潛撰　（明）張自烈評並輯附録　《律陶》明人輯不著姓名　《和陶》（宋）蘇軾撰

明崇禎五年（1632年）刊本　共六册

東洋文庫藏本　原小田切萬壽之助等舊藏

陶靖節集六卷

（晉）陶潛撰

明崇禎十三年（1640年）春書堂刊本　共四册

京都大學文學部中國語學文學哲學研究室藏本

陶靖節集五卷

（晉）陶潛撰　（明）何孟春注

明正德十六年（1521年）序刊本　共二册

東洋文庫藏本

陶淵明全集四卷

(晋)陶潛撰
明刊本　共四册
大谷大學悠然樓藏本　原大西行禮等舊藏

陶靖節集二卷

(晋)陶潛撰　(明)何湛之校
明正德十五年(1520年)活字刊本　共二册
東北大學附屬圖書館藏本　原狩野亨吉等舊藏
【按】每半葉有界九行,行十八字。

鮑明遠集十卷

(宋)鮑照撰　(明)程榮校
明刊本　共一册
静嘉堂文庫藏本
【附録】日本空海和尚(弘法大師,774—835年)有《文鏡秘府論》六卷存世,其"地卷·十七勢"中引詩句"鹿鳴思深草,蟬鳴隱高枝;新自有所疑,旁人那得知",以證"比興入作勢"論。此二句出自鮑照《代別鶴操》。同書"東部·二十九種對"中引詩句"始見西南樓,纖纖如玉鈎。未映東北墀,娟娟似蛾眉"以證其"隔句對"。此四句出自鮑照《玩月城西門廨(〈六臣注文選〉作解)》。又"南卷·論文意"中舉鮑照《蕪城賦》而詳曰"大才子有不足處,一歇哀傷便已,無有自寬知道之意",又曰"鮑參軍麗而氣多,雜體《從軍》,殆凌前古,恨其縱舍盤薄,體貌猶少"。這是日本古文獻中關於鮑照文學的最早的記録。
九世紀日本藤原佐世《本朝見在書目録》第三十九"别集家"著録《鮑集》十卷。這是日本古目録學著作中關於《鮑照文集》的最早的記載。

鮑明遠集十卷

(宋)鮑照撰
明刊本　共二册
東北大學附屬圖書館藏本　原狩野亨吉等舊藏

鮑明遠集十二卷

(宋)鮑照撰
明萬曆年間(1573—1620年)刊本　共二册
尊經閣文庫藏本　原江户時代加賀藩主前田綱紀等舊藏

謝康樂集四卷

(宋)謝靈運撰　(明)焦竑校
明萬曆年間(1573—1620年)刊本
宫内廳書陵部　内閣文庫藏本
【按】前有明萬曆癸未(1583年)焦竑題辭。
宫内廳書陵部藏本,原係江户時代德山藩三代主毛利元次所收"天下秘籍"之一。東山天皇寶永三年(1706年)《御書物目録》著録此本。明治二十九年(1896年)男爵毛利元功獻贈宫内省圖書寮(即今宫内廳書陵部)。卷中有"金地院"、"竺隱"、"德藩藏書"等印記。共三册。
内閣文庫藏本,原係楓山官庫舊藏。此本與《謝惠連集》合爲二册。
【附録】日本空海和尚(弘法大師,774—835年)有《文鏡秘府論》六卷存世,其"地卷·十四例"中引詩句"昏旦變氣候,山水含清暉"以證其"上句體時下句以狀成之例,此二句出自謝靈運詩《石壁清舍還湖中》;又引詩句"明月照積雪,朔風勁且哀"以證其"當句各以物色成之例",此二句出自謝靈運詩《歲著》;又引詩句"延州協心許,楚老惜蘭芳。解劍竟何及,撫墳徒自傷"以證其"覆意之例",此四句出自謝靈運《廬靈王墓下作》。又"南卷·論文意"中曰"論人,則康樂公秉獨善之資,振頹廢之俗"。此處"康樂公"指謝靈運。這是日本古文獻中最早關于謝靈運文學的記載。

謝康樂集(謝靈運集)四卷

(宋)謝靈運撰　(明)焦竑校

明萬曆十一年(1583年)刊本

内閣文庫　德山市毛利家事務所藏本

【按】内閣文庫藏本,原係昌平坂學問所舊藏,共二册。

德山市毛利家藏本,原係江户時代德山藩第三代主毛利元次廣收"天下秘籍"之一。東山天皇寶永三年(1706年)《御書物目録》著録此本。共三册。

謝康樂集四卷

(宋)謝靈運撰

明刊本　共一册

宫内廳書陵部藏本

謝惠連集一卷

(宋)謝惠連撰　(明)汪士賢校

明萬曆年間(1573—1620年)刊本(與明刊《謝康樂集》合爲二册)

内閣文庫藏本　原楓山官庫等舊藏

【附録】淳和天皇天長四年(827年)日本完成了敕撰《經國集》的編纂。該集卷十三收録宫廷女官尼氏《奉和搗衣引》一首,其詩句有"就燈影,來玉房,刀尺量短長。穿針泣結連枝縷,含怨縫爲萬里裳。不怪腰圍異疇昔,昨夜入夢君容悴"。學界認爲其意像與詩句來自六朝宋人謝惠連《搗衣》中"裁中笥中刀,縫爲萬里裳……腰帶準疇昔,不知今是非"。這是日本古文獻中關于謝惠連文學的最早的記録。

日本空海和尚(弘法大師,774—835年)有《文鏡秘府論》六卷存世,其"南卷·集論"中曰"常與諸學士覽小謝詩,見《和宋記室省中》,詮其秀句,諸人咸以謝'行樹澄遠陰,雲霞成異色'爲最"。此處"小謝"者,即係謝惠連也。這是日本古文獻中關于學者論説謝惠連文學的早期記録。

謝宣城集六集

(齊)謝朓撰

明刊本　共二册

宫内廳書陵部藏本

【附録】日本空海和尚(弘法大師,774—835年)有《文鏡秘府論》六卷存世,其"東部·二十九種對"中引詩句"悵望一途阻,參差百慮違"以證其"雙聲對"。此二句出自謝朓《酬王晋安》。又"南卷·論文意"中曰"(論人),宣城公情致蕭散,詞譯義精,至于雅句殊章,往往驚絶"。此處"宣城公"即指謝朓。這是日本古文獻中關于謝朓文學最早的記録。

九世紀日本藤原佐世《本朝見在書目録》第三十九"别集家"著録《謝朓集》十卷。這是日本古目録學著作中關于謝朓《文集》的最早的記載。

謝宣城集五集

(齊)謝朓撰　(明)汪士賢校

明萬歷年間(1573—1620年)刊本

國會圖書館　早稻田大學圖書館藏本

【按】前有明萬曆七年(1579年)《序》。

國會圖書館藏本,共一册。

早稻田大學圖書館藏本　共二册。

梁昭明太子文集五卷

(梁)蕭統撰　(明)楊慎等校

明嘉靖三十四年(1555年)刊本　共一册

静嘉堂文庫藏本　原陸心源十萬卷樓舊藏

【按】每半葉有界八行,行十六字。

前有梁簡文帝《序》,次有劉孝綽《序》,次有《上昭明太子集别傳等表》,次有梁蕭子範《求撰昭明太子集表》,次有明嘉靖乙卯(1555年)周滿《序》。

是書原二十卷,原本久佚。宋淳熙八年(1181年)池陽刺史袁説友得《昭明文集》五卷刻之郡齋。至明嘉靖時,雲南按察使成都周滿得其書於皇甫汸,請楊慎再壽諸梓,此本即是。

卷中有明人手識文曰:"崇禎辛未(1631年)十二月立春日,藏於瓜疇。"

又有1770年奚綱手識文。其文曰:"乾隆庚寅九月立秋後一月,蘿龕外史奚綱觀于貞復堂。”

梁昭明太子文集五卷

(梁)蕭統撰　(明)楊慎等校

明代遼國寶訓堂刊本　共二册

宫内廳書陵部藏本　原江户時代德山藩主毛利元次舊藏

【按】此本題“大明遼國寶訓堂重梓”,又題“明成都楊慎、周滿、東吴周復俊、皇甫汸校刊”,則爲明遼府重刊嘉靖三十四年周滿之本。行款格式一如嘉靖周本,刻刊頗精。

此本原係江户時代德山藩三代主毛利元次廣收“天下秘籍”之一。東山天皇寶永三年(1706年)《御書物目録》著録此本。明治二十九年(1896年)男爵毛利元功獻贈宫内省圖書寮(即今宫内廳書陵部)。

卷中有“德藩藏書”、“長氏”等印記。

董康《書舶庸譚》卷三著録此本。

梁江文通文集十卷

(梁)江淹撰

明嘉靖年間(1522—1566年)刊覆宋本　共二册

静嘉堂文庫　御茶之水圖書館藏本

【按】每半葉有界十行,行十八字。白口,左右雙邊。

卷前有《總目》,列十卷二百六十九篇。文中避宋諱,凡“殷、徵、構、鏡、敬、玄、貞”等字皆缺筆。

静嘉堂文庫藏本,原係王世貞、陸心源十萬卷樓舊藏。陸心源《儀顧堂續跋》卷十二著録此本,並斷爲“南宋書棚本”。其識文曰:

“按,《隋書經籍志》(著録)《江淹集》九卷,《後集》十卷,注曰‘梁二十卷’。新舊《唐書》皆云《前集》十卷,《後集》十卷。《崇文總目》、《郡齋讀書志》、《直齋書録解題》、《文獻通考》皆云十卷,與今本同。晁氏曰:‘文通著述百餘篇,自撰爲前後集,今集二百四十九篇。’今此本二百六十九篇,四字恐六字之訛,當即晁氏所見之本。宋諱如殷博士、殷東陽之‘殷’,許徵君、陶徵君、王徵君之‘徵’,搆象臺之‘搆’,鏡《論語》之‘鏡’,宫朝禮哀敬之‘敬’,枌邑尚嚴玄之‘玄’,咸告忠貞之‘貞’,皆爲字不成。行款字數匡格大小,又與臨安睦親坊陳宅本《孟東野集》、《浣花集》同,當亦宋季臨安書鋪所刊,爲北宋以來相傳舊本。其題梁江文通者,必所刊晋唐六朝人集尚多,非一集故耳。較汪士賢本多《知己賦》一首;較張溥本多《蕭讓大傅揚州牧表》一首。此外,字句之間,勝汪張兩本處甚多。七閣著録未見此本,可見流傳之少矣。余又有梅鼎祚刊本,名《江光禄集》,亦分十卷,編此前後,缺文墨釘,皆與此本同。增《遂古篇》、《咏美人春游》、《征怨》三首,爲補遺,不羼入十卷之内,亦善本也。”

卷中有“太倉王氏藏書”朱文長印等印記。

御茶之水圖書館藏本,原係日人上村閑堂舊藏,1923年(大正十三年)歸德富蘇峰成簣堂。此本今存卷九、卷十,凡二卷。内封有德富蘇峰手識文,叙上村閑堂贈書之由。

【附録】日本空海和尚(弘法大師,774—835年)有《文鏡秘府論》六卷存世,其“地卷·十體”之四爲“直置體”,此名見於江淹《雜體詩》之三十《殷東陽仲文興矚》,其詩曰:“直置忘所宰,蕭散得遺慮。”此係日本古代文化與江淹文學關係的最早記録。

九世紀日本藤原佐世《本朝見在書目録》第三十九“别集家”著録《江文通集》十卷。這是日本古文獻關于《江文通集》的最早的記載。

日本中世紀時代著名詩人别源圓旨(?—1364年)有詩文集《南遊集》和《東歸集》各一卷。其《南遊集》有《即事》詩曰:“雨歇方池開白藕,採來和露插銅瓶;清風一枕北窗下,午樹蟬聲夢裏聽。”此詩句意象“方池”,則來自中國南北朝梁代詩人江淹雜體詩《感遇》中“華月照方池,列座金殿側”。從中可以見到江淹文學日本中世紀時代傳播的狀態。

梁江文通文集十卷

(梁)江淹撰　(明)汪士賢校

明新安汪氏刊本　共五册

東京大學東洋文化研究所　大谷大學悠然樓藏本

【按】大谷大學藏本,原係大西行禮等舊藏。

梁醴陵集二卷

(梁)江淹撰

明刊本　共二册

尊經閣文庫藏本　原江户時代加賀藩主前田綱紀等舊藏

沈隱侯集十六卷　附一卷

(梁)沈約撰　(明)阮元聲評

明末刊本　共四册

内閣文庫藏本　原豐後佐伯藩主毛利高標等舊藏

【按】此本係日本仁孝天皇文政年間(1818—1829年)出雲守毛利高翰獻贈幕府。明治初期入内閣文庫。卷中有"佐伯侯毛利高標字培松藏書畫之印"等印記。

【附録】聖武天皇天平勝寶三年(751年)日本編纂成第一部書面文學集《懷風藻》。該集第三十四首係正六位上左大史荆助仁撰《詠美人》一首,其中有"腰逐楚王細,體隨漢帝飛"句。學界認爲此"……逐……隨……"句式學自六朝梁代沈約詩《爲鄰人有懷不至》中"影逐斜月來,香隨遠風入"。若是,則八世紀時代沈約作品已經在日本貴族知識界流傳。

日本空海和尚(弘法大師,774—835年)有《文鏡秘府論》六卷存世,其"地卷·十四例"中引詩句"既爲風所開,還爲風所落"以證"叠語之例",此二句出自沈約"詠風"(《玉臺新詠》作《臨春風》)。這是日本古文獻中早期的關于梁人沈約文學的記載。

九世紀日本藤原佐世《本朝見在書目録》卷三十九"别集家"著録《沈約集》八卷,並《録》一卷。這是日本古文獻中關于《沈約文集》的最早記載。

據光格天皇天明六年(1786年)《寅十番船持渡書改目録寫》記載,是年中國商船"寅十番"載《沈隱侯集》一部一帙四册運抵日本。《目録》注明"古本,蟲蝕,無脱紙。"

陶貞白集(貞白先生陶隱居集)一卷

(梁)陶弘景撰

張立人手寫本　共一册

静嘉堂文庫藏本

【按】此本大題署《貞白先生陶隱居集》,並署"昭臺弟子傅霄編集,大洞弟子陳桷校勘鏤版"。

前有《隱居傳》,後有梁元帝、昭明太子、邵陵王綸《陶隱居碑》,並有司馬子微《碑隱記》,蘇庠《像贊》。

卷中有1736年張立人寫書手識文,文曰:

"林宗寫本,今藏聽雲陸氏。予從陸氏借録,乾隆元年嘉平朔日録竟。青芝。"

陸心源《儀顧堂續跋》卷十二著録此本。其識文曰:

"《隱居集》久亡,王欽臣始裒遺文三十二篇。南豐曾恂益以《寒夜愁》、《胡笳》二詩(並)《難均聖論》。傅霄爲之編次,附殘文於後。紹興中有刊本。嘉靖甲辰文休承録於峴山周氏。崇禎戊辰葉林宗(奕)從文本傳録。此則乾隆元年張青芝(位)借葉本所手録者。《四庫》未收,阮文達始進呈。此本比阮本較爲完善。"

此本有明人文休承手録時識文,文曰:

"先生文集三十卷,内集十五卷,今皆亡逸不傳。故禮部侍郎王公欽臣,□其遺文三十二篇,以爲一卷。南豐曾恂,復得《寒夜愁》、《胡笳》二詩於《古樂府集》中,(又得)《難沈鎮軍均聖論》於《弘明集》中,因考其制作先後爲之次,以類相從,並殘文附於後。嘉靖甲辰,假得峴山周□□氏所藏紹興刻本,因手録一帙,藏於蕭閑齋。是歲九月朔燈下文嘉休承識。"

又有明人葉宗林手録時識文,文曰:

"崇禎戊辰夏四月,余適鹿城,良夫師時館張氏。余往謁,因見師校録是集。明年己巳,余得借校,然坊刻脱誤頗甚,不堪改抹,故另寫此本。其字迹前後非一,則余及李涵仲、奚静宜共書也。五月十七日午,震澤葉奕記於孫氏蕉夢軒之雨窗。"

又有明人徐濟忠觀書識文二則。一則曰:"張青甫自吴門來,攜休承所抄本,余既以校坊本矣。因思有抄本未必是,而坊本未必非者,手定此帙。蓋崇禎改元之初夏也。虞山徐濟忠。"又一則曰:"夏末復借抄本對校,凡字可兩通,皆志其上方,必較然差謬,始不復志,然亦百之一二耳。濟忠又書。"

卷中有"張位之印"等印記。

陶貞白集一卷

(梁)陶弘景撰

明刊本　共一册

米澤市立圖書館藏本　原江户時代米澤藩主家舊藏

陶貞白集二卷

(梁)陶弘景撰　(明)黄省曾編

明汪士賢刊本　共一册

京都大學文學部中國語學文學哲學研究室藏本

【按】《孶經室外集》卷一著録《華陽陶隱居集》,即《陶貞白集》二卷與此本同。其識文曰:

"弘景有《真誥》,《四庫全書》已著録。此其生平雜文及與武帝往復論書之劄。據《集》中《尋山誌》云,先生去世後,久無人編録文集。至陳武帝貞明二年,敕令侍中尚書令江總始撰文集。先生以梁大同二年解駕,至是五十二載矣,文章頗多散落云云。然考《隋書·經籍志》,梁隱居先生《陶弘景集》三十卷,又《内集》十五卷。至宋人作《唐書·藝文志》,僅載《陶弘景集》三十卷,則疑其所作《内集》已佚。自是以後,傳述愈微。晁公武、陳振孫皆未著録。是本從明《道藏》本録出,卷首載昭臺弟子傅霄編集,大洞弟子陳楠校勘。蓋亦道家者流。惟《集》前有江總《序》一首。似尚存其舊,餘則存什之一二而已。若夫殘膏剩馥,實足以沾溉後人。蓋弘景在道家,亦號學者,其著述與《抱朴》抗衡,所謂列仙之儒也。"

庾開府詩集四卷

(周)庾信撰

明正德年間(1506—1521年)刊覆宋本　共一册

静嘉堂文庫藏本　原陸心源十萬卷樓舊藏

【按】前有無名氏《序》及周滕王逌《序》,又有明正德辛巳(1521年)朱承爵《記》。

《北史》本傳稱庾信有《集》二十卷,此與九世紀日本《本朝見在書目録》著録同,而《隋書·經籍志》又著録爲二十一卷。

倪瓚《清閟閣集》中有《與彝齋書學士書》,其文曰:"聞執事新收得《庾子山集》,在州郭時,欲借以示僕,不時也,兹專一力致左右,千萬暫借一觀。"據此則知,元末明初,大概又有重編之本。

此本首載之周人滕王逌《序》,實後人從諸書中抄録成篇者,非爲原本。

【附録】據日本聖武天皇天平二十年(746年)六月一日的《寫章疏目録》記載,當時存於"寫經所"的漢籍佛典與外典中有《庾信集》二十卷。此爲《庾信集》在日本古文獻中之最早記載。

日本空海和尚(弘法大師,774—835年)有《文鏡秘府論》六卷存世,其"天卷·調聲·七言尖頭律"中曾引庾信詩句"誰言氣蓋代,晨起帳中歌"以證其論。此二句出自庾信《詠懷》二十七首之一《蕭條亭障遠》。

嵯峨天皇弘仁九年(818年)日本完成平安時代"敕撰三集"之二的《文華秀襄集》的編纂,其卷下"雜詠"有嵯峨天皇撰《河陽花》一首,詩中"三春二月河陽花，河陽從來富於花"句，其意象與詞語出庾信《春賦》"河陽一縣併是花，金谷從來滿園樹"，又見庾信《枯樹賦》"若飛金谷滿園樹，即是河陽一縣花"。這是日本古文學中融入庾信詩作的最早記録。

九世紀日本藤原佐世撰《本朝見在書目録》，其第三十九"别集家"著録《庾信集》二十卷。此爲《庾信集》在日本古文獻中之最早記載。

庾開府詩集六卷

(周)庾信撰

明嘉靖年間(1522—1566年)朱曰藩輯刊本

共二册

宫内廳書陵部藏本

【按】卷前有朱曰藩《序》，述該《詩集》編輯之由。蓋由《隋書·音樂志》、《樂府詩集》、《藝文類聚》、《初學記》、《文苑英華》諸書鈔撮成編。

後有"吴下馬相、陸宗華寫刻"木記二行。

卷中有"懷玄"、"繼玄子"、"科第世家"、"皇父子孫"等印記。

庾開府集十二卷

(周)庾信撰　(明)汪士賢校

明萬曆年間(1573—1620年)刊本

内閣文庫　尊經閣文庫　東京大學東洋文化研究所藏本

【按】内閣文庫藏本，原係昌平坂學問所舊藏，共八册。

尊經閣文庫藏本，原江户時代加賀藩主前田綱紀等舊藏，共四册。

庾子山集十六卷

(周)庾信撰　(明)屠龍評

明刊本　共四册

大阪府立圖書館藏本

(唐人别集之屬)

駱賓王集十卷

(唐)駱賓王撰　(明)陳大科注

明萬曆二十三年(1596年)刊本　共二册

静嘉堂文庫藏本

【附録】孝謙天皇天平勝寶三年(751年)編纂成日本第一部書面漢詩集《懷風藻》，其中收入作品曾徵引唐人駱賓王詩典，如第八十九首正三位式部卿藤元朝臣宇合《在常陸贈倭判官留在京》，其《序》中有句曰"義存伐木，道葉採葵"，其"採葵"一典則取自駱賓王詩《初秋於竇六郎宅宴……》前《序》中句"六郎道合採葵……諸啓情諧伐木"。如是，駱賓王詩作在八世紀已傳入日本。

九世紀末日人藤原佐世《本朝見在書目録》第三十九"别集家"著録"《駱賓王集》十卷"。此爲駱賓王著作在日本流傳之最早目録學記録。

據江户時代《商舶載來書目》記載，中御門天皇享保十年(1725年)，中國商船"良字號"載《駱賓王先生集》一部抵日本。

《書籍元帳》記載，孝明天皇嘉永二年(1849年)從中國輸入《駱賓王集》，售價三匁。

江户時代《倭版書籍考》卷七著録《駱賓王集》，并曰："(此集)有上下二本。賓王係初唐時著名文人。今倭本爲略本，元本有十卷。"

日本後櫻町天皇寶曆七年(1757年)有中村吉次郎寫《駱賓王集》二卷。此本今存國會圖書館。

光格天皇寬政五年(1793年)京都錢屋重兵衛刊印《駱賓王詩集》二卷。此本由日人入江兼通(若水)訓點。其後，此本又有大阪嵩高堂河内屋八兵衛等重印本。

駱賓王文集十卷

(唐)駱賓王撰
明刊本　共二册
静嘉堂文庫藏本　原陸心源十萬卷樓舊藏

(新刊注釋)駱丞集十卷

(唐)駱賓王撰　(明)黄用中注
明萬曆二年(1574年)書林詹海獃刊本　共二册
京都大學文學部中國文學語學哲學研究室藏本

(鼎雕注釋)駱丞文抄評林十卷

(唐)駱賓王撰　(明)蔣孟育批點　陳魁士注釋
明萬曆十九年(1591年)楊大譞刊本　共五册
京都大學文學部中國文學語學哲學研究室藏本

唐駱先生文集六卷

(唐)駱賓王撰　(明)金繼震等校
明萬曆十九年(1591年)刊本　共二册
内閣文庫藏本　原楓山官庫舊藏
【按】每半葉有界七行,行十七字。白口,四周雙邊。

唐駱先生文集六卷

(唐)駱賓王撰　(明)虞九章等訂釋
明萬曆十九年(1591年)武林虞氏更生齋刊本
蓬左文庫藏本　原尾陽藩主家舊藏
【按】每半葉有界九行,行十八字。白口,左右雙邊。
卷内有"尾陽内庫"印記。
此本係日本明正天皇寛永六年(1629年)從中國購入。

唐駱丞先生文集六卷

(唐)駱賓王撰　(明)虞九章注
明陸鳴勛重刊本　共七册
京都大學文學部中國語學文學哲學研究室藏本

靈隱子(駱賓王集)六卷

(唐)駱賓王撰　(明)陳大科注
明萬曆二十四年(1596年)陳氏崧臺書院刊本
宫内廳書陵部　國會圖書館　静嘉堂文庫　早稲田大學圖書館藏本
【按】每半葉有界十行,行二十字。白口,四周雙邊。
宫内廳書陵部藏本,共四册。
國會圖書館藏本,共六册。
静嘉堂文庫藏本,原係陸心源十萬卷樓舊藏,共四册。
早稲田大學圖書館藏本,共六册。

駱臨海文集四卷

(唐)駱賓王撰
明崇禎年間(1628—1644年)刊本　共二册
宫内廳書陵部藏本
【按】每半葉有界八行,行十九字。白口,四周單邊。
前有明崇禎庚辰(1640年)熊人霖《序》,次萬曆辛卯(1591年)汪道昆舊《序》,次熊人霖《駱臨海墓碑記》,次《唐書》本傳,次《凡例》,次《目録》。
《目録》後署"崇禎庚辰仲秋敬事堂詮訂"。
本文首題"明進賢熊人霖伯甘詮訂"。眉欄間有評語。
每册有"石室分藏","秘閣圖書之章"等印記。

(新刊)駱子集四卷

(唐)駱賓王撰　(明)陳魁士輯注

明萬曆八年(1580年)刊本　共四册

東洋文庫藏本　原藤田豐八等舊藏

【按】每半葉有界十行,行二十二字。

前有陳魁士《自序》等。後有劉大烈《跋》。

駱丞集注四卷

(唐)駱賓王撰　(明)顔文選補注

明萬曆四十三年(1615年)刊本　共四册

静嘉堂文庫　京都大學文學部中國語學文學哲學研究室　東北大學附屬圖書館藏本

【按】每半葉有界九行,行二十字。白口,四周單邊。

静嘉堂文庫藏本,原係中村敬宇舊藏。

京都大學藏本,原係鈴木虎雄舊藏。

東北大學藏本,原係狩野亨吉舊藏。

(類選注釋)駱丞全集四卷

(唐)駱賓王撰　(明)顧從敬類選　陳繼儒注

明末刊本

國會圖書館　内閣文庫　尊經閣文庫　東洋文庫　東京大學東洋文化研究所　京都大學文學部中國語學文學哲學研究室　愛知大學附屬圖書館　廣島大學文學部　大谷大學悠然樓　御茶之水圖書館藏本

【按】每半葉有界九行,行二十字。白口,四周單邊。

國會圖書館藏本,共四册。

内閣文庫藏此同一刊本三部。一部原係江户時代林羅山舊藏,卷中有"江雲渭樹"印記,共二册。一部原係楓山官庫舊藏,共六册。一部共四册。

東洋文庫藏本,原係小田切萬壽之助等舊藏,共四册。

愛知大學藏本,原係小倉正恒舊藏,共四册。

大谷大學藏本,原係大西行禮等舊藏,共四册。

御茶之水圖書館藏此同一刊本兩部,一部原係人見友等舊藏,後歸德富蘇峰所有。第一册封面内側有德富蘇峰手識文,其文曰:"是人見友元舊儲,頁末鈐印可徵也。大正乙卯八月念四曝凉之際,蘇峰謹志。"卷中另有"森氏開萬册府之記"等印記,共四册。一部原係木村蒹葭堂等舊藏,後歸德富蘇峰成簣堂,此本各册外題,皆係蒹葭豈手筆,書帙内附德富蘇峰手識文。卷中有"詩仙堂"、"蒹葭堂印"(陰文),"蒹葭堂藏書記"等印記,共六册。

其餘藏本,皆共四册。

駱賓王文鈔神駒四卷

(唐)駱賓王撰　(明)梅之焕釋

明萬曆三十五年(1607年)劉龍田刊本　共一册

御茶之水圖書館藏本　原岡本橘仙　德富蘇峰等舊藏

【按】每半葉分頭注與本文兩部分,中間用横綫分割,頭注約占全版五分之一版。正文每半葉無界十一行,行二十一字左右。注文小字雙行。頭注每半葉約二十行,行約六字。

前有汪道毗《叙》,又有《駱賓王傳》。

首題"刻梅太史評釋駱賓王文鈔神駒"。後三行分别題署"麻城梅之焕彬甫父釋"、"直隸孫承宗椎繩父訂"、"閩書林龍田劉大易梓"。

卷末有蓮花牌木記,其文曰:"龍飛萬曆丁未歲,劉龍田精梓發行"。

内封有德富蘇峰手識文,記昭和十三年(1938年)十一月在名古屋車中岡本橘仙贈書之由。

東臯子集三卷

(唐)王績撰　(明)曹荃校

明崇禎辛巳(1614年)張燮刊本　共一册

宫内廳書陵部藏本

【按】每半葉有界九行,行十八字。白口,左右雙邊。

前有明崇禎辛巳曹荃《序》。又有吕才、陸淳原《序》。

卷中有"穎川"、"磐生"、"秘閣圖書之章"等印記。

《東皋子集》初傳日本,本爲五卷。九世紀藤原佐世《本朝見在書目録》第三十七著録"《東皋子集》五卷",此可爲證。此本三卷。

東皋子集三卷

(唐)王績撰

明刊本　共一册

東洋文庫藏本　原藤田豐八等舊藏

東皋子集三卷　附一卷

(唐)王績撰

舊寫本　吴翌鳳手識本　共一册

静嘉堂文庫藏本　原陸心源十萬卷樓舊藏

【按】前有吕才、陸淳原《序》。

卷中有吴翌鳳手識文。文曰:

"庚子初冬,於鮑以文丈處見宋刊本,凡五卷。視此增多三十餘篇,惜未假得校補,書此以俟。十八日延陵吴翌鳳記。"

在吴氏此手識文之前,又有"乙未四月四日燈下校。枚"一行。

李趙公集十六卷

(唐)李嶠撰

明藍格寫本　共三册

宫内廳書陵部藏本

【按】此本題"明閩鄣張爕紹和纂"。每册有"秘閣圖書之章"印記等。

【附録】日本空海和尚(弘法大師,774—835年)有《文鏡秘府論》六卷存世,其"地卷"設詩體爲"十體"。名之曰"形似體、質氣體、情理體、直置體、雕藻體、映帶體、飛動體、婉轉體、清切體、菁華體"。此"十體"之説,見於唐人李嶠《評詩格》曰"詩有十體。一曰形似,二曰質氣,三曰情理,四曰直置,五曰雕藻,六曰影帶(空海作"映帶"),七曰婉轉,八曰飛動(空海將七、八倒置),九曰情切(空海作"清切"),十曰精華(空海作"菁華")。"此係日本古代文化與李嶠文學關係的最早記録。

九世紀末日人藤原佐世《本朝見在書目録》第三十九"别集家"著録"李嶠撰《百廿詠》一卷。"此爲日本古代目録學著作著録最早之李嶠作品。

十七世紀日本江户時代著名學者林鵞峰(1618—1680年)在《本朝一人一首》卷十中評論日本文化史曰:"桓武朝僧空海熟覽《王昌齡集》,且其所著《秘府論》,粗引六朝之詩,及錢起、崔曙等唐詩爲例。嵯峨隱君子讀《元稹集》,菅丞相曰:'温庭筠詩集優美也。'公任、基俊所采用宋之問、王維、李頎、盧綸、李端、李嘉祐、劉禹錫、賈島、章孝標、許渾、鮑溶、方幹、杜荀鶴、楊巨源、公乘億、謝觀、皇甫冉、皇甫曾等諸家猶多。加之李嶠、蕭穎士、張文成等作,久聞於本朝。然則當時文人,涉漢魏六朝唐諸家必矣。"此係概述了李嶠文學等在日本古代文學中的地位。

日本平安時代(794—1185年),鎌倉時代(1192—1330年),南北朝時代(1331—1392年)及江户時代皆曾有《李嶠雜詠》日人寫本。今國會圖書館存日本北朝光明天皇康永二年(1343年)李嶠撰《百廿詠》日人手寫本一種。

日本靈元天皇延寶三年(1675—1680年)有《李嶠雜詠》刻本。

桃園天皇寶曆十一年(1761年)大阪河内屋太助·吉文字屋市兵衛刊印《李巨山詠物詩》二卷。此本由日人石川貞(鉿)校。

杜審言集一卷

(唐)杜審言撰

明刊本(明刊《唐十二名家詩》之零本)　共一册

東京大學東洋文化研究所藏本

【附録】九世紀末日本藤原佐世《本朝見在書目録》第三十九"别集家"著録"《杜審言集》十卷"。

王勃集(殘本)一卷

(唐)王勃撰

七世紀末唐人寫本　日本國寶　共一卷

上野有竹藏本

【按】此卷係《王勃集》第二十八卷之殘本。紙本墨書，凡191行，行十五字至十八字不等。全卷長348.1cm，幅寬25.3cm。

第一行題署“墓志下”，空二字左右，連寫篇目。篇目如次：

遼奚(溪?)員外墓志一首　并序

陸□□墓志一首　并序

歸仁縣主墓志一首　并序

賀杖氏墓志一首　并序

篇目後正文。正文頂格書寫。

第一篇題曰《唐故度支員外郎遼溪公(墓志并序此四字磨滅)》。此篇共四十三行。

篇後有割裂黏結痕迹，疑中間有殘缺，前“篇目”中所記《陸□□墓志一首并序》一篇缺軼不存。

接第一篇後，頂格墨書爲前“篇目”第三篇《歸仁縣主墓志并序》，此篇凡九十七行。

次頂格墨書《唐故河東處氏衛某夫人賀杖氏墓志并序》。此篇凡四十一行。

卷末空二行，墨書“集卷第廿八”。

卷中文字避武則天祖父之諱，凡“華”字皆缺末筆。然文中未曾使用“則天文字”，姑推斷此本之鈔寫在則天皇帝垂拱一永昌年間(685—689年)。

此本已被“日本文化財審議委員會”確認爲“日本國寶”。

【附録】日本正倉院寶物中有《王勃詩序》一部，録王勃撰《序》類作品四十一篇。題署文武天皇“慶雲四年(707年)七月廿六日”，此爲日本第七次“遣唐使團”從中國携帶歸國之文獻。此爲日本現存最早的王勃作品之實物。

依據日本平城宮遺址出土的文物，其中《王勃集》木簡殘片三枚。(平城宮爲公元710年到784年日本古都)孝謙女天皇天平勝寶三年(751年)日本完成第一部書面文學集《懷風藻》的編纂，其中第六十五首大學助教從五位下下毛野朝臣蟲麻吕撰《秋日於長王宅宴新羅客·序》中有“飛西傷之華篇，繼北梁之芳韵；人探一字，成者先出”文句，其“探一字”一詞，語出王勃《春夜桑泉别王少府序》“因探一字，四韵成篇”。這是日本古文獻中最早運用王勃詩作的記録。十二世紀少納言藤原通憲(信西)有藏書目録《通憲入道藏書目録》，其中第百十六櫃著録《王勃集》一帖五卷。

日本桃園天皇延享四年(1747年)平安書林吉左衛門玉樹堂刊印《王勃詩集》二卷。此本係明人張遜業校正，日本人芥川煥重點校。

王勃集(殘本)二卷

(唐)王勃撰

七世紀末唐人寫本　日本國寶　共一卷

東京國立博物館藏本　原赤星鐵馬　富岡桃華等舊藏

【按】此卷係《王勃集》卷第二十九、卷第三十之殘本。兩卷被從中間割裂，黏結爲一卷。紙本墨書，全卷長447.8cm，幅寬25.2cm。

卷首頂格墨書“集卷第廿九”。

次行頂格列篇目，篇目如次：

行狀　張公行狀一首

祭文　祭石提(堤?)山神文一首

祭石堤女郎神文一首

祭白鹿山神文一首

爲虔霍王諸官祭故長史一首

爲霍王祭徐王一首

祭高祖文一首

次换行連正文。

正文首行頂格墨書“行狀”，次行頂格墨書《張公行狀一首》，次行頂格墨書正文，共六十七行。

次行頂格墨書《祭石堤山神文》。次行頂格墨書正文，共十行。

次行頂格墨書《祭石堤女郎神文》。次行頂格墨書正文，共十一行。

次行頂格墨書《祭白鹿山神文》。次行頂格墨書正文，共十八行。

次行頂格墨書《爲虔州諸官祭故長史文》。

次行頂格墨書正文,共十五行。

次行頂格墨書《爲霍王祭徐王文》。次行頂格墨書正文,共十一行。

次行並非《祭高祖文》。此處下接各文章係前卷第二十九"篇目"所未見,疑此處即爲卷第二十九與卷第三十之黏結之處。

次行頂格墨書《☐没後彭執古血獻忠与(原字簡體)表弟書》。次行頂格墨書正文,共十一行。

次行頂格墨書《族翁承烈舊一首》,下有雙行小字,文曰"兼与(原字簡體)劉☐書論送舊書事"。次行頂格墨書正文,共五十二行。

次行頂格墨書《族翁承烈致祭文》。次行頂格墨書正文,共二十三行。

次行頂格墨書《族翁承烈領乾坤注報助書》。次行頂格墨書正文,共三行。

次空二行,頂格墨書"集卷第卌"。

此本已被日本"文化財審議委員會"確認爲"日本國寶"。

王勃集(殘本)一卷

(唐)王勃撰

七世紀末唐人寫本　日本重要文化財　共一卷

京都國立博物館藏本　原神田香岩等舊藏

【按】此卷係《王勃集》卷第二十九之殘本,紙本墨書,共二十二行,全卷長 51.1cm,幅寬 26.0cm。

頂格墨書《過淮陰侯謁漢祖廟祭文奉　命作》。次行頂格墨書正文,共二十一行。

此本已被日本"文化財審議委員會"確認爲"日本重要文化財"。

王勃詩序一卷

(唐)王勃撰

唐慶雲四年(707 年)寫本　皇室御物　卷子本共三十張

正倉院中倉藏本

【按】此本有表紙一張,係白麻紙,外題"詩序一卷"。全卷卷末餘白處墨書"慶雲四年(707 年)七月廿六日　用紙貳拾玖長"。

本紙二十九張,由白色、茶色、黄色、紅色、緑色、灰色等諸色麻紙組成,此所謂"五采箋"。然有些紙色已退化斑駁。紙寬 26cm,表紙長 24.5cm,正文第一枚紙長 37.5cm,第二十四枚紙長 32cm,第三十枚紙長 27.5cm,其餘各紙皆長 38.5cm。

本卷輯集王勃詩賦之《序》凡四十一篇。其中如《於越州永興縣李明府送蕭三還濟州序》、《秋日楚州郝司户宅遇餞霍使君序》、《九月九日采石館宴序》、《衛大宅宴序》等約二十篇,爲今存明活字本印本《王勃詩》一卷及清人寫本(李之郇校)《王子安集》十六卷中不見者。

每紙書寫十行至二十餘行不等。無界。行文中使用唐代"則天文字",字體近似歐陽詢的行草。

據日本學者内藤乾吉考定,文中所見之"人"、"月"等字體,皆係則天皇帝"聖曆"年間(698—699 年)開始使用,故此本應爲"聖曆"至鈔寫之年(707 年)之間由日本第七次"遣唐使團"從中國携歸之文獻。

後鳥羽天皇建久四年(1193 年)《寶庫開檢目録》中著録《諸序書》二卷,推考其中之一卷,即爲此本。

王勃集二卷

(唐)王勃撰　(明)張遜業校

明嘉靖三十一年(1552 年)江都黄東壁圖書府刊本　共一册

東京大學東洋文化研究所藏本

【按】《唐書·文苑傳》稱《王勃集》有三十卷,《楊炯集序》則謂其《文集》分爲二十卷。此本僅載王勃詩賦二卷,係明刊《唐十二家名詩》之零本。

【附録】櫻町天皇延亨 4 年(1747 年)9 月京都玉樹堂唐本屋吉左衛門刊印《王勃集》二卷。此本(唐)王勃撰,(明)張遜業校,并由日人芥川焕點。

王勃集一卷

(唐)王勃撰

明刊本　共一册

京都大學文學部中國語學文學哲學研究室藏本

王子安集十六卷　附録一卷

(唐)王勃撰

明人寫本　共二册

静嘉堂文庫藏本　原陸心源十萬卷樓舊藏

【按】此本題明崇禎年間，閩人張燮搜輯《文苑英華》諸書，編次而成。

盧照鄰集二卷

(唐)盧照鄰撰　(明)張遜業校

明嘉靖年間(1522—1566年)東壁圖書府刊本　共一册

内閣文庫藏本

【附録】九世紀末日人藤原佐世《本朝見在書目録》第三十九"别集家"著録"《盧照鄰集》廿卷"。此係盧照鄰作品傳入日本之最早記載。

楊盈川集十卷　附録一卷

(唐)楊炯撰　(明)龍游　童佩輯　沈巖校

明沈岩刊本　共二册

静嘉堂文庫藏本　原陸心源十萬卷樓舊藏

【按】《唐書·文苑傳》稱揚炯有《文集》三十卷。九世紀日人藤原佐世《本朝見在書目録》第三十九"别集家"著録"《楊炯集》三十卷"，兩相正合。此本係明萬曆年間龍游、童佩從諸書裒集，詮次成編。前有皇甫氏《序》，并以"本傳"及"贈答"、"評論文語"等，别爲《附録》一卷。共賦八首，詩三十四首，雜文三十九篇。

楊炯集二卷

(唐)楊炯撰　(明)張遜業校

明嘉靖三十一年(1552年)東壁圖書府刊本　共一册

内閣文庫　東洋文庫藏本

【按】東洋文庫藏本，原係小田切萬壽之助舊藏。

楊炯集一卷

(唐)楊炯撰

明刊本　共一册

京都大學文學部中國語學文學哲學研究室藏本

陳子昂文集十卷　附録一卷

(唐)陳子昂撰

明嘉靖年間(1522—1566年)王庭校刊本　共二册

静嘉堂文庫藏本　原徐興公　陸心源十萬卷樓等舊藏

【按】每半葉有界十一行，行二十一字。小字雙行。白口，左右雙邊。

前有盧藏用《序》。

卷中有"晋安徐興公家藏書"朱文長印等印記。

【附録】日本空海和尚(弘法大師，774—835年)有《文鏡秘府論》六卷存世，其"東部·二十九種對"中引詩句"離堂思琴瑟，别路繞山川"以證其"異類對"。此二句出自陳子昂《春夜别友人》。同書"南卷·論文意"中又曰"如陳子昂詩落句云：'蜀門自兹妵，雲山方浩然'是也"。此二句出自陳子昂《西還至散關答補闕知之》。這是日本古文獻中最早的關於陳子昂詩作的記載

九世紀末日人藤原佐世《本朝見在書目録》第三十九"别集家"著録"《陳子昂集》十卷"。此係陳子昂作品傳入日本最早之目録學記載。其所記卷數，與此本相合。

陳伯玉文前集五卷　後集五卷　附録一卷

(唐)陳子昂撰　(明)楊春輯

明正德年間刊本　共八册

静嘉堂文庫藏本　原陸心源十萬卷樓舊藏

【按】此本前有盧藏用《序》。

陳伯玉文集十卷　附録一卷

(唐)陳子昂撰

明萬曆年間刊本　共八册

尊經閣文庫藏本　原江户時代加賀藩主前田綱紀等舊藏

陳子昂集二卷

(唐)陳子昂撰　(明)張遜業校

明嘉靖三十一年(1552年)東壁圖書府刊本　共一册

内閣文庫藏本

陳子昂集二卷

(唐)陳子昂撰

明銅活字本　共一册

大倉文化財團藏本　原譚錫慶等舊藏

【按】每半葉九行,行十七字。

卷中有"譚錫慶"、"畿輔譚氏"等印記。

宋學士集九卷　附録一卷

(唐)宋之問撰　(明)曹荃校

明崇禎十四年(1641年)刊本　共二册

宫内廳書陵部藏本

【按】每半葉有界九行,行十八字。白口,左右雙邊。

前有明崇禎庚辰(1640年)曹荃序。

卷首有"穎川"、"磐生"諸印記。

【附録】九世紀末日人藤原佐世《本朝見在書目録》第三十九"别集家"著録"《宋之問集》十卷"。

十世紀末日人藤原公仁(966—1041年)編纂《和漢朗詠集》二卷,其書卷下"無常部"引"年年歲歲花相似,歲歲年年人不同",此二句出自宋之問《有所思》。這是日本古文獻中關於宋之問文學的早期記録。十七世紀日本江户時代著名學者林鵝峰(1618—1680年)在《本朝一人一首》卷十評論日本文化史曰:"桓武朝僧空海熟覽《王昌齡集》,且其所著《秘府論》,粗引六朝之詩,及錢起、崔曙等唐詩爲例。嵯峨隱君子讀《元稹集》,菅丞相曰:'温庭筠詩集優美也。'公任、基俊所采用宋之問、王維、李頎、盧綸、李端、李嘉祐、劉禹錫、賈島、章孝標、許渾、鮑溶、方幹、杜荀鶴、楊巨源、公乘億、謝觀、皇甫冉、皇甫曾等諸家猶多,加之李嶠、蕭穎士、張文成等作,久聞於本朝。然則當時文人,涉漢魏六朝唐諸家必矣。"此係概述了宋之問等文學在日本古代文學中的地位。

沈佺期集四卷

(唐)沈佺期撰

明銅活字本　共二册

大倉文化財團藏本　原譚錫慶等舊藏

【按】每半葉九行,行十七字。黑口。

卷中有"譚錫慶"等印記。

【附録】九世紀末日人藤原佐世《本朝見在書目録》第三十九"别集家"著録"《沈詮(佺)期集》十卷"。今舊本皆佚。

沈佺期集二卷

(唐)沈佺期撰

明嘉靖三十一年(1552年)東壁圖書府刊本　共一册

東京大學東洋文化研究所藏本

【按】此本係明刊《唐十二名家詩》之零本。

沈佺期集一卷

(唐)沈佺期撰

明刊本　共一册

東京大學東洋文化研究所藏本

張説之文集二十五卷

(唐)張説撰

明天啓丁卯(1627年)寫本　共六册

宫内廳書陵部藏本　原季振宜　豐後佐伯藩主毛利高標等舊藏

【按】此本係據明嘉靖丁酉(1537年)伍氏龍

池草堂本摹寫。卷二十五末有護净居士手識，其文曰：

"天啓丁卯八月二十九日録完，十月初九月訂成□帙，二十九日粗校一過。護净居士記於含碧樓。"

此本各册朱筆校訂頗爲詳密，且手識甚多，散於各卷。

卷首序後，有朱筆識語，其文曰：

"此書先借何氏刻本印鈔，因誤多不可改正。崇禎庚午，先將《英華》、《文粹》諸本校過。至己卯始得葉林宗鈔本，對得二十卷，存五卷未遇善本，姑俟之。錢牧齋云復缺五卷，非全書也。"

卷八末又有手識文，其文曰：

"崇禎己卯，用錢牧齋抄本校，共增四葉。十月十日。"

此識文後，亦有"空居閣藏書記"印。

卷十七末，又有手識文，其文曰：

"崇禎己卯，借葉氏鈔本校過。"

此識文後，亦有"空居閣藏書記"印。印記後，另有墨書手識文，其文曰：

"九月十一日夜夢到一處若看榜者，見榜中亦有余名，意頗悵惘，徐行而歸。似是邸舍取筆，書紅牋作七言近體一首，僅憶二句。比曉起，又忘一句。其一句'萬燈明裏哭孤身，回顧目前無一人'。識面者邸中亦并新人，僕僮亦非舊從，若有無家之戚。嗚呼，余不作此夢矣。意境忡忡，豈隔世耶？他生耶？是時正閱此書，便筆記此。孱守居士。"

此識文後，又有"己倉父印"印記。

森立之《經籍訪古志》卷六著録"《張説之文集》十卷，明人鈔本，楓山官庫藏"。其識文曰：

"此就嘉靖中所刊永樂七年濠貞陰老人伍德本抄者。……卷二十五末記天啓丁卯八月二十九日録完……。"

森氏所述與此本全合，則森《志》所載，即爲宫内廳書陵部藏本。然今本係二十五卷，而森立之氏則記爲"十卷"，則不知何故。

卷中有"季振宜藏書"、"御史之章"、"滄葦"諸印記。第一册至第五册首有"馮氏藏本"、"上賞"等記印。

卷中還有"佐伯侯毛利高標字培松藏書畫之印"印記。每册首又有"秘閣圖書之章"印記。

此本係日本仁孝天皇文政年間（1818—1830年）出雲守毛利高翰獻于德川幕府，明治初年歸内閣文庫。明治二十四年（1891年）移交宫内省圖書寮（即今宫内廳書陵部）。

【附録】九世紀末日本藤原佐世《本朝見在書目録》第三十九"别集家"著録"《張説集》十卷"。此爲張説文集傳入日本之最早記録。

據《商舶載來書目》記載，後櫻町天皇明和四年（1767年），中國商船"登字號"，載《張説之文集》一部一帙抵日本。

張説之文集二十五卷

（唐）張説撰

明刊本　共二册

静嘉堂文庫藏本　原陸心源十萬卷樓舊藏

【按】此本有張九齡撰《墓志銘》一篇。

張説之集八卷

（唐）張説撰

明嘉靖年間（1522—1566年）刊本　共四册

内閣文庫藏本　原江户時代豐後佐伯藩主毛利高標等舊藏

【按】此本係仁孝天皇文政年間（1818—1829年）由出雲守毛利高翰獻贈幕府者。明治初年歸内閣文庫。

卷中有"佐伯侯毛利高標字培松藏書畫之印"等印記。

張燕公集（殘本）三卷

（唐）張説撰

明嘉靖十六年（1537年）高叔嗣序刊本　共二册

鹿兒島大學中央圖書館岩元文庫藏本

【按】是集全本二十五卷。此本今存卷第一、第二、第三，共三卷。

張燕公集二卷

(唐)張説撰
明刊本　共一册
宫内廳書陵部藏本

唐丞相曲江張先生文集二十卷　附録一卷

(唐)張九齡撰
明成化年間(1465—1487年)刊本　共四册
静嘉堂文庫　京都陽明文庫藏本
【按】前有明成化九年(1473年)邱浚《重刊序》一篇。
静嘉堂文庫藏本，原係陸心源十萬卷樓等舊藏。
陽明文庫藏本，原係江户時代近衛家凞等舊藏。
【附録】據《商舶載來書目》記載，光格天皇寬政五年(1793年)中國商船"幾字號"載《曲江文集》一部二帙抵日本。

唐丞相曲江張先生文集二十卷　附録一卷

(唐)張九齡撰　(明)丘浚編次
明嘉靖年間(1522—1566年)刊本　共四册
内閣文庫藏本　原江户時代林羅山等舊藏
【按】每半葉有界十行，行二十字。白口，左右雙邊。
卷中有"江雲渭樹"印記。

唐丞相曲江張先生文集二十卷　附録一卷

(唐)張九齡撰　(明)丘浚編次
明萬曆年間(1573—1620年)刊本　共四册
内閣文庫藏本

張曲江集十八卷　附録一卷

(唐)張九齡撰　(明)張燮編
明人寫本　共三册
宫内廳書陵部藏本

唐丞相曲江張先生文集十二卷　附録一卷

(唐)張九齡撰　(明)丘濬輯
明萬曆十二年(1584年)刊本
尊經閣文庫　大谷大學悠然樓藏本
【按】每半葉有界十行，行二十字。白口，四周雙邊。
尊經閣文庫藏此同一刊本二部，原皆係江户時代加賀藩主前田綱紀等舊藏，皆共四册。
大谷大學悠然樓藏本，原係大西行禮等舊藏，共六册。
【附録】日本光格天皇文化二年(1805年)。尾張藩明倫堂活字刊印《唐丞相曲江張先生文集》十二卷并《首》一卷、《附録》一卷。其後，此本有文化十年重印本。
江户時代又有京都采蘭堂刊印《唐丞相曲江張先生詩集》二卷。此本由日人久田湖山(犁)訓點。其後，此本有光格天皇寬政十一年(1799年)大阪澀川與左衛門修訂重印本。

唐丞相曲江張先生文集十二卷　附録一卷

(唐)張九齡撰　(明)丘濬輯
明萬曆十二年(1584年)刊萬曆四十一年(1613年)曲江李延大修補本
内閣文庫　東京大學總合圖書館藏本
【按】内閣文庫藏本，原係楓山文庫等舊藏，共四册。
東京大學總合圖書館藏本，原係森公泰槐南文庫舊藏，共六册。

張曲江集十二卷

(唐)張九齡撰
明萬曆年間(1573—1620年)刊本　共八册
宫内廳書陵部藏本

曲江張文獻先生文集十二卷

(唐)張九齡撰
明萬曆年間(1573—1620年)刊本　共四册
宫内廳書陵部藏本

【按】每半葉有界九行，行十八字。白口，四周單邊。

張曲公集（殘本）二卷

（唐）張九齡撰

明嘉靖十六年（1537年）高叔嗣序刊本　共一册

鹿兒島大學中央圖書館岩元文庫藏本

【按】是集全十二卷，今存卷第一、第二，共二卷。

張九齡集（殘本）三卷

（唐）張九齡撰

明銅活字本　共一册

大倉文化財團藏本　原譚錫慶等舊藏

【按】每半葉有界九行，行十七字。黑口。

是集全本六卷。此本今存卷一、卷二、卷三共三卷。

卷中有"篤生"、"譚錫慶"、"畿輔譚氏"等印記。

王昌齡集二卷

（唐）王昌齡撰

明活字刊本　共二册

石井積翠齋文庫藏本

【按】每半葉有界九行，行十七字。左右雙邊。

【附録】日本空海和尚（弘法大師，774—835年）有《文鏡秘府論》六卷存世，其"天卷·八種韵"中論及"交鏁韵"時引王昌齡《秋興》詩曰："日暮此西堂，凉風洗修木。著書在南窗，門館常肅肅。苔草彌古徑，視聽轉幽獨。或問余所營，刈黍就空谷。"又同書"地卷·十七勢"中引王昌齡《寄驩州》、《見譴至伊水》、《題上房》、《送别》四首詩作，以證其"直把入作勢"；引王昌齡《上同州使君伯》、《上侍御七兄》，以證其"都商量入作勢"；引王昌齡《登城懷古》、《客舍秋霖呈席姨父》、《送鄢賁覲省江東》、《宴南亭》以證其"直樹一句第二句入作勢"；引王昌齡《留别》以證其"直樹兩句第三句入作勢"；引王昌齡《代扶風主人答》、《旅次盩厔韓七七别業》以證其"直樹三句第四句入作勢"；引王昌齡《贈李侍御》以證其"比興入作勢"；引王昌齡《送李邕之秦》以證其"謎比勢"；引王昌齡詩句"微雨隨雲收，濛濛傍山去"與"海鶴時獨飛，永然滄洲意（前句見《山行入涇州》，後句見《緱氏尉沈興宗置酒南谿留贈》——編著者），以證其"下句拂上句勢"；引王昌齡《送别》以證其"含思落句勢"等。這是日本古文獻中最早的關於唐人王昌齡詩作的記載。

九世紀末藤原佐世《本朝見在書目録》第三十九"别集家"著録"《王昌齡集》一卷"。這是日本古目録學著作第一次記載王昌齡作品集。

十七世紀日本江户時代著名學者林鵝峰（1618—1680年）在《本朝一人一首》卷十中評論日本文化史曰："桓武朝僧空海熟覽《王昌齡集》，且其所著《秘府論》，粗引六朝之詩，及錢起、崔曙等唐詩爲例。"此係概述了王昌齡等文學在日本平安文學中的地位。

據《商舶載來書目》記載，日本中御門天皇享保十年（1725年），中國商船"和字號"，載《王昌齡集》一部一册抵日本。

日本中御門天皇享保十八年（1733年）京都書林天王寺屋市郎兵衛據明人許自昌校本覆刊《王昌齡詩集》五卷《拾遺》一卷，此本由日人菊隱點。其後，光格天皇寬政八年（1796年）皆川願（淇園）增訂此本，并由天王寺屋市郎兵衛重印。

崔顥詩集三卷

（唐）崔顥撰

明刊本　共一册

尊經閣文庫藏本　原江户時代加賀藩主前田綱紀等舊藏

【按】每半葉有界八行，行十六字。白口，左右雙邊。

【附録】日本中御門天皇正德三年（1713年）江户白松堂刊印《崔常詩集》，其中，《崔顥詩集》二卷、《常建詩集》三卷。此本由日人熊谷維(竹堂)點。

江户時代著名的學者新井白石(1657—1726年)《白石詩草》中有《春日作》一首,有句曰"金罍美酒葡萄緑,不醉青春不解愁。"首句係取崔顥《孟門行》中"金罍美酒滿座春,平原愛客衆賓多"之意象而成詩。這是日本江户時代(1603—1867年)關於崔顥文學的記録。

李北海集六卷　附録一卷

(唐)李邕撰　(明)曹荃編次

明崇禎年間(1628—1644年)刊本　共一册

宫内廳書陵部藏本

【按】每半葉有界九行,行十八字。白口,左右雙邊。

前有明崇禎庚辰(1640年)曹荃《序》,次有《參訂姓氏》。

卷中有"穎川"、"磐生"、"秘閣圖書之章"等印記。

孟浩然集三卷

(唐)孟浩然撰

明嘉靖十五年(1536年)影無錫楊氏藏宋刊本　共一册

鹿兒島大學中央圖書館岩元文庫藏本

【附録】日本江户時代有(唐)孟浩然撰、(宋)劉辰翁批點《孟浩然詩集》三卷寫本一種,今存東京大學總合圖書館。

日本東山天皇元禄三年(1690年)玉樹堂唐本屋吉左衛門刊印《孟浩然詩集》三卷。此本封面與版心皆題"襄陽集",由日人北村可昌校。

孟浩然詩集二卷

(唐)孟浩然撰　(宋)劉辰翁評

明凌氏套印刊本　共四册

東洋文庫藏本

【按】每半葉有界八行,行十九字。白口,左右雙邊。

封面題簽《王孟詩集》。

【附録】日本櫻町天皇元文四年(1739年),京都志長軒長代源七刊印《孟浩然詩集》二卷。此本由日人永口詢美(華陽)訓點。其後,此本有京都岩垣善兵衛、林伊兵衛重印本;又有林伊兵衛重印本;又有京都并河甚三郎、河南四郎右兵衛重印本;又有仁孝天皇文政三年(1820年)大阪加賀屋善藏、京都菱屋孫兵衛重印本。

孟浩然詩集一卷

(唐)孟浩然撰

明刊本　共一册

東京大學東洋文化研究所藏本

【按】此本係明刊《唐十二名家詩》之零本。

【附録】日本櫻町天皇元文四年(1739年)京都志長軒長代源七刊印《孟浩然詩集》一卷,由日人永洵美點。此本後有京都林伊兵衛重印本。

孟浩然集四卷

(唐)孟浩然撰

明刊本　共二册

宫内廳書陵部藏本

孟襄陽集三卷

(唐)孟浩然撰　(明)毛晋校

明汲古閣刊本　共一册

内閣文庫藏本　原楓山官庫等舊藏

王右丞文集十卷

(唐)王維撰

南宋初年刊小字本　顧千里　黄丕烈等手識本　日本重要文化財　共二册

静嘉堂文庫藏本　原季振宜　徐建庵　黄丕烈　陸心源皕宋樓等舊藏

【按】每半葉有界十一行　行十七字至二十字不等。注文雙行。白口,左右雙邊(15.9cm×9.8cm)。版心上記字數。上魚尾下記"王"字,下魚尾下記葉數。最下記刻工姓名，如江陵、余兆、山、仁、王、永、先、兆、余彦、江、吴正、成信、杜明、阮光、官先、俊、信、洪、茂、祥、黄石、劉光等。

前有《目録》十二葉。每卷首行頂格題"王右丞文集卷第幾"，卷尾隔一行題署相同。卷一及卷二、卷三、卷四次行題銜名"尚書右丞贈秘書監王維"。"王"下空一格，"維"下空一、二格或四格不等。卷三以下俱連接，卷四、卷五直接正文，尾及首行題字并銜名俱略。

卷中避宋諱，凡遇"敬、驚、殷、恒、湞、樹、源"等，皆爲字不成。

卷一有顧千里手識文，其文曰：

"此麻沙宋刻王右丞詩文全集十卷。道光丙戌歲，從藝芸主人借出影寫一部，復遍取他本勘其得失，雖宋刻亦有誤，而不似以後之妄改，究爲第一也。遂題數語於帙端，餘文繁不具録。思適居士顧千里。"

文後有"顧千里以字行"白文長方印記。

卷六後又有識語四行，評王韋之高低。其文曰：

"韋蘇州詩，韵高而氣清；王右丞詩，格老而味長。雖皆五言之宗匠，然互有得失，不無優劣。以標韵觀之，右丞遠不逮蘇州；至其詞不迫切而味甚長，雖蘇州亦不及也。"

卷六末有黄丕烈手識文三行，其文曰：

"第六卷第二首《出塞作》脱一行計二十一字。今據時刻補焉：'秋日平原好射雕，護羌校尉朝乘障，破虜將軍夜渡此'。宋刻之誤不可掩者。辛酉秋孟，蕘圃氏丕烈識。"

卷六末又有副頁，上有黄丕烈手識文二則。其一曰：

"此宋刻《王右丞文集》十卷二册，頃余友陶蕴輝從都中寄來而得之者也。先是蕴輝在蘇時，余與商榷古書，謂《讀書敏求記》中物，須爲我購之。今兹八月中旬，有人自北來者，寄我三種書。此本而外，尚有元刻《許丁卯集》，及宋刻小字本《説文》。來札云：'《王右丞文集》即所謂山中一半雨本；《許丁卯集》即所謂較宋板多詩幾大半本'，可見留心搜訪，竟熟讀也，是翁書以爲左券而不負余託。惜以物主居奇，必與《説文》并售，索值白金百二，而余又以《説文》已置一部，不復重出。作書復之，許以二十六金得此兩書。往返再三，竟能如願，不特幸余得書之福，亦重感余友購書之力也。此書作'山中一半雨'本，向見劉須溪評點元刻，止詩六卷，見藏周香嚴（岩）家。香嚴（岩）又藏何義門校宋本，亦止詩無文，雖同出傳是樓而叙次紊亂，字句不同，非一本矣。十月十三日，毛二榕坪過訪士禮居，余知其能識古書，出此相質，榕坪并爲余言，向見桐鄉金氏本，板刻差大。詩中亦作'山中一半雨'，文則無有也，與此更非一本。益見此刻最善，而爲余所藏抑何幸歟。客去携書插架，即跋數語於尾。蕘圃黄丕烈識。"

其二曰：

"嘉慶癸酉中秋後八日，偶過五柳居，知新從無錫人買得元刻《劉須溪評點王右丞詩》，即借歸與宋刻對其序次，悉同。擬購之，未知許否也。二十四日復翁記。"

此本卷四、卷五欄外有"吴郡袁褧曾觀"六字墨書，卷十末頁欄外有"泰興季振宜滄葦氏珍藏"十字墨書。

卷中有"徐乾學"、"乾學之印"、"健庵"、"季振宜"、"季振宜字詵兮號滄葦"、"振宜之印"、"季振宜藏書"、"黄丕烈"、"百宋一廛"、"黄丕烈印"、"復翁"、"蕘圃過眼"、"士禮居"、"蕘圃卅年精力所聚"、"汪士鐘"、"平陽汪氏藏書印"、"汪士鐘印"、"閬源真賞"、"秋浦"、"憲奎"、"張欽私印"、"李銘私印"、"謙牧堂藏書記"、"省莫"、"賞奇閣閲"、"顧千里經眼記"、"有竹君"、"歸安陸樹聲所見金石書畫記"、"歸安陸樹聲藏書之記"等近三十方印記。

顧千里、陸心源等斷此本爲"南宋麻沙本"。傅增湘《藏園群書經眼録》卷十二著録此本，其文曰："此書刊工古樸，當爲南渡初鎸，雖偶有補刊之葉，亦復疏雋可喜。顧千里跋乃謂爲麻沙本，何耶？”

董康《書舶庸譚》卷八則謂此本“蓋從唐卷子出也”。

【附録】日本空海和尚（弘法大師，774—835年）有《文鏡秘府論》六卷存世，其“地卷·十七勢”中引王維《哭殷四》詩曰：“泱漭漢郊外，蕭條聞哭聲；愁雲爲蒼茫，飛鳥不能鳴”，以證其“感興勢”論。這是日本古文獻中最早的關于王維詩作的記載。其後，十世紀上半葉日人大江維時（887—963）從153位中國唐代詩人的作品中輯録1082句詩句編爲《千載佳句》，作爲賞析和創作的範本。其中摘引王維作品11首。如“地理部·春水”引“春來都是桃花水，不辨仙源何處尋”，此二句出自王維《桃源行》（《全唐詩》此句中“都是”作“遍是”——編著者）。又如“宫省部·禁中”引“禁裏疏鐘官舍晚、省中啼鳥史人稀”，此二句出自王維《酬郭給事》（《全唐詩》此句中“史人”作“吏人”——編著者）。

九世紀日本藤原佐世《本朝見在書目録》第三十九“别集家”著録“《王維集》十卷”。這是日本古代目録學著作中第一次記載王維的作品。

十世紀末日人藤原公仁（966—1041年）編纂《和漢朗詠集》二卷，其卷上“春部·三月三日”引“春來遍是桃花水，不辨仙源何處尋”，此二句出自王維《桃源行》。這是日本古文獻中關於王維文學的早期記録。

江户時代著名學者谷麋山（1700—1773年）《芙蓉詩集》中有《僧浣》一首，有句曰“老僧禮佛燒香處，嶺上白雲無盡時”。後句係取王維《送别》中“但去莫復問，百雲無盡時”之意象而成詩。這是日本江户時代（1603—1867年）關於王維文學的記録。

十七世紀日本江户時代著名學者林鵝峰（1618—1680年）在《本朝一人一首》卷十中評論日本文化史時，提到了王維，反映了王維等文學在日本古代文學中的地位。

據《商舶載來書目》記載，光格天皇天明三年（1783年），中國商船“和字號”載《王右丞詩集》一部一帙抵日本。

據《外船書籍元帳》記載，孝明天皇弘化四年（1847年），中國商舶載運《王維全集》一部十册抵日本。

（須溪先生校本）唐王右丞集六卷

（唐）王維撰　（宋）劉須溪校

元刊本　共五册

静嘉堂文庫藏本　原陸心源皕宋樓舊藏

【按】每半葉有界八行，行二十字。細黑口，左右雙邊（16.2cm×10.6cm）。版心記大小數字。

此本旁加圈直，間有評語，係劉須溪之筆。卷五《送梓州李使君》“山中一半語，樹杪百重泉”，不作“山中一夜雨”，與宋本同。

卷中有“杜允勝印”、“中吴錢氏收藏印”、“行恕”、“元本”、“汪厚齋藏書”、“汪士鐘讀書”、“字佩一”、“歸安陸樹聲藏書之印”、“歸安陸樹聲叔桐父印”等印記。

（類箋）唐王右丞詩文集十四卷

（唐）王維撰　（宋）劉辰翁評比　（明）顧起經編

明嘉靖三十四年（1555年）句吴顧氏武陵家塾奇字齋刊本

宫内廳書陵部　大阪府立圖書館藏本

【按】此本爲《詩集》十卷、《文集》四卷。《附録》五卷，凡《外編》一卷、《唐諸家同詠集》一卷、《唐諸家贈題集》一卷、《歷朝諸家評王右丞書畫鈔》一卷，《唐王右丞年譜》一卷。

宫内廳書陵部藏本，共十四册。

大阪府立圖書館藏本，共十六册。

【附録】日本光格天皇天明六年（1786年）《持渡書改目録寫》記載，中國商船“寅十番船”載《王右丞詩集》一部一帙六册抵日本，此本係（明）顧起經注本。

(類箋)唐王右丞詩集十卷　外編一卷　文集四卷　附録二卷

(唐)王維撰　(宋)劉辰翁評　(明)顧起經注

明嘉靖三十五年(1556年)錫山顧氏奇字齋刊本

宫内廳書陵部　蓬左文庫　京都大學文學部中國語言文學哲學研究室藏本

【按】每半葉有界九行,行十八字。白口,左右雙邊。

《目録》後列寫校勘、雕梓、裝潢諸人姓名,并詳注刻書時間。每頁版心有"奇字齋"三字。

卷中有木記"太歲在丙辰夏孟月,錫山顧起經與檇李陳策四覆校於青藜閣中,越月乃授之梓"共三十二字。

《附録》二卷,係《歷朝諸家評王右丞詩畫鈔》一卷,《唐諸家同咏集》一卷。

宫内廳書陵部藏本,原係江户時代德山藩三代主毛利元次廣收"天下秘籍"之一種。東山天皇寶永三年(1706年)《御書物目録》著録此本,明治二十九年(1896年)男爵毛利元功獻贈宫内省圖書寮(即今宫内廳書陵部)。此本今佚失《詩集》十卷,僅存《文集》四卷,凡文六十四篇,係屬表、狀、書、序、記、讚、碑、墓志、哀詞、祭文等類。卷首有"松儒竹伴"、"知止堂"、"明倫館印"等印記。每册首又有"德藩藏書"印記。共五册。

蓬左文庫藏本,共七册。

京都大學藏本,共八册。

(類箋)唐王右丞詩集十卷　首一卷　外編一卷　唐王右丞文集四卷　歷朝諸家評王右丞詩畫鈔一卷　唐諸家同咏集一卷　唐諸家贈題集一卷

(唐)王維撰　(宋)劉辰翁評　(明)顧起經編

明嘉靖三十五年(1556年)奇石清漣山院刊本

内閣文庫藏本

【按】内閣文庫藏此同一刊本二部。一部原係江户時代林大學頭舊藏,共十册。一部原係豐後佐伯藩主毛利高標舊藏,此本係仁孝天皇文政年間(1818—1829年)由出雲守毛利高翰獻贈幕府,明治初年歸内閣文庫。此本今缺《文集》四卷及《唐諸家贈題集》一卷,每册首有"秘閣圖書之章","佐伯侯毛利高標字培松藏書畫之印"等印記,共十一册。

唐王右丞詩集六卷

(唐)王維撰　(明)顧可久注

明正德四年(1509年)刊本　共三册

大阪府立圖書館藏本

【按】大阪府立圖書館藏此刊本兩部,卷册相同。

唐王右丞詩集六卷

(唐)王維撰　(明)顧可久注

明萬曆十八年(1590年)休陽吴氏漱玉齋刊本　共四册

廣島大學文學部藏本

【按】每半葉有界九行,行十七字。注文雙行。白口,左右雙邊。

【附録】日本中御門天皇正德四年(1714年),京都萬屋喜兵衛、唐本屋八良兵衛據明萬曆十八年吴氏漱玉齋刊本覆刊《唐王右丞詩集》六卷。此本係由日人木口房祥訓點。其後,此本有山田三良兵衛重印本。

王摩詰集十卷

(唐)王維撰

明刊本　共五册

宫内廳書陵部藏本

王摩詰詩集七卷

(唐)王維撰　(宋)劉辰翁評　(明)胡璘評

明凌氏朱墨套印刊本

内閣文庫　東洋文庫藏本

【按】每半葉有界八行，行十七字。白口，左右雙邊。

題簽《王孟詩集》。

卷後有凌蒙初跋文。

内閣文庫藏本，原係楓山官庫舊藏，共三册。

東洋文庫藏本，共四册。

王摩詰集二卷

(唐)王維撰　(明)張遜業校

明東壁圖書府刊本　共二册

内閣文庫藏本

【按】每半葉有界九行，行十九字。白口，四周雙邊。

唐元次山文集十二卷

(唐)元結撰　(明)陳繼儒鑒定　吴震元　王時敏校

明刊本　共四册

東洋文庫藏本　原小田切萬壽之助等舊藏

【附録】日本仁孝天皇天保十五年(1844年)《官板書籍解題略》下著録《次山集》十二卷。其識文曰："此唐元結撰，事迹具《唐書》本傳。另有《元子》十卷，李商隱爲之序；又有《文編》十卷，李紓爲之序。又有《猗玗》一卷，見于《唐志》。然今所傳本，唯此本而已。此本蓋後人摭拾散佚而編成，非爲舊本。"

又《昌平坂御官板書目》著録《元次山集》十二卷，并《篋中集》一卷。

仁孝天皇文政四年(1821年)刊印《元次山集》十二卷。

顔魯公文集十五卷　補遺一卷　年譜一卷

(唐)顔真卿撰

明錫山安國活字刊本　共四册

静嘉堂文庫藏本　原陸心源十萬卷樓等舊藏

【按】每半葉有界十三行，行十六字。白口，左右雙邊。版心上印"錫山安氏館"五字。

前有劉敞《序》，次有留元剛《後序》，次有嘉靖二年(1523年)楊一清《序》，次有嘉靖癸未(1523年)九月都穆《後序》，并有門客田亮撰《行狀》，令狐烜述《碑銘》。

各卷題"錫山安國刊"。

【附録】據《商舶載來書目》記載，光格天皇天明三年(1783年)，中國商船"加字號"載《魯顔公集》一部一帙抵日本。

江户時代有日人手寫唐人顔其卿撰《顔魯公文集》十五卷并《補遺》一卷、《附録》一卷。此本現存國會圖書館。

魯文公集十五卷

(唐)顔真卿撰

明萬曆二十四年顔胤祚刻本　共四册

内閣文庫　尊經閣文庫藏本

【按】每半葉有界十行，行二十一字。白口，左右雙邊。

内閣文庫藏本，原係楓山官庫舊藏。

尊經閣文庫藏本，原係江户時代加賀藩主前田綱紀等舊藏。

【附録】據《商舶載來書目》記載，光格天皇永安九年(1780年)，中國商船"加字號"載顔真卿《去思歌》一部一帖抵日本。

據光格天皇天明六年(1786年)《持渡書改目録寫》記載，中國商舶"寅十番"載《顔魯公文集》一部一帙四册抵日本。此本係"二十五世孫胤祚重刊本"。有磨損處，并有二頁脱落。

顔魯公文集十五卷　補遺一卷

(唐)顔真卿撰

明萬曆年間(1573—1620年)刊本　共四册

尊經閣文庫藏本　原江户時代加賀藩主前田綱紀等舊藏

寒山子詩集二卷　附豐干拾得詩一卷

(唐)僧寒山撰　《附》(唐)僧豐干　拾得撰

南宋刊本　共一帖

宮内廳書陵部藏本　原河合元升等舊藏

【按】每半葉有界八行，行十四字。白口，左右雙邊(22.5cm×16.5cm)。版心上記數字。

前有七古一首(每半葉有界六行,行十二字)。後有題記二行,文曰:"曩閲東皋寺《寒山詩》,缺此一篇,適獲聖製右文,命工刊梓以全其璧。觀音比丘無我慧身敬書。"

次有《寒山子詩集序》,題"朝議大夫使持節臺州諸軍事守刺史上柱國賜緋魚袋閭丘胤撰"。(每半葉有界九行,行十五字)。《序》後有四言讚語。

次有《朱熹與南老帖》、《陸游與明老帖》,此二帖係從真迹摹入,行書書法殊佳。

書名題《寒山詩集》,大字占兩行,下分注"豐干、拾得詩附"。後有淳熙十六年(1189年)歲次己酉孟春十月九日住山禹穴沙門志南撰《天臺山國清寺三隱記》,并有屠維赤奮若(己丑)陬月上浣華山除饉男可明《跋》。

此本收載寒山詩二百七十三首,三字詩七首,豐干禪師詩二首,拾得詩四十四首。卷尾有"按三隱詩,山中舊本如此,不復校正,博古君子,兩眼如月,政要觀雪中芭蕉盡耳"三行題記。

卷中避宋諱,凡遇"胤、恒、殷、朗、貞、玄"等,皆闕末畫,爲字不成。

别附日本安政四年(1857年)日人墨書手識一則,其文曰:

"桂屋老兄所弆宋板《寒山詩》一卷,卷首閭丘允《序》外,有比邱慧身《序》、朱晦翁《與南老帖》、陸放翁《與明老帖》,及志南、可明二跋。二翁筆勢固佳,而辭意諄諄,有令字畫稍大便于觀覽之語。陸所寄《楚辭集》中所載多九字,蓋未得帖之前已刻者耶?視二帖亦足以見古人于事物一一致意之概也。余以萬曆間釋普文刻本及《全唐詩》讎照之,其篇數編次無有相同者。《序》中所云於竹木石壁文句三百餘首纂集成卷,既已成卷矣,不知何緣動摇動之如此者。又篇中有都來六百首,一例書岩石,則今存者僅其半耳。余把《寒山》反覆誦咏,可明所謂淵才雅思,且其詩篇必多是壯歲螢雪餘業矣。其辭采富腴贍縟,絶無寒乞相,似非其風狂子衝口而成篇書諸竹木者,不特其至理明性喃喃呵呵爲警世頓祛之言而已。留覽累日,書之以質之老兄。丁巳之立秋節　苞。"

外匣有文久壬戌(1862年)池内奉時題識。

卷中有"霞亭珍賞"、"慶福院"、"植村書屋"、"無範"、"暢春堂圖書翰"等印記。

董康《書舶庸譚》卷三著録此本。

傅增湘《藏園群書經眼録》卷十二著録此本。

【附録】十一世紀日本僧人成尋1072年赴中國學道,有《參天臺五臺山記》一書,其中宋熙寧六年(1073年)正月二十三日記所得漢文典籍中有《寒山子詩》一卷。此恐爲日人關于《寒山詩》的最早之記載。

十二世紀日人藤原信西《通憲入道藏書目録》中,其第八櫃有《寒山詩》一帖。

日本北朝後光嚴天皇文和二年(1353年),京都東福寺主持大道一以爲其開山祖圓爾辯圓1241年從中國携歸之文獻編著《普門院經論章疏語録儒書等目録》,其"閏部"著録《寒山詩》一册。

五山時代著名詩僧天岸慧廣(1273—1335年)《東歸集》中有《國清寺》一首,其中有句曰:"荒落天臺寺,國清壓廢墉。丘干何處去,寒拾不相逢。"此處"丘干"係指閭丘和豐干,"寒拾"係指寒山和拾得。

江户時代另有《寒山詩》五言一卷寫本一種。此本今存東京大學總合圖書館。

日本明正天皇寬永十年(1633年)中野市右衛門刊印《寒山子詩集》一卷,并附《豐干禪師録》、《拾得録》、《拾得詩》、《天臺山國清禪寺三隱集記》。其後,此本有小川多左衛門後印本。

靈元天皇寬文七年(1667年),江户松村十兵衛刊《寒山詩集鈔》,共五册。

桃園天皇寶曆七年(1757年)有和刊本《寒山子詩集》一卷,并附《豐干禪師録》、《拾得録》、《拾得詩》。

光格天皇文化十二年(1815年),刊《寒山詩索賾》三卷,此本由日僧慧然注釋。

孝明天皇安政三年(1856年),京都小川太左衛門刊《原本重校寒山詩》一卷,并附豐干拾得詩一卷。

京都天王寺屋市郎兵衛刊《寒山詩》一卷。

寒山詩集一卷

(唐)釋寒山撰

明萬曆二十七年(1599年)刊本　共一册

内閣文庫　大谷大學悠然樓　御茶之水圖書館藏本

【按】每半葉有界八行,行十七字。白口,四周單邊。

卷首有唐代朝議大夫使持節台州諸軍事守刺史上柱國賜金魚袋閭丘胤《寒山子詩集序》,又有明萬曆己卯(1579年)王宗沐《序》。卷末有"萬曆己亥(1599年)"刊行木記文。

大谷大學藏本,原係大西行禮等舊藏。

御茶之水圖書館藏本,原係德富蘇峰等舊藏。此本封面墨書"萬曆板",并書"蘇峰愛吟"四字。卷中有"護國寶藏"、"崇仙納"、"佛法僧寶"、"德富"等印記。

寒山子詩一卷　附豐干拾得詩一卷

(唐)僧寒山撰　《附》(唐)僧豐干　拾得撰

明毛氏影摹宋刊本　共一册

静嘉堂文庫藏本　原何心耘　陸心源十萬卷樓等舊藏

【按】每半葉有界十一行　行十八字。

前有閭丘胤序。序缺首頁,照廣州本補録。

《儀顧堂題跋》卷十云:

"《寒山詩》□卷,毛氏汲古閣影宋抄本。光緒五年,以番板五枚得此書於吴市。蓋何心耘博士舊藏也。端陽前五日,以舊藏廣州刊本及《全唐詩》校一過。《全唐詩》即從此本出。卷末《怡然居憩地日》以下缺亦同。廣州本序次既異,字句亦多不同。《拾得詩》缺《人生浮世中》、《平生何所憂》、《故林又斬新》、《一入雙□不計春》凡四首;《寒山詩》缺《沙門不持戒》、《可貴一名山》、《我見多□漢》、《昔年曾到大海游》、《夕陽赫西山》凡五首,非善本也。"

寒山子詩集一卷　附拾得詩豐干詩

(唐)釋寒山撰　《附》(唐)釋拾得　豐干撰

明刊本　共一册

内閣文庫藏本　原楓山官庫等舊藏

寒山子詩集一卷　附拾得詩豐干詩

(唐)釋寒山撰　《附》(唐)釋拾得　豐干撰

明末刊本　共一册

大阪天滿宫御文庫藏本　原近藤南州等舊藏

李太白文集三十卷

(唐)李白撰

北宋蜀刻本　日本重要文化財　共十二册

静嘉堂文庫藏本　原王杲　徐乾學　黄丕烈　汪士鐘　錢應庚　蔡廷楨　陸心源皕宋樓等舊藏

【按】每半葉有界十一行,行二十字,間有二十一字。小字雙行,約二格作三字不等。白口,左右雙邊(18.0cm×11.0cm)。版心記刻工姓名,如大七、方、王、旦、民、吴、吕、袁、知等。

首行頂格題"李太白文集卷第幾",各卷後隔一行題款同此。有《目録》,《目》低三字。魚尾作"李幾",目作"李"。

卷一首爲宣州當塗縣令李陽冰《草堂集序》,次有前進士魏顥《李翰林集序》,次有朝散大夫行尚書職方員外郎直史館上柱國樂史《李翰林别集序》,次有李華《翰林學士李君墓志》,次有劉全白《翰林學士李君碣記》,次有范傳正《翰林學士李公新墓碑》,次有裴敬《翰林學士李公墓碑》。卷三十末有常山宋敏求題《李太白文集後序》,并南豐曾鞏《後序》,又有宋元豐三年(1197年)夏四月毛漸《後序》等。

卷二至卷二十四爲歌詩,卷二十五以下爲文。

卷中避宋諱,凡遇"玄、弦、敬、警、驚、弘、殷、匡、鏡、竟、胤、貞、禎、徵、樹、讓、桓”等，皆爲字不成。

卷中有“宋本”、“王杲私印”、“王杲之印”、“王氏敬美”、“王彦惇印”、“王君復印”、“崑山徐氏家藏”、“乾學之印”、“健庵”、“丕烈”、“蕘夫”、“百宋一廛”、“黄丕烈”、“士禮居”、“士鐘”、“閬源父”、“卓如真賞”、“三十五峰園主人”、“王文琛印”、“鏡汀書畫記”、“錢氏南金”、“錢應庚印”、“金匱蔡氏醉經軒考藏印”、“蔡廷楨印”、“濟陽蔡氏”、“翰墨緣”、“廷相”、“存齋讀過”、“陸心源四十五歲小像戊寅二月某石并刊”、“子剛父”、“三品風憲一品天民”、“湖州陸氏所藏”、“陸氏伯子”、“十萬卷樓”、“歸安陸樹聲叔桐父印”等印記。

董康《書舶庸譚》卷八著録此本。

此本已被日本“文化財審議委員會”確認爲“日本重要文化財”。

静嘉堂文庫另藏清康熙年間(1662—1722年)覆此宋刊本者兩部。一部原係陸心源舊藏，一部原係中村敬宇舊藏。

【附録】五山時代著名文學僧别源圓旨(1294—1364年)《東歸集》中有《夜坐》一首，有句曰：“心中游遍舊山川，秋風白髮三千丈。”此句取李白《秋浦吟》第十五首之意象而成詩。這是日本五山時代(1192—1573年)關於李白文學的記録。

室町時代(1393—1573年)相國寺鹿苑院蔭凉軒歷代軒主有公用日記《蔭凉軒目録》，其中“長亨三年(1489年)正月二十八日”記載典籍中有《李白詩》一種。十六世紀日本僧人策彦周良有《初渡集》和《再渡集》，其中有記他本人在中國大陸搜集漢籍文獻之事。“嘉靖十八年(1539年)七月二十七日”條曰：“(獲)《李白集》四册，張古岩所贈。”

江户時代初期著名學者堀杏庵(1584—1642年)《杏陰集》中有《月前搗衣》一首，有句曰：“凉天今夜有月光，萬户搗衣裁又縫。”此聯係取李白《子夜吴歌》中“長安一片月，萬户搗衣聲”之意象而成詩。又有著名學者田西元高(劉琴溪)(1751—1824年)《静文館詩集》中有《三五七言》一首，詩曰：“晨鷄鳴，曉月傾。昨日非今日，新盟代舊盟。百歲若無離與會，悲歡何必在人生。”此詩係取李白《三五七言》之詩體而成。李詩曰：“春風清，秋月明。落葉聚還散，寒雅棲復驚。相思相見知何日，此時此夜難爲情。”田西元高詩中有“昨日非今日，新盟代舊盟”一聯，係取李白《携妓登孟氏桃園中》“謝公自有東山妓，金屏笑坐花如人。今日非昨日，明日還復來”之意象而成詩。這是日本江户時代(1603—1867年)關於李白文學的記録。

據《商舶載來書目》記載，桃園天皇寶曆八年(1758年)，中國商船“利字號”載《李太白集》一部一帙抵日本。寶曆十年(1760年)，“利字號”又載《李太白集輯注》抵日本。

據《長崎官府貿易外船賚來書目》，寶曆九年(1759年)又有十五部三十五帙《李太白集》運抵日本。

據《弘化三年(1846年)書籍元帳》記中國商船載《李白詩文集》一部一帙抵日本。

據《嘉永二年(1849年)書籍元帳》記，中國“酉三番船”載《李太白集》二部抵日本。《嘉永六年(1853年)書籍元帳》又記“子二番船”載《李太白集》一部一帙抵日本。

李翰林集三十卷　首一卷

(唐)李白撰

明覆宋刊本　共四册

静嘉堂文庫藏本　原陸心源皕宋樓舊藏

【按】每半葉有界十行，行二十字。

前有唐寶應元年(762年)李陽冰《草堂集序》、魏顥《序》、曾鞏《序》、宋咸平元年(998年)三月樂史《李翰林别集序》等。後有宋咸淳己巳(1269年)刻版戴覺民《跋》。

每卷有目，連續正文。

《儀顧堂續跋》著録此本，主“宋刊説”，故藏此本于皕宋樓。陸氏并謂此本“曾鞏《序》首數句，與《元豐類稿》合，與晏殊本元刊補注本不同,或此出曾南豐本……歟?"

傅增湘《藏園群書經眼録》卷十二著録此本,其識文曰:"此乃明刊本。以其雕工審之,當是正嘉間覆版耳。余曾見一本,與《杜工部集》同鐫者。昔人以其有咸淳《序》,遂之咸淳本目之"云云。

【附録】據《商舶載來書目》記載,中御門天皇享保十七年(1732年),中國商船"利字號"載《李翰林遺稿》一部抵日本。

李翰林集三十卷

(唐)李白撰

明隆慶年間(1567—1572年)刊本　共四册

宫内廳書陵部藏本　原王廷粲等舊藏

【按】每半葉有界十行,行二十字。

此本有宋咸淳己巳(1269年)江萬里、戴覺民《序》、《跋》,係明隆慶年間覆刻宋咸淳本。

卷首有"王廷粲印"、"何森如君嚴氏"、"酒禪"、"高生氏"等印記。每册首又有"瞿瞿齋"、"子孫永寶"、"秘閣圖書之章"等印記。

(分類補注)李太白集(殘本)二十九卷

(唐)李白撰

明嘉靖年間(1522—1566年)刊本　共二十三册

御茶之水圖書館藏本　原德富蘇峰成簣堂等舊藏

【按】每半葉有界八行,行十七字。白口,左右雙邊。

卷首有《序》。《目録》别爲一册。

是集全三十卷。此本今缺卷五,實存二十九卷。卷一、卷二十六有朝鮮學者補寫文字。各册由德富蘇峰重新裝潢,并手題封面。

李翰林全集四十二卷

(唐)李白撰

明萬曆年間(1573—1620年)刊本　共六册(合爲三册)

國會圖書館藏本

【按】前有明萬曆二十年(1592年)《序》。

唐翰林李太白詩集(殘本)十八卷

(唐)李白撰

元刊本　共五册

御茶之水圖書館藏本　原清見寺　德富蘇峰成簣堂等舊藏

【按】每半葉有界十一行,行二十字。細綫黑口,左右雙邊(18.8cm×11.1cm)。

卷首有《目録》、《年譜》、李陽冰《序》,并有樂史《後序》等。

是集全二十六卷,此本今闕卷十二至卷十九。

卷中有德富蘇峰手識文,并有"清見寺"、"清見寺常住"等印記。

李太白詩集二十二卷　目一卷

(唐)李白撰　(宋)嚴羽評點

明刊本　共四册

宫内廳書陵部藏本

【附録】據《弘化三年(1846年)書籍元帳》記録,是年中國商船運入《李詩補注》一部一帙。

又據《漢籍發賣投標記録》,仁孝天皇天保十五年(1844年)《李白詩集》五部運入日本,每部壹包,包四本。投標價分别爲"十二匁"、"十一匁七分"、"十匁六分"等。

李太白詩集二十二卷

(唐)李白撰　(宋)嚴羽評點

明崇禎二年(1629年)刊本(《滄浪須溪評點李杜詩》零本)　共四册

大阪天滿宫御文庫藏本　原近藤南州等舊藏

【按】此本卷五至卷七,凡三卷係日本明治年間人寫補。

卷七末有近藤南州手識文。

(分類補注)李太白詩二十五卷　首一卷

(唐)李白撰　(宋)楊齊賢集注　(元)蕭士

贇補注

元至大庚戌(1310年)余志安勤有堂刊本　共十三册

宫内廳書陵部藏本　原江户時代佐伯侯毛利高標舊藏

【按】每半葉有界十二行,行二十字。注文雙行,行二十六字。綫黑口,四周雙邊(19.6cm×12.7cm)。

卷首有至元辛卯(1291年)蕭士贇撰《序例》,并有唐寶應元年(762年)十一月宣州當塗縣令李陽冰《唐翰林李白詩序》,又有宋咸平元年(998年)三月三日朝散大夫行尚書職方員外郎直史館上柱國樂史《後序》,并尚書膳部員外郎劉全白撰、朝議郎行當塗縣令顧游秦建《唐翰林李君碣記》,及宋熙寧元年(1068年)夏五月晦常山宋敏求《後序》,曾鞏《後序》,并有元豐元年(1080年)夏四月信安毛漸《後序》,又有關中薛仲邕編《唐翰林李太白年譜》。最後有《分類補注李太白詩目録》。

《目録》後有篆書牌子:

建安余氏 勤有堂刊

卷二十五尾,又有"刊記"一行,題署"至大庚戌余志安刊于勤有書堂"。

此本細目如下:

卷一　古賦;

卷二　古風;

卷三至卷六　樂府;

卷七至卷八　歌吟;

卷九至卷十二　贈;

卷十三至卷十四　寄;

卷十五　留别;

卷十六至卷十八　送;

卷十九　酬客;

卷二十　游宴;

卷二十一　登覽;

卷二十二　行役　懷古;

卷二十三　閑適　懷思;

卷二十四　感遇　寫懷　詠物;

卷二十五　題咏　雜咏　閨情　哀傷。

此本係仁孝天皇文政年間(1818—1829年)由出雲守毛利高翰獻贈德川幕府。明治初年歸内閣文庫。明治二十四年(1891年)移交宫内省圖書寮(即今宫内廳書陵部)。

卷首有"佐伯侯毛利高標字培松藏書畫之印"等印記。

【附録】據《舶來書籍大意書戌番外船》記録,中國商船載《分類補注李太白詩》一部十二册抵日本。

據《商舶載來書目》記載,桃園天皇寶曆四年(1754年),中國"不字號"商船載《分類補注李太白集》一部二帙抵日本。

日本靈元天皇延寶七年(1679年)有刊印《分類補注李太白詩》二十五卷,并附《唐翰林李太白年譜》一卷。此本題署(唐)李白撰、(宋)楊齊賢集注、(元)蕭士贇補注、(明)許自昌校。《年譜》(明)薛仲邕撰。此本由日人山脇和點,日人山脅重顯(通園)點。其後,此本有重印本。

(分類補注)李太白詩二十五卷　首一卷

(唐)李白撰　(宋)楊齊賢集注　(元)蕭士贇補注

元至大庚戌(1310年)余志安勤有堂刊本　共十四册

天理圖書館藏本　原江户時代米澤藩主家舊藏

【按】每半葉有界十二行,行二十字。注文雙行,行二十六字。綫黑口,四周雙邊(19.6cm×12.7cm)。

此本今缺卷三,實存二十四卷。其中,卷一缺佚第一、第三頁;卷七缺佚第二十頁至卷末。又卷一第二十四頁、卷二十五第五至第七頁,係室町時代人補寫。《李太白詩目録》係江户時代初期筆墨。

卷中有"米澤藏書"、"松迺舍文庫"、"三井家鑒藏"等印記。

(分類補注)李太白詩二十五卷　首一卷

(唐)李白撰　(宋)楊齊賢集注　(元)蕭士贇補注

元至大庚戌(1310 年)余志安勤有堂刊本　共十册

尊經閣文庫藏本　原京都妙覺寺僧日興　江户時代加賀藩主前田綱紀等舊藏

【按】每半葉有界十二行,行二十字。注文雙行,行二十六字。綫黑口,四周雙邊(19.6cm×12.7cm)。

雙黑魚尾。版心著録"李詩注卷(幾)",下象鼻處記葉數,葉數依卷編碼。

卷首有蕭士贇粹可《序例》行書三葉(每葉七行,行十一字)。《序例》後有花押三處。次有李冰陽《唐翰林李太白詩序》,"序文"共二十九行,末題署"時寶應元年(762 年)十一月乙酉也。"次有樂史《後序》,"序文"共四十五行,末題署"咸平元年(998 年)三月三日序"。次有劉全白,顧遊秦撰《唐翰林李君碣記》,全文共十八行,末題署"貞元六年四月七日記"。次有常山宋敏求《後序》,南豐曾鞏《後序》,信安毛漸《後序》,凡三篇,共四十九行。次有關中薛仲邕編撰《唐翰林李太白年譜》一篇,起自"武后聖曆二年(699 年)己亥,白生於是年",終於"寶應元年(762 年)壬寅,族人李陽冰宰當塗,白過之。十一月卒。"

《目録》另起一行,題"分類補注李太白詩目録",署"春陵楊齊賢子見集注,章貢蕭士贇粹可補注"。《目》分上下兩列,共二十一葉。

正文卷一至卷十一皆有朱文批點。卷十二至卷二十五文本乾淨,無筆墨痕迹。卷二十中第十五葉與第十六葉,互相錯位。

首目樂史《後序》所署"咸平"年號之後,有朱筆文字"宋真宗年号也"六字。其中"號"作簡字。又毛漸《後序》末一行署"元豐"年號之後,亦有朱筆文字"神宗年号也"五字。"號"仍作簡字。

《目録》末後有仿金文刊印圖記,文曰:"建安余氏勤有堂刊"。全書末尾又有"至大庚戌余志安刊於勤有堂"十三字刊記一行。

此本於日本正親町天皇永禄九年(1566 年)至後陽成天皇天正十九年(1591 年)期間,爲京都妙覺寺僧日興舊藏。江户時代歸加賀藩主前田綱紀收藏。

每册卷中有"妙覺寺常住日興"朱文印(無邊),"尊經閣章"朱文方印等印記。

(分類補注)李太白詩二十五卷　首一卷

(唐)李白撰　(宋)楊齊賢集注　(元)蕭士贇補注

元至大庚戌(1310 年)余志安勤有堂刊本　共十二册

静嘉堂文庫藏本　原陸心源皕宋樓舊藏

【按】每半葉有界十二行,行二十字。注文雙行,行二十六字。綫黑口,四周雙邊(19.6cm×12.7cm)。

此本卷二、卷三有若干鈔補。

卷中有"景橋"、"王衍之印"、"寶華山樵"、"汪士鐘藏"、"歸安陸樹聲叔桐父印"等印記。

(分類補注)李太白詩二十五卷　首一卷

(唐)李白撰　(宋)楊齊賢集注　(元)蕭士贇補注

元至大庚戌(1310 年)余志安勤有堂刊本　共十三册

龍谷大學附屬圖書館藏本

【按】每半葉有界十二行,行二十字。注文雙行,行二十六字。綫黑口,四周雙邊(19.6cm×12.7cm)。

(分類補注)李太白詩(殘本)十七卷　首一卷

(唐)李白撰　(宋)楊齊賢集注　(元)蕭士贇補注

元至大辛亥(1311 年)余志安勤有堂刊本　共二十册

早稻田大學圖書館藏本

【按】是書全本共二十五卷,此本今缺卷第十三至卷第二十,共八卷,實存十七卷。

(分類補注)李太白詩二十五卷　首一卷

(唐)李白撰　(宋)楊齊賢集注　(元)蕭士贇補注

元末明初覆元至大辛亥(1311年)勤有堂刊本

蓬左文庫藏本　原江户時代德川家康　尾張藩主家等舊藏

【按】每半葉有界十二行,行二十字。注文雙行,行二十六字。綫黑口,四周雙邊(19.6cm×12.7cm)。

此本原係江户時代幕府第一任大將軍德川家康舊藏,後贈與其子尾張德川家。卷中有"御本"印記。共九册。

(分類補注)李太白詩二十五卷

(唐)李白撰　(宋)楊齊賢集注　(元)蕭士贇補注

元至元庚辰(1340年)安正書堂刊本　共八册

宮内廳書陵部　京都大學人文科學研究所東洋學文獻中心藏本

【按】每半葉有界十一行,行二十三字。注文雙行,行同正文。黑口,四周雙邊。

首有蕭士贇《新刊李太白詩序》,後有《分類補注李太白詩目録》。上魚尾下題署"李太白詩幾卷",下魚尾下記葉數。詩題單行。

卷次細目與勤有堂刊本同。

卷二十五尾,有蓮華木記二:

庚辰歲孟冬月 安正書堂新刊

此本卷中有閲者手識文二則。一則曰:

"李杜二家,爲唐詩稱者,其忠君愛國大躰,每每相似。杜則工致精巧,不煩繩削而自渾成;李之天才,如駿馬乘長風,迢逸不可御,均詩之聖者也。但杜之出經入史,規矩爲優,而李之倜儻不羈,恐非少陵所及。各有所長,未可軒輊。使皆遇之以時,絶去悲怨之態,則更妙矣。天之生才,不能全美。吁可惜哉!辛卯年正月十二晚,古村少逸郁蘭識。"

又一則曰:

"太白學亦博,用事甚高,但才長於學,故獨稱其才耳。"

卷中有"建依别文庫"等印記。

(分類補注)李太白詩二十五卷

(唐)李白撰　(宋)楊齊賢集注　(元)蕭士贇補注

元至元十一年(1345年)序刊本　共十册

京都大學人文科學研究所東洋學文獻中心藏本

【按】每半葉有界十一行,行二十三字。注文雙行,行同正文。黑口,四周雙邊。

首有蕭士贇《新刊李太白詩序》,後有《分類補注李太白詩目録》。上魚尾下題署"李太白詩幾卷",下魚尾下記葉數。詩題單行。

卷次細目與勤有堂刊本同。

卷中首頁有"勝鹿文庫"朱文長方印。凡十册。

(分類補注)李太白詩(殘本)八卷

(唐)李白撰　(宋)楊齊賢集注　(元)蕭士贇補注

明前期覆元至大年間刊本　共六册

静嘉堂文庫藏本　原竹添井井(光鴻)等舊藏

【按】每半葉有界十二行,行二十字,注文小字雙行,行二十六字左右。小黑口,雙黑魚尾,四周雙邊(19.2cm×12.7cm)。

是書全本二十五卷。此本今存卷四、卷五、卷十、卷十一、卷十八至卷二十一,凡八卷。

卷中有"松方文庫"、"竹添井井舊藏書"等印記。

(分類補注)李太白詩二十五卷

(唐)李白撰　(宋)楊齊賢集注　(元)蕭士

贇補注

明正統年間(1436—1449 年)覆元至大建安余氏勤有堂刊本　共十二册

大倉文化財團藏本　原馬玉卿　譚錫慶等舊藏

【按】每半葉有界十二行,行二十字,白口。

卷中有題署明"庚申年"馬卿手識,并有"馬卿"、"馬位"、"思山"、"南宅"、"篤生"、"譚錫慶"、"畿輔譚氏"等印記。

(分類補注)李太白詩二十五卷

(唐)李白撰　(宋)楊齊賢集注　(元)蕭士贇補注

明正德元年(1506 年)刊本　共十册

内閣文庫藏本　原明人戴金　江户時代昌平坂學問所舊藏

(分類補注)李太白詩二十五卷

(唐)李白撰　(宋)楊齊賢集注　(元)蕭士贇補注

明嘉靖十五年(1536 年)刊本　共十二册

宫内廳書陵部藏本

(分類補注)李太白詩二十五卷　分類編次李太白文五卷

(唐)李白撰　(宋)楊齊賢集注　(元)蕭士贇補注　(明)郭雲鵬校

明嘉靖癸卯(1543 年)郭雲鵬寶善堂刊本

宫内廳書陵部　内閣文庫　静嘉堂文庫　尊經閣文庫　東洋文庫　御茶之水圖書館藏本

【按】每半葉有界八行,行十七字,注文小字雙行。白口,左右雙邊。

前有唐寶應二年(763 年)李陽冰《序》、宋咸平元年(998 年)樂史《序》、李華撰《墓志銘》、劉全白撰《墓碣記》、宋敏求《題後》等。末有郭雲鵬《跋》。

正文卷首頂格題"分類補注李太白詩卷之一",第二行上空五字題署"春陵楊齊賢子見集注",第三行上空五字題署"章貢蕭士贇粹可補注",第四行上空五字題署"吴會後學郭雲鵬校刻"。第五行上空一字題分類體裁"古賦"下有小字"八首"。第六行上空二字題署篇名"大鵬賦",第八行起頂格正文。

王重民《日本訪書志補》著録此本,并引楊守敬"考文"曰:

"元刊楊蕭補注本只詩二十五卷,無雜文,此并雜文爲三十卷。觀卷末雲鵬自跋,知係雲鵬所爲。《天禄琳琅》載此本缺雲鵬跋,遂疑雲鵬爲書賈,誤也。"

宫内廳書陵部藏本,共十六册。

内閣文庫藏本,原係昌平坂學問所舊藏,共八册。

静嘉堂文庫藏此同一刊本兩部。一部原係陸心源十萬卷樓舊藏,共六册。一部原係宫島藤吉等舊藏,共十一册。

尊經閣文庫藏本,原係江户時代加賀藩主前田綱紀等舊藏,共八册。

東洋文庫藏本,原係小田切萬壽之助舊藏,共十二册。

御茶之水圖書館藏本,原係日光山净土院舊藏,後歸德富蘇峰所有。卷中有後陽成、後水尾天皇慶長年間(1596—1615 年)墨書訓點,各册皆有"日光山净土院藏"印記,共九册。此本後附明正德年間(1506—1521 年)《重刊分類補注李詩全集》殘本三册。

(分類補注)李太白詩二十五卷　附唐翰林李太白年譜一卷

(唐)李白撰　(宋)楊齊賢注　(元)蕭士贇補注　(明)玉几山人校　《年譜》(宋)薛仲邕撰

明嘉靖二十五年(1546 年)刊本

内閣文庫　東洋文庫　早稻田大學圖書館藏本

【按】每半葉有界八行,行十七字。小字雙行,行同正文。白口,四周雙邊。

王重民《日本訪書志補》著録此本,其識文

曰：

“此本爲明嘉靖丙午（1546 年）玉几山人校刊。卷首有《重刊序》，後於郭雲鵬刊本三年，板式與郭本同，而注文但略有删節，不如郭本之甚，亦僅有詩二十五卷，不刻雜文。後來許自昌刊本即從此本出也。”

内閣文庫藏本，原係昌平坂學問所舊藏，共十四册。

東洋文庫藏此同刊本兩部。一部原係藤田豐八舊藏，共十册。一部共十二册。

早稻田大學圖書館藏本，原係服部南郭家服部文庫等舊藏，共十六册。

（分類補注）李太白詩二十五卷　附唐翰林李太白年譜一卷

（唐）李白撰　（宋）楊齊賢注　（元）蕭士贇補注　（明）許自昌校　《年譜》（宋）薛仲邕撰

明萬曆壬寅（1602 年）長洲許自昌刊本

宫内廳書陵部　内閣文庫　静嘉堂文庫　米澤市立圖書館　東洋文庫　京都大學文學部中國語學文學哲學研究室藏本

【按】每半葉有界九行，行二十字。注文雙行，行同正文。白口，左右雙邊。

前有明萬曆壬寅自昌《序》、太原王稚登《序》、并有唐寶應元年（763 年）李陽冰《序》、宋咸平元年（998 年）樂史《後序》、劉全白撰《唐翰林李君碣記》、宋敏求《後序》、曾鞏《後序》、宋元豐三年（1080 年）毛漸《題詞》等。

卷一首題“春陵楊齊賢子見集注”、“章貢蕭士贇粹可補注”、“長洲許自昌玄祐甫校”。卷二以下，僅題許自昌一行。

此本係李杜全集合刻本。

宫内廳書陵部藏此同一刊本兩部。一部每册首有“衡門璠璵堂圖書”印記，又首尾有“向黄邨珍藏印”等印記。王重民《日本訪書志補》著録此本，共六册。一部有後人寫補，共十册。

内閣文庫藏本，原係江户時代林羅山舊藏，林羅山手校本。卷中有“江雲渭樹”印記，共六册。

静嘉堂文庫藏本。原係木内重四郎等舊藏，共十二册。

米澤市圖書館藏本，原係江户時代米澤藩主家舊藏。每卷有“米澤藏書”印記。卷末有“元禄十二年（1699 年）六月矢尾板三印改之”識語。共十三册。

東洋文庫藏此同一刊本兩部。一部原係小田切萬壽之助舊藏，共八册。一部原係藤田豐八舊藏，共五册。

京都大學文學部藏本，共十二册。

【附録】日本《倭板書籍考》卷七，著録《分類補注李太白集》二十五卷，附仲邕撰《太白年譜》一卷。并曰“此集與杜子美詩集同注也。”

靈元天皇延寶七年（1679 年）刊印《分類補注李太白詩》二十五卷　附《年譜》一卷。此本由日人山脅重顯校點，所據即爲許自昌刊本。

（分類補注）李太白詩二十五卷

（唐）李白撰　（宋）楊齊賢集注　（元）蕭士贇補注　（明）許自昌校

明刊清修補本　共九册

東北大學附屬圖書館藏本　原狩野亨吉等舊藏

（重刊分類補注）李詩全集（殘本）五卷

（唐）李白撰

明正德年間（1506—1521 年）刊本　共三册

御茶之水圖書館藏本　原元政上人　德富蘇峰成簣堂等舊藏

【按】每半葉有界十一行，行二十二字，注文小字雙行，行同正文。白口，左右雙邊。

是集全二十五卷。此本今存卷二十一至卷二十五，實存五卷。第一册爲《目録》、《序》、《後序》、《唐翰林李君碣記》、《墓志》等。

第二册爲卷二十一、卷二十二；第三册爲卷二十三至卷二十五。卷中有元政上人朱筆，并有“元政”陰文朱印。

此本今作爲御茶之水圖書館藏明嘉靖年間刊本《分類補注李太白詩》之配本而合藏。

(重刊分類補注)李太白詩二十五卷　(重刊分類編次)李太白文集五卷　附録一卷

(唐)李白撰　(宋)楊齊賢集注　(元)蕭士贇補注　《文集》(明)瑞桃堂校

明末霏玉齋校刊本　共十二册

東京大學總合圖書館藏本　原江户時代紀州德川家南葵文庫舊藏

李詩鈔述注十六卷

(唐)李白撰　(明)林兆珂注

明萬曆二十七年(1599年)刊本

宫内廳書陵部　東洋文庫　御茶之水圖書館藏本

【按】每半葉有界八行,行二十字。

前有明萬曆己亥(1599年)林國光《序》,萬曆戊戌(1598年)黄履康《序》。後有萬曆己亥(1599年)吴夢生《後序》。

宫内廳書陵部藏本,共八册。

東洋文庫藏本,原係小田切萬壽之助舊藏。共十六册。

御茶之水圖書館藏本,原係德富蘇峰成簣堂等舊藏。此本爲白綿紙初印本,卷中有朱墨藍筆批閲文字,共八册。

唐翰林李白詩類編十二卷

(唐)李白撰

明萬曆年間(1573—1620年)刊本　共五册

内閣文庫藏本　原江户時代豐侯後佐伯藩主毛利高標舊藏

【按】此本係仁孝天皇文政年間(1818—1829年)由出雲守毛利高翰獻贈幕府者。明治初年歸内閣文庫。

卷中有"佐伯侯毛利高標字培松藏書畫之印"等印記。

李翰林分類詩八卷

(唐)李白撰

明萬曆二年(1574年)刊本　共二册

御茶之水圖書館藏本　原德富蘇峰成簣堂等舊藏

【按】每半葉有界九行,行十八字。白口,四周單邊。

前有《序》。《序》末有江户時代初期讀者墨書文字,其文曰:"自萬曆二年至寬永十七年凡六十七年"。

封面乃係江户時代中期水色紋紙重装,書帙有德富蘇峰題文。

李詩選五卷

(唐)李白撰

明吴興凌氏朱墨套印刊本

東洋文庫　愛知大學附屬圖書館霞山文庫藏本

【按】每半葉有界八行,行十八字。

是集係與《杜詩選》合刻。

東洋文庫藏本,共一册。

愛知大學藏本,原係東亞同文會霞山會館圖書室舊藏,共三册。

(新刻翰林考正京本)李詩評選四卷

(唐)李白撰　(明)何烓評選

明萬曆十九年(1591年)刊本　共四册(合爲二册)

國會圖書館藏本

李詩五言辯律一卷

(唐)李白撰　(明)汪瑗編　汪仲弘校

明萬曆四十一年(1613年)刊本　共一册

内閣文庫藏本　原江户時代豐後佐伯藩主毛利高標舊藏

【按】此本係日本仁孝天皇文政年間(1818—1829年)由出雲守毛利高翰獻贈幕府者。明治初年歸内閣文庫。

卷中有"佐伯侯毛利高標字培松藏書畫之印"等印記。

李青蓮清言集二卷

(唐)李白撰
明萬曆年間(1573—1620年)刊本　共二册
内閣文庫藏本　原木村蒹葭堂舊藏

(增定)太白山人漫藁八卷

(唐)李白撰　(明)孫一元　張睿卿編
明萬曆二十五年(1597年)刊本　共一册
大谷大學悠然樓藏本　原大西行禮等舊藏

韋刺史詩集十卷　附録一卷

(唐)韋應物撰
明嘉靖二十七年(1548年)序無錫華雲太華書院校刊本　共二册
東京大學總合圖書館藏本　原市村瓚次郎采購本覺廬文庫舊藏

韋蘇州集十卷　拾遺一卷

(唐)韋應物撰
明弘治年間(1488—1505年)刊本　共二册
静嘉堂文庫藏本　原陸心源十萬卷樓舊藏
【按】前有宋嘉祐元年(1056年)十二月王欽臣《序》。另有(宋)沈明遠作喆補撰《韋刺史傳》。

【附録】仁孝天皇天保十五年(1844年)《官板書籍解題略》下卷,著録《韋蘇州集》十卷。其識文曰:

"唐韋應物撰。應物京兆人,新舊《唐書》有傳,載宋人姚寬等《西溪叢語》。吴興沈作喆作《補傳》,稱應物少時游于太學,開元天寶間,充宿衛扈從幸游,頗負任俠之氣,亂後曾失職流落,後由京兆功曹累官至蘇州刺史、太僕少卿兼御史中丞,轉運諸道鹽鐵,留守江淮,年至九十餘終。此本乃嘉祐中王欽臣集次而纂,并加校定。有《序》一首,叙應物事迹,與《補傳》亦合。其詩如七言、五言、近體、古體等。此本首爲賦,次爲雜器擬,次爲燕集,次爲寄贈,次爲酬答,次爲逢遇,次爲懷思,次爲行旅,次爲感嘆,次爲登眺,次爲游覽,次爲雜興,次爲歌行,凡十四類(此處列十三類—編著者)五百七十一首。《拾遺》數首,係毛晋所補入也。"

《昌平坂御官板書目》著録《韋蘇州集》四册。

日本東山天皇寶永三年(1706年)刊印《須溪先生校本韋蘇州集》十卷《拾遺》一卷。

仁孝天皇文政三年(1820年)江户昌平坂學問所官版刊印《韋蘇州集》十卷《拾遺》一卷。

文政六年(1823年),江户前川六左衛門等刊《韋蘇州集》十卷《拾遺》一卷。

韋蘇州集十卷　拾遺一卷

(唐)韋應物撰
明弘治九年(1496年)劉玘刊本　共二册
大倉文化財團藏本
【按】每半葉有界十行,行十八字。黑口,四周雙邊。

末有楊一清《跋》,稱李瀚將所藏鈔本,交隴州知事劉玘,刻鐫於郡齋云云。

韋蘇州集十卷　拾遺一卷　附總論一卷

(唐)韋應物撰
明萬曆三十一年(1603年)吴興凌氏朱墨套印刊本　共四册
蓬左文庫　尊經閣文庫　東京大學總合圖書館　京都大學文學部中國語學文學哲學研究室　東北大學附屬圖書館藏本
【按】此本係與《陶靖節集》合刊。

蓬左文庫藏本,原係江户時代尾張藩主家舊藏,明正天皇寬永十年(1633年)從中國購入,卷中有朱批。此本缺《總論》一卷。共四册。

尊經閣文庫藏本,原係江户時代加賀藩主前田綱紀等舊藏,缺《總論》一卷,共四册。

東京大學總合圖書館藏本,原係江户時代紀州德川家南葵文庫舊藏,共二册。

東北大學藏本,原係狩野亨吉等舊藏,共四册。

韋蘇州集十卷　拾遺一卷

(唐)韋應物撰

明刊本　共六册

宫内廳書陵部　内閣文庫藏本

【按】宫内廳書陵部藏本,缺《拾遺》一卷。共六册。

内閣文庫藏本,原係楓山官庫等舊藏,共四册。

李嘉祐集二卷

(唐)李嘉祐撰

明銅活字刊印本　共一册

大倉文化財團藏本

【按】每半葉有界九行,行十七字。

卷中有"篤生"、"譚錫慶"、"畿輔譚氏"等印記。

【附録】十世紀上半葉日人大江維時(887—963)從153位中國唐代詩人的作品中輯録1082句詩句編爲《千載佳句》,作爲賞析和創作的範本。其中摘引李嘉祐作品2首。"四時部·夏興"引"千峰鳥路含梅雨,五月蟬聲送麥秋",并言此二句出自李嘉祐《發青店至長餘縣西渡口》。又"别離部·旅情"引"巴峽猿聲催客淚,銅梁山翠入江樓",并言此二句出自李嘉祐《江晚望倍楊園》(此二詩皆不載《全唐詩》。《全唐詩逸》卷上集此詩四句,爲一首之作。句曰"巴峽猿聲催客淚,銅梁山翠入江樓。千峯鳥路含梅雨 五月蟬聲送麥秋"。作者題李嘉祐——編著者)。其後,日人藤原公仁(966—1041年)編纂《和漢朗詠集》二卷,其卷上"夏部·蟬"又引"千峰鳥路含梅雨,五月蟬聲送麥秋"二句。這是日本古文獻中關於李嘉祐文學的早期記録。

十七世紀日本江户時代著名學者林鵝峰(1618—1680年)在《本朝一人一首》卷十中評論日本文化史時,提到了李嘉祐,反映了李嘉祐文學等在日本古代文學中的地位。

高常侍詩集十卷

(唐)高適撰

明刊本　共二册

宫内廳書陵部　静嘉堂文庫藏本

高常侍集二卷

(唐)高適撰

明刊本　共二册

宫内廳書陵部藏本

高適集一卷

(唐)高適撰

明刊本(明刊《唐十二名家詩》之零本)　共一册

東京大學東洋文化研究所藏本

華陽集三卷　附顧非熊詩

(唐)顧況撰

明二十五世孫顧名端寫本　共一册

静嘉堂文庫藏本

岑嘉州詩集七卷

(唐)岑參撰

明正德年間(1506—1521年)熊相刊本　共一册

静嘉堂文庫藏本　原徐㶿　邊貢　謝在杭　陸心源十萬卷樓等舊藏

【按】每半葉有界十行,行十七字。

前有杜確《序》,後有明正德十五年(1520年)熊相《跋》,并邊貢《跋》。

陸心源《儀顧堂題跋》卷十著録此本,其識文曰:

"(此本)《四庫》未收也,阮文達始以八卷本進呈。《唐書·藝文志》、《崇文總目》、晁氏《讀書志》、鄭樵《通志》、馬端臨《文獻通考》皆云'十卷'。《書録解題》云'八卷',與'確序'及阮文達進呈本合。此本爲邊貢所藏,熊相得而刊之。卷一五古、卷二七古、卷三五律、卷四七律、卷五五言長排、卷六五絶、卷七七絶。諸體皆備,似非不全之帙。然《蜀客歸》一首及《瀛奎律髓》所收《灌口夜宿》詩皆不存,知其所佚多矣。”

卷中有“徐興公家藏書”朱文方印。

【附録】九世紀日本藤原佐世《本朝見在書目録》第三十九“别集家”著録“《岑子集》十卷”,與《唐書·藝文志》等諸目相合。此爲日本古文獻關于岑嘉州詩文集的最早的記載。

又據日本國會圖書館存《商舶載來書目》,中御門天皇享保十年(1725年)中國商舶“志字號”載《岑嘉州集》一部二册抵日本。

岑嘉州集八卷

(唐)岑參撰

明刊本　共三册

宫内廳書陵部藏本

【附録】日本櫻町天皇寬保元年(1741年),京都書林天王寺屋市郎兵衛、三田屋参郎兵衛等刊印《岑嘉州詩集》八卷。

岑嘉州集二卷

(唐)岑參撰　(明)張遜業校

明東壁圖書府刊本　共二册

内閣文庫藏本

岑參集一卷

(唐)岑參撰

明刊本　共一册

東京大學東洋文化研究所藏本

劉隨州文集十一卷

(唐)劉長卿撰

明弘治十一年(1498年)韓明陜西刊本　共二册

大倉文化財團藏本

【按】每半葉有界十行,行十八字。黑口,四周雙邊。

此本係借録楊邃庵藏本,韓明與臨洮守李紀共刻於郡齋。

卷末有韓明刊語。

【附録】十世紀上半葉日人大江維時(887—963)從153位中國唐代詩人的作品中輯録1082句詩句編爲《千載佳句》,作爲賞析和創作的範本。其中摘引劉長卿作品5首。如“四時部·暮春”引“紛紛花落門空閉,寂寂鶯啼日更遲”,并言此二句出自劉長卿《題褚少府湖上臨亭》(《全唐詩》此詩題作《赴南中題褚少府湖上亭子》——編著者)。又如“人事部·閑居”引“春苔滿地無行處,染映桃花獨閉門”,并言此二句出自劉長卿《題張山人所居》(此詩不載《全唐詩》。《全唐詩逸》集此詩二句,題爲《句》。句中“染映”《全唐詩逸》作“深映”——編著者)。這應是日本古代文學著作中關於劉長卿作品的最早記載。

劉隨州文集十卷　外集一卷

(唐)劉長卿撰

明正德年間(1506—1521年)刊本　共四册

静嘉堂文庫藏本　原陸心源十萬卷樓舊藏

【按】每半葉有界十行,行十八字。

前有明正德十二年(1517年)正月湯鏊《序》,後有正德辛巳(1521年)二月陳清《後序》。

卷中有冶泉手識文二則。一則曰:

“辛未秋,從潁谷業師借得義門何先生校本校過。其前五卷依南宋書棚本,乃文淵閣殘書也;後五卷用馮定遠家藏鈔本,及嚴天池家鈔本互勘,兩次鈔第與宋本皆合。宋本十行,行十八字,此本同。可見嘉靖以前本猶可據。惜文集未刻入,行將鈔補之。冶泉記。”

又一則曰:

“自記則用墨筆,恐相混也。書中圈點,非盡義門。又記。”

劉隨州文集十一卷　外集一卷

(唐)劉長卿撰

明刊本　共二册

静嘉堂文庫藏本　原陸心源十萬卷樓舊藏

盧綸集六卷

(唐)盧綸撰

明銅活字刊本　共三册

大倉文化財團藏本

【按】每半葉有界九行,行十七字。

卷中有"譚錫慶"等印記。

【附録】十七世紀日本江户時代著名學者林鵝峰(1618—1680年)在《本朝一人一首》卷十評論日本文化史時,提到了盧綸。反映了盧綸文學等在日本古代文學中的地位。

日本東山天皇元禄二年(1689年)伊勢屋清兵衛刊印《唐盧綸詩集》三卷。此本題"唐盧綸撰,明劉成德編"。

(新刊校定集注)杜詩(九家集注杜詩)(殘本)六卷

(唐)杜甫撰　(宋)郭知達編

宋寶慶年間(1225—1227年)廣東漕司刊本　共三册

静嘉堂文庫藏本　原胡惠墉　黄錫蕃　陸心源皕宋樓等舊藏

【按】每半葉有界九行,行十六字。注文小字雙行,行同正文。白口,左右雙邊(25.0cm×17.8cm)。版心上記字數,上魚尾下記"杜詩幾",下魚尾上記葉數,下記刻工姓名,如上官生、士震、余中、余太、吴文、岑友。吴文彬、范貴、丑、仁、用、淇恩、莫衍、郭淇、黄申、敬甫、黄仲、楊宜、葉正、萬忠、楊茂、劉千、劉元、鄧舉、劉文、劉用、魯時、劉士震等。

是集全本三十六卷,此本今存卷六、卷七、卷八、卷九、卷十、卷十一,共六卷。

每卷末於標題後空一行題"寶慶乙酉廣東漕司鋟板"一行。卷七、卷八後又有校勘官銜名四行,題"進士陳大信、潮州州學學賓辛安中、承議郎前通判韶州軍州事劉熔、朝議大夫廣南東路轉運判官曾噩同校勘"。

每册首尾,皆加墊宋時藏經舊紙。

卷中避宋諱,凡遇"玄、弘、貞、楨、徵、樹、桓、構、慎、敦、廓"等字,皆缺筆。

第一册内封有手識文題曰:"宋刊集注杜詩殘本,乾隆辛亥余月竹所吾進爲醉經樓主人題。"文後有"吾進私印"白文方印,又有"漢廣陵令扈孫孫"朱文方印。

卷中有"曾藏當湖胡籛江家"、"胡惠墉"、"胡惠浮印"、"知不足齋主人所貽"、"黄錫蕃印"、"張燕昌印"、"史氏家傳翰院收藏書畫圖章"、"歸安陸樹聲叔桐父印"、"歸安陸樹聲藏書畫之記"等印記。

傅增湘《藏園群書經眼録》卷十二著録此本,其識文曰:"此書大字雅健。《直齋書録解題》著録,稱其字大宜老,最爲善本。錢曾《讀書敏求記》稱其開板宏爽,刻鏤精工,洵非過譽。"

【附録】十世紀上半葉日人大江維時(887—963)從153位中國唐代詩人的作品中輯録1082句詩句編爲《千載佳句》,作爲賞析和創作的範本。其中摘引杜甫作品6首。如"地理部·山水"引"藍水遠從千澗落,玉山高對兩峰寒",并言此二句出自杜甫《藍田崔氏莊》(《全唐詩》此詩題作《九日藍田崔氏莊》,句中"高對"作"高并"——編著者)。又如"宫省部·禁中"引"五夜漏聲催曉箭,九天春色醉山桃",并言此二句出自杜甫《早朝大明宫》(《全唐詩》此詩題作《奉和賈至舍人早朝大明宫》。句中"九天"一作"九重"——編著者)。這應是日本古代文學著作中關於杜甫作品的最早的記載。

江户時代著名學者大内熊耳(1696—1776年)《熊耳先生文集》中有《漁夫》一首,有句曰:"不脱蓑衣枕樽卧,由來天地一漁夫。"此後句係取杜甫《旅夜書懷》中"飄飄何所似,天地一沙翁"之意象而成詩。這是日本江户時代(1603—1867年)關於杜甫文學的記録。

江户時代又有著名的漢文學家梁川星巖(1789—1858年)在其《星巖集》卷一《論詩示王香》中說:"一部杜詩君試閲,畫從《文選》理中來。"代表了當時日本漢學家的"杜詩觀"。

據《商舶載來書目》記載，中御門天皇享保十八年（1733 年）中國"登字號"商舶載《杜詩全集》一部六册運抵日本。桃園天皇寶曆十年（1760 年），同船載《杜子美詩集》一部運抵日本。後櫻町天皇明和三年（1766 年），同船又載《杜少陵集》一部一套運抵日本。

據《外船賫來書目》記載，中御門天皇享保二十年（1735 年），中國寧波船"第二十號"載《杜詩集》一部一套運抵日本。

據《外船書籍元帳》記載，仁孝天皇弘化四年（1847 年）中國商船"午二番"載《杜工部集》二部各二帙運抵日本，標價每部各十目。孝明天皇嘉永四年（1851 年）中國商船"戌四番"載《杜工部集》一部四册運抵日本，售價六匁。

杜工部集（殘本）十七卷　補遺一卷

（唐）杜甫撰　（宋）王洙編

明毛氏影寫宋刊本　毛扆手識本　共七册

静嘉堂文庫藏本　原毛氏汲古閣　陸心源皕宋樓等舊藏

【按】每半葉有界十行，行二十字。

是集從宋嘉祐本影寫，有毛扆手識文，叙其始末。其文曰：

"先君昔年以此編授扆曰：'此《杜工部集》，乃王原叔洙本也。余借得宋板，命蒼頭劉臣影寫之。其筆畫雖不工，然從宋本抄出者。今世行《杜集》，不可以計數，要必以此本爲主也，汝其識之！'"

此本仿宋板，避宋諱。版心摹影刻工姓名，如張逢、史彦、余青、吴奎等。全二十集。凡詩十八卷，雜著二卷。今缺卷一至卷三。後有嘉祐四年（1059 年）王琪《序》。二十卷末有元稹撰《墓志銘》、遺文九篇爲《補遺》一卷。

杜工部全集六十六卷　附年譜一卷

（唐）杜甫撰　《年譜》（宋）黄鶴撰

明萬曆四十年（1612 年）刊本　共十六册

京都大學文學部中國語學文學哲學研究室藏本

（集千家注分類）杜工部詩（殘本）二卷

（唐）杜甫撰　（宋）徐居仁編　黄鶴補注

元皇慶元年（1312 年）建安勤有堂刊本

東洋文庫藏本

【按】每半葉有界十二行，行二十字。注文雙行，行二十六字。大黑口，雙黑魚尾，四周雙邊或左右單邊（19.8cm×12.7cm）。

是書全本二十五卷。此本今存卷四、卷五，共二卷二册。

【附録】據《商舶載來書目》記載，中御門天皇正德二年（1712 年），中國商船"登字號"載《千家注杜工部詩集》一部一套抵日本。該船於桃園天皇寶曆四年（1754 年）及光格天皇寬政三年（1791 年），分别載《杜工部分類詩》一部一套及《杜少陵全集箋注》一部四套抵日本。

又，據《賫來書目》記，中御門天皇享保二十年（1735 年），中國商舶自廣東載《分類杜詩》兩部抵日本。

據《長崎官府貿易外船賫來書目》載，光格天皇寬政十二年（1800 年）中國商船"申一番船"及"申四番船"，分别載運《杜少陵全集箋注》各兩部四套抵日本。

（集千家注分類）杜工部詩二十五卷　首一卷

（唐）杜甫撰　（宋）徐居仁編　黄鶴補注

元至正八年（1348 年）潘屏山積慶堂圭山書院覆元皇慶年間刊本　共十册

宫内廳書陵部藏本　原江户時代林氏大學頭家　昌平坂學問所舊藏

【按】每半葉有界十二行，行二十字。注文雙行，行二十六字。大黑口，雙黑魚尾，四周雙邊或左右單邊（19.8cm×12.7cm）。

首卷有宋祁奉敕撰《唐新書·杜工部傳》，又有元稹《唐杜工部墓志銘》，韓愈《題杜子美墳》，李觀《遺補杜子美傳》，王洙《杜工部詩史舊集序》，孫僅《讀杜工部詩集序》，王安石《杜工部詩後集序》，胡宗愈《成都草堂詩碑序》，魯訔《編次杜工部詩序》，王琪《增修王原叔編次杜詩後記》,王彦輔《增注杜工部詩序》,鄭卬《杜少陵詩音義序》,鄭卬《跋杜子美詩并序》,孫何《讀杜子美詩》,歐陽修《子美畫像》,王安石《子美畫像》,張伯玉《讀子美集》,楊蟠《觀子美畫像》。又有臨川黄鶴《杜工部年譜》,并有東萊徐居仁編次、臨川黄鶴補注《集千家注分類杜工部詩目録》等。其中在傳序碑銘後,有"積慶堂刊"木記,《門類》後,有"至正戊子鐘形積慶堂鼎形"木記,《目後》及卷二十五尾,皆有"至正丁亥(戊子)潘屏山刊於圭山書院"木記。

此本"門目",分紀行、述懷、懷古、古迹、時事、邊塞、將帥、軍旅、宫殿、宫詞等凡七十二門。

卷中有朱、墨、藍三色所施訓點,間有校記,恐出於江户時代林氏大學頭手筆。

卷首有"弘文學士院"印記。每册首有"林氏藏書"、"淺草文庫"、"内務省文庫印"等印記。又,每册尾有"昌平坂學問所"印記。

森立之《經籍訪古志》卷六著録求古樓藏《集千家注分類杜工部詩》二十五卷,即係今宫内廳藏本。共十册。

【附録】日本南北朝時代(1331—1392年)北朝後圓融天皇永和二年(1376年),日僧觀喜主持《集千家注分類杜工部詩》二十五卷覆刊。此本係由中國元代赴日本刻工依據元刊本翻刻黑口本,有界十二行。題署刻工有孟榮、彦明、長有、孟才等。

(集千家注分類)杜工部詩二十五卷　首一卷

(唐)杜甫撰　(宋)徐居仁編　黄鶴補注

元至正八年(1348年)潘屏山積慶堂圭山書院覆元皇慶年間刊本　共二十册

静嘉堂文庫藏本　原陸心源皕宋樓舊藏

【按】每半葉有界十二行,行二十字。注文雙行,行二十六字。大黑口,雙黑魚尾,四周雙邊或左右單邊(19.8cm×12.7cm)。

卷中有"吴興包子藏書畫金石記"、"包虎臣藏"、"太原王氏家藏"、"春雪樓印"、"長肅後裔"、"孫唐卿兀册庋收藏書畫圖印"、"筲上散人"、"歸安陸樹聲藏書畫之記"、"歸安陸樹聲叔桐父印"等印記。

(集千家注分類)杜工部詩二十五卷　首一卷

(唐)杜甫撰　(宋)徐居仁編　黄鶴補注

元至正八年(1348年)潘屏山積慶堂圭山書院覆元皇慶年間刊本　共十二册

石井積翠軒文庫藏本

【按】每半葉有界十二行,行二十字。注文雙行,行二十六字。大黑口,雙黑魚尾,四周雙邊或左右單邊(19.8cm×12.7cm)。

全卷有朱筆二色訓點,係室町時期手筆。

(集千家注分類)杜工部詩二十五卷　首一卷

(唐)杜甫撰　(宋)徐居仁編　黄鶴補注

元至正八年(1348年)潘屏山積慶堂圭山書院覆元皇慶年間刊本　共十二册

安部武利藏本

【按】每半葉有界十二行,行二十字。注文雙行,行二十六字。大黑口,雙黑魚尾,四周雙邊或左右單邊(19.8cm×12.7cm)。

(集千家注分類)杜工部詩二十五卷　杜工部文集二十五卷　杜工部傳序碑銘一卷　杜工部年譜一卷

(唐)杜甫撰　(宋)徐居仁編　黄鶴補注

元建安廣勤書堂刊本　共十四册

内閣文庫藏本　原江户時代豐後佐伯藩主毛利高標舊藏

【按】每半葉有界十二行,行二十字。黑口。

前有宋寶元二年(1039年)王洙《序》、宋皇祐四年(1052年)王安石《序》、宋嘉泰四年(1204年)蔡夢弼《序》、宋元祐五年(1090年)胡宗愈《序》等。

傳序碑銘卷後,有"廣勤書堂新刊"六字。

此本係仁孝天皇文政年間(1818—1829年)由出雲守毛利高翰捐贈幕府。明治初年歸内閣文庫。卷中有"佐伯侯毛利高標字培松藏書畫之印"等印記。

(集千家注分類)杜工部詩二十五卷　杜工部文集二十五卷　杜工部傳序碑銘一卷

(唐)杜甫撰　(宋)徐居仁編　黄鶴補注

元建安廣勤書堂刊本　共十二册

大倉文化財團藏本

【按】每半葉有界十二行,行二十字。黑口。

此本今缺《年譜》一卷。有明嘉靖乙未(1535年)郭登庸改裝手識。

卷中有"篤生"、"譚錫慶"等印記。

(集千家注)杜工部詩集二十四卷

(唐)杜甫撰

明刊本　共二十四册

宫内廳書陵部藏本

【按】此本係《詩集》二十卷、《文》二卷、《目録》一卷、《附録》一卷。

(集千家注批點)杜工部詩集二十卷　附年譜一卷

(唐)杜甫撰　(宋)劉辰翁批點　(元)高楚芳編

元至正十一年(1351年)潘宅積慶堂刊本　共七册

大谷大學附屬圖書館藏本　原神田喜一郎(鬯庵)舊藏

(集千家注批點)杜工部詩集二十卷　文集二卷　杜工部年譜一卷　附録一卷

(唐)杜甫撰　(宋)劉辰翁評　(元)高楚芳編

元刊本　共十册

内閣文庫藏本　原江户時代近江西大路藩主市橋長昭等舊藏

【按】每半葉有界十二行,行二十四字。注文雙行。黑口,四周雙邊,間或左右雙邊(21.1cm×13.6cm)。

版心題"杜詩(間或'杜'、'詩')卷幾",下記葉數。

首有元大德癸卯(1303年)劉將孫《序》,次《集千家注批點杜工部詩集目録》,次《集千家注杜工部詩集附録》,次《杜工部年譜》,次《杜工部文集目録》。

日本光格天皇文化五年(1808年),下總守市橋長昭舉其所藏宋元舊刻本三十種及明本數種,獻諸文廟,是書即爲其一("下總守"爲市橋長昭自稱之詞,亦稱"黄雪山人")。卷末有市橋長昭撰《寄藏文廟宋元刻書跋》,《跋》由市河米庵(三亥)書寫。其文如次:

"寄藏文廟宋元刻書跋:

長昭夙從事斯文經十餘年,圖籍漸多,意方今藏書家不乏於世,而其所儲大抵屬輓近刻書,至宋元槧蓋或罕有焉。長昭獨積年募求,乃今至累數十種。此非獨在我之爲難,而即在西土亦或不易,則長昭之苦心可知矣。然而物聚必散,是理數也,其能保無散委於百年之後乎,孰若舉而獻之廟學,獲藉聖德以永其傳,則長昭之素願也。虔以宋元槧三十種爲獻,是其一也。

文化五年二月下總守市橋長昭謹誌

河三亥書

自《周易》至《山谷集》十四種一函,自《淮海集》至《國朝名臣事略》十六種一函,右二函。文化五年戊辰五月市橋下總守寄藏。"

卷中有"仁正侯長昭黄雪書屋鑑藏圖書之印"。

(集千家注批點)杜工部詩集二十卷　文集二卷　杜工部年譜一卷　附録一卷

(唐)杜甫撰　(宋)劉辰翁評　(元)高楚芳編

元刊本　共五册

石井積翠軒文庫藏本　原金澤文庫等舊藏

【按】每半葉有界十二行,行二十四字。注文雙行。黑口,四周雙邊,間或左右雙邊(21.1cm×13.6cm)。

卷三有朱筆訓點,卷九略有磨損。

每册首有“金澤學校”印記。

(集千家注批點)杜工部詩集二十卷　附録一卷

(唐)杜甫撰　(宋)劉辰翁評　(元)高楚芳編

元刊本　共九册

天理圖書館藏本　原江户時代米澤藩主家舊藏

【按】每半葉有界十二行,行二十二字。注文雙行。黑口,四周雙邊,間或左右雙邊。

此本缺《文集》二卷及《目録》、《年譜》。

卷中有“米澤藏書”印記。

(集千家注批點)杜工部詩集二十卷　文集二卷　杜工部年譜一卷　附録一卷

(唐)杜甫撰　(宋)劉辰翁評　(元)高楚芳編

元刊本　共十册

廣島大學附屬圖書館藏本

【按】每半葉有界十二行,行二十二字。注文雙行。黑口,四周雙邊,間或左右雙邊。

(集千家注批點)杜工部詩集二十卷　文集二卷　杜工部年譜一卷　附録一卷

(唐)杜甫撰　(宋)劉辰翁評　(元)高楚芳編

元刊本　共十三册

大東急記念文庫藏本

【按】每半葉有界十二行,行二十二字。注文雙行。黑口,四周雙邊,間或左右雙邊。

卷中間有朱墨二色批點,似五山時代詩僧手筆。

(集千家注批點)杜工部詩集二十卷　文集二卷　年譜一卷　附録一卷

(唐)杜甫撰　(宋)劉辰翁批點　(元)高楚芳編

元至正二十八年(1368年)雲衢會文堂刊本

天理圖書館　京都大學附屬圖書館藏本

【按】每半葉有界十四行,行二十四字,間有二十五、六字。注文小字雙行。

首有大德癸卯(1303年)劉將孫《序》。《序》後《杜工部年譜》及《目録》。卷首題“須溪先生劉會孟評點”。《目録》後有“雲衢會文堂戊申孟冬刊”木記。

森立之《經籍訪古志》卷六著録此本。并謂“當楚芳原刊”。

【附録】五山時代後期,有覆刊會文堂本《集千家注批點杜工部詩集》二十卷。行款與此刊本皆同。《目録》末并有雙邊木記“雲衢會文堂戊申孟冬刊”。此版其後曾多次重印,於和刻版本中,也彌足珍貴。

(集千家注批點)杜工部詩集二十卷　文集二卷　年譜一卷　附録一卷

(唐)杜甫撰　(宋)劉辰翁批點　(元)高楚芳編

明初刊本

東洋文庫　御茶之水圖書館藏本

【按】每半葉有界十二行,行二十二字。注文雙行。黑口,四周雙邊,間或左右雙邊。

東洋文庫藏本,缺卷甚多,今僅存卷二至卷五、卷七至卷十三、卷十七、卷二十,共十三卷。

御茶之水圖書館藏本,原係德富蘇峰成簣堂舊藏。此本今存卷一、卷二、卷七至卷十、卷十三至卷二十,共十四卷。卷中時有朱墨二色加點,有“惠林什書門外不出”印記。此本并附1905年12月德富蘇峰考證文字,共七册。

(集千家注批點)杜工部詩集二十卷

(唐)杜甫撰　(宋)劉辰翁評點　(元)高楚芳編

明永樂甲午(1414年)清江書堂刊本　共十一册

御茶之水圖書館藏本　原德富蘇峰成簣堂等舊藏

【按】每半葉有界十二行,行二十字。注文雙行。

首有元大德癸卯(1303年)劉將孫《序》,次有《杜工部年譜》。

《序》後有“永樂太歲甲午清江書堂新刊”兩行木記。

卷中有日本室町時代(1373—1573年)朱墨書筆,并有若干頁寫補。封面乃江户時代初期藍色舊紙。

(集千家注批點)杜工部詩集二十卷

(唐)杜甫撰　(宋)劉辰翁評　(元)高楚芳編

明正德十四年(1519年)劉氏安正堂刊本　共七册

米澤市立圖書館藏本　原山城守直江兼續等舊藏

【按】每半葉有界十行,行二十三字。注文雙行。黑口,雙邊。前有謝中《序》,明正德十三年(1518年)胡纘宗《序》。《目録》首題須溪先生劉會孟、臨川先生黄鶴之名。次有元稹撰《墓志銘》、宋祁撰《唐(書)·文藝傳》、《杜工部年譜》等。

卷末有“正德己卯年仲夏劉氏安正堂刊”記,并有“書林後學詹以來謄録”一條。

每册有“米澤藏書”印記。

(集千家注批點)杜工部詩集二十卷　附年譜一卷

(唐)杜甫撰　(宋)劉辰翁評點　(元)高楚芳編　《年譜》闕名撰

明嘉靖八年(1529年)靖江懋德堂刊本　共十册

東洋文庫　京都大學文學部中國語學文學哲學研究室　御茶之水圖書館藏本

【按】每半葉有界八行,行十八字。黑口,四周雙邊。

卷首題署“須溪先生劉會孟評點”,前有明嘉靖己丑(1529年)靖江懋德書堂所書之《序》,言此據元蜀大字本重刻。後有同年吴朝喜《後序》。

此本即靖藩刊本。

東洋文庫藏本　原係小田切萬壽之助舊藏。

御茶之水圖書館藏本,原係德富蘇峰成簣堂等舊藏。此本係稍後印刊,白綿紙本,并附1910年德富蘇峰獲此本時所作考證一文,共十册。

(集千家注批點)杜工部詩集二十卷　附年譜一卷

(唐)杜甫撰　(宋)劉辰翁評點　《年譜》闕名撰

明嘉靖八年(1529年)重刊本

東洋文庫　御茶之水圖書館藏本

【按】每半葉有界八行,行十九字。白口,四周雙邊。

東洋文庫藏本,原係小田切萬壽之助等舊藏,共十册。

御茶之水圖書館藏本,原係德富蘇峰成簣堂等舊藏。此本今缺卷一、卷二,實存十八卷,共九册。

(集千家注批點)杜工部詩集二十三卷

(唐)杜甫撰　(宋)劉辰翁評

明初麻沙刊本　共五册

宫内廳書陵部藏本

【按】卷中有後人寫補。

每册首有“賜蘆文庫”、“新宫城書藏”等印記。

(集千家注批點)杜工部詩集二十三卷

(唐)杜甫撰　(宋)劉辰翁評點

明刊本(有補寫)　共五册

宫内廳書陵部藏本

(集千家注)杜工部詩集二十卷　文集二卷

(唐)杜甫撰　(宋)劉會孟評點　(元)高楚芳編

元刊本　共十一册

天理圖書館藏本

【按】每半葉有界十二行,行二十二字。注文雙行,行同正文。四周雙邊。

首有元大德癸卯(1303年)劉將孫《序》。次《目録》,前題"須溪先生劉會孟評點"。次附録名家《序》《跋》及須溪《總論》,次《年譜》。

卷一題"會孟評點",餘卷則無。據劉將孫《序》,此本係高楚芳删次名家之注而附以劉會孟評點,編輯成集。明人白陽山人,許自昌等所刻,皆從此本出。

是集原本有《文集》二卷,今已佚亡。此據元至大元年(1308年)會文堂刊本補配。《目録》及《年譜》亦係由會文堂本補配。

楊守敬《日本訪書志》卷十四著録此本,謂此係"元槧元印本"。

(集千家注)杜工部詩集二十卷　文集二卷

(唐)杜甫撰　(宋)劉會孟評點

元怡親王家刊本(怡府藏版)共八册

國會圖書館藏本

(集千家注)杜工部詩集二十卷　文集二卷　首一卷

(唐)杜甫撰　(宋)闕名集注　(明)玉几山人校

明嘉靖十五年(1536年)玉几山人校刊本

宫内廳書陵部　内閣文庫　東洋文庫　尊經閣文庫　静嘉堂文庫　京都大學文學部中國語學文學哲學研究室　鹿兒島大學附屬圖書館岩元文庫　早稻田大學圖書館　御茶之水圖書館藏本

【按】每半葉有界八行,行十七字。注文雙行,行同正文。白口,四周雙邊。

是集有王洙、王安石、蔡夢弼等《序》、《跋》。

宫内廳書陵部藏本,原係錢遵王等舊藏。每册首有"錢曾"、"遵王"、"述古堂圖書記"等印記,册尾又有"平江伯府珍藏"等印記。共二十册。

内閣文庫藏本,原係何本立軒、昌平坂學問所舊藏。共十二册。

東洋文庫藏本,原係小田切萬壽之助舊藏。共二十四册。

尊經閣文庫藏本,原係江户時代加賀藩主前田綱紀等舊藏,共十五册。

静嘉堂文庫藏此同一刊本兩部。一部共十册,一部共六册。

京都大學藏本,原係鈴木虎雄(豹軒)等舊藏,卷中有鈴木豹軒手識。共十二册。

鹿兒島大學岩元文庫藏本,共二十四册。

早稻田大學圖書館藏本,原係土岐善麻吕家土岐文庫等舊藏。此本書帙題簽爲土岐善麻吕手筆,共十册。

御茶之水圖書館藏本,原係德富蘇峰成簣堂等舊藏。此本自朝鮮傳入日本,卷中有朝鮮讀者書寫之文字,紙背文書乃原朝鮮人封面用紙。卷中有1910年德富蘇峰手識文,并有1923年9月1日東京大地震火災後之手識文,并有同年9月5日所作之詩,共十二册。

(集千家注)杜工部集詩二十卷　文二卷　目一卷

(唐)杜甫撰　(明)許自昌校

明萬曆年間(1573—1620年)刊本

宫内廳書陵部　京都大學文學部中國語學文學哲學研究室　愛知大學附屬圖書館簡齋文庫　福井縣立大野高等學校藏本

【按】每半葉有界九行,行二十字。注文雙行,行同正文。白口,四周雙邊,間或左右雙邊。

宫内廳書陵部藏本,原係德山藩三代主毛利元次廣收"天下秘籍"之一。東山天皇寶永三年(1706年)《御書物目録》著録此本。明治二十九年(1896年)男爵毛利元功獻贈宫内省圖書寮(即今宫内廳書陵部)。共七册。

京都大學藏本,原係鈴木虎雄(豹軒)舊藏。共六册。

愛知大學藏本,原係小倉正恒(簡齋)舊藏,共十六册。

大野高等學校藏本,原係宫澤氏舊藏。卷中

第七、第八爲後人補寫。

(集千家注)杜工部詩集二十卷　文集二卷　附年譜一卷

(唐)杜甫撰　(元)高楚芳輯　(明)黄昇校
明萬曆九年(1581年)刊本　共十二册
東洋文庫　静嘉堂文庫藏本
【按】每半葉有界八行,行十七字。注文雙行,行同正文。白口,左右雙邊。
東洋文庫藏本,原小田切萬壽之助等舊藏。

(集千家注)杜工部詩集二十卷　杜工部文集二卷

(唐)杜甫撰　(元)高楚芳編　(明)許自昌校
明刊本
内閣文庫　東洋文庫　京都大學人文科學研究所東洋學文獻中心藏本
【按】内閣文庫藏本,原係江户時代林羅山舊藏,卷中有"江雲渭樹"印記。共六册。
東洋文庫藏本,原係藤田豐八舊藏。共五册。
京都大學人文科學研究所藏本,缺卷第七、卷第八。共十册。

(集千家注)杜工部詩集二十卷

(唐)杜甫撰　(元)高楚芳編　(明)許自昌校
明刊本　共六册
静嘉堂文庫藏本　原陸心源守先閣舊藏

(集千家注)杜工部詩集二十卷

(唐)杜甫撰　(元)高楚芳編
明刊後印本　共十册
内閣文庫藏本　原紅葉山文庫等舊藏

(重刊千家注)杜詩全集二十卷　(重刊)杜工部文集二卷　首一卷

(唐)杜甫撰　(宋)闕名集注
明萬曆九年(1581年)嶺南黄芳重刊本
國會圖書館　内閣文庫　京都大學附屬圖書館藏本
【按】國會圖書館藏本,無《重刊杜工部文集》二卷,共九册。
内閣文庫藏本,原係楓山文庫舊藏,共十二册。
京都大學藏本,缺《文集》二卷、《首》一卷。共十一册。

(重刊千家注)杜詩全集二十卷　杜工部文集二卷　附録一卷　附(重刊)杜工部年譜一卷

(唐)杜甫撰　(元)高崇蘭編次
明萬曆九年(1581年)序隴西金鸞重刊本　共十二册
東京大學總合圖書館藏本　原江户時代紀州德川家南葵文庫舊藏

杜工部草堂詩箋四十卷　年譜二卷

(唐)杜甫撰　(宋)魯訔編　蔡夢弼箋　《年譜》(宋)趙子櫟編
元大德年間(1297—1307年)桂軒陳氏刊本
共十册
内閣文庫藏本　原江户時代林羅山等舊藏
【按】每半葉有界十二行,行十九或二十字。注文雙行,二十五、六字不等。黑口,左右雙邊。
首有《年譜》,次《目録》。《目録》後有刊行木牌:

桂軒陳氏 大德重刊

卷中有"江雲謂樹"藏書印記。傅增湘《藏園群書經眼録》卷十二著録此本,其識文曰:"此本宋時有兩刻本。一爲十一行本,一爲十二行本。此桂軒陳氏本亦十二行,則從後宋本出也。"又,森立之《經籍訪古志》卷六亦著録《杜工部草堂詩箋》四十卷,係海保氏傳經廬藏本,宋刊十二行本。然今不知存何處。

(須溪批點選注)杜工部詩二十四卷

(唐)杜甫撰　(宋)劉辰翁評
明正德十三年(1517年)刊本　共八册
大谷大學悠然樓藏本　原大西行禮等舊藏
【按】此本卷二十三,題"增趙東山類選杜工部詩",署"趙滂評"。卷二十四,題"增虞伯生注杜工部詩",署"虞集注"。

杜工部詩二十卷

(唐)杜甫撰
明嘉靖年間(1522—1566年)刊本　共十册
御茶之水圖書館藏本　原德富蘇峰成簣堂等舊藏
【按】每半葉有界九行,白綿紙本。第一册及書帙内有1911年德富蘇峰手識文,并附1912年德富蘇峰手記文一頁。

杜工部詩二十卷

(唐)杜甫撰
明刊本　共十六册
宫内廳書陵部藏本

杜工部全集(詩集二十卷　文集二卷)

(唐)杜甫撰
明嘉靖年間(1522—1566年)覆宋刊本　共三十册
御茶之水圖書館藏本　原德富蘇峰成簣堂等舊藏
【按】每半葉有界八行,行十七字,注文小字雙行。白口,四周雙邊。版心記刻工姓名。
卷中有"果親王府圖書記"、"賜春樓藏"等印記。

杜子美詩集二十卷

(唐)杜甫撰　(宋)劉辰翁評
明刊本　共八册
東洋文庫藏本　原小田切萬壽之助等舊藏

杜工部文集二卷

(唐)杜甫撰　(元)高楚芳編
元刊本　共二册
大阪府立圖書館　原富岡桃華等舊藏
【按】每半葉有界十二行,行二十三字。注文雙行,行同正文。四周雙邊。
卷一首行題"杜工部文集卷之一"。不署撰者與編者姓名。第二行即詩題,詩題低一字。

杜工部文集二卷

(唐)杜甫撰
明刊本　共二册
宫内廳書陵部藏本

杜工部七言律詩(杜律虞注)二卷

(唐)杜甫撰　(元)虞集注
明遺安草堂刊本　共四册
宫内廳書陵部　内閣文庫藏本
【附録】《倭板書籍考》卷七著録《杜律虞注》二卷,謂"元虞伯生作杜子美律詩之注也"。
又,中御門天皇正德三年(1713年)。中國商船"登字號"載《杜律虞注》一部二本抵日本。該船於享保十一年(1726年)又載《杜詩虞注》一部一本抵日本。
日本靈元天皇寬文八年(1668年)京都堺屋喜兵衛刊印《杜工部七言律詩》二卷。此本題簽"杜律虞注"。
日本東山天皇元禄六年(1692年)京都洛陽唐本屋又兵衛又刊行清人顧宸注解《(辟疆園)杜詩注解》五言律十卷七言律五卷。

杜律七言注解四卷

(唐)杜甫撰　(元)虞集注
明萬曆十六年(1588年)刊本
東洋文庫　東京都立圖書館諸橋文庫藏本
【按】每半葉有界九行,行二十字。注文雙行,行同正文。白口,四周單邊。
東洋文庫藏本,原係小田切萬壽之助等舊

藏。卷中有鄭莊、王世貞批點。共三册。

東京都立圖書館藏本,原係諸橋轍次等舊藏。共三册。

(類選)杜詩五言律二卷　杜律七言注解二卷(杜詩便覽)

(唐)杜甫撰　(元)趙汸編

明嘉靖十六年(1537年)刊本　共四册

東洋文庫藏本　原小田切萬壽之助等舊藏

【附録】據《商舶載來書目》記,中御門天皇享保十一年(1726年),中國商船"登字號"載《杜詩趙注》一部抵日本。

杜工部五言律詩二卷

(唐)杜甫撰　(元)趙汸注

明正德年間(1506—1521年)刊本　共二册

東洋文庫藏本

杜律趙注二卷

(唐)杜甫撰　(元)趙汸注

明刊本　共四册

宫内廳書陵部藏本

杜律五言注解三卷

(唐)杜甫撰　(元)趙汸注

明萬曆十六年(1588年)刊本

東洋文庫　東京都立圖書館諸橋文庫藏本

【按】每半葉有界九行,行二十字。注文雙行,行同正文。白口,四周單邊。

東洋文庫藏本,原係小田切萬壽之助等舊藏。共三册。

東京都立圖書館藏本,原係諸橋轍次舊藏。共六册。

(翰林考正)杜律七言虞注大成二卷　五言趙注句解三卷

(唐)杜甫撰　《七言》(元)虞集注　《五言》(元)趙汸注

明萬曆十六年(1588年)建邑書林鄭豪刊本　共四册

東洋文庫藏本　原小田切萬壽之助等舊藏

【附録】日本後光明天皇慶安四年(1651年)中村市兵衛刊印《杜律五言趙注句解》三卷。

(翰林考正)杜律五言趙注句解三卷　(翰林考正)杜律七言虞注大成二卷

(唐)杜甫撰　《五言》(元)趙汸注　《七言》(元)虞集注　(明)蘇浚校

明萬曆三十年(1602年)鄭氏宗文堂刊本　共二册

内閣文庫藏本

【按】每半葉有界十行,行二十一字。白口,四周雙邊。

内閣文庫藏此刊本共兩部。一部原係昌平坂學問所舊藏。一部原係江户時代林羅山舊藏,卷中有"江雲渭樹"印記。

【附録】日本後光明天皇慶安四年(1651年),江户中村屋市右衛門刊《翰林考正杜律五言趙注句解》三卷。係據蘇浚校本覆刊。

杜工部七言律詩二卷　五言律詩二卷

(唐)杜甫撰　《七言》(元)虞集注　《五言》(元)趙汸注

明正德九年(1514年)刊本　共二册

東洋文庫藏本

杜律注解(杜律五言注解三卷　杜律七言注解二卷)

(唐)杜甫撰　《五言》(元)趙汸注　《七言》(元)虞集注

明正德年間(1506—1521年)刊本嘉靖七年(1528年)修補本　共四册

内閣文庫藏本　原楓山官庫等舊藏

杜律注解(杜律五言注解三卷　杜律七言注解二卷)

(唐)杜甫撰　《五言》(元)趙汸注　《七言》(元)虞集注

明嘉靖七年(1528年)刊本後印本

内閣文庫　御茶之水圖書館藏本

【按】每半葉有界八行,行二十字,注文小字雙行。白口,四周單邊。

卷首有楊士奇《序》。卷末有《跋》,題署"嘉靖歲旅重奮冬閩建西山人程寬撰"。

内閣文庫藏本,原係昌平坂學問所等舊藏,共四册。

御茶之水圖書館藏本,原係武州金杉壽永寺及尾張國等舊藏,後歸德富蘇峰所有。卷中有1874年墨書一則,其文曰:"此一帙明治七年甲戌十一月神谷氏所寄贈也,其手簡附于此。惟熙記。"又有德富蘇峰手識文曰:"尾張國國枝老足舊儲大正戊午六月初八。"此本今存七言詩注二卷,共二册。

(内閣批選)杜工部詩律金聲二十四卷

(唐)杜甫撰　(元)虞集注　(明)李廷機評

明萬曆三十七年(1609年)積善堂刊本　共三册

内閣文庫藏本　原林羅山等舊藏

杜工部詩選注七卷

(唐)杜甫撰　(元)董養性選注

明刊本　共八册

内閣文庫藏本

(刻)杜少陵先生詩分類集注二十三卷

(唐)杜甫撰　(明)邵寶集注　過棟參箋

明萬曆二十年(1592年)三吴周氏刊本　共二十四册

宫内廳書陵部　東洋文庫藏本

【按】每半葉有界十行,行二十字。白口,四周單邊。

是集前有太原王稚登《序》及《自序》。首題"錫山二泉邵寶國賢父集注"、"同邑最木過棟汝器父參箋"、"三吴雲望周子文岐陽父校梓"。

宫内廳書陵部藏本,卷内有後人寫補,卷首有"芙容窩圖書"長方印。

東洋文庫藏本,原係小田切萬壽之助舊藏。

【附録】《倭板書籍考》卷七有《杜詩集注》二十三卷,并曰:"此係大明二泉人名寶字國賢者所作,杜詩中好注本也。"

日本後西天皇明曆二年(1656年)京都衣棚通刊印《刻杜少陵先生詩分類集注》二十三卷。此本係據萬曆二十年本重刊,題明人邵寶集注,過棟參箋,由日人鵜飼信之(石齋)等訓點。

後西天皇寬文二年(1662年)吉田太郎兵衛刊《刻杜少陵先生詩集注絶句》二卷,此本由邵寶集注,過棟參箋。其後,大坂河内屋德兵衛又曾覆刊一次。

杜七言律二卷

(唐)杜甫撰　(明)邵寶集注　姚九功校

明嘉靖三十年(1551年)刊本　共二册

東洋文庫藏本　原小田切萬壽之助等舊藏

杜少陵集十卷

(唐)杜甫撰　(明)張潛編

明刊本　共八册

宫内廳書陵部藏本

【按】前有明正德七年(1512年)王雲鳳《序》。

卷首有"家在雲間"、"松儔竹伴"等印記,卷尾有"服之莫斁"印記。

杜律七言集解二卷

(唐)杜甫撰　(明)邵傅注

明刊本　共一册

宫内廳書陵部藏本

【附録】日本後西天皇萬治二年(1659年),京都木田甚兵衛門刊《杜律七言集解》二卷,係邵傅注本。

靈元天皇寬文十年(1670年),刊《杜律集解七言律二卷》,亦即前本之覆刊。

東山天皇元禄九年(1696年),又刊《杜律集解　七言律二卷》,此本有日人宇都宫由的《跋》。

杜律集解　五言律四卷

(唐)杜甫撰　(明)邵傅集解　陳學樂校
明刊本　共二册
京都大學文學部中國語學文學哲學研究室藏本　原鈴木虎雄等舊藏

【附録】日本靈元天皇寬文十二年(1672年),刊《杜律集解　五言律》四卷,此本有日人宇都宮由的《跋》。

同天皇天和三年(1683年)又刊《杜律集解》四卷,此本題"明陳學樂撰"。

杜律集解六卷(杜律五言集解四卷　杜律七言集解二卷)

(唐)杜甫撰　(明)邵傅集注　陳學樂校
明萬曆十六年(1588年)刊本　共六册
國會圖書館　内閣文庫藏本

【按】内閣文庫藏本,原係楓山官庫等舊藏

【附録】日本東山天皇元禄十五年(1702年)彌生吉且《倭板書籍考》卷七著録《杜律集解》。其識文曰:"七言律注二卷,五言律注四卷。蓋萬曆中閩人邵傅所選也。"

明正天皇寬永二年(1625年),京都有風月宗智刊行《杜律集解　五言律》四卷、《七言律》二卷,日人宇都宮由的首書。

其後,此集覆刊再三,今存如下刊本:

明正天皇寬永二十年(1643年)京都風月宗智重印本;

後西天皇萬治二年(1659年)京都前川茂右衛門重印本;

靈元天皇寬文五年(1665年)中野道也刊印《杜律集解大全七言》四卷、《杜律集解大全五言》八卷;

靈元天皇寬文十年(1670年)洛陽前川茂右衛門重印本;

靈元天皇寬文十年(1670年)京都丸屋莊三郎重印本;

靈元天皇寬文十三年(1673年)油屋市郎右衛門重印本;

靈元天皇天和三年(1683年)重印本;

靈元天皇貞享三年(1686年)西村市郎兵衛重印本;

東山天皇元禄七年(1694年)西村市郎右衛門他一軒重印本;

東山天皇元禄九年(1695年)京都美濃屋彦兵衛刊印《(鼇頭增廣本)杜律集解》(五言)四卷(七言)二卷。題署(明)邵傅撰,陳學樂校,由日人宇都宮由的(遯菴)頭注;

東山天皇元禄九年(1696年)京都美濃屋彦兵衛重印本,此本有日人宇都宮由的《跋》;

後西天皇萬治二年(1659年)水田甚右衛門刊印《杜律集解五言》四卷、《杜律集解七言》二卷。此本有同年田中莊兵衛重印本。

杜子美七言律一卷

(唐)杜甫撰　(明)郭正域批點
明萬曆年間(1573—1620年)朱墨套印刊本　共一册
東洋文庫藏本

杜子美七言律一卷

(唐)杜甫撰　(明)郭正域批點
明刊三色套印刊本　共一册
内閣文庫藏本　原江户時代豐後佐伯藩主毛利高標等舊藏

【按】每半葉有界八行,行十八字。

是集由墨、朱、黛三色套印。朱書者爲郭正域批點,黛筆者則係宋劉辰翁評語,而墨印者即杜子美詩。

此本係仁孝天皇文政年間(1818—1829年)出雲守毛利高翰獻贈幕府。明治初年歸内閣文庫。卷中有"佐伯侯毛利高標字培松藏書畫之印"等印記。

杜詩通四十卷

(唐)杜甫撰　(明)胡震亨輯
明刊本　共十册
東洋文庫藏本　原小田切萬壽之助舊藏

杜詩通三十二卷

(唐)杜甫撰　(明)胡震亨輯

明刊本　共六册

京都大學文學部中國語學文學哲學研究室藏本

杜工部詩通十六卷

(唐)杜甫撰　(明)張綖編　張守中校

明隆慶六年(1572年)刊本

内閣文庫　東洋文庫　京都大學人文科學研究所東洋學文獻中心藏本

【按】内閣文庫藏本,原係江户時代豐後佐伯藩主毛利高標舊藏,仁孝天皇文政年間(1818—1829年)出雲守毛利高翰獻贈幕府,明治初年歸内閣文庫。卷中有"佐伯侯毛利高標字培松藏書畫之印"等印記,共四册

東洋文庫藏本,原係小田切萬壽之助舊藏,共四册。

京都大學人文研藏本,共二册。

杜詩胥鈔十五卷　贈言一卷　大凡一卷　餘論一卷

(唐)杜甫撰　(明)盧世㴶輯

明崇禎七年(1634年)刊本

内閣文庫　東洋文庫　大谷大學悠然樓　愛知大學附屬圖書館簡齋文庫藏本

【按】每半葉有界八行,行十九字。白口,左右雙邊。

内閣文庫藏本,原係昌平坂學問所舊藏。共四册。

東洋文庫藏本,原係小田切萬壽之助舊藏。共六册。

大谷大學悠然樓藏本,原係大西行禮等舊藏,共六册。

愛知大學簡齋文庫藏本,原係小倉正恒等舊藏,共六册。

讀杜詩愚得十八卷

(唐)杜甫撰　(明)單復讀

明宣德九年(1434年)跋江陰朱善繼、朱善慶刊本　共八册

内閣文庫藏本　原中國王德操　日本林讀耕齋　市河寬齋　昌平坂學問所等舊藏

【按】每半葉有界十二行,行二十四字。

前有楊士奇《序》,明洪武十五年(1382年)《自序》,後有明宣德甲寅(1434年)黄淮《後序》。

本文末尾(後序前葉)有明人王德操(人鑑)楷書手識文三行,其文曰:

"崇禎改元辰夏,索居無以遣悶,因再讀少陵先生集一週,及至憂愁困苦之句,令人益深悲感。"(文後有"王人鑑印"白文方印,又有"德操"朱文方印)

《後序》之後,有附紙二頁。第一頁係光格天皇天明三年(1783年)江户時代名家市河世寧手識文。其文曰:

"右《讀杜愚得》八本,名王德操故物也。卷首有'王人鑑'及'知希齋'二印;卷尾題跋德操手書,字畫研好可愛,玩,蓋明初刊本也。簡策磨滅皆朱書補之,亦係德操手書,其人雅尚可想也。蓋明末亂離之際,賈舶轉賣入讀耕林子家,後百數年轉落書肆,又轉入予藏,時安永八年也。按東涯先生《盍簪録》載東山茶店購德操墨迹事,初不知爲何等人,後考列朝詩而評其事迹,殆與予事相類。及島洪卿獲手嘉賓遺書,併新比書褾帙,因記其顛末於後,走坐於蕉竹書屋第一閣,癸卯十月,寬齋河世寧識。"(文後有"世寧"朱文半圓印)

卷末附紙第二葉係仁孝天皇文政四年(1821年)市河世寧之長男市河米庵(三亥)手識文,其文曰:

"此先君遺愛書,王人鑑墓誌銘載《錢虞山集》。文政辛巳冬十月,三亥記。"

卷首有"讀耕齋之家藏"、"王人鑑印"、"知希

齋”、“河氏珍賞”等朱文印記。每册首又有“昌平坂學問所”墨色印記。

【附録】十六世紀日本僧人策彦周良有《初渡集》和《再渡集》，其中有記其在中國大陸搜集漢籍文獻之事。“嘉靖十八年（1539 年）七月八日”條曰：“（獲）《讀杜愚得》八册，以粗扇兩把、小刀三把交换。”

讀杜詩愚得十八卷

（唐）杜甫撰　（明）單復讀

明隆慶年間（1567—1572 年）刊本　共十册

尊經閣文庫藏本　原江户時代加賀藩主前田綱紀等舊藏

杜工部七言律詩分類集注二卷

（唐）杜甫撰　（明）薛益集注

明崇禎年間（1628—1644 年）金閶五雲居刊本

宫内廳書陵部　内閣文庫　東洋文庫藏本

【按】每半葉有界八行，行二十字。白口，左右雙邊。

前有明崇禎戊寅（1638 年）徐如翰《序》，又有崇禎辛巳（1641 年）林雲鳳《序》，并楊士奇《序》、白雲漫史《序》。後有崇禎十四年（1641 年）《自跋》。

宫内廳書陵部藏本，共二册。

内閣文庫藏本，原係昌平坂學問所舊藏。共二册。

東洋文庫藏本，原係小田切萬壽之助舊藏。共四册。

【附録】《倭板書籍考》卷七曾著録《杜詩分類集注》。其曰：“明崇禎年中，薛益字虞卿者所撰。其依虞注七言律詩而有所發明。薛益，係與文徵明同國人，善書而嗜佛者，有文名。”

日本後光明天皇慶安四年（1651 年）中村市兵衛據明崇禎年間刊本覆刊《杜工部七言律詩分類集注》二卷。此本題明人薛益集注。

（新刊）杜工部七言律詩二卷

（唐）杜甫撰　闕名注　（明）曾應祥校

明静德堂刊本　共二册

東京大學東洋文化研究所藏本

杜律詩選注六卷

（唐）杜甫撰　（明）范濂選注　吴炯等校

明熊氏種德堂刊本　共二册

内閣文庫藏本　原楓山官庫等舊藏

杜律五言補注四卷

（唐）杜甫撰　（明）汪瑗補注

明萬曆年間（1573—1620 年）刊本　共四册

宫内廳書陵部藏本

杜律單注十卷

（唐）杜甫撰　（明）單復注　陳明輯

明嘉靖年間（1522—1566 年）刊本　共十册

宫内廳書陵部藏本

【按】每半葉有界八行，行二十二字。注文雙行，行同正文。白口，四周單邊。

杜詩選六卷

（唐）杜甫撰

明吴興凌氏朱墨套印刊本　共三册

愛知大學附屬圖書館霞山文庫藏本　原東亞同文會霞山會館圖書室舊藏

【按】每半葉有界八行，行十八字。

此本係與《李詩選》合刊。

杜律意箋二卷

（唐）杜甫撰　（明）顔廷矩箋

明萬曆三十一年（1603 年）刊本　共二册

内閣文庫藏本　原楓山官庫等舊藏

杜律詹言二卷

（唐）杜甫撰　（明）謝杰解

明萬曆二十五年（1597 年）刊本　共二册

内閣文庫藏本　原江户時代林羅山等舊藏

【按】每半葉有界八行,行十六字。小字雙行,行同正文。白口,四周雙邊。卷中有"江雲渭樹"藏書印記。

杜工部集箋注二十卷

(唐)杜甫撰　(明)錢謙益注

明末刊本　共十二册

御茶之水圖書館藏本　原德富蘇峰成簣堂舊藏

【按】每半葉有界十一行,行二十字。白口,左右雙邊。

卷首有德富蘇峰手識文,言其從中國蘇州得書之始末。

卷中有漢文批點。

蕭文元集五卷　附録一卷

(唐)蕭穎士撰

明崇禎十三年(1640年)刊本　共一册

宫内廳書陵部藏本

【按】前有明崇禎庚辰(1640年)曹荃《序》。

卷首有"穎川"、"盤生"、"秘閣圖書之章"等印記。

【附録】中國《新唐書》卷二百二卷《文藝傳》曰:"倭國遣使入朝,自陳國人願得蕭夫子爲師者。"由此可窺見蕭穎士文學對日本安平時代文化的意義。

十七世紀日本江户時代著名學者林鵝峰(1618—1680年)在《本朝一人一首》卷十中評論日本文化史時,提到了蕭穎士,反映了蕭穎士文學等在日本古代文學中的地位。

錢考功集十卷

(唐)錢起撰

明銅活字刊印本　共四册

大倉文化財團藏本

【按】每半葉有界九行,行十七字。

卷中有"譚錫慶"等印記。

【附録】日本空海和尚(弘法大師,774—835年)有《文鏡秘府論》六卷存世,其"天卷·調聲·五言平頭正律勢尖頭"中有如下文字:"餞(錢之訛誤)起《獻歲歸山》詩曰:欲知愚谷好,久别與春還。鶯暖初歸樹,雲晴却戀山。石田耕種少,野客性情閑。求仲時應見,殘陽且掩關。"這是日本古文獻中關於唐人錢起詩作的最早的記載。

十世紀末日人藤原公仁(966—1041年)編纂《和漢朗詠集》二卷,其卷上"春部·雨"引"長樂鍾聲花外盡,龍池柳色雨中深"。此二句出自錢起《贈闕下裴舍人》。這是日本古文獻中關於錢起文學的早期記載。

十七世紀日本江户時代著名學者林鵝峰(1618—1680年)在《本朝一人一首》卷十中評論日本文化史時,提到了錢起,反映了錢起文學等在日本平安文學中的地位。

日本現存朝川鼎手鈔本《錢考功詩集》十卷。

皇甫冉集三卷

(唐)皇甫冉撰

明木活字刊本　共三册

宫内廳書陵部藏本

【附録】日本空海和尚(弘法大師,774—835年)有《文鏡秘府論》六卷存世,其"天卷·調聲·五言平頭正律勢尖頭"中有如下文字:"皇甫冉詩曰:中司龍節貴,上客虎符新。地控吴襟帶,才光漢縉紳。泛舟應度臘,入境便行春。何處歌來暮,長江建鄴人。"又引皇甫冉詩曰:"閑看秋水心無染,高卧寒林手自栽。廬阜高僧留偈别,茅山道士寄書來。燕知社日辭巢去,菊爲重陽冒雨開。殘薄何時稱獻納,臨歧終日自遲歸。"(詩中"殘薄何時稱獻納"一句,《全唐詩》作"淺薄將何稱獻納"——編著者)這是日本古文獻中最早的關于唐人皇甫冉詩作的記載。

十世紀上半葉日人大江維時(887—963)從153位中國唐代詩人的作品中輯録1082句詩句編爲《千載佳句》,作爲賞析和創作的範本。其中摘引皇甫冉作品3首。如"别離部·别意"引"長江九流人歸遠,寒嶺千里雁過遲",并言此二句出自皇甫冉《送閻甘一還江州》(《全唐詩》此詩題作《招隱寺送閻判官還江州》。句中"九流"《全唐詩》作"九派","人歸遠"作"人歸少","千里"作"千重","雁過遲"作"雁度遲"——編著者)。十世紀末日人藤原公仁(966—1041年)編纂《和漢朗詠集》二卷,其卷上"秋部·九日"引"燕知社日辭巢去,菊爲重陽冒雨開",此二句出自皇甫冉《秋日東郊作》。這是日本古文獻中關于皇甫冉文學的早期記録。

十七世紀日本江户時代著名學者林鵝峰(1618—1680年)在《本朝一人一首》卷十中評論日本文化史時,提到了皇甫冉,反映了皇甫冉文學等在日本古代文學中的地位。

毗陵集二十卷

(唐)獨孤及撰

明人陸粲寫本　共四册

大倉文化財團藏本

【按】此本係明人陸粲據吴寬鈔本鈔出。吴寬本係從"天府秘藏本"録出。

卷末有馬氏校書手識。全書有朱墨校記。

卷中有"馬氏校定無失頁"、"彭城楚殷"等印記。

【附録】日本仁孝天皇天保十五年(1844年)《官板書籍解題略》卷下著録《毗陵集》二十卷。其識文曰:

"唐獨孤及撰。及字至之,洛陽人,官司封郎中,至常州刺史,卒後謚憲。其事迹具《唐書》本傳。唐自貞觀之後,文士相沿六朝之體,經開元天寶,詩格一變,而文格仍襲舊規。(獨孤)及與元結諸人,始奮起而滌除前代之弊,繼後,韓愈、柳宗元起,唐之古文遂蔚然而盛,此數子實居其首矣。《唐實録》稱韓愈曾學獨孤及之文。此集係門人安定梁肅所編,凡詩三卷,文十七卷,李舟爲之《序》。然舊本湮没已久,明人吴寬從内閣鈔出,始傳于世。其杰作已載《唐文粹》、《文苑英華》等。"

《官板書目》及《昌平坂御官板書目》,亦皆著録此書。

日本仁孝天皇天保四年(1833年)昌平學官版刊印《毗陵集》二十卷、《補遺》一卷、并《附録》一卷。

耿湋集三卷

(唐)耿湋撰

明銅活字刊印本　共一册

大倉文化財團藏本

【按】每半葉有界九行,行十七字。

卷中有"譚錫慶"等印記。

耿湋詩集三卷

(唐)耿湋撰

明刊本　共一册

宫内廳書陵部藏本

唐陸宣公集(翰苑集　陸宣公集)二十二卷　首一卷

(唐)陸贄撰

元至大年間(1308—1311年)刊本　共十册

静嘉堂文庫藏本　原陸心源皕宋樓舊藏

【按】每半葉有界十行,行十七字。

卷一至卷十,版心署"苑幾"。卷十一至卷二十二,版心署"奏幾"。

前有權德輿《翰苑集序》,蘇軾《進奏議札子》,并至大辛亥(1311年)厲一鶚《序》。

《目録》後有"記"曰:

"至大辛亥秋,教官厲辛齋奏總管王公子中,命重新綉梓,詳加校訂。任其責者,學正四明陳沉,學録毗陵蔣蕱、孫路、掾廬陵易偉也。監督直學張天祐、馬天琪,學吏程泰孫、施去非。"

卷中有"朱文石氏"朱文方印、"華亭朱氏"白文方印、"忠宣三十七世孫"朱文方印、"香圃所藏"白文方印、"三間草堂"朱文方印、"張載華印"朱文方印、"佩兼"朱文方印、"芷齋圖籍"朱文方印。

【附録】據《商舶載來書目》記，中御門天皇享保十年（1725 年）中國商船“多字號”載《唐陸宣公翰苑集》一部抵日本。享保十一年（1726 年），中國商船“利字號”載《陸宣公集》一部一帙抵日本。

又據《番船持渡書物備忘録》記，桃園天皇寬延四年（1751 年），由中國輸入《陸宣公集》五部各一帙，每帙六册。

《舶來書籍大意書戌番外船》第一册亦載中國傳入《陸宣公集》一部一帙。

又據《書籍元帳》記録，仁孝天皇弘化四年（1847 年），中國商船“午二番”載《陸宣公集》三部各一套，運抵日本。其售價每部爲七匁。仁孝天皇嘉永元年（1848 年）又從中國輸入《陸宣公集》三部，價七匁。翌年輸入三部，價分别爲拾貳匁及八匁。

據仁孝天皇弘化二年（1845 年），《漢籍發賣投標記録》載，《陸宣公全集》三部，標價二十二匁二分、二十二匁四分五厘、二十七匁一分。

又據孝明天皇安政五年（1858 年）《漢籍發賣投標記録》載，《陸宣公集》四部各一套，標價爲二十二匁、二十五匁九分、二十八匁九分。

唐陸宣公集（翰苑集）二十二卷　首一卷

（唐）陸贄撰

明正德年間（1506—1521 年）刊本　共十二册

静嘉堂文庫藏本　原陸心源十萬卷樓舊藏

【按】前有權德輿《翰苑集序》，蘇軾《進奏議札子》，并《淳熙講筵札子》等。

唐陸宣公集二十二卷

（唐）陸贄撰

明萬曆九年（1581 年）刊本　共十二册

國立教育研究所藏本

【按】每半葉有界九行，行十七字。白口，四周雙邊。

陸宣公集二十四卷

（唐）陸贄撰

明弘治年間（1488—1505 年）仿宋刊本　共三册

宫内廳書陵部藏本

【按】前有明弘治十五年（1502 年）錢福齋《序》，又有明天順元年（1457 年）項忠《序》。

【附録】光格天皇寬政二年（1790 年）名古屋永樂屋東四郎等刊印《陸宣公全集》二十四卷。此本題署（唐）陸贄撰。由日人石川安貞（香山）注。

唐陸宣公集二十四卷

（唐）陸贄撰

明嘉靖二十七年（1548 年）刊本　共十册

内閣文庫藏本

【按】每半葉有界九行，行十八字。白口，左右雙邊。

陸宣公集二十四卷

（唐）陸贄撰　（明）鐘惺評　沈九如參評

明崇禎十一年（1638 年）刊本

京都大學文學部中國語學文學哲學研究室藏本　原鈴木虎雄等舊藏

【按】每半葉有界九行，行二十五字。白口，四周單邊。

陸宣公集（翰苑集）二十四卷

（唐）陸贄撰

明刊本　共六册

静嘉堂文庫藏本　原陸心源十萬卷樓舊藏

【按】前有權德輿《序》，又有蘇軾《進奏議札子》等。

陸宣公集二十四卷　首一卷

（唐）陸贄撰　（明）陳仁錫評

明刊本　共十二册

京都大學文學部中國語學文學哲學研究室

藏本　原鈴木虎雄等舊藏

【按】每半葉有界九行，行十八字。白口，左右雙邊。

陸宣公全集二十四卷　首一卷

(唐)陸贄撰　(明)湯賓尹評

明崇禎元年(1628年)刊本

宫内廳書陵部　内閣文庫　京都大學文學部中國語學文學哲學研究室　茨城大學菅文庫　尊經閣文庫藏本

【按】每半葉有界九行，行二十字。白口，四周單邊。

宫内廳書陵部藏此同一刊本兩部，一部原係德山藩三代主毛利元次廣收"天下秘籍"之一。東山天皇寶永三年(1706年)《御書物目録》著録此本，明治二十九年(1896年)由男爵毛利元功獻贈宫内省圖書寮(即今宫内廳書陵部)共十二册。一部有補寫，共八册。

内閣文庫藏本，共六册。

京都大學藏本，原係鈴木虎雄舊藏，共十二册。

茨城大學藏此刊本兩部。一部原係彰考館舊藏，共四册。一部共五册。

尊經閣文庫藏本，原係江户時代加賀藩主前田綱紀等舊藏，共四册。

戴叔倫集二卷

(唐)戴叔倫撰

明銅活字刊本　共一册

大倉文化財團藏本

【按】每半葉有界九行，行十七字。

卷中有"譚錫慶"等印記。

韓君平集三卷

(唐)韓翃撰　(明)江元禔校

明萬曆四十一年(1613年)刊本　共一册

内閣文庫藏本　原楓山官庫等舊藏

韓君平集三卷

(唐)韓翃撰

明刊本　共一册

宫内廳書陵部藏本

武元衡集三卷

(唐)武元衡撰

明銅活字刊本　共二册

大倉文化財團藏本

【按】每半葉有界九行，行十七字。

卷中有"譚錫慶"等印記。

權德輿集二卷

(唐)權德輿撰

明銅活字刊本　共一册

大倉文化財團藏本

【按】每半葉有界九行，行十七字。

卷中有"譚錫慶"等印記。

李益集二卷

(唐)李益撰

明銅活字刊本　共一册

大倉文化財團藏本

【按】每半葉有界九行，行十七字。

昌黎先生集(殘本)十卷

(唐)韓愈撰　李漢編

宋淳熙年間(1174—1189年)南安軍刊本　共四册

静嘉堂文庫藏本　原董其昌　毛晋　吴騫　張敦仁　陸心源皕宋樓等舊藏

【按】每半葉有界十一行，行二十字。白口，左右雙邊(23.5cm×16.3cm)。版心三魚尾或雙黑魚尾，上魚尾下記"韓集幾"，中下魚尾之間記葉數，下記刻工姓名，如胡元、劉臻、蔡和、鄧俊、革、寶、鄧鼎等。

各卷末葉之版心下方，并記每卷版數和葉數，行文并不完全一致，如卷一末記："此卷十七版，共計六千七百單四字，鄧鼎"；又如卷八末記："此卷十三紙，共計五仟六百九十四字，蔡和刊"等。

是書全本四十卷，今存卷一至卷十。其中卷三、卷四、卷五係鈔補，文字、紙質皆精。

卷中避宋諱，凡遇"玄、泫、炫、絃、泓、紘、殷、匡、貞、楨、懲、徵、曙、署、樹、竪、讓、頊、桓、完、構、購、媾、溝、彀、覯、轂、慎"等，皆爲字不成。

此本行款格式，與宋淳熙本《韓集舉正》皆同。《韓集舉正》有宋淳熙己酉(1189年)方崧卿《序》。陸心源斷此本爲北宋刊本，然據避諱、刻工姓名等考之，恐有誤。

卷中有"吴騫"、"枚庵流覽所及"、"張敦仁"、"張敦仁讀過"、"陽城張氏省訓堂經籍記"、"張仲孝□"、"董其昌印"、"毛晋"、"古餘珍藏子孫永保"、"四麐仁季父印"、"景陽主人"、"淮海源流"、"觀如道人"、"一山兩湖主人"、"薦桼葆穗兄弟之印"、"歸安陸樹聲叔桐父印"等印記。

傅增湘著《藏園群書經眼録》卷十二著録此本。

又，森立之《經籍訪古志》卷六著録崇蘭館藏宋刊本《昌黎先生文集》四十卷、《外集》十卷。并曰：

"唐李漢編。首有《李序》，題'昌黎先生文集序，門人李漢編并序'。次《文録序》，題'天水趙德'。次《韓吏部文公集年譜》，次《目録》。《年譜》後有吕大防識語云：'予苦韓文杜詩之多誤，既讎正之，又各爲《年譜》，以次第其出處之歲月，而略見其爲文之時，則其歌時傷世幽憂竊嘆之意，粲然可觀。又得以考其辭力，少而鋭，壯而健，老而嚴，非妙於文章不足以至此。元豐七年十一月十三日，汲郡吕大防記。'"

此本係中世時代金澤文庫外流出漢籍之一種，今不知藏於何處。

【附録】日本北朝後小松天皇嘉慶元年(1387年)中國元代版刻工人俞良甫等在日本京都西郊刻刊《五百家注音辯昌黎先生文集》四十卷，題署"唐韓愈撰，宋魏仲舉編"，此實乃爲元代刊本的一個境外分支。此本每半葉無界十行，行十六字。綫黑口，雙黑魚尾，左右雙邊(22.2cm×17.3cm)。版心題"韓文"，并記卷數、葉數。

後水尾天皇元和.寬永年間(1615—1643年)又有《五百家注音辯昌黎先生文集》四十卷和刊本，此本每半葉無界九行，行十七字。四周雙邊(24.2cm×18.6cm)。版心題"韓文"，并記卷數與葉數。

昌黎先生集四十卷　外集十卷　遺文一卷　附朱子校昌黎先生集傳一卷

(唐)韓愈撰　李漢編　(宋)廖瑩中輯注

明萬曆年間(1573—1620年)東吴徐氏家塾東雅堂據宋人廖瑩中世綵堂刊本重刊本

内閣文庫　静嘉堂文庫　東京大學總合圖書館　京都大學人文科學研究所東洋學文獻中心　御茶之水圖書館藏本

【按】每半葉有界九行，行十七字。細黑口，四周雙邊，版心刻"東雅堂"。

前有李漢《序》，題"昌黎先生文集序，門人李漢編"。

卷末有刊印木記，題署"東吴徐氏新梓家塾"。

内閣文庫藏本　原係昌平坂學問所舊藏，共八册。

静嘉堂文庫藏此同一刊本三部。一部原係陸心源十萬卷樓舊藏，共十六册。一部原係宮島藤吉等舊藏，共十六册。一部原係島田篁村等舊藏，共二十册。

東京大學藏本，原係江户時代紀州德川家南葵文庫舊藏，共十册。

京都大學人文科學研究所藏本，共十六册。

御茶之水圖書館藏此同一刊本三部，皆原係德富蘇峰舊藏。一部封面乃朝鮮白色紋樣紙重裝，有明治四十四年一月德富蘇峰手識文，共十六册。一部缺《目録》并第五册，《外集》卷中有後人寫補，共十四册。一部今存卷六、卷九、卷十二、卷十四、卷十九至卷二十三、卷四十，共十卷，而《外集》、《遺文》存，共十三册。森立之《經籍訪古志》卷六著録明嘉靖中重刊宋廖氏東雅堂本《昌黎先生文集》，并曰“未見”，即此本。

昌黎先生集四十卷　外集十卷　遺文一卷　集傳一卷

(唐)韓愈撰　李漢編
明崇禎十一年(1638年)徐氏東雅堂重刊本　共十二册
國會圖書館藏本

昌黎先生集四十卷　外集十卷　遺文一卷　集傳一卷

(唐)韓愈撰　李漢編　(明)葛鼒校
明永懷堂刊本　共十册
内閣文庫藏本　原昌平坂學問所等舊藏

【按】每半葉有界九行，行二十六字。白口，四周單邊。

【附録】據《賫來書目》記載，中御門天皇正德五年(1715年)中國商船“第四十九番”寧波船(船主游如羲)載《昌黎全集》一部二帙十四册抵日本。中御門天皇享保二十年(1735年)中國商船“第二十五番“廣東船(船主黄瑞周、楊叔祖)載《昌黎集》一部抵日本。

後西天皇萬治三年(1660年)，京都中江文四郎刊《唐韓昌黎集》四十卷、《外集》十卷、《附録》、《遺文》各一卷。題署“明蔣之翹輯”。此本由日人鵜飼信之訓點。其後，此本有光格天皇寬政四年(1792年)重印本。

同年，京都秋田屋平左衛門亦刊印《韓集》，卷目一如前本。

同年，大阪書林岡田茂兵衛、梅原龜七等刊印《唐韓昌黎集》四十卷、《外集》十卷、《附録遺文》一卷。

(朱文公校)昌黎先生文集(韓文考異)四十卷　外集十卷　集傳一卷　遺文一卷(麻沙本韓文考異)

(唐)韓愈撰　(宋)晦庵先生考異　留耕王先生音釋
南宋麻沙刊本　共十二册
静嘉堂文庫藏本　原周九松　陸心源皕宋樓等舊藏

【按】每半葉有界十三行，行二十三字。小字雙行，黑口。

前有朱熹《序》、寶慶三年(1227年)王伯大《序》。

“凡例”後有宋麻沙坊賈《刊記》，其文云：

“本宅所刊，係將南劍州官本爲據，并將音釋附正集焉。是集凡各本異同、各家注釋，皆以黑質白章别之。”

卷中有“周良金印”朱文方印、“毗陵周氏九松迂叟藏書記”朱文長印。

此本一説爲元刊本；又一説爲明正統十三年王宗玉覆刊日新書堂本。

【附録】日本北朝後光嚴天皇文和二年(1353年)京都東福寺主持大道一以整理本寺普門院第一代開山圓爾辯圓1241年從中國携歸之典籍，編纂《普門院經論章疏語録儒書等目録》，其中“生部”著録《韓文》十一册，并下注“不具”。

(朱文公校)昌黎先生文集四十卷　遺文一卷　集傳一卷

(唐)韓愈撰　(宋)朱熹校異　王伯大音釋
元後至元七年(1341年)日新書堂刊本
内閣文庫藏本

【按】每半葉有界十三行，行二十三字。黑口，四周雙邊。

内閣文庫藏此同一刊本兩部。一部原係寶勝院、昌平坂學問所等舊藏，共七册。一部原係近江西大路藩主市橋長昭舊藏，光格天皇文化五年(1808年)仁正寺藩主(孝明天皇文久三年即1863年改稱“近江西大路藩”,自稱“下總守”、“黄雪山人”——編著者)市橋長昭舉其所藏宋元古本及名本數種獻諸文廟,此爲其一。此本爲殘本二十六卷,今缺卷三至卷五、卷十五至卷十七、卷三十三至卷四十,并《遺文》、《集傳》。卷末有市橋長昭撰《寄藏文廟宋元刻書跋》,《跋》由市河米庵(三亥)書寫。其文如次:

“寄藏文廟宋元刻書跋

長昭夙從事斯文經十餘年。圖籍漸多,意方今藏書家不乏於世,而其所儲大抵屬輓近刻書,至宋元槧蓋或罕有焉。長昭獨積年募求,乃今至累數十種。此非獨在我之爲難,而即在西土亦或不易,則長昭之苦心可知矣。然而物聚必散,是理數也,其能保無散委於百年之後乎?孰若舉而獻之廟學,獲藉聖德以永其傳,則長昭之素願也。虔以宋元三十種爲獻,是其一也。

文化五年二月下總守市橋長昭謹誌

河三亥書

自《周易》至《山谷集》十四種一函,自《淮海集》至《國朝名臣事略》十六種一函。右二函,文化五年戊辰五月市橋下總守著藏。”

卷中有“仁正侯長昭黄雪書屋鑑藏圖書之印”,共八册。

(朱文公校)昌黎先生文集四十卷　遺文一卷　集傳一卷

(唐)韓愈撰　(宋)朱熹校異　王伯大音釋

元後至元七年(1341年)日新書堂刊本　狩谷掖齋等手識文　共三册

慶應義塾大學斯道文庫藏本　原麻生太賀吉等舊藏

【按】每半葉有界十三行,行二十三字。黑口,四周雙邊。

卷中有慊堂、狩谷掖齋等手識文。

(朱文公校)昌黎先生文集四十卷　遺文一卷　集傳一卷

(唐)韓愈撰　(宋)朱熹校異　王伯大音釋

元後至元七年(1341年)日新書堂刊本共五册

早稻田大學圖書館藏本

【按】每半葉有界十三行,行二十三字。黑口,四周雙邊。

(朱文公校)昌黎先生集四十卷　外集十卷　遺文一卷　集傳一卷

(唐)韓愈撰　(宋)朱熹考異　王伯大音釋

元刊本　共十二册

東洋文庫藏本

(朱文公校)昌黎先生文集四十卷　外集十卷　遺文一卷　集傳一卷

(唐)韓愈撰　(宋)朱熹校異　王伯大音釋

明初覆宋刊本

内閣文庫　御茶之水圖書館藏本

【按】每半葉有界十三行,行三十三字,注文小字雙行。黑口,四周雙邊。

内閣文庫藏此同一刊本兩部。一部原係楓山官庫舊藏,共六册。一部原係昌平坂學問所等舊藏,今缺卷三九、卷四十,共十二册。

御茶之水圖書館藏本,原係江户時代林讀耕舊藏,後歸島田重禮、島田翰父子,又爲德富蘇峰所得。此本外題《韓文考異》,卷中有寫補,卷首有林讀耕齋等藏書印記,共十册。

(朱文公校)昌黎先生文集(殘本)二十六卷　外集十卷　集傳一卷　遺文一卷

(唐)韓愈撰　(宋)朱熹校異

明初刊本　共八册

御茶之水圖書館藏本　原江州龍潭寺　德富蘇峰成簣堂等舊藏

【按】每半葉有界九行。黑口,四周雙邊。

是集全四十卷。此本今缺卷一、卷三至卷

七、卷二十六至卷三十三,共十四卷。實存二十六卷。

卷二及卷八,有日本江户時代起始時人所作墨書訓點。

各册卷首有"江州龍潭寺"印記。

(朱文公校)昌黎先生文集四十卷　遺文一卷　集傳一卷

(唐)韓愈撰　(宋)朱熹考異　(宋)王伯大音釋

明洪武十五年(1332年)廬林勤有堂刊本　共十五册(合爲八册)

國會圖書館藏本

(朱文公校)昌黎先生文集四十卷　外集十卷　集傳一卷　遺文一卷

(唐)韓愈撰　(宋)朱熹校異　王伯大音釋

明刊本

内閣文庫藏本

【按】内閣文庫藏此同一刊本兩部。一部原係豐後佐伯藩主毛利高標舊藏,仁孝天皇文政年間(1818—1829年)由出雲守毛利高翰獻贈幕府,明治初年歸内閣文庫。卷中有"佐伯侯毛利高標字培松藏書畫之印"等印記,共十八册。一部原係江户時代林氏大學頭家舊藏,共八册。

(朱文公校)昌黎先生集(殘本)十二卷

(唐)韓愈撰　(宋)朱熹考異　王伯大音釋

明刊本

東京大學東洋文化研究所藏本　原大木幹一等舊藏

【按】是書全四十卷。此本今存卷第十九至卷第二十二、卷第二十五至卷第三十二。

(朱文公校)昌黎先生文集(韓文考異)四十卷　外集十卷　集傳一卷　遺文一卷

(唐)韓愈撰　(宋)朱熹校異　王伯大音釋　(明)朱吾弼重輯　汪國楠等校

明萬曆三十三年(1605年)朱崇沐刊本

内閣文庫　東洋文庫　東京大學總合圖書館　京都大學文學部中國語學文學哲學研究室　尊經閣文庫　大阪府立圖書館　御茶之水圖書館藏本

【按】每半葉有界九行,行十八字。白口,四周雙邊。版心刻"韓文考異"。

前有明萬曆三十三年(1605年)《序》。此本係朱文公裔孫朱崇沐刊本。

内閣文庫藏此同一刊本兩部,皆係原昌平坂學問所舊藏,各八册。

東洋文庫藏本,原係小田切萬壽之助舊藏,共十册。

東京大學藏本,原係江户時代紀州德川家南葵文庫舊藏,共八册。

京都大學藏本,共十册。

尊經閣文庫藏本,原係江户時代加賀藩主前田綱紀等舊藏,共十五册。

大阪府立圖書館藏本,共十四册。

御茶之水圖書館藏本,原係原寺田盛業讀杜艸堂、德富蘇峰成簣堂舊藏。各册首有"讀杜艸堂"、"東京溜池靈南街第四號讀杜艸堂主人寺田盛業印記"等印記,共十册。

【附録】據《舶來書籍大意書》記載,"《韓文考異》一部一套,係萬曆三十三年刊本"。光格天皇天明三年(1783年),中國商船"加字號"載《韓文考異》一部兩套抵日本。孝明天皇嘉永五年,又輸入一部八册。據《書籍元帳》記載,當時價爲拾五匁。

又據《寅拾番持渡書改目録寫》記載,光格天皇天明六年(1786年)從中國輸入古本《韓文》二本。同書記載,另有《韓文類譜》(韓柳年譜)二本同時運抵日本。

(朱文公校)昌黎先生文集四十卷　外集十卷　集傳一卷　遺文一卷

(唐)韓愈撰　(宋)朱熹校異　王伯大音釋　(明)朱吾弼重編　汪國楠等校

明萬曆年間(1573—1620年)光裕堂刊本

內閣文庫　京都大學文學部中國語學文學哲學研究室藏本

【按】每半葉有界九行,行十八字。白口,四周雙邊。

內閣文庫藏本,原係楓山官庫舊藏,共二十四册。

京都大學藏本,共十二册。

【附録】後西天皇萬治三年(1660年)京都秋田屋平左衛門覆明崇禎年間(1628—1644年)刊本《唐韓昌黎集》四十卷、《讀韓集叙説》一卷、《唐韓昌黎集附録》一卷、《唐韓昌黎集遺文》一卷并《唐韓昌黎外集》十卷。此本題署"(唐)韓愈撰(明)蔣之翹注"。

(朱文公校)昌黎先生文集四十卷　外集十卷　集傳一卷　遺文一卷

(唐)韓愈撰　(宋)朱熹校異　王伯大音釋　(明)朱吾弼重編　汪國楠等校

明萬曆年間(1573—1620年)天德堂刊本　共十六册

無窮會天淵文庫　東京都立圖書館諸橋文庫藏本

【按】每半葉有界九行,行十八字。白口,四周雙邊。

無窮會藏本,原係加藤天淵等舊藏。

東京都立圖書館藏本,原係諸橋轍次等舊藏。

(朱文公校)昌黎先生文集四十卷　外集十卷　集傳一卷　遺文一卷

(唐)韓愈撰　(宋)朱熹校異　王伯大音釋　(明)朱吾弼重編　汪國楠等校

明刊本　共十六册

內閣文庫　静嘉堂文庫藏本

【按】內閣文庫藏本,原係江户時代林氏大學頭家舊藏。

静嘉堂文庫藏本,原係中村敬宇等舊藏。

(朱文公校)昌黎先生文集四十卷　外集十卷

(唐)韓愈撰　(宋)朱熹校異　王伯大音釋　(明)朱吾弼重編　汪國楠等校

明刊本　共十四册

大阪府立圖書館藏本

(吴顧太史評閲)韓黎昌先生全集四十卷

(唐)韓愈撰　(明)顧錫疇評注

明崇禎年間(1573—1620年)新安胡氏刊本

內閣文庫　東京大學東洋文化研究所藏本

【按】每半葉有界十行,行二十字。白口,左右雙邊。

內閣文庫藏本,原係昌平坂學問所舊藏,共六册。

韓文四十卷

(唐)韓愈撰

明嘉靖丁酉(1537年)刊本　共十一册

御茶之水圖書館藏本　原德富蘇峰成簣堂等舊藏

【按】每半葉有界十一行,行二十二字。白口,左右雙邊。

封面係用朝鮮薄黄色紋樣紙重裝,第一册封面有德富蘇峰手識文。

【附録】日本仁孝天皇天保十年(1839年)江户昌平坂學問所據嘉靖十六年(1537年)刊本官版刊印《韓文》四十卷,并《外集》十卷、《遺文》一卷、《集傳》一卷。此本有江户出雲寺萬次郎後印本。

孝明天皇嘉永七年(1854年)江户昌平坂學問所官版再刊印《韓文》四十卷,并《外集》十卷、《遺文》一卷、《集傳》一卷。此本後收入《昌平叢書》中。

韓文四十卷　外集十卷　集傳一卷　遺集一卷

(唐)韓愈撰　李漢編　(明)莫如士校

明嘉靖三十五年(1556年)刊本

內閣文庫　東京大學總合圖書館藏本

【按】每半葉有界十一行,行二十二字。白口,左右雙邊。

内閣文庫藏本,原係昌平坂學問所等舊藏,共十八册。

東京大學藏本,原係江户時代紀州德川家南葵文庫等舊藏,共六册。

韓文四十卷　外集十卷　遺集一卷　集傳一卷

(唐)韓愈撰　李漢編　(明)游居敬校

明刊本

東京大學東洋文化研究所藏本

【按】每半葉有界十一行,行二十二字。白口,左右雙邊。

【附録】日本孝明天皇嘉永七年(1854年)刊《韓文》四十卷、《外集》十卷、《集傳》、《遺集》各一卷。此本係據游居敬校本覆刻。

昌黎先生集(韓文)二十卷　外集十卷　附遺文遺詩

(唐)韓愈撰　李漢編　(宋)朱熹校異　王伯大音釋

明刊本　共十六册

宫内廳書陵部藏本

唐大家韓文公文抄十六卷

(唐)韓愈撰　(明)茅坤編

明萬曆七年(1579年)歸安茅氏刊本　共四册

京都大學人文科學研究所東洋學文獻中心村本文庫藏本

【按】每半葉有界九行,行十九字。白口,左右雙邊。

是集係茅一桂刻《唐宋八大家文鈔》之一。

卷内有何焯手識,并有吕瑞識語圖記。

韓文公文鈔十六卷

(唐)韓愈撰　(明)茅坤編

明朱墨二色套印刊本　共八册

内閣文庫藏本　原昌平坂學問所等舊藏

【按】每半葉有界九行,行二十字。白口,四周單邊。

唐大家韓昌黎文公文選四卷

(唐)韓愈撰　(明)歸有光編　茅坤評

明末刊本　共二册

内閣文庫藏本　原昌平坂學問所等舊藏

唐大家韓昌黎文公文選八卷

(唐)韓愈撰　(明)歸有光編　顧錫疇評

明崇禎六年(1633年)刊本　共四册

内閣文庫藏本

韓文一卷

(唐)韓愈撰　(明)郭正域批點

明萬曆年間(1573—1620年)閔氏朱墨套印刊本　共一册

東洋文庫藏本

(郭明龍先生評選)韓昌黎文一卷

(唐)韓愈撰　(明)郭正域選

明萬曆四十五年(1617年)刊本　共一册

東洋文庫　京都大學附屬圖書館　早稻田大學圖書館藏本

韓文選四卷

(堂)韓愈撰　(明)樊王家等選

明天啓年間(1621—1627年)刊本　共四册

尊經閣文庫藏本　原江户時代加賀藩主前田綱紀等舊藏

韓集舉正十卷　外集舉正一卷　敘録一卷

(唐)韓愈撰　(宋)方崧卿舉正

宋淳熙年間(1174—1189年)南安軍刊本　共十册

大倉文化財團藏本　原王昶　朱錫庚等舊藏

【按】每半葉有界十一行,行二十字。黑口,左右雙邊。版心上記葉數，下記刻工姓名，如鄧鼎、劉文、蔡和、蔡懋、胡元、蔡恭等。

前有宋淳熙十六年（1189 年）方崧卿《序》，後有《自跋》。

此本每卷末葉版心下方，記版數與字數（卷三、卷四缺）：

卷一末　此卷十七板，計八千五百五十五字

卷二末　此卷十六板，共計八千七百五十八字

卷五末　此卷十五板，計七千六百九十六字

卷六末　此卷十七板，共計八千九百九十三字

卷七末　此卷十三板，共七千一百八十六字

卷八末　此卷十三板，共計六千八百六十五字

卷九末　此卷十七板，共九千七百七十九字

卷十末　此卷十九板，計九千五百單九字

外集末　此卷七板，共二千八百六十八字

叙録末　十板，共三千九百五十五字

卷中避宋諱至"慎"字闕筆。

封面首有"朱筠家藏軍機處"木記。末有清道光三年（1823 年）朱錫庚手識文。

卷中有"翰林院"、"華亭朱氏"、"横經閣"、"朱文石史"、"草堂"、"顧仲子"、"顧本卿"、"玉峰"、"青浦王昶"、"經訓堂"、"琴德一字蘭泉"、"大興朱氏竹君藏書"、"朱筠"、"笥河府君遺藏書畫"、"朱錫庚"等印記。

唐柳先生文集（殘本）二卷　外集一卷

（唐）柳宗元撰

宋嘉定元年（1208 年）刊本　共一册

静嘉堂文庫藏本　原金澤文庫　竹添井井（光鴻）等舊藏

【按】每半葉有界九行，行十七字至十九字不等，注文小字雙行。白口，雙黑魚尾，左右雙邊（21.6cm×14.2cm）。版心上方記字數，下記刻工姓名，如林、詮、文、仁、山、召、義等。

是集全本三十二卷，此本今僅存卷二十九第一、第二葉，卷三十二第九至第十八葉。《外集》一卷，存第一至第二十九葉。

卷中避宋諱，凡"玄、驚、弘、殷、貞、徵、懲、煦、桓、慎"等，皆爲字不成。

卷中今存嘉定改元（1208 年）汪楫《跋》，其文如次：

"舊集日累月益，墨板蠹蝕，字體漫滅，至讀者有以'悴'爲'倅'，以'邁'爲'遇'者。因委新春陵理掾朱君敏集諸家善本校讎之，更易朽腐五百餘版，厘革訛舛幾數百字，半期而工役成，庶可以傳遠。或尚有缺漏，博古君子能嗣而正之，抑斯文之幸也。嘉定改元十月　日郡守鄱陽汪楫跋。"

卷中有"金澤文庫"墨印（第七號印），又有"松方文庫"、"島田翰讀書記"、"静嘉堂珍藏"等印記。

森立之《經籍訪古志》卷六，著録賜蘆文庫藏嘉定年間刊本《唐柳先生文集》殘本九卷（即存卷十四至卷十八，卷二十九至三十二），并《外集》一卷。版式行款與今静嘉堂藏本全同，惟静嘉堂本僅存四十一頁耳。日本學者阿部隆一在《金澤文庫的漢籍》中考定，今静嘉堂文庫所藏此《唐柳先生文集》殘本，係中世時代金澤文庫外流出漢籍之一種，即森立之《經籍訪古志》卷六所著録之原賜蘆文庫所藏之宋嘉定刊本《唐柳先生文集》殘本。

【附録】日本北朝後光嚴天皇文和二年（1353 年）京都東福寺主持大道一以整理該寺普門院第一代開山圓爾辯圓 1241 年從中國携歸之典籍，編纂《普門院經論章疏語録儒書等目録》，其中"生部"著録《柳文》九册，并注"不具"。

唐柳先生集四十五卷　外集二卷　唐柳先生龍城録二卷　附録二卷　唐柳先生集傳一卷

（唐）柳宗元撰　劉禹錫編　（宋）童宗説音注

明萬曆二十九年（1601 年）刊本　共八册

内閣文庫藏本　早稻田大學圖書館等藏本

【按】内閣文庫藏本　原係昌平坂學問所等舊藏。

【附録】日本南北朝時代(1331—1392年)北朝後小松天皇嘉慶元年(1387年),中國元代版刻工人俞良甫等在日本京都西郊刻刊《新刊五百家注音辯唐柳先生文集》四十五卷,題署"唐柳宗元撰,宋魏仲舉編",此實乃爲元代刊本的一個境外分支。此本每半葉十行,行二十字。注文雙行。《目録》首載序、傳、碑、記、紀。卷末有俞良甫《刊記》,文曰:"祖在唐山福州境界福建行省興化路莆田縣仁德里臺諫坊住人俞良甫,久住日本京城阜(附)近,幾年勞鹿(碌),至今喜成矣。歲次丁卯仲秋印題。"

河東先生集四十五卷　外集二卷　龍城録二卷　附録二卷　目録一卷

(唐)柳宗元撰　劉禹錫編　(宋)韓醇音釋　(明)郭雲鵬校

明嘉靖年間(1522—1566年)東吴郭氏濟美堂仿宋刊本

宫内廳書陵部　内閣文庫　静嘉堂文庫　尊經閣文庫　東京大學總合圖書館　御茶之水圖書館藏本

【按】每半葉有界九行,行十七字。細黑口,四周雙邊。每頁版心題署"濟美堂"三字。

前有劉禹錫《序》、宋天聖元年(1023年)穆修《序》,并宋政和五年(1115年)沈晦四明《新本後序》、宋紹興四年(1134年)李褫《柳州舊本後序》、李石《題後》、宋淳熙丁酉(1177年)韓醇《記後》等。

卷末有"東吴郭雲鵬校讎梓"篆文木記。

宫内廳書陵部藏本,原係豐後佐伯藩主毛利高標舊藏,卷中有"佐伯侯毛利高標字培松藏書畫之印"。此本係仁孝天皇文政年間(1818—1829年)由出雲守毛利高翰獻於德川幕府。明治二十四年(1891年)移交宫内省圖書寮(即今宫内廳書陵部)。卷首又有"陶崇正印"、"人表父"等印記,每册首又有"秘閣圖書之章"等印記。共二十册。

内閣文庫藏本,原係楓山官庫等舊藏,共二十册。

静嘉堂文庫藏本,原係陸心源十萬卷樓舊藏,共十六册。

尊經閣文庫藏本,原係江户時代加賀藩主前田綱紀等舊藏,共二十册。

東京大學藏本,原係森林太郎氏鷗外文庫舊藏,共十六册。

御茶之水圖書館藏本,原係德富蘇峰成簣堂等舊藏。此本係白綿紙印本,封面爲朝鮮産白色紋樣紙,并由朝鮮文人題筆《柳州集》。共四十册。

河東先生集(殘本)四十三卷　外集二卷　河東先生龍城録二卷　集傳二卷　附録二卷

(唐)柳宗元撰

明天啓三年(1623年)刊本　共二十三册

京都大學文學部中國語學文學哲學研究室藏本

【按】是集全四十五卷。此本今缺卷四十四、卷四十五。

河東先生集四十五卷　外集二卷　河東先生龍城録二卷　附録二卷

(唐)柳宗元撰

明刊本　共二十册

京都大學教養學部藏本

河東先生集四十五卷　外集二卷　河東先生龍城録二卷　附録二卷　河東先生集傳一卷

(唐)柳宗元撰　劉禹錫編

明刊本　共十二册

内閣文庫藏本　原江户時代林氏大學頭家等舊藏

(增廣注釋音辯)唐柳先生集四十三卷　年譜一卷　别集二卷　外集二卷　附録一卷

(唐)柳宗元撰　(宋)童宗説注釋　張敦頤音辯　潘緯音義

元刊本　共十二册

静嘉堂文庫藏本　原述古堂　陸心源皕宋

樓等舊藏

【按】每半葉有界十三行,行二十三字。注文雙行。行款格式與南宋麻沙本《韓文考異》同。

前有劉禹錫《序》,又有宋乾道三年(1167年)十二月吴郡陸之淵《序》。

《目録》首題“南城先生童宗説注釋”、“新安先生張敦頤音辯”、“雲門先生潘緯音義”。

卷中有“花笑廎藏”朱文長印,“劉松珍賞”朱文長印、“暝琴山館藏”朱文方印、“述古堂圖書記”朱文長印。

【附録】楊守敬《日本訪書志》卷十四著録南宋刊本《增廣注釋音辯唐柳先生集》二十卷、并《别集》、《外集》與《附録》。其文曰:

> “每半葉十三行,行二十六字。……其書分類編次,與穆修本合。惟彼以《非國語》爲四十四、四十五兩卷,此則合并詩文爲二十卷,而以《非國語》爲《别集》。其《外集》則采自沈晦本《附録》。下逮紹興,當爲潘緯所定。考《柳集》有四十五卷者,爲劉禹錫所編。(禹錫本附《墓志》、《祭文》於第一卷,穆修本則不附之,卷數與禹錫本同。)有三十三卷者,爲元符間京師開行。又有曾丞相、晏元獻二本,而無二十卷之本。據陸之淵《序》,似潘緯所據本,亦三十二通。則此二十卷爲坊賈所合無疑。《四庫》著録麻沙本係四十三卷,是又據穆修本分之。”

日本花園天皇正和元年(1312年)刊印《增廣注釋音辯唐柳先生集》四十五卷、《外集》二卷、《附録》一卷。此本題“劉禹錫編”、“童宗説音注”、“於武州六浦金澤學校書寫畢”。無界十二行。卷中有“御本”印記,并有訓點。

(增廣注釋音辯)唐柳先生集(殘本)四十一卷　年譜一卷　别集(殘本)一卷　外集二卷　附録一卷

(唐)柳宗元撰　(宋)童宗説注釋　張敦頤音辯　潘緯音義

元刊本　共九册

國會圖書館藏本

【按】是書全本凡四十三卷。此本今存卷第一至卷第四十一,缺逸卷第四十二、卷第四十三。

《别集》全本凡二卷,今存卷下,缺逸卷上。

(增廣注釋音辯)唐柳先生集四十三卷　别集二卷　外集二卷　附録一卷

(唐)柳宗元撰　(宋)童宗説注釋　張敦頤音辯　潘緯音義

明覆元刊本

宫内廳書陵部　蓬左文庫　御茶之水圖書館藏本

【按】每半葉十三行,行二十三字。黑口,四周雙邊(21.5cm×13.2cm)。

宫内廳書陵部藏此同一刊本兩部。一部首有“漱芳閣清賞”印記。每册首有“野源氏五萬卷樓圖書之記”印記,尾有“淺草氏章”、“子孫世昌”印記。共六册。一部今缺《别集》、《外集》及《附録》,卷中有後人寫補,共五册。

蓬左文庫藏本,原係田安家舊藏,共五册。

御茶之水圖書館藏此同一刊本兩部。原係島田翰、寺田盛業讀杜艸堂、德富蘇峰成簣堂等舊藏。一部今存卷二十九至卷四十三,凡十五卷,《别集》、《外集》皆佚。共三册。一部原係德富蘇峰舊藏,卷中有“讀杜艸堂”“東京溜池靈南街第四號讀杜艸堂主人寺田盛業印記”等印記,封面係原裝,共五册。

(增廣注釋音辯)唐柳先生集四十三卷　别集二卷　外集一卷　附録一卷

(唐)柳宗元撰　劉禹錫編　(宋)童宗説音注　張敦頤音辯　潘緯音義

明正統十三年(1448年)善敬堂刊本

國會圖書館　内閣文庫　尊經閣文庫　慶應義塾大學斯道文庫　御茶之水圖書館　神宫文庫藏本

【按】每半葉有界九行,行十八字。黑口,四周雙邊。

前有宋乾道三年(1167年)陸之淵《柳文音

義序》,次有劉禹錫《唐柳先生文集序》,次有《增廣注釋音辯唐柳先生集諸賢姓氏》,末有"正統戊辰善敬堂刊"白文木記一行。

國會圖書館藏本,原係八册,現合爲四册。

内閣文庫藏本,原係昌平坂學問所舊藏,共八册。

尊經閣文庫藏本,原係江户時代加賀藩主前田綱紀等舊藏,共十二册。

慶應大學藏本,原係麻生太賀吉等舊藏。卷中有文政元年(1818年)慊堂手識,曰"戊寅月正二十讀此書"云云。共四册。

御茶之水圖書館藏本,原係德富蘇峰成簣堂舊藏。此本今缺卷十八至卷二十、卷三十八至卷四十一。卷中有"日新塾藏書之印"、"砂山書院藏本"等印記,共十册。

神宫文庫藏本,全卷有朱筆斷句,并有墨書訓點。卷首及標題下,皆有"林"扇形朱印。此本由朝鮮傳入日本。共七册。

(增廣注釋音辯)唐柳先生集四十三卷　別集二卷　外集二卷　附録一卷

(唐)柳宗元撰　(宋)童宗説音注　張敦頤音辯　潘緯音義

明嘉靖年間(1522—1566年)刊本　共十册

御茶之水圖書館藏本　原德富蘇峰成簣堂舊藏

【按】每半葉有界九行,行十八字,注文小字雙行。白口,四周雙邊。

卷中有後人刻補,帙外有德富蘇峰手識文。

(增廣注釋音辯)唐柳先生集二十卷　別集一卷　外集一卷　附録一卷

(唐)柳宗元撰　劉禹錫編　(宋)童宗説音注　張敦頤音辯　潘緯音義

明刊本

内閣文庫　足利學校遺蹟圖書館藏本

【按】内閣文庫藏本,原係昌平坂學問所舊藏,共六册。

足利學校遺蹟圖書館藏本,共五册。

(增廣注釋音辯)唐柳先生集四十三卷　別集二卷　外集二卷　附録一卷

(唐)柳宗元撰　(宋)童宗説音注　張敦頤音辯　潘緯音義

明刊本

内閣文庫藏本

【按】内閣文庫藏此同一刊本兩部。一部原係昌平坂學問所舊藏,共八册。一部原係楓山官庫舊藏,缺《附録》一卷,共十四册。

(增廣注釋音辯)柳先生集五十二卷

(唐)柳宗元撰　劉禹錫編　(宋)童宗説注釋　潘緯音義

明覆元刊本　共二十四册

宫内廳書陵部藏本

【按】此本《文集》四十五卷、《外集》二卷、《別録》二卷、《附録》二卷、《集傳》一卷。

唐柳河東集四十五卷　外集五卷　遺文一卷　附録一卷　敘説一卷

(唐)柳宗元撰　(明)蔣之翹輯

明崇禎年間(1628—1644年)三徑草堂刊本　共十二册

尊經閣文庫　静嘉堂文庫　東北大學附屬圖書館狩野文庫　名古屋大學附屬圖書館藏本

【按】每半葉有界九行,行十七字。白口,左右雙邊。

尊經閣文庫藏本,原係江户時代加賀藩主前田綱紀等舊藏,共十二册。

静嘉堂文庫藏此同一刊本兩部。一部原係竹添井井(光鴻)舊藏,共十册。一部原係田中頼庸舊藏,共十四册。

名古屋大學附屬圖書館藏本,原係青木正兒等舊藏,共十二册。

【附録】光格天皇天明六年(1786年)中國商船"寅十番"載《柳河東集》(《柳子厚詩文》)一部二十册運抵日本,注明"古本,脱紙一張"。

日本靈元天皇寬文四年(1664年),京都秋田屋平左衛門據明崇禎六年蔣之翹三徑草堂刊本,重刊《唐柳河東集》四十五卷,并《讀柳集敘説》一卷、《遺文》一卷、《外集》二卷。此本由日人鵜飼信之訓點。其後,此本有京都中江久四郎、大阪秋田屋太右衛門等重印本。

光格天皇寬政八年(1789年)大阪澀川與左衛門刊印《柳河東集》。

唐柳河東集四十五卷　外集五卷　遺文一卷　附録一卷　敘説一卷

(唐)柳宗元撰　(明)蔣之翹輯

明刊本　共八册

内閣文庫藏本　原昌平坂學問所等舊藏

柳河東集五十三卷

(唐)柳宗元撰　劉禹錫編　(明)蔣之翹注

明刊本

宫内廳書陵部藏本

【按】宫内廳書陵部藏此同一刊本兩部,一爲十二册,一爲十六册。

柳子厚全集(河東先生集)十八卷　集傳一卷　龍城集二卷　附録二卷　外集二卷

(唐)柳宗元撰

明嘉靖二十九年(1550年)刊本　共六册

御茶之水圖書館藏本　原德富蘇峰成簣堂等舊藏

【按】每半葉有界九行,行十七字,注文小字雙行。白口,四周雙邊。

自卷首至卷十一,有江户時代早期人所施墨書訓點。第一册内封有德富蘇峰手識文。

柳文四十三卷　别集二卷　外集二卷　附録一卷

(唐)柳宗元撰　(明)莫如士校

明嘉靖年間(1522—1566年)刊本　共十二册

内閣文庫　静嘉堂文庫　東京大學東洋文化研究所大木文庫　御茶之水圖書館藏本

【按】每半葉有界十一行,行二十二字。白口,左右雙邊。

内閣文庫藏此同一刊本兩部,皆原係昌平坂學問所舊藏。

静嘉堂文庫藏本,原係木内重四郎等舊藏,共六册。

東京大學藏本,原係大木幹一舊藏。

御茶之水圖書館藏本,原係德富蘇峰成簣堂舊藏。此本封面爲朝鮮産白色紋樣紙,内封有德富蘇峰手記,共六册。

【附録】《官板書籍解題略》著録"《柳文》四十三卷、《别集》二卷、《外集》二卷《附録》一卷",并云:"此集之編次,從禹錫之舊"。

《昌平坂御官板書目》亦著録《柳文》四十三卷,并有官板定價。

孝明天皇嘉永四年(1851年)中國商船"戌四番"載《柳文集》一部八册運抵日本,注明"大本,蟲蝕"。此書標價十一匁。

日本仁孝天皇天保十年(1839年)昌平坂學問所官版刊印《柳文》四十三卷、《别集》二卷、《外集》二卷、《附録》一卷。

孝明天皇安政四年(1857年)昌平坂學問所官版再刊印《柳文》四十三卷、《别集》二卷、《外集》二卷、《附録》一卷。此本後收入《昌平叢書》中。

柳文四十三卷　别集二卷　外集二卷　附録一卷

(唐)柳宗元撰　劉禹錫編

明刊本　共六册

宫内廳書陵部藏本

柳文四十三卷　别集二卷　外集二卷

(唐)柳宗元撰　劉禹錫編

明刊本　共十二册

東洋文庫藏本

柳文二十二卷

(唐)柳宗元撰　(明)林汝詔校

明萬曆年間(1573—1620年)刊本　共二十册

足利學校遺蹟圖書館藏本　原田崎草雲氏等舊藏

【按】此本有明萬曆二十年(1592年)《序》。

唐大家柳柳州文抄十二卷

(唐)柳宗元撰　(明)茅坤輯評

明刊本　共四册

京都大學人文科學研究所東洋學文獻中心藏本

柳柳州文鈔七卷

(唐)柳宗元撰　(明)茅坤編

明朱墨二色套印刊本　共七册

内閣文庫藏本　原昌平坂學問所舊藏

【按】每半葉有界八行,行十八字。白口,四周單邊。

柳柳集合作四卷

(唐)柳宗元撰　(明)鄭圭批選

明崇禎三年(1630年)刊本　共四册

内閣文庫藏本　原紅葉山文庫等舊藏

唐歐陽先生文集八卷(歐陽行周文集)　附一卷

(唐)歐陽詹撰

明萬曆三十四年(1606年)刊本

内閣文庫　東洋文庫　静嘉堂文庫藏本

【按】每半葉有界九行,行十八字。白口,左右雙邊。

内閣文庫藏此同一刻本兩部。一部原係江户時代林羅山舊藏,卷中有"江雲渭樹"印記,共二册。

東洋文庫藏本,原係藤田豐八舊藏,共二册。

静嘉堂文庫藏本,原係竹添井井(光鴻)等舊藏,共四册。

歐陽行周文集十卷

(唐)歐陽詹撰

古寫本　何義門手校本　顧千里手識本　共一册

静嘉堂文庫藏本　原陸心源十萬卷樓舊藏

【按】前有李貽孫《序》。

卷中有何義門校識文,其文曰:

"康熙己丑重陽前一日,從内弟吴紫臣借得所收葉文莊公家本抄,手校改正數處。葉本與此亦互有得失,俟訪得宋雕及他藏書家善本,當再校之。行周文尚當爲李元賓之亞。然諸序固未滅梁補缺,特不宜於多爾。昆湖舟中,義門焯記。"

又有顧千里手識文,其文曰:

"何校葉抄多雜糅,而何自下己意,語多不確。即如第五卷《韓城西尉廳》云'列縣出於千',乃《文集》最妙處。《文苑英華》八百六、《文粹》七十三,於'千'上多'五'字,皆大誤。舊《唐志》貞觀十三年定簿:'縣一千五百五十一';《新唐志》開元二十八年户部帳:'縣千五百七十三'。行周此記,作於貞元十五年,已非復貞觀開元之盛,其決不得反有五千縣之多甚明矣。宜據《集》删《苑》、《粹》衍字,而義門反以添《集》,何耶?姑舉一條,用貽後之覽斯者,貴乎心知其意,若尋行數墨,恐縱遇善本,仍有必不得之病也。元和顧千里澗蘋識。"

劉夢得文集三十卷　外集十卷

(唐)劉禹錫撰

南宋初期刊本　日本國寶　共十二册

天理圖書館藏本　原京都建仁寺開山千光國師榮西　足利義滿　福井崇蘭館等舊藏

【按】每半葉有界十行,行十八字。細黑口,左右雙邊。版心記卷數、葉數,下有刻工姓名,如王權、王榮、王民、王祥、王道、王堪、王信、王性、王吟、王元、王升、千止、張千、張安、單隆、口章、單逵、家宗、楊中、辰定、呈下、夏用、品奇、任顥等。

外題左肩墨書"劉夢得文集(卷數)"。

卷中避宋諱,凡遇"構、購、覯、溝、彀"等字皆缺畫。

此本原係京都建仁寺舊藏,由該寺開山千光國師西和尚於公元 1191 年從中國宋代舶載而至日本。卷三十末頁有爵形朱印"天山"印記,相傳爲足利義滿印。明治時代初期,流至京都福井崇蘭館,而最終爲天理圖書館藏本。

一九五五年(昭和三十年),是集被日本"文化財審議委員會"確認爲"日本國寶"。

【附録】十世紀上半葉日人大江維時(887—963)從 153 位中國唐代詩人的作品中輯録 1082 句詩句編爲《千載佳句》,作爲賞析和創作的範本。其中摘引劉禹錫作品 19 首。如"四時部·暮春"引"櫻桃帶雨胭脂溼,楊柳當風緑線低",此二句出自劉禹錫《題裴令公亭》。又如同部"歲暮"引"捲簾松竹雪初霽,滿院池塘春欲回",并言此二句出自劉禹錫《王少尹宅宴》。(《全唐詩》此詩題作《河南王少尹宅燕張常侍白舍人兼呈盧郎中李員外二副使》——編著者)。其後,十世紀末日人藤原公仁(966—1041 年)編纂《和漢朗詠集》二卷,其卷上"春部·春興"引"野草芳菲紅錦地,游絲繚亂碧羅天"。此二句出自劉禹錫《春日書懷》。同書卷上"秋部·雁"引"潯陽江色潮添滿,彭蠡秋聲鴈引來"。此二句出自劉禹錫《登清暉樓》。同書卷下"鶴部"引"雙舞庭前花落處,數聲池上月明時"。此二句出自劉禹錫《贈鶴詩》。這是日本古文獻中關於劉禹錫文學的早期記録。

十七世紀日本江户時代著名學者林鵞峰(1618—1680 年)在《本朝一人一首》卷十中評論日本文化史時提到了劉禹錫,反映了劉禹錫文學等在日本古代文學中的地位。

劉賓客文集(中山集)三十卷

(唐)劉禹錫撰

明刊本　共八册

静嘉堂文庫藏本　原汲古閣　陸心源十萬卷樓等舊藏

【按】此本版心題"中山集"。

卷中有"琴川毛鳳苞氏審定宋本"朱文長印、"蒼岩山人書屋記"朱文長印等。

劉夢得外集十卷

(唐)劉禹錫撰

明人寫本　共二册

静嘉堂文庫藏本　原項墨林　陸心源十萬卷樓等舊藏

【按】卷中有"項墨林氏秘笈之印"朱文長印、"何焯"朱文連珠印等。

李文公集(李文)十八卷

(唐)李翱撰

明成化十一年(1475 年)刊本

宫内廳書陵部　内閣文庫　静嘉堂文庫藏本

【按】每半葉有界十行,行二十字。注文雙行,行同正文。黑口,左右雙邊。

前有明成化乙未(1475 年)何宜《序》。

宫内廳書陵部藏本,共二册。

内閣文庫藏本,原係紅葉山文庫舊藏,共二册。

静嘉堂文庫藏本,原係陸心源十萬卷樓舊藏,共四册。

【附録】日本仁孝天皇天保十五年(1844 年)《官板書籍解題略》卷下著録《李文公集》十八卷。其識文曰:

"唐李翱撰。翱字習之,隴西成紀人。貞元十四年進士,官至山東道節度使、檢校户部尚書。《唐書·藝文志》作二十八卷。趙汸《東山存稿》有《書後》一篇,稱李文公之集十八卷,凡百四篇。陳氏《書録》云,蜀本分二十卷。近時有二本,一本乃明景泰間河東邢讓鈔本,清人徐養元刻,訛舛最甚;一本乃毛晉刻本,分爲十八卷。翱係韓愈之侄婿,故其學出自愈。其立言大抵温厚和平,蘇舜欽曰,其詞似韓,其理過柳。甚篤論也。"

《官板書目》"集部"與《昌平坂御官板書目》亦曾著録《李文公集》,卷數同。

日本仁孝天皇文政二年(1819 年)昌平坂學問所官版刊印《李文》十八卷,并附一卷。其後,此本收入《昌平叢書》中。

此前,後櫻町天皇明和四年(1767 年)秋日,江户清水平吉·小川彦繰九郎曾刊印(唐)李翱撰《復性書》一卷。此本由日人高俊(葛陂)點。

李文公集(李文)十八卷

(唐)李翱撰　(明)毛晋訂
明汲古閣刊本　共二册
東洋文庫藏本　原藤田豐八等舊藏
【按】每半葉有界九行,行十九字。白口,左右雙邊。

皇甫持正文集六卷

(唐)皇甫湜撰　(明)毛晋訂
明汲古閣刊本　共一册
東洋文庫藏本　原藤田豐八等舊藏
【按】每半葉九行,行十九字。白口,左右雙邊。

(重刊)絳守居園池記一卷

(唐)樊宗師撰　(元)趙仁舉注　吴師道正誤補遺
明刊本　共一册
静嘉堂文庫藏本　原陸心源十萬卷樓舊藏
【按】前有明弘治七年(1494 年)三月陳良器《序》,并宋景德元年(1004 年)九月孫沖《序》,元延祐庚申(1320 年)四月許謙《跋》、元至順三年(1332 年)十二月吴師道《跋》等。

吕和叔文集十卷

(唐)吕温撰
舊鈔影寫宋刊本　馮已蒼校識本　共四册
静嘉堂文庫藏本　原陸心源十萬卷樓舊藏
【按】前有劉禹錫《序》,并有柳宗元《誄》。

卷中有馮已蒼手識二則。其一曰:

"右《吕衡州集》十卷,甲子歲從錢牧齋借得前五卷,戊辰歲從郡中買得三卷,俱宋本。第六、第七二卷均之缺如,因弃置久之。越三年辛未,友人姚君章始爲余録之,因取《英華》、《文粹》所載者,照目寫入,以俟他年得完本校定。正月盡日識,孱守居士。"

其二曰:

"凡行間所注某作某,俱愚所校。此本則一照宋本抄寫。第二卷《聞砧》以下十五首,宋本所無,按陳解元棚本增入。"

孟東野詩集十卷　附聯句一卷

(唐)孟郊撰
明嘉靖年間(1522—1566 年)刊本　共二册
静嘉堂文庫藏本　原陸心源十萬卷樓舊藏

孟東野詩集十卷

(唐)孟郊撰　(明)凌濛初校
明朱墨二色套印刊本　共五册
内閣文庫　尊經閣文庫藏本

孟東野詩集十卷

(唐)孟郊撰
明毛氏影寫宋刊本　共二册
静嘉堂文庫藏本　原陸心源皕宋樓舊藏
【按】每半葉十行,行十八、二十字不等。

卷前有宋敏求《序》。後有"臨安府棚前北睦親坊南陳宅經籍鋪印"一行。影寫描摹極工。

卷中有"宋本"、"甲"二朱文圓印,并有"毛晋私印"、"子晋"、"毛扆之印"、"斧季"、"虞山毛晋"、"汲古閣修綆"、"子晋書"等朱文印記。

傅增湘《藏園群書經眼録》卷十二著録此本。

孟東野集十卷(孟東野詩集)

(唐)孟郊撰　(明)毛晋校
明汲古閣刊本　共二册
内閣文庫　東洋文庫藏本
【按】每半葉有界九行,行十九字。白口,左右雙邊。

內閣文庫藏本，原係紅葉山文庫舊藏。

東洋文庫藏本，原係藤田豐八舊藏。

孟東野詩集十卷

(唐)孟郊撰

明末鈔寫弘治刊本　共四册

內閣文庫藏本　原江户時代林大學頭家等舊藏

李賀歌詩編(昌谷集)四卷　集外詩一卷

(唐)李賀撰

舊鈔影寫宋刊本　共一册

静嘉堂文庫藏本　原黄丕烈　陸心源十萬卷樓等舊藏

【按】是集有杜牧《序》。

卷中有黄丕烈手識文兩則。其一曰：

"余藏唐人集不下百餘種，舊刻名鈔都備，即同一集，而藏書之家有異，亦在所收，故種更多也。頃書友鄭益偕袖此舊抄李賀《歌詩編》一册遺余，識是馮氏藏本。檢所藏，尚缺此種，急收之。馮所藏唐集已有一二種，行款圖章却不相類，知抄各有本，其藏亦非一人也。乙丑夏，蕘翁記。"

其二曰：

"戊辰夏，從經義齋得舊刻本，較此多至元丁丑、弘治壬戌二《序》，當是明翻元刻也。分卷雖同，標題序次略異，即字句亦間有不同，稍暇當參校之。《讀書敏求記》載鮑欽止家本，此殆近之。復翁識。"

【附録】日本仁孝天皇天保十五年(1844年)《官板書籍解題略》卷下著録《李長吉歌詩》四卷。其識文曰：

"唐李賀撰。賀事迹具《新唐書·文學傳》。賀係出鄭王，故以郡望稱名隴西。此書有西泉吴正子箋注，須溪劉辰翁評點本；有明徐渭等五家注本；又有邱象等六家辯注，孫枝蔚等七家評本；又有王琦本采諸家之説，作匯解而互有發明。然要而言之，以正子之注爲最古，其爲賀詩冥心孤詣，往往意出筆墨之外也。"

《昌平坂御官板書目》、《官板書目》及《官版定價目》，皆著録《李長吉歌詩》四卷。

據《商舶載來書目》記，光格天皇寬政八年(1796年)，中國商舶"利字號"載運《李長吉歌詩》一部一套抵日本。

李長吉歌詩四卷　外集一卷

(唐)李賀撰　(宋)吴正子箋注　劉辰翁評點

明刊本　共四册

京都大學文學部中國語學文學哲學研究室鈴木文庫　橘女子大學圖書館藏本

【按】每半葉九行，行二十字。白口，四周單邊。

【附録】日本有古寫本(宋)吴正子箋注《唐李長吉歌詩》四卷并《外集》一卷。此古寫本原係足利氏家藏，現存京都大學。

光格天皇文化元年(1804年)江户官學刊印唐人李賀撰宋人劉辰翁評點、吴正子箋正《唐李長吉歌詩》四卷并《外集》一卷。

仁孝天皇文政元年(1818年)江户昌平黌學問所據此古寫本刊印《唐李長吉歌詩》四卷《外集》一卷。

李長吉歌詩集四卷　外集一卷

(唐)李賀撰　(宋)劉辰翁評　(明)凌蒙初校

明凌氏朱墨二色套印刊本　共四册

東洋文庫　京都大學附屬圖書館藏本

【按】每半葉有界八行，行十九字。白口，左右雙邊。

京都大學藏本，原係中田勇次郎舊藏。

李長吉詩集四卷　外詩集一卷

(唐)李賀撰　(明)黄光校

明天啓元年(1621年)刊本　共四册

宫内廳書陵部　內閣文庫藏本

【按】宫内廳書陵部藏本，原係德山藩三代主毛利元次廣收“天下秘籍”之一。東山天皇寶永三年(1706年)《御書物目録》著録此本。明治二十九年(1896年)男爵毛利元功獻贈宫内省(即今宫内廳書陵部)。

内閣文庫藏本,原係堀杏庵、昌平坂學問所舊藏。

唐李長吉詩集四卷　外詩集一卷　首一卷

(唐)李賀撰　(明)徐渭　董懋策等注

明刊本

宫内廳書陵部　内閣文庫　京都大學藏本

【按】每半葉有界八行,行十九字。白口,四周單邊。

宫内廳書陵部藏本,共二册。

内閣文庫藏本,原係紅葉山文庫舊藏,共四册。

京都大學藏此同一刊本兩部。一部存人文科學研究所東洋學文獻中心;一部存文學部。皆共四册。

昌谷集四卷

(唐)李賀撰　(明)曾益注

明末刊本

内閣文庫　東洋文庫藏本

【按】每半葉有界九行,行二十字。注文小字雙行,行同正文。白口,四周單邊。

内閣文庫藏本,原係昌平坂學問所舊藏,共二册。

東洋文庫藏本,原係藤田豐八舊藏,共四册。

元氏長慶集(殘本)三卷

(唐)元稹撰

宋乾道四年(1168年)洪邁紹興蓬萊閣刊本

静嘉堂文庫藏本　原竹添井井(光鴻)等舊藏

【按】每半葉有界十三行,行二十三字,間或二十二字。白口,左右雙邊(21.7cm×14.8cm)。版心下方記刊工姓名,如李詢、王存中、毛昌、周彦等。

卷中避宋諱,凡“玄、弘、殷、匡、胤、貞、徵、懲、樹、讓、勖、桓、完”字皆爲字不成。

是集全六十卷。此本今存卷四十、卷四十一、卷四十二,共三卷。

卷中有附葉,有竹添井井手識文,曰:“明治廿一年(1887年)季夏,井井手裝。”

此本曾係松方正義舊藏,後歸竹添井井,終歸静嘉堂所有。

卷中有“存心堂珍藏”、“島田翰讀書記”、“松方文庫”等印記。

傅增湘《藏園群書經眼録》卷十二著録此殘本三卷。

【附録】九世紀日人藤原佐世《本朝見在書目録》第三十九,著録“《元氏長慶集》二十五卷”。

十世紀上半葉日人大江維時(887—963)從153位中國唐代詩人的作品中輯録1082句詩句編爲《千載佳句》,作爲賞析和創作的範本。其中摘引元稹作品65首。如“四時部·春興”引“山入白樓沙苑暮、潮生滄海野塘春”,并言此二句出自元稹《寄樂天》(《全唐詩》此詩題作《寄樂天二首之一》——編著者)。其後,十世紀末日人藤原公仁(966—1041年)編纂《和漢朗詠集》二卷,其卷上“春部·早春”引“冰消田地蘆錐短,春入枝條柳眼低”。此二句出自元稹《寄樂天》。同書卷上“春部·暮春”引“拂水柳花千萬點,隔樓鶯舌兩三聲”。此二句出自元稹《過襄陽樓》(《全唐詩》此詩題作《過襄陽樓呈上府主嚴司空樓在江陵節度使宅北隅》。句中“隔樓”作“隔林”——編著者)。同書卷上“春部·鶯”引“帶霧山鶯啼尚少,穿沙蘆筍葉纔分”。此二句出自元稹《早春尋李校書》。同書卷上“春部·紅梅”引“梅含鷄舌兼紅氣,江弄瓊花帶碧文”(句中“帶碧文”,《全唐詩》作“散緑紋”——編著者)。此二句亦出自元稹《早春尋李校書》。同書卷上“秋部·菊”引“不是花中偏愛菊,此花開後更無花”(句中“開後”,《全唐詩》作“開盡”——編著者)。此二句出自元稹《菊花》。同書卷下“雲部”引“盡日望雲心不繫,有時見月夜正閑”(後一句“有時見月夜正閒”,《全唐詩》作“有時看月夜方閒”——編著者)。此二句出自元稹《幽棲》。同書卷下“草部”引“西施顔色今尚在,應在春風百草頭”(此二句《全唐詩》作“西施顔色今何在,但看春風百草頭”——編著者)。此二句出自元稹《春詞》。同書卷下“文詞部”引“言語巧偷鸚鵡舌,文章分得鳳凰毛”。此二句出自元稹《寄贈薛濤》。同書卷下“仙家部”引“壺中天地乾坤外,夢裏身名旦暮間”。此二句出自元稹《幽棲》。這是日本古文獻中關於元稹文學的早期記録。

江户時代著名學者賴山陽(1779—1824年)《山陽遺稿》中有《與星嵒話別》一首,有句曰“一壺酒竭姑休起,垂死病中還别君”。此聯後句係取元稹《聞白樂天左降江州司馬》中“垂死病中驚坐起,暗風吹雨入寒窗”之意象而成詩。這是日本江户時代(1603—1867年)關於元稹文學的記録。

十七世紀日本江户時代著名學者林鵝峰(1618—1680年)在《本朝一人一首》中卷十評論日本文化史時,有“嵯峨隱君子讀《元稹集》”的話,反映了元稹文學等在日本古代文學中的地位。

元氏長慶集(殘本)五卷

(唐)元稹撰

宋乾道四年(1168年)洪邁紹興蓬萊閣刊本

東京大學總合圖書館藏本　原金澤文庫賜蘆文庫等舊藏

【按】此本與静嘉堂文庫藏本相同。

是集原六十卷。此本今存卷四十三、卷四十四、卷四十五、卷四十六、卷四十八、共五卷。

此殘本五卷,原係日本金澤文庫舊藏。卷中有孝明天皇嘉永己酉(1849年)日人手識文,其文曰:

“跋宋本長慶集

是予亡友新見義卿手澤本也。義卿好學有幹事才,歷界浦、大阪、江户市尹,擢爲晳御功緒顯,共在人耳目。尤愛古本,遇宋元佳刊,不論價而置之,自他殘篇斷簡零墨片楮,苟有古色者,無不搜羅,而最愛此書與《王半山集》。每與予品隲古本,手玩口贊,喜形於色,以其爲北宋精刻也。既没之三年,遺書散落。此書亦入淺野氏五萬卷樓。余以其精神所注,苦請而藏之。嗚呼,見其所愛,而憶其所爲,言笑俯仰,恍如昨日,而其木則拱矣,悲哉!嘉永己酉九月望　李門祐相志。”

此本自金澤文庫流出後,曾藏不忍文庫,後歸賜蘆文庫、淺野梅堂等收藏,終歸東京大學所有。

森立之在《經籍訪古志》卷六中著録賜蘆文庫藏宋刊《元氏長慶集》殘本五卷,即今東京大學藏本。

元氏長慶集一卷(殘本)

(唐)元稹撰

宋紹興年間(1131—1162年)刊本　共一葉

金澤文庫藏本　原稱名寺舊藏

【按】每半葉十三行,行二十三字。白口,左右雙邊。是書全本凡六十卷。此本今存卷三十七末葉凡一葉。原前田家有《稱名寺書物之覺》(稱名寺書物備忘録),其中記載“元氏長慶集(唐本)十七枚”,今僅存一葉。

元氏長慶集六十卷　目一卷

(唐)元稹撰

明嘉靖壬子(1552年)東吴董氏茭門别墅刊本

宫内廳書陵部　内閣文庫　静嘉堂文庫藏本

【按】每半葉十三行,行二十三字。白口,左右雙邊。

前有宋宣和甲辰(1124年)建安劉麟應禮《序》,尾有宋乾道四年(1168年)知紹興府兩浙東路安撫使鄱陽洪適《跋》。《跋》後有木記一行:“嘉靖壬子仲春十日東吴董氏宋本翻雕於茭門别墅”。此集即係宋乾道四年刊本之覆刻本。

宫内廳書陵部藏本，原係季振宜等舊藏。卷首有“御史之章”、“季振宜印”、“季振宜藏書”、“滄葦”等印記。每册首又有“崇儉館藏書記”等印記。共六册。

内閣文庫藏本，原係江户時代林氏大學頭家舊藏，共八册。

静嘉堂文庫藏本，原係葉石君、陸心源十萬卷樓等舊藏。卷中有楊君謙、葉石君、東吴蒙叟等手識，分録於次。

楊君謙手識文曰：

“弘治元年（1488年），從對門陸進士士修借至，命筆生徐宗器撲（摩）録原本。未畢，士修赴都來别，索之甚促，所餘十弓，幾於不成。幸竟留之，遂此深願。九月二十五日始克裝就，藏于雁蕩村舍之卧讀齋中，永爲珍玩，且近又借得《白氏集》，亦方在録。可謂聯珠并秀，合璧同輝。”

東吴蒙叟錢氏手識文曰：

“《微之集》舊得楊君謙鈔本，行間多空字，後得宋刻本，張子昭所藏，始知楊氏抄本空字，皆宋本歲久漫滅處，君謙承其舊而不敢益也。嘉靖壬子，東吴董氏用宋本翻雕，行款如一，獨于空闕字樣，皆妄意揣摩填補。如首行‘思歸樂’，原空兩字，妄增云‘我作思歸樂’，文義違背，殊不可通。此本流傳日廣，後人雖患其訛而無從是正，良可慨也，亂後余在燕都，于南城廢殿，得《元集》殘本，而所闕誤，一一完好。暇日援筆改正，豁然如翳之去目，霍然如疥之失體。《微之集》殘闕四百餘年，一旦復完，寶玉大弓，其猶有歸魯之徵乎？戊子五月東吴蒙叟識。”

葉石君手識文曰：

“《元氏長慶集》一百弓，世傳止六十卷，係宋洪景伯刊本。其間脱落差謬頗廣。虞山太史得宋刻本校正，因借謄讀。己亥夏五洞庭葉石君識。”

静嘉堂文庫藏本，共四册。

元氏長慶集六十卷　補遺六卷　附録一卷

（唐）元稹撰　（明）馬元調校并輯《補遺》

明萬曆甲辰（1604年）松江馬元調刊本

宫内廳書陵部　東洋文庫　静嘉堂文庫　尊經閣文庫　東京大學東洋文化研究所　東北大學附屬圖書館狩野文庫　京都大學文學部中國語學文學哲學研究室　築波大學附屬圖書館藏本

【按】每半葉有界十行，行二十一字。白口，左右雙邊（25.8cm×16.4cm）。版心刻“元集”，并記卷數、葉數。

前有明萬曆甲辰（1604年）吴郡婁堅《序》，宋宣和甲辰（1124年）建安劉麟《序》，并《重刊凡例》。

此本係明萬曆三十二年（1604年）馬元調魚樂軒刻《元白長慶集》本。

此本分卷次序，一與宋刊同。《凡例》稱“集中編次，悉依宋本，不敢更次”云云。

《補遺》六卷，載詩、詞、賦、啓、表、議、判、制、傳共六十九篇。

《附録》一卷，由馬氏輯録《新唐書》本傳，并有白居易撰《墓志銘》。

宫内廳書陵部藏此同一刊本三部。一部原係豐後佐伯藩主毛利高標舊藏，仁孝天皇文政年間（1818—1829年）由出雲守毛利高翰獻贈幕府。明治初年歸内閣文庫。此本卷首有“佐伯侯毛利高標字培松藏書畫之印”。首尾另有“讀耕齋之家藏”印記，每册首有“陳享柔印”、“十研居”、“秘閣圖書之章”等印記，共七册。一部缺《附録》一卷，共四册。一部係萬曆刊後印本，《補遺》僅存一卷。共四册。

東洋文庫藏此同一刊本兩部。一部原係藤田豐八舊藏本，共五册。一部係後印本，共十二册。

静嘉堂文庫藏此同一刊本兩部。一部原係陸心源十萬卷樓舊藏，共四册。一部原係中村敬宇舊藏，共九册。

尊經閣文庫藏此同一刊本兩部，原係江户時

代加賀藩主前田綱紀等舊藏。一部共十册,一部共七册。

東北大學藏本,原係狩野亨吉等舊藏,此本《補遺》今存卷四至卷六,共四册。

築波大學藏本,原係東京教育大學舊藏,共八册。

餘皆四册。

森立之《經籍訪古志》卷六著録寶素堂藏萬曆甲辰馬元調刊本《元氏長慶集》六十卷,今未見。

白氏長慶集七十一卷

(唐)白居易撰

明正德八年(1513 年)錫山華堅蘭雪堂銅活字刊本　共二十四册

大倉文化財團藏本

【按】每半葉有界八行,行十六字。白口。版心上有"蘭雪堂"三字。

卷中有"學士之章"、"彦清記"等印記。

【附録】白居易著作傳入日本時代久遠,流傳廣泛。

據十二世紀日本《江談抄》記載,九世紀初的日本嵯峨天皇(809—823 年在位)便酷愛白居易詩。該書"文學第四"曾有如下記述:

> "'閉閣唯聞朝暮鼓,上樓遥望往來船'。行幸河陽館,弘仁(即嵯峨天皇—編著者)御製。《白氏文集》一本詩,渡來在御所,尤被秘藏,人無敢見。此句在彼集睿覽之後,即行幸此觀,有此御製也。召小野篁令見,(篁)即奏曰:'以"遥"爲"空",最美者。'天皇大驚,敕曰:'此句樂天句也,試汝也,本"空"字也。今汝詩情與樂天同也者!'"

日本正史上首次見有白居易詩文稿,則係清和天皇元慶三年(879 年)藤原基經等編撰的《文德天皇實録》。《實録》卷三"承和五年(838 年)"記曰:"太宰少貳藤原岳守檢唐船,得《元白詩筆》獻,因功叙位。"

仁明天皇承和十四年(847 年)日本入唐請益僧圓仁從中國歸國,帶回經論章疏諸種典籍文獻,其目編爲《入唐新求聖教目録》及《慈覺大師在唐送進録外書》。其中,《入唐新求聖教目録》著録《白家詩集》六卷;《慈覺大師在唐送進録外書》著録《任氏怨歌行》一卷,并題名"白居易"。此篇不見於今本《白氏文集》中,其殘句存於十世紀日人大江維時所編纂之《千載佳句》中。

《古今著聞部·文學部》(書成於後深草天皇建長六年即 1254 年)記載九世紀時代日本貴族知識分子仿白居易"高齒會"事曰:"尚齒會,唐會昌五年(845 年)三月二十一日,白樂天於履道坊始行之。我朝貞觀十九年(877 年)三月十八日,大納言年名卿於小野山莊始行。其後,安和二年(969 年)三月十三日,大納言在衡卿於栗田口山莊,天承元年(1131 年)三月廿二日,大納言宗忠卿於白河山莊舉行之。"

九世紀日本著名的學者菅原道真(845—903 年)有《菅家文草》十二卷,并有《菅家後集》一卷等漢詩文著作,其中有許多作品是以白居易詩的形體作爲摹本創作而爲日本漢詩,構成"仿體詩";又有采集白居易詩的詩句創造"意象"而爲日本漢詩,構成"仿句詩";又有融合白居易詩的主題或意境而爲日本漢詩,構成"仿意詩"。此三種詩歌創作總稱爲"白體詩",這是九世紀時代白居易文學對日本貴族知識階層文化具有深刻影響的標志。本書編著者有拙著《中日古代文學關係史稿》(湖南文藝出版社、香港中華書局合刊,1988 年版),該《史稿》第五章專論白居易文學與日本古代文學之關係,可作本稿著録之參考。

九世紀末日人藤原佐世《本朝見在書目録》著録"《白氏文集》七十卷",又著録"《白氏長慶集》廿九卷"。

十世紀上半葉日人大江維時(887—963)從 153 位中國唐代詩人的作品中輯録 1082 句詩句編爲《千載佳句》,作爲賞析和創作的範本。其中摘引白居易作品 507 首。如"四時部·立春"引"柳無氣力條先動、池有波文冰盡開",此二句出自白居易《府西池》(《全唐詩》此句中

“條”作“枝”、“文”作“紋”——編著者)。又如“人事部·感嘆”引“中天或有長生藥、下界應無不死人”,此二句出自白居易《曲江醉後贈諸親故》。

十世紀時代(934—997年)著名學者慶滋保胤在《池亭記》中描述他一天的生活説:“盥漱之初,參西堂,念彌陀,讀《法華》。飯餐之後,入東閣,開書卷,逢古賢。夫漢文帝爲異代之主,以好儉約,安人民也;唐白樂天爲異代之師,以長詩句,歸佛法也;晋朝七賢爲異代之友,以身在朝,志在隱也。余遇賢主、遇賢師、遇賢友,一日有三遇,一生有三樂。”

十一世紀初日本著名的女作家清少納言在其名著《枕草子》記當時知識界讀書情況曰:“《文選》與《(白氏)文集》,乃博士之必讀文也。”同時代著名女作家紫式部創作《源氏物語》,爲世界上最早的寫實長篇小説,該作品中曾九十七次徵引白居易詩文,而卷一“桐壺”則是以《長恨歌》爲意象基礎構築其情節。

據十一世紀藤原道長《御堂關白記》記載,一條天皇寛弘三年(1006年)中國宋代商人曾令文曾向左大臣藤原道長贈送摺本《白氏文集》及《文選》各一部。此處之“摺本”即爲“刻本”之意。寛弘八年(1011年),藤原道長又將此“摺本”兩部獻贈一條天皇。

此書又記載,後一條天皇長元二年(1029年)藤原道長之子藤原賴通,于是年三月赴大中臣輔親宅第,觀賞“(從中國)新渡之書籍”,其中有“唐摺本”《白氏文集》。四月一日,輔親將“唐摺本”《白氏文集》、《廣韵》及《玉篇》獻贈藤原賴通。此處的“唐摺本”,即係“宋刻本”之意。

十二世紀少納言藤原通憲(信西)有藏書目録《通憲入道藏書目録》其中第百五匱著録《白氏文集》二帙。

近衛天皇康治二年(1143年)九月二十九日,後來成爲左大臣的藤原賴長在其《臺記》中記載,在該日之前讀過的書目一千三十卷,其中有《新樂府》一種,并有《居易别傳》一種。

十四世紀日本北朝後光嚴天皇文和二年(1353年)京都東福寺主持大道一以爲東福寺普門院第一代開山圓爾辯圓1241年從中國携歸之典籍編纂《普門院經論章疏語録儒書等目録》,其中,“金部”著録《白氏文集》十一册。

十七世紀日本江户時代著名學者林鵞峰(1618—1680年)在《本朝一人一首》卷十中評論日本文化史曰:“《文選》行於本朝久矣。嵯峨帝御宇,《白氏文集》全部始傳來本朝,詩人無不效《文選》、白氏者。”此係概述了白居易文學在日本文化史上的地位。

《倭板書籍考》卷之七著録《白氏文集》,并曰一本“七十一卷。卷尾載《附録》,《附録》有《唐書》白氏本傳、白氏墓志銘等。又有《文集》七十五卷,詩大小三千八百四十首,倭本有七十一卷”云云。

仁孝天皇天保十五年(1844年)《官板書籍解題略》卷下著録《白氏文集》七十一卷。其識文曰:“唐白居易撰。居易字樂天,華州人士,官至刑部尚書。事迹具《唐書》本傳。錢曾《讀書敏求記》曾載所見宋刻白居易集有兩本,皆題《白氏文集》。今考白居易嘗自寫其集,分置僧寺。據其所記,太和九年,置東林寺,凡二千九百六十四首,勒爲六十卷。開成元年,置聖善寺,三千二百五十五首,勒爲六十五卷。開成四年,置蘇州南禪院,凡四百八十七首,勒爲六十七卷(原文如此——編著者),題爲《白氏文集》。開成五年,置香山寺,凡八百首,合爲十卷,别題《洛中集》。長慶四年,元稹作《白氏長慶集》之《序》,盡徵其文,手自排纂,得二千一百九十一首,爲五十卷。然《唐志》載爲七十五卷,而《宋志》載爲七十一卷。此本據白居易會昌五年自記,則詩筆大小凡三千八百四十首,則由爲别本矣。”

《昌平坂御官板書目》及《官板書目》“集部”等亦皆著録《白氏文集》。

據《商舶載來書目》記載,中御門天皇享保四年(1719年)中國商船“波字號”載《白香山詩集》一部七本抵日本。該船於桃園天皇寶曆九年(1759年)又載《白樂天詩集》一部二套抵日本。桃園天皇寶曆四年(1754年)中國商船“加字號”載《香山詩鈔》一部抵日本。其後,“波字號”分别於光格天皇寬政三年(1791年)及寬政五年(1793年),載《白氏文集》及《白氏長慶集》各一部二套抵日本。

又據《外船賫來書目》記載,桃園天皇寶曆己卯(1759年),從中國又輸入《白樂天集》五部十套。

目前,仍然流傳於世上的日本《白氏文集》的古鈔本與古刻本(包括白氏單篇作品的古鈔本與古刻本)中,有不少屬珍本秘籍,其主要古寫本、古刊本如次:

(一)堀河天皇嘉承二年(1107年)寫本

此本係堀河天皇嘉承二年(1107年)藤原茂明書寫。今存卷三、卷四凡二卷。天永四年(1113年)又有藤原茂明加點傳世。

(二)鐮倉時代(1130—1331年)中期寫本(日本重要文化財)

此本殘存二十卷,各卷殘識語如下(括號中公元紀年係編著者加):

卷六

“唯寂房書之。”

“寬喜三年(1231年)二月廿二日,同廿四日,朱點了。右金吾校尉原奉重。”

“嘉禎二年(1236年)三月八日比較唐本了。”

“建長三年(1251年)十二月二日傳下貴所之御本移點了。”

卷九

“唯寂房書寫之。”

“寬喜三年(1231年)辛卯二月廿日,寂有。　同廿三日,點了。右金吾校尉原奉重。”

“嘉禎第二(1236年)暮春十日比校摺本了。”

“建長三年(1251年)十二月四日傳下貴所之御本移點了。”

卷十二

“會昌四年(844年)十月四日。”

“建長四年(1252年)正月一日傳下貴所御本校合又畢。唯寂房書寫之。”

“寬喜三年(1231年)三月三日書寫了。寂有。　同月中旬校合移點了。右金吾校尉豐奉重。”

“嘉禎二年(1236年)三月十一日以唐本聊比校了。”

卷十七

“寬喜三年(1231年)三月十三日書寫了。唯寂房書之。　同日校畢。右衛門權少尉豐原奉重。”

“嘉禎二年(1236年)三月十四日以唐本聊比校了。

不得點本之故,縱加朱點,付冥付顯,有恐有憚,但遺疑之所照合,而閣之重可見證本。”

“建長四年(1252年)正月五日傳下貴所之御本重移點了。”(朱書)

卷二十一

“寬喜三年(1231年)三月廿一日,唯寂房書寫之。　同廿八日朱委點了。右衛門尉奉重。”

“嘉禎二年(1236年)三月十七日以唐本比校之了。”

“建長四年(1252年)正月十一日傳下貴所之御本重比校之了。”

卷二十二

“寬喜三年(1231年)三月廿六日書寫了。右衛門少尉豐原奉重。”

“貞永二年(1233年)五月五日朱點了。”(朱書)

“嘉禎二年(1236年)三月十七日以唐本比校之,但證本之文字所所摺亂銷幽也,字體仿佛之所,老眼難見,解於彼者不審多相殆者也。”

“建長四年(1252年)正月十二日傳下貴所之御本移點了。”

卷二十四

"寬喜三年(1231年)三月廿六日注寫了。唯寂房令書之。"

"嘉禎二年(1236年)三月廿一日,同廿八日,兩點了,以唐本比校之了。右衛門權少尉奉重。"

"建長四年(1252年)正月廿日傳下貴所之御本重校點了。"

卷三十一

"時會昌四年(844年)孟夏之月首夏上旬,爲書願頁達比國,結當來緣。鳫門人議記之。"

"寬喜三年(1231年)十二月十六日書寫。唯寂房、寂有書之。"

"貞永二年(1233年)正月八日朱點了;同二月廿六日委點了。右金吾校衛原奉重。"

"嘉禎二年(1236年)三月廿五日比校于唐本訖。"

"建長四年(1252年)正月廿二日傳下貴所之御本移點了。"

卷三十八

"唯寂房令書之。"

"貞永元年(1232年)十二月廿一日,寫盡了。"

"同二年(1233年)三月六日墨點兩點了。右衛門少尉豐原奉重。"

"嘉禎二年(1236年)三月廿八日比校摺本訖。"

"建長四年(1252年)正月廿九日傳下貴所之御本移點了。"

卷三十九

"貞永二年(1233年)正月廿日於今小路書了執筆上池門人觀經。　同三月五日委點了。右金吾校尉原奉重。"

"嘉禎二年(1236年)三月廿九日比校于摺本訖。"

"建長四年(1252年)二月一日傳下貴所之御本重移點了。"

卷四十一

"貞永元年(1232年)七月十九日,唯寂房寂有令書之。　同二十日校朱了。右衛門權少尉奉重。"

"嘉禎二年(1236年)四月一日比校唐本訖。"

"嘉禎三年(1237年)十一月十日申請吉田諫議桑門資　經　御本加點了。

時會昌四祀(844年)四月十六日勤了日本國居士空無

凡此點本,校點以前,以摺本比校,仍違依之所,必則付摺本之點,而以兩本移點之處,點本與摺本每所相連,自相葉之所,令摺本移點畢。"(朱書)

"建長四年(1252年)二月四日傳下貴所之御本移點了。"

卷四十七

"貞永元年(1232年)八月三日書了。唯寂房融範,又改名歟。令書之。　同十日自校了。右金吾校尉奉重。"

"嘉禎二年(1236年)四月五日比校唐本訖。"

"同三年(1237年)十一月廿九日申吉田大貳入道殿資經御本委點了。　去年比校摺本而校合于當本之處,多違摺本,有似同所者,以朱筆令點于摺本了。"

"建長四年(1252年)二月十二日傳下貴所之御本重移點了。　泠泉宫(三字朱書)。"

後集卷五十二

"時會昌四祀(844年)夏四月二十九日寫了,惠萼。　南禪院補主房北小亭子得與本一校。"

"貞永元年(1232年)八月廿一日,寫了。助阿闍梨誂之同廿八日校點了。右衛門少尉豐原奉重。"

"嘉禎二年(1236年)四月七日,聊任現在比校唐本於無摺本端,讀之者以證本重可令比校之。"

"建長四年(1252年)二月卄七日傳下

貴所之御本重移點了。　冷泉宮(三字朱書)。"

後集卷五十四

"貞永二年(1233年)四月十九日書寫了。右金吾校尉原奉重。

此卷書寫之本欠之間,尋摺本書入之處,摺本又摺銷所所多之,故遺料紙　付并輪畢,以證本重可令比校之也。"

"寬元五年(1247年)正月三日借請菅大府卿兼善證本移兩點多散不審畢。"

"建長四年(1252年)三月五日傳下貴所之御本重移點了。"

後集卷六十二

"貞永元年(1232年)壬九月廿七日寫之。康經。唯寂房又改名也。　同十一月六日朱了。　同廿日委點了。　右金吾校尉豐奉重。"

"嘉禎二年(1236年)四月廿一日比校唐本訖。"

"建長四年(1252年)二月十九日傳下貴所之御本重移點了。"

後集卷六十三

"寬喜三年(1231年)六月五日書寫了。右金吾校尉原奉重。"

"貞永元年(1232年)十月廿日朱點了。同十一月廿二日委點了。"

"嘉禎二年(1236年)四月廿二日比校于唐本訖。"

"建長四年(1252年)二月十九日傳下貴所之御本重移點了。"

後集卷六十五

"貞永元年(1232年)十月一日,寂有書寫了。　同十一月二日比校了。右金吾校尉原奉重。　同十二日朱了。　同廿一日朱點了。"

"嘉禎二年(1236年)四月廿二日比校於唐本訖。"

"建長四年(1252年)二月廿二日傳下貴所之御本重移點了。"

後集卷六十八

"貞永元年(1232年)十月十九日,書了。同廿八日校了　右金吾校尉原奉重。　同十一月十九日朱了。　同廿五日委點了。"

"嘉禎二年(1236年)四月廿五日比校于唐本訖。"

"建長四年(1252年)二月廿四日酉初傳下貴所之御本重點了。"

此本係金澤文庫舊藏,每卷有"金澤文庫"印記。

(三)鐮倉時代(1130—1331年)中期寫本(日本重要文化財)

此本僅存卷二十八。首題"文集卷第廿八口口太原白居易"。次行低一格,題"書序　凡五首"。

卷尾有識語如次:

"寬喜三年(1231年)四月二日書寫了。但馬房令書之。"

"天福元年(1233年)五月十一日朱了。同十三日委點了。"

"嘉禎二年(1236年)三月廿三日以唐本比校了。"

此本每行寫十三字,卷中有"金澤文庫"印記。

(四)四條天皇嘉禎四年(1238年)寫本

此本僅存卷四。

首題"文集卷第四　太原白居易"。卷中有墨筆所加四聲、訓點等。有識語如次:

"嘉禎四(1238年)年歲次戊戌八月十九日,午時書寫了。

大和國□市郡藥王寺住人,捨身救苦提行人執筆,净□蓮勝房生年廿八俊,爲興法利生,廣作佛事之也。"

(五)伏見天皇永仁元(1293年)年寫本

此本僅存卷三,卷子本一軸。

内題"文集卷第三"。每行寫十七字。有手識文曰:

"永仁元年八月十七日於鐮倉金剛壽福

寺書了,朝謽,六十五。”

(六)後醍醐天皇元亨四年(1324年)寫本

此本今存卷三,卷子本一軸。題箋用金紙,墨書“白氏文集　卷三”。

卷首題式:

文集卷第三　　太原白居易

新樂府　諷諭三　雜言凡二十首

此本蓋自白氏原本傳鈔,卷中白氏自注極多,此宋本以下皆不見。

卷尾有識語曰:

“元亨四年十月一日,以菅家證本書寫訖。侍從時賢。”

“正中二年(1325年)三月十二日,拭老眼移秘點畢。　從二位濟氏。”

(七)十四世紀三條西實隆寫本

此係十四世紀三條西實隆手筆,今存二軸。第一軸寫《秦中吟》十首、《長恨歌》、《琵琶行》。第二軸寫《新樂府》上下卷。

卷面上下烏絲欄,有朱墨加點。

(八)正親町天皇天正十年(1582年)寫本

此本係白氏《長恨歌》、《琵琶行》等單寫本,有天正十年(1582年)題識,并附陳鴻撰《長恨歌傳》。

(九)後水尾天皇元和四年(1618年)那波道圓刊本

此本係元和四年(1618年)那波道圓刊本。全集七十一卷,木活字版。每半葉九行,行十六字。大黑口,四周雙邊。

首有長慶四年(824年)元稹撰《白氏長慶集序》、次《目録》。卷末有廣順癸丑(953年)陶谷撰《龍門重修白樂天影堂記》,并《白氏文集後序》。

卷末左方有刊記一則云:

“戊午秋七月丁亥朔那波道圓書于洛中遠望臺。”

那波道圓在《跋》文中描述《白氏文集》在日本流行的狀況時曰:

“嗚呼,菅右相者,國朝詩文之冠冕也。渤海客睹其詩,謂似樂天,自書爲榮。豈復右相之獨然而已矣哉?昔者國綱之盛也,故世不走人,學非把粹,大凡秉筆之士,皆以此爲口實。至若倭歌、俗謡、小史、雜記,暨婦人小子之書,無往而不沾溉斯《集》中之殘膏剩馥,專其美於國朝,何其盛哉!”

《四部叢刊》所輯《白氏文集》,即係此本。

(十)後光明天皇慶安三年(1650年)片山舍正刊印《新樂府》一卷

(十一)後西天皇明曆三年(1657年)刊本

後西天皇明曆三年京師出雲寺林和泉掾松柏堂刊印明人馬元調校本《白氏長慶集》七十一卷并《目》二卷。此本係日人立野春節句讀。其後,此本多次重印,主要有:

後西天皇萬治元年(1658年)重印本;

京都出雲寺重印本;

孝明天皇嘉永元年(1848年)重印本。

(十二)東山天皇元禄十一年(1698年)千種市兵衛、中村五兵衛刊印明釋袾宏編《長慶集警悟選》。

又有日本人選編之《白氏文集》的各種選本的和刊本:

(一)後陽成天皇慶長八年敕選《王妃曲》活字刊印本。日本《慶長日件録》“慶長八年正月廿一日”記曰:“戊寅,朝,微雪,晴,己刻參内。《白氏文集》之中《上陽人》、《陵園妾》、《李夫人》、《王昭君》詩四五首,與《長恨歌》等被拔選,名《王妃曲》,以一字版被百部。”此處“一字版”即“活字版”之謂也。

(二)靈元天皇寬文十一年(1671年)安井治右衛門刊印《新刻拔粹分類白氏七言八句》一卷、《新刻白氏長慶集絶句七言詩》一卷、《新刻拔粹分類白氏絶句五言》一卷。其後,此本有東山天皇元禄十五年(1702年)中村茂兵衛重印本。

(三)光格天皇寬政九年(1797年)須原屋伊八等刊印日人源世昭所編之《白詩選》八卷。其後,此本有仁孝天皇天保四年(1834年)京都須磨勘兵衛重印本;京都出雲寺重印本等。

(四)孝明天皇嘉永六年(1853年)立誠堂刊

印《白詩鈔定本》四卷。此本由日人相馬肇删定。

白氏長慶集七十一卷　目二卷

(唐)白居易撰　(明)馬元調校

明萬曆三十四年(1606年)馬元調刊本

宫内廳書陵部　静嘉堂文庫　内閣文庫　東洋文庫　京都大學附屬圖書館　東京大學東洋文化研究所　長崎大學經濟學部圖書館　大阪府立圖書館藏本

【按】每半葉有界十行,行二十一字。白口,左右雙邊。

前有明萬曆丙午(1606年)婁堅《序》。

宫内廳書陵部藏此同一刊本兩部。一部共二十四册,一部共十册。

静嘉堂文庫藏此同一刊本兩部。一部原係陸心源十萬卷樓舊藏,共十三册。一部原係中村敬宇等舊藏,共二十三册。

内閣文庫藏本,原係林大學頭家舊藏。共十二册。

東洋文庫藏本,原係藤田豐八舊藏,共十一册。

大阪府立圖書館藏此同一刊本兩部,皆係二十二册。

森立之《經籍訪古志》卷六,著録此刊本。

白氏長慶集七十一卷

(唐)白居易撰

明刊本　共二十册

東洋文庫藏本

白氏文集七十一卷

(唐)白居易撰

明嘉靖十七年(1538年)吴郡伍氏龍池草堂刊本

宫内廳書陵部　東洋文庫　蓬左文庫藏本

【按】每半葉有界十二行,行二十字。白口,左右雙邊。

前有元稹《序》及《目録》。《序》後有刊記一行曰:

"嘉靖戊戌春王正月既望吴郡晚學伍忠光校刻於龍池草堂。"

每卷首題"白氏文集卷第一(——七十一)"。

卷中"貞"字缺末筆,當是明嘉靖間依宋本覆刊。

宫内廳書陵部藏本,每册首有"崇儉館藏書記"。首尾有"大師明經儒",尾又有"清原"、"賢忠"等印記。共十册。

東洋文庫藏本,共二十册。

蓬左文庫藏本,原係田安家舊藏,共十册。

森立之《經籍訪古志》卷六著録容安書院藏明刊仿宋本,即明嘉靖十七年刊本。

追昔游集三卷

(唐)李紳撰　(明)毛晋校

明汲古閣刊本

内閣文庫　静嘉堂文庫藏本

【按】内閣文庫藏本,原係紅葉山文庫等舊藏,共一册。

静嘉堂文庫藏本,凡三册。

李文饒文集(會昌一品集)二十卷　别集十卷　外集四卷

(唐)李德裕撰

明嘉靖年間(1522—1566年)刊藍印本　陸心源校本　共五册

静嘉堂文庫藏本

【按】前有鄭亞《序》,後有宋紹興己卯(1159年)《刊版序》,撰者闕名。

静嘉堂文庫藏此本兩部。一部原係郁泰峰等舊藏,後歸陸心源十萬卷樓。陸氏於清光緒十年(1844年)曾依月湖丁氏影宋抄本校之,卷中有"泰峰"等朱文印記,共五册。一部亦係陸心源十萬卷樓舊藏,共十册。

李文饒文集二十卷　别集十卷　外集四卷

(唐)李德裕撰　(明)韓敬評點

明天啓四年(1624年)刊本　共四册

宫内廳書陵部　國會圖書館藏本

【按】每半葉有界九行，行十九字。白口，四周單邊。

宫内廳書陵部藏本原係江户時代德山藩三代主毛利元次廣收"天下秘籍"之一。東山天皇寶永三年（1706 年）《御書物目録》著録此本。明治二十九年（1896 年）男爵毛利元功獻贈宫内省（即今宫内廳書陵部）。共四册。

國會圖書館藏本，原共十二册，現合爲六册。

李文饒文集二十卷　别集十卷　外集四卷

（唐）李德裕撰

明刊本　葉石君手識本　共十册

静嘉堂文庫藏本

【按】前有鄭亞《序》，後有宋紹興己卯（1159 年）《刊版序》，撰者闕名。

卷中有葉石君手識，其文曰：

"戊子年夏，假得太原張孟恭所藏蘇州文衡山宋本校。洞庭葉石君記。"

李文饒公文集二十卷　别集十卷　外集四卷（會昌一品制集　李衛公文集）

（唐）李德裕撰　（明）吴從憲編　鄭惇典校

明刊本　共八册

内閣文庫藏本

【按】内閣文庫藏此同一刊本兩部。一部原係林大學頭家舊藏。一部原係紅葉山文庫舊藏，今缺《外集》四卷。

沈下賢文集十二卷

（唐）沈亞之撰

古寫本　王振聲校識本　共一册

静嘉堂文庫藏本

【按】每半葉有界九行，行二十字。

前有宋元祐丙寅（1086 年）無名氏《序》。卷末有孫明志《跋》

《儀顧堂續跋》卷一二著録《沈下賢集》十二卷，即係是集。其識文曰：

"前有元祐丙寅無名氏《刊版序》，次《總目》。每卷有目，後有葉石君手書《跋》。每葉十八行，每行二十字，當從元祐刊本鈔出者。是書宋以後無刊本，抄帙流傳，脱訛甚多。此本訛較少，如卷首《夢游仙賦》'星赦曉以淡白'、'淡'不訛'談'；'襲烈蕙之芳風'，'蕙'不訛'董'；'羸吹既調戛湘絃'，'羸'不訛'羸'；'菱結帶兮荇含絲'，不奪'兮'字，皆勝諸本。至《秦夢記》、《湘中怨解》列卷第二，《異夢録》列卷第四，則北宋已然矣。"

卷中有王振聲手識文，其文曰：

"《沈下賢集》，瞿氏恬裕齋有兩本。一爲江都吴心葵匯校，有周香巖本、青芝堂張本、毛□□本、吴枚庵校本、《文粹》、《英華》、《書苑菁華》本、陳子準本。舊校本最爲該備。其底本爲陳子準所藏，吴氏稱爲陳本。今以此本與陳本互異之字，録之簡端，恐混陳御史本，改稱瞿本，餘則節録之，以備參考。一爲樸學齋本，蓋即此本所出，然亦不無小異，或爲傳録之誤。今復補校於上，所稱葉本是也。葉本有葉某記云：'崇禎四年，假馮已蒼抄本，舅氏楊伯仁爲余録就。而吴心葵云：陳子準藏本，係出馮氏，較諸本脱誤特少。是兩本同出一源也。'鄙意當以鈔本爲主，而以各家所校列於句下，庶無甲冠乙履之弊。如以爲然，當更爲之；若欲效《韓文考異》，擇善而從，則愚非其人也。陳御史、馮已蒼，皆吾邑人，《邑志》皆有傳。陳子準，名揆，亦吾邑人，有稽瑞樓藏書。吴心葵爲吾邑蔣氏之所自出，亦爲邑人矣。附記之，或作序例者有取焉。咸豐丙辰夏四月中旬昭文王振聲校畢　記於鐵劍銅琴樓。"

卷末有王振聲録孫明《跋》，其文曰：

"丁亥歲，家叔假此本于葉君，托姚君升録之。録訖，余爲校一過。姚君升又收得陳御史察所鈔舊本，余因借得校此本，雖差訛頗多，亦時有一、二佳處。凡額間及行中墨筆注者，皆陳本也。十一月十七日校完識此。句曲孫明志。"

《跋》後有王振聲《附記》,其文曰:

"按此本所注陳本,蓋即陳御史本。不載此跋,恐讀者無由而知,故補録之。昭文王振聲記。"

李深之文集六卷

(唐)李絳(深之)撰

張立人手寫本　共一册

静嘉堂文庫藏本

【按】前有唐大中五年(851年)蔣偕《序》。

卷首有"張位之印"白文方印,卷末又有"枚庵瀏覽所及"朱文方印。

文標集三卷

(唐)盧肇撰　(宋)許衷編集

古寫本　共一册

静嘉堂文庫藏本

【按】卷首題署"唐袁州盧肇子發撰"。

前有宋紹興庚辰(1160年)袁州牧教授南城童宗《序》。

此本分賦、序、圖、狀等共四十有二篇,分編爲上中下三卷。

常建詩集三卷

(唐)常建撰

明刊本　共一册

尊經閣文庫藏本　原江户時代加賀藩主前田綱紀等舊藏

【附録】日本空海和尚(弘法大師,774—835年)有《文鏡秘府論》六卷存世,其"地卷·十七勢"中引常建詩句"泠泠七弦遍,萬木澄幽音。能使江月白,又令江水深"(此詩句出自常建《江上琴興》——編著者),以證其"感興勢"之説。這是日本古文獻中最早的關於唐人常建詩作的記載。

日本中御門天皇正德三年(1713年)白松堂刊印《崔常詩集》,其中,《崔顥詩集》二卷、《常建詩集》三卷。此本由日人熊谷維(竹堂)點。

薛許昌詩集十卷

(唐)薛能撰

明汲古閣刊本　陸敕先校宋本　共一册

静嘉堂文庫藏本　原陸心源十萬卷樓舊藏

【按】卷首題署"唐許昌軍節度使檢校禮部尚書薛能太拙撰"。

前有宋景德乙巳(1105年)八月張詠《序》。又有宋紹興改元(1131年)陸棨望《跋》。

卷中有妙道人手識文。其文曰:

"歲乙未,有以毛校抄舊本《許昌集》求售者,爲静軒弟意所欲,讓歸之。今秋得汲古刊本,乃從静軒處取而校之,并補抄原序跋共五紙。毛抄本前後均有'毛子九讀書記'方印,卷一首葉(有)'鳳苞'二字圓方兩小印,又有'宋本'二字橢員(圓)印。但未識當時既有佳本何以不取付刻也。妙道人記。"

周賀詩集一卷

(唐)周賀撰

葉林宗影寫宋臨安刊本　共一册

静嘉堂文庫藏本　原葉林宗　陸心源十萬卷樓等舊藏

【按】每半葉有界十行,行十八字。白口,左右雙邊。

卷中有葉林宗手識。其文曰:

"《紀事》云:'周賀,東雒人。少從浮圖法,即清塞也。遇姚合而近易名'。《藝文志》云:'詩一卷。'然未見傳本。顧茂倫《唐詩英華》,選賀詩七首,有《贈厲玄侍御》一首,此本亦藏茂倫家。末後有'臨安府棚北睦親坊南陳宅書籍鋪印'一行,確是宋板,余遂借歸,手抄於松風書屋。"

姚少監詩集五卷

(唐)姚合撰

黄丕烈影寫宋刊本　共一册

静嘉堂文庫藏本　原黄丕烈等舊藏

【按】是集黄丕烈手識曰：

"此《姚少監詩集》五卷，殘宋本。亦出郡城陸西屏家，向爲翰林國史院官書。余所得殘宋本二劉文集，板刻正與此同，西屏家物也。此後出周香巖歸之，因借而命門僕影抄，俾與二劉并藏焉。甲子小春月萬壽日裝成并記，黄丕烈。"

【附録】據《昌平坂御官板書目》記載，昌平坂學問所曾刊印姚合《極玄集》。

長江集十卷

(唐)賈島撰

明汲古閣刊本　陸敕先校宋本　共一册

静嘉堂文庫藏本　原陸心源十萬卷樓舊藏

【按】每半葉有界十二行，行二十字。黑口，左右雙邊。

前有唐玄宗賜賈島墨敕。

後有宋紹興二年(1132年)閏四月王遠《後序》。

卷中有某氏手識文曰：

"辛巳除夕，假葉鼎抄安愚道人寫宋刻本校，勘正甚多，可稱善本。"

【附録】十七世紀日本江户時代著名學者林鵝峰(1618—1680年)在《本朝一人一首》卷十中評論日本文化史時，提到了賈島，反映了賈島等文學在日本古代文學中的地位。

江户時代著名學者賴山陽(1779—1824年)《山陽詩鈔》中有《題不識庵擊機山圖》一首，有句曰"遺恨十年磨一劍，流星光底逸長蛇"。此聯後句係取賈島《劍客》中"十年磨一劍，霜刃未曾試"之意象而成詩。這是日本江户時代(1603—1867年)關於賈島文學的記録。

日本中御門天皇正德五年(1715年)京都柳枝軒茨木多左衛門刊印《賈浪仙長江集》十卷。

李洞詩集二卷

(唐)李洞撰

明刊本　葉石君寫補本　共一册

静嘉堂文庫藏本

【按】卷首題署"唐諸王孫李洞才江撰"。

前有晁公武《題識》，其文曰：

"右唐李洞字才江，諸王之孫，慕賈島爲詩，銅鑄其像，事之如神。時人多誚其僻澀，不賞其奇峭，唯吴融稱之。昭宗時，不第游蜀，卒。晁公武子止題。"

卷中有葉石君手識文。其文曰：

"余家林宗，藏書頗精，身没之後，盡屬雲烟。《李洞集》爲周俊冲所得，世傳本止有上下兩卷，今借歸補正。"

樊川文集二十卷　外集一卷　别集一卷

(唐)杜牧撰

明嘉靖年間(1522—1566年)覆宋刊本

宫内廳書陵部　御茶之水圖書館藏本

【按】每半葉有界十行，行十八字。白口，左右雙邊。

《别集》首有宋熙寧六年(1073年)杜陵田《序》。

宫内廳書陵部藏本，原係江户時代豐後佐伯藩主毛利高標等舊藏。卷中有林春德手識文，其文曰：

"杜牧之雖有酒色之誹，而李唐之一名家也，匪獨秀於晚唐矣；詩律長短多可賞也，匪獨工咏史矣。文藻亦固秀奇可喜也。"

此本卷首有"佐伯侯毛利高標字培松藏書畫之印"印記。每册首有"讀耕齋之家藏"、"秘閣圖書之章"等印記。每册尾有"蠹魚藏"、"欽哉亭"等印記。仁孝天皇文政年間(1818—1829年)由出雲守毛利高翰獻於德川幕府，明治初年歸内閣文庫。明治二十四年(1891年)移交宫内省圖書寮(即今宫内廳書陵部)，共六册。

御茶之水圖書館藏本，原係中國羅振玉、日本野間三竹、德富蘇峰等舊藏。是集卷首有羅振玉手識文，其文曰："我國傳本至少，亡友楊星悟舍人刻一紙入《留真譜》，以爲宋刊者，即此本也。"此本卷中有"白雲書屋"等印記，并附明治四十年(1907年)此本購入之始末，及德富蘇峰考證文一通，共四册。

【附録】十四世紀"五山文學"著名僧人絶海中津(1335—1405年)《蕉堅稿》中有《讀杜牧集》一首曰:"赤壁英雄遺折戟,阿房宫殿後人悲。風流獨愛樊川子,禪榻茶煙吹鬢絲。"此詩首句取杜牧詩《赤壁》之意象,第二句取杜牧詩《阿房宫賦》之意象,末句取杜牧詩《題禪榻》之意象。這是日本五山時代(1192—1573年)關於杜牧文學的記録。

據《書籍元帳》記載,日本仁孝天皇天保十二年(1841年),當年從中國輸入《杜樊川集》三部各一帙,每部價七匁,又輸入《杜樊川詩集》二部各一帙。

孝明天皇弘化四年(1847年),從中國運入《杜樊川集》四部各一帙,每部價四匁,同年又運入八部各一帙,每部價四匁五分。

孝明天皇嘉永三年(1850年),輸入《杜樊川集》三部各一包,每部價與弘化年間持平。

孝明天皇安政二年(1855年)從中國輸入《杜氏樊川詩集》八部各一帙,每部價十匁,後增至十五匁。

另據《漢籍發賣投標記録》,仁孝天皇天保十四年(1843年)《杜樊川集》投標三部,價爲廿六匁九分、廿四匁、廿一匁九分。

天保十五年(1844年),同集投標十部,價廿六匁九分、廿四匁一分、十七匁。

日本江户時代有日人野靖編輯唐人杜牧撰《杜樊川詩鈔》一卷,并爲之手寫一册。此本現存國會圖書館。

仁孝天皇文化十三年(1816年)江户書林萬笈堂刊印《樊川集》八卷。

同年,大阪浪華書房河内屋茂兵衛刊印《樊川詩集》八卷。

同天皇文化十四年(1817年)江户英平吉刊印《樊川詩集》八卷,日人館機(柳灣)點。

樊川文集二十卷　外集一卷　別集一卷

(唐)杜牧撰

明刊本　共六册

内閣文庫　東洋文庫藏本

【按】内閣文庫藏本,原係昌平坂學問所舊藏。

東洋文庫藏本,原係藤田豐八舊藏。

杜樊川文集十七卷

(唐)杜牧撰　(明)朱一是　吴璵評次

明刊本

宫内廳書陵部　尊經閣文庫藏本

【按】每半葉有界九行,行十八字。白口,四周單邊。

宫内廳書陵部藏本,共二册。

尊經閣文庫藏本,原係江户時代加賀藩主前田綱紀等舊藏,共四册。

(增廣音注)許丁卯詩集二卷

(唐)許渾撰　(元)祝德子訂正

元刊本　共二册

宫内廳書陵部藏本　原江户時代豐後佐伯藩主毛利高標等舊藏

【按】每半葉有界十二行,行二十一字或二十二字。注文雙行,行同正文。黑口,四周雙邊。

《目録》依標目占兩行,下有"上卷"或"下卷"二字陰文,作橢圓形。次行題"刺史許渾用晦撰",又次行題"信安後學祝德子訂正"。書名題《增廣音注唐郢州刺史許渾丁卯詩集卷上(或卷下)》。上卷尾題"丁卯詩上卷終",陰文齊底闌。

此本上卷輯録近體詩七言律一百三十五首,絶句二十三首。下卷輯録近體詩五言二十韵二首、十韵三首、八韵五首、六韵七首、四韵(未注首數)一百七十六首(内有六韵一首)、絶句(未注首數)五首、散體詩五言八韵一首。

下卷《目録》、《題名》後,有"題記"三行:

"丁卯地名也,按集中有南海使院
菊懷丁卯别墅五言六韵一首
夜歸丁卯橋村舍五言律一首。"

卷中有"佐伯侯毛利高標字培松藏書畫之印"、"宗愛"等印記。又册尾有"大通"、"宗伯"等印記。

此本係日本仁孝天皇文政年間(1818—1829年)出雲守毛利高翰獻贈德川幕府。明治初年歸内閣文庫。明治二十四年(1891年)移交宫内省圖書寮(即今宫内廳書陵部)。

董康《書舶庸譚》卷三、傅增湘《藏園群書經眼録》卷十二皆著録此本。

【附録】十世紀上半葉日人大江維時(887—963)從153位中國唐代詩人的作品中輯録1082句詩句編爲《千載佳句》,作爲賞析和創作的範本。其中摘引許渾作品34首。如"四時部·春興"引"落帆露溼回塘柳、開院風驚滿地花",并言此二句出自許渾《别杭州盧郎中》(《全唐詩》此詩題作《夜歸孤山寺卻寄盧郎中》——編著者)。又如同部"秋夜"引"荆溪夜雨花飛早,吴苑秋風月滿頻",此二句出自許渾《題武丘僧院》(《全唐詩》此詩題作《題蘇州虎丘寺僧院》,句中"飛早"作"開疾"——編著者)。其後,十世紀末日人藤原公仁(966—1041年)編纂《和漢朗詠集》二卷,其卷上"夏部·蓮"引"煙開翠扇清風曉,水泛紅衣白露秋"。此二句出自許渾《秋晚雲陽驛西亭蓮池》(句中"水泛紅衣",《全唐詩》作"水泥紅衣"——編著者)。同書卷上"夏部"引"一聲山鳥曙雲外,萬點水螢秋草中"。此二句出自許渾《自楞伽寺晨起泛舟道中有懷》。同書卷上"夏部·螢"引"蒹葭水暗螢知夜,楊柳風高鴈送秋"。此二句出自許渾《上陽給事》(《全唐詩》無,《全唐詩逸》卷上輯録——編著者)。同書卷上"夏部·蟬"引"鳥下緑蕪秦苑寂,蟬鳴黄葉漢宫秋"。此二句出自許渾《咸陽城東樓》(句中"秦苑寂",《全唐詩》作"秦苑夕"——編著者)。同書卷下"松部"引"青山有雪諳松性,碧落無雲稱鶴心"。此二句出自許渾《寄殷堯藩先輩》。同書卷下"庚申部"引"年長每勞推甲子,夜寒初共守庚申"。此二句出自許渾《贈王山人》。同書卷下"將軍部"引"千里往來征馬瘦,十年離别故人稀"。此二句出自許渾《贈河東虞押衙》(《全唐詩》此詩題作《贈河東虞押衙二首之一》。句中"千里往來"作"萬里往來"——編著者)。同書卷下"交友部"引"昔年顧我長青眼,今日逢君已白頭"。此二句亦出自許渾《贈河東虞押衙》(《全唐詩》此詩題作《贈河東虞押衙二首之二》。句中"今日逢君已白頭"作"今日逢君盡白頭"——編著者)。同書卷下"述懷部"引"車前驥病駑駘逸,架上鷹閑鳥雀飛"。此二句出自許渾《寄當塗李遠秀才》(《全唐詩》此詩題作《寄當塗李遠》。句中"鳥雀飛"作"鳥雀高"——編著者)。這是日本古文獻中關於許渾文學的早期記録。

十七世紀日本江户時代著名學者林鵞峰(1618—1680年)在《本朝一人一首》卷十中評論日本文化史時,提到了許渾,反映了許渾文學等在日本古代文學中的地位。

仁孝天皇天保六年(1836年)彦根藩用活字版刊印《丁卯詩集》四卷。

(增廣音注)唐郢州刺史許渾丁卯詩集二卷

(唐)許渾撰

元大德年間(1297—1307年)刊本　共二册

尊經閣文庫藏本

【按】每半葉有界十二行,行二十一字或二十二字。黑口,四周雙邊。

前有元大德丁未(1307年)仲春朔金華王瑭希古《序》,後有陸游題《丁卯橋詩》。此本版式與宫内廳書陵部藏元刊本同。

丁卯集二卷

(唐)許渾撰

古寫影宋本　共一册

静嘉堂文庫藏本　原陸心源十萬卷樓舊藏

玉溪生詩箋三卷

(唐)李商隱撰　(明)錢龍惕注

明人寫本　共一册

静嘉堂文庫藏本

【按】卷首有戊子仲夏望日鱸鄉漁父錢龍惕《序》。此"戊子"當爲萬曆十六年(1588年)。

卷中有"吴門後學"某氏手識文,其文曰:

"丙寅小除,得錢龍惕《玉溪詩箋》手稿三卷於義門書塾。小山先生故物也。裁割補緝,改易再三,共有六十一番。題簽一行,猶出自定遠先生手筆。丁卯春,王丐、雲祥二兄影抄,盡二日較畢。雲祥年近古稀,不克整録,依樣傳出。時有空白增添處,他時得知書者,净寫一册,便可自讀,亦不虚余區區讎比之勤也。上元後二日,吴門後學□□源記。"

【附録】十二世紀少納言藤原通憲有藏書目録《通憲入道藏書目録》,第百十六櫃著録"《李商隱詩集》三卷"。

據《商舶載來書目》記,中國商船"利字號"於中御門天皇享保四年(1719年)運入《李義山詩集箋注》一部。桃園天皇寶曆五年(1755年)又運入《李義山文集》一部。

據《長崎官府貿易外船賫來書目》記録,其後,又從中國分兩次輸入《李義山詩集箋注》共十九部。

據《外船書籍元帳》記載,孝明天皇弘化二年(1845年)從中國輸入《李義山詩文集》五部各一帙,由安田屋吉太郎購入。弘化四年(1847年)又輸入《李義山全集》一部。孝明天皇嘉永二年(1849年)輸入《李義山集》一部,嘉永三年(1850年)輸入《李義山詩集》一部,安政二年(1855年)輸入《李義山詩文集詳注》一部。

據《漢籍發賣投標記録》,孝明天皇弘化二年(1845年)《李義山詩文集》五部,價爲四匁五分、八匁八分、八匁五分。

李義山詩集箋注十六卷

(唐)李商隱撰

明松桂讀書堂刊本　共四册

御茶之水圖書館藏本　原德富蘇峰成簣堂等舊藏

【按】每半葉有界十行,行二十一字,注文細字。白口,左右雙邊。版心刻"松桂讀書堂"。

封面尚存原刊古紙,内封刻印"松桂讀書堂藏版"。

第四册内封有大正乙丑五月德富蘇峰手識文,第一册末有"蘇峰學人京城所獲"朱文印記。

李文山詩集(李群玉集)三卷　首一卷

(唐)李群玉撰

明嘉靖年間(1522—1566年)刊本　共四册

静嘉堂文庫藏本　原陸心源十萬卷樓舊藏

【按】前有明嘉靖癸亥(1563年)五月劉崇文《重刊序》,又有嘉靖癸亥重五龔天申《跋》。又有《進詩表》、《延英口宣敕旨》、大學士僕射令狐綯《薦狀》、《制詞》等。

文山詩集三卷

(唐)李群玉撰

明刊本　共一册

宫内廳書陵部藏本

温庭筠詩集七卷　别集一卷

(唐)温庭筠撰

明弘治十二年(1499年)李熙刊本

内閣文庫　大倉文化財團藏本

【按】每半葉有界九行,行十八字。黑口,四周雙邊。

内閣文庫藏本,原係江户時代林氏大學頭家舊藏,共一册。

大倉文化財團藏本,卷中有"檇李項藥師"、笑村"、"秀水朱氏潛采堂"、"知不足齋"、"琰字又持"、"勞權"等印記。共二册。

【附録】十世紀上半葉日人大江維時(887—963)從153位中國唐代詩人的作品中輯録1082句詩句編爲《千載佳句》,作爲賞析和創作的範本。其中摘引温庭筠作品16首。如"人事部·將軍"引"雕邊捻箭寒雲重,馬上聽笳寒草愁",并言此二句出自温庭筠《贈蜀將軍》(《全唐詩》此詩題作《贈蜀府將》,句中"捻箭"作"認箭","寒草"作"塞草"——編著者)。又如"别離部·别意"引"心游目想三千里,雨散雲飛二十年",并言此二句出自温庭筠《送黔南崔判官》(《全唐詩》此詩題作《送崔郎中赴幕》,一作《送崔判官赴幕》。句中"目想"作"目送","雲飛"作"雲收"——編著者)。其後,十世紀末日人藤原公仁(966—1041 年)編纂成《和漢朗詠集》二卷,其卷上"秋部·霜"引"三秋岸雪花初白,一夜林霜葉盡紅"。此二句出自温庭筠《盤石寺留别成公》。這是日本古文獻中關於温庭筠文學的早期記録。

十七世紀日本江户時代著名學者林鵞峰(1618—1680 年)在《本朝一人一首》卷十中評論日本文化史曰:"桓武朝僧空海熟覽《王昌齡集》,且其所著《秘府論》,粗引六朝之詩,及錢起、崔曙等唐詩爲例。嵯峨隱君子讀《元稹集》,菅丞相曰:'《温庭筠詩集》優美也。'"(菅丞相者,即指平安時代著名的漢文學家菅原道真——編著者)此係概述了温庭筠文學等在日本平安文學中的地位。

日本光格天皇文化元年(1804 年)中國商船"丑五番"載《温飛卿詩集箋注》四部運抵日本,每部原價三目,增價五成,售價爲四目五分。

仁孝天皇天保四年(1833 年)藤森氏如不及齋與林氏梅花深處同刊印《温飛卿詩集》二卷《别集》一卷。此本由日人藤森大雅(弘庵)、林戇(鳳岡)點校。其後,此本有江户和泉吉兵衛重印本。

温庭筠詩集七卷　别集一卷

(唐)温庭筠撰

明人寫本　共一册

静嘉堂文庫藏本　原毛豹孫　陸心源十萬卷樓等舊藏

【按】卷中有"豹孫"朱文方印、"東吴葉裕祖仁藏書"白文方印等。

唐劉蜕集六卷(文泉子集)

(唐)劉蜕撰　(明)吴馡編

明人寫本　共一册

静嘉堂文庫藏本

【按】前有熊文舉《序》,又有明天啓甲子(1624 年)吴馡《序》。

森立之《經籍訪古志》卷六著録寶素堂藏明崇禎癸未(1643 年)刊本《唐劉蜕集》六卷,并曰:

"明香城吴馡編,首有馡《紀事》一篇。稱壬戌歲,偶向緇廬披幡朽簡一册,首尾蠹蝕,文益滅漶,反複檢認襞幅,隱隱是桑悦印記,奇士鑒藏,喜愕生信,吾友楊收之同好者也,輒謀原集讎正,卒無傳本,懼是復遭淪没,乃考索同異、次第後先,成六卷。留劉蜕所著精神,换桑悦所傳面目,以布藝林。又有崇禎癸未閩中黄燁然《序》云:'恨全書未獲,客歲得吴馡所輯六卷,惜梓布未廣,予與家侄竊恐後遭淪没,輒分考異同,付梨棗'云云。即知原書明代既失傳也。此本小野宜卿舊藏,卷首有'小野節家藏書'、'宜爾子孫'二印。卷末有宜卿手《跋》云:'余得《劉蜕集》以讀而愛之,其筆端鼓舞宛轉,太奇者亦有常山之蛇勢乎?余謂與韓柳同轍而不媿之矣。一讀而夫心胸快活者乎?丙辰之歲長至子半吹燈而書鶴山道人'。下捺'宜卿'印,書法逸秀可觀。"

後楊守敬在《日本訪書志》卷十四中,著録《森志》是集,并謂"此本所載蜕文,不見於《文苑》、《文粹》兩書者尚多,或疑有僞作"云云。

《森志》本今不知存於日本何處。

孫可之文集十卷

(唐)孫樵撰

明正德年間(1506—1521 年)刊本　共一册

静嘉堂文庫藏本　原陸心源十萬卷樓舊藏

【按】每半葉有界十二行,行二十一字。白口,左右雙邊。

前有唐中和四年(884 年)孫樵《自序》并《目録》,又有明正德丁丑(1517 年)王鏊《序》。

王鏊《序》中謂"少讀《唐文粹》,得可之文,往返三復,惜不得其全觀之。後獲内閣秘本手録。户部主事白水王君直夫請刻以傳,遂授之"云云。

後有明正德丁丑(1517年)王諤《跋》。

【附録】日本江户時代有日人手寫唐人孫樵撰《可之全集》二卷。此本現存國會圖書館。

孫可之集十卷

(唐)孫樵撰

明末毛氏汲古閣刊本　共一册　東洋文庫藏本　原藤田豐八等舊藏

【按】每半葉有界九行,行十九字。白口,左右雙邊。

森立之《經籍訪古志》卷六,楊守敬《日本訪書志》卷十四,皆著録明崇禎年間閩中黄燁然刊《孫可之集》十卷,今未知。楊氏并曰此本"樵《自序》前不標'孫可之文集序'六字,樵自題銜在《序》後,猶是古式,勝於汲古本遠矣"云云。

唐孫樵集十卷

(唐)孫樵撰　(明)吴馡校

明天啓五年(1625年)石香館刊本　共二册

宫城教育大學附屬圖書館藏本　原宫城縣師範學校等舊藏

純陽吕真人文集(殘本)七卷

(唐)吕嵒撰

明愚沌道人刊本　共四册

天理圖書館藏本

【按】每半葉有界九行,行十八字。黑口,四周雙邊。版心上題"吕集一(——七)",下題"明善堂覽書畫之記"。

第一册卷初,有插畫。卷五末有"刊語"二行,其文曰:

"嗣宗派玄口頤素子丹霞道人徐道安同盟印施

嗣派口虚樸素子愚沌道人宋德禪重刊施"

是書全八卷,此本今缺卷八,存卷一至卷七。

純陽吕真人文集八卷

(唐)吕嵒撰　(明)姚汝循校

明隆慶五年(1571年)刊本　共二册

内閣文庫藏本　原紅葉山文庫等舊藏

(新刊道書全集)吕純陽文集八卷

(明)吕純陽撰

明萬曆十一年(1583年)刊本　共一册

御茶之水圖書館藏本　原德富蘇峰成簣堂舊藏

【按】每半葉有界十一行,行二十二字。白口,左右雙邊。

此本係從朝鮮傳入。書封面由朝鮮紙改裝,并由朝鮮學人手題。

卷末有"蘇峰學人京城所獲"朱文印。

吕純陽文集十卷

(唐)吕嵒撰　(明)吕兆祥等編

明崇禎九年(1636年)刊本　共二册

内閣文庫藏本　原江户時代林氏大學頭家舊藏

唐皮日休文藪十卷

(唐)皮日休撰

明正德年間(1506—1521年)刊本　共四册

静嘉堂文庫藏本　原陸心源十萬卷樓舊藏

【按】每半葉有界十一行,行二十字。白口,左右雙邊。

前有柳開《序》,明正德庚辰(1520年)袁表《題後》,唐咸通丙戌(866年)皮日休《自序》。

【附録】日本中世紀時代著名詩人義堂周信(?—1388年)有詩文集《空華集》二十卷。其中有《小景》一首曰:"酒旆翩翩弄晚風,招人避暑緑蔭中;誰家的艇來投宿,典卻蓑衣醉一篷。"此詩句中"一篷"之典則來自唐人皮日休詩《寄懷南陽潤卿》。此詩中有"何事對君有猶愧,一篷衝雪返華陽。"由此可以表證日本中世紀時代接受皮日休文學的狀態。

日本仁孝天皇天保十五年(1844年)《官板書籍解題略》卷下著録《皮子文藪》十卷。其識文曰：

"唐皮日休撰。休字襲美,襄陽人士,居鹿門山,自號醉吟先生。咸通八年進士,官太常博士。其文集《序》稱,是編乃咸通丙戌上第後,退歸州墅,發篋編文,叢萃之繁,如入藪澤,故名《文藪》,凡二百篇。"

《昌平坂御官版書目》、《官板書目》及《官板定價》皆著録《皮子文藪》十卷。

日本光格天皇享和二年(1802年)昌平坂學問所官版刊印《唐皮日休文藪》十卷。其後,此本收入《昌平叢書》中。

唐皮日休文藪十卷

(唐)皮日休撰　(明)許自昌校

明萬曆年間(1573—1620年)刊本　共一册

内閣文庫藏本　原江户時代豐後佐伯藩主毛利高標等舊藏

【按】每半葉有界九行,行二十字。白口,左右雙邊。

前有明萬曆三十六年(1608年)《序》。

此本係仁孝天皇文政年間(1818—1829年)由出雲守毛利高翰獻贈幕府者。明治初年歸内閣文庫。

卷中有"佐伯侯毛利高標字培松藏書畫之印"等印記。

【附録】日本光格天皇享和二年(1802年)有昌平坂學問所據明萬曆三十六年(1608年)吴門許自昌校《唐皮日休文藪》刊本十卷。

唐甫里先生集二十卷

(唐)陸龜蒙撰　(明)許自昌校

明萬曆間(1573—1620年)許自昌刊本　共二册

静嘉堂文庫藏本　原徐興公　陸心源十萬卷樓等舊藏

【按】每半葉有界九行,行二十字。注文雙行,行同正文。白口,左右雙邊。

前有宋寶祐六年(1258年)十一月林希逸《序》,又有明成化丁未(1487年)陸釴《序》,明萬曆癸卯(1603年)《序》。

後有徐興公手識文,其文曰：

"萬曆丙午春,范東生見貽。興公。"

卷中有"汗竹巢"朱文方印、"徐興公氏"白文方印、"閩中徐惟起藏書印"朱文長印等。

(重刊校正)笠澤叢書四卷　補遺一卷　續補遺一卷

(唐)陸龜蒙撰

古寫本　吴騫手識本　共一册

静嘉堂文庫藏本　原陸心源十萬卷樓舊藏

【按】前有陸龜蒙《自序》,又有元符庚辰(1100年)仲秋月樊開《序》,同年九月王益祥《跋》,至元五年(1339年)七月十一世孫悳原《跋》,宋政和改元(1111年)季夏朱衮《跋》等。

卷中有吴騫手識文,其文曰：

"《笠澤叢書》世少善本也久矣。昔王阮亭司寇酷愛此書,嘗從黄俞邰徵君借抄,所謂金陵餅肆本也。其後又得毛斧季寄本,所謂都元敬刊本也。書皆四卷,相傳出自天隨子手編。都本校黄本,不同者惟多王益祥《跋》,少《憶白菊》、《閑吟》二絶句,及丙、丁二集中,篇章前後少異耳。近時三吴顧氏有刊本,紙墨雖精好,而'亥'、'豕'舛錯殊甚,亦無王益祥《跋》,似從黄本翻雕者。予恒欲訪求善本是正而未果,淥飲嘗言"郁君陛宣收藏抄本最佳"。秋日因偕過郁君東齗軒借得,視顧本洵善,後有王益祥《跋》,已缺七十餘字,省其篇章次第,似據都本傳録者,但不見南濠《跋》耳。校畢,復出予拜經樓所有舊人抄本覆校,始知前本字句間爲後人率意竄改,正復不少。予此本真希世之珍也,惜阮亭司寇不及見矣。按陳《直齋書録》云:'《叢書》甲、乙、丙、丁詩文雜編,政和中,朱衮刊於吴江,《補遺》一卷,用蜀本增入。'又云:'蜀本七卷,元符中,郫人樊開所《序》。此本正七卷,第八卷爲《補遺》,又不知出自誰手。'視顧本少近體詩十二首、《送小鷄山樵人序》、及樊朱諸人《序》《跋》,合諸樊《序》所云'八十餘篇'者,則定爲蜀本無疑。惜卷尾零落,《耒耜經》自'散墢去芰'者以下缺五《歌》,《序》一首亦缺。然而世無都本,已不知黄本之紕繆若此,又孰知尚有蜀本者存於今日,以匡二本之失?屈指自樊氏爲《序》以來,已閲六百七十餘載,豈非所謂在在處處有神物護持者耶?本傳云:'借人書,篇帙壞舛,必爲輯褫刊正。'予重郁君之誼,就所借本,手爲校正而歸焉。夫亦甫里先生之教也。乾隆甲午冬,海甯州　吴騫識。"

【附録】據《商舶載來書目》記載,後櫻町天皇明和二年(1765年)中國商船"利字號"載《笠澤叢書》一部一帙抵日本。

據光格天皇天明六年(1786年)《寅十番船持渡書目録改》記載,同年中國商船"寅十番"載《笠澤叢書》二册抵日本,并注明"唐陸龜蒙著,脱紙三葉"。

(重刊校正)笠澤叢書四卷　補遺一卷

(唐)陸龜蒙撰

古寫本　何義門校識本　吴騫手識本　共一册

静嘉堂文庫藏本　原陸心源十萬卷樓舊藏

【按】前有陸龜蒙《自序》,宋元符庚辰(1100年)仲秋月樊開《序》。又有同年九月王益祥《跋》,元至元五年(1339年)七月十一世孫悳原《跋》,宋政和改元(1111年)季夏朱衮《跋》。

此本由何義門校,卷中有何氏校識文二則,一則曰:

"此册丙寅歲大人從江右雜書中携歸,以其脱誤難讀,久置敝簏中。己丑,適從虞山錢氏借得馮己蒼所傳元板佳本,因取而改竄,以示後人,使知寅卯,抄本之不足據有若此者,若能細心净寫一本,便可自讀,亦不負吾區區讎比之意也。焯記。"

又一則曰:

"此書别有編爲八卷者。以《自序》觀之,則此四卷者乃舊次,八卷分雜著與詩而二之,則非不類不比矣。或謂八卷乃宋刻,殆耳學也。焯又記。"

卷中又有吴騫手識兩則,一則曰:

"按陳振孫云:'《叢書》七卷,《補遺》一卷,乃樊開所《序》,是爲蜀本。'然則宋刻有四卷者,亦有八卷者,未可盡以爲耳學也。騫又記。"

另一則曰:

"乾隆丁酉夏日,海昌吴騫借録一過。《叢書》至多舛誤,予嘗廣求善本,互相契勘,至此凡七校矣。常欲别刊一本,以救近時江都吴下二刻之失。未審何時得遂斯願也。"

司空表聖一鳴集十卷

(唐)司空圖撰

明人寫本　東陽主人手識本　共一册

静嘉堂文庫藏本

【按】前有司空圖《自序》。

卷中有東陽主人手識,其文曰:

"是册爲先君子舊藏本,云是前明中葉人手鈔。但每一展讀,竊訝訛字尚多。欲覓善本校讎,留心訪問,數年來竟不可得。今秋一書賈持到緑竹堂舊抄《表聖文》一册,字畫極精雅,惜僅存四分之一,不爲全書,却又過昂其值,無力售之,因就其所録者,校改一遍,勘正數十字,已覺賞心悦目,未審何時得購完書,補成全璧也。漫記諸卷端以俟。丙戌九年,東陽主人元輅。"

羅昭諫江東集五卷

(唐)羅隱撰

明刻本　共四册

尊經閣文庫藏本　原江户時代加賀藩主前田綱紀等舊藏

【附録】十世紀上半葉日人大江維時(887—963)從153位中國唐代詩人的作品中輯録1082句詩句編爲《千載佳句》,作爲賞析和創作的範本。其中摘引羅隱作品10首。如"游放部·眺望”引“空闊遠帆遮落日，蒼茫高樹礙歸雲”，此二句出自羅隱《湘南春日》(《全唐詩》此詩題作《湘南春日懷古》。句中“高樹”作“野樹”——編著者)。

十二世紀日人藤原信西《通憲入道藏書目録》第四十一櫃著録《羅隱詩》二帖。

香奩集一卷

(唐)韓偓撰　(明)毛晋校

明毛氏汲古閣刊本　共一册

内閣文庫藏本　原紅葉山文庫等舊藏

【按】每半葉有界九行，行十九字。白口，左右雙邊。

【附録】光格天皇文化七年(1810年)，江户萬笈堂英平吉刊印《韓内翰香奩集》三卷。此本由日人館機校。其後，此本有多本重印本：

文化八年(1811年)江户須原屋伊八、山田屋佐助重印本；

青雲堂英文重印本；

和泉屋吉兵衛等重印本。

光格天皇文化七年(1810年)京都林安五郎等刊印《韓翰林集》三卷。此本由日人野原衡校。

韓内翰别集一卷

(唐)韓偓撰

明人寫本　毛晋手識本　陸心源手識本　共一册

静嘉堂文庫藏本

【按】卷中有毛晋手識文，其文曰：

“據《列傳》云：‘偓字致光，京兆萬年人。’計有功曰：‘字致堯，今曰致光，誤矣。’胡仔云‘致元’，未知孰是。自號玉山樵人，小字冬郎。開成六年進士韓瞻之子。李義山與瞻同年，偓童時即席爲詩送之，一座盡驚。李因贈詩云：‘十歲裁詩走馬成，冷灰殘燭動離情；桐花萬里關山路，雛鳳清於老鳳聲。’《藝文志》載‘《詩》一卷。《香奩集》一卷’。余梓《香奩》已十餘年矣。兹吴匏庵叢書堂抄别集，皆天復元年辛酉五月入内庭後詩也，自辛酉迄甲戌，凡十有四年。往往借自述、入直、扈從、貶斥、復除，互叙朝廷播遷、奸雄篡弑始末，歷狀如鏡，可補史傳之缺。第乙卯、丙辰，未入翰苑，不知何人混入。惜未得慶曆間温陵所刻致光手書詩帖一訂正耳。其亂後，依王審知，本傳與李晁諸家，言之甚詳。惟劉克莊謂審知據福唐，韓致光乃居南安，曷嘗依之乎？又見墨林方氏所藏《祭裴君文》，自書‘唐故官’，不書梁年號，稱其賢於楊風子輩，且以宋景文不與表聖同列爲闕事，此皆克莊極贊致光不事二姓也。若王審知爲閩王，始於丁卯，卒於乙酉，相去十九年。致光即匿影於三山九曲之間，何損其爲李唐遺民耶？况朱全忠被刺，刀腹出於背，瘞以敗氈，致光亦可以含笑見昭宗於地下矣。當寓沙陽天王院歲餘，其詩奚止《與藴明》一篇。若得章僚碑記，考其傳外遺事，則群疑涣然冰泮云。隱湖毛晋跋於續古草廬。”

毛晋此手識後，又有陸心源手識文，其文曰：

“右《韓内翰别集》一册，爲叢書堂鈔本。汲古主人加校勘而附以《跋》。乾隆甲寅，先君子得於白門書肆。兹加重裝訂，并志數語。時道光己酉五月十三日，古吴陸□書于東皋草堂。”

雲臺編二卷

(唐)鄭谷撰

明嘉靖年間(1522—1566年刊本)刊本　共一册

静嘉堂文庫藏本　原陸心源十萬卷樓舊藏

【按】每半葉有界十行，行二十字。白口，左右雙邊。

前有鄭谷《自序》，并明嘉靖乙未(1535年)嚴嵩《序》。

杜荀鶴文集三卷

(唐)杜荀鶴撰

古寫本　顧廣圻手識本　共二册

静嘉堂文庫藏本　原虞山毛氏等舊藏

【按】前有景福元年(892年)夏顧雲《序》。

卷中有顧廣圻手識文,其文曰:

"《讀書敏求記》云:'余藏九華山人詩,是陳解元書棚宋本,總名《唐風》者。後得北宋繕,乃名《杜荀鶴文集》,而以《唐風集》三字注于下,竊思荀鶴詩無文,何以集名若此,殊所不解'。《通考》云:'《唐風集》十卷,更與顧雲撰《序》刺謬矣'。此本爲虞山毛氏所藏,想從北宋本傳録者,與述古繕寫本同出一源,而抄手工整,雖非影宋,已迥勝世俗流傳之本矣。澗蘋記。"

【附録】十世紀上半葉日人大江維時(887—963)從153位中國唐代詩人的作品中輯録1082句詩句編爲《千載佳句》,作爲賞析和創作的範本。其中摘引杜荀鶴作品20首。如"天象部·風月"引"風射破窗燈易滅,月穿疏屋夢難成",并言此二句出自杜荀鶴《旅舍》(《全唐詩》此詩題作《旅中卧病》——編著者)。又如同部"雪"引"江湖不見飛禽影,岩谷時聞折竹聲",此二句出自杜荀鶴《雪》。其後,十世紀末日人藤原公仁(966—1041年)編纂《和漢朗詠集》二卷,其卷上"秋部·鴈"引"四五朵山粧雨色,兩三行鴈點秋雲"。此二句出自杜荀鶴《雋陽道中》。又同書卷下"山水部"引"漁舟火影寒燒浪,驛路鈴聲夜過山"。此二句出自杜荀鶴《秋宿臨江驛》。又同書卷下"山家部"引"漁父晚船分浦釣,牧童寒笛倚牛吹"。此二句出自杜荀鶴《登石壁禪師水閣》。這是日本古文獻中關於杜荀鶴文學的早期記録。

十二世紀日人藤原信西《通憲入道藏書目録》第百十六櫃著録"《杜荀鶴集》一卷"。

十七世紀日本江户時代著名學者林鵞峰(1618—1680年)在《本朝一人一首》卷十中評論日本文化史時,提到了杜荀鶴,反映了杜荀鶴文學等在日本古代文學中的地位。

江户時代水户藩第二代主德川光圀(1627—1700年)《常山文集》中有《初冬聽夜雨述懷》一首,有句曰"四山落葉風蕭索,雨滴燈前無限情"。此聯係取杜荀鶴《旅懷》中"半夜燈前十年事,一時和雨到心頭"之意象成詩。這是日本江户時代(1603—1867年)關於杜荀鶴文學的記録。

浣花集十卷

(唐)韋莊撰

南宋書棚刊本　共二册

静嘉堂文庫藏本　原陸心源皕宋樓舊藏

【按】每半葉有界十行,行十八字,注文小字雙行。白口,單黑魚尾,左右雙邊(17.1cm×12.0cm)。行款格式皆與臨安睦親坊陳宅本《孟東野集》同,是爲南宋書棚刊本。

前有後人寫補唐天復癸亥(903年)六月九日莊弟韋藹《浣花集序》,并《浣花集目録》。

此本宋刊今存卷四至卷十,卷一至卷三係清人陸東蘿據他本補寫。宋諱有缺有不缺。

卷三末有清嘉慶二十二年(1817年)黄丕烈手識文一則,其文曰:

"昔何義門學士跋宋刊許渾《丁卯集》云,惜版刻黏塗,幸得毛豹孫影寫宋本,一一補其缺失差異於不知而妄作者。今余收《浣花集》,失其序目及首三卷,亦賴影宋本補全,即守義門之意也。宋刻出自陸東蘿所贈,此屬東蘿影鈔,蓋是書始終成於東蘿云。丁卯(1807年)季夏裝,復翁記。"(後有"老蕘"朱文方印)

卷三末又有陸損之手識文。其文曰:

"歲甲戌(1814年)余於楓江冷攤得殘宋本《浣花集》,只七卷。携贈復翁執丈。翁家藏有影宋本,屬余補足之。丁丑新秋在士禮居重出展玩,則粲然完璧矣,并爲識之。陸損之。"(後有"拙生書記"白文方印)

卷九末有清嘉慶十九年(1814年)黄丕烈手識文。其文曰:

"余藏韋莊《浣花集》,向有三本。一爲黑格精鈔本,一爲藍格舊鈔本,一爲毛氏影鈔宋本。三者之中,影鈔爲上。然得此殘宋刻證之，則又在影鈔者上矣。蓋書以古刻爲第一，一字一句之誤，猶可諦視版刻，審其誤之由來。影鈔則已非廬山真面目，矧其爲泛泛傳鈔者乎！故余佞宋，雖殘鱗片甲亦在珍藏，勿以不全忽之。此册前缺序目及首三卷，若就影鈔本補全，誠爲兩美。然業無宋刻，即影鈔已失其真，故仍頋離之，則兩美也。欲卒讀者，有影鈔本在，取而觀之可耳。甲戌六月六日復翁補書於第九卷尾，以此半葉係裝時補綴，非宋版本有，雖灰之無傷。"

卷十首有黄蕘圃手識文一則。其文曰：

"此殘宋刻本《浣花集》四至十卷，余友陸子東蘿以青蚨一分得諸閶門外上塘街冷攤，特爲持贈余者。東蘿初不知爲宋刻本，但云有舊人圖書葉陽生，欲就君質之，余曰，此人余却知之，余將爲言其詳。及觀後一無名氏跋而益信余所知之人也。近因上津橋葉氏將刊其先世天士所著本事，方釋義向余借宋刊許學士本事，方因相往還，登眉壽堂，見爲號有陽生道兄，詢悉陽生即天士之父，素精於醫，曾治范伏庵太史初生時無穀道，一證此書所鈐印，即其人也。末《跋》語云，某因病，久嗽不愈，以此償藥直，知向時醫家脉藥相連，故云以此償藥直也。是書破爛不堪，命工粗加整理，裝成，携示葉氏後訥人豐帆輩，各幡陽生手批醫書，皆云《跋》語字迹，實係陽生公書，而康熙乙卯三月去陽生辭世之年庚申，尚有六載，此《跋》洵不誣也。訥人云，陽生公與汪鈍翁有唱酬之作，蓋精於詩者。一書之微，多取印證，余喜而筆諸卷端。復翁。"

卷十末又有黄蕘圃手識文二則。其一曰：

"前《跋》未書之語，續書于卷尾餘紙。舊《跋》尾半葉有'太醫院'三字，不知誰何所書，然余詢諸王震，初與葉氏事較熟者云，天士公曾蒙欽君進京，將有太醫院某官之擢，後賴陳榕口中口爲之謀脱。案此，則此三字或也出葉氏所書也，附考。"(文後有"老蕘"朱文方印)

其二曰：

"余家向藏毛氏影宋本《浣花集》。在唐人諸集中取對此，此實宋版。卷中'徵、禎、玄、樹'避此四字，而'玄、樹'有不盡避者，宋版時或有此。余初付裝，見者或疑此刻之非宋，而妄笑余佞宋之太甚，所信未必真。然裝成同人傳觀，藏書家如周香巖、賞鑒家如陶朗軒，皆以余言爲信，則誠可信矣。佞宋何嘗佞哉！"(文後有"老蕘"朱文方印)

卷中有"葉陽生"、"士禮君"、"竹窗"、"紳士"、"汪士鐘藏"、"吴下注三"、"汪振勛印"、"歸安陸樹聲叔桐父印"等印記。

【附録】《昌平坂御官板書目》著録(唐)韋莊《又玄集》一册。

莆陽黄御史集二卷　别録一卷

(唐)黄滔撰

明正德年間(1506—1521年)刊本　共三册

尊經閣文庫藏本　原江户時代加賀藩主前田綱紀等舊藏

【按】每半葉有界十行，行二十字。白口，四周雙邊。

莆陽黄御史集二卷

(唐)黄滔撰

明萬曆十二年(1584年)刊本　　共二册

内閣文庫藏本　原楓山官庫等舊藏

【按】每半葉有界十行，行二十字。白口，四周雙邊。

唐黄先生文集八卷

(唐)黄滔撰

明萬曆三十四年(1606年)刊本　共二册

内閣文庫藏本

【按】每半葉有界九行，行十八字。白口，左右雙邊。

内閣文庫藏此同一刊本兩部。一部原係江户時代林大學頭家舊藏；一部原係江户時代豐後佐伯藩主毛利高標舊藏，此本係仁孝天皇文政年間(1818—1829年)出雲守毛利高翰獻贈幕府。明治初年歸内閣文庫。卷中有“佐伯侯毛利高標字培松藏書畫之印”等印記。

碧雲集三卷

(唐)李中撰

古摹寫宋刊本　章恷手識本　共二册

静嘉堂文庫藏本　原陸心源十萬卷樓舊藏

【按】前有孟賓于《序》。《目録》後有“臨安府棚北睦親坊南陳宅書籍鋪印”一行。

卷中有章恷手識,其文曰:

“《碧雲集》三卷,世鮮專刻本。毛氏、席氏所刊,俱非足本,余求是書南宋版,迄不可得。今書賈陶鼎元,携此同《李群玉集》見售,的係影宋本,亟購之。同時購得者,明刻《庾開府集》、舊抄黄庚《月屋樵吟》、劉健《庭聞録》。咸豐新元仲春月二十日,瓜爐外史章恷。”

徐公釣磯文集十卷

(唐)徐寅撰

古寫本　共二册

静嘉堂文庫藏本

【按】前有寅裔孫元《序》,并有宋建炎三年(1129年)三月寅族孫師仁《序》。是書《四庫》未收,阮元進呈作五卷。《儀顧堂集》卷十七云:

“唐秘書省正字先輩徐公《釣磯文集》十卷。題曰‘唐徐夤昭夢著’,舊鈔本。前有建炎三年裔孫師仁《序》,及延祐中裔孫元《序》。按,夤著有《釣磯賦》五卷、《探龍集》五卷。《唐書·藝文志》不著於録,宋時想已早佚。此本乃延祐中其裔孫元字可珍者所編也。《四庫全書》著録正字詩賦二卷,詩二百六十二首、賦八首。此本賦五卷、詩五卷。詩與《四庫》本同,賦則增多四十八首。張月霄以《全唐文》校之,此本多賦二十一首,少《均田賦》、《衡賦》二首。所缺賦八首,皆可據《全唐文》補録。具見所作《藏書志》中。所缺《偶吟》七律一首,余亦據《全唐詩》補入。夤詩賦皆不脱唐末之習。惟唐人傳世日希,自當以罕覯珍之。”

無能子三卷

(唐)闕名撰

明人寫本　共一册

大倉文化財團藏本

【按】此本灰色邊欄,各卷首下有“甚”記號。

卷中有“翰林院”、“教經堂錢氏”、“錢犀庵”、“畿輔譚氏”、“篤生”等印記。

此本據《道藏》本影寫。

(宋人别集之屬)

徐公文集三卷　附録一卷

(宋)徐鉉撰

宋紹興十九年(1149年)明州公庫刊本　共十二册

大倉文化財團藏本

【按】每半葉有界十行,行十九字。白口。版心下有刻工名姓,如施章、劉仲、徐彦、胡正、洪光、朱禮、王實、王伸、陳忠、洪茂等。

此本係據北宋天禧中胡克順刻本重刊。末有提學徐琛撰《明州重刊徐騎省文集後序》。大字大本,惟缺卷一第十九頁、卷十第十四、第十九兩頁。

卷中有“應奉危素讀過”手書墨筆,并有“文淵閣”、“徐建庵”、“乾學”、“曾在定邸行有恒堂”、“夢曦主人”等印記。

徐文公集(徐騎省集)三十卷　附録一卷

(宋)徐鉉撰

古寫校宋本　共八册

静嘉堂文庫藏本　原陸心源十萬卷樓舊藏

【按】每半葉有界十行,行十九字。每卷有目。

此本滌宋紹興年間(1131—1162年)明州刻本摹寫。卷前有宋天禧元年(1017年)十一月胡克順《進表》,并有宋真宗《答敕》,次有宋淳化四年(993年)七月陳彭年《序》,末有宋大中祥符九年(1016年)八月晏殊《後序》,及宋紹興十九年(1149年)十一月徐琛《跋》。

《附録》一卷,係《行狀》及李昉所撰《墓志銘》,并李至等所作《挽詞》、《祭文》。

御製逍遥咏十一卷

(宋)趙炅撰

宋福州開元寺刊本

天理圖書館　石井積翠軒文庫藏本

【按】此集係折本裝,每半折六行,行十七字。注文雙行。

卷首有福州開元禪寺了一《刊語》。首五卷爲五言律詩、次五卷爲七言律詩、末卷題"逍遥歌"七言歌行一首、并"逍遥賦"、"周穆王宴瑶池賦"等。

天理圖書館藏本,相傳爲十二世紀土御門天皇(1198—1210年)珍藏之秘籍,後歸石清水八幡宫藏。包紙紺色,外題金泥。共五帖。

石井積翠軒文庫藏本,今存卷十與十一兩卷。卷中有"開元經局"朱印。共一帖。

咸平集三十卷

(宋)田錫撰

古寫本　徐時棟手識本　共四册

大倉文化財團藏本

【按】卷中有清同治四年(1865年)徐時棟收藏手識文,并有柳泉墨筆校語,黄筆校。

卷中有"徐時棟秘籍"、"弗學不知其善"、"柳泉書畫"、"城西草堂"等印記。

王黄州小畜外集(殘本)七卷

(宋)王禹偁撰

南宋初刊本　共二册

静嘉堂文庫藏本　原沈辨之　陸心源皕宋樓等舊藏

【按】每半葉有界十一行,行二十一字或二十五字。注文雙行,行二十二字左右。白口,單黑魚尾,左右雙邊(21.2cm×15.7cm)。版心有刻工名姓,如余才、余仁、余益、宋琳、徐浩、張挺、許和、敦敬、彭世寧、彭祥、閔昱、葉明、顧滂、黄覺、鄭友等。

是集全本三十卷。此本今存卷六至卷十三,凡八卷。其中,卷六存二葉半,卷七存十一葉,卷十存十二葉,卷十三存十三葉。又,卷六末有沈辨之手書"嘉靖二年閏四月廿二日野竹齋裱完"十五字。

卷中避宋諱,凡"玄、朗、敬、允、驚、貞、徵、恒、桓、煦"等皆爲字不成,且語涉宋朝,皆上空一格。

各卷有"辨之印"、"吴郡沈文"、"姑餘山人"、"野竹齋"、"沈辨之印"、"南陽講習堂"、"包虎臣藏"、"吴興包子藏書畫金石記"、"歸安陸樹聲叔桐父印"等印記。

傅增湘《藏園群書經眼録》卷十三著録此本。其識文曰:"此書刻工古厚,版式闊大,避桓字諱,則爲南宋初刊本審矣。"

王黄州小畜集三十卷

(宋)王禹偁撰

明人寫本　共六册

静嘉堂文庫藏本　原沈辨之　陸心源十萬卷樓等舊藏

【按】每半葉有界十一行,行二十二字。每卷有目,連屬篇目。間有刻工名姓。

卷前有宋紹興戊辰(1148年)六月沈虞卿《序》文一篇,并《刊板公牘》、校勘銜名等。

此本從宋刊摹寫,語涉宋帝皆提行。卷中有

某氏手跋,其文曰:

"王黄州《小畜集》,往歲避寇城中,得之沈辨之氏,乙卯七月也。近潛坤子借觀,先與前三册。今復避寇入城,潛坤過訪,談及復索後三册,特歸取來,燈下閲之,忽憶卯秋,不覺十年矣。光陰迅速,一事無成,爲之三嘆,題此以紀歲月。時嘉靖乙丑四月廿九日,岳西道人復初書於栩栩齋。"

卷中有"野竹家"朱文長印,"繁露堂圖書記"朱文長印,"吴郡沈與文"白文方印,"辨之印"白文方印等。

河東柳仲塗先生集十五卷　附録一卷

(宋)柳開撰　張景編

古寫本　何焯手跋本　共一册

静嘉堂文庫藏本

【按】此本前有宋咸平三年(1000 年)《序》一篇,後有張景撰《行狀》。

卷中有康熙五十年(1711 年)何焯手識文二則,其一曰:

"河東先生集,鈔本多訛謬。第十卷卷首相仍缺半頁,他本遂并失去第二篇矣。其清先生偶以此本見示,其每行字數近古,前有張景《序》,又止作十五卷,因留之。與予家所傳四明黄太冲家本、又借虞山毛氏所傳叢書堂本互勘焉。改正添補共二百餘字,稍可讀矣。此本'通'字皆缺末筆,乃避明肅父諱,疑亦出於北宋刻云。康熙五十年辛卯春日,何焯記。"

其二曰:

"河東先生集,陸君其清偶以鈔本見示。其每行字數近古,前有張景《序》,又止作十五卷,因留而對校。初謂兩日可了,乃因循作輟,遂至半月。甚矣衰善病,且怠於學也。其清不輕與人通假書籍。倦圃、竹垞兩先生欲鈔録其藏本甚秘者,即不冗出。尋常小書,亦必葉數卷數相當,始得各易所無。獨此段於予意尤厚,乃識不忘焉。康熙五十年二月,何焯書。"

(重編西湖)林和靖先生詩集四卷

(宋)林逋撰　陳贇編

明正德年間(1506—1521 年)刊本,共二册

静嘉堂文庫藏本　原陸心源十萬卷樓等舊藏

【按】此本有宋紹興二年(1132 年)沈詵《題記》,其文曰:

"和靖先生,孤風凛凛,可聞而不可見;尚可得而見者,有詩存焉耳。是邦泯然無傳,豈不爲缺典哉。因得舊本,訪其遺逸,且與《題識》而附益之,刊置漕廨,庶幾尚友之意云。紹興壬子七月既望,龜溪沈詵書。"

前有姑蘇老農《題識》,黄山谷《題識》,秦觀《題識》。後有(元)葉景修撰《和靖祠堂記》。

【附録】日本中世紀時代著名詩人絶海中津(? —1405 年)留學中國時曾寓居杭州,造訪林逋故居,作漢詩《和靖舊宅》一首,詩曰:"雪霽孤山鶴未回,荒凉舊宅數枝梅。先生高風不可見,得見梅花可矣哉。"並有數首專門爲林逋及其至交孤山瑪瑙院無外智圓(號中庸子)而作的詩作。如《西湖歸舟圖》曰"訪僧尋寺去,隨鶴棹舟回。來往俱瀟灑,寧漸湖上梅。"如《題梅花野處圖》曰"淡月疏梅埜水灣,何人注意寫荒寒。一枝影瘦清波上,應是孤山雪後看。"如《題畫梅二首》之一曰"孤山曾訪中庸子,照水梅花處士家。驛使不傳南國信,黄昏和月看横斜。"此詩末句與林逋《山園小梅》的"疏影横斜水清淺,暗香浮動月黄昏"意境有暗合之處。這些可作日本中世紀時代詩人接受林逋文學的例證。

《倭板書籍考》卷七著録"《林和靖詩集》上下兩卷",并附梅聖俞《序》。

日本靈元天皇貞享三年(1686 年)洛陽(京都)柳枝軒茨木多左衛門刊行《和靖先生詩集》二卷二册。其後,京都萶屋宗八以貞享三年版重又刷印,書名與前同。

楊大年先生武夷新集二十卷

(宋)楊億撰　(明)陳璋等校
明宛委堂刊本
内閣文庫藏本
【按】内閣文庫藏此同一刻本共兩部。一部原係昌平坂學問所舊藏,共四册;一部原係豐後佐伯藩主毛利氏舊藏,仁孝天皇文政年間(1818—1829年)由出雲守毛利高翰獻贈幕府,共六册。

范文正公集二十卷　别集四卷　尺牘二卷

(宋)范仲淹撰
宋乾道年間(1165—1173年)刊本　共二十二册
静嘉堂文庫藏本
【按】每半葉有界十二行,行二十字。版心有字數及刻工名姓。
卷前有宋元祐四年(1089年)蘇軾《序》,《别集》後有宋乾道丁亥(1167年)邵武俞翊《跋》、宋淳熙丙午(1186年)郡從事北海綦焕《跋》,後有"嘉定壬申仲夏重修"一行,并"朝奉郎通判饒州軍州兼管内勸農營田事宋鈞"及"朝請大夫知饒州軍州兼管内勸農營田事趙伯杽"兩行。蓋此本爲南宋乾道中饒州路刻刊,淳熙補刻,嘉定又修。
卷中有"季振宜藏書"朱文長印,"季振宜印"朱文大方印,"滄葦"朱文方印等。
【附録】據《商舶載來書目》記載,日本桃園天皇寶曆九年(1759年)中國商船"波字號"載《范文正公全集》一部一套抵日本。
《書籍元帳》又記孝明天皇嘉永七年(1854年)由中國輸入《范文正公集》一部八册,定價十匁。

范文正公集十二卷　年譜一卷　年譜補遺一卷　言行拾遺事録一卷　義莊規矩一卷　鄱陽遺事録一卷　褒賢祠録二卷

(宋)范仲淹撰　(明)毛一鷺編
明萬曆年間(1573—1620年)刊本
内閣文庫　蓬左文庫藏本
【按】每半葉有界九行,爲萬曆年間九行本《二范集本》之一。
内閣文庫藏此同一刊本兩部,一部原係江户時代林氏大學頭家舊藏,共十册;一部今缺《鄱陽遺事録》一卷及《褒賢祠録》二卷,共十五册。
蓬左文庫藏本,共十八册。

范文正公集二十卷　别集四卷　政府奏議二卷　尺牘三卷　年譜

(宋)范仲淹撰
明刊本　共十二册
尊經閣文庫藏本　原江户時代加賀藩主前田綱紀等舊藏

范文正公集二十四卷　補遺一卷　附録一卷

(宋)范仲淹撰　(明)楊士遇校　毛九苞訂
明萬曆三十七年(1609年)刊本　共十册(現合五册)
國會圖書館藏本

宋文正范先生文集十卷

(宋)范仲淹撰　(明)康丕揚校
明刊本　共十册
内閣文庫藏本　原紅葉山文庫等舊藏

寇忠愍公詩集三卷

(宋)寇準撰　范雍編
古寫本　鮑渌飲手校本　共一册
静嘉堂文庫藏本
【按】此本係據宋隆興年間辛斆刻本鈔出。前有《贈謚誥》、孫忭撰《旌忠之碑》、范雍《叙》、宋宣和五年(1123年)十二月王次翁《序》、宋隆興改元辛斆《序》等。
卷末有"乾隆丙子重九從舊鈔本校正,余觀記"一行,并有"意殊居士爲渌飲校閲一過,乙卯二月四日"二行。

石學士詩集一卷　附録一卷　拾遺一卷

(宋)石曼卿撰
明人寫本　共一册
静嘉堂文庫藏本
【按】是集有石介《序》。

景文宋公集(殘本)存十八卷

(宋)宋祁撰
南宋建安麻沙刊本　共六册
宫内廳書陵部藏本　原金澤文庫　豐後佐伯藩主毛利高標等舊藏

【按】每半葉十二行,行二十字。注文雙行,同二十字。白口,四周雙邊。蝴蝶裝。版心記刻工姓名,如千、介、元、文仲、文、付、右、全、吴中、吴政、李、周正、張中、張守、張、張守中、淳、黄、廉、義、興、嚴等。

卷頭書名題"景文宋公集"。宋諱有闕有不闕,凡"曙、樹、讓、構、遘、慎、敦、廓"等皆爲字不成。

《宋史·藝文志》及《文獻通考》著録本書爲一百五十卷;《直齋書録解題》著録本爲一百卷;是書原本國内已逸,《四庫全書》據《永樂大典》輯出,編而爲六十二卷。此本今存十八卷,細目如次:

卷二十六(缺第一頁至第三頁)
卷二十七至卷三十一
卷三十二(缺第一頁至第四頁)
卷八十一(缺第一頁之前半)
卷八十二至卷八十四
卷八十五(存第一頁至第十七頁)
卷百二十(存第一頁至第十一頁前半)
卷百二十一至卷百二十四
卷百二十五(存第一頁至第十頁前半)

此本原爲金澤文庫藏本,後轉爲豐後佐伯藩主毛利高標所有。乃係金澤文庫外流出漢籍之一種。仁孝天皇文政(1818—1829年)年間由出雲守毛利高翰獻贈於幕府。明治初年歸内閣文庫。明治二十四年(1891年)由内閣文庫移入宫内省圖書寮(即今宫内廳書陵部)。

卷三十一尾及卷百二十一首,有"金澤文庫"之印。卷三十二有"佐伯侯毛利高標字培松藏書畫之印"。每册首均有"秘閣圖書之章"之印。

【附録】日本光格天皇文化七年(1810年)有和刊本《景文宋公集》印行。

武溪集二十卷　附神道碑

(宋)余靖撰
明刊本　共五册
静嘉堂文庫藏本　原陸心源十萬卷樓等舊藏

【按】此本卷前有周源《序》,後有宋紹興丁巳(1137年)韓璜《跋》。又明代刻刊時有成化九年(1473年)丘濬《序》一篇。

所附《神道碑銘》署爲歐陽修撰。

河南先生集(尹河南集)二十七卷　附録一卷

(宋)尹洙撰
古寫覆宋本　趙坦校宋本　共二册
静嘉堂文庫藏本　原朱銘拙等舊藏

【按】此本從南宋刊本録出,有范仲淹《序》。卷前有朱銘拙手識文。其文曰:

"此集賜書堂方氏藏書,後携至天香樓,遂以歸余。"

次有趙坦手識文。其文曰:

"嘉慶乙亥冬十月,嘉興朱友鶴先生出此本見示,坦以王漁洋校定本互校,并有訛脱,皆傳寫者之過。今審其文義,兩通者并存之,焯然誤者抹去之,疑者訂於上方。脱誤差少,庶幾善本云。受業趙坦識。"

趙坦又有手識文。其文曰:

"此本似從南宋刊本録出,故《韓國華墓志銘》中'構'字闕而不書,注云'今上御名'。'構'爲南宋高宗諱也。附録一卷,當出自明人手,引歐陽文忠公乞與尹構一官狀,不諱'構'字,亦一謬也。校畢并識　坦。"

卷末又有朱銘拙手識文,其文曰:

"此書魚魯亥豕，開卷即不可枚舉，且字句之顛倒，行款之錯雜，令人無可卒讀。安得一一校勘，俾還廬山真面目，亦快事也。姑志此俟異日。己酉冬日，銘拙識。"

次又有朱氏手識文曰：

"(此)《河南集》，《文獻通考》載二十卷，《直齋書目》載二十二卷，另有《書判》二卷。今此集分二十七卷。考《四庫全書總目》亦二十七卷。范文正公原《序》作二十七卷。則知分合多寡之間，古今本自不同也。"

卷前有"邦經所藏"白文方印，卷末有"禾郡朱仲"朱文方印，"臣之壯也"白文方印，"朱銘拙家藏書"朱文方印。

宛陵先生文集(殘本)存三十卷

(宋)梅堯臣撰

宋紹興年間(1131—1162年)宣州軍學刊嘉定年間(1208—1224年)重修本

内野五郎家藏本　原周防國吉敷郡上宇野國清寺等舊藏

【按】每半葉有界十行，行十九字。白口，左右雙邊。版心上方記字數，下方記刻工名姓，如阮宗、弓萬、王文、吴元、阮才、胡杲、正、定、胡桂、范仲海、翁遂、劉伸等。版心又常見"嘉定改元换"等字樣。

是書全本六十卷，此本今存卷十三至卷十八，卷三十七至卷六十，凡三十卷。

每卷目録接連正文。末頁有重修年月及領銜名，其曰：

"重修宛陵先生文集，自嘉定十六年端午修校，至十七年正月上元日訖事。

司　書　王安國監修

掌　計　殷質

學　諭　賁約之

學　正　戚夢實

文林郎充寧國府府學教授劉寅"

又有《後序》，題署"紹興十年檢校傅保信軍節度使知宣州軍州事兼管内勸農營田使新安郡開國公王伯彦"。

卷中有"香山常住"、"島田翰讀書記"、"敬甫"、"島田重禮"等印記。

宛陵先生文集六十卷　附録一卷　拾遺一卷

(宋)梅堯臣撰

明正統己未(1439年)宣城太守袁旭刊本

宫内廳書陵部　静嘉堂文庫　日光輪王寺天海藏　京都大學文學部中國語學文學哲學研究室　大倉文化財團藏本

【按】每半葉有界十行，行十九字。黑口雙邊。

卷前有宋慶曆六年(1046年)歐陽修《序》，後有明正統四年(1439年)楊士奇《跋》。

宫内廳書陵部藏本，原係江户時代豐後佐伯藩主毛利高標舊藏。仁孝天皇文政(1818—1829年)年間由出雲守毛利高翰獻於幕府。明治初年歸内閣文庫。明治二十四年(1891年)由内閣文庫移入宫内省圖書寮(即今宫内廳書陵部)。此本首有"松濤竹伴"、"家在雲間"、"佐伯侯毛利高標字培松藏書畫之印"等印記。每册首有"秘閣圖書之章"之印。共二十册。

静嘉堂文庫藏本，原係陸心源十萬卷樓等舊藏，共十册。

輪王寺藏本，原係天海大僧正舊藏，共八册。

京都大學文學部藏本，共十四册。

大倉文化財團藏本，原係董康等舊藏。此本今缺卷三十三至卷三十七，實存共五十五卷，有"古鹽張氏"、"詠川"、"宗橚"、"海鹽張氏研古樓"、"燕喜堂"、"蟫庵"、"學林堂"、"今月"、"曉堂"、"紅藥山房"、"臣連手校"、"長水沈氏檻光閣"、"青珊庵"、"蓮龕"、"毗陵董氏誦芬室"、"廣川書庫"等印記，共二册。

宛陵先生集六十卷　附録一卷

(宋)梅堯臣撰

明刊本　共十三册

内閣文庫藏　原江户時代林大學頭家舊藏

【按】此本卷五至卷九爲後人補寫。

徂徠文集(石徂徠集)二十卷

(宋)石介撰

明人影寫宋刊本　共四册

静嘉堂文庫藏本　原陸心源十萬卷樓等舊藏

【按】每半葉九行,行十七字。

每卷有目,連屬篇目。凡遇"陛下"、"皇宋"等字,皆空一格,可證從宋刻本影寫。

王魏公集八卷

(宋)王安禮撰

文淵閣傳寫本　共二册

静嘉堂文庫藏本　原陸心源十萬卷樓等舊藏

文潞公文集四十卷

(宋)文彦博撰

明嘉靖五年(1526年)高陵吕氏刊本

宫内廳書陵部　静嘉堂文庫　尊經閣文庫

東京大學東洋文化研究所藏本

【按】卷前有石林葉氏《序略》,次有明嘉靖五年(1526年)吕柟《重刊序》一篇。

宫内廳書陵部藏本,爲森立之《經籍訪古志》著録之本。

静嘉堂文庫藏本,原係陸心源十萬卷樓等舊藏,共八册。

尊經閣文庫藏此刻本兩部,皆係江户時代加賀藩主前田綱紀等舊藏。一部共八册,一部共六册。

【附録】日本江户時期有《文潞公文集》四十卷寫本一種,此係據明嘉靖五年刻本影寫。

歐陽文忠公集一百五十三卷　附録五卷

(宋)歐陽修撰

南宋慶元(1195—1200年)嘉泰(1201—1204年)年間刊本　日本國寶　共三十八册

天理圖書館藏本　原金澤文庫　伊藤家等舊藏

【按】每半葉有界十行,行十六字。注文雙行。白口,左右雙邊。版心上有字數,下有刻工姓名,如言人、方正、上官通、葛小七、葛正之、何倉乙、李景山等。

前有宋元祐六年(1091年)六月十五日蘇軾《序》,同年六月周必大《跋》。

宋諱闕筆,至"慎"字皆爲字不成。

卷末有"熙寧五年秋七月男發等編定"、"紹熙二年三月郡人孫謙益校正"等校語。

此本有三十五頁係十八世紀日人伊藤長堅(蘭嵎)補寫。今第八册有識語曰"享保甲寅(1734年)復月伊藤長堅補寫"。第十七册有識語曰"乙卯(1735年)八月長堅補寫"。第三十九册有識語曰"明和八年(1771年)辛卯三月十七日讀了"。

此本係日本中世時代金澤文庫外流出漢籍之一種。

卷中有"金澤文庫"印記(第一號墨印)。并有"廣昌始口荷氏子子孫孫其永寶用"等印記。

此本於1952年(昭和二十七年)被日本"文化財審議委員會"確認爲"日本國寶"。

【附録】據《商舶載來書目》記載,中國商船"遠字號"於中御門天皇正德元年(1711年)載《歐陽文忠公全集》四套抵日本。正德二年(1712年)又載《歐陽文忠公居士集》一部抵日本,享保八年(1723年)又載《歐陽公集》一部抵日本。

據《外船賫來書目》記載,桃園天皇寶曆九年(1759年)由中國輸入《歐陽修集》二套。

據《書籍元帳》記載,仁孝天皇天保十二年(1841年)由中國輸入《歐文忠公全集》四套,《歐文忠公集》四套(略有疵點)。弘化三年(1846年)又輸入《歐陽文集》一套,定價十二匁。

日本江户時代青山延壽手寫宋人歐陽修撰《歐陽文忠公文集》一種。此本現存卷第二十五至卷第三十,凡六卷,共一册,存於國會圖書館。江户時代又有青山延光手寫宋人歐陽修撰《宋大家歐陽文忠公文鈔》一種。此本不分卷,現存國會圖書館。

後櫻町天皇寶曆十四年(1764年)京都吉田四郎右衛門刊印《歐陽文忠公文集》三十六卷。此本題"宋歐陽修撰,歐陽發編孫謙益校",并由日人皆川願(淇園)、清田儋叟等校。其後此本有仁孝天皇文政十一年(1828年)大阪山本淺次郎等重印本。

歐陽文忠公集(殘卷)存六十八卷

(宋)歐陽修撰　周必大編校

宋紹熙年間(1190—1194年)刊本　共十八册

宫内廳書陵部藏本

【按】每半葉有界十行,行十六字。白口,左右雙邊。版心上記字數,下記"歐陽文忠公(幾)集",并記葉數與刻工姓名,如丁受、才仲、才忠、中、仁、文、文定、王、弁、亘、先、江遂、余仲、况天祐、吴仲、吕、桂、成、李、汪才、奇、奇才、官通、宗、念二、俊、胡元、徐才、振、翁、定、梅、陳廣之、新、葉旺、道、寧、銑、劉忠、劉臻、劉聰、劉寶、蔡文、蔡和、蔡武、蔡錫、蔡懋、輝、鄧俊、鄧振、鄧發、鄧新、鄧壽、駱善、懋、藍廣。

是集全本一百五十三卷。此本今存卷二十四至卷二十九、卷三十五至卷四十五、卷七十六至卷八十九、卷九十三至卷一百十、卷一百十五、卷一百十七、卷一百十九至卷一百二十五、卷一百三十二、卷一百三十三、卷一百四十七、卷一百四十九至卷一百五十三。凡六十八卷十八册。

宋諱"絃、弦、弘、構、完、樹、讓、慎、敦"等皆缺筆,語涉宋帝皆上空一格。

每卷末題校者名,如卷十四末云:

　　熙寧五年秋七月　男發等編定
　　紹熙二年三月　郡人孫謙益校正

卷九十三末云:

　　紹熙三年十月　承直郎丁朝佐編次
　　　　　　　　　郡人孫謙益校正

卷一百十五末,卷一百十七末云:

　　紹熙五年十月日　郡人王伯芻校正

卷一百二十三末云:

　　紹熙五年十月　郡人孫謙益　王伯芻校正

卷一百三十三末云:

　　郡人羅　泌校正

陳振孫《直齋書録解題》稱"周益公解相印歸,用諸本編校,定爲此本,且爲之年譜,自《居士集、外集》而下,至於《書簡集》凡十,各刊之家塾",即爲此本。

卷首有"奚疑齋藏書"等印記。

歐陽文忠公集一百五十三卷　附録五卷　年譜一卷

(宋)歐陽修撰　周必大編校

明天順年間(1457—1464年)刊本

静嘉堂文庫　大倉文化財團藏本

【按】每半葉有界十行,行二十字。黑口。

前有宋元祐六年(1091年)蘇軾《居士集序》,宋慶元二年(1196年)胡柯《年譜跋》,并周必大《後序》,以及明天順壬午(1462年)錢溥《重刊序》,後有天順辛巳(1461年)彭勖《重刊後序》。

每卷末俱有"熙寧五年秋七月男發等編定紹熙二年三月郡人(孫)謙益校正"兩行。

静嘉堂文庫藏本,原係陸心源十萬卷樓等舊藏,共三十四册。

大倉文化研究所藏本,有"黄丕烈"、"復翁"、"愛日精廬藏書"等印記。共四十八册。

歐陽文忠公集一百五十三卷　附録五卷　年譜一卷

(宋)歐陽修撰　《年譜》(宋)胡柯撰

明嘉靖十六年(1637年)新安詹治校刊本　共二十四册

蓬左文庫藏本

【按】每半葉有界十行,行二十字。白口,四周雙邊。

歐陽文忠公集一百五十三卷　首一卷　附録六卷

(宋)歐陽修撰　周必大編

明嘉靖三十四年(1555年)刊本

内閣文庫　静嘉堂文庫　御茶之水圖書館藏本

【按】每半葉有界十行,行二十字。白口,左右雙邊。版心間有刻工姓名。

前有歐陽文忠公圖像。又有《重校刊序》、《總目》、《年譜》等。卷末有明嘉靖乙卯(1555年)春三月《跋》。

内閣文庫藏本,原係昌平坂學問所等舊藏,共二十四册。

静嘉堂文庫藏本,共二十四册。

御茶之水圖書館藏本,原係德富蘇峰成簣堂等舊藏,卷一百三十二及卷一百三十五之末有德富蘇峰讀書手記,卷中又有"歐陽閣圖書記"印記,共三十册。

歐陽文忠公集一百五十三卷　廬陵歐陽文忠公年譜一卷　附録五卷

(宋)歐陽修撰　周必大輯　《年譜》(宋)胡柯撰

明刊本

東洋文庫　尊經閣文庫藏本

【按】東洋文庫藏本,共五十六册。

尊經閣文庫藏本,原係江户時代加賀藩主前田綱紀等舊藏,共四十八册。

歐陽文忠公集一百五十三卷　首一卷　附録五卷

(宋)歐陽修撰　(宋)周必大輯

明刊本　共二十四册

内閣文庫　筑波大學附屬圖書館藏本

【按】每半葉有界十行,行二十字。《序》文每半葉七行,行十六字。白口,四周雙邊。版心記"歐文卷一(——百五十三)",并記葉數。

首題"歐陽文忠公全集"。各卷末有編校年月、編校者名,及校異等。

内閣文庫藏本,原係楓山官庫等舊藏。

築波大學藏本,原係東京教育大學舊藏。

歐陽文忠公集一百五十三卷　首一卷　附録五卷

(宋)歐陽修撰　(宋)周必大輯

明隆慶五年(1571年)刊本　共三十册

御茶之水圖書館藏本　原德富蘇峰成簣堂等舊藏

【按】前有明隆慶五年(1571年)邵廉《序》。

書封用朝鮮白色紋様紙裝裱,帙外有德富蘇峰手記。

歐陽文忠公全集一百三十五卷

(宋)歐陽修撰　(明)程珊校編

明嘉靖三十四年(1555年)據明天順六年(1462年)刊本重印本

内閣文庫　尊經閣文庫　東京大學總合圖書館　京都大學文學部中國語學文學哲學研究室　大倉文化財團藏本

【按】每半葉有界十行,行二十字,白口,左右雙邊。

内閣文庫藏此同一刻本兩部。一部原係明代戴金舊藏,後轉爲林大學頭家藏本。共四十四册;一部係萬曆元年補修本,共四十三册。

尊經閣文庫藏本,原係江户時代加賀藩主前田綱紀等舊藏,共四十册。

東京大學藏本,原係江户時代紀州德川家南葵文庫舊藏,共三十册。

京都大學藏本,共二十五册。

大倉文化財團藏本,共三十册。

歐陽文忠公集一百三十卷　目録十二卷　附録四卷

(宋)歐陽修撰　(明)姜肇昌校

明萬曆年間(1573—1620年)繡谷王鳳翔刊本

東京大學總合圖書館　大谷大學悠然樓藏

本

【按】每半葉有界十行，行二十字。白口，四周單邊。

東京大學藏本，原係森林太郎氏鷗外文庫舊藏，共三十册。

大谷大學藏本，原係大西行禮舊藏，共二十二册。

歐陽文忠公集一百五卷　目一卷　年譜一卷

（宋）歐陽修撰

明嘉靖三十九年（1560年）刊本

宫内廳書陵部　御茶之水圖書館藏本

【按】每半葉有界十行，行二十字。白口，四周雙邊。

宫内廳書陵部藏本，共三十二册。

御茶之水圖書館藏本，原係德富蘇峰成簣堂等舊藏。卷中第九册係用異本配補，書封用朝鮮黄色紋樣紙裝裱。此本係德富蘇峰於1914年在朝鮮京城購得。共二十九册。

歐陽文忠公集五十卷

（宋）歐陽修撰　（明）曾魯考異

明洪武年間（1368—1398年）蔡玘刊本　共十二册

宫内廳書陵部　御茶之水圖書館藏本

【按】每半葉有界十二行，行二十一字。細黑口，左右雙邊。

卷前有危素《歐陽氏文集目録後記》，惜此文已斷爛，不可完讀。次有宋元祐六年（1091年）蘇軾《序》，次有《廬陵歐陽先生文集目録》。

本文首行題“歐陽文忠公集卷第一”，次行題“臨江後學曾魯得之考異”。卷一末有“熙寧五年秋七月男發等編定”，卷二十四末有“時柔兆攝提格中秋前縣人陳斐允章校勘刊誤”一行。卷三十五末有相同題記一行。

宫内廳書陵部藏此本從來定爲宋刻，似不確；又以爲元刻，亦誤。實爲明初洪武丙寅蔡玘刻本。此本原係豐侯佐伯藩主毛利高標氏舊藏，仁孝天皇文政年間（1818—1829年）由出雲守毛利高翰獻贈幕府，明治初期歸内閣文庫，明治二十四年（1891年），歸宫内省圖書寮（即今宫内廳書陵部）。卷首有“佐伯侯毛利高標字培松藏書畫之印”印記。每册首有“秘閣圖書之章”印記。森立之氏《經籍訪古志》卷六著録楓山官庫藏宋刻本《歐陽文集》五十卷，即爲此本。

御茶之水圖書館藏本，原係德富蘇峰成簣堂等舊藏，此本今缺卷十九、卷二十、卷三十一至卷三十五凡七卷，實存四十三卷，其中卷四十五至卷末爲後人補寫。卷前有清光緒丁亥（1887年）楊守敬手識文，文曰：“此爲南宋麻沙坊本，刻雖不精而足以考正益公本，何論後來俗刻，書貴古本□哉。”署名“光緒丁亥四月宜都楊守敬記”。後又有楊氏補筆，文曰：“此本自四十六卷以後係後人補鈔，亦與此本同原（源）。”次有王同愈小楷墨書二行，文曰：“曾魯，明洪武初召修《元史》，歷官禮部侍郎。事見《明史》及《宋文憲集》。惺吾疑是曾三異，蓋誤。”此本共十册。

（新刊）歐陽文忠公集五十卷

（宋）歐陽修撰　（明）曾魯考異　李均度校

明正德元年（1506年）日新書堂刊本　共四册

内閣文庫藏本　原昌平坂學問所等舊藏

【按】此本原亦斷爲元刻本，似不確。其理由見御茶之水圖書館藏明初《歐陽文忠公集》四十三卷殘本王同愈手識文。

歐陽文忠公集（殘本）三卷

（宋）歐陽修撰

明末刊本　共一册

御茶之水圖書館藏本　原德富蘇峰成簣堂等舊藏

【按】每半葉有界十行，行二十字。四周雙邊。

此本係《歐陽文忠公集》明嘉靖三十九年（1560年）刊本的再刊本，此本僅存《居士集》

卷一至卷三,共三卷。

内封有德富蘇峰1910年手識文。其文曰:

"是書杭州丁氏八千卷書樓舊儲也,其表皮裝褫歷歷可徵云爾。明治四十三年八月念一曝書之際,蘇峰學人。"

歐陽文集五十卷　附廬陵歐陽文忠公年譜一卷

(宋)歐陽修撰　《年譜》(宋)胡柯撰

明刊本　共十册

内閣文庫　京都大學文學部中國語學文學哲學研究室藏本

【按】内閣文庫藏本,原係昌平坂學問所舊藏。

歐陽先生文粹二十卷　歐陽先生遺粹十卷　首一卷

(宋)歐陽修撰　陳亮編　《遺粹》(明)郭雲鵬編

明嘉靖二十六年(1547年)寶善堂刊本

内閣文庫　静嘉堂文庫　東京大學東洋文化研究所藏本

【按】每半葉有界十一行,行二十一字。白口,左右雙邊。

卷首有蘇軾《序》,《宋史》本傳,蘇軾《神道(碑)》,蘇軾、王安石、曾鞏《祭文》,韓琦《墓志銘》。後有宋乾道癸巳(1173年)九月陳亮《後序》。《遺粹》後有明嘉靖丁未(1547年)中元日郭雲鵬《跋》。

内閣文庫藏同一刻本兩部,皆係原昌平坂學問所舊藏。一部共十册,一部共五册。

静嘉堂文庫藏本,原係陸心源十萬卷樓等舊藏,卷中有"林佶之印"白文方印,"鹿原林氏藏書"朱文方印,"鄭氏注韓居珍藏記"朱文長印,"鄭杰之印"白文方印,"人杰"朱文方印。共六册。

【附録】據《外船賫來書目》記載,日本中御門天皇享保二年(1735年)、光格天皇寬政十二年(1800年)由中國輸入《歐陽文粹》各一套。

宋大家歐陽文忠公抄三十二卷

(宋)歐陽修撰　(明)茅坤評

明刊本

東京大學東洋文化研究所藏本

【附録】日本孝明天皇慶應元年(1865年)昌平坂學問所官版刊印《宋大家歐陽文忠公文抄》三十二卷。

歐陽修試筆一卷

(宋)歐陽修撰

明中期覆宋刊本　共一册

御茶之水圖書館藏本　原寺田盛業讀杜艸堂　德富蘇峰成簣堂等舊藏

【按】每半葉有界十二行,行二十字。白口,左右雙邊。

卷中有"讀杜艸堂""東京溜池靈南街第四號讀杜艸堂主人寺田盛業印記"等印記。

樂全先生文集四十卷

(宋)張方平撰

影摹宋刊本　共十二册

静嘉堂文庫藏本　原陸心源十萬卷樓等舊藏

乖崖先生文集十二卷　附一卷

(宋)張詠撰

古寫校宋本　共六册

静嘉堂文庫藏本　原陸心源十萬卷樓等舊藏

【按】每半葉有界八行,行十六字。

前有郭森卿題辭,凡遇"先帝"、"陛下"等字皆提行,宋諱皆缺筆,概從宋刻郭森卿本影寫。

鐔津文集二十卷

(宋)釋契嵩撰

元至元十九年(1281年)刊本　共八册

米澤市立圖書館藏本　原阿波國文庫　慶福院米澤藩主家等舊藏

【按】每半葉有界十行,行十八字。白口、單邊、有界。版心署"嵩幾"及葉數。

卷首有《總目録》,卷一首墨書"鐔津文集卷第一",第二行題署"藤州鐔津沙門契嵩撰"。卷一并有陳舜俞撰"明教大師行業記"。

卷末有元至元十九年(1282年)仲夏住東禪大藏等覺禪寺住持比丘子成撰《跋》一篇。據此則知此本版木,原收入於福州東禪等覺大藏,有破損缺失,宣授江淮諸路釋教都總攝永福大師,捐貲助刊,補修完備。今補修部分與原版有别。原版凡宋諱"桓"、"敦"字皆缺筆。

全本皆朱筆圈點,欄外間有校語。

此本原係阿波國文庫舊藏。每册有"慶福院"印記。又每卷首尾及卷中,有"天龍金剛藏海印文常住"印記。

【附録】1353年東福寺第二十八世大道一以所撰《普門院經論章流語録儒書等目録》其"餘"部,著録《鐔津文集》十册。

《倭板書籍考》卷七著録"《鐔津文集》十九卷",并曰:"此宋初禪僧契嵩集。契嵩寵賜號明教,爲僧侣中文章之達者。虎關師練取唐僧之文章,唯崇嵩明教一人"云云。

日本南北朝時代(1331—1392年)有宋釋契嵩撰《鐔津文集》二十卷和刊本一種。此所謂"五山版"者。

後西天皇明曆二年(1656年)京都荒木利兵衛刊印《鐔津文集》十九卷,并附《校訛音釋》、《鐔津明教大師行業記》一卷。此本係據明萬曆三十五年嘉興楞嚴寺經房刻本重刊。其後此本有重印本。

鐔津文集二十卷

(宋)釋契嵩撰

元至大二年(1308年)刊本　共五册

内閣文庫藏本　原江户時代林氏大學頭家舊藏

【按】每半葉有界十二行,行二十四字。細黑口,左右雙邊。

前有屏山居士李之純《序》,次有高安沙門釋德洪《序》。

每卷後列捐貲助刊人名姓一行或數行。卷尾有元至大己酉(1308年)比丘永中重刊《疏語》,其文曰:

"《鐔津集》諸方板行已久,惟傳之未廣,因細其字畫,重新鋟梓。工食之費,荷好事者助以成之。其名銜具題各卷之末。惟冀義天開朗,性海宏深,庶有補於見聞,抑普資於教化者矣。至大己酉孟春吴城西幻住庵比丘永中謹誌。"

此《疏語》後,又有法珊《跋》,次又有林之奇《跋》,又至大仰山比丘希陵《跋》。

此本卷十五至卷十七,爲日本室町時期(1373—1573年)人所補寫。

傅增湘《藏園群書經眼録》卷十三著録此本。其識文曰:"此書寫刻工麗方整,極似宋刊。然考《經籍訪古志》求古樓藏宋刊本爲十行十八字,與此版式固不同也。"

鐔津文集二十二卷　首一卷

(宋)釋契嵩撰

明弘治己未(1499年)嘉興釋如丞刊本

静嘉堂文庫　大倉文化財團藏

【按】每半葉有界十行,行十九字。黑口,四周雙邊。

卷前有明弘治十二年(1499年)沙門如丞《序》,并有陳舜俞《鐔津明教大師行業記》。後有明弘治十二年廣源《重刊後叙》。

此本共二十二卷,其中文十九卷,詩二卷,附他人所作序贊詩題疏一卷。

静嘉堂文庫藏本,原係陸心源十萬卷樓等舊藏,卷中有後人寫補,共六册。

大倉文化財團藏本,原係董康等舊藏,卷内有句讀圈點,并有"誦芬"、"支内濟"、"篤生"、"畿輔譚氏"等印記。凡八册。

慶元府雪竇明覺大師祖英集二卷

(宋)釋重顯撰

日本後光明天皇慶安三年(1650年)小川多

左衛門刊本　共一册

國會圖書館藏本

閑居編五十一卷

(宋)釋智圓撰　釋師點點校

日本東山天皇元禄年間(1688—1703 年)刊本　共五册

國會圖書館藏本

【按】卷中有元禄七年(1694 年)《跋》。

【附録】江户時代有(宋)釋智圓撰《閑居編》四卷日人手寫本一種。此本係宋釋道彝輯録。現存國會圖書館。

慧日永明寺禪師山居詩并和韻(不分卷)

(宋)釋延壽等撰　(明)釋大壑輯

日本東山天皇元禄十四年(1701 年)洛陽(京都)吉川三郎先衛刊本　共二册

國會圖書館藏本

蘇魏公文集七十二卷　目二卷

(宋)蘇頌撰

影寫宋刊本　共十三册

静嘉堂文庫藏本　原陸心源十萬卷樓等舊藏

安陽集五十卷　家傳十卷　別録三卷　遺事一卷

(宋)韓琦撰　《別録》(宋)王巖叟撰　《遺事》(宋)强至撰

明正德年間(1506—1521 年)刊本　共十册

静嘉堂文庫藏本　原陸心源十萬卷樓等舊藏

【按】每半葉有界十一行,行十八字。白口,左右雙邊。

前有明正德九年(1514 年)曾大有《序》文,并有程瑀《序》文一篇。

【附録】日本孝明天皇嘉永四年(1851 年)有木活字版刊印《韓忠獻王安陽集》二卷。此本題宋韓琦撰,日人田島謙之允等校。

韓魏公集五十卷　忠獻韓魏王家傳十卷　別録三卷　遺事一卷

(宋)韓琦撰　(明)康丕揚校

明萬曆年間(1573—1620 年)刊本　共十二册

尊經閣文庫藏本　原江户時代加賀藩主前田綱紀等舊藏

【按】每半葉有界十行,行十八字。白口,左右雙邊。

【附録】日本仁孝天皇天保十三年至弘化三年(1842—1846 年)大洲藩明倫堂刻《韓魏公集》三十八卷并《家傳》十卷、《史傳》一卷、《別録》一卷、《遺事》一卷。其後此本有山城屋佐兵衛等重印本。

韓魏公集三十八卷　附史傳一卷　忠獻韓魏王別録一卷　遺事一卷

(宋)韓琦撰

明萬曆年間(1573—1620 年)刊本　共八册

大阪府立圖書館藏本

【按】前有明萬曆三十六年(1608 年)《序》。

趙清獻公文集十卷

(宋)趙抃撰

明成化年間(1465—1487 年)刊本　共七册

尊經閣文庫藏本　原江户時代加賀藩主前田綱紀等舊藏

【按】每半葉有界十一行,行二十字。黑口,左右雙邊。

【附録】據《書籍元帳》記載,日本仁孝天皇天保十二年(1841 年)由中國輸入《清獻公文集》一部一套,定價八匁。

趙清獻公文集十卷　卷目二卷　附録一卷

(宋)趙抃撰

明嘉靖年間(1522—1566 年)刊本

静嘉堂文庫　大倉文化財團藏本

【按】每半葉有界十一行,行二十字。黑口。

卷首有宋景定元年(1260年)八月陳仁玉《序》,次有元至治首元(1321年)仲冬蒙古晋人僧家奴鈞元卿《序》,次有明嘉靖壬戌(1562年)楊準《序》,次有明成化七年(1471年)閻鐸《序》。

每卷有"衢州府西安縣某某校刊"一行。

静嘉堂文庫藏本,原係紅藥山房舊藏,後歸陸心源十萬卷樓,卷中有"紅藥山房收藏私印"朱文長印,共四册。

大倉文化財團藏本,卷中有"韓江汪氏"、"春潮汪鏞"印記,共八册。

趙清獻公集十卷　目二卷

(宋)趙抃撰

明嘉靖四十一年(1562年)趙氏刊本

東洋文庫　東京大學東洋文化研究所　愛知大學簡齋文庫藏本

【按】東洋文庫藏本,原係藤田豐八舊藏。共四册。

愛知大學藏本,原係小倉正恒等舊藏,共十册。

趙清獻公文集十卷　目二卷　附録一卷

(宋)趙抃撰

明嘉靖四十一年(1562年)楊準衢州刊本　共四册

大倉文化財團藏本

【按】是集係明嘉靖元年(1522年)林有年刻本的釐正續刊。書皮有八千卷樓的朱筆四部分類,并墨筆插架題記。卷中有"汪魚亭"、"汪仲子"、"學士樓"印記。

趙清獻公集十卷　目二卷

(宋)趙抃撰

明刊本　共四册

内閣文庫藏　原楓山官庫舊藏

直講李先生文集(盱江文集)三十七卷　外集三卷　附録五卷

(宋)李覯撰　(明)左贊編　何喬新校

明正德十三年(1518年)刊本

内閣文庫　東京大學總合圖書館藏本

【按】每半葉有界十一行,行二十字。白口,左右雙邊。

此本《附録》細目如次:

《建昌新建李泰伯祠堂記》一卷,(明)陳鑑撰;

《奏詞》一卷;

《建昌府重修李泰伯先生墓記》一卷,(明)羅倫撰;

《直講李先生年譜》一卷;

《門人録》一卷。

内閣文庫藏此同一刻本兩部。一部原係林大學頭家舊藏,共八册。一部原係紅葉山文庫舊藏,卷二十八至卷三十四爲清人補寫,共五册。

東京大學藏本,原係江户時代紀州德川家南葵文庫舊藏,共六册。

【附録】日本孝明天皇慶應二年(1866年)江户文苑閣鈴木喜右衛門等刊印《宋李盱江先生文抄》三卷。此本由杉原有養(心齋)校。

直講李先生文集三十七卷　年譜一卷　外集三卷

(宋)李覯撰　(明)左贊編

明萬曆十七年(1589年)孟紹慶重刊本　共八册

静嘉堂文庫藏本　原陸心源十萬卷樓等舊藏

【按】此本卷首前有明萬曆十七年孟冬孟紹慶《補刻序》,次有明成化六年(1470年)三月陳鑑撰《祠堂記》及《墓記》《門人録》。

《年譜》在卷前。

金氏文集二卷

(宋)金君卿撰
文瀾閣傳寫本　共一册
静嘉堂文庫藏本　原陸心源十萬卷樓等舊藏

(重刊)嘉祐集十五卷

(宋)蘇洵撰
明嘉靖十一年(1532年)刊本
内閣文庫　静嘉堂文庫藏本
【按】每半葉有界十行,行二十一字。白口,四周單邊。
前有明嘉靖壬辰(1532年)張鏜《序》。
内閣文庫藏本,原係紅葉山文庫舊藏。共四册。
静嘉堂文庫藏本,原係陸心源十萬卷樓等舊藏,共二册。

嘉祐集十五卷

(宋)蘇洵撰
明嘉靖二年(1523年)刊本　共四册
宫内廳書陵部藏本

蘇老泉文集十三卷

(宋)蘇洵撰
明凌濛初刊朱墨套印本
米澤市立圖書館　御茶之水圖書館藏本
【按】每半葉有界八行,行十八字。白口,單邊。板心標"蘇老泉集"。
卷前有吴興後學凌濛初《序》,并有《本傳》。"凌序"第一葉板心下方,有"鄭聖卿刻"四字。
各卷卷首有目次,二色套印。
米澤市藏本,原係江户時代米澤藩主家舊藏。每册有"麻谷藏書"印記,共八册。
御茶之水圖書館藏本,原係德富蘇峰成簣堂等舊藏。書封系用朝鮮黄色紋樣紙裝裱,帙内有德富蘇峰大正四年(1915年)手識文。

蘇老泉先生全集十六卷

(宋)蘇洵撰
明刊本　共二册
内閣文庫藏本　原江户時代林氏大學頭家舊藏
【附録】日本仁孝天皇文政十年(1827年)雙硯堂木活字刊印《蘇老泉全集》十六卷。其後,此本文政十三年(1830年)有雙硯堂重印本。
孝明天皇安政四年(1857年)昌平坂學問所官版刊印《宋大家蘇文公文鈔》十卷,題"(宋)蘇洵撰(明)茅坤批評"。

伊川擊壤集二十卷

(宋)邵雍撰
元刊本　共四册
静嘉堂文庫藏本　原毛氏汲古閣　陸心源十萬卷樓等舊藏
【按】每半葉有界十行,行二十一字。
卷中有"倪"朱文方印、"元璐"白文方印、"叢書堂"朱文長印。
【附録】據《商舶載來書目》記載,日本中御門天皇正德元年(1711年)中國商船"以字號"載《伊川擊壤集》一部四册抵日本。

伊川擊壤集二十卷

(宋)邵雍撰
明成化十一年(1475年)刊本
内閣文庫　御茶之水圖書館藏本
【按】每半葉有界十行,行十八字或十九字。黑口,四周雙邊。
前有明成化乙未(1475年)花朝日希古書之《序》。
【按】内閣文庫藏本,原係楓山官庫等舊藏,共四册
御茶之水圖書館藏本,原係富岡鐵齋文庫舊藏,後歸德富蘇峰所有。卷末有昭和十四年(1939年)三月十九日德富蘇峰手記二葉。卷中有"觀月樓藏書"、"静觀亭圖書"等印記,共

六册。

伊川擊壤集二十卷

(宋)邵雍撰

明文靖書院刊本　共十册

京都大學文學部狩野文庫　二松學舍大學附屬圖書館藏本

【按】每半葉有界十行,行二十字。黑口,四周雙邊。

京都大學文學部藏本,原係狩野直喜等舊藏,共十册。

二松學舍大學附屬圖書館藏本,原係那智左典惇齋文庫等舊藏,共三册。

伊川擊壤集二十卷

(宋)邵雍撰

明黑口刊本　共八册

京都大學附屬圖書館藏本

伊川擊壤集二十卷

(宋)邵雍撰

明刊本　共四册

内閣文庫　静嘉堂文庫藏本

【按】内閣文庫藏本,原係昌平坂學問所舊藏。

静嘉堂文庫藏本,原係竹添井井(光鴻)等舊藏。

伊川擊壤集二十卷

(宋)邵雍撰

明刊本　共六册

宫内廳書陵部藏本

伊川擊壤集二十卷

(宋)邵雍撰

明崇禎年間(1628—1644年)毛氏汲古閣刊本　共六册

大倉文化財團藏

【按】每半葉有界十行,行二十字。黑口,四周雙邊。

宋邵康節先生伊川擊壤集十卷

(宋)邵雍撰　(明)吴瀚摘注　吴泰增注

明萬曆二十四年(1596年)刊本　共六册

京都大學文學部中國語學文學哲學研究室藏本

邵康節詩八卷

(宋)邵雍撰　(明)鄭鄤撰評

明崇禎三年(1630年)刊本　遯齋藏版　共一册

東洋文庫藏本　原藤田豐八等舊藏

邵子全書(邵子擊壤集)七卷

(宋)邵雍撰　(明)徐必達编

明萬曆三十四年(1606年)刊本

内閣文庫　大谷大學附屬圖書館藏本

【附録】據《商舶載來書目》記載,日本中御門天皇正德元年(1711年)中國商船"世字號"載《邵子擊壤集》一部四本抵日本。

《倭板書籍考》卷七著録"《擊壤集》七卷",并曰:"此係其子邵伯温集邵康節一代之詩。詩集六卷,卷七係徐必達集之并附録"云云。

日本靈元天皇寬文九年(1669年)京都長尾平兵衛刊《擊壤集》六卷,并《附録》一卷。此本係據明徐必達校本,由日人山脇重顯句讀。其後此本有重印本。

伊川擊壤集六卷

(宋)邵雍撰

明書林戴義吾刊本　共六册

蓬左文庫藏本　原江户時代尾張藩主家舊藏

【按】此本係日本後水尾天皇寬永五年(1628年)從中國購入。

卷中有"尾陽内庫"印記。

【附録】日本後西天皇·靈元天皇寬文年間(1661—1673年)有和刊本《擊壤集》六卷,并

《首》一卷、《附》一卷。

邵子全書二十四卷

(宋)邵雍撰

明萬曆年間(1573—1620年)刊本　共十六册

尊經閣文庫藏本　原江户時代加賀藩主前田綱紀等舊藏

邵子全書二十四卷

(宋)邵雍撰　(明)徐必達校

明萬曆三十四年(1606年)刊本　共十四册

宫内廳書陵部藏本

邵子全書二十四卷

(宋)邵雍撰

明刊本　共十八册

宫内廳書陵部藏本

宋蔡忠惠公文集三十六卷　目一卷　宋蔡忠惠別紀十卷

(宋)蔡襄撰　(明)徐㶿編　蔡善續校

明萬曆四十四年(1616年)雙瓮齋刊本

宫内廳書陵部　内閣文庫藏本

【按】宫内廳書陵部藏本,共十册。

内閣文庫藏此同一刻本兩部。一部原係紅葉山文庫舊藏,共十册。一部原係昌平坂學問所舊藏,今缺《別紀》十卷,共八册。

宋端明殿學士蔡忠惠公文集四十卷　蔡端明別紀十卷

(宋)蔡襄撰　(明)徐㶿輯

明萬曆年間(1573—1620年)刊本　共六册

東洋文庫藏本　原藤田豐八舊藏

蔡忠惠詩集四卷　蔡忠惠別紀補遺四卷

(宋)蔡襄撰　(明)宋珏編　《別紀補遺》(明)徐㶿編　宋珏增補

明天啓二年(1622年)龍溪顔繼祖校刊本　共四册

蓬左文庫藏本

蔡忠惠集全編二卷　首一卷　蔡忠惠別紀補遺二卷

(宋)蔡襄撰　(明)宋珏編　顔繼祖校　《別紀補遺》(明)徐㶿編　宋珏補

明天啓二年(1622年)刊本

内閣文庫藏本

【按】内閣文庫藏此同一刻本兩部。一部原係林氏大學家舊藏,共八册。另一部共四册。

周元公先生集(周氏遺芳)十五卷

(明)周與爵撰

明萬曆三年(1575年)刊本　共五册

宫内廳書陵部藏本　原江户時代德山藩主家舊藏

【按】此本係江户時代德山藩三代主毛利元次廣收"天下秘籍"之一。東山天皇寶永三年(1706年)《御書物目録》著録此本,明治二十九年(1896年)男爵毛利元功獻贈宫内省圖書寮(即今宫内廳書陵部)。

卷中有"德藩藏書"等印記。

宋濂溪周元公先生集十卷　周元公世系遺芳集五卷

(宋)周敦頤撰　(明)周與爵編

明萬曆三年(1575年)刊本

宫内廳書陵部　内閣文庫　東京大學東洋文化研究所藏本

【按】宫内廳書陵部藏本,共五册。

内閣文庫藏此同一刻本兩部。一部原係昌平坂學問所舊藏,共六册;一部原係紅葉山文庫舊藏,共八册。

【附録】據《商舶載來書目》記載,光格天皇天明三年(1783年)中國商船"志字號"載《周濂溪集》一部抵日本。

又據天明六年(1786年)《寅拾番船持渡書改目録寫》記載,同年由中國輸入《周濂溪集》

一部。

濂溪周元公全集十三卷　歴代褒崇禮制一卷　後録一卷　濂溪先生大成集目録一卷

(宋)周敦頤撰
明琴川周木重輯刊本　共十二册
蓬左文庫藏本

宋濂溪周元公先生集(濂溪志)十三卷

(宋)周敦頤撰　(明)李嵊慈等輯
明天啓四年(1624年)刊本　共五册
東洋文庫藏本
【按】每半葉有界十行,行二十一字。白口,四周雙邊。

宋濂溪周元公先生集(濂溪志)十三卷

(明)李嵊慈編撰
明天啓四年(1624年)刊本　共五册
内閣文庫藏本
【按】内閣文庫藏此同一刊本兩部。一部原係江户時代林氏大學頭家舊藏,一部原係昌平坂學問所舊藏。

濂溪周元公全集十一卷　首二卷　末一卷

(宋)周敦頤撰
明刊本　共十二册
京都大學文學部中國語學文學哲學研究室藏本

濂溪集六卷

(宋)周敦頤撰
明嘉靖年間(1522—1566年)刊本
静嘉堂文庫藏本
【按】前有山陽度正撰《年表》,卷首有濂溪畫像朱子贊語。後有明嘉靖十四年(1535年)孟秋王汝憲《跋》。

静嘉堂文庫藏此同一刊本兩部。一部原係陸心源十萬卷樓等舊藏,共二册;一部原係中村敬宇等舊藏,共六册。

南陽集三十卷

(宋)韓維撰
古寫本　共六册
静嘉堂文庫藏本　原陸心源十萬卷樓等舊藏

古靈先生文集二十五卷　年譜一卷　附録一卷

(宋)陳襄撰
宋贛州刻元修本　共十二册
静嘉堂文庫藏本　原陸心源皕宋樓等舊藏
【按】每半葉有界十行,行十八字或十九字,注文小字雙行,行同正文。白口,雙黑魚尾,左右雙邊(24.4cm×16.3cm)。版心上記字數,魚尾下"古靈集幾",下魚尾下記頁數,并刻工名姓。如江亮、君祐、仁、太、文、禾、立、全、老、亨、何、君、周和、林文、倪仁、志、和、林、周、亮、倪端、祚、鄭埜、陳統、黄太、楊亨、楊慶、瑞、葛、榮、端、慶、葛文、盧、鄭立、鄭全、鄭統、鄭愷、盧老、魏文等。

卷前有《古靈先生文集序》,題署"(宋)紹興五年閏月朔觀文殿大學士左銀青光禄大夫提舉西京嵩山崇福宫隴西郡開國公食邑三千户實封一千四百户李綱謹書",此係後人寫補。次有《古靈先生文集目録》。卷末有《行狀誌銘》等六篇,以及《神宗皇帝即位使遼語録》。又有寫補宋紹興三十年(1160年)十月朔六世孫將仕郎曄《跋》,以及宋紹興三十一年(1161年)既望陳輝《跋》。

卷中避宋諱,凡"玄、畜、弦、恒、耿、徵、讓、樹、桓、媾、慎、敦、擴、馴"等字皆缺筆。

卷中有"吴騫"、"拜經樓吴氏藏書"、"宋本"、"鷦安校勘秘籍"、"事學鍾離存義概書求宛委續餘編"、"賀肅公孫翰題印長壽"、"紅藥山房收藏私印"、"露鈔雪購"、"歸安陸樹聲叔桐父印"、"歸安陸樹聲藏書之記"等印記。

此本即爲森立之氏《經籍訪古志》著録之本。
董康《書舶庸譚》卷八著録此本。
傅增湘《藏園群書經眼録》卷十三著録此本。

其識文曰："此本與瞿氏鐵琴銅劍樓藏本同。余曾校瞿本,其斷爛初覓此本核之,亦正相似。卷末《使遼語録》亦不全。審其字體刀法,與真德秀《西山讀書記》極相類,或亦宋末福州刊本歟!"

陶邕州小集一卷

(宋)陶弼撰

古寫本　勞季言手校本　共一册

静嘉堂文庫藏本　原陸心源十萬卷樓等舊藏

【按】此本鈔帙所載,爲陶弼在湖南所作詩七十三首。

(新刻)石室先生丹注釋集二十卷　年譜一卷

(宋)文同撰　《年譜》(宋)家誠之撰

明萬曆三十六年(1608年)刊本　共六册

東洋文庫藏本

(陳眉公先生訂正)丹淵集四十卷　拾遺二卷　石室先生年譜一卷

(宋)文同撰　(明)李應魁編　《年譜》(宋)家誠之撰

明萬曆年間(1573—1622年)刊本

内閣文庫　静嘉堂文庫　尊經閣文庫藏本

【按】每半葉有界九行,行十四字。白口,四周雙邊。

内閣文庫藏此同一刻本兩部。一部原係江户時代林氏大學頭家舊藏,共六册;一部原係紅葉山文庫舊藏,共四册。

静嘉堂文庫藏本,原係陸心源十萬卷樓等舊藏,共六册。

尊經閣文庫藏本,原係江户時代加賀藩主前田綱紀等舊藏,共六册。

文與可詩集九卷

(宋)文同撰　(明)潘是仁校

明萬曆四十三年(1615年)刊本

東京大學東洋文化研究所藏本

【按】是集係明刊《宋元名公詩集》之零本。

鄖溪集二十八卷　補一卷

(宋)鄭獬撰

文淵閣傳寫本　共四册

静嘉堂文庫藏本　原陸心源十萬卷樓等舊藏

(南豐先生)元豐類稿五十卷　附録一卷

(宋)曾鞏撰

明正統十二年(1447年)刊本　何義門校宋本　共六册

静嘉堂文庫藏本　原陸心源十萬卷樓等舊藏

【按】每半葉有界十二行,行二十二字。

卷前有宋元豐八年(1085年)三月王震《序》。後有元大德甲辰(1304年)良月丁思敬《跋》,次有聶大年詩,次有明正統丁卯(1447年)六月鄒旦《跋》,并同年姜洪《重刊序》。

何義門以宋本校此本,有手識文,其文曰:

"傳是樓宋本,《序》文闕。每半葉十行,行二十字。何椒邱云,《南豐續稿外集》南渡後散軼無傳。開禧間,建昌郡守趙汝礪,始得其書於先生族孫濰。缺誤頗多,乃與郡丞陳東,合《續稿外集》,校定而删其僞者,因舊題定爲四十卷,繕寫以傳。元季又亡於兵火。國初惟《類稿》藏於秘閣,士大夫鮮得見之。永樂初,李文毅公爲庶吉士,讀書秘閣,日記數篇,休沐日輒録之。今書坊所刻《南豐文粹》十卷是也。正統中,毗陵趙司業琬,始得《類稿》全書,以畀宜興令鄒旦刻之。然字多訛舛,讀者病焉。成化中,南豐令楊參又取宜興本重刻於其縣,踵訛承謬,無能是正。太學生趙璽,訪得舊本,悉力讎校,而未能盡善。予取《文粹》、《文鑒》諸書參校,乃稍可讀。《文鑒》載《雜識》二首,并《書魏鄭公傳後》,《類稿》無之,意必《續稿》所載也。故附録於《類稿》之末。辛卯歲四月附録。"

卷末續附"行狀"、"碑誌"、"哀挽"一卷。

【附録】據《書籍元帳》記載，日本仁孝天皇天保十二年（1841年）中國商人鄭行載《元豐類稿》一部抵日本，同年又輸入一部。孝明天皇嘉永六年（1853年）又從中國輸入《曾南豐集》一套，定價十一匁。

仁孝天皇弘化三年（1846年）中國商船“巳字號”載《曾文定公集》一部運抵日本。售價十二匁。

日本江户時代存宋人曾鞏撰《南豐先生元豐類藁》手寫本一種。此本今存卷第一至卷第三十八，現存于國會圖書館。

（南豐先生）元豐類稿（殘本）存二十九卷

（宋）曾鞏撰　（明）鄒旦校

明正統十二年（1447年）趙琬刊本　共五册

宫内廳書陵部藏本　原江户時代德山藩主毛利元次等舊藏

【按】此本行款與静嘉堂文庫藏正統本同。

卷三十以下闕佚。

此本原係江户時代德山藩三代主毛利元次廣收“天下秘籍”之一。東山天皇寶永三年（1706年）《御書物目録》著録此本。明治二十九年（1896年）男爵毛利元功獻贈宫内省圖書寮（即今宫内廳書陵部）。

第一、三册卷首有“邵氏藏書”印記，每册首有“德藩藏書”印記。

（南豐先生）元豐類稿五十卷　附録一卷

（宋）曾鞏撰

明成化六年（1470年）楊參南豐縣學刊本　共八册

大倉文化財團藏本

【按】此本係明正統十二年（1447年）趙琬宜興縣學刻本的覆刊本，有羅倫《序》叙其刊刻之顛末。後有元大德丁思敬《後序》。

卷中有“左文氏”、“東孫”、“臣寶”等印記。

（南豐先生）元豐類稿（殘本）存三十卷

（宋）曾鞏撰

明成化六年（1470年）刊嘉靖年間補修本　共六册

宫内廳書陵部藏本

【按】前有王一□《序》，後有嘉靖甲辰（1544年）陳克昌《跋》，係後人寫補。

全本爲五十一卷，今缺卷十至卷二十。

卷前有“卧看江南雨後山”之印，第二册首有“静嘉堂”之印。又每册有“小野節家藏書”及“宜爾子孫”之印。

（南豐先生）元豐類稿五十一卷

（宋）曾鞏撰　（明）王杼校

明嘉靖年間（1522—1566年）姑蘇王杼校刊本

内閣文庫　蓬左文庫藏本

【按】每半葉有界十一行，行二十一字。黑口，四周雙邊。

前有明嘉靖二十三年（1544年）《序》。

内閣文庫藏本，共十册。

蓬左文庫藏本，共十五册。

（南豐先生）元豐類稿四十五卷

（宋）曾鞏撰　（明）王杼校

明嘉靖年間（1522—1566年）刊本　共八册

宫内廳書陵部藏本

（南豐先生）元豐類稿五十一卷

（宋）曾鞏撰　（明）吴柏校

明成化六年（1470年）刊嘉靖年間修補本

内閣文庫藏本　原昌平坂學問所舊藏

【按】内閣文庫藏此同一刻本兩部，皆係昌平坂學問所舊藏。一部爲明嘉靖十二年（1533年）補修本，共八册；一部爲明嘉靖四十二年（1563年）補修本，共七册。

（南豐先生）元豐類稿五十一卷

（宋）曾鞏撰　（明）邵廉校

明隆慶五年（1571年）邵氏刊本

内閣文庫　静嘉堂文庫　大阪大學文學部

懷德堂藏本

【按】每半葉有界十行,行二十字。白口,四周單邊。

内閣文庫藏此同一刻本兩部。一部原係江户時代林氏大學頭家舊藏,共十七册;一部原係紅葉山文庫舊藏,共八册。

静嘉堂文庫藏本,原係島田篁村等舊藏,共十二册。

大阪大學文學部懷德堂藏本　原係大阪懷德堂等舊藏,共十册。

元豐類稿(殘本)存二十八卷　目一卷

(宋)曾鞏撰　(明)任懋官校

明嘉靖四十二年(1564年)刊本　共六册

宫内廳書陵部藏本

【按】是集全五十一卷。此本今闕卷十至卷二十二。實存二十八卷,并《目》一卷。

(南豐先生)元豐類稿五十一卷

(宋)曾鞏撰　(明)曾敏才　曾敏道　曾敏行校

明萬曆二十五年(1597年)序曾敏才刊本

築波大學附屬圖書館藏本　原東京教育大學等舊藏

【按】每半葉有界十行,行二十字。《序》文每半葉八行,行十四字。白口,四周單邊(28.7cm×15.9cm)。版心記刻工姓名。

卷中有"高井氏藏書印"等印記。

(南豐先生)元豐類稿五十卷　附録一卷

(宋)曾鞏撰

明崇禎三年(1630年)從裔以居刊本　共十六册

京都大學文學部東洋史研究室藏

(南豐先生)元豐類稿五十一卷

(宋)曾鞏撰　(明)曾懋爵等校

明崇禎十一年(1638年)刊本　共十二册

内閣文庫藏　原昌平坂學問所舊藏

【按】每半葉有界九行,行十八字。白口,四周單邊。

(南豐先生)元豐類稿五十一卷

(宋)曾鞏撰　趙師聖閲　(明)曾懋爵校

明崇禎年間刊(1628—1644年)清初補修本　共十二册

東北大學附屬圖書館藏本　原狩野亨吉等舊藏

元豐類稿五十一卷

(宋)曾鞏撰

明刊本

宫内廳書陵部藏本

【按】宫内廳藏此刊本兩部。一部共十二册;一部共二十册。

(宋大家)曾文定公文鈔十卷

(宋)曾鞏轉　(明)茅坤評

明刊本　共三册

内閣文庫藏本　原昌平坂學問所舊藏

【附録】日本孝明天皇慶應元年(1865年)昌平坂學問所官版刊印《宋大家曾文定公文鈔》十卷。

(增廣)司馬温公全集(殘本)存九十五卷

(宋)司馬光撰

宋刻宋印本　共十七册

内閣文庫藏本　原近江西大路藩主市橋長昭舊藏

【按】每半葉有界十二行,行二十字。版心上記字數,下記葉數,并有刻工姓名,如吴永、文立、江青、江清、何中、魏正、文廣、右、光、元、才、余表、余益、余才、許和、林選、施光、郭光、孫右、郭章、林、良、陳、詹、余文、余全、郭良、陳通、葉明、詹元、裴慎等。

《司馬温公全集》通行本八十卷,此全本一百十六卷,今缺卷三至卷九、卷四十八至卷五十三、卷六十一至卷六十八,存凡九十五卷。

此本目次如下：
卷一至卷五　手録
卷六　稽古録
卷七至卷八　論
卷九　策問
卷十至卷廿一　律詩
卷廿二至卷廿四　雜詩
卷廿五至廿七　古詩
卷廿八　歌行曲謠致語樂章
卷廿九　古賦古詩
卷卅至卷卅四　章疏
卷卅五至卷八十七　奏議
卷八十八至卷九十四　書
卷九十五　序
卷九十六　序　劄子　御狀
卷九十七　表啓
卷九十八　啓狀手書
卷九十九　記
卷一百　雜著
卷百一　疑孟史
卷百二　迂叟日録(有序)
卷百三至卷百五　日録
卷百六　詩話
卷百七　傳
卷百八　祭文哀詞
卷百九　挽詞
卷百十　傳　墓誌
卷百十一至卷百十四　墓誌
卷百十五　行狀
卷百十六　神道碑

日本光格天皇文化五年(1808年)二月，仁政寺藩主(孝明天皇文久三年即1863年改稱"近江西大路藩"，自稱"下總守"、"黄雪山人"——編著者)市橋長昭舉其所藏之宋元舊刊本三十種與明本數種獻諸文廟，此本爲其中之一。卷末貼附市橋長昭撰《獻書跋文》一篇。《跋》由市河米庵書寫。其文如次：

"寄藏文廟宋元刻書跋

長昭夙從事斯文經十餘年，圖籍漸多，意方今藏書家不乏於世，而其所儲大抵屬輓近刻書，至宋元槧蓋或罕有焉。長昭獨積年募求，乃今至累數十種。此非獨在我之爲難，而即在西土亦或不易，則長昭之苦心可知矣。然而物聚必散，是理數也，其能保無散委於百年之後乎，孰若舉而獻之廟學，獲籍聖德以永其傳，則長昭之素願也。虔以宋元槧三十種爲獻，是其一也。

文化五年二月下總守市橋長昭謹誌

河三亥書

自《周易》至《山谷集》十四種一函，自《淮海集》至《國朝名臣事略》十六種一函，右二函。文化五年戊辰五月市橋下總守寄藏。"

卷中有"仁正侯長昭黄雪書屋鑑藏圖書之印"。

董康《書舶庸譚》卷八著録此本，惟卷數有異。

【附録】據《商舶載來書目》記載，日本桃園天皇寶曆十一年(1761年)中國商船"志字號"載《司馬温公文集》三套抵日本。

又據《外船齎來書目》記載，光格天皇寬政十二年(1800年)由中國輸入《司馬温公文集》二套。

又據《書籍元帳》記載，仁孝天皇天保十二年(1841年)中國商人王雲載《司馬温公文集》四套抵日本，定價三十五匁。

司馬温公全集(殘本)存六十九卷

(宋)司馬光撰

明萬曆年間(1573—1620年)刊本　共十册

御茶之水圖書館藏本　原德富蘇峰成簣堂等舊藏

【按】每半葉有界九行，行二十字。白口，四周雙邊。此本今缺卷一至卷四十七。

封面係黄色原印刊紙，印刷題簽仍係明萬曆原樣。

司馬温公文集八十二卷　首一卷

(宋)司馬光撰　(明)譚文化等校

明天啓七年(1627年)平陽府吴時亮等刊本清康熙年間三山芃百補修

東京大學藏本

【按】每半葉有界九行,行二十字。注文小字雙行。白口,四周雙邊(21.4cm×14.4cm)。版心有刻工名姓,如守、十、世、蕭國堯、江、河、成、進、惠、李等凡二十人。

東京大學藏此同一刊本兩部。一部存東洋文化研究所;一部存文學部漢籍中心,共二十四册。

司馬温公文集八十二卷　目一卷

(宋)司馬光撰

明崇禎年間(1628—1644年)刊本　共二十四册

國會圖書館　東京大學東洋文化研究所藏本

【按】每半葉有界九行,行二十字。白口,四周雙邊。

前有明崇禎元年(1628年)《序》。

司馬太師温國文正公傳家集(司馬温公傳家集)八十卷　目二卷

(宋)司馬光撰

明天順年間(1457—1464年)刊本

内閣文庫　静嘉堂文庫藏

【按】每半葉有界十行,行二十字。黑口,四周雙邊。

卷前有劉隨《序》一篇。

内閣文庫藏本,原係江户時代林氏大學頭家舊藏,共十五册。

静嘉堂文庫藏本,原係陸心源十萬卷樓等舊藏,卷中有後人寫補,共三十一册。

【附録】據《商舶載來書目》記載,日本桃園天皇寶曆九年(1759年)中國商船"志字號"載《司馬文正公傳家集》二套抵日本。

日本江户時代有木活字版刊印明人葛鼐選本《司馬文正公傳家集選》六卷。

司馬太師温國文正公傳家集(司馬温公傳家集)八十卷　目録二卷

(宋)司馬光撰　(明)况于梧等編

明萬曆十五年(1587年)刊本

宫内廳書陵部　内閣文庫　静嘉堂文庫東京大學總合圖書館藏本

【按】每半葉有界九行,行二十字。白口,四周雙邊。

卷前有潘晟《序》,又有陳文燭《序》。此本係萬曆丁亥(1587年)司馬光第十六世孫祉所刻刊。

宫内廳書陵部藏本,原係江户時代德山藩三代主毛利元次廣收"天下秘籍"之一。東山天皇寶永三年(1706年)《御書物目録》著録此本。明治二十九年(1896年)男爵毛利元功獻贈宫内省圖書寮(即今宫内廳書陵部)。每册首有"德藩藏書"印記,共十八册。

内閣文庫藏本,原係楓山官庫等舊藏,共二十四册。

静嘉堂文庫藏本,原係中村敬宇等舊藏,共十六册。

東京大學藏本,原係清末"廣東籌賑日災總會"贈送本。此本今缺卷第七十四至卷第八十,共十册。

司馬太師温國文正公傳家集八十卷

(宋)司馬光撰

明萬曆年間(1573—1620年)刊本　共三十册

宫内廳書陵部藏本

司馬太師温國文正公傳家集八十卷

(宋)司馬光撰

明刊本　共十四册

蓬左文庫藏本

【按】每半葉十行,黑口。

司馬温公文集八十二卷　附行狀一卷　目二卷

(宋)司馬光撰　《行狀》(宋)蘇軾撰

明天啓七年(1627年)刊本　共二十四册

静嘉堂文庫　東京大學總合圖書館藏本

【按】此本係清康熙(1662—1722年)初年由林芃百修訂,康熙四十七年又由蔣起龍再修訂。

静嘉堂文庫藏本,原係竹添井井(光鴻)等舊藏。

東京大學總合圖書館藏本,原係市村瓚次郎買入本覺廬文庫舊藏。

司馬文正公集略三十一卷　詩集七卷

(宋)司馬光撰　(明)吕柟選

明嘉靖四年(1525年)平陽府河東書院刊本

蓬左文庫　東京大學東洋文化研究所　御茶之水圖書館　大阪天滿宫御文庫藏本

【按】每半葉有界十一行,行二十二字。白口,左右雙邊。

蓬左文庫藏本,原係江户時代尾張藩主家舊藏。此本係日本明正天皇寬永十二年(1635年)種村肖推寺獻本。卷中有"尾陽内庫"印記,共十二册。

東京大學藏本,原係大木幹一等舊藏。此本《集略》今缺卷一至卷五,實存二十六卷。

御茶之水圖書館藏本,原係德富蘇峰成簣堂舊藏,卷首目録册末,有明治四十四年(1911年)德富蘇峰購入時的手記。共二十四册。

大阪天滿宫藏本,原係周防名倫館舊藏,後歸近藤南州,共十二册。

司馬文正公集略三十一卷　詩集七卷

(宋)司馬光撰　(明)崔銑編

明嘉靖十八年(1539年)刊本　共十二册

内閣文庫藏本　原昌平坂學問所舊藏

司馬文正公集略三十一卷　詩集七卷

(宋)司馬光撰　(明)崔銑編

明嘉靖二十八年(1549年)序刊本　共十二册

京都陽明文庫藏本　原江户時代近衛家凞等舊藏

伐檀集二卷

(宋)黄庶撰

明嘉靖六年(1527年)刊本　共二册

内閣文庫藏本　原近江西大路藩主市橋長昭等舊藏

【按】每半葉十二行,行二十一字。

此本首題"前寧州知州婺源葉天爵刊行","知州九谿喬遷訂補"。

卷末有宋嘉定二年(1209年)秋九月諸孫朝散郎直顯謨閣西浙路轉運判官夆跋,並諸孫跋。

光格天皇文化五年(1808年)市橋長昭舉所藏宋元刊本三十種並明刊本數種獻諸文廟,此本當時被斷爲"宋本"而爲其中之一也。卷末有市橋長昭撰《寄藏文廟宋元刻書跋》,見前所著録《(增廣)司馬温公全集》(殘本)存九十五卷條。

卷中有"仁正侯長昭黄雪書屋鑑藏圖書之印"。

【附録】《倭板書籍考》卷七曾著録《伐檀詩集》二卷,並曰"此係山谷之父黄亞父之集"。

青社黄先生伐檀集二卷

(宋)黄庶撰　(明)喬遷校

明刊本　共一册

内閣文庫藏本　原近江西大路藩主市橋長昭舊藏

【按】此本原係市橋長昭舊藏。光格天皇文化五年(1808年)市橋長昭舉所藏宋元刊本三十種並明刊本數種獻諸文廟,此其一也。

所附市橋長昭撰《寄藏文廟宋元刻書跋》,見前所著録《(增廣)司馬温公全集》(殘本)存九十五卷條。

卷中有"仁正侯長昭黄雪書屋鑑藏圖書之

印”。

王文公文集(殘本)存七十卷

(宋)王安石撰

南宋初年刊本　共十四册

宫内廳書陵部藏本　原金澤文庫舊藏

【按】每半葉有界十行,行十七字。白口,雙邊。版心上魚尾下記“文集幾”,下魚尾下記葉數及刻工名姓,如文立、卞、右、光、江、伸、余、江清、何卞、何荆、余才、余全、余忠、余表、余亮、吴、吴輝、李彪、阮宗、林選、表、林、施光、胡右、胡祐、孫右、徐、徐文、徐作利、徐作礪、張孜、章旼、許和、陳伸、陳通、葉明、裴道、潘明、魏二、魏可、魏達等。

宋諱“眩、驚、殷”等字,凡有“太祖”、“陛下”、“聖旨”等詞,皆空格一、二。特别是凡遇“構”字,均注“御名”,據此則可推知此本刻于南渡之初。

是集全本一百二十卷,此本今《序》與《目》缺,存卷一至卷七十。

存目卷次如下:

卷一至卷八　書

卷九　批答

卷十至卷十四　制誥

卷十五至卷二十一　表

卷二十二至卷二十四　啓

卷二十五　傳

卷二十六至卷三十三　雜著

卷三十四、三十五　記

卷三十六　序

卷三十七至卷五十一　古詩

卷五十二至卷七十　律詩

此本係日本中世時代金澤文庫外流出漢籍之一種。首尾有“金澤文庫”楷書長方墨印(即第七號印),後歸豐後佐伯藩主毛利高標所有。仁孝天皇文政年間(1818—1829 年)由出雲守毛利高翰獻贈幕府,明治初年歸内閣文庫。明治二十四年(1891 年)由内閣文庫移入宫内省圖書寮(即今宫内廳書陵部)。卷中有“佐伯侯毛利高標字培松藏書畫之印”朱文方印。每册首有新見正路藏書印“賜蘆文庫”長方朱印,卷二十九與卷三十三尾,有“顔氏家藏印”朱文方印。

森立之氏《經籍訪古志》卷六、董康《書舶庸譚》卷三,皆著録此本。

【附録】十三、十四世紀“五山文學”巨擘虎關師練(1277—1346 年)有漢詩《秋日野游》曰:“淺水柔沙一徑斜,機喧林響有人家。黄雲堆裏白波起,香稻熟邊蕎麥花。”學界以爲此後兩句取王安石“繅成白雪桑重緑,割盡黄雲稻正青”之意像而成詩。這是日本五山時代(1192—1573 年)關于王安石文學的記録。

臨川王先生荆公文集(殘本)存六十三卷

(宋)王安石撰

明初刊本　徐𤊹手識本　共七册

内閣文庫藏本　原中國徐𤊹　日本丹波永世　昌平坂學問所等舊藏

【按】是集全爲一百卷,此本今缺卷六十四以下各卷,共七册。

卷首有元吴澄《序》,其後有明天啓三年(1623 年)徐𤊹楷書手識三行,其文曰:

> “天啓癸亥夏六月,余至樵川,訪劉司理。臨别,友人李公美貽此集。公美名思讓,善丹青,亦工寫照。興公識。”

卷末又有日本江户時代儒者龜田鵬齋於享和癸亥(1803 年)行書手識,其文曰:

> “元刻《王半山集》十卷,明徐興公所藏之本也。興公自題於前。按此本吴草廬有《序》而集中諱淵聖之名,則翻南宋槧本者無疑矣。往歲我得之書肆,而三卷失傳爲恨耳。嗚呼,此集興公缥囊中之物而流落海外歸於我,實不勝百六飆迴之感也。官醫丹波永世見此集而懇求焉,因識其事而與之。亡佚三卷,永世行問於不知何人之手,則神物豈得不合耶?癸亥之夏,鵬齋　龜田興。”

此手識後有“長興私印”白文方印,且每册首有“盛方院”朱文長印。“長興”爲江户時代儒者龜田鵬齋之號,"盛方院"系幕府醫官丹波永世之稱。

日本光格天皇文化十一年(1814年)是書歸入昌平坂學問所。

臨川王先生荆公文集一百卷

(宋)王安石撰

明嘉靖年間(1522—1566年)刊本　共十二册

内閣文庫藏本　原江户時代林羅山舊藏

【按】每半葉有界十一行,行二十二字。黑口,四周雙邊。

前有明嘉靖二十五年(1546年)《序》。

卷中有"江雲渭樹"印記。

臨川先生文集一百卷　目二卷

(宋)王安石撰

明嘉靖三十九年(1560年)江西巡撫何氏刊本

宫内廳書陵部　内閣文庫　福井市立圖書館　愛知大學簡齋文庫　大倉文化財團藏本

【按】前有江西布政司參政臨海王宗沐《序》,稱"德安吉陽何先生,巡撫江西,悉釐百工,表章往哲,刻公《集》於撫州"云云。此即明嘉靖年間撫州重開宋本。後有陳九川、章衮、應云鸑諸人《跋》。

宫内廳書陵部藏本,每册首有"明倫館印"及"德藩藏書"諸印記。此本原係江户時代德山藩三代主毛利元次廣收"天下秘籍"之一。東山天皇寶永三年(1706年)《御書物目録》著録此本。明治二十九年(1896年)男爵毛利元功獻贈宫内省圖書寮(即今宫内廳書陵部)。共二十册。

内閣文庫藏本,原係明人戴金舊藏,後傳入日本昌平坂學問所。共三十三册。

福井市藏本,卷中有"圖書寮"朱文長方印,又有"越國文庫"朱文方印,共十二册。

愛知大學中央圖書館藏本,共二十五册。

大倉文化財團藏本,卷中朱紫筆點,並有"喪中周氏"、"貞亮"、"晚喜廬"等印記。共十册。

【附録】據《商舶載來書目》記載,日本中御門天皇正德元年(1711年)中國商船"和字號"載《王臨川文集》二部抵日本。同年,中國商船"利字號"載《臨川王介甫先生集》一部十六册抵日本。

臨川先生文集一百卷　目録二卷

(宋)王安石撰

明嘉靖年間(1522—1566年)刊本　沈學子校本　共二十册

静嘉堂文庫藏本

【按】前有宋紹興十年(1140年)五月黄次山《序》,並有明嘉靖三十九年(1560年)無名氏《序》。

静嘉堂文庫藏此同一刊本兩部。一部原係島田篁村等舊藏,第一卷中有1767年沈大成題識,其文曰:"乾隆丁亥中冬,沃田老人沈大成校於廣陵之學福齋。時年六十有八。"　此識文後並鈐"沈學子曾觀"朱文方印一枚,共二十四册;一部原係陸心源十萬卷樓等舊藏,共二十册。

臨川先生文集一百卷　目録二卷

(宋)王安石撰

明嘉靖年間(1522—1566年)刊本　共二十册

鹿兒島大學岩元文庫藏本

臨川先生文集一百卷　目録二卷

(宋)王安石撰

明刊本　共二十册

蓬左文庫藏本

【按】每半葉十二行。首册首有宋紹興年間重刊《臨川文集序》。

此本係日本後水尾天皇寛永五年(1629年)從中國購入。

卷中有"尾陽内庫"印記。

臨川先生文集一百卷　目二卷

(宋)王安石撰
明刊本
宮内廳書陵部　内閣文庫藏本
【按】宫内廳書陵部藏本,共四十册。
内閣文庫藏本,原係紅葉山文庫舊藏。共二十册。

(新刻)臨川王介甫先生詩文集一百卷　附(新刊)宋荆公王介甫先生事略一卷

(宋)王安石撰　(明)李光祚校
明萬曆四十年(1612年)光啓堂刊本
國會圖書館　東洋文庫　東京大學總合圖書館　京都大學　大阪大學文學部懷德堂　二松學舍大學附屬圖書館　御茶之水圖書館藏本
【按】每半葉有界十行,行二十字。白口,四周單邊。
前有明嘉靖丙午(1546年)《序》,又有《王荆公傳》,並有《目録》。卷末有明嘉靖丙午《後序》。
此本係王介甫二十二世孫王鳳翔光啓堂刻刊。
國會圖書館藏本,原十二册,現合爲六册。
東洋文庫藏本,原係藤田豐八舊藏。共十六册。
東京大學藏此同一刊本兩部。一部原係江户時代紀州德川家南葵文庫舊藏,此本卷中有島田篁村手識文,共十六册。一部原係岡千仞氏舊藏,此本有後人修補,乃金陵光裕堂藏版,共十六册。
京都大學藏此同一刊本兩部。一部存人文科學研究所東洋學文獻中心,共二十四册。一部存文學部中國語學文學哲學研究室,共十册。
大阪大學文學部懷德堂藏本。原係大阪懷德堂舊藏,共十六册。
二松學舍大學附屬圖書館藏本,共二十册。
御茶之水圖書館藏本,原係德富蘇峰成簣堂舊藏,卷中有蘇峰手記文,共十五册。

(新刻)臨川王介甫先生詩文集一百卷　附二卷

(宋)王安石撰　(明)李光祚校
明刊本
東北大學附屬圖書館　築波大學附屬圖書館　關西大學附屬圖書館藏本
【按】每半葉有界十行,行二十字。《序》文每半葉六行,行十三字。白口,四周單邊(21.8cm×13.8cm)。版心記刻工姓名,如陶國祥等。
前有宋紹興十年(1140年)黄次山《紹興重刊臨川文集序》,又有明嘉靖十五年(1536年)《王荆國公叙》,同年章袁《臨川文集叙》,茅坤《王文公文集引》,明萬曆四十年(1612年)李光祚《光啓堂重刊荆公文集序》,明嘉靖二十五年(1546年)陳九川《王臨川文集後序》。
卷首題署"新刻臨川王介甫先生詩集","宋荆公臨川介甫王安石著","明豐城後學鎮静李光祚校","廿二世孫鳳翔率男承宗綉梓"。
卷一至卷二十五爲《詩集》,卷二十六至卷一百爲《文集》。
東北大學藏本,原係狩野亨吉等舊藏。此本今卷九十五以下闕,實存九十五卷,卷中有清人修補。共十册。
築波大學藏本,原係小川房太郎等舊藏,後歸東京教育大學。卷中有"小川房太郎藏書之記"、"内翰金壇蔣超圖書記"等印記,共十六册。
關西大學藏本,原係内藤湖南恭仁山莊舊藏。此本外題"王臨川集",共十六册。

王臨川集一百卷　首目各一卷

(宋)王安石撰　(明)李光祚校
明刊清人補修本　共十二册
宫内廳書陵部藏本

王荆文公詩五十卷　首三卷

(宋)王安石撰

元大德年間(1297—1307年)刊本　共十三册

宫内廳書陵部藏本　原豐後佐伯藩主毛利高標等舊藏

【按】每半葉有界十一行，行二十一字。黑口，雙邊。

卷前有元大德丙午十年(1306年)中秋龍門毋逢辰《序》一篇。其文曰：

"詩學盛於唐，理學盛於宋，先儒之至論也。諸賢大家數甚，而有五言七言散文之誚。獨於臨川王荆文公之詩，莫有置其喙者。及觀文正公《選唐百家詩口序》有云：廢日力於此，良可悔也。然欲觀唐詩者，觀此足矣。公於選詩廢日力且如此，況作詩乎？又楊蟠《後序》云：荆文公道德文章天下之師，於詩尤極其工，雖嬰以萬務而未嘗忘之，則知公之作詩，坐廢日力而未始以爲悔。宜其法度嚴密、音律諧暢，而無異時五七言散文之弊。予故謂公之詩，非宋人之詩，乃宋詩之唐詩者也。後之學詩者能作如是觀，當自有得於吾言之外。方今詩道大昌，而建安兩書坊竟缺是集。予偶由臨川得善本，鋟梓於考亭，輒摭所聞者以繫其集端云。大德丙午中秋龍門毋逢辰序。"

本文首行題"王荆公詩卷之一"。次行題"雁湖李壁箋注"。第三行題"須溪劉辰翁評點"。

首有"佐伯侯毛利高標字培松藏書畫之印"印記。又第一册首尾，第二册、第十册首，第九册、第十三册尾，皆有"吟風弄月"印記。

此本係日本仁孝天皇文政年間(1818—1829年)出雲守毛利高翰進獻贈德川幕府，明治初年歸内閣文庫，明治二十四年(1891年)由内閣文庫移入宫内省圖書寮(即今宫内廳書陵部)。森立之氏《經籍訪古志》卷六著録楓山官庫藏元刊本《王荆公詩》即係此本。

董康《書舶庸譚》卷三亦著録是集。

【附録】《官板書籍解題略》著録"《王荆公詩箋注》五十卷"。

據《商舶載來書目》記載，光格天皇天明三年(1783年)中國商船"和字號"載《王荆公詩集》一套抵日本。

據天明六年(1786年)《寅拾番船持渡書改目録寫》記載，是年此船載《王荆公詩》一部八册運抵日本，識文注曰："此係古本。"

日本仁孝天皇天保七年(1831年)昌平坂學問所官版刊印《王荆公詩》五十卷《補遺》一卷。此據(宋)李壁箋注本翻印。

又，仁孝天皇天保四年(1833年)萬笈堂刊印《王荆公絶句》九卷。此本題署"宋王安石撰，館機編"。其後此本有玉山堂山城屋佐兵衛等重印本。

(重刊)荆川先生文集二十一卷

(宋)王安石撰

明萬曆元年(1573年)純白齋刊本　共十册

御茶之水圖書館藏本　原德富蘇峰成簣堂等舊藏

【按】前有明嘉靖己酉(1549年)《序》。其後有刊印木記，其文曰："萬曆元年孟春吉旦重刻於純白齋"。

此本係《正集》十七卷，《外集》三卷，《附録》一卷。

封面係朝鮮紙。

王荆公文選二卷

(宋)王安石撰　(明)董應舉評選

明崇禎六年(1633年)刊本　共二册

内閣文庫藏本　原紅葉山文庫舊藏

(宋大家)王文公文鈔十六卷

(宋)王安石撰　(明)茅坤評

明中期刊本

内閣文庫　早稻田大學圖書館　御茶之水圖書館藏本

【按】每半葉有界九行，行十九字。白口，左右雙邊。

是書係明刊本《唐宋八大家文鈔》之一種。

内閣文庫藏本，今存卷一至卷三、卷十一至

卷十六,共九卷三册。

早稻田大學圖書館藏本,共四册。

御茶之水圖書館藏本,原係德富蘇峰成簣堂等舊藏,今存卷四至卷十四。書封右下側有"唐宋八大家文鈔"並"續集五十二號"墨書二行。卷中有"昌平坂學問所"、"書籍館印"、"大學校圖書之印"、"淺草文庫"等印記,共十一卷四册。

【附録】據《商舶載來書目》記載,日本中御門天皇正德元年(1711年)中國商船"和字號"載《王文公文鈔》一部六册抵日本。

祠部集三十五卷

(宋)强至撰

清乾隆三十九年(1770年)木活字刊本　徐時棟手識本　共八册

大倉文化財團藏本

【按】卷中有清同治五年(1866年)徐時棟手識。

卷中有"臣士瑮"、"菊農"、"柳泉草堂"、"甬上"等印記。

廣陵先生文集二十卷　附録一卷

(宋)王令撰　吴説編次

古寫本　共四册

静嘉堂文庫藏本

【按】每半葉十行,行十九字。

此本前有王安石撰《墓誌銘》,劉發撰《廣陵先生傳》。每卷有目,連屬篇目,從宋刻本影寫。

卷一　賦琴操樂府歌詞

卷二至卷八　古詩

卷九至卷十一　近體詩

卷十二　説

卷十三　雜著書後

卷十四　傳箴

卷十五　序記論

卷十六至卷十九　書文

卷二十　墓誌行狀拾遺策問詩

錢塘韋先生文集(殘本)存十六卷

(宋)韋驤撰

宋刊本　共十四册

静嘉堂文庫藏本　原陸心源皕宋樓等舊藏

【按】每半葉十行,行二十字。版心上記葉數,下記刻工名姓,如上官元、丘聳、吴正、天先、杜才、杜仁、杜明、官元、官太、陳通、葉从、葉從、劉三、劉昌、劉彦等。

是集全本二十卷。今缺卷一、卷二、卷五、卷六,實存共十六卷。

卷中宋諱皆缺筆。

此本陸心源以爲係明影宋刻本,傅增湘《藏園群書經眼録》卷十三著録此本,並斷爲宋原刻本。其識文曰:"此本實爲宋刊,且屬初印精湛。卷中宋諱亦缺筆,未審陸氏何以疏率至此,題爲明初刊。昔傳明吴匏庵(寬)藏宋刊本,缺第一、二卷,此本所缺正同,必爲吴氏藏本無疑也。"

范忠宣公文集二十卷　遺文一卷

(宋)范純仁撰

元天曆年間(1328—1329年)刊本　共十四册

静嘉堂文庫藏本

【按】每半葉十二行,行二十字。

此本前有樓鑰《序》,後有宋嘉定辛未(1211年)范之柔《跋》、嘉定壬申(1212年)元正日沈圻《跋》、嘉定壬申六月廖視《跋》、嘉定壬申六月陳宗道《跋》。卷中有"季振宜藏書"朱文方印,"季振宜印"朱文大方印,"滄葦"朱文方印。

【附録】據《書籍元帳》記載,仁孝天皇天保二年(1841年)由中國輸入《范忠宣公文集》二套,定價七匁。弘化三年(1846年)又輸入《范忠宣公集》二套,定價十五匁。孝明天皇嘉永三年(1850年)又輸入《范忠宣公集》一套,定價七匁。

范忠宣公文集二十卷

(宋)范純仁撰　(明)時兆文　黄姬水校

明刊本　共四册

蓬左文庫藏本

【按】每半葉十二行。

范忠宣公集十卷

(宋)范純仁撰　(明)毛一鷺編

明萬曆三十六年(1608年)刊本

内閣文庫藏本

【按】内閣文庫藏此同一刻本四部。一部原係紅葉山文庫舊藏,共四册;一部原係林大學頭家舊藏,共六册;一部原係野間三竹舊藏,後歸豐後佐伯藩主毛利高標,仁孝天皇文政年間(1818—1829年)由出雲守毛利高翰獻贈幕府,明治初年歸内閣文庫。卷中有"佐伯侯毛利高標字培松藏書畫之印"朱文方印。此本缺卷五至卷十,僅存四卷,共四册;一部有清人補修,共六册。

節孝先生集三十卷　事實一卷　語録一卷

(宋)徐積撰

明嘉靖年間(1522—1566年)刊本

静嘉堂文庫藏本

【按】前有李邴撰《楚州教廳壁記》及《像讚》,又有宋淳祐庚戌(1250年)王夬亨《序》,後有宋紹興戊辰(1148年)上元日萃《跋》。

《目録》後有"迪功郎淮安州州學教授翁蒙正"、"景定甲子孟秋初吉重行編次校正"二行。

静嘉堂文庫藏此同一刊本兩部,皆係陸心源十萬卷樓舊藏。一部共五册;一部卷中有補刻,共四册。

東坡集(殘本)存三十七卷　後集(殘本)存八卷

(宋)蘇軾撰

宋刊本　共十七册

宫内廳書陵部藏本　原金澤文庫　近江西大路藩主市橋長昭等舊藏

【按】每半葉有界十行,行十八字。注文雙行,行十八字。白口,左右雙邊。版心下方記刻工名姓。如丘才、丘文、丘成、仲、江友、余牛、余生、余祐、余堅、余復、余惠、吴山、吴中、吴文、吴志、吴政、吴從、吴智、志、阮才、阮右、阮正、周文、范仲、范從、范謙、高顯、張太、張宗、陳石、陳適、陳佺、陳琮、黄文、黄歸、葉永、裴榮、劉辛、劉宜、劉清、劉章、蔡方、蔡清、鄭仁、魏全等。

卷前有宋乾道九年(1173年)宋孝宗贊題。宋諱"玄、泫、紘、筐、讓、桓、完、構、溝、慎"等字。凡遇宋帝,皆空一至二格。

此本首尾皆有"金澤文庫"墨印,係金澤文庫舊藏,後歸於市橋家。

日本光格天皇文化五年(1808年),下總守市橋長昭舉其所藏宋元舊刻本三十種,獻諸文廟,是書即爲其一。其後又歸於昌平坂學問所。

卷末有市橋長昭跋文,見前所著録《(增廣)司馬温公全集》(殘本)存九十五卷條。

是書全本四十卷,此本缺卷三十四至卷三十七,實存三十七卷。《後集》全二十卷,缺卷九以下十二卷,實存八卷。又,卷六缺初二葉。

第一、第二册有"仁正侯長昭黄雪書屋鑑藏圖書之印"篆書朱文印。又,除第二、第六、第七册之外,每册首均有"越國文學"、"清絢之印"、"君錦"、"淺草文庫"等印記。首尾有"昌平坂學問所"篆書朱印。

此本爲森立之氏《經籍訪古志》卷六著録,稱其書"書撫歐法,楮墨精絶,宋槧中之佳者"。

傅增湘《藏園群書經眼録》卷十三亦著録此本。其識文曰:

"此本字迹結體方整而有挺勁樸茂之氣,既非杭本,亦不類蜀本。考蘇嶠曾刻於建安,然審其刀法渾成,又無建安棱角峭厲之態,恐即《直齋書録解題》所稱之吉州本也。余曾覩明刻《奏議》十五卷,(《天禄琳琅書目》以爲元本),其行款正與此相合,疑直翻雕此本,而筆意板滯,神氣索然矣。姑存此臆説,以竢詳考。”

【附録】《古今著聞録·文學部》(書成於後深草天皇建長六年即1254年)記載“仁平之比(和語“koro”,1151—1153年),宋朝客商劉文冲,以《東坡先生指掌圖》二帖、《五代記》十帖、《唐書》九帖作爲名籍送贈宇治左府(即左大臣藤原賴長府邸——編著者)。”這是蘇東坡文學傳入日本的早期記録。

日本中世紀時代著名詩人義堂周信(?—1388年)有詩文集《空華集》二十卷。其中有《歲朝謝客而作》一首曰:“新年日月只尋常,俗習成風賀歲忙;垂老逢春偏愛睡,莫來撼我黑甜床。”此詩句中意象“黑甜”則來自宋人蘇軾詩《發廣州》。此詩曰:“朝市日已遠,此身良自如;三杯輭飲後,一枕黑甜餘。”稍後,日本中世紀時代另一著名詩人絶海中津(?—1405年)的詩集《蕉堅稿》多處運用蘇軾文學的意境創作詩作。如《題畫四首》。其二曰:“江流無聲,斷崖千尺。赤壁之遊,風清月白。”又《東營秋月二首》其一曰:“何人横槊賦,愁殺老書生。”前詩來自蘇軾的《後赤壁賦》中“月白風清,如何此良夜……江流有聲,斷崖千尺”的意境;後詩來自蘇軾《前赤壁賦》中“旌旗蔽空,灑酒臨江。横槊賦詩,固一世之雄也”之説。由此可以表證了日本中世紀時代接受蘇軾文學的狀態。

據桃園天皇寶曆九年(1759年)《長崎官府貿易外船賫來書目》記載,是年中國商船“十番船”載《東坡集》五部共六十帙抵日本。

據《書籍元帳》記載,1841年至1851年間《東坡全集》由中國輸入日本情況如次:

仁孝天皇天保十二年(1841年)四套,定價四十五匁。

仁孝天皇弘化二年(1845年)四套,定價四十五匁、一百五匁。

仁孝天皇弘化四年(1847年)一套,定價四十五匁。

孝明天皇嘉永二年(1849年)一套,定價四十五匁。

孝明天皇嘉永四年(1851年)半部殘本,定價十匁。

又據《漢籍發賣投標記録》記載,《東坡全集》投標價如次:

仁孝天皇天保十四年(1843年),一部四包,價一百五十匁、一百五十四匁。

仁孝天皇弘化二年(1845年)一部四包八本,價六十五匁八分、八十八匁八分、一百五匁。

孝明天皇安政六年(1859年),三部,價二百十匁九分、二百九十匁六分、三百八十六匁。

東坡集(殘本)存二十三卷

(宋)蘇軾撰

宋刊宋印本　日本重要文化財　共十二册

内閣文庫藏本　原京都西禪寺　妙心寺

近江西大路藩主市橋長昭舊藏

【按】每半葉有界十行,行二十字。白口,左右雙邊。版心上魚尾下記“東坡集第幾”,次記葉數,下記刻工名姓,如李憲、李師正、李師順、李詢、李時、張俊、周彦、王政、王璋、宋圭、宋昌、葉青、許昌、黄常、蔡中、高彦、徐高、卓允、陳昌、陳用、陳興、周宣、朱富、朱貴等。

是書全本四十卷,此本今存卷一、卷二、卷七至卷十、卷十三、卷十四、卷十九、卷二十、卷二十四至卷二十七、卷三十一至卷三十五、卷三十八至卷四十,共二十三卷。

序《目》之首,爲宋孝宗贊題《文忠蘇軾贊并序》。末行後雙行無欄,有“乾道九年閏正月望選德殿書賜蘇嶠題記”。卷末有日本光格天皇文化新元(1804年)甲子七月廿三日黄雪山人跋文。

首册副葉有長方朱文楷書大木記,其文曰:

> 顔氏家訓曰借人典
> 籍皆須愛護先有缺
> 壞就爲補治此亦士
> 大夫百行之一也
> 鄞江衛氏謹志

首葉天頭有"西禪寺常住"墨書。

卷中有"昌平坂學問所"及"仁正侯長昭黄雪書屋鑑藏圖書之印"篆書朱文印。另有"淺草文庫"楷書朱文印。

此本原係京都西禪寺、京都妙心寺大龍院僧人懶庵等舊藏,後歸仁正寺藩主市橋長昭所有。市橋長昭與毛利高標、松平冠山,同爲十八世紀後期(光格天皇寛政—文化年間)日本三大漢籍版本學家。卷中有市橋長昭手識文,其文曰:

> "右北宋版《東坡集》四十卷。自卷三至卷六、卷十一、卷十二,自卷十五至卷十八,自卷廿一至卷廿三、卷廿八、廿九、卷卅六、卷卅七共十九卷,散逸可惜。此書原藏洛陽西禪寺,其後歸妙心寺大龍院僧懶庵之插架,標上録見幾册失幾册。其筆迹非百年以來人之所爲,蓋懶庵手書。懶庵距今垂二百年,其插架之日,既(即)係缺本。以古版難獲,不問散逸,當時尚爲秘笈也。予獲之於都下書肆伏水卯兵。文化新元(1804年)甲子七月廿二日,黄雪山人識。"(文中所言購得本書處"伏水卯兵",即當年江户今東京淺草新寺町的書辭古香堂伏見屋卯兵衛——編著者)

光格天皇文化五年(1808年)下總守市橋長昭獻於文廟三十種宋元槧本之一,有"寄藏文廟宋元刻書跋",語見前録之《(增廣)司馬温公全集》(殘本)存九十五卷條。

森立之氏《經籍訪古志》卷六、董康《書舶庸譚》卷八皆著録此本。森氏稱此本"文字端正,紙刻精善"。傅增湘《藏園群書經眼録》卷十三著録此本,其識文曰:"此本行款版式與余所見宋刊數本皆不同,審其結體方整,雅近率更,自是南渡以後浙杭風度。陳氏《直齋書録解題》述《東坡集》刊板有杭本、蜀本、吉本之别,此斷爲杭本無疑。"

此本已被"日本文化財審議委員會"確認爲"日本重要文化財"。

東坡全集一百十五卷　目七卷　東坡先生墓志銘一卷　東坡先生年譜一卷　宋史本傳一卷

(宋)蘇軾撰　《墓志銘》(宋)蘇轍撰　《年譜》(宋)王宗稷撰

明刊本

國會圖書館　内閣文庫　關西大學附屬圖書館泊園文庫　蓬左文庫藏本

【按】每半葉有界十行,行十九字。白口,單邊。版心有"東坡全集卷之幾"。

卷前有宋孝宗《贊題》,次有《宋史》本傳,次《墓志銘》,次《年譜》。

國會圖書館藏本,共二十五册。

内閣文庫藏本,共二十册。

關西大學藏本,原係藤澤東畡、藤澤南陽、藤澤黄鵠、藤澤黄坡三世四代"泊園書院"舊藏,共四十册。

蓬左文庫藏本,原係江户時代尾張藩主家舊藏。此本係後水尾天皇寛永五年(1628年)從中國購入。卷中有"尾陽内庫"印記,共二十册。

東坡全集一百十五卷　目七卷　東坡先生年譜一卷　東坡題跋六卷　首一卷

(宋)蘇軾撰　《年譜》(宋)王宗稷撰

明刊本

宫内廳書陵部　内閣文庫　東洋文庫　静嘉堂文庫藏本

【按】宫内廳藏本,無《年譜》一卷與《東坡題跋》六卷,共三十册。

内閣文庫藏本,原係紅葉山文庫舊藏,共五十册。

東洋文庫藏本,原係藤田豐八舊藏,共三十册。

静嘉堂文庫藏本,原係中村敬宇等舊藏,卷中有後人寫補,共二十二册。

(重刊)蘇文忠公全集一百十五卷

(宋)蘇軾撰

明成化四年(1468年)刊本　共二十八册
內閣文庫藏本　原江户時代林羅山舊藏
【按】前有明成化四年(1468年)《序》
此本全集係《東坡集》四十卷,《後集》二十卷,《奏議集》十五卷,《内制集》十卷,《樂語》一卷,《外制集》三卷,《應詔集》十卷,《續集》十二卷,《東坡先生年譜》一卷,《東坡先生墓志銘》一卷,《宋史本傳》一卷。
有林羅山手校文。
卷中有"江雲渭樹"印記。
【附録】據《外船賫來書目》記載,日本光格天皇寛政十二年(1800年)由中國輸入《蘇文忠公全集》一部。
又據《漢籍發賣投標記録》記載,仁孝天皇天保十四年(1843年)《蘇文忠公集》價爲一百十四匁一分、一百十五匁九分、一百四十五匁。

蘇文忠公全集一百十五卷

(宋)蘇軾撰　(明)繆宗道校
明嘉靖十三年(1534年)江西布政司刊本
內閣文庫　御茶之水圖書館藏本
【按】每半葉有界十行,行二十字。白口,四周雙邊。
前有明成化四年(1468年)李紹《序》,次有《勑》,次有《御製贊序》,次有江西布政司《重刊全集義例》,次有《年譜》,次有《墓志銘》,次有《本傳》。
每集後有"嘉靖十三年江西布政司重刊"及"南豐縣教諭繆宗道校正"二行。
內閣文庫藏本,原係昌平坂學問所舊藏,凡五十一册。
御茶之水圖書館藏此同一刊本兩部,原係德富蘇峰成簣堂舊藏,皆爲殘本。一部今存《東坡集》卷二十六至卷二十八,《應詔集》全十卷,《續集》卷一至卷三、卷五至卷十二,凡十一册。一部今存《東坡奏議》全十五卷,《内制集》卷一至卷九,《外制集》全三卷,《後集》卷一、卷四至卷二十,凡三十二册。此二部卷中,皆有德富蘇峰手識文。

(陳仁錫評閱)蘇文忠公全集一百五十卷

(宋)蘇軾撰　(明)陳仁錫評閱
明刊本　共五十册
尊經閣文庫藏本　原江户時代加賀藩主前田綱紀等舊藏

東坡集一百十卷

(宋)蘇軾撰
明成化年間(1465—1487年)刊本　共四十八册
静嘉堂文庫藏本　原陸心源十萬卷樓等舊藏
【按】每半葉有界十行,行二十字。黑口,四周雙邊。
此本前有《贈太師敕》、《孝宗贊》、《宋史本傳》,並有明成化四年(1468年)李紹《序》。
七集細目如次:
《東坡集》四十卷　《東坡後集》二十卷
《奏議集》十五卷　《内制集》十卷
《外制集》三卷　《應詔集》十卷
《東坡續集》十二卷
附王宗稷撰《年譜》一卷、蘇轍撰《墓志銘》一卷。

東坡集(蘇文忠公全集)一百十卷

(宋)蘇軾撰
明刊本　共四十册
静嘉堂文庫藏本　原陸心源守先閣等舊藏
【按】全集細目如次:
《東坡集》四十卷　《東坡後集》二十卷
《奏議集》十五卷　《内制集》十卷
《外制集》三卷　《應詔集》十卷
《東坡續集》十二卷

東坡全集七十五卷　目二卷　詩三十二卷

(宋)蘇軾撰　(明)陳仁錫等閲
明刊本　共四十八册
宫内廳書陵部藏本

東坡先生全集七十五卷　詩集三卷

(宋)蘇軾撰　(明)陳明卿訂
明刊本　共四十八册
無窮會天淵文庫藏本　原加藤天淵等舊藏

東坡先生全集七十五卷　目一卷　年譜一卷

(宋)蘇軾撰　(明)譚元春編　陳仁錫訂
明刊本　共三十册
宮内廳書陵部　静嘉堂文庫藏本
【按】宮内廳書陵部藏本,共三十册。
静嘉堂文庫藏本,共二十册。

東坡先生全集七十五卷

(宋)蘇軾撰
明文盛堂刊本　共二十八册
京都大學文學部中國語學文學哲學研究室藏本
【按】每半葉有界十行,行十九字。注文小字雙行,行同正文。白口,左右雙邊。

東坡先生全集七十五卷

(宋)蘇軾撰
明刊本
東京大學藏本
【按】東京大學藏此同一刊本兩部。一部存東洋文化研究所,原係大木幹一舊藏。一部存總合圖書館,原係江户時代紀州德川家南葵文庫舊藏,共三十三册。

東坡先生全集七十五卷　東坡詩選　卷存九卷　東坡先生年譜一卷

(宋)蘇軾撰　《年譜》(宋)王宗稷撰
明刊清人補修本
田中光顯青山文庫藏本

東坡先生全集(蘇文忠公全集)七十五卷　東坡先生年譜一卷

(宋)蘇軾撰　《年譜》(宋)王宗稷編
明刊本　清人邵長蘅重訂補修　共三十一册
内閣文庫藏本　原昌平坂學問所等舊藏

東坡集選五十卷　集餘一卷　附録四卷

(宋)蘇軾撰　(明)陳夢槐輯　陳繼儒定　潘允宜等校
明末刊本
静嘉堂文庫　東京大學文學部漢籍中心藏本
【按】每半葉有界九行,行十九字。注文小字雙行。白口,四周單邊(21.5cm×13.5cm)。版心單魚尾,有字數。
《附録》四卷,細目如次:
《蘇文忠公年譜》一卷,(宋)王宗稷撰;
《外紀》二卷,(明)王世貞輯;
《外紀逸編》一卷,(明)璩之璞輯。
静嘉堂文庫藏本;原係中村敬宇等舊藏,共十二册。
東京大學藏本,《東坡集選》卷四十有缺葉。
【附録】據《商舶載來書目》記載,日本中御門天皇享保十年(1725年)中國商船"登字號"載《東坡集選》二部抵日本。

東坡集選(蘇長公集選)五十卷　集餘(雜説)一卷　本傳一卷　年譜一卷　外紀二卷　外紀逸編一卷

(宋)蘇軾撰　(明)陳夢槐編　《外紀》(明)王世貞編　《逸編》(明)璩之璞編
明刊本
内閣文庫藏本
【按】内閣文庫藏此同一刻本兩部。一部原係昌平坂學問所舊藏,共十册;一部原係紅葉山文庫舊藏,共十五册。

東坡集選五十卷　東坡集餘一卷

(宋)蘇軾撰　(明)陳繼儒　陳夢槐編　潘允宜　斐章然校
明刊本　共九册

足利學校遺蹟圖書館藏本　原阿由葉鍋造等舊藏

東坡選集三卷　蘇文忠公外紀二卷　外紀逸編一卷

(宋)蘇軾撰　(明)王世貞等編

明刊本　共一册

内閣文庫藏本　原昌平坂學問所等舊藏

(重編)東坡先生外集八十六卷　東坡先生年譜一卷

(宋)蘇軾撰　(明)毛九苞校

明萬曆三十六年(1608年)刊本

内閣文庫　東京大學東洋文化研究所　京都大學文學部中國語學文學哲學研究室　御茶之水圖書館藏本

【按】每半葉有界十行,行二十字。白口,四周雙邊。版心記刻工姓名。

卷首有《年譜》。前有明萬曆戊申(1608年)《序》等,後有《後序》等。

内閣文庫藏此同一刻本兩部。一部原係江户時代林大學頭家舊藏,共十册;一部原係明人戴金舊藏,後歸日本紅葉山文庫,共十册。

東京大學藏本,原係大木幹一舊藏。

京都大學文學部藏本,共十册。

御茶之水圖書館藏本,原係德富蘇峰成簣堂舊藏。此本由朝鮮傳入日本,前四册有德富蘇峰讀書手記文。卷中有"悟川"印記,共八册。

(王狀元集百家注分類)東坡先生詩二十五卷

(宋)蘇軾撰　王十朋纂集

宋魏忠卿刊本　共十四册

宫内廳書陵部藏本　原豐後左伯藩主毛利高標舊藏

【按】每半葉有界十一行,行十九字。注文小字雙行,每行二十五字。小黑口,左右雙邊。版心有卷數、葉數。

第一册系《目録》,第二册首有趙夔、王十朋撰《百家注東坡先生詩序》,次有王十朋編《百家注分類東坡先生詩姓氏》,尾有刊書牌字,其文曰:

建安魏忠卿 刻梓于家塾

此本係日本仁孝天皇文政年間(1818—1829年)出雲守毛利高翰獻贈德川幕府。明治初年歸内閣文庫。明治二十四年(1891年)由内閣文庫移入宫内省圖書寮(即今宫内廳書陵部)。

卷中有"佐伯侯毛利高標字培松藏書畫之印"印記。又有"官庫"、"龜"等印記。

傅增湘《藏園群書經眼録》卷十三著録此本。其識文曰:"此本字體峭麗,雕鏤精工,建本之至精者。其行格版式與萬卷堂本、虞氏務本書堂本全同,而精美過之。"

(王狀元集百家注分類)東坡先生詩二十五卷

(宋)蘇軾撰　(宋)王十朋纂集

宋建安萬卷堂刊本

宫内廳書陵部藏本

【按】每半葉有界十一行,行十九字。注文小字雙行,行二十五字。小黑口,雙邊。

卷前有西蜀趙夔與王十朋《序》,次爲《百家注姓氏》,次爲《目録》。

每卷第二行題"前禮部尚書端明殿學士兼侍讀學士贈太師謚文忠蘇軾"。《百家姓氏》第二行題"狀元王公十朋龜齡纂集"。

其後有刊書牌子,其文曰:

建安萬卷堂 刻梓于家塾

此本語涉宋帝,皆空一格。

傅增湘《藏園群書經眼録》卷十三著録此本。

(王狀元集百家注分類)東坡先生詩二十五卷

(宋)蘇軾撰　(宋)王十朋纂集

宋建安萬卷堂刊本

静嘉堂文庫藏本

【按】每半葉有界十一行,行十九字。小黑

口，雙邊。注字雙行，行二十五字。

卷前有西蜀趙夔與王十朋《序》，次爲《百家注姓氏》，次爲《目録》。

每卷第二行題"前禮部尚書端明殿學士兼侍讀學士贈太師謚文忠蘇軾"。《百家姓氏》第二行題"狀元王公十朋龜齡纂集"。

其後有刊書牌子，其文曰：

建安萬卷堂
刻梓于家塾

此本語涉宋帝，皆空一格。

(王狀元集百家注分類)東坡先生詩(殘本)存二十一卷

(宋)蘇軾撰　(宋)王十朋纂集

宋建安黄及甫刊本　共二十三册

天理圖書館藏　原石井積翠軒文庫舊藏

【按】每半葉有界十一行，行十九字。注文雙行，行二十五字。黑口與白口相間，版心有字數，葉數等。

前有趙堯卿《序》，王十朋《序》，《百家注分類東坡先生詩姓氏》，《東坡紀年録》。外題(第三册)左肩朱書"東坡集一"。卷二至卷四、卷九、卷十二、卷十三、卷十五至卷二十一有内題曰"王狀元集諸家注分類東坡先生詩"。《姓氏》末有雙邊木記，其文曰：

建安黄及甫
刻梓于家塾

此全本二十五卷，今缺卷二十二至卷二十五。

卷七及卷十七尾，有"寬政己未冬愼齋邨瀨僩閲訖"墨書識語，此即1799年，日本光格天皇時期。書中各册題簽，左肩墨書"蘇端明(册數)"，皆係室町時期五山僧人手筆。各册首有"三春文庫"朱印，並有"皎亭改藏"等印記。

此本原係内野皎亭文庫舊藏，後歸石井積翠軒文庫。

(王狀元集諸家注分類)東坡先生詩二十五卷首二卷　紀年録一卷

(宋)蘇軾撰　王十朋注

宋建安萬卷堂刊本　共二十八册

静嘉堂文庫藏本　原吴兔床拜經樓　陸心源皕宋樓等舊藏

【按】每半葉有界十一行，行十九字。注文雙行，行二十五字。細黑口，雙黑魚尾，左右雙邊(20.4cm×12.8cm)。

卷首有"東坡先生小像"，此係清乾隆丙午(1786年)冬仲海寧吴騫摹畫補貼。前有西蜀趙公夔堯卿《王狀元注蘇東坡詩序》，次有狀元王公十朋《序》，次有王公十朋龜齡纂集《百家注分類東坡先生詩姓氏》，次有刊行木記兩行：

建安萬卷堂
刻梓于家塾

"木記"後有《王狀元集諸家注分類東坡先生詩目録》。

卷二十五末有墨書識文，題署"乾隆五十一年(1786年)夏重午後二日兔床吴騫識，男壽暘書(後有雙行小字"時年一十有六)"。卷末有仙溪傅藻編《東坡紀年録》。

卷中避宋諱，凡"泫、鉉、匡、樹、桓、構、溝、講、愼、敦"等，皆爲字不成。語涉宋朝，皆上空一格。

卷中有"慶元路提學副使邵曬理書籍關防"、"濮陽李廷相雙檜堂書畫私印"、"拜經樓吴氏藏書印"、"寒可無衣饑可無食至于書不可一日失此昔人詒厥之名言是可爲拜經樓藏書之雅則"、"事學鐘離存義概書求宛委續餘編"、"歸安陸樹聲藏書之記"、"宋本"等印記。

(王狀元集百家注分類)東坡先生詩(殘本)存一卷

(宋)蘇軾撰　王十朋纂集

南宋建安刊元修本　共一册

御茶之水圖書館藏本　原阿部吐佛　德富蘇峰成簣堂舊藏

【按】每半葉有界十一行，行十九字。注文雙行，行二十五字。左右雙邊，邊框尺寸，宋刊部分爲 20.8cm，13.7cm；元修部分爲 21.7cm，13.7cm。

是書全本二十五卷。此本今存卷二十二，共一卷。首行頂格題署“王狀元集百家注分類東坡先生詩卷之二十二”，次行上空一字，題署“送別下”，次行上空二字，題署“詩五十六首”。全卷朱墨點，並有訓點，外題“王堂詩”三字，皆爲日本室町時代人筆墨。

封面仍係原紙蠟箋，内葉添加室町時代之楮紙。

此本原係島田翰、阿部吐佛等舊藏，後歸德富蘇峰成簣堂。

卷中有“天下之公寶須愛護”、“蘇峰學人德富氏愛藏圖書記”等印記。

(王狀元集百家注分類)東坡先生詩二十五卷

(宋)蘇軾撰　王十朋纂集

宋刊本　共十三册

宫内廳書陵部藏本

【按】每半葉有界十三行，行二十三字。注文雙行，行二十七字。白口，雙邊。缺序目。

每卷首行題“王狀元集百家注分類東坡先生詩卷之幾”。次行題“前禮部尚書端明殿學士兼侍讀學士贈太師謚文忠蘇軾”(“軾”上空一字)。三行題“廬陵須溪劉辰翁批點”。

此本朱墨手批甚多，曾舊藏昌平坂學問所，後由太政官文庫而入宫内省。

卷中諸印首曰“壽本”，次有“平安堀氏時習齋藏”篆書長方朱印，次有“淺草文庫”楷書長方朱印。每册首及卷二十五尾，有“小島氏圖書記”印記。每册尾有“昌平坂學問所”篆書長方墨印。卷一及卷二十四首，有“佞宋”印記。卷二首有“豈待開卷□撫弄亦欣然”印記，同卷尾有“臣尚真”印記。卷四首有“荷素堂藏驚人秘笈”印記。同卷尾有“尚真私印”印記。卷二十五尾有“尚真私印”及“學古氏”等印記。

森立之氏《經籍訪古志》卷六、董康《書舶庸譚》卷六，皆著録此本。

(王狀元集百家注分類)東坡先生詩二十五卷

(宋)蘇軾撰　王十朋編集　劉辰翁批點

宋刊本　共十二册

東北大學附屬圖書館藏本　原狩野亨吉等舊藏

【按】每半葉有界十四行，行二十二字。小字雙行三十字。白口，左右雙邊。

卷中避宋諱，凡“玄、紘、殷、敬、驚、樹、構、溝、慎”等字皆缺筆。

此集缺《序》及《目》。卷九、卷十以舊刻本補入，另有室町時代日人若干補鈔，并加點訓。

正文首行頂格題署“王狀元集百家注分類東坡先生詩卷之一”，次行上空三字題“前禮部尚書端明殿學士兼侍讀學士贈太師謚文忠公蘇軾”，次行上空一字，題“紀行”，下隔十二字，署“廬陵須溪劉辰翁批點”，次行上空二字，題“詩十九首”。

此本欄外天頭地邊，滿是朱墨批文，字體不一，恐是數人之手。

題籤墨書“蘇玉堂”。卷中并有“福山文庫”、“篁邨島田氏家藏圖書”等印記。

(王狀元集百家注分類)東坡先生詩二十五卷

(宋)蘇軾撰　王十朋纂集

宋建安萬卷堂刊元人補修本　共二十五册

宫内廳書陵部藏本

【按】每半葉有界十一行，行十九字。注文雙行，每行二十五字。黑口，雙邊。

此本行款格式，一如前記宫内廳書陵部及静嘉堂文庫所藏萬卷堂刻本，全本二十五卷，缺卷二十二，有補鈔紙葉。

首有“鹿王院”印記。每册首有“新宫城書藏”印記。每册首尾有“圖書苟文庫”印記。卷八尾有“錢胤卿賞識”印記。卷十三尾有“淺草氏章”、“子孫世昌”及“永保”印記。卷二十一尾有“梅堂經眼”印記。卷二十五尾有“瀨芳閣清賞”印記。

(王狀元集百家注分類)東坡先生詩二十五卷

(宋)蘇軾撰　王十朋纂集　劉辰翁批點
元刊本　共二十五册
宫内廳書陵部藏本　原豐後佐伯藩主毛利高標等舊藏

【按】每半葉有界十一行,行十九字。注文小字雙行,每行二十五字。黑口,雙邊。

此本缺《序》《跋》及《目録》。全卷朱墨手識甚多。

卷二十一尾有《送子由使契丹詩》,其文曰:

"雲海相望寄此身,那因遠適更沾巾。
沙漠回看清禁月,湖山應夢武陵春。"

此本係仁孝天皇文政年間(1818—1829 年)由出雲守毛利高翰獻贈幕府,明治初年歸内閣文庫。

卷中有"佐伯侯毛利高標字培松藏書畫之印"朱文方印。

日本自南北朝(1331—1391 年)始,依此元刻本覆刻者甚多。

【附録】日本南北朝時代有刻本《王狀元集百家注分類東坡先生詩》二十五卷。(宋)蘇軾著,劉辰翁批點。此本係中國元代刻工陳孟才、陳伯壽、俞良甫等渡日者,仿照前記元刻本覆刻,故卷二十一尾《送子由使契丹詩》中,照例在第三十四葉與第三十五葉之間,脱漏"不辭馹騎凌風雪,要使天驕識鳳麟"一聯。卷二以别本元刻本補之

又,五山刻本《王狀元集百家注分類東坡先生詩》二十五卷。(宋)蘇軾著,(宋)王十朋注,(宋)劉辰翁批點。

又,日本古活字印本《增刊校正王狀元集注分類東坡先生詩》二十五卷,《東坡紀年録》一卷。(宋)蘇軾著,(宋)王十朋注,《紀年録》(宋)傅藻撰。

又,日本後西天皇明曆二年(1656 年)京都松柏堂上村吉左衛門等刊刻《增刊校正王狀元集注分類東坡先生詩》二十五卷,附《東坡紀年録》一卷。(宋)蘇軾著,(宋)王十朋注,(宋)劉辰翁批點,《紀年録》(宋)傅藻輯。

又,十五世紀江月宗玩和尚手鈔本《王狀元集百家注分類東坡先生詩》二十五卷。

正親町天皇天正五年(1577 年)有宋人蘇軾撰、劉辰翁批點《王狀元集百家注分類東坡先生詩》二十五卷手寫本一種。此本今存卷第一至卷第十四、卷第十九、卷第二十二至卷第二十五,凡十九卷。現存國會圖書館。

江户時代有《東坡先生詩》二十五卷日人手寫本一種,此本卷十五、卷十七、卷二十四、卷二十五以《王狀元集百家注》本摹寫,卷中又有以日本南北朝時代刊本配補,今存足利學校遺迹圖書館。

又有宋人蘇軾撰、劉辰翁批點《王狀元集百家注分類東坡先生詩》二十五卷日本人古寫本一種。此本全本,共十二册,現存國會圖書館。

(王狀元集百家注分類)東坡先生詩二十五卷

(宋)蘇軾撰　王十朋纂集
元刊本　共二十五册
宫内廳書陵部藏本

【按】《王狀元集百家注分類東坡先生詩》諸本皆卷首有《序》、有《目》、并有《紀年録》,此本全闕。

(增刊校正王狀元集百家注分類)東坡先生詩二十五卷

(宋)蘇軾撰　劉辰翁批點
元刊本　共二十五册
國會圖書館藏本

(增刊校正王狀元集百家注分類)東坡先生詩二十五卷

(宋)蘇軾撰　王十朋注　劉辰翁評
元刊本　共二十八册
大阪府立圖書館藏本

【按】此本卷第十一與卷第十六,共二卷係用日本南北朝時代刊本配補。

(增刊校正王狀元集百家注分類)東坡先生詩二十五卷

(宋)蘇軾撰　王十朋注　劉辰翁批點

明成化年間(1465—1487年)劉氏安正堂刊本　共十册

内閣文庫藏本

【按】每半葉有界十二行,行二十三字。注文小字雙行,行同正文。黑口,四周雙邊。

【附録】後西天皇明曆二年(1655)京都上村吉右衛門刊本影印《增刊校正王狀元集注分類東坡先生詩》二十五卷《東坡紀年録》一卷。此本題署(宋)蘇軾撰,王十朋等注,劉辰翁評。《紀年録》題署(宋)傅藻編。

(增刊校正王狀元集諸家注分類)東坡先生詩二十五卷　附録一卷

(宋)蘇軾撰　劉辰翁評

元汪氏誠意齋集書堂刊本　共十二册

石井積翠軒文庫藏本

【按】每半葉有界十二行,行二十一字。注文雙行,行二十六字。四周雙邊。此本《姓氏》末,有刻刊書齋木記,其文曰:

汪氏誠意齋
集書堂新刊

各册首有"太古"鼎形朱記印。内封有"赤穗城下南三木氏"印記。第一册内有日本後陽成天皇慶長年間(1576—1605年)人手識訓讀批點。每册有手題目次,皆日本江户初期讀者手筆。

此本封面紙係黄色高麗紙,紙背有文字,亦係朝鮮人手筆。

(王狀元集注分類)東坡先生詩二十五卷

(宋)蘇軾撰　王十朋集注　劉辰翁批點

元刊本　共二十八册

大阪府立圖書館藏本

【按】此本末葉有墨書"天正十三年(1585年)癸酉四月十九日始講,天正十九年(1591年)己卯四月二日成就也。清韓拜"。

次書"坡講傳受"。並記"桃源——一韓——笑雲三和尚——文叔彦和尚——清韓二十五歲□□前板秉拂"。

卷中有"天得庵"、"岸藩文庫"等印記。

(增刊校正王狀元集注分類)東坡先生詩二十五卷

(宋)蘇軾撰　王十朋集注　劉辰翁批點

元刊本　共十五册

米澤市圖書館藏本

【按】每半葉有界十二行,行二十一字。注文小字雙行,行二十六字。黑口,四周雙邊。

此本首有王十朋《序》,後有《諸家注姓氏》。《姓氏》後,有剜去書肆名號之長方木牌,其文曰:

盧陵□□□
□書堂新刊

卷三前有細字識語,卷三後各卷有朱筆句讀訓點。

每册有"米澤藏書"印記。

【附録】日本後陽成天皇慶長年間(1596—1615年)活字刊印《增刊校正王狀元集注分類東坡先生詩》二十五卷,《紀年録》一卷。每半葉九行,行十五字,此本蓋自朝鮮活字本翻刊。

後西天皇明曆二年(1655年)京都上村吉右衛門刊印《增刊校正王狀元集注分類東坡先生詩》二十五卷,并附《東坡紀年録》一卷。其後此本有京都林和泉掾重印本。

靈元天皇貞享二年(1658年)有和刊本蘇軾撰《九相詩》一卷。

靈元天皇寛文八年(1668年)刊印日人山本泰順(三徑)編《新刻拔粹分類蘇東坡絶句》二卷(七言、五言各一卷)。其後此本有靈元天皇延寶五年(1677年)永田調兵衛重印本。

光格天皇文化三年(1806年)仙臺西村屋治右衛門刊印《東坡先生詩抄》七卷。此本由日人朝川鼎、松井元輔校。其後此本有仁孝天皇天保三年(1832年)重印本。

光格天皇文化年間(1804—1818 年)有和刊本日人源石齋編、田能村孝憲校《蘇東坡絶句》四卷。其後此本有光格天皇文化十四年(1817年)大阪加賀屋善藏重印本。又有孝明天皇嘉永元年(1848 年)京都近江屋佐太郎等修訂重印本。

孝明天皇文久三年(1863 年)玉山堂山城屋佐兵衛等刊印《蘇文忠公詩集擇粹》十八卷。此本由日人平田敬(虚丹)點。其後此本有江户淺倉屋久兵衛重印本。

(增刊校正王狀元集注分類)東坡先生詩(殘本)存二十三卷

(宋)蘇軾撰　劉辰翁評

元刊本　共十册

御茶之水圖書館藏本　原德富蘇峰成簣堂舊藏

【按】每半葉有界十二行,行二十一字。注文小字雙行,行二十六字。黑口,四周雙邊(21.2cm×13.5cm)。

是書全本二十五卷,此本今缺卷一、卷十六,實存二十三卷。各卷書名,或缺首"增刊校正"四字,或缺"先生"二字。又,"姓氏"之末,有剜去書肆名號之長方木牌,其文曰:

廬陵□□□

□書堂新刊

全書朱墨點記。每册首有"惠林什書門外不出"印記。

(增刊校正王狀元集注分類)東坡先生詩(殘本)存十九卷

(宋)蘇軾撰　劉辰翁評

元刊本　共十册

御茶之水圖書館藏本　原德富蘇峰成簣堂舊藏

【按】是書全本二十五卷,此本今缺卷一至卷四、卷二十二、卷二十三,實存凡十九卷。

卷中施加朱墨圈點,并有日本正親町天皇元龜三年(1572 年)墨書,其文曰:"右以默雲翁講本分句改字粗加倭點。元龜三年壬戌夏五……"(下缺)。

卷中有"岷岡藏書"等印記。

蘇東坡詩集二十五卷

(宋)蘇軾撰　劉辰翁評

明刊本　共四册

東洋文庫藏本　原小田切萬壽之助舊藏

【附録】據《外船賫來書目》記載,中御門天皇享保四年(1719 年)中國南京船主沈補齋載《東坡詩集》一部抵日本。

據光格天皇天明六年(1786 年)《寅拾番船持渡書改目録寫》記載,同年此船載《蘇東坡詩集》一部二帙十册抵日本,該《目録》注明"古本,無脱紙"。

又據《書籍元帳》記載,日本仁孝天皇弘化四年(1847 年)由中國輸入《東坡詩集》二套,定價十三匁。

(增刊校正王狀元集諸家注分類)東坡先生詩二十卷

(宋)蘇軾撰　王十朋注　劉辰翁批點

明劉氏安正堂刊本　共二十册

静嘉堂文庫藏本

【按】每半葉有界十二行,行二十三字。注文小字雙行。

前有王龜齡、趙公夔兩《序》文。《目録》後有"龍集丙戌秋月劉氏安正堂"一行。卷末又有"丙戌歲孟冬月安正書堂新刊"一行。

(增刊校正王狀元集百家注分類)東坡先生詩二十卷

(宋)蘇軾撰　王十朋注　劉辰翁評

明刊本　共二十册

静嘉堂文庫藏本　原陸心源十萬卷樓等舊藏

【按】是書各家刊本皆二十五卷,此二本爲二十卷。

東坡先生詩集注三十五卷　附東坡紀年録一卷

(宋)蘇軾撰　王十朋編　(明)茅維芟閲　《紀年》(宋)傅藻編

明吴興茅氏刊本　共十册

京都大學中國語學文學哲學研究室藏本

【按】每半葉有界十行,行二十一字。小字雙行,行同正文。白口,左右雙邊。

【附録】江户時代《舶來書籍大意書》著録《東坡詩集注》三十二卷。其釋文曰:“宋王龜齡纂輯。分蘇子瞻諸體詩二千四百七十餘首爲紀行、閑適、送别、慶賀、咏物、樂府等二十九門。”

《倭板書籍考》卷七著録《東坡詩集注》,并曰:“《集注》係南宋名儒王梅溪集諸家之注,分七十八門。”

《商舶載來書目》記載,中御門天皇正德二年(1712年)中國商船“登字號”載《東坡先生詩集注》一部抵日本。光格天皇天明三年(1783年)中國商船“曾字號”載《蘇東坡詩集注》一部抵日本。

《寅十番船持渡書改目録寫》記載,光格天皇天明六年(1786年)該船載《蘇東坡詩集注》一部抵日本。

東坡先生詩集注三十二卷　目一卷

(宋)蘇軾撰　王十朋編　(明)王永積閲

明刊本

静嘉堂文庫　東京大學總合圖書館　東北大學附屬圖書館藏本

【按】静嘉堂文庫藏本,原係陸心源守先閣等舊藏,共八册。

東京大學藏本,原係江户時代紀州德川家南葵文庫舊藏,此本今缺卷第十六至卷第十八,實存二十九卷,卷中有清人修補,共三十三册。

東北大學藏本,原係狩野亨吉等舊藏,卷中有清人修補,共十六册。

【附録】日本後光明天皇正保四年(1647年)京都林甚右衛門依據明潛確居刊本覆刊《東坡先生詩集》三十二卷、《東坡先生年譜》一卷并《首》一册。刊印《東坡先生詩集》三十二卷,并附《年譜》一卷。此本題署(宋)蘇軾撰,王十朋編,(明)陳仁錫評。《年譜》題署(宋)王宗稷編。其後此本有後西天皇明曆三年(1657年)林和泉椽重印本,又有京都出雲寺重印本等。

東坡先生詩集注二十卷(殘本)　附東坡紀年録一卷

(宋)蘇軾撰　王十朋編　(明)茅維閲

明刊本　共五册

大阪大學文學部懷德堂藏本　原大阪懷德堂等舊藏

【按】是書全本卷32卷,此本今缺逸卷第三至卷第十四,實存共二十卷。

東坡詩選十二卷

(宋)蘇軾撰　(明)譚元春輯

明天啓元年(1621年)文盛堂刊本

東京大學東洋文化研究所大木文庫藏本

【按】每半葉有界八行,行十七字。白口,四周單邊。

前有明天啓元年(1621年)《序》。

東坡詩選十四卷

(宋)蘇軾撰　(明)譚元春編　袁宏道閲

明天啓三年(1623年)刊本

宫内廳書陵部藏　共六册

東坡文選二十卷

(宋)蘇軾撰　(明)鍾惺編

明萬曆年間(1573—1620年)閔氏朱墨套印刊本　共八册

内閣文庫藏本

【按】每半葉有界九行,行二十字。白口,四周單邊。

前有明萬曆四十八年(1620年)《序》。

内閣文庫藏此同一刊本兩部。一部原係紅葉山文庫舊藏,一部原係昌平坂學問所舊藏。

【附録】據《商舶載來書目》記載,中御門天皇享保十年(1725年)中國商船"登字號"載《東坡文選》一部抵日本。

《書籍元帳》又記載仁孝天皇天保十二年(1841年)由中國輸入《東坡文選》一部,定價十匁。

(宋大家)蘇文忠公文選九卷

(宋)蘇軾撰　(明)歸有光編　倪元璐評閱

明末徐開雍刊本　共五册

東北大學附屬圖書館藏本　原狩野亨吉等舊藏

東坡文集二卷

(宋)蘇軾撰　(明)焦竑校

明刊本　共六册

國會圖書館藏本

(宋大家)蘇文忠公文鈔二十八卷

(宋)蘇軾撰　(明)茅坤評

明刊本　共十册

内閣文庫藏本　原昌平坂學問所舊藏

【附録】日本孝明天皇安政五年(1858年)昌平坂學問所官版刊印《宋大家蘇文忠公文鈔》二十八卷,題署"宋蘇軾撰,明茅坤批評"。

東坡詩文選

(宋)蘇軾撰　(明)袁宏道　鍾惺輯

明天啓年間(1621—1627年)刊本

尊經閣文庫藏本　原江户時代加賀藩主前田綱紀等舊藏

東坡集(坡仙集)十六卷

(宋)蘇軾撰　(明)李贄評　焦竑輯

明萬曆二十八年(1600年)繼志齋刊本　共十五册

國會圖書館　東京大學東洋文化研究所藏本

【按】每半葉有界九行,行二十字。白口,四周單邊。

國會圖書館藏本　原十五册,今合爲八册。

東京大學東洋文化研究所藏本,原係大木幹一等舊藏。

坡仙集十六卷

(宋)蘇軾撰　(明)焦竑輯

明萬曆四十七年(1619年)刊本　共六册

京都大學文學部中國語學文學哲學研究室藏本

【按】每半葉有界九行,行二十字。白口,四周單邊。

東坡集(坡仙集)十六卷

(宋)蘇軾撰　(明)李贄評　焦竑輯

明末刊本　共八册

大阪天滿宫御文庫藏本

東坡集(坡仙集)(殘本)存十卷

(宋)蘇軾撰　(明)焦竑輯

明萬曆年間(1573—1620年)刊本　共二册

内閣文庫藏本　原江户時代林羅山舊藏

【按】每半葉有界九行,行二十字。白口,四周單邊。

是書全本十六卷,此本今缺卷十一至卷十六,卷中有補寫。

卷中有"江雲渭樹"印記。

坡仙集十六卷

(宋)蘇軾撰　(明)李贄編

明刊本　共十册

内閣文庫藏本　原紅葉山文庫舊藏

坡仙集内外篇(蘇長公合作)(不分卷)

(宋)蘇軾撰

元刊本　日本重要美術財　共六册

石井積翠軒文庫藏本　原寺田盛業讀杜艸堂等舊藏

【按】每半葉有界九行,行二十二字。四周單邊。版心鎸"蘇長公合作"。

此本分内外篇，各三册。内篇二百零一葉，外篇一百七十三葉。

外篇第二、第三册末等有"貞和戊子七月（第三册末作'八月'）一讀了南禪乾峰士曇"墨書。此"貞和"係日本南北朝時代（1331—1391年）北朝光明天皇之年號，'戊子'年即1347年，元朝至正八年也。

卷中有"隱岐文庫"、"一支"、"一字寶口"、"讀杜艸堂""東京溜池靈南街第四號讀杜艸堂主人寺田盛業記"等印記。

此本已被日"本文化財審議委員會"確認爲"日本重要美術財"。

蘇長公合作（不分卷）

（宋）蘇軾撰

明萬曆三十一年（1603年）書林萃慶堂余泗泉刊本　共三册

京都大學附屬圖書館藏本

【按】每半葉有界九行，行二十二字。白口，四周單邊。

【附録】據《商舶載來書目》記載，日本中御門天皇享保十一年（1726年）中國商船"曾字號"載《蘇長公合作》一部抵日本。

蘇長公合作八卷　補二卷

（宋）蘇軾撰　鄭孔肩選

明萬曆四十八年（1620年）凌氏三色套印刊本　共十二册

尊經閣文庫　御茶之水圖書館藏本

【按】每半葉有界八行，行十九字。白口，四周單邊。

尊經閣文庫藏本，原係江户時代加賀藩主前田綱紀等舊藏，共十二册。

御茶之水圖書館藏本，原係德富蘇峰成簣堂等舊藏，封面有刊印原題，書帙有朝鮮人手識文，共十册。

蘇長公小品二卷

（宋）蘇軾撰　（明）王納諫評選

明萬曆三十九年（1611年）章氏心遠齋刊本　共二册

早稻田大學圖書館藏本

蘇長公小品四卷

（宋）蘇軾撰

明萬曆四十八年（1620年）凌氏三色套印刊本　共四册

御茶之水圖書館藏本　原德富蘇峰成簣堂等舊藏

【按】　此本與《蘇長公合作》同時刊印。

卷首與卷末有德富蘇峰手識文。

【附録】孝明天皇弘化三年（1846年）大阪河内屋茂兵衛、河内屋藤兵衛、江户英文藏等刊印《蘇長公小品》四卷。此本係日人布川通璞（菱潭）校刊，其後此本又有弘化四年（1847年）大阪青木恒三郎重印本。

補訂坡仙集鈔三十八卷

（宋）蘇軾撰　（明）陳繼儒編

明刊本　共八册

内閣文庫藏本　原紅葉山文庫舊藏

宋蘇文忠公海外集四卷

（宋）蘇軾撰

明萬曆四十七年（1619年）刊本　共二册

内閣文庫藏本　原昌平坂學問所舊藏

東坡二妙集（尺牘二十卷　詩餘二卷）

（宋）蘇軾撰　（明）焦竑批

明天啓元年（1621年）徐氏曼山館刊本　共八册

宫内廳書陵部藏本

【按】每半葉有界十行，行十八字。白口，四周單邊。

東坡先生往還尺牘二十卷

（宋）蘇軾撰

明刊本　共四册

大倉文化財團藏本

【按】每半葉有界十二行,行二十四字。黑口。

卷中有朱墨筆點,并有"味劍"等印記。

東坡禪喜集十四卷

(宋)蘇軾撰　(明)凌濛初編　馮夢禎評

明天啓年間(1621—1627年)朱墨套印刊本　共四册

内閣文庫藏本　原紅葉山文庫舊藏

【按】每半葉有界八行,行十八字。白口,四周單邊。

【附録】《倭板書籍考》卷七著録《東坡禪喜集》,并謂:"此書集事涉禪佛之詩文故事"云云。

(新刻)東坡禪喜集九卷

(宋)蘇軾撰　(明)陳繼儒編　楊爾曾校

明潭邑書林熊玉屏刊本　共一册

内閣文庫　大阪府立圖書館藏本

【按】前有明萬曆十八年(1590年)《序》。内閣文庫藏本,原係紅葉山文庫等舊藏。

【附録】日本東山天皇元禄二年(1689年)洛陽(京都)中野伯元刊印《東坡禪喜集》九卷。此本係明熊玉屏刊本之覆刊本。

寓惠録四卷　附録一卷

(宋)蘇軾撰

明萬曆三十七年(1609年)清江蕭以裕刊藍印本　共二册

内閣文庫　蓬左文庫藏本

【按】每半葉有界九行,行十八字。小字雙行,行同正文。白口,四周雙邊。

此本係翻刻明萬曆四年(1576年)刊本。

卷中有圖像。

内閣文庫藏本,原係紅葉山文庫等舊藏。

【附録】據《商舶載來書目》記載,東山天皇寶永四年(1707年)中國商船"曾字號"載《蘇長公寓惠集》一部抵日本。該船於中御門天皇正德元年(1711年)又載《蘇文忠先生寓惠全集》一部抵日本。正德元年(1711年)中國商船"久字號"載《寓惠全集》一部抵日本。

高僧参寥詩十二卷

(宋)釋道潛撰　(明)汪汝謙校

明汪汝謙刊本　陳鱣手識本　共二册

静嘉堂文庫藏本　原陸心源十萬卷樓等舊藏

【按】前有陳無已《送行序》,陳序後有《行録》一葉。

卷中有清嘉慶十年(1805年)陳鱣手識文二則。其一曰:

"《参寥子集》十二卷,宋僧道潛撰。道潛本姓何,於潛人。《墨莊漫録》云:'本名曇潛,東坡爲改曰道潛'。東坡守杭州,爲卜西湖智果精舍居之,當坐得罪返初服。建中靖國初,詔復祝髮。崇寧末,歸老江湖,當賜號妙總大師。今所傳詩集凡數本。一題《三學院法嗣》,廣定訂;《智果院法嗣》,海惠閱録。前有参寥子小影,即海惠所臨,首載陳師道《餞参寥禪師東歸序》,次載宋濂、黄諫、喬時敏、張睿卿四《序》。一本題法嗣、法穎編,卷帙俱同,而叙次迥异,所載陳是鄧題曰《高僧参寥集序》,與文中語意不符。又吴之振《宋詩鈔》云:'《参寥集》杭本多誤,采它詩未及與析'。是本爲明時歙汪汝謙校刊。陳《序》亦作《高僧参寥集序》。始即從法穎本重刊,未知視杭本何如耳。嘉慶十年春日,陳鱣記。"

其二曰:

"前引曇潛改名事,今備載《墨莊漫録》云:'吕温卿爲浙漕,既起錢濟明獄,又發廖明略事,二人皆廢斥,復欲網羅参寥,未有以中之。會有僧與参寥有隙,言参寥度牒冒名。蓋参寥本名曇潛,因子瞻改曰道潛。温卿索牒驗之,信然,竟坐刑之歸俗,編管兖州。未幾温卿亦爲孫杰鼎臣發其贓濫繫獄,人以爲災人者,人必反災之'。按此事《行録》未之及，故附書焉。鱣再記。”

石門文字禪三十卷

(宋)釋德洪撰

明萬曆年間(1573—1620年)徑山寺刊本　共六册

宫内廳書陵部　静嘉堂文庫藏本

【按】前有明萬曆丁酉(1597年)釋達觀《序》。每卷末有施貲刻者、校者、書手、刻工姓氏，并有“萬曆丁酉仲冬徑山興聖萬壽禪寺識”木記。

宫内廳書陵部藏本，原係江户時代豐後佐伯藩主毛利高標舊藏，仁孝天皇文政年間(1818—1829年)出雲守毛利高翰獻贈幕府。明治初年歸内閣文庫，明治二十四年(1891年)由内閣文庫移入宫内省圖書寮(即今宫内廳書陵部)。首有“佐伯侯毛利高標字培松藏書畫之印”，每册首又有“西王禪寺藏印”、“秘閣圖書之章”印記。

静嘉堂文庫藏本，原係陸心源十萬卷樓等舊藏。

【附録】日本靈元天皇寛文四年(1664年)京都田原仁左衛門刊印《石門文字禪》三十卷。

無為集十五卷

(宋)楊杰撰　趙士彩編

明人寫本　毛晉手識本　共四册

静嘉堂文庫藏本

【按】前有宋紹興癸亥(1143年)四月趙士彩《序》文。

卷中有崇禎十六年(1643年)毛晉手識文，其文曰：

“宋名家詩文全集，余家藏亦不少，偶造白門，向屯部周浩若索異書，首出楊次公《無爲集》十五卷見示，乃趙士彩所編，鏤版於紹興癸亥年，大書深刻，紙墨雙妙。亟命童子三四，窮五日夜之力，依樣印書，雖字畫不工，皆余手訂正者。又得葉石林建康集章草韵石刻，皆快事也。崇禎十六年八月九日，石城橋下餘杭毛晋。”

卷中有“張月霄印”、“愛日精廬藏書”等朱文印記。

無為集十五卷

(宋)楊杰撰　趙士彩編

古寫本　李禮南　璋煜校本　共二册

大倉文化財團藏本

【按】各卷有朱筆校記，并有癸未校畢識語。

卷中有李禮南、璋煜校正印記。

欒城集五十卷　後集二十四卷　三集十卷

(宋)蘇轍撰　(明)高鵬等校

明嘉靖二十年(1541年)四川監察御史刊本

内閣文庫　御茶之水圖書館藏本

【按】每半葉有界十行，行二十字。白口，四周單邊。

前有明嘉靖二十年(1541年)辛丑劉大謨《序》。又有巡按監察御史王珩《序》，次有《凡例》，次有《謚議》，次有《目録》。

内閣文庫藏本，原係楓山官庫等舊藏，共十六册。

御茶之水圖書館藏本，原係德富蘇峰成簣堂等舊藏。各册封面皆用朝鮮白色紋様紙重新裝裱，卷中有“德富氏珍藏記”四周雙邊陰陽文印記，共四十五册。

欒城集五十集　後集二十四卷　三集十卷

(宋)蘇轍撰

明嘉靖年間(1522—1566年)木活字刊本　共二十六册

尊經閣文庫　京都大學附屬圖書館近衛文庫藏本

【按】每半葉有界十行，行二十字。白口，四周單邊。

前有明嘉靖辛丑(1541年)劉大謨《序》。又有巡按監察御史王珩《序》，次有《凡例》，次有《謚議》，次有《目録》。

此本即依明嘉靖二十年刊本以活字版重新

刊印。

欒城集五十卷　後集二十四卷　三集十卷　應詔集十二卷　目二卷

(宋)蘇轍撰　(明)王執禮　顧天叙校

明萬曆年間(1573—1620年)清夢軒刊本

静嘉堂文庫　福井市立圖書館　愛知大學簡齋文庫　大倉文化財團藏本

【按】每半葉有界十行,行二十字。白口,左右雙邊。

此本係宋開禧年間筠州刻本的覆刊。

静嘉堂文庫藏本,原係陸心源十萬卷樓等舊藏,共三十册。

福井市藏本,今缺《後集》二十四卷,卷中有"越國文庫"朱文方印,共二十五册。

愛知大學藏本,原係小倉正恒等舊藏,共十六册。

大倉文化財團藏本,卷中有"許惇"、"个是醇夫手種田"等印記。共十四册。

欒城集五十卷　首一卷　後集二十四卷

(宋)蘇轍撰　(明)王執禮　顧天叙校

明萬曆年間(1573—1620年)刊本　共十五册

内閣文庫藏本　原江户時代林氏大學頭家舊藏

欒城集五十卷　後集二十四卷　三集十卷　應詔集十二卷

(宋)蘇轍撰　(明)王執禮　顧天叙校

明刊本　共十六册

東洋文庫藏本　原小田切萬壽之助舊藏

欒城集四十卷

(宋)蘇轍撰　(明)王執禮　顧天叙校

明刊本　原八册合爲四册

國會圖書館藏本

欒城集九十八卷

(宋)蘇轍撰　(明)王執禮等校

明刊本　共五十五册

宫内廳書陵部藏本

(類編增廣)潁濱先生大全文集一百三十七卷

(宋)蘇轍撰

宋刊宋印本　日本重要文化財　共十五册

内閣文庫藏本　原昌平坂學問所舊藏

【按】每半葉有界十五行,行二十六字。注文小字雙行,行二十六字至二十九字不等。黑口,左右雙邊。

此本無《序》《目》,凡詩六十卷,文七十七卷。書題"類編增廣穎濱先生大全文集卷第幾"。卷尾隔一行題同前。版心上記字數,下記葉數。

是書分卷與明清諸本不同。每卷次行有分類標目,如"紀行"、"述懷"、"風雪"、"冰霜"、"寒食"、"端午"等,目甚繁細。然卷中正文有合併之處,如卷十一至卷二十一合而題名"卷十一",卷二十六至卷三十六合而題爲"卷二十六",卷四十六至卷五十合而題爲"卷四十六",卷六十七至卷八十合而題爲"卷六十七"。

此本與中國李盛鐸舊藏宋乾道間麻沙鎮刊本《類編增廣山谷先生大全文集》之版式與書名題式全同,可供考辨之用。光格天皇文化五年(1808年)入藏昌平坂學問所。

卷中有"昌平坂學問所"篆書朱文印,有"淺草文庫"楷書朱文印,有"文化戊辰"隸書朱文印。"文化"係日本光格天皇年號,"戊辰"即1808年。

董康《書舶庸譚》卷八著録此本。

傅增湘《藏園群書經眼録》卷十三亦著録此本,惟題記此本爲"一百三十卷",不知何故。其識文曰:

"《欒城集》後有其曾孫詡跋云:'欒城公集刊行者,建安本頗多缺謬,在麻沙者尤甚。'今觀此本,版式行格字體勁峭而露鋒棱,必爲麻沙鎮所刊。且余見李椒微師(盛鐸)所藏《類篇增廣山谷先生大全文集》五十卷,(舊藏海源閣楊氏),其版式字體與此正同。又書名標題咸與潁濱相匹配,必爲閩中同時書坊所合刊行世者。惟《山谷大全集》(之)《目》前有牌子數行,題爲乾道端午麻沙鎮水南劉仲吉識。玆册逸去首册,無從證明,爲足惜耳。"

此本已被日本"文化財審議委員會"確認爲"日本重要文化財"。

(合刻)三先生潁濱文匯十卷

(宋)蘇轍撰　(明)茅坤等評

明刊本　共三册

内閣文庫藏本

欒城後集(殘本)存五卷

(宋)蘇轍撰　(明)王執禮校

古寫本　共一册

茨城大學菅文庫藏本　原江户時代水户史學家菅政友等舊藏

【按】是書全本二十四卷。此本今存卷七至卷十一,實存五卷。

西塘先生文集十卷

(宋)鄭俠撰　(明)葉向高等編次

明萬曆三十七年(1609年)刊本　共四册

宫内廳書陵部　静嘉堂文庫　尊經閣文庫藏本

【按】每半葉有界九行,行十八字。白口,四周單邊。

前有宋隆興二年(1164年)十月黄祖舜《序》,宋嘉定庚午(1210年)三月鄭元清《序》,明萬曆己酉(1609年)葉向高《序》。

據葉向高《序》,則知是集在南宋凡四刊,至明而不可得。葉氏爲西塘先生鄉人,始從内閣鈔出,寄曹能始等,汰其繁復,存《奏疏雜文》八卷、《詩》一卷、合《宋史》本傳、《墓誌銘》、《謚議》、《祠記》等爲一卷,凡十卷。

宫内廳書陵部藏本,卷前有"臣會瑛"、"會瑛之印"、"顧氏伯子家藏"、"松儔竹伴"等印記。每册首有"中瑛氏"、"武陵長"、"秘閣圖書之章"等印記。

静嘉堂文庫藏本,原係陸心源十萬卷樓等舊藏。

尊經閣文庫藏本,原係江户時代加賀藩主前田綱紀等舊藏。

(吴郡)樂輔先生餘稿十卷　附録一卷

(宋)朱長文撰　朱思亰次

張立人手寫本　共二册

静嘉堂文庫藏本　原陸心源十萬卷樓等舊藏

【按】前有宋紹熙甲寅(1194年)孟冬姪孫朱思《序》。後附張景修撰《墓誌銘》及《墓表》,并《文苑傳》。

太史文公文集五十五卷

(宋)范祖禹撰

古寫本　共十二册

大倉文化財團藏本

【按】此本係《四庫全書》底本。

封葉有"汪啓淑家藏"、"軍機處"木記。卷中有"翰林院"、"教經堂錢氏"、"海陵錢犀盦"、"犀盦"、"媿斅齋"、"篤生"等印記。

鄱陽先生文集十二卷

(宋)彭汝礪撰

張立人手寫本　共四册

静嘉堂文庫藏本　原陸心源十萬卷樓等舊藏

【按】每卷有目。卷一至卷三係古詩,卷四至卷十係律詩,卷十一、卷十二絶句。全本首尾完備,并無缺佚。

演山先生文集六十卷

(宋)黄裳撰

明謝在杭影宋寫本　共六册

静嘉堂文庫藏本　原小草齋　陸心源十萬卷樓等舊藏

【按】每半葉有界十行，行二十字。版心有"小草齋鈔本"五字。

此係謝在杭影宋刻寫本。

前有王悦《序》及《自序》。後有廖挺《後序》，又有宋乾道丙戌（1166年）孟夏子玠《跋》，并有校官銜名。

卷中有"晋安謝氏家藏圖書"朱文大方印，"周元亮鈔本"白文方印，"曾在李鹿山處"朱文長印。

豫章黄先生文集（殘本）存十六卷　外集（殘本）存六卷

（宋）黄庭堅撰

宋孝宗年間（1163—1189年）刊本　黄丕烈手識本　日本重要文化財　共二十三册

天理圖書館藏本　原毛晋　汪士鐘等舊藏

【按】每半葉有界九行，行十八字。注文小字雙行，行二十九字。白口，左右雙邊。版心上記字數，下記葉數，有刻工名姓，如唐用、唐時、劉僅、劉彦、莊文、楊才、鄭明、伍三、王忠、彭世寧、上官慶等共四十七人。

是集全本三十卷。此本今存卷第二至卷第十四、卷第十七至卷第十九。外集全十四卷，今存卷第一至卷第六。

宋諱闕筆至"眘"字。

外集卷第六末，有嘉慶三年（1798年）七月黄丕烈手識文。其文曰：

"此家《豫章外集》六卷，得諸書船友邵姓，云自江陰楊文定公家收來，卷端有楊敦厚圖章，即文定孫也。裝潢精雅，亦以其爲宋刻，故珍之。然六卷後缺葉，謬以卷十四末葉續之。因後有山房李肜《跋》，取閲者偶不經意，即信爲完璧者。然其實補綴之痕不可没也。宋陳振孫《書録解題》（著録）'《豫章外集》十四卷'。按今明刻猶如是。所存詩六行，確在卷十四末，惟李肜《跋》明刻無之。然翁覃溪云，《外集》末有李肜《跋》，其在十四卷末宜矣。至六卷末所缺，就明刻者以宋板十八行十八字計之，連煞尾一行，適得一葉，當以素紙存其面目可爾。又翁云，《豫章外集》其作年月，往往在内集前，今人稱《外集》爲《後集》，失之。殊不知宋刻版心有'後黄一'、'後黄二'云云，則《外集》之稱爲《後集》，特以所刻之先後言之耳。世人不見宋刻，妄論短長，亦奚爲耶？余舊藏《豫章文集》三十卷本，僅有一卷至十四卷、十七卷、十八卷、十九卷，俱屬宋刻；今又得此，行款悉同，當是聯屬者。何意兩美之適合也。毛氏云，在在處處有神物護持，其信然歟？且《延令書目》載有《黄山谷集》三十卷、《後集》六卷，宋板，合諸此本，卷數却同，或即滄葦所藏，亦未可知。書之以誌舊物源流，固各有其本爾。時嘉慶三年歲在戊午秋七月棘人黄丕烈識。"

卷中有"虞山毛晋"、"敔樵楊敦厚重威章"、"汪士鐘藏"、"汪振勳印"、"雙鑑樓考藏宋本"等印記。

此本於1958年（昭和三十三年）被日本"文化財審議委員會"確認爲"日本重要文化財"。

豫章先生文集（殘本）存十二卷　外集（殘本）存十一卷

（宋）黄庭堅撰

宋刊本　日本重要文化財　共七册

内閣文庫藏本　原近江西大路藩主市橋長昭等舊藏

【按】每半葉有界八行，行十五字。注文小字雙行，白口，左右雙邊。版心魚尾下有"豫章幾"，下記刻工名姓。　每卷首行題"豫章先生文集卷第幾"。

此本《文集》今存卷五至卷九、卷十六、卷十七、卷二十至卷二十一、卷二十四至卷二十六。《外集》今存卷五至卷十五。

卷中有長方朱文楷書大木記，其文曰：

顔氏家訓曰借人典 籍皆須愛護先有缺 壞就爲補治此亦士 大夫百行之一也 鄞江衛氏謹志

此本係日本光格天皇文化五年(1808年)下總守市橋長昭獻贈文廟三十種宋元刊本之一。

卷中有"仁正侯長昭黄雪書屋鑑藏圖書之印"篆書長方朱文印。又有"淺草文庫"楷書朱文方印。

森立之氏《經籍訪古志》卷六著録此本,稱其"楷法端正,字殆錢大"。董康《書舶庸譚》卷六亦著録此本。

此本已被日本"文化財審議委員會"確認爲"日本重要文化財"。

豫章黄先生文集三十卷　外集十四卷　別集二十卷　詞一卷　簡尺一卷

(宋)黄庭堅撰

明嘉靖年間(1522—1566年)刊本　共二十册

宫内廳書陵部藏本　原江户時代德山藩主毛利元次舊藏

【按】每半葉有界十二行,行二十一字,二十二字不等。白口,四周雙邊。

前有明嘉靖丙戌(1526年)徐岱《序》,次有嘉靖丁亥(1527年)周季鳳《序》。後有查仲道《跋》。《跋》後有《識文》,其文曰:

> "是集舊本缺貳拾板,剥落不辨字畫者肆百捌拾餘板。隆慶貳年夏陸月,求得善本,遂鳩工。缺者補之,剥落者修之善本,復無稽者,姑置以俟。工竣,謹用識之,使典守者知所珍藏云。"

此《文集》,係豫章先生甥洪炎編,《外集》李彤編,《別集》孫嵤編,《簡尺》不署編者姓名。

此本係明嘉靖年間周季鳳鈔自内閣,巡按江西御史徐岱囑葉天爵、喬遷刻刊之。原係德山藩三代主毛利元次廣收"天下秘籍"之一。東山天皇寶永三年(1706年)《御書物目録》著録此本,明治二十九年(1896年)男爵毛利元功贈獻宫内省圖書寮(即今宫内廳書陵部)。

每册首有"明倫館印"、"德藩藏書"等印記。

山谷先生全書(六種)九十七卷　附伐檀集二卷

(宋)黄庭堅撰　《伐檀集》(宋)黄庶撰

明嘉靖年間(1522—1566年)刊本　共十六册

静嘉堂文庫藏本　原陸心源十萬卷樓等舊藏

【按】此本細目如次:

《豫章黄先生文集》三十卷;

《外集》十四卷;　《別集》二十卷;

《山谷詞》一卷;　《簡尺》二卷;

《山谷先生年譜》三十卷。

山谷全書(黄先生文集)九十九卷

(宋)黄庭堅撰　(明)周季鳳編

明嘉靖六年(1527年)刊本

宫内廳書陵部　内閣文庫　尊經閣文庫藏本

【按】此本題《山谷全書》,細目如次:

《豫章黄先生文集》三十卷;

《外集》十四卷;　《別集》二十卷;

《山谷詞》一卷;　《簡尺》二卷;

《山谷先生年譜》三十卷(宋黄嵤編)。

此本并附青社黄庶撰《伐檀集》二卷。

宫内廳書陵部藏本,共二十册。

内閣文庫藏此同一刻本二部。一部原係江户時代林氏大學頭家舊藏,共二十二册;一部原係豐後佐伯藩主毛利高標舊藏,仁孝天皇文政年間(1818—1829年)由出雲守毛利高翰獻贈幕府,明治初年歸内閣文庫。首有"佐伯侯毛利高標字培松藏書畫之印"。共三十六册。

尊經閣文庫藏本,原係江户時代加賀藩主前田綱紀等舊藏,共二十册。

豫章黄先生文集三十卷　外集十四卷　別集五卷

(宋)黄庭堅撰

明嘉靖五年(1526年)西蜀刊本　共十二册

御茶之水圖書館藏本　原寺田盛業讀杜艸堂　德富蘇峰成簣堂舊藏

【按】每半葉有界十二行,行二十二字。白口,四周雙邊。白綿紙刊本。

封面係用朝鮮産白色紋樣紙,若干藏印被切截。

卷中有"讀杜艸堂"、"東京溜池靈南街第四號讀杜艸堂主人寺田盛業印記"等印記。

(重刻)黄文節山谷先生文集三十卷　外集十四卷　別集二十卷　山谷先生年譜十卷

(宋)黄庭堅撰　(明)方沆校　《年譜》(宋)黄䇺編

明萬曆三十二年(1605年)刊本　《外集》《別集》明萬曆四十二年(1614年)刊本

宫内廳書陵部　内閣文庫藏本

【按】每半葉有界十一行,行二十字。白口,四周單邊。

宫内廳書陵部藏此刊本,僅存《文集》三十卷,共二十四册。

内閣文庫藏此同一刊本三部。一部共二十四册;另一部僅存《文集》三十卷,原係林氏大學頭家舊藏,共六册;一部僅存《外集》十四卷與《別集》二十卷,原係紅葉山文庫舊藏,共十册。

(重刻)黄文節山谷先生文集三十卷

(宋)黄庭堅撰　(明)方沆校

明黄鳳翔光啓堂刊本

内閣文庫　蓬左文庫　愛知大學圖書館簡齋文庫藏本

【按】每半葉有界十行,行二十字。白口,四周單邊。

内閣文庫藏此同一刻本兩部,一部原係册山本北山舊藏,後歸昌平坂學問所,共十四册;一部原係紅葉山文庫舊藏,共六册。

蓬左文庫藏本,共六册。

愛知大學藏本,原係小倉正恒等舊藏,共十二册。

【附録】據《商舶載來書目》記載,東山天皇元禄七年(1694年)中國商船"久字號"載《黄山谷文集》一部抵日本。

黄山谷全集三十卷

(宋)黄庭堅撰　(明)方沆校

明萬曆年間(1573—1620年)刊本　共六册

宫内廳書陵部藏本

山谷黄先生大全詩注二十卷

(宋)黄庭堅撰　任淵注釋

宋閩中刊本　共十册

静嘉堂文庫藏本　原陸心源皕宋樓等舊藏

【按】每半葉有界十一行,行二十字。注文小字雙行,行二十四字。

此本係宋末閩中覆刻紹興本。前有許尹《序》。

卷末有"永樂二年七月二十五日蘇叔敬買到"墨書一行。

傅增湘《藏園群書經眼録》卷十三著録此本,并斷爲"元刊本"。

【附録】《倭板書籍考》卷七著録"《山谷詩集注》二十卷,附《年譜》一卷。三江任淵作注,五山名僧和訓古點"。

日本古代覆刻《山谷黄先生大全詩注》者甚多。南北朝時(1331—1391年)所刻九行本,以宋紹定本爲底本,此爲日本和刻《山谷詩注》之祖。此本每半葉九行,每行十六字。注文雙行,黑口,左右雙邊。前有宋政和辛卯任淵《序》,宋紹興乙亥許尹《序》。末有宋紹定壬辰黄埒《跋》。

又有五山版《山谷黄先生大全詩注》,每半葉十一行,每行二十字,小字雙行。

明正天皇寬永六年(1629年)京都大和田意

閑刊印《山谷詩集注》二十卷，并有《序目》一册。

明正天皇寬永十二年（1635年），京都二條通觀音町風月宗知刊行《山谷詩集》二十卷，無注文。

明正天皇寬永二十一年（1644年）刊行《山谷詩集》二十卷。

明正天皇寬永年間（1624—1634年）別有活字版《山谷詩集》二十卷刊行。

後光明天皇慶安五年（1652年）野田彌兵衛刻刊《山谷詩集注》二十卷。

靈元天皇寬文三年（1663年）村上勘兵刊行《山谷詩集注》二十卷。

東山天皇元禄四年（1691年）中野五郎左衛門刊行《山谷詩集》二卷。

光格天皇寬政十二年（1800年）京都風月宗知刊行《山谷詩集》。

十七世紀末，日本關東有刻本《山谷詩集》二十卷。每半葉九行，每行十七字。黑口，單邊。

江户時代另有古活字刊本《山谷詩集》二十卷。

現存室町時代從“五山版”轉録之寫本兩種，皆題《山谷詩集注》。此兩種皆藏東洋文庫。

室町年間（1393—1573年）有九行寫本《山谷詩集注》二十卷。有“御本”印記，松平秀雲題籤。

另，名僧瑞璵有手寫本《山谷詩集注》四卷（原二十卷，今僅存卷一至卷四）。

山谷黄先生大全詩注二十卷

(宋)黄庭堅撰　任淵注

元刊本　共十册

國會圖書館藏本

山谷黄先生大全詩注二十卷

(宋)黄庭堅撰　任淵注

明弘治年間（1488—1505年）刊本　共四册

宫内廳書陵部藏本

【按】每半葉有界十行，行十八字。黑口，四周雙邊。

前有明弘治七年甲寅（1494年）湖廣按察副使同知瑞州府事華亭口口《序》。

山谷内集詩注二十卷

(宋)黄庭堅撰　任淵注

明刊清人修補本　共七册

東北大學附屬圖書館藏本

【附録】日本後光明天皇慶安五年（1652年）有和刊本《山谷詩集注》二十卷，并《年譜》一卷。

後西天皇寬文三年（1663年）有和刊本《山谷詩集抄》二十卷。

山谷外集詩注十四卷　首一卷

(宋)黄庭堅撰　史容注

元刊宋萬卷堂本　共十五册

宫内廳書陵部藏本

【按】每半葉有界十二行，行二十二字。注文小字雙行，行二十二字。黑口，左右雙邊。

前有宋嘉定元年（1208年）錢文子撰《史氏注山谷外集詩序》，次有史容撰《山谷外集詩注引》，次有《山谷外集詩注目録》。史容《引》後，有“至元乙酉文江泉溪後學羅嘉績”梓語八行。《目録》後，有“建安熊氏　萬卷書堂”兩行木記。

每册首有“光明院”、“泰勝藏本”印記。第九、第十二、第十五册首有“方外”印記。

山谷外集詩注十七卷

(宋)黄庭堅撰　史容注

明初刊本　共九册

静嘉堂文庫藏本　原竹添井井（光鴻）等舊藏

【按】每半葉有界九行，行十九字。

黄山谷外集四卷

(宋)黄庭堅撰　(明)周希令校

明萬曆年間（1573—1620年）刊本　共四册

宫内廳書陵部藏本

黄太史精華録八卷

(宋)黄庭堅撰　任淵選

明弘治年間(1488—1505年)刊本　共二册

尊經閣文庫藏本　原江户時代加賀藩主前田綱紀等舊藏

【按】每半葉有界九行,行十五字。白口,四周單邊。

山谷老人刀筆二十卷

(宋)黄庭堅撰

明初刊本　共四册

御茶之水圖書館藏本　原德富蘇峰成簣堂舊藏

【按】每半葉有界十行,行二十字。黑口,左右雙邊。版心題署"刀筆",并記卷數、葉數。

前有《目録》。正文首行頂格題署"山谷老人刀筆卷第一",次行上空一字,題"初仕至館職一",次行上空二字,文題題曰"上東坡先生"。

山谷老人刀筆十七卷(殘本)

(宋)黄庭堅撰

明弘治年間(1488—1505年)刊本　共五册

宫城教育大學附屬圖書館藏本　原係宫城縣師範學校等舊藏

【按】前有明弘治十二年(1499年)《序》。

山谷老人刀筆二十卷

(宋)黄庭堅撰

明萬曆七年(1579年)江西布政司刊本

内閣文庫藏本

【按】每半葉有界十行,行二十字,白口,四周雙邊。

内閣文庫藏此同一刻本兩部。一部原係江户時代林氏大學頭家舊藏,共六册。一部原係紅葉山文庫舊藏,共四册。

【附録】日本後花園天皇正長二年(1429年)秀遍手鈔《山谷老人刀筆》二十卷。今存,分裝五册。

又,據《商舶載來書目》記載,東山天皇元禄九年(1696年)中國商船"佐字號"載《山谷老人刀筆》一部抵日本。

《書籍元帳》又載仁孝天皇弘化五年(1848年)及孝明天皇嘉永五年(1852年)分别從中國輸入《山谷老人刀筆》各一部。

山谷老人刀筆二十卷

(宋)黄庭堅撰

明刊本　共四册

静嘉堂文庫藏本　原陸心源十萬卷樓等舊藏

山谷老人刀筆十五卷

(宋)黄庭堅撰

明刊本　共四册

宫内廳書陵部藏本

【按】每半葉有界十二行,行十九字。

卷首有《山谷老人傳》。

卷一前有"千手眼大士璽寶"印記。卷六、卷十一首有"鳳池鄭澄私印"印記。又每册首有"澹寧齋圖書記"印記。

豫章黄先生簡尺二卷

(宋)黄庭堅撰　(明)喬遷補

明刊本　共一册

内閣文庫藏本　原江户時代林氏大學頭家舊藏

淮海集四十卷　淮海居士長短句三卷　淮海後集六卷

(宋)秦觀撰

宋乾道年間(1165—1173年)高郵軍學刊本　日本重要文化財　共十册

内閣文庫藏本　原近江西大路藩主市橋長昭舊藏

【按】每半葉有界十行,行二十一字。白口,左右雙邊。《文集》版心上記字數,魚尾下記

"秦卷幾",下記刻工姓名。

卷首有《淮海閒居文集序》。次有《舒王答蘇内翰薦秦公書》,次有《曾自開答書》,次有后山居士《淮海居士集序》。

每卷首行題"淮海集卷第幾",次行題"秦觀少游"。"秦"字上空八格,下空一格。

《淮海居士長短句》首行題"長短句上中下"。版心魚尾下題字同。

《淮海後集》撰人題款同上。凡詩四卷,雜文二卷。後有乾道癸巳林幾景度撰《淮海居士集序》。

此本係日本光格天皇文化五年(1808年)下總守市橋長昭獻贈文廟三十種宋元槧本之一,有市橋長昭《寄藏文廟宋元刻書跋》。見前著録之《(增廣)司馬温公全集》(殘本)存九十五卷條。

卷中有"仁正侯長昭黄雪書屋鑑藏圖書之印"及"昌平坂學問所"兩篆書長方朱印。又有"淺草文庫"楷書朱印。

董康《書舶庸譚》卷六著録此本。

此本已被日本"文化財審議委員會"確認爲"日本重要文化財"。

【附録】據《書籍元帳》記載,孝明天皇嘉永四年(1851年)由中國輸入《淮海集》一部,定價五匁。

靈元天皇天和元年(1681年)丁子屋仁兵衛刊印宋人秦觀撰《梅花百詠》。此本由日人熊谷立閑(荔齋)點。

光格天皇享和三年(1803年)有和刊本宋人秦觀撰《淮海集鈔》一種。此本由日人土屋正修(東河)校。

淮海集四十卷　後集六卷

(宋)秦觀撰

明正德年間(1506—1521年)刊本　共十册

宫内廳書陵部藏本　原江户時代德山藩主毛利元次等舊藏

【按】此本前後無《序》《跋》,與宋高郵刻本及明嘉靖胡民表刻本相校,亦無《長短句》三卷。

此本原係江户時代德山藩三代主毛利元次廣收"天下秘籍"之一。東山天皇寶永三年(1706年)《御書物目録》著録此本。明治二十九年(1896年)男爵毛利元功獻贈宫内省圖書寮(即今宫内廳書陵部)。

首有"瑞肅書扁"印記。每册首有"明倫館印"、"德藩藏書"印記。

淮海集四十卷　後集六卷　長短句三卷

(宋)秦觀撰　(明)張綖校

明嘉靖十八年(1539年)張綖鄂州校刊本　共六册

大倉文化財團藏本

【按】每半葉有界十二行,行二十一字。白口,四周單邊。

淮海集四十卷　後集六卷　長短句三卷

(宋)秦觀撰

明嘉靖年間(1522—1566年)高郵胡民表刊本　共五册

尊經閣文庫　蓬左文庫　静嘉堂文庫藏本

【按】每半葉有界十二行,行二十一字。白口,四周單邊。

前有黄吉士《序》,明嘉靖乙巳(1545年)江都盛儀《序》,嘉靖己亥(1539年)張綖《序》等。後有嘉靖乙巳(1545年)張綸《跋》。

尊經閣文庫藏本,原係江户時代加賀藩主前田綱紀等舊藏。

蓬左文庫藏本,原係江户時代尾張藩主家舊藏,卷中有"尾陽文庫"印記。

静嘉堂文庫藏本,原係陸心源十萬卷樓等舊藏。

淮海集四十卷　後集六卷　長短句三卷

(宋)秦觀撰　(明)李之藻校

明萬曆四十六年(1618年)仁和李氏刊本

宫内廳書陵部　東洋文庫　静嘉堂文庫　東京大學總合圖書館　京都大學　築波大學附屬圖書館藏本

【按】每半葉有界九行,行二十一字。《序》文每半葉五行,行十字。白口,左右雙邊(27.8cm×17.1cm)。版心記刻工姓名。

宮内廳書陵部藏本,共六册。

東洋文庫藏本,原係藤田豐八等舊藏,今存卷一至卷五,共殘本五卷,共一册。

静嘉堂文庫藏本,原係竹添井井(光鴻)等舊藏,共六册。

東京大學藏本,原係市村瓚次郎買入本覺廬文庫舊藏。

京都大學藏此同一刊本兩部。一部存人文科學研究所東洋學文獻中心,共十二册。一部存文學部中國語學文學哲學研究室,共十六册。

築波大學藏本,原係東京教育大學舊藏,卷中有"知止堂"(陰文)、"元彰之印"(陰文)等印記,共十册。

淮海集四十卷　後集六卷　長短句三卷　詩餘一卷

(宋)秦觀撰　(明)徐渭評　《詩餘》(明)鄧章漢編

明萬曆四十六年(1618年)序刊本

大谷大學悠然樓　愛知大學附屬圖書館藏本

【按】大谷大學藏本,原係大西行禮等舊藏,共六册。

愛知大學藏本,原係小倉正恒(簡齋)等舊藏,共四册。

淮海集四十卷　淮海後集六卷　詩餘一卷

(宋)秦觀撰　《詩餘》(明)鄧章漢編

明刊本(有補寫)　共六册

内閣文庫藏本　原山本北山　昌平坂學問所舊藏

淮海集四十卷　淮海後集六卷　長短句三卷　詩餘一卷

(宋)秦觀撰　(明)徐渭評　《詩餘》(明)鄧漢章輯

明天啓年間(1621—1627年)刊本

内閣文庫　静嘉堂文庫藏本

【按】每半葉九行,行二十字。白口,左右雙邊。

内閣文庫藏此同一刻本兩部。一部原係林氏大學頭家舊藏,共六册;一部原係楓山官庫等舊藏,共四册。

静嘉堂文庫藏本,原係島田篁村等舊藏,共十四册。

淮海集四十卷　後集六卷

(宋)秦觀撰

明刊本　共十册

宮内廳書陵部藏本

秦少游詩集六卷

(宋)秦觀撰　(明)潘是仁輯

明萬曆四十三年(1615年)刊本(與《米襄陽詩集》合刻)

東京大學東洋文化研究所藏本

樂静先生李公文集三十卷　存二十九卷

(宋)李昭玘撰

影寫南宋紹興刊本　陸心源手校本　共四册

静嘉堂文庫藏本

【按】每半葉十行,行二十字。每卷有目,連屬篇目。

此本凡"構"字,皆注"御名",蓋從紹興年間刻本影寫。

是集全三十卷,此本今缺卷二。

陸心源校記云,此本係祥符周季貺太守藏書,"以所藏閣鈔本校一過,卷一補《摘果》五古一首、《培花》五古四句。閣鈔本卷八錯簡不可讀,據此本改正。惟卷十六《吴正字啓》,後半攙入他文,亦賴閣鈔本正之"。

倚松老人詩集二卷

(宋)饒節撰

清人寫本　釋門超峻手識開甫手校本　共一册

大倉文化財團藏本

【按】是集各卷末有"慶元己未黄汝嘉重刊"一行。卷頭下題"江西詩派"。

前有清嘉慶二十年(1815年)駱光啓收書手識,并有同年開甫校書手識。卷末有清康熙三年(1664年)吴釋門超峻手識。

卷中有"紅豆山房校正善本"、"惠楝"、"定宇"、"南昌彭氏"、"知聖道齋"、"善遇讀者"、"曾在鮑以文處"、"硯録山房"、"璋煜"、"汪攷"、"念翼"等印記。

寶晋山林集拾遺八卷

(宋)米芾撰　米憲輯

舊鈔影寫宋嘉泰刊本　共二册

静嘉堂文庫藏本　原陸心源十萬卷樓等舊藏

【按】每半葉十行,行十六字。白口,左右雙邊。

前有蔡肇撰《墓志銘》,後有宋嘉泰改元(1201年)元月紀太嗣孫米憲《刊版序》。

《寶晋山林集》原一百卷,亡於南渡。此本摹寫之刻本,嘉泰初年(1201年)刻於筠陽郡齋。其卷目如次。

卷一　賦;　　卷二　詩;
卷三　長短句;　　卷四　文;
卷五　寶章待訪録;　　卷六　書史;
卷七　畫史;　　卷八　硯史。

米襄陽詩集五卷

(宋)米芾撰　(明)潘是仁輯

明萬曆四十三年(1615年)刊本(與《秦少游詩集》合刻)

東京大學東洋文化研究所藏本

【附録】據《書籍元帳》記載,日本仁孝天皇天保二十年(1841年)由中國輸入《米襄陽全集》二部,定價四十匁。

《商舶載來書目》記載,光格天皇天明三年(1783年)中國商船"曾字號"載《蘇子瞻米元章文集》一部抵日本。

青山集六卷

(宋)郭祥正撰

明謝肇淛小草齋寫本　共二册

大倉文化財團藏本

【按】是集版心有"小草齋鈔本"五字。卷中有"明善堂覽書畫"、"安樂堂藏書記"、"曹溶"、"潔躬"、"宣城李氏瞿硎石室圖書"、"宛陵李之郇"等印記。

青山集三十四卷

(宋)郭祥正撰

張立人手寫本　共四册

静嘉堂文庫藏本

【按】此本係張立人手鈔,較《四庫全書》多四卷。每卷有目,細目如次:

卷一　楚辭體;
卷二至卷三　歌行;
卷四至卷十一　五言古詩;
卷十二至卷十九　長句古詩;
卷二十至卷二十一　雜題古詩;
卷二十二至卷二十四　五言律詩;
卷二十五至二十八　七言律詩;
卷二十九至卷三十　五言絶句;
卷三十一至卷三十四　七言絶句。

張文潛文集十三卷

(宋)張來撰

明嘉靖三年(1524年)郝氏刊本　共二册

内閣文庫藏本　原紅葉山文庫舊藏

【按】每半葉十行,行十八字。白口,左右雙邊。

前有明嘉靖三年《序》。

【附録】十六世紀日本僧人策彦周良有《初渡

集》和《再渡集》。其中有記其在中國大陸搜集漢籍文獻之事。“嘉靖十八年(1539年)十二月十日”條曰:“(獲)《張文潛集》四册,劉宗仁所贈。”

(濟北晁先生)鷄肋集七十卷

(宋)晁補之撰
明崇禎八年(1635年)詩瘦閣刊本
内閣文庫　静嘉堂文庫　尊經閣文庫　大倉文化財團藏本

【按】每半葉九行,行十九字。白口,左右雙邊。

此本係明崇禎八年(1635年)顧凝遠詩瘦閣翻宋紹興中建陽刻本。前有宋元祐九年(1094年)二月《自序》。後有宋紹興七年(1137年)十一月從弟謙之《跋》。

内閣文庫藏此同一刻本兩部。一部原係紅葉山文庫舊藏,共二十册;一部原係豐後佐伯藩主毛利高標舊藏,仁孝天皇文政年間(1818—1829年)出雲守毛利高翰獻贈幕府,明治初年歸内閣文庫。首有“佐伯侯毛利高標字培松藏書畫之印”,共十二册。

静嘉堂文庫藏本,原係陸心源十萬卷樓等舊藏,共十二册。

大倉文化財團藏本,有朱筆批點。卷中有“林中子”印記。共二十四册。

【附録】光格天皇天明六年(1786年)《寅拾番船持渡書改目録寫》記載,同年此船載《鷄肋集》一部二帙十二册抵日本。該《目録》注明“古本,(水迹)染入,脱紙二十六葉”。又注“《詩文集》十月廿七日交會所”。

濟北先生文粹二十一卷

(宋)晁補之撰　(明)毛晋校
明刊本　原共五册合爲二册
國會圖書館藏本

後山先生集三十卷

(宋)陳師道撰　(明)王鴻儒校
明弘治十二年(1499年)馬暾刊本
宫内廳書陵部　静嘉堂文庫　大倉文化財團藏本

【按】每半葉十一行,行二十字。黑口,四周雙邊。

前有明弘治十二年(1499年)奉議大夫山西等處提刑按察司簽事王鴻儒《序》,稱“潞守馬君暾者字廷震先生,同郡之名家也。景仰高風,購求遺稿近二十年矣。此聞予有是集,欣然請録,既付於梓”。

次有魏衍所撰《彭城陳先生集記》。次有宋政和丙申(1116年)王雲《序》,次有任淵《序》。次有《目録》。

正文凡詩十二卷、文八卷、談叢六卷、理究一卷、詩話二卷、長短句一卷。末有“路州儒學廪膳生員郭銘繕寫”一行。

宫内廳書陵部藏本,原係仁孝天皇文政年間(1818—1829年)出雲守毛利高翰獻贈幕府,明治初年歸内閣文庫,明治二十四年(1891年)由内閣文庫移入宫内省圖書寮(即今宫内廳書陵部)。首有“佐伯侯毛利高標字培松藏書畫之印”。每册首有“秘閣圖書之章”、“斯經置之”等印記。尾有“華園福海”印記。

静嘉堂文庫藏本,原係陸心源十萬卷樓等舊藏,共四册。

大倉文化財團藏本,共八册。

【附録】據《商舶載來書目》記載,光格天皇天明三年(1783年)中國商船“智字號”載《陳後山詩集》一部抵日本。

光格天皇天明六年(1786年)《寅拾番船持渡書改目録寫》又載同年自中國輸入《陳後山集》一部,并注明“古本,無脱紙”。

後山詩注十二卷

(宋)陳師道撰　任淵注
元刊本　共六册
内閣文庫藏本　原近江西大路藩主市橋長昭等舊藏

【按】每半葉十三行,行二十三字。注文大

字，低一格。

前有宋政和五年（1115年）十月六日門人彭城魏衍撰《彭城陳先生集記》。此文每半葉七行，行約十四、五字。并附政和丙申（1116年）正月甲午元城王雲《題記》。

書名題“後山詩注卷第幾”，次行題“天社任淵”。詩題低四字。

卷中有“淺草文庫”朱文楷書長印，“昌平坂學問所”朱文長印：“仁正侯長昭黄雪書屋鑒藏圖書之印”朱文長方印等。

此本係日本光格天皇文化五年（1808年）市橋長昭向文廟獻贈三十種宋元古本之一種。書後附《寄藏文廟宋元刻書跋》，見《（增廣）司馬温公全集》（殘本）存九十五卷條。

董康《書舶庸譚》卷三著録此書。

【附録】《倭板書籍考》卷七著録“《後山詩集》十二卷”，并曰：“此係宋《陳後山集》，注者任淵。附《年譜》，亦任淵作。卷首有《集記》，系後山門人魏氏所作，《記》中叙後山行狀。大明楊石淙作《跋》。”

日本東山天皇元禄三年（1690年）洛陽（京都）書林茨木多左衛門刊印《後山詩注》十二卷。此本題籤《陳後山詩集》。

龜山先生集十六卷

（宋）楊時撰　（明）程敏政編

明弘治十五年（1502年）刊本　共四册

内閣文庫藏本　原昌平坂學問所舊藏

【按】每半葉有界十一行，行二十一字。白口，四周單邊。

前有明弘治十五年（1502年）程敏政《序》。

龜山先生集（殘本）存二十六卷　年譜一卷

（宋）楊時撰

明正德十二年（1517年）刊本　共七册

御茶之水圖書館藏本　原德富蘇峰成簣堂等舊藏

【按】每半葉有界十行，行二十字。黑口，四周雙邊。

前有明正德十二年（1517年）宜興沈（雲）暉《序》。其序曰：

“《龜山先生集》，宋時延平郡齋刻刊係三十五卷本。明弘治十五年（1502年）李熙重刻，爲十六卷本。其後常州東林書院刻本爲三十六卷本，宜興刻本係三十五卷本。萬曆辛卯（1591年）將樂知縣林熙春增補重刻，爲四十二卷本。”

是書全本原三十五卷。此本今缺卷五至卷十三，凡九卷，間有藍皮印紙。

此本係明治四十四年（1911年）德富蘇峰從田中慶太郎文求堂購得。卷中有德富氏購入手識文。

龜山先生集（龜山全集）四十二卷

（宋）楊時撰　（明）岳元聲等訂

明萬曆十九年（1591年）序刊本

内閣文庫　蓬左文庫　静嘉堂文庫　築波大學附屬圖書館　國士館大學附屬圖書館藏本

【按】每半葉有界十行，行二十字。白口，四周雙邊（25.2cm×15.2cm）。版心記刻工姓名，如熊子竟等

此本《目録》首題署《龜山先生全集》。

卷中有督刊者姓名：

卷十六末署“十七代孫藩日新督刊”；

卷十九末署“後學徐夢鯤督刊”；

卷二十一末署“十六代孫樽梠國輔督刊”；

卷二十三末署“十七代孫戴逵督刊”；

卷二十四末署“里人黄教督刊”；

卷二十六末署“里人嚴朝選督刊”；

卷二十七末署“里人蕭科督刊”；

卷二十九末署“里人嚴鑰嚴鐕督刊”；

卷三十末署“里人嚴鈿督刊”；

卷三十三末署“十七代孫戴遇督刊”；

卷三十六末署“後學揭鴻督刊”；

卷三十七末署“十五代孫忠信督刊”；

卷四十末署“後學徐夢麟督刊”；

卷四十二末署“後學官口督刊”。

内閣文庫藏本,原係江户時代林氏大學頭家舊藏,共十册。

蓬左文庫藏本,原係江户時代尾張藩主家舊藏,共八册。

静嘉堂文庫藏本。原係中村敬宇等舊藏,共十二册。

築波大學藏本,原係東京教育大學等舊藏,卷中有"鴻山文庫"印記,共八册。

國士館大學藏本,原係楠本正繼等舊藏,共十二册。

龜山先生集四十二卷　首一卷

(宋)楊時撰　(明)徐必達等校

明萬曆十九年(1591年)刊本　共十四册

米澤市立圖書館藏本

龜山先生集四十二卷

(宋)楊時撰

明刊本

内閣文庫藏本

【按】内閣文庫藏此同一刻本三部。一部共六册;一部原係紅葉山文庫舊藏,共六册;一部原係林氏大學家舊藏,今存卷一至卷七,共一册。

龜山先生文集四十卷

(宋)楊時撰

明萬曆年間(1573—1620年)刊本　共六册

尊經閣文庫藏本　原江户時代加賀藩主前田綱紀等舊藏

宗忠簡公集二卷

(宋)宗澤撰　(明)張維樞選

明萬曆三十三年(1605年)宗氏刊本　共二册

尊經閣文庫藏本　原江户時代加賀藩主前田綱紀等舊藏

【按】每半葉有界十行,行二十字。白口,左右雙邊。

【附録】日本孝明天皇文久元年(1861年)江户抱月堂刊印宗澤《宗忠簡文鈔》二卷。是本係日人藤原信成編。其後,山城屋佐兵衛等曾重印此書。

宗忠簡公集六卷　附始末徵一卷　雜録一卷

(宋)宗澤撰　(明)熊人霖校

明崇禎十三年(1640年)刊本　共二册

宫内廳書陵部藏本

【按】每半葉有界八行,行十九字。白口,四周單邊。

前有熊人霖《序》。

每册首有"石室分藏"、"秘閣圖書之章"等印記。

楊守敬《日本訪書志》卷十四著録此本。

龍雲先生文集三十二卷　附録一卷

(宋)劉弇撰

明弘治年間(1488—1505年)刊本　共四册

天理圖書館藏本

【按】每半葉有界十行,行十九字。小字雙行。黑口,四周雙邊。版心題"龍雲先生文集"或"龍雲文集",下記卷數、葉數。

其中卷一至卷六有清人補鈔。

卷中有"汪士鐘藏"、"藤氏炳卿"等印記。

(道鄉先生)鄒忠公文集四十卷

(宋)鄒浩撰

明正德年間(1506—1521年)刊本　共五册

静嘉堂文庫藏本　原陸心源十萬卷樓等舊藏

【按】前有宋紹興五年(1135年)三月李綱《序》、紹興三年(1133年)楊時《奏議序》。

卷中有"周在延印"、"馬玉堂"、"寶峰"、"笏齋"等印記。

和靖尹先生文集(和靖集)十卷　附録一卷

(宋)尹焞撰

明嘉靖九年(1530年)洪珠刊本　共二册

静嘉堂文庫藏本　原陸心源十萬卷樓等舊藏

【按】每半葉有界十行,行十八字。白口,左右雙邊。

前有明嘉靖九年(1530 年)蔡宗兖《序》,後有同年莆田洪珠《後序》。

和靖先生文集三卷

(宋)尹焞撰

明隆慶三年(1569 年)蔡國熙刊本　共四册

尊經閣文庫藏本　原江户時代加賀藩主前田綱紀等舊藏

【按】每半葉有界十行,行二十字。白口,左右雙邊。

慶湖遺老詩集九卷　拾遺一卷　補遺一卷

(宋)賀鑄撰

古寫本　黄復翁　陳鱣手識本　共二册

静嘉堂文庫藏本

【按】前有宋政和三年(1113 年)十月程俱《序》,政和甲午(1114 年)十二月楊時《後序》。後有宋乾道丙戌(1166 年)仲夏寇翼《跋》,宋紹熙壬子(1192 年)七月胡澄《跋》等。

卷中有黄復翁手識文,其文曰:

"余喜蓄書,兼蓄重出之本,即破爛不全者,亦復蓄之。重出者取爲讎勘之具,不全者或待殘缺之補也。余每戲謂友朋曰:'余譬惜字會出分金,特稍從厚爾。'即如此舊鈔《賀方回集》,止半部,係余友海寧陳徵君仲魚所贈,以余有重出之本,或可據舊藏者補録其半,俾成完璧。然余第藏諸篋笥,忽忽未有以補也。頃張君訒庵,頗與余同嗜。近亦以余所爲兼收并蓄竹頭木屑之説爲是,故遇書之不全者,亦時得之。一日邀余觀新收之書,内有《慶湖遺老詩集》之半。余細閲之,似與仲魚所贈者相似。未即言明,歸取證之,竟爲延平之合。惟第六卷仍缺,即前本之目亦已失之。訒庵一一補完,屬爲跋其顛末。余曰:'此事固奇,然不在乎書合之奇,而在乎所以書合之奇'蓋兼蓄重出之本及不全之本,此余一己之獨見也,而訒庵竟以余言爲然,忽復效尤,即獲奇驗。則此《賀集》特爲訒庵發軔之始耳。余樂訒庵之與予同心,并樂訒庵之堅信余説,有此巧遇,可以鼓興弗衰,藏書家不又得一人邪?裝成,仲魚適從海寧至,因屬同爲欣賞焉。甲戌重陽後,復翁。"

又有陳鱣手識文,其文曰:

"余向從武林書肆,得《陳古靈集》半部,係謝在杭家抄本,曾在周元亮處,各有印記。越數年,錢君廣伯復得其後半部,一一不爽,遂成完璧。今已贈荆谿陳景辰布衣,以其爲古靈後人也。吴槎客明經有《跋》,載諸《拜經樓文集》。一時傳爲勝事。此《慶湖遺老集》上卷,曾獲諸吴城玄妙觀書坊。因思黄復翁家藏書最多舊鈔秘册,或可鈔全,所以特贈。豈意張君訒庵,適有是集之下卷,今秋偶爲復翁所見,遂以余所贈者歸于訒庵。延津之劍,分而更合,已屬奇事,而裝潢甫竟,余自海寧適至吴中,則又奇之又奇也。嘉慶十九年九月十三日,陳鱣記。"(文後有"仲魚"朱文方印)

卷中有"吴郡張紹仁學安氏"、"張紹仁印"、"訒庵"、"訒庵珍藏"、"學安"、"長洲張氏執經堂藏"、"陳仲魚讀書記"等印記。

西渡集二卷

(宋)洪炎撰

古寫本　鮑淥飲手識本　共一册

静嘉堂文庫藏本

【按】此本卷末,有鮑淥飲手識文,其文曰:

"嘉慶戊午重鈔,十一日晨起校於柳灣寓舍,明日偶檢曝書亭藏本,再校一過,午前事畢。"

高峰集十二卷

(宋)廖剛撰

古寫本　陸心源手校本　共二册

静嘉堂文庫藏本

【按】前有宋乾道七年(1171年)葛元隲《序》,後有宋咸淳辛未(1271年)三月某氏邦杰《跋》。

卷中有陸心源手識文。其文曰:

"書中遇宋帝皆空格。每行廿四、五字不等,當以宋元舊刊影寫。今夏從武林丁松生大令借録,原本卷八有缺文,借吾鄉丁月湖殘舊抄本補足,通校一過。"

劉給諫集(劉給事集)五卷

(宋)劉安上撰

古寫本　朱彝尊手識本　共二册

静嘉堂文庫藏本

【按】前有有薛嘉言撰《行狀》一篇。

卷末有朱彝尊手識文。其文曰:

"曩從劉考功公𢧐,借鈔二劉長史合集(《劉左史集》劉安節撰,《劉給諫集》劉安上撰),元禮止得半部而已。康熙壬午,福州林孝廉吉人,以鈔本見寄,乃得全。竹垞老人識。"

眉山唐先生文集(唐子西集)三十卷

(宋)唐庚撰

明人影寫宋本　共八册

静嘉堂文庫藏本　原陸心源十萬卷樓等舊藏

【按】每半葉有界九行,行十六字。

此本係明人影寫宋紹興刻本。

前有宋宣和四年(1122年)五月鄭總《序》、同年六月弟唐庾《序》,并同年八月吕榮義《序》。後有宋紹興二十一年(1151年)仲冬鄭康佐《跋》及紹興己卯(1159年)春日男唐文若《跋》。

《總目》第二行題曰"魯國先生唐庚著"。第三行題曰"教授王維則校"。每卷有《目》,細《目》如次:

卷一　賦、古體詩;
卷二　古體詩、近體詩;
卷三至卷五　近體詩;
卷六至卷七　論;
卷八至卷九　記、傳;
卷十　傳、贊、銘;
卷十一　銘、三國雜事;
卷十二至卷十三　三國雜事;
卷十四　三國雜事、表、疏、序、書;
卷十五　書、醮文、青詞、祭文、墓誌;
卷十六　行狀、贊、銘文、賦;
卷十七　賦、古體詩
卷十八至卷二十一　古、近體詩
卷二十二　詩、記
卷二十三　記、書
卷二十四至卷二十五　書、表、啓
卷二十六　啓
卷二十七　啓、序、辭
卷二十八　序、跋、檄、論、説、箴文
卷二十九至卷三十　祭文、策題

具茨晁先生詩集一卷

(宋)晁冲之撰

明晁瑮重刊宋本　共一册

静嘉堂文庫藏本　原陸心源十萬卷樓等舊藏

【按】前有宋紹興十一年(1141年)九月俞汝礪《序》。

卷末有刊行木記一行,文曰:"慶元己未校官黄汝嘉刊"。

此本凡詩一百六十七首。詩有注文,不知何人所作。注文内引書有《大明一統志》、《韻會》、《韻府》等,當爲明人。

具茨晁先生詩集(不分卷)

(宋)晁冲之撰

明嘉靖三十三年(1554年)晁氏寶文堂刊本　共一册

内閣文庫　静嘉堂文庫藏本

【按】每半葉有界十行,行二十字。白口,四周單邊。

內閣文庫藏本　原係紅葉山文庫舊藏。

靜嘉堂文庫藏本，原係陸心源十萬卷樓等舊藏。

陵陽先生詩四卷

(宋)韓駒撰

明庵羅庵寫本　徐時棟手識本　共一册

大倉文化財團藏本

【按】此係紅格寫本。有丙子秋録甲辰重鈔庵羅庵識語。卷頭題"江西詩派"。有朱筆點及墨筆校語，并有徐時棟收書識語，署"同治八年"。

卷中有"庵羅庵"、"何元錫"、"髯"、"程樹"、"高邁盦"、"烟蘿子"、"徐時棟秘笈"、"柳泉書畫"、"城西艸堂"等印記。

致堂胡先生斐然集三十卷

(宋)胡寅撰

明人寫本　共二十册

靜嘉堂文庫藏本　原笪江上　陸心源十萬卷樓等舊藏

【按】此本係明人影寫宋端平元年刻本。

前有宋端平元年(1234年)九月魏了翁《序》，并有宋嘉定三年(1210年)八月章穎《序》。

《目録》首有刊行木記一行："端平元年春刊於東州道院"。

卷中有"重光"白文方印，"子宣"朱文方印等。

豫章羅先生文集十七卷

(宋)羅從彦撰　(元)曹道振編

明成化八年(1472年)序刊藍印本　共一册

靜嘉堂文庫藏本　原陸心源十萬卷樓等舊藏

【按】前有明成化八年張泰《序》，後有元至正三年(1343年)二月曹道振《跋》。

《目録》後有"刻板八十三片，上下二帙，一百六十一葉，繡梓工資二十四兩"木記刊語。

【附録】日本光格天皇寬政八年(1796年)林衡聽雨精舍刻刊《豫章羅先生文集》十七卷，并附《年譜》一卷。其後，此本有寬政十二年(1800年)長谷川左衛門、須原屋茂兵衛以聽雨精舍藏版重印本。

豫章羅先生文集(殘本)存十二卷　附一卷

(宋)羅從彦撰　(元)曹道振編　(明)熊尚文校

明萬曆三十七年(1609年)刊本　共四册

內閣文庫藏本　原昌平坂學問所舊藏

【按】是書全本十三卷，此本今缺卷一。

豫章羅先生文集十七卷　豫章羅先生年譜一卷

(宋)羅從彦撰　(元)曹道振編

明嘉靖年間(1522—1566年)刊本

尊經閣文庫藏本　原江户時代加賀藩主前田綱紀等舊藏

豫章羅先生文集(殘本)存十六卷　豫章羅先生年譜一卷

(宋)羅從彦撰　(元)曹道振編

明刊本　共二册

內閣文庫藏本　原豐後佐伯藩主毛利高標舊藏

【按】是書全本十七卷，此本今缺卷一。

此本係仁孝天皇文政年間(1818—1829年)出雲守毛利高翰獻贈幕府。明治初年歸內閣文庫。卷中有"佐伯侯毛利高標字培松藏書畫之印"等印記。

斜川集六卷

(宋)蘇過撰

吴長元手寫并題識本

靜嘉堂文庫藏本

【按】此本有吴長元手識文。其文曰：

"蘇叔黨《斜川集》二十卷，世罕傳本。余昔見書賈持售者，皆宋劉過《龍洲道人集》。同名而易其姓，以應好古之求耳。壬午冬,桐鄉甑山錢氏云:‘有真本與世迥異。’余意其爲朱竹垞太史之甥,必曝書亭秘册也。偕鮑君以文,買舟相訪懇借,大噱,蓋又妄人僞作以欺世者,簽駁數十事還之。後閱王弇州《題跋》,言以《劉集》充《斜川》,自元季已然,不自近始,因嘆《廣陵散》久絶人寰矣。頃朝廷纂修《四庫全書》,始於《永樂大典》各韻中,纂輯詩文各若干首,編爲六卷。長元偶來京師,得副墨于孫中翰溶,借歸手録。雖零篇剩簡,十得其二三,然得見其廬山真面目,亦平生之厚幸矣。傳寫訛脱,悉加是正,又録《宋史》本傳,與他書所載逸事數則於前,從《東坡題跋》、《漁隱叢話》、《書畫考》補詩四首;《詞綜》、《詞荃》補詞二首;《賦口》補賦一首;《播芳大全》補表一首、啓二首,皆纂修之所未及者。他日南旋,當與鮑君共欣賞之,壬寅二月二十九日,太初吴長元書於南城張少蓬寓廬。”

浮溪文粹十五卷　附録一卷

(宋)汪藻撰　《附録》(宋)孫覿撰

明正德元年(1506 年)序刊本

内閣文庫　尊經閣文庫藏本

【按】内閣文庫藏本,原係紅葉山文庫舊藏。

尊經閣文庫藏本,原係江户時代加賀藩主前田綱紀等舊藏。

浮溪文粹十五卷　附録一卷

(宋)汪藻撰　《附録》(宋)孫覿撰

明嘉靖三十四年(1555 年)永州刊本

静嘉堂文庫　大倉文化財團藏本

【按】前有明嘉靖乙卯(1555 年)胡堯臣《序》,後有明正德元年(1506 年)馬金《跋》。

卷頭次行有“錢芹重刊”木記,係正德元年馬金刻本的覆刻本。

大倉文化財團藏本,卷中有“華綺”、“天和”等印記。共四册。

静嘉堂文庫藏本,共二册。

盧溪先生文集五十卷

(宋)王庭珪撰

明嘉靖年間(1522—1566 年)刊本

尊經閣文庫藏本　原江户時代加賀藩主前田綱紀等舊藏

孫尚書大全文集(殘本)存五十七卷

(宋)孫覿撰

黄丕烈影寫宋刊并手識本　共四册

静嘉堂文庫藏本　原陸心源十萬卷樓等舊藏

【按】此本係黄丕烈摹寫,其手識文曰:

“此殘宋刻本《孫尚書大全文集》,廑存三十三卷。即趙希弁《讀書附志》所云《孫尚書大全集》五十七卷本也。外間傳布頗少,余借諸周丈香嚴處,用舊紙委門僕張泰影摹。兩匝月而竣事,藏諸讀未見書齋,居然影宋鈔本矣。雖不及毛抄之精,而一時好事之所爲,以視汲古閣中入門僮僕盡鈔書者,其風致何多讓焉。嘉慶甲子六月八日,蕘翁黄丕烈。”

南蘭陵孫尚書大全集七十卷

(宋)孫覿撰

古寫本

静嘉堂文庫藏本　原馬笏齋等舊藏

【按】此本係據王文恪舊藏傳録。以《四庫全書》所收之《鴻慶居士集》互校,此本有而《鴻慶集》無者,計有:

書四首	啓三十九首
詩八十五首	表二十一首
狀三首	外制兩首
記二首	序三首
賀啓三首	帖七百六十二首
跋語二首	頌一首
題跋二十四首	墓志三首
挽詞四首	青詞一首
疏九首	

《鴻慶集》有而是集所無者，計有：

詩五首	挽詞六首
表四首	啓三首
記七首	外制三首
劄子兩首	婚書兩首
序四首	題跋十四首
贊一首	墓志十一首

鴻慶居士集四十二卷

(宋)孫覿撰

古寫本

静嘉堂文庫藏本　原吴尺鳧等舊藏

【按】前有慶元五年(1199 年)周必大《序》。《序》首有"繡谷熏習"四字朱文方印。

卷中有"吴焯"白文長印，"尺鳧"朱文方印，"西泠吴氏"朱文方印。

孫尚書内簡尺牘編注十卷

(宋)孫覿撰　李祖堯注

明嘉靖年間(1522—1566 年)刊本

尊經閣文庫藏本　原江户時代加賀藩主前田綱紀等舊藏

孫尚書内簡尺牘編注十卷

(宋)孫覿撰　李祖堯注

明刊本　共十四册

静嘉堂文庫藏　原文伯仁　陸心源十萬卷樓等舊藏

東萊先生詩集二十卷

(宋)吕本中撰　沈公雅編

宋乾道年間(1165—1173 年)刊本　共六册

内閣文庫藏本　原昌平坂學問所等舊藏

【按】每半葉十一行，行十九字至二十一字不等。白口，左右雙邊。版心記刻工名姓，如牛智、李忠、李祥、李憲、金章、惠中、項思、賈琚、蔣成等。

此本前有乾道二年(1166 年)曾幾《序》。每卷首行題"東萊先生詩集卷第幾"。卷尾隔一行或二行題書名如首行。

有"昌平坂學問所"篆書長方墨印，"文化己巳"隸書無邊長方朱印等。

董康《書舶庸譚》卷六著録此本。

傅增湘《藏園群書經眼録》卷十四著録此本，其識文曰：

"此本結體方嚴，當爲杭州刊本。……以《四庫》本校之，則《外集》之第一卷爲《四庫》之第十卷，是《四庫》本之編次不足據也。查《四庫》本爲馬氏所進鈔本，必是估人用殘本改竄，以充全帙者。然世上未聞有宋刻全本，此疑案似不能完讞也。昔沈乙盦(曾植)及張闐聲(宗祥)二君跋余藏本皆詳言之。今東邦存此宋本，得之忻慰無涯，惜余入庫時，適涵芬樓正倩工攝影，取視數葉，未經詳考，竢異時付印，庶可撥雲霧而睹青天矣。"

東萊先生詩集二十卷

(宋)吕本中撰　沈公雅編

影摹宋刊本　共六册

静嘉堂文庫藏本　原淺野梅堂　陸心源十萬卷樓等舊藏

謝幼槃文集十卷

(宋)謝薖撰

明謝肇淛手寫題識本

静嘉堂文庫藏本

【按】前有宋紹興壬申(1152 年)十一月苗昌言題，宋淳熙二年(1175 年)十二月重修銜名，并吕本中《跋》。

卷中有謝肇淛手識文，其文曰：

"幼槃詩文，不傳於世。此本係内府借出，時方沍寒。京師傭書甚貴，需銓旋邸，資用不贍，乃自爲鈔寫。每清霜呵凍，十指如槌。幾二十日，始克竣帙。藏之于家，亦足詫一段奇事也。萬曆己酉十二月十四日辛酉，晋安謝肇淛題。"

謝肇淛手識後，有肇淛子杲甲子嘉平月《跋》，并黄晋良、林佶二《跋》。此處"甲子"，蓋康熙二十三年(1684年)。

卷末又附朱竹垞《竹友集跋》及王漁洋撰《跋》二首。

謝幼槃文集十卷

(宋)謝邁撰
鮑廷博知不足齋寫本
大倉文化財團藏本　原董康誦芬室舊藏
【按】此本係據萬曆三十七年(1609年)謝肇淛從内府鈔出本重寫摹。卷中有鮑氏朱黄墨筆補録并校點。

卷中有"歙西長塘鮑氏知不足齋藏書"、"老屋三間賜書萬卷"、"世守陳編之家"、"遺稿天留"、"老去猶貪未見書"、"喜借人看"、"時思誤書亦是弌適"、"毗陵董氏誦芬室"、"董康"、"廣川書庫"等印記。

日涉園集十卷

(宋)李彭撰
古寫本　雲泉居士、鮑廷博、陸心源手識本
静嘉堂文庫藏本
【按】此本係樂易居士寫本,然居士姓氏無考,卷中有雲泉居士手識記其事。其文曰:

"樂易居士於《永樂大典》中録出,時乾隆辛丑之秋。嘉慶二年丁巳閏六月,借喜稻堂鈔本互校。另又録八詩於各體卷末,并爲書後附識。雲泉居士。"

卷中又有鮑廷博手識,其文曰:

"嘉慶五年庚申閏四月,借嘉興沈帶湖比部(叔埏)本對寫,五月初四日畢。端午日校於知不足齋。"

又有陸心源手識文,其文曰:

"同治八年,從蔣慈軒茂才借鮑渌飲舊藏本,屬友人汪蘭舟影寫畢,校讀一過,駁正鮑説一條。陸心源識。"

華陽集三十四卷

(宋)張綱撰
明萬曆年間(1573—1620年)刊本
尊經閣文庫藏本　原江户時代加賀藩主前田綱紀等舊藏

華陽集四十卷

(宋)張綱撰　(明)寧文熙校
明刊本　共三册
静嘉堂文庫藏本
【按】前有宋紹興二年(1132年)洪邁《序》。

後有宋乾道三年(1167年)子張堅《跋》,并有宋紹興改元(1131年)孫張釜《跋》。

李忠定公文集十五卷

(宋)李綱撰　(明)左光先編
明刊本　共九册
宫内廳書陵部藏本
【附録】據《書籍元帳》記載,仁孝天皇弘化三年(1846年)中國商船"巳字號"載《李忠定公集》一部二帙抵日本。

宋李忠定公文集選四十四卷　首四卷

(宋)李綱撰　(明)李嗣玄編
明刊本　共十六册
静嘉堂文庫藏本
【按】静嘉堂文庫藏此同一刊本兩部。一部原係島田篁村等舊藏;一部原係竹添井井(光鴻)等舊藏。

宋李忠定公文集選二十九卷　宋李忠定公奏議選十四卷　附録一卷　首四卷　目録二卷

(宋)李綱撰　(明)左光先選編　戴國士等校
明崇禎十二年(1639年)刊本
内閣文庫　尊經閣文庫　東京大學總合圖書館藏本
【按】内閣文庫藏此同一刊本兩部,皆係十六册裝。一部原係楓山官庫舊藏,一部原係豐後佐伯藩主毛利高標舊藏,仁孝天皇文政年間(1818—1829年)由出雲守毛利高翰獻贈幕府,明治初年歸内閣文庫。首有"佐伯侯毛利高標字培松藏書畫之印”。此本爲康熙四十四年補修。

尊經閣文庫藏此同一刊本兩部，皆係江户時代加賀藩主前田綱紀等舊藏。一部共十册，一部共七册。

東京大學藏本，原係江户時代紀州德川家南葵文庫舊藏，共十册。

【附録】日本光格天皇享和元年（1801 年）尾張藩明倫堂活字刊印《李忠定公奏議選》十五卷、《文集選》二十九卷、《首》四卷。此本題署“李綱著、左光先選、李春熙輯、李嗣玄評定”。

李忠定公全集五十卷

（宋）李綱撰

明崇禎年間（1628—1644 年）刊本　共十二册

宫内廳書陵部藏本

【附録】光格天皇文化六年（1809 年）江户小林新兵衛、角丸屋甚助等刊竹《李伯紀忠義編》七卷。此本係日人冢田虎（大峰）依據宋人李綱文編定，卷首有冢田虎《序》。

孝明天皇萬延元年（1860 年）京都書肆河内屋藤四郎刊印《李忠定公集鈔》二卷。此本由日人賴久太郎選編。

孝明天皇文久三年（1863 年）江户須原屋茂兵衛、大阪河内屋吉兵衛外六軒刊印《李忠定公集鈔》二卷并《李忠定公雜文詩》。此本由日人賴山陽（襄）選編。其後，有秋田屋太右衛門等的重印本。

高東溪先生文集（東溪集）二卷　附録一卷

（宋）高登撰　（明）林希元重編

明嘉靖年間（1522—1566 年）刊本　共一册

静嘉堂文庫藏本　原孫淵如　陸心源十萬卷樓等舊藏

【按】前有明嘉靖丙午（1546 年）林希元《序》。後有明嘉靖間黄直《後序》。

陳少陽先生文集（少陽集）十卷

（宋）陳東撰

明正德年間（1506—1521 年）刊本　共一册

静嘉堂文庫藏本　原陸心源十萬卷樓等舊藏

（沈忠敏公）龜溪集十二卷

（宋）沈與求撰

明萬曆二十八年（1600 年）序刊本　共四册

静嘉堂文庫藏本　原陸心源十萬卷樓等舊藏

【按】是集前有宋紹興辛亥（1191 年）十一月李彦穎《序》，宋淳熙四年三月張叔椿《序》，萬曆庚子（1600 年）第十六代孫沈子木《序》。

卷中有“季振宜印”白文方印，“滄葦”朱文方印。

（須溪先生評點）簡齋詩集十五卷

（宋）陳與義撰　劉辰翁評　胡穉箋

元刊本

静嘉堂文庫藏本　原稽瑞樓等舊藏

【按】每半葉有界八行，行十六字，注文雙行，黑口。

前有劉辰翁《序》一篇。

陸心源《儀顧堂續跋》斷此本爲麻沙本。

【附録】日本後光明天皇慶安元年（1648 年）野田彌兵衛刊印《須溪先生評點簡齋詩集》十五卷。

後櫻町天皇明和元年（1764 年）江宗白刊印《須溪先生評點簡齋詩集》十五卷。此本由日人江宗白序并讀點。

簡齋詩集十五卷

（宋）陳與義撰

明初刊本

静嘉堂文庫　大倉文化財團藏本

【按】每半葉十行，行十九字。黑口。

前有有劉辰翁《序》，末有晦齋《跋》。

静嘉堂文庫藏本,原係陸心源十萬卷樓等舊藏,共四册。

大倉文化財團藏本,有朱墨筆點。卷中有"拙盦"、"白雲紅葉盦"、"守尚"、"同山"、"海豐張守同"等印記。共六册。

栟櫚先生文集二十五卷

(宋)鄭肅撰　(明)林孜校

明正德十四年(1519 年)刊本

内閣文庫　静嘉堂文庫藏本

【按】前有明正德己卯(1519 年)胡瓊《序》、同年三月林孜《序》。後有同年孟秋羅珊《跋》。

内閣文庫藏本,原係昌平坂學問所舊藏。共五册。

静嘉堂文庫藏本,原係季滄葦舊藏,後歸陸心源十萬卷樓。卷中有"季振宜印"白文方印,"滄葦"朱文方印。共六册。

栟櫚文集十二卷

(宋)鄭肅撰　(明)林奇嵩編　鄭崇純校

明萬曆三十四年(1606 年)鄭崇純刊本　共三册

宫内廳書陵部藏本

【按】此本題"林奇嵩編次"。前後有林孜、胡瓊、陳景奎、鄭文歲諸人《序》《跋》,并有嘉靖三十一年(1552 年)郭仁所撰《栟櫚書院記》。

是書首有"竹半閣"印記,每册首有"秘閣圖書之章"印記。

栟櫚文集十二卷

(宋)鄭肅撰　(明)林孜校

明刊本　共六册

静嘉堂文庫藏本　原陸心源十萬卷樓等舊藏

【按】前有明正德己卯(1519 年)胡瓊《序》及林孜《序》各一篇,係鄧四教、鄧四維等重校刻本。

有《附録》一卷及《墓表》。

(重刊)横浦文集二十卷　附録(四種)六卷

(宋)張九成撰　郎曄輯　(明)方士騏校

明萬曆四十二年(1614 年)吴惟明刊本　共十册

尊經閣文庫　静嘉堂文庫　東京大學文學部漢籍中心藏本

【按】每半葉十行,行二十字。注文小字雙行。白口,左右雙邊(20.5cm×13.4cm)。單魚尾(一部分無魚尾)。版心有字數。

《附録》四種,細目如次:

《施先生孟子發題》一卷,(宋)施得操撰;

《無垢先生横浦心傳録》三卷,于恕輯;

《横浦日新》一卷,于恕輯;

《横浦先生家傳》一卷。

尊經閣文庫藏本,原係江户時代加賀藩主前田綱紀等舊藏。

静嘉堂文庫藏本,原係陸心源十萬卷樓等舊藏。

韋齋集十二卷　附玉瀾集一卷

(宋)朱松撰　《玉瀾集》朱槔撰

元弘治年間(1488—1505 年)刊本　共二册

静嘉堂文庫藏本　原蔣絢臣　陸心源皕宋樓等舊藏

【按】每半葉十行,行二十字。

前有宋淳熙七年(1180 年)四月傅自得《序》,元至元三年(1337 年)五月劉性《序》。後有宋淳熙辛丑(1181 年)仲春尤袤《玉瀾集跋》。

卷中有"鹿原林氏藏書"朱文方印、"蔣絢臣曾經校藏"朱文長印等。

此本陸心源斷爲元刻本。傅增湘《藏園群書經眼録》卷十四著録此本,并斷爲明弘治年間刻本。

(香溪先生)范賢良文集(香溪集)二十二卷

(宋)范浚撰　高栴編

元刊明修本　共八册

静嘉堂文庫藏本　原陸心源皕宋樓等舊藏

【按】每半葉有界十二行，行二十二字。黑口，雙黑魚尾，左右雙邊或四周雙邊(18.9cm×12.1cm)。每卷有目。連屬正文。

前有宋紹興三十一年(1161年)四月十三日同郡陳巘肖《序》，次有《香溪先生范賢良文集總目》。卷末有題署“後學里生元元吴師道”所撰寫的《香溪先生文集後序》。

卷中有“蕭爽齋書畫記”、“願乘長風破萬里浪”、“海峰”、“朱叙”等印記。

【附録】日本後西天皇萬治二年(1659年)有《香溪先生范賢良文集》二十二卷寫本一種。卷中有萬治二年林向陽子手識文。此本舊藏佐伯文庫，現存大阪天滿宮御文庫。

香溪先生范賢良文集二十二卷

(宋)范浚撰

明刊本　共三册

内閣文庫藏本　原紅葉山文庫舊藏

海瓊玉蟾先生文集四卷　續集二卷　首一卷

(宋)葛長庚(白玉蟾)撰　(明)臞仙編

明正統七年(1442年)臞仙重編刊本

宫内廳書陵部　蓬左文庫藏本

【按】此本題“南極老人臞仙重編，山陰新安何繼高、汪乾行、劉懋賢同校”。前有正統壬戌(1442年)臞仙《序》文一篇(據《明史·諸王傳》太祖第十七子寧王權，性好仙，自號臞仙)。

宫内廳書陵部藏本，首有“文沂之印”印記，每册有“秘閣圖書之章”印記。共六册。

蓬左文庫藏本，係後水尾天皇寬永五年(1628年)從中國購入，卷中有“尾陽内庫”印記。共十册。

【附録】日本今存1487年《海瓊白先生集》寫本一卷。每半葉十行，行十八字，共五十六葉。此寫本前有潘枋《序》文一篇。卷尾有日本後土御門天皇長享元年(1487年)識語三十六字：其文曰：“梅庵漆桶萬里涉獵此集三遍于洛、于尾、五武。長享丁未仲冬十七江户城梅花無藏下書之。”

海瓊白玉蟾先生文集六卷　續文集二卷

(宋)葛長庚(白玉蟾)撰

明刊本　共四册

静嘉堂文庫藏本　原陸心源十萬卷樓等舊藏

【按】前有宋彭耜撰《實事》，并有宋端平丙申(1236年)潘枋《叙》、明正統壬戌(1442年)南極老人臞仙《序》。

【附録】據瑞溪周鳳《卧雲日件録》中“享德二年(1453年)九月十四日”記載，是日和尚閲《白玉蟾文集》、《三教老人集》兩書。

海瓊玉蟾先生集(白玉蟾文集)六卷　續二卷

(宋)葛長庚(白玉蟾)撰　(明)朱權編　何繼高等校

明刊本　共七册

内閣文庫藏本　原江户時代林氏大學頭家舊藏

海瓊玉蟾先生文集六卷　續文集二卷

(宋)白玉蟾撰　(明)朱權重輯

明正統七年(1442年)序重刊本

東洋文庫藏本

【按】東洋文庫藏此同一刻本兩部。一部原係小田切萬壽之助舊藏；一部原係藤田豐八舊藏。兩部皆八册。

(新刻)瓊琯白先生集十四卷

(宋)白玉蟾撰

明萬曆二十二年(1594年)潮陽林有聲校刊本

蓬左文庫　東洋文庫藏本

【按】前有明萬曆二十二年(1594年)何繼高《序》。

蓬左文庫藏本，原係江户時代幕府第一代大將軍德川家康舊藏，後賜予尾張藩主家，此爲駿河御讓本，卷中有“御本”印記，共三册。

東洋文庫藏本，共三册。

(新刻)瓊琯白先生集十四卷

(宋)葛長庚(白玉蟾)撰

明劉氏安正堂刊本　共六册

内閣文庫藏本

(新刻)瓊琯白先生集十四卷

(宋)葛長庚(白玉蟾)撰

明金閶世裕堂刊本　共六册(合爲三册)

國會圖書館藏本

(新刻)瓊琯白先生集十二卷

(宋)葛長庚(白玉蟾)撰　(明)林有聲校

明萬曆年間(1573—1620年)刊本

内閣文庫　尊經閣文庫　静嘉堂文庫　關西大學附屬圖書館藏本

【按】每半葉有界九行，行十八字。白口，四周單邊(18.6cm×12.5cm)。

卷首題署“新刻瓊琯白先生集，宋海南白玉蟾著”。外題“瓊琯白真人文集”。

前有明萬曆二十二年(1594年)何繼高《瓊琯白真人文集叙》，後有同年林有聲《刻白真人文集後序》。

内閣文庫藏此同一刻本兩部。一部原係林氏大學頭家舊藏，共四册；一部原係紅葉山文庫舊藏，共五册。

尊經閣文庫藏本，原係江户時代加賀藩主前田綱紀等舊藏，共五册。

關西大學藏本，原係内藤湖南舊藏，共三册。

(白玉蟾)海瓊稿十卷

(宋)葛長庚(白玉蟾)撰

明嘉靖十二年(1533年)唐胄序刊本　共五册

静嘉堂文庫藏本　原陸心源十萬卷樓等舊藏

屏山集二十卷

(宋)劉子翬撰

明正德七年(1512年)跋刊本

宫内廳書陵部　内閣文庫　尊經閣文庫藏本

【按】每半葉有界十行，行十九字。黑口，四周雙邊。

前有宋紹興三十年(1160年)六月朔籍溪胡憲《序》，宋乾道癸巳(1173年)七月門人朱熹《序》。後有明正德七年壬申(1512年)夏六月建安後學□□《跋》，同年冬十月朔日十二世孫《跋》。

宫内廳書陵部藏本，共十册。

内閣文庫藏本，原係林羅山舊藏，卷中有“江雲渭樹”印記，共二册。

尊經閣文庫藏此同一刊本兩部，皆係江户時代加賀藩主前田綱紀等舊藏。一部共五册，一部共四册。

屏山集二十集　首一卷

(宋)劉子翬撰

明刊本　共四册

静嘉堂文庫藏本　原陸心源十萬卷樓等舊藏

【按】前有朱子撰《墓表》，張璠撰《謚議》，鄭起潛撰《覆議》，并有宋紹興三十年(1160年)六月胡憲《序》。

後有宋乾道癸巳(1173年)朱子《跋》，并有宋慶元己未(1199年)朱子撰《劉病翁遺帖跋》。

岳武穆集五卷

(宋)岳飛撰　(明)徐階編

明嘉靖十五年(1536年)序刊本　共二册

静嘉堂文庫藏本　原陸心源十萬卷樓等舊藏

【按】前有明嘉靖丙申(1536年)徐階《序》，并有張庭《序》。

後有明嘉靖丙申焦煜《跋》。

【附録】日本孝明天皇文久三年(1863年)江户玉岩堂和泉屋金右衛門刊印《岳忠武王集》一卷。

夾漈遺稿三卷

(宋)鄭樵撰

張立人手寫手校本　共一册

静嘉堂文庫藏本　原陸心源十萬卷樓等舊藏

【按】此本上卷係古近體詩五十六首,中卷係記一篇、論一篇、書二篇,下卷係書三篇。

卷末有張位(立人)手識文,曰:"乙亥六月二十七日寫畢并校。"

梅溪先生廷試策奏議五卷　梅溪先生文集二十卷　後集二十九卷　附録一卷

(宋)王十朋撰　(明)何潢校

明正統年間(1436—1449年)刊本　原十册合爲五册

國會圖書館藏本

【附録】孝明天皇安政二年(1855年)日人三島毅編輯王十朋文爲《王梅溪文鈔》二卷,手寫本二册,現存二松學舍大學附屬圖書館。

梅溪先生廷試策奏議五卷　梅溪先生文集二十卷　後集二十九卷

(宋)王十朋撰

明天順年間刊本　共十二册

尊經閣文庫藏本　原江户時代加賀藩主前田綱紀等舊藏

梅溪先生文集五十四卷

(宋)王十朋撰　(明)何潢校正

明正統五年(1440年)劉謙刊本

宫内廳書陵部　内閣文庫　蓬左文庫藏本

【按】此本係明正統五年御史劉謙守歐郡時所刊刻,郡學教授何潢校正,黄淮序之。又有何文淵《後序》一篇。

此本細目如次:

《廷試策》一卷;

《奏議》四卷;

《詩文前集》二十卷;

《詩文後集》二十九卷;

《附録》一卷(王公墓志銘)。

宫内廳書陵部藏本,卷首副葉有《戴金藏書箴言文》,并有"戴金珍藏圖書"印記。又,第二册、第六册首有"張燮之印"、"群玉樓"印記。每册首有"秘閣圖書之章"印記。共二十八册。

内閣文庫藏本,原係林氏大學頭家舊藏。共十七册。

蓬左文庫藏本,共十册。

梅溪先生文集前集二十卷　後集二十九卷　廷試策奏議(殘本)存四卷

(宋)王十朋撰

明天順年間(1457—1464年)刊本之補刊本

宫内廳書陵部藏本　原江户時代德山藩主家等舊藏

【按】前有周玹《序》、黄淮《序》。

《廷試策奏議》全五卷。此本今缺卷五。

每册首有"德藩藏書"印記。

此本原係江户時代德山藩三代主毛利元次廣收"天下秘籍"之一種。東山天皇寶永三年(1706年)《御書物目録》著録此本。明治二十九年(1896年)男爵毛利元功獻于宫内省圖書寮(即今宫内廳書陵部)。

梅溪先生文集五十四卷　附一卷

(宋)王十朋撰　(明)何潢(文淵)校正

明正德年間刊本　共十册

静嘉堂文庫藏本　原陸心源十萬卷樓等舊藏

【按】前有宋紹興壬子(1192年)王文禮《跋》,并有明天順六年(1462年)十月周玹《序》,明正統五年(1440年)四月黄淮《序》,及明正統庚申(1440年)何文淵《後序》。

艾軒先生文集九卷　附録一卷

(宋)林光朝撰

明正德十六年(1521年)鄭岳莆田刊本　共五册

大倉文化財團藏本

【按】此本據宋刻覆刊。

卷中有"鄭氏注韓居"、"鄭杰"、"昌英"、"子孫永寶"、"游思竹素園"、"内史之章"、"侯官楊浚"、"陳恭甫藏楊雪滄得"等印記。

艾軒先生文集九卷　附録一卷

(宋)林光朝撰

明刊本　共四册

静嘉堂文庫藏本　原陳蘭鄰　項子京　陸心源十萬卷樓等舊藏

【按】前有劉克莊《序》,并有宋淳祐十年(1250)良月林希逸《序》、陳宓《序》。

卷中有"帶經堂陳氏藏書印"、"項子京家珍藏"兩朱文長印。

誠齋集一百三十三卷　目録四卷

(宋)楊萬里撰

宋端平初年刊本　共四十三册

宫内廳書陵部藏本　原京都(洛東)建天寺僧天章舊藏

【按】每半葉十行,行十六字。白口,左右雙邊。版心魚尾下標"誠齋幾",下有刻工名姓,如鄭拱、蔡義、劉淵、胡明、子允、子明、子春、中萬、元壽、公弼、正、玉、李子允、生、伯、余坤、李文、周發、成、坤、俊、炳、胡仕明、胡祥、挺、曹生、梓、陳公弼、陳英、喻岩、彭元德、彭元慶、彭德彰、曾沂、敬、輝、靖、劉子春、劉元、劉玉、劉峰、劉從、劉泊、德章、蔡平、蔡正、蔡永、蔡俊、蔡珏、蔡章、蔡欽、蔡評、蔡敬、賢、鄭、鄭炳、鄭授、鄭焜、震、顯、蕭儀等。

卷頭書名作"誠齋集卷第一",次行題"廬陵楊萬里廷秀"。又每卷末有:

"嘉定元年春三月男　長孺編定

端平元年夏五月門人　羅茂良校正"

卷首有《目録》四卷。第一卷第一葉鈔補,第四卷每一葉有火傷痕迹。

是書爲《誠齋集》最足之本,惜卷五十三至卷五十九,卷六十六至卷六十八,凡十卷係鈔配,然獲五百年前之舊鈔,亦彌足珍貴。其内容如次:

詩四十三卷;　賦二卷;　辭藻一卷;

表二卷;　牋一卷;　啓十三卷;

書七卷;　奏狀劄子二卷;　記六卷;

序七卷;　心學論三卷;　千慮策三卷;

程式論一卷;　庸言四卷;　解一卷;

雜著八卷;　尺牘八卷;

東宫勸讀録一卷;

淳熙薦士録一卷;　詩話一卷;　傳三卷;

行狀二卷;　碑二卷;　表一卷;

墓志銘一卷;　歷官告詞詔書謚、告一卷。

卷末有跋文一篇,剥蝕錯落,録之于後:

"天以誠而覆,地以誠而載,日月以誠而久照,江河以誠而晝夜混混而不息。誠之一字,非聖人疇克盡此。文節楊公,以誠名齋,要亦自明。而誠苟有爲,皆若是也。人皆知先生之孤標勁節,可以薄秋霜,可以沮金石,而始終不撓,不知始終之所以不撓,先生之誠也。人皆知先生之文如襲繭繰絲,璀璨奪目,取而不竭。文以氣爲主,充浩然之氣,見諸文而老益壯者,先生之誠也。負天下之望如誠齋,真所謂一代不數人,而復有東山爲之子,是子是父,前後一轍,非家學以誠,其能是乎。東山先生曩帥廣東,煒叔貳令南海,辱置門墻,益深敬慕。迺今假守通德之鄉,誠齋文集獨缺未傳。尊先生之道義,以倡儒學;表先生之志節,以激士習;發先生之詞藻,以振文……(下缺半葉)。鋟木於端平初元六月一日,畢工於次年乙未六月之既望。煒叔累被朝旨,搜訪遺書,遂獲……(下有脱文)氣,冒兹承乏,政孰先,此東山首從所請,且獲手爲是正,以卷計一百三十有三,以字計八十萬七千一百有八……(下脱文)。"

據日本西村兼文《好古漫録》記,此本原爲洛東(京都)建仁寺天章禪師所有。明治天皇二十五年(1892年)五月二十五日,由福聚院主梧庵禪師讓與外務書記官古澤滋氏,携往東京,轉入宫内省圖書寮(即今宫内廳書陵部)。

董康《書舶庸譚》卷三著録此本。

【附録】據瑞溪周鳳《卧雲日件録》中"寬政五年"(1464年)記載,是年日本建仁寺住持天與清啓受將軍足利義政之委派訪華,向中國開列所需書籍文獻十五種,其中有"《楊誠齋文集》一種",明廷照單全部饋贈。同書"寬政六年(1465年)七月四日"記載,是年和尚閱《誠齋集》。

日本室町時期(1393—1573年)有《誠齋集》寫本一册。每半葉十三行,行十五字左右。題籤左肩書"誠齋集拔尤"。

東山天皇元禄時期(1688—1704年)有摹宋端平刻《誠齋集》寫本一百三十三卷　,并《目録》四卷。有朱墨校點。卷中有"島田重禮"、"敬甫"、"篁村島田氏"、"島田翰讀書記"等印記。

江户時代有宋人楊萬里《誠齋集》寫本一百三十三卷。原係林氏溝東精舍舊藏。此本今存殘本九十一卷(卷四十三至卷一百三十三),現存大阪天滿宫御文庫。

江户時代有宋人楊萬里撰、楊長孺輯、羅茂良校《誠齋集》四十二卷手寫本一種。此本現存國會圖書館。

江户時代又有宋人楊萬里撰《楊文節公文集》(不分卷)手寫本一種,凡四册。此本現存國會圖書館。

光格天皇文化元年(1804年)京都梶川七郎兵衛、江户若林清兵衛與大阪泉本八兵衛等刊印楊萬里《江湖詩鈔》三卷。其後,此本有文化二年(1805年)重印本。

光格天皇文化五年(1808年)江户消遥堂若林清兵衛等刊印《楊誠齋詩鈔》五卷。此本由日人大窪行(詩佛)等訓點。

同年,大阪嵩山堂亦刊印《楊誠齋詩鈔》五卷。

仁孝天皇文政五年(1822年)東都書林須原屋茂兵衛等刊印《誠齋題跋》一卷。

孝明天皇慶應四年(1868年)大原氏兩白堂刊印宋人楊萬里《東宫勸讀録》一卷,并《附》一卷。

江户時代又有人編纂《誠齋先生錦秀策》四卷,木活字版刊本,凡四册。

據光格天皇文化元年(1804年)《書籍直組帳》記載,是年中國商船"丑五番"載《楊誠齋全集》十六部運抵日本,每部售價十五匁。

仁孝天皇天保十二年(1841年)中國商船"子二番"(船主王雲)載《楊誠齋全集》一部二帙運抵日本,售價十匁。

據仁孝天皇天保十四年(1843年)《會所請込物(輸入品)見帳》記載,是年《楊誠齋詩集》一部二帙四册(原注文曰,書中紙張較好,然茶色封紙爲蟲咬蝕)投標價爲藤屋二十匁、村户二十二匁六分、三支三十二匁六分。

仁孝天皇弘化四年(1847年)中國商船"午一番"載《楊誠齋全集》二部各四帙運抵日本,每部售價三十匁。

仁孝天皇嘉永元年(1848年)中國商船"未二番"載《楊誠齋全集》一部四帙運抵日本,售價三十匁。

誠齋詩集十六卷

(宋)楊萬里撰

明末刊本　共八册

御茶之水圖書館藏本　原德富蘇峰成簣堂等舊藏

【按】卷中有朱筆校點,并有"小山氏藏書"朱文印記。

誠齋先生南海集八卷

(宋)楊萬里撰

宋淳熙年間(1174—1189年)刊本　共二册

宫内廳書陵部藏本　原江户時代豐後佐伯

藩主毛利高標等舊藏

【按】每半葉十行，行十八字，注文雙行。白口，左右雙邊。

此本首題“誠齋先生南海集卷一”，次行題“廬陵楊萬里廷秀”。卷末有淳熙丙午（1186年）門生承事郎新權通判肇慶軍府兼管内勸農事劉涣跋文。其文曰：

“詩人之作，類皆流於一偏，如樂天之俗，孟郊之寒，賈島之窮苦。是豈不欲變而通之，去其偏而謟於全，由其技之所局，不能改耳。至如韓昌黎，則無施而不可，其發談笑、助諧謔，叙人情、狀物態，一寓於詩，而曲盡其妙，初不見其諸子之偏，蓋其所禀之高，所藴之富，則形之吟咏者，自然日光玉潔，周情孔思，千態萬貌，豈一偏之所能囿哉！侍讀誠齋先生乃今日之昌黎公也，爲詩之多至于一千八百餘首，分爲五集，而其風雅之變有三焉。世之論文者嘗謂自漢至魏四百餘年文體三變。史臣亦謂唐有天下三百年，文體無慮三變。文之在天下其變也如此之艱，而先生自紹興壬午以迄于今，方歷二紀，抑何變之之易，常非胸中涵蓄者淵泫澄深，無以異於昌黎，則詞源之溢，横流逆折，紆徐迅激，新奇百出。宜夫變之之亟，而非一體之可定也。先生之詩既與昌黎并駕，則知比諸劉夢得者亦未爲確論。涣幸出於先生之門，今得《南海》一集，總四百篇，不敢掩爲家藏，刊而傳之，以爲騷人之規範。餘四集將繼以請，則又當與學者共之。淳熙丙午十二月朔門生承事郎新權通判肇慶軍府兼管内勸農事劉涣謹跋。”

此本係劉氏家刻本，收録楊萬里詩凡三百九十二首。正文首葉第一行頂格題署“誠齋先生南海集卷一”，第二行上空七字題署“廬陵楊萬里　廷秀”。第三行起即係詩作，上空三行題署詩題曰：“庚子正月五日曉過大皐渡”，第四行頂格曰：“霧外江山看不真，衹憑鷄犬認前村。渡船滿板霜如雪，印我青鞋第一痕。”

卷中有“佐伯侯毛利高標字培松藏書畫之印”等印記。

此本係仁孝天皇文政年間（1818—1829年）出雲守毛利高翰獻贈幕府，明治初年歸内閣文庫。明治二十四年（1891年）由内閣文庫移入宫内省圖書寮（即今宫内廳書陵部）。

（批點分類）誠齋先生文膾前集十二卷　後集十二卷

（宋）楊萬里撰

明隆慶六年（1572年）翁文溪刊本　共八册

内閣文庫藏本　原江户時代林氏大學頭家舊藏

（批點分類）誠齋先生文膾前集十二卷　後集十二卷

（宋）揚萬里撰

明萬曆元年（1573年）饒錦溪刊本

内閣文庫　静嘉堂文庫　無窮會織田文庫藏本

【按】内閣文庫藏本，共六册。

静嘉堂文庫藏本，原係陸心源十萬卷樓等舊藏，共十册。

無窮會藏本，原係織田小覺等舊藏，共六册。

吴文肅公文集二十卷　棣華雜著一卷　附一卷

（宋）吴儆撰

明萬曆三十二年（1604年）跋刊本　共二册

静嘉堂文庫　尊經閣文庫藏本

【按】前有宋端平甲午（1234年）羅任臣《跋》，并有明萬曆甲辰（1604年）吴繼京《跋》。

静嘉堂文庫藏本，原係陸心源十萬卷樓等舊藏。

尊經閣文庫藏本，原係江户時代加賀藩主前田綱紀等舊藏。

吴文肅公文集二十卷　棣華雜著一卷　附録二卷

（宋）吴儆撰　（明）吴瀛校

明刊本　共二册

内閣文庫藏本　原楓山官庫等舊藏

竹洲文集二十卷　首一卷　附録一卷

(宋)吴儆撰

明弘治年間(1488—1505年)刊本　共四册

静嘉堂文庫藏本　原毛氏汲古閣　陸心源十萬卷樓等舊藏

【按】每半葉有界十一行,行二十一字。黑口,左右雙邊。

陸放翁全集一百五十七卷

(宋)陸游撰　(明)毛晋校

明毛晋汲古閣刊本

宫内廳書陵部　國會圖書館　内閣文庫　尊經閣文庫　東洋文庫　京都大學　東京大學東洋文化研究所　東北大學附屬圖書館　大谷大學悠然樓文庫　大阪府立圖書館　福井市立圖書館　大阪天滿宫御文庫　京都陽明文庫藏本

【按】此本細目如次:

《渭南文集》五十卷;《劍南詩稿》八十五卷;

《南唐書》十八卷;《放翁逸稿》二卷;

《家世舊聞》一卷;《齋居紀事》一卷。

宫内廳書陵部藏本,共四十册。

内閣文庫藏本,原係昌平坂學問所舊藏,其中《劍南詩稿》今缺卷第十四,共四十七册。

尊經閣文庫藏本,原係江户時代加賀藩主前田綱紀等舊藏,共四十八册。

京都大學藏此同一刊本兩部。一部藏人文科學研究所東洋學文獻中心,共四十册。一部藏文學部中哲文研究室,共五十二册。

東北大學藏本,原係狩野亨吉舊藏,共四十八册。

大谷大學悠然樓文庫藏本,原係大西行禮等舊藏,其中《齋居紀事》一卷,缺第五、第六葉,共四十八册。

大阪府立圖書館藏本,共六十四册。

福井市立圖書館藏本,卷中有"明道館圖書記"朱文方印,共四十八册。

大阪天滿宫藏本,原係近藤南州等舊藏,卷中依宋本補入宋淳熙十四年鄭師尹《序》,共四十八册。

陽明文庫藏本,原係江户時代近衛家凞等舊藏,共六十册。

【附録】日本中世紀時代著名詩人虎關師錬(? —1346年)有詩文集《濟北集》二十卷。其中有《蚊》一首曰:"嘴頭尖穎與錐齊,殷殷雷聲繞閤闈;一自透過羅□隔,鐵牛背上爛如泥。"此詩結句意象則來自宋人陸游詩《大雪之歌》。此詩曰:"長安城中三日雪,潼關道上行人絶;黄河鐵牛僵不動,承露金盤凍將折。"從中可見到日本中世紀時代陸游文學傳播的狀態。同時代著名文學家僧義堂周信(1324—1388年)《空華集》中有《小景》一首曰:"酒旗翩翩弄晚風,招人避暑緑蔭中。誰家的艇來投宿,典缺蓑衣醉一蓬。"學界以爲此詩首句取陸放翁《平水小憩》中"酒旗近村場,暑船浦憩通"之意象而成詩。這是日本五山時代(1192—1573年)關於陸游文學的記録。

陸放翁全集五十卷

(宋)陸游撰

明毛氏汲古閣刊本　共十册

米澤市立圖書館藏本　原江户時代米澤藩主家舊藏

渭南文集五十卷

(宋)陸游撰

明弘治十五年(1502年)華氏銅活字刊本　共十册

静嘉堂文庫藏本　原朱竹垞　陸心源十萬卷樓等舊藏

【按】前有明弘治壬戌(1502年)吴寬《序》,後有宋嘉定十三年(1220年)十一月陸子遹《跋》。

渭南文集五十二卷　首一卷

(宋)陸游撰

明正德年間(1506—1521 年)刊本

宫内廳書陵部　内閣文庫　尊經閣文庫　大倉文化財團藏本

【按】每半葉有界十行,行二十字。

前有明正德癸酉(1513 年)浙江按察司僉事新安汪大章《序》,稱“巡行越郡,得其文集,屬郡守梁君喬刻之”。卷尾又有汪氏《跋》。

宫内廳書陵部藏本,卷二十至卷二十五後人寫補。每册首有“櫟園藏書”、“南衮”、“士華”、“止亭”、“曾根書庫”、“石坂氏藏書記”、“森”諸印記。共十册。

内閣文庫藏本,原係紅葉山文庫舊藏,共十册。

尊經閣文庫藏本,原係江户時代加賀藩主前田綱紀等舊藏,共十册。

大倉文化財團藏本,共九册。

渭南文集五十二卷　目二卷

(宋)陸游撰

明萬曆四十年(1612 年)刊本

早稻田大學圖書館　御茶之水圖書館藏本

【按】早稻田大學圖書館藏本,共五册。

御茶之水圖書館藏本,原係水户彰考館等舊藏。大正七年與九年(1918 年及 1920 年)德富蘇峰分二回購入。此本今存卷一至卷三十八,并首一卷。書封尚存原版用紙,德富蘇峰略有修補,共四册。

渭南文集五十卷

(宋)陸游撰　(明)毛晋校

明汲古閣刊本

内閣文庫　無窮會天淵文庫藏本

【按】此本係明弘治年間活字刊本之覆刻本。

内閣文庫藏本,原係紅葉山文庫舊藏,共十六册。

無窮會藏本,原係加藤天淵等舊藏,共十二册。

渭南文集(殘本)存十八卷

(宋)陸游撰

明刊本

東京大學東洋文化研究所大木文庫藏本　原大木幹一等舊藏

【按】是書全本五十二卷,此本今存卷第一至卷第十一,卷第十九至卷第二十五。

劍南詩稿八十五卷

(宋)陸游撰

明毛晋汲古閣刊本

國會圖書館　内閣文庫　東洋文庫　静嘉堂文庫藏本

【按】此本細目如次:

《劍南詩稿》八十五卷;

《渭南文集》五十卷;　《逸稿》二卷;

《南唐書》十八卷;

《家世舊聞》一卷;　《齋居紀事》一卷。

國會圖書館藏本,原共三十三册,現合爲二十八册。

内閣文庫藏本,原係紅葉山文庫舊藏,共三十九册。

東洋文庫藏本,原係小田切萬壽之助舊藏,共二十册。

静嘉堂文庫藏此同一刊本兩部。一部原係竹添井井(光鴻)舊藏,共四十八册;一部原係中村敬宇舊藏,共六十四册。

【附録】據瑞溪周鳳《臥雲日件録》中“長禄四年(1460 年)十月十一日”記載,是日收到陸放翁《劍南續稿》四十册。此書係關東統領上杉憲實手識本。

東山天皇元禄戊寅(1698 年)有京都醫家村上漫甫手寫本《劍南詩鈔》。此本有題識曰:“元禄戊寅首夏十一日騰寫畢　冬嶺邨漫甫時年七十五”。并有仁孝天皇文政辛巳(1821 年)市河米庵楷書題識,其文曰:

“此爲前哲村上漫甫手寫本,先考平日最所鍾愛者。有詩云:

放翁八十尚能詩，漫甫七旬書亦奇，
二老風流今在眼，免教年少自矜持。
文政辛巳冬十月，男三亥謹記。"

"市河米庵"係江户時代名家市河寬寧（號世寧）之長男，名"三亥"，自稱"河氏"。文中言"男三亥"是對其父親而言。此本現存内閣文庫。據《書籍元帳》記載，仁孝天皇天保十二年（1841年）中國商船"子一番"（船主劉念國）載《劍南詩鈔》五部各一帙抵日本，售價十四匁。據仁孝天皇天保十四年（1843年）十月六日至十月八日《漢籍發賣投標記録》，《劍南詩鈔》一部二帙三支屋報價二十匁，永見屋報價二十九匁，安田屋報價四十五匁七分五厘。

劍南詩稿八十五卷　放翁逸稿二卷

（宋）陸游撰
明毛氏汲古閣刊本　共四十八册
京都大學附屬圖書館藏本

（澗谷精選）陸放翁詩集前集十卷　後集八卷　別集一卷

（宋）陸游撰　羅椅　劉辰翁選
明嘉靖年間（1522—1566年）刊本　共十一册
宫内廳書陵部藏本　原楓山文庫等舊藏

【按】每半葉有界十一行，行二十字。黑口，四周雙邊。

此本前集十卷，題"澗谷羅椅子遠選、黄漳仲灡重刊"。後集八卷題"劉辰翁選"。別集不題編者名氏。

前有元大德辛丑（1301年）羅憝《序》，明弘治十年楊循吉《序》。又有明弘治丁巳（1497年）南京户部主事劉景寅《序》，明嘉靖十三年甲午（1534年）秋孟月吉旦徵事郎知宜黄事莆田黄漳《序》等。

每册首有"謝在杭家藏書"、"秘閣圖書之章"兩印記。

此本係森立之氏《經籍訪古志》所著録之楓山官庫藏本。

【附録】日本後光明天皇承應二年（1653年）洛陽（京都）書林田中莊兵衛刊印《名公妙選陸放翁詩集》前集十卷，（宋）羅掎（和刊本"椅"刊成"掎"）編。後集八卷，（宋）劉辰翁編。此本後由瀧莊三郎等重印。

光格天皇享和元年（1801年）江户須原屋伊八郎、須原屋善五郎、和泉屋莊次郎等刊印《放翁先生詩鈔》八卷。此本係日人大窪行（詩佛）、山本謙（迂齋）校訂。

同年，京都河内屋藤四郎、大阪秋田屋太右衛門外九軒等刊印《放翁先生詩鈔》四卷。此本由日人中野正興（中根素堂）、山本謹（緑陰）校訂。其後，此本有仁孝天皇文政八年（1825年）重印本。

光格天皇文化八年（1811年）平安書肆刊印《增續陸放翁詩選》七卷，題"宋陸游撰、宋羅掎輯"。此本由日人村瀨之熙（栲亭）增訂。其後，此本有京都田中莊兵衛，梶川七郎兵衛、葛西市郎兵衛等重印本。

放翁詩集六卷

（宋）陸游撰　（明）潘星仁輯校
明刊本（明刻《宋元名公詩集》零本）
東洋文庫藏本　原小田切萬壽之助舊藏

頤庵居士集二卷

（宋）劉應時撰
張立人手寫手校本　共一册
静嘉堂文庫藏本　原陸心源十萬卷樓等舊藏

【按】前有宋慶元六年（1200年）陸游《序》，宋嘉泰元年（1201年）六月楊萬里《序》。

【附録】日本仁孝天皇天保四年（1833年）江户和泉屋吉兵衛刊印《頤庵居士集》二卷。此本由日人藤森大雅等校。

周益文忠公集二百卷　附録五卷　年譜一卷

（宋）周必大撰
宋賓王　謝浦泰手寫手校本

静嘉堂文庫藏本

【按】前有宋開禧元年(1205年)陸游《省齋文稿序》,開禧丙寅(1206年)中秋徐誼《平園續稿序》,同年嗣子周綸《跋》,宋嘉泰壬戌(1202年)《詞科舊稿·自序》并《掖垣類稿·自序》,宋紹熙元年(1190年)丁朝佐《跋》,宋紹熙辛亥(1191年)蘇森《跋》。

每《稿》目録後,有"太倉宋賓王蔚如氏校"及"謝浦泰惺廛氏鈔"二行。有宋賓王手識文,其文曰:

"《周益公集》二百卷,《附録》五卷,《年譜》一卷,九百五十四萬五千餘言,卷帙浩繁。宋槧既湮,世無嗣刻。本朝如玉峰傳是樓藏書,亦僅有鈔本。故近世之士,得其殘篇斷簡,皆奉若拱璧也。吾婁顧子夏珍,手鈔《周益公集》十本,合清河沛國所藏,僅得七十三卷,而以《平園》首卷,補《省齋》後卷之缺。嘗謂余曰:'此集向藏玉峰,近聞歸郡人王聲宏矣。若得從之補闕訂訛,亦人生一快事也!'言已浩嘆。康熙壬寅春,校訖《吴都文粹》,請政武陵。武陵喜,因授余《益公集》。曰:'此余志所未逮者,捨子誰屬哉!'越十有一日,武陵暴卒。春仲有書賈自郡來,言王聲宏先生欲借校《吴都文粹》。余遂忻然與之偕往,蓋欲問《益公集》消息也。足凡三及門,時值清和,晷長人困,逡巡郡邸,進退失據。乃就韋公祠卜贄,請觀《益公全集》。《目》凡二十七種。時錢子方蔚館於金閶,余即歸,携顧鈔往,請補於先生。先生具述曩督學某公,曾遣繕書者就舍鈔成而去。書賈莘志伊云,酬以十六金。既而復請許就校了。見《省齋文稿》,檢者缺五卷。向朱張之藏,所謂首五卷者,至此乃知其訛。知與先生披閲,見互有差謬,相爲訂正。喜動顔色,戲謂余曰:'孺子可教也!'予起謝。詰朝復同錢子往,先生遂出《集》首兩種。錢子留校《省齋》,余持《平園》以歸。時夏五哉生魄也。鈔對訖,再詣見先生,略無難色,但臨行頻囑鄭重。舟行又借《別稿》、《詞科》、《掖垣》、《玉堂》、《政府》五種歸。蓋六月將晦矣。七月二十日,順風揭飄,亭午抵蘇,冒暑入城。易《歷官奏議》、《奉詔》、《承明》四種還邸。日猶未啣山,旅客喧闐,喘吁揮汗,財貨之外,别無所事事,而余心獨喜無寐,宵雨達旦,風自西颸爾。乃放舟中流,食頃入黑甜鄉里,旋聽風水桔槔聲相送,而篙師又報維舟矣。鈔竟復往,易《親征》、《龍飛》、《歸廬陵》、《閑居》、《游山》、《奏事》、《南歸》、《思陵》、《玉堂雜志》、《二老堂詩話》、《二老堂雜志》、《玉蕊辨》、《樂府》,凡一十二種(據此應爲一十三種——編著者)歸校。值先生送其嗣澄江科試,錢子亦往,遂蟠羈焉。迨竣《書稿》、《附録》、《年譜》還謝,則爲十月中旬云。往返六閲月,先生每責期,與老人期戒後,乃糾諸從力。家貧乏潤筆資,乃爲桐鄉金子星軺先鈔成焉。予復借於金,自十月先旬始鈔,成於雍正元年三月。計三千六百十五葉,葉計字四百二十。是集也,錢子實總其成,訂正舛錯,費許心目。余因就卷中脱落疑訛處,另副開載,更竣善本,續校焉。噫!余十有一月中,校成全集兩部,誠大快事!獨念武陵始事,不獲見其成爲憾,然其長君開之於衰絰中,猶欲纘成先志,而哀毁過中,又弱一個。時癸卯正月二十四日乙己,距武陵忌辰祗二十一日。咨哀哉!武陵存日,不獨收藏甚富,而手鈔秘本充盈篋笥,尤喜人借鈔。謂《益公集》世罕見其全,欲搜羅補綴成全傳世,以余可佐其成,數屬意焉。蓋武陵之心,公心也,余襄厥志,今既濟矣。爲叙其鈔成始末如此,武陵有知,亦可無憾矣夫。東倉宋賓王蔚如氏紀。"

又有宋賓王手識第二則,其文曰:

"雍正甲辰閏四月,借朱端揆《益公文選》校一次。係萬曆間清漳胡廷宴所刻,不全,失次本也。間采訛字附於旁,俟高明者指證焉。"

又有宋賓王手識文第三則,其文曰:

"吴長卿震元先生於明崇禎間集諸名臣

如黄道周、董其昌、陳繼儒輩十人,作《南北宋相眼》(又名《宋相譜》)一書,募刻未成,聞名莫覿。乙巳春初,偶偕黄齊卿過吴慎修,齋頭復見之。其中《周文忠公相眼》,具載公本集中,有關國典之文甚悉。後獲借校,爲益良多,遂卷中凡朱筆點識者是也。雍正三年立秋後十九日,較訖於瑯萬卷樓之西廡錢子方蔚賓政之古瀛洲。流寓宋賓王記。"

又有宋賓王手識文第四則,其文曰:

"《津逮秘書》合《平園》、《省齋》中題跋刻之,分十二卷,《玉堂雜誌》二卷、《二老堂詩話》共五卷,悉校一過,略無取益。汲古閣所刻之書,類如此也。中秋前四日書。"

又有宋賓王手識第五則,其文曰:

"雍正六年春,借常熟孫慶真所得錢氏藏本,凡二十册。中間雖有差誤,然爲益多矣。己酉新正校訖謹誌。"

卷中又有謝浦泰手識文,其文曰:

"此書在宋人文集中最爲難得。婁水如太原琅琊彭城延陵清河諸世家,素有藏書,亦未曾有,何況其餘。今宋子蔚如,獨構得之,什襲而藏,非素心友,不輕示焉。予癸丑歲,與宋子同在衰絰之中,慨然借鈔。不啻十朋之錫,焚膏繼晷,矻矻窮年。自春迄冬,無一日不事筆硯也。印鈔時,間有訂正,不下百餘處。書成誌此。時雍正十一年癸丑季冬二十四日。太倉棘人謝浦泰心傳氏別字惺廛謹跋。時年五十八歲。"

周益文忠公集(殘本)七十卷

(宋)周必大撰

宋開禧二年(1206年)刊本　共四十册

静嘉堂文庫藏本　原黄丕烈　陸心源皕宋樓等舊藏

【按】每半葉十行,行十六字,注文雙行。白口,左右雙邊(20.2cm×14.6cm)。版心記字數,有刻工姓名,如蔡懋、蔡靖、蔡椿、蔡成、蔡詔、蔡東、蔡思、景生、景年、胡昌、胡禮、胡元、胡顯、胡俊、胡彦、江全、江度、鄧授、鄧挺、鄧振、鄧仁、劉進、劉宗、劉寅、劉永之、永之、劉克明、克明、劉一新、一新、羅忠、丁萬全、萬全、吴文伯、文伯、祝士正、士正等。

《周益文忠集》(《周益公集》)原爲二十七種,二百卷。今僅存七種殘本如次:

《省齋文稿》　目録、卷一至卷八、卷二十八至卷三十六。

《平園續稿》　序目、卷一至卷十五、卷二十七至三十、卷三十六至卷四十。

《玉堂類稿》　卷六至卷八、卷十一至卷十三。

《歷官表奏》　卷一至卷五、卷十至卷十二。

《承明集》　卷一至卷六。

《書稿》　卷五、卷九至卷十一、附録五卷全。

每卷首小題在上,大題在下。宋諱避"懸、徵、樹、慎、廓"等字。卷中言及宋室,其上皆空格。又家諱凡周必大名及其曾祖衍、祖説、父利建等,各皆缺末筆。

卷中有"汪士鐘"、"汪士鐘印"、"三十五峰園主人"、"趙宋本"等印記。

董康《書舶庸譚》卷八著録此本。

傅增湘《藏園群書經眼録》卷十四著録此本。其識文曰:"此書刊印極精,余曾見鄧氏群碧樓藏殘本,正與此同。刻工蔡懋之名,又見於余藏《放翁先生劍南詩稿》及《歐陽文忠公全集》,當即吉州所刊也。"

北山小集四十卷

(宋)程俱撰

袁廷檮貞節堂寫本　董康手識本　共十册

大倉文化財團藏本

【按】此本係清道光五年(1825年)袁廷檮貞節堂據士禮居影摹之宋鈔本的重寫本,卷中有袁廷檮手識文,并有董康手識文。

卷中有"泰峰"、"田耕堂"、"毗陵董康"、"願隸承明掌校讎"等印記。

北山小集四十卷

(宋)程俱撰

影摹宋刊本　共八册

静嘉堂文庫藏本　原陸心源十萬卷樓舊藏

太倉稊米集七十卷

(宋)周紫芝撰

影摹宋刊寫本　黄丕烈手校手識本　共十册

静嘉堂文庫藏　原劉棨　陸心源十萬卷樓等舊藏

【按】前有唐文若《序》,又有宋乾道丁亥(1167年)上元陳天麟《序》,并有周氏《自序》。後有宋淳熙癸卯(1183年)陳公紹《跋》。

卷末有黄丕烈手識文。其文曰:

"嘉慶辛酉,書賈收得汪氏開萬樓書,中有舊鈔《太倉稊米集》。缺五十六卷已下十五卷,因假郡中香嚴(原字應爲"巖",下同——編著者)書屋藏本,影寫足之,以行款同也。卷中訛謬衍脱,亦復不少,聊以朱筆識之。想香嚴本亦傳録,非影寫宋本故爾。丕烈。"

卷中有"劉棨珍賞"朱文長印,"眠琴山館珍藏"朱文方印。

太倉稊米集七十卷

(宋)周紫芝撰

古寫本　章㦤手校手識本　共十册

静嘉堂文庫藏本　原陸心源十萬卷樓等舊藏

【按】前有唐文若《序》,又有宋乾道丁亥(1167年)上元陳天麟《序》,并有周氏《自序》。後有宋淳熙癸卯(1183年)孟夏陳公紹《跋》,并校勘銜名。

卷中有清咸豐五年(1855年)章㦤手識文兩則。其一曰:

"《太倉稊米集》,余求之十數年不可得。道光庚戌秋,客有持是書來售者,一開閱,即錯脱不可卒讀,欲購而中止。今正月十八日,織里書友陶鼎元,復携以示余。細閱一過,首册序文三則,從宋槧殘本鈔録。又欲將行格强合槧(本),遂多脱落。其中詩文七十卷,固完善無恙也。因亟購之,并取浣香居鈔本,及眠琴山館藏本,將《序》文對校補正云。咸豐五年乙卯孟陬月,章㦤謹誌。"

又一則曰:

"是書多從閣本傳鈔,此獨依仿宋刻,行數、字數俱仍其舊,尚屬乾嘉間鈔本,可寶也。"

汪文定公集十三卷　附録一卷

(宋)汪應辰撰

明嘉靖二十五年(1546年)刊本　共四册

東洋文庫藏本　原藤田豐八等舊藏

燕堂詩稿一卷

(宋)趙公豫撰

古寫本　鮑渌飲手校本　共一册

静嘉堂文庫藏本　原陸心源十萬卷樓等舊藏

侍郎葛公歸愚集十卷

(宋)葛立方撰

古寫本　王士禎朱彝尊黄丕烈手識本　共四册

静嘉堂文庫藏本　原朱彝尊　池北書庫舊藏

【按】卷中有王士禎手識文。其文曰:

"侍郎名立方,謚文定,邲之父也。按《經籍志》:"《歸愚集》二十卷",此佚其半矣。文定公南渡賢相,有《集》三百卷,《詞業》五十卷,不知傳于世否,當訪之。濟南王士禎書。"

又有朱彝尊手識文,其文曰:

"竹垞娱老齋成,展讀一過。時康熙丁丑八月二日。"

又有黄丕烈手識文三處,其一曰:

"此集係從宋刻殘本録出,卷中行款,間有不同。宋本自五卷至十三卷與此本合,而此本中多《樂府》一卷,爲宋刻所無。大約後人從他處補入，以足十卷之數，惜與宋刻剌謬耳。阮亭、竹垞未見原本之舊，故跋語未及。余家殘宋本楮墨精雅，爲宋刻中之上駟。至《樂府》一卷，亦係汲古精鈔。取與此本相對，惟序次紊亂，未能如毛鈔之舊，因假李作梅舊本校讀一過，書此數語于後而歸之。蕘圃。"

其二曰：

"嘉慶三年戊午初秋，陶五柳主人從吴興書賈買得此書。知余曾經過眼，持以示予。余於此書，不啻三過眼矣。向年李作舟與家椒升，同來吴下，余借歸與宋刻本展對，無意歸之，既椒升以群書見示。此集亦在，因議直不妥，卒還之。今歲椒升應京兆試北上，艤舟胥江，過余晤言，問及是書，云未帶出，孰知其已歸賈人，而輾轉仍至余家乎。爰題顛末，以儲諸讀未見書齋。棘人黄丕烈。"

其三曰：

"癸酉三月初四日，是爲寒食節，偶檢及此，距得時已十六年矣。復翁。"

卷中有"竹垞藏本"朱文長印。

雪溪集五卷

(宋)王銍撰

古寫本　勞季方校本　王士禎手識本

静嘉堂文庫藏本

【按】卷中有王士禎手識文，其文曰：

"銍最有名譽，其詩亦鮮合作。卷中《發石牛》一絶句云：'松竹陰中山未盡，梅花林外有行人'，予甚愛之耳。康熙己巳除夕士禎阮亭書。"

晦庵先生朱文公文集(殘本)存二卷

(宋)朱熹撰

宋刊本　共二册

天理圖書館藏本

【按】每半葉十九行，行十九字，小字雙行。白口。版心有刻工名姓，如陳生、陳明、余秀、葉定、葉雲、俞壬、梁吉、劉昭、秦昌、曹鼎、夏義、吴賜、吴志、吴茂、王政等。

卷中避宋諱，凡"慎、敦"等皆爲字不成。

是書全本凡一百卷，此本今僅存卷七十一、卷七十二。

此本蝴蝶裝。

【附録】據《外船書籍元帳》記載，仁孝天皇天保十二年(1841年)中國商船"子一番"(船主辛大)載《朱子遺書》一部二帙運抵日本，售價四十匁。

據《漢籍發賣投標記録》記載，仁孝天皇弘化四年(1847年)中國商船"巳二番"載《朱子全集》一部三十六册運抵日本，標價爲一百八匁、一百二十五匁九分、一百二十七匁五分。

仁孝天皇弘化四年(1847年)正月，中國商船"午二番"載《朱子全集》一部三十册運抵日本，售價五十五匁。同船又載《朱子家集》二部各一帙，每部售價六匁。同船又載《朱子家訓帖》五百部，其中，殘損一部，每帖售價七分，全三百五十匁。

仁孝天皇弘化五年(1848年)中國商船"未二番"載《朱子全書》一部四帙運抵日本。售價六十匁。

孝明天皇嘉永二年(1849年)中國商船"申四番"載《朱子全集》(有缺損)一部八帙運抵日本。售價五十五匁。

孝明天皇嘉永三年(1850年)中國商船"戌一番"載《朱子全書》一部五帙運抵日本。售價六十匁。

據孝明天皇安政六年(1859年)《會所書籍入札帳》記載，是年中國商船"未字號"載《朱子全書》一部四帙運抵日本，標價爲書物屋八十匁九分、本屋一百十匁九分、紙屋一百二十二匁。

中御門天皇正德元年(1711年)平安(京都)壽文堂刊印朱熹撰《晦庵先生朱文公文集》一百卷、《目》二卷、《續集》十一卷、《别集》十卷。同年，有大阪河内屋卯兵衛等重印本。

江户時代儒學家貝原篤信(益軒)編輯有《朱

子文集輯要》五卷,中御門天皇正德二年(1712年)正月由京都萬屋喜兵衛刊印。

(晦庵先生)朱文公文集一百卷　續集十一卷　別集十卷

(宋)朱熹撰

宋刊明修補本　共五十一册

静嘉堂文庫藏本　原張楊園　陸心源皕宋樓等舊藏

【按】每半葉有界十行,行十八字。注文雙行,行同正文。白口或黑口,雙黑魚尾或三黑魚尾,左右雙邊或四周雙邊,版心記字數,有刻工姓名,元刻部分如魏海、用壽、仲明、魏汝善等;明人補刻部分如魏圭、魏謙、魏宣、葉真、葉輝、葉敬、葉禮、葉崇、楊神、楊聰、楊澤、楊閏、楊乾、得用、象成等。

前有朱子小像及宋慶元庚申(1200年)墨筆《自題》。《續集》前有宋淳祐五年(1245年)正月王遂《序》,卷末有宋淳祐庚戌(1250年)徐幾《跋》。《別集》前有宋咸淳元年(1265年)六月迪功郎建寧府建安書院山長黄鏞《序文》。

卷一百末有明成化十九年(1483年)黄仲昭《補刊刊語》,其文曰:

> "右《晦庵先生文集》一百卷,閩浙舊皆有刻本。浙本洪武初取置南廱,不知輯於何人。今閩藩所存本,則先生季子在所編也。其後又有《續集》若干卷,《別集》若干卷,二本亦併刻之。歷歲既久,刓缺寖多,讀者病焉。成化戊子(1468年)仲昭自翰林謫官南郡,偶得閩本,公暇因取浙本校之,其間詳略微有不同……。成化十九年歲在癸卯二月之朔後學莆田黄仲昭謹識。"

《別集》卷末有清嘉慶三年(1798年)姚璉墨書。

卷中有"張履祥印"、"敬業軒"、"幼齋"、"長吉氏"、"姚璉"、"字吉人"等印記。

(晦庵先生)朱文公文集一百卷　續集十一卷　別集十卷

(宋)朱熹撰

宋刊明修補本　共九十册

静嘉堂文庫藏本　原陸心源皕宋樓等舊藏

【按】每半葉有界十行,行十八字。注文雙行,行同正文。白口或黑口,雙黑魚尾或三黑魚尾,左右雙邊或四周雙邊,版心記字數,有刻工姓名,(元刻部分)如魏海、永壽、仲明、魏汝善等;(明人補刻部分)如魏圭、魏謙、魏宣、葉真、葉輝、葉敬、葉禮、葉崇、楊神、楊聰、楊澤、楊閏、楊乾、得用、象成等。

前有朱子小像及宋慶元庚申(1200年)墨筆《自題》。《續集》前有宋淳祐五年(1245年)正月王遂《序》,卷末有宋淳祐庚戌(1250年)徐幾《跋》。《別集》前有宋咸淳元年(1265年)六月迪功郎建寧府建安書院山長黄鏞《序文》。

此本與静嘉堂文庫藏五十一册本相同,然卷一百末挖去明成化十九年(1483年)黄仲昭《補刊刊語》。

卷中有"歸安陸樹聲叔桐父印"等印記。

晦庵先生朱文公文集一百卷　續集十一卷　別集十卷

(宋)朱熹撰　(明)胡岳校

明正德年間(1506—1521年)刊本

尊經閣文庫　足利學校遺迹圖書館　金刀比羅宫藏本

【按】尊經閣藏本,原係江户時代加賀藩主前田綱紀等舊藏,共六十册。

足利遺迹圖書館藏本,原係互理鄉學日就館等舊藏,後歸足利學校,共八十册。

金刀比羅宫藏本,原係別當金光院舊藏,今存卷一至卷七十四,共七十四卷。

(晦庵先生)朱文公文集一百卷　目二卷　續集十一卷　別集十卷

(宋)朱熹撰　朱在編　(明)胡岳校

明嘉靖十一年(1532年)福建東陽張氏刊本

宫内廳書陵部　内閣文庫　静嘉堂文庫　尊經閣文庫　東京大學文學部漢籍中心　御茶之水圖書館　日光輪王寺天海藏藏本

【按】每半葉有界十二行,行二十二字。白口,四周單邊(18.8cm×12.8cm)。版心有刻工名姓,如華福、李福、葉旋、江元真、劉順堅、熊文林、陸文進、余道宗、陸榮、兵道吕、陸豹、余富、葉再生、許達、葉文輝等,并有寫工名,如劉廷用、陳信、周鑑、王邦亮、余龍、謝怡、郭泗、張恪等。

《正集》前有明年嘉靖壬辰(1532年)蘇信《序》。《目録》後有婺源潘黄《跋》,其稱"《晦庵文公文集》,歲久版昏。察使胡仲申玉、副使張用載大輪,先後白巡御史虞惟明守愚、蘇宋玉信、蔣伯宣詔,縮費重雕,藏諸閩臯"云云,蓋此本爲明時閩中刊本。

卷末有明成化十九年(1483年)黄仲昭《跋》。

《正集》一百卷,其内容如次:

卷一　詞、賦、琴操
卷一至卷十　詩、樂府
卷十一至卷十二　封事
卷十三至卷十四　奏劄
卷十五　講義、議狀、劄子
卷十六至卷十九　奏狀
卷二十至卷二十一　申請
卷二十二至卷二十三　辭免
卷二十四至卷六十四　書
卷六十五至卷七十四　雜著
卷七十五至卷七十六　序
卷七十七至卷八十　記
卷八十一至卷八十四　跋
卷八十五　銘、箴、贊、表、疏、啓、婚事、上梁文
卷八十六　祝文
卷八十七　祭文
卷八十八至卷八十九　碑
卷九十　墓表
卷九十一至卷九十四　墓誌銘
卷九十五至卷九十八　行狀
卷九十八　事實　年譜　傳
卷九十九至卷一百　公移

宫内廳書陵部藏此同一刻本三部。一部封面題"朱文公文集",每册首有"澹寧齋藏"印記,共五十一册。一部封面題"晦庵先生文集",共六十六册。一部封面題"晦庵先生朱文公文集",共四十册。

内閣文庫藏此同一刻本四部。一部原係紅葉山文庫舊藏,共八十册;一部原係林羅山舊藏,卷中有"江雲渭樹"印記,共六十四册;一部原係野間三竹舊藏,後歸豐後佐伯藩主毛利高標,仁孝天皇文政年間(1818—1829年)由出雲守毛利高翰獻贈幕府,明治初年歸内閣文庫。首有"佐伯侯毛利高標字培松藏書畫之印",共三十九册;一部共五十册。

静嘉堂文庫藏此同一刻本兩部。一部原係陸心源守先閣等舊藏,共四十八册。一部原係江户時代藩主板倉侯家舊藏,後歸竹添井井(光鴻)所有,共五十五册。

尊經閣文庫藏本,原係江户時代加賀藩主前田綱紀等舊藏,共三十二册。

東京大學藏本,卷第五十、卷第五十四、卷第五十五,此三卷中有缺葉。卷第二十九、卷第四十一、卷第七十四、卷第七十五,此四卷卷中有後人寫補。共六十册。

御茶之水圖書館藏本,原係德富蘇峰成簣堂等舊藏。卷一至卷三凡一册用江户時代初期和刊本配補。卷中有朱墨點,每册首有"東壁庫印"印記,共四十四册。

輪王寺藏本,原係天海大僧正等舊藏,共五十册。

(晦庵先生)朱文公文集一百卷　續集十一卷　別集十卷　目二卷

(宋)朱熹撰

明刊本　共九十册

静嘉堂文庫藏本　原陸心源十萬卷樓等舊

藏

【按】前有王遂《續集·序》、徐幾《續集·跋》、黄鏞《别集·跋》及成化年間黄仲昭《跋》。

《文集》中後人寫補處甚多，《别集》則係後人手寫。

(晦庵先生)朱文公文集八十八卷　續集十一卷　别集十卷

(宋)朱熹撰

明萬曆年間(1573—1620年)刊本　共二十一册

尊經閣文庫藏本　原江户時代加賀藩主前田綱紀等舊藏

【按】每半葉十二行，行二十二字。白口，四周單邊。

(晦庵先生)朱文公文集(殘本)三卷

(宋)朱熹撰

明初刊本　共三册

御茶之水圖書館藏本　原德富蘇峰成簣堂等舊藏

【按】每半葉有界十行，行十八字。白口，左右雙邊。版心記刻工姓名。

此本今存卷二十九至卷三十一，共三卷。

卷中有德富蘇峰裝補手識文，書箱面上有昭和十四年(1939年)德富蘇峰題識。

晦庵先生五言詩鈔(不分卷)

(宋)朱熹撰　(明)吴訥編

明成化年間(1465—1487年)刊本

内閣文庫　國士館大學附屬圖書館　御茶之水圖書館藏本

【按】每半葉九行，行二十一字。黑口。

前有明宣德十年(1435年)海虞吴訥《序》，又有明成化十八年(1482年)琴川周木《序》。後有四明陳敬宗《跋》。

内閣文庫藏本，原係昌平坂學問所舊藏，共四册。

國士館大學藏本，原係南本正繼舊藏，共一册。

御茶之水圖書館藏本，原係德富蘇峰成簣堂舊藏，封帙有大正六年(1917年)德富蘇峰從北京購入此本之手記，共二册。

(新刻宋名賢)晦庵五言詩鈔前集　(新鍥宋名賢)晦庵五言詩鈔後集二卷

(宋)朱熹撰

明萬曆年間(1573—1620年)刊本　共二册

尊經閣文庫藏本　原江户時代加賀藩主前田綱紀等舊藏

晦庵先生朱子詩集十三卷

(宋)朱熹撰

明成化年間(1465—1487年)刊本　共四册

尊經閣文庫藏本　原江户時代加賀藩主前田綱紀等舊藏

晦庵文鈔六卷　續集四卷

(宋)朱熹撰　(明)吴訥選　《續集》(明)崔銑選

明嘉靖十九年(1540年)刊本

内閣文庫　尊經閣文庫藏本

【按】每半葉九行，行十八字。白口，左右雙邊。

内閣文庫藏本，原係紅葉山文庫舊藏，共八册。

尊經閣文庫藏本，原係江户時代加賀藩主前田綱紀等舊藏，共八册。

朱子大全私鈔十二卷

(宋)朱熹撰　(明)王宗沐編

明嘉靖三十二年(1553年)臨海王氏刊本

内閣文庫　蓬左文庫藏本

【按】内閣文庫藏本，原係紅葉山文庫舊藏，共六册。

蓬左文庫藏本，原係江户時代尾張藩主家舊藏，卷中有“尾陽内庫”印記，共十二册。

(唐荆川先生選輯)朱文公全集十五卷　首一卷

(宋)朱熹撰　(明)唐順之選
明刊本
尊經閣文庫　静嘉堂文庫藏本
【按】每半葉十行,行二十字。白口,四周單邊。
尊經閣文庫藏本,原係江户時代加賀藩主前田綱紀等舊藏,共十五册。
静嘉堂文庫藏本,原係中村敬宇等舊藏,共十六册。

江湖長翁文集四十卷

(宋)陳造撰　(明)李之藻等校
明萬曆四十六年(1618年)高郵刊本
國會圖書館　内閣文庫　蓬左文庫　尊經閣文庫藏本
【按】前有申屠駉撰《墓志》,又有《自序》,并有明萬曆戊午(1618年)李之藻《序》、姚鏞《序》、宋嘉定二年(1209年)三月陸游《序》。
國會圖書館藏本,原共十册,現合爲五册。
内閣文庫藏本,原係江户時代林鵝峰舊藏。此本卷末有1676年林鵝峰題識,其文曰:
"《江湖長翁集》四十卷,亡姪憲藏書也。其疾病時,遺言以贈余。知爲余未求得此書故也。此書宋陳造所作也。造其名未大顯於後世,然隱逸之徒而長於詩文,見此集之《序》并《墓銘》,可以知焉。電覽之間,泪痕不乾,永懷其人不忘也。噫　延寶丙辰十二月廿四日　林學士。"
共二十册。
蓬左文庫藏本,共十册。
尊經閣文庫藏此同一刻本兩部,原皆係江户時代加賀藩主前田綱紀等舊藏,皆共二十册。

江湖長翁文集四十卷

(宋)陳造撰　(明)李之藻等校
明崇禎年間(1628—1644年)刊本　共十册
静嘉堂文庫藏本　原陸心源十萬卷樓等舊藏

羅鄂州小集五卷　附録一卷

(宋)羅願撰
明洪武年間(1368—1398年)刊本　共四册
静嘉堂文庫藏本　原汪啓淑　陸心源十萬卷樓等舊藏
【按】每半葉十一行,行二十一字。黑口,四周雙邊。
前有宋乾道二年(1166年)鄭玉《序》,明洪武二年(1369年)宋濂《序》、宋濂《記》、新喻趙壎《序》、豫章李宗頤《序》、眉山蘇伯衡《序》、林公慶《序》、趙汸《跋》、王禕《後序》、馬瑊《序》等。
卷中有"新安汪氏"朱文方印、"啓淑信印"白文方印。

羅鄂州小集五卷　附録一卷

(宋)羅願撰
明天啓六年(1626年)羅朗刊本　共二册
東洋文庫藏本　原藤田豐八舊藏
【按】每半葉十行,行二十字。白口,四周單邊。

東萊吕太史文集(殘本)十四卷　别集十六卷　外集五卷　附録三卷　拾遺一卷

(宋)吕祖謙撰
宋刊元印本　共八册
静嘉堂文庫藏本　原陸心源皕宋樓等舊藏
【按】每半葉有界十行,行二十字。注文雙行,行同正文。白口,雙黑魚尾,左右雙邊(20.7cm×15.4cm)。版心記字數,并有刻工姓名,宋刻部分如安永、吴志、吴春、周才、周份、張彦忠、張文、王茂、周文、丁亮、丁明、李彬、李信、劉昭、吕拱、陳靖、楊通、楊先、羅榮、羅裕、孫顯、趙中等。元補刻部分如李茂等。明補刻部分如張榮、張鳳、趙竹、陳勝、刁鳳、孔韶、高昭、譚堅、高岡等。
《文集》全本十五卷,此本今缺卷九,實存十四卷。

《文集》卷十之後，係以它本補配，其中有明人寫補（版式以四周雙邊爲主）。

卷中避宋諱，凡遇"玄、驚、弘、殷、貞、徵、讓、完、講、慎、部"等字皆缺筆。

卷中有"馬玉堂"、"笏齋藏本"、"傳經堂"、"傳經堂鑑藏"、"歸安陸樹聲叔桐父印"、"歸安陸樹聲藏書之記"等印記。

【附録】日本光格天皇文化元年（1804年）昌平坂學問所刊印《東萊先生古文關鍵》二卷，題署"吕祖謙輯"。

東萊吕太史全集四十卷

（宋）吕祖謙撰

明嘉靖年間（1522—1566年）刊本　共六册

尊經閣文庫藏本　原江户時代加賀藩主前田綱紀等舊藏

【按】每半葉十行，行二十字。白口，四周雙邊。

東萊吕太史外集四卷

（宋）吕祖謙撰

宋刊本　共二册

静嘉堂文庫藏本　原陸心源皕宋樓等舊藏

【按】每半葉有界十行，行二十字。白口，雙黑魚尾，左右雙邊（19.8cm×15.1cm）。版心記大小字數，并有刻工姓名，如吕拱、張世忠、張仲辰、史永、周份、周文、陳靖、丁亮、丁明、姚彦、韓公輔、羅裕、李彬等。

四卷中皆有後人寫補之葉。

卷中有"建安楊氏傳家圖書"、"晋安徐興公家藏書"、"晋安蔣絢臣家藏書"、"吴江凌氏藏書"、"凌淦字麗生一字礪生"、"月河居士"、"馬玉堂"等印記。

（新板增廣附音釋文）胡曾詩注一卷

（宋）胡元質撰

日本室町時代（1393—1573年）刊本　共一册

宫内廳書陵部藏本

【按】每半葉有界十行，行二十字。白口，左右雙邊，亦偶有四周雙邊（17.2cm×11.7cm）。版心有時記刻工姓名。

此集乃係宋光宗時敷文閣大學士胡魯字元質詠史之作，以"不周山"至"烏江"共八十二題。

卷中有"明麟"、"葆素堂藏驚人密笈"、"葆素所載"、"小島山房圖書記"、"松鷗庵"等印記。

止齋先生文集五十二卷　附録一卷

（宋）陳傅良撰　曹叔遠編

明弘治年間（1488—1505年）澤州張伯純刊本

内閣文庫　蓬左文庫　静嘉堂文庫　早稻田大學圖書館藏本

【按】每半葉有界十三行，行二十三字。黑口，四周雙邊。

前有宋嘉定戊辰（1208年）曹叔遠《序》，又有宋嘉定癸酉（1213年）曹叔遠《後序》，明正德改元（1505年）林長繁《刊板序》，明弘治十八年（1505年）四月王瓚《序》。

《止齋先生文集》系門人曹叔遠所編，爲五十二卷，嘗刻刊於宋嘉定壬申（1212年）。明弘治中，編修王瓚録自秘閣，再刊梓行。

内閣文庫藏此同一刻本兩部。一部原係山本北山舊藏，後歸於昌平坂學問所，共八册。一部原係豐後佐伯藩主毛利高標氏舊藏，仁孝天皇文政年間（1818—1829年）出雲守毛利高翰獻贈幕府，明治初年歸内閣文庫。首有"佐伯侯毛利高標字培松藏書畫之印"，共六册。

蓬左文庫藏本，亦六册。

静嘉堂文庫藏本，原係陸心源十萬卷樓等舊藏，卷中有1808年周香巖手識文。其文曰："戊辰正月二十四日，從書坊五柳居陶君琅軒處，借得宋刊《陳止齋文集》。因將明刻對校，半月而畢。明刻從内閣鈔出，亦原于宋本，尚無大謬，然已多脱句脱字誤字，此宋本之所以可貴也。内有四卷半，照明本鈔全，則從闕如。

嘉慶十三年二月八日，香巖居士周錫瓚書于通津山房。"共六册。

早稻田大學圖書館藏本，今缺卷四十至卷五十二，實存三十九卷，共六册。

止齋先生文集五十二卷　附録一卷

(宋)陳傅良撰　曹叔遠編

明正德元年(1506年)刊本

宫内廳書陵部　内閣文庫　尊經閣文庫藏本

【按】每半葉十三行，行二十三字。黑口，四周雙邊。

宫内廳書陵部藏本，每册首有"□餘卷樓之章"、"江風山月主人"諸印記，共六册。

内閣文庫藏本，原係紅葉山文庫舊藏，亦六册。

尊經閣文庫藏本，原係江户時代加賀藩主前田綱紀等舊藏，共八册。

(新編名儒類選單編大字)止齋論祖二卷

(宋)陳傅良撰

明成化年間(1465—1487年)刊本　共一册

尊經閣文庫藏本　原江户時代加賀藩主前田綱紀等舊藏

(新刊蛟峰批點)止齋論祖二卷

(宋)陳傅良撰　(明)方逢辰批

明嘉靖十九年(1540年)刊本　共四册

内閣文庫藏本　原江户時代豐後佐伯藩主毛利高標舊藏

【按】每半葉十行，行二十字。黑口，四周雙邊。

此本係仁孝天皇文政年間(1818—1829年)出雲守毛利高翰獻贈幕府，明治初年歸内閣文庫。首有"佐伯侯毛利高標字培松藏書畫之印"。

攻媿集一百十二卷

(宋)樓鑰撰

清乾隆四十五年(1780年)武英殿木活字本　徐時棟手識本　共二十二册

大倉文化財團藏本

【按】此本卷中有清同治八年(1869年)徐時棟手識。

卷中并有"徐時棟"、"柳泉書畫"、"弗學不知其善"、"涌上"、"城西艸堂"等印記。

雙溪文集十七卷　附録一卷

(宋)王炎撰

明嘉靖年間(1522—1566年)刊本

尊經閣文庫　静嘉堂文庫藏本

【按】每半葉十行，行二十一字。白口，四周單邊。

前有明嘉靖癸巳(1533年)汪元錫《序》，嘉靖甲午(1534年)汪思《序》，又有嘉靖十二年(1533年)潘滋《序》、鄭昭先《序》。

尊經閣文庫藏本，原係江户時代加賀藩主前田綱紀等舊藏，共六册。

静嘉堂文庫藏本，原係陸心源十萬卷樓等舊藏，共六册。

雙溪文集十二卷

(宋)王炎撰

明刊清人補修本　共十册

内閣文庫藏本　原昌平坂學問所舊藏本

崔舍人玉堂類稿二十卷　附録一卷　西垣類稿二卷　目録一卷

(宋)崔敦詩撰

南宋刊本　共七册

宫内廳書陵部藏本　原金澤文庫等舊藏

【按】每半葉十行，行十九字、二十字不等。白口，左右雙邊(21.5cm×16.5cm)。版心上魚尾上記字數，下記"玉堂類稿卷第幾"，或"崔舍人玉堂類稿卷第幾"。下魚尾下記葉數、并刻工名姓，如王信、李忠、李珍、吴珙等。

首有"崔舍人玉堂類稿目録"，有"金澤文庫"墨印(第七號印)。後有日本光格天皇享和三年(1803年)柴栗山(邦彦)《鑑定宋槧玉堂類稿記》一帖。其文曰：

"右宋槧《玉堂類稿》二十卷,《西垣類稿》二卷,南宋崔敦詩所著。《附録》一卷,乃其歷官制誥、及祭文挽詞也。按敦詩《宋史》無傳。據《萬姓譜》及墓銘,崔字大雅,常熟人,紹興進士,官至中書舍人。性謹厚,知大體,所陳剴切,爲孝宗所器許。有《文集》二十卷、《奏議》五卷、《制稿》二十二卷,又著《制海監韻》等書,就司馬公《通鑑》舉論每代得失正邪,成《要覽》六十卷以奏御。帝命更定吕東萊《文鑑》,其增損去留,率有意義云。又按《藝文志》所載周必大《玉堂》、《西垣》二稿二十二卷,即崔此稿矣。脱脱誤認爲周,蓋疏脱也。他若陳《直齋解題》以下,諸家書目皆不著録,獨葉盛列之《菉竹堂目録》,則明代中葉,其書猶存也。爾後《四庫》、《敏求》等録,皆不復及,則或者已亡矣。此本古色轇紛,其爲當初原本,不可疑焉。首有金澤文庫印記,上杉氏舊藏也。流轉近歸于甑月堂小倉氏焉。凡宋刻傳者,唐人猶爲罕遘,况於萬里之外,其可不寶愛乎?借觀數十日,詳其編纂,僅止所職之文、《制誥》、《口宣》、《批答》及《青詞》、《致語》等,之外無一文及别題,蓋所謂《制稿》二十二卷者矣。其他《奏議》、《文集》知大體而剴切者,皆不可見,爲可惜也。小倉名祐利,以鬻書爲業。

皇享和三年癸亥九月　東讚柴邦彦記。"

此本係日本中世時代金澤文庫外流出漢籍之一種,刊印精善,惟版心下方損傷較多。

森立之《經籍訪古志》卷六著録此本。董康《書舶庸譚》卷三、傅增湘《藏園群書經眼録》卷十四亦有著録。

【附録】日本光格天皇文化四年(1807年)林衡刊印《崔舍人玉堂類稿》二十卷、《崔舍人西垣類稿》二卷、《附録》一卷。

象山先生文集二十八卷　外集四卷　語録四卷首一卷

(宋)陸九淵撰

明正德年間(1506—1521年)刊本

静嘉堂文庫　京都陽明文庫藏本

【按】前有宋嘉定五年(1212年)九月袁燮《序》,宋開禧元年(1205年)六月楊簡《序》,宋嘉定庚辰(1220年)九月吴杰《跋》,并楊簡撰《謚議行狀》,并有明正德十六年(1521年)《序》。

静嘉堂文庫藏本,共十册。

陽明文庫藏本,共六册。

【附録】桃園天皇寶曆四年(1754年)長崎港《舶來書籍大意書》著録此本,其釋文曰:"《陸象山文集》係宋人陸子静著。輯録其諸體之文二百五十餘篇、詩二十餘首、并所叙語録,又附録時人所著《謚議》、《行狀》、《年譜》等,編次爲三十六卷,明正德十六年刊印。"并注明"一部一帙八册,卷十三末有脱紙,張數不知,卷中有朱點,磨滅甚多"。

據《商舶載來書目》記載,桃園天皇寶曆五年(1755年)中國商船"利字號"載《陸象山文集》一部抵日本。

據《外船書籍元帳》記載,仁孝天皇天保十二年(1841年)中國商船"子一番"(船主劉念國)載《陸象山全集》五部各二帙運抵日本。其中標明"疵本二部",售價各十匁,其餘每部十五匁。同年,中國商船"子三番"(船主邵植)載《陸象山全集》一部二帙運抵日本,售價十五匁。

仁孝天皇弘化四年(1847年)中國商船"午一番"、"午二番"各載《陸象山全集》一部二帙運抵日本,售價皆十五匁。

象山先生全集三十六卷　附録少湖徐先生學則辯一卷

(宋)陸九淵撰　《附録》(明)徐階撰

明嘉靖四十年(1561年)何吉陽刊本

宫内廳書陵部　内閣文庫　尊經閣文庫　京都大學　東京都立圖書館河田文庫　御茶之水圖書館藏本

【按】每半葉十行,行二十字。白口,四周雙邊。

是集初刊於金谿,歲久漫漶。明嘉靖辛酉(1561年),德安何吉陽撫江西,乃改刻之,命臨海王宗沐爲《序》,即爲此本也。

此本卷一至卷三十一爲《書》、《記》、《奏》、《序》、《雜著》、《詩文》,卷三十二至卷末爲《拾遺》、《語録》、《年譜》。别附徐階所撰《少湖學則辯》。末有明嘉靖庚申(1560年)知金谿縣事馬堯相《跋》一篇。

宫内廳書陵部藏本,原係江户時代德山藩三代主毛利元次廣收"天下秘籍"之一。東山天皇寶永三年(1706年)《御書物目録》著録此本。明治二十九年(1896年)男爵毛利元功獻贈宫内省圖書寮(即今宫内廳書陵部)。每册首有"環溪太原王氏振記"、"廷兼"、"德藩藏書"等印記,共八册。

内閣文庫藏本,原係明人戴金舊藏,後歸江户林羅山,卷中有"江雲渭樹"印記。共七册。

尊經閣文庫藏本,原係江户時代加賀藩主前田綱紀等舊藏,共十二册。

京都大學藏此同一刊本兩部。一部存附屬圖書館,共八册;一部存人文科學研究所東洋學文獻中心,原係松本文三郎等舊藏,共十六册。

東京都立圖書館河田文庫藏本,序跋一部分補寫。共八册。

御茶之水圖書館藏本,原係德富蘇峰成簣堂等舊藏,卷中有朱墨點,又有日人元田東野手識文,第一册封面有德富蘇峰手識文。各册首有"主元田"等印記,共八册。

【附録】日本明正天皇寬永年間(1624—1644),有據明代嘉靖年間刊本用有活字版刊印本之《象山先生全集》三十六卷。

日本孝明天皇文久三年(1863年)浪華書林岡田群玉堂刊印《陸象山先生文鈔》三卷。是書系日人桑原忱(鷟峰)編輯。其後,此本有京都河内屋藤四郎、大阪河内屋茂兵衛外九軒等重印本。

象山先生全集三十六卷

(宋)陸九淵撰

明萬曆二十二年(1594年)刊本

内閣文庫　御茶之水圖書館藏本

【按】此本係明嘉靖年間刊本之重印本。

内閣文庫藏本,原係楓山官庫等舊藏,共十册。

御茶之水圖書館藏本,原係德富蘇峰成簣堂等舊藏,共九册。

象山先生全集三十六卷　附年譜

(宋)陸九淵撰

明活字刊印本　共二十册

静嘉堂文庫　大阪府立圖書館藏本

【按】静嘉堂文庫藏本,原係竹添井井(光鴻)舊藏,共十册。

大阪府立圖書館藏本,卷中有大鹽中齋(平八郎)朱批,并有"諏善堂圖書"印記。

陸象山先生集要八卷

(宋)陸九淵撰　(明)聶良杞輯

明萬曆二十六年(1598年)刊本　共八册

早稻田大學圖書館藏本

陸象山先生集要七卷

(宋)陸九淵撰　(明)聶良杞輯

明萬曆二十六年(1598年)刊本

東京大學東洋文化研究所藏本

陸象山先生集要四卷

(宋)陸九淵撰　(明)聶良杞編

明萬曆二十五年(1597年)刊本　共八册

内閣文庫藏本　原元政上人　豐後佐伯藩主毛利高標舊藏

【按】每半葉九行,行十九字,白口,四周單邊。

此本係仁孝天皇文政年間(1818—1829年)出雲守毛利高翰獻贈幕府,明治初年歸内閣文庫。首有“佐伯侯毛利高標字培松藏書畫之印”。

陸象山先生集要四卷

(宋)陸九淵撰　(明)聶良杞編

明崇禎二年(1629年)刊本　共八册

内閣文庫藏本　原紅葉山文庫舊藏

蠹齋先生鉛刀編三十二卷

(宋)周孚撰　解百禴編集

影宋寫本　靖之手識文本

静嘉堂文庫藏本

【按】前有淳熙己亥(1179年)陳珙《序》。卷末有同年重九日解百禴《跋》。

卷前有題名“靖之”而不知何姓者手識,其文曰:

“《鉛刀編》三十二卷,海内藏書家概不見。東海先生過訪天一閣范氏,所藏有宋槧本,登閣影鈔,四旬始竟。携歸過予齋頭,余即欲傳鈔,不克是願。今忽忽二十餘年,先生已歸道山,撫卷感懷,不勝悽悵。聊書數語於首,以爲後人珍重之意云。老友靖之呵凍疾書於聞琴橋畔。”

撙齋先生緣督集(殘本)存三十六卷

(宋)曾丰撰

古寫本　共六册

静嘉堂文庫藏本　原丁月河舊藏

【按】是集係據元時曾丰五世孫德安刊本摹寫,前有至元三年(1337年)虞集《序》。細目如次:

卷一　頌、古賦、楚詞;

卷二　擬雅;

卷三至卷六　古詩;

卷七至卷十二　律詩;

卷十三至卷十四　絶句;

卷十五至卷十六　書;

卷十七至卷十八　序;

卷十九至卷二十二　記;

卷二十三至卷二十六　墓志;

卷二十七　文;

卷二十八　勸農文、説、銘;

卷二十九　贊、疏;

卷三十　青詞、表疏;

卷三十一至卷三十六　啓;

卷三十七　策問;

卷三十八至卷四十　論。

其中,自卷二十七至卷三十亡佚,有目無文。《四庫全書》所收係從《永樂大典》録出,今以《大典》本互校,可補詩一百四十九首,書五首,序三首,記十七首,啓三十三首,墓志十四首。

慈湖先生遺書二十卷

(宋)楊簡撰　(明)周廣編

明嘉靖年間(1522—1566年)刊本

内閣文庫　尊經閣文庫藏本

【按】每半葉十行,行二十二字。白口,四周單邊。

内閣文庫藏本,原係紅葉山文庫舊藏,共四册。

尊經閣文庫藏本,原係江户時代加賀藩主前田綱紀等舊藏,共六册。

慈湖先生遺書十八卷　續集二卷

(宋)楊簡撰

明萬曆年間(1573—1620年)刊本　共四册

静嘉堂文庫藏本　原陸心源十萬卷樓等舊藏

【按】每半葉有界十行,行二十二字。白口,四周雙邊。

卷末有宋嘉定己巳(1509年)曾熠《跋》。

慈湖先生遺書十八卷

(宋)楊簡撰　(明)周廣編

明刊本　共六册

内閣文庫藏本　原江户時代林氏大學頭家舊藏

慈湖先生遺書十八卷

(宋)楊簡撰

古寫本　共六册

静嘉堂文庫藏本　原中村敬宇等舊藏

滄浪嚴先生吟三卷

(宋)嚴羽撰　(明)陳士元編

明嘉靖年間(1522—1566年)刊本　共一册

静嘉堂文庫藏本　原陸心源十萬卷樓等舊藏

【按】每半葉九行,行二十字。黑口,四周雙邊。

前有明正德丙子(1516年)林見素《序》,後有明正德丁丑(1517年)李堅《跋》,及明嘉靖乙酉(1525年)吴銓《跋》。

滄浪先生吟二卷

(宋)嚴羽撰　(明)尹嗣忠校

明正德十五年(1520年)重刊本　共一册

東洋文庫　内閣文庫藏本

【按】每半葉有界十行,行十八字。白口,左右雙邊。

内閣文庫藏本,原係紅葉山文庫舊藏。

滄浪先生吟二卷

(宋)嚴羽撰

明刊本　共一册

静嘉堂文庫藏本　原陸心源十萬卷樓等舊藏

龍川先生文集三十卷

(宋)陳亮撰　(明)史朝富編

明晋江史朝富編刊本

宫内廳書陵部　静嘉堂文庫　京都大學文學部中國語學文學哲學研究室　大倉文化財團　尊經閣文庫藏本

【按】每半葉有界十行,行二十二字,白口,左右雙邊。

首題"晋江史朝富編刻"、"徐鑑校正"。

前有宋嘉泰甲子(1204年)葉適《序》。

宫内廳書陵部藏本,缺附録一卷。首有"穎川"印記,每册首有"磐生"印記,共八册。

静嘉堂文庫藏本,原係陸心源十萬卷樓等舊藏,共六册。

京都大學文學部藏本,今存卷一至卷二十四,附録亦缺,共十五册。

大倉文化財團藏本,有"西谿陸仲子"印記。共十二册。

尊經閣文庫藏本,原係江户時代加賀藩主前田綱紀等舊藏,共八册。

【附録】日本江户時代有宋人陳亮《龍川先生文集》手寫本一種。此本現存大阪府立圖書館。

孝明天皇嘉永三年(1850年)日人佐藤坦輯《龍川先生集要》六卷,由江户佐藤氏家塾刻印。

其後,此本有孝明天皇萬延元年(1860年)大阪岡田茂兵衛外九軒等重印本,又有孝明天皇文久四年(1864年)京都越後屋治兵衛、大阪岡田茂兵衛外九軒等重印本。

日本孝明天皇嘉永五年(1852年)有如不及齋活字刊本《龍川文集》三十卷。

孝明天皇安政六年(1859年)江户書林玉巖堂刊印《龍川先生文鈔》四卷。此本由日人大橋正順(訥庵)校訂,題籤"陳龍川文鈔"。

其後,此本有和泉屋金右衛門重印本,又有江户須原屋藏兵衛、小林喜右衛門外九軒重印本,又有京都額田正三郎重印本等。

孝明天皇萬延元年(1860年)浪華書肆岡田茂兵衛刊印《龍川先生文集》三十卷。是集由日人佐佐原宣明訓點。

孝明天皇文久三年(1863年)京都額田正三郎等刊印宋人陳亮撰《龍川文鈔》三卷。此本由日人石田樹等校點。

龍川文集三十卷　首一卷

(宋)陳亮撰

明崇禎六年(1633年)序刊本

静嘉堂文庫　大阪天滿宫御文庫藏本

【按】静嘉堂文庫藏本,原係宫島藤吉等舊藏,共五册。

大阪天滿宫藏本,原係近藤南州等舊藏,此本卷中有陽明學家大鹽中齋(平八郎)手識文,共八册。

水心文集二十九卷

(宋)葉適撰　(明)黎諒編

明正統年間(1436—1449年)章貢黎諒編刊本　共八册

宫内廳書陵部藏本

【按】每半葉十二行,行二十字。黑口,四周雙邊。

前有宋刻趙汝鐺舊《序》,并有正統十三年(1448)黎諒《序》,及景泰二年(1451)王直《序》。謂"諒字公允,少讀適文,敬慕不已,及爲處州推官,欲見其全,訪求八年,得奏議記序等作八百餘篇,因編集彙次,合爲一編,冠以趙汝鐺舊《序》,繡梓行世"云云。

此本首有"磐生"、"茂緑軒"印記。每册首有"秘閣圖書之章"印記。

【附録】仁孝天皇弘化二年(1845年)中國商船"辰字號"載宋《葉水心文集》五部各二帙運抵日本。據同年《漢籍發賣投標記録》記載,每部投標價爲十三匁、十九匁、二十二匁二分。最後爲銕屋右一郎所購得。

仁孝天皇弘化四年(1847年)中國商船"午二番"載《水心文集》一部二帙運抵日本,售價十二匁。

水心文集二十九卷

(宋)葉適撰

明景泰二年(1451年)王直序重刊本　共八册

東洋文庫藏本　原藤田豐八舊藏

水心文集二十九卷

(宋)葉適撰

明刊本　共八册

内閣文庫藏本　原林氏大學頭家等舊藏

雲莊劉文簡公文集十二卷

(宋)劉爚撰　李正叔編次

明正德年間刊本　共三册

静嘉堂文庫藏本　原璜川吴氏等舊藏

【按】前有宋嘉定十六年(1223)李𡌴《序》。

北磵文集(殘本)存四卷

(宋)釋居簡撰

宋刊本　共一册

宫内廳書陵部藏本

【按】每半葉十四行,行二十四字。白口,左右雙邊。版心上記字數,下記刻工名姓。

是書全本凡十卷,此本今存卷七至卷十。

傅增湘《藏園群書經眼録》卷十四著録此本。其識文曰:"此書上海涵芬樓有宋本,與此同,缺九、十兩卷,得此正可影印補完,亦快事也。"

【附録】日本中世紀五山刻本《北磵文集》,系十卷本。

室町時代另有覆宋刊本《北磵全集》十九卷。

北磵文集十卷

(宋)釋居簡撰

趙谷林手寫手校本　共三册

静嘉堂文庫藏本　原汪啓淑等舊藏

【按】前有張自明《序》。卷中有趙谷林鈔校手識,其文曰:

"鈔《北磵集》三册,均有脱誤。而圪、仡、姤、娩之謬,惟此册最顆。以朱墨圖乙之,幾成紅勒帛矣。乙巳三伏日,欒城谷林意林揮汗校。"

卷中有"新安汪氏"朱文方印,"啓淑信印"白文方印。

【附録】據瑞溪周鳳《卧云日件録》中"文安五年(1448年)八月九日"記載,是日和尚閲《北磵集》、《密庵録》兩書。同書"康正元年(1455年)正月二十七日"記載,是日和尚閲《北磵集》。

北磵詩集九卷

(宋)釋居簡撰

宋刊本　日本重要美術財　共三册

御茶之水圖書館藏本　原鎌倉圓覺寺　德富蘇峰成簣堂等舊藏

【按】每半葉十四行,行二十四字。左右雙邊(23.5cm×16.5cm)。版心有字數,并記刻工姓名。

首附葉水心《水心先生酬北磵詩帖》二葉。前有《目録》二十葉。

卷末有日人寫録之原五山版《北磵詩集》應安甲寅日僧祖應《刊語》。

每册尾有"青柳軒常住"墨書,墨痕尚鮮。

此本係明治三十八年(1905年)德富蘇峰得之于鎌倉圓覺寺之塔頭歸源院。

【附録】日本南北朝時(1331—1392年)依宋刊崔尚書宅本覆刻《北磵詩集》九卷、《北磵文集》十卷、《北磵和尚外集》一卷。每半葉十四行,行二十四字。白口,左右雙邊。此爲"五山版"。

東山天皇寶永三年(1706年)有木活字刊本《北磵詩集》九卷。

北磵和尚外集一卷

(宋)釋居簡撰

宋淳祐年間(1241—1252年)刊本　共一册

宫内廳書陵部藏本

【按】每半葉十行,行二十字。白口,左右雙邊(20.8cm×14.5cm)。

首題"嗣法小師大觀编"。

前有宋淳祐庚戌(1250年)清明後十日嗣法小師大觀撰《序》。

全本凡《偈頌》三十六葉、《贊》十五葉、《題跋》六葉。末附《行述》一篇,亦大觀所撰。

卷末有日本南北朝時北朝後光嚴天皇應安庚戌(1370年)日僧圓月題識。其文(陰文)曰:

"日本未行,予忝爲耳孫,責不歸焉邪?古岩西堂募緣開版,《語録》、《外集》二册既印行京師,予集衆讀則誇之,吾祖如此胸次也。有似葛伯,不能祀其先。成湯送餉於民,使耕田爲祀,葛伯敚而食之。繇是予雖讀而誇之,顙泚且如雨下。應安庚戌夏不肖遠孫圓月拜手。"

此識語當從五山刊本補録。

卷首有"巢松"印記。

董康《書舶庸譚》卷三、傅增湘《藏園群書經眼録》卷十四,皆著録此本。

【附録】日本中世紀南北朝刻本,有《北磵外集》三卷。

北磵全集十九卷

(宋)釋居簡撰

日本室町時代(1393—1573年)覆宋刊本　共五册

宫内廳書陵部藏本

【按】每半葉十四行,行二十四字,小字雙行。白口,左右雙邊(22.5cm×14.8cm)。

此本《北磵詩集》九卷、《北磵文集》十卷。其中,《詩集》中卷五、卷六與《文集》中卷七至卷十,即係宋刊本原本。

卷中有"雪嶺"等印記。

(勉齋先生)黄文肅公集四十卷　附録一卷

(宋)黄榦撰

宋刊本　共二十册

静嘉堂文庫藏本　原陸心源皕宋樓等舊藏

【按】每半葉有界十行,行十八字。黑口。版心常見有"延祐二年補刊"六字。

傅增湘《藏園群書經眼録》卷十四著録此本,并斷爲"元刊本"。其識文曰:"陸心源氏元題宋刊……此書余曾叚徐梧生(坊)藏本校過,其中有壞板，脱失文字甚多，檢視此本亦然，蓋同爲元刊元修之本也。"

(勉齋先生)黄文肅公集四十卷　附録一卷

(宋)黄榦撰
影摹宋刊本　共八册
静嘉堂文庫藏本　原陸心源十萬卷樓等舊藏

北溪先生大全文集五十卷　外集一卷

(宋)陳淳撰
怡顔堂寫本
静嘉堂文庫藏本　原汪喜孫等舊藏
【按】是集係從元至元刊本鈔出，版心有"怡顔堂鈔書"五字。
前有元至元改元(1335 年)臘月王環翁《序》。

龍洲道人詩集十五卷

(宋)劉過撰
明刊本　共四册
静嘉堂文庫藏本　原曹倦圃　陸心源十萬卷樓等舊藏
【按】卷末有宋端平紀元(1234 年)六月劉澥《跋》。
卷首有"紅藥山房考藏私印"朱文長印。

毅齋詩集别録一卷　附家傳一卷

(宋)徐僑撰
明刊本　共一册
静嘉堂文庫藏本
【按】前有明正德辛未(1511 年)十一世孫興《序》，并有明成化五年(1469 年)四月龔永吉《家傳·序》。
卷末有明成化己丑(1469 年)郁珍《跋》。

毅齋詩集别録一卷

(宋)徐僑撰
鮑廷博知不足齋鈔本　共一册
大倉文化財團藏本　原徐時棟等舊藏
【按】此本係據明正德六年(1511 年)徐興刊本影鈔。有徐時棟收書手識文。
卷中有"知不足齋鈔傳秘册"、"徐時棟秘笈"、"柳泉書畫"、"城西艸堂"、"毗陵董氏誦芬室"、"廣川書庫"等印記。

平庵悔稿十四卷　丙辰悔稿一卷　悔稿後編六卷

(宋)項安世撰
舊鈔本　吴長元　趙魏手識本　共三册
静嘉堂文庫藏本
【按】卷中有吴長元手識文。其文曰：
"右《平庵詩稿》，宋松陽項安世平甫著。按陳氏《書録解題》，載'《平庵悔稿》十五卷，《後編》六卷'。《宋史·藝文志》作'《丙辰悔稿》四十七卷'。是其書在當時已所見互異也。御選《四朝詩》，不列其名。厲鶚《宋詩紀事》有之，載《平庵悔稿》，不著卷帙。其爲世所罕見可知矣。吾友姚訒齋天成中翰云，乾隆三十八年，掌處州書院，浙撫有采書之檄，松陽項氏尚有舊藏刊本，惜五缺不全，未送省局。是編爲余秋室集太史分纂《永樂大典》摘出，時誤傳全集已鈔入《四庫全書》，遂未經編録。庚子秋冬，予寓秋室邸舍，愁病相侵，杜門不出，取案頭存稿，粘帖成書。手録副本，計《悔稿》、《丙辰悔稿》、《悔稿後編》，凡三種，共詩一千四百餘首。每稿輯成一卷，以《書録解題》所載較之，《悔稿》十五卷，今丙辰以前共得八百六十餘首。《悔稿後編》六卷，今得詩五百五十餘首。知《悔稿》之所缺甚多也。且云《後編》自丁巳終壬戌，據本傳，則《丙辰悔稿》正僞黨罷職之時，《後編》諸詩，必終于壬戌以後。如'七古'内《凱歌》一首，此開禧間解德安圍也。'七絶'内《贈石首李令》云：'莫説三十年前事，愁損河陽一縣心。'自注：'淳熙乙未，予三人同試南宫。'是詩當在丙寅、丁卯之際，上泝乙未，方合三十餘年。平甫卒於嘉定戊辰，去壬寅

(此"寅"當"戌"之訛——編著者)又六年矣。安得無詩？考平甫《後編》題辭,作于慶元戊午。但云:'安知異時不復悔',此不言止于何年,似《解題》所云,未可盡據也。又《解題》列于'詩集',故前後共二十一卷。《藝文志》作四十七卷,大約舉全集而言。《直齋》或未之見耳,俟他日南旋,訪求殊本,校補完善,爲書林之一大快。是書出自禁垣,世間希有,當什襲藏之。乾隆辛丑立春日,仁和吴長元書于秋室京邸之疏華館中。"

卷中又有趙魏手識文。其文曰:

"右《平庵詩稿》,從《永樂大典》録出,傳宋詩者,多不列其名。讀其集中詩,材力富贍,每每以詩自豪,是亦宋季巨擘,迥出江湖諸派之上者。舊録不分卷,編爲三帙,有分體錯誤者,余爲正其訛,輯《平庵悔稿》爲十五卷,《悔庵後編》爲六卷,仍《書録解題》之舊,《丙辰悔稿》佚去爲多,祇存一卷。聞松楊尚有舊藏刊本,當訪輯之以爲全璧也。嘉慶乙丑冬日,仁和趙魏借知不足齋本,編訖并識。"

宋丞相崔清獻公全録十卷

(宋)崔與之撰

明刊本　共四册

尊經閣文庫藏本　原江户時代加賀藩主前田綱紀等舊藏

宋丞相崔清獻公言行録内集二卷　外集二卷　首一卷

(宋)崔與之撰　(明)崔爌編

明嘉靖年間(1522—1566年)刊本　共五册

静嘉堂文庫藏本　原陸心源守先閣等舊藏

(程端明公)洺水集二十六卷

(宋)程珌撰

明嘉靖年間(1522—1566年)刊本

尊經閣文庫　静嘉堂文庫藏本

【按】每半葉有界十一行,行二十一字。白口,左右雙邊。

前有程珌《自序》,卷末有明嘉靖丙辰(1556年)五月裔孫昞《重刊跋》。

尊經閣文庫藏本,原係江户時代加賀藩主前田綱紀等舊藏,共六册。

静嘉堂文庫藏本,原係陸心源十萬卷樓等舊藏,共五册。

(程端明公)洺水先生集三十卷

(宋)程珌撰　(明)程至遠校

明崇禎年間(1628—1644年)刊本　共五册

内閣文庫　静嘉堂文庫藏本

【按】每半葉有界九行,行十九字。白口,左右雙邊。

内閣文庫藏本,原係楓山官庫等舊藏。

静嘉堂文庫藏本,卷中有後人寫補。

漫塘劉先生文前集三十六卷

(宋)劉宰撰

明正德年間(1506—1521年)刊本

宮内廳書陵部　静嘉堂文庫藏本

【按】每半葉十行,行二十字,小字雙行,行同正文。黑口,四周雙邊。

前有小像,并有吴節《贊語》,附《宋史》列傳。

卷前有正德辛巳(1521年)任佃《刊版序》。

卷一次行有"同邑後學王臯汝陳校刊"一行。

宮内廳書陵部藏本,存前四卷,共四册。

静嘉堂文庫藏本,原係陸心源十萬卷樓等舊藏,共十二册。

木鐘集(潛室陳先生木鐘集)十一卷

(宋)陳埴撰

明弘治十四年(1503年)温州知府鄧準刊本　共四册

静嘉堂文庫藏本

【按】每半葉有界十二行,行二十二字。黑口,左右單邊。

(潛室陳先生)木鐘集十一卷

(宋)陳埴撰

明弘治年間(1488—1505年)刊本　共四册

尊經閣文庫藏本　原江户時代加賀藩主前田綱紀等舊藏

友林乙稿一卷

(宋)史彌寧撰

南宋刊本(一説清初覆宋刊本)　共二册

静嘉堂文庫藏本

【按】每半葉八行,行十六字。版心有字數及刻工姓名。

傅增湘《藏園群書經眼録》卷十四著録此本,并斷此本爲"清翻宋刊本"。其識文曰:"陸心源氏題爲宋刊……此帙乃清初翻刻本。其真宋本余爲袁寒雲(克文)購得於廠市英古齋,已影印行世。此本字畫雖極娟秀,以宋本比較,則神韵索然,殆虎賁之似中郎耳。"

(西山先生)真文忠公文集五十一卷　首一卷

(宋)真德秀撰　(明)黄鞏等校

明正德庚辰(1520年)刊本

宫内廳書陵部　静嘉堂文庫藏本

【按】首題"莆陽黄鞏校正"、"常熟張文麟同校"。

前有明正德庚辰(1520年)黄鞏《序》。

宫内廳書陵部藏本,每册首有"法孫秘笈"、"艸餘卷樓章"印記。各册書皮有"雲烟家藏書"印記。共二十册。

静嘉堂文庫藏本,原係陸心源十萬卷樓等舊藏,共二十六册。

【附録】據《商船載來書目》記載,後櫻町天皇明和二年(1765年)中國商船"志字號"載《真西山文集》一部六帙抵日本。光格天皇享和元年(1801年)中國商船"世字號"載《西山文集》一部一帙、《西山年譜》一部一帙抵日本。

據仁孝天皇天保十五年(1844年)《會所輸入物書籍見帳》記載,是年《真西山集》一部投標價爲三枝屋八十匁,長岡屋八十八匁八分,越後屋一百匁。

據孝明天皇安政六年(1850年)《會所書籍入札(輸入)帳》記載,是年中國商船"未字號"載《真西山文集》一部六帙運抵日本,其標價爲島屋七十五匁、本屋七十五匁六分、本屋八十匁九分。

(西山先生)真文忠公文集五十五卷

(宋)真德秀撰　(明)黄鞏等校

明嘉靖年間(1522—1566年)刊本

内閣文庫　尊經閣文庫藏本

【按】内閣文庫藏本,原係昌平坂學問所舊藏,共十六册。

尊經閣文庫藏本,原係江户時代加賀藩主前田綱紀等舊藏,共二十册。

(西山先生)真文忠公文集五十五卷　目録二卷

(宋)真德秀撰　(明)楊鶚編　丁辛校

明萬曆二十五年(1597)景賢堂刊本

國會圖書館　内閣文庫　蓬左文庫　静嘉堂文庫　京都大學附屬圖書館　御茶之水圖書館藏本

【按】每半葉有界十行,行二十字。白口,四周雙邊。

卷末有刊印蓮牌木記,文曰:"萬曆丁酉歲季冬月重梓于景賢堂"。

國會圖書館藏本,原共十七册,現合爲九册。

内閣文庫藏此同一刻本兩部。一部原係林氏大學頭家舊藏,共十八册。一部崇禎年間補修,共十六册。

蓬左文庫藏本,原係江户時代尾張藩主家舊藏,卷中有"尾陽内庫"印記。共十八册。

静嘉堂文庫藏本,原係中村敬宇等舊藏,共二十册。

京都大學藏本,共十册。

御茶之水圖書館藏本,原係德富蘇峰成簣堂等舊藏,卷首有後人寫補之明崇禎十一年(1638年)《序》,白綿紙印本,封面係用朝鮮白色紋樣紙裝裱,共二十册。

棠湖詩稿一卷

(宋)岳珂撰

古寫本　鮑以文手校本　共一册

静嘉堂文庫藏本　陸心源十萬卷樓等舊藏

玉楮詩稿八卷

(宋)岳珂撰　(明)周念祖　岳元聲校

明刊本

内閣文庫　静嘉堂文庫藏本

【按】内閣文庫藏本,原係江户時代豐後佐伯藩主毛利高標舊藏,仁孝天皇文政年間(1818—1829年)由出雲守毛利高翰獻贈幕府,明治初年歸内閣文庫。首有"佐伯侯毛利高標字培松藏書畫之印",共一册。

静嘉堂文庫藏本,原係陸心源十萬卷樓等舊藏,共二册。

(重校)鶴山先生大全文集一百九卷

(宋)魏了翁撰

明嘉靖年間(1522—1566年)錫山安國活字刊本

静嘉堂文庫　大倉文化財團藏本

【按】前有宋淳祐乙酉(1249年)吴淵《序》,淳祐辛亥(1251年)吴潛《後序》,宋開慶改元(1259)五月某氏(名缺)《序》。次有明嘉靖壬午(1522)邵寶《序》,次有明嘉靖二年(1523)仲春劉瑞《序》,後有明嘉靖癸未(1523)暢華《跋》。

每卷有"錫山安國重刊"一行。版心上有"錫山安氏館"五字,下記刻工名姓。

静嘉堂文庫藏本,原係周亮工舊藏,後歸陸心源十萬卷樓,此本今缺卷一百二,卷中有"裕經堂"朱文長印。共三十七册。

大倉文化財團藏本,卷中有宋筠手識文,署"康熙四十六年"。今存九十七卷,共三十二册。

(重校)鶴山先生大全文集

(宋)魏了翁撰

明嘉靖年間(1522—1566年)刊本　共三十二册

尊經閣文庫藏本　原江户時代加賀藩主前田綱紀等舊藏

字溪集十一卷　附録一卷

(宋)陽枋撰

四庫紅格寫本　共八册

大倉文化財團藏本

【按】每半葉有界八行,行二十一字。

此本係《四庫全書》底本,紅格。《四庫》半葉款式附箋。

卷中本文及行款,有墨筆校改處。

卷中有"温陵黄氏"、"篤生"等印記。

字溪集十一卷　附録一卷

(宋)陽枋撰

古寫本(《永樂大典》本)　共四册

静嘉堂文庫藏本　原陸心源十萬卷樓等舊藏

古梅吟稿六卷

(宋)吴龍翰撰　(明)吴惟時校

鮑廷博知不足齋寫本　鮑廷博手識本　共一册

大倉文化財團藏本

【按】卷中有鮑廷博手識文,署"嘉慶十七年",并有黄、緑、朱三色校點處。

卷中有"歙西長塘鮑氏知不足齋藏書"、"老屋三間賜書萬卷"、"世守陳編之家"、"遺稿天留"、"毗陵董氏誦芬室"、"廣川書庫"等印記。

湖山類稿五卷　外集一卷　附録一卷

(宋)汪元量撰　劉辰翁批點　《外集》(清)汪森輯

舊鈔本　錢牧齋手識文本　共二册

静嘉堂文庫藏本

【按】此本封内題"水雲先生汪元量大有行吟"、"須溪劉辰翁會孟批點"二行。

前有劉辰翁《序》、文天祥《題》、馬廷鸞《題》、周方《題》、趙文《題》、李珏《題》,并汪森《後序》。

卷中有錢牧齋手識,其文曰:

"汪水雲詩,雜見於鄭明德《遂昌雜録》、陶九成《輟耕録》、瞿宗吉《詩話》及程克勤《宋遺民録》者,不過三四首。夏日曬書,理雲間人物鈔詩舊册,得水雲二百二十餘首,録成一帙。然迺賢序水雲時,以爲多記國亡時事,此帙多有之;而所謂與文丞相唱和者,槩未見也。唯《浮休道人招魂歌》,擬七古體製者,今見《文丞相集》後。《水雲集》劉辰翁批點刊行者,藏書家必有全本,當更與好古者共購之。崇禎辛未七夕鈔完,牧齋記。"

梅巖胡先生文集十卷

(宋)胡次焱撰　(明)胡璉編　潘滋校

明嘉靖十八年(1539)胡璉刊本

大倉文化財團藏本

【按】每半葉十一行,行二十一字。白口,四周單邊。

是本係《四庫全書》底本,有分校者李棨簽印之校語附箋。本文及行款有墨筆校改處。

卷中有"翰林院"、"温陵黄氏"、"一六淵海"等印記。

梅亭先生四六標準四十卷

(宋)李劉撰

宋刊本　共十九册

内閣文庫藏本　原水野忠央等舊藏

【按】每半葉有界十行,行十九字。黑口,左右雙邊。版心陽葉上記字數,下記人名。

卷中有"新宫城藏書"朱文印。

傅增湘《藏園群書經眼録》卷十四著録此本。

平齋文集三十二卷　目二卷

(宋)洪咨夔撰

宋刊本　日本重要文化財　共六册

内閣文庫藏本　原狩谷掖齋　昌平坂學問所等舊藏

【按】每半葉有界十一行,行十九字。白口,左右雙邊。1930年中華學藝社曾以鐵琴銅劍樓所藏影宋寫本宋人洪咨夔《平齋文集》再影印,其中所缺卷第十一至卷第十四、卷第十九至卷第二十二,共八卷,即用内閣文庫所藏此本補足。此本不見他傳。

此本原係江户時代著名漢籍學家狩谷掖齋舊藏。孝明天皇安政二年(1855年)入藏昌平坂學問所。

此本已被日本"文化財審議委員會"確認爲"日本重要文化財"。

潛齋文集十一卷　附鐵牛翁遺稿一卷

(宋)何夢桂撰　《遺稿》何景福撰

明宗孫之綸重刊本　共二册

静嘉堂文庫藏本

【按】前有明成化乙巳(1485年)徐瓊《序》。

此本係何之綸刻本,卷中有鈔補處。

潛齋先生文集十一卷　首一卷

(宋)何夢桂撰　(明)何淳編　岳元聲校

明刊本

内閣文庫　尊經閣文庫藏本

【按】内閣文庫藏本,原係江户時代豐後佐伯藩主毛利高標舊藏,仁孝天皇文政年間(1818—1829年)出雲守毛利高翰獻贈幕府,明治初年歸内閣文庫。首有"佐伯侯毛利高標字培松藏書畫之印",共八册。

尊經閣文庫藏本,原係江户時代加賀藩主前田綱紀等舊藏,共四册。

月洞詩一卷

(宋)王鎡撰

明萬曆二十九年(1601)刊本　共一册

内閣文庫藏本　原紅葉山文庫等舊藏

方壺存稿九卷

(宋)汪莘撰　汪循校

明刊本　共一册

静嘉堂文庫藏本　原陸心源十萬卷樓等舊藏

【按】前有程珌《序》,孫嶸叟《序》,王應麟《序》。後有史塘卿《跋》,劉次皋《跋》,汪循《跋》。

方壺存稿九卷

(宋)汪莘撰　汪循校

古寫本　共一册

静嘉堂文庫藏本　原陸心源十萬卷樓等舊藏

宋杜清獻公集(清獻集)十九卷　别録一卷

(宋)杜範撰

明嘉靖年間(1522—1566年)刊本　共二册

静嘉堂文庫藏本　原陸心源十萬卷樓等舊藏

【按】前有明嘉靖二十六年(1546)董綰《重刊序》,後有明嘉靖丁未(1546年)符驗《跋》。

(宋寶章閣直學士忠惠)鐵庵方公文集四十五卷

(宋)方大琮撰

明正德年間(1506—1521年)刊本　共二十四册

静嘉堂文庫藏本　原陸心源十萬卷樓等舊藏

【按】每半葉有界九行,行十九字。黑口,四周雙邊。

前有劉克莊《序》,又有明正德八年(1513)張詡《序》、正德七年(1512)十一月林俊《序》。

後村居士集五十卷

(宋)劉克莊撰

南宋刊本　共二十四册

静嘉堂文庫藏本　原陸心源皕宋樓等舊藏

【按】每半葉有界十行,行二十一字。黑口,雙黑魚尾,左右雙邊或四周雙邊(19.0cm×12.3cm)。

前有宋淳祐九年(1250)龍集己酉中春既望竹溪林希逸《後村居士集序》。二十卷後有"門人迪功郎新差昭州司法參軍林秀發編次"一行。

卷中避宋諱,語涉宋帝皆空格。

此本前二十卷題"後村詩",後三十卷題"後村居士集"。

卷中有"江夏黄氏珍藏"、"掌御私印"、"吴門繆氏珍賞"、"王文恪印"、"郁松年印"、"泰峰"、"田耕堂集"、"日夜"、"壽石齋"、"歸安陸樹聲叔桐父印"等印記。

傅增湘《藏園群書經眼録》卷十四著録此本。

【附録】日本仁孝天皇天保八年(1837)京都勝村次右衛門刊《後村居士詩》六卷。

同年江户須原屋源助刊行《後村居士詩》六卷。

後村居士集(殘本)三十二卷

(宋)劉克莊撰

明覆宋刊本　共六册

早稻田大學圖書館藏本

【按】前有宋淳祐九年(1250年)龍集己酉中春既望竹溪林希逸《後村居士集序》。是書全本共五十卷。此本今缺卷五至卷十七、卷四十六至卷五十、實存三十二卷。

後村居士集五十卷

(宋)劉克莊撰

古寫本　盧文弨手識本　共六册

静嘉堂文庫藏本　原陳仲魚等舊藏

【按】前有宋淳祐九年(1249)中春林希逸《序》。

卷中有盧文弨手識,其文曰:

"《後村集》有百九十六卷,今此祇五十

卷，僅居四之一。毛氏《津逮秘書》中載《後村題跋》凡四卷，此集無其前二卷。黄氏《千頃堂書目》所載後村諸集，班班尚多，距今未久，宜尚在世間，然余求之數年，卒不見也。此集舊寫本，字迹麤殺，閲之頗不爽目，故别加校正，重録如右，而以毛氏前二卷之題跋并入焉。倘得全集，自當各還其舊；若不可得，則毋寧匯置一處，庶不復有放失之患。後村，劉克莊號也，字潛夫，莆田人。學於真西山，以蔭入仕，屢廢屢起。宋理宗時，賜同進士出身，官龍圖閣直學士，謚文定。後村詩詞及各體文，皆有法度，卓然爲南宋一大作手。七言古風，初喜摹長爪生，《詩人玉屑》所載三篇，酷與之肖，而皆不見此集。集中此體亦不多見，唯有《築城》、《開壕》、《運糧》、《朝陵》六七篇而已。風格蒼老，頗近老杜《留花門》、《塞蘆子》諸章。其本意欲息唐律專尚古體，以趙南塘言而止。今集則律體居多，石門吴氏《後村詩鈔》，亦無出此集之外者，豈其全者，非獨余不及見，即前輩亦未之見耶？余因其言考其人，亦庶幾無愧真氏之門者。公《宋史》無傳，柯氏《新編》亦不爲之補，《文獻通考》亦他人之集，則嘗采用後村之言，而其集亦未著録，幾疑於名之晻晦矣。雖然《唐書》不爲韋應物傳，而蘇州之名常在天壤間。文章自可傳，不仗史筆垂。後村亦復何憾哉！東里盧文弨。”

卷中有“艫讀”朱文小長印，“笏齋藏本”朱文方印。

藏叟摘藁二卷

(宋)釋善珍撰

日本南北朝時代(1331—1392年)刊本　共一册

國會圖書館藏本

【按】卷中有後人寫補。

【附録】日本室町時代(1393—1573年)有宋釋善珍撰《藏叟摘藁》二卷日人手寫本一種，此本今存卷上，共一册，現存國會圖書館。靈元天皇寬文十二年(1672年)藤田六兵衛等刊印宋釋善珍撰《藏叟摘藁》二卷。

淮海挐音二卷

(宋)釋元肇撰

東山天皇元禄八年(1695年)神京茨城方道刊本　共一册

國會圖書館藏本

淮海外集二卷

(宋)釋元肇撰

東山天皇寶永七年(1710年)日僧常信活字版刊本　共一册

國會圖書館藏本

雪岑和尚續集二卷

(宋)釋行海撰　林希逸輯

靈元天皇寬文五年(1665年)飯田忠兵衛刊本

國會圖書館藏本

【附録】宋釋行海撰《雪岑和尚續集》二卷，靈元天皇寬文五年(1665年)還有藤田六兵衛等刊本。

耕閒集一卷

(宋)孫鋭撰

清鮑廷博知不足齋寫本　共一册

大倉文化財團藏本

【按】前有元至元十八年(1281)趙時遠《序》。卷中有“徐時棟秘笈”、“柳泉書畫”等印記。

分類秋崖先生詩稿(殘本)十五卷　小稿别集十一卷

(宋)方岳撰

元大德年間(1297—1307年)刊本　共三册

御茶之水圖書館藏本　原德富蘇峰成簣堂等舊藏

【按】每半葉有界十行，行十八字。黑口，左右雙邊(18.2cm×11.4cm)。版心記“秋詩卷

(幾)”,下記字數。

各卷起首皆頂格直書“分類秋崖先生詩稿卷之(幾)”,次行上空八字,題署“方岳巨山”,第三行爲詩體標目,如“七言絶句”等,第四行列詩題,第五行起爲詩文。

卷七末有陰文“大德二年十一月十九日(下缺)”,卷四、卷十三末也有相同文字,然墨迹銷蝕,不能卒讀。卷十八末鎸刻有“取四景花卉拾遺律詩詞曲古風編爲後集繼此出售”二行。

是書全本凡十八卷。此本今缺卷一至卷三,實存卷四至卷十八,共十五卷。

第三册書封仍爲元代古紙,墨書外題係日本室町時代人手筆“分韵秋崖先生詩稿(自四至十)”。《小稿别集》首有“建安耐軒馬世和編”一行。

【附録】光格天皇天明三年(1783 年)中國商船“志字號”載《秋崖小稿》一部四帙抵日本。

光格天皇文化元年(1804 年)江户須原屋伊八、須原屋孫七等,刊印《秋崖詩鈔》二卷。其後此本有文化二年(1805 年)重印本。

秋崖先生小稿四十五卷　秋崖先生詩集三十八卷　首一卷

(宋)方岳撰　(明)方顯用等編校

明嘉靖二十一年(1542)刊本

内閣文庫　静嘉堂文庫　尊經閣文庫　大倉文化財團藏本

【按】前有明嘉靖六年(1527)春李汎《序》,明嘉靖丙戌(1526)九月方謙《序》。後有明嘉靖二十一年(1542)吴焕章《跋》。

内閣文庫藏本,原係豐後佐伯藩主毛利高標舊藏。仁孝天皇文政年間(1818—1829 年)出雲守毛利高翰獻贈幕府,明治初年歸内閣文庫。首有“佐伯侯毛利高標字培松藏書畫之印”,共十六册。

静嘉堂文庫藏本,原係陸心源十萬卷樓等舊藏,共七册。

尊經閣文庫藏本,原係江户時代加賀藩主前田綱紀等舊藏,共十二册。

大倉文化財團藏本,卷中有“李國瑞”、“春風艸堂”、“毗陵董氏誦芬室”、“董康”等印記。共十八册。

秋崖先生集八十四卷

(宋)方岳撰

古寫本　共十册

静嘉堂文庫藏本　原陸心源十萬卷樓等舊藏

【按】此集係《小稿》四十五卷、《詩集》三十八卷,并《首》一卷。

蒙川先生遺稿十卷

(宋)劉黻撰　(明)阮存編

一字齋寫本　共一册

大倉文化財團藏本

【按】此本係據元大德年間(1297—1307 年)應奎刻本影寫。

卷中有一字齋主人朱筆校改并手識文。

卷中另有“白堤萃古齋”、“新安汪氏”、“啓淑”等印記。

斷腸集十卷　後集四卷

(宋)朱淑真撰

古寫本(與《吴允文集》同册)　清鮑渌飲手校本　共一册

静嘉堂文庫藏本

【按】卷中有鮑渌飲手識文。其文曰:

“計詩二百五十七首。潘訒叔本共佚九十二首。”

吴允文集一卷

(宋)吴浚撰

古寫本(與《斷腸集》同册)　清鮑渌飲手校本　共一册

静嘉堂文庫藏本

疊山集十六卷

(宋)謝枋得撰　(明)黄溥編

明嘉靖十六年(1537)刊本　共四册

神習文庫藏本

【按】每半葉十行,行二十字。黑口,四周單邊。

謝疊山先生文集六卷

(宋)謝枋得撰

明萬曆年間(1573—1620年)刊本

尊經閣文庫藏本　原江户時代加賀藩主前田綱紀等舊藏

【按】每半葉十行,行二十字。白口,四周單邊。

【附録】孝明天皇萬延二年(1861年)大阪河内屋茂兵衛刊印宋人謝枋得撰《謝疊山文鈔》四卷。此本係日人巽世大(遜齋)編纂。

(新刊重訂)疊山謝先生文集二卷

(宋)謝枋得撰　(明)黄溥編　林光祖校刊

明嘉靖三十四年(1555)刊本

内閣文庫　静嘉堂文庫藏本

【按】每半葉九行,行二十字。白口,四周單邊。

前有嘉靖乙卯(1555年)王守文《序》。

内閣文庫藏本。原係紅葉山文庫舊藏,共二册。

静嘉堂文庫藏本,亦二册。

劉須溪記鈔八卷

(宋)劉辰翁撰

明天啓三年(1623)刊本

宮内廳書陵部　大谷大學附屬圖書館　大阪府立圖書館藏本

【按】每半葉有界九行,行二十字。白口,四周單邊。

前有韓敬《序》,又有張寰《序》。

宮内廳書陵部藏本,每册首有"秘閣圖書之章"印記,共二册。

大谷大學藏本,原係神田鬯庵(喜一郎)舊藏。1984年(昭和五十九年)神田氏家族捐贈大谷大學,共四册。

大阪府立圖書館藏本,共二册。

吾汶全藁十卷　附忠義從祀録

(宋)王炎午撰

明正德間(1506—1521年)刊本　汶源旌忠堂藏版　共一册

早稻田大學圖書館藏本

【按】前有明正德二年(1507年)《序》。

文山先生全集(文山全集)二十卷

(宋)文天祥撰

明張元諭刊本　共十册

静嘉堂文庫藏　原陸心源十萬卷樓等舊藏

【按】每半葉有界十行,行二十二字。白口,四周單邊。

前有明嘉靖三十九年(1560)羅洪先《序》。

書口題《文山全集》。卷一至卷十六爲《文集》,卷十七爲《紀年録》,卷十八爲《拾遺》,卷十九爲《附録》。

【附録】日本孝明天皇萬延元年(1860)横山正邵活字刊印《文文山文鈔》二卷。

萬延元年(1860年)又有京都河内屋藤四郎、大阪河内屋茂兵衛外九軒刊行《文文山文鈔》六卷并《謝疊山文鈔》四卷。此本係日人巽世大(遜齋)編纂。其後,此本有萬延二年(1861年)京都大文字屋勝助、大阪河内屋茂兵衛外七軒等重印本。

清水彦介據宋詩寫本,寫録有《文山詩鈔》一卷。

據《外船書籍元帳》記載,仁孝天皇弘化二年(1845年)中國商船"辰字號"載《文文山全集》二部運抵日本。其中,一部一帙售價三十匁,一部四帙售價五十匁。據同年《漢籍發賣投標記録》記載,是年中國商船"巳二番"載《文文山全集》三部運抵日本,其中一部四帙六册,二部二帙八册。其標價爲鐵屋四十三匁八分、松之屋四十七匁、安田屋六十匁三厘。

孝明天皇嘉永三年(1850年)中國商船"酉

七番”載《文文山全集》一部二帙運抵日本，售價三十六匁。

文山先生全集二十卷

(宋)文天祥撰　(明)鄢懋卿編
明嘉靖年間(1522—1566年)刊本　共十册
静嘉堂文庫藏本

【按】静嘉堂文庫藏此同一刊本兩部。一部原係竹添井井(光鴻)舊藏，一部原係陸心源守先閣舊藏。

宋丞相文山先生全集(殘本)存八卷

(宋)文天祥撰　(明)鄢懋卿編
明嘉靖年間(1522—1566年)刊本　共四册
茨城大學菅文庫藏本　原水户史學家菅政友等舊藏

【按】每半葉有界十行，行二十一字。白口，四周雙邊。

是集全本二十八卷。此本今存卷三至卷八、卷十五、卷十六。

文山先生全集十六卷

(宋)文天祥撰
明嘉靖三十九年(1560年)序刊本　共十册
御茶之水圖書館藏本　原德富蘇峰成簣堂等舊藏

【按】每半葉有界十行，行二十二字。白口，四周單邊。

(宋丞相)文山先生全集十六卷

(宋)文天祥撰
明萬曆年間(1573—1620年)蕭大亨刊本　共十六册
尊經閣文庫藏本　原江户時代加賀藩主前田綱紀等舊藏

【按】每半葉有界十行，行二十二字。白口，四周雙邊。

宋文文山先生全集二十一卷　首一卷

(宋)文天祥撰　(明)鍾越評閲
明崇禎二年(1629)鍾越躍庵刊本
宫内廳書陵部　内閣文庫　蓬左文庫藏本

【按】每半葉十行，行二十一字。白口，四周單邊。

前有明崇禎己巳(1629年)鍾越、李之藻、鍾天均三《序》。

宫内廳書陵部藏本，第一第四兩册首有“龜山中獻”印記，第二第五兩册首有“對嵐山房”印記，第三册首有“月橋”印記，第六册首有“静逸”印記，共六册。

内閣文庫藏本，共十册。

蓬左文庫藏本，原係日本明正天皇寛永十二年(1635)購入，有“尾陽内庫”印記。共二十册。

宋文文山先生全集二十一卷

(宋)文天祥撰　(明)鍾越評
明崇禎四年(1630)重刊本　共十册
東洋文庫藏本　原藤田豐八等舊藏

【按】每半葉十行，行二十一字。白口，四周單邊。

(新刻宋文丞相信國公)文山先生全集二十卷　序一卷

(宋)文天祥撰　(明)文時策等編訂
明崇禎四年(1631)刊本
宫内廳書陵部　東北大學附屬圖書館　廣島市立淺野圖書館　無窮會織田文庫藏本

【按】每半葉有界九行，行二十字。白口，四周單邊。

宫内廳書陵部藏本，共十二册。

東北大學藏本，原係狩野亨吉等舊藏，共十三册。

廣島市藏本，共十五册。

無窮會藏本，原係織田小覺等舊藏，共二帙十八册。

(宋丞相)文山先生别集六卷

(宋)文天祥撰　(明)鄭鄤評
明崇禎元年(1628)刊本　共二册
内閣文庫藏本　原江户時代林氏大學頭家舊藏
【按】每半葉有界八行,行十六字。
前有宋德祐元年(1275)《自序》,并有宋景炎改元(1276年)後《自序》。
卷中事涉宋帝,皆空一格。然遇“北兵”、“虜帥”、“吕師孟”等字,皆挖空。詩中挖空處亦多。當是宋末未亡時所刻,入元後挖版付印。
卷中有“竹塢真賞”、“汲古主人”、“毛氏子晋”三朱文方印,并有“毛晋”朱文連珠印。

(宋少保右丞相信國公)文山傳集四卷

(宋)文天祥撰
明刊本　共二册
静嘉堂文庫藏本　原陸心源十萬卷樓等舊藏

(宋少保右丞相信國公文山)指南録一卷　吟嘯集一卷　附録一卷　指南後録三卷　傳一卷

(宋)文天祥撰
宋刊元修本　共二册
静嘉堂文庫藏本

宋貞士羅滄洲先生詩集五卷

(宋)羅公升撰
古寫本　有顧俠君手識文　共一册
静嘉堂文庫藏本
【按】前有丙子六月劉辰翁《序》。
卷中有顧俠君手識,其文曰:
“滄洲翁名公升,字時翁,吉之永豐人。大父開禮,宋咸淳間由胄監登第,授袁州教授,尋改武岡。德祐丙子,文丞相開督府于閩廣,號召天下勤王。辟開禮知縣事,授安撫使,後兵敗被執,不食死節,即辰翁《序》中所云‘水心翁’也。滄洲少有才略,以軍功授本邑教。傷大父死,傾資北游燕趙,與宋宗室趙孟榮諸公,圖復宋祚。知勢不可爲,回經錢塘江,作《弔胥濤》以自寓,今載《集》中,餘亦多感憤語。《永豐志》云尚有《石初集》,則未見也。滄洲有弟,宋亡亦不仕元。父死于寇,廬墓號泣,不御酒食肉者七年,蓋孝義萃于一堂。於乎,於以見宋之能養士也。癸亥至日,書于京邸,吴門顧俠君。”

(有宋福建莆陽黄國簿)黄四如先生文稿五卷　尾一卷

(宋)黄仲元撰
明嘉靖二十五年(1546)刊本　共二册
静嘉堂文庫藏本　原陸心源十萬卷樓等舊藏
【按】每半葉十行,行二十字。白口,四周雙邊。
前有元至治三年(1323年)清明後一日傅定保《序》,後有宋咸淳甲戌(1274年)余謙一《跋》,元至治癸亥(1323)秋九曹忞《跋》,陳光庭《跋》,元至治癸亥(1323)立秋日子梓《跋》,并明洪武八年(1375)宋濂《序》。
又有明嘉靖二十五年(1546)十月羅欽順《三刻序》,明嘉靖乙巳秋(1545)羅洪先《序》,明嘉靖丙午(1546)正月尹臺崇基《序》,明嘉靖十年(1531)四月八代孫鉞《跋》等。

石堂先生遺集二十二卷

(宋)陳普撰　(明)閩文振輯
明嘉靖年間(1522—1566年)刊本　共八册
尊經閣文庫　静嘉堂文庫藏本
【按】每半葉十行,行二十字。白口,四周單邊。
前有嘉靖十四年(1535)十月陳褒《序》。
尊經閣文庫藏本,原係江户時代加賀藩主前田綱紀等舊藏。
静嘉堂文庫藏本,原係陸心源十萬卷樓等舊藏。

石堂先生遺集二十二卷　目一卷

(宋)陳普撰　(明)薛孔恂注

明萬曆三年(1575)刊本　共七册

宫内廳書陵部藏本　原豐後佐伯藩主毛利高標舊藏

【按】每半葉十行,行二十字。白口,四周單邊。

此本前後有阮鏞、薛孔洵、崔世召諸人《序》及《跋》,謂《遺集》明初有刻本,未幾厄於火。萬曆乙亥(1575)薛孔洵得舊本,爲之注釋,重刊行世,即此本。

是書係仁孝天皇文政年間(1818—1829)出雲守毛利高翰獻贈幕府,明治初年歸内閣文庫。明治二十四年(1891年)由内閣文庫移入宫内省圖書寮(即今宫内廳書陵部)。首有"佐伯侯毛利高標字培松藏書畫之印"印記。第一、第二册首有"智本"印記,第二、第六册首有"聶心湯印"印記,每册首有"秘閣圖書之章"印記。

石堂先生遺集二十二卷

(宋)陳普撰　(明)薛孔洵注

明萬曆年間(1573—1620年)刊本　共十册

内閣文庫藏本　原江户時代初期林羅山舊藏

【按】卷中有"江雲渭樹"印記。

晞髮集六卷　附二卷

(宋)謝翱撰

明弘治十四年(1501)刊本

内閣文庫藏本　原明人謝肇淛　日本江户時代林氏大學頭家等舊藏

【按】每半葉十行,行二十字。黑口,四周雙邊。

晞髮集六卷

(宋)謝翱撰

明隆慶六年(1572)刊本　共二册

内閣文庫藏本　原紅葉山文庫舊藏

【按】每半葉八行,行十八字。白口,四周單邊。

晞髮集十卷

(宋)謝翱撰

明萬曆四十六年(1618)長溪郭鳴琳刊本

内閣文庫　東京大學東洋文化研究所　京都大學人文科學研究所東洋學文獻中心藏本

【按】每半葉九行,行十八字。白口,四周單邊。

此本係徐𤊹所輯,前八卷爲翱本書,九、十兩卷爲《附録》。

内閣文庫藏本,原係昌平坂學問所舊藏,共四册。

京都大學人文研藏本,共一册。

楊守敬《日本訪書志》卷十四著録此書。

晞髮集七卷　附録一卷　續集一卷

(宋)謝翱撰

明萬曆年間(1573—1620年)刊本

尊經閣文庫藏本　原江户時代加賀藩主前田綱紀等舊藏

【按】每半葉十行,行十八字。白口,四周單邊。

熊勿軒先生文集八卷

(宋)熊鉌撰

明成化年間(1465—1487年)刊本　共四册

尊經閣文庫藏本　原江户時代加賀藩主前田綱紀等舊藏

【按】每半葉九行,行十七字。黑口,四周雙邊。

宋鄭所南先生心史二卷　附一卷

(宋)鄭思肖撰　(明)林古度等校

明崇禎十一年(1638)刊本　共二册

内閣文庫藏本　原紅葉山文庫等舊藏

【按】此本目録首題書名《宋鄭所南先生心

史》。

上卷末有江户時代初期儒者林鵝峰(號向陽子)於寬文辛丑(1661)朱筆題識,其文曰:

"辛丑八月晦一覽了　向陽子。"

下卷末又有向陽子朱筆題識兩行,其文曰:

"心史上下卷一周覽了

辛丑閏八月朔之夕　向陽子。"

下卷末餘白處,尚有向陽子墨筆手識四韵一首,其詩曰:

"四韵一篇書心史卷尾

趙氏山河無寸土,一編心史阿誰知,

胡元稱帝魯連耻,德祐記年彭澤詩。

東漢中興雖有待,南風不競巨堪悲,

鐵函若换鐵椎去,可見沙頭狙擊時。

魯連耻一作仲連義　向陽子題。"

【附録】日本光格天皇文化十四年(1817年)掘野屋儀助等刊印《所南翁一百二十圖詩集》一册。

孝明天皇文久三年(1863)有木活字刊本《鐵函心史》四卷行世,計《咸淳集》一卷、《大義集》一卷、《中興集》二卷。

宋鄭所南先生心史二卷

(宋)鄭思肖撰

明崇禎十二年(1639)刊本　共二册

静嘉堂文庫藏本　原陸心源十萬卷樓等舊藏

宋鄭所南先生心史八卷

(宋)鄭思肖撰

明崇禎十三年(1640)刊本　共四册

京都陽明文庫藏本　原江户時代近衛家凞等舊藏

宋鄭所南先生心史二卷

(宋)鄭思肖撰

明隆武元年(1645)刊本　共二册

内閣文庫藏本　原江户時代林氏大學頭家舊藏

【按】此本係江户時代儒者林鵝峰校點,并有手識文。

咸淳集　大義集　中興集　久久書　雜文　大義略叙　後叙盟言　正覺摩醯　首羅天王　王療一切病咒

(宋)鄭思肖撰

明崇禎年間(1628—1644年)刊本　共五册

尊經閣文庫藏本　原江户時代加賀藩主前田綱紀等舊藏

石屏詩集八卷　附録二卷

(宋)戴復古撰

紅葉山房寫本　共三册

静嘉堂文庫藏本

【按】前有"東臯子詩"十首,係復古之父戴敏詩。《附録》則集戴氏諸人詩。

前有元至正戊戌(1358)孟冬貢師泰《序》、宋紹定二年(1229)三月趙汝騰《序》、宋淳祐二年(1242)六月吴子良《序》、宋嘉定三年(1210)歲末盡三日樓鑰《序》、宋淳祐壬寅(1242)孟夏包恢《序》、宋端平甲午(1234)十月趙以夫《跋》、甲申歲夏趙汝談《跋》、宋嘉定甲戌(1214)真德秀《題》、宋端平甲午(1234)王埜《跋》、倪祖義《跋》、趙蕃《跋》、宋紹定六年(1233)三月姚鏞《跋》、宋嘉定七年(1214)正月鞏豐《跋》,宋端平丙申(1236)九月李賈《跋》、甲戌孟冬楊汝明《跋》、宋端平三年(1236)五月姚鏞《跋》。

卷末有明弘治戊午(1498)孟夏余汝礪《後序》、明弘治甲子(1504)中秋十世孫戴鏞《跋》、明正德二年(1507)鏞《跋》。

版心有"紅葉山房鈔本"六字。

石屏詩集八卷　東臯子詩一卷　附録二卷

(宋)戴復古撰　(明)趙汝鐺等選

明弘治十一年(1498)宋鑑　馬金刊本　共五册

大倉文化財團藏本

【按】每半葉九行,行十九字。黑口,四周雙邊。

卷中有清嘉慶七年(1802)鮑正言據《秋崖小稿》所作墨筆補録。

卷中有"鮑正言"、"慎齋"、"焕章"、"采雲樓"等印記。

古逸民先生集一卷　附録一卷

(宋)汪炎昶撰

清鮑渌飲手寫本　鮑渌飲　黄丕烈手識本　共一册

静嘉堂文庫藏本

【按】是集乃知不足齋主人鮑渌飲手識本。其文曰：

"古逸先生詩文,僅見於《新安文獻志》,寥寥數篇而已。是集藏書家未有蓄之者,吾友錢塘姚君古香得之親串亂帙中。予首借鈔之,好事者因争傳録,杭城遂有數本。未幾古香以暴卒,使先一年,此書無從蹤迹矣。然則雖謂古香不死可也。古香名瑚,藏書多秘册,與予交最善,然僅及三年耳。卒時年止三十餘,惜哉,嘉慶甲戌六月六日,通介叟識於知不足齋。時年八十有七。"

其後有黄丕烈手識文。其文曰：

"辛未三月初,游嘉禾,遇渌飲鮑丈於雙溪橋下。晝則同席,夜則聯舫,縱談書林舊聞,亹亹不倦,真快事也。越日同至本立堂書坊,取其家鈔傳秘册贈余,得《古逸民先生集》一卷,精妙絶倫。他日珍之,當不减汲古鈔本矣。復翁。"

黄氏手識後,手草《贈鮑丈渌飲》五律一首,詩曰：

"睽迹三年久,談心半日閑,
舊聞探學海,虚願入書山,
比舫雙溪下,揚鑣兩浙間,
故人珍重意,交道慎終艱。
復翁"

紫岩于先生詩選三卷

(宋)于石撰　(元)吴師道選

古寫本　沈廷芳　勞巽卿手識本　共一册

静嘉堂文庫藏本　原沈廷芳等舊藏

【按】卷中有沈廷芳手識文。其文曰：

"于石字介翁,婺之蘭谿人也。貌古氣剛而善詼諧。幼慕杜古高之爲人,後從王宗庵業詞賦。年三十而宋亡,遂高隱不出,以詩自豪,蓋宋逸民也。所居鄉名紫岩,因以爲號。晚徙城中,更號雨(《四庫提要》作"兩")溪。《集》久不傳,傳者僅此册耳。同里門人吴師道正傳,元至治時進士,爲之選次,金履祥爲之《序》。詩凡三册,内缺二葉,其來已久,不能復補矣。乾隆丁亥二月,之江沈廷芳志于樂儀書院。"

卷中另有勞巽卿手識,其文曰：

"此本壬子年收得于知不足齋,有吾鄉沈椒園廉訪題字及諸藏書家印記。中缺二葉,以家本補録;復以近年金華王氏《水壺山館叢書》新刻本,補中卷末《妾换馬》一首及此《序》。舊補《弔古行》,見《元詩體要》,乃《集》外逸詩也。咸豐丙辰二月望春分後一日,巽卿記于秋井艸堂。"

卷中有"歙西長塘鮑氏知不足齋藏書印"、"沈廷芳印"、"椒園氏"、"隱拙齋藏書印"等印記。

陳深龔璛詩集

(宋)陳深撰　(元)龔璛輯

古寫本　繡谷亭主手識本　共一册

静嘉堂文庫藏本　原曹倦圃等舊藏

【按】卷中有繡谷主手識文兩則。其一曰：

"兩集皆見於顧氏《元詩選》。《經籍志》、《續文獻通考》俱不載。此集之傳真幸也。乙未夏六月,繡谷亭主記。"

其二曰：

"《龔集》元詩采宣城詩九首,此本無。《陳集》附深子植一帙,因存鄭元祐《墓銘》一篇。"

(金元人别集之屬)

滹南遺老王先生文集四十五卷　續編詩一卷

(金)王若虚撰
古寫本　吴焯手識本　共六册
静嘉堂文庫藏本

【按】卷前有李冶《引》,元大德三年(1299年)王復翁《序》,閼逢君灘(甲申)冬至日彭應龍《序》,屠維作噩(己酉)閏月王鶚《序》。

卷中有康熙年間錢塘吴焯手識文三則。一則曰:

"王若虚字從之,傭夫其號,槁城人。承安二年經義進士,歷管城、門山二縣令,用薦入爲國史院編修官。遷應奉翰林文字,爲著作佐郎,遷平凉府判官,召爲左司諫,轉延州刺史,入爲直學士。入元遂隱居不出。後游泰山,至皇峴亭,憩萃美亭,談笑終焉。所著文章號《傭夫集》,又稱《滹南遺老集》傳於世。事見《金史》。按《中州集》稱若虚負重名,精經學史學,文章禮樂,一代偉人。北渡後,隱居鄉里。據此則滹南老人終于元,未嘗仕于元。且其人已入《金史·文藝傳》。焦氏《經籍志》編入元人,誤也。此本山陰祁氏藏書,康熙乙未春歸綉谷亭收藏。因考史傳而附記于後。錢塘吴焯書之。"

又一則曰:

"又按《集》内詩與《中州集》本字句微有不同,覺《中州集》之爲善。想元遺山入選詩,摘其微瑕,不嫌改削耳。然此故原作後一卷,係因《中州集》補入,便相同。《中州集》所無者,《宫女圍棋》一首,《和王子瑞》此本多一首,《白髮嘆六韵》即《感秋十二韵》之半。亦元遺山增改。後人失考究,以編入《續集》耳。焯再書。"

又一則曰:

"滹南議論絶高,其辨駁司馬子長,宋子京,實另具衹眼。獨其自作詩文絶不佳,置之《集》中,猶蒼葭之倚叢玉也。祁氏原本,歸徐中丞蝶園先生。録得此本,將貽吾友馬寒中氏。中春送客禾興舟中,校對竟。再記。"

遺山先生文集四十卷

(金)元好問撰　(明)張德輝編
明弘治十一年(1498年)刊本　共二十一册
内閣文庫藏本　原豐後佐伯藩主毛利高標等舊藏

【按】每半葉有界十行,行十九字。黑口,左右雙邊。前有中統三年(1262年)陽月封龍山人李冶《序》,陳郡徐世龍《序》,弘治戊午巡按河南監察御史沁水李瀚《刻書序》等。

此本係仁孝天皇文政年間(1818—1829年)由出雲守毛利高翰獻贈幕府。明治初年歸内閣文庫。卷中有"佐伯侯毛利高標字培松藏書畫之印"朱文方印。

【附録】據《商舶載來書目》記載,光格天皇天明三年(1783年),中國商船"以字號"運載《遺山集》一部二帙抵日本。

據《外船書籍元帳》記載,孝明天皇嘉永三年(1850年)有《元遺山全集》四部輸入日本。同年又輸入四部,其中一部交伊勢守,餘三部,價十三匁。

日本江户時代有《遺山先生文集》寫本一部,凡四十卷附一卷。原係林氏大學頭家舊藏,今存内閣文庫。

遺山先生詩集二十卷

(金)元好問撰　(明)張德輝編
明刊本　共十册
東洋文庫藏本　原小田切萬壽之助等舊藏

【附録】日本仁孝天皇天保七年(1836年)帶

香草閣刊印《遺山先生詩抄》二卷,此本由日人垣内保定編,野吕公麟校。其後,此本有紀伊(和歌山)世壽堂阪本屋喜一郎等重印本。

遺山先生詩集二十卷

(金)元好問撰　(明)毛晋編

明崇禎年間(1628—1644 年)毛氏汲古閣刊本(明刊《元人十種詩》之零本)　共七册

東京大學總合圖書館藏本　原市村瓚次郎覺廬文庫舊藏

(閑閑老人)滏水文集十卷　附一卷

(金)趙秉文撰

舊寫本　何義門手校本　共八册

静嘉堂文庫藏本　原陸心源十萬卷樓等舊藏

【按】卷前有元好問《墓志銘》,楊雲翼《引》。卷末有徐子晋識文曰:"道光庚戌(1850 年)六月盛暑,以新得蔣子宣收藏本校勘。子晋。"下有"徐康"白文小印。

湛然居士文集十四卷

(元)耶律楚材撰

古寫本　宋賓王手校本　黄丕烈手識本　陸心源手識本　共二册

静嘉堂文庫藏本　原王西莊　陸心源十萬卷樓等舊藏

【按】卷前有甲午年仲冬行秀《序》,癸巳歲十二月王鄰《序》,癸巳十二月孟攀麟《序》,癸巳年十月李微《序》。

行秀所撰《序》後,有宋賓王校識文,其文曰:

"雍正丙午(1726 年)初冬,借較洞庭翁氏藏本,因以補序。宋蔚如。"

卷中又有黄丕烈手識文,其文曰:

"余向藏《湛然居士文集》,係七卷,非全本也。頃以骨董鋪獲王西莊家藏本,乃十四卷,且爲宋賓王所校,誠可珍寶。前七卷用向藏本手校,其歧異已歸貝磵香矣。復翁。"

卷中又有清同治十年(1871 年)十二月陸心源手識文。其文曰:

"《湛然居士集》十四卷,元耶律楚材撰。每卷篇目相連,中多提行空格,蓋以元刻影寫者。訛字頗多。以宋賓王校本校一過,僅補正數十字,不能盡改也。卷十二有壽其子鑄十五歲詩,卷十一《廣陵散五十韵》,以《廣陵散》爲序聶政刺韓相俠累之事,如後世南北曲之類,皆創聞也。同治十年十二月歸安陸心源識。"

《儀顧堂題跋》卷十三著録此本。

湛然居士文集十四卷

(元)耶律楚材撰

古寫本　董康手校本　共三册

京都府立綜合資料館藏本　原富岡鐵齋　太宰政夫等舊藏

【按】此本用白綿紙書寫。每半葉有界十二行,行二十四字。四周單邊(19.8cm × 11.8cm)。卷中内頁全文抄録清同治十年(1871 年)十二月陸心源手識文。文後曰:

"陸氏本今存國子監南學,丁酉冬假得,命書僕録此副本。陸氏校正之字已校改。書腦别有筆墨校字,不知出誰氏之手,亦并録之。太初記。"

卷中有"董康手校"印記。

稼村先生類稿三十卷　附録一卷

(元)王義山撰　曾震龍編

明初刊本　共四册

静嘉堂文庫藏本　原陸心源十萬卷樓等舊藏

【按】首行題"《稼村先生類稿》三十卷《附録》一卷",第二行題"元古豐王義山元高著,門人曾震龍編"。前有明正德丙子(1516 年)楊廉《序》。後有羅欽順《後序》,陳槐《跋》。《目録》後有《自序》。

稼村先生類稿十卷　附録一卷

(元)王義山撰　曾震龍編

明萬曆年間(1573—1620年)刊本　共四册
尊經閣文庫藏本　原江户時代加賀藩主前田綱紀等舊藏

藏春詩集五卷　附録一卷

(元)劉秉忠撰
古寫本　王聞遠手識本　共一册
静嘉堂文庫藏本　原王聞遠等舊藏
【按】卷首題"《藏春詩集》五卷《附録》一卷","元劉爽文撰,中書參知政事魯國文定公左山商挺孟卿類集,中順大夫浙江處州府知府瀛海馬偉廷彦校正"。前有元至元丁亥(1287年)閻復《序》。
卷末有王聞遠手識文,其文曰:
"康熙歲壬寅(1722年)三月立夏後五日,借婁東宋氏鈔本再校於慈孝堂之東窗。蓮涇聞遠。"

桐江集(方虚谷桐江集)(殘本)四卷　補遺一卷

(元)方回撰
古寫本　鮑廷博手識本　共五册
静嘉堂文庫藏本　原陸心源十萬卷樓等舊藏
【按】此本有清嘉慶十年(1805年)鮑廷博手識文。其文曰:
"嘉慶乙丑(1805年)閏六月,借維揚秦氏石研齋所藏弘治十四年(1501年)范文恭手録本重校。凡改正數百字,補落者數千字,始爲善本。去乾隆庚寅(1770年)借振綺堂本抄録,忽忽三十六年矣。掩卷爲之憮然。二十八日志。知不足齋鮑廷博。"
卷末載二十卷目次。

桐江續集(虚谷桐江集)(殘本)三十五卷

(元)方回撰
古寫本　鮑以文手識本　共八册
静嘉堂文庫藏本　原陸心源十萬卷樓等舊藏
【按】首題"《虚谷桐江續集》四十八卷",次題"元紫陽方回萬里撰"。有戴表元《序》。《序》後有清乾隆二十二(1757年)鮑以文手識文。其文曰:
"方萬里《桐江集》已不傳,僅此序見於戴表元《剡源文集》中,因録於《續集》之首。方萬里《桐江續集自序》一首,已列此集第四十八卷中,兹不贅録。乾隆丁丑初一日燈下志。"
此本全四十八卷,今缺卷三,卷十四、卷二十至卷二十四、卷二十六、卷三十二、卷三十四、卷三十六、卷三十九、卷四十、卷四十一。共十三卷。

淮陽詩集(溧陽路總管水鏡元公詩集)一卷

(元)張弘範撰
明人寫本　共一册
静嘉堂文庫藏本
【按】卷首有明正統九年(1444年)九月吉水謝卓《序》。卷末有明萬曆甲戌(1574年)仲夏吉十二世孫應會書"一行。

月屋漫稿一卷

(元)黄庚撰　林伯良編
明人寫本　共一册
大倉文化財團藏本
【按】此本首有清康熙五十四年(1715年)繡谷亭手識文,末有懶髯道人録於吴門西城的手跋文。
卷中有"王慎德"、"綉谷薰習"、"墻東小隱"、"乃照"。"樂饑"、"同陸齋"等印記。

養蒙先生文集十卷

(元)張伯淳撰
古寫本　陸心源手識本　共二册
静嘉堂文庫藏本　原陸心源十萬卷樓等舊藏
【按】每半葉有界九行,行二十一字。
卷前有元至順三年(1332年)四月虞集

《序》，元泰定三年（1326 年）八月鄧文原《序》。後有元至正六年（1346 年）正月男采《跋》，明宣德七年（1432 年）張銓《跋》。

清光緒三年（1877 年）陸心源有手識文，稱此本"從宣德七年張銓刊本影寫。遇皇帝召旨等字皆空格，猶存元刊舊式。張月霄《藏書志》亦著於録。鄧文原《序》及張銓《後跋》皆有闕文，不若此本之完善。《四庫》所據，乃厲太鴻抄本，未知視此本何如耳。"

桂隱詩文集八卷　附録一卷

（元）劉詵撰　顔成子等編　（明）劉三得等重編　劉方興等校

明嘉靖四十二年（1563 年）劉志孔刊本　共五册

大倉文化財團藏本　原董康等舊藏

【按】每半葉有界十二行，行二十四字。白口。

封皮有"軍機處"木記，卷中有"翰林院"、"毗陵董康"等印記。

張文忠公文集（雲莊歸田類藁）二十八卷

（元）張養浩撰

元刊明印本　共四册

静嘉堂文庫藏本　原陸心源皕宋樓等舊藏

【按】每半葉有界十行，行十八字。小黑口，雙黑魚尾。版心題《雲莊類藁》，有刻工姓名，並記大小字數。

卷前有元元統三年（1335 年）龍集乙亥二月甲寅朔中奉大夫江制等處行中書省參政事魯□《序》。繼有《張文忠文集目録》（第十九頁，二十頁系抄補）。卷末有《雲莊小像》，《雲莊畫像記》，《雲莊畫像贊》，《大元　賜故西臺御史中丞贈　誠宣惠功臣榮禄大夫陝西等處行中書省平章政事柱國追封濱國公　文忠張公神道碑銘》等。

卷中有"松藹藏書"，"松藹"，"周春"，"嘉興李聘"，"黄錫蕃印"，"歸安陸樹聲藏書之印"，"歸安陸樹聲叔桐父印"等印記。

【附録】據《商舶載來書目》記載，後桃園天皇安永元年（1772 年）中國商船"多字號"載《太師張文忠公文集》一部二帙抵日本。

白雲集三卷

（元）釋英撰

文瀾閣傳寫本　共一册

静嘉堂文庫藏文　原陸心源十萬卷樓等舊藏

【附録】日本後圓融天皇應安七年（1374 年）當時在日元人刻工俞良甫以元至正刊本《白雲集》爲祖本，重新復刻付梓。此本卷前有元至正壬辰（1292 年）牟氏《序》，趙孟頫《叙》，胡長孺《序》，趙孟若《序》等。卷末有"應安七年甲寅歲仲陽日西山兜率門生叟俞良甫學士書置。"刊記一行。俞氏刊本爲四卷，而《四庫全書》著録爲三卷。

日本靈元天皇寛文五年（1665 年）藤田六兵衛刊印《白雲集》四卷。同天皇貞享五年（1688 年）又刊印《白雲集》四卷。

剡源文集（剡源戴先生文集）三十卷　附一卷

（元）戴表元撰

明刊本（後人補寫）　何焯手識本　共五册

静嘉堂文庫藏本　原稽瑞樓　陸心源十萬卷樓等舊藏

【按】首題"《剡源先生文集》三十卷"，次題"元四明戴表元率初撰"。前有《自序》，明洪武四年（1371 年）八月宋濂《序》，并《元史》本傳。

此本有何氏手識文二款。一款曰：

"率初爲學，自六經百氏，無不貫穿，而得之《莊》《騷》者爲深。文格尤近子厚，其間似蘇門者，所從出均也。能從容於窘步，萌茁於枯條。若高山大川之觀，桑麻菽粟之用，乃其所少，則賦才者殊，而亦遭遇變故，無自發耶。然彩筆妙吻，宋季以來，莫有匹敵。宜乎伯長所專師，晋卿所深推矣。康熙辛巳（1701 年）二月何焯題於陽羡舟次。"

又一款曰：

"始余病此集訛謬不可讀，遇藏書者必問嘗蓄善本抑否。康熙庚寅(1710年)始從隱湖毛十丈借得嘉靖以前舊抄一册，爲文衹六十五篇，合甲乙丙丁四卷。以校新刻，則《唐晝西域圖記》一篇，後半幅脱去二百六十餘字。其它賴以改正處甚多。集中文爲新刻所逸者，凡十二篇，復補録。毛丈憐余校之勤也，云家有《剡源詩》，亦舊抄，將並以借我。乃書以志喜。焯。"

【附録】日本光格天皇享和四年(1804年)有《宋戴剡源文抄》寫本一部，凡四卷。原係昌平坂學問所舊藏，今存内閣文庫。

剩語二卷

(元)艾性夫撰

文瀾閣傳寫本　共一册

静嘉堂文庫藏本　原陸心源十萬卷樓等舊藏

水雲村泯稿三十八卷

(元)劉起潛撰

明天啓年間(1621—1627年)刊本　共十六册

静嘉堂文庫藏本　原陸心源十萬卷樓等舊藏

【按】卷前有明天啓辛酉(1621年)趙師聖《序》。

劉起潛文稿舊有二本。一名《水雲村稿》，原目二十卷。《四庫》著録十五卷。爲其裔孫凝收拾遺佚，别加編次而成。一本即此本，乃明洪武間其孫瑛所手抄，作三十八卷。

玉斗山人集三卷　附一卷

(元)王奕撰

文瀾閣傳寫本　共一册

静嘉堂文庫藏本　原陸心源十萬卷樓等舊藏

谷響集三卷

(元)釋善住撰

文瀾閣傳寫本　共二册

静嘉堂文庫藏本　原陸心源十萬卷樓等舊藏

元松鄉先生文集十卷

(元)任士林撰

元刊本　共三册

静嘉堂文庫藏本　原汪士鐘　陸心源皕宋樓等舊藏

【按】每半葉有界十三行，行二十三字。版心粗黑口，雙黑魚尾。四周雙邊(18.8cm×12.1cm)。

首題《松鄉先生文集》十卷，次行題"句章任士林叔實"。有《任叔實墓志銘》與《序》，此係中順大夫泰州尹兼勸農事趙孟頫爲文并書。繼有元泰定丁卯(1327年)孟夏墻東老叟陸文圭《叙》，并京兆杜本《序》。後有《元松鄉先生文集目録》。卷十末有摹刊"任勉私印"陽文方印，"任氏近思"陰文方印等。

卷中有"太原叔子藏書記"、"蓮涇"、"結社溪山"、"家在黄山白岡之間"、"田耕堂藏"、"平陽汪氏藏書印"、"民部尚書郎"、"汪士鐘印"、"元本"、"郁松年印"、"秋夏讀書冬春射獵"、"歸安陸樹聲藏書之記"、"歸安陸樹聲叔桐父印"等印記。

《儀顧堂續跋》卷十三著録此本，稱"是書有明泰昌時刊本，脱誤甚多，此則其祖本也。"

松鄉先生文集十卷

(元)任士林撰

明刊本　共二册

静嘉堂文庫藏本　原陸心源十萬卷樓等舊藏

松鄉先生文集十卷

(元)任士林撰

舊寫本　徐時棟手識本　共二册

大倉文化財團藏本　原徐時棟　朱彝尊等舊藏

【按】此本係明泰昌元年(1620年)刊本的影寫本。有清同治四年(1865年)徐時棟手識文,及朱墨筆校與校語附箋。

卷中有"朱彝尊"、"秀水朱氏潛采堂圖書"、"柳泉書畫"、"兼牧堂書畫記"、"徐時棟秘笈"等印記。

臨川吴文正公草廬先生集(吴草廬集)一百卷　外集三卷　附録一卷

(元)吴澄撰　(明)吴爟編

明永樂四年(1407年)刊本　共二十二册

宫内廳書陵部藏本　原江户時代德山藩主毛利家舊藏

【按】每半葉有界十五行,行二十八、九字不等。黑口。

前有補版,明正統元年(1436年)署名"國朝欽升"撰《臨川郡公吴澄草廬先生從祀孔廟事紀》,次有《年譜》,次有《行狀》等。

卷末《附録》,係《大元累授臨川吴文正公宣敕》,凡十通。皆爲蒙古字書,漢字副本旁注。

卷中除《從祀孔廟事紀》係後人補刻外,正文卷五十一及《外集》卷一至卷三,皆爲後人寫補。

此本原係德山藩第三代主毛利元次廣收"天下秘籍"之一。東山天皇寶永三年(1706年)《御書物目録》著録此本。

卷中有"德藩藏書"、"大春庵"等印記。

【附録】據仁孝天皇弘化二年(1845年)《書籍元帳》記載,是年中國商船輸入《吴文正公全集》一部二帙二十册,價廿五匁,歸伊勢守。

臨川吴文正公集四十九卷　外集三卷　首一卷　臨川吴文正公年譜一卷

(元)吴澄撰　《年譜》危素編

明成化年間(1465—1487年)臨川刊本

内閣文庫　静嘉堂文庫　蓬左文庫　足利學校遺蹟圖書館藏本

【按】每半葉有界十行,行二十一字。四周雙邊。

卷首有明成化二十年(1484年)八月伍福《序》。序文每半葉六行,行十三字。

内閣文庫藏本,原係豐後佐伯藩主毛利高標舊藏。仁孝天皇文政年間(1818—1829年)由出雲守毛利高翰獻贈幕府,明治初年歸内閣文庫。卷中有"佐伯侯毛利高標字培松藏書畫之印"朱文方印。共十六册。

静嘉堂文庫藏本,原係陸心源十萬卷樓等舊藏。共四十册。

蓬左文庫藏本,原係江户時代幕府第一代大將軍德川家康舊藏,後敕贈其子尾張藩主家,世稱"駿河御讓本"。此本外題墨書"吴草廬文集",内題"臨川吴文正公集",卷第十四至卷第十八爲後人寫補,共二十册。

足利學校遺蹟圖書館藏本,原係足利學校舊藏。共十九册。

【附録】日本光格天皇享和四年(1804年)有《臨川吴文正公集》寫本一部,凡四十九卷,《外集》三卷、《首》一卷、《臨川吴文正公年譜》一卷。原係昌平坂學問所舊藏,今存内閣文庫。

(新刊)臨川吴草廬先生正宗文集三十一卷

(元)吴澄撰

明嘉靖年間(1522—1566年)刊本　共十七册

尊經閣文庫藏本　原江户時代加賀藩主前田綱紀等舊藏

草廬吴先生輯粹七卷

(元)吴澄撰

明嘉靖年間(1522—1566年)刊本　共四册

内閣文庫藏本　原昌平坂學問所等舊藏

【按】卷首有明嘉靖二十四年(1545年)《序》。

吴草廬先生文集八卷

(元)吴澄撰

明怡蓮堂活字刊印本　共四册

東洋文庫藏本

筠溪牧潛集(天隱禪師文集)不分卷

(元)釋圓至撰

元大德三年(1299年)刊本　共一册

静嘉堂文庫藏本　原錢夢廬　陸心源皕宋樓等舊藏

【按】每半葉有界十二行,行二十一字。版心白口,雙黑魚尾,偶記大小字數。

卷首有萬里《序》,題"(大德)三年己亥十月初九日丙辰紫陽方回萬里"。卷末《跋文》後題"大德三年天目雲松子洪喬祖拜手敬跋"。

全本内容分"詩"、"銘"、"碑記"、"序"、"書"、"雜著"、"榜疏",凡七類。

卷中有"何畋之印"、"臣畋"、"錢天樹印"、"曾藏錢夢廬家"等印記。

《儀顧堂續跋》卷十三著録此本。其識文曰:

"《筠溪牧潛集》一卷。次行題'高安釋圓至'。前有大德三年(1299年)方回《序》,以手書上版。下有'西齋'陽文長印,'方萬里父'陽文方印,'虚谷書院'陽文方印。後有大德三年天目雲松子洪喬祖《跋》。其書不分卷,以類各爲起迄。詩一,銘二,碑記三,序四,書五,雜著六,榜疏七,故喬祖《跋》衹云一卷也……元大德刊本。至明刻始分爲七卷。《四庫》本即以明刻著録,此則元刻,祖本也。"

【附録】日本東山天皇寶永六年(1709年)有常信木活字刊印《筠溪牧潛集》。此本題"元釋圓至撰,元釋磧砂等校"。

筠溪牧潛集(天隱禪師文集)七卷

(元)釋圓至撰

明崇禎年間(1628—1644年)汲古閣刊本　共一册

静嘉堂文庫藏本　原陸心源十萬卷樓等舊藏

碧山堂集五卷

(元)釋宗衍撰

日本後圓融天皇應安五年(1372年)俞良浦刊本　共一册

東洋文庫藏本　原三菱財團岩崎氏家舊藏

【按】每半葉有界十行,行二十字。細黑口,四周單邊(19.4cm×12.5cm)。版心題"碧山堂",下有卷數,偶記頁數。

各卷卷末題"碧山堂集卷之幾終",其左側有中國刻工俞良浦《刊語》,其文曰:"應安五年八月初旬中華大唐俞良浦學士謹置"。

卷中有"鹿王藏書"、"雲村文庫"等印記。

郝文正公陵川集三十九卷　首二卷

(元)郝經撰

明人無界十行寫本　共二十四册

蓬左文庫藏本

【附録】據光格天皇天明六年(1786年)《寅十番船持渡書改目録寫》記載,是年中國商船"寅十番"載《陵川文集》一部一帙十册運抵日本。《目録》注明"無脱紙。"

小亨集六卷

(元)楊弘道撰

文瀾閣傳寫本　共一册

静嘉堂文庫藏本　原陸心源十萬卷樓等舊藏

魯齋全書七卷

(元)許衡撰

明正德年間(1506—1521年)刊本　共四册

内閣文庫藏本　原楓山官庫等舊藏

【按】每半葉有界十行,行二十字。黑口。

各卷細目如次:

卷一,《魯齋小像贊》,《許氏宗派總圖》,《許氏族譜》。

卷二,《行實》,《元史本傳》等。

卷三,《遺書性理》,《奏議》,《爲君難六事》等。

卷四,《遺書》。

卷五,《書簡》,《雜著》等。

卷六,《詩章》,《樂府》,《編年歌括》等。

卷七,《古今題咏》,《附録》等。

【附録】日本江户時代初期(十七世紀初)有《魯齋全書》七卷寫本一部。此本係林羅山手校本。今存内閣文庫。

日本靈元天皇寛文九年(1669年)京都村上勘兵衛刊印《魯齋全書》七卷,此本題"元許衡撰,明郝綰輯,明何瑭校,鵜飼金平(真昌)訓點"。

魯齋遺書十四卷

(元)許衡撰　(明)怡愉編

明萬曆年間(1573—1620年)刊本

宫内廳書陵部　静嘉堂文庫　東洋文庫藏本

【按】前有明萬曆二十四年(1596年)孟春張泰徵《序》,同年仲春江學詩《重刊序》,同年季春怡愉《序》。後有明萬曆丙申(1596年)鄭道興《跋》。

宫内廳書陵部藏本,有清康熙年間補刊之頁,共八册。

静嘉堂文庫藏本,原係陸心源十萬卷樓等舊藏,原誤斷爲舊寫本。共十五册。

東洋文庫藏本,原係藤田豐八等舊藏,共八册。

静修先生文集二十二卷

(元)劉因撰

元至順元年(1330年)宗文堂刊本

尊經閣文庫藏本　原光明院　江户時代加賀藩主前田綱紀等舊藏

【按】每半葉十三行,行二十一字。黑口,四周雙邊(18.9cm×12.5cm)。版心上魚尾下記"静修文集幾"。

卷首有東平李謹《序》(每半葉五行,行八字),共三葉半。《序》後"静修先生文集目録"。細目如次:

卷一　辭　五言古詩

卷二至卷十四　詩

卷十五　樂府

卷十六　碑

卷十七　墓表　墓銘

卷十八　記

卷十九　序

卷二十　説　贊
　祝文　祭文

卷二十一至卷二十二　"目録"無文。

"文集"正文中標目"書　疏　雜著　題跋"。

"目録"後爲正文,卷之一末有雙邊竪行刊印木記:

至順庚午孟
秋宗文堂刊

卷十五至卷十七因墨色褪落,幾不可讀。

每册首有"光明院"朱文長印,又有"尊經閣"朱文方印等。

静修文集二十二卷　補遺二卷

(元)劉因撰

古寫本(摹影元至順元年宗文堂本)　宋賓王手識本　共二册

静嘉堂文庫藏本

【按】此本有宋賓王手識文二款。

一款係清雍正三年(1725年)文,其文曰:

"此影抄元版,多闕文,亦微有訛字。共二十二卷二百十四頁。又有前永樂間所刻詩文、遺集、附録分三十卷者,實二十五卷。校之此本,詩文則有闕無多,訛字脱落則倍之。第多附録一卷耳(實爲二卷——編著者注)。抄較之下,點識其訛字,增補其脱落,以便後之翻刻劉先生集者。雍正三年六月,古東倉後學宋賓王記。"

一款係雍正五年(1727年)文,其文曰:

"此影抄前元至順間宗文堂刻本也。後

從邵先生所閲《容城兩賢集》較對，復增補遺二卷。《容城集》刻於前明萬曆間，其脱訛錯簡頗多，録補以稱其全云。雍正丁未春正月望後二日，宋賓王記。”

静修先生文集二十五卷

(元)劉因撰

明成化年間(1465—1487年)刊本　共十六册

宫内廳書陵部藏本

静修先生文集二十八卷　附二卷

(元)劉因撰　(明)崔嵩校　《附》賈彝編

明弘治年間(1488—1505年)刊本

内閣文庫　静嘉堂文庫　大倉文化財團尊經閣文庫藏本

【按】卷前有元至正九年(1349年)《牒文》，明永樂癸卯(1423年)陳立《序》，明成化己亥(1479年)《明蜀府重刊序》，明弘治乙丑(1505年)王宗彝《序》，後有明弘治乙丑(1505年)崔□《跋》等。

此本係《丁亥集》五卷，《樵庵詞》一卷，《遺文》六卷，《遺詩》六卷，《詩文拾遺》七卷，《續集》三卷，《文集附》二卷。

楊守敬《日本訪書志》卷十四著録此本，其文曰：

“《静修先生文集》三十卷，明弘治乙丑廬州府同知崔嵩刊。有後《跋》，稱從蜀本録出，而次第則從元本。蓋以蜀本將各集彙併，失静修本意。故仍從元本，以《丁亥集》爲首卷也。每集首行題下著保定崔嵩校正。附録房山賈彝編，《續集》題後學楊俊氏褒録。崔《跋》又稱元本乃其門人真定安熙所訂，最爲謹切。”

内閣文庫藏此同一刊本兩部。一部原係昌平坂學問所舊藏。共八册。另一部原係楓山官庫舊藏，明嘉靖十六年(1537年)修補，缺《丁亥集》及《文集附》。共四册。

静嘉堂文庫藏本，原係陸心源十萬卷樓等舊藏，共四册。静嘉堂文庫另藏《静修先生文集》寫本一部。此本凡二十二卷，補二卷，亦係原陸心源十萬卷樓舊藏。

大倉文化財團藏本，共四册。

尊經閣文庫藏本，原係江户時代加賀藩主前田綱紀等舊藏，今存《詩文拾遺》七卷，《續集》三卷，共十卷三册。

【附録】日本江户時代有《静修先生文集》二十二卷《附》二卷寫本一部。此本據明弘治刊嘉靖修本摹寫，然無《丁亥集》六卷。今存内閣文庫。

静修先生文集十卷

(元)劉因撰

明萬曆十六年(1588年)益都蔣如萍刊本　共十六册(今合爲九册)

國會圖書館藏本

静修先生文集十卷

(元)劉因撰

明萬曆年間(1573—1620年)刊本　共四册

大阪天滿宫御文庫藏本

存悔齋詩稿一卷　遺詩一卷

(元)龔璛撰

明人寫本　毛晋手識本　共一册

静嘉堂文庫藏本　原陸心源十萬卷樓等舊藏

【按】卷前有元至正九年(1349年)俞楨《跋》。

明崇禎十三年(1640年)毛晋手識此本曰：

“余家藏元人集未逮百家，意欲擇勝授梓。閩中徐興公許以秘本五十種見寄。奈魚燕杳然，惄如也。適馬人伯出龔子敬《存悔齋稿》示予，得未曾有，真入年第一快事。中有殘缺二處，末有朱性甫補遺一十七首。問所從來，乃荻溪王凱度家藏本。卷帙如新，而凱度已爲玉樓作記人矣。掩卷相對泫然久之。時崇禎十三年閏正月十三日，毛晋識。"

【附録】據《外船書籍元帳》記載，仁孝天皇弘化二年(1845年)中國商船載《存悔齋詩文集》一部一帙八册抵日本。售價十三匁，歸山城守。

雙溪醉隱集六卷

(元)耶律鑄撰

文瀾閣傳寫本　共四册

静嘉堂文庫藏本　原陸心源十萬卷樓等舊藏

許白雲先生文集(白雲集)四卷

(元)許謙撰

明成化年間(1465—1487年)刊本　共二册

静嘉堂文庫藏本　原陸心源十萬卷樓等舊藏

【按】前有明正統丁卯(1447年)李仲《序》，次有成化丙戌(1486年)陳相《序》。後有成化乙酉(1465年)張瑄《跋》，并有正德十三年(1518年)陳綱《跋》，胡璉《跋》。

静嘉堂文庫另藏《許白雲先生文集》寫本一部四卷，亦係原陸心源十萬卷樓舊藏。

秋澗先生大全集一百卷　附一卷　目二卷

(元)王惲撰

明弘治年間(1488—1505年)刊本　共四十二册

静嘉堂文庫藏本　原陸心源皕宋樓等舊藏

【按】《儀顧堂續集》卷十三著録此本。其文曰：

"《秋澗先生大全文集》一百卷，每葉二十四行，每行二十字。明弘治刊本，行款與元至治壬戌嘉興路刊本同。當即以元本翻雕者。惟元刊前有王構《序》，王士熙、王公儀、羅應龍《跋》，明刊皆缺。元刊《制辭》《哀挽》《墓志》皆列《總目》之後，《目録》之前。版心刊目録二字，未免眉目不清，明刊則改列於後，版心刊附録二字，較爲允當耳。"

雪樓程集(殘本)六卷

(元)程鉅夫撰

元刊本　共二册

静嘉堂文庫藏本　原新宫城文庫　島田篁村等舊藏

【按】此本全三十卷，今存卷二十二至卷二十七，共六卷。

(楚國文憲公)雪樓程先生文集三十卷　年譜一卷　附録一卷

(元)程鉅夫撰　程大本編　《年譜》程世京編

明洪武二十八年(1395年)與耕書堂刊本　共二十册

内閣文庫　静嘉堂文庫　大倉文化財團藏本

【按】每半葉有界十四行，行二十二字。黑口，左右雙邊。

卷首題"《楚國文憲公雪樓程先生文集》三十卷"，次行題"奉直大夫秘書監著作郎男大本輯録，翰林侍講學士中奉大夫知制誥同修國史同知經筵事門生揭奚斯校正"。前有元至正丙戌(1346年)歐陽玄《序》，次有至正十四年(1354年)李好文《序》，次有至正丁亥(1347年)彭從吉《序》，次有明洪武二十九年(1396年)熊釗《序》。後有明洪武二十八年(1395年)曾孫程晋《跋》。

内閣文庫藏本，原係江户時代林氏大學頭家舊藏。凡十册。

静嘉堂文庫藏本，原係陸心源皕宋樓等舊藏。《儀顧堂續跋》卷十三著録此本。其文曰：

"《楚國文憲公雪樓程先生文集》三十卷，附録一卷。次行題奉直大夫秘書監著作郎男大本輯録。三行翰林侍講學士、中奉大夫、知制誥、同修國史、同知經筵事門生揭傒斯校正。卷一至卷九《玉堂類藁》，卷十《奏議存藁》，卷十一至二十五《記》、《序》、《碑》、《銘》、《贊》、《説》、《箴》、《祭文》、《祝文》、

《書》、《啓》、《題跋》，卷二十六至三十《詩》，而以《樂府》殿焉。前有歐陽玄《序》，下有'太史氏'陽文長印，'歐陽玄印'陽文方印，'文忠世家'白文方印。次李好文《序》。《序》後有至正癸卯中春雪樓諸孫世京謹録刊行一行。次江陵熊釗《序》。附録則《行狀》、《神道碑》、《晋錫堂記》、《像贊》、《詩詞》，書後《祭文》也。是集揭傒斯原編四十五卷，其孫世京與揭竑重定爲三十卷。至正二十三年刊於建陽劉氏書肆，成十卷而元亡肆毁，世京之子程淳、程溍命書市朱自達續成，至洪武廿六年刻全，熊釗爲之《序》。此其初印本也。有'修寧汪季青家藏書籍'朱文方印、'古香樓'朱文腰圓印、'汪文柏'白文方印、'柯庭圖書'朱文方印、'柯庭流覽所及'朱文方印、'松藹藏書'朱文方印。餘印不録。"

大倉文化財團藏本，今闕卷二十五至卷三十。凡十二册。

蒲室集十五卷

(元)釋大訢撰

元刊本　共一册

尊經閣文庫藏本　原江户時代加賀藩主前田綱紀等舊藏

【附録】據瑞溪周鳳《卧雲日件録》中"寶德二年(1450年)十二月八日"記載，是日和尚與天英周賢問答，引典籍《蒲室集》、《楚辭》等。同書"享德二年(1453年)十月九日"記載，是日和尚閲《蒲室集》、《碧岩集》等。同書"享德二年十一月九日"記載，是日和尚在閲《蒲室集》，并論《列女傳》等。

據室町時代(1393—1573年)臨濟宗僧人季私大叔在其日記《庶軒日録》中記載其所寓目的典籍，其中"文明十七年(1485年)二月二日"中有釋大訢《蒲室集》一種。"文明十八年(1486年)正月十九日"中有釋大訢《南游東歸集》一種。

南北朝時代北朝後光嚴天皇延文四年(1359年)，京都天龍寺春屋妙葩刊印《蒲室集》十五卷。此爲"五山版"。此版每半葉有界十行，行二十字。細黑口間有白口，四周雙邊(18.8cm×12.2cm)。

後光明天皇承應二年(1653年)京都風月莊左衛門據"五山版"重新刊印《蒲室集》十五卷，并《語録》一卷、《疏》一卷。

蒲室集疏一卷

(元)釋大訢撰

元刊本　共一册

尊經閣文庫藏本　原江户時代加賀藩主前田綱紀等舊藏

【按】每半葉有界十二行，行二十一字。細黑口，四周雙邊(18.2cm×12.8cm)。版心上象鼻處刊寫"疏"，下象鼻處幾葉數。

全書無首目。卷首題署"蒲室集"，次行署"豫章釋大訢笑隱"。第三行上空一格書"疏"。

此本爲九十四篇，全部爲"疏"。

卷中"瀨翁和尚住净慈諸山疏"下有墨筆手書"目録作千瀨和尚"。然此本進無"目録"，則非爲全本也。

卷中墨書蠅頭小楷，并有朱筆圈點。第三十一葉爲朱筆寫補。

趙子昂詩集七卷

(元)趙孟頫撰　譚潤編

元後至元七年(1341年)建安虞氏務本堂刊本　共四册

静嘉堂文庫藏本　原陸心源皕宋樓等舊藏

【按】每半葉有界十一行，行二十字。版心細黑口，雙黑魚尾。左右雙邊(17cm×10cm)。

首題《趙子昂詩集》七卷，有《趙子昂詩集目録》，後題"宜黄後學譚伯玉編"。

《目録》尾題之前，有陰刻刊記一行，題"至元辛巳春和建安虞氏務本堂編刊"。

卷一爲五言古詩，卷二爲五言律詩，卷三爲五言絶句，卷四爲七言古詩，卷五爲七言律詩，卷六爲七言絶句，卷七爲六言雜著等。

卷中有“歸安陸樹聲叔桐父印”等印記。

《儀顧堂續集》卷十三著録此本，稱此本“比《松雪齋集》多《有所思》、《望美人》等詩十餘首”。

【附録】日本南北朝時代（1331—1392年）刊印元人趙孟頫撰《趙子昂詩集》七卷，此爲“五山版”。

日本江户時代有《趙子昂詩集》七卷寫本一種。此本原係昌平坂學問所舊藏，現存内閣文庫。

江户時代另有《趙子昂詩集》七卷寫本一種，現存東北大學附屬圖書館。

江户時代日本輸入趙子昂書法甚多，此處以中國商船“天字號”十八世紀中“書法貿易”爲例：

中御門天皇享保二年（1717年）載《趙子昂前赤壁賦》一部一帖、《趙子昂洛神賦》一部一帖、《趙子昂天冠山詩》一部一帖、《趙子昂閑邪公家溥》一部一帖抵日本。

櫻町天皇元文二年（1736年）載《趙子昂七觀》一部一帖、《趙子昂不自棄文》一部一帖抵日本。

桃園天皇寶曆六年（1756年）載《趙子昂白雪齋帖》一部一帖、《趙子昂藍采和踏踏歌》一部一帖抵日本。

寶曆十年（1760年）載《趙子昂長興州修建東嶽行宫記》一部一帖、《趙子昂真艸千字文》一部一帖、《趙子昂大元敕藏御服之碑》一部一帖抵日本。

後櫻町天皇明和二年（1765年）載《趙子昂梅花十絶》一部一帖、《趙子昂快雪堂法書》一部一帖抵日本。

後櫻町天皇明和四年（1767年）載《趙子昂龍興寺碑》一部一帖、《趙子昂蘭亭十三跋》一部一帖抵日本。

後桃園天皇安永二年（1773年）載《趙子昂十札真蹟》一部一帖、《趙子昂群仙高會賦》一部一帖、《趙子昂憎蒼蠅賦》一部一帖、《趙子昂龍口巖》一部一帖抵日本。

光格天皇安永九年（1780年）載《趙子昂落花詩》一部一帖、《趙子昂天馬賦》一部一帖、《趙子昂竹樓記》一部一帖抵日本。

光格天皇天明二年（1782年）載《趙子昂墨池堂法帖》一部一帖抵日本。

光格天皇天明三年（1783年）載《趙子昂張公碑銘》一部一帖抵日本。

光格天皇天明八年（1788年）載《趙子昂幽蘭賦》一部一帖抵日本。

光格天皇寛政三年（1791年）載《趙子昂香雪堂法帖》一部一帖抵日本。

光格天皇寛政十年（1798年）載《趙子昂養生論》一部一帖、《趙子昂草庵詩》一部一帖、《趙子昂道德經》一部一帖、《趙子昂韓文三段》一部一帖抵日本。

光格天皇寛政十一年（1799年）載《趙子昂般若心經》一部一帖、《趙子昂樂志論》一部一帖、《趙子昂懷净土詩》一部一帖抵日本。

松雪齋文集十卷　外集一卷　附一卷

（元）趙孟頫　撰

明初刊本　共十二册

静嘉堂文庫藏本　原陸心源皕宋樓等舊藏

【按】《儀顧堂續集》卷十三著録此本。文曰：

“《松雪齋文集》十卷，《目録》一卷，《外集》一卷。附楊載撰《行狀》，至順三年（1332年）《謚文》一卷。前有戴表元《叙》，下有‘戴氏率初’陽文方印。後有至元己卯（1339年）何貞立《跋》，下有“長沙何貞立”陽文長印。卷十後有花溪沈璜伯玉《跋》，《行狀》後有黄堯圃手跋。《集》爲趙仲穆所編，文敏歿後二十年尚未付梓。至元後己卯沈璜始從仲穆假本刻於家塾。案花溪在今歸安縣治東六十里。璜蓋歸安人，當與沈夢麟一家與趙氏有連，獨怪是集卷帙無多，仲穆不自梓行，必待璜爲之刊，不可解也。”

【附録】據日本光格天皇天明六年（1786年）《寅拾番船持渡書改目録寫》記載，是年《松雪齋集》一部四册由中國輸入日本，注明“古本，無脱紙”。

松雪齋文集十卷

(元)趙孟頫撰　(明)江元祚校

明萬曆四十二年(1614年)跋刊本　共二册

内閣文庫藏本　原楓山官庫等舊藏

續軒渠詩集十卷　附録一卷

(元)洪希文撰　(明)蔡宗兖删正

明嘉靖年間(1522—1566年)刊本　共四册

静嘉堂文庫藏本　原張月霄愛日精廬　陸心源十萬卷樓等舊藏

【按】卷前有元至正壬辰(1352年)端午日卓器之《序》,(泰定)戊辰(1328年)長至日洪希文《自序》,至正壬辰(1352年)菊節林以《序》,至正癸巳(1353年)秋日南譽《題詩》,至治辛酉(1321年)林以順《序》,明嘉靖壬辰(1532年)蔡宗兖《序》,王鳳靈《序》,周祚《序》,元至正庚子(1360年)閏五劉宗傳《跋》,完者篤《跋》,至大戊申(1308年)立夏聱翁《跋》,延祐戊午(1318年)阿魯威《跋》等。

卷中有“愛日精廬藏書”朱文方印。

雲峰胡先生文集(雲峰集)十卷

(元)胡炳文撰

明萬曆三十八年(1610年)二十四世孫應賞重刊本　共二册

静嘉堂文庫藏本

【按】卷前有明正德丁卯(1507年)林瀚《重刊序》,正德戊辰(1508年)汪循《序》,萬曆三十八年(1610年)閏三月二十四世孫應賞《引》等。

静嘉堂文庫藏此同一刊本兩部,册數相同,皆係原陸心源舊藏。

竹素山房詩集三卷　附録一卷　續附録一卷

(元)吾邱衍撰　《附》朱存理輯　《續附》鮑廷博輯

古寫本　杭世駿手識本　鮑廷博手識本　共一册

静嘉堂文庫藏本

【按】卷中有杭世駿手識文,其文曰:

“竹素山房詩三卷,元至治中太末吾衍子行著。子行寓吾杭生坊,精小學。《學古編》、《古人印式》諸書而外,於《閑居録》辨酢醋二字,謂酢即古醋字,醋即古人酬酢酢字,皆今人所未察。《集》中如《錢良佑字説辨》佐佑仲即左右中,亦有理。此《集》吾浙藏書之家,皆無其本。維揚馬涉江,從姑蘇購抄。予僅得見。内有一題云仇仁近自建康解組歸,有文曰《金淵集》,亦簿録家所不載。并諸家文集未齒及者,惜乎!其不得傳於後也。仁和杭世駿識於補史亭。”

又有鮑廷博手識文二款。一款曰:

“右《吾竹房詩集》,郁君佩仙爲予抄自樊榭山房。讀杭太史《跋》,知其本近年始出於維揚馬氏也。予考朱性父吾氏類集題詞,是書自性父從虞山雜鈔録出,始傳於世。今第三卷末《召雨師》以下諸詩文,皆朱所補。《附録》數十則,亦其所手輯。是馬氏所得,實野航先生所亦留,其功不可没也。乾隆癸巳朝廷開四庫館,予别繕潔本進呈乙覽,業詔儒臣采入全書,以不朽之矣。然秘閣所儲,人罕得見。登之梨棗,益廣其傳,誠好古者所宜留意也。時嘉慶十年(1805年)歲在乙丑仲冬下澣歙西鮑廷博識於知不足齋。”

又一款曰:

“仇山村《金淵集》,堇浦太史始於《竹房詩題》中耳。其名詫爲異聞,而深惜其不傳。未幾高宗純皇帝開館,采訪遺書,得之《永樂大典》中。既纂入《四庫全書》,復頒武英殿集珍版本於各直省。承學之士,遂家有其書,而樊榭堇浦以相繼下世矣。博末學小生,幸天假之年,轉得見所未見,豈非平生望外之喜歟。通介老人又筆。時年七十有八。”

漢泉漫稿(漢泉曹文貞公詩集)十集　後録一卷

(元)曹伯啓撰

古寫本　錢大昕手識本　共六册

静嘉堂文庫藏本　原黄丕烈　陸心源等舊藏

【按】首題"《漢泉曹文貞公詩集》十卷《後録》一卷",次題"元曹伯啓撰,文林郎江南諸道行御史臺管勾男復亨類集,國之生俊儀胡益編類"。

前有元至元三年(1337年)中元日張起岩《序》,至元四年(1338年)吕思誠《序》,至元後戊寅(1338年)秋吴全節《序》。

卷中有錢大昕手識文,其文曰:

"曹文貞公《漢泉漫稿》,其子復亨所編。有張孟臣,歐陽原功,蘇伯修,吕中實《序》及吴閑閑《後序》。附以《神道碑》、《畫像贊》、《祭文》、《哀辭》、《挽章》甚備,其爲完書無疑。然止《詩》九卷,《樂府》一卷。《傳》之有詩文十卷,蓋未足信。《傳》又云,子六人孫十人皆顯仕。據《神道碑》,子震亨、謙亨、泰亨皆前卒,初未登顯,而謙亨并未得官。史之難信如此。乾隆辛亥(1791年)四月,假黄孝廉堯圃藏本讀竟,因題其後。嘉定錢大昕。"

曹文貞集十卷　後録一卷

(元)曹伯啓撰

古寫本　宋賓王手識本　共一册

静嘉堂文庫藏本　原陸心源等舊藏

【按】首題"《漢泉曹文貞公詩集》十卷《後録》一卷",次題"元曹伯啓撰,文林郎江南諸道行御史臺管勾男復亨類集,國之生俊儀胡益編類"。

前有元至元三年(1337年)中元日張起岩《序》,至元四年(1338年)吕思誠《序》,至元後戊寅(1338年)秋吴全節《序》。

卷中有宋賓王手識文,其文曰:

"丁未春,閱桃花塢文瑞樓所得秀墅草堂顧氏藏《曹漢泉集》五卷。元版元印。字畫端楷,直出松雪手書。雖其中微有闕頁,而字具完好,誠罕物也。批閲之下,見卷帙不符《絳雲藏目》,心竊疑之。迨借蓮涇王先生所藏,鈔補闕頁,乃松雪行書。卷首有王履吉,徐乾符兩先生手跋,極稱字畫之妙。究之,行不及楷,且有斷版闕文,翻刻致訛處。手脱歐蘇兩《序》及咨文謚議。繼又獲覩朱竹垞翁所藏曹秋嶽閲本并十卷,亦無前《序》,更多闕逸,較蓮涇所藏,又遜一籌。因思元時名集,動國帑鏤版,故得名手書文,良工刊刻,不百餘年而行世本已絶無僅有,又互多脱落,合較鈔之,爲前賢留一脉云。雍正五年(1727年)夏立秋前三日,婁水宋賓王識。"

卷中有"宋蔚如考藏印"朱文長印。

申齋劉先生文集十五卷

(元)劉岳申撰

古寫本　勞季言校本　共二册

静嘉堂文庫藏本　原陸心源十萬卷樓等舊藏

【按】首題"《申齋劉先生文集》十五卷",次題"元劉岳申撰,門人蕭洵德瑜校正,番陽費震振遠編次"。前有李祈《序》,蕭洵《序》。

卷中有"勞權印"白文方印。

玉井樵唱三卷

(元)尹廷高撰

文瀾閣傳寫本　共一册

静嘉堂文庫藏本　原陸心源十萬卷樓等舊藏

此山詩集十卷

(元)周權撰

文瀾閣傳寫本　共一册

静嘉堂文庫藏本　原陸心源十萬卷樓等舊藏

(貢文靖公)雲林詩集六卷　附一卷

(元)貢奎撰

明洪熙年間(1425年)刊本　共二册

静嘉堂文庫藏本　原汲古閣　陸心源十萬卷樓等舊藏

【按】首題《貢文靖雲林詩集》六卷。有吴澄《題後》,明洪熙元年(1425年)陳剴《刊版序》,弘治庚戌(1490年)范吉《跋》。

卷中有"毛晋秘篋"朱文方印,"汲古閣"朱文方印。

清容居士集五十卷　目二卷

(元)袁桷撰

元刊元印本　明人王肄手識本　共四十册

静嘉堂文庫藏本　原郁松年宜稼堂　陸心源皕宋樓等舊藏

【按】每半葉有界十行,行十六字。小字雙行,行同正文。版心細黑口,雙黑魚尾。左右雙邊(20.6cm×14.6cm)。

卷首有《清容居士集目録》上下,其中有數頁寫補。卷末有王瓚撰寫之《謚議》,并有蘇天爵撰寫之《袁文清公墓志銘》。卷五十尾題之前有明人王肄手跋文,其文曰:

"永樂丙辰(1416年)冬十月八日予得此《清容居士集》,奈何蟲鼠損傷,卷目失次。乃於暇日補治,序其先後之目,故得以全其美。斯集也雖未敢宗以爲億世之法,然蓄書者亦得備一時之製作也,不亦可乎?畏齋王肄識。"

文後有"畏齋"朱文長方印、"王氏敏道"白文朱文方印。卷中有"泰峰見過"、"曾在上海郁泰峰家"、"歸安陸樹聲叔桐父印"、"歸安陸樹聲藏書之印"等印記。

《儀顧堂續跋》卷十三著録此本。文曰:

"《清容居士集》五十卷《目録》二卷,後附王瓚所輯《謚議》,蘇天爵所撰《墓志銘》。每頁二十行,每行十六字。字皆趙體,與元刊《玉海》相似。當爲同時所刊。上海郁氏宜稼堂刊本之祖本也。卷五十後有永樂丙申畏齋王肄手跋,言得此書蟲鼠損傷,於暇日補治,則中間抄補皆明初人筆也。是書抄帙尚多,刊本流傳極罕。余又藏舊抄本,爲愛日精盧張月霄舊藏。後録王肄跋,當從此本抄出,恐世無第二本矣。"

【附録】據日本孝明天皇萬延元年(1860年)《長崎渡來書籍大意書》記載,是年由中國輸入《清容居士集》一部五十卷。

勤齋集八卷

(元)蕭𣂏撰

《永樂大典》本　共二册

静嘉堂文庫藏本　原陸心源十萬卷樓等舊

馬石田文集十五卷　附録一卷

(元)馬祖常撰

元後至元五年(1339年)揚州路儒學刊本　共四册

大倉文化財團藏本　原董康誦芬室等舊藏

【按】每半葉有界十行,行二十或二十一字。黑口。

卷前有王守誠,蘇天爵,陳旅《序》,并有揚州路總管《刊版牒》與銜名。

卷中有"張載華"、"佩兼"、"古鹽張氏"、"松下藏書"、"芷齋藏書"、"醴陵文睿讀有用書齋"、"吴昌綬"、"毗陵董氏誦芬室"、"董康"、"廣川書庫"等印記。

石田先生文集十五卷　附録一卷

(元)馬祖常撰

明弘治六年(1493年)刊本

大倉文化財團藏本

【按】每半葉有界十行,行二十字。四周雙邊。

中庵集二十卷

(元)劉敏中撰

文瀾閣傳寫本　共四册

静嘉堂文庫藏本　原陸心源十萬卷樓等舊藏

翠寒集一卷

(元)宋旡撰
明汲古閣刊本　共一册
静嘉堂文庫藏本　原竹添井井等舊藏

噻集一卷

(元)宋旡撰
明成化年間(1465—1487年)刊本　共一册
内閣文庫　静嘉堂文庫藏本

【按】卷首有明成化十九年(1483年)《序》。

内閣文庫藏本,原係楓山官庫舊藏。

静嘉堂文庫藏本,原係陸心源十萬卷樓等舊藏。

噻集一卷

(元)宋旡撰
明汲古閣刊本　共一册
静嘉堂文庫藏本　原竹添井井等舊藏

【按】前有甲午歲三月鄧光《序》,元至元柔兆困敦(1336年)子月《自序》,明成化癸卯(1483年)張習《序》等。

檜亭藁九卷

(元)丁復撰　李謹之等編
元末明初刊本　共二册
静嘉堂文庫藏本　原徐興公汗竹巢　陸心源皕宋樓等舊藏

【按】每半葉有界十行,行二十字。白口,雙黑魚尾。版心有刻工姓名,如史正之,施克明,施克,朱彦明等。

首題《檜亭藁》九卷,次行題"天臺丁復仲容父"。有《檜亭詩藁序》三篇,題"(後)至元五年(1339年)歲次己卯季冬廿有八日中山李桓謹書","(後)至元六年(1340年)歲在庚辰十月辛丑永嘉李孝光季和甫在建業城東青溪觀題","至正四年(1344年)四月戊寅臨川危素序於錢塘驛舍"。後有《檜亭續集序》,題"至正十年(1350年)歲在庚寅秋八月朔旦上元楊□序"。

此本封面有明人徐𤊹手書"丁檜亭集徐氏汗竹巢珍藏本元板"十四字。

卷中有"徐興公"、"晋安徐興公家藏書"、"閩中徐惟起藏書印"、"薩德相藏書印"、"薩宏之印"、"冶南何氏瑞室圖書"、"歸安陸樹聲叔桐父印"等印記。

《儀顧堂續集》卷十三著録此本。稱此本係"至正十年南臺御史張惟遠合刻於集慶學宫者"。

傅增湘《藏園群書經眼録》卷十五著録此本,言此本係"元至正十年南臺御史張惟遠合刊前後集於集慶學宫","前集其婿饒介編,後集門人李謹之編"。

静嘉堂文庫另藏《檜亭藁》寫本一部,凡九卷一册。此本原係陸心源十萬卷樓舊藏。

知非堂稿六卷

(元)何中撰
龔甫田手寫本　共三册
静嘉堂文庫藏本

【按】卷首題"元臨川何中太虚著,後學孫何賤雅言編集,趙郡管時中校正"。

前有吴澄《序》及延祐庚申(1320年)《自序》。後有漁陽山人王士禎《跋》。王氏《跋》文曰:

"元臨川何中太虚集,吴草廬《序》,吴與何中表兄弟也。善五言詩,如聊隨碧溪轉,忽與白鷗逢,小雨十數點,淡烟三四峰,落葉半藏路,清風時滿溪,寒沙梅影路,微雪酒香村,湖雪殘彼岸,船燈獨夜人,西風一夜雨,丹桂滿林花。皆有唐風。中《自序》有《易類象》二卷,《書傳補遺》十卷,《通鑒綱目測海》三卷,《通書問》一卷,《吴才老叶韵補疑》二卷,《六書綱領》一卷,《補通六書故》三十二卷,《薊丘述　游露》一卷,《知非堂稿》十七卷,《外稿》十六卷。今《詩》止十六卷耳

(疑十爲衍文——編著者)。漁陽山人王士禛跋。”

王氏文後,又有龔甫田手識文。其文曰:

“壬寅重九前三日,録於芥園之雙桂軒中。一秋苦旱,是日微雨。甫田識。”

文後有“甫田私印”白文方印。

范德機詩集七卷

(元)范梈撰

古寫本　金孝章手校本　黄丕烈手校手識本　共一册

静嘉堂文庫藏本　原金孝章　陸心源等舊藏

【按】卷首題“《范德機詩集》七卷”,次題“元臨川葛廱仲穆編次,儒學學正孫存吾如山校刊”。後有《目録》。《目》後有“至元庚辰(1340年)良月益友書堂新刊”一行。

卷中有黄丕烈手識文三則。一則曰:

“毛刻《范德機詩》,不言所據抄刻本,但云是集與《揭曼碩集》皆芙蓉江周仲榮見貽者。亦未及言爲抄刻本之异也。此册舊抄,觀前多綱目及刊刻年月,知據元刻。然中多與家藏元刻不合,因手校之。而舊經不寐道人以毛本校者,又未可執現行之本相勘。蓋毛本已經修改,似非孝章先生取校時之刻版,故動輒歧異。因復取已修本,校之下方云,續校毛本者是也。五月初十晨起校訖記。”

一則曰:

“甲戌端陽前一日,有書友携書一册示余,謂近從吴江賈人得來者。開卷視之,知爲舊鈔《范德機詩集》而經人校勘者。問其直,索青蚨千錢。余曰,子知此書之所以可貴乎,曰不知也。余亦笑而留之。蓋是書爲舊鈔,爲校勘此書,賈之所以索千錢,而余之愛此書者,爲校勘者乃不寐道人,末有圖記可證,并有字迹可辨,故可珍。且余之必欲得此書者,是書雖經以毛刻校勘,而又以意改定,然未見元刻,尚多脱略。余適有元刻,手校一過,乃爲善本。此書之必欲歸余而始完善。夫亦有數存焉。復翁。”

一則曰:

“續檢《孝慈堂書目》云,《范德機集》七卷,抄白一百三十四番一册。金孝章手校。知即是册也。復翁六月六日識。”

卷中又有不寐道人金校章手校識文,文曰:

“壬辰十月,對汲古閣本互校一過,彼此闕誤及疑,各用圈記。

文後有“不寐道人”白文方記。

【附録】十四世紀日本北朝後光岩天皇延文六年(1361年),京都天龍寺之禪僧春屋妙葩,刻刊《范德機詩集》。此本據元至元年間益友書堂本翻刊。卷末有“延文辛丑仲春雲居比丘妙葩命工刊行”木記。此爲“五山版”。

范德機詩集七卷

(元)范梈撰　(明)毛晋訂

明崇禎年間(1628—1644年)毛氏汲古閣刊本(明刊《元四大家詩集》之零本)　共四册

東京大學總合圖書館藏本　原江户時代紀州德川家南葵文庫舊藏

道園遺藁六卷　附鳴鶴餘音一卷

(元)虞集撰

元至正二十四年(1354年)吴江金伯祥刊本　共三册

静嘉堂文庫藏本

【按】每半葉有界十一行,行二十字。版心大黑口,三黑魚尾。左右雙邊(18cm×10.7cm)。《附録》每半葉有界十行,行十七字。版心白口。雙黑魚尾。

卷首有元至正己亥(1359年)夏五望眉山後學楊椿撰寫之《道園遺藁序》。卷五末尾有“跋文”,題“至正十四年(1354年)五月甲子從孫堪百拜謹識”。《附録》末又有“跋文”,題“至正二十四年(1364年)歲次甲辰八月二日癸巳渤海金天瑞謹識”。

《鳴鶴餘音》一卷,爲虞伯生與全真馮道士唱和之作。每半葉有界十行,行十七字。

卷末有清道光戊申(1848年)沈炳坦手識文。

此本原係張載　陸心源皕宋樓等舊藏。卷中有"張載"、"華印"、"胡惠浮印"、"當湖小重山館胡氏篴江珍藏"、"香圃所藏"、"古鹽張氏"、"芝榮印信"、"芝齋圖籍"、"三閑草堂"、"松下藏書"、"曉滄經眼"、"歸安陸樹聲叔桐父印"、"歸安陸樹聲藏書之記"等印記。《儀顧堂續跋》卷十三著録此本。

【附録】日本江户時代有島田氏雙桂樓《虞道園集鈔》一卷寫本一種。此本今存東京大學總合圖書館。

道園遺藁六卷　附鳴鶴餘音一卷

(元)虞集撰

元至正二十四年(1354年)吴江金伯祥刊本

共四册

大倉文化財團藏本

【按】本書版式、序、跋等,與前本皆同。

此本原係范家駿、黄丕烈、董康等舊藏,有清嘉慶九年(1804年)黄蕘圃收書及補鈔之手識文,并有"静岩秘玩"、"一經後人范文安珍藏"、"范家駿"、"芝仙"、"士風清嘉"、"黄丕烈"、"蕘圃"、"毗陵董氏誦芬室"、"董康宣統元年以後所得書"、"廣川書庫"等印記。

道園學古録五十卷

(元)虞集撰　李本編

元至正元年(1341年)刊本　共十册

大倉文化財團藏本

【按】每半葉有界十三行,行二十三字。黑口,版心下有陰文刻工名姓。

此本乃明景泰重增本之祖本。

道園學古録五十卷

(元)虞集撰

明景泰年間(1450—1456年)刊本

宫内廳書陵部　静嘉堂文庫藏本

【按】每半葉有界十三行,行二十三字。黑口,四周雙邊。

宫内廳書陵部藏本,共二十册。

静嘉堂文庫藏本,原陸心源十萬卷樓等舊藏。凡八册。《儀顧堂續跋》卷十三著録此本。文曰:

"《道園學古録》五十卷,次行題雍虞集伯生。首有蘄陽鄭逵《序》。次摹刻歐陽元手書《序》,歐陽《致劉伯温書》及葉盛《跋》。次《目録》。《目録》後有《重增目録》。其文則散入各卷之内。一至二十曰《在朝藳》,二十一至二十六曰《應制録》,二十七至四十四曰《歸田藳》,四十五至五十曰《方外藳》。爲道園之幼子翁歸及其門人李本所編,後有李本《跋》。至正元年閩憲僉幹克莊刻於福建。至正九年江西肅政廉訪使劉伯温改爲大字重刊之。大字版不久即亡。景泰七年鄭逵知崑山,過太倉之興福寺,得建本於寺僧暕。與主簿南海黄仕達捐貲刻於東禪寺。四閲月而畢工。建本無序,歐陽元《序》及《致伯温書》則成化中葉盛從道園四世孫吴江虞湜家就大字本勾摹補刊者也。每葉二十六行,每行二十三字。版心或刊道園學古録幾,或刊學古幾。學多作'斈',録多作'录'。當即以建本翻刊者。明嘉靖復景泰本,行款匡格皆同,惟重增目改入各卷之内。吴兔床所藏本爲人割去葉盛《跋》、歐陽《札》、鄭逵《序》。《題跋記》遂誤以爲元刊,不知鐂刻有歐《序》者乃大字本也。莫友芝《經眼録》誤同,不免爲書賈所愚矣。"

道園學古録(殘本)二卷

(元)虞集撰

明成化年間(1465—1487年)刊本　共十三册

御茶之水圖書館藏本　原德富蘇峰成簣堂等舊藏

【按】每半葉有界十三行,行二十三字。黑口,四周雙邊。

是書全本五十卷。此本今存卷九，卷十，共二卷。

道園學古録五十卷

(元)虞集撰

明嘉靖年間(1522—1566年)刊本　共十册

静嘉堂文庫藏本　原陸心源十萬卷樓等舊藏

新編翰林珠玉六卷

(元)虞集撰

元後至元年間(1335—1340年)孫存吾如山家塾刊本　共四册

静嘉堂文庫藏本　原錢聽默　黄丕烈　陸心源皕宋樓等舊藏

【按】每半葉有界十一行，行二十字。大黑口，雙黑魚尾。左右雙邊(18.0cm×10.0cm)。

卷一卷頭書名的次行，有"刊印記"一行，其文曰："儒學學正孫存吾如山家塾刊"。

《儀顧堂續跋》卷十三著録此本，文曰：

"《新編翰林珠玉》六卷，次行題'儒學學正孫存吾如山家塾刊'，三行題'邵庵虞集伯生父'。全集前有《目録》。每葉二十二行，每行二十字。共計詩五百八十八首，七律《次韵宋顯甫》一首，與前御溝詩復。其出於《道園學古録》之外者，四言古一首，五言古三首，七古三首，七言律廿二首，七言絶二十八首。存吾廬陵人，元風雅，亦其所選也。觀是書款式，所選似不止一家，今祗存伯生一家耳。有'黄丕烈印'白文方印，'復翁'白文方印，'白堤錢聽默經眼'朱文長印。後有蕘圃兩跋。"

卷中有黄丕烈手識文，其文曰：

"是書本吾郡物，卷中有'白堤錢聽默經眼印'也。余向於都中廠市見之，未及買。後欲訪求，渺不可得矣。去冬五柳主人族弟歸，忽代購獲，喜出望外。非特既失復得，固見遇合之巧。且裝潢款無一毫更改，古色古香，猶是二十年前眼中故物。苟非天之畀余，安能遂余好古之願若是之奇乎。復翁甲戌正月五日記。"

黄氏手識文後有自注一款，文曰：

"此書原索白金四兩，時余識力未到，已無及矣。及今番收得，云京錢八吊，五柳弟不願取直，欲易余家刻《國策》十部。遂與交易，了夙願焉。"

卷中有"黄丕烈印"、"復翁"、"白堤錢聽默經眼"、"汪士鐘藏"、"歸安陸樹聲叔桐父印"等印記。

【附録】日本中御門天皇享保十四年(1729年)有《新編翰林珠玉》寫本一部。此本今存國會圖書館。

新編翰林珠玉六卷

(元)虞集撰

元後至元年間(1335—1340年)廬陵孫氏益友書堂刊本　共四册

内閣文庫藏本　原豐後佐伯藩主毛利高標舊藏

【按】此本卷中有後人寫補，亦有用它本補配者。

仁孝天皇文政年間(1818—1829年)由出雲守毛利高翰獻贈幕府。卷中有"佐伯侯毛利高標字培松藏書畫之印"等印記。

新編翰林珠玉(殘本)四卷

(元)虞集撰

元後至元年間(1335—1340年)廬陵孫氏益友書堂刊本　共四册

蓬左文庫藏本

【按】是書全本凡六卷，此本今缺卷第二、卷第三，實存四卷。

新編翰林珠玉六卷

(元)虞集撰

明洪武年間(1368—1398年)刊本　共三册

尊經閣文庫藏本　原江户時代加賀藩主前田綱紀等舊藏

虞伯生詩八卷　補遺一卷

(元)虞集撰

明毛氏汲古閣刊本

静嘉堂文庫　尊經閣文庫　東洋文庫藏本

【按】前有嘉靖三十三年(1554年)羅洪先《序》。後有嘉靖乙卯(1555年)陳嘉謨《跋》,并嘉靖三十三年(1554年)雷逵《跋》。

静嘉堂文庫藏本,原係吴焯、陸心源十萬卷樓等舊藏。卷中有"吴焯"白文方印,"尺鳧"朱文方印。共一册。

尊經閣文庫藏本,原係江户時代加賀藩主前田綱紀等舊藏,共二册。

東洋文庫藏本,原係藤田豐八等舊藏。卷中有清康熙二十八年(1689年)王士楨借讀識文,并有清同治十三年(1874年)南海孔氏少唐子再校識文。卷末有孔氏墨筆補遺及續補遺。卷中有"盛百二","秦川","檇李盛氏春草堂"等印記。凡五册。

清庵先生中和集六卷

(元)李道純撰　蔡志頤編

元大德十年(1306年)翠峰丹房刊本　共一册

静嘉堂文庫藏本　原陸心源皕宋樓舊藏

【按】每半葉有界十一行,行二十一字。大黑口,雙黑魚尾。左右雙邊(18.5cm×12.4cm)。

卷前有《序》,題署"當塗南谷杜道堅書於錢塘玄元真館"。後有《清庵先生中和集目録》,題署"都梁清庵榮蟾子李道純元素撰,門弟子損庵寶蟾子蔡志頤編"。此本分《前集》三卷,《後集》三卷。

目録末尾題之前,有雙行刊記。其文曰:"大德丙午(1306年)中元翠峰丹房刊行"。《前集》卷下尾題後空一行,又有雙行刊記。其文曰:"大德丙午中秋刊於翠峰丹房"。

卷中有"心田頓省"、"子器"等印記,

揭曼碩詩集三卷

(元)揭傒斯撰　傅化校

元後至元六年(1340年)刊本

内閣文庫藏本　原江户時代豐後佐伯藩主毛利高標舊藏

【按】卷首題"《揭曼碩詩集》三卷",次行題"門生前進士燮理傅化校録"。每半葉有界十行,行十九字。黑口,四周雙邊。

此本係日本仁孝天皇文政年間(1818—1829年)由出雲守毛利高翰獻贈幕府。明治初年歸内閣文庫。

卷中有"佐伯侯毛利高標字培松藏書畫之印"朱文方印。

傅增湘《藏園群書經眼録》卷十五著録此本。

【附録】日本南北朝時代(1331—1392年)有《揭曼碩詩集》三卷刊行。此本據元本復刻,十行,行十九字,黑口,四周雙邊。

揭曼碩詩集三卷

(元)揭傒斯撰　燮理傅化校

明印溪草堂寫本　陸詒典手校手識本　共一册

大倉文化財團藏本

【按】此本係烏絲格邊。卷末有清康熙十八年(1679年)陸詒典據黄俞邰藏刻本校補手識文,并有墨筆補録。

卷中有"翰林院"、"竹泉珍秘"、"陸詒典"、"敕先"、"平江黄氏圖書"、"篤生"等印記。

揭文安公文集(詩集)六卷

(元)揭傒斯撰

明刊本　共二册

静嘉堂文庫藏本　原陸心源十萬卷樓等舊藏

【按】卷前有明正德庚辰(1520年)九世孫富文《序》。

静嘉堂文庫另藏《揭文安公文集》寫本一部二册,凡文集九卷,詩集三卷,續集二卷,補遺一卷。此本亦原係陸心源十萬卷樓舊藏。

揭文安公文集九卷　詩集三卷　續集二卷

(元)揭傒斯撰　《詩集》燮理傳化校録

古寫本　宋賓王手識本　共二册

静嘉堂文庫藏本　原王蓮涇　陸心源十萬卷樓等舊藏

【按】此本文集卷首有清雍正五年(1727年)宋賓王題識。文曰:

"虞、楊、范、揭四大家,齊名元世。垂後之文,獨道園先生,以見其全。而仲宏、德機兩先生,祇傳其詩,其文至今未見。揭傒斯《文粹》傳世祇五十七首,非其全也。今年春,得吴郡秀野草堂所藏先生詩文全集共一十四卷。其文計百廿六首,向所稱《文粹》之文,乃其前作,非選粹也。曰粹之名耳,閲者自知之。雍正五年(1727年)重陽節前四日書。"

西翁近藁十一卷

(元)譚景星撰　陳泗孔編

元延祐年間(1314—1320年)刊本　共一册

宫内廳書陵部藏本　原豐後佐伯藩主毛利高標　楓山官庫舊藏

【按】每半葉有界十行,行二十字。細黑口。版心記字數。左右雙邊(19.4cm×12.2cm)。

卷首有元延祐己未(1319年)何克明《序》,并有延祐庚申(1320年)黄常敬《跋》。卷末有延祐己未(1319年)《自序》。《序》卷尾有方木記五行,文曰:

"進士覃公其父真德黄氏其
母父以文鳴母以節著景星
維其父之命明望維其儕之
稱村西其明經之所瓬西吾
老而西吾翁後修過肎之心"

此本凡《文集》八卷《詩集》三卷。《文集》卷一爲《説》,卷二爲《記》,卷三爲《序》,卷四爲《賦》,卷五爲《書》,卷六爲《頌》,卷七爲《雜著》,卷八爲《志銘》。《詩集》卷一爲五言律,卷二爲七言律,卷三爲古句。

此本係仁孝天皇文政年間(1818—1829年)由出雲守毛利高翰獻贈幕府。明治初年歸内閣文庫。明治二十四年(1891年)由内閣文庫移入宫内省圖書寮(即今宫内廳書陵部)。

卷中有"佐伯侯毛利高標字培松藏書畫之印"等印記。

森立之《經籍訪古志》卷六,董康《書舶庸譚》卷三,傅增湘《藏園群書經眼録》卷十五皆著録此本。

村西西翁詩集六卷文集十卷

(元)譚景星撰　陳泗孔編

元皇慶年間(1312—1313年)小村書塾刊本　共四册

宫内廳書陵部藏本　原豐後佐伯藩主毛利高標　楓山官庫舊藏

【按】每半葉有界十行,行二十字。細黑口。左右雙邊(19.2cm×12.2cm)。版心記詩幾文幾,依稀見刻工姓名,如李才甫等。

卷首有元皇慶壬子(1312年)《自序》。《序》後有"小村書塾刊梓","譚疇孔章謹識"木記兩行。次有《村西翁詩集目録》。卷末有陳泗孔《後序》。

是書凡《詩集》六卷,《文集》十卷。此本《文集》缺卷一,卷四,卷五,實存七卷。《詩集》卷一爲五言律(三十七首),卷二爲五言古句(三十七首),卷三爲七言律(八十四首),卷四爲七言絶句(七十一首),卷五爲七言古句(三十七首),卷六爲四五六言(二十一首)。《文集》卷二爲《論》,卷三爲《書》,卷六爲《説》,卷七爲《記》,卷八爲《碑》,卷九爲《雜著》,卷十爲《志》。

此本係仁孝天皇文政年間(1818—1829年)由出雲守毛利高翰獻贈幕府。明治初年歸内閣文庫。明治二十四年(1891年)由内閣文庫移入宫内省圖書寮(即今宫内廳書陵部)。

卷中有"佐伯侯毛利高標字培松藏書畫之印"等印記。

森立之《經籍訪古志》卷六,稱此本"撫印極精"。傅增湘《藏園群書經眼録》卷十五皆著録此本,其識文稱此本曰:"譚氏兩集,吾國各家著録皆不及,亦海外僅存之孤本也。"又,董康《書舶庸譚》卷三,也著録此本。

聞詩集紀八卷　續紀一卷

(元)李瓚撰
明萬曆年間(1573—1620年)刊本　共五册
内閣文庫藏本　原楓山官庫等舊藏

存心堂遺集(重校刻吴淵穎先生文集)十二卷附一卷

(元)吴萊撰　(明)宋濂編
明萬曆四十年(1612年)刊本
内閣文庫　大谷大學悠然樓藏本

【按】内閣文庫藏此同一刊本共三部。一部原係豐後佐伯藩主毛利高標舊藏,係仁孝天皇文政年間(1818—1829年)由出雲守毛利高翰獻贈幕府。明治初年歸内閣文庫。卷中有"佐伯侯毛利高標字培松藏書畫之印"朱文方印。共四册。一部原係江户時代林大學頭家舊藏,共五册。一部原係楓山官庫舊藏,共四册。

大谷大學藏本,原係大西行禮等舊藏,凡六册。

【附録】桃園天皇寶曆四年(1754年)長崎港《舶來書籍大意書》著録此本,其釋文曰:"《存心堂遺集》係元人吴淵穎著。輯録其賦十篇、諸體之詩百八十餘首、諸體之文百餘篇,宋景濂編次爲十二卷。又附《謚議》等,由明人莊起元重訂,明萬曆四十年刊印。"并注明"一部一帙四册,内脱紙二張"。

據光格天皇天明六年(1786年)《寅十番船持渡書改目録寫》記載,是年中國商船"寅十番"載《吴淵穎集》一部二帙十册運抵日本。《目録》注明"無脱紙"。

淵穎吴先生集十二卷　附一卷

(元)吴萊撰　宋濂編
明嘉靖元年(1522年)祝鑾刊本　共四册
静嘉堂文庫　大倉文化財團藏本

【按】卷前有明嘉靖元年(1522年)祝鑾《序》。《目録》後有男士謂《序》,并元至正十二年(1352年)胡翰《序》,劉基《序》,胡助《序》。

静嘉堂文庫藏本,原係陸心源十萬卷樓等舊藏。

大倉文化財團藏本,原係史可法等舊藏。今缺《附録》一卷。卷中有"史可法"、"皇明遺民"等印記。

【附録】據《商舶載來書目》記載,光格天皇天明三年(1783年)中國商船"古字號"載《吴淵穎集》一部二帙抵日本。

又據光格天皇天明六年(1786年)《寅拾番船持渡書改目録寫》記載,是年《吴淵穎集》一部十册輸入日本,并注該本"無脱紙"。

伊濱集二十四卷

(元)王沂撰
文瀾閣傳寫本　共四册
静嘉堂文庫藏本　原陸心源十萬卷樓等舊藏

【附録】室町時代(1393—1573年)相國寺鹿苑院蔭涼軒歷代軒主有公用日記《蔭涼軒日録》,其中"長享三年(1489年)正月二十八日"記載典籍中有王沂《王征士詩集》一種。

金華黄先生文集四十三卷

(元)黄溍撰　危素編　劉耳校
元至正十五年(1355年)序刊本　共二十册
静嘉堂文庫藏本　原陸心源皕宋樓等舊藏

【按】每半葉有界十二行,行二十四字。小黑口,雙黑魚尾或三黑魚尾。左右雙邊(22.7cm×13.7cm)。版心記大小數字,并有刻工姓名,如爾,君,元,四,善,延等。

卷首行題"金華黄先生文集第幾",下題"初稿幾"或"續稿幾"。次行題"臨川危素編,番陽劉耳校正"。繼有《黄學士文集序》,題"至正十五年(1355年)十月既望朝散大夫福建閩海道肅政廉訪使宣城貢師泰序”。後有《金華黄先生文集目録》。卷三尾題之後有皇慶元年(1312年)十月二十九日趙孟頫書撰之《跋》,并有臨川危素《記》。

卷一至卷三爲《初藁》,卷四至卷四十三爲《續藁》。卷中行文,語涉元帝皆提行。卷二十八有寫補。

卷中有“太原叔子藏書記”、“蓮涇”、“古餘珍藏子孫永寶”、“汪喜孫印”、“喜孫過目”、“郁松年印”、“泰峰”、“歸安陸樹聲所見金石書畫記”、“歸安陸樹聲叔桐父印”等印記。

《儀顧堂題跋》卷十三著録此本曰:

“《四庫》未收,阮文達亦未進呈。《愛日精廬藏書志》雖著於録,僅得二十三卷。其流傳之罕可知矣。校明張儉刊本,約多一倍而羸……觀其序,似亦未見全本耳。是本先爲王聞遠所藏,卷首有‘太原叔子藏書記’白文長印,‘蓮涇’二字朱文方印。嘉慶中歸揚州汪孟慈,有‘喜孫過目’朱文方印,‘汪喜孫印’朱文方印。後歸上海郁泰峰,有‘郁松年印’白文方印,‘泰峰’二字朱文方印。余從郁氏得之。至正距今五百餘年,紙墨如新,完善無缺,誠皕宋樓中元版第一等也。”

黄文獻公集二十三卷

(元)黄溍撰　危素等編　宋濂校正

元至正二十二年(1362年)胡惟信金華刊本

共八册

静嘉堂文庫藏本　原陸心源皕宋樓等舊藏

【按】每半葉有界十四行,行二十五字。大黑口,單黑魚尾。版心記大小字數。四周雙邊(19.4cm×13.4cm)。

卷前有門人同郡宋濂撰《金華先生黄文獻公集序》。後有《黄文獻公集目録》。卷末有明正統三年(1438年)重午之日杜桓《跋文》。

卷一至卷十爲《初藁》,黄溍撰編,卷十一至卷二十三爲《續藁》,元人危素,王禕,傅藻編輯。卷後有校正者姓名,如卷三尾題後有“門人傅藻校正”,卷七尾題後及卷十尾題前有“門人劉涓校正”,“卷十四及卷十六尾題後有“門人宋濂校正”等。

卷四,卷六,卷八,卷十一,卷十二,卷十三,卷二十三文中皆有缺頁。

卷中有“金瑾印”、“炳文氏”、“歸安陸樹聲叔桐父印”等印記。

【附録】日本江户時代有《重刊黄文獻公文集》寫本一部,共十卷。原係昌平坂學問所舊藏,今存内閣文庫。

黄文獻公集二十三卷

(元)黄溍撰　危素等編　宋濂校正

元至正二十二年(1362年)胡惟信金華刊本

共十二册

大倉文化財團藏本

【按】每半葉有界十四行,行二十五字。大黑口,單黑魚尾。版心記大小字數。四周雙邊(19.4cm×13.4cm)。

卷前有門人同郡宋濂撰《金華先生黄文獻公集序》。後有《黄文獻集目録》。卷末有明正統三年(1438年)重午之日杜桓《跋文》。

卷一至卷十爲《初藁》,黄溍撰編,卷十一至卷二十三爲《續藁》,元人危素,王禕,傅藻編輯。卷後有校正者姓名,如卷三尾題後有“門人傅藻校正”,卷七尾題後及卷十尾題前有“門人劉涓校正”,“卷十四及卷十六尾題後有“門人宋濂校正”等。

卷中有明正德三年(1508年)余侯修補頁,又有“楝亭曹氏藏書”、“教經堂錢氏”、“長白敷搓氏堇齋昌齡”、“辛道人”等印記。

(重刊)黄文獻公文集十卷

(元)黄溍撰　(明)張儉編

明嘉靖十年(1531年)刊本　共六册

宫内廳書陵部　大倉文化財團藏本

【按】大倉文化財團藏本,卷中有朱墨筆點,并有“厚村”、“朱叙”、“海峰”、“永思”等印記。

(重刊)黄文獻公文集十卷

(元)黄溍撰　(明)宋濂　王禕編
明嘉靖十年(1531年)序刊本
東洋文庫　京都大學文學部中國語學文學哲學研究室藏本
【按】東洋文庫藏本,共二十四册。
京都大學藏本,共十二册。

(重刊)黄文獻公文集三卷

(元)黄溍撰　(明)宋濂輯
明嘉靖十年(1531年)序重刊本
東洋文庫藏本　原小田切萬壽之助等舊藏

静觀堂文稿三十八卷

(元)馬玉麟撰
明萬曆年間(1573—1620年)刊本　共九册
内閣文庫藏本　原楓山官庫舊藏

順齋先生閑居叢藁二十六卷

(元)蒲道源撰　蒲機編
元刊明印明修本　共十二册
静嘉堂文庫藏本　原陸心源皕宋樓等舊藏
【按】每半葉有界九行,行十四字。白口,雙黑魚尾。左右雙邊(21.1cm×13.6cm)。

卷首有至正十年(1350年)冬十月二十四日前史官金華黄溍撰寫之《順齋蒲先生文集序》。次《順齋先生閑居叢藁總目》,題"男蒲機類編,門生薛懿校正"。次《順齋先生閑居叢藁目録》。卷末有元後至元丙子(1336年)九月漢中順齋先生蒲公卒,其弟道銓述世系具行實誄,并有《順齋先生墓志文》。

卷二十四至卷二十六有缺葉。卷中有"歸安陸樹聲叔桐父印"等印記。

《儀顧堂續跋》卷十三著録此本,文曰:

"《順齋先生閑居叢藁》二十六卷,次行題曰男蒲機類編,門生薛懿校正。前摹至正十年前史官金華黄溍手書《序》。下有'金''華'二字陽文連珠印,'黄氏溍卿'白文方印。後附其弟道銓《誄》及《墓石文》。每葉十八行,每行十四字。字畫娟秀,體兼歐褚,必是名手書以上版者。"

句曲外史集三卷　補遺三卷　附録一卷　集外詩一卷

(元)張雨撰　(明)毛晋　馮武訂
明毛氏汲古閣刊本　共四册
東洋文庫藏本　原小田切萬壽之助等舊藏

句曲外史集七卷

(元)張雨撰
古寫本　錢天樹手識本　共四册
静嘉堂文庫藏本　原厲樊榭　陸心源等舊藏
【按】卷前有徐達左《序》。卷中有錢天樹手識文。文曰:

"元《句曲外史集》,《四庫書目》所載正集三卷,補遺三卷,集外詩一卷,共七卷。是本卷數雖同,斷非《四庫書目》所載之本。其第七卷内詩餘《茅山逢故人》至《跋定武蘭亭》九葉半,是厲徵君樊榭手補,尤足寶貴。細審其所補之來本,大約出自《珊瑚網》及《鐵網珊瑚》、《書畫正續題跋記》三書居□。其朱筆是丁龍泓徵君之筆無疑。更所謂趙一清校,則不能知其所在矣。予昔年曾見外史手書詩稿兩册,當時念念不及録出一副本,定然與此集大有异同之處。若得匯爲一集,則爲外史全集之大觀也。明虞山毛氏所刻元人十集江可將是一校尤善。然毛刻斷不能如是本之富耳。丁酉十二月初四日快讀一過,因爲記此,夢廬錢天樹。"

句曲外史貞句先生詩集五卷

(元)張雨撰
古寫本　黄丕烈手識本　共二册
静嘉堂文庫藏本　原黄丕烈　陸心源等舊藏
【按】此本首題"《句曲外史貞句先生詩集》五

卷”，次題“元吴郡海昌張雨伯雨撰，浙江鄉貢進士侄誼編類”。

卷中有黄丕烈手識文。其文曰：

“此《句曲外史詩》，係予友金心山所蓄者。心山爲吴庠生，與予同與歲科試，因相識焉……客歲聞心山已死，殊爲惻然。後書友有携舊書來者，云是心山物。并于《雲溪友議》未見心山手跋，知爲文瑞樓金星軺之孫，蓋家故藏書，即散亡之餘，亦不失惓惓愛書之意，用是重其人，以重其物，而于是册聊著梗概云。蕘圃黄丕烈。”

圭塘小稿（殘本）十二卷　别集二卷　續集一卷　附録一卷

（元）許有壬撰

明刊本　共二册

静嘉堂文庫藏本　原陸心源十萬卷樓等舊藏

【按】卷首題“《圭塘小稿》十三卷《别集》二卷《續集》一卷《附録》一卷”，次行題“元許有壬撰，中憲大夫同僉太常禮儀院事弟有孚編”。前有屠維作噩（至正己酉，1345 年）有孚《引》，張翥《序》，至正庚子（1348 年）有孚《序》，明成化改元（1465 年）朱裡《跋》，成化己丑（1469 年）邱霽《跋》等。

此本今缺卷十三。

所安遺集一卷

（元）陳泰撰

明正德年間（1506—1521 年）刊本　共一册

静嘉堂文庫藏本　原陸心源十萬卷樓舊藏

【按】卷首題《所安遺集》一卷，次題“元進士龍南令前翰林院庶吉士長沙陳泰志同著”。前有明正德八年（1513 年）閻潔《序》，成化丁未（1487 年）來孫銓《序》，正德甲戌（1514 年）周濟《題》并蔣冕《題》。

《儀顧堂題跋》卷十三著録此本，文曰：

“右《所安遺集》一卷，元陳泰撰。從錢塘丁松生大令所藏鮑渌飲校本過録。譚文卿中丞撫浙時，即以鮑校本刊刻。余近得成化刊本，以校此本，多得詩三十餘首，閻潔《序》一首，劉三吾《像贊》一首及《小像》，陳銓，陳章，陳瑶《跋》三首，周濟，蔣冕《跋》各一首，因命寫官照寫補入。蓋渌飲所見本前後缺十餘葉，故脱落如此。甚矣！成化距今四百年耳，刻本已不易得，况元刻乎。惜文帥移節陜甘，不及補刊耳。”

圭齋文集十五卷　附一卷

（元）歐陽玄撰　（明）歐陽銘　歐陽鏞編

明成化辛卯（1471 年）刊本

宫内廳書陵部　尊經閣文庫　静嘉堂文庫　大倉文化財團藏本

【按】卷首題“《圭齋文集》十五卷《附録》一卷”，次題“元歐陽玄撰，宗孫銘鏞編輯”。前有宋濂《序》。

宫内廳書陵部藏本，闕卷一與卷二。凡七册。

尊經閣文庫藏本，原係江户時代加賀藩主前田綱紀等舊藏，共六册。

静嘉堂文庫藏本，原係陸心源十萬卷樓等舊藏。共三册。

大倉文化財團藏本，原係董康誦芬室等舊藏。卷中有“孔繼涵”、“葒谷”、“毗陵董氏誦芬室”、“董康”等印記。共四册。

吴禮部文集二十卷

（元）吴師道撰

明刊本　黄丕烈手跋本　共五册

静嘉堂文庫藏本　原季滄葦　陸心源皕宋樓等舊藏

【按】每半葉有界十六行，行二十四字。前有吴師道小像，并有蘭陰山人《自贊》。

卷二十後有清嘉慶三年（1798 年）黄丕烈手識文。文曰：

“此《吴禮部文集》，余於書友處得之，云是郡城故家物，真奇書也……是元刻元印之本。未易得也。惟《延令書目》宋元版雜書文集載之。今檢此書,有季振宜藏書圖記,當即是《延令書目》中所載者歟。中有夾籤,爲傳録者竄改之處。觀此可見寫本之改易舊觀,實從此出。卷首《序文》脱落第一葉,尚留墨印痕,知原《序》遺失,非其本無。卷末有《元史》本傳,爲舊藏者抄附便覽。近時寫本,因《序文》脱落,竟以《元史》本傳弁諸首,俱非本來面目矣。惜十四卷中闕第十八葉,更無元本可補,爲恨事爾。聞此書先到袁氏五硯樓,主人以議價未妥,遂入余家。余以白金三十兩有奇易得。可知一書之歸宿,亦有定也。末册空葉,有'陶齋'二字圖書,未知是袁陶齋否。俟與綬階質諸。嘉慶三年歲在戊午秋九月重陽前三日棘人黄丕烈識。"

《儀顧堂續跋》卷十三著録此本。文曰:

"《吴禮部文集》二十卷,前有吴先生小像及蘭陰山人自贊。卷一賦,四言詩,卷二至卷五古詩,卷六七律詩,卷八九絶句,卷十雜著,卷十一書,卷十二三記,卷十四五序,卷十六至卷十八題跋,卷十九策問,卷二十移祭文事述。共九百六十首。《附録》張樞撰《墓表》,杜本撰《墓志銘》。"

卷中有"季振宜藏書"朱文方印,"江夏"朱文方印,"無雙"白文方印等。

貞一齋文稿二卷

(元)朱思本撰

吴匏庵叢書堂寫本　共二册

静嘉堂文庫藏本　原黄丕烈　陸心源等舊藏

【按】卷首題"《貞一齋雜著》一卷《詩稿》一卷",次行題"臨川朱思本初父"。前有元至治三年(1323年)八月臨江范梈《序》,眉山劉有慶《序》,至治癸亥(1323年)歐陽應丙《序》,泰定二年(1325年)虞集《序》,泰定四年(1327年)四月吴全節《序》,天曆紀元(1328年)十月柳貫《序》。卷末有"時壬申中秋前四日五鹽道生姚楫敬書"。版心有"叢書堂"三字。

《儀顧堂續跋》卷十三著録此本,稱此本"精抄本,字體似吴匏庵。按,叢書堂爲匏庵藏書之所,姚楫當是匏庵門下而爲之抄書者,故字亦似之。阮文達以爲匏庵手抄者,非也。《四庫》未收,阮文達始進呈"。

卷中有"黄丕烈印","蕘圃平江黄氏圖書"等印記。

蜕庵集五卷

(元)張翥撰　釋大杼編

古寫本　徐時棟手識本　吴昌綬手校本　共一册

大倉文化財團藏本

【按】此本有清同治四年(1865年)徐時棟收書時手跋文,并有清宣統二年(1910年)吴昌綬朱筆校文及識語。

卷中有"柳泉書畫"、"城西草堂"、"伯宛"等印記。

陳仲衆文集(殘本)九卷

(元)陳旅撰

元至正年間(1341—1368年)刊明遞修本　黄蕘圃手跋本　共四册

静嘉堂文庫藏本　原黄虞稷千頃堂　黄蕘圃百宋一廛　陸心源皕宋樓等舊藏

【按】每半葉有界十行,行二十字。大黑口,雙黑魚尾。左右雙邊(20.0cm×12.4cm)。版心記大小字數(間有不記者),并有刻工姓名,如又學、寺二等。

卷首有至正九年(1349年)龍集己丑季冬望日翰林修撰河東張翥,并至正十一年(1351年)夏晉安林泉生撰寫之《陳仲衆文集序》二文。

此本全十三卷。卷一至卷三爲賦詩,卷四至卷六爲序,卷七至卷十爲記,卷十一至卷十二爲碑銘,卷十三爲銘跋解説策問贊傳。今缺卷六至卷九。殘卷各卷首書名不一,題《陳仲衆文集》,題《安雅堂集》,題《陳仲衆安雅文集》等。其中卷三,卷十一,卷十三有缺葉。

卷前附貼黄丕烈手識文一紙。文曰：

"此《陳仲衆文集》，明翻元本，嘉定錢少詹與元刻七卷本同以遺余者也。少詹有夾片在此本。第十卷首記云，自此而下皆予家本所無，《安雅堂集》凡十四卷，予家所藏乃元版，止有前七卷。此本周書昌所遺，則明初人翻刻。亦多漫漶。予家本有第六第七，此本有第十至第十三，今合兩本録之，尚缺第八第九第十四。丕烈合此兩刻，喜之甚。然衆仲文未能卒讀也。頃萃古主人購書禾中，得一十三卷本，所謂八九卷俱有，獨缺十四卷爾。唯是十四卷之説，《元史》本傳云然，至各家書目，如吾家俞邰《補明史·藝文志》，號稱廣博而所收亦十三卷本。且此本末册有虞稷印，安知千頃所藏，非即此乎。則作史之記載，果可信乎。書經三寫，魯魚亥豕，吾見衆仲文自元迄明，已有三刻，未敢混而一之。爰以元刻七卷爲主，而以此刻及明刻附之。蓋存疑也。明刻末有廬陵楊士奇跋，云刻版在福州府學，不著歲月云。"

卷中有"二酉藏書"、"虞稷"、"士禮居藏"、"歸安陸樹聲藏書之記"、"歸安陸樹聲叔桐父印"等印記。

《儀顧堂續跋》卷十三著録此本。

昭武黄存齋先生秋聲集十卷

(元)黄鎮成撰　(明)王錦校

明嘉靖年間(1522—1566年)刊本　共二册

大倉文化財團藏本　原董康誦芬室等舊藏

【按】每半葉有界十行，行二十三字。細黑口。卷中有朱筆校點。

卷中有"誦芬室"、"廣川書庫"等印記。

燕石集十卷

(元)宋褧撰

鮑廷博知不足齋據元至正八年(1348年)江浙行中書省刊本摹寫本　共二册

大倉文化財團藏本　原鮑廷博知不足齋　董康誦芬室舊藏

【按】卷中有清乾隆四十二年(1777年)吴翌鳳據常熟韓本所作朱筆校并墨筆識文。又有乾隆四十六年(1781年)鮑廷博校書朱筆跋文，及乾隆五十六年(1791年)據長水胡鈔重校墨筆跋文，并有朱筆補録。又有吴昌綬及董康筆校與手識文。

卷中有"歙鮑氏知不足齋藏書"、"毗陵董氏誦芬室"、"廣川書庫"等印記。

瓢泉吟稿五卷

(元)朱希顔撰

文瀾閣傳寫本　共一册

静嘉堂文庫藏本　原陸心源十萬卷樓舊藏

滋溪文稿三十卷

(元)蘇天爵撰

舊寫本　盧文昭手校本　黄丕烈手識本　共六册

静嘉堂文庫藏本　原盧文弨　黄丕烈　陸心源等舊藏

【按】卷前有元至正十一年(1351年)趙方汸《序》。

卷中有黄丕烈手識文三款。卷一末曰：

"丙午二月二日校於香草庵。入春二十三日，非陰則雨，餘寒甚峭，花事猶遲。兩日來稍晴暖，盆梅有破萼者矣。　復翁。"

卷二末曰：

"午後又校此卷，晴日在窗，鳥鳴不已。憑几批閲，清興昂然。　復翁。"

卷三十末曰：

"己丑三月收。　復翁記。"

青陽先生文集(余青陽集)六卷　附一卷　首一卷

(元)余闕撰

明正德年間(1506—1521年)刊本　共二册

静嘉堂文庫　尊經閣文庫藏本

【按】卷首題"《青陽先生文集》六卷《附録》一卷"，次行題"元余闕撰，門人淮西郭奎編"。前有宋濂撰《余青陽先生傳》，又有程國儒《序》，李祈《序》，并明正德辛巳（1521年）劉瑞《序》，正統十年（1445年）高穀《序》。

靜嘉堂文庫藏本，原係陸心源十萬卷樓等舊藏。

尊經閣文庫藏本，原係江户時代加賀藩主前田綱紀等舊藏。

余忠宣集（忠宣集）六卷　首一卷

（元）余闕撰

明嘉靖年間（1522—1566年）刊本

靜嘉堂文庫　尊經閣文庫藏本

【按】卷首題"《余忠宣集》六卷"，次題"元余闕撰，門人淮西郭奎子章輯"。前有明嘉靖三十三年（1554年）羅洪先《序》。後有嘉靖乙卯（1555年）陳嘉謨《跋》，并嘉靖三十三年（1554年）雷逵《跋》。

靜嘉堂文庫藏本，原係吴焯、陸心源十萬卷樓等舊藏。卷中有"吴焯"白文方印，"尺鳧"朱文方印。共一册。

尊經閣文庫藏本，原係江户時代加賀藩主前田綱紀等舊藏，共二册。

子淵詩集六卷

（元）張仲深撰

文瀾閣傳寫本　共一册

靜嘉堂文庫藏本　原陸心源十萬卷樓等舊藏

午溪集十卷

（元）陳鎰撰

文瀾閣傳寫本　共一册

靜嘉堂文庫藏本　原陸心源十萬卷樓等舊藏

師山先生文集八卷　遺文五卷　遺文附録一卷　濟美録四卷

（元）鄭玉撰

明嘉靖十四年（1535年）刊本　共五卷

靜嘉堂文庫　東洋文庫藏本

【按】靜嘉堂文庫藏本，原係陸心源十萬卷樓等舊藏。共五册。

東洋文庫藏本，原係小田切萬壽之助等舊藏。共六册。

學言藁（學言詩集）六卷

（元）吴當撰　（明）葉天爵校

明弘治年間（1488—1505年）葉天爵校刊本　共二册

靜嘉堂文庫藏本　原陸心源十萬卷樓等舊藏

【按】卷前有明弘治十三年（1500年）徐霖《序》。後有同年葉天爵《跋》。

學言藁（學言詩集）六卷

（元）吴當撰

文瀾閣傳抄本　陸心源手識本　共二册

靜嘉堂文庫藏本　原陸心源十萬卷樓等舊藏

【按】此本卷末有清光緒八年（1882年）陸心源手識文。其文曰：

> "余藏有明弘治十三年葉良貴天爵刊本。前有徐霖《序》，後有天爵《跋》。此本從《四庫》本傳録。《四庫》所據則康熙中李穆堂刊本也。李本比弘治本多南溪精舍七律一首，梅月窗五絶一首。未知穆堂所據何本也。時光緒八年秋九月，新得上海郁氏書，因校一過。歸安陸心源識于潛園之諮樓。"

龜巢摘藁三卷

（元）謝應芳撰

明人寫本　共一册

靜嘉堂文庫藏本　原陸心源十萬卷樓等舊藏

聞過齋集四卷

（元）吴海撰　王偁編

元至元十八年（1281年）西園精舍刊本　共

二册

石井積翠軒文庫藏本　原瑞林寺等舊藏

【按】每半葉有界十三行,行二十四字。四周雙邊(21.9cm×13.5cm)。

卷首有《序》及《目》。《序》後有刻刊木記曰"辛巳秋西園精舍刊行"。卷末有元至元辛巳(1341年)仲秋靈武王伓刊語。

全卷有朱筆圈點。卷首墨書"瑞林寺",并有"瑞林常住"墨色印記。卷末有"松周山人"朱文印記。

傅與礪詩集八卷

(元)傅若金撰　宋應祥校點　傅若川編刊

古寫本　吴焯手識本　共一册

静嘉堂文庫藏本　原瓶花齋　陸心源等舊藏

【按】卷首題"《傅與礪詩集》八卷",次題"元傅若金撰,任邱宋應祥伯楨點校,傅若川次舟編刊"。前有元至正戊戌(1358年)仲冬月胡行簡《序》,天曆二年(1329年)范梈《序》,元統三年(1335年)揭傒斯《序》,至正辛巳(1341年)六月虞集《序》。後有癸亥(1323年)仲春傅若川《跋》。

卷中有康熙五十四年(1715年)吴焯手識文二則。一則曰:

"按是編後有若川《跋》語,《跋》中載三公《序》并存。第云先兄本意,彙集四編,歿後既刻,尋遭兵毁。又總刻此集。是四稿未嘗刻於生前,而此編之前尚有刻本在也。是編八卷。《經籍志》載十一卷。《跋語》有云,所有文集,陸續刊行。豈八卷之後,另有刻耶,抑焦氏固多誤耶。康熙乙未(1715年)麥秋綉谷亭主。"(文後有"吴焯"白文長印)

又一則曰:

"余讀與礪詩,體格高亮,詞色華麗。元詩存者,僅十之三四。其字句錯落處,多不入選。僅從選本,略爲厘正,尚有數篇,此編佚去,當更求新本校對也。新喻,元時爲州,洪武二年建縣,屬臨江府。重午日在綉谷亭泊花處,復校又書。"

傅與礪詩集八卷

(元)傅若金撰　宋應祥校　傅若川編

古寫本(藍格本)　王士楨手識本　共二册

大倉文化財團藏本

【按】此本係從朱彝尊寫本録出,朱本源出明初洪武刊本。卷中有清康熙二十八年(1689年)王士楨借讀識文。并有清同治十三年(1874年)南海孔氏少唐子再校識文。卷末有孔氏墨筆補遺及續補遺。

卷中有"盛百二","秦川","檇李盛氏春草堂"等印記。

吾吾類稿三卷

(元)吴㚖撰

文瀾閣傳寫本　共一册

静嘉堂文庫藏本　原陸心源十萬卷樓等舊藏

(貢禮部)玩齋集十卷　拾遺一卷

(元)貢師泰撰　(明)沈性編

明嘉靖年間(1522—1566年)刊本　共四册

静嘉堂文庫藏本　原陸心源十萬卷樓等舊藏

【按】卷前有朱鐩撰《紀年録》,繼有《元史》本傳、《神道碑銘》。又有元至正十年(1359年)十月楊維楨《序》,至正乙未(1355年)十一月趙贇《序》,至正十九年(1359年)八月錢用壬《序》,同年五月謝肅《序》、余闕《序》,至正戊戌(1358年)十月程文《序》,至正辛丑(1361年)李國鳳《序》,并至正十五年(1355年)黄溍《後序》,明天順癸未(1463年)沈性《刊版序》,沈性《拾遺跋》,明嘉靖乙未(1535年)三月徐萬璧《跋》,同年同月李默《跋》等。

栲栳山人集(不分卷)

(元)岑安卿撰

古寫本　勞季言校本　共一册

静嘉堂文庫藏本　原陸心源十萬卷樓等舊藏

【按】《儀顧堂題跋》卷十三著録此本，其文曰：

"《栲栳山人集》三卷，元岑安卿撰，抄本，周元亮舊藏，第三卷有錯簡。各本皆同。今逐一校正。據《餘姚縣志》，《集》凡四卷，佚其末卷。乾隆壬寅（1782年）張氏新刊本遽以上中下分卷，則似完帙矣。此本不分上中下，猶從原本録出耳。"

夷白集（夷白齋稿）十二卷

（元）陳基撰

明弘治年間（1488—1505年）刊本　共八册

静嘉堂文庫藏本　原陸心源十萬卷樓等舊藏

【按】卷首題"《夷白齋稿》十二卷"，次行題"元天臺陳基敬初撰"。前有明弘治八年（1495年）張習《序》，并有元至正甲辰（1364年）戴良《跋》。《儀顧堂題跋》卷十三著録此本。其文曰：

"余所藏《夷白齋集》凡兩本。一舊抄三十五卷，外集一卷；一弘治八年張習刊十二卷。兩本互有多少。刊本有而抄本無者，詩七十六首，文二十六首。抄本有而刊本佚者，詩五十三首，文三十五首。卷首戴九靈《序》。……《序》末題至正二十四年歲在甲辰夏五月朔旦書。刻本作同門友金華戴良書。校以《九靈山房集》，與刻本皆合。蓋抄本戴序，乃元時舊稿。集本則入明以後所改定者。弘治本未見底稿，當從《戴集》録入耳。文詩字句不同尤多，《八里莊寄吴中兄弟》、《洛口》兩律，同者僅十餘字。《倦綉》七絶，全章改易，其尤者也。"

灤京百咏（西湖百咏合綴）二卷

（元）楊允孚撰

古寫本　勞季言手校本　共一册

静嘉堂文庫藏本

鐵崖先生古樂府十卷　樂府補六卷　復古詩集六卷

（元）楊維楨撰　門人吴復類編

元刊元印本　共四册

静嘉堂文庫藏本　原承雅堂　陸心源等舊藏

【按】每半葉有界十一行，行二十字。前有元至正丙戌十月（1346年）張天雨《序》，至正六年（1346年）六月吴復《序》。後有至正甲辰（1364年）章琬《跋》。

《儀顧堂續跋》卷十三著録此本。文曰：

"《鐵崖先生古樂府》十卷、《復古詩集》六卷，題門生富春吴復類編。前有至正丙戌張天雨《序》、吴復《序》。卷十後附鐵崖所作《吴復墓志》。至正八年（1348年）復卒，其後人所附入也。《詩集》題太史紹興楊維楨廉夫著，太史金華黄溍卿評，門生雲間章琬孟文注。前有至正二十四年（1364年）章琬《序》，後有至正甲辰（1364年）琬《跋》。下有印曰'學古'，曰'雲間世家'，曰'章氏孟文'。其《目録》以《復古詩集》連作十六卷。詩則别爲起迄。版心統題古樂府。復《序》云，先生爲古雜詩五百餘首，自謂《樂府遺聲》。琬《序》則云，輯前後所製二百首及吴復所编又三百首，名曰《復古詩集》。蓋其體爲古樂府，《復古》則琬所名也。故琬所注者名《復古詩集》，其不注者仍名《古樂府》。蓋二而一者也。今復所編四百九首，琬所注一百五十二首，共得五百六十餘首，分計之則篇數不符，總計之固有赢無絀。無所刪削也。"

卷中有"天都陳氏西雅樓圖書"，"東阜先生後人"，"天都陳氏承雅堂藏書"等印記。

鐵崖先生古樂府十六卷

（元）楊維楨撰

明正統元年（1436年）刊本　共四册

内閣文庫藏本　原江户時代林氏大學頭家

等舊藏

鐵崖先生古樂府十卷　復古詩集六卷

(元)楊維楨撰　吴復編
明成化年間(1465—1487年)刊本　共四册
静嘉堂文庫藏本　原陸心源皕宋樓等舊藏

鐵崖先生復古詩集六卷　麗則遺音四卷　附一卷　古樂府十卷　補六卷

(元)楊維楨撰
明毛氏汲古閣刊本
静嘉堂文庫　内閣文庫　愛知大學附屬圖書館簡齋文庫藏本

【按】静嘉堂文庫藏本,原係陸心源十萬卷樓等舊藏。共四册。

内閣文庫藏本,原係豐後佐伯藩主毛利高標舊藏。仁孝天皇文政年間(1818—1829年)由出雲守毛利高翰獻贈幕府,明治初年歸内閣文庫。卷中有"佐伯侯毛利高標字培松藏書畫之印"朱文方印。此本今存《復古詩集》六卷,共一册。

愛知大學藏本,原係小倉正恒舊藏。共五册。

鐵崖文集五卷　附一卷

(元)楊維楨撰　朱昱校正
明弘治年間(1488—1505年)刊本
静嘉堂文庫　大倉文化財團藏本

【按】卷前有弘治十四年(1501年)十月馮允中《引》,後有同年九月朱昱《跋》。卷末有刊刻木記曰"姑蘇楊鳳書於揚州之正誼書院"。

静嘉堂文庫,原係陸心源皕宋樓等舊藏。卷中有"朱象元氏","太史氏印","雲間世家","謝墉印","東墅"等印記。共四册。《儀顧堂續跋》卷十三著録此本,稱此本著録"其爲《東維子集》所未收者,序三首,題識三首,傳二首,録一首,議記四首,跋八首,書四首,辨一首,志五首,贊五首,箴一首,説十六首,銘一首,祭文二首,墓志銘四首。《四庫》未收,阮文達亦未進呈。"

大倉文化財團藏本,卷中有"茅堂夜雪","觀其大略","蒼岩山人書屋","梁清標","蕉林","梁藝","保三圖書翰墨","倉嚴子"等印記。

楊鐵崖文集五卷　古賦三卷　樂府八卷　首尾各一卷

(元)楊維楨撰
明萬曆年間(1573—1620年)刊本　共四册
静嘉堂文庫藏本　原竹添井井等舊藏

楊鐵崖先生文集古賦樂府八卷　首一卷

(元)楊維楨撰
明萬曆四十三年(1615年)序刊本　共四册
内閣文庫藏本　原楓山官庫等舊藏

(新編)楊鐵崖先生文集四卷

(元)楊維楨撰
明成化年間(1465—1487年)刊本　共一册
静嘉堂文庫藏本　原陸心源十萬卷樓等舊藏

復古香奩集八卷　附一卷

(元)楊維楨撰　(附)王德璉編
明刊本　共二册
内閣文庫藏本　原江户時代林氏大學頭家等舊藏

(鐵崖)麗則遺音四卷

(元)楊維楨撰
明成化年間(1465—1487年)刊本　共一册
静嘉堂文庫藏本　原陸心源等舊藏

【按】卷首題"《新編鐵崖先生文集麗則遺音古賦程式》四卷",次題"元丁卯進士紹興楊維楨廉夫撰"。前有元至正二十五年(1365年)貝瓊《序》,明成化四年(1468年)沈魯《序》,明天順己卯(1459年)鄭文庚《序》。後有明成化九年(1471年)嚴仲正《跋》。

麗則遺音四卷　附湖廣鄉試一卷

(元)楊維楨撰
明汲古閣刊本　共一册
内閣文庫藏本　原豐後佐伯藩主毛利高標等舊藏

【按】此本係仁孝天皇文政年間(1818—1829年)由出雲守毛利高翰獻贈幕府,明治初年歸内閣文庫。卷中有"佐伯侯毛利高標字培松藏書畫之印"朱文方印。

【附録】日本江户時代有《麗則遺音》寫本一部四卷,附一卷,係據明汲古閣本摹寫。今存内閣文庫。

夢觀集(殘本)五卷

(元)釋大奎撰
明刊影寫本　《四庫》底稿本　共二册
静嘉堂文庫藏本

【按】《儀顧堂題跋》卷十三著録此本,文曰:

"《夢觀集》五卷,元釋大圭撰。抄本。是書本二十四卷,首《語録》三卷,次《詩》六卷,次《雜文》十五卷。四庫館惟取其詩,以卷四爲卷一,卷五爲卷二,卷六爲卷三,卷七爲卷四,卷八爲卷五,編爲五卷,著於録。餘皆斥而不收。同治十二年(1873年)奉旨赴閩,從晉江黄制軍處借得翰林院底本,命小胥影寫副本,卷第則改從閣本焉。"

【附録】日本江户時代初期有《夢觀集》寫本一部,凡六卷三册。元釋大奎撰,如蘭編。此本係林羅山手校本。卷中有"江雲渭樹"等印記。今存内閣文庫。

夢觀集二十四卷

(元)釋大奎撰
明崇禎年間(1628—1644年)刊本　共四册
内閣文庫藏本

倪雲林先生詩集六卷　附録一卷

(元)倪瓚撰
明萬曆十九年(1591年)倪珵重刊本
内閣文庫　大倉文化財團藏本

【按】每半葉有界九行,行二十字。白口,四周單邊。前有明天順四年(1460年)錢溥《序》、萬曆辛卯(1591年)王穉登《序》。後有樂正老人蹇曦《後序》。

内閣文庫藏本,原係豐後佐伯藩主毛利高標等舊藏,仁孝天皇文政年間(1818—1829年)由出雲守毛利高翰獻贈幕府,明治初年歸内閣文庫。卷中有"佐伯侯毛利高標字培松藏書畫之印"朱文方印。共二册。

大倉文化財團藏本,共四册。

【附録】據孝明天皇嘉永三年(1850年)《書籍元帳》記載,是年中國商船"酉五番"載《倪文公全集》五部抵日本,售價每部九匁。同年,該船又輸入五部,一部歸伊勢守,一部歸備前守,一部歸伊賀守,尚餘二部,價九匁。

倪雲林先生詩集六卷　附録一卷

(元)倪瓚撰
明古虞毛氏汲古閣刊本　共二册
大阪府立圖書館藏本

清閟閣遺稿十五卷

(元)倪瓚撰　倪珵輯　倪錦校
明萬曆三十九年(1611年)序裔孫倪卓重刊本　共六册
大谷大學附屬圖書館藏本　原神田鬯庵(喜一郎)等舊藏

【按】此本係1984年(昭和五十九年)神田氏家族捐贈大谷大學。

棲碧先生黄楊集三卷　補遺一卷　附一卷

(元)華幼武撰
明隆慶年間(1567—1572年)刊本　共二册
内閣文庫　東洋文庫藏本

【按】内閣文庫藏本,原係江户時代林氏大學頭家舊藏,共二册。

東洋文庫藏本,原係藤田豐八等舊藏,共四

册。

九靈山房集三十卷

(元)戴良撰
明洪武年間(1368—1398年)刊本　共六册
静嘉堂文庫藏本

【按】每半葉有界十四行,行二十字。

首題"男戴禮叔儀類編,從孫同伯初倜編"。前有元至正二十五年(1365年)十月揭汯《序》,洪武十二年(1379年)十月翰林待制宋濂《序》,王褘《序》。皆以手書上版。宋濂《序》下有"景濂"朱文連珠印,"金華宋太史氏"朱文方印,"龍門生"朱文方印。

静嘉堂文庫藏此同一刊本兩部。一部原係徐𤊹、陸心源皕宋樓等舊藏。卷中有"徐𤊹之印"朱文方印,"徐氏興公"白文方印,"孔御家藏"白文方印,"鄭氏注韓居珍藏記"朱文長印,"閩中徐惟起藏書印"朱文長印,"鄭杰之印"白文方印等藏書印記。共六册。

一部原係曹倦圃、陸心源等舊藏。卷二十五以下皆爲明正統年間(1436—1449年)修補,共四册。此本有無名氏手識文。其文曰:"我里蔣之翹字楚雅,隱廛市間,有藏書之僻。虞山錢牧齋宗伯編《國朝詩集》,嘗就其家借書。此卷首甲乙題字,宗伯迹也。曾不三四十年,士大夫家遂有不蓄一卷者,可慨也夫。壬戌上元前二日,鋤菜翁。"卷中有"曹溶之印"白文方印。

《儀顧堂續跋》卷十三著録此兩本。

樵雲獨唱詩集六卷

(元)葉顒撰
鮑廷博知不足齋寫本　共二册
大倉文化財團藏本　原鮑廷博知不足齋董康誦芬室等舊藏

【按】此本係據明成化十九年(1483年)刊本影寫。卷中有鮑氏藍朱黄墨筆校點,并有補録跋語。

卷中有"知不足齋藏書","毗陵董氏誦芬室","廣川書庫"等印記。

樵雲獨唱六卷

(元)葉顒撰
文瀾閣傳寫本　共二册
静嘉堂文庫藏本　原陸心源十萬卷樓等舊藏

僑吴集十二卷

(元)鄭元祐撰
鮑廷博知不足齋寫本　董康等校録本　共三册
大倉文化財團藏本　原鮑廷博知不足齋董康誦芬室等舊藏

【按】此本係清乾隆二十五年(1760年)鮑廷博知不足齋從綉谷亭吴氏藏花山馬氏本影寫。馬氏本係從明弘治九年張習刊本抄出。卷中有乾隆二十五年鮑氏據《玉山名勝集》、《草堂雅集》等校正朱筆跋文。又有乾隆三十年(1765年)據明弘治本校書朱筆,嘉慶十五年(1810年)校書朱筆,嘉慶十六年(1811年)校書藍筆,并各校書跋文。又有董康朱墨黄藍筆校點及補録。

卷中有"歙西長塘鮑氏知不足齋藏書","老屋三間賜書萬卷","世守陳編之家","蔣維基子厚","毗陵董氏誦芬室""董康"等印記。

梧溪集七卷

(元)王逢撰
元刊明修本　顧千里手識本　共六册
静嘉堂文庫藏本　原毛氏汲古閣　王聞遠陸心源皕宋樓等舊藏

【按】每半葉有界十三行,行二十三字。注文小字雙行。大黑口,雙黑魚尾。版心偶記大小字數。四周雙邊(18.6cm×12.1cm)或四周單邊(17.8cm×12.2cm)。

卷首有元至正丙戌(1346年)夏新安汪澤民書寫之《序》,次有至正己亥(1339年)仲秋番陽周伯琦書寫之《序》,次有至正十九年(1339

年)冬十一月初吉會稽楊維楨書寫之《序》。卷七末有明景泰七年(1456年)歲在丙子秋七月之吉賜進士中順大夫南康府知府陳敏政《跋》。

卷中并有清嘉慶二十二年(1817年)顧千里手識文。文曰：

“鮑丈渌飲向欲刊行《梧溪集》,知毛子晉所藏在先從兄抱冲小讀書堆,屬予勘定而未果也。今丈已下世,令嗣規續成先志,以作《知不足齋叢書》之廿九集,深嘉厥意。從望山侄借出,竭三旬力,補改傳抄闕誤。唯是六七兩卷,版心有粉墨塗改痕迹,於次第頗舛錯。蓋景泰版模糊塗爛,致有此失。又悉爲之推求訂正,庶幾稱善矣。然終少七卷第四葉,故其三葉末節石銘題下梧溪自注,云有《後序》,而今俄空焉。此集在毛氏時已難得,錢曾《敏求記》具言之。予并見汲古別本鈔刻各半者,此兩卷尤舛錯脱落,相較殊遜。不知世間尚存洪武印本可足是一葉,以成完璧否也?校既畢,遂誌於尾而歸之。時嘉慶丁丑(1817年)歲顧千里書。”

卷中有“元本”朱文腰形印、“毛晉之印”朱文方印、“毛氏子晉”朱文方印、“文瑞樓”白文方印、、“秋夏讀書冬春射獵”白文方印、“汲古主人”朱文方印、“毛晉私印”朱文方印、“斧季”朱文方印、“蓮涇”朱文方印、“太原叔子藏書記”白文長印等印記。

董康《書舶庸譚》卷六著録此本。

梧溪集七卷

(元)王逢撰

古寫本　王士楨手識本　共二册

静嘉堂文庫藏本　原惠棟　陸心源皕宋樓等舊藏

【按】卷首有元至正丙戌(1346年)夏新安汪澤民書寫之《序》,次有至正己亥(1339年)仲秋番陽周伯琦書寫之《序》,次有至正十九年(1339年)冬十一月初吉會稽楊維楨書寫之《序》。卷七末有明景泰七年(1456年)歲在丙子秋七月之吉賜進士中順大夫南康府知府陳敏政《跋》。

卷中有漁洋山人王士楨手識文二款。一款曰：

“《梧溪集》七卷,乃景泰七年丙子(1456年)南康府知府陳敏政重刻。陳刻《後序》述原吉家世甚詳。原吉有子掖,洪武初任通事司令,轉翰林博士,兼文華殿經筵事。卒官,掖子徠,嘗以才德薦至京師,未官而卒。子輅,宣德中以秀才舉授南康府照磨,未幾卒。二子,曰顔曰孟,不能歸,遂僑居星子之東澗。祖母黄,母徐,躬紡織以教二子。俱有成云。集首有至正間周伯琦,汪澤民二《序》,言原□□(字迹不清)吉初學詩于延陵陳虞卿。虞卿與柯敬仲俱事虞邵庵,得其傳,與有元盛時楊范諸公齊驅。惜未著其名。俟再考之。虞卿官東流尹。亦《序》云。漁洋山人跋。”

又一款曰：

“元席帽山人王逢《梧溪集》七卷,壬申歲門人楊庶常名時所貽,江陰老儒周榮起研農氏手録本也。書學鍾太傅,稍雜八分,終卷如一。研農壽八十有七乃卒,今歿才五六年耳。”

此本卷中有“池北書庫收藏”“惠棟之印”、“定宇”、“重光”、“子宣”、“紅豆書屋校正善本”等印記。

麟原王先生文集十二卷　後集十二卷

(元)王禮撰　王謙編

鮑廷博知不足齋寫本　共四册

大倉文化財團藏本　原鮑廷博知不足齋董康誦芬室　陸心源十萬卷樓等舊藏

【按】此本係據新安歙邑黄氏刊本影寫。

卷中有“歙西長塘鮑氏知不足齋藏書”,“老屋三間賜書萬卷”,“茹古精舍”,“毗陵董氏誦芬室”,“廣川書庫”等印記。

友石山人遺稿一卷　附録一卷

(元)王翰撰　王偁編

鮑廷博知不足齋寫本　馬以良手識本　共一册

大倉文化財團藏本

【按】卷中有清嘉慶十一年(1806年)馬以良重校手識文。又有朱黄筆校點。

卷中有"燕喜堂"等印記。

鶴年詩集三卷

(元)丁鶴年撰

明正統年間(1436—1449年)刊本　共一册

静嘉堂文庫藏本　原徐𤊹汗竹巢　陸心源皕宋樓等舊藏

【按】每半葉有界十行,行二十一字。卷首題"《鶴年詩集》三卷",次行題"元丁鶴年撰,門人四明戴修,江向方外曇鍠編次"。封面有明人徐𤊹手書"丁鶴年詩徐氏汗竹巢珍藏本元版"凡十四字。

此本明人徐興公,清人陸心源等皆斷爲"元刊本"。卷中有明萬曆三十五年(1607年)徐𤊹手識文。其文曰:

"余向家藏丁鶴年詩三卷,乃永樂間刻版。後有廬陵楊文貞士奇跋語。紙墨古潔,余珍惜之。斯本爲元本,亦分三卷。簡首有高惟一印章。惟一,國初人,有孝行。事詳郡志。二本俱善,因合藏之。萬曆丁未春正月三日　徐興公題。"

卷中有"閩中徐惟起藏書印"朱文長印,"徐氏興公"白文方印等印記。

傅增湘《藏園群書經眼録》卷十五稱"此本爲明刊,當在正統,景泰之間","陸心源氏誤題爲元刊"。

鶴年詩集(丁鶴年海巢集)三卷

(元)丁鶴年撰

古寫本　宋賓王手識本　共一册

静嘉堂文庫藏本　原陸心源皕宋樓等舊藏

【按】卷首題"《鶴年詩集》三卷",次行題"元丁鶴年撰,門人四明戴修,江向方外曇鍠編次"。前有元至正甲午年(1354年)戴良《序》,并有虎邱澹居老人至仁《序》。

卷中有宋賓王手識文。其文曰:

"丁鶴年詩,向無刻本。轉相抄寫,訛字頗多。雍正丁未(1727年)端陽後一日,得秀水朱竹垞翁所藏明正統間刻本於吴郡桃花塢文瑞樓。雨窗校閲,刻本亦微有訛字。前明蕭山魏驥序之。賓王較并記。"

居竹軒集四卷

(元)成廷珪撰

明初刊本　共四册

大倉文化財團藏本　原汪士鍾等舊藏

【按】每半葉有界十行,行十八字。黑口。

卷中有"晉江黄氏父子藏書","温陵黄俞郘氏藏書","朝爽閣藏書記","汪士鍾藏"等印記。

居竹軒集四卷

(元)成廷珪撰

文瀾閣傳抄本　共二册

静嘉堂文庫藏本　原陸心源十萬卷樓等舊藏

貢南湖詩集七卷

(元)貢性之撰　(明)潘是仁輯

明萬曆四十三年(1615年)刊本

東京大學東洋文化研究所藏本

鶴田文集二卷

(元)蔣易撰

明人寫本　蔣絢臣手識本　共二册

静嘉堂文庫藏本　原蔣絢臣　陸心源等舊藏

【按】卷首題:"《鶴田蔣先生文集》二卷",次題"元建陽蔣易師文撰"。前有元至正十年(1357年)黄鎮《序》,至正辛丑(1361年)十月葛喆《序》。

卷中有蔣絢臣手識文。其文曰:

"此集爲楊文敏公家藏。徐興公先輩得

之於建寧書肆。僅有序文二卷,尚有十二卷弗存。其作文大有源委,然中多宋氣。想習熟諸先輩而來,不能改其面目,亦是潛心學究之流亞也。絢臣玢識。"

卷中有"建安楊氏傳家圖書"、"晉安蔣絢臣收藏印"等印記。

(贈朝列大夫)雲松巢朱先生詩集三卷

(元)朱希晦撰

鮑廷博知不足齋寫本　徐時棟手識本　共一册

大倉文化財團藏本　原鮑廷博　徐時棟等舊藏

【按】此本係鮑廷博知不足齋據明嘉靖七年(1528年)刊本影寫。有清同治八年(1869年)徐時棟手識文,并朱筆校點,墨筆校語。

卷中有"歙西長塘鮑氏知不足齋藏書"、"老屋三間賜書萬卷"、"世守陳編之家"、"遺稿天留"、"徐時棟秘笈"、"柳泉書畫"、"城西草堂"等印記。

朱楓林集十卷

(元)朱升撰　(明)范淶校

明萬曆年間(1573—1620年)刊本

國會圖書館　内閣文庫　東洋文庫藏本

【按】卷前有明萬曆四十四年(1616年)《序》。

國會圖書館藏本,共三册。

内閣文庫藏本,原係楓山官庫舊藏,共五册。

東洋文庫藏本,原係藤田豐八等舊藏。共二册。

南村詩集四卷

(元)陶宗儀撰

明毛氏汲古閣刊本　共二册

東洋文庫藏本　原小田切萬壽之助等舊藏

(周翰林)近光集三卷　扈從詩一卷

(元)周伯琦撰

明刊本　共一册

静嘉堂文庫藏本　原陸心源十萬卷樓等舊藏

【按】卷首有虞集《序》,并至正五年(1345年)《自序》。後有歐陽玄《跋》,賈祥麟《跋》。

蟻術詩選四卷　附詞選四卷

(元)邵亨貞撰

古寫本　徐時棟手校本　共二册

大倉文化財團藏本

【按】此本係據明隆慶六年(1572年)汪稷校刊本影寫。有沈明臣《序》。卷中有清同治八年(1869年)徐時棟收書手識文,并有黄朱筆校點。

卷中有"徐時棟"、"柳泉書畫"、"城西草堂"等印記。

山窗餘稿一卷

(元)甘復撰

明成化年間(1465—1487年)刊本　共一册

静嘉堂文庫藏本　原陸心源十萬卷樓等舊藏

【按】卷前有明成化癸卯(1483年)趙琥《序》,成化丙午(1486年)劉憲《序》。

金臺集一卷

(元)納新撰　危素編

元刊本　共一册

宫内廳書陵部藏本　原江户時代豐後佐伯藩主毛利高標舊藏

【按】每半葉有界十一行,行二十二字。上下黑口,版心標"金臺集一",并偶記字數。

卷首分兩行題署"南陽迺賢易之學臨川危素太樸編"。

前後有歐陽玄、李好文、危素、貢師泰、余闕志、趙期頤等《序》或《跋》,筆墨皆摹其真迹。

此本係仁孝天皇文政年間(1818—1829年)由出雲守毛利高翰獻贈幕府。明治歸内閣文庫。明治二十四年(1891年)移入宫内省圖書寮(即今宫内廳書陵部)。

卷中有“佐伯侯毛利高標字培松藏書畫之印”等印記。

董康《書舶庸譚》卷三著録此本。

雲陽集十卷　附録一卷

(元)李祈撰

明弘治年間(1488—1505年)刊本　共四册

静嘉堂文庫藏本

【按】《儀顧堂續跋》卷十三著録此本。其文曰:

“《雲陽集》十卷,明弘治刊本。前有危素《序》,後有弘治壬子傅瀚《跋》,潘辰《題》,弘治癸丑李東陽《跋》。以文瀾閣傳抄本校一過,閣本卷六《雲篷記》後脱《永寧權茶鹽提舉事進思堂記》一首,凡五百九十一字。卷二《和汪士章咏一鏡亭韵原本》二首,閣本亦脱一首,凡二十字。危素《序》閣本亦缺。”

新芳薩天錫雜詩妙選藁全集一卷

(元)薩都剌撰

日本五山時代(1180—1573年)刊本　共一册

東洋文庫藏本　原岩崎文庫等舊藏

【附録】日本江户時代有元人薩都剌撰《薩天錫詩集》三卷并《集外詩》一卷日人手寫本一種。此本現存國會圖書館。

後西天皇明曆三年(1657年)又有八行十八字刊本。此本題“明曆三丁酉歲仲夏廿日鮹藥師通開版屋舗粕子壽梓”。無序跋,詩後附文七首。

東山天皇元録七年(1694年)大阪油屋與兵衛刊印元人薩都剌撰《新芳薩天錫雜詩妙選藁全集》一卷。

(明人别集之屬)

雲林集二卷

(明)危素撰

文瀾閣傳寫本　勞季言校本　共一册

静嘉堂文庫藏本　原陸心源十萬卷樓舊藏

【按】卷末有清咸豐七年(1857年)勞格(季言)手識文。其文曰:

“□□間,金谿梅之純編刻《危學士集》,以此集編入,次第移易,且多訛謬。十年前曾校一過,唯補《思賢亭》《梅仙峰》二詩。兹從知不足齋搜得傳樊榭山房鈔本重勘,本係迺賢手書付梓,後至元雕。未得一覯耳。咸豐丁巳十二月初六日,大寒鐙下丹鉛精舍記。”

韓山人詩集(不分卷)　附壽藏記一卷

(明)韓奕撰　《附》王賓撰

明人寫本　黄蕘圃手識文本　共四册

静嘉堂文庫藏本　原陸心源十萬卷樓等舊藏

【按】前有明洪武甲子(1384年)三月《行狀》。

此本分《正集》、《續集》,然《正集》、《續集》不分卷。《續集》前有明永樂九年(1411年)趙友同《續集序》。

卷首題署“明吴郡韓奕公望撰”。

卷中有黄蕘圃手識文。其文曰:

“丁卯秋莫,以明初刻本手校一過。前脱《目録》,後脱《蒙齋記》,當補入。此册通體似影抄者,舊刻間有一、二誤字,此亦仍之。偶有爛板,字迹模糊,此却清爽,當是從初印本寫也,勿以抄本忽之。　復翁。”

高皇帝御製文集二十卷

(明)太祖朱元璋撰　樂紹鳳等編　徐九皋校

明嘉靖年間(1522—1566年)年朱印刊本

宫内廳書陵部　内閣文庫　東京大學東洋文化研究所藏本

【按】前有明嘉靖十四年(1535年)《序》。

宫内廳書陵部藏本,共五册。

内閣文庫藏此同一刊本兩部。一部原係江户時代林氏大學頭家舊藏,共五册。一部原係豐後佐伯藩主毛利高標等舊藏,此本係仁孝天皇文政年間(1818—1829年)出雲守毛利高翰獻贈幕府,明治初期歸内閣文庫。卷中有"佐伯侯毛利高標字培松藏書畫之印"朱文方印。共八册。

東京大學藏本,原係大木幹一等舊藏。

【附録】據桃園天皇寶曆四年(1754年)長崎《舶來書籍大意書》記中國商船"戌字號"所載之漢籍著録此本。其釋文曰:"此係明之高皇帝御製,輯其詔制、誥敕、敕命、策問、敕問及論,共三百十餘篇;又輯其樂章五十餘章,文碑、記、序、説、雜著、祭文,共百七十餘篇;又輯諸體之詩百二十餘首。合編爲二十卷。"

《商舶載來書目》記載,後桃園天皇安永元年(1772年)中國商船"加字號"載《高皇帝御製文集》一部一帙抵日本。

高皇帝御製文集二十卷　附皇明祖訓一卷

(明)太祖朱元璋撰　樂紹鳳等編　姚士觀等訂

明萬曆十年(1582年)刊朱印本

宫内廳書陵部　内閣文庫　静嘉堂文庫　尊經閣文庫　東京大學東洋文化研究所藏本

【按】前有明洪武七年(1374年)劉基《序》,并有同年郭傳《序》、宋濂《序》等。

宫内廳書陵部藏本,共五册。

内閣文庫藏此同一刊本兩部。一部原係楓山官庫舊藏,共十册。一部原係江户時代林氏大學頭家舊藏,共五册。

静嘉堂文庫藏此同一刊本四部。一部共十册;一部共七册;一部原係中村敬宇等舊藏,共十册;一部原係陸心源十萬卷樓舊藏,共五册。

尊經閣文庫藏本,原係江户時代加賀藩主前田綱紀舊藏,共十二册。

東京大學藏本,原係大木幹一等舊藏。

訓行録三卷

(明)太祖朱元璋撰　楊起元編

明萬曆二十五年(1597年)序刊本　共三册

内閣文庫　尊經閣文庫藏本

【按】内閣文庫藏本,原係豐後佐伯藩主毛利高標等舊藏。此本係仁孝天皇文政年間(1818—1829年)出雲守毛利高翰獻贈幕府。明治初期歸内閣文庫。卷中有"佐伯侯毛利高標字培松藏書畫之印"朱文方印。

尊經閣文庫藏本,原係江户時代加賀藩主前田綱紀舊藏。

王忠文公文集二十四卷

(明)王禕撰　劉同編　劉傑校

明正統年間(1436—1449年)刊本　共十二册

静嘉堂文庫藏本

【按】前有元至正十八年(1358年)胡翰《序》,又有宋濂《序》,蘇伯衡《序》,胡行簡《序》,明正統壬戌(1442年)楊士奇《序》,正統甲子(1444年)劉杰《序》等。

【附録】據仁孝天皇弘化二年(1845年)《漢籍發賣投標記録》記載,是年中國商船"巳二番"載《王忠文公集》一部二十册抵日本。其投標價爲永見屋十七匁五分。菱屋十八匁九分,安田屋三十五匁二分。

據《外船書籍元帳》記載,孝明天皇嘉永三年(1850年)中國商船"天草雉"載《王忠文公集》一部抵日本,售價十四匁。此本爲伊勢守所購得。

王忠文公文集二十四卷

(明)王禕撰　劉傑編

明嘉靖元年(1522年)刊本萬曆七年(1579年)修補本　共二十四册

内閣文庫藏本　原徐𤊹　昌平坂學問所等舊藏

王忠文公文集四十六卷　附一卷

(明)王禕撰　魏呈潤校
明崇禎十一年(1638年)刊本　共八册
内閣文庫藏本　原楓山官庫等舊藏

王忠文公文集二十四卷

(明)王禕撰
明刊本　共二十册
尊經閣文庫藏本　原江户時代加賀藩主前田綱紀等舊藏
【按】此本附王紳撰《繼志齋文稿》。

孫滄螺集六卷

(明)孫作撰
明汲古閣刊本　共一册
静嘉堂文庫藏本

楚石大師北游詩一卷

(明)釋梵琦撰　明秀拾遺
明末寫本　共一册
静嘉堂文庫藏本　原陸心源十萬卷樓等舊藏
【按】前有卞勝《序》。後有明正德年間(1506—1521年)明秀《跋》等。

眉庵集十二卷

(明)楊基撰
明刊本　共四册
宫内廳書陵部藏本

(重刻楊孟載)眉庵集十二卷　補遺一卷

(明)楊基撰　陳邦瞻校
明成化年間(1465—1487年)刊本
内閣文庫　東洋文庫藏本
【按】前有明成化十年(1474年)《序》。
内閣文庫藏本,原係楓山官庫等舊藏,共二册。
東洋文庫藏本,原係小田切萬壽之助等舊藏,共八册。

陳聘君海桑先生集十卷

(明)陳謨撰　楊士奇編　陳德文録
明建陽鄒信刊本　共四册
静嘉堂文庫藏本
【按】前有明永樂七年(1409年)晏璧《序》。

高太史大全集十八卷

(明)高啓撰　徐庸編
明景泰年間(1450—1456年)刊本
宫内廳書陵部　静嘉堂文庫藏本
【按】每半葉有界十一行,行二十字。黑口,四周雙邊。
前有明洪武三年(1370年)史官吴郡謝徽《序》,洪武二年(1369年)長山病叟胡翰《序》、洪武庚戌(1370年)翰林院侍講金華王愇《序》、明景泰元年(1567年)劉昌《序》,又有高啓《自序》。
宫内廳書陵部藏本,共十二册。
静嘉堂文庫藏本藏本,原係陸心源十萬卷樓舊藏,共四册。
【附録】據桃園天皇寶曆四年(1754年)長崎《舶來書籍大意書》記中國商船"戌字號"所載之漢籍著録此本。其釋文曰:"此係明人徐用理所編次之高季迪著作。高季迪著作甚多,有《吹臺集》、《缶鳴集》、《江館集》、《鳳臺集》、《婁江吟稿》、《姑蘇雜咏》等,是集輯其樂府今體共千七百七十餘首,分類編爲十八卷,名爲《大全集》。此本爲明景泰元年刊本,一部一帙四册,卷中有朱點,但脱紙四張。"
《外船賫來書目》記載,桃園天皇寶曆九年(1759年)中國商船"一番船"載《高季迪集》十部共十帙抵日本。
據《商舶載來書目》記載,後櫻町天皇明和五年(1768年)中國商船"世字號"載《青丘高季迪詩集》一部二帙抵日本。光格天皇天明三年

(1783年)中國商船"加字號"載《高季迪詩集》一部一帙抵日本。

據《外船書籍元帳》記載,仁孝天皇弘化四年(1847年)中國商船"午四番"載《高青丘詩集》一部一帙抵日本,售價十匁。孝明天皇嘉永二年(1849年)中國商船"酉四番"載《高青丘集》二部各二帙抵日本,售價每部十三匁。

日本仁孝天皇天保六年(1835年)醉古堂刊印高啓撰《高太史詩鈔》二卷,由日人仁科幹(白谷)編選。

天保八年(1837年)江户萬笈樓英氏刊印高啓撰《高季迪先生大全集》十八卷。此本後有大阪文榮堂伊丹屋善兵衛重印本。

仁孝天皇天保十年(1839年)日本文政堂·寶玉堂·群玉堂三堂合梓高啓撰《高青邱詩集》全八册。

同年,京都山城屋佐兵衛刊印高啓撰《青邱高啓迪先生絶句集》三卷。

孝明天皇嘉永三年(1850年)京都書林勝村治右衛門刊印高啓撰《高青邱詩醇》七卷,由日人齋藤正謙編選。此本後有嘉永五年(1852年)和泉屋金右衛門重印本。

孝明天皇安政三年(1856年)浪華青木恒三郎刊印《青邱高季迪先生詩集》八卷,其中《絶句集》三卷、《律詩集》五卷。

同年,京都林芳兵衛等刊印高啓撰《青邱高季迪先生律詩集》五卷,由日本江户時代著名漢詩人梁(川)星岩(孟緯)校。此本後有文久元年(1861年)重印本。

(重刻)高太史大全集十八卷　附扣舷集一卷

(明)高啓撰

明景泰元年(1450年)序刊本　共四册

東洋文庫藏本

(重刻)高太史大全集十卷　附扣舷集一卷

(明)高啓撰

明萬曆年間(1573—1620年)刊本　共五册

尊經閣文庫藏本　原江户時代加賀藩主前田綱紀舊藏

高季迪大全集十八卷

(明)高啓撰　徐庸校

明刊本　共八册

宫内廳書陵部　神户大學附屬圖書館文學部分館藏本

【附録】據《商舶載來書目》記載,桃園天皇寶曆四年(1754年)中國商船"加字號"載《高季迪大全集》一部一帙抵日本。

缶鳴集十二卷

(明)高啓撰　周立編

明永樂年間(1403—1424年)刊本　黄丕烈手識本　共六册

静嘉堂文庫藏本　原陸心源十萬卷樓舊藏

【按】前有明洪武庚戌(1370年)王禕《序》,洪武二年(1369年)胡翰《序》。又有洪武三年(1370年)謝徽《後序》,永樂元年(1403年)周立《跋》。

卷中有清乾隆五十九(1794年)黄丕烈手釋文。其文曰:

"余家向藏高季迪先生《缶鳴集》,係從東城顧氏得來者。裝潢精雅,楮墨具帶古香,想舊刻難得,故珍重如斯。今甲寅初夏十日,適遇郡中迎神賽會,舉國若狂,而余以疏嬾性成,未及往觀。午飯後,偶步至學餘書林,披覽書籍,無一當意者。見架底有破書兩本,古色黝然。視之,則舊刻《缶鳴集》也。問其值,索青蚨五星,因以八折歸之。携歸後,與素藏者相對,字迹清朗,首尾完善,竟爲此勝於彼。且前後胡王謝三人之《序》,彼係鈔補,而此屬刻本,并多校刻周立公禮《後序》二葉,是可喜已。擬亦裝潢而竝藏諸篋笥云。時乾隆甲寅四月上澣郡後學黄丕烈識。"

此本《四庫》未收。

【附録】據《商舶載來書目》記載,光格天皇天明三年(1783年)中國商船"不字號"載《缶鳴集》一部一帙抵日本。

缶鳴集十二卷

(明)高啓撰

明介石堂刊本　共四册

内閣文庫藏本　原豐後佐伯藩主毛利高標等舊藏

【按】此本係仁孝天皇文政年間(1818—1829年)出雲守毛利高翰獻贈幕府。明治初期歸内閣文庫。卷中有"佐伯侯毛利高標字培松藏書畫之印"印記。

姑蘇雜咏二卷

(明)高啓撰　周傅編

明洪武三十一年(1398年)刊本　共二册

東北大學附屬圖書館藏本

【按】每半葉有界十二行,行二十字。黑口,四周雙邊。

前有明洪武四年(1371年)高啓《自序》,又有洪武三十一年(1398年)郡人周傅《題識》。

(誠意伯)劉先生文集二十卷

(明)劉基撰

明正德年間(1506—1521年)刊本　共十册

尊經閣文庫藏本　原江户時代加賀藩主前田綱紀等舊藏

【附録】據《商舶載來書目》記載,桃園天皇寬延二年(1749年)中國商船"世字號"載《誠意伯文集》一部二帙抵日本。

日本仁孝天皇天保十年(1839年)帶香草閣刊印劉基撰《誠意伯詩抄》四卷,由日人垣内保定編纂,野吕公麟校。此本有天保十一年(1840年)若山阪本屋喜一郎重印本。

天保十五年(1844年)大阪赤松九兵衛刊印劉基撰《劉誠意文鈔》三卷,由日人奥野純纂次。此本後有河内屋茂兵衛重印本。

同年,又有和刊本劉基撰《誠意伯文粹》三卷。此本後有河内屋茂兵衛重印本。

(重鋟誠意伯)劉先生文集二十卷

(明)劉基撰　林富重編

明嘉靖年間(1522—1566年)刊本(有寫補)　共二十册

宫内廳書陵部藏本

(太師誠意伯)劉文成公集二十卷　附劉公行狀一卷

(明)劉基撰　樊獻科編　陳烈校　《行狀》黄伯生撰

明隆慶六年(1572年)新建謝氏刊本

東洋文庫　静嘉堂文庫　東京大學總合圖書館　愛知大學附屬圖書館簡齋文庫藏本

【按】東洋文庫藏本,原係小田切萬壽之助等舊藏,共十册。

静嘉堂文庫藏本,共六册。

東京大學藏本,原係紀州德川家南葵文庫舊藏,共十一册。

愛知大學藏本,原係小倉正恒等舊藏,共十二册。

劉文成公集二十卷

(明)劉基撰

明崇禎十年(1637年)滇寧朱葵校刊本　共六册

廣島大學文學部藏本

太師誠意伯行狀一卷　劉文成公集十八卷

(明)劉基撰　樊獻可編

明嘉靖三十五年(1556年)真定知府于德昌刊本　共十七册

内閣文庫　蓬左文庫藏本

【按】内閣文庫藏本,原係楓山官庫等舊藏,共十七册。

蓬左文庫藏本,共八册。

劉文成公集十二卷

(明)劉基撰　鍾惺評

明刊本　共六册

内閣文庫藏本　原楓山官庫等舊藏

覆瓿集二十四卷

(明)劉基撰

明正德年間(1506—1521年)刊本　共六册

尊經閣文庫藏本　原江户時代加賀藩主前田綱紀舊藏。

【按】《四庫全書總目》"集部"著録劉基《誠意伯文集》二十卷曰:"其詩文雜著,凡《郁離子》四卷、《覆瓿集》十卷……,本各自爲書。成化中,巡按浙江御史戴鱀等始合爲一帙。"未有二十四卷之説。

【附録】日本江户時代有《劉基覆瓿集抄》寫本一種。此本現存國會圖書館。

清江貝先生集四卷

(明)貝瓊撰　李詩校

明萬曆三年(1575年)刊本　共四册

内閣文庫藏本　原昌平坂學問所等舊藏

汪右丞集一卷

(明)汪廣洋撰

明隆慶五年(1570年)序刊本　共一册

内閣文庫藏本

鳳池吟稿十卷

(明)汪廣洋撰　王應元校

明刊本　共二册

内閣文庫　静嘉堂文庫藏本

【按】首題"明高郵汪廣陽朝宗父著"。

前有明洪武三年(1370年)宋濂《序》。

内閣文庫藏本,原係江户時代豐後佐伯藩主毛利高標等舊藏,仁孝天皇文政年間(1818—1829年)由出雲守毛利高翰獻贈幕府。明治初期歸内閣文庫。卷中有"佐伯侯毛利高標字培松藏書畫之印"印記,共四册。

静嘉堂文庫藏本,原係陸心源十萬卷樓舊藏,共二册。

潛溪集十卷　附二卷

(明)宋濂撰

元至正年間(1341—1368年)刊本　共四册

内閣文庫藏本　原吉田意庵　昌平坂學問所等舊藏

【附録】據室町時代(1393—1573年)臨濟宗僧人季弘大叔在其日記《庶軒日録》中記載其所寓目的典籍,其中"文明十七年(1485年)二月二日"中有宋濂《潛溪集》一種。

潛溪集八卷　首一卷　附一卷

(明)宋濂撰

明嘉靖十五年(1536年)景州知州温秀刊本　共八册

内閣文庫　蓬左文庫　御茶之水圖書館藏本

【按】卷後有"嘉靖柔兆涒灘(丙申·1536年)歲夷則月望"西蜀高節《跋》。

末鐫"知景州洛邑温秀校刊"。

内閣文庫藏此同一刊本三部。一部原係江户時代林氏大學頭家舊藏;一部原係楓山官庫等舊藏;一部原係松平定信等舊藏。

御茶之水圖書館藏本,原係朝用善庵舊藏,後歸德富蘇峰成簣堂。第一册内封有德富蘇峰手識文。

宋學士先生文集二十六卷　附一卷

(明)宋濂撰

明天順年間(1457—1464年)刊本　共十五册

静嘉堂文庫藏本　原王聞遠　嘉興金氏文瑞樓　陸心源守先閣舊藏

【按】卷中有"蓮涇"、"太原叔子藏書記"、"金星軺藏書記"等印記。

陸心源《儀顧堂題跋》卷一三著録此本,其釋文曰:

"《宋學士集》二十六卷《附録》一卷,明宋濂撰。天順間刊本,前有天順五年魏驥

《序》。按，濂集刊于未入明以前者，文曰《潛溪》前後續集四十卷，詩曰《蘿山集》五卷。其入明以後，《翰苑集》四十卷，《芝園》前後續稿三十卷，《朝京稿》五卷。洪武中，劉誠意選爲《文粹》十卷。建文初，方正學又選爲《續文粹》十卷。天順元年，黄溥合各集選刊之，僅得三百三十餘首。此本爲黄譽官浙江參政時所刊，合《潛溪》前後集、《潛溪文粹》、《蘿山集》而編之。凡涉二氏者皆不録，計得詩文六百餘首。似未見《鑾坡》、《翰苑》、《芝園》、《朝京》各稿者……。"

【附録】據室町時代（1393—1573 年）臨濟宗僧人季弘大叔在其日記《庶軒日録》中記載其所寓目的典籍，其中"文明十六年（1484 年）五月十五日"中有宋濂《宋學士文集》一種。

室町時代相因寺鹿苑院蔭凉軒歷代軒主有公用日記《蔭凉軒日録》，其中"明應二年（1493 年）三月二十八日"記載典籍中有宋濂《宋學士文》一種。

據《商舶載來書目》記載，桃園天皇寶曆十一年（1761 年）中國商船"曾字號"載《宋學士全集》一部二帙抵日本。

（重刊）宋濂學士先生文集二十八卷

（明）宋濂撰

明刊本　共八册

静嘉堂文庫藏本　原島田篁村等舊藏

宋學士集七十五卷

（明）宋濂撰

明正德年間（1506—1521 年）刊本

静嘉堂文庫　尊經閣文庫藏本

【按】此集細目如次：

《宋學士鑾坡集》十卷；《鑾坡後集》十卷；

《翰苑續集》十卷；《翰苑别集》十卷；

《芝園前集》十卷；《芝園後集》十卷；《芝園續集》十卷；

《朝京稿》五卷。

静嘉堂文庫藏本，原係陸心源十萬卷樓舊藏，共十四册。

尊經閣文庫藏本，原係江户時代加賀藩主前田綱紀舊藏，共二十册。

（新刊）宋學士全集三十三卷

（明）宋濂撰　韓叔陽彙集　張元中編　張孟昂校

明嘉靖三十年（1551 年）刊本

宫内廳書陵部　内閣文庫　静嘉堂文庫　尊經閣文庫　東北大學附屬圖書館　大谷大學悠然樓　陽明文庫　御茶之水圖書館藏本

【按】每半葉有界十一行，行二十四字。左右雙邊。

宫内廳書陵部藏本，共二十六册。

内閣文庫藏此同一刊本三部，皆共十八册。其中，一部原係江户時代林氏大學頭家舊藏；一部原係楓山官庫等舊藏。

静嘉堂文庫藏此同一刊本三部。一部原係竹添井井（光鴻）舊藏，卷中有竹添氏手識文，共十八册。一部原係陸心源守先閣舊藏，此本有清人修補，共十八册。一部共二十册。

尊經閣文庫藏本，原係江户時代加賀藩主前田綱紀舊藏，共十八册。

東北大學藏本，原係狩野亨吉等舊藏，共十三册。

大谷大學藏本，原係大西行禮等舊藏，共十八册。

陽明文庫藏本，原係近衛家熈等舊藏，共十八册。

御茶之水圖書館藏本，原係德富蘇峰成簣堂等舊藏。此本係稍厚百綿紙印本，封面有朝鮮黄色紋樣紙裝裱，共十七册。

【附録】日本東山天皇元禄十年（1697 年）洛陽（京都）書肆甘節齋梅村彌右衛門、好古堂柳田六左衛門刊印《新刊宋學士全集》三十三卷，并《目》一卷。此本版心作"三十四卷"。其後，此本有元禄十五年（1701 年）重印本。

宋學士全集三十二卷

(明)宋濂撰　張元中編

明嘉靖年間(1522—1566年)刊本　共十八册

宫内廳書陵部藏本

宋學士全集三十二卷

(明)宋濂撰

明嘉靖年間(1522—1566年)刊本　共二十册

宫内廳書陵部藏本

宋學士文粹十卷　補遺一卷

(明)宋濂撰　劉基編

明洪武十年(1377年)鄭濟刊本　共三册

内閣文庫藏本

【按】每半葉有界十六行,行二十七字。黑口,左右雙邊。

前有明洪武八年(1375年)宋濂《自序》。後有洪武丁巳(1377年)鄭濟《刻書跋》。

内閣文庫藏此同一刊本兩部。一部原係太田道觀、水野忠英等舊藏;一部原係江户時代林羅山等舊藏,卷中有"江雲渭樹"印記。

【附録】日本孝明天皇文久二年(1862年)大坂群玉堂河内屋茂兵衛、江户玉巖堂和泉屋金右衛門刊行《宋學士文粹》三卷,由日人村瀨誨輔編輯,松下綱校。此本後有文久四年(1864年)重印本,又有文久四年(1864年)大阪河内屋茂兵衛重印本。

于忠肅公集十二卷　附録四卷

(明)于謙撰

明嘉靖年間(1522—1566年)刊本　共八册

宫内廳書陵部　尊經閣文庫藏本

【按】宫内廳書陵部藏本,共八册。

尊經閣文庫藏本,原係江户時代加賀藩主前田綱紀等舊藏,共十二册。

静居集四卷

(明)張羽撰

明萬曆年間(1573—1620年)刊本　共四册

宫内廳書陵部藏本

【附録】據《商舶載來書目》記載,中御門天皇正德二年(1712年)中國商船"智字號"載《張來儀静居集》一部二帙抵日本。

(重刻張來儀)静居集四卷

(明)張羽撰　陳邦瞻等校

明刊本

内閣文庫　尊經閣文庫藏本

【按】内閣文庫藏本,原係楓山官庫等舊藏,共二册。

尊經閣文庫藏本,原係江户時代加賀藩主前田綱紀舊藏,共一册。

張來儀先生文集一卷

(明)張羽撰

古寫本　何義門手校本　共一卷

静嘉堂文庫藏本　原陸心源十萬卷樓舊藏

吴中古蹟詩一卷

(明)王賓撰

清人顧開林手寫本　朱之赤手識文本　共一册

静嘉堂文庫藏本

【按】此本集王賓詩一百三十七首。

卷末有清人朱之赤手識文。其文曰:

"王光庵先生集,友人姚昱初、陸繩仲皆有鈔本,此顧開林手鈔本也。丙寅春仲,借歸倩汪子曾貽鈔之,雨窗無事,遂爲訂正,尚多錯謬,當俟假姚陸二君本,一爲對勘爲得耳。二月初十日休寧千秋里人朱之赤手識。"

陶學士先生文集二十卷　事迹一卷

(明)陶安撰　張祐校

明弘治年間(1488—1505年)太平郡齋刊本

靜嘉堂文庫　尊經閣文庫　東洋文庫　蓬左文庫藏本

【按】前有明弘治二年費宏《序》,後有弘治三年(1450年)張祐《跋》。

靜嘉堂文庫藏本,原係陸心源十萬卷樓舊藏,共六册。

尊經閣文庫藏此同一刊本兩部,原係江户時代加賀藩主前田綱紀舊藏,一部共八册;一部共十册。

東洋文庫藏本,原係小田切萬壽之助等舊藏,共十二册。

蓬左文庫藏本,共六册。

陶學士先生文集二十卷

(元)陶安撰

明弘治年間(1488—1505年)刊本　共六册

内閣文庫藏本

【按】内閣文庫藏此同一刊本兩部。一部原係豐後佐伯藩主毛利高標等舊藏,仁孝天皇文政年間(1818—1829年)出雲守毛利高翰獻贈幕府。明治初年歸内閣文庫。卷中有"佐伯侯毛利高標字培松藏書畫之印"朱文方印。一部原係江户時代林氏大學頭家等舊藏。

陶學士先生文集十五卷

(明)陶安撰　張祐校

明弘治年間(1488—1505年)刊本　共十五册

東洋文庫藏本　原藤田豐八等舊藏

芳洲文集十卷　附録一卷　芳洲先生年譜一卷

(明)陳循撰　《年譜》(明)王翔撰

明萬曆年間(1573—1620年)刊本　共八册

尊經閣文庫藏本　原江户時代加賀藩主前田綱紀舊藏

海叟集四卷

(明)袁凱撰

明萬曆三十七年(1609年)序刊本　共二册

東洋文庫藏本　原藤田豐八等舊藏

西隱文集十卷　附一卷

(明)宋訥撰　王崇之編

明劉師魯校刊本　共八册

靜嘉堂文庫藏本　原陸心源十萬卷樓舊藏

【按】前有顧爾行《序》。後有劉師魯《後序》,又有明洪武七年(1384年)伍分貞《後序》、明成化九年(1473年)王崇之《後序》、同年錢溥《跋》。

翠屏詩集二卷　翠屏張先生文集二卷

(明)張以寧撰

明成化年間(1465—1487年)刊本　共四册

靜嘉堂文庫藏本　原陸心源十萬卷樓舊藏

【按】前有明洪武三年(1370年)《誥命》及《太祖御賜詩序》。又有明洪武三年(1370年)宋濂《序》、洪武甲戌(1394年)劉三吾《序》、洪武己巳(1389年)陳南賓《序》、明宣德三年(1428年)陳璉《序》。後有明成化十六年(1480年)嗣孫張淮《重刻跋》。

翠屏詩集(翠屏集)二卷　翠屏張先生文集二卷

(明)張以寧撰　(明)石光霽編　張淮續編

明成化十六年(1480年)刊本　共二册

内閣文庫藏本　原楓山官庫舊藏

槎翁文集十八卷

(明)劉崧撰

明嘉靖年間(1522—1566年)刊本　共八册

靜嘉堂文庫藏本　原陸心源十萬卷樓舊藏

【按】前有明嘉靖紀元(1522年)夏五月羅欽忠《序》。後有鄒守益《後序》。

東皐集三卷

(明)釋妙聲撰

明人寫本　共三册

靜嘉堂文庫藏本　原陸心源十萬卷樓舊藏

【按】前有明洪武十七年(1384年)法孫德瓛《跋》。

卷中有“抱經堂藏書印”朱文長方印。

覆瓿集(殘本)十八卷　覆瓿拾遺二卷

(明)朱同撰

明初刊本　共四册

内閣文庫藏本　原江户時代木村蒹葭堂等舊藏

【按】是書全本二十四卷。此本今缺卷一至卷六,實存卷七至卷二十四,凡十八卷。

《四庫全書總目》“集部”著録明人朱同《覆瓿集》七卷、《附録》一卷,不見有二十四卷本之説。

覆瓿集八卷

(明)朱同撰　范涞校

明萬曆四十四年(1616年)序刊本　共二册

内閣文庫　静嘉堂文庫藏本

【按】首題“明紫陽山樵朱同著”。

前有明萬曆丙辰(1616年)范涞《引》。

内閣文庫藏本,原係楓山官庫等舊藏。

静嘉堂文庫藏本,原係陸心源十萬卷樓舊藏。

丹崖集八卷　附一卷

(明)唐肅撰

明天順年間(1457—1464年)刊本　共二册

静嘉堂文庫藏本　原璜川吴氏　陸心源十萬卷樓舊藏

【按】前有明洪武四年(1371年)宋濂《序》,又有戴良《序》、洪武八年(1375年)申屠衡《序》等。

卷首題署“明會稽唐肅處敬著”。

此書《四庫全書》未收録,陸心源《儀顧堂集》卷十九著録此本。其識文曰:

“《丹崖集》八卷,《附録》一卷,題曰‘會稽唐肅處敬著’。天順時刊本,舊爲璜川吴氏藏書。前有宋景濂、戴良、申屠衡《序》,後有天順八年平湖沈琮《刊板跋》。按,處敬,山陰人,自號丹崖居士。至正壬寅舉於鄉,行省授爲黄岡書院山長,遷嘉興儒學正。洪武三年,召修樂書,擢翰林應奉文字。明年,以失朝罷官,旋謫佃於濠而卒。事迹詳《明史·文苑傳》。伏讀《四庫提要》云,唐之淳,字愚士,肅之子也。愚按,《提要》全書凡父之著作,已收於前,則於子之著述下云‘某之子也’,如《青谿漫稿》,云‘岳謙之子也’之類。今肅集不收,則‘肅之子’一語爲無根。竊意唐氏父子,皆以文名,《丹崖集》當時必收,想爲後來編次所遺,故《提要》云云耳。不然,附《存目》中,何以亦無其名耶?《明史·藝文志》載《丹崖集》八卷,與此本合。卷一賦,卷二五七言古詩,卷三樂府、歌行、五言律詩,卷四七言律詩、五七言絶句,卷五記,卷六序贊,卷七箴銘、雜著,卷八題跋、墓誌。《附録》則行狀、像贊、輓章也。宋濂《序》云:‘沈涵於經而爲之本源,饜飫於史而助其波瀾;出入諸子百家,以博其支流。’戴良《序》云:‘詩文澹而華,質而麗,真而不倨,簡而不啬。’蘇平仲云:‘古文簡潔而雅奥,律詩步驟盛唐,樂府古詩浸淫漢魏。’今觀其詩文,皆謹守繩墨,無元季靡靡之習。景濂、九靈、平仲諸人,推重甚至,良有以也。此書流傳甚少,阮文達、張月霄,廣收《四庫》未收古書,亦未之見也。”

卷中有“璜川吴氏考藏圖書”等印記。

敬所小稿一卷

(明)蘇境撰

古寫本　黄蕘圃手識文本　共一册

静嘉堂文庫藏本

【按】前有明洪武癸酉(1393年)陳忠述《序》。

卷中有黄蕘圃手識文二則。一則曰:

“己巳夏,有書船友携天文書二種及此《敬所小稿》求售,余獨取此,爲有晉江黄氏父子藏書圖記在上也。此書各家書目鮮載之，惟俞郃《明史·藝文志》'别集類'有云'蘇仲簡《敬所小稿》四卷，名境，以字行。洪武中訓導。'今檢是書，并未標明卷數，而分卷出頭，衹有三卷，豈有所遺耶，抑《志》誤也？俟博考之。仲夏中澣十日復翁。"

二則曰：

"道光癸未季冬，風雪掩關，燒燭粗讀一過。通體脱誤良多，苦無别本可正，隨手以意校定，未必全是也。末一首脱誤尤甚，幾不可句。檢列朝詩集小傳，洪武時竟無蘇公姓氏。殆小家，故未著名耶，因是歎没世名稱之爲難也！蕘夫識。"

此書《四庫全書》未收。

朱一齋先生文集十六卷

(明)朱善撰

明成化丙午年(1486年)六世孫朱維鑒刊本　共二册

静嘉堂文庫藏本　原陸心源十萬卷樓舊藏

【按】前有聶鉉《序》。

蘇平仲文集十六卷

(明)蘇伯衡撰　林與直編

明正統年間(1436—1449年)刊本　共四册

静嘉堂文庫藏本　原千頃堂　陸心源十萬卷樓舊藏

【按】前有明洪武十三年(1380年)宋濂《序》，又有洪武四年(1371年)劉基《序》。後有明正統壬戌(1442年)黎諒《跋》、明洪武八年(1375年)胡翰《跋》。

卷中有"温陵黄俞郃氏藏書"等印記。

東岡集(不分卷)

(明)柯暹撰

明天順三年(1459年)序刊本　共六册

築波大學附屬圖書館藏本　原江户時代林氏大學頭家　東京教育大學等舊藏

【按】每半葉有界十行，行十九字。白口，四周雙邊。

各篇有批點。

卷中有"藕濆精舍"、"鶩溪新收"、"增島氏圖書記"、"春吉堂"等印記。

始豐稿十四卷

(明)徐一夔撰

明刊本　共三册

静嘉堂文庫藏本　原陸心源十萬卷樓舊藏

【按】卷中後人寫補甚多，自卷七以下，皆爲抄補。

滄螺集六卷

(明)孫作撰

明刊本　共一册

静嘉堂文庫藏本　原陸心源十萬卷樓舊藏

遜志齋集三十卷　拾遺十卷　附録一卷

(明)方孝孺撰　黄孔昭　謝鐸編

明成化年間(1465—1487年)刊本　共三十二册

静嘉堂文庫　慶應義塾大學附屬圖書館藏本

【按】每半葉有界十行，行二十二字。黑口，四周雙邊(22.8cm×13.4cm)。版心記卷數、葉數等。

前有明洪武三十年(1397年)林右《序》，同年王紳《序》。卷末有明成化己亥(1479年)謝鐸《跋》，又有成化十六年(1480年)黄孔昭《跋》，成化十八年(1482年)張弼《跋》等。

静嘉堂文庫藏本，共三十二册。

慶應大學藏本，卷中有朱筆及藍墨句點，并有讀書校語等，共十六册。

【附録】日本仁孝天皇文政元年(1818年)大阪河内屋茂兵衛、江户和泉屋金右衛門刊印方孝孺撰《方正學文粹》六卷，由日人村瀨誨輔(石庵)編輯並寫有《序》。此本有文政十二年(1830年)大阪河内屋茂兵衛重印本，又有天保二年(1831年)重印本，天保四年(1833年)

大阪河内屋茂兵衛重印本等。

又,光格天皇文化十年(1813年)平户藩松浦家乾乾齋用活字版刊印方孝孺撰《深慮論》。

仁孝天皇文政七年(1824年)平户藩松浦家乾乾齋刊印方孝孺撰《君學》。

遜志齋集二十四卷　附録一卷

(明)方孝孺撰

明正德十五年(1520年)姑蘇顧氏刊本　共十册

内閣文庫　静嘉堂文庫　京都大學文學部中國語學文學哲學研究室藏本

【按】前有王紳《序》,又有明洪武三十年(1397年)林右《序》,明正德庚辰(1520年)顧璘《跋》。

内閣文庫藏本,原係楓山官庫等舊藏,共十册。

静嘉堂文庫藏本,原係陸心源十萬卷樓舊藏,共十册。

京都大學藏本,共十六册。

遜志齋集二十四卷　目一卷　附録一卷

(明)方孝孺撰　范惟一編

明嘉靖四十年(1561年)刊本

宫内廳書陵部　内閣文庫　尊經閣文庫　御茶之水圖書館藏本

【按】前有范惟一《序》、王可大《序》,又有唐堯臣《序》等。

宫内廳書陵部藏本,卷中有"無住禪"、"必瑞堂圖書記"、"澹寧齋藏"、"除秉政印"等印記,共二十二册。

内閣文庫藏本,共十四册。

尊經閣文庫藏本,原係江户時代加賀藩主前田綱紀舊藏,共十四册。

御茶之水圖書館藏本,原係德富蘇峰成簣堂等舊藏。此本封面係用朝鮮産白色紋樣紙裝裱,卷末有德富蘇峰手釋文,其文曰:"昭和二稔十一月初六日,夕洗日赴千歲村恒春園,列蘆花弟五十日祭,情懷極凄。蘇峰六十五叟。"共十册。

遜志齋集二十四卷　目一卷　附録一卷

(明)方孝孺撰　范惟一編　唐堯臣校

明萬曆年間(1573—1620年)刊本　共四十册

蓬左文庫藏本　原江户時代尾張藩主家舊藏

【按】前有明嘉靖四十年(1561年)台州知府王可大《重刻序》,又有明萬曆四年(1576年)華亭徐階《重刊序》。

此本係明正天皇寬永十四年(1637年)從中國購入。

卷中有"尾陽内庫"印記。

(方正學先生)遜志齋集二十四卷　目一卷

(明)方孝孺撰

明萬曆四十年(1612年)刊本

宫内廳書陵部　東洋文庫　静嘉堂文庫藏本

【按】宫内廳藏書陵部本,共十六册。

東洋文庫藏本,原係小田切萬壽之助等舊藏,共十二册。

静嘉堂文庫藏此同一刊本兩部。一部共二十册;一部原係宫島藤吉舊藏,共十二册。

【附録】據《商舶載來書目》記載,桃園天皇寶曆八年(1758年)中國商船"曾字號"載《遜志齋方正學集》一部二帙抵日本。寶曆九年(1759年)中國商船"曾字號"又載《遜志齋集》一部二帙抵日本。

據《外船書籍元帳》記載,孝明天皇嘉永二年(1849年)中國商船"申三番"載《遜志齋集》一部十二册抵日本,售價五十六匁。

日本江户時代有方孝孺撰《方正學先生遜志齋集》四十卷手寫本一種,此本注明依明萬曆四十年刊本手録。現存福井市立圖書館。

(方正學先生)遜志齋集二十四卷　拾補一卷　外紀一卷　附年譜一卷　年譜辯正一卷

(明)方孝孺撰　十世孫忠奕十一世孫振節同編　十二世孫灊等重編　《年譜》盧演翁等輯

明崇禎十五年(1642年)盱江張氏刊本清康熙三十七年(1698年)淮南俞化鵬修補本

東京大學總合圖書館藏本

【按】東京大學藏此同一刊本三部。一部原係市村瓚次郎覺廬文庫舊藏,共三十二册。一部原係紀州德川家南葵文庫舊藏,共十二册。一部爲清人薊門趙予信等再修本,共二十册。

(方正學先生)遜志齋集二十七卷

(明)方孝孺撰　丁賓等校

明萬曆四十六年(1618年)刊後印本　共十二册

宫内廳書陵部藏本

方正學集十三卷

(明)方孝孺撰　張汝瑚選

明温陵書林刊本　共四册

東洋文庫藏本　原藤田豐八等舊藏

【附録】據《商舶載來書目》記載,後櫻町天皇明和二年(1765年)中國商船"波字號"載《方正學集》一部一帙抵日本。

(方正學先生)遜志齋集十三卷

(明)方孝孺撰　張紹謙編

明崇禎十五年(1642年)序刊本　共八册

内閣文庫藏本

盤谷集十卷　盤谷唱和集二卷

(明)劉薦撰

明永樂三年(1405年)序刊本　共七册(現合爲三册)

國會圖書館藏本

柳莊先生詩集八卷

(明)袁珙撰　袁忠徹編

明刊本　共一册

内閣文庫藏本　原豐後佐伯藩主毛利高標等舊藏

【按】此本係仁孝天皇文政年間(1818—1829年)由出雲守毛利高翰獻贈幕府。明治初期歸内閣文庫。卷中有"佐伯侯毛利高標字培松藏書畫之印"朱文方印。

鳳池吟稿

(明)袁忠徹撰

明永樂年間(1403—1424年)刊本　共二册

尊經閣文庫藏本　原江户時代加賀藩主前田綱紀等舊藏

劉草窻集二卷

(明)劉溥撰

明刊本　共二册

静嘉堂文庫藏本

【按】此本上卷係後人寫補,下卷乃明人刊本。

解學士先生集三十卷

(明)解縉撰　黄諫編

明天順元年(1457年)刊本　共八册

宫内廳書陵部藏本

解學士文集十卷

(明)解縉撰

明嘉靖四十一年(1562年)序刊本　共十册

内閣文庫　尊經閣文庫藏本

【按】内閣文庫藏本,原係江户時代林氏大學頭家舊藏。

尊經閣文庫藏本,原係江户時代加賀藩主前田綱紀舊藏。

解學士文集十二卷　首一卷

(明)解縉撰
明刊本　共十二册
内閣文庫藏本　原楓山官庫等舊藏

(獻園)睿制集十七卷

(明)朱椿撰
明成化二年(1466年)序刊本　共四册
内閣文庫藏本　原楓山官庫等舊藏

(定園)睿制集十卷

(明)朱椿撰
明成化五年(1469年)序刊本　共二册
内閣文庫藏本　原楓山官庫等舊藏

(懷園)睿制集十卷

(明)朱椿撰
明成化十二年(1476年)序刊本　共二册
内閣文庫藏本　原楓山官庫等舊藏

(惠園)睿制集十二卷

(明)朱椿撰
明弘治十四年(1501年)序刊本　共四册
内閣文庫藏本　原楓山官庫等舊藏

東園遺稿四卷　首一卷

(明)何文淵撰
明嘉靖三十八年(1559年)序刊本　共二册
内閣文庫藏本　原楓山官庫等舊藏

淡軒先生詩文集十二卷

(明)林文撰
明嘉靖年間(1522—1566年)刊本　共四册
尊經閣文庫藏本　原江户時代加賀藩主前田綱紀舊藏

(玄祖翰撰)養静公詩集五卷　文集五卷

(明)王褒撰　王應鍾編
明萬曆十六年(1588年)序刊本　共八册
内閣文庫藏本　原楓山官庫等舊藏

友石先生詩集(王舍人詩集)五卷　墓表小傳一卷

(明)王紱撰
明洪熙年間(1425年)刊本　共四册
静嘉堂文庫藏本　原朱卧庵　陸心源十萬卷樓舊藏

【按】前有明洪熙元年(1425年)王進《序》,又有明永樂二十年(1422年)曾棨《序》。

卷首題署:"中書舍人錫山王紱孟端撰"。後有《墓表小傳》。

卷中有黄蕘圃手識文。其文曰:

"周丈香巖得此集,版刻正與之同,而缺其第五卷。因借去影抄足之,并爲余檢點所缺失,夾籤識其中而還之,此去年事也。余鹿鹿未及借補,適香巖命工裝是書,遂從工處携歸,補全舊鈔二葉,仍附卷尾,以存其古。丁卯六月復翁識。"

卷中又有朱之赤手釋文。其文曰:

"案《提要》作《王舍人詩集》。云紱字孟端,無錫人,别號又石。子曾貽鈔之,雨窗無事,遂爲訂正。尚多錯繆,當俟假姚陸二君本,一爲對勘,乃爲得耳。二月初十日,休寧千秋里人朱之赤手識。"

卷中有"休寧朱之赤珍藏圖書"、"卧庵道士"等印記。

王舍人集一卷

(明)王紱撰
明隆慶五年(1571年)序刊本　共一册
内閣文庫藏本

楊東里集九十三卷　附録四卷

(明)楊士奇撰
明正統年間(1436—1449年)刊本　共三十册
静嘉堂文庫藏本

【按】前有明正統五年(1440年)黄淮《序》。

卷首題署:"廬陵楊文貞公士奇著"。

此本係《文集》二十五卷、《詩集》三卷、《續集》六十二卷、《代言録》一卷、《聖諭録》一卷、《奏對録》一卷,并《附録》四卷。

東里文集二十五卷　詩集三卷

(明)楊士奇撰　李元春校

明正德年間(1506—1521年)刊本

宫内廳書陵部　内閣文庫　尊經閣文庫藏本

【按】宫内廳書陵部藏本,無《詩集》三卷,共八册。

内閣文庫藏本,原係豐後佐伯藩主毛利高標舊藏。卷中有後人寫補。此本係仁孝天皇文政年間(1818—1829年)出雲守毛利高翰獻贈幕府,明治初期歸内閣文庫,"卷中有佐伯侯毛利高標字培松藏書畫之印"朱文方印。共十二册。

尊經閣文庫藏本,原係江户時代加賀藩主前田綱紀舊藏,共八册。

東里文集二十五卷

(明)楊士奇撰

明萬曆四十六年(1618年)重刊本

東京大學總合圖書館藏本

【按】東京大學藏此同一刊本三部。一部原係紀州德川家南葵文庫舊藏,共二十四册。一部共十四册。一部原係森林太郎鷗外文庫舊藏,共八册。

東里文集二十五卷　附七十四卷

(明)楊士奇撰　李元春校

明刊本　共八册

内閣文庫　静嘉堂文庫藏本

【按】此本《附録》細目如次:

《續編》六十二卷;《目録》二卷;《詩集》三卷;《代言録》一卷;《聖諭録》一卷;《奏對録》一卷;《附録》四卷。

内閣文庫藏本,原係楓山官庫等舊藏。此本《附録》今存《續編》六十二卷、《詩集》三卷,共八册。

静嘉堂文庫藏本,原係陸心源十萬卷樓舊藏,共四十三册。

東里文集二十五卷　别集二卷

(明)楊士奇撰

明裔孫觀光重刊本　共十册

東洋文庫藏本　原小田切萬壽之助等舊藏

東里文集十八卷

(明)楊士奇撰

明正統五年(1440年)跋刊本　共六册

内閣文庫藏本

大竹文集三卷　大竹遺考一卷

(明)陳鼎撰

明嘉靖年間(1522—1566年)刊本　共四册

尊經閣文庫藏本　原江户時代加賀藩主前田綱紀舊藏

澹然居士文集十卷

(明)陳敬宗撰

明嘉靖年間(1522—1566年)刊本　共四册

尊經閣文庫藏本　原江户時代加賀藩主前田綱紀舊藏

澹然文集五卷　年譜二卷

(明)陳敬宗撰　潘汝楨輯　《年譜》陳其柱編

明萬曆四十四年(1616年)序刊本　共六册

東洋文庫藏本

【附録】據《商舶載來書目》記載,後桃園天皇安永三年(1774年)中國商船"多字號"載《澹然文集》一部二帙抵日本。

彭文憲公文集十卷　附録一卷　殿試册一卷

(明)彭時撰

明七世侄孫志楨重刊本　共五册
東洋文庫藏本　原藤田豐八等舊藏

楊文敏公集二十五卷　附録一卷

(明)楊榮撰
明正德十年(1515年)重刊本
静嘉堂文庫　東京大學總合圖書館藏本
【按】前有明正統五年(1440年))胡儼《序》、正統十一年(1446年)王直《序》,又有周叙《序》、錢習禮《序》、明正德十年(1515年)五月王瓚《重刻序》。
静嘉堂文庫藏本,原係陸心源十萬卷樓舊藏,共八册。
東京大學總合圖書館藏本,共十四册。

烏衣集四卷

(明)王宇撰
明天啓四年(1624年)序刊本　共四册
内閣文庫藏本　原楓山官庫等舊藏

黄忠宣公文集十三卷　别集六卷

(明)黄福撰
明正統年間(1436—1449年)刊本　共八册
尊經閣文庫藏本　原江户時代加賀藩主前田綱紀舊藏

方山要翰四卷　首一卷

(明)黄福撰　程法編
明嘉靖四十二年(1614年)邵武陳謨校刊藍印本　共四册
蓬左文庫藏本　原江户時代尾張藩主家舊藏

方山要翰四卷

(明)黄福撰
明嘉靖年間(1522—1566年)刊本　共五册
尊經閣文庫藏本　原江户時代加賀藩主前田綱紀舊藏

金文靖公集十卷

(明)金幼孜撰　金伯昭編
明成化年間(1465—1487年)刊弘治年間(1488—1505年)修補印本　共七册
静嘉堂文庫藏本

金文靖公集十卷

(明)金幼孜撰　金伯昭編
古寫本　共四册
静嘉堂文庫藏本　原陸心源十萬卷樓等舊藏

畏庵集十卷　附一卷

(明)周旋撰　劉遜編
明成化十九年(1483年)序刊本　共二册
内閣文庫藏本　原楓山官庫等舊藏

夏忠靖公集六卷　遺事一卷

(明)夏原吉撰
明嘉靖年間(1522—1566年)刊本　共三册
静嘉堂文庫藏本　原陸心源十萬卷樓等舊藏

(重編)王文瑞公文集四十卷　前録一卷

(明)王直撰　劉教編
明嘉靖四十二年(1563年)序刊本　共十册
内閣文庫藏本　原楓山官庫等舊藏

(重編)王文瑞公文集(抑庵集)四十卷

(明)王直撰　王有霖校
明隆慶年間(1567—1572年)刊本　共十册
尊經閣文庫　静嘉堂文庫藏本
【按】尊經閣文庫藏本,原係江户時代加賀藩主前田綱紀等舊藏。
静嘉堂文庫藏本,原係陸心源守先閣等舊藏。

運甓漫稿七卷

(明)李昌祺撰
明刊本　共五册
静嘉堂文庫藏本　原王蓮涇　陸心源十萬卷樓等舊藏
【按】前有明正統元年(1436年)陳循《序》,正統三年(1438年)李時勉《序》。後有明天順三年(1459年)鄭鋼《後序》。

曾西墅先生集十卷

(明)曾棨撰
明萬曆年間(1573—1620年)刊本　共五册
静嘉堂文庫藏本　原陸心源守先閣等舊藏

楊文毅公文集三十卷

(明)楊守陳撰
明弘治年間(1488—1505年)楊茂仁刊本
尊經閣文庫　蓬左文庫藏本
【按】前有明弘治十二年(1499年)楊守阯《序》。
尊經閣文庫藏本,原係江户時代加賀藩主前田綱紀舊藏,共六册。
蓬左文庫藏本,共四册。

楊文毅公文集二十五卷

(明)楊守陳撰　楊守阯等編
明刊本　共九册
内閣文庫藏本　原江户時代林氏大學頭家舊藏
【按】此集由下列各《稿》組成:
《晉庵稿》一卷、《鏡川稿》五卷、《東觀稿》八卷、《桂芳稿》四卷、《金坡稿》七卷(本集此稿缺卷七)。

古廉李先生詩集十一卷

(明)李時勉撰　吴節編
明刊本　共四册
静嘉堂文庫藏本　原陸心源十萬卷樓等舊藏
【按】前有明景泰七年(1456年)李奎《序》。又有小像一副,并有楊子奇《贊》、李奎《贊》。

文清公薛先生文集二十四卷

(明)薛瑄撰　張鼎編并校
明弘治二年(1489年)關西張鼎校刊本　共十二册
東京大學總合圖書館　新發田市立圖書館藏本
【附録】據《外船書籍原帳》記載,仁孝天皇弘化二年(1845年)中國商船"辰字號"載《薛文清公集》一部二帙抵日本,標價十八匁,爲安田屋吉太郎以三十匁購得。
江户時代初期有明人薛瑄撰《薛文清公全集》四十卷日人手寫本一種。此本卷末有附加紙一葉,係昌平坂學問所教授增島固手識文。其文曰:

> "右《薛文清公集》鈔本,第一卷至第十七卷、三十四卷至三十六闕焉。閲《目録》,一卷至十七卷《讀書正續録》,而其書己翻刻行於世,則原鈔謄不及此也,其餘蓋亡失耳。甲戌春,書賈某持求售,印記則林羅山先生舊藏本也。守者之不謹,不知何時落入他人之手。林氏至今述齋先生,被鈞旨振革學政,因建請畫出家藏書,獻諸昌平學官庫,今遇是書亦購而納之云。清明統三日增島固謹識。"

此識文所言原寫本所缺之卷三十四至卷三十六,後由昌平坂學問所補足。此本每册尾有"文化甲戌"入藏朱文印記,又有"昌平坂學問所"黑印。則此本於1814年入藏昌平坂學問所,現存内閣文庫。
江户時代京都武村市兵衛刊印薛瑄撰《五友詩》一卷。此本後有京都出雲寺松柏堂重印本。
江户時代又有藤井五郎右兵衛刊印薛瑄撰《瀟湘八景詩》。

薛文清集二十四卷

(明)薛瑄撰　張鼎校編
明萬曆四十二年(1614年)薛士弘刊本　共十二册
静嘉堂文庫　京都大學附屬圖書館　國學院大學附屬圖書館梧蔭文庫藏本
【按】静嘉堂文庫藏本,原係陸心源守先閣等舊藏。
國學院大學附屬圖書館梧蔭文庫藏本,原係井上毅等舊藏。

薛文清公全集(薛敬軒全集)四十卷

(明)薛瑄撰　趙孔昭編
明邢臺趙氏刊本
宫内廳書陵部　蓬左文庫　大谷大學附屬圖書館藏本
【按】前有明嘉靖三十三年(1554年)《序》。
宫内廳書陵部藏本,共十二册。
蓬左文庫藏本,係明正天皇寬永六年(1629年)從中國購入,共十二册。
大谷大學藏本,共十二册。

薛文清公全集四十卷　附一卷

(明)薛瑄撰
明萬曆四十三年(1615年)序刊本
内閣文庫　尊經閣文庫藏本
【按】内閣文庫藏本,原係昌平坂學問所等舊藏,共二十册。
尊經閣文庫藏本,原係江户時代加賀藩主前田綱紀舊藏,共三十册。

薛文清公全集五十三卷

(明)薛瑄撰
明刊本　共二十册
内閣文庫藏本

(薛文清公)讀書全録類編二十卷

(明)薛瑄撰　侯鶴齡編類
明萬曆二十七年(1599年)序刊本　共八册
無窮會織田文庫藏本　原織田小覺等舊藏

尚約居士集二十卷

(明)蕭鎡撰　蕭昉等編
明弘治七年(1494年)刊本　共三册
内閣文庫藏本　原徐𤊹　昌平坂學問所等舊藏

古穰文集三十卷

(明)李賢撰
明成化年間(1465—1487年)刊本　共十册
尊經閣文庫藏本　原江户時代加賀藩主前田綱紀舊藏

古穰文集(殘本)一卷

(明)李賢撰
明嘉靖年間(1522—1566年)刊本　共一册
内閣文庫藏本　原木村蒹葭堂等舊藏
【按】是書全本三十卷。此本今存卷三十,凡一卷。

康齋先生文集十二卷　附一卷

(明)吴與弼撰
明嘉靖五年(1526年)序刊本　共五册
内閣文庫藏本　原楓山官庫等舊藏

宋子明小集二卷

(明)宋鑒撰
明宋崟宋兆熊刊本　共二册
蓬左文庫藏本
【按】前有明嘉靖三十五年(1556年)俞章《序》。

(南齋先生)魏文靖公摘稿十卷　附一卷

(明)魏驥撰　魏完編
明弘治年間(1488—1505年)刊清康熙年間(1662—1722年)修補本　共四册
内閣文庫藏本　原清人汪啓淑　昌平坂學

問所等舊藏

【附録】據《商舶載來書目》記載，光格天皇寬政十一年（1799 年）中國商船“奈字號”載《南齋詩集》一部一帙抵日本。

類博稿十卷

（明）岳正撰　楊準編

明嘉靖十八年（1539 年）刊本　共四册

内閣文庫　東洋文庫藏本

【按】内閣文庫藏本　原係楓山官庫等舊藏。東洋文庫藏本，原係藤田豐八等舊藏。

定山先生集十卷

（明）莊昶撰

明嘉靖年間（1522—1566 年）刊本

宫内廳書陵部　尊經閣文庫藏本

【按】宫内廳書陵部藏本，共十册。

尊經閣文庫藏本，原係江户時代加賀藩主前田綱紀舊藏，共八册。

定山先生集十卷　附一卷

（明）莊昶撰　陳常道編

明嘉靖十四年（1535 年）序刊本　共五册

内閣文庫藏本

【按】内閣文庫藏此同一刊本兩部。一部原係楓山官庫舊藏；一部原係江户時代林羅山舊藏，卷中有“江雲渭樹”印記。

梁文康公集九卷

（明）梁儲撰

明嘉靖年間（1522—1566 年）刊本　共六册

尊經閣文庫藏本　原江户時代加賀藩主前田綱紀舊藏

（太保）費文憲公摘稿二十卷

（明）費宏撰

明嘉靖年間（1522—1566 年）刊本　共十册

尊經閣文庫藏本　原江户時代加賀藩主前田綱紀等舊藏

韓襄毅公家藏文集十五卷

（明）韓雍撰

明葑溪草堂刊藍印本　共六册

内閣文庫藏本　原豐後佐伯藩主毛利高標等舊藏

【按】此本係仁孝天皇文政年間（1818—1829 年）出雲守毛利高翰獻贈幕府。明治初期歸内閣文庫卷中有“佐伯侯毛利高標字培松藏書畫之印”朱文方印。

【附録】據《商舶載來書目》記載，後桃園天皇安永三年（1774 年）中國商船“加字號”載《韓襄毅公文集》一部一帙抵日本。

東園文集十三卷　附一卷

（明）鄭紀撰

文瀾閣傳寫本　共二册

静嘉堂文庫藏本　原陸心源十萬卷樓等舊藏

東園鄭先生文集續編十三卷　東園先生文集附録一卷

（明）鄭紀撰

明嘉靖年間（1522—1566 年）刊藍印本　共四册

尊經閣文庫藏本　原江户時代加賀藩主前田綱紀舊藏

青谿漫稿二十四卷

（明）倪岳撰

明正德年間（1506—1521 年）刊本　共八册

静嘉堂文庫藏本　原陸心源十萬卷樓等舊藏

吕文懿公全集十二卷

（明）吕原撰

明刊本　共六册

静嘉堂文庫藏本　原陸心源守先閣等舊藏

劉南坦集十二卷

(明)劉麟撰
明刊本　共四册
静嘉堂文庫藏本

一峰先生文集十四卷

(明)羅倫撰
明嘉靖年間(1522—1566年)萬卷樓刊本　共八册
内閣文庫藏本　原楓山官庫等舊藏

(重校)一峰先生集十卷

(明)羅倫撰　鄒元標選次　吴期炤訂
明萬曆十八年(1590年)刊本
國會圖書館　静嘉堂文庫　國士館大學附屬圖書館楠本文庫藏本
【按】國會圖書館藏本,原共五册,現合爲三册。
静嘉堂文庫藏本,原係陸心源十萬卷樓等舊藏,共四册。
國士館大學藏本,原係山中信夫等舊藏,後歸南本正繼,此本乃海山手校本,共十册。

草窗集二卷

(明)劉溥撰
明刊本　共二册
静嘉堂文庫藏本　原陸心源十萬卷樓等舊藏

赤城夏先生集七卷　赤城夏先生集補遺一卷　目録一卷

(明)夏鍭撰
明嘉靖年間(1522—1566年)刊本　共四册
尊經閣文庫藏本　原江户時代加賀藩主前田綱紀舊藏

商文毅公文集十一卷

(明)商輅撰　鄭應齡編　楊祖等校
明隆慶六年(1572年)序刊本
内閣文庫　東京大學總合圖書館藏本
【按】内閣文庫藏本,原係江户時代林氏大學頭家舊藏,共三册。
東京大學藏本,共十册。

商文毅公文集三十卷　目一卷

(明)商輅撰　劉體元編　韓敬校
明萬曆三十年(1602年)淳安知縣劉體元刊本
宫内廳書陵部　内閣文庫　蓬左文庫　静嘉堂文庫藏本
【按】宫内廳書陵部藏本,共十册。
内閣文庫藏本,原係楓山官庫等舊藏,共四册。
蓬左文庫藏此同一刊本兩部。一部原係江户時代尾張藩主家舊藏,係明正天皇寛永九年(1632年)從中國購入,卷中有“尾陽内庫”印記,共四册。一部共七册。
静嘉堂文庫藏本,原係陸心源守先閣等舊藏,共四册。

商文毅公文集(文毅公集)十卷

(明)商輅撰　劉體元編
明萬曆三十一年(1603年)跋劉體元淳安重刊本
東洋文庫　尊經閣文庫　静嘉堂文庫　東京大學總合圖書館藏本
【按】東洋文庫藏本,共五册。
尊經閣文庫藏本,原係江户時代加賀藩主前田綱紀等舊藏共四册。
静嘉堂文庫藏本,共六册。
東京大學藏本,共八册。

張東海先生集九卷

(明)張弼撰
明正德十二年(1517年)刊本　共八册
宫内廳書陵部　内閣文庫藏本
【按】此集係《詩集》四卷,《文集》五卷。

前後有李東陽、孫承恩、王鏊、王廷相、吴鉞、程敏政、羅璟、吴寬、陸簡諸人的《序》或《跋》。

卷末有寫手和刻工姓名，如昆山李元壽謄、嘉善周韶謄、谷陽張應乾謄、盧陵方模刻、嘉禾曹深刻等。

宫内廳書陵部藏本，白綿紙印本，撫印甚精，卷中有"秘閣圖書之章"、"王業浩印"等印記，共八册。

内閣文庫藏本，原係昌平坂學問所等舊藏，共十册。

桂坡集五卷　後集九卷

(明)左贊撰

明正德十六年(1521年)序刊本　共三册

内閣文庫藏本　原豐後佐伯藩主毛利高標舊藏

【按】此本係仁孝天皇文政年間(1818—1829年)出雲守毛利高翰獻贈幕府。明治初期歸内閣文庫。

卷中有"佐伯侯毛利高標字培松藏書畫之印"朱文方印。

絅齋先生集三卷　記九卷　序十卷

(明)林環撰　林伋編

明成化十三年(1477年)跋刊本　共六册

内閣文庫藏本　原昌平坂學問所等舊藏

寶日堂初集三十二卷

(明)張鼐撰

明崇禎年間(1628—1644年)刊本

宫内廳書陵部　内閣文庫　尊經閣文庫藏本

【按】宫内廳書陵部藏本，共十六册。

内閣文庫藏本，原係楓山官庫等舊藏，共二十二册。

尊經閣文庫藏本，原係江户時代加賀藩主前田綱紀舊藏，共二十册。

(黎陽)王襄敏公集四卷　附録四卷

(明)王越撰　王鳳竹等輯

明萬曆十三年(1585年)天雄赫瀛等四川刊本

尊經閣文庫　東京大學總合圖書館藏本

【按】此本《附録》爲《威寧伯王襄敏公傳》一卷，鄭曉撰；《太傅王襄敏公年譜》一卷，王紹雍、王正蒙同編；《神道碑》一卷，崔銑撰；《墓志》一卷，李東陽撰。

尊經閣文庫藏本，原係江户時代加賀藩主前田綱紀舊藏，共八册。

東京大學藏本，共十册。

(黎陽)王太傅文集二卷

(明)王越撰

明刊本　共二册

内閣文庫藏本　原豐後佐伯藩主毛利高標等舊藏

【按】此本係仁孝天皇文政年間(1818—1829年)出雲守毛利高翰獻贈幕府。明治初期歸内閣文庫。

卷中有"佐伯侯毛利高標字培松藏書畫之印"朱文方印。

少石集十三卷

(明)陸釴撰

明嘉靖四十二年(1563年)刊本　共四册

内閣文庫藏本　原楓山官庫等舊藏

春雨堂稿十一卷　春雨堂續稿二卷

(明)陸釴撰

明弘治年間(1488—1505年)刊藍印本　共六册

尊經閣文庫藏本　原江户時代加賀藩主前田綱紀舊藏

古直先生文集十六卷　附一卷

(明)劉玥撰

明嘉靖九年(1530年)序刊本　共四册

内閣文庫藏本　原豐後佐伯藩主毛利高標等舊藏

【按】此本係仁孝天皇文政年間(1818—1829年)出雲守毛利高翰獻贈幕府,明治初期歸内閣文庫。

卷中有"佐伯侯毛利高標字培松藏書畫之印"朱文方印。

修敬先生詩集四卷

(明)秦旭撰

明嘉靖四十年(1661年)序刊本　共二册

内閣文庫藏本　原楓山官庫等舊藏

愧齋先生文粹十卷　附一卷

(明)陳音撰　黄鞏編

明嘉靖十五年(1536年)跋刊本　共二册

内閣文庫藏本　原楓山官庫等舊藏

愧齋集十七卷　附一卷

(明)陳音撰

明嘉靖三十一年(1552年)陳須樂刊本　共三册

内閣文庫藏本　原清人金檀　昌平坂學問所等舊藏

彭從吾集十卷

(明)彭韶撰

明嘉靖年間(1522—1566年)刊本　共二册

静嘉堂文庫藏本

彭惠安公文集十一卷

(明)彭韶撰

明萬曆年間(1573—1620年)刊本　共二册

静嘉堂文庫藏本　原陸心源十萬卷樓等舊藏

涇東小稿十卷　附一卷

(明)葉盛撰

明嘉靖年間(1522—1566年)刊本　共十册

静嘉堂文庫藏本　原陸心源守先閣等舊藏

瓊臺類稿(殘本)四十六卷

(明)丘濬撰

明弘治五年(1492年)序刊本　共十四册

内閣文庫藏本　原江户時代林氏大學頭家舊藏

【按】是書全本四十九卷。此本今缺卷二十一至卷二十三,實存四十六卷。

瓊臺會稿十二卷

(明)丘濬撰　鄭廷鵠編

明嘉靖三十一年(1552年)序刊本　共六册

慶應義塾大學附屬圖書館藏本　原江户時代近江水口藩主家舊藏

【按】每半葉有界十一行,行二十四字。白口,四周雙邊(22.5cm×15.8cm)。版心上刻"瓊臺會稿",下記卷數、葉數。

前有明嘉靖三十一年(1552年)黄佐《序》。

每册封面,皆墨書"瓊臺會稿(卷幾)"。

封面及卷首皆有江户時代近江水口藩主家藏書印"加藤家藏書"、"翼輪堂藏書記"等。

瓊臺會稿十二卷

(明)丘濬撰　鄭廷鵠編

明萬曆八年(1580年)餘姚孫鍄修補刊本　共六册

東京大學總合圖書館藏本

【按】此本據明嘉靖三十二年(1553年)《跋》瓊山鄭廷鵠洪都刊本修補重刊。

瓊臺會稿十二卷

(明)丘濬撰　鄭廷鵠編　七世孫丘爾穀重編

明萬曆四十一年(1613年)刊本　共六册

蓬左文庫　尊經閣文庫藏本

【按】此本係明嘉靖三十二年(1553年)瓊山鄭廷鵠編刊,明萬曆四十一年(1613年)丘濬七世孫丘爾穀重修。

尊經閣文庫藏本，原係江户時代加賀藩主前田綱紀等舊藏。

瓊臺詩文會稿重編（丘文莊公集）二十四卷

（明）丘濬撰　七世孫丘爾穀等删定

明天啓三年（1623年）刊本

内閣文庫　尊經閣文庫　静嘉堂文庫　東京大學總合圖書館藏本

【按】内閣文庫藏此同一刊本三部。一部原係楓山官庫等舊藏，共十六册。一部原係豐後佐伯藩主毛利高標舊藏。此本係仁孝天皇文政年間（1818—1829年）出雲守毛利高翰獻贈幕府，明治初期歸内閣文庫。卷中有"佐伯侯毛利高標字培松藏書畫之印"朱文方印，共九册。一部原係江户時代林氏大學頭家舊藏，共十二册。

尊經閣文庫藏本，原係江户時代加賀藩主前田綱紀舊藏，共十二册。

静嘉堂文庫藏本，原係陸心源十萬卷樓等舊藏，共十二册。

東京大學藏本，今存卷第二十三、卷第二十四，共一册。

【附録】據《商舶載來書目》記載，後桃園天皇安永元年（1772年）中國商船"幾字號"載《丘文莊公集》一部一帙抵日本。安永三年（1774年）中國商船"幾字號"又載《丘瓊山集》一部二帙抵日本。

瓊臺詩文會稿重編二十四卷

（明）丘濬撰　七世孫丘爾穀等重編

明崇禎年間（1628—1644年）刊本　共十四册

東北大學附屬圖書館藏本　原狩野亨吉等舊藏

【按】此本卷十六、卷十七、卷十八，凡三卷係清人寫補。

練公文集二卷

（明）練子寧撰

明萬曆己酉（1609年）刊本　共二册

宮内廳書陵部藏本　原明人徐𤊹　江户時代豐後佐伯藩主毛利高標等舊藏

【按】卷末有明弘治辛亥（1491年）王佐《跋》。

日本仁孝天皇文政年間（1818—1829年）出雲守毛利高翰獻贈幕府。明治初期歸内閣文庫。

《御書籍來歷志》著録此本。

卷中有"晋安徐興公家藏書"、"佐伯侯毛利高標字培松藏書畫之印"、"秘閣圖書之章"等印記。

（徐文靖公）謙齋文録（徐文靖公文録）四卷

（明）徐溥撰　徐弘弼等編

明刊本　共四册

内閣文庫　尊經閣文庫藏本

【按】内閣文庫藏本，原係昌平坂學問所等舊藏。

尊經閣文庫藏本，原係江户時代加賀藩主前田綱紀等舊藏。

篁墩程先生文集（篁墩文集）九十三卷　拾遺一卷

（明）程敏政撰

明正德二年（1507年）跋刊本

内閣文庫　尊經閣文庫　静嘉堂文庫藏本

【按】内閣文庫藏本，原係昌平坂學問所等舊藏，共二十册。

尊經閣文庫藏本，原係江户時代加賀藩主前田綱紀舊藏，共二十四卷。

静嘉堂文庫藏本，原係陸心源十萬卷樓等舊藏，共十六册。

【附録】據《商舶載來書目》記載，東山天皇寶永五年（1708年）中國商船"久字號"載《篁墩程先生文集》一部十六册抵日本。

篁墩程先生文集六十卷

(明)程敏政撰
明刊本　共二十册
宮内廳書陵部藏本　原豐後佐伯藩主毛利高標等舊藏
【按】此本係仁孝天皇文政年間(1818—1829年)出雲守毛利高翰獻贈幕府者,初存楓山官庫,明治初期歸内閣文庫。明治二十四年(1891年)歸入宮内省圖書寮(即今宮内廳書陵部)。
卷中有"佐伯侯毛利高標字培松藏書畫之印"、"公達洼攸之印"、"秘閣圖書之印"、"寶默齋"、"枕戈讀書"等印記。

篁墩程先生文粹二十五卷

(明)程敏政撰　曾師魯　戴銑編
明正德元年(1506年)序刊本
内閣文庫藏本
【按】内閣文庫藏此同一刊本兩部。一部原係江户時代林氏大學頭家舊藏,共十册。一部原係楓山官庫等舊藏,共五册。

篁墩程先生文粹十九卷

(明)程敏政撰
明刊本　共八册
宮内廳書陵部藏本

戒庵文集二十卷

(明)靳貴撰
明嘉靖年間(1522—1566年)刊本　共六册
宮内廳書陵部尊經閣文庫藏本
【按】宮内廳書陵部藏本,原係江户時代豐後佐伯藩主毛利高標舊藏。係仁孝天皇文政年間(1818—1829年)出雲守毛利高翰獻贈幕府,明治初期歸内閣文庫。明治二十四年(1891年)歸内宮内省圖書寮(即今宮内廳書陵部)。
卷中有"大寧私印"、"沈氏子遠"、"佐伯侯毛利高標字培松藏書畫之印"、"秘閣圖書之章"等印記。
尊經閣文庫藏本,原係江户時代加賀藩主前田綱紀舊藏
【附録】據《商舶載來書目》記載,光格天皇寬政七年(1795年)中國商船"加字號"載《戒庵文集》一部一帙抵日本。

白沙先生集二十一卷

(明)陳獻章撰　張詡編
明嘉靖三十年(1551年)新會縣刊本　共十册
蓬左文庫藏本　原江户時代尾張藩主家舊藏
【按】此本係日本明正天皇寬永七年(1630年)從中國購入。
卷中有"尾陽内庫"印記等。
【附録】十六世紀日本僧人策彦周良有《初渡集》和《再渡集》,其中有記其在中國大陸搜集漢籍文獻之事。如"嘉靖十八年(1559年)七月十八日"條曰:"(獲)《白沙先生詩序》三册,鈞雲所贈。"

白沙先生集二十一卷

(明)陳獻章撰　張詡輯　俞樟重編
明萬曆元年(1573年)序刊本　共二十册
宮内廳書陵部　尊經閣文庫　東京大學總合圖書館藏本
【按】前有明嘉靖三十年(1554年)内江蕭友山《序》。又有明弘治十八年(1505年)吉水羅僑《序》,明正德三年(1508年)莆田林齊《序》,明萬曆元年(1573年)南充何子明《序》。
宮内廳書陵部藏本,共二十册。
尊經閣文庫藏本,原係江户時代加賀藩主前田綱紀舊藏,共十册。
東京大學總合圖書館藏本,共二十册。

白沙先生詩教解十五卷

(明)陳獻章撰
明萬曆年間(1573—1620年)刊本　共十五

册

尊經閣文庫藏本　原江户時代加賀藩主前田綱紀舊藏

白沙先生文編六卷　白沙先生年譜一卷

(明)陳獻章撰　唐伯元編

明萬曆年間(1573—1620年)刊本　共六册

内閣文庫藏本　原楓山官庫等舊藏

白沙子全集九卷　附一卷

(明)陳獻章撰

明萬曆四十年(1612年)林嘉讓刊本　共十册

内閣文庫　御茶之水圖書館　京都大學文學部中國語學文學哲學研究室藏本

【按】前有明萬曆壬子(1612年)何熊祥《重刻序》,同年黄淳《序》,前後又有明弘治、嘉靖、隆慶年間的《序》及《後序》。

内閣文庫藏此同一刊本兩部,皆共十册。一部原係楓山官庫等舊藏;一部原係江户時代林羅山舊藏,卷中有"江雲渭樹"印記。

御茶之水圖書館藏本,原係德富蘇峰成簣堂等舊藏。此本今缺卷二,卷一係後人寫補。第一册内封有明治四十年(1907年)德富蘇峰手記。

【附録】據《商舶載來書目》記載,中御門天皇享保十一年(1726年)中國商船"波字號"載《白沙子全集》一部十册抵日本。

據《外船書籍原帳》記載,仁孝天皇弘化三年(1846年)中國商船"巳字號"載《白沙子集》一部抵日本,售價十匁。

孝明天皇文久三年(1863年)浪華書林岡田群玉堂刊印陳獻章撰《陳白沙文抄》三卷,由日人桑原枕(就峰)選編。此本後有文久(四)年(1864年)大阪河内屋茂兵衛等重印本。

白沙子全集九卷　附一卷

(明)陳獻章撰

明萬曆四十年(1612年)本重刊本　共十册

御茶之水圖書館藏本　原德富蘇峰成簣堂等舊藏

【按】此本行款版式與萬曆四十年刊本同。

外封題"陳白沙集",係朝鮮人手筆,封面用朝鮮水色紋樣紙裝裱。

此本係德富蘇峰在朝鮮京城白書肆所獲得。

白沙先生文集十二卷

(明)陳獻章撰　王安舜校

明天啓元年(1621年)序刊本

内閣文庫　陽明文庫　大阪府立圖書館藏本

【按】内閣文庫藏本,原係楓山官庫等舊藏,共十二册。

陽明文庫藏本,原係近衛家熈等舊藏,共十三册。

大阪府立圖書館藏本,共十册。

董仲峰先生文選十一卷

(明)董玘撰　唐順之選

明嘉靖四十年(1612年)山陰王國楨校刊本

蓬左文庫　尊經閣文庫藏本

【按】蓬左文庫藏本,卷中有明隆慶年間修補葉,共四册。

尊經閣文庫藏本,原係江户時代加賀藩主前田綱紀等舊藏,共六册。

東嵩先生集十五卷　附一卷

(明)李承芳撰

明嘉靖三年(1524年)序刊本　共四册

内閣文庫藏本　原楓山官庫等舊藏

北郭集十卷

(明)徐賁撰

明成化年間(1465—1487年)刊本　共二册

静嘉堂文庫藏本　原陸心源十萬卷樓舊藏

北郭集六卷

(明)徐賁撰　陳邦瞻等校

明刊本　共四册

宫内廳書陵部藏本

愧瘖集十六卷

(明)林大輅撰　柯維騏選　林大輪校

明萬曆丙子(1576年)刊本　共六册

宫内廳書陵部藏本　原謝在杭　楓山官庫等舊藏

【按】前有希元茂《序》、王鳳靈《序》,又有柯維騏《序》、高起《序》。後有林大輪《跋》等。

《御書籍來歷志》著録此本。

卷中有"謝在杭藏書印"、"秘閣圖書之章"印記。

愧瘖集八卷

(明)林大輅撰　柯維騏選　林大輪校

明萬曆四年(1576年)刊本　共六册(今合爲三册)

國會圖書館藏本

徐東濱詩集三卷

(明)徐咸撰

明徐咸刊本　章綬銜等手識文本　共一册

静嘉堂文庫藏本　原陸心源十萬卷樓等舊藏

【按】前有明嘉靖己酉(1549年)王文禄《序》。

卷首有徐鵷所撰《東濱傳略》。其文曰:

"徐先生咸,字子正,號東濱。正德辛未登進士,初守沔陽。沔屬兵燹後,且值陵谷懷襄,民嗷嗷待殍。先生務在撫輯惠養,民多全活。隨陟夏觀郎,去,民思之,肖像爲生祠。擢守襄陽,爲政一以平易近民爲本。故襄人戴之如沔人也。嘉靖丙戌入覲,忌者阻之,罷歸。日事編纂,有《國朝名臣録》、《澤山野録》,詩有《東濱三稿》。嘉靖丙寅夏六月卒,年八十八。"

此本係《宦游稿》一卷、《歸田稿》一卷、《續稿》一卷,共三卷。

卷中有清道光二十五年(1845年)章綬銜手識文二則。一則曰:

"海鹽徐東濱先生,爲豐厓先生同母弟,昆季皆嫻風雅。所作詩古文詞,識者以爲雄健過於方洲,華藻超於雲谷。歸田後益耽著述,與錢東畬太守、朱西村山人輩,結小瀛十老社,倘徉吟咏,著有《東濱三稿》,親書付梓。迄今禾中人得之,視若球璧。此本係先生原刊,序文已漫漶。張芑堂爲重梓前峰先生《序》,并附識數語,以嘉惠來者,得斯集者,宜何如珍重耶!道光二十有五年乙巳十月十九日　瓜廬外史章綬銜謹識。"

二則曰:

"豐厓先生,名泰字子元,由蓬洲學正轉光澤令。解組後,與弟東濱攻古文詩詞,壽九十餘。有《玉池稿》、《玉池談屑》、《春秋鄙見》、《女學詩談》、《海鹽志》,皆梓行。"

卷中又有清道光乙巳(1845年)陳綱手識文。

春草齋集十卷　附一卷

(明)烏斯道撰

文瀾閣傳寫本　共三册

静嘉堂文庫藏本　原陸心源十萬卷樓舊藏

耕學齋詩集十二卷

(明)袁華撰　吕昭編

古寫本　黄丕烈手校本　共一册

静嘉堂文庫藏本　原陸心源十萬卷樓等舊藏

【按】卷首題署"明昆山袁華著,河東吕昭編"。

卷中有黄蕘圃手識文二則。

清嘉慶二年(1797年)六月十一日手識文曰:

"此舊鈔《耕學齋詩集》,余得諸東城故藏書家,因是曹潔躬藏本,故收之。適書友以東倉陸時化手抄唐宋元明人集數種求售,内有是集,留之校對一過。曹本尚有一二通假字，陸本悉去之，非也。即訛謬亦更甚於曹本，聊爲參閲以考異可耳。究當以曹本爲據，惟曹本脱落，賴陸本增補者，未知陸所據云何。俟再訪求善本正之。時嘉慶二年歲在丁巳六月十一日……蕘圃黄丕烈。"

又一則曰：

"校陸本畢，後適憶及篋中有舊抄殘本《耕學齋集》，係王蓮涇所藏，目爲葉文莊抄本。因取覆校此本，乃知此本實從葉本傳録，惟行款未之遵循耳。復爲校去陸本訛字幾處，即如卷十二'直估偶成次首，馬牛遺矢滿平川'，曹陸二本俱誤會'失'。潤蘋云：'此矢字'。及檢葉本，信然。可見書以最先者爲佳，真確論也。卷十一中增詩一首，或當時筆誤脱落。陸本雖有次序，不符此集，終以葉本爲據，而此猶從葉本傳録，尚爲可信。惜葉本已失其半，不能全校，于心能無耿耿邪！丕烈又跋。"

(陳聘君)海桑先生集十卷　首一卷

(明)陳謨撰　楊士奇編

明嘉靖年間(1522—1566年)刊本　共四册

静嘉堂文庫藏本　原陸心源十萬卷樓舊藏

鼓枻稿一卷

(明)虞堪撰

明人寫本　共一册

静嘉堂文庫藏本　原陸心源十萬卷樓舊藏

玉雪齋詩集二卷

(明)虞謙撰

明刊本　共二册

宫内廳書陵部藏本

歸田集十卷

(明)陳璉撰

明刊本　共十二册

宫内廳書陵部藏本

大愚老人集七卷

(明)黄毓祺撰

古寫本　清人手識文本　共一册

静嘉堂文庫藏本

【按】卷首有清人無名氏手識文一則。其文曰：

"按《明詩綜》載黄毓祺，字介子，江陰學生，有《大愚老人遺集》，選詩二首，亦《集》中所有，即此爲黄毓祺無疑也。觀詩中贈答，如嚴印持、李長蘅、程孟陽諸公，其五、六、七卷皆偈贊，知屬前朝遺老，而逃於禪者也。庚戌夏五梅雨連朝，跋於春草園，計詩七卷。"

王典籍詩集五卷

(明)王恭撰

明萬曆年間(1573—1620年)刊本　共四册

宫内廳書陵部藏本

湘皋集三十三卷

(明)蔣冕撰　殷從儉編

明嘉靖三十四年(1555年)刊本　共八册

宫内廳書陵部藏本　原王業浩　楓山官庫等舊藏

【按】前有黄佐《序》、王宗沐《序》、吕調陽《序》等。

後有殷從儉《跋》。

卷中有"王業浩印"、"太政官文庫"、"秘閣圖書之章"等印記。

湘皋集三十三卷

(明)蔣冕撰

明萬曆年間(1573—1620年)刊本　共八册

尊經閣文庫藏本　原江户時代加賀藩主前田綱紀舊藏

海釣遺風集四卷

(明)肅顯撰　詹榮編

明嘉靖二十六年(1547年)序刊本　共四册

内閣文庫藏本　原江户時代豐後佐伯藩主毛利高標舊藏

【按】此本係仁孝天皇文政年間(1818—1829年)出雲守毛利高翰獻贈幕府。明治初期歸内閣文庫。

卷中有"佐伯侯毛利高標字培松藏書畫之印"等印記。

半江趙先生文集十五卷

(明)趙寬撰

明嘉靖四十年(1612年)序刊本　共八册

内閣文庫藏本　原江户時代豐後佐伯藩主毛利高標舊藏

【按】此本係仁孝天皇文政年間(1818—1829年)出雲守毛利高翰獻贈幕府。收藏與印章情况同前。

【附録】桃園天皇寶曆四年(1754年)長崎港《舶來書籍大意書》著録此本,其釋文曰:"《趙半江集》係明人趙栗夫著。輯録其賦四篇、諸體之詩四百六十餘首、詞十三首、諸體之文百五十餘篇,又有後人所著《墓志銘》、《實録》、《像贊》等七篇,合編爲十五卷,明嘉靖四十年刊印。"并注明:"一部一帙六册,内無脱紙。"

據《商舶載來書目》記載,桃園天皇寶曆四年中國商船"天字號"載《趙半江集》一部一帙抵日本。後桃園天皇安永三年(1774年)中國商船"波字號"載《半江集》一部一帙抵日本。

大崖李先生詩集二十卷　附一卷

(明)李承箕撰

明正德四年(1509年)序刊本　共四册

内閣文庫藏本　原楓山官庫等舊藏

【按】此集係《詩集》十二卷、《文集》八卷。

(赤城)夏先生集七卷　補遺録一卷

(明)夏鍭撰　王廷幹編

明嘉靖二十一年(1542年)序刊本　共四册

内閣文庫　尊經閣文庫藏本

【按】内閣文庫藏本　原係楓山官庫等舊藏

尊經閣文庫藏本,原係江户時代加賀藩主前田綱紀等舊藏。

(西軒)效唐集録十二卷

(明)丁養浩撰

明嘉靖八年(1529年)序刊本　共六册

内閣文庫藏本　原楓山官庫等舊藏

進修遺集四卷

(明)符俊撰

明弘治十三年(1500年)刊本　共二册

内閣文庫藏本　原江户時代豐後佐伯藩主毛利高標舊藏

【按】此本係仁孝天皇文政年間(1818—1829年)出雲守毛利高翰獻贈幕府。明治初期歸内閣文庫。

卷中有"佐伯侯毛利高標字培松藏書畫之印"等印記。

南渠存稿十六卷

(明)王讃撰　劉源清編

明嘉靖四十三年(1564年)跋刊本　共八册

内閣文庫藏本　原楓山官庫等舊藏

東白張先生文集二十四卷

(明)張元禎撰　張默編

明刊本　共十册

内閣文庫藏本　原昌平坂學問所等舊藏

思玄集十六卷　附一卷

(明)桑悦撰　徐威注　翁憲祥選

明萬曆四十四年(1616年)刊本　共四册(現合爲二册)

國會圖書館藏本

虚齋蔡先生文集五卷　首一卷

(明)蔡清撰

明正德十六年(1521年)序葛志貞刊本

内閣文庫　尊經閣文庫　静嘉堂文庫　蓬左文庫藏本

【按】内閣文庫藏此同一刊本兩部。一部原係楓山官庫等舊藏，共五册；一部原係江户時代林氏大學頭家舊藏，共五册。

尊經閣文庫藏本，原係江户時代加賀藩主前田綱紀舊藏，共五册。

静嘉堂文庫藏本，原係陸心源十萬卷樓等舊藏，卷中有後人寫補，共二册。

蓬左文庫藏本，共五册。

【附録】日本江户時代有蔡清《虚齋蔡先生文集》日人手寫本一種。此本係依據明正德十六年刊本手寫。

靈元天皇寬文十一年(1671年)京都中野太郎左衛門刊印蔡清撰《虚齋蔡先生文集》九卷。

閔莊懿公詩集九卷　文集一卷

(明)閔珪撰　施槃編

明刊本　共四册

内閣文庫藏本　原昌平坂學問所等舊藏

石田先生集十一卷

(明)沈周撰　陳仁錫編

明萬曆三十一年(1603年)長沙陳氏刊本

内閣文庫　京都大學人文科學研究所東洋學文獻中心藏本

【按】内閣文庫藏本，原係昌平坂學問所等舊藏，此本今缺卷九，卷十一係後人寫補，共四册。

京都大學藏本，共十册。

【附録】日本桃園天皇寶曆四年(1754年)長崎《舶來書籍大意書》記中國商船“戌字號”所載之漢籍著録此本。其釋文曰：“此係明人沈啓南所著。輯其諸體之詩千百九十餘首，編爲十一卷。此本爲明萬曆四十三年刊本，一部一帙八册，卷中有朱點，脱紙二張。”

日本江户時代有沈周撰《落花七律》三十首寫本一卷。此本現存國會圖書館。

石田先生集十卷

(明)沈周撰　陳仁錫編

明萬曆(1573—1620年)刊本

内閣文庫　静嘉堂文庫藏本

【按】内閣文庫藏本，原江户時代豐後佐伯藩主毛利高標舊藏。此本係仁孝天皇文政年間(1818—1829年)出雲守毛利高翰獻贈幕府，明治初期歸内閣文庫。卷中有“佐伯侯毛利高標字培松藏書畫之印”等印記，共八册。

静嘉堂文庫藏本，原係陸心源十萬卷樓等舊藏，共十册。

石田詩選十卷

(明)沈周撰

明正德年間(1506—1521年)無錫安國重刊本　共四册

宫内廳書陵部藏本

【按】前有明弘治庚申(1500年)吴寬《序》，明正德丙寅(1506年)李東陽《序》，又有明弘治甲子(1504年)張鈇《序》。

卷首有“結客少年”印記，卷中又有“錢塘古老人家”、“夢鹿山樵”、“竹冠道人”、“秘閣圖書之章”等印記。

石田詩選十卷

(明)沈周撰　陳仁錫編

明萬曆年間(1573—1620年)刊本　共四册

静嘉堂文庫藏本

【按】此本不標體制，不譜年月，分天文、時令等三十一類。

石田先生集詩鈔八卷　文鈔一卷　附事略一卷

(明)沈周撰　《事略》錢謙益編

明崇禎十七年(1644年)常熟瞿式耜刊本

東洋文庫　京都大學文學部中國語學文學哲學研究室　大谷大學悠然樓藏本

【按】東洋文庫藏本，共六册。

京都大學藏本，共八册。

大谷大學藏本，原係大西行禮等舊藏，此本無《事略》一卷，共四册。

石田先生集(不分卷)

(明)沈周撰

明萬曆年間(1573—1620年)刊本

東洋文庫　京都大學藏本

【按】東洋文庫藏本，原係藤田豐八等舊藏，共二册。

京都大學藏此同一刊本兩部。一部現存附屬圖書館；一部現存文學部中國語學文學哲學研究室。

椒丘文集三十四卷　外集一卷

(明)何喬新撰　李喬編　羅玘校

明嘉靖年間(1522—1566年)廣昌知縣余氏刊本

國會圖書館　内閣文庫　東洋文庫　静嘉堂文庫　蓬左文庫　築波大學附屬圖書館藏本

【按】每半葉有界十一行，行二十二字。白口，四周單邊。

各卷卷首書名之次，列編校者名，再鐫"知廣昌縣婺源余瑩訂刊"一行。

《外集》末附明嘉靖五年(1526年)《聖旨》，文曰："嘉靖五年十月二十七日吏部覆題，二十九日奉聖旨，是何洛准補廕，欽此。"

國會圖書館藏本，共八册。

内閣文庫藏本，原係昌平坂學問所等舊藏，共八册。

東洋文庫藏本，共八册。

静嘉堂文庫藏本，原係陸心源守先閣等舊藏，共八册。

蓬左文庫藏本，共十二册。

築波大學藏本，原係東京教育大學舊藏，卷中有"西銘堂口筆硯書"印記，共十六册。

【附録】據《商舶載來書目》記載，後櫻町天皇明和元年(1764年)中國商船"世字號"載《椒丘文集》一部二帙抵日本。

碧川文選四卷

(明)楊守阯　陸釴編

明嘉靖十三年(1534年)序刊本　共四册

内閣文庫　尊經閣文庫藏本

【按】内閣文庫藏本，原係江户時代豐後佐伯藩主毛利高標舊藏。此本係仁孝天皇文政年間(1818—1829年)出雲守毛利高翰獻贈幕府。明治初期歸内閣文庫。卷中有"佐伯侯毛利高標字培松藏書畫之印"等印記。

尊經閣文庫藏本，原係江户時代加賀藩主前田綱紀舊藏。

碧川文選八卷　碧川詩選八卷　碧川先生别録一卷　附集一卷

(明)楊守阯　李康先編

明崇禎四年(1631年)序刊本　共六册

内閣文庫藏本　原楓山官庫等舊藏

柴墟文集(儲文懿公集)十五卷

(明)儲巏撰

明嘉靖四年(1525年)序刊藍印本　共四册

内閣文庫藏本　原楓山官庫等舊藏

屠康僖公文集六卷　附一卷

(明)屠勳撰

明太和堂刊本　共六册

内閣文庫藏本　原昌平坂學問所等舊藏

懷麓堂全集一百卷

(明)李東陽撰

明正德年間(1506—1521年)刊本　共四十册

宫内廳書陵部藏本

【附録】據《外船書籍原帳》記載，仁孝天皇弘化二年(1845年)中國商船"辰字號"載《懷麓堂詩文集》一部四帙抵日本，標價十五匁，爲書商永見屋半兵衛以四十四匁九分購得。

據仁孝天皇弘化二年(1845年)《漢籍發賣

投標記録》記載，是年中國商船"巳二番"載《懷麓堂詩文集》一部二十册抵日本。其投標價爲菱屋十五匁一分，安田屋十八匁，永見屋二十二匁九分。

懷麓堂詩稿二十卷　詩後稿十卷　文稿三十卷　後稿三十卷

(明)李東陽撰
明刊本　共十八册
内閣文庫藏本　原昌平坂學問所等舊藏
【附録】據《商舶載來書目》記載，中御門天皇享保八年(1723年)中國商船"久字號"載《懷麓堂詩稿》一部四册抵日本。

擬古樂府二卷

(明)李東陽撰　何孟春音注
明弘治十七年(1504年)刊本　共二册
御茶之水圖書館藏本　原德富蘇峰成簣堂等舊藏
【按】每半葉有界十行，行二十字。注文雙行，行同正文。四周雙邊。
前有明弘治甲子(1504年)正月西涯李東陽《引》。
卷中有德富蘇峰手釋文，叙其大正六年(1917年)游中國時得此書之經緯。
【附録】日本孝明天皇安政五年(1859年)聯腋書院用木活字版刊印《李西涯擬古樂府》一卷。此本由日人小野長愿編輯。

擬古樂府二卷

(明)李東陽撰
明萬曆二十四年(1596年)刊本　共二册
内閣文庫藏本　原江户時代林氏大學頭家舊藏

擬古樂府二卷

(明)李東陽撰
明萬曆二十八年(1600年)陳以忠刊本　共一册
内閣文庫藏本

擬古樂府二卷

(明)李東陽撰
明魏椿刊本　共二册
内閣文庫藏本　原昌平坂學問所等舊藏

(重刊)林文安公詩集八卷　附一卷　文集九卷

(明)林瀚撰　林炫敬編
明嘉靖十六年(1588年)序刊本　共七卷
内閣文庫藏本　原江户時代豐後佐伯藩主毛利高標舊藏
【按】此本係仁孝天皇文政年間(1818—1829年)出雲守毛利高翰獻贈幕府。明治初期歸内閣文庫。卷中有"佐伯侯毛利高標字培松藏書畫之印"等印記。

含春堂稿一卷　恩紀詩集七卷

(明)朱祐杬撰
明嘉靖五年(1526年)序刊本　共四册
内閣文庫藏本　原楓山官庫等舊藏

(翰林)羅圭峰先生文集十八卷　圭峰續集十五卷

(明)羅玘撰
明嘉靖年間(1522—1566年)刊本
尊經閣文庫　静嘉堂文庫藏本
【按】尊經閣文庫藏本，原係江户時代加賀藩主前田綱紀舊藏，共十八册。
静嘉堂文庫藏本，原係島田篁村等舊藏，共七册。
【附録】據《商舶載來書目》記載，後桃園天皇安永三年(1774年)中國商船"良字號"載《羅圭峰全集》一部一帙抵日本。

(翰林)羅圭峰先生文集十八卷　圭峰續集十五卷

(明)羅玘撰　邵廉校
明隆慶五年(1571年)序刊本　共八册

内閣文庫藏本　原楓山官庫等舊藏

(翰林)羅圭峰先生文集十八卷

(明)羅玘撰
明刊本　共七册
東洋文庫藏本　原藤田豐八等舊藏

(文肅公圭峰)羅先生文集三十七卷　附録一卷

(明)羅玘撰
明崇禎七年(1634年)刊本　共十六册(現合爲八册)
國會圖書館藏本

羅圭峰先生文集(圭峰文集)三十卷　首二卷

(明)羅玘撰　黄端伯　吴因校
明崇禎年間(1628—1644年)刊本　共六册
静嘉堂文庫藏本　原陸心源十萬卷樓等舊藏

凌谿先生集十八卷

(明)朱應登撰
明刊本　共二册
東洋文庫藏本

楓山章先生文集九卷

(明)章懋撰　章沛輯　毛憲校
明嘉靖年間(1522—1566年)張大輪刊本　共十册
尊經閣文庫　静嘉堂文庫　東京大學總合圖書館　早稻田大學圖書館　國士館大學附屬圖書館楠本文庫藏本
【按】前有明嘉靖九年(1530年)《序》。
尊經閣文庫藏本,原係江户時代加賀藩主前田綱紀舊藏,共十册。
静嘉堂文庫藏本,原係陸心源十萬卷樓等舊藏,共四册。
東京大學藏本,今缺卷第九,共八册。
早稻田大學圖書館藏本,退補齋藏版,原係清水泰次家清水文庫等舊藏,共九册。
國士館大學藏本,原係楠本正繼等舊藏,共六册。

楓山章先生文集四卷

(明)章懋撰　虞守愚校
明嘉靖二十一年(1542年)義烏虞守愚刊本　共四册
内閣文庫　蓬左文庫藏本
【按】内閣文庫藏本,原係江户時代林氏大學頭家舊藏。

馬端肅公詩集(不分卷)

(明)馬文升撰
明萬曆年間(1573—1620年)刊本　共二册
静嘉堂文庫藏本　原陸心源十萬卷樓等舊藏

邊華泉集八卷

(明)邊貢撰
明嘉靖十七年(1538年)刊本　共六册
宫内廳書陵部　慶應義塾大學附屬圖書館藏本
【按】每半葉有界十行,行二十二字。白口,四周單邊(21.2cm×14.9cm)。版心鐫"華泉集稿",依次刻卷數、葉數。下象鼻處有刻工姓名。
宫内廳書陵部藏本,共六册。
慶應義塾大學藏本,原係相原理作等舊藏。此本係白綿紙,包背裝,今存卷一至卷三,實存三卷。封面爲原紙原題籤,共一册。
【附録】據《商舶載來書目》記載,桃園天皇寶曆十年(1760年)中國商船"邊字號"載《邊華泉集》一部一帙抵日本。

邊華泉集八卷

(明)邊貢撰　劉天民輯
明嘉靖二十三年(1544年)序刊本
東洋文庫　静嘉堂文庫藏本
【按】東洋文庫藏本,原係小田切萬壽之助等舊藏,共八册。

静嘉堂文庫藏本,原係陸心源十萬卷樓等舊藏,共四册。

華泉集稿六卷

(明)邊貢撰

明刊本　共四册

宫内廳書陵部藏本

邊華泉集八卷　華泉集稿六卷

(明)邊貢撰

明刊本　共六册

大谷大學悠然樓刊本　原大西行禮等舊藏

西村集八卷　附一卷

(明)史鑒撰

明嘉靖年間(1522—1566年)刊本　共二册

静嘉堂文庫藏本　原陸心源十萬卷樓等舊藏

西村詩集二卷　補一卷

(明)朱樸撰

明萬曆年間(1573—1620年)刊本　共一册

静嘉堂文庫藏本　原陸心源十萬卷樓等舊藏

周恭肅公集十六卷　目一卷　附録一卷

(明)周用撰

明嘉靖二十八年(1549年)川上草堂刊本

宫内廳書陵部　國會圖書館　尊經閣文庫藏本

【按】前有明嘉靖己酉(1549年)朱希周《序》。

卷末有徐階撰《墓志銘》,顧應祥撰《肅公傳》等。

宫内廳書陵部藏本,卷中有"顧嗣立俠君"、"顧氏藏書"、"秀樹草堂"等印記,共四册。

國會圖書館藏本,原共六册,現合爲三册。

尊經閣文庫藏本,原係江户時代加賀藩主前田綱紀舊藏,共六册。

周恭肅公集二十二卷

(明)周用撰

明川上草堂刊本　共四册

内閣文庫藏本　原豐後佐伯藩主毛利高標舊藏

【按】此本係仁孝天皇文政年間(1818—1829年)出雲守毛利高翰獻贈幕府。明治初期歸内閣文庫,卷中有"佐伯侯毛利高標字培松藏書畫之印"等印記。

竹澗先生文集八卷　竹澗潘先生奏議四卷　附一卷

(明)潘希曾撰

明嘉靖年間(1522—1566年)刊本

静嘉堂文庫　尊經閣文庫藏本

【按】静嘉堂文庫藏本,原係陸心源十萬卷樓等舊藏,共三册。

尊經閣文庫藏本,原係江户時代加賀藩主前田綱紀舊藏,共四册。

山堂萃稿十六卷　續稿四卷　附録十一卷

(明)徐問撰

明嘉靖年間(1522—1566年)刊本　共八册

静嘉堂文庫藏本　原陸心源十萬卷樓等舊藏

【按】此本《附録》細目如次:

《讀書劄記》八卷;《續記》一卷;《答朋友書略》一卷;《附録》一卷,共十一卷。

莊渠先生遺書十六卷

(明)魏校撰

明嘉靖年間(1522—1566年)刊本

静嘉堂文庫　尊經閣文庫藏本

【按】静嘉堂文庫藏本,原係陸心源十萬卷樓等舊藏,共六册。

尊經閣文庫藏本,原係江户時代加賀藩主前田綱紀舊藏,共十册。

莊渠先生遺書十六卷

(明)魏校撰　歸有光編
明嘉靖四十年(1561年)序刊本　共十册
内閣文庫藏本
【按】内閣文庫藏此同一刊本兩部。一部原係昌平坂學問所等舊藏;一部原係楓山官庫等舊藏。

龍江集十四卷

(明)唐錦撰
明隆慶年間(1567—1572年)刊本　共三册
尊經閣文庫藏本　原江户時代加賀藩主前田綱紀舊藏

冬谿外集二卷　冬谿内集二卷　附諸友壽什

(明)釋方澤撰
明隆慶年間(1567—1572年)刊本　共四册
尊經閣文庫藏本　原江户時代加賀藩主前田綱紀舊藏

蒼谷集録十二卷

(明)王綖撰
明刊本　共六册
東洋文庫藏本　原藤田豐八等舊藏

儼山文集(陸文裕公集)一百卷　目二卷　外集四十卷

(明)陸深撰　陸楫編　黄標校
明嘉靖年間(1522—1566年)雲間陸氏刊本
内閣文庫　蓬左文庫　尊經閣文庫　東京大學總合圖書館藏本
【按】前有明嘉靖三十年(1551年)唐錦《序》。
内閣文庫藏本,原係昌平坂學問所等舊藏,共三十六册。
蓬左文庫藏本,共二十册。
尊經閣文庫藏本,原係江户時代加賀藩主前田綱紀舊藏,共二十册。
東京大學藏本,共二十四册。

儼山文集(陸文裕公集)一百卷　外集四十卷　陸文裕公續集十卷

(明)陸深撰
明刊本　共三十二册
静嘉堂文庫藏本　原陸心源十萬卷樓等舊藏

儼山集(殘本)六十一卷　目二卷

(明)陸深撰
明嘉靖二十五年(1546年)序刊本　共十二册
宫内廳書陵部藏本　原清人畢沅等舊藏
【按】前有明嘉靖丙午(1546年)徐階《序》。
是書全本一百卷。此本今缺卷六十二至卷一百,凡三十九卷,實存六十一卷。
卷中有"畢沅"、"秘閣圖書之章"等印記。

陸文裕公續集十卷

(明)陸深撰　陸楫編
明嘉靖三十年(1551年)序刊本　共二册
内閣文庫藏本　原楓山官庫等舊藏

(陸文裕公)行遠集二十五卷　外集一卷

(明)陸深撰　陸起龍編
明刊本　共八册
内閣文庫藏本　原昌平坂學問所等舊藏

海涯文集十卷　附一卷

(明)顧磐撰
明嘉靖十六年(1537年)序刊本　共四册
内閣文庫藏本　原楓山官庫等舊藏

徐迪功集(四種)十四卷　附談藝録一卷

(明)徐禎卿撰
明嘉靖二十九年(1550年)刊本　共三册
大谷大學附屬圖書館悠然樓藏本　原大西行禮等舊藏

【按】此本細目如次：
《徐迪公集》六卷；
《徐迪公集外集》二卷；
《徐氏別稿》五卷；
《徐氏別稿(附)》一卷。

徐迪功集六卷　外集四卷

(明)徐禎卿撰
明萬曆年間(1573—1620年)刊本　共四册
宫内廳書陵部藏本

徐迪功集六卷　談藝録一卷

(明)徐禎卿撰
明刊本　共二册
静嘉堂文庫藏本　原陸心源十萬卷樓等舊藏

白齋竹里文略(不分卷)

(明)張琦撰
明正德八年(1513年)刊本
東京大學東洋文化研究所藏本

蓮北魯文恪公存集十卷

(明)魯鐸撰
明隆慶年間(1567—1572年)刊本　共四册
尊經閣文庫藏本　原江户時代加賀藩主前田綱紀舊藏

何氏集(何仲默集)二十六卷

(明)何景明撰
明嘉靖三年(1524年)序野竹齋刊本
宫内廳書陵部　内閣文庫　静嘉堂文庫　尊經閣文庫　大谷大學悠然樓藏本
【按】前有明嘉靖三年(1524年)唐龍《序》。
此本卷一至卷二十一爲詩賦；卷二十二爲内篇；卷二十三至卷二十六爲外篇。
宫内廳書陵部藏本，共六册。
内閣文庫藏本，原係昌平坂學問所等舊藏，共八册。
静嘉堂文庫藏本，原係陸心源十萬卷樓等舊藏，共八册。
尊經閣文庫藏本，原係江户時代加賀藩主前田綱紀舊藏，共八册。
大谷大學藏本，原係大西行禮等舊藏，共八册。
【附録】據《商舶載來書目》記載，櫻町天皇延享三年(1746年)中國商船“和字號”載《何大復集》一部一帙抵日本。桃園天皇寬延二年(1749年)中國商船“和字號”又載《何仲默集》一部一帙抵日本。
據光格天皇天明六年(1786年)《寅十番船持渡書改目録寫》記載，是年中國商船“寅十番”載《何氏集》一部一帙八册運抵日本。《目録》注明“古本，無脱紙”。

大復集三十七卷　首一卷

(明)何景明撰
明嘉靖三十四年(1555年)袁璨刊本
宫内廳書陵部　内閣文庫　尊經閣文庫藏本
【按】宫内廳書陵部藏此同一刊本兩部。一部共八册；一部共十二册。
内閣文庫藏此同一刊本兩部。一部原係楓山官庫舊藏，共八册。一部原係江户時代林氏大學頭家舊藏，共十二册。
尊經閣文庫藏本，原係江户時代加賀藩主前田綱紀舊藏，共十八册。

大復集十三卷

(明)何景明撰
明嘉靖年間(1522—1566年)刊本　共四册
尊經閣文庫藏本　原江户時代加賀藩主前田綱紀舊藏

大復集三十八卷　附一卷

(明)何景明撰
明萬曆年間(1573—1620年)信陽胡秉性捐貲刊本

國會圖書館　静嘉堂文庫　蓬左文庫藏本

【按】國會圖書館藏本,原共八册,現合四册。

静嘉堂文庫藏本,原係陸心源守先閣等舊藏,共八册。

蓬左文庫藏本,原係江户時代尾張藩主家舊藏。此本係日本明正天皇寛永九年(1632年)從中國購入,卷中有“尾陽内庫”印記,共八册。

何仲默詩集十五卷

(明)何景明撰

明刊本　共八册

宫内廳書陵部藏本

鈐山堂集四十卷　附一卷

(明)嚴嵩撰　楊慎評點

明嘉靖年間(1522—1566年)刊本

宫内廳書陵部　内閣文庫　静嘉堂文庫　尊經閣文庫藏本

【按】宫内廳書陵部藏本,共十二册。

内閣文庫藏本,原係楓山官庫等舊藏,共六册。

静嘉堂文庫藏本,原係陸心源守先閣等舊藏,共六册。

尊經閣文庫藏本,原係江户時代加賀藩主前田綱紀舊藏,共十二册。

【附録】據《商舶載來書目》記載,東山天皇元禄十五年(1702年)中國商船“計字號”載《鈐山堂文集》一部二帙抵日本。光格天皇天明三年(1783年)中國商船“禮字號”載《鈐山堂集》一部一帙抵日本。

據《外船書籍元帳》記載,孝明天皇嘉永三年(1850年)中國商船“天草難”載《鈐山堂文集》一部抵日本,售價一匁。

直廬稿(即《鈐山堂集》卷四十一至卷五十)十卷

(明)嚴嵩撰

明嘉靖年間(1522—1566年)刊本

東洋文庫　静嘉堂文庫藏本

【按】東洋文庫藏本,原係藤田豐八等舊藏,共四册。

静嘉堂文庫藏本,原係陸心源十萬卷樓等舊藏,共五册。

歸田雜録十一卷

(明)林魁撰

明嘉靖二十二年(1543年)序刊本　共一册

内閣文庫藏本　原江户時代豐後佐伯藩主毛利高標舊藏

【按】此本係仁孝天皇文政年間(1818—1829年)由出雲守毛利高翰獻贈幕府。明治初期歸内閣文庫。卷中有“佐伯侯毛利高標字培松藏書畫之印”等印記。

熊士選集一卷　附録一卷

(明)熊卓撰　范欽校

明嘉靖年間(1522—1566年)四明范欽刊本　共一册

關西大學附屬圖書館内藤文庫藏本　原内藤湖南等舊藏

【按】每半葉有界八行,行二十字。白口,四周單邊(17.4cm×12.2cm)。

前有明正德七年(1512年)李夢陽《熊士選集序》,同年吴嘉聰《熊士選集跋》。後有明嘉靖二十二年(1543年)陳德文《跋》。

華陽館文集七卷

(明)宋儀望撰　魏學禮校

明刊本　共六册

日光輪王寺天海藏藏本

【按】每半葉有界九行,行十八字。白口,四周雙邊。

卷一至卷四爲序文,卷五爲記文,卷六爲碑文,卷七爲志銘文。此本卷五首缺三葉。

華陽館文集十二卷

(明)宋儀望撰

明萬曆年間(1573—1620年)刊本　共五册

尊經閣文庫藏本　原江户時代加賀藩主前

田綱紀舊藏

可泉辛巳集十三卷

(明)胡纘宗撰　吴廷亮等編
明嘉靖四年(1525年)跋刊本　共三册
内閣文庫藏本　原楓山官庫等舊藏

鳥鼠山人集二十八卷

(明)胡纘宗撰
明嘉靖年間(1522—1566年)刊本　共二十四册
宫内廳書陵部藏本

鳥鼠山人小集十六卷　鳥鼠山人後集二卷

(明)胡纘宗撰
明嘉靖十八年(1539年)刊本　共八册
尊經閣文庫　東京大學東洋文化研究所藏本

歐陽恭簡公遺集二十二卷

(明)歐陽鐸撰
明嘉靖三十三年(1554年)序刊本　共六册
内閣文庫藏本　原楓山官庫等舊藏

石亭文集十二卷

(明)陳沂撰
明嘉靖年間(1522—1566年)刊本　共六册
尊經閣文庫藏本　原江户時代加賀藩主前田綱紀舊藏

東畬先生家藏集十四卷

(明)錢琦撰
明隆慶二年(1568年)序刊本　共四册
内閣文庫藏本　原豐後佐伯藩主毛利高標舊藏
【按】此本係仁孝天皇文政年間(1818—1829年)出雲守毛利高翰獻贈幕府。明治初年歸内閣文庫。卷中有"佐伯侯毛利高標字培松藏書畫之印"等印記。
【附録】據《商舶載來書目》記載,中御門天皇享保十年(1725年)中國商船"登字號"載《東畬家藏集》一部一帙抵日本。

錢臨江先生集十四卷　附一卷

(明)錢琦撰
明萬曆三十二年(1604年)跋刊本　共四册
内閣文庫藏本　原楓山官庫等舊藏

王蛟川詩稿(殘本)一卷

(明)王廷望撰
明正德四年(1509年)跋刊本　共一册
内閣文庫藏本　原昌平坂學問所等舊藏
【按】此本今存卷四,共一卷。

少華山人集三卷　後集五卷

(明)許宗魯撰
明嘉靖二十六年(1547年)序刊本　共一册
内閣文庫藏本　原豐後佐伯藩主毛利高標舊藏
【按】此本係仁孝天皇文政年間(1818—1829年)出雲守毛利高翰獻贈幕府。明治初年歸内閣文庫。卷中有"佐伯侯毛利高標字培松藏書畫之印"等印記。

崔東洲集二十卷

(明)崔桐撰
明嘉靖二十九年(1550年)序刊本　共八册
内閣文庫藏本　原楓山官庫等舊藏
【附録】據《商舶載來書目》記載,後桃園天皇安永三年(1774年)中國商船"佐字號"載《崔東洲集》一部一帙抵日本。

朽庵存稿(梁岡文集)四卷

(明)戴時宗撰
明嘉靖三十三年(1554年)序刊本　共四册
内閣文庫藏本　原楓山官庫等舊藏

鶴樓集十四卷

(明)張翀撰
明隆慶四年(1570年)序刊本　共四册
内閣文庫藏本　原楓山官庫等舊藏

玄素子集(二十種)三十七卷

(明)廖道南撰
明刊本　共十七册
内閣文庫藏本　原楓山官庫等舊藏
【按】此本細目如次:
第一册至第五册:《玄素藝苑集》六卷;
第六册至第八册:《玄素詞苑集》四卷;
第九册:《玄素子壬辰集》一卷、《玄素子乙未集》一卷、《玄素子丙申集》一卷;
第十册:《玄素子甲申集》一卷、《玄素子乙酉集》一卷;
第十一册:《玄素子丙戌集》一卷、《玄素子丁亥集》一卷、《玄素子戊子集》一卷、《玄素子己丑集》一卷;
第十二册:《玄素子庚寅集》一卷、《玄素子辛卯集》一卷;
第十三册:《玄素子丁酉集》一卷、《玄素子戊戌集》一卷、《玄素子卿雲集》一卷;
第十四册:《玄素子拱極集》一卷、《玄素子卿雲文集》一卷;
第十五册至第十六册:《玄素疏牖集》八卷;
第十七册:《玄素子講幄集》三卷。

未軒公文集五卷

(明)黄仲昭撰
明成化五年(1469年)序刊本　共二册
内閣文庫藏本
【按】每半葉有界十一行,行二十字。白口,四周單邊。版心下部有刻工姓名。
此本卷一、卷二爲五言詩,卷三、卷四、卷五爲七言詩。

未軒公文集十二卷　附一卷　補一卷

(明)黄仲昭撰
明嘉靖年間(1522—1566年)刊本　共六册
静嘉堂文庫藏本　原陸心源守先閣等舊藏

未軒公文集十二卷　附一卷

(明)黄濳撰　劉節校
明嘉靖三十四年(1555年)跋刊本
國會圖書館　内閣文庫　尊經閣文庫藏本
【按】國會圖書館藏本,今缺卷三、卷四,實存十卷并《附録》一卷,原共四册,現合爲二册。
内閣文庫藏此同一刊本兩部。一部共六册;一部原係楓山官庫等舊藏,共四册。
尊經閣文庫藏本,原係江户時代加賀藩主前田綱紀舊藏,共八册。

四時存采稿

(明)何燿撰　何夢駿　何夢騣編
明萬曆四十三年(1615年)刊本　共二册
内閣文庫藏本
【按】内閣文庫藏此同一刊本兩部。一部原係昌平坂學問所等舊藏。一部原係豐後佐伯藩主毛利高標舊藏,此本係仁孝天皇文政年間(1818—1829年)出雲守毛利高翰獻贈幕府。明治初期歸内閣文庫。卷中有"佐伯侯毛利高標字培松藏書畫之印"等印記。

翠渠摘稿五卷　附一卷

(明)周瑛撰　林近龍編
明刊本　共三册
静嘉堂文庫藏本　原陸心源十萬卷樓等舊藏

翠渠摘稿(不分卷)

(明)周瑛撰　林近龍編
古寫本　共一册
静嘉堂文庫藏本　原陸心源十萬卷樓等舊藏

匏翁家藏集七十七卷　補一卷

(明)吴寬撰

明刊本　共十册

内閣文庫藏本　原豐後佐伯藩主毛利高標舊藏

【按】此本係仁孝天皇文政年間(1818—1829年)出雲守毛利高翰獻贈幕府。明治初期歸内閣文庫。

卷中有"佐伯侯毛利高標字培松藏書畫之印"等朱文印記。

匏翁家藏集七十七卷　拾遺一卷

(明)吴寬撰

明正德年間(1506—1521年)刊本　共十八册

静嘉堂文庫藏本　原陸心源十萬卷樓等舊藏

震澤先生集(文恪公集)三十六卷

(明)王鏊撰

明嘉靖十五年(1536年)刊本

内閣文庫　尊經閣文庫　静嘉堂文庫　御茶之水圖書館藏本

【按】每半葉有界十一行,行二十字。左右雙邊。版心下方有刻工姓名。

内閣文庫藏此同一刊本兩部。一部原係昌平坂學問所等舊藏,共十六册。一部原係楓山官庫等舊藏,共八册。

尊經閣文庫藏本,原係江户時代加賀藩主前田綱紀舊藏,共八册。

静嘉堂文庫藏本,原係陸心源十萬卷樓等舊藏,共八册。

御茶之水圖書館藏本,原係德富蘇峰成簣堂等舊藏。此本有明萬曆乙丑(1589年)補刻,共六册。

王文恪公文集三十五卷　目一卷

(明)王鏊撰　朱國楨訂　董其昌閱

明雲間董氏三槐堂刊本

國會圖書館　早稻田大學圖書館藏本

【按】前有明嘉靖十五年(1536年)《序》。

國會圖書館藏本,原共十二册,現合爲五册。

早稻田大學圖書館藏本,有附録《鵑音》、《白社詩草》,共十册。

【附録】據《商舶載來書目》記載,桃園天皇寶曆四年(1754年)中國商船"和字號"載《王文恪公集》一部一帙抵日本。

王文恪公集(震澤先生集)三十六卷　目一卷

(明)王鏊撰　朱國楨校

明萬曆三十七年(1609年)刊本　共八册

宫内廳書陵部藏本

王文恪公集三十六卷　附白社詩草一卷

(明)王鏊撰　朱國楨訂　董其昌閱　《白社詩草》(明)王禹聲撰

明雲間董其昌三槐堂刊本

東洋文庫　東京大學總合圖書館　京都大學人文科學研究所東洋學文獻中心藏本

【按】東洋文庫藏本,原係藤田豐八等舊藏,共八册。

東京大學藏本,附有《白社詩草》一卷、《鵑音》一卷,共二十四册。

京都大學藏本,并有附録《鵑音》一卷,共四册。

王文恪公集三十六卷　附名公筆記一卷

(明)王鏊撰　朱國楨校

明三槐堂刊本　共十册

内閣文庫　東洋文庫藏本

【按】内閣文庫藏此同一刊本兩部。一部原係楓山官庫舊藏;一部原係昌平坂學問所舊藏。兩部皆附明人王禹聲撰《鵑音》及《白社詩草》。

【附録】日本桃園天皇寶曆四年(1754年)長崎《舶來書籍大意書》記中國商船"戌字號"所載之漢籍著録此本。其釋文曰:"此係明王濟之所著,輯其賦七篇、諸體之詩七百六十餘首、諸體之文三百九十餘篇,編爲三十六卷。又有《名公筆記》十七篇,王禹聲著。又輯詩二十餘首,名爲《鵑音》,附於卷後。此本係明嘉靖三十五年刊本,一部一帙共十册,卷中脱紙二葉。"

王文恪公全集四十卷

(明)王鏊撰　朱國楨校
明刊本　共十二册
宫内廳書陵部藏本

順渠先生文録(王文定公文録)十二卷

(明)王道撰　朱延禧校
明萬曆六年(1578年)刊本
尊經閣文庫　蓬左文庫藏本
【按】後有明萬曆六年(1578年)王道之子王幼庶《跋》。
尊經閣文庫藏本,原係江户時代加賀藩主前田綱紀舊藏,共四册。
蓬左文庫藏本,原係江户時代尾張藩主家舊藏。此本係明正天皇寛永九年(1632年)從中國購入,卷中有"尾陽内庫"印記,共六册。

鄭少谷先生全集二十一卷

(明)鄭善夫撰
明崇禎八年(1635年)序刊本　共八册
内閣文庫藏本　原豐後佐伯藩主毛利高標舊藏
【按】卷二十八係後人寫補。
此本係仁孝天皇文政年間(1818—1829年)出雲守毛利高翰獻贈幕府。明治初期歸内閣文庫。卷中有"佐伯侯毛利高標字培松藏書畫之印"等印記。
【附録】據《商舶載來書目》記載,桃園天皇寶曆四年(1754年)中國商船"天字號"載《鄭少谷集》一部一帙抵日本。
桃園天皇寶曆四年(1754年)長崎《舶來書籍大意書》記中國商船"戌字號"所載之漢籍著録此本。其釋文曰:"此係明人鄭繼之所著。輯其騷賦共四篇、諸體之詩千四十餘首、諸體之文二百四十餘篇,後附本傳、墓碑、詩文集之序共七篇、挽詩二十餘首,編爲二十一卷。此本爲明崇禎八年刊本,一部一帙八册,無《目録》,書葉蟲蝕甚多。"

鄭詩(鄭少谷集)十三卷　附一卷

(明)鄭善夫撰
明嘉靖年間(1522—1566年)刊本　共四册
静嘉堂文庫藏本　原陸心源十萬卷樓等舊藏

鄭詩八卷

(明)鄭善夫撰
明萬曆二十四年(1596年)序刊本　共四册
内閣文庫藏本　原楓山官庫等舊藏

夢澤集十七卷

(明)王廷陳撰
明嘉靖年間(1522—1566年)刊本　共四册
尊經閣文庫藏本　原江户時代加賀藩主前田綱紀舊藏

夢澤集十七卷

(明)王廷陳撰
明嘉靖四十一年(1562年)序刊本　共四册
内閣文庫藏本
【按】内閣文庫藏此同一刊本兩部。一部原係楓山官庫等舊藏;一部原係昌平坂學問所等舊藏。

五嶽山人集三十八卷　目一卷

(明)黄省曾撰
明嘉靖年間(1522—1566年)刊本
宫内廳書陵部　静嘉堂文庫　尊經閣文庫藏本
【按】前有皇甫訪《序》,王世貞《序》,王文禄《序》等。

《目録》後有書刻者署名二行，文曰“長洲吴曜寫”、“黄周賢刻”。

宫内廳書陵部藏本，天頭地邊有明人手批文字，卷中有“繼玄”、“秘閣圖書之章”等印記，共八册。

静嘉堂文庫藏本，原係中村敬宇等舊藏，共六册。

尊經閣文庫藏本，原係江户時代加賀藩主前田綱紀舊藏，共八册。

午塘先生集十六卷

(明)閔如霖撰

明萬曆年間(1573—1620年)刊本　共二册

静嘉堂文庫藏本　原陸心源守先閣等舊藏

唐伯虎集(六如庵集)二十卷

(明)唐寅撰　何大成校

明萬曆年間(1573—1620年)刊本　共五册

御茶之水圖書館藏本　原德富蘇峰成簣堂等舊藏

【按】此本係《正編》二卷;《外編》五卷;《續外編》十二卷;《書譜》一卷,共二十卷。

各卷刊印年代不一，有萬曆壬辰(1592年)刊、有萬曆丁未(1607年)刊和萬曆四十二年(1614年)刊。

封面用朝鮮香色紋樣紙裝裱，外題爲朝鮮人手筆。

第一册有德富蘇峰手識文，内封又有手記，叙大正五年(1915年)於朝鮮京城金書鋪購得之經緯。

【附録】日本光格天皇享和元年(1801年)大阪山口又一郎、京屋吉右衛門刊印唐寅撰、沈思編《唐伯虎集》(内題《唐伯虎先生匯集》)二卷。此本後有大阪河内屋吉兵衛重印本。

孝明天皇嘉永六年(1853年)存意閣刊印唐寅撰《六如居士全集》三卷。

唐伯虎集四卷　附一卷　補一卷

(明)唐寅撰　沈思編

明萬曆四十年(1612年)翠竺山房刊本

内閣文庫藏本

【按】内閣文庫藏此同一刊本兩部。一部原係楓山官庫等舊藏，共四册。一部原係江户時代林羅山舊藏，卷中有“江雲渭樹”印記，共三册。

唐伯虎集五卷

(明)唐寅撰　沈思輯　曹元亮校

明刊本　共四册(現合爲三册)

國會圖書館藏本

【附録】日本光格天皇文化二年(1805年)大阪河内屋吉兵衛刊印《唐伯虎集》一卷。此本題沈思輯，曹元亮校。

唐伯虎先生外編五卷

(明)唐寅撰　何樵　何大成編

明萬曆年間(1573—1620年)刊本　共一册

内閣文庫藏本　原豐後佐伯藩主毛利高標舊藏

【按】此本係仁孝天皇文政年間(1818—1829年)出雲守毛利高翰獻贈幕府。明治初期歸内閣文庫，卷中有“佐伯侯毛利高標字培松藏書畫之印”等印記。

祝氏集略三十卷

(明)祝允明撰

明嘉靖三十六年(1557年)眉山張景賢刊本

内閣文庫　東洋文庫　尊經閣文庫　東京大學東洋文化研究所　京都大學文學部中國語學文學哲學研究室藏本

【按】内閣文庫藏本，原係楓山官庫等舊藏，共十册。

東洋文庫藏本，共二十四册。

尊經閣文庫藏本，原係江户時代加賀藩主前田綱紀舊藏，共八册。

京都大學藏本，共十册。

懷星堂全集三十卷

(明)祝允明撰
明萬曆三十七年(1609年)序刊本　共八册
内閣文庫　静嘉堂文庫藏本
【按】内閣文庫藏本,原係昌平坂學問所等舊藏。
静嘉堂文庫藏本,原係陸心源十萬卷樓等舊藏。

懷星堂全集三十卷

(明)祝允明撰
明萬曆年間(1573—1620年)刊本　共十六册
尊經閣文庫藏本

見素集三十五卷

(明)林俊撰　林富集　黄佐校
明嘉靖四年(1525年)林富刊本　共十四册
國會圖書館藏本

見素集二十八卷　首一卷

(明)林俊撰　黄佐校
明萬曆十三年(1585年)林及祖重刊本
内閣文庫　静嘉堂文庫　蓬左文庫藏本
【按】内閣文庫藏本,原係楓山官庫等舊藏,共五册。
静嘉堂文庫藏本,原係陸心源十萬卷樓等舊藏,共八册。
蓬左文庫藏本,原係日本後水尾天皇寬永四年(1627年)從中國購入,共六册。

見素詩集十四卷

(明)林俊撰
明刊本　共二册
内閣文庫藏本　原野間三竹　昌平坂學問所等舊藏

見素集十四卷　見素集七卷又二十八卷　見素續集十二卷

(明)林俊撰
明萬曆年間(1573—1620年)刊本　共二十册
尊經閣文庫藏本　原江户時代加賀藩主前田綱紀舊藏

(太史)升庵先生文集八十一卷

(明)楊慎撰　楊有仁編　謝紹訥校
明萬曆十年(1582年)四川巡撫張士佩刊本
宫内廳書陵部　内閣文庫　蓬左文庫　静嘉堂文庫　京都大學文學部中國語學文學哲學研究室　御茶之水圖書館藏本
【按】每半葉有界十行,行二十字。四周單邊。
前有明萬曆十年(1582年)張士佩《序》,同年宋仕《序》,陳文燭《序》。卷末有蔡汝《跋》,又有鄭旻《跋》等。
宫内廳書陵部藏本,每册首有"慥慥齋圖書"印記,卷中有"蒹葭藏書"、"對嵐山房"、"世肅子"、"世肅"、"弘恭"、"一籬華滿讀書聲"、"静逸"、"月橋"等印記,共十四册。
内閣文庫藏本,原係昌平坂學問所等舊藏,共二十四册。
蓬左文庫藏本,共二十八册。
静嘉堂文庫藏此同一刊本兩部,皆共二十八册。其中一部原係竹添井井(光鴻)等舊藏。
京都大學藏本,原係狩野直喜等舊藏。
御茶之水圖書館藏本,原係德富蘇峰成簣堂等舊藏。此本白綿紙印本,今缺卷四十八以下各卷,實存四十七卷。卷中有批點,封面用朝鮮香色古紙裝裱。外添一葉,係明治四十五年(1912年)德富蘇峰手記,共八册。
【附録】桃園天皇寶曆四年(1754年)長崎港《舶來書籍大意書》著録此本,其釋文曰:"《楊升庵文集》係明人楊用修著,從子楊有仁編次。輯録其諸體之文百五十餘篇、詩千八十餘首;

又輯録其論説之文,易三十餘篇、詩書五十餘篇、春秋三十餘篇、禮樂七十餘篇、四書三十餘篇、史類三百三十餘篇、諸子七十餘篇、文學百十餘篇、詩學五百篇、字學百六十餘篇、璅語六篇、雜類三百九十餘篇、仙佛三十餘篇、地理百四十餘篇、花木百十餘篇、鳥獸百十餘篇,末卷有增詩十八首。上述諸篇,編次爲八十一卷,明萬曆十年刊印。"并注明:"二部各二帙。一部凡十四册,脱紙五張;一部凡十六册,脱紙一張。"

據《商舶載來書目》記載,中御門天皇正德二年(1712 年)中國商船"久字號"載《楊升庵文集》一部二帙抵日本。中御門天皇享保十一年(1726 年)中國商船"多字號"載《太史升庵文集》一部二十册抵日本。

據《外船書籍原帳》記載,仁孝天皇弘化三年(1846 年)中國商船"巳字號"載《楊升庵全集》一部二帙抵日本,售價三十匁。仁孝天皇弘化四年(1847 年)中國商船"午一番"載《楊升庵全集》一部二帙抵日本,售價十五匁。

據仁孝天皇天保十四年(1843 年)《漢籍發賣投標記録》記載,是年《楊升庵全集》一部十二册投標價爲長岡屋三十一匁,ふし屋四十一匁,今村屋四十三匁八分。

(太史)升庵先生文集八十一卷

(明)楊慎撰　楊有仁編　趙開美校

明崇禎年間(1628—1644 年)刊本

宫内廳書陵部　國會圖書館　静嘉堂文庫　東京大學總合圖書館　御茶之水圖書館　福井市立圖書館藏本

【按】每半葉有界九行,行十九字。

宫内廳書陵部藏本,共十六册。

國會圖書館藏本,原共二十册,現合八册。

静嘉堂文庫藏本,共二十册。

東京大學藏本,原係紀州德川家南葵文庫等舊藏,共十二册。

御茶之水圖書館藏本,原係寺田盛業讀杜艸堂、德富蘇峰成簣堂等舊藏。卷中有"讀杜艸堂"、"東京溜池靈南街第四號讀杜艸堂主人寺田盛業印記"等印記,共二十册。

福井市藏本,卷中有"明道館圖書記"朱文方印,共二十册。

(太史)升庵全集八十一卷　目二卷

(明)楊慎撰　楊有仁編　陳大科校

明萬曆年間(1573—1620 年)陳大科校刊本

内閣文庫　東京大學總合圖書館藏本

【按】内閣文庫藏本,原係昌平坂學問所等舊藏,共二十册。

東京大學藏本,原係紀州德川家南葵文庫等舊藏,共十二册。

升庵先生文集八十一卷　目四卷

(明)楊慎撰　楊有仁編　趙開美校

明萬曆十年(1582 年)序刊本

宫内廳書陵部　内閣文庫　静嘉堂文庫　尊經閣文庫　國士館大學附屬圖書館楠本文庫　國學院大學附屬圖書館梧蔭文庫藏本

【按】宫内廳書陵部藏本,共十六册。

内閣文庫藏此同一刊本三部。一部原係楓山官庫等舊藏,共十八册。一部原係野間三竹舊藏,後歸豐後佐伯藩主毛利高標,仁孝天皇文政年間(1818—1829 年)出雲守毛利高翰獻贈幕府,明治初期歸内閣文庫。卷中有"佐伯侯毛利高標字培松藏書畫之印"等印記,共十二册。一部共十六册。

静嘉堂文庫藏本,原係陸心源守先閣等舊藏,共八册。

尊經閣文庫藏本,原係江户時代加賀藩主前田綱紀舊藏,共十六册。

國士館大學藏本,原係楠本正繼等舊藏,共十六册。

國學院大學藏本,原係井上毅(梧蔭)等舊藏,共十四册。

升庵先生文集八十一卷

(明)楊慎撰

明萬曆二十九年(1601年)王藩　蕭如松校刊本　共十册

東京大學東洋文化研究所　京都大學文學部社會學研究室　神户大學附屬圖書館文學部分館　滋賀大學附屬圖書館　大谷大學附屬圖書館悠然樓藏本

【按】東京大學藏此同一刊本兩部。

京都大學藏本,共十六册。

神户大學藏本,共十册。

滋賀大學藏本,共十六册。

大谷大學藏本,原係大西行禮等舊藏,共十册。

升庵外集一百卷

(明)楊慎撰　焦竑輯　顧起元校

明萬曆年間(1573—1620年)刊本

國會圖書館　尊經閣文庫　東洋文庫　東京大學東洋文化研究所　京都大學文學部中國語學文學哲學研究室　東北大學附屬圖書館藏本

【按】國會圖書館藏本,原共十六册,今合裝爲七册。

尊經閣文庫藏本,原係江户時代加賀藩主前田綱紀等舊藏,共二十四册。

東洋文庫藏本,原係藤田豐八等舊藏,共四十册。

京都大學藏本,共十八册。

東北大學藏本,原係狩野亨吉等舊藏,共十二册。

【附録】據《商舶載來書目》記載,桃園天皇寶曆九年(1759年)中國商船"久字號"載《楊升庵外集》一部一帙抵日本。

據光格天皇天明六年(1786年)《寅十番船持渡書改目録寫》記載,是年中國商船"寅十番"載《升庵外集》一部二十四册抵日本,并注"古本,蟲蝕多,脱紙七張"。

據仁孝天皇弘化二年(1845年)《漢籍發賣投標記録》,是年《楊升庵外集》一部二十四册,標價爲松之屋一百二十匁,能登屋一百二十三匁,永見屋一百六十一匁。

日本江户時代有明人楊慎撰《升庵外集》寫本一種,今存卷九十五至卷九十七共三卷,幅寬25cm。此本今存國會圖書館。

升庵外集一百卷

(明)楊慎撰　焦竑編　顧起元校

明萬曆年間(1573—1620年)刊本

静嘉堂文庫　京都大學文學部中國語學文學哲學研究室　滋賀大學附屬圖書館藏本

【按】静嘉堂文庫藏本,原係竹添井井(光鴻)等舊藏,共二十册。

京都大學藏本,原係鈴木虎雄等舊藏,共二十册。

滋賀大學藏本,共十八册。

升庵别集三十二卷

(明)楊慎撰

明刊本　共十五册

宫内廳書陵部藏本

(太史)升庵遺集二十六卷

(明)楊慎撰　王象乾校

明萬曆年間(1573—1620年)刊本

内閣文庫　尊經閣文庫藏本

【按】内閣文庫藏本,原係豐後佐伯藩主毛利高標舊藏。此本係仁孝天皇文政年間(1818—1829年)由出雲守毛利高翰獻贈幕府明治初期歸内閣文庫。卷中有"佐伯侯毛利高標字培松藏書畫之印"等印記,共五册。

尊經閣文庫藏本,原係江户時代加賀藩主前田綱紀舊藏,共七册。

(李卓吾先生讀)升庵集二十卷

(明)楊慎撰　李贄讀

明刊本　共六册

尊經閣文庫藏本　原江户時代加賀藩主前田綱紀舊藏

楊用修詩選二卷

(明)楊慎撰　林兆珂等選

明莆陽林氏刊本　共二册

蓬左文庫藏本　原德川光友瑞龍院等舊藏

甫田集三十五卷　附一卷

(明)文徵明撰

明刊本

國會圖書館　内閣文庫　東洋文庫　静嘉堂文庫　尊經閣文庫　東北大學附屬圖書館　福井市立圖書館藏本

【按】國會圖書館藏本,原共十二册,現合爲六册。

内閣文庫藏此同一刊本兩部。一部原係昌平坂學問所等舊藏,共十二册。一部原係楓山官庫等舊藏,共四册。

東洋文庫藏此同一刊本兩部。一部原係藤田豐八等舊藏,共八册。一部原係小田切萬壽之助等舊藏,此本有清人修補,共六册。

静嘉堂文庫藏本,原係竹添井井(光鴻)等舊藏,共八册。

尊經閣文庫藏本,原係江户時代加賀藩主前田綱紀舊藏,共八册。

東北大學藏本,共十六册。

福井市藏本,原係中川忠英等舊藏,卷中有"明道館圖書記"朱文方印等,共六册。

【附録】據《外船賫來書目》記載,中御門天皇享保四年(1719 年)中國商船南京船"第二十二番"(船主沈補齋)載《文徵明十四咏》一帖抵日本。

據《商舶載來書目》記載,光格天皇寬政十年(1798 年)中國商船"浦字號"載《甫田集》一部一帙抵日本。同年,中國商船"不字號"載《文徵明原道文》一部一帖、《文徵明四體千字文》一部一帖抵日本。

據仁孝天皇天保十五年(1844 年)《漢籍發賣投標記録》記載,是年《文甫田全集》一部投標價爲永見屋十七匁八分,安田屋二十五匁八分,吉井屋二十六匁。據仁孝天皇天保弘化二年(1845 年)《漢籍發賣投標記録》記載,是年中國商船"巳二番"載《文甫田全集》一部二十册抵日本。其投標價爲松之屋二十匁,安田屋二十一匁,鐵屋二十三匁。

據《外船書籍原帳》記載,仁孝天皇弘化二年中國商船"辰字號"載《文甫田集》一部抵日本,標價十五匁,爲書商錭屋右一郎以二十三匁購得。

江户時代有文徵明撰《文徵明詩集》一卷手寫本一種。此本現存國會圖書館。

光格天皇文化十四年(1817 年)江户須原屋源助(十六堂)等刊印文徵明撰《文衡山先生詩鈔》二卷。此本係日人原簡編選。

容春堂集六十八卷

(明)邵寶撰

明正德十二年(1517 年)序刊本　共十二册

内閣文庫藏本　原楓山官庫等舊藏

【按】此本細目如次:

《容春堂集》"前集"二十卷、《容春堂集》"戊寅"至"辛巳"三十一卷、《容春堂集》"壬午"八卷、《別集》九卷。

【附録】據《商舶載來書目》記載,後櫻町天皇明和四年(1767 年)中國商船"加字號"載《容春堂集》抵日本。

容春堂集六十三卷

(明)邵寶撰

明嘉靖年間(1522—1566 年)刊本

内閣文庫　尊經閣文庫藏本

【按】此本細目如次:

《前集》二十卷、《後集》十四卷、《續集》十八卷、《別集》九卷、《目》二卷。

内閣文庫藏本,原係昌平坂學問所等舊藏,共四十册。

尊經閣文庫藏本,原係江户時代加賀藩主前田綱紀舊藏,今缺《後集》卷七;《續集》又缺十卷。又有内閣文庫藏本未有之《泉齋勿藥集》

十四卷。共十六册。

容春堂續集十八卷

(明)邵寶撰
明外孫秦榛重刊本　共八册
東洋文庫藏本　原藤田豐八等舊藏

皇甫司勳集六十卷

(明)皇甫汸撰
明萬曆年間(1573—1620年)刊本
宫内廳書陵部　東洋文庫　静嘉堂文庫　尊經閣文庫藏本

【按】前有明萬曆乙亥(1575年)顧存仁《序》,同年范惟一《序》,又有萬曆甲戌(1574年)皇甫汸《自序》。

此本係《賦》一卷、《詩》三十二卷、《雜文》二十七卷,共六十卷。

宫内廳書陵部藏此同一刊本兩部。一部共十二册;一部附《慶曆稿》二十四卷,集録隆慶、萬曆年間所作詩文,有王世貞《序》。此本原係江户時代豐後佐伯藩主毛利高標舊藏,仁孝天皇文政年間(1818—1829年)出雲守毛利高翰獻贈幕府,明治初期歸内閣文庫。《御書籍來歷志》著録此本,卷中有"王業浩印"、"佐伯侯毛利高標字培松藏書畫之印"、"秘閣圖書之章"等印記,共二十册。

東洋文庫藏本,原係小田切萬壽之助等舊藏,共十二册。

静嘉堂文庫藏本,原係陸心源十萬卷樓等舊藏,共八册。

尊經閣文庫藏本,原係江户時代加賀藩主前田綱紀舊藏,共十六册。

皇甫司勳集三十三卷

(明)皇甫汸撰
明萬曆三年(1575年)序刊本　共二册
内閣文庫藏本　原昌平坂學問所等舊藏

史伯頌集二卷

(明)史臣贇撰
明刊本　共一册
東洋文庫藏本　原藤田豐八等舊藏

陳后岡詩集一卷　文集一卷

(明)陳束撰　林可成校疏
明萬曆二十二年(1594年)四明林氏重刊本　共二册
東洋文庫藏本　原藤田豐八等舊藏

仁峰先生文集十九卷

(明)汪循撰
明嘉靖七年(1528年)刊本　共十册
東洋文庫藏本　原藤田豐八等舊藏

舒梓溪先生集十卷

(明)舒芬撰　熊杰編
明嘉靖三十二年(1553年)序刊本
宫内廳書陵部　内閣文庫　尊經閣文庫藏本

【按】宫内廳書陵部藏本,共五册。

内閣文庫藏此同一刊本兩部,皆共四册。一部原係昌平坂學問所等舊藏;一部原係楓山官庫等舊藏。

尊經閣文庫藏本,原係江户時代加賀藩主前田綱紀舊藏,共四册。

舒梓溪先生全集二十卷　首一卷

(明)舒芬撰　舒琛編
明萬曆四年(1576年)漆彬刊本
内閣文庫　蓬左文庫藏本

【按】此本係《内集》八卷、《外集》十二卷。

内閣文庫藏本,原係江户時代林氏大學頭家舊藏,共十四册。

蓬左文庫藏本,原係江户時代尾張藩主家舊藏,共八册。

梓溪文鈔十八卷

(明)舒芬撰　樊良樞校

明萬曆八年(1580年)進賢樊良樞刊本　共八册

京都大學文學部中國語學文學哲學研究室藏本

【按】此本係《内集》八卷、《外集》十卷。

梓溪文鈔(舒文節公全集)十八卷　附録二卷

(明)舒芬撰　樊良樞校　蕭上達訂

明萬曆四十八年(1620年)跋刊本

静嘉堂文庫　東京大學總合圖書館　京都大學人文科學研究所東洋學文獻中心藏本

【按】此本細目如次:

《梓溪文鈔内集》八卷;《梓溪文鈔外集》十卷;《附録》系薛應旂撰《舒先生傳》一卷、孫瑮撰《太史公行實》一卷。

静嘉堂文庫藏本,今缺《太史公行實》一卷,共八册。

東京大學總合圖書館藏本,原係市村瓚次郎覺廬文庫舊藏。此本乃明天啓、清乾隆年間(1621—1795年)修補本,共十二册。

京都大學藏本,共十册。

劉清惠公集十二卷

(明)劉麟撰

明萬曆年間(1573—1620年)刊本　共四册

静嘉堂文庫藏本　原陸心源十萬卷樓等舊藏

王文成公全書三十八卷

(明)王守仁撰　錢德洪編

明隆慶年間(1567—1572年)監察御史豫章謝氏應天府刊本

國會圖書館　内閣文庫　静嘉堂文庫　蓬左文庫　尊經閣文庫　京都大學文學部中國語學文學哲學研究室　早稻田大學圖書館　國士館大學附屬圖書館楠本文庫　無窮會織田文庫　御茶之水圖書館藏本

【按】前有明隆慶六年(1572年)《序》。

此本係《傳習録》三卷;《文録》二十八卷;《年譜世德紀》七卷。

國會圖書館藏本,原共六十册,現合爲三十册。

内閣文庫藏本,原係楓山官庫等舊藏,共二十四册。

静嘉堂文庫藏此同一刊本兩部。一部原係陸心源十萬卷樓等舊藏,共二十册。一部共二十二册。

蓬左文庫藏本,原係江户時代尾張藩主家舊藏。此本係明正天皇寬永十四年(1637年)從中國購入,共三十二册。

尊經閣文庫藏本,原係江户時代加賀藩主前田綱紀舊藏,共三十册。

京都大學藏本,原係島田皇村等舊藏。

早稻田大學圖書館藏本,共二十四册。

國士館大學藏本,原係楠本正繼等舊藏,共二十册。

無窮會藏本,原係織田小覺等舊藏,共二十册。

御茶之水圖書館藏本,原係德富蘇峰成簣堂等舊藏。此本今缺卷第一至卷第六、卷第十六、卷第十七。第七册封面有德富蘇峰手識文,叙明治四十年(1907年)得此書之經緯。又有朱筆題識曰:"奏疏中評語批點係于象山佐久間先生手澤",則此本爲江户時代末名家佐久間象山讀過。共十八册。

【附録】據《商舶載來書目》記載,明正天皇寬永四年(1627年)中國商船"和字號"載《王陽明全集》一部十六册抵日本。桃園天皇寶曆四年(1754年)中國商船"和字號"又載《王文成公集》一部一帙抵日本。後櫻町天皇明和元年(1764年)中國商船"和字號"又載《王文成公全集》一部四帙抵日本。

據《外船賫來書目》記載,中御門天皇享保二十年(1735年)中國商船廣東船"第二十五番"(船主黄瑞周、楊叔祖)載《陽明集》一部抵日本。

據光格天皇文化二年(1805年)《丑二番船書籍目録》記載,是年中國商船"丑二番"載《王文成公全書》一部抵日本。

據《外船書籍元帳》記載,仁孝天皇天保十二年(1841年)中國商船"子一番"(船主劉念國)載《王陽明全集》三部(每部各四帙)抵日本。仁孝天皇弘化二年(1845年)中國商船"辰字號"載《王陽明全集》六部抵日本。其中,一部凡八帙、一部凡四帙、四部各凡二帙。其標價八帙一部爲五十匁、餘五部爲四十五匁。書商富屋善五郎以一百三匁全部購得。仁孝天皇弘化三年(1846年)中國商船"巳字號"載《王陽明全集》四部抵日本。其中,一部凡四帙、一部凡二帙、兩部各十二册。全部售價一百八十匁。孝明天皇嘉永二年(1849年)中國商船"酉三番"載《王陽明全集》一部四帙抵日本,售價四十四匁。孝明天皇嘉永五年(1852年)中國商船"亥四番"載《王陽明全集》四部抵日本,每部售價四十四匁。孝明天皇嘉永六年(1853年)中國商船"子二番"載《王陽明全集》一部四帙抵日本,售價四十八匁。

據仁孝天皇天保十五年(1844年)《會所輸入物書籍見帳》記載,是年《王陽明全集》五部投標價爲松之屋一百匁,安田屋一百二十五匁三分,長岡屋一百四十八匁五分。仁孝天皇弘化二年(1845年)中國商船"巳二番"載《王陽明全集》六部抵日本。其投標價爲松之屋八十八匁九分,長岡九十六匁一分,富屋一百三匁。

據孝明天皇安政五年(1858年)《會所書籍輸入見帳》記載,是年中國商船"午一番"載《王陽明全集》一部六帙抵日本。其投標價爲京屋一百匁九分九厘,高中屋一百二匁九分五厘,日之國屋一百三十五匁九分。

江户時代有王守仁撰《王文成公全書》三十八卷和刊本。此本係日人三輪希賢點。

王文成公全書三十八卷

(明)王守仁撰　錢德洪編

明萬曆三十四年(1606年)序刊本

御茶之水圖書館　無窮會天淵文庫藏本

【按】每半葉有界九行,行十九字。四周雙邊。

御茶之水圖書館藏本,原係德富蘇峰成簣堂等舊藏。卷中有"教習館藏書"等印記,共三十册。

無窮會藏本,原係加藤天淵等舊藏。此本今缺卷一、卷二,共二卷,共二十三册。

陽明先生全集(王陽明先生全集)二十八卷　目録一卷

(明)王守仁撰

明嘉靖年間(1522—1566年)刊本　共十四册

宫内廳書陵部藏本　原江户時代德山藩主家舊藏

【按】前有明嘉靖丁巳(1557年)談愷《序》,嘉靖乙未(1535年)黄綰《序》,嘉靖丙申(1536年)鄒守益《序》。

此本係《正録》五卷、《外録》九卷、《别録》十四卷,凡二十八卷。

此本係江户時代德山藩三代主毛利元次廣收"天下秘籍"之一。東山天皇寶永三年(1706年)《御書物目録》著録此本。明治二十九年(1896年)男爵毛利元功獻贈宫内省圖書寮(即今宫内廳書陵部)。

卷中有"德藩藏書"等印記。

陽明先生文録二十四卷

(明)王守仁撰　錢德洪等編

明嘉靖十五年(1536年)餘姚錢德洪刊本

宫内廳書陵部　内閣文庫　尊經閣文庫　東京大學　京都大學人文科學研究所東洋學文獻中心　愛知大學附屬圖書館簡齋文庫　御茶之水圖書館藏本

【按】每半葉有界十行,行二十字。注文小字雙行。白口,左右雙邊(19.1cm×13.9cm)。

此本係《文録》五卷、《外集》九卷、《别集》十卷,共二十四卷。

宫内廳書陵部藏此同一刊本兩部,皆共二十四册。

内閣文庫藏本,原係江户時代林氏大學頭家舊藏,共八册。

尊經閣文庫藏本,原係江户時代加賀藩主前田綱紀舊藏,共二十册。

東京大學藏此同一刊本兩部。一部現存東洋文化研究所,原係大木幹一等舊藏。一部現存文學部漢籍中心,卷中有後人寫補,共二十四册。

京都大學藏本,原係松本文三郎等舊藏,共八册。

愛知大學藏本,原係小倉正恒等舊藏,共二十册。

御茶之水圖書館藏本,原係江户時代初年儒學名家藤原惺窩舊藏,後歸德富蘇峰成簣堂,共二十册。

【附録】據《商船載來書目》記載,中御門天皇寶享保十一年(1726年)中國商船"和字號"載《王陽明文録》一部十册抵日本。光格天皇寬政十年(1798年)中國商船"也字號"載《陽明文録》一部二帙抵日本。

日本後光明天皇承應二年(1653年)五倫書屋刊印王守仁撰《王陽明先生文録鈔》十卷。此本後有伊吹權兵衛重印本。

據《外船書籍原帳》記載,仁孝天皇天保十二年(1841年)中國商船"子三番"(船主鄭行)載《陽明文録》一部二帙抵日本,售價二十四匁五分。

(河東重刻)陽明先生文録(殘本)五卷　外集(殘本)九卷　別録十卷

(明)王守仁撰　宋儀望編

明隆慶六年(1572年)刊本

國會圖書館　早稻田大學圖書館藏本

【按】圖會圖書館藏本,《文録》今存卷三至卷五,共殘本三卷。《外集》今存卷一至卷四;卷七至卷九,共七卷。《別録》存全本。原共十七册,現合爲八册。

早稻田大學圖書館藏本,共十册。

陽明先生文録二十四卷　目一卷

(明)王守仁撰

明嘉靖年間(1522—1566年)刊本

京都大學文學部中國語學文學哲學研究室

早稻田大學圖書館藏本

【按】前有明嘉靖二十九年(1550年)《序》。

此本係《文録》五卷,《外集》九卷,《別録》十四卷。

京都大學文學部中國語學文學哲學研究室藏本,共十九册。

早稻田大學圖書館藏本,共二十册。

陽明先生文録二十四卷

(明)王守仁撰　錢德洪　王畿編

明嘉靖年間(1522—1566年)刊本　共二十册

宫内廳書陵部　内閣文庫藏本

【按】前有明嘉靖三十六年(1557年)《序》。

内閣文庫藏本,原係楓山官庫等舊藏。

陽明先生文録十七卷

(明)王守仁撰

明嘉靖二十六(1547年)張良才重校刊本　共十二册

東京大學東洋文化研究所藏本

陽明先生文録十五卷

(明)王守仁撰

明嘉靖三十七年(1558年)胡宗憲重刊本　共十四册

御茶之水圖書館藏本　原德富蘇峰成簣堂等舊藏

【按】此本係《文録》五卷、《別録》十卷。

《別録》卷末有明嘉靖丁巳(1557年)冬十一月門人王畿《重刻後語》,又有嘉靖三十七年戊午(1558年)門人唐堯臣《跋》。

第一册内封有德富蘇峰手識文。

陽明先生文録五卷　外集九卷

(明)王守仁撰　錢德洪　王畿編　唐堯臣校

明嘉靖三十六年(1557年)新安胡宗憲重刊本　共十册

蓬左文庫藏本　原江户時代尾張藩主家等舊藏

【按】此本係明正天皇寛永七年(1630年)從中國購入。

卷中有"尾陽内庫"印記等。

陽明先生外録九卷

(明)王守仁撰

明嘉靖年間(1522—1566年)蕭氏古翰樓刊本　共三册

御茶之水圖書館藏本　原松井暉辰　德富蘇峰成簣堂等舊藏

【按】每半葉有界十行,行二十字。四周單邊。版心上方刻"蕭氏古翰樓",下方記刻工姓名。封面用江户時代中期水色紋様紙裝裱,卷中有朱點。卷中有長文朱印曰"凡物皆歸有緣故藏書不吝貸借讓予及典賣而特痛戚蠹損污壞錯闕狼籍爾子侄莫忽諸松井暉辰識"。

卷首等有德富蘇峰手釋文。

陽明先生文粹十一卷

(明)王守仁撰　宋儀望選編

明嘉靖三十二年(1553年)廬陵宋氏刊本

内閣文庫　廣島大學文學部藏本

【按】内閣文庫藏本,原係楓山官庫等舊藏。此本今缺卷四至卷八,合五卷,共二册。

廣島大學藏本,共十册。

【附録】日本仁孝天皇文政十一年(1828年)大阪河内屋茂兵衛外九軒刊印王守仁撰《陽明先生文粹》四卷,由日人村瀨誨輔選編。此本後有天保二年(1831年)重印本,又有大阪河内屋茂兵衛重印本等。

陽明先生文粹八卷

(明)王守仁撰　宋儀望選編

明嘉靖三十二年(1553年)廬陵宋氏刊本　共六册

京都大學附屬圖書館藏本

陽明先生文粹十一卷

(明)王守仁撰　宋儀望編

明隆慶六年(1572年)刊本　共二册

内閣文庫藏本　原江户時代林羅山舊藏

【按】卷中有"江雲渭樹"印記等。

陽明先生詩録(殘本)三卷

(明)王守仁撰

明刊本　共一册

内閣文庫藏本　原江户時代林羅山舊藏

【按】是書全本四卷。此本今缺卷一,實存三卷。

卷中有"江雲渭樹"印記等。

王文成公文選八卷

(明)王守成撰　王畿選定　鍾惺評點

明崇禎年間(1628—1644年)金閶溪香館刊本

國會圖書館　東京大學東洋文化研究所藏本

【按】國會圖書館藏本,共四册。

東京大學藏本,共十六册。

王文成公文選七卷　附年譜三卷

(明)王守成撰　李贄删定　鍾惺評點　《年譜》王畿編述

明崇禎六年(1633年)黄巖陶廷稱刊本　共四册

京都大學文學部中國語學文學哲學研究室藏本

【附録】桃園天皇寶曆四年(1754年)長崎港《舶來書籍大意書》著録此本,其釋文曰:"《王文成公集》係明人王陽明著。輯録其諸體之文九十餘篇、賦二篇、諸體之詩百七十餘首。由其門人王畿選定，編次爲八卷，并附《年譜》二卷，由鍾伯敬批點。明崇禎六年刊印。”并注明：“一部一帙六册，内脱紙二張。”

陽明先生要書八卷　附年譜三卷　附録二卷

(明)王守仁撰　葉紹顒　陳龍正同纂　《年譜》錢德洪撰　羅洪先訂　葉方恒校

明崇禎八年(1635年)吴江葉氏刊本

静嘉堂文庫　尊經閣文庫　東京大學總合圖書館藏本

【按】静嘉堂文庫藏本，原係佐藤一齋舊藏，後歸中村敬宇。此本卷四、卷五係後人修補，共六册。

尊經閣文庫藏本，原係江户時代加賀藩主前田綱紀舊藏，共十册。

東京大學藏本，原係紀州德川家南葵文庫等舊藏。此本係清順治十八年(1661年)汾溪葉氏後印，共六册。

【附録】桃園天皇寶曆四年(1754年)長崎港《舶來書籍大意書》著録此本，其釋文曰：“《陽明要書》係明人王陽明著，陳龍正纂次。王氏之書，名目糾紛，義例雜出。是書以類編年，首爲傳習二百五十餘條、次爲書五十餘篇、次爲諸體之詩四十餘首、諸體之文百八十餘篇，編次爲《陽明要書》八卷。又有《年譜》三卷，又輯録後人發揮其論道育才諸事者二十餘篇，又有名《遺言逸事》者一卷，《辯正》一卷，通爲《要書》之《附録》五卷。明崇禎五年刊印。”并注明：“一部一帙八册，内脱紙一張。”

據《商舶載來書目》記載，桃園天皇寶曆四年(1754年)中國商船“也字號”載《陽明要書》一部一帙抵日本。

陽明先生道學鈔七卷　陽明先生年譜二卷

(明)王守仁撰

明萬曆年間(1573—1620年)刊本　共六册

尊經閣文庫　京都大學文學部中國語學文學哲學研究室藏本

王伯安文鈔(不分卷)

(明)王守仁撰

明刊本　共四册

國士館大學附屬圖書館藏本　原楠本正繼等舊藏

【附録】據《商舶載來書目》記載，桃園天皇寶曆四年(1754年)中國商船“和字號”載《王陽明文鈔》一部二帙抵日本。

據《外船書籍元帳》記載，孝明天皇嘉永五年(1852年)中國商船“亥四番”載《王陽明文鈔》二部抵日本，售價三十匁。

陽明兵筴五卷

(明)王守仁撰　樊良樞評

明崇禎年間(1628—1644年)刊本　共二册

尊經閣文庫藏本　原江户時代加賀藩主前田綱紀舊藏

渼陂集十六卷　續集三卷

(明)王九思撰

明崇禎年間(1628—1644年)刊本

宫内廳書陵部　東北大學附屬圖書館藏本

【按】宫内廳書陵部藏本，共七册。

東北大學藏本，係清初印本，共八册。

渼陂續集三卷

(明)王九思撰

明嘉靖二十四年(1545年)序刊本　共六册

静嘉堂文庫　東北大學附屬圖書館藏本

【按】静嘉堂文庫藏本，係明清人修補印本。

崆峒集六十六卷

(明)李夢陽撰

明嘉靖九年(1530年)吴縣黄省曾刊本

宫内廳書陵部　東洋文庫　京都大學文學部中國語學文學哲學研究室藏本

【按】宫内廳書陵部藏本，共三十二册。

東洋文庫藏本,原係小田切萬壽之助等舊藏,共十六册。

京都大學藏本,共三十二册。

空同子集六十六卷　附録一卷

(明)李夢陽撰　潘之恒校

明嘉靖年間(1522—1566年)刊本　共十册

宫内廳書陵部藏本

空同子集六十六卷　目二卷　附録二卷

(明)李夢陽撰　鄧雲霄　潘之恒校

明萬曆三十年(1602年)東莞鄧氏長洲刊本

國會圖書館　東洋文庫　尊經閣文庫　静嘉堂文庫　東京大學東洋文化研究所　京都大學　廣島大學文學部　早稻田大學圖書館藏本

【按】前有明萬曆三十年(1602年)《序》。

國會圖書館藏本,有《目》三卷,原共二十册,現合爲十册。

東洋文庫藏本,原係藤田豐八等舊藏,共十册。

尊經閣文庫藏本,原係江户時代加賀藩主前田綱紀舊藏,共十八册。

静嘉堂文庫藏此同一刊本兩部。一部原係陸心源十萬卷樓等舊藏,共十六册。一部原係竹添井井(光鴻)等舊藏,共十二册。

京都大學藏此同一刊本兩部。一部現存文學部中國語學文學哲學研究室,共二十册。一部現存人文科學研究所東洋學文獻中心,共十一册。

廣島大學藏本,共二十四册。

早稻田大學圖書館藏本,共十四册

李空同集(李空同全集)六十六卷　目二卷　附録二卷

(明)李夢陽撰

明萬曆年間(1573—1620年)刊本

静嘉堂文庫　大阪府立圖書館藏本

【按】静嘉堂文庫藏本,原係島田篁村等舊藏,共十四册。

大阪府立圖書館藏本,共十六册。

【附録】據《商舶載來書目》記載,中御門天皇享保十一年(1726年)中國商船"利字號"載《李空同集》一部二帙抵日本。

據《外船賫來書目》記載,桃園天皇寶曆九年(1759年)中國商船"七番船"載《李空同集》二部共四帙抵日本。

空同集(殘本)二十卷　附録一卷

(明)李夢陽撰

明嘉靖十年(1531年)序刊本　共六册

東洋文庫藏本

【按】是書全本六十六卷。此本今存卷第一至卷第五,卷第十七至卷第二十,卷第二十六至卷第三十二,卷第三十七至卷第四十,共二十卷。

空同先生集六十三卷

(明)李夢陽撰

明嘉靖年間(1522—1566年)刊本　共十六册

宫内廳書陵部　東北大學附屬圖書館　築波大學附屬圖書館　大谷大學悠然樓　國立教育研究所附屬圖書館藏本

【按】每半葉有界十一行,行二十字。白口,左右雙邊。

前有明嘉靖九年(1530年)《序》。

此本細目如次:

卷一至卷三《賦》;卷四至卷三十六《文》;卷三十七至卷六十三《詩》。

宫内廳書陵部藏本,共十六册。

東北大學藏本,原係狩野亨吉等舊藏,共十二册。

築波大學藏本,原係東京教育大學舊藏,卷中有"川昌陳氏牘墨樓圖籍印"等印記,共十六册。

大谷大學藏本,原係大西行禮等舊藏,共十六册。

教育研究所藏本，共二十四册。

【附録】日本江户時代有《空同先生集》六十三卷寫本一種。此本今存國會圖書館。

空同先生集六十三卷

(明)李夢陽撰

明刊本

内閣文庫藏本

【按】内閣文庫藏此同一刊本兩部，皆係昌平坂學問所舊藏。一部共十三册；一部卷一至卷八係後人修補，共十一册。

空同集六十三卷　附空同先生傳一卷

(明)李夢陽撰

明萬曆十六年(1588年)序刊本　共十册

内閣文庫藏本　原楓山官庫等舊藏

空同先生文集五十七卷

(明)李夢陽撰

明嘉靖年間(1522—1566年)京兆慎讀齋刊本　共十册

蓬左文庫藏本　原江户時代德川家康舊藏

【按】每半葉有界十一行，行二十二字。白口，四周單邊。

前有明嘉靖十年(1531年)王廷相《序》。

外題墨書"空同集"，内題"空同先生文集"。

此本中《詩集》三十三卷、《文集》二十一卷、《賦》三卷。

此本原係江户時代德川幕府第一代大將軍德川家康舊藏，後贈予其子尾張藩主家，此即稱爲"駿河御讓本"。

卷中有"御本"印記。

李崆峒先生詩集三十三卷

(明)李夢陽撰　李三才校

明萬曆三十年(1602年)關中李三才校刊本

蓬左文庫　京都大學文學部中國語學文學哲學研究室　廣島大學文學部藏本

【按】蓬左文庫藏本，共四册。

京都大學藏本，原係鈴木虎雄等舊藏，共六册。

廣島大學藏本，共六册。

崆峒詩集二十一卷

(明)李夢陽撰

明正德年間(1506—1521年)石州閻讓刊本

宫内廳書陵部　内閣文庫　東京大學總合圖書館藏本

【按】宫内廳書陵部藏本，共八册。

内閣文庫藏本，原係楓山官庫等舊藏，共四册。

東京大學藏本，原係廣東籌賑日災總會寄贈本，共四册。

鄭山齋先生文集(山齋集)二十四卷

(明)鄭岳撰

明萬曆年間(1573—1620年)刊清初修補印本　共二册

静嘉堂文庫藏本　原陸心源十萬卷樓等舊藏

石淙詩稿十九卷　文稿十四卷

(明)楊一清撰　李夢陽等評

明嘉靖五年(1526年)序刊本　共十五册

内閣文庫藏本　原昌平坂學問所等舊藏

矩集文集四卷　續一卷

(明)黄衷撰

明嘉靖二十六年(1598年)序刊本　共五册(今合爲三册)

國會圖書館藏本

關中奏題稿十一卷

(明)楊一清撰

明嘉靖年間(1522—1566年)刊本　共六册

尊經閣文庫藏本　原江户時代加賀藩主前田綱紀舊藏

杭雙溪先生詩集(雙溪集)八卷

(明)杭淮撰
明刊本　共二册
静嘉堂文庫藏本　原陸心源十萬卷樓等舊藏

何柏齋文集(柏齋集)十卷

(明)何瑭撰
明嘉靖年間(1522—1566年)刊本　共四册
静嘉堂文庫藏本　原陸心源十萬卷樓等舊藏

何文定公文集遺文十一卷

(明)何瑭撰　胡汝欽等輯
明萬曆四年(1576年)威縣賈待問等懷慶府校刊本　共六册
宫内廳書陵部　東洋文庫　東京大學總合圖書館藏本
【按】宫内廳書陵部藏本,共二册。
東洋文庫藏本,共六册。
東京大學藏本,共十册。

徐文敏公集五卷

(明)徐縉撰
明隆慶二年(1568年)序刊本　共六册(今合爲三册)
國會圖書館藏本

群珠稿摘粹集五卷

(明)戴天錫撰
明成化年間(1465—1487年)刊本　共五册
尊經閣文庫藏本　原江户時代加賀藩主前田綱紀舊藏

西郊笑端集一卷

(明)董良史撰
明周庠校勘本　共二册
静嘉堂文庫藏本　原陸心源十萬卷樓舊藏
【按】前有明成化四年(1468年)錢溥《序》,又有成化九年(1473年)張弼《序》。後有明宣德六年(1431年)周鼎《跋》。

胡莊肅公文集八卷

(明)胡松撰　周弘祖編
明隆慶六年(1572年)序刊本　共八册
内閣文庫　尊經閣文庫藏本
【按】内閣文庫藏本,原係楓山官庫等舊藏。
尊經閣文庫藏本,原係江户時代加賀藩主前田綱紀等舊藏。

胡莊肅公文集八卷

(明)胡松撰　周弘祖編
明萬曆十三年(1585年)跋刊本　共八册
内閣文庫藏本　原昌平坂學問所等舊藏

奚囊蠹餘二十卷

(明)張瀚撰
明萬曆二年(1574年)序刊本　共五册
内閣文庫藏本　原楓山官庫等舊藏

金栗齋先生文集十一卷

(明)金瑶撰
明萬曆四十一年(1613年)瀛山書院刊本　共六册
内閣文庫藏本　原豐後佐伯藩主毛利高標舊藏
【按】此本係仁孝天皇文政年間(1818—1829年)由出雲守毛利高翰獻贈幕府,明治初期歸内閣文庫。卷中有“佐伯侯毛利高標字培松藏書畫之印”等印記。
【附録】據《商舶載來書目》記載,後桃園天皇安永三年(1774年)中國商船“利字號”載《栗齋文集》一部一帙抵日本。

歐虞部文集二十二卷

(明)歐大任撰
明萬曆十二年(1684年)序刊本　共六册

内閣文庫藏本　原豐後佐伯藩主毛利高標舊藏

【按】此本係仁孝天皇文政年間(1818—1829年)出雲守毛利高翰獻贈幕府,明治初期歸内閣文庫。卷中有“佐伯侯毛利高標字培松藏書畫之印”等印記。

【附録】據《商舶載來書目》記載,後桃園天皇安永三年(1774年)中國商船“遠字號”載《歐虞部集》一部一帙抵日本。

歐虞部集二十二卷

(明)歐大任撰

明萬曆年間(1573—1620年)刊本　共五册

宫内廳書陵部藏本

期齋吕先生集十四卷

(明)吕本撰

明萬曆三年(1575年)序刊本

内閣文庫藏本

【按】内閣文庫藏此同一刊本兩部。一部原係昌平坂學問所舊藏,共八册。一部原係楓山官庫舊藏,共十册。

期齋吕先生集十四卷

(明)吕光洵撰

明萬曆年間(1573—1620年)刊本　共八册

尊經閣文庫藏本　原江户時代加賀藩主前田綱紀等舊藏

丁戊山人詩集二十四卷

(明)傅汝舟撰

明刊本　共四册

内閣文庫藏本　原江户時代林羅山舊藏

【按】此本細目如次:

《行巳外篇》六卷,又六卷;《吟稿粤》一卷;《睁嚶棄存》七卷。

卷中有“江雲渭樹”印記。

傅山人集(七種)十三卷

(明)傅汝舟撰

明萬曆年間(1573—1620年)刊本　共六册(今合爲二册)

國會圖書館藏本

【按】此本七種細目如次:

《七福庵》一卷;《吴游記》一卷;《唾心集》二卷;《步天集》二卷;《拔劍集》三卷;《箜篌集》二卷;《英雄失路集》二卷。

方山先生文録二十二卷

(明)薛應旂撰

明嘉靖三十三年(1554年)東吴書林刊本

國會圖書館　内閣文庫藏本

【按】國會圖書館藏本,原共八册,現合爲四册。

内閣文庫藏本,原係楓山官庫等舊藏,共六册。

方山薛先生全集六十八卷

(明)薛應旂撰

明刊本　共二十四册

内閣文庫藏本　原豐後佐伯藩主毛利高標舊藏

【按】此本係仁孝天皇文政年間(1818—1829年)出雲守毛利高翰獻贈幕府。明治初期歸内閣文庫。卷中有“佐伯侯毛利高標字培松藏書畫之印”等印記。

【附録】據《商舶載來書目》記載,後桃園天皇安永三年(1774年)中國商船“波字號”載《方山全集》一部二帙抵日本。

張文定公集(六種)七十八卷

(明)張邦奇撰

明刊本　共三十六册

尊經閣文庫藏本　原江户時代加賀藩主前田綱紀等舊藏

【按】此本細目如次:

《張文定公觀光樓集》十卷；
《張文定公四友亭集》二十卷；
《張文定公紆玉樓集》十卷；
《張文定公靡悔軒集》十二卷；
《張文定公環碧堂集》十八卷；
《張文定公養心亭集》八卷。

【附録】據《商舶載來書目》記載，後桃園天皇安永三年（1774年）中國商船"智字號"載《張文定公集》一部二帙抵日本。

張文定公集（四種）四十卷

（明）張邦奇撰
明刊本　共十六册
内閣文庫藏本　原豐後佐伯藩主毛利高標舊藏

【按】此本細目如次：
《張文定公紆玉樓集》十卷；
《張文定公觀光樓集》十卷；
《張文定公靡悔軒集》十二卷；
《正文定公養心亭集》八卷。

張文定公文選三十九卷

（明）張邦奇撰
明嘉靖十九年（1550年）序刊本　共十册
内閣文庫　尊經閣文庫藏本

【按】内閣文庫藏本，原係楓山官庫等舊藏。

尊經閣文庫藏本，原係江户時代加賀藩主前田綱紀舊藏。

（崔氏）洹詞十七卷　附四卷

（明）崔銑撰
明嘉靖三十三年（1554年）序刊本
内閣文庫　尊經閣文庫藏本

【按】内閣文庫藏本，原係昌平坂學問所等舊藏，共八册。

尊經閣文庫藏本，原係江户時代加賀藩主前田綱紀等舊藏，共六册。

洹詞十二卷

（明）崔銑撰
明趙府味經堂刊本
内閣文庫　静嘉堂文庫藏本

【按】内閣文庫藏此同一刊本兩部。一部原係楓山官庫等舊藏，共六册。一部原係昌平坂學問所等舊藏，此本係清乾隆三十六年（1771年）修補，共十二册。

静嘉堂文庫藏本，原係陸心源十萬卷樓等舊藏，共六册。

洹詞十二卷

（明）崔銑撰
明刊本　共六册
尊經閣文庫藏本　原係江户時代加賀藩主前田綱紀舊藏

海峰堂前稿十八卷

（明）葉良佩撰
明嘉靖三十年（1551年）序刊本　共六册
内閣文庫藏本　原楓山官庫等舊藏

北虞先生遺文六卷

（明）邵圭潔撰　錢之選等編
明萬曆三十四年（1606年）序刊本　共四册
内閣文庫藏本　原楓山官庫等舊藏

（大司馬劉凝齋先生）虚籟集十六卷

（明）劉堯晦撰　劉際炎編
明刊本　共四册
内閣文庫藏本　原楓山官庫等舊藏

涇野先生文集三十六卷

（明）吕柟撰　徐紳等編
明嘉靖三十四年（1555年）序刊本
内閣文庫　尊經閣文庫藏本

【按】内閣文庫藏本，原係豐後佐伯藩主毛利高標舊藏。此本係仁孝天皇文政年間（1818—

1829年)出雲守毛利高翰獻贈幕府。明治初期歸内閣文庫。卷中有“佐伯侯毛利高標字培松藏書畫之印”等印記。共二十四册。

尊經閣文庫藏本,原係江户時代加賀藩主前田綱紀等舊藏,共十六册。

【附録】據桃園天皇寶曆四年(1754年)長崎港《舶來書籍大意書》著録此本,其釋文曰:“是書係明人吕仲木所著。輯録其諸體之文千四百餘篇,編爲三十六卷。此本爲明嘉靖三十四年刊印。”并注明:“一部四帙二十四册,内有脱紙二張。”

王氏家藏集(等五種)六十七卷

(明)王廷相撰

明嘉靖十五年(1536年)序刊本

内閣文庫　尊經閣文庫藏本

【按】此本細目如次:

《家藏集》四十一卷;《内臺集》九卷;《慎言》十三卷;《雅述》二卷;《喪禮備纂》二卷。

内閣文庫藏此同一刊本三部。一部原係楓山官庫等舊藏,共十六册。一部原係昌平坂學問所舊藏,此本今缺《喪禮備纂》二卷,共二十册。一部亦係昌平坂學問所舊藏,此本今缺《慎言》二卷、《喪禮備纂》二卷,共十六册。

尊經閣文庫藏本,原係江户時代加賀藩主前田綱紀舊藏,今缺《慎言》十三卷,共十四册。

【附録】據《外船書籍原帳》記載,仁孝天皇天保十二年(1841年)中國商船“子一番”載《王氏家藏集》一部四帙抵日本,售價二十五目。

内臺集三卷

(明)王廷相撰

明嘉靖年間(1522—1566年)刊本　共二册

宫内廳書陵部藏本

少湖先生文集(殘本)五卷

(明)費懋賢撰

明嘉靖年間(1522—1566年)刊本　共三册

御茶制水圖書館藏本　原德富蘇峰成簣堂等舊藏

【按】前有明嘉靖甲午(1534年)《序》。卷末有明嘉靖甲午(1534年)林元倫《後序》、同年鄭慶雲《跋》,又有明嘉靖丁巳(1557年)應麟《後序》。

是書全本七卷。此本今缺卷四、卷五,實存五卷。白綿紙本,卷中有朱點。

第一册内封有德富蘇峰手釋文。

(費禮部)少湖先生摘集五卷　附一卷

(明)費懋賢撰

明嘉靖三十八年(1559年)南臺都署刊本　共四册

内閣文庫藏本　原楓山官庫等舊藏

渭厓文集十五卷　附一卷

(明)霍韜撰

明嘉靖年間(1522—1566年)刊本　共十五册

尊經閣文庫藏本　原江户時代加賀藩主前田綱紀舊藏

渭厓文集十卷

(明)霍韜撰

明萬曆四年(1576年)序刊本　共二十册

内閣文庫　東洋文庫藏本

【按】内閣文庫藏本,原係楓山官庫等舊藏,共二十册。

東洋文庫藏本,原係小田切萬壽之助等舊藏,共十册。

渭厓疏要二卷

(明)霍韜撰

明人寫本　共二册

尊經閣文庫藏本　原江户時代加賀藩主前田綱紀舊藏

蔣南冷集十二卷

(明)蔣南冷撰　喬佑校

明刊本　共六册

御茶之水圖書館藏本　原德富蘇峰成簣堂等舊藏

【按】每半葉有界十行,行十八字。白口,四周雙邊。

卷首題署“門人洛陽喬佑校”。

封面係用朝鮮産黄色龜甲紋樣紙裝裱。

書帙内有明治四十一年(1908年)德富蘇峰手識文。

(唐)漁石集四卷

(明)唐龍撰

明嘉靖十三年(1534年)序刊本

内閣文庫　尊經閣文庫　蓬左文庫藏本

【按】前有明嘉靖十一年(1532年)平涼趙時春《序》。

内閣文庫藏本,原係楓山官庫等舊藏,共四册。

尊經閣文庫藏本,原係江户時代加賀藩主前田綱紀舊藏,共六册。

蓬左文庫藏本,原係江户時代尾張藩主家舊藏。此本係明正天皇寬永六年(1629年)從中國購入,卷中有“尾陽内庫”印,共三册。

宦游稿(歸田稿　續稿)三卷

(明)徐咸撰

明天啓年間(1621—1627年)刊本　共一册

静嘉堂文庫藏本　原陸心源十萬卷樓等舊藏

蘇門集八卷

(明)高叔嗣撰

明嘉靖年間(1522—1566年)刊本

宫内廳書陵部　内閣文庫　静嘉堂文庫藏本

【按】宫内廳書陵部藏本,共四册。

内閣文庫藏本,原係楓山官庫等舊藏,共四册。

静嘉堂文庫藏本,原係陸心源十萬卷樓等舊藏,共二册。

蘇門集八卷

(明)高叔嗣撰　馬之駿校

明萬曆四十一年(1613年)序刊本　共四册

東洋文庫藏本　原小田切萬壽之助等舊藏

蘇門集八卷

(明)高叔嗣撰

古寫本　共二册

静嘉堂文庫藏本　原陸心源十萬卷樓等舊藏

張愈光詩文選八卷　附録一卷

(明)張含撰　楊慎批選

明嘉靖年間(1522—1566年)刊本　共九册

尊經閣文庫藏本　原江户時代加賀藩主前田綱紀等舊藏

東塘集十卷

(明)毛伯温撰

明嘉靖十九年(1540年)刊本　共二册

内閣文庫藏本　原昌平坂學問所等舊藏

東塘先生文集八卷

(明)毛伯温撰

明刊本　共四册

尊經閣文庫藏本　原江户時代加賀藩主前田綱紀舊藏

(太師)張文忠公集十九卷

(明)張孚敬撰　王道顯等編

明萬曆年間(1573—1620年)敕建貞義書院刊本　共十册

内閣文庫　尊經閣文庫藏本

【按】此本細目如次:

《奏疏》八卷;《文稿》六卷;《詩稿》四卷;《續》一卷。

内閣文庫藏此同一刊本兩部。一部原係楓

山官庫等舊藏；一部原係江户時代林羅山舊藏，卷中有"江雲渭樹"印記。

尊經閣文庫藏本，原係江户時代加賀藩主前田綱紀舊藏，共十二册。

竹塘先生遺稿八卷　附二卷

(明)蔣曙撰　徐楠編

明萬曆九年(1581年)序刊本　共二册

内閣文庫藏本　原昌平坂學問所等舊藏

黼庵遺稿十卷

(明)柴奇撰

明崇禎八年(1635年)刊本　共四册

内閣文庫藏本　原昌平坂學問所等舊藏

【附録】桃園天皇寶曆四年(1754年)長崎港《舶來書籍大意書》著録此本，其釋文曰："《黼庵遺稿》係明人柴奇著。輯録其諸體之詩五百九十餘首、諸體之文七十餘篇，編次爲十卷。其五世孫柴胤璧訂補，明崇禎八年刊印。"并注明："一部一帙四册，内無脱紙。"

顧文康公集(五種)二十六卷

(明)顧鼎臣撰

明崇禎十三年(1640年)序刊本　共八册

内閣文庫藏本

【按】此本細目如次：

《疏草》二卷；《文草》八卷；《詩草》六卷；《續稿》六卷；《三集》四卷。

内閣文庫藏此同一刊本兩部，皆係原昌平坂學問所舊藏。一部今缺《文草》卷五至卷八、《續稿》卷一至卷二。一部有《首》一卷。

顧文康公集(三種)十三卷

(明)顧鼎臣撰

明崇禎十三年(1640年)序刊本　共八册

東洋文庫藏本　原藤田豐八等舊藏

【按】此本係《疏草》二卷；《文草》十卷；《首》一卷，共十三卷。

陶莊敏公文集八卷　附録一卷　蘭渚先生遺稿一卷

(明)陶諧撰　《遺稿》陶允淳撰

明天啓四年(1624年)序刊本　共四册

東洋文庫藏本　原藤田豐八等舊藏

白洛原遺稿八卷　首一卷

(明)白悦撰　宗臣編　皇甫汸校

明隆慶元年(1567年)序刊本　共二册

内閣文庫藏本　原昌平坂學問所等舊藏

整庵先生存稿二十卷

(明)羅欽順撰　陳夢暘等編

明天啓年間(1621—1627年)孫璇仕等重刊本

内閣文庫　蓬左文庫　東京大學總合圖書館藏本

【按】内閣文庫藏本，原係楓山官庫等舊藏，共四册。

蓬左文庫藏本，原係江户時代尾張藩主家舊藏。此本係明正天皇寬永七年(1630年)從中國購入。卷中有"尾陽内庫"印記等，共八册。

東京大學藏本，共十册。

整庵先生存稿十六卷

(明)羅欽順撰

明刊本　共八册

大谷大學附屬圖書館藏本

東江家藏集四十二卷　附一卷

(明)顧清撰

明嘉靖三十八年(1559年)刊本

内閣文庫　静嘉堂文庫　尊經閣文庫藏本

【按】此本細目如次：

《山中稿》四卷；《北游稿》二十九卷；《歸來稿》九卷。

内閣文庫藏本，原係豐後佐伯藩主毛利高標舊藏。此本係仁孝天皇文政年間(1818—1829

年)出雲守毛利高翰獻贈幕府,明治初年歸内閣文庫。

静嘉堂文庫藏本,原係陸心源十萬卷樓等舊藏,共六册。

尊經閣文庫藏本,原係江户時代加賀藩主前田綱紀舊藏,共十二册。

【附録】據《商舶載來書目》記載,後桃園天皇安永三年(1774 年)中國商船"登字號"載《東江家藏集》一部一帙抵日本。

八厓集九卷　八厓緒論四卷

(明)周廷用撰

明嘉靖十年(1531 年)刊本　共十册

内閣文庫藏本　原豐後佐伯藩主毛利高標舊藏

【按】此本係仁孝天皇文政年間(1818—1829 年)出雲守毛利高翰獻贈幕府。明治初期歸内閣文庫。卷中有"佐伯侯毛利高標字培松藏書畫之印"等印記。

(祭酒)琴溪陳先生集八卷　傳志行實附一卷

(明)陳寰撰　陳繩武編

明刊本　共八册

内閣文庫藏本　原豐後佐伯藩主毛利高標舊藏

【按】此本係仁孝天皇文政年間(1818—1829 年)出雲守毛利高翰獻贈幕府,明治初期歸内閣文庫。

卷中有"佐伯侯毛利高標字培松藏書畫之印"等印記。

康對山先生集四十六卷

(明)康海撰

明萬曆十年(1582 年)序刊本　共十六册

内閣文庫藏本　原豐後佐伯藩主毛利高標舊藏

【按】此本係仁孝天皇文政年間(1818—1829 年)出雲守毛利高翰獻贈幕府,明治初期歸内閣文庫。

卷中有"佐伯侯毛利高標字培松藏書畫之印"等印記。。

(重鎸)心齋王先生全集六卷　疏傳合編二卷

(明)王艮撰　王元鼎補遺

明刊本　共八册

内閣文庫藏本　原楓山官庫等舊藏

【附録】日本孝明天皇弘化四年(1847 年)大阪河内屋茂兵衛刊印王艮撰《王心齋先生全集》五卷,由日人春日襄(潛庵)點、岡田裕編輯。此本後有嘉永元年(1848 年)江户英屋大助重印本,又有京都山田茂助重印本。

息園存稿(九種)四十一卷

(明)顧璘撰

明嘉靖年間(1522—1566 年)刊本

内閣文庫藏本

【按】此本細目如次:

《詩》十四卷;《文》九卷;《浮湘稿》四卷;《國寶新編》一卷;《緩慟集》一卷;《山中集》四卷;《近言》一卷;《憑几集》五卷;《續》二卷。

内閣文庫藏此同一刊本兩部。一部原係昌平坂學問所舊藏,共十六册。一部原係楓山官庫舊藏,此本今缺《緩慟集》一卷、《近言》一卷,共十四册。

息園存稿(一種)十四卷

(明)顧璘撰

明嘉靖十七年(1538 年)序刊本　共三册

東洋文庫藏本　原藤田豐八等舊藏

【按】此本係《詩》十四卷。

桂洲先生文集五十卷

(明)夏言撰

明嘉靖年間(1522—1566 年)刊本　共二十册

尊經閣文庫藏本　原江户時代加賀藩主前田綱紀舊藏

桂洲先生文集五十卷　首二卷　末一卷

(明)夏言撰　吴椿編
明萬曆三年(1575年)序刊本　共十四册
内閣文庫藏本　原楓山官庫等舊藏

夏桂洲先生文集十八卷　附年譜一卷

(明)夏言撰　吴椿編　林日端重編　鄭大璟訂閲
明崇禎十年(1637年)序外孫吴一璘刊本　共二十四册
東京大學總合圖書館藏本

桂洲詩集二十四卷

(明)夏言撰　田汝成編
明嘉靖二十五年(1546年)序刊本　共十册
内閣文庫藏本　原楓山官庫等舊藏

賜閑堂稿八卷　附一卷

(明)夏言撰
明隆慶五年(1571年)序刊本　共三册
内閣文庫藏本　原豐後佐伯藩主毛利高標舊藏
【按】此本係仁孝天皇文政年間(1818—1829年)由出雲守毛利高翰獻贈幕府,明治初期歸内閣文庫。
卷中有"佐伯侯毛利高標字培松藏書畫之印"等印記。

(鄉賢)區西屏詩集十卷

(明)區越撰
明刊本　共四册
東洋文庫藏本　原藤田豐八等舊藏

(棲霞山人)疑筌稿六卷

(明)楊瞿崍撰
明刊本　共三册
内閣文庫藏本　原豐後佐伯藩主毛利高標舊藏
【按】此本係仁孝天皇文政年間(1818—1829年)出雲守毛利高翰獻贈幕府,明治初期歸内閣文庫。
卷中有"佐伯侯毛利高標字培松藏書畫之印"等印記。

甓餘雜集十二卷

(明)朱紈撰　朱篁校
明萬曆十五年(1587年)序刊本
内閣文庫　静嘉堂文庫藏本
【按】内閣文庫藏本,原係楓山官庫等舊藏,共八册。
静嘉堂文庫藏本,原係陸心源守先閣等舊藏,共六册。

斛山楊先生遺稿四卷

(明)楊爵撰
明萬曆八年(1580年)序刊本　共四册
内閣文庫　尊經閣文庫藏本
【按】内閣文庫藏本,原係楓山官庫等舊藏。
尊經閣文庫藏本,原係江户時代加賀藩主前田綱紀舊藏。

龍湖先生文集十四卷

(明)張治撰
明嘉靖三十二年(1553年)序刊本　共六册
内閣文庫　尊經閣文庫藏本
【按】内閣文庫藏本,原係豐後佐伯藩主毛利高標舊藏,仁孝天皇文政年間(1818—1829年)由出雲守毛利高翰獻贈幕府。明治初期歸内閣文庫。卷中有"佐伯侯毛利高標字培松藏書畫之印"等印記。
尊經閣文庫藏本,原係江户時代加賀藩主前田綱紀舊藏。
【附録】日本桃園天皇寶曆四年(1754年)長崎《舶來書籍大意書》記中國商船"戌字號"所載之漢籍著録此本。其釋文曰:"此係明龍湖翁所著。輯其諸體之文百二十餘篇、諸體之詩五百六十餘首,編爲十四卷。此本係明嘉靖三十二年刊本,一部一帙六册,無脱紙。"

陸子餘集八卷　附一卷

(明)陸粲撰

明嘉靖年間(1522—1566年)刊本

内閣文庫　静嘉堂文庫　尊經閣文庫藏本

【按】内閣文庫藏此同一刊本兩部。一部原係江户時代林氏大學頭家舊藏,共四册。一部原系豐後佐伯藩主毛利高標舊藏,收藏與印章情况同前。共六册。

静嘉堂文庫藏本,原係陸心源十萬卷樓等舊藏,共四册。

尊經閣文庫藏本,原係江户時代加賀藩主前田綱紀舊藏,共五册。

【附録】據《商舶載來書目》記載,後櫻町天皇明和四年(1767年)中國商船"利字號"載《陸子餘集》一部一帙抵日本。

松皋集二十四卷

(明)許讃撰

明嘉靖二十二年(1543年)序刊本　共十册

内閣文庫藏本　原江户時代豐後佐伯藩主毛利高標舊藏

【按】此本收藏與印章情况同前。

【附録】據《商舶載來書目》記載,中御門天皇享保八年(1723年)中國商船"志字號"載《松皋集》一部一帙抵日本。

小山類稿(張净峰公文集)四十六卷

(明)張岳撰

明嘉靖三十九年(1560年)序刊本　共八册

内閣文庫藏本　原豐後佐伯藩主毛利高標舊藏

【按】此本係仁孝天皇文政年間(1818—1829年)出雲守毛利高翰獻贈幕府,明治初期歸内閣文庫。

卷中有"佐伯侯毛利高標字培松藏書畫之印"等印記。

小山類稿選二十卷　附録一卷

(明)張岳撰

明萬曆十五年(1587年)序刊本清人修補印本　共六册

東洋文庫　尊經閣文庫藏本

小山類稿選二十卷　附録一卷

(明)張岳撰

明天啓元年(1621年)序刊本

東京大學東洋文化研究所藏本　原大木幹一等舊藏

明山先生存集四卷

(明)姚淶撰　趙孔昭編

明嘉靖三十六年(1557年)序刊本　共四册

内閣文庫藏本　原楓山官庫等舊藏

間存集八卷

(明)靳學顔撰　毛愷編

明刊本　共四册

内閣文庫藏本　原楓山官庫等舊藏

雅宜山人集(王履吉文集)十卷

(明)王寵撰

明嘉靖年間(1522—1566年)吴郡王氏刊本

宫内廳書陵部　内閣文庫　静嘉堂文庫　蓬左文庫　尊經閣文庫藏本

【按】前有明嘉靖十六年(1537年)朱浚明《校刻序》,又有胡纘宗《序》、顧璘《序》、王守《序》等。

宫内廳書陵部藏本,原係江户時代德山藩三代主毛利元次廣收"天下秘籍"之一,東山天皇寶永三年(1706年)《御書籍目録》著録此本。明治二十九年(1896年)男爵毛利元功獻贈宫内省圖書寮(即今宫内廳書陵部)。卷中有"德藩藏書"等印記,共十册。

静嘉堂文庫藏本,原係陸心源守先閣等舊藏,共四册。

蓬左文庫藏本,原係江户時代尾張藩主家舊藏,共四册。

尊經閣文庫藏本,原係江户時代加賀藩主前田綱紀舊藏,共六册。

山帶閣集三十三卷

(明)朱曰藩撰

明嘉靖年間(1522—1566年)金陵劉氏刊本

宫内廳書陵部　早稻田大學圖書館藏本

【按】前有明嘉靖三十四年(1555年)《序》。

宫内廳書陵部藏本,共九册。

早稻田大學圖書館藏本,原係多田駿家寶弢室文庫等舊藏,共六册。

山帶閣集三十三卷

(明)朱曰藩撰

明萬曆元年(1573年)序刊本　共六册

内閣文庫藏本　原豐後佐伯藩主毛利高標舊藏

【按】此本係仁孝天皇文政年間(1818—1829年)出雲守毛利高翰獻贈幕府,明治初期歸内閣文庫。

卷中有"佐伯侯毛利高標字培松藏書畫之印"等印記。

陭堂摘稿(殘本)三卷

(明)游震得撰

明嘉靖四十年(1561年)序刊本　共一册

内閣文庫藏本　原豐後佐伯藩主毛利高標舊藏

【按】此本收藏與印章情況同前。

讓溪先生集(乙集)三卷

(明)游震得撰

明刊本　共三册

國會圖書館藏本

(都御史)陳虞山先生集十三卷　附録一卷

(明)陳察撰　陳玉陛校

明刊本　共六册

内閣文庫藏本　原豐後佐伯藩主毛利高標舊藏

【按】《附録》一卷,係傳志、行實、像贊。

此本係仁孝天皇文政年間(1818—1829年)出雲守毛利高翰獻贈幕府,明治初期歸内閣文庫。

卷中有"佐伯侯毛利高標字培松藏書畫之印"等印記。

蠛蠓集五卷

(明)盧柟撰

明萬曆三年(1575年)序刊本

内閣文庫　京都大學人文科學研究所東洋學文獻中心藏本

【按】内閣文庫藏本,原係昌平坂學問所等舊藏,共六册。

京都大學藏本,有清乾隆十年(1745年)黎陽劉晫仲等補刊,共五册。

蠛蠓集五卷

(明)盧柟撰　孟華平校

明萬曆三十年(1612年)長清張其忠重刊本

國會圖書館　東洋文庫　静嘉堂文庫　尊經閣文庫　東京大學總合圖書館藏本

【按】國會圖書館藏本,原共五册,現合爲三册。

東洋文庫藏此同一刊本兩部。一部原係小田切萬壽之助等舊藏,共五册。一部原係藤田豐八等舊藏,此本係清乾隆十年(1745年)黎陽劉晫補刊,共五册。

静嘉堂文庫藏本,原係陸心源十萬卷樓等舊藏,共二册。

尊經閣文庫藏本,原係江户時代加賀藩主前田綱紀舊藏,共五册。

東京大學藏本,共八册。

歐陽南野先生文集三十卷

(明)歐陽德撰

明嘉靖年間(1522—1566年)刊本　共十四册

尊經閣文庫藏本　原江户時代加賀藩主前田綱紀等舊藏

【附録】據《商舶載來書目》記載,東山天皇元禄七年(1726年)中國商船"遠字號"載《歐陽南野先生文集》一部二十八册抵日本。

歐陽南野先生文選五卷

(明)歐陽德撰　馮惟訥校

明隆慶三年(1569年)序刊本　共五册

内閣文庫藏本　原楓山官庫等舊藏

無聞堂稿十七卷

(明)趙釴撰

明隆慶六年(1572年)趙氏玄對樓刊本

尊經閣文庫　日光輪王寺天海藏藏本

【按】每半葉有界九行,行十八字。白口,左右雙邊。

前有明隆慶六年(1572年)羅汝芳《無聞堂稿序》。《目録》後有《明故中憲大夫都察院右僉都御史柱野趙公行狀》。

此本細目如次:

卷一卷二　贈言;

卷三卷四　賀言、壽言;

卷五　記;

卷六　題、引言、墓志銘、碑、傳、語、説等;

卷七　祭文;

卷八卷九　疏;

卷十卷十一　書;

卷十二　賦;

卷十三——卷十七　詩。

尊經閣文庫藏本,原係江户時代加賀藩主前田綱紀舊藏,共十二册。

日光輪王寺藏本,原係天海大僧正舊藏,共八册。

紫泉文集八卷

(明)馬馴撰

明嘉靖年間(1522—1566年)刊本　共四册

尊經閣文庫藏本　原江户時代加賀藩主前田綱紀等舊藏

戴星集二卷

(明)洞野子撰

明嘉靖年間(1522—1566年)刊本　共一册

宫内廳書陵部藏本

【按】前有明嘉靖乙未(1535年)張治《序》,又有同年童承《序》。

卷中有"貞礪"、"秘閣圖書之章"等印記。

盱江羅近溪先生全集十卷　附鄉約要語　孝訓　仁訓

(明)羅汝芳撰

明萬曆年間(1573—1620年)刊本　共十二册

尊經閣文庫藏本　原江户時代加賀藩主前田綱紀舊藏

【附録】據《商舶載來書目》記載,後櫻町天皇明和二年(1765年)中國商船"幾字號"載《近溪集》一部八册抵日本。明和四年(1767年)中國商船"幾字號"又載《盱江全集》一部一帙抵日本。後桃園天皇安永三年(1774年)中國商船"良字號"載《羅近溪全集》一部一帙抵日本。

羅明德公文集(近溪子文集)五卷　首一卷

(明)羅汝芳撰　羅懷智編

明崇禎五年(1632年)序刊本

内閣文庫藏本

【按】内閣文庫藏此同一刊本兩部。一部原係江户時代林氏大學頭家舊藏,共十册。一部原係豐後佐伯藩主毛利高標舊藏,此本係仁孝天皇文政年間(1818—1829年)出雲守毛利高翰獻贈幕府,明治初期歸内閣文庫。卷中有"佐伯侯毛利高標字培松藏書畫之印"等印記。共五册。

羅明德公文集五卷

(明)羅汝芳撰
明崇禎年間(1628—1644年)刊本　共五册
尊經閣文庫藏本　原江户時代加賀藩主前田綱紀舊藏

皇甫少玄集二十六卷　外集十卷

(明)皇甫涍撰
明刊本　共十二册
宫内廳書陵部藏本

海石先生文集(承啓堂稿全集)二十八卷　目二卷

(明)錢薇撰　嚴從簡編
明萬曆四十二年(1614年)序刊本　共十册
内閣文庫　尊經閣文庫　東洋文庫藏本
【按】内閣文庫藏此同一刊本兩部,皆共十册。一部原係昌平坂學問所等舊藏;一部原係豐後佐伯藩主毛利高標舊藏,此本係仁孝天皇文政年間(1818—1829年)出雲守毛利高翰獻贈幕府,明治初期歸内閣文庫。卷中有"佐伯侯毛利高標字培松藏書畫之印"等印記。
尊經閣文庫藏本,原係江户時代加賀藩主前田綱紀舊藏,共十册。
東洋文庫藏本,原係藤田豐八等舊藏。卷中有清代補版,今缺卷第十四至卷第十七,實存二十四卷,此本係顯忠祠藏版,共七册。
【附録】據《商船載來書目》記載,中御門天皇享保四年(1719年)中國商船"志字號"載《承啓堂稿》一部抵日本。

古峰稿十卷

(明)余光敬撰
明嘉靖年間(1522—1566年)刊本　共五册
尊經閣文庫藏本　原江户時代加賀藩主前田綱紀舊藏
【按】此本係《古峰文稿》三卷、《古峰文稿》又三卷、《古峰詩稿》三卷、《古峰奏稿》一卷。

春坊集二卷

(明)任翰撰
明嘉靖年間(1522—1566年)刊本　共二册
尊經閣文庫藏本　原江户時代加賀藩主前田綱紀舊藏

環溪漫集八卷

(明)沈愷撰
明嘉靖年間(1522—1566年)金陵刊本
尊經閣文庫　早稻田大學圖書館藏本
【按】前有明嘉靖二十一年(1542年)長洲文徵明《序》。
尊經閣文庫藏本,原係江户時代加賀藩主前田綱紀等舊藏,共十八册。
早稻田大學圖書館藏本,共八册。

姜鳳阿文集三十八卷

(明)姜寶撰
明刊本　共十八册
尊經閣文庫藏本　原江户時代加賀藩主前田綱紀舊藏

姜鳳阿文集二十七卷

(明)姜寶撰　張治具編
明嘉靖年間(1522—1566年)刊本　共十二册
蓬左文庫藏本
【按】前有明人王世貞《序》。

學易齋集十六卷　附易原四卷　易説二卷

(明)萬廷言撰
明萬曆年間(1573—1620年)刊本　共四册
尊經閣文庫藏本　原江户時代加賀藩主前田綱紀舊藏

問月樓集四卷

(明)崔世召撰
明萬曆八年(1580年)刊本　共四册

宫内廳書陵部藏本　原江户時代德山藩主家舊藏

【按】此本係《詩》二卷、《文》一卷、《啓》一卷。

此本係江户時代德山藩三代主毛利元次廣收"天下秘籍"之一。東山天皇寶永三年(1706年)《御書物目録》著録此本,明治二十九年(1896年)男爵毛利元功獻贈宫内省圖書寮(即今宫内廳書陵部)。

卷中有"德藩藏書"等印記。

萬文恭公摘集十二卷

(明)萬士和撰　唐鶴徵　王升編　路雲龍等編次

明萬曆二十年(1592年)萬氏素履齋刊本

尊經閣文庫　東京大學總合圖書館藏本

【按】尊經閣文庫藏本,原係江户時代加賀藩主前田綱紀舊藏,共六册。

東京大學藏本,今存卷第十一、卷第十二,共二卷,共一册。

屠田尗詩籍十一卷

(明)屠本畯撰

明萬曆年間(1573—1620年)刊本　共一册

尊經閣文庫藏本　原江户時代加賀藩主前田綱紀舊藏

(太史)屠漸山文集(蘭暉堂集)四卷　附録一卷

(明)屠應畯撰　屠繩德　屠維德校

明蘭暉堂刊本　共三册

蓬左文庫藏本　原江户時代尾張藩主家舊藏

崇蘭館集二十卷

(明)莫如忠撰

明萬曆年間(1573—1620年)刊本　共十册

尊經閣文庫藏本　原江户時代加賀藩主前田綱紀舊藏

章道峰詩集六卷

(明)章适撰

明隆慶年間(1567—1572年)刊本　共二册

宫内廳書陵部藏本

袁永之集二十卷

(明)袁袠撰

明嘉靖年間(1522—1566年)刊本　共八册

尊經閣文庫藏本　原江户時代加賀藩主前田綱紀舊藏

【附録】據《商舶載來書目》記載,後櫻町天皇明和二年(1765年)中國商船"江字號"載《袁永之集》一部八册抵日本。

(衡藩重刻)胥臺先生集二十卷　末一卷

(明)袁袠撰

明萬曆十二年(1584年)衡藩刊本　共八册

京都大學文學部中國語學文學哲學研究室藏本

袁學憲集(不分卷)

(明)袁袠撰

明隆慶五年(1571年)序刊本(明刊《盛明百家詩》零本)

内閣文庫藏本

訥溪先生文録十卷

(明)周怡撰

明萬曆年間(1573—1620年)刊本　共六册

宫内廳書陵部藏本

張太常文集二卷　奏疏二卷

(明)張翀撰

明隆慶六年(1572年)序刊本　共五册

東洋文庫藏本

袁文榮公文集八卷

(明)袁煒撰

明萬曆年間(1573—1620年)刊本　共四册

尊經閣文庫藏本　原江户時代加賀藩主前田綱紀舊藏

林次崖先生集十八卷　目一卷

(明)林希元撰　蔡獻臣編

明萬曆四十一年(1613年)刊本　共八册

宫内廳書陵部藏本

【附録】據《商舶載來書目》記載,桃園天皇寶曆四年(1754年)中國商船"利字號"載《林次崖集》一部一帙抵日本。

張莊僖集六卷

(明)張永明撰　張天秩等編

明萬曆己酉(1609年)刊本　共六册

静嘉堂文庫藏本　原陸心源十萬卷樓等舊藏

葛端肅公文集十八卷

(明)葛守禮撰

明萬曆十年(1582年)序刊本

東京大學東洋文化研究所藏本　原大木幹一等舊藏

【按】此本有缺逸,以清乾隆五十六年(1791年)刊本補足。

(孫山甫)督學文集四卷

(明)孫應鰲撰　任瀚評

明嘉靖年間(1522—1566年)刊本

静嘉堂文庫藏本

【按】静嘉堂文庫藏此同一刊本兩部。一部原係江户時代林氏大學頭家舊藏,後歸中村敬宇,共四册。一部共八册。

許文穆公集五卷

(明)許國撰

明萬曆年間(1573—1620年)刊本　共五册

尊經閣文庫藏本　原江户時代加賀藩主前田綱紀舊藏

久庵先生文選十六卷

(明)黄綰撰

明萬曆年間(1573—1620年)刊本　共四册

尊經閣文庫藏本　原江户時代加賀藩主前田綱紀舊藏

萬一樓集五十六卷

(明)駱問禮撰

明萬曆三十九年(1611年)序刊本

東京大學東洋文化研究所藏本

【按】此本今缺卷第七。

萬一樓集五十六卷　續集六卷　外集十卷

(明)駱問禮撰

明刊本　共四十册

内閣文庫藏本　原江户時代豐後佐伯藩主毛利高標舊藏

【按】此本係仁孝天皇文政年間(1818—1829年)出雲守毛利高翰獻贈幕府,明治初期歸内閣文庫。

卷中有"佐伯侯毛利高標字培松藏書畫之印"等印記。

(夢山)存家詩稿八卷

(明)楊巍撰

明萬曆年間(1573—1620年)刊本　共二册

静嘉堂文庫藏本

譚襄閔公遺集三卷　首一卷　末一卷

(明)譚綸撰

明嘉靖二十四年(1543年)序刊本(與《譚襄閔公奏議》合刊)

東京大學東洋文化研究所藏本

萬卷樓遺集六卷

(明)豐坊撰

明萬曆年間(1573—1620年)刊本　共六册

尊經閣文庫藏本　原江户時代加賀藩主前

田綱紀舊藏

楊忠愍公集三卷　附二卷

(明)楊繼盛撰

明隆慶年間(1567—1572年)刊本　共二册

静嘉堂文庫藏本　原陸心源十萬卷樓等舊藏

兩溪先生存集十四卷　附録一卷

(明)駱文盛撰

明萬曆年間(1573—1620年)刊本　共四册

尊經閣文庫藏本　原江户時代加賀藩主前田綱紀舊藏

南沙先生文集八卷

(明)熊過撰

明泰昌年間(1620年)刊本　共四册

尊經閣文庫藏本　原江户時代加賀藩主前田綱紀舊藏

【附録】據《商舶載來書目》記載,後櫻町天皇明和二年(1765年)中國商船"奈字號"載《南沙文集》一部一帙抵日本。

據《外船書籍原帳》記載,仁孝天皇弘化三年(1846年)中國商船"巳字號"載《南沙文集》一部抵日本,售價十四匁。

王氏存笥稿二十卷

(明)王維楨撰

明嘉靖年間(1522—1566年)刊本

宫内廳書陵部　内閣文庫　尊經閣文庫藏本

【按】前有明嘉靖戊午(1558年)孫陞《序》。宫内廳書陵部藏本,每册封面有"雲烟家藏書記",首有"卍餘卷樓之章",第一册封面又有"魏氏家藏"印記等,共八册。

内閣文庫藏此同一刊本兩部。一部原係楓山官庫等舊藏;一部原係江户時代林羅山舊藏,卷中有"江雲渭樹"印記,共五册。

尊經閣文庫藏本,原係江户時代加賀藩主前田綱紀舊藏,共八册。

王槐野先生存笥稿二十卷　王槐野先生存笥續稿九卷

(明)王維楨撰

明萬曆年間(1573—1620年)刊本　共十二册

宫内廳書陵部　尊經閣文庫藏本

【按】尊經閣文庫藏此同一刊本兩部,皆係原江户時代加賀藩主前田綱紀等舊藏。

【附録】據《商舶載來書目》記載,後桃園天皇安永三年(1774年)中國商船"和字號"載《王槐野存笥稿》一部二帙抵日本。

槐野先生存笥稿三十八卷　附一卷

(明)王維楨撰　南師仲編

明萬曆三十四年(1606年)序刊本　共十二册

内閣文庫藏本　原楓山官庫等舊藏

周叔夜先生集十一卷

(明)周思兼撰

明萬曆年間(1573—1620年)刊本　共四册

尊經閣文庫藏本　原江户時代加賀藩主前田綱紀舊藏

古狂馮侍御芻蕘録二十卷　首一卷

(明)馮恩撰　張承獻校

明馮行可編刻本　共十册

宫内廳書陵部藏本

【按】前有明隆慶元年(1567年)沈愷《序》,又有同年徐獻忠《序》、皇甫汸《序》、張世美《序》、張承獻《序》等。

卷首有"耕讀傳家濟陽甲氏書畫之章"印記,每册首又有"秘閣圖書之章"印記。

衢村集四卷　附二卷

(明)范嵩撰　張雲漢編

明刊本　共六册

內閣文庫藏本

【按】內閣文庫藏此同一刊本兩部。一部原係楓山官庫等舊藏;一部原係昌平坂學問所等舊藏。

世翰堂稿十卷

(明)林庭機撰

明萬曆年間(1573—1620年)刊本　共四册

尊經閣文庫藏本　原江户時代加賀藩主前田綱紀舊藏

雲村先生文集十四卷　浙湝雲村先生年譜一卷

(明)許相卿撰　《年譜》許聞造撰

明嘉靖年間(1522—1566年)刊本　共四册

尊經閣文庫藏本　原江户時代加賀藩主前田綱紀舊藏

雲村先生文集十四卷　遺事一卷　許氏貽謀一卷

(明)許相卿撰

明萬曆年間(1573—1620年)刊本　共六册

静嘉堂文庫藏本　原陸心源十萬卷樓等舊藏

黄門集十二卷　附一卷

(明)許相卿撰

明刊本　共四册

內閣文庫藏本　原昌平坂學問所等舊藏

燕詒録十三卷

(明)孫應奎撰

明萬曆年間(1573—1620年)刊本　共四册

尊經閣文庫藏本　原江户時代加賀藩主前田綱紀舊藏

群玉樓稿八卷　困亨别稿一卷

(明)李默撰

明萬曆十二年(1584年)序刊本　共八册

內閣文庫　尊經閣文庫藏本

【按】內閣文庫藏本,原係楓山官庫等舊藏。

尊經閣文庫藏本,原係江户時代加賀藩主前田綱紀等舊藏。

徐大夫素履二卷

(明)徐學周撰　徐必達校

明萬曆三十年(1602年)刊本　共六册

宫內廳書陵部藏本

櫟寄集四卷　續一卷

(明)林懋和撰　陳文燭編

明萬曆十七年(1589年)序刊本　共四册

內閣文庫藏本　原楓山官庫等舊藏

櫟寄集四卷

(明)林懋和撰

明萬曆年間(1573—1620年)刊本　共四册

尊經閣文庫藏本　原江户時代加賀藩主前田綱紀舊藏

井丹先生文集十八卷　首一卷

(明)林大春撰

明刊本　共十册

宫內廳書陵部藏本　原江户時代豐後佐伯藩主毛利高標等舊藏

【按】前有明萬曆辛卯(1591年)周篤棐《序》。

此本係仁孝天皇文政年間(1818—1829年)出雲守毛利高翰獻贈幕府,明治初期歸內閣文庫。明治二十四年(1891年)歸入宫內省圖書寮(即今宫內廳書陵部)。

卷中有"行齋藏書"、"佐伯侯毛利高標字培松藏書畫之印"、"秘閣圖書之章"等印記。

疣贅録九卷　續二卷

(明)顧夢圭撰

明桂雲堂刊本　共四册

內閣文庫藏本　原昌平坂學問所等舊藏

林學士集二十二卷

(明)林墉撰

明萬曆十七年(1589年)序刊本　共十册

内閣文庫藏本　原豐後佐伯藩主毛利高標舊藏

【按】此本係《詩集》六卷;《文集》十六卷。

日本仁孝天皇文政年間(1818—1829年)由出雲守毛利高翰將此本獻贈幕府,明治初期歸内閣文庫。

卷中有“佐伯侯毛利高標字培松藏書畫之印”等印記。

林學士詩集六卷　林學士文集十六卷

(明)林墉撰

明刊本　共六册

尊經閣文庫藏本　原江户時代加賀藩主前田綱紀等舊藏

弘藝録八卷

(明)邵經邦撰

明嘉靖年間(1522—1566年)刊本　共八册

尊經閣文庫藏本　原江户時代加賀藩主前田綱紀等舊藏

弘藝録十八卷　藝苑玄幾一卷

(明)邵經邦撰

明刊本　共五册

内閣文庫藏本　原楓山官庫等舊藏

蘇原先生集十二卷

(明)吴廷翰撰　吴國寶編

明萬曆二十九年(1601年)序刊本　共十册

内閣文庫藏本　原楓山官庫等舊藏

【按】此本細目如次:

《詩集》二卷;《文集》二卷;《吉齋漫録》二卷;《櫝記》二卷;《瓮記》二卷;《洞雲清響》一卷;《湖山小稿》一卷。

程文恭公遺稿三十二卷

(明)程文德撰

明萬曆年間(1573—1620年)刊本　共八册

尊經閣文庫藏本　原江户時代加賀藩主前田綱紀舊藏

程松溪先生文集十卷

(明)程文德撰

明隆慶元年(1567年)序刊本　共四册

内閣文庫藏本　原楓山官庫等舊藏

敬所王先生文集三十卷

(明)王宗沐撰

明萬曆年間(1573—1620年)刊本　共二十册

尊經閣文庫藏本　原江户時代加賀藩主前田綱紀舊藏

冶山拙稿二卷　附閩中倭患記

(明)王鑛撰

明萬曆年間(1573—1620年)刊本　共三册

日光輪王寺天海藏藏本　原天海大僧正等舊藏

【按】每半葉有界九行,行十九字。白口,四周雙邊。

前有林懋和《序》。

《閩中倭患記》首有如下文字:

“曩倭變後,陳雙山公囑予記其事。良媿不能文,僅梓副刻,示家庭耳。親友歸田,有索此文,閲此變者,爰摹副刻,登于正稿云。夫災患甚大也,功利甚博也,戚下世而未祀,忽諸閩土庶念哉!”

戴中丞遺集八卷

(明)戴鱀撰

明嘉靖年間(1522—1566年)刊本　共三册

尊經閣文庫藏本　原江户時代加賀藩主前田綱紀舊藏

泰泉集六十卷　首一卷

(明)黄佐撰

明萬曆元年(1573年)嗣子黄在中刊本

宫内廳書陵部　静嘉堂文庫藏本

【按】前有明嘉靖二十一年(1542年)張璧《序》。後有明萬曆癸酉(1573年)歐大任《跋》。

宫内廳書陵部藏本,原係清人張元焕舊藏,後歸江户時代豐後佐伯藩主毛利高標所有。仁孝天皇文政年間(1818—1829年)出雲守毛利高翰獻贈幕府,明治初期歸内閣文庫。明治二十四年(1891年)歸入宫内省圖書寮(即今宫内廳書陵部)。卷中有"佐伯侯毛利高標字培松藏書畫之印"、"秘閣圖書之章"等印記,共二十册。

静嘉堂文庫藏本,原係陸心源守先閣等舊藏。此本係清人修補印本,共十二册。

寓谷集十卷

(明)李舜臣撰

明刊清人修補印本　共二册

静嘉堂文庫藏本　原陸心源十萬卷樓等舊藏

田叔禾小集十二卷

(明)田汝成撰　田藝蘅編

明嘉靖年間(1522—1566年)刊本　共六册

尊經閣文庫　蓬左文庫藏本

【按】前有明嘉靖四十二年(1614年)餘杭蔣灼《序》。

遵巖先生文集四十一卷

(明)王慎中撰　莊國楨等編

明嘉靖四十五年(1566年)序刊本　共十二册

内閣文庫　静嘉堂文庫藏本

【按】内閣文庫藏本,原係楓山官庫等舊藏。

静嘉堂文庫藏本,原係陸心源十萬卷樓等舊藏。

【附録】據《商舶載來書目》記載,桃園天皇寶曆四年(1754年)中國商船"和字號"載《王遵巖集》一部一帙抵日本。

據《外船書籍原帳》記載,仁孝天皇天保十二年(1841年)中國商船"子三番"(船主鄭行)載《王遵巖全集》一部四帙抵日本,售價三十五匁。

仁孝天皇天保十三年(1842年)江户須原屋茂兵衛、大阪河内屋茂兵衛刊印王慎中撰《王遵巖文粹》五卷,由日人村瀨誨輔編輯。此本後有天保十五年(1844年)田邊新次郎重印本,又有大阪岡田群玉堂重印本。

遵巖先生文集四十一卷

(明)王慎中撰

明隆慶五年(1571年)序刊本　共十六册

内閣文庫藏本　原江户時代林氏大學頭家舊藏

【按】此本卷一至卷九係清人寫補。

遵巖先生文集二十五卷

(明)王慎中撰　莊國禎等編

明隆慶年間(1567—1572年)刊本　共二十册

宫内廳書陵部　静嘉堂文庫藏本

【按】宫内廳書陵部藏本,共二十册。

静嘉堂文庫藏此同一刊本兩部。一部原係竹添井井(光鴻)等舊藏,共十二册。一部原係島田篁村等舊藏,共十二册。

遵巖先生文粹十六卷

(明)王慎中撰　施觀民編

明隆慶六年(1572年)序刊本　共五册

内閣文庫藏本　原昌平坂學問所等舊藏

【附録】日本仁孝天皇天保十五年(1844年)江户須原屋茂兵衛、大阪河内屋兵衛等刊印王慎中撰《遵巖先生文粹》五卷。此本係日人村瀨誨輔編選。

王遵巖家居集七卷

(明)王慎中撰　洪朝選編　王惟中校

明嘉靖三十一年(1552年)句吴書院刊本　共三册

宫内廳書陵部　東京大學總合圖書館藏本

【按】宫内廳書陵部藏本,卷中有"鏞山玄碧六橋"、"秘閣圖書之章"印記。

玩芳堂摘稿四卷

(明)王慎中撰

明刊本　共四册

御茶之水圖書館藏本　原德富蘇峰成簣堂等舊藏

甘泉先生文録類選二十一卷

(明)湛若水撰　周孚先編

明嘉靖九年(1530年)安正堂刊本　共四册

内閣文庫藏本　原楓山官庫等舊藏

唐荆川文編六十四卷

(明)唐順之撰　姜寶編　胡帛校

明嘉靖三十五年(1556年)刊本

宫内廳書陵部藏本

【按】宫内廳書陵部藏此同一刊本兩部。一部共三十册;一部共二十五册。

【附録】日本仁孝天皇文政元年(1818年)京都河内屋藤四郎、大阪河内屋茂兵衛等刊印《唐順之文粹》五卷。此本由日人村瀨誨輔(石庵)編輯。其後,此本有天保八年(1837年)重印本,又有大阪青木嵩山堂重印本

仁孝天皇文政十三年(1830年)大阪河内屋茂兵衛刊印《唐荆川文粹》四卷,此本亦由日人村瀨誨輔編輯。

仁孝天皇天保八年(1837年)大阪岡田茂兵衛刊印日人村瀨誨輔編輯之《唐荆川文粹》五卷。

(重刊校正)唐荆川先生文集十二卷　續六卷

(明)唐順之撰

明嘉靖三十二年(1553年)刊本

宫内廳書陵部　内閣文庫　静嘉堂文庫　尊經閣文庫　早稻田大學圖書館藏本

【按】前有明嘉靖癸丑(1553年)王慎中《序》。

宫内廳書陵部藏此同一刊本兩部。一部原係江户時代德山藩三代主毛利元次廣收"天下秘籍"之一,東山天皇寶永三年(1706年)《御書物目録》著録此本,明治二十九年(1896年)男爵毛利元功獻贈宫内省圖書寮(即今宫内廳書陵部)。卷中有"德藩藏書"印記,共十册。一部係後印本,共十七册。

内閣文庫藏此同一刊本兩部,皆共十二册。一部原係楓山官庫等舊藏;一部原係江户時代林氏大學頭家舊藏。

静嘉堂文庫藏本,原係陸心源十萬卷樓等舊藏,共六册。

尊經閣文庫藏本,原係江户時代加賀藩主前田綱紀舊藏,共十二册。

早稻田大學圖書館藏本,古吴金谷園藏版,原係小倉金之助家小倉文庫等舊藏,共六册。

【附録】據《商舶載來書目》記載,桃園天皇寶曆四年(1754年)中國商船"多字號"載《唐荆川文集》一部二帙抵日本。後櫻町天皇明和元年(1764年)中國商船"計字號"載《荆川文集》一部一帙抵日本。

桃園天皇寶曆四年(1754年)長崎《舶來書籍大意書》記中國商船"戍字號"所載之漢籍著録此本。其釋文曰:"此係明唐應德所著。輯其廷試策一篇、諸體之詩四百餘首、諸體之文二百十餘篇,編爲十二卷。此本係明嘉靖三十二年重刻,共計兩部,一部爲一帙六册,其中脱紙四張;一部二帙十二册,其中脱紙一張。"

日本仁孝天皇文政十三年(1830年)年大坂河内屋吉兵衛等刊印明人唐順主撰《唐荆川先生文集序記部》四卷。此本由日人齋藤五良象

點。

(重刊)荆川文集二十一卷

(明)唐順之撰

明萬曆元年(1573年)純白齋刊本　共十册

御茶之水圖書館藏本　原德富蘇峰成簣堂等舊藏

【按】前有明嘉靖己酉(1549年)《序》。此《序》後有刻書木記,文曰:"萬曆元年孟春吉旦重刊于純白齋"。

此本係《文集》十七卷;《外集》三卷;《附録》一卷。

封面係用朝鮮所産紋樣紙裝裱。

荆川先生文集十卷

(明)唐順之撰

明萬曆元年(1573年)安氏純白齋重刊本　共三册

東洋文庫藏本

唐荆川先生續文集六卷

(明)唐順之撰

明刊本

内閣文庫　尊經閣文庫藏本

【按】内閣文庫藏本,原係楓山官庫等舊藏,共六册。

尊經閣文庫藏本,原係江户時代加賀藩主前田綱紀舊藏,共四册。

宗子相集八卷

(明)宗臣撰　黄中等校

明嘉靖三十九年(1560年)序刊本

宫内廳書陵部　内閣文庫　尊經閣文庫藏本

【按】宫内廳書陵部藏本,共八册。

内閣文庫藏此同一刊本兩部。一部原係楓山官庫等舊藏,共四册。一部原係昌平坂學問所等舊藏,共七册。

尊經閣文庫藏本,原係江户時代加賀藩主前田綱紀舊藏,共八册。

【附録】據《商舶載來書目》記載,東山天皇寶永五年(1708年)中國商船"曾字號"載《宗子相集》一部四册抵日本。

宗子相集十五卷　首一卷

(明)宗臣撰　林朝聘等校

明嘉靖年間(1522—1566年)刊本

宫内廳書陵部　國會圖書館　静嘉堂文庫　東京大學東洋文化研究所　京都大學文學部中國語學文學哲學研究室藏本

【按】前有明嘉靖三十九年(1611年)《序》。

宫内廳書陵部藏此同一刊本兩部。一部共八册;一部共十六册。

國會圖書館藏本,原共十六册,現合爲六册。

静嘉堂文庫藏本,原係陸心源十萬卷樓等舊藏,共六册。

東京大學藏本,今缺《首》一卷。

京都大學藏本,共八册。

宗子相先生集二十五卷

(明)宗臣撰　章鈺校

明刊本

静嘉堂文庫　京都大學附屬圖書館藏本

【按】静嘉堂文庫藏本,原係中村敬宇等舊藏,共六册。

京都大學藏本,原係天華閣藏版印本,共八册。

子相文選五卷

(明)宗臣撰　姜承宗編

明天啓二年(1622年)序刊本　共二册

内閣文庫藏本

【附録】據《商舶載來書目》記載,後櫻町天皇明寶曆十三年(1763年)中國商船"曾字號"載《宗子相文選》一部一帙抵日本。

香宇初集·香宇續集三十四卷　附拾遺稿

(明)田藝蘅撰

明嘉靖年間(1522—1566年)刊本　共八册

尊經閣文庫藏本　原江户時代加賀藩主前田綱紀舊藏

【附録】日本江户時代有田藝蘅撰《香宇外集》寫本一種。

静軒瀛海處坎録四卷

(明)趙貞喆撰

明崇禎三年(1630年)序刊本　共二册

東洋文庫藏本

芹山集三十四卷

(明)陳儒撰　胡正蒙編

明隆慶三年(1569年)序刊本　共八册

内閣文庫藏本　原楓山官庫等舊藏

石室私抄(閻魏南臺先生文集)五卷

(明)魏文焲撰　魏賢訓　魏賢詡校

明崇禎四年(1631年)刊本

國會圖書館　内閣文庫　蓬左文庫藏本

【按】國會圖書館藏本,共五册。

内閣文庫藏此同一刊本兩部。一部原係江户時代林氏大學頭家舊藏;一部原係楓山官庫等舊藏。兩部皆共五册。

蓬左文庫藏本,原係江户時代尾張藩主家舊藏,係明正天皇寬永十三年(1636年)從中國購入。卷中有"尾陽内庫"印記,共四册。

三洲詩膾四卷

(明)沈淮撰

明萬曆二年(1574年)序刊本　共四册

内閣文庫藏本　原楓山官庫等舊藏

劉侍御集(八種)八十二卷

(明)劉鳳撰

明刊本　共四十册

内閣文庫藏本　原豐後佐伯藩主毛利高標舊藏

【按】此本係仁孝天皇文政年間(1818—1829年)出雲守毛利高翰獻贈幕府,明治初期歸内閣文庫。卷中有"佐伯侯毛利高標字培松藏書畫之印"等印記。此本細目如次:

《客建集》四卷;《越覽篇》一卷;《續吴先賢讚》十五卷;《續吴録》二卷;《子威先生澹思集》十六卷;《劉子威詩集》六卷;《劉子威集》三十卷;《劉子威雜稿》八卷。

劉子威集(劉侍御集)五十二卷

(明)劉鳳撰

明萬曆四年(1576年)序刊本　共十二册

内閣文庫藏本　原楓山官庫等舊藏

【按】此本係《子威先生澹思集》十六卷;《劉子威詩集》六卷;《劉子威集》三十卷。

【附録】據《商舶載來書目》記載,桃園天皇寶曆八年(1758年)中國商船"利字號"載《劉子威集》一部二帙抵日本。

劉子威集三十二卷

(明)劉鳳撰

明刊本　共二十册

静嘉堂文庫藏本　原中村敬宇等舊藏

劉子威集三十二卷

(明)劉鳳撰

明萬曆年間(1573—1620年)刊本　共八册

尊經閣文庫藏本　原江户時代加賀藩主前田綱紀等舊藏

(子威先生)澹思集十六卷

(明)劉鳳撰

明萬曆年間(1573—1620年)刊本

内閣文庫　尊經閣文庫藏本

【按】内閣文庫藏本,原係昌平坂學問所等舊藏,共六册。

尊經閣文庫藏本,原係江户時代加賀藩主前田綱紀等舊藏,共六册。

太(大)函集一百二十卷　目六卷

(明)汪道昆撰

明萬曆十九年(1591年)金陵徐智督刊本

宮内廳書陵部　國會圖書館　内閣文庫　蓬左文庫　東洋文庫　静嘉堂文庫　尊經閣文庫　京都大學文學部中國語學文學哲學研究室　福井市立圖書館藏本

【按】前有明萬曆十九年(1591年)汪道昆《自序》。

宮内廳書陵部藏本,共四十册。

國會圖書館藏本,原共三十册,現合爲十册。

内閣文庫藏此同一刊本兩部。一部原係楓山官庫等舊藏,共十六册。一部原係昌平坂學問所等舊藏,共四十册。

蓬左文庫藏本,原係江户時代尾張藩主家舊藏,共二十四册。

東洋文庫藏本,共三十册。

静嘉堂文庫藏本,原係陸心源守先閣等舊藏,共三十册。

尊經閣文庫藏本,原係江户時代加賀藩主前田綱紀舊藏,共十八册。

京都大學藏本,共六十二册。

福井市藏本,《目》今存三卷,卷中有"圖書寮"朱文長方印,又有"越國文庫"朱文方印,共五十册。

【附録】據《商舶載來書目》記載,東山天皇寶永五年(1703年)中國商船"多字號"載《大函集》一部四十八册抵日本。

太函副墨二十二卷　汪左司馬公年譜

(明)汪道昆撰　《年譜》王無競撰

明崇禎年間(1628—1644年)刊本　共二十册

尊經閣文庫藏本　原江户時代加賀藩主前田綱紀舊藏

【附録】據《商舶載來書目》記載,東山天皇元禄七年(1694年)中國商船"多字號"載《太函副墨》一部十二册抵日本。

副墨五卷

(明)汪道昆撰

明嘉靖年間(1522—1566年)刊本

内閣文庫　御茶之水圖書館藏本

【按】每半葉有界九行,行十八字。四周單邊。

内閣文庫藏此同一刊本兩部。一部原係楓山官庫等舊藏,共五册。一部原係江户時代林羅山舊藏,卷中有"江雲渭樹"印記,共二册。

御茶之水圖書館藏本,原係德富蘇峰成簣堂等舊藏。此本書帙題"(異本)王氏文集"。書帙内有日本孝明天皇慶應二年(1866年)葛重良手識文。共五册。

汪道昆副墨五卷　書札二卷

(明)汪道昆撰

明萬曆二年(1574年)刊本　共五册

宮内廳書陵部藏本　原江户時代德山藩主家舊藏

【按】封面署"萬曆二年金陵毛少池繡梓"。

此本係江户時代德山藩三代主毛利元次廣收"天下秘籍"之一。東山天皇寶永三年(1706年)《御書物目録》著録此本,明治二十九年(1896年)男爵毛利元功獻贈宮内省圖書寮(即今宮内廳書陵部)。

卷中有"德藩藏書"等印記。

【附録】據《商舶載來書目》記載,櫻町天皇安元文元年(1736年)中國商船"和字號"載《汪道昆副墨》一部一帙抵日本。

副墨八卷

(明)汪道昆撰

明刊本　共六册

静嘉堂文庫藏本　原中村敬宇等舊藏

副墨九卷

(明)汪道昆撰

明刊本　共八册(今合爲三册)

國會圖書館藏本

(新鍥會元湯先生批評)南明文選四卷

(明)汪道昆撰　湯賓尹評
明萬曆二十五年(1597年)刊本　共三册
内閣文庫藏本　原木村蒹葭堂等舊藏

(刻)孫百川先生文集十二卷

(明)孫樓撰
明萬曆四十八年(1620年)序刊本　共四册
内閣文庫藏本　原楓山官庫等舊藏

東廓鄒先生遺稿十三卷

(明)鄒守益撰
明萬曆年間(1573—1620年)刊本　共八册
尊經閣文庫　大谷大學附屬圖書館藏本
【按】尊經閣文庫藏本,原係江户時代加賀藩主前田綱紀舊藏,共八册。
大谷大學藏本,共十二册。

東廓鄒先生文集(鄒東廓詩文集)十二卷

(明)鄒守益撰
明隆慶六年(1572年)刊本　安成佑啓堂藏版
内閣文庫　京都大學人文科學研究所東洋學文獻中心　早稻田大學圖書館　大谷大學附屬圖書館藏本
【按】内閣文庫藏本,共四册。
京都大學藏本,共十册。
早稻田大學圖書館藏本,共十二册。
大谷大學藏本,共十二册。

鄒東廓集十卷　首一卷

(明)鄒守益撰　劉佃選　董遂編
明隆慶年間(1567—1572年)刊本　共十五册
静嘉堂文庫藏本　原中村敬宇等舊藏

鄒東廓集十卷　首一卷

(明)鄒守益撰　劉佃選　董遂編
古寫本　共十二册
國會圖書館藏本

東廓先生文集九卷

(明)鄒守益撰
明嘉靖十七年(1538年)序刊本　共四册
内閣文庫藏本　原昌平坂學問所等舊藏

鄒東廓先生詩集九卷

(明)鄒守益撰
明萬曆元年(1573年)序刊本　共六册
内閣文庫藏本　原豐後佐伯藩主毛利高標舊藏
【按】此本係仁孝天皇文政年間(1818—1829年)由出雲守毛利高翰獻贈幕府,明治初期歸内閣文庫。卷中有"佐伯侯毛利高標字培松藏書畫之印"等印記。

薛考功集十卷　附一卷

(明)薛蕙撰
明嘉靖年間(1522—1566年)刊本
宫内廳書陵部　東洋文庫　静嘉堂文庫　尊經閣文庫藏本
【按】前有明嘉靖十四年(1535年)李宗樞《序》。此《序》後有"吴人章簡甫書"一行。
卷末有文徵明撰《碑銘》,又有唐順之撰《墓志》、王廷撰《行狀》等。
宫内廳書陵部藏本,卷中有缺葉,每册首有"秘閣圖書之章",第一、三、五、九卷卷首有"懷玄"印記,共二册。
東洋文庫藏本,原係藤田豐八等舊藏,共五册。
静嘉堂文庫藏本,原係陸心源十萬卷樓等舊藏,共六册。
尊經閣文庫藏本,原係江户時代加賀藩主前田綱紀舊藏,共四册。

雙江聶先生文集十四卷

(明)聶豹撰
明雲丘書院刊本　共八册
内閣文庫藏本　原楓山官庫等舊藏

念庵羅先生文集十九卷

(明)羅洪先撰
明嘉靖年間(1522—1566年)刊本　共十册
蓬左文庫藏本　原江户時代德川光友瑞龍院等舊藏
【按】此本係《外集》十五卷、《别集》二卷。

念庵羅先生集十三卷

(明)羅洪先撰
明嘉靖四十二年(1563年)序刊本
宫内廳書陵部　内閣文庫　東洋文庫　尊經閣文庫　京都大學人文科學研究所東洋學文獻中心　大阪大學文學部懷德堂　慶應義塾大學附屬圖書館　大阪府立圖書館藏本
【按】每半葉有界十一行,行二十字。白口,四周單邊(22.5cm×14.8cm)。版心刻"念庵文集",下記卷數、葉數。
前有明嘉靖癸亥(1563年)夏四月同年友滁陽胡松《序》。
每卷前有《目録》。
宫内廳書陵部藏本,共二十四册。
内閣文庫藏此同一刊本三部。一部原係楓山官庫等舊藏,共十二册。一部原係江户時代林氏大學頭家舊藏,共八册。一部共八册。
東洋文庫藏本,共八册。
尊經閣文庫藏本,原係江户時代加賀藩主前田綱紀等舊藏,共十册。
京都大學藏本,共八册。
大阪大學文學部懷德堂藏本,原係大阪懷德堂等舊藏,共十二册。
慶應大學藏本,封面墨書題簽"羅文恭先生集鹿忠節夫子批",卷中有朱筆圈點,天頭地邊間有批語,相傳此爲明代末年鹿善繼筆法。共八册。
大阪府立圖書館藏本,共二十册。
【附録】日本江户時代有明人羅洪先《念庵羅先生集》十三卷寫本一種,紙幅寬23cm。此本現存國會圖書館。

念庵羅先生集十三卷

(明)羅洪先撰
明刊本　共十册
東洋文庫藏本

(石蓮洞)羅先生文集二十五卷

(明)羅洪先撰　羅大紘編
明萬曆四十五年(1613年)序刊本
内閣文庫　尊經閣文庫藏本
【按】内閣文庫藏本,原係楓山官庫等舊藏,共二十册。
尊經閣文庫藏本,原係江户時代加賀藩主前田綱紀舊藏,共十二册。

念庵羅先生文要六卷

(明)羅洪先撰　王時槐編
明萬曆三十一年(1613年)序王時槐刊本
静嘉堂文庫　東洋文庫　尊經閣文庫　東京大學總合圖書館藏本
【按】静嘉堂文庫藏本,原係佐藤一齋等舊藏,後歸中村敬宇,共四册。
東洋文庫藏本,共四册。
尊經閣文庫藏本,原係江户時代加賀藩主前田綱紀舊藏,共八册。
東京大學藏本,共八册。

崇雅堂集十五卷

(明)顧應祥撰
明萬曆三十八年(1610年)跋刊本　共二册
内閣文庫藏本　原豐後佐伯藩主毛利高標舊藏
【按】此本細目如次:
《詩集》八卷;《文集》六卷;《樂府》一卷。

仁孝天皇文政年間(1818—1829年)出雲守毛利高翰獻贈幕府,明治初期歸内閣文庫。

卷中有"佐伯侯毛利高標字培松藏書畫之印"等印記。

許太常歸田稿八卷

(明)許穀撰

明萬曆十五年(1587)序刊本　共二册(今合爲一册)

國會圖書館藏本

嶽色編二卷

(明)王靈嶽撰

明刊本　共一册

東洋文庫藏本　原藤田豐八等舊藏

自知堂集二十四卷　附録一卷

(明)蔡汝楠撰　朱炳如校

明嘉靖四十三年(1564年)序刊本

内閣文庫　尊經閣文庫藏本

【按】内閣文庫藏本,原係楓山官庫等舊藏,共四册。

尊經閣文庫藏本,原係江户時代加賀藩主前田綱紀舊藏,共六册。

隆池山樵詩集二卷

(明)彭年撰

明刊本　共二册

東洋文庫藏本　原藤田豐八等舊藏

鄭端簡公文集十二卷　目一卷

(明)鄭曉撰　鄭履淳編

明萬曆二十八年(1600年)刊本

宫内廳書陵部　内閣文庫藏本

【按】前有明萬曆庚子(1600年)彭夢祖《序》。

宫内廳書陵部藏本,卷中有"松儔竹伴"、"家在九峰高處"、"秘閣圖書之章"等印記,共十四册。

内閣文庫藏本,原係豐後佐伯藩主毛利高標舊藏。此本係仁孝天皇文政年間(1818—1829年)出雲守毛利高翰獻贈幕府,明治初期歸内閣文庫。卷中有"佐伯侯毛利高標字培松藏書畫之印"等印記,共八册。

【附録】據《商舶載來書目》記載,後桃園天皇享安永三年(1774年)中國商船"天字號"載《鄭端簡公文集》一部一帙抵日本。

據《外船書籍原帳》記載,仁孝天皇弘化三年(1846年)中國商船"巳字號"載《鄭端簡年譜》一部抵日本,售價六匁。

(見羅李先生)觀我堂稿二十二卷

(明)李材撰　熊尚文編

明愛成堂刊本

内閣文庫　尊經閣文庫藏本

【按】内閣文庫藏本,原係江户時代林羅山舊藏。卷中有"江雲渭樹"印記,共五册。

尊經閣文庫藏本,原係江户時代加賀藩主前田綱紀舊藏,共六册。

觀我堂摘稿十二卷

(明)李材撰

明萬曆年間(1573—1620年)刊本　共四册

内閣文庫藏本　原楓山官庫等舊藏

見羅先生正學堂稿二十四卷

(明)李材撰

明萬曆年間(1573—1620年)刊本　共十册

尊經閣文庫藏本　原江户時代加賀藩主前田綱紀舊藏

見羅李先生福堂稿二卷　附録四種

(明)李材撰

明人寫本　共一册

尊經閣文庫藏本　原江户時代加賀藩主前田綱紀舊藏

【按】《附録》四種係《爲翟從先書門人李汝潛傳附》、《見羅李先生讀孫子》、《名經會約》、《意見》。

雲山堂集六卷

(明)魏裳撰
明萬曆七年(1579年)序刊本　共六册
内閣文庫藏本　原楓山官庫等舊藏

石谿文集八卷

(明)王希旦撰
明天啓元年(1621年)序刊本　共四册
内閣文庫藏本　原楓山官庫等舊藏

活谿詩集五卷　活谿文集四卷

(明)符觀撰　符錫編
明嘉靖十八年(1539年)序刊本　共二册
内閣文庫藏本　原楓山官庫等舊藏

芝園集三十二卷　首一卷

(明)張時徹撰
明嘉靖二十三年(1544年)刊本　共十册
内閣文庫藏本　原昌平坂學問所等舊藏

芝園集三十二卷　首一卷

(明)張時徹撰
明嘉靖二十四年(1596年)序刊後人寫補本　共十册
内閣文庫藏本　原昌平坂學問所等舊藏

芝園集十八卷

(明)張時徹撰
明嘉靖年間(1522—1566年)刊本　共六册
尊經閣文庫藏本　原江户時代加賀藩主前田綱紀舊藏

芝園外集(説林)十六卷

(明)張時徹撰
明刊本　共六册
内閣文庫藏本　原豐後佐伯藩主毛利高標舊藏

【按】此本於仁孝天皇文政年間(1818—1829年)出雲守毛利高翰獻贈幕府。明治初期,歸内閣文庫。卷中有"佐伯侯毛利高標字培松藏書畫之印"等印記。

趙浚谷集十七卷

(明)趙時春撰
明萬曆八年(1580年)序刊本　共十八册
内閣文庫藏本　原昌平坂學問所等舊藏

【按】此本係《詩集》六卷;《文集》十卷;《疏案》一卷。

内閣文庫藏此同一刊本兩部。一部原係昌平坂學問所等舊藏,此本封面題《趙浚谷詩集》,實爲《詩集》六卷、《文集》十卷、《疏案》一卷,合十七卷,卷中有清初順治年間(1644—1661年)人修補,共十八册。一部原係楓山官庫等舊藏,封面題《浚谷先生集》,共五册。

雪舟詩集六卷

(明)賈雪舟撰
明嘉靖二十二年(1543年)序刊本　共一册
内閣文庫藏本　原豐後佐伯藩主毛利高標舊藏

【按】此本係仁孝天皇文政年間(1818—1829年)出雲守毛利高翰獻贈幕府,明治初期歸内閣文庫。

卷中有"佐伯侯毛利高標字培松藏書畫之印"等印記。

南雋集文類二十卷

(明)汪必東撰
明嘉靖三十年(1602年)序刊本　共六册
内閣文庫藏本　原昌平坂學問所等舊藏

少洲稿十卷

(明)李邦光撰　郭永達編
明嘉靖三十年(1551年)刊本　共一册
内閣文庫藏本　原豐後佐伯藩主毛利高標舊藏

【按】此本係仁孝天皇文政年間(1818—1829年)出雲守毛利高翰獻贈幕府,明治初期歸内閣文庫。

卷中有"佐伯侯毛利高標字培松藏書畫之印"等印記。

練溪集四卷

(明)凌震撰
明嘉靖三十年(1551年)序刊本
内閣文庫　尊經閣文庫藏本

【按】内閣文庫藏本,原係豐後佐伯藩主毛利高標舊藏。其收藏與印記情況同前,共四册。

尊經閣文庫藏本,原係江户時代加賀藩主前田綱紀舊藏,共二册。

黄竹山人集十一卷

(明)黄九皋撰　黄九川編
明嘉靖三十五年(1556年)序刊本　共二册
内閣文庫藏本　原楓山官庫等舊藏

二谷山人集(不分卷)

(明)侯一元撰
明嘉靖三十七年(1558年)序刊本　共八册
内閣文庫藏本　原楓山官庫等舊藏

丘隅集十九卷

(明)喬世寧撰
明嘉靖四十二年(1614年)序刊本　共六册
内閣文庫藏本　原豐後佐伯藩主毛利高標舊藏

【按】此本係仁孝天皇文政年間(1818—1829年)出雲守毛利高翰獻贈幕府,明治初期歸内閣文庫。

卷中有"佐伯侯毛利高標字培松藏書畫之印"等印記。

【附録】據《商舶載來書目》記載,後桃園天皇安永三年(1774年)中國商船"幾字號"載《丘隅集》一部一帙抵日本。

丘隅集十三卷

(明)喬世寧撰
明刊本　共四册
宫内廳書陵部藏本

雲臺山集九卷

(明)李杜撰
明隆慶二年(1568年)序刊本　共三册
内閣文庫藏本　原豐後佐伯藩主毛利高標舊藏

【按】此本係仁孝天皇文政年間(1818—1829年)出雲守毛利高翰獻贈幕府,明治初期歸内閣文庫。

卷中有"佐伯侯毛利高標字培松藏書畫之印"等印記。

費鐘石先生文集二十四卷

(明)費寀撰
明隆慶五年(1571年)跋刊本　共八册
内閣文庫藏本　原昌平坂學問所等舊藏

費文通公集選四卷

(明)費寀撰　張燁等編
明萬曆十二年(1584年)刊本　共四册
宫内廳書陵部藏本

樗庵王先生集七卷

(明)王燁撰
明萬曆元年(1573年)序刊本　共四册
内閣文庫藏本　原昌平坂學問所等舊藏

方塘汪先生文粹二十卷

(明)汪思撰
明萬曆三年(1575年)序刊本　共六册
内閣文庫藏本　原楓山官庫等舊藏

周胤昌集二卷

(明)周後叔撰

明萬曆十二年(1584年)跋刊本　共二册
内閣文庫藏本　原楓山官庫等舊藏

省庵漫稿四卷

(明)陳逅撰　陳國華編
明崇禎年間(1628—1644年)刊本　共四册
内閣文庫藏本　原楓山官庫等舊藏

白房集七卷

(明)朱衮撰
明萬曆九年(1581年)序刊本　共二册
内閣文庫藏本　原豐後佐伯藩主毛利高標舊藏

【按】此本細目如次:

《白房雅興》三卷;《白房雜述》三卷;《續集》一卷。

仁孝天皇文政年間(1818—1829年)出雲守毛利高翰獻贈幕府,明治初期歸内閣文庫。

卷中有"佐伯侯毛利高標字培松藏書畫之印"等印記。

【附録】據《商舶載來書目》記載,後桃園天皇安永三年(1774年)中國商船"波字號"載《白房集》一部一帙抵日本。

李陶山先生集十卷

(明)李一元撰　李一中編
明萬曆十四年(1586年)跋刊本　共二册
内閣文庫藏本　原豐後佐伯藩主毛利高標舊藏

【按】此本係仁孝天皇文政年間(1818—1829年)出雲守毛利高翰獻贈幕府,明治初期歸内閣文庫。

卷中有"佐伯侯毛利高標字培松藏書畫之印"等印記。

天倪子集二卷

(明)蕭騰鳳撰　顔廷榘評
明萬曆十八年(1590年)序刊本　共二册
内閣文庫藏本　原豐後佐伯藩主毛利高標舊藏

【按】此本收藏與印章情況同前書。

豐對樓詩選四十三卷

(明)沈明臣撰　沈九疇編
明萬曆二十九年(1596年)刊本
宫内廳書陵部　内閣文庫藏本

【按】前有陳大科《序》,王世貞《序》,劉鳳《序》,屠隆《序》等。

宫内廳書陵部藏本,原係明人徐㶿等舊藏,卷中有缺葉,每册首有"晉安徐興公家藏書"印記,各册又有"秘閣圖書之章"印記,共十二册。

内閣文庫藏本,原係昌平坂學問所等舊藏,共八册。

【附録】據《商舶載來書目》記載,後桃園天皇安永三年(1774年)中國商船"浦字號"載《豐對樓詩選》一部二帙抵日本。

(重梓參坡袁先生)一螺集四卷

(明)袁仁撰　沈棐校
明萬曆二十四年(1596年)序刊本　共四册
内閣文庫藏本　原豐後佐伯藩主毛利高標舊藏

【按】此本係仁孝天皇文政年間(1818—1829年)由出雲守毛利高翰獻贈幕府,明治初期歸内閣文庫。

卷中有"佐伯侯毛利高標字培松藏書畫之印"等印記。

(玉華子)游藝集二十六卷

(明)馬一龍撰　金商賢等編
明萬曆三十二年(1614年)序刊本　共十二册
内閣文庫　尊經閣文庫藏本

【按】内閣文庫藏本,原係昌平坂學問所等舊藏。

【附録】據《商舶載來書目》記載,東山天皇元禄十四年(1701年)中國商船"波字號"載《馬一龍游藝集》一部十六册抵日本。

(玉華子)游藝集十九卷

(明)馬一龍撰

明天啓年間(1621—1627年)刊本　共二十四册

尊經閣文庫藏本　原江户時代加賀藩主前田綱紀舊藏

天池先生存稿十六卷

(明)謝汝韶撰　謝肇淛編

明萬曆年間(1573—1620年)閩中謝氏刊本　共二册

内閣文庫　蓬左文庫藏本

【按】前有明萬曆三十六年(1608年)《序》。

内閣文庫藏本,原係楓山官庫等舊藏。

蓬左文庫藏本,原係江户時代尾張藩主家舊藏。此本爲明正天皇寛永十三年(1636年)從中國購入。卷中有"尾陽内庫"印記。

改亭存稿十卷　續六卷

(明)方鳳撰

明崇禎十七年(1644年)跋刊本　共五册

内閣文庫藏本　原昌平坂學問所等舊藏

少室山人集二十四卷

(明)楊本仁撰

明刊本　共十二册

内閣文庫藏本　原昌平坂學問所等舊藏

天游山人集二十卷

(明)楊應詔撰

明刊本　共六册

内閣文庫藏本　原豐後佐伯藩主毛利高標舊藏

【按】此本係仁孝天皇文政年間(1818—1829年)出雲守毛利高翰獻贈幕府,明治初期歸内閣文庫。

卷中有"佐伯侯毛利高標字培松藏書畫之印"等印記。

洞陽子集三十二卷

(明)萬恭撰　金學曾等編　張克文等校

明萬曆元年(1573年)刊本　共十六册

宫内廳書陵部藏本　原江户時代豐後佐伯藩主毛利高標　太政官文庫等舊藏

【按】首題"工部都水司郎中金學曾編","主事張克文校"。

前有明萬曆元年(1573年)于慎行《序》。

此本係仁孝天皇文政年間(1818—1829年)出雲守毛利高翰獻贈幕府,明治初期歸内閣文庫。明治二十四年(1891年)歸入宫内省圖書寮(即今宫内廳書陵部)。

卷中有"佐伯侯毛利高標字培松藏書畫之印",又有"吴興茅佐卿賞鑒之印"、"秘閣圖書之章"等印記。

洞陽子集十八卷　家集二卷

(明)萬恭撰　金學曾編

明刊本　共十册

内閣文庫藏本

洞陽子十八卷　洞陽子續集七卷　洞陽子再續集十卷　洞陽子箋

(明)萬恭撰

明萬曆年間(1573—1620年)刊本　共十四册

尊經閣文庫藏本　原江户時代加賀藩主前田綱紀舊藏

衡門集十五卷

(明)鄭履淳撰

明刊本　共二十册

内閣文庫藏本　原豐後佐伯藩主毛利高標舊藏

【按】此本係仁孝天皇文政年間(1818—1829年)出雲守毛利高翰獻贈幕府,明治初期歸内閣文庫。

卷中有"佐伯侯毛利高標字培松藏書畫之

印”等印記。

鏡心堂草十六卷　附一卷

(明)陶允宜撰

明刊本　共四册

内閣文庫藏本　原楓山官庫等舊藏

(抑齋)介山集(殘本)十七卷

(明)李愷撰　李慎編

明刊本　共四册

内閣文庫藏本　原楓山官庫等舊藏

【按】是書全本二十四卷。此本係《詩集》八卷,今缺卷一、卷二,實存六卷;又《文集》十六卷,今缺卷四至卷八,實存十一卷。

(李中麓)閑居集十卷

(明)李開先撰

明隆慶年間(1567—1572年)刊本　共二十四册

内閣文庫藏本　原昌平坂學問所等舊藏

天目山債歲編二十八卷

(明)吴維嶽撰

明嘉靖四十三年(1564年)序刊本　共四册

内閣文庫藏本　原豐後佐伯藩主毛利高標舊藏

【按】此本係仁孝天皇文政年間(1818—1829年)出雲守毛利高翰獻贈幕府,明治初期歸内閣文庫。

卷中有“佐伯侯毛利高標字培松藏書畫之印”等印記。

瞿文懿公集十六卷　瞿文懿公制勅稿四卷

(明)瞿景淳撰

明刊本

内閣文庫　尊經閣文庫藏本

【按】内閣文庫藏本,原係昌平坂學問所等舊藏,共六册。

尊經閣文庫藏本,原係江户時代加賀藩主前田綱紀等舊藏,共十册。

【附録】據《商舶載來書目》記載,後桃園天皇安永三年(1774年)中國商船“久字號”載《瞿文懿集》一部一帙抵日本。

(校刻)具茨先生集十四卷　附一卷

(明)王立道撰

明萬曆年間(1818—1829年)刊本　共六册

静嘉堂文庫藏本　原陸心源十萬卷樓等舊藏

【按】此本細目如次:

《詩集》五卷;《文集》八卷;《遺稿》一卷。

【附録】據《商舶載來書目》記載,中御門天皇享保八年(1723年)中國商船“遠字號”載《王具茨集》一部一帙抵日本。

華禮部集八卷

(明)華叔陽撰

明萬曆年間(1573—1620年)刊本　共二册

尊經閣文庫藏本　原江户時代加賀藩主前田綱紀舊藏

方初庵先生集十六卷

(明)方揚撰

明萬曆年間(1573—1620年)刊本　共四册

尊經閣文庫藏本　原江户時代加賀藩主前田綱紀舊藏

孟我疆先生集七卷

(明)孟秋撰

明萬曆年間(1573—1620年)刊本　共六册

尊經閣文庫藏本　原江户時代加賀藩主前田綱紀舊藏

(董學士)泌園集三十七卷　附董黄門稿一卷

(明)董份撰　《附》董道醇撰

明萬曆年間(1573—1620年)刊本　共十二册

静嘉堂文庫藏本　原陸心源守先閣等舊藏

滄溟先生集三十卷　附一卷

(明)李攀龍撰　張弘道　陳廷策校

明隆慶六年(1572年)序刊本

宫内廳書陵部　國會圖書館　内閣文庫　東洋文庫　尊經閣文庫　京都大學人文科學研究所東洋學文獻中心　廣島大學文學部　神户市外國語大學附屬圖書館　國立教育研究所附屬圖書館藏本

【按】宫内廳書陵部藏本,共二十四册。

國會圖書館藏本,原共十六册。現合爲六册。

内閣文庫藏本,共十二册。

東洋文庫藏本,原係藤田豐八等舊藏,共十册。

尊經閣文庫藏本,原係江户時代加賀藩主前田綱紀舊藏,共十六册。

京都大學藏本,共十二册。

廣島大學藏本,共十六册。

教育研究所藏本,共十二册。

【附録】據《商舶載來書目》記載,中御門天皇享保十一年(1726年)中國商船"利字號"載《李滄溟全集》一部一帙抵日本。

桃園天皇寶曆四年(1754年)長崎《舶來書籍大意書》記中國商船"戌字號"所載之漢籍著録此本。其釋文曰:"此係明李于麟所著。輯其古樂府二百二十首、諸體之詩千百七十餘首、諸體之文三百四十餘篇,編爲三十卷。後附時人所撰之祭文、誄文三十篇。此本爲明隆慶六年刊本,一部一帙八册,其中脱紙一張,且有蟲蝕。"

據《外船賫來書目》記載,桃園天皇寶曆九年(1759年)中國商船"七番船"載《滄溟集》五部共十三帙抵日本。

據仁孝天皇天保十五年(1844年)《漢籍發賣投標記録》記載,是年中國商船"巳二番"載《李滄溟全集》一部二十册抵日本。其投標價爲鐵屋九匁一分,永見屋十匁五分,菱屋十二匁。

據《外船書籍原帳》記載,仁孝天皇弘化二年(1845年)中國商船"辰字號"載《李滄溟集》一部抵日本,標價十八匁,爲書商平吉以十匁購得。

日本桃園天皇延享元年(1744年)京都向榮堂山田三郎兵衛等刊印李攀龍撰《補注李滄溟先生文選》四卷,并《附》一卷,由日人山田蘿谷訓讀。此本後有京都廣文堂丸屋清兵衛等重印本,又有京都華文軒加賀屋卯兵衛等重印本。

桃園天皇延享五年(1748年)皇都書林向榮堂山田三郎兵衛、廣文堂圓屋清兵衛刊印李攀龍撰《滄溟先生集》十四卷,并《附》一卷,由日人關世美校。此本後有京都加賀屋(華文軒)卯兵衛、山田三郎兵衛重印本。

滄溟先生集三十卷　附一卷

(明)李攀龍撰

明刊本

宫内廳書陵部　東洋文庫藏本

【按】宫内廳書陵部藏本,共三十二册。

東洋文庫藏本,原係小田切萬壽之助等舊藏,共十六册。

滄溟先生集三十一卷　附一卷　附録補遺一卷

(明)李攀龍撰　楊日賓校

明萬曆二十六年(1598年)重刊本

内閣文庫　静嘉堂文庫　東京大學總合圖書館　酒田市立光丘文庫藏本

【按】内閣文庫藏此同一刊本兩部。一部原係楓山官庫等舊藏,共十册。一部共四册。

静嘉堂文庫藏本,原係陸心源守先閣等舊藏,共六册。

東京大學藏本,共五册。

酒田市立光丘文庫藏本,原係本間光彌等舊藏,共十二册。

滄溟先生集三十二卷

(明)李攀龍撰

明隆慶六年(1572年)序刊本

内閣文庫　静嘉堂文庫藏本

【按】内閣文庫藏本,原係昌平坂學問所等舊藏,共八册。

静嘉堂文庫藏本,原係中村敬宇等舊藏,共十六册。

滄溟先生集三十二卷　目一卷

(明)李攀龍撰

明萬曆二年(1574年)吴興徐中行刊本

宫内廳書陵部　東京大學文學部漢籍中心　京都大學文學部中國語學文學哲學研究室　大谷大學悠然樓　金刀比羅宫圖書館藏本

【按】每半葉有界十行,行二十字。注文小字雙行。白口,左右雙邊(19cm×13.8cm)。版心有刻工姓名,如劉五、李四、王五、陳一、游希臯、曾祐、王三、王成等。

宫内廳書陵部藏本,原係江户時代德山藩主家舊藏,爲三代藩主毛利元次廣收"天下秘籍"之一。東山天皇寶永三年(1706年)《御書物目録》著録此本。明治二十九年(1896年)男爵毛利元功獻贈宫内省圖書寮(即今宫内廳書陵部),卷中有"德藩藏書"印記,共十二册。

東京大學藏本,《序》有缺葉,共十二册。

京都大學藏本。共十二册。

大谷大學藏本,原係大西行禮等舊藏,共十二册。

金刀比羅宫藏本,原係别當金光院等舊藏。

(新刻)滄溟李先生文抄注釋八卷

(明)李攀龍撰　劉夢騶編

明萬曆二十一年(1593年)余南扶刊本　共十二册

内閣文庫藏本　原昌平坂學問所等舊藏

(補注)李滄溟先生文選四卷

(明)李攀龍撰

明刊本

内閣文庫　尊經閣文庫藏本

【按】内閣文庫藏本,原係楓山官庫等舊藏,共四册。

尊經閣文庫藏本,原係江户時代加賀藩主前田綱紀等舊藏,共八册。

【附録】日本櫻町天皇延享年間(1744—1747年)有和刊本《李滄溟先生文選》四卷。此本由中光庭校閲。

桃園天皇寶曆八年(1758年)仙臺源吉甫據延享年間刊本手寫《李滄溟先生文選》四卷。此本現存東北大學附屬圖書館。

白雲樓詩集十二卷

(明)李攀龍撰

明隆慶四年(1570年)跋刊本　共八册

内閣文庫藏本　原楓山官庫等舊藏

甔甀洞稿五十四卷　首二卷

(明)吴國倫撰

明萬曆十二年(1584年)刊本

宫内廳書陵部　國會圖書館　内閣文庫　尊經閣文庫　東京大學東洋文化研究所　大阪府立圖書館藏本

【按】前有胡心得《序》、孫應鰲《序》、許國《序》、王世貞《序》、張鳴鳳《序》等。

宫内廳書陵部藏此同一刊本兩部。一部卷中有"清白人家"、"潮乘軒"、"玉壺秋水"、"可以素饑"、"秘閣圖書之章"等印記,共二十册。一部今缺《首》二卷,卷中有後人寫補,共十六册。

國會圖書館藏本,原共二十册,現合爲十册。

内閣文庫藏本,原係江户時代林氏大學頭家舊藏,共二十册。

尊經閣文庫藏本,原係江户時代加賀藩主前田綱紀舊藏,共二十册。

大阪府立圖書館藏本,共十二册。

(新鍥評林)甔甀洞稿(吴明卿集)二十卷

(明)吴國倫撰　王世貞評　王同軌　方尚質校

明萬曆十六年(1588年)書林清白堂楊新泉刊本

静嘉堂文庫　蓬左文庫藏本

【按】静嘉堂文庫藏本,原係中村敬宇等舊藏,卷中有後人寫補,共十册。

蓬左文庫藏本,原係江户時代尾張藩主家舊藏,共七册。

【附録】據《商舶載來書目》記載,桃園天皇寶曆七年(1757年)中國商船"世字號"載《正續甌甄洞稿》一部四帙抵日本。寶曆八年(1758年)中國商船"多字號"載《甌甄洞稿》一部四帙抵日本。

文堂會稿二卷

(明)朱氏(荆西山人)撰

明隆慶四年(1570年)序刊本　共二册

内閣文庫藏本　原楓山官庫等舊藏

朱邦憲集十五卷　傳一卷

(明)朱察卿撰　沈明臣校

明萬曆六年(1578年)序刊本　共八册

内閣文庫藏本　原豐後佐伯藩主毛利高標舊藏

【按】此本係仁孝天皇文政年間(1818—1829年)出雲守毛利高翰獻贈幕府,明治初期歸内閣文庫。

卷中有"佐伯侯毛利高標字培松藏書畫之印"等印記。

【附録】據《商舶載來書目》記載,光格天皇天明三年(1783年)中國商船"志字號"載《朱邦憲集》一部二帙抵日本。

濟美堂集四卷

(明)吴文華撰　葉向高編

明刊本　共四册

内閣文庫藏本　原楓山官庫等舊藏

絛麓堂集三十四卷

(明)張四維撰

明萬曆二十四年(1596年)序刊本　共二十册

内閣文庫藏本　原楓山官庫等舊藏

蒹葭館詩草(等八種)十八卷

(明)潘之恒撰

明萬曆年間(1573—1620年)刊本　共十册

尊經閣文庫藏本　原江户時代加賀藩主前田綱紀舊藏

【按】此本細目如次:

《蒹葭館詩草初草》一卷;

《蒹葭館詩草續草》二卷;

《白榆社詩草初草》一卷;

《東游詩草初草》一卷;

《東游詩草續草》二卷;

《冶城詩草初草》二卷;

《黍谷詩草初草》二卷;

《涉江詩草》七卷。

涉江詩七卷

(明)潘之恒撰　袁宏道編

明萬曆二十六年(1598年)序刊本　共三册

内閣文庫藏本　原楓山官庫等舊藏

皆非集二卷　附一枝軒吟草一卷

(明)萬達甫撰　《附》萬邦甫撰

明刊本　共一册

内閣文庫藏本　原豐後佐伯藩主毛利高標舊藏

【按】此本係仁孝天皇文政年間(1818—1829年)出雲守毛利高翰獻贈幕府,明治初期歸内閣文庫。

卷中有"佐伯侯毛利高標字培松藏書畫之印"等印記。

滄漚集八卷

(明)張重華撰

明刊本　共四册

内閣文庫藏本　原楓山官庫等舊藏

息機堂稿十卷

(明)方九功撰

明萬曆十年(1582年)序刊本　共二册

内閣文庫藏本　原豐後佐伯藩主毛利高標舊藏

【按】此本係仁孝天皇文政年間(1818—1829年)出雲守毛利高翰獻贈幕府,明治初期歸内閣文庫。

卷中有"佐伯侯毛利高標字培松藏書畫之印"等印記。

馮元成選集八十三卷　目一卷

(明)馮時可撰

明劉雲承刊本

内閣文庫　尊經閣文庫　築波大學附屬圖書館藏本

【按】每半葉有界九行,行十八字。白口,四周單邊。版心鐫"劉雲承刻",并有刻工姓名,如"金"、"蔡"等。

内閣文庫藏本,原係木村蒹葭堂等舊藏,共六十册。

尊經閣文庫藏本,原係江户時代加賀藩主前田綱紀舊藏,共六十册。

築波大學藏本,原係東京教育大學舊藏,今缺卷五十五、卷五十六,共二卷。

馮元成選集二十四卷

(明)馮時可撰

明刊本　共十六册

内閣文庫藏本　原楓山官庫等舊藏

超然樓集十二卷

(明)馮時可撰

明萬曆二十五年(1597年)松陽縣序刊本　共十二册

内閣文庫藏本　原楓山官庫等舊藏

(重刻馮玄岳)巖棲稿十卷

(明)馮時可撰

明刊本　共五册

内閣文庫藏本　原楓山官庫等舊藏

馮玄岳金昌稿十卷

(明)馮時可撰

明萬曆年間(1573—1620年)吴郡馮氏刊本　共八册

蓬左文庫藏本　原江户時代尾張藩主家舊藏

【按】此本係明正天皇寛永六年(1629年)從中國購入。

西征集八卷

(明)馮時可撰

明刊本　共六册

内閣文庫藏本　原昌平坂學問所等舊藏

王稺玉文集八卷

(明)王廣撰　屠龍編

明萬曆三十一年(1603年)序刊本　共四册

内閣文庫藏本　原楓山官庫等舊藏

素園存稿二十卷

(明)方弘静撰

明萬曆三十九年(1611年)序刊本

内閣文庫　尊經閣文庫藏本

【按】内閣文庫藏本,原係楓山官庫等舊藏,共十册。

尊經閣文庫藏本,原係江户時代加賀藩主前田綱紀舊藏,共八册。

王文端公詩集二卷　附尺牘八卷

(明)王家屏撰　傅新德校

明萬曆四十年(1612年)序刊本　共十册

東京大學總合圖書館藏本

復宿山房集四十卷

(明)王家屏撰

明刊本　共二十一册

内閣文庫藏本　京都大學人文科學研究所東洋學文獻中心藏本

【按】内閣文庫藏本,原係楓山官庫等舊藏。

喙鳴文集二十一卷

(明)沈一貫撰

明刊本　共十册

尊經閣文庫藏本　原江户時代加賀藩主前田綱紀等舊藏

喙鳴詩集十八卷

(明)沈一貫撰

明刊本　共六册

内閣文庫藏本　原楓山官庫等舊藏

鐘臺先生文集十二卷　附録一卷

(明)田一儁撰　郭惟清編

明萬曆年間(1573—1620年)刊本　共六册

内閣文庫　尊經閣文庫藏本

【按】卷前有明萬曆二十八年(1600年)《序》。

内閣文庫藏本,原係楓山官庫等舊藏。

尊經閣文庫藏本,原係江户時代加賀藩主前田綱紀等舊藏。

(游參知)藏山集十二卷

(明)游樸撰

明萬曆序刊本

内閣文庫　蓬左文庫舊藏

【按】前有明萬曆四十四年(1616年)陳鳴鶴《序》,又有萬曆四十五年(1617年)張大光《序》。

此本係《游參知詩集》十卷;《游參知文集》二卷。

内閣文庫藏此同一刊本兩部。一部原係楓山官庫等舊藏,共七册。一部原係豐後佐伯藩主毛利高標舊藏,仁孝天皇文政年間(1818—1829年)由出雲守毛利高翰獻贈幕府,明治初期歸内閣文庫。卷中有"佐伯侯毛利高標字培松藏書畫之印"等印記,共六册。

蓬左文庫藏本,原係江户時代德川光友瑞龍院等舊藏,此本今缺《游參知文集》二卷,共三册。

天目先生集二十一卷　首一卷

(明)徐中行撰

明萬曆甲申(1584年)張佳胤浙江刊本

宫内廳書陵部　國會圖書館　東洋文庫　蓬左文庫　尊經閣文庫　静嘉堂文庫　京都大學文學部中國語學文學哲學研究室藏本

【按】前有明人張佳胤《序》、王世貞《序》。又有黎芳《跋》等。

宫内廳書陵部藏此同一刊本三部,皆共十册。其中一部原係閩中鄧道居等舊藏,後歸太政官文庫,再入宫内,卷中有"秘閣圖書之章"印記。

國會圖書館藏本,原共八册,現合爲三册。

東洋文庫藏本,原係藤田豐八等舊藏,共十册。

蓬左文庫藏本,原係江户時代尾張藩主家舊藏,共十册。

尊經閣文庫藏本,原係江户時代加賀藩主前田綱紀舊藏,共五册。

静嘉堂文庫藏此同一刊本兩部。一部原係陸心源十萬卷樓等舊藏,共三册。一部原係中村敬宇等舊藏,共十册。

京都大學藏本,原係狩野直喜舊藏,共十册。

【附録】日本江户時代有徐中行《天目先生集》手寫本一種。

此本原係服部南郭家服部文庫等舊藏。今存卷十一、卷十二兩卷,現存早稻田大學圖書館。

江户時代又有徐中行撰《青蘿館詩》六卷手寫本一種。

此本依據明萬曆三年序刊本而寫定。

貞白全書十卷

(明)馮柯撰

明萬曆年間(1573—1620年)適適山堂刊本　共十册

内閣文庫藏本　原豐後佐伯藩主毛利高標舊藏

【按】此本係仁孝天皇文政年間(1818—1829年)出雲守毛利高翰獻贈幕府。明治初期歸内閣文庫

卷中有"佐伯侯毛利高標字培松藏書畫之印"等印記。

來禽館集二十九卷

(明)邢侗撰

明末刊清代補修本　共十二册

東京大學總合圖書館藏本

【按】此本卷中有清代道光九年(1829年)邢侗七世孫邢慈補修刊葉,又有清代光緒十七年(1891年)其九世孫邢九齡等再修補刊葉。

泲園集五卷

(明)邢侗撰

明天啓四年或五年(1624或1625年)賜緋堂刊本　共五册

内閣文庫藏本　原豐後佐伯藩主毛利高標舊藏

【按】此本係仁孝天皇文政年間(1818—1829年)出雲守毛利高翰獻贈幕府,明治初期歸内閣文庫。

卷中有"佐伯侯毛利高標字培松藏書畫之印"等印記。

適志齋稿十卷

(明)許樂善撰

明天啓五年(1625年)跋刊本　共六册

内閣文庫藏本　原豐後佐伯藩主毛利高標舊藏

【按】此本係仁孝天皇文政年間(1818—1829年)出雲守毛利高翰獻贈幕府,明治初期歸内閣文庫。

卷中有"佐伯侯毛利高標字培松藏書畫之印"等印記。

【附録】據《商舶載來書目》記載,後桃園天皇安永三年(1774年)中國商船"世字號"載《適志齋稿》一部一帙抵日本。

景璧集(李衷一先生文集)十九卷

(明)李光縉撰

明崇禎年間(1628—1644年)刊本

内閣文庫　尊經閣文庫藏本

【按】前有明崇禎十年(1637年)《序》。

内閣文庫藏本,原係楓山官庫等舊藏,共十册。

尊經閣文庫藏本,原係江户時代加賀藩主前田綱紀等舊藏,共十六册。

(刻李衷一先生)清源洞文集六卷

(明)李光縉撰　張瑞圖等校

明萬曆四十一年(1613年)序刊本　共二册

内閣文庫藏本　原豐後佐伯藩主毛利高標舊藏

【按】此本係仁孝天皇文政年間(1818—1829年)出雲守毛利高翰獻贈幕府,明治初期歸内閣文庫。

卷中有"佐伯侯毛利高標字培松藏書畫之印"等印記。

與鹿先生集十二卷

(明)周詩撰

明刊本　共六册

内閣文庫藏本　原昌平坂學問所等舊藏

玄冥子集四卷　續刻一卷

(明)林民止撰

明刊本　共六册

内閣文庫藏本　楓山官庫等舊藏

吉陽先生文録四卷　詩録六卷

(明)何遷撰
明萬曆年間(1573—1620年)刊本　共四册
内閣文庫藏本　原昌平坂學問所等舊藏

四溟山人全集二十四卷

(明)謝榛撰
明萬曆三十二年(1604年)趙府冰玉堂刊本
宫内廳書陵部　國會圖書館　内閣文庫　静嘉堂文庫藏本
【按】宫内廳書陵部藏本,共十六册
國會圖書館藏本,共八册。
内閣文庫藏本,今缺卷二十一至卷二十四,實存二十卷。卷中有後人寫補,共九册。
静嘉堂文庫藏本,原係陸心源守先閣等舊藏,共十册。
【附録】日本桃園天皇寶曆四年(1754年)長崎《舶來書籍大意書》記中國商船"戌字號"所載之漢籍著録此本。其釋文曰:"此本係明人謝茂榛所著。輯其諸體之詩二千三百四十餘首,又録詩家直説四百十餘條,編爲二十四卷。此本一部二帙十六册,卷中有朱點、藍點,脱紙一張。"
日本桃園天皇寶曆十二年(1762年)京都竹苞樓佐佐木惣四郎、興文閣小川源兵衛刊印謝榛撰《謝茂榛山人詩集》五卷,由日人龍公美删定,平信美校。此本有平安(京都)鵜鶘惣四郎重印本。

四溟山人全集六卷

(明)謝榛撰
明刊本　共一册
京都大學附屬圖書館藏本

四溟山人詩十卷　詩家直説二卷

(明)謝榛撰
明萬曆四十年(1612年)知臨清州事盛以進刊本　共十二册
東洋文庫藏本　原小田切萬壽之助等舊藏

己寬堂集十二卷

(明)陳鎏撰　錢允治等校
明萬曆四十年(1612年)序刊本　共七册
内閣文庫藏本　原昌平坂學問所等舊藏
【附録】桃園天皇寶曆四年(1754年)長崎港《舶來書籍大意書》著録此本,其釋文曰:"《己寬堂集》係明人陳子兼著。輯録其諸體之文百九十餘篇,編次爲十二卷,明萬曆四十年刊印。"并注明:"一部一帙八册,内脱紙七張。"

己寬堂集十二卷

(明)陳鎏撰
明萬曆年間(1573—1620年)刊本　共六册
尊經閣文庫藏本　原江户時代加賀藩主前田綱紀等舊藏

瀟湘編二卷

(明)王叔承撰
明萬曆十二年(1584年)序刊本　共一册
東洋文庫藏本

王仲山先生詩選九卷

(明)王問撰
明萬曆十年(1582年)序刊本　共四册
東洋文庫藏本　原藤田豐八等舊藏

(曹太史)含齋先生文集十六卷　首一卷

(明)曹大章撰　王鍵等校
明萬曆二十八年(1600年)序刊本　共八册
内閣文庫藏本　原豐後佐伯藩主毛利高標舊藏
【按】此本係仁孝天皇文政年間(1818—1829年)出雲守毛利高翰獻贈幕府,明治初期歸内閣文庫。
卷中有"佐伯侯毛利高標字培松藏書畫之印"等印記。

(曹太史)含齋先生文集十二卷

(明)曹大章撰
明末刊本　共十二册
内閣文庫藏本　原昌平坂學問所等舊藏

趙文肅公文集二十三卷

(明)趙貞吉撰
明萬曆十四年(1586年)序刊本　共十册
内閣文庫　尊經閣文庫藏本
【按】内閣文庫藏本,原係昌平坂學問所等舊藏。
尊經閣文庫藏本,原係江户時代加賀藩主前田綱紀等舊藏。

趙文肅公文集二十三卷

(明)趙貞吉撰
明刊本　共十册
内閣文庫藏本　原楓山官庫等舊藏

趙文肅公集四卷

(明)趙貞吉撰　李贄評
明刊本　共二册
内閣文庫藏本　原江户時代林羅山舊藏
【按】卷中有"江雲渭樹"印記。

高文襄公集(殘本)四十三卷

(明)高拱撰
明萬曆四十二年(1614年)序刊本　共二十册
内閣文庫藏本　原昌平坂學問所等舊藏

朱太復文集五十二卷

(明)朱長春撰
明萬曆年間(1573—1620年)刊本　共六册
静嘉堂文庫藏本　原陸心源守先閣等舊藏

陸莊簡公遺稿九卷

(明)陸光祖撰
明崇禎年間(1628—1644年)刊本　共八册
尊經閣文庫藏本　原江户時代加賀藩主前田綱紀舊藏

(重刻)三渠先生集十六卷　附一卷

(明)王用賓撰
明天啓二年(1622年)序刊本　共八册
内閣文庫藏本　原楓山官庫等舊藏

仲蔚先生集二十四卷　附一卷

(明)俞允文撰
明萬曆十年(1582年)序刊本　共八册
宫内廳書陵部　内閣文庫　東洋文庫　尊經閣文庫藏本
【按】前有王世貞《序》,顧紹《序》。後有程善庭《跋》,張文柱《跋》等。
宫内廳書陵部藏本,卷中有"王業浩印"印記,又有"秘閣圖書之章"印記,係《御書籍來歷志》著録本。
内閣文庫藏本,原係昌平坂學問所等舊藏。
東洋文庫藏本,原係藤田豐八等舊藏。
尊經閣文庫藏本,原係江户時代加賀藩主前田綱紀等舊藏。

蛣蜣集八卷

(明)鄭若庸撰
明隆慶年間(1567—1572年)刊本　共八册
尊經閣文庫藏本　原江户時代加賀藩主前田綱紀舊藏

梅花擊缶集一卷

(明)何司明撰
明隆慶二年(1568年)閩施觀民刊藍印本　共一册
蓬左文庫藏本　原江户時代大將軍德川家康等舊藏
【按】此本稱"駿河御讓本",原係江户時代第一代幕府大將軍德川家康舊藏,後贈與尾張藩主家。

卷中有“御本”印記。

仕學集八卷

(明)徐栻撰
明萬曆年間(1573—1620年)刊本　共四册
静嘉堂文庫藏本　原陸心源守先閣等舊藏

陸文定公集二十六卷

(明)陸樹聲撰
明萬曆年間(1573—1620年)刊本　共十册
尊經閣文庫藏本　原江户時代加賀藩主前田綱紀舊藏

正氣堂集十六卷　附録十五卷

(明)俞大猷撰　李杜編
明嘉靖年間(1522—1566年)刊本
内閣文庫　蓬左文庫藏本
【按】内閣文庫藏本,原係楓山官庫等舊藏。此本附録爲《餘集》五卷;《續集》七卷;《征剿古田事略》一卷;《鎮閩議稿》一卷;《征蠻將軍都督虚江俞公功行紀》一卷,共十五卷,共十册。
蓬左文庫藏本,原係江户時代幕府第一代大將軍德川家康舊藏,後贈其子尾張藩主家。卷中有“御本”、“尾陽内庫”印記。此本附録爲《餘集》五卷;《續集》七卷;《首》一卷;《末》二卷,共十四卷,共十二册。
【附録】據《商舶載來書目》記載,後桃園天皇安永三年(1774年)中國商船“世字號”載《正氣堂集》一部一帙抵日本。
日本江户時代有俞大猷撰《正氣堂集》十六卷并《餘集》四卷手寫本一種,此本原共二十册,現合爲十册。現存國會圖書館。

潘笠江先生集十二卷　笠江先生近稿十二卷　附集一卷

(明)潘恩撰　聶叔頤編
明萬曆年間(1573—1620年)刊本
内閣文庫藏本
【按】内閣文庫藏此同一刊本兩部。一部原係昌平坂學問所等舊藏,共十二册。一部原係楓山官庫等舊藏,此本今缺《笠江近稿》十二卷及《附集》一卷,共六册。

笠江近稿五卷

(明)潘恩撰
明刊本　共五册
内閣文庫藏本　原楓山官庫等舊藏

(新刻)張太岳先生集(江陵張文忠公全集)四十七卷

(明)張居正撰　雷思霈等校
明萬曆四十年(1612年)序繡谷唐氏刊本
宫内廳書陵部　國會圖書館　内閣文庫　東洋文庫　尊經閣文庫　東京大學東洋文化研究所　早稻田大學圖書館藏本
【按】此本細目如次:
《張太岳先生詩集》六卷;《張太岳先生文集》四十卷;《太師張文忠公行實》一卷。
宫内廳書陵部藏本,共十二册。
國會圖書館藏此同一刊本兩部。一部共二十四册;一部今缺卷二十四,實存四十六卷,共四十九册。
内閣文庫藏此同一刊本兩部。一部原係山本北山舊藏,後歸昌平坂學問所,共二十册。一部原係楓山官庫等舊藏,共八册。
東洋文庫藏此同一刊本兩部。一部原係藤田豐八等舊藏,今缺卷二十八、卷二十九,凡二卷,實存四十五卷,共十七册。一部共十六册。
尊經閣文庫藏本,原係江户時代加賀藩主前田綱紀舊藏,共十二册。
早稻田大學圖書館藏本,原係清水泰次家清水文庫等舊藏,共十六册。
【附録】據《商舶載來書目》記載,東山天皇寶永五年(1708年)中國商船“智字號”載《張太岳先生文集》一部二十四册抵日本。

山家語一卷　泛泖吟一卷

(明)周履靖撰　茅坤評

明刊本　共一册
内閣文庫藏本　原昌平坂學問所等舊藏

白雲集七卷　補一卷

(明)陳昂撰
明天啓五年(1625年)跋刊本　共四册
内閣文庫藏本　原楓山官庫等舊藏

下里謡二卷

(明)林尚瓊撰
明萬曆十年(1582年)序刊本　共一册
内閣文庫藏本　原楓山官庫等舊藏

觀頤先生集二十卷

(明)沈稠撰
明萬曆年間(1573—1620年)刊本　共五册
静嘉堂文庫藏本　原陸心源守先閣等舊藏

覆瓿草六卷

(明)林烴撰　胡應麟校
明萬曆二十五年(1597年)序刊本　共二册
内閣文庫藏本　原楓山官庫等舊藏

二酉園詩集十二卷　文集十四卷

(明)陳文燭撰
明萬曆十六年(1588年)序刊本　共十四册
内閣文庫藏本　原楓山官庫等舊藏

趙忠毅公詩文集二十四卷

(明)趙南星撰　姜大受校
明崇禎十一年(1638年)吴橋范景文刊本　共十六册
東洋文庫　静嘉堂文庫藏本
【按】静嘉堂文庫藏本,原係陸心源十萬卷樓等舊藏。

何文毅公全集十卷

(明)何宗彦撰
明崇禎年間(1628—1644年)刊本　共七册
尊經閣文庫藏本　原江户時代加賀藩主前田綱紀舊藏

長梧集(不分卷)

(明)陳翼飛撰
明刊本　共七册
蓬左文庫藏本　原江户時代尾張藩主家舊藏

東越證學録二十卷

(明)周汝登撰
明萬曆年間(1573—1620年)刊本　共八册
尊經閣文庫藏本　原江户時代加賀藩主前田綱紀舊藏

梅雪軒詩稿四卷

(明)朱敬鑑撰
明萬曆四十二年(1614年)朱氏刊本　共一册
東洋文庫藏本　原藤田豐八等舊藏

方衆甫集十四卷

(明)方應選撰
明萬曆年間(1573—1620年)刊本　共八册
尊經閣文庫藏本　原江户時代加賀藩主前田綱紀舊藏

雪濤閣集十四卷

(明)江盈科撰
明萬曆年間(1573—1620年)刊本　共十册
尊經閣文庫藏本　原江户時代加賀藩主前田綱紀舊藏

大霞來集二十卷

(明)杜文焕撰
明天啓年間(1621—1627年)刊本　共四册
尊經閣文庫藏本　原江户時代加賀藩主前田綱紀舊藏

蕢言(殘本)三卷

(明)余懋孳撰
明萬曆三十七年(1609年)序刊本
東京大學東洋文化研究所藏本　原大木幹一等舊藏
【按】是書全本六卷。此本今缺卷第三、卷第五、卷第六,實存三卷。

言事紀略六卷

(明)李植撰
明刊本　共六册
尊經閣文庫藏本　原江户時代加賀藩主前田綱紀舊藏

薇天集二卷

(明)姚希孟撰
明崇禎年間(1628—1644年)刊本　共二册
尊經閣文庫藏本　原江户時代加賀藩主前田綱紀舊藏

薇天集二卷

(明)姚希孟撰
明大隱堂刊本　共二册
内閣文庫藏本　原楓山官庫等舊藏

來恩堂草(姚承庵文集)十六卷

(明)姚舜牧撰
明萬曆四十一年(1613年)序刊本　共六册
東洋文庫藏本　原藤田豐八等舊藏

江州餘草四卷

(明)于孔兼撰
明萬曆年間(1573—1620年)刊本　共五册
尊經閣文庫藏本　原江户時代加賀藩主前田綱紀等舊藏

(新刻)程凝之先生白蓮汼集十五卷

(明)程德良撰　倪斯蕙等選評
明萬曆年間(1573—1620年)刊本　共五册
尊經閣文庫藏本　原江户時代加賀藩主前田綱紀舊藏

鄧文潔公佚稿十卷

(明)鄧以讚撰　涂宗濬等編
明刊本　共五册
内閣文庫藏本　原楓山官庫等舊藏

鄧定宇先生文集四卷

(明)鄧以讚撰
明刊本　共六册
尊經閣文庫藏本　原江户時代加賀藩主前田綱紀舊藏

鄧定宇先生文集六卷

(明)鄧以贊撰
明萬曆三十一年(1603年)序刊本　共二册
内閣文庫藏本　原江户時代豐後佐伯藩主毛利高標舊藏
【按】此本係日本仁孝天皇文政年間(1818—1829年)出雲守毛利高翰獻贈幕府,明治初期歸内閣文庫。
卷中有"佐伯侯毛利高標字培松藏書畫之印"等印記。

山居詩稿十五卷　山居文稿十卷

(明)喻均撰
明萬曆年間(1573—1620年)刊本　共六册
尊經閣文庫藏本　原江户時代加賀藩主前田綱紀舊藏

圜中草二卷

(明)程大約撰
明萬曆二十七年(1599年)序刊本　共二册
内閣文庫藏本　原楓山官庫等舊藏

玉恩堂集十卷

(明)林景暘撰　許樂善等校

明萬曆三十五年(1607年)序刊本
內閣文庫　尊經閣文庫藏本
【按】內閣文庫藏本,原係楓山官庫等舊藏,共四册。
尊經閣文庫藏本,原係江户時代加賀藩主前田綱紀舊藏,共五册。

問雲館集三十一卷

(明)張位撰
明刊本　共十册
內閣文庫藏本　原豐後佐伯藩主毛利高標舊藏
【按】此本係仁孝天皇文政年間(1818—1829年)出雲守毛利高翰獻贈幕府,明治初期歸內閣文庫。
卷中有"佐伯侯毛利高標字培松藏書畫之印"等印記。

郊居遺稿十卷

(明)沈懋學撰
明萬曆年間(1573—1620年)刊本　共六册
尊經閣文庫藏本　原江户時代加賀藩主前田綱紀舊藏

錢麓屏先生遺集八卷

(明)錢士鰲撰
明萬曆年間(1573—1620年)刊本　共四册
静嘉堂文庫藏本　原小越幸助等舊藏

人瑞翁詩集十二卷

(明)林春澤撰　林應亮編
明萬曆八年(1580年)序刊本　共四册
內閣文庫藏本　原豐後佐伯藩主毛利高標舊藏
【按】此本係仁孝天皇文政年間(1818—1829年)出雲守毛利高翰獻贈幕府,明治初期歸內閣文庫。
卷中有"佐伯侯毛利高標字培松藏書畫之印"等印記。

龍谿王先生全集二十卷

(明)王畿撰(字汝仲)　張元益等編
明萬曆十六年(1588年)刊本　共二十册
宮內廳書陵部藏本
【附録】據《商舶載來書目》記載,後櫻町天皇明和元年(1764年)中國商船"和字號"載《王龍谿語録鈔》一部一帙抵日本。
據《外船書籍原帳》記載,仁孝天皇天保十二年(1841年)中國商船"子二番"(船主王雲)載《王龍谿全集》四部(每部各二帙)抵日本。
日本後西天皇與靈元天皇寬文年間(1661—1672年)刊印明人王畿撰《龍谿王先生全集》二十卷并《末》一卷。此本由明人丁賓編,黄承玄,張汝霖校。

龍谿王先生全集二十卷　大象義述一卷　附一卷

(明)王畿撰
明萬曆四十七年(1619的)序刊本　共十册
內閣文庫藏本　原江户時代林氏大學頭家舊藏

龍谿全集二十卷

(明)王畿撰　王應吉等編
明萬曆年間(1573—1620年)刊本　共四册
宮內廳書陵部藏本

龍谿王先生全集二十二卷

(明)王畿撰　丁賓編
明萬曆十六年(1588年)序刊本
尊經閣文庫　東京大學東洋文化研究所　東北大學附屬圖書館藏本
【按】尊經閣文庫藏本,原係江户時代加賀藩主前田綱紀等舊藏,共十二册。
東京大學藏本,共十册。
東北大學藏本,共十册。

(卓吾先生批評)龍谿王先生語録鈔八卷

(明)王畿撰　李贄批評
明萬曆年間(1573—1620年)刊本　共四册
静嘉堂文庫藏本　原中村敬宇等舊藏

樗全集六卷

(明)王畿撰
明刊本　共六册
尊經閣文庫藏本　原江户時代加賀藩主前田綱紀舊藏

世經堂集二十六卷　目一卷

(明)徐階撰
明刊本
宫内廳書陵部　内閣文庫　東洋文庫　尊經閣文庫藏本
【按】宫内廳書陵部藏本,共八册。
内閣文庫藏本,原係昌平坂學問所等舊藏,共十四册。
東洋文庫藏本,共二十册。
尊經閣文庫藏本,原係江户時代加賀藩主前田綱紀等舊藏,共十四册。
【附録】據《商舶載來書目》記載,後櫻町天皇明和元年(1764年)中國商船"世字號"載《世經堂集》一部二帙抵日本。

少湖先生文集七卷

(明)徐階撰
明嘉靖年間(1522—1566年)延平刊本　共四册
内閣文庫　蓬左文庫　尊經閣文庫藏本
【按】前有明嘉靖十三年(1534年)張貢《序》。
内閣文庫藏本,原係昌平坂學問所等舊藏。
蓬左文庫藏本,原係江户時代尾張藩主家舊藏。此本係日本明正天皇寛永六年(1629年)從中國購入,卷中有"尾張内庫"印記等。
尊經閣文庫藏本,原係江户時代加賀藩主前田綱紀舊藏,共六册。

少湖先生文集七卷

(明)徐階撰
明嘉靖年間(1522—1566年)東萊宿氏刊本　共四册
早稻田大學圖書館藏本
【按】前有明嘉靖三十六年(1557年)《序》。

(重刊)存翁先生文集七卷　(續刊)存翁先生文集二卷

(明)徐階撰
明嘉靖年間(1522—1566年)刊本　共三册
尊經閣文庫藏本　原江户時代加賀藩主前田綱紀舊藏

嚴文靖公集十二卷

(明)嚴訥撰
明萬曆年間(1573—1620年)刊本
内閣文庫　尊經閣文庫藏本
【按】内閣文庫藏本,原係昌平坂學問所等舊藏,共六册。
尊經閣文庫藏本,原係江户時代加賀藩主前田綱紀舊藏,共四册。

交翠軒佚稿六卷

(明)周子義撰　周炳謨校
明刊本　共四册
内閣文庫藏本　原楓山官庫等舊藏

備忘集十卷

(明)海瑞撰
明萬曆年間(1573—1620年)海邁刊本　共六册
京都大學附屬圖書館藏本

海忠介文集十卷

(明)海瑞撰
明刊本　共八册

尊經閣文庫藏本　原江户時代加賀藩主前田綱紀舊藏

海忠介文集八卷

(明)海瑞撰
明崇禎六年(1633年)序刊本　共四册
内閣文庫藏本　原楓山官庫等舊藏

海忠介公文集七卷　海忠介公傳二卷

(明)海瑞撰
明崇禎年間(1628—1644年)刊本　共二册
静嘉堂文庫藏本　原陸心源守先閣等舊藏

叢青軒集六卷

(明)許獬撰
明萬曆庚辰(1580年)許氏刊本　共四册
宫内廳書陵部藏本
【按】前有體國甫《序》、李光縉《序》,又有季男許鏞《序》。
許鏞《序》中叙此集編撰經緯曰:"曩曾付欹劂氏有三集,一曰《九九草》;一曰《存笥草》;一曰《詩文集》。兹以集板漸秃,無可應求,乃白之諸父伯兄,鳩工重鐫,因而搜增一二雜作,先成詩文一册,名曰《叢青軒集》。"
卷中有"王業浩印"等印記。

叢青軒集六卷

(明)許獬撰　許鸞等校
明刊本　共四册
宫内廳書陵部藏本

楓潭集鈔二卷　又一卷　文鈔二卷　附三卷

(明)萬廬愷撰　徐良傅編
明竹坡齋刊本　共七册
内閣文庫藏本　原昌平坂學問所等舊藏

菊山詩稿十五卷

(明)黄伯善撰　黄汝良校
明萬曆二十五年(1597年)跋刊本　共十册
内閣文庫藏本　原楓山官庫等舊藏

王奉常集六十九卷　目録五卷

(明)王世懋撰
明萬曆八年(1580年)刊本　共十三册
關西大學附屬圖書館藏本　原江户時代藤澤東畡等三世四代泊園書院舊藏
【按】此本係《詩部》十五卷、《目》三卷;《文部》五十四卷、《目》二卷。
【附録】據《商舶載來書目》記載,後桃園天皇安永三年(1774年)中國商船"和字號"載《王世懋集》一部一帙抵日本。光格天皇天明三年(1783年)中國商船"和字號"又載《王奉常集》一部四帙抵日本。

王奉常集六十九卷

(明)王世懋撰
明萬曆十七年(1586年)吴郡王氏刊本
東洋文庫　静嘉堂文庫　尊經閣文庫藏本
【按】此本係《王奉常集賦詩部》十五卷、《王奉常集文部》五十四卷。
東洋文庫藏本,共三十册。
静嘉堂文庫藏本,原係陸心源十萬卷樓等舊藏,共十二册。
尊經閣文庫藏此同一刊本兩部。皆係原江户時代加賀藩主前田綱紀舊藏。一部共十四册;一部共二十五册。

王奉常集二十三卷

(明)王世懋撰
明萬曆年間(1573—1620年)刊本　共七册
静嘉堂文庫藏本　原中村敬宇等舊藏

王奉常集(詩部)十五卷

(明)王世懋撰
明刊本　共五册
内閣文庫藏本　原楓山官庫等舊藏
【附録】日本江户時代有王世懋《王常奉集》十五卷寫本一種。此本現存國立公文書館内閣文庫。

(張陽和先生)不二齋文選七卷

(明)張元忭撰　鄒元標編

明萬曆三十一年(1603年)序刊本　共六册

内閣文庫　尊經閣文庫藏本

【按】内閣文庫藏本,原係楓山官庫等舊藏。

尊經閣文庫藏本,原係江户時代加賀藩主前田綱紀等舊藏。

張陽和集三卷

(明)張元忭撰

明刊本　共三册

關西大學附屬圖書館藏本　原江户時代藤澤東畡三世四代泊園書院舊藏

(刻毅齋查先生)闡道集十卷　附一卷

(明)查鐸撰

明萬曆三十七年(1609年)序刊本　共五册

内閣文庫藏本　原昌平坂學問所等舊藏

弇州山人四部稿一百七十四卷　目十二卷　續稿二百七卷　目十卷

(明)王世貞撰

明萬曆年間(1573—1620年)刊本

宫内廳書陵部　京都大學附屬圖書館藏本

【按】宫内廳書陵部藏本,共八十册。

京都大學藏本,共一百十八册。

【附録】桃園天皇寶曆四年(1754年)長崎《舶來書籍大意書》記中國商船"戌字號"所載之漢籍著録此本。其釋文曰:"此係明王世貞所著。輯其賦二十餘首、諸體之詩五千七十餘首、諸體之文千四百五十餘篇、説四十餘篇千九百九十餘條,編爲《正稿》百七十四卷。又輯其賦八篇、諸體之詩二千三百五十餘首、諸體之文三百八十餘篇,編爲《續稿》二百七卷。此本爲古本,《正編》脱紙十張,《續編》脱紙六張。"

據《商舶載來書目》記載,中御門天皇享保十年(1715年)中國商船"江字號"載《弇州山人四部稿》一部八帙抵日本。享保十一年(1716年)中國商船"江字號"載《弇州正續稿》一部十二帙抵日本。同年,中國商船"世字號"載《正續弇州四部稿》一部八帙抵日本。

據桃園天皇寬延四年(1751年)《午七番船同九番船同十番船持渡書物覺書》記載,是年,中國商船"午字號"載《弇州山人四部稿》二部(一部凡四十册;一部凡六十册)抵日本。

據《外船賫來書目》記載,桃園天皇寶曆九年(1759年)中國商船"一番船"載《四部稿》一部六帙抵日本。同年,中國商船"七番船"載《四部稿》一部六帙、"十番船"載《弇州四部稿》二部共四十帙共抵日本。

日本江户時代有明人王世貞《弇州山人四部稿》一百七十四卷日人手寫本一種。此本現存大阪府立圖書館。

中御門天皇享保二十一年(1736年)京都文林堂中川茂兵衛刊印王世貞撰《弇園咏物詩(四部稿)》。

櫻町天皇寬保二年(1742年)須原屋茂兵衛刊印王世貞撰《弇園摘芳》三卷。

櫻町天皇延享五年(1748年)京都博文堂田中市兵衛刊印王世貞撰《弇州山人四部稿選》八卷,由日人芥川丹丘(焕)校。此本後有大阪嘉響堂上田卯兵衛等重印本。

同年,大阪玉笥堂丹波屋刊印王世貞撰《弇園詩集》八卷,由日人菅沼攀髯(玉屋)校點。

弇州山人四部稿一百七十四卷　目十二卷　續稿二百七卷　目十卷

(明)王世貞撰

明崇禎年間(1628—1644年)刊本　共一百册

宫内廳書陵部　慶應義塾大學附屬圖書館藏本

【按】《四部稿》每半葉有界十行,行二十字。白口,四周雙邊(17.9cm×16.2cm)。版心上刻"弇州山人稿",下記卷數、葉數,末記"世經堂刻"。

《續稿》每半葉有界十行,行二十字。白口,左右雙邊(21.5cm×13.8cm)。版心上刻"弇州山人續稿",下記卷數、葉數。

《四部稿》卷首有明萬曆五年(1577年)汪道昆《序》。《續稿》卷前有王錫爵《序》,又有劉鳳《序》。

宮内廳書陵部藏本,共一百册。

慶應大學藏本,原係江户時代播磨儒者赤松滄洲舊藏,共一百四册。

弇州山人四部稿一百七十四卷　目十二卷

(明)王世貞撰

明萬曆五年(1577年)序世經堂刊本

宮内廳書陵部　東洋文庫　静嘉堂文庫　尊經閣文庫　東京大學　京都大學人文科學研究所東洋學文獻中心　東北大學附屬圖書館　築波大學附屬圖書館　滋賀大學附屬圖書館　早稻田大學圖書館　關西大學附屬圖書館泊園文庫　大谷大學附屬圖書館　大阪府立圖書館藏本

【按】每半葉有界十行,行二十字。注文小字雙行。白口,四周雙邊(21.2cm×14.8cm)。版心鎸有"經世堂",并有刻工姓名。

前有明萬曆五年(1577年)汪道昆《序》。

此本細目如次:

卷一卷二　《賦部》;

卷三至卷五十四　《詩部》;

卷五十五至卷一百三十八　《文部》;

卷一百三十九　《札記内篇》;

卷一百四十　《札記外篇》;

卷一百四十一　《左逸》;

卷一百四十二卷一百四十三　《短長》;

卷一百四十四至一百五十五　《藝苑巵言》;

卷一百五十六至一百七十四　《宛委餘編》。

宮内廳書陵部藏本,原係江户時代德山藩三代主毛利元次廣收"天下秘籍"之一,東山天皇寶永三年(1706年)《御書物目録》著録此本,卷中有後人寫補,明治二十九年(1896年)男爵毛利元功獻贈宮内省圖書寮(即今宮内廳書陵部),卷中有"德藩藏書"、"明倫館印"等印記,共五十六册。

東洋文庫藏此同一刊本兩部。一部原係小田切萬壽之助等舊藏,共四十册。一部原係藤田豐八等舊藏,共三十册。

静嘉堂文庫藏此同一刊本兩部。一部原係中村敬宇等舊藏,共四十册。一部原係陸心源十萬卷樓等舊藏,共三十册。

尊經閣文庫藏本,原係江户時代加賀藩主前田綱紀等舊藏,共六十二册。

東京大學藏此同一刊本三部。一部現存東洋文化研究所,此本係一百八十卷。一部現存文學部漢籍中心,此本今存卷第一百五十五至卷第一百七十四,共二十卷,共五册。一部現存總合圖書館,原係紀州德川家南葵文庫舊藏,共五十二册。

京都大學藏本,共三十一册。

東北大學藏本,原係狩野亨吉等舊藏,共六十册。

築波大學藏本,原係東京教育大學舊藏,共六十册。

滋賀大學藏本,《目録》卷一係後人寫補,共八十一册。

早稻田大學圖書館藏本,共四十册。

關西大學藏本,原係江户時代藤澤東畡、藤澤南陽、藤澤黄鵠、藤澤黄坡三世四代舊藏,共四十八册。

大谷大學藏本,原係神田鬯庵(喜一郎)舊藏。1984年(昭和五十九年)神田氏家族捐贈大谷大學,共四十册。

大阪府立圖書館藏本,共六十册。

弇州山人續稿二百七卷　目録十卷

(明)王世貞撰

明萬曆年間(1573—1620年)刊本

宮内廳書陵部　國會圖書館　東洋文庫　静嘉堂文庫　尊經閣文庫　東京大學　京都大學人文科學研究所東洋學文獻中心　東北

大學附屬圖書館　築波大學附屬圖書館　關西大學附屬圖書館泊園文庫　大谷大學附屬圖書館　御茶之水圖書　大阪府立圖書館藏本

【按】每半葉有界十行,行二十字。白口,左右雙邊。

宫内廳書陵部藏本,共三十六册。

國會圖書館藏本,原共七十二册,現合爲三十三册。

東洋文庫藏本,原係小田切萬壽之助等舊藏,共八十册。

静嘉堂文庫藏此同一刊本兩部。一部原係陸心源十萬卷樓等舊藏,今缺卷九,實存二百六卷,共三十六册。一部今缺卷九十四、卷九十六,實存二百五卷,卷中有後人寫補,共八十四册。

尊經閣文庫藏本,原係江户時代加賀藩主前田綱紀等舊藏共三十七册。

東京大學藏此同一刊本兩部。一部現存東洋文化研究所。一部現存總合圖書館,原係紀州德川家南葵文庫舊藏,共五十六册。

京都大學藏本,共五十册。

東北大學藏此同一刊本兩部。一部原係狩野亨吉等舊藏,共七十二册。一部共四十四册。

築波大學藏本,原係江户時代太田南畝、伊藤蘭嵎等舊藏,後歸東京教育大學。卷中有"房山樓圖書記"、"南畝文庫"、"烟霞堂圖書記"、"長堅"、"清興之印"、"成卿"等印記,共六十八册。

關西大學藏本,原係江户時代藤澤東畡、藤澤南陽、藤澤黄鵠、藤澤黄坡三世四代舊藏,共四十八册。

大谷大學藏本,原係神田鬯庵(喜一郎)舊藏。1984年(昭和五十九年)神田氏家族捐贈大谷大學,共四十册。

御茶之水圖書館藏本,原係朝鮮讀者舊藏,後歸德富蘇峰所有。此本卷首有明治四十二年(1909年)德富蘇峰手識本,共四十八册。

大阪府立圖書館藏本,今存卷第一至卷第一百六十,實存凡一百六十卷,缺逸凡四十七卷,共六十册。

【附録】據《商舶載來書目》記載,後桃園天皇安永三年(1774年)中國商船"江字號"載《弇州山人續稿》一部八帙抵日本。

弇州山人四部稿目録十二卷

(明)王世貞撰

明刊本　共四册

宫内廳書陵部藏本

弇州山人四部稿選十六卷

(明)王世貞撰　沈一貫選

明萬曆年間(1573—1620年)西湖劉炯刊本

蓬左文庫　築波大學附屬圖書館　大阪大學文學部懷德堂藏本

【按】每半葉有界十行,行二十一字。白口,四周單邊。

《序》後有"書林　西湖　劉炯梓行"一行。

此本細目如次:

《賦部》一卷;《詩部》四卷;《説部》五卷;《文部》六卷,共十六卷。

蓬左文庫藏本,原係江户時代尾張藩主家舊藏。此本係明正天皇寬永十二年(1635年)種村肖推寺進獻尾張藩主家本。卷中有"尾陽内庫"印記,共十六册。

築波大學藏本,原係東京教育大學舊藏,卷中有"明霞館圖書記"等印記,共十六册。

大阪大學文學部懷德堂藏本,原係大阪懷德堂等舊藏,共十册。

【附録】日本桃園天皇寶曆四年(1754年)長崎《舶來書籍大意書》記中國商船"戌字號"所載之漢籍著録此本。其釋文曰:"此係明人沈一貫從王世貞所著《四部稿》内選其賦二十餘篇、諸體之詩七百三十餘首、諸體之文百八十餘篇、説六百四十餘條,編爲十六卷。此本爲一部一帙八册,其中脱紙一張。"

櫻町天皇延享五年(1748年)京都田中(丸

屋)市兵衛刊印王世貞撰沈一貫選《弇州山人四部稿選》八卷。

弇州山人續稿選(殘本)二十七卷

(明)王世貞撰　顧起元編

明刊本　共十二册

内閣文庫藏本

【按】是書全本三十八卷。此本今缺卷一至卷六、卷三十四至卷三十八,共十一卷,實存二十七卷。

弇州山人文抄十二卷

(明)王世貞撰　陸弘祚校

明萬曆八年(1580年)序刊本

内閣文庫　國學院大學附屬圖書館梧陰文庫藏本

【按】内閣文庫藏此同一刊本兩部。一部原係楓山官庫等舊藏,共四册。一部原係昌平坂學問所等舊藏,今缺卷九,實存十一卷,共十一册。

國學院大學藏本,原係井上毅(梧蔭)等舊藏,共十二册。

弇州山人讀書後八卷

(明)王世貞撰　王士騄校

明刊本

内閣文庫　静嘉堂文庫　東京大學東洋文化研究所藏本

【按】内閣文庫藏本,原係楓山官庫等舊藏,共四册。

静嘉堂文庫藏本,原係陸心源十萬卷樓等舊藏,共二册。

東京大學藏本,共八册。

【附録】日本江户時代有王世貞撰《弇州山人讀書後》八卷寫本一種,係江村北海手寫。此本現存東北大學附屬圖書館。

江户時代又有王世貞撰《弇州山人讀書後》八卷寫本一種,係服部元夫手寫。此本現存早稻田大學圖書館。

江户時代又有江源閣、菱花軒用木活字版刊印王世貞撰、陳繼儒編《弇州山人讀書後》四卷。此本後有江户植村藤三郎重印本。

(新鍥會元湯先生評林)弇州文選四卷

(明)王世貞撰　湯賓尹編

明萬曆年間(1573—1620年)芝城詹聖澤刊本　共二册

東京大學總合圖書館藏本

鳳洲筆記二十四卷　後集四卷　續集四卷

(明)王世貞撰

明隆慶年間(1567—1572年)刊本　共十六册

内閣文庫藏本　原楓山官庫等舊藏

(重鍥)鳳洲王先生文抄注釋四卷

(明)王世貞撰　李維楨注釋

明萬曆年間(1573—1620年)刊本　共四册

内閣文庫藏本　原昌平坂學問所等舊藏

王元美先生文選二十六卷

(明)王世貞撰　喬時敏編

明萬曆年間(1573—1620年)刊本　共十册

静嘉堂文庫藏本

【附録】據《商舶載來書目》記載,後櫻町天皇明和四年(1767年)中國商船"和字號"載《王元美文選》一部一帙抵日本。

(刻)孫齊之先生松韵堂集十二卷

(明)孫七政撰

明萬曆年間(1573—1620年)刊本　共五册

尊經閣文庫藏本　原江户時代加賀藩主前田綱紀舊藏

槃阿集五卷　附録四卷

(明)陸明輔撰　陳繼儒編

明萬曆四十三年(1615年)跋刊本　共二册

内閣文庫藏本　原楓山官庫等舊藏

【按】此本《附録》細目如次：
《補遺》一卷；《續稿》一卷；《附刻》一卷；《陸貞女傳》一卷。

潛學編十二卷

(明)鄧元錫撰　左宗郢編　何三畏校
明萬曆三十五年(1607年)序刊本
國會圖書館　内閣文庫　尊經閣文庫藏本
【按】國會圖書館藏本，原共十二册，現合爲六册。
内閣文庫藏本，原係楓山官庫等舊藏。此本今缺卷八，實存十一卷，共十一册。
尊經閣文庫藏本，原係江户時代加賀藩主前田綱紀等舊藏，共十二册。

潛學稿十九卷

(明)鄧元錫撰　鄧應瑞等編
明崇禎十二年(1639年)序刊本　共八册
内閣文庫藏本　原楓山官庫等舊藏

(蠙衣生)粵草(郭青螺先生自學編)十卷　(蠙衣生)蜀草(郭青螺先生自學編)十卷

(明)郭子章撰　鄒道元校
明萬曆十八年(1590年)金陵刊本
宫内廳書陵部　内閣文庫　蓬左文庫　尊經閣文庫藏本
【按】前有明萬曆庚寅(1590年)周應鰲《序》。
宫内廳書陵部藏本，今存《(蠙衣生)粵草》十卷。卷首有"謊父求闇"印記，卷中又有"五湖長"等印記，共二册。
内閣文庫藏本，原係昌平坂學問所等舊藏内，共十册。
蓬左文庫藏本，原係江户時代尾張藩主家舊藏。此本係日本明正天皇寛永六年(1629年)從中國購入。卷中有"尾陽内庫"印記，共八册。
尊經閣文庫藏本，原係江户時代加賀藩主前田綱紀等舊藏，共十册。

(蠙衣生)瀸論六卷　附黔記二卷

(明)郭子章撰
明萬曆年間(1573—1620年)刊本　共七册
尊經閣文庫藏本　原江户時代加賀藩主前田綱紀等舊藏

賜餘堂集十四卷

(明)吴中行撰
明萬曆二十八年(1600年)序刊本　共八册
内閣文庫藏本　原楓山官庫等舊藏

羼提齋稿八卷

(明)鄒迪光撰
明萬曆十七年(1589年)序刊本　共二册
内閣文庫藏本　原楓山官庫等舊藏

鬱儀樓集(等四種)一百四十四卷

(明)鄒迪光撰
明天啓年間(1621—1627年)刊本　共四十八册
尊經閣文庫藏本　原江户時代加賀藩主前田綱紀等舊藏
【按】此本細目如次：
《鬱儀樓集》五十四卷；
《調象庵稿》四十卷；
《石語齋集》二十六卷；
《始青閣稿》二十四卷。

鬱儀樓集五十四卷

(明)鄒迪光撰
明萬曆年間(1573—1620年)刊本　共十二册
尊經閣文庫藏本　原江户時代加賀藩主前田綱紀等舊藏

鬱儀樓集五十六卷

(明)鄒迪光撰
明萬曆三十二年(1614年)序刊本　共十册

内閣文庫藏本　原昌平坂學問所等舊藏

調象庵稿四十卷

(明)鄒迪光撰

明萬曆三十六年(1608年)序刊本　共十六册

内閣文庫藏本　原楓山官庫等舊藏

【附録】據《商舶載來書目》記載,桃園天皇寶曆四年(1754年)中國商船"天字號"載《調象庵稿》一部二帙抵日本。

日本桃園天皇寶曆四年(1754年)長崎《舶來書籍大意書》記中國商船"戌字號"所載之漢籍著録此本。其釋文曰:"此係明人鄒彦吉所著。輯其賦二篇、諸體之詩千二百四十餘首、諸體之文三百二十餘篇,編爲四十卷。此本爲萬曆三十六年刊本,一部二帙十二册,其中脱紙三十六張,卷二十三末與卷三十末,皆有脱文。"

愚公谷乘四卷

(明)鄒迪光撰

明萬曆四十二年(1614年)序刊本　共二册

内閣文庫藏本　原楓山官庫等舊藏

始青閣稿二十四卷

(明)鄒迪光撰

明天啓元年(1621年)序刊本　共十册

内閣文庫藏本　原豐後佐伯藩主毛利高標舊藏

【按】此本係仁孝天皇文政年間(1818—1829年)出雲守毛利高翰獻贈幕府,明治初期歸内閣文庫。

卷中有"佐伯侯毛利高標字培松藏書畫之印"等印記。

陳奉常集(三種)(殘本)二十七卷

(明)陳與郊撰

明萬曆年間(1573—1620年)賜緋堂刊本　共十三册

内閣文庫藏本　原豐後佐伯藩主毛利高標舊藏

【按】此本細目如次:

《隅園集》十八卷;《黄門集》三卷;《蘋川集》八卷,共二十九卷。然此本《蘋川集》今缺卷一、卷二,共二卷。實存二十七卷。

此本係仁孝天皇文政年間(1818—1829年)出雲守毛利高翰獻贈幕府,明治初期歸内閣文庫。

卷中有"佐伯侯毛利高標字培松藏書畫之印"等印記。

【附録】據《商舶載來書目》記載,中御門天皇享保八年(1723年)中國商船"智字號"載《陳奉常集》一部一帙抵日本。

御龍子集(六種)七十七卷

(明)范守己撰　侯廷珮　李時芳校

明萬曆年間(1573—1620年)刊本

内閣文庫藏本

【按】此本細目如次:

《膚語》四卷;《天官舉正》六卷;《參兩通極》六卷;《璅譚》四卷;《曲洧新聞》四卷;《吹劍草》五十三卷,共七十七卷。

内閣文庫藏此同一刊本兩部。一部原係昌平坂學問所等舊藏,共二十册。一部共十五册。

孫宗伯集十卷

(明)孫繼皋撰

明刊本

内閣文庫　静嘉堂文庫　東洋文庫藏本

【按】内閣文庫藏本,原係楓山官庫等舊藏,共十册。

静嘉堂文庫藏本,原係陸心源守先閣等舊藏,共四册。

東洋文庫藏本,原係藤田豐八等舊藏,共十二册。

由拳集二十三卷

(明)屠隆撰

明萬曆八年(1580年)序刊本

宫内廳書陵部　國會圖書館　内閣文庫　静嘉堂文庫　尊經閣文庫　名古屋大學附屬圖書館　大阪府立圖書館藏本

【按】宫内廳書陵部藏本,共八册。

國會圖書館藏此同一刊本兩部,皆共八册。其中一部係世綿堂藏版。

内閣文庫藏本,原係楓山官庫等舊藏,共六册。

静嘉堂文庫藏本,原係陸心源守先閣等舊藏,共八册。

尊經閣文庫藏本,原係江户時代加賀藩主前田綱紀等舊藏,共十二册。

名古屋大學附屬圖書館藏本,原係青木正兒等舊藏,共十四册。

大阪府立圖書館藏本,共六册。

【附録】日本江户時代有和刊本屠隆撰《(翠娱閣評選)屠赤水先生小品》二卷,此本係木活字刊本。其後,此本有江户青山堂雁金屋清吉重印本。

由拳集二十三卷

(明)屠隆撰

明萬曆十九年(1591年)克勤齋全碧泉刊本

内閣文庫　蓬左文庫　御茶之水圖書館藏本

【按】内閣文庫藏本,原係江户時代林氏大學頭家舊藏,共四册。

蓬左文庫藏本,原係江户時代尾張藩主家舊藏。此本係日本明正天皇寛永六年(1629年)從中國購入,卷中有"尾陽内庫"印記,共八册。

御茶之水圖書館藏本,原係尊經閣文庫等舊藏,後歸德富蘇峰成簣堂。卷中各册有"學"字朱文印記。桐木書箱,箱蓋有昭和二年(1927年)德富蘇峰手寫購書之由。共五册。

白榆集二十八卷

(明)屠隆撰

明萬曆二十八年(1600年)序刊本

内閣文庫　尊經閣文庫　御茶之水圖書館藏本

【按】每半葉有界九行,行二十字。白口,四周單邊。

此本係《詩》八卷;《文》二十卷。

内閣文庫藏本,原係楓山官庫等舊藏,共六册。

尊經閣文庫藏本,共十册。

御茶之水圖書館藏本,原係黄檗獨吼和尚從中國帶入,後歸山中信天等舊藏,爲德富蘇峰所購得。此本今存《文》二十卷,共十册。

【附録】桃園天皇寶曆四年(1754年)長崎港《舶來書籍大意書》著録此本,其釋文曰:"是書係明人屠緯真所著,輯録其諸體之文三百二十餘篇,編爲二十卷。"并注明:"一部一帙四册,内文缺四篇,脱紙五張。"

白榆集二十卷

(明)屠隆撰

明萬曆二十一年(1593年)序刊本　共八册

宫内廳書陵部　内閣文庫藏本

【按】宫内廳書陵部藏本,卷中有後人寫補,共七册。

内閣文庫藏本,原係木村蒹葭堂等舊藏,共八册。

白榆集八卷

(明)屠隆撰

明萬曆年間(1573—1620年)刊本　共四册

宫内廳書陵部藏本

棲真館集三十一卷

(明)屠隆撰　吕胤基編

明萬曆二十六年(1598年)序刊本

内閣文庫　尊經閣文庫　東京大學總合圖

書館藏本

【按】内閣文庫藏此同一刊本兩部。一部原係木村蒹葭堂等舊藏,共四册。一部原係楓山官庫等舊藏,共五册。

尊經閣文庫藏本,共八册。

東京大學藏本,卷中有後人寫補,共十二册。

鴻苞集四十八卷

(明)屠隆撰　茅元儀訂選

明萬曆年間(1573—1620年)西吴茅氏刊本　共二十四册

蓬左文庫藏本　原江户時代尾張藩主家舊藏

【按】前有明萬曆三十八年(1610年)黄汝亨《序》。

此本係日本明正天皇寬永十三年(1636年)從中國購入。

卷中有"尾陽内庫"印記。

鴻苞集四十八卷

(明)屠隆撰　茅元儀選訂

明刊本　共二十四册

内閣文庫　静嘉堂文庫藏本

【按】内閣文庫藏本,原係昌平坂學問所舊藏。

静嘉堂文庫藏本,原係中村敬宇等舊藏。

鴻苞四十八卷

(明)屠隆撰　茅元儀選訂

明刊本　共十八册

内閣文庫藏本　原楓山官庫等舊藏

鏡園藏草十六卷

(明)王士昌撰

明萬曆年間(1573—1620年)刊本　共八册

尊經閣文庫藏本　原江户時代加賀藩主前田綱紀等舊藏

中寰集(何中寰集)十一卷

(明)何出光撰

明萬曆三十四年(1606年)序刊本　共十二册(今合爲四册)

國會圖書館藏本

唐宗伯公文集十六卷

(明)唐文獻撰

明刊本　共六册

尊經閣文庫藏本　原江户時代加賀藩主前田綱紀等舊藏

南州草三十四卷

(明)徐必達撰

明刊本　共二十四册

蓬左文庫藏本

【按】前有明萬曆四十二年(1614年)黄汝亨《序》,又有明天啓元年(1621年)朱之蕃《序》,同年鍾惺《序》等。

徐氏海隅集(四種)七十九卷

(明)徐學謨撰

明萬曆年間(1573—1620年)刊本　共十六册

尊經閣文庫藏本　原江户時代加賀藩主前田綱紀等舊藏

【按】此本細目如次:

《徐氏海隅集文編》四十三卷;

《徐氏海隅集詩編》二十二卷;

《徐氏海隅集外編》八卷;

《徐氏海隅集(又編)》六卷。

歸有園稿二十九卷

(明)徐學謨撰

明萬曆二十一年(1593年)序刊本　共十四册(今合爲四册)

國會圖書館藏本

【按】此本係《歸有園文編》二十二卷、《歸有園詩編》七卷。

歸有園稿二十九卷

(明)徐學謨撰

明萬曆四十年(1612年)序刊本

宫内廳書陵部　内閣文庫　尊經閣文庫藏本

【按】前有徐學謨《自序》,又有門人張汝濟《序》等。

此本係《歸有園文編》二十二卷、《歸有園詩編》七卷。卷面撫刻頗精。

宫内廳書陵部藏本,卷中有"王業浩印"、"震泰支人"、"秘閣圖書之章"等印記,共八册。

内閣文庫藏本,原係昌平坂學問所等舊藏,共十册。

尊經閣文庫藏本,原係江户時代加賀藩主前田綱紀等舊藏,共十四册。

徐文長文集三十二卷

(明)徐渭撰

明刊本　共七册

陽明文庫藏本　原近衛家凞等舊藏

徐文長文集三十　序目一卷

(明)徐渭撰　袁宏道批點

明刊本　共八册

早稻田大學圖書館藏本　原會津八一家會津文庫等舊藏

徐文長文集三十卷　補一卷　附四聲猿一卷　徐文長傳一卷

(明)徐渭撰　袁宏道等評　閔德美校

明萬曆四十二年(1614年)武林黄氏刊本

宫内廳書陵部　國會圖書館　内閣文庫　東洋文庫　静嘉堂文庫　東京大學　京都大學文學部中國語學文學哲學研究室　神户大學附屬圖書館文學部分館　廣島大學文學部　早稻田大學圖書館　大谷大學附屬圖書館悠然樓　神宫文庫藏本

【按】每半葉有界九行,行二十字。注文小字雙行,行同正文。白口,四周單邊(20.5cm×14.0cm)。

前有明萬曆甲寅(1614年)虞淳熙《徐文長集序》,又有黄汝亨《徐文長集序》。

卷末附陶望齡撰《徐文長傳》、袁宏道撰《徐文長傳》。

宫内廳書陵部藏此同一刊本三部。一部共十册。一部無《四聲猿》一卷,共八册。一部無《四聲猿》一卷,共六册。

國會圖書館藏本,原共八册,現合爲四册。

内閣文庫藏此同一刊本三部。一部原係江户時代林羅山舊藏,卷中有"江雲渭樹"印記等,共十册。一部原係楓山官庫等舊藏,此本有後人修補,今缺《補》一卷,而附《四聲猿》一卷,共十册。一部亦後人修補,今缺《補》一卷,而附《逸稿》二十四卷、《徐文長自著畸譜》一卷,共十一册。

東洋文庫藏本,原係藤田豐八等舊藏,共八册。

静嘉堂文庫藏此同一刊本兩部,皆共八册。其中一部原係中村敬宇等舊藏,卷中附《四聲猿》一卷。

東京大學藏此同一刊本四部。一部現存東洋文化研究所。兩部現存總合圖書館,其中,一部原係市村瓚次郎買入本覺廬文庫舊藏,共六册;一部原係紀洲德川家南葵文庫舊藏,共八册。一部現存文學部漢籍中心,卷中有批點,共六册。

京都大學藏本,原係鈴木虎雄等舊藏,共十册。

廣島大學藏本,共七册。

早稻田大學圖書館藏本,共八册。

大谷大學藏本,原係大西行禮等舊藏,共四册。

神宫文庫藏本,《目録》見有《四聲猿》而本中缺佚,卷中有山本北山"孝經樓"、林晃"鶯溪新收"、中村正直"中村敬宇臧書記"等印記,各册封面皆有林復齋"藕潢精舍"印記。此本係明治三十年(1897年)從吉川半七處購入,共五册。

【附録】據《外船賫來書目》記載,中御門天皇正德五年(1715年)中國商船寧波船"第十九番"(船主游汝羲)載《徐文長全集》一部一帙八册抵日本。桃園天皇寶曆九年(1759年)中國商船"七番船"載《徐文長集》二部共二帙抵日本。

據《商舶載來書目》記載,櫻町天皇元文四年(1739年)中國商船"志字號"載《徐文長全集》一部八册抵日本。

桃園天皇寶曆四年(1754年)長崎《舶來書籍大意書》記中國商船"戌字號"所載之漢籍著録此本。其釋文曰:"此係明徐文長所著。輯其諸體之詩八百五十餘首、諸體之文三百十餘篇,編爲三十卷,由友人袁宏道評點。此本共三部,皆爲古本朱點,其中兩部各六册,一部七册。"

徐文長文集三十卷　補一卷　附四聲猿一卷

(明)徐渭撰　袁宏道等評

明刊本　共十二册

大阪府立圖書館藏本

徐文長三集二十九卷　附四聲猿一卷

(明)徐渭撰　陶望齡等校

明萬曆二十八年(1600年)會稽商濬刊本

蓬左文庫　東京大學文學部漢籍中心　京都大學藏本

【按】蓬左文庫藏本,原係江户時代尾張藩主家舊藏。此本係日本明正天皇寛永六年(1629年)從中國購入,卷中有"尾陽内庫"印記,共十册。

東京大學藏本,共六册。

京都大學藏本,一本現存人文科學研究所東洋學文獻中心,共十二册。一本現存文學部中國語學文學哲學研究室,此本卷二十八、卷二十九有後人寫補,共九册。

徐文長集十卷

(明)徐渭撰

明刊本　共五册

内閣文庫藏本　原楓山官庫等舊藏

徐文長逸稿二十四卷　畸譜一卷　目一卷

(明)徐渭撰　張汝霖　王思任評選　張維城校輯

明天啓三年(1623年)山陰張維城刊本

宫内廳書陵部　尊經閣文庫　京都大學人文科學研究所東洋學文獻中心　大阪府立圖書館藏本

【按】卷首題署"張汝霖肅之父　王思任季重父評選","張維城宗之父校輯"。

宫内廳書陵部藏本,原係江户時代豐後佐伯藩主毛利高標舊藏,仁孝天皇文政年間(1818—1829年)出雲守毛利高翰獻贈幕府,明治初期歸内閣文庫。明治二十四年(1891年)歸入宫内省圖書寮(即今宫内廳書陵部)。卷中有"佐伯侯毛利高標字培松藏書畫之印"、"鳳翔閣藏"、"秘閣圖書之章"等印記。共四册。

尊經閣文庫藏本,原係江户時代加賀藩主前田綱紀等舊藏,共四册。

京都大學藏本,共十册。

大阪府立圖書館藏本,共五册。

徐文長逸稿二十四卷　首一卷

(明)徐渭撰　茅坤等編

明刊本

静嘉堂文庫　陽明文庫藏本

【按】静嘉堂文庫藏本,原係陸心源十萬卷樓等舊藏,共六册。

陽明文庫藏本,原係近衛家凞等舊藏,共五册。

一枝堂稿二卷　附徐文長傳一卷

(明)徐渭撰　《附》袁宏道撰

明萬曆年間(1573—1620年)清響齋刊本　共一册

內閣文庫藏本　原江户時代林羅山舊藏

【按】卷中有"江雲渭樹"印記等。

海嶽山房存稿二十卷　附一卷

(明)郭造卿撰　于慎行編

明萬曆三十四年(1606年)序刊本　共八册

內閣文庫　尊經閣文庫藏本

【按】此本係《詩部》五卷;《文部》十五卷。

內閣文庫藏本,原係昌平坂學問所等舊藏。

尊經閣文庫藏本,原係江户時代加賀藩主前田綱紀等舊藏。

【附録】據《商舶載來書目》記載,後桃園天皇安永元年(1772年)中國商船"加字號"載《海嶽山房存稿》一部一帙抵日本。

農丈人集二十八卷

(明)余寅撰

明萬曆三十二年(1604年)序刊本

內閣文庫　東洋文庫　尊經閣文庫藏本

【按】此本係《詩集》八卷;《文集》二十卷。

內閣文庫藏此同一刊本三部。一部原係楓山官庫等舊藏,共十四册。一部原係昌平坂學問所等舊藏,此本今缺《文集》卷十七至卷二十,實存二十四卷,共十二册。一部亦係昌平坂學問所等舊藏,今缺《詩集》卷三至卷八、《文集》卷一、卷二,實存二十卷,共十册。

東洋文庫藏本,原係藤田豐八等舊藏,共十册。

尊經閣文庫藏本,原係江户時代加賀藩主前田綱紀等舊藏,共十四册。

絅齋先生文集十一卷

(明)葉春撰

明萬曆二十二年(1594年)序刊本　共五册

內閣文庫　尊經閣文庫藏本

【按】內閣文庫藏本,原係楓山官庫等舊藏。

耿天臺先生文集二十卷

(明)耿定向撰

明刊本　共十册

內閣文庫藏本　原昌平坂學問所等舊藏

松石齋集三十六卷

(明)趙用賢撰

明萬曆四十五年(1617年)序刊本

宫內廳書陵部　內閣文庫　尊經閣文庫藏本

【按】此本係《文》三十卷;《詩》六卷。

宫內廳書陵部藏本,原係江户時代德山藩主家舊藏,爲三代藩主毛利元次廣收"天下秘籍"之一。東山天皇寶永三年(1706年)《御書物目録》著録此本。明治二十九年(1896年)男爵毛利元功獻贈宫內省圖書寮(即今宫內廳書陵部),卷中有"德藩藏書"印記,共十二册。

內閣文庫藏本,原係楓山官庫等舊藏,共十六册。

尊經閣文庫藏本,原係江户時代加賀藩主前田綱紀等舊藏,共十二册。

(重刻)楊復所先生家藏文集(楊太史文集)八卷

(明)楊起元撰

明刊本　共四册

內閣文庫藏本　原江户時代林羅山舊藏

【按】卷中有"江雲渭樹"印記等。

【附録】據《商舶載來書目》記載,後桃園天皇安永三年(1774年)中國商船"也字號"載《楊復所集》一部二帙抵日本。

(太史)楊復所先生證學編四卷

(明)楊起元撰

明萬曆年間(1573—1620年)刊本　共四册

宫內廳書陵部藏本

【按】前有明萬曆丙申(1596年)楊起元《自序》。

卷中有"世沾天雨"、"松儔竹伴"、"知止堂"、

"秘閣圖書之章"等印記。

林初文詩文全集十九卷

(明)林章撰

明天啓四年(1624年)序刊本　共十二册

内閣文庫藏本　原楓山官庫等舊藏

【按】此本係《文》十二卷;《詩》七卷。

林初文詩文全集十五卷

(明)林章撰

明崇禎年間(1628—1644年)刊本　共十册

尊經閣文庫藏本　原江户時代加賀藩主前田綱紀舊藏

林初文詩八卷

(明)林章撰

明末刊本　共二册

内閣文庫藏本　原昌平坂學問所等舊藏

虞德園先生集三十三卷

(明)虞淳熙撰

明天啓三年(1623年)錢塘虞氏壜務山館刊本

内閣文庫　蓬左文庫　尊經閣文庫藏本

【按】此本係《文集》二十五卷、《詩集》八卷。

内閣文庫藏此同一刊本兩部。一部原係昌平坂學問所等舊藏,共十册。一部原係楓山官庫等舊藏,此本係明崇禎年間(1628—1644年)印本,共十六册。

蓬左文庫藏本,原係江户時代尾張藩主家舊藏,此本係日本明正天皇寬永十年(1633年)從中國購入,共十四册。

尊經閣文庫藏本,原係江户時代加賀藩主前田綱紀等舊藏,共十册。

【附録】桃園天皇寶曆四年(1754年)長崎港《舶來書籍大意書》著録此本,其釋文曰:"《虞德園文集》係明人虞長孺著。輯録其諸體之文五百四十餘篇,編次爲二十五卷,明天啓三年刊印。"并注明:"一部一帙十册,内脱紙一張。"

據《商舶載來書目》記載,桃園天皇寶曆四年(1754年)中國商船"久字號"載《虞德園文集》一部一帙抵日本。

王季中集十卷　附一卷

(明)王光美撰　龍膺等校

明刊本　共十册

内閣文庫藏本　原楓山官庫等舊藏

【按】此本細目如次:

《雁山四記》一卷;《雁山雜咏》一卷;

《湖上草》一卷;《松鶴齋草》一卷;

《赤城草》一卷;《白鹿社草》一卷;

《友聲草》一卷;《游燕草》一卷;

《趨庭草》一卷;《舫齋草》一卷;

《附録》一卷。

白鹿社草一卷

(明)王光美撰

明刊本　共一册

内閣文庫藏本　原昌平坂學問所等舊藏

白蘇齋類集二十二卷

(明)袁宗道撰　袁宏道等校

明刊本

宫内廳書陵部　内閣文庫藏本　尊經閣文庫藏本

【按】前有姚士麟《序》。

宫内廳書陵部藏此同一刊本三部。一部共六册,兩部皆共四册。四册本之一卷中有"顧亮采"、"别字映霞"、"武陵叔子多祉堂家藏"、"聞於墀印"、"秘閣圖書之章"等印記。

内閣文庫藏本,原係昌平坂學問所等舊藏,共四册。

尊經閣文庫藏本,原係江户時代加賀藩主前田綱紀等舊藏,共四册。

【附録】據《商舶載來書目》記載,中御門天皇享保八年(1723年)中國商船"吕字號"載《白蘇齋類集》一部一帙抵日本。

(新鐫)玉蟠袁會元集二卷

(明)袁宗道撰
明刊本(明刊《三袁先生集》零本)
内閣文庫藏本

茅鹿門先生文集三十六卷

(明)茅坤撰
明萬曆年間(1573—1620年)金陵刊本
内閣文庫　蓬左文庫　静嘉堂文庫　京都大學附屬圖書館　東北大學附屬圖書館藏本

【按】前有明萬曆十六年(1588年)《序》。

内閣文庫藏此同一刊本兩部。一部原係明人戴金舊藏,後歸江户時代林氏大學頭家,共十五册。一部原係楓山官庫等舊藏,共十册。

蓬左文庫藏本,原係江户時代尾張藩主家舊藏,共十二册。

静嘉堂文庫藏此同一刊本兩部。一部原係陸心源十萬卷樓等舊藏,共十册。一部原係中村敬宇等舊藏,共五册。

京都大學藏本,共二十八册。

東北大學藏本,原係狩野亨吉等舊藏,共十二册。

【附録】據仁孝天皇弘化二年(1845年)《漢籍發賣投標記録》記載,是年中國商船"巳二番"載《茅鹿門全集》一部二十册抵日本。其投標價爲松之屋十三匁,鐵屋十五匁,永見屋二十匁。

茅鹿門先生詩選四卷

(明)茅坤撰　孫元儀輯
明崇禎七年(1634年)序孫氏刊本　共三册
東洋文庫藏本　原小田切萬壽之助等舊藏

白華樓藏稿十一卷

(明)茅坤撰　姚翼編
明刊本　共六册
内閣文庫藏本　原楓山官庫等舊藏

(新刻九我評注茅先生)白華樓藏稿文選評(鹿門文選)五卷

(明)茅坤撰　李廷機評注
明刊本　共一册
内閣文庫藏本　原江户時代林氏大學頭家舊藏

耄年録九卷

(明)茅坤撰
明刊本　共六册
内閣文庫藏本　原楓山官庫等舊藏

六欲軒初稿十九卷

(明)賀燦然撰
明刊本　共八册
内閣文庫藏本　原楓山官庫等舊藏

李温陵集二十卷

(明)李贄撰　顧大韶校
明刊本
内閣文庫　静嘉堂文庫藏本

【按】内閣文庫藏本,原係江户時代豐後佐伯藩主毛利高標舊藏。仁孝天皇文政年間(1818—1829年)由出雲守毛利高翰獻贈幕府,明治初期歸内閣文庫。卷中有"佐伯侯毛利高標字培松藏書畫之印"等印記,共三册。

静嘉堂文庫藏本,原係東條琴臺舊藏,後歸中村敬宇,共四册。

【附録】據《商舶載來書目》記載,後櫻町天皇明和二年(1765年)中國商船"利字號"載《李温陵集》一部八册抵日本。

李温陵外記五卷

(明)李贄撰　潘昭度編
明刊本　共二册
宫内廳書陵部藏本

李氏文集十八卷

(明)李贄撰　顧大韶校

明刊本

内閣文庫　尊經閣文庫藏本

【按】内閣文庫藏本,原係楓山官庫等舊藏,共四册。

尊經閣文庫藏本,原係江户時代加賀藩主前田綱紀等舊藏,共九册。

李氏焚書六卷　李氏續焚書五卷　李温陵外紀五卷

(明)李贄撰

明萬曆年間(1573—1620年)刊本　共十一册

尊經閣文庫藏本　原江户時代加賀藩主前田綱紀等舊藏

(李氏)焚書六卷

(明)李贄撰

明刊本　共六册

宫内廳書陵部　慶應義塾大學附屬圖書館藏本

【按】每半葉無界九行,行十九字。白口,四周單邊(21.5cm×15.2cm)。版心題"焚書",并記卷數、葉數。

前有焦竑《序》,題署"澹園竑",次有《目録》。

宫内廳書陵部藏本,原係德山藩三代主毛利元次廣收"天下秘籍"之一種。東山天皇寶永三年(1706年)《御書物目録》著録此本。明治天皇二十九年(1896年)由男爵毛利元功獻贈宫内省。每册有"德藩藏書"印。

慶應義塾大學附屬圖書館藏本,原係清人菊香書屋,及日人大冢英雄等舊藏。第一册本文首頁有墨書題語"菊香書屋藏本",後有朱文小印二枚。各册尾有"大冢氏藏書"、"榮親文庫"等印記。

【附録】據《商船載來書目》記載,桃園天皇寶曆八年(1758年)中國商船"利字號"載《李氏焚書》一部抵日本。

李氏焚書十卷

(明)李贄撰

明萬曆年間(1573—1620年)刊本　共十册

静嘉堂文庫藏本

李氏焚書六卷

(明)李贄撰

明萬曆年間(1522—1566年)蘇州閶門刊本

宫内廳書陵部　國會圖書館　内閣文庫　静嘉堂文庫　尊經閣文庫　東京大學文學部漢籍中心　京都大學人文科學研究所東洋學文獻中心　東北大學附屬圖書館　神宫文庫　日光輪王寺天海藏藏本

【按】每半葉有界十行,行二十字。白口,四周單邊。

卷中無序無跋。内封題署"卓吾先生""李氏焚書"兩行,并鐫"蘇州閶門刊行"。

宫内廳書陵部藏本,共六册。

國會圖書館藏本,共六册。

内閣文庫藏此同一刊本兩部。一部共五册。一部原係江户時代林羅山舊藏,卷中有"江雲渭樹"印記,共四册。

静嘉堂文庫藏本,共八册。

東京大學藏本,卷中有批點,共六册。

京都大學藏本,共五册。

東北大學藏本,共五册。

日光輪王寺藏本,原係天海大僧正等舊藏,共四册。

李氏焚書六卷

(明)李贄撰

明萬曆年間(1522—1566年)朱墨套印刊本　共六册

東京大學東洋文化研究所　京都大學文學部中國語學文學哲學研究室藏本

李氏焚書四卷

(明)李贄撰
明刊本　共二册
東洋文庫藏本　原藤田豐八等舊藏

李氏續焚書(李温陵外記)五卷

(明)李贄撰
明新安海陽虹玉齋校刊本
蓬左文庫　京都大學人文科學研究所東洋學文獻中心藏本
【按】前有明萬曆四十六年(1618年)新安汪本鈳《序》。
蓬左文庫藏本,原係江户時代尾張藩主家舊藏。此本係日本明正天皇寬永六年(1629年)從中國購入。卷中有"尾陽内庫"印記,共五册。
京都大學藏本,共二册。

李氏焚餘六卷

(明)李贄撰
明刊本　共五册
内閣文庫藏本　原楓山官庫等舊藏

南征集二卷

(明)章嘉楨撰
明萬曆二十九年(1601年)序刊本　共二册
内閣文庫藏本　原楓山官庫等舊藏

楊道行集十七卷

(明)楊于庭撰
明萬曆二十三年(1595年)序刊本　共六册
内閣文庫藏本　原江户時代豐後佐伯藩主毛利高標舊藏
【按】此本係仁孝天皇文政年間(1818—1829年)出雲守毛利高翰獻贈幕府,明治初期歸内閣文庫。
卷中有"佐伯侯毛利高標字培松藏書畫之印"等印記。

菰園初集六卷

(明)茅維撰
明萬曆二十四年(1596年)序刊本　共一册
内閣文庫藏本　原江户時代豐後佐伯藩主毛利高標舊藏
【按】此本係仁孝天皇文政年間(1818—1829年)出雲守毛利高翰獻贈幕府,明治初期歸内閣文庫。
卷中有"佐伯侯毛利高標字培松藏書畫之印"等印記。

蟄聲詩集四卷

(明)釋性幽撰
明萬曆二十二年(1594年)序刊本　共一册
内閣文庫藏本　原江户時代豐後佐伯藩主毛利高標舊藏
【按】此本係仁孝天皇文政年間(1818—1829年)出雲守毛利高翰獻贈幕府,明治初期歸内閣文庫。
卷中有"佐伯侯毛利高標字培松藏書畫之印"等印記。

十賚堂甲乙集三十五卷

(明)茅維撰
明萬曆四十六年(1618年)序刊本　共六册
内閣文庫藏本　原楓山官庫等舊藏
【按】此本《甲集》係《詩部》五卷、《文部》十二卷。《乙集》係《詩部》十八卷。

廣譴堂集二十四卷

(明)朱翊鉽撰　曹學佺等校
明天啓六年(1626年)序刊本　共十二册
内閣文庫藏本　原江户時代豐後佐伯藩主毛利高標舊藏
【按】此本係仁孝天皇文政年間(1818—1829年)出雲守毛利高翰獻贈幕府,明治初期歸内閣文庫。
卷中有"佐伯侯毛利高標字培松藏書畫之

印”等印記。

汪有泉集五卷

(明)汪有泉撰

明萬曆二十二年(1594年)序刊本　共一册

内閣文庫藏本　原江户時代多福文庫等舊藏

【按】此本細目如次:

《倚劍集略》一卷;《鷗螟集略》一卷;《天游草》一卷;《吹玉編》一卷;《礱嘲編》一卷。

此本原係江户時代多福文庫舊藏,後歸豐後佐伯藩主毛利高標等。仁孝天皇文政年間(1818—1829年)出雲守毛利高翰獻贈幕府。

蓀堂集十卷

(明)吴文奎撰

明萬曆三十二年(1604年)序新都吴伯時等刊本　共四册

内閣文庫　東京大學總合圖書館藏本

【按】内閣文庫藏本,原係江户時代豐後佐伯藩主毛利高標等舊藏,仁孝天皇文政年間(1818—1829年)由出雲守毛利高翰獻贈幕府,明治初期歸内閣文庫。卷中有“佐伯侯毛利高標字培松藏書畫之印”等印記。

東京大學藏本,原係中國廣東籌賑日災總會捐贈本。

蓀堂集十卷

(明)吴文奎撰

明萬曆年間(1573—1620年)刊本　共八册

尊經閣文庫藏本　原江户時代加賀藩主前田綱紀等舊藏

翏翏集四十卷

(明)俞安期撰

明萬曆十五年(1587年)序刊本　共十册

内閣文庫藏本　原清人汪啓淑　昌平坂學問所等舊藏

考槃集六卷

(明)趙陸卿子撰

明萬曆二十八年(1600年)序刊本　共二册

内閣文庫藏本

【按】内閣文庫藏此同一刊本兩部。一部原係江户時代林氏大學頭家舊藏;一部原係楓山官庫等舊藏。

玄芝集四卷

(明)趙陸卿子撰

明刊本

内閣文庫藏本

【按】内閣文庫藏此同一刊本三部。二部原皆係楓山官庫等舊藏,皆共二册。一部原係昌平坂學問所等舊藏,共一册。

宗伯集八十一卷

(明)馮琦撰

明萬曆三十五年(1607年)序刊本　共二十八册

内閣文庫　京都大學附屬圖書館藏本

宗伯集(宗伯馮先生全集)五十四卷

(明)馮琦撰

明刊本　共二十册

東洋文庫藏本

宗伯集六卷

(明)馮琦撰　莊天合　李騰芳輯　李廷機校

明萬曆三十五年(1607年)青箱刊本　共四册(今合爲二册)

國會圖書館藏本

(馮琢庵先生)北海集五十八卷

(明)馮琦撰　唐時升校

明萬曆三十七年(1609年)序刊本　共二十册

內閣文庫　尊經閣文庫　早稻田大學圖書館藏本

【按】内閣文庫藏本,原係楓山官庫等舊藏。

尊經閣文庫藏本,原係江户時代加賀藩主前田綱紀等舊藏,共二十册。

早稻田大學圖書館藏本,共十册。

【附録】據《商舶載來書目》記載,中御門天皇享保八年(1723年)中國商船"比字號"載《馮琢庵北海集》一部二帙抵日本。同年,中國商船"浦字號"載《北海集》一部二帙抵日本。

據《外船書籍原帳》記載,仁孝天皇弘化二年(1845年)中國商船"辰字號"載《北海集》一部抵日本,標價十五匁,爲書商永見屋半兵衛以十三匁購得。

據仁孝天皇弘化二年(1845年)《漢籍發賣投標記録》記載,是年中國商船"巳二番"載《北海集》一部二十册抵日本。其投標價爲安田屋十二匁,永見屋十二匁,菱屋十三匁。

(馮用韞先生)北海集四十六卷　附一卷

(明)馮琦撰　林景暘校

明萬曆三十一年(1603年)序刊本　共十二册(今合爲六册)

國會圖書館藏本

(馮用韞先生)北海集四十六卷　附一卷

(明)馮琦撰　林景暘校

明刊本

静嘉堂文庫　蓬左文庫藏本

【按】前有明萬曆四十四年(1616年)郭一鄂《序》。

静嘉堂文庫藏本,原係陸心源守先閣等舊藏,共十册。

蓬左文庫藏本,原係江户時代尾張藩主家舊藏,共十六册。

(馮用韞先生)北海集十六卷

(明)馮琦撰　林景暘校

明萬曆三十三年(1605年)序刊本　共八册

東洋文庫藏本　原藤田豐八等舊藏

支華平先生集四十卷　附一卷

(明)支大綸撰

明清旦閣刊本

内閣文庫　東洋文庫藏本

【按】内閣文庫藏本,原係江户時代豐後佐伯藩主毛利高標舊藏。仁孝天皇文政年間(1818—1829年)由出雲守毛利高翰獻贈幕府,明治初期歸内閣文庫。卷中有"佐伯侯毛利高標字培松藏書畫之印"等印記。共十二册

東洋文庫藏本,原係藤田豐八等舊藏,共十册。

支子藝餘十四卷

(明)支大綸撰

明萬曆十二年(1584年)序刊本　共二册

内閣文庫藏本　原楓山官庫等舊藏

支子政餘六卷

(明)支大綸撰

明萬曆十七年(1589年)序刊本　共一册

内閣文庫藏本　原楓山官庫等舊藏

支子學餘二卷

(明)支大綸撰

明萬曆二十二年(1594年)序刊本　共一册

内閣文庫藏本　原楓山官庫等舊藏

天靈山人詩摘稿八卷

(明)謝杰撰

明萬曆年間(1573—1620年)刊本

内閣文庫　尊經閣文庫藏本

【按】内閣文庫藏本,原係江户時代豐後佐伯藩主毛利高標舊藏。仁孝天皇文政年間(1818—1829年)由出雲守毛利高翰獻贈幕府,明治初期歸内閣文庫。卷中有"佐伯侯毛利高標字培松藏書畫之印"等印記。共四册。

尊經閣文庫藏本,原係江户時代加賀藩主前

田綱紀等舊藏,共五册。

敬和堂集十三卷

(明)許孚遠撰
明萬曆二十二年(1594年)序刊本
内閣文庫　尊經閣文庫藏本
【按】内閣文庫藏本,原係江户時代林氏大學頭家舊藏,共八册。
尊經閣文庫藏本,原係江户時代加賀藩主前田綱紀等舊藏,共六册。

敬和堂集(許敬庵先生敬和堂集)十卷

(明)許孚遠撰
明萬曆年間(1573—1620年)刊本　共六册
静嘉堂文庫藏本　原陸心源十萬卷樓等舊藏

敬和堂集四卷

(明)許孚遠撰
明萬曆二十二年(1594年)序刊本　共二册
内閣文庫藏本　原楓山官庫等舊藏

快雪堂集六十四卷

(明)馮夢禎撰　黄汝亨等校
明萬曆四十四年(1616年)黄汝亨金陵刊本
國會圖書館　内閣文庫　静嘉堂文庫　尊經閣文庫　蓬左文庫　東京大學東洋文化研究所藏本
【按】國會圖書館藏本,原共十六册,現合爲八册。
内閣文庫藏本,原係楓山官庫等舊藏,共十册。
静嘉堂文庫藏本,原係島田篁村等舊藏,共十八册。
尊經閣文庫藏本,原係江户時代加賀藩主前田綱紀等舊藏,共十八册。
蓬左文庫藏本,共二十册。

穀城山館集六十二卷

(明)于慎行撰　郭應寵輯
明刊本　共二十册(今合爲十册)
國會圖書館藏本
【按】此本係《詩集》二十卷、《文集》四十二卷。

穀城山館文集四十二卷

(明)于慎行撰　黄可威校
明刊本　共十六册
内閣文庫藏本　原楓山官庫等舊藏

穀城山館詩集二十卷

(明)于慎行撰　邢侗校
明刊本　共六册
内閣文庫藏本　原楓山官庫等舊藏

穀城山館詩集二十卷

(明)于慎行撰
明萬曆年間(1573—1620年)刊本　共六册
静嘉堂文庫藏本　原陸心源守先閣等舊藏

(管子)惕若齋集四卷　續二卷

(明)管志道撰
明萬曆二十四年(1596年)序刊本　共三册
内閣文庫藏本　原楓山官庫等舊藏

樸溪潘公文集九卷

(明)潘氏撰
明嘉靖年間(1522—1566年)刊本　共四册
尊經閣文庫藏本　原江户時代加賀藩主前田綱紀等舊藏

樸溪潘公文集九卷

(明)潘士藻撰
明萬曆十三年(1585年)跋潘文星刊本　共四册(今合爲二册)
國會圖書館藏本

朱文懿公文集十二卷

(明)朱庚撰
明刊本　共十二册
内閣文庫藏本　原楓山官庫等舊藏

歸陶庵集六卷

(明)歸子慕撰
明萬曆四十一年(1613年)刊本　共一册
宫内廳書陵部藏本

掖草二卷

(明)熊明過撰
明刊本　共二册
尊經閣文庫藏本　原江户時代加賀藩主前田綱紀等舊藏

大旭山房文稿二卷　大旭山房集九種四十卷

(明)鄧渼撰
明崇禎年間(1628—1644年)刊本　共十册
尊經閣文庫藏本　原江户時代加賀藩主前田綱紀等舊藏
【按】《大旭山房集》九種細目如次:
《大旭山房集》一卷;《南中集》六卷;
《留夷館集》四卷;《紅泉館集》四卷;
《甬東集》一卷;《春草樓集》一卷;
《瀰水集》一卷;《薊門奏牘》六卷;
《南中奏牘》十六卷。

葵圃存集三十卷

(明)鄭懷魁撰
明萬曆年間(1573—1620年)藏本　共八册
尊經閣文庫藏本　原江户時代加賀藩主前田綱紀等舊藏

(陳履吉)采芝堂文集十六卷　附一卷

(明)陳益祥撰　陳弘祖等編
明萬曆四十一年(1613年)序刊本　共八册
内閣文庫　尊經閣文庫藏本
【按】内閣文庫藏本,原係楓山官庫等舊藏。
尊經閣文庫藏本,原係江户時代加賀藩主前田綱紀等舊藏。

王文肅公文集五十五卷

(明)王錫爵撰　王時敏校
明萬曆四十三年(1615年)序刊本
内閣文庫　東洋文庫　尊經閣文庫　東京大學總合圖書館藏本
【按】内閣文庫藏本,原係昌平坂學問所等舊藏,共十二册。
東洋文庫藏本,原係繡谷唐氏廣慶堂藏版,共二十四册。
尊經閣文庫藏本,共十三册。
東京大學藏本,今存卷一至卷二十五,共二十五卷,共十二册。
【附録】據《商舶載來書目》記載,中御門天皇享保八年(1723年)中國商船"和字號"載《王文肅公文草》一部一帙抵日本。享保九年(1724年)中國商船"和字號"載《王文肅公文牘》一部一帙抵日本。

王文肅公文集五十三卷　榮哀録二卷

(明)王錫爵撰
明末刊本(繡谷唐氏廣慶堂藏版)　共二十四册
東洋文庫藏本

王文肅公全集三十七卷

(明)王錫爵撰　王時敏校
明天啓二年(1622年)刊本
宫内廳書陵部　尊經閣文庫藏本
【按】宫内廳書陵部藏本,共二十册。
尊經閣文庫藏本,原係江户時代加賀藩主前田綱紀等舊藏,共十三册。

王文肅公文草十四卷

(明)王錫爵撰　王時敏校
明萬曆四十三年(1615年)序刊本　共十二

册

内閣文庫藏本　原楓山官庫等舊藏

袁中郎全集四十卷

(明)袁宏道撰　鍾惺定　曹勛等校

明崇禎二年(1629年)武林陸之選佩蘭居刊本

内閣文庫　東洋文庫　蓬左文庫　静嘉堂文庫　東京大學總合圖書館　京都大學文學部中國語學文學哲學研究室　大阪府立圖書館藏本

【按】内閣文庫藏本,原係楓山官庫等舊藏,共十六册。

東洋文庫藏本,原係藤田豐八等舊藏,共六册。

蓬左文庫藏本,原係江户時代尾張藩主家舊藏。此本係明正天皇寬永十年(1633年)從中國購入,卷中有"尾陽内庫"印記,共十六册。

静嘉堂文庫藏本,原係中村敬宇等舊藏,共十册。

東京大學藏本,原係森林太郎鷗外文庫舊藏,卷中有鷗外鈔補文字,共十二册。

京都大學藏本,共八册。

大阪府立圖書館藏本,共八册。

【附録】據《商舶載來書目》記載,中御門天皇享保八年(1723年)中國商船"江字號"載《袁中郎集》一部一帙抵日本。

據仁孝天皇天保十五年(1844年)《漢籍發賣投標記録》記載,是年中國商船"巳二番"載《袁中郎全集》一部二十册抵日本。其投標價爲安田屋十八匁,菱屋十八匁,松之屋二十一匁。

據《外船書籍原帳》記載,仁孝天皇天保弘化二年(1845年)中國商船載《袁中郎集》一部抵日本,標價二十五匁,爲松野屋多助以二十一匁購得。孝明天皇嘉永二年(1849年)中國商船"酉四番"載《袁中郎集》一部二帙抵日本,售價七匁。《元帳》注明:"酉十一月十五日,買請人渡。"

日本江户時代有袁宏道《袁中郎詩鈔》一卷寫本一種,係日人畠山寬選詩并手寫。此本現存國會圖書館。

(梨雪館類定)袁中郎全集二十四卷

(明)袁宏道撰

明刊本

東洋文庫　尊經閣文庫　廣島大學文學部藏本

【按】東洋文庫藏本,原係小田切萬壽之助等舊藏,共十六册。

尊經閣文庫藏本,共十二册。

廣島大學藏本,共八册。

【附録】日本東山天皇元禄九年(1696年)洛陽(京都)小島市右衛門刊印袁宏道撰《梨雪館類定袁中郎全集》二十四卷。

(梨雪館類定)袁中郎全集二十卷

(明)袁宏道撰

明刊本　共十册(今合爲四册)

國會圖書館藏本

(李卓吾選校)袁石公先生文集二十卷

(明)袁宏道撰　李贄編

明萬曆四十三年(1615年)刊本　共四册

内閣文庫藏本　原楓山官庫等舊藏

袁中郎十集十六卷

(明)袁宏道撰　姚士麟編

明萬曆年間(1573—1620年)海鹽姚氏刊本

内閣文庫　蓬左文庫　静嘉堂文庫　京都大學文學部中國語學文學哲學研究室藏本

【按】此本細目如次:

《廣莊》一卷;《敝篋》二卷;

《破研齋集》三卷;《廣陵集》一卷;

《桃源咏》一卷;《華嵩游草》二卷;

《瓶史》一卷;《觴政》一卷;

《狂言》二卷;《狂言别集》二卷。

共十六卷。

内閣文庫藏此同一刊本兩部。一部共四册；一部共二册。

蓬左文庫藏本，原係江户時代尾張藩主家舊藏。此本係明正天皇寛永六年（1629年）從中國購入。卷中有"尾陽内庫"印記，共四册。

静嘉堂文庫藏此同一刊本兩部。一部原係中村敬宇等舊藏，共六册。一部共四册。

京都大學藏本，共八册。

瀟碧堂集二十卷　續一卷

（明）袁宏道撰　李長庚閲

明萬曆三十六年（1608年）句吴袁氏書種堂刊本　共四册

内閣文庫　東京大學總合圖書館　東北大學附屬圖書館藏本

【按】内閣文庫藏本，原係楓山官庫等舊藏，共四册。

東京大學總合圖書館藏本，原係紀州德川家南葵文庫舊藏，共八册。

東北大學藏本，原係狩野亨吉等舊藏，共四册。

瀟碧堂集二十卷

（明）袁宏道撰

明刊覆萬曆三十六年（1608年）袁氏書種堂本

宫内廳書陵部　内閣文庫藏本

【按】宫内廳書陵部藏本，共七册。

内閣文庫藏本，原係昌平坂學問所等舊藏，共二册。

瓶花齋集十卷

（明）袁宏道撰　陳以文閲

明萬曆三十六年（1608年）句吴袁氏書種堂刊本

内閣文庫　東洋文庫　東京大學總合圖書館　京都大學文學部中國語學文學哲學研究室藏本

【按】内閣文庫藏此同一刊本兩部。一部原係江户時代野間三竹舊藏，後歸豐後佐伯藩主毛利高標。仁孝天皇文政年間（1818—1829年）由出雲守毛利高翰獻贈幕府，明治初期歸内閣文庫。卷中有"佐伯侯毛利高標字培松藏書畫之印"等印記。共一册。一部原係楓山官庫等舊藏，共二册。

東洋文庫藏本，原係小田切萬壽之助等舊藏，共四册。

東京大學藏本，原係市村瓚次郎購入本覺廬文庫舊藏，共四册。

京都大學藏本，共四册。

錦帆集四卷

（明）袁宏道撰

明萬曆三十一年（1603年）序刊本　共二册

内閣文庫藏本　原楓山官庫等舊藏

破研齋集三卷　廣陵集一卷

（明）袁宏道撰

明繡水周氏刊本　共一册

廣島大學文學部藏本

廣陵集一卷

（明）袁宏道撰　范明泰校

明刊本　共一册

出雲大社日隅宫御文庫藏本

解脱集四卷

（明）袁宏道撰

明萬曆三十八年（1610年）刊本

尊經閣文庫　早稻田大學圖書館藏本

【按】尊經閣文庫藏本，原係江户時代加賀藩主前田綱紀等舊藏，共五册。

早稻田大學圖書館藏本，共二册。

【附録】日本江户時代有袁宏道《解脱集》四卷寫本一種。此本現存國立公文書館内閣文庫。

(鎸)袁中郎未刻遺稿二卷

(明)袁宏道撰
明刊本(明刊《三袁先生集》零本)
内閣文庫藏本

(袁中郎)華嵩游草二卷

(明)袁宏道撰
明刊本　共一册
静嘉堂文庫藏本

王百穀先生集(二十種)三十八卷

(明)王穉登撰
明萬曆年間(1573—1620年)刊本　共十二册
東洋文庫藏本
【按】此本細目如次:
《越　吟》二卷;《竹箭編》二卷;
《延令纂》二卷;《燕市集》二卷;
《金昌集》四卷;《丹青志》一卷;
《荆溪疏》二卷;《苦　言》一卷;
《采真篇》二卷;《明月篇》二卷;
《吴社篇》一卷;《客越志》二卷;
《生壙志》一卷;《虎　苑》二卷;
《清茗集》二卷;《雨航紀》一卷;
《晉陵集》二卷;《青雀集》二卷;
《梅花什》一卷;《法因集》四卷。

王百穀集(十六種)三十卷

(明)王穉登撰
明隆慶萬曆年間(1567—1620年)刊本　共八册
内閣文庫藏本　原楓山官庫等舊藏
【按】此本細目如次:
《燕市集》二卷;《竹箭編》二卷;
《客越志》二卷;《明月篇》二卷;
《晉陵集》二卷;《吴社篇》一卷;
《青雀集》二卷;《金昌集》四卷;
《采真篇》二卷;《丹青志》一卷;
《梅花什》一卷;《荆溪疏》二卷;
《虎　苑》二卷;《雨航紀》一卷;
《清茗集》二卷;《延令纂》二卷。

王百穀先生集(王百穀十二部集)二十三卷

(明)王穉登撰
明萬曆年間(1573—1620年)葉氏二酉齋刊本　共六册
内閣文庫藏本　原木村蒹葭堂等舊藏
【按】此本細目如次:
《燕市集》二卷;《竹箭編》二卷;
《客越志》二卷;《明月篇》二卷;
《晉陵集》二卷;《吴社篇》一卷;
《青雀集》二卷;《金昌集》四卷;
《采真篇》二卷;《丹青志》一卷;
《梅花什》一卷;《荆溪疏》二卷。

王百穀集(二十一種)

(明)王穉登編撰
明萬曆年間(1573—1620年)刊本　共十册
尊經閣文庫藏本　原江户時代加賀藩主前田綱紀等舊藏

王穉登集(十種)十八卷

(明)王穉登撰
明萬曆年間(1573—1620年)刊本　共十册
關西大學附屬圖書館泊園文庫藏本　原江户時代藤澤氏泊園書院舊藏
【按】此本細目如次:
《客越志》二卷;《竹箭編》二卷;
《梅花什》一卷;《吴社篇》一卷;
《金昌集》四卷;《采真篇》一卷;
《丹青志》一卷;《燕市集》二卷;
《明月篇》二卷;《青雀集》二卷。
此本原係江户時代藤澤東畡、藤澤南陽、藤澤黄鵠、藤澤黄坡三世四代舊藏。

王穉登集(六種)十卷

(明)王穉登撰

明刊本　共四册

東北大學附屬圖書館藏本　原狩野亨吉等舊藏

【按】此本細目如次：

第一、二册　《金昌集》四卷；

第三册　《晉陵集》二卷；

第四册　《丹青志》一卷、《吴社編》一卷、《苦言》一卷、《生壙志》一卷。

王百穀集十卷

(明)王穉登撰

明刊本　共四册

宫内廳書陵部藏本

南有堂詩集十卷

(明)王穉登撰　曹學佺編

明崇禎九年(1636年)序刊本

内閣文庫　尊經閣文庫藏本

【按】内閣文庫藏本,原係楓山官庫等舊藏,共四册。

尊經閣文庫藏本,原係江户時代加賀藩主前田綱紀等舊藏,共六册。

謀野集十卷

(明)王穉登撰

明萬曆十六年(1588年)江陵郁氏玉樹堂刊本　共十册

東洋文庫　静嘉堂文庫　京都大學附屬圖書館藏本

【按】東洋文庫藏本,原係藤田豐八等舊藏,共十册。

静嘉堂文庫藏本,原係陸心源守先閣等舊藏,共十册。

京都大學藏本,共八册。

【附録】日本中御門天皇享保二十年(1735年)江户富士屋彌三右衛門、大和屋孫兵衛刊印王穉登撰《謀野集删》一册。此本由日人田中良暢(蘭陵)删定,菊地忠充(桐江)校。此本又有京都植村藤右衛門等後印本。

江户時代又有王穉登《謀野集拾遺》二卷寫本一種。此本現存蓬左文庫。

謀野乙集十卷

(明)王穉登編

明刊本　共四册

内閣文庫藏本　原楓山官庫等舊藏

(屠先生評釋)謀野集四卷

(明)王穉登撰　屠隆評

明萬曆年間(1573—1620年)書林熊稔寰刊本　共四册

尊經閣文庫　關西大學附屬圖書館藏本

【按】尊經閣文庫藏本,原係江户時代加賀藩主前田綱紀等舊藏。

關西大學藏本,原係江户時代藤澤東畡等泊園書院舊藏。

顧端文公集二十卷　附二卷　末一卷

(明)顧憲成撰

明崇禎年間(1628—1644年)刊本　共四册

内閣文庫藏本　原江户時代豐後佐伯藩主毛利高標舊藏

【按】此本係日本仁孝天皇文政年間(1818—1829年)出雲守毛利高翰獻贈幕府,明治初期歸内閣文庫。

卷中有"佐伯侯毛利高標字培松藏書畫之印"等印記。

涇臯藏稿二十二卷

(明)顧憲成撰

明刊本

東洋文庫　静嘉堂文庫　無窮會織田文庫藏本

【按】東洋文庫藏本,原係藤田豐八等舊藏,共六册。

静嘉堂文庫藏本,原係陸心源十萬卷樓等舊藏,共四册。

無窮會藏本,原係織田小覺等舊藏,共四册。

山草堂集内編九十五卷　外編四十八卷

(明)郝敬撰　洪範編　田必大　彭大翮校

明崇禎年間(1628—1644年)刊本　共一百册

天理圖書館藏本

【按】每半葉有界九行,行十八字。小字雙行,行同正文。白口,四周單邊(20.5cm×14.0cm)。版心上部刻"山草堂集",依次鐫刻篇目名、卷數、葉數等。

前有明天啓四年甲子(1624年)二月清明郝敬《總叙》。

各篇卷目前有郝敬《題辭》,其年代起自明天啓甲子(1624年),終止於明崇禎三年(1630年)。

此本細目如次:

内　編:

《談經》九卷;《易領》四卷;

《問易補》七卷;《學易枝言》四卷;

《春秋非左》二卷;《四書攝提》十卷《附録》一卷;

《時習新知》六卷;《閑邪記》二卷;

《諫草》二卷;《小山草》十卷;

《嘯歌》二卷;《藝圃傖談》四卷;

《史漢愚按》六卷;《四書制義》六卷;

《讀書通》二十卷。

外　編:

《批點左氏新語》二卷;

《批點史記瑣語》二卷;

《批點前漢書瑣語》四卷;

《批點後漢書瑣語》六卷;

《批點三國志瑣語》四卷;

《批點晉書瑣語》六卷;

《批點南史瑣語》四卷;

《批點北史瑣語》四卷;

《批點史舊唐書瑣語》四卷;

《批選杜工部詩》四卷;

《批選唐詩》二卷;

《蠛談》六卷。

【附録】據《商舶載來書目》記載,桃園天皇寶曆十一年(1751年)中國商船"佐字號"載《山草堂集》一部八帙抵日本。

據《外船書籍元帳》記載,仁孝天皇弘化四年(1847年)中國商船"午一番"載《山草堂全集》一部八帙抵日本,售價一百匁。

日本江户時代有郝敬《小山草》九卷寫本一種。此本現存國會圖書館。

山草堂集十六種一百六卷

(明)郝敬撰　田必成校

明崇禎年間(1628—1644年)刊本　共五十八册

内閣文庫藏本　原江户時代豐後佐伯藩主毛利高標舊藏

【按】此本細目如次:

《談經》九卷;《易領》四卷;

《問易補》七卷;《學易枝言》四卷;

《毛詩序説》八卷;《春秋非左》二卷;

《四書攝提》十卷《附録》一卷;

《時習新知》六卷;《閑邪記》二卷;

《諫草》二卷;《小山草》十卷;

《批點左氏新語》二卷;《藝圃傖談》四卷;

《史漢愚按》六卷;《四書制義》六卷;

《讀書通》二十卷。

此本係日本仁孝天皇文政年間(1818—1829年)出雲守毛利高翰獻贈幕府,明治初期入内閣文庫。

卷中有"佐伯侯毛利高標字培松藏書畫之印"等印記。

(鐫)黄離草(郭美命黄離草)十卷

(明)郭正域撰

明萬曆年間(1573—1620年)江夏郭氏刊本

内閣文庫　静嘉堂文庫　蓬左文庫藏本

【按】前有明萬曆二十八年(1600年)葉向高《序》。

内閣文庫藏本,原係江户時代豐後佐伯藩主毛利高標舊藏,收藏及印章情況同前書,共十四册。

静嘉堂文庫藏本,原係陸心源守先閣等舊藏,共六册。

蓬左文庫藏本,原係江户時代尾張藩主家舊藏。此本爲明正天皇寬永九年(1632年)從中國購入,卷中有"尾陽内庫"印記,共十四册。

【附録】據《商船載來書目》記載,後桃園天皇安永三年(1774年)中國商船"久字號"載《黄離草》一部二帙抵日本。

(合并)黄離草三十卷

(明)郭正域撰

明萬曆年間(1573—1620年)刊本　共二十册

尊經閣文庫藏本　原江户時代加賀藩主前田綱紀等舊藏

長征吟二卷

(明)于承祖撰

明萬曆三十二年(1604年)跋刊本　共二册

内閣文庫藏本　原江户時代豐後佐伯藩主毛利高標舊藏

【按】此本係日本仁孝天皇文政年間(1818—1829年)由出雲守毛利高翰獻贈幕府,明治初期歸内閣文庫。卷中有"佐伯侯毛利高標字培松藏書畫之印"等印記。

西樓存稿十八卷

(明)鄧原岳撰　謝肇淛編

明萬曆年間(1573—1620年)刊本

内閣文庫　尊經閣文庫藏本

【按】内閣文庫藏本,原係楓山官庫等舊藏,共五册。

尊經閣文庫藏本,原係江户時代加賀藩主前田綱紀等舊藏,共十册。

西樓全集十六卷

(明)鄧原岳撰

明末閩中鄧日纘重刊本　共八册

蓬左文庫藏本　原江户時代德川光友瑞龍院等舊藏

碧鷄集(鄧女高詩集)(不分卷)

(明)鄧原岳撰　錢希言編

明刊本　共一册

内閣文庫藏本　原楓山官庫等舊藏

繁露園集二十二卷

(明)董復亨撰　張銓校

明萬曆四十年(1612年)序刊本　共四册

内閣文庫藏本　原昌平坂學問所等舊藏

小草齋文集二十八卷　附一卷　續三卷

(明)謝肇淛撰　徐𤊹編

明天啓年間(1621—1627年)刊本

内閣文庫　尊經閣文庫藏本

【按】内閣文庫藏本,原係楓山官庫等舊藏,共八册。

尊經閣文庫藏本,原係江户時代加賀藩主前田綱紀等舊藏,共十册。

居東集六卷

(明)謝肇淛撰

明刊本

宫内廳書陵部　尊經閣文庫　静嘉堂文庫藏本

【按】宫内廳書陵部藏本,共十二册。

尊經閣文庫藏本,原係江户時代加賀藩主前田綱紀等舊藏,共六册。

静嘉堂文庫藏本,原係陸心源守先閣等舊藏,共二册。

下菰集六卷

(明)謝肇淛撰

明萬曆年間(1573—1620年)刊本

宫内廳書陵部　尊經閣文庫藏本

【按】宫内廳書陵部藏本,共七册。

尊經閣文庫藏本,原係江户時代加賀藩主前

田綱紀等舊藏，共四册。

(于景素先生)願學齋億語四卷　續億語一卷

(明)于孔兼撰
明萬曆三十五年(1607年)序刊本　共五册
内閣文庫藏本　原楓山官庫等舊藏

(于景素先生)山居稿八卷　首一卷

(明)于孔兼撰
明萬曆四十年(1612年)序刊本　共十二册
内閣文庫藏本　原江户時代豐後佐伯藩主毛利高標舊藏

【按】此本係日本仁孝天皇文政年間(1818—1829年)由出雲守毛利高翰獻贈幕府，明治初期歸内閣文庫。

卷中有"佐伯侯毛利高標字培松藏書畫之印"等印記。

【附録】據《商舶載來書目》記載，後桃園天皇安永三年(1774年)中國商船"佐字號"載《山居稿》一部一帙抵日本。

括蒼游十卷

(明)丁應宗撰
明萬曆三十五年(1607年)序刊本　共一册
内閣文庫藏本　原楓山官庫等舊藏

北征稿(不分卷)

(明)丁應宗撰
明萬曆二十三年(1595年)序刊本　共一册
内閣文庫藏本　原楓山官庫等舊藏

雨山編(不分卷)

(明)朱之蕃撰
明刊本　共一册
内閣文庫藏本　原楓山官庫等舊藏

紀勝詩(不分卷)

(明)朱之蕃撰
明刊本　共一册
内閣文庫藏本　原楓山官庫等舊藏

咏物詩一卷

(明)朱之蕃撰
明刊本　共一册
内閣文庫藏本　原楓山官庫等舊藏

【附録】日本仁孝、孝明天皇弘化年間(1844—1847年)有和刊本朱之蕃撰《咏物詩》一卷刊印。此本係井伊源左衛門編。

明志稿五卷　續一卷

(明)張恒撰
明萬曆四十年(1612年)序刊本　共六册
内閣文庫藏本　原昌平坂學問所等舊藏

處實堂集選十二卷

(明)張鳳翼撰
明刊本
内閣文庫　尊經閣文庫藏本

【按】内閣文庫藏本，原係昌平坂學問所等舊藏，共十二册。

尊經閣文庫藏本，原係江户時代加賀藩主前田綱紀等舊藏，共六册。

文起堂集十卷

(明)張獻翼撰
明刊本　共六册
尊經閣文庫藏本　原江户時代加賀藩主前田綱紀等舊藏

區太史詩稿二十七卷

(明)區大相撰　區大樞校
明萬曆年間(1573—1620年)刊本　共四册
宫内廳書陵部藏本

【按】卷中有"次公"、"俞份之印"、"秘閣圖書之章"等印記。

申文定公集六十八卷

(明)申時行撰　申用懋　申用嘉校

明萬曆年間(1573—1620年)長洲申氏家刊本　共四十二册

蓬左文庫藏本　原江户時代尾張藩主家舊藏

【按】此本細目如次:

《賜閑堂集》四十卷;《綸扉簡牘》十卷;《綸扉奏草》四卷;《綸扉笥草》四卷;《外制草》十卷,凡六十八卷。

此本係明正天皇寬永六年(1629年)從中國購入。

卷中有"尾陽内庫"印記。

【附録】據《商舶載來書目》記載,東山天皇元禄十四年(1701年)中國商船"志字號"載《申文定公集》一部四十四册抵日本。中御門天皇享保十二年(1727年)中國商船"志字號"載《申文定公集》一部二帙抵日本。後桃園天皇安永三年(1774年)中國商船"利字號"載《綸飛奏草》一部二帙抵日本。

申文定公集十八卷　附集十八卷

(明)申時行撰

明萬曆二十年(1592年)序刊本　共十二册

東洋文庫藏本

【按】此本《附集》係《綸扉奏草》四卷、《綸扉笥草》四卷、《外制草》十卷。

賜閑堂集四十卷

(明)申時行撰　申用懋　申用嘉編

明萬曆四十四年(1616年)序刊本

國會圖書館　内閣文庫　静嘉堂文庫藏本

【按】國會圖書館藏本,原共二十册,現合爲七册。

内閣文庫藏此同一刊本兩部。一部原係昌平坂學問所等舊藏,共二十册。一部原係楓山官庫等舊藏,共十六册。

静嘉堂文庫藏本,原係中村敬宇等舊藏,共二十册。

五嶽游草七卷　一齋陳先生考終録一卷

(明)陳第撰　陳祖念校

明萬曆四十五年(1617年)跋刊本　共二册

内閣文庫藏本　原楓山官庫等舊藏

書札燼存一卷

(明)陳第撰

明刊本　共一册

東洋文庫藏本　原藤田豐八等舊藏

玉茗堂全集四十六卷

(明)湯顯祖撰

明天啓元年(1621年)序刊本

内閣文庫　東洋文庫　静嘉堂文庫　東京大學藏本

【按】每半葉有界七行,行十八字。注文小字雙行。白口,四周單邊(21.6cm×12.3cm)。

此本細目如次:

《詩集》十八卷;《文集》十六卷;

《賦集》六卷;《尺牘》六卷。

内閣文庫藏本,原係昌平坂學問所等舊藏,共十八册。

東洋文庫藏本,原係藤田豐八等舊藏,共十六册。

静嘉堂文庫藏此同一刊本兩部。一部原係陸心源守先閣等舊藏,共十二册。一部原係中村敬宇等舊藏,共十六册。

東京大學藏此同一刊本兩部。一部現存文學部漢籍中心,共十六册。一部現存總合圖書館。此本原係市村瓚次郎購入覺廬文庫舊藏,共四十册。

(獨深居點定)玉茗堂集三十八卷

(明)湯顯祖撰　沈際飛編

明崇禎九年(1636年)序刊本

内閣文庫　廣島大學文學部藏本

【按】此本細目如次:

《賦集》四卷;《詩集》十三卷;

《文集》七卷;《尺牘》六卷;

《傳奇》四種八卷。

内閣文庫藏本,原係楓山官庫等舊藏,共二十册。

廣島大學藏本,今存《詩集》十三卷、《文集》七卷、《賦集》四卷,合二十四卷,共八册。

玉茗堂集三十卷

(明)湯顯祖撰

明崇禎九年(1636年)序刊本　共八册(今合爲四册)

國會圖書館藏本

玉茗堂集選十五卷

(明)湯顯祖撰　帥機等編選

明萬曆丙午(1606年)金陵周如溟刊本

内閣文庫　蓬左文庫藏本

【按】前有明屠隆《序》,又有帥機《序》。

内閣文庫藏此同一刊本兩部,皆各四册。其中一部原係昌平坂學問所等舊藏。

蓬左文庫藏本,原係江户時代尾張藩主家舊藏。此本係日本明正天皇寬永九年(1632年)從中國購入。卷中有"尾陽内庫"印記,共八册。

(刻)湯海若玉茗堂集選十五卷

(明)湯顯祖撰　丘兆麟等選

明屠隆序刊本　共二册

内閣文庫藏本　原德川光友瑞龍院等舊藏

(臨川湯若士先生)玉茗堂絶句選二卷　(臨川湯若士先生)玉茗堂尺牘六卷

(明)湯顯祖撰

明萬曆年間(1573—1620年)刊本　共四册

尊經閣文庫藏本　原江户時代加賀藩主前田綱紀等舊藏

湯海若問棘郵草二卷

(明)湯顯祖撰　徐渭批釋

明刊本　共一册

内閣文庫　東洋文庫藏本

【按】内閣文庫藏此同一刊本三部。其中一部原係楓山官庫等舊藏;一部原係江户時代林羅山舊藏,卷中有"江雲渭樹"印記。

東洋文庫藏本,原係藤田豐八等舊藏。

鹿忠節公集二十一卷

(明)鹿善繼撰

明末刊本　共六册

愛知大學附屬圖書館簡齋文庫藏本　原小倉正恒等舊藏

榆關草四卷　奉常草五卷

(明)鹿善繼撰

明刊本　共一册

静嘉堂文庫藏本　原陸心源十萬卷樓等舊藏

敝帚集十二卷

(明)趙廷松撰　趙訥校

明嘉靖四十一年(1613年)序刊本　共四册

國會圖書館藏本

東蓀先生集十六卷

(明)眭石撰

明萬曆年間(1573—1620年)刊本　共十六册

尊經閣文庫藏本　原江户時代加賀藩主前田綱紀等舊藏

張毅敏公集十卷

(明)張養蒙撰

明崇禎三年(1630年)序刊本　共十册

東洋文庫藏本　原藤田豐八等舊藏

青堂集八卷

(明)董嗣成撰

明刊本

東洋文庫　静嘉堂文庫藏本

【按】東洋文庫藏本,原係小田切萬壽之助等舊藏,共四册。

静嘉堂文庫藏本,原係陸心源守先閣等舊藏,共二册。

許鍾斗文集五卷

(明)許獬撰

明刊本　共三册

尊經閣文庫藏本　原江户時代加賀藩主前田綱紀等舊藏

馮少墟集(馮定公全書)二十二卷

(明)馮從吾撰

明萬曆年間(1573—1620年)刊本

静嘉堂文庫藏本

【按】静嘉堂文庫藏此同一刊本兩部。一部原係陸心源守先閣等舊藏。此本今缺卷二、卷三、卷四、卷五,實存十八卷,共七册。一部共十二册。

【附録】桃園天皇寶曆四年(1754年)長崎港《舶來書籍大意書》著録此本,其釋文曰:"《馮少墟集》係明人馮仲好著。輯録其語録十二種、諸體之文百五十篇、詩三十餘首,編次爲二十二卷。又輯録其諸體之文四十餘篇、詩三首,編爲《續集》五卷。嫡孫馮澄若等校正,明萬曆四十六年刊印。此本後附諸臣相爲仲好新建書院請謚奏疏、公移、祭文、祠碑、行實,凡十五篇。清康熙十二年有重刊本。"并注明:"一部二帙二十册,内脱紙八張,磨損甚多。又《續集》内缺文十四篇,卷張次第有混雜。"

馮少墟集二十二卷　續集六卷

(明)馮從吾撰

明崇禎年間(1628—1644年)刊本　共十八册

京都大學附屬圖書館藏本

馮少墟集十八卷

(明)馮從吾撰

明萬曆四十七年(1619年)劉必達金陵重刊本　共十册

蓬左文庫藏本　原江户時代尾張藩主家舊藏

【按】此本係明正天皇寛永六年(1629年)從中國購入。

卷中有"尾陽内庫"印記。

黄太史怡春堂藏稿七卷

(明)黄輝撰

明天啓年間(1621—1627年)刊本　共六册

尊經閣文庫藏本　原江户時代加賀藩主前田綱紀等舊藏

程仲權先生集十六卷

(明)程可仲撰

明刊本　共五册

内閣文庫藏本　原楓山官庫等舊藏

梅禹金詩草二十卷

(明)梅鼎祚撰

明萬曆十一年(1583年)序鹿裘石室刊本　共三册

内閣文庫藏本　原昌平坂學問所等舊藏

【按】此本細目如次:

《與玄草》八卷;《庚辛草》四卷;

《予寧草》八卷。

鹿裘石室集六十五卷

(明)梅鼎祚撰　湯賓尹校

明天啓三年(1623年)序刊本

内閣文庫藏本

【按】此本係《詩》二十五卷、《文》二十五卷、《書牘》十五卷。

内閣文庫藏此同一刊本兩部。一部原係江户時代豐後佐伯藩主毛利高標舊藏,仁孝天皇文政年間(1818—1829年)出雲守毛利高翰獻贈幕府,明治初期歸内閣文庫。卷中有"佐伯侯毛利高標字培松藏書畫之印"等印記,共十六册。一部今缺《詩》部《序》及《目録》,又缺《文》部《序》及《目録》,共五册。

【附録】據《商舶載來書目》記載,後櫻町天皇安永三年(1774年)中國商船"吕字號"載《鹿裘石室集》一部二帙抵日本。

松樞十九山(十一種)五十六卷

(明)錢希言撰
明萬曆二十八年(1600年)荆南梅華廨刊本
共四十六册
内閣文庫藏本　原楓山官庫等舊藏
【按】此本細目如次:
《西浮籍》三卷;《荆南詩》二卷;
《桐薪》三卷;《織里草》一卷;
《桃葉編》一卷;《樟亭集》三卷;
《二蕭編》二卷;《聽濫志》二卷;
《獪園》十六卷;《戲瑕》三卷;
《討桂編》二十卷。

松樞十九山討桂編二十卷

(明)錢希言撰　吴之申等校　錢謙益訂
明萬曆四十二年(1614年)序常熟錢氏刊本
共八册
東京大學總合圖書館藏本　原中國廣東籌賑日災總會捐贈本

淡然軒集八卷

(明)余繼登撰
明萬曆年間(1573—1620年)刊本　共六册
宫内廳書陵部藏本
【按】前有馮琦《序》、吴達可《序》,又有李開芳《序》等。

《御書籍來歷志》著録此本。

卷中有"家在雲間"、"秘閣圖書之章"等印記。

甲秀園集四十七卷

(明)費元禄撰　陳繼儒校
明刊本
内閣文庫　尊經閣文庫　日光輪王寺天海藏藏本
【按】每半葉有界十行,行二十字。白口,四周單邊。

前有屠隆《讀鼂采館集》,又有明萬曆丁未(1607年)陳繼儒《甲秀園集序》、萬曆戊申(1608年)費元禄《甲秀園集自序》、萬曆三十五年(1607年)吴文浤《費無學先生傳略》、周嬰《費無學集序》。後有明萬曆三十八年(1610年)黄光《費無學懶齋記》等。

内閣文庫藏此同一刊本兩部。一部原係楓山官庫等舊藏,共六册。一部原係江户時代林羅山舊藏,此本卷九至卷十二係後人寫補,卷中有"江雲渭樹"印記,共七册。

尊經閣文庫藏本,共十二册。

日光輪王寺藏本,原係天海大僧正舊藏,共十二册。

轉情集二卷

(明)費元禄撰　鍾惺編
明萬曆四十六年(1618年)序刊本　共二册
内閣文庫藏本　原楓山官庫等舊藏

鶡棲草(鰲江草)

(明)林大啓撰　徐㶊編
明萬曆四十年(1612年)跋刊本
内閣文庫　福井市立圖書館藏本
【按】此本細目如次:
《筆記文類》一卷;《鶡棲亭詩草》二卷;
《文草》一卷。

内閣文庫藏此同一刊本兩部,皆共四册。一部原係楓山官庫等舊藏;一部原係江户時代豐後佐伯藩主毛利高標舊藏,仁孝天皇文政年間(1818—1829年)出雲守毛利高翰獻贈幕府,明治初期歸内閣文庫。

卷中有"佐伯侯毛利高標字培松藏書畫之印"等印記。

福井市藏本,卷中有"明道館圖書記"朱文方印,共二册。

陳元凱集五卷

(明)陳勛撰

明天啓二年(1622年)序刊本　共五册

内閣文庫藏本　原楓山官庫等舊藏

【附録】據《商舶載來書目》記載,後櫻町天皇明和四年(1767年)中國商船"智字號"載《陳元凱先生集》一部五册抵日本。

萬石山筆嘯二卷

(明)歐應昌撰

明萬曆四十五年(1617年)序刊本　共一册

内閣文庫藏本　原江户時代豐後佐伯藩主毛利高標舊藏

【按】此本係日本仁孝天皇文政年間(1818—1829年)由出雲守毛利高翰獻贈幕府,明治初期歸内閣文庫。

卷中有"佐伯侯毛利高標字培松藏書畫之印"等印記。

頌帚居士戒草(不分卷)

(明)劉錫玄撰

明萬曆四十五年(1617年)序刊本　共一册

内閣文庫藏本　原江户時代豐後佐伯藩主毛利高標舊藏

【按】此本係日本仁孝天皇文政年間(1818—1829年)由出雲守毛利高翰獻贈幕府,明治初期歸内閣文庫。

卷中有"佐伯侯毛利高標字培松藏書畫之印"等印記。

自娱集十卷　詩餘一卷

(明)俞琬綸撰

明刊本　共四册

内閣文庫藏本　原江户時代豐後佐伯藩主毛利高標舊藏

【按】此本係日本仁孝天皇文政年間(1818—1829年)由出雲守毛利高翰獻贈幕府,明治初期歸内閣文庫。

卷中有"佐伯侯毛利高標字培松藏書畫之印"等印記。

尚友堂文集五卷

(明)龔勉撰

明萬曆年間(1573—1620年)刊本　共六册

尊經閣文庫藏本　原江户時代加賀藩主前田綱紀等舊藏

尚友堂詩集九卷

(明)龔勉撰

明萬曆十二年(1584年)跋刊本　共四册(今合爲二册)

國會圖書館藏本

尚友堂詩集十三卷

(明)龔勉撰

明萬曆十二年(1584年)跋刊本　共四册

内閣文庫藏本　原江户時代豐後佐伯藩主毛利高標舊藏

【按】此本係日本仁孝天皇文政年間(1818—1829年)出雲守毛利高翰獻贈幕府,明治初期歸内閣文庫。

卷中有"佐伯侯毛利高標字培松藏書畫之印"等印記。

藏徵館集十五卷　賦一卷

(明)劉黄裳撰

明萬曆十四年(1586年)序刊本　共六册

内閣文庫藏本　原江户時代豐後佐伯藩主毛利高標舊藏

【按】此本係日本仁孝天皇文政年間(1818—1829年)由出雲守毛利高翰獻贈幕府,明治初期歸内閣文庫。

卷中有"佐伯侯毛利高標字培松藏書畫之

印”等印記。

【附録】據《商舶載來書目》記載，後桃園天皇安永三年（1774年）中國商船“佐字號”載《藏徵館集》一部一帙抵日本。

宋化卿詩草二卷　宋化卿續集二卷　宋化卿花影編一卷

（明）宋守一撰

明萬曆十五年（1587年）序刊本　共二册

内閣文庫藏本　原楓山官庫等舊藏

趙旬龍先生文集十卷

（明）趙懷玉撰

明刊本　共四册

内閣文庫藏本　原楓山官庫等舊藏

淮海吏隱稿六卷

（明）秦懋德撰

明萬曆十六年（1588年）序刊本　共五册

内閣文庫藏本　原江户時代林氏大學頭家舊藏

可也居集三卷

（明）高鶴撰

明萬曆十九年（1601年）序刊本　共一册

内閣文庫藏本　原楓山官庫等舊藏

褉日樓草三卷

（明）許夢熊撰

明萬曆十九年（1601年）序刊本　共二册

内閣文庫藏本　原江户時代吉田意庵　昌平坂學問所等舊藏

余文敏公文集十二卷

（明）余有丁撰

明萬曆二十年（1592年）序刊本

内閣文庫　静嘉堂文庫藏本

【按】内閣文庫藏此同一刊本兩部，皆各六册。一部原係楓山官庫等舊藏；一部原係昌平坂學問所等舊藏。

静嘉堂文庫藏本，原係島田篁村等舊藏，共五册。

余文敏公文集十五卷

（明）余有丁撰

明萬曆年間（1573—1620年）刊本　共八册

尊經閣文庫藏本　原江户時代加賀藩主前田綱紀等舊藏

棲真閣稿（三種）三卷　附録二卷

（明）林尚瓊撰

明萬曆二十年（1592年）序刊本　共四册

内閣文庫藏本　原楓山官庫等舊藏

【按】此本細目如次：

《湖上篇》一卷《附》一卷；《蓬游尺素》一卷；《勝游五記》一卷《附》一卷。

朴齋先生集十二卷

（明）葉邦榮撰

明閩中刊本

内閣文庫　蓬左文庫藏本

【按】卷後有明萬曆二十年（1592年）孤炯《跋》。

内閣文庫藏本，原係楓山官庫等舊藏，共四册。

蓬左文庫藏本，原係江户時代尾張藩主家舊藏。此本係日本明正天皇寛永六年（1629年）從中國購入，卷中有“尾陽内庫”印記，共六册。

一毫集三卷

（明）王珍撰　李蔭等編

明萬曆二十一年（1593年）序刊本　共一册

内閣文庫藏本　原江户時代豐後佐伯藩主毛利高標舊藏

【按】此本係日本仁孝天皇文政年間（1818—1829年）出雲守毛利高翰獻贈幕府，明治初期歸内閣文庫。

卷中有“佐伯侯毛利高標字培松藏書畫之

印”等印記。

居來先生集六十五卷　附一卷　目録六卷

(明)張佳胤撰

明萬曆二十二年(1594年)序刊本

内閣文庫藏本

【按】内閣文庫藏此同一刊本兩部。一部原係楓山官庫等舊藏,今缺《附録》一卷,共十二卷。一部共二十四册。

霧靇山人詩集(殘本)九卷

(明)沅自華撰

明萬曆二十二年(1594年)序刊本　共六册

内閣文庫藏本　原楓山官庫等舊藏

【按】是書全本十卷。此本今缺卷一,實存九卷。

貝葉齋稿四卷　附游西山記　戊寅山行記

(明)李言恭撰　胡應麟編

明萬曆九年(1581年)序刊本　共四册

内閣文庫藏本　原江户時代豐後佐伯藩主毛利高標舊藏

【按】此本係日本仁孝天皇文政年間(1818—1829年)出雲守毛利高翰獻贈幕府,明治初期歸内閣文庫。

卷中有“佐伯侯毛利高標字培松藏書畫之印”等印記。

【附録】日本桃園天皇寶曆三年(1753年)京都書林錢屋七郎兵衛刊印李言恭撰《白雲詩集》二卷。

青蓮閣集十卷

(明)李言恭撰

明萬曆二十三年(1595年)序刊本　共六册

内閣文庫藏本　原江户時代豐後佐伯藩主毛利高標舊藏

【按】此本收藏與印章情况同前書。

江左集八卷

(明)周應愿撰

明萬曆二十四年(1596年)序刊本　共四册

内閣文庫藏本　原楓山官庫等舊藏

畣爾樓遺稿四卷

(明)徐夢華撰

明萬曆二十四年(1596年)序刊本　共一册

内閣文庫藏本　原江户時代豐後佐伯藩主毛利高標舊藏

【按】此本係日本仁孝天皇文政年間(1818—1829年)由出雲守毛利高翰獻贈幕府,明治初期歸内閣文庫。

卷中有“佐伯侯毛利高標字培松藏書畫之印”等印記。

管涔集二卷

(明)丁惟暄撰　祝世禄編

明萬曆二十五年(1597年)序刊本　共二册

内閣文庫藏本　原楓山官庫等舊藏

公餘寄興草(殘本)二卷

(明)馬邦良撰

明萬曆二十七年(1599年)序刊本　共二册

内閣文庫藏本　原楓山官庫等舊藏

【按】是書全本三卷。此本今缺卷二,實存二卷。

蘭江集二十二卷

(明)王在晉撰

明萬曆二十八年(1600年)序刊本　共十二册

内閣文庫藏本　原楓山官庫等舊藏

蘭江集二十卷

(明)王在晉撰

明萬曆年間(1573—1620年)刊本　共十一册

尊經閣文庫藏本　原江户時代加賀藩主前田綱紀等舊藏

半山藏稿二十卷　附王憲使傳一卷

(明)王叔果撰
明萬曆二十八年(1600年)序刊本　共七册
内閣文庫藏本　原楓山官庫等舊藏

玉介園存稿十八卷

(明)王叔果撰
明萬曆二十九年(1601年)跋刊本
國會圖書館　内閣文庫藏本
【按】國會圖書館藏本,共十二册。
内閣文庫藏本,原係昌平坂學問所等舊藏,共九册。

蒼虬館草三卷

(明)丁繼嗣撰
明萬曆三十年(1602年)序刊本　共三册
内閣文庫藏本　原楓山官庫等舊藏

菽園詩草六卷

(明)茅國縉撰　吴夢暘編
明刊本　共二册
内閣文庫藏本　原楓山官庫等舊藏

暨中言(不分卷)

(明)劉貞一撰
明萬曆三十二年(1604年)序刊本　共二册
内閣文庫藏本　原楓山官庫等舊藏

(李茂承)彭澤草(不分卷)

(明)李紹箕撰
明萬曆三十二年(1604年)緑督齋刊本　共一册
内閣文庫藏本　原楓山官庫等舊藏

陳布衣集句二卷

(明)陳言撰
明萬曆三十二年(1604年)序刊本　共二册
内閣文庫藏本　原楓山官庫等舊藏

(兩高山人百尺千巖)萬壑樓藏稿四卷

(明)黄猷吉撰
明萬曆三十二年(1604年)序刊本　共四册
内閣文庫藏本　原楓山官庫等舊藏

公餘草就三卷

(明)汪可進撰
明萬曆三十三年(1605年)序刊本　共三册
内閣文庫藏本　原楓山官庫等舊藏

芝園文稿三十六卷

(明)趙世顯撰
明萬曆年間(1573—1620年)刊本　共十册
尊經閣文庫藏本　原江户時代加賀藩主前田綱紀等舊藏

芝園稿二十八卷　目二卷

(明)趙世顯撰　徐㶿校
明萬曆年間(1573—1620年)閩中趙氏刊本　共十册
内閣文庫　蓬左文庫藏本
【按】内閣文庫藏本,原係楓山官庫等舊藏。
蓬左文庫藏本,原係江户時代尾張藩主家舊藏。此本係日本明正天皇寛永十二年(1635年)從中國購入,卷中有“尾陽内庫”印記。

粤游草(不分卷)

(明)聞禮撰
明萬曆三十六年(1608年)序刊本　共一册
内閣文庫藏本　原楓山官庫等舊藏

句曲稿一卷　白下稿一卷　鳩兹稿一卷　萬玉草一卷

(明)邵啓泰撰
明萬曆三十八年(1610年)序刊本　共一册
内閣文庫藏本　原江户時代豐後佐伯藩主

毛利高標舊藏

【按】此本係日本仁孝天皇文政年間(1818—1829年)出雲守毛利高翰獻贈幕府,明治初期歸内閣文庫。

卷中有"佐伯侯毛利高標字培松藏書畫之印"等印記。

雪山草九卷

(明)釋法杲撰　潘之恒等編

明萬曆三十八年(1610年)序刊本　共二册

内閣文庫藏本　原楓山官庫等舊藏

陶文簡公集十三卷　陶文簡公館課二卷

(明)陶望齡撰

明天啓年間(1621—1627年)刊本　共十册

尊經閣文庫藏本　原江户時代加賀藩主前田綱紀等舊藏

歇庵集十六卷

(明)陶望齡撰

明萬曆年間(1573—1620年)山陰王氏刊本

内閣文庫　蓬左文庫　尊經閣文庫藏本

【按】前有明萬曆三十九年(1611年)余懋孳《序》。

内閣文庫藏本,原係楓山官庫等舊藏,共七册

蓬左文庫藏本,原係江户時代尾張藩主家舊藏,共十六册。

尊經閣文庫藏本,原係江户時代加賀藩主前田綱紀等舊藏,共十六册。

【附録】據《商舶載來書目》記載,東山天皇寶永五年(1708年)中國商船"計字號"載《歇庵集》一部二帙抵日本。

歇庵集十卷

(明)陶望齡撰

明萬曆十九年(1611年)劉氏喬山堂刊本　共四册

内閣文庫藏本　原江户時代林羅山舊藏

【按】卷中有"江雲渭樹"印記。

歇庵先生集四卷

(明)陶望齡撰　陸夢龍選

明萬曆四十七年(1619年)會稽陸氏刊本　共四册

京都大學文學部中國語學文學哲學研究室藏本

虞精集四卷

(明)周伯耕撰　徐奮鵬校

明萬曆三十九年(1611年)序刊本　共四册

内閣文庫藏本　原楓山官庫等舊藏

劉喜聞先生集十二卷

(明)劉孔當撰　劉以誠編

明萬曆三十九年(1611年)序刊本　共四册

内閣文庫藏本　原楓山官庫等舊藏

(鐫)荆玉堂鈔十卷

(明)張維貞撰　曾克唯編

明萬曆三十九年(1611年)序刊本　共四册

内閣文庫藏本　原楓山官庫等舊藏

東皋初草五卷　附四六一卷

(明)單守敬撰

明萬曆四十年(1612年)序刊本　共二册

内閣文庫藏本　原楓山官庫等舊藏

九籥前集十九卷　九籥集十四卷

(明)宋楙澄撰

明萬曆四十年(1612年)序刊本　共七册

内閣文庫藏本　原楓山官庫等舊藏

【按】《九籥前集》係《文》十一卷、《詩》八卷。《九籥集》係《文》十卷、《詩》四卷。

九籥集(詩)四卷

(明)宋楙澄撰

明刊本　共二册

東洋文庫藏本　原藤田豐八等舊藏

玄暘閣集十二卷

(明)沈孝徵撰
明萬曆四十年(1612年)序刊本　共六册
内閣文庫藏本　原昌平坂學問所等舊藏

月峰先生居業九卷

(明)孫鑛撰
明萬曆年間(1573—1620年)序刊本
宫内廳書陵部　尊經閣文庫藏本
【按】前有孫鑛《自序》,後有吕胤筠《跋》。
此本係《正編》四卷,《次編》五卷,共九卷。
宫内廳書陵部藏本,原係江户時代豐後佐伯藩主毛利高標舊藏。仁孝天皇文政年間(1818—1829年)由出雲守毛利高翰獻贈幕府,明治初期歸内閣文庫。明治二十四年(1891年)歸入宫内省圖書寮(即今宫内廳書陵部)。卷中有"佐伯侯毛利高標字培松藏書畫之印"、"秘閣圖書之章"等印記。共九册。
尊經閣文庫藏本,原係江户時代加賀藩主前田綱紀等舊藏,今存《正編》四卷,共四册。

(月峰先生)居業次編五卷

(明)孫鑛撰　吕天成編
明萬曆四十年(1612年)跋刊本　共五册
内閣文庫藏本　原昌平坂學問所等舊藏

河干集十卷　附一卷

(明)黄汝良撰
明天啓四年(1624年)序刊本　共十四册
内閣文庫藏本　原楓山官庫等舊藏

澹然齋小草十二卷

(明)張維樞撰
明萬曆四十三年(1615年)序刊本　共十二册
内閣文庫藏本　原楓山官庫等舊藏

袁海叟集三卷

(明)袁凱撰
古寫本　共一册
静嘉堂文庫藏本
【按】前有明正德元年(1506年)李夢陽《序》。
卷末有署名"石倉"手識文,恐非曹學佺其人。其文曰:
"《袁海叟詩集》若干卷,有大復、空同二《序》,陸儼山《序》,又董宜陽《題》……余家本止有空同一《序》。所云何陸二《序》與董氏《題辭》,皆無有,殆别是一本耶?石倉識。"

李汝藩詩稿四卷　續四卷

(明)李宗城撰
明萬曆四十三年(1615年)序刊本　共八册
内閣文庫藏本　原楓山官庫等舊藏

水明樓集十四卷

(明)陳薦夫撰　陳一元編
明萬曆四十三年(1615年)序刊本
内閣文庫　蓬左文庫　尊經閣文庫藏本
【按】前有明萬曆四十三年(1615年)曹學佺《序》。
内閣文庫藏本,原係楓山官庫等舊藏,共四册。
蓬左文庫藏本,原係江户時代尾張藩主家舊藏,共四册。
尊經閣文庫藏本,原係江户時代加賀藩主前田綱紀等舊藏,共五册。

天寧先生詩選六卷

(明)周仕堦撰　陳宏己編
明萬曆四十五年(1617年)序刊本　共一册
内閣文庫藏本　原江户時代元政上人　豐後佐伯藩主毛利高標舊藏
【按】此本細目如次:

《北征草》一卷;《雙峰草》一卷;
《白下草》一卷;《蜀中草》一卷;
《舟中草》一卷;《林下草》一卷。

此本係日本仁孝天皇文政年間(1818—1829年)出雲守毛利高翰獻贈幕府,明治初期歸内閣文庫。

卷中有"佐伯侯毛利高標字培松藏書畫之印"等印記。

劉婺州集二十四卷

(明)劉汝佳撰　孫起都編

明萬曆四十五年(1617年)序刊本　共十二册

内閣文庫　尊經閣文庫藏本

【按】内閣文庫藏本,原係楓山官庫等舊藏。

尊經閣文庫藏本,原係江户時代加賀藩主前田綱紀等舊藏。

寤咏一卷　涉志一卷　寄語一卷　譩賦一卷

(明)王若之撰

明萬曆四十六年(1618年)序刊本　共一册

内閣文庫藏本　原江户時代豐後佐伯藩主毛利高標舊藏

【按】此本係日本仁孝天皇文政年間(1818—1829年)出雲守毛利高翰獻贈幕府,明治初期歸内閣文庫。

卷中有"佐伯侯毛利高標字培松藏書畫之印"等印記。

搶榆館集六卷

(明)段爲衮撰　劉文琦編

明萬曆四十七年(1619年)序刊本　共五册

内閣文庫藏本　原昌平坂學問所等舊藏

澹志齋集十四卷

(明)周如磐撰

明萬曆四十七年(1619年)序刊本　共十册

内閣文庫藏本　原楓山官庫等舊藏

崇相集(董見龍先生集)十三卷

(明)董應舉撰

明萬曆四十八年(1620年)序刊本　共十册

内閣文庫藏本

【按】此本係《文》十一卷、《詩》二卷。

内閣文庫藏此同一刊本兩部。一部原係昌平坂學問所等舊藏;一部原係楓山官庫等舊藏。

崇相集(文)二十三卷(詩)不分卷

(明)董應舉撰　王舜發校

明崇禎十二年(1639年)序刊本　共十七册

内閣文庫藏本　原楓山官庫等舊藏

崇相集十一卷　崇相存素詩稿二卷　崇相集四六

(明)董應舉撰

明刊本　共十五册

尊經閣文庫藏本　原江户時代加賀藩主前田綱紀等舊藏

崇相集疏二卷　書四卷　議二卷

(明)董應舉撰　王舜發校

明末刊本　共八册附一册

蓬左文庫藏本　原江户時代尾張藩主家舊藏

【按】前有明天啓三年(1623年)董可威《序》。

《附一册》係爲《崇相集疏書拔萃》。

懸榻齋集(十二種)十二卷

(明)陳庚蕃撰

明萬曆四十八年(1620年)序刊本　共四册

内閣文庫藏本　原楓山官庫等舊藏

【按】此本細目如次:
《南譙稿》一卷;《扣舷吟》一卷;
《凡鳥吟》一卷;《據梧吟》一卷;
《移斗篇》一卷;《天游草》一卷;

《醉嘯編》一卷;《酬和編》一卷;
《麈玄稿》一卷;《席門草》一卷;
《吾寄編》一卷;《聽松稿》一卷,共十二卷。

陳學士先生初集三十六卷

(明)陳懿典撰　曹憲來校
明萬曆四十八年(1620年)序刊本
内閣文庫　蓬左文庫　尊經閣文庫藏本
【按】卷後有明萬曆庚申(1620年)子婿憲來《跋》。

内閣文庫藏本,原係江户時代豐後佐伯藩主毛利高標舊藏。仁孝天皇文政年間(1818—1829年)由出雲守毛利高翰獻贈幕府,明治初期歸内閣文庫。

卷中有"佐伯侯毛利高標字培松藏書畫之印"等印記。共十册。

蓬左文庫藏本,共二十册。

尊經閣文庫藏本,原係江户時代加賀藩主前田綱紀等舊藏,共二十册。

衆妙齋集(不分卷)

(明)吴玄撰
明萬曆年間(1573—1620年)序衆妙齋刊本　共八册
内閣文庫藏本　原江户時代豐後佐伯藩主毛利高標舊藏
【按】此本係日本仁孝天皇文政年間(1818—1829年)由出雲守毛利高翰獻贈幕府,明治初期歸内閣文庫。

卷中有"佐伯侯毛利高標字培松藏書畫之印"等印記。

轚轅草六卷

(明)錢蕎撰
明刊本　共一册
内閣文庫藏本　原江户時代豐後佐伯藩主毛利高標舊藏
【按】此本收藏與印章情况同前書。

觀物雜咏(不分卷)

(明)施篤臣撰
明刊本　共一册
内閣文庫藏本　原楓山官庫等舊藏

泊如齋吟草(亦適編)七卷

(明)沈朝焕撰
明刊本
内閣文庫藏本
【按】内閣文庫藏此同一刊本兩部。一部原係楓山官庫等舊藏,共二册。一部原係江户時代豐後佐伯藩主毛利高標舊藏,仁孝天皇文政年間(1818—1829年)出雲守毛利高翰獻贈幕府,明治初期歸内閣文庫。

卷中有"佐伯侯毛利高標字培松藏書畫之印"等印記。

竹林園行記(九種)九卷

(明)劉戡之撰
明萬曆年間(1573—1620年)刊本　共九册
内閣文庫藏本　原楓山官庫等舊藏
【按】此本細目如次:
《東山草》一卷;《南枝集》一卷;
《浮雲編》一卷;《淮北金》一卷;
《星查注》一卷;《西征紀》一卷;
《關中轉》一卷;《吴游稿》一卷;
《一石言》一卷,共九卷。

閩中稿一卷　湖上篇一卷

(明)李奎撰
明龍珠山房刊本　共一册
内閣文庫藏本　原楓山官庫等舊藏

碧山學士集十九卷　附録七卷

(明)黄洪憲撰
明刊本　共十二册
内閣文庫　尊經閣文庫　東北大學附屬圖書館藏本

【按】《附録》細目如次：
《承明應制稿》一卷；
《中秘讀書稿》二卷；
《鑾坡制草》四卷，共七卷。
内閣文庫藏本，原係昌平坂學問所等舊藏，共十二册。
尊經閣文庫藏本，原係江户時代加賀藩主前田綱紀等舊藏，共十二册。
東北大學藏本，原係狩野亨吉等舊藏，共十册。

中秘讀書稿二卷　承明應制稿一卷　鑾坡制草四卷

(明)黄洪憲撰
明萬曆年間(1573—1620年)刊本　共四册
尊經閣文庫藏本　原江户時代加賀藩主前田綱紀等舊藏

沈太史全集(八種)二十四卷

(明)沈懋孝撰
明刊本　共二十四册
内閣文庫藏本　原木村蒹葭堂等舊藏
【按】此本細目如次：
《沈司成先生集》一卷；
《沈幼真太史滴露軒藏稿》一卷；
《長水先生文鈔》二卷；
《長水沈先生洛誦編》四卷；
《長水先生石林賁草》四卷；
《長水先生四餘編》四卷；
《長水先生賁園草》四卷；
《長水先生水雲緒編》四卷。

泉湖山房稿(少保曾公集)三十卷

(明)曾同亨撰　王鉉編
明閩中刊本
内閣文庫　蓬左文庫　尊經閣文庫藏本
【按】前有明萬曆四十三年(1615年)陳邦瞻《序》。
内閣文庫藏本，原係楓山官庫等舊藏，共十六册。
蓬左文庫藏本，原係江户時代尾張藩主家舊藏，共八册。
尊經閣文庫藏本，原係江户時代加賀藩主前田綱紀等舊藏，共十六册。

劉太司成文集十六卷

(明)劉應秋撰　湯顯祖編
明刊本
内閣文庫　尊經閣文庫藏本
【按】内閣文庫藏本，原係昌平坂學問所等舊藏，共八册。
尊經閣文庫藏本，原係江户時代加賀藩主前田綱紀等舊藏，共六册。

步丘草(謝日可比部全集)二十卷　又一卷

(明)謝廷讚撰
明刊本　共七册
内閣文庫藏本　原昌平坂學問所等舊藏

亦園文略一卷　詩略一卷

(明)王宇撰　阮漢聞　潭元春編
明刊本　共三册
内閣文庫藏本　原江户時代豐後佐伯藩主毛利高標舊藏
【按】此本係日本仁孝天皇文政年間(1818—1829年)由出雲守毛利高翰獻贈幕府，明治初期歸内閣文庫。
卷中有“佐伯侯毛利高標字培松藏書畫之印”等印記。

素雯齋集十二卷　西湖造游草一卷

(明)吴伯與撰　董其昌編
明刊本　共六册
内閣文庫藏本　原江户時代豐後佐伯藩主毛利高標舊藏
【按】此本收藏與印章情況同前書。

剡山堂稿十二卷

(明)戴士琳撰

明刊本

内閣文庫藏本

【按】内閣文庫藏此同一刊本兩部。一部原係江户時代豐後佐伯藩主毛利高標舊藏,收藏與印章情況同前書。共二册。一部原係楓山官庫等舊藏,共三册。

詒美堂集二十四卷

(明)祝以豳撰　祝文璘編

明祝守一刊本

國會圖書館　内閣文庫　東洋文庫藏本

【按】國會圖書館藏本,原共十册,現合爲三册。

内閣文庫藏本,原係清人汪啓淑舊藏,後歸日本昌平坂學問所,共十册。

東洋文庫藏本,原係藤田豐八等舊藏,共六册。

遯庵全集十八卷　詩集十卷

(明)蔡復一撰

明崇禎年間(1628—1644年)刊本(群玉山房藏版)

東京大學東洋文化研究所藏本

【附録】桃園天皇寶曆四年(1754年)長崎《舶來書籍大意書》記中國商船"戌字號"所載之漢籍著録《遯庵全集》三種。其釋文曰:"此集係明人蔡敬夫所著。輯其候啓、通啓、壽啓、迓送啓等四百四十餘篇,編爲《駢語》五卷。又輯其同類百五十餘篇,編爲《續駢語》二卷。輯其序類五十餘篇,編爲《遯庵全集》二卷。計凡三種,版心皆標'遯庵全集'。此本一部一帙六册。"

據《商舶載來書目》記載,桃園天皇寶曆四年(1754年)中國商船"登字號"載《遯庵全集集》一部一帙抵日本。

遯庵全集十七卷

(明)蔡復一撰

明刊本

尊經閣文庫　京都大學附屬圖書館藏本

【按】此本係《遯庵駢語》五卷、《遯庵續駢語》二卷、《遯庵詩集》十卷。

尊經閣文庫藏本,原係江户時代加賀藩主前田綱紀等舊藏,共十册。

京都大學藏本,共九册。

遯庵全集十五卷

(明)蔡復一撰

明刊本　共九册

内閣文庫藏本　原昌平坂學問所等舊藏

【按】此本係《遯庵駢語》五卷、《遯庵詩集》十卷。

(魏伯饒)領袖堂集十四卷

(明)魏靖國撰

明萬曆年間(1573—1620年)刊本　共四册

尊經閣文庫藏本　原江户時代加賀藩主前田綱紀等舊藏

(鍥注釋)得愚集六卷　(鍥旁注)續得愚集四卷

(明)鄧志謨撰

明萬曆年間(1573—1620年)書林滄發堂余祥我刊本

蓬左文庫　内閣文庫藏本

【按】前有明萬曆四十二年(1614年)江藩天池埤《序》。

蓬左文庫藏本,原江户時代尾張藩主家舊藏。此本係明正天皇寛永七年(1630年)從中國購入。卷中有"尾陽内庫"印記。

内閣文庫藏本,原江户時代豐後佐伯藩主毛利高標等舊藏。此本係仁孝天皇文政年間(1818—1829年)由出雲守毛利高翰獻贈幕府,明治初期經太政官文庫而歸内閣文庫。卷中有"佐伯侯毛利高標字培松藏書畫之印"等印記。

謝性卿先生集八卷

(明)謝桂芳撰

明萬曆年間(1573—1620年)刊本　共四册

尊經閣文庫藏本　原江户時代加賀藩主前田綱紀等舊藏

静遠堂集十六卷　附東臯唱和集一卷

(明)秦堈撰

明萬曆年間(1573—1620年)刊本　共八册

尊經閣文庫藏本　原江户時代加賀藩主前田綱紀等舊藏

歸愚庵初學集文詩十二卷

(明)李繼佑撰　唐兆楫選

明萬曆年間(1573—1620年)刊本　共八册

尊經閣文庫藏本　原江户時代加賀藩主前田綱紀等舊藏

三餘集三十五卷

(明)蘇濬撰

明萬曆年間(1522—1566年)晉江蘇氏刊本　共十册

蓬左文庫藏本　原江户時代尾張藩主家舊藏

【按】前有明萬曆三十五年(1607年)李光縉《序》。

此本係明正天皇寛永十年(1633年)從中國購入。

卷中有"尾陽内庫"印記。

春草篇(不分卷)

(明)朱家聲撰

明萬曆三十九年(1611年)序刊本　共一册

東洋文庫藏本　原藤田豐八等舊藏

百拙日録十二卷　百拙附録一卷

(明)詹孝達撰

明萬曆年間(1573—1620年)刊本　共四册

尊經閣文庫藏本　原江户時代加賀藩主前田綱紀等舊藏

春江篇(不分卷)

(明)葉之芳撰

明刊本　共一册

内閣文庫藏本　原江户時代元政上人　豐後佐伯藩主毛利高標等舊藏

【按】此本係日本仁孝天皇文政年間(1818—1829年)由出雲守毛利高翰獻贈幕府,明治初期歸内閣文庫。

卷中有"佐伯侯毛利高標字培松藏書畫之印"等印記。

陸學士先生遺稿十六卷

(明)陸可教撰

明萬曆年間(1573—1620年)刊本　共八册

尊經閣文庫藏本　原江户時代加賀藩主前田綱紀等舊藏

繆丁陽詩文集八卷　續稿二卷　附録三卷

(明)繆一鳳撰　吴亞選

明萬曆四十三年(1615年)福寧吴氏刊本　共四册

蓬左文庫藏本　原江户時代尾張藩主家舊藏

【按】此本係明正天皇寛永七年(1630年)從中國購入。

卷中有"尾陽内庫"印記。

園中草三卷

(明)程大約撰　潘之祥選

明萬曆年間(1573—1620年)刊本　共三册

尊經閣文庫藏本　原江户時代加賀藩主前田綱紀等舊藏

陳觀察詩集文集二卷

(明)陳奎撰

明萬曆年間(1573—1620年)刊本　共二册

尊經閣文庫藏本　原江户時代加賀藩主前田綱紀等舊藏

浮湘集九卷

(明)沈鈇撰

明萬曆年間(1573—1620年)楚藩朱英等刊本　共六册

蓬左文庫藏本　原江户時代尾張藩主家舊藏

【按】前有明萬曆二十一年(1593年)耿定向《序》。

此本係明正天皇寬永七年(1630年)從中國購入。

卷中有"尾陽内庫"印記。

于素齋先生遺稿六卷　于素齋先生褒恤録一卷

(明)于湛撰

明萬曆年間(1573—1620年)刊本　共六册

尊經閣文庫藏本　原江户時代加賀藩主前田綱紀等舊藏

九峰先生文集十三卷　附録一卷

(明)胡森撰

明萬曆年間(1573—1620年)刊本　共六册

尊經閣文庫藏本　原江户時代加賀藩主前田綱紀等舊藏

(刻)垣署四六存稿五集·享帚集二十三卷

(明)唐文燦撰

明萬曆年間(1573—1620年)刊本　共十三册

尊經閣文庫藏本　原江户時代加賀藩主前田綱紀等舊藏

趙寋卿文集三卷

(明)趙士諤撰

明萬曆年間(1573—1620年)刊本　共四册

尊經閣文庫藏本　原江户時代加賀藩主前田綱紀等舊藏

(新刻)瀨六齋全集四十八卷

(明)何三畏撰

明萬曆年間(1573—1620年)刊本　共十六册

尊經閣文庫藏本　原江户時代加賀藩主前田綱紀等舊藏

何氏居廬集十五卷　咏物詩六卷

(明)何三畏撰　陳繼儒等注

明萬曆年間(1573—1620年)刊本　共六册

尊經閣文庫藏本　原江户時代加賀藩主前田綱紀等舊藏

鄭京兆文集十二卷　鄭京兆葬録一卷

(明)鄭心材撰

明萬曆年間(1573—1620年)刊本　共十册

尊經閣文庫藏本　原江户時代加賀藩主前田綱紀等舊藏

鳩兹集十二卷

(明)徐時進撰

明萬曆二十八年(1600年)序刊本　共八册

東洋文庫藏本　原藤田豐八等舊藏

徐氏殘編四卷

(明)徐爌撰

明萬曆年間(1573—1620年)刊本　共六册

尊經閣文庫藏本　原江户時代加賀藩主前田綱紀等舊藏

余學士集三十卷　余學士續集一卷

(明)余孟麟撰

明萬曆年間(1573—1620年)刊本　共八册

尊經閣文庫藏本　原江户時代加賀藩主前田綱紀等舊藏

鴻寶應本十七卷

(明)倪元璐撰

明崇禎十五年(1642年)校刊本

東洋文庫　尊經閣文庫　東京大學總合圖書館藏本

【按】東洋文庫藏本,共六册。

尊經閣文庫藏本,原係江户時代加賀藩主前田綱紀等舊藏,共十册。

東京大學藏本,原係紀州德川家南葵文庫舊藏,共六册。

代言選五卷

(明)倪元璐撰　文震孟等選評

明刊本　共三册

尊經閣文庫藏本　原江户時代加賀藩主前田綱紀等舊藏

杏山詩集六卷

(明)李宗木撰

明吴文清刊本　共二册

内閣文庫藏本　原楓山官庫等舊藏

小有亭集十二卷　別集一卷

(明)馮敏效撰

明刊本　共七册

蓬左文庫藏本　原江户時代尾張藩主家舊藏

【按】此本係日本明正天皇寬永六年(1629年)從中國購入。

卷中有"尾陽内庫"印記。

馮忠卿集(二種)九卷

(明)馮敏效撰

明刊本　共四册

内閣文庫藏本　原楓山官庫等舊藏

【按】此本係《小有亭集》六卷、《寐言》三卷。

檀雪齋集(殘本)三十九卷

(明)胡敬辰撰

明崇禎年間(1628—1644年)刊本　共十二册

宫内廳書陵部藏本　原江户時代豐後佐伯藩主毛利高標舊藏

【按】前有明崇禎紀元(1628年)胡敬辰《自序》,又有陳際泰《序》、朱天麟《序》。

是書全本四十卷。此本今缺卷三十三,實存三十九卷。

此本係仁孝天皇文政年間(1818—1829年)出雲守毛利高翰獻贈幕府,明治初期入内閣文庫。明治二十四年(1891年)歸入宫内省圖書寮(即今宫内廳書陵部)。

卷中有"喝浪净印"、"佐伯侯毛利高標字培松藏書畫之印"等印記。

【附録】據《商舶載來書目》記載,東山天皇元禄十六年(1703年)中國商船"多字號"載《檀雪齋集》一部十二册抵日本。中御門天皇享保十年(1725年)中國商船"和字號"載《檀雪齋集選》(原記録誤爲"珂雪齋集")一部一帙抵日本。

張孺愿詩略四卷

(明)張邦侗撰

明刊本　共二册

内閣文庫藏本　原江户時代豐後佐伯藩主毛利高標舊藏

【按】此本係仁孝天皇文政年間(1818—1829年)出雲守毛利高翰獻贈幕府,明治初期歸内閣文庫。

卷中有"佐伯侯毛利高標字培松藏書畫之印"等印記。

司光集(不分卷)

(明)張邦侗撰

明刊本　共一册

内閣文庫藏本　原昌平坂學問所等舊藏

百一齋草八卷

(明)謝維撰　林古度等校
明刊本　共二册
内閣文庫藏本　原楓山官庫等舊藏

麗矚樓集十二卷

(明)錢文薦撰
明刊本　共十册
内閣文庫藏本　原楓山官庫等舊藏

師竹堂集三十七卷　目二卷

(明)王祖嫡撰
明天啓二年(1622年)序刊本　共十六册
内閣文庫藏本　原江户時代豐後佐伯藩主毛利高標舊藏

【按】此本係仁孝天皇文政年間(1818—1829年)出雲守毛利高翰獻贈幕府,明治初期歸内閣文庫。

卷中有"佐伯侯毛利高標字培松藏書畫之印"等印記。

王惺所先生文集十卷

(明)王以悟撰
明天啓三年(1623年)序刊後印本
内閣文庫　東洋文庫藏本

【按】内閣文庫藏本,原係昌平坂學問所等舊藏,共五册。

東洋文庫藏本,共八册。

(袁了凡先生)兩行齋集十四卷

(明)袁黄撰
明天啓四年(1624年)序刊本　共八册
内閣文庫藏本　原楓山官庫等舊藏

臨雲集(伍國開詩稿)十卷

(明)伍瑞隆撰
明天啓四年(1624年)序刊本　共五册
内閣文庫藏本　原江户時代豐後佐伯藩主毛利高標舊藏

【按】此本係仁孝天皇文政年間(1818—1829年)出雲守毛利高翰獻贈幕府,明治初期歸内閣文庫。

卷中有"佐伯侯毛利高標字培松藏書畫之印"等印記。

【附録】據《商舶載來書目》記載,後桃園天皇安永三年(1774年)中國商船"利字號"載《臨雲集》一部一帙抵日本。

南游稿(不分卷)

(明)陳兆基撰
明天啓三年(1623年)序刊本　共一册
内閣文庫藏本　原江户時代豐後佐伯藩主毛利高標舊藏

【按】此本收藏與印章情況同前書。

(琴張子)螢芝集七卷

(明)張明弼撰
明天啓五年(1625年)序刊本　共二册
内閣文庫藏本　原江户時代豐後佐伯藩主毛利高標舊藏

【按】此本收藏與印章情況同前書。

鼇峰集二十八卷

(明)徐𤊹撰
明天啓五年(1625年)南居益福建刊本
内閣文庫　蓬左文庫藏本

【按】内閣文庫藏此同一刊本兩部。一部原係楓山官庫等舊藏,共十册。一部原係昌平坂學問所等舊藏,共五册。

蓬左文庫藏本,原係江户時代尾張藩主家舊藏,共十册。

【附録】日本仁孝天皇文政年間(1818—1829年)宫澤氏刊印徐𤊹撰《鼇峰絶句鈔》一卷,由日人宫澤正甫(雲山樵人)編。

孝明天皇嘉永二年(1849年)有和刊本徐𤊹撰《田園雜興》一卷,由日人高澤達(菊澗)校點。

(毛孺初先生評選)即山集六卷　附一卷

(明)沈承撰
明天啓六年(1626年)序刊本　共四册
内閣文庫藏本　原楓山官庫等舊藏

盟鷗堂集三十卷

(明)黄承玄撰　許恂如等編
明崇禎元年(1628年)序刊本　共十六册
内閣文庫藏本　原楓山官庫等舊藏

消暍集二十八卷

(明)夏樹芳撰
明崇禎年間(1628—1644年)刊本
内閣文庫　尊經閣文庫藏本
【按】内閣文庫藏本,原係楓山官庫等舊藏,共二十册。
尊經閣文庫藏本,原係江户時代加賀藩主前田綱紀等舊藏,共十五册。

絡緯吟十二卷

(明)徐小淑撰
明崇禎三年(1630年)序刊本　共二册
内閣文庫藏本　原江户時代豐後佐伯藩主毛利高標舊藏
【按】此本係仁孝天皇文政年間(1818—1829年)出雲守毛利高翰獻贈幕府,明治初期歸内閣文庫。
卷中有"佐伯侯毛利高標字培松藏書畫之印"等印記。

薛潤甫集(七種)七卷

(明)薛光瑜撰
明崇禎年間(1628—1644年)刊本　共四册
内閣文庫藏本　原楓山官庫等舊藏
【按】此本細目如次:
《枕上篇》一卷;《續枕上篇(夢草)》一卷;
《續夢草》一卷;《學步草》一卷;
《續學步草》一卷;《和諸名公詩》一卷;
《無題詩三十韵》一卷。

枕上篇一卷

(明)薛光瑜撰
明崇禎年間(1628—1644年)刊本　共一册
内閣文庫藏本　原昌平坂學問所等舊藏

李文節集二十八卷

(明)李廷機撰
明崇禎四年(1631年)跋刊本　共十四册
内閣文庫藏本
【按】内閣文庫藏此同一刊本兩部。一部原係楓山官庫等舊藏;一部原係江户時代林氏大學頭家舊藏。

(駱太史)澹然齋存稿六卷　誥勅一卷　補一卷

(明)駱從宇撰
明崇禎十年(1637年)序刊本
内閣文庫　尊經閣文庫藏本
【按】内閣文庫藏本,原係江户時代豐後佐伯藩主毛利高標舊藏,仁孝天皇文政年間(1818—1829年)由出雲守毛利高翰獻贈幕府,明治初期歸内閣文庫。
卷中有"佐伯侯毛利高標字培松藏書畫之印"等印記,共二册。
尊經閣文庫藏本,無《誥劝》一卷及《補》一卷,共四册。
【附録】據《商舶載來書目》記載,東山天皇元禄七年(1694年)中國商船"良字號"載《駱太史澹然齋存稿》一部四册抵日本。

丁清惠公遺集八卷

(明)丁賓撰
明崇禎十一年(1638年)序刊本　共八册
内閣文庫　尊經閣文庫藏本
【按】内閣文庫藏本,原係昌平坂學問所等舊藏。
尊經閣文庫藏本,原係江户時代加賀藩主前

田綱紀等舊藏。

静觀山房詩稿四卷　賦一卷

(明)王命璿撰

明崇禎十三年(1640年)序刊本　共四册

内閣文庫藏本　原昌平坂學問所等舊藏

濳初子文集二十卷　首一卷

(明)岳元聲撰

明崇禎十五年(1642年)天放阿刊本　共十二册

内閣文庫藏本　原楓山官庫等舊藏

歸興詩(焚餘草)一卷

(明)張萱撰

明刊本　共一册

内閣文庫藏本　原楓山官庫等舊藏

射堂詩抄十四卷　附一卷

(明)吴夢暘撰

明刊本　共四册

内閣文庫藏本　原昌平坂學問所等舊藏

【附録】桃園天皇寶曆四年(1754年)長崎港《舶來書籍大意書》著録此本,其釋文曰:"《射堂詩抄》係明人吴允兆著。輯録其諸體之詩九百二十餘首,編次爲十四卷。"并注明:"一部一帙四册,内無脱紙。"

王季重先生文集十三卷

(明)王思任撰

明刊本

内閣文庫　尊經閣文庫藏本

【按】内閣文庫藏此同一刊本兩部。一部原係昌平坂學問所等舊藏,共六册。一部原係楓山官庫等舊藏,共十二册。

尊經閣文庫藏本,原係江户時代加賀藩主前田綱紀等舊藏,共十二册。

【附録】據《商舶載來書目》記載,後櫻町天皇明和元年(1764年)中國商船"和字號"載《王季重文集》一部一帙抵日本。

王季重先生集(九種)九卷

(明)王思任撰

明刊本(清暉閣藏版　紹興壽墨齋印兑)共五册

蓬左文庫藏本

【按】此本細目如次:

《游園擬存詩集》一卷;《律陶》一卷;

《弈律》(四十條)一卷;《游唤》一卷;

《王季重時文叙》一卷;《雜序》一卷;

《王季重歷游紀》一卷;《游廬山記》一卷;

《王季重廬游雜咏》一卷。

王季重集(七種)七卷

(明)王思任撰

明刊本　共四册(今合爲二册)

國會圖書館藏本

【按】前有陳繼儒《序》。

此本細目如次:

原第一、二册　《游園擬存詩集》一卷;

原第三册　《弈律》一卷;《王季重時文叙》一卷;

原第四册　《墓志銘》一卷、《墓碑》一卷、《行狀》一卷、《王季重廬游雜咏》一卷。

謔庵文飯小品五卷

(明)王思任撰

明刊本　共五册

内閣文庫藏本　原昌平坂學問所等舊藏

避園擬存詩集(不分卷)

(明)王思任撰

明刊本　共一册

内閣文庫藏本　原江户時代豐後佐伯藩主毛利高標舊藏

【按】此本係仁孝天皇文政年間(1818—1829年)出雲守毛利高翰獻贈幕府,明治初期歸内閣文庫。

卷中有"佐伯侯毛利高標字培松藏書畫之印"等印記。

荷薪韵二卷　荷薪義六卷

(明)方大鎮撰
明刊本　共八册
内閣文庫藏本　原昌平坂學問所等舊藏

灌息亭選草七卷

(明)劉伯淵撰　劉憲寵編
明刊本　共三册
内閣文庫藏本　原昌平坂學問所等舊藏

玉書廷全集二十二卷　又三卷　又四卷　又三卷

(明)丘兆麟撰
明崇禎年間(1628—1644年)臨川丘旦刊本　共三十二册
東京大學總合圖書館藏本　原市村瓚次郎買入本覺廬文庫舊藏
【按】此本卷中有清代康熙十一年(1671年)丘兆麟之曾孫丘標補刊葉,又有清代雍正元年(1723年)曾孫丘朝楝補刊葉。

學餘園初集二卷　二集二卷

(明)丘兆麟撰
明刊本　共四册
内閣文庫藏本　原楓山官庫等舊藏

伯子策壽小草二卷

(明)汪泗論撰　吴爽校
明刊本　共一册
内閣文庫藏本　原江户時代豐後佐伯藩主毛利高標舊藏
【按】此本係仁孝天皇文政年間(1818—1829年)出雲守毛利高翰獻贈幕府,明治初期歸内閣文庫。
卷中有"佐伯侯毛利高標字培松藏書畫之印"等印記。

千頃齋初集二十六卷

(明)黄居中撰
明刊本　共五册
内閣文庫藏本　原江户時代豐後佐伯藩主毛利高標舊藏
【按】此本係日本仁孝天皇文政年間(1818—1829年)由出雲守毛利高翰獻贈幕府,明治初期歸内閣文庫。
卷中有"佐伯侯毛利高標字培松藏書畫之印"等印記。

白堽集十二卷

(明)張新撰
明刊本　共六册
内閣文庫藏本　原楓山官庫等舊藏
【按】此本係《文》六卷、《詩》六卷。

(刻)吴虎侯遺集十七卷

(明)吴寅撰
明硯北齋刊本　共四册
内閣文庫藏本　原楓山官庫等舊藏

栖霞山人石室稿十六卷

(明)楊瞿崍撰
明刊本　共八册
内閣文庫藏本　原楓山官庫等舊藏

睡庵稿(睡庵文集)二十五卷

(明)湯賓尹撰
明萬曆三十年(1602年)序刊本　共八册(今合爲四册)
國會圖書館藏本
【附録】據《商舶載來書目》記載,中御門天皇享保十二年(1727年)中國商船"世字號"載《睡庵集》一部二册抵日本。後桃園天皇安永三年(1774年)中國商船"世字號"載《睡庵詩文稿》一部一帙抵日本。

睡庵稿(睡庵文集)二十五卷

(明)湯賓尹撰

明萬曆三十九年(1611年)序刊本

内閣文庫　無窮會織田文庫藏本

【按】内閣文庫藏本,原係昌平坂學問所等舊藏,共六册。

無窮會藏本,原係織田小覺等舊藏,共八册。

睡庵文稿十七卷

(明)湯賓尹撰

明萬曆三十一年(1603年)刊本　共七册

日光輪王寺天海藏藏本

【按】每半葉有界九行,行十九字。白口,四周單邊。

是書全本爲《文稿》十一卷、《詩稿》四卷、《文稿》又二卷。此本今缺《詩稿》卷二,實存十六卷。

各卷卷首僅署大題,而不標卷次。卷次在《目録》及版心中。

《文稿》之末有梅守箕《湯嘉賓睡庵集序》。二卷本《文稿》末又有"休寧門人戴穀校刻"八字。

睡庵文稿十四卷

(明)湯賓尹撰

明萬曆年間(1573—1620年)刊本　共六册

尊經閣文庫藏本　原江户時代加賀藩主前田綱紀等舊藏

【按】此本係《睡庵文稿初刻》四卷、《睡庵文稿二刻》六卷、《睡庵文稿三刻》四卷。

睡庵文稿十卷

(明)湯賓尹撰

明先月樓刊本

内閣文庫藏本

【按】此本係《初刻》四卷、《二刻》六卷。

内閣文庫藏此同一刊本兩部。一部原係昌平坂學問所等舊藏,共二册。一部原係楓山官庫等舊藏,共四册。

睡庵詩稿六卷

(明)湯賓尹撰

明刊本　共五册

内閣文庫藏本

(焦氏)澹園集四十九卷

(明)焦竑撰

明萬曆三十四年(1606年)序江寧焦氏欣賞齋家刻本

内閣文庫　静嘉堂文庫　尊經閣文庫　大阪大學文學部懷德堂藏本

【按】内閣文庫藏本,原係楓山官庫等舊藏,共十册。

静嘉堂文庫藏本,原係大橋訥庵舊藏,後歸中村敬宇,共十二册。

尊經閣文庫藏本,原係江户時代加賀藩主前田綱紀等舊藏,共十五册。

大阪大學文學部懷德堂藏本,原係大阪懷德堂等舊藏,共八册。

(焦氏)澹園續集二十七卷

(明)焦竑撰

明萬曆三十九年(1611年)序刊本

内閣文庫　尊經閣文庫藏本

【按】内閣文庫藏本,原係楓山官庫等舊藏,共十册。

尊經閣文庫藏本,原係江户時代加賀藩主前田綱紀等舊藏,共六册。

戴司成集二十五卷

(明)戴洵撰　焦竑選　舒九思訂

明萬曆三十四年(1606年)刊本　共四册

宫内廳書陵部藏本　原江户時代豐後佐伯藩主毛利高標舊藏

【按】前有明萬曆丙午(1606年)焦竑《序》。

卷首題署"秣陵焦竑、同邑舒九思訂"。

此本係仁孝天皇文政年間(1818—1829年)

由出雲守毛利高翰獻贈幕府，明治初期歸内閣文庫。明治二十四年（1891 年）歸入宫内省圖書寮（即今宫内廳書陵部）。

卷中有"趙氏甲嘉"、"佐伯侯毛利高標字培松藏書畫之印"、"秘閣圖書之章"等印記。

【附録】據《商舶載來書目》記載，光格天皇享和年間（1801—1803 年）中國商船"多字號"載《戴司成集》一部一帙抵日本。

（刻）莫廷韓遺稿十六卷

（明）莫雲卿撰　陳繼儒等校

明刊本　共六册

内閣文庫藏本　原江户時代豐後佐伯藩主毛利高標舊藏

【按】此本係仁孝天皇文政年間（1818—1829 年）出雲守毛利高翰獻贈幕府，明治初年歸内閣文庫。

卷中有"佐伯侯毛利高標字培松藏書畫之印"等印記。

釬園集十四卷

（明）陳萬言撰

明天啓元年（1621 年）序刊本

内閣文庫藏本

【按】内閣文庫藏此同一刊本兩部。一部原係昌平坂學問所等舊藏，共三册。一部原係楓山官庫等舊藏，共四册。

陳庶常遺集四卷　附一卷

（明）陳萬言撰

明崇禎四年（1631 年）序刊本　共二册

内閣文庫藏本　原楓山官庫等舊藏

西征集十卷

（明）梅國禎撰

明崇禎十一年（1638 年）序刊本　共四册

内閣文庫藏本　原楓山官庫等舊藏

珂雪齋前集二十四卷　外集十五卷

（明）袁中道撰

明萬曆四十六年（1618 年）序刊本　共十九册

内閣文庫藏本　原楓山官庫等舊藏

【附録】日本江户時代有袁中道《珂雪齋外集》十五卷寫本一種。此本現存國立公文書館内閣文庫

珂雪齋集選二十四卷　目二卷

（明）袁中道撰　鄒得魯校

明刊本　共十六册

宫内廳書陵部藏本

【按】前明天啓二年（1621 年）袁中道《自序》。

卷中有"孟氏寶"等印記。

新安集（不分卷）

（明）袁中道撰

明刊本　共二册

内閣文庫藏本　原楓山官庫等舊藏

山居功課十卷

（明）楊東明撰

明萬曆四十年（1612 年）序刊本　共五册

内閣文庫藏本　原昌平坂學問所等舊藏

（鄒子）願學集八卷　太平山房方外集一卷

（明）鄒元標撰　周汝登等編

明萬曆四十七年（1619 年）序刊本　共十二册

内閣文庫藏本　原江户時代慈照寺　豐後佐伯藩主毛利高標舊藏

【按】此本係仁孝天皇文政年間（1818—1829 年）由出雲守毛利高翰獻贈幕府，明治初期歸内閣文庫。

卷中有"佐伯侯毛利高標字培松藏書畫之印"等印記。

(鄒紫)存真集八卷

(明)鄒元標撰　周汝登等編

明天啓二年(1622年)序刊本　共八册

内閣文庫藏本　原江户時代豐後佐伯藩主毛利高標舊藏

【按】此本收藏與印章情況同前書。

鄒南皋集選六卷

(明)鄒元標撰

明萬曆年間(1573—1620年)刊本

尊經閣文庫　大谷大學附屬圖書館藏本

【按】尊經閣文庫藏本,原係江户時代加賀藩主前田綱紀等舊藏,共四册。

大谷大學藏本,共十二册。

【附録】據《商舶載來書目》記載,東山天皇元禄十三年(1700年)中國商船"世字號"載《鄒南皋集》一部三册抵日本。

左忠毅公集五卷　附一卷

(明)左光斗撰

明崇禎十六年(1643年)序刊本　共五册

内閣文庫藏本　原昌平坂學問所等舊藏

藏密齋集二十五卷

(明)魏大中撰

明天啓年間(1621—1627年)刊本　共九册

尊經閣文庫藏本　原江户時代加賀藩主前田綱紀等舊藏

藏密齋集二十五卷　附茅簷集八卷

(明)魏大中撰　《附》魏學洢撰

明崇禎年間(1628—1644年)刊本

内閣文庫　静嘉堂文庫　早稻田大學圖書館藏本

【按】内閣文庫藏本,原係江户時代豐後佐伯藩主毛利高標舊藏。日本仁孝天皇文政年間(1818—1829年)由出雲守毛利高翰獻贈幕府,明治初期歸内閣文庫。

卷中有"佐伯侯毛利高標字培松藏書畫之印"等印記。此本今缺卷二十五,實存二十四卷,并無附録《茅簷集》八卷,共八册。

静嘉堂文庫藏本,原係陸心源十萬卷樓等舊藏,共十册。

早稻田大學圖書館藏本,係二十四卷,無附録《茅簷集》八卷,共十二册。

【附録】據《商舶載來書目》記載,後桃園天皇安永三年(1774年)中國商船"波字號"載《茅簷集》一部二帙抵日本。

茅簷集(魏子敬遺集)八卷

(明)魏學洢撰

明刊本

國會圖書館　内閣文庫　尊經閣文庫　静嘉堂文庫　無窮會天淵文庫藏本

【按】國會圖書館藏本,共二册。

内閣文庫藏本,原係江户時代豐後佐伯藩主毛利高標舊藏,其入内閣文庫與印章情況同前書。

尊經閣文庫藏本,原係江户時代加賀藩主前田綱紀等舊藏,共三册。

静嘉堂文庫藏本,原係陸心源十萬卷樓等舊藏,共一册。

無窮會藏本。原係加藤天淵等舊藏,共二册。

隱秀軒集(三十三種)五十四卷

(明)鍾惺撰

明天啓二年(1622年)序刊本

宫内廳書陵部　内閣文庫　尊經閣文庫藏本

【按】宫内廳書陵部藏本,共七册。

内閣文庫藏此同一刊本三部。一部原係楓山官庫等舊藏,共八册。一部共四册。一部原係江户時代林羅山舊藏,卷中有"江雲渭樹"印記,共八册。

尊經閣文庫藏本,原係江户時代加賀藩主前田綱紀等舊藏,共八册。

【附録】據《商舶載來書目》記載,中御門天皇享保八年(1723年)中國商船"以字號"載《隱秀軒集》一部一帙抵日本。

隱秀軒集(三十三種)四十九卷

(明)鍾惺撰
明天啓二年(1622年)虞山沈春澤刊本(稽古齋藏版)　共十册
蓬左文庫藏本
【按】此本細目如次:
《隱秀軒詩》:
《天集》一卷;《地集》三卷;《玄集》一卷;《黄集》四卷;《宇集》二卷;《宙集》一卷;《洪集》一卷;《荒集》一卷;《日集》一卷;《月集》一卷。
《隱秀軒文》:
《盈集》一卷;《昃集》四卷;《辰集》二卷;《宿集》一卷;《列集》三卷;《張集》一卷;《寒集》一卷;《來集》一卷;《暑集》一卷;《往集》二卷;《秋集》二卷;《收集》一卷;《冬集》一卷;《藏集》二卷;《閏集》一卷;《餘集》二卷;《成集》一卷;《歲集》一卷;《律集》一卷;《吕集》一卷;《調集》一卷;《陽集》一卷;《雲集》一卷。

隱秀軒集三十三卷

(明)鍾惺撰
明天啓二年(1622年)序刊本　共八册
静嘉堂文庫藏本　原中村敬宇等舊藏

隱秀軒詩集十卷　隱秀軒文集二十一卷

(明)鍾惺撰
明天啓二年(1622年)序刊本
東京大學東洋文化研究所藏本

隱秀軒集二十九卷

(明)鍾惺撰
明天啓二年(1622年)序刊本(稽古齋藏版)　共八册(今合爲四册)
國會圖書館藏本
【按】此本係《詩集》八卷、《文集》二十一卷。

從野堂存稿八卷

(明)繆昌期撰
明刊本　共十册
滋賀大學附屬圖書館藏本

寓林集三十二卷　詩六卷

(明)黄汝亨撰
明天啓四年(1624年)武林黄氏刊本
内閣文庫　蓬左文庫　尊經閣文庫　關西大學附屬圖書館藏本
【按】内閣文庫藏此同一刊本兩部。一部原係楓山官庫等舊藏,今缺《詩》卷四至卷六,共十二册。一部原係昌平坂學問所等舊藏,今缺《文》卷一至卷六,共十六册。

蓬左文庫藏本,原係江户時代尾張藩主家舊藏,共十六册。

尊經閣文庫藏此同一刊本兩部,皆原係江户時代加賀藩主前田綱紀等舊藏,一部共二十册;一部今存《寓林集詩》六卷,共四册。

關西大學藏本,原係江户時代藤澤東畡、藤澤南陽、藤澤黄鵠、藤澤黄坡三世四代泊園書院舊藏。此本今無《詩》六卷,共十七册。

高子遺書十二卷　首一卷　附一卷

(明)高攀龍撰　陳龍正校
明崇禎年間(1628—1644年)嘉善錢氏刊本
内閣文庫　静嘉堂文庫　尊經閣文庫　廣島大學文學部藏本
【按】内閣文庫藏本,原係楓山官庫等舊藏,今缺《首》一卷,共十二册。

静嘉堂文庫藏本,原係陸心源十萬卷樓等舊藏,共八册。

尊經閣文庫藏本,原係江户時代加賀藩主前田綱紀等舊藏,共七册。

廣島大學藏本,共十二册。

【附録】日本江户時代有高攀龍撰《高子遺

書》十二卷并《附録》一卷寫本一種。此本現存國會圖書館。

落落齋遺集十卷

(明)李應升撰　李遜之編

明末刊本

内閣文庫　滋賀大學附屬圖書館藏本

【按】内閣文庫藏本,原係江户時代豐後佐伯藩主毛利高標舊藏。仁孝天皇文政年間(1818—1829年)由出雲守高翰獻贈幕府,明治初期歸内閣文庫。

卷中有"佐伯侯毛利高標字培松藏書畫之印"朱文方印。共十册。

滋賀大學藏本,共五册。

【附録】據《商舶載來書目》記載,後桃園天皇安永三年(1774年)中國商船"良字號"載《落落齋遺集》一部一帙抵日本。

太泌山房集一百三十四卷　目二卷

(明)李維楨撰

明萬曆三十九年(1611年)序刊本

宫内廳書陵部　國會圖書館　内閣文庫　尊經閣文庫　愛知大學附屬圖書館簡齋文庫藏本

【按】前有明萬曆辛亥(1611年)張惟任《序》、王世貞《序》、方日升《序》,又有李維楨《自序》等。

宫内廳書陵部藏本,今缺卷第二十一,卷中有"潁川"、"磐生"、"秘閣圖書之章"等印記,共四十七册。

國會圖書館藏本,原共五十册,現合爲二十五册。

内閣文庫藏本,原係昌平坂學問所等舊藏,共四十八册。

尊經閣文庫藏本,原係江户時代加賀藩主前田綱紀等舊藏,共四十八册。

愛知大學藏本,原係小倉正恒等舊藏,共四十八册。

葉向高集(葉臺山集)(七種)一百十八卷

(明)葉向高撰

明刊本

内閣文庫　静嘉堂文庫　東洋文庫　尊經閣文庫　東北大學附屬圖書館藏本

【按】此本細目如次:

《蒼霞草》二十卷;《蒼霞續草》二十二卷;《蒼霞餘草》十四卷;《蒼霞草詩》八卷;《綸扉奏草》三十卷;《續綸扉奏草》十四卷;《後綸扉尺牘》十卷。

内閣文庫藏本,原係江户時代豐後佐伯藩主毛利高標舊藏。仁孝天皇文政年間(1818—1829年)由出雲守毛利高翰獻贈幕府,明治初期歸内閣文庫。

卷中有"佐伯侯毛利高標字培松藏書畫之印"朱文方印。共六十四册。

静嘉堂文庫藏本,原係陸心源守先閣等舊藏,共六十册。

東洋文庫藏此同一刊本四部。一部原係藤田豐八等舊藏,此本今存《蒼霞草》二十卷、《蒼霞續草》二十二卷、《蒼霞餘草》十四卷,共三十册。一部今存《蒼霞草詩》八卷。一部亦原係藤田豐八等舊藏,今存《綸扉奏草》三十卷、《續綸扉奏草》十四卷,共二十二册。一部今存《後綸扉尺牘》十卷,共三册。

尊經閣文庫藏此同一刊本兩部,皆原係江户時代加賀藩主前田綱紀等舊藏。一部今存《蒼霞草》二十卷、《蒼霞草詩》八卷、《蒼霞續草》二十二卷、《蒼霞餘草》十四卷,共三十四册。一部今存《綸扉奏草》三十卷、《續綸扉奏草》十四卷、《後綸扉尺牘》十卷,共二十五册。

東北大學藏本,原係狩野亨吉等舊藏。此本今存《蒼霞草》二十卷、《蒼霞草詩》八卷,并有《目》二卷,共三十册。

【附録】據《商舶載來書目》記載,桃園天皇寶曆四年(1754年)中國商船"世字號"載《葉臺山集》一部十帙抵日本。後桃園天皇安永三年(1774年)中國商船"佐字號"載《蒼霞草》一部二帙抵日本。同年,中國商船“利字號”載《綸扉奏草》一部二帙抵日本。

桃園天皇寶暦四年(1754年)長崎《舶來書籍大意書》記中國商船“戌字號”所載之漢籍著録此本。其釋文曰:“《葉臺山集》係明人葉進卿所著。輯其諸體之文三百餘篇,編爲《蒼霞草》二十卷。又輯其諸體之文百八十餘篇,編爲《蒼霞續草》十二卷。又輯其諸體之文百三十餘篇,編爲《蒼霞餘草》十四卷。輯其奏疏六百六十餘篇,編爲《綸扉奏草》三十卷。又輯其奏疏二百二十餘篇,編爲《續綸扉奏草》十四卷。輯其尺牘四百四十餘篇編爲《後綸扉尺牘》十卷。輯其諸體之詩三百六十餘首,編爲《蒼霞草詩》八卷。此凡七種,合刻爲一書。此本共三部,一部四帙三十二册,其中《蒼霞草》、《蒼霞續草》、《蒼霞餘草》三集有缺逸。一部六帙六十册,其中脱紙三張,文缺三篇。一部十帙六十四册,其中脱紙三張,文缺三篇。”

蒼霞草二十卷　續草二十二卷

(明)葉向高撰

明刊本

内閣文庫　尊經閣文庫藏本

【按】内閣文庫藏此同一刊本兩部。一部原係江户時代林羅山舊藏,卷中有“江雲渭樹”印記,共十八卷。一部無《續草》二十二卷,共五册。

尊經閣文庫藏本,原係江户時代加賀藩主前田綱紀等舊藏,今存《蒼霞續草》二十二卷,共八册。

蒼霞草二十卷

(明)葉向高撰

明刊本　共十册

静嘉堂文庫藏本　原中村敬宇等舊藏

(鎸)蒼霞草十五卷　續草二十二卷

(明)葉向高撰

明萬曆年間(1573—1620年)候官鄭熠刊本

宫内廳書陵部　國會圖書館　蓬左文庫　日光輪王寺天海藏藏本

【按】每半葉有界九行,行二十字。白口,四周單邊,版心鎸“葉進卿蒼霞草”。

前有郭正域《蒼霞草序》。

此本細目如次:

卷一　論;　卷二　檄、表、疏;

卷三至卷六　序;

卷七　記;　卷八　頌、賦、贊、箴、策;

卷九　行狀、神道碑;　卷十　墓表、傳

卷十一至卷十二　墓志銘;

卷十三　北虜考;

卷十四　朝鮮考日本考女真考朵顔三衛考;

卷十五　哈密考土魯番考西番考鹽政考屯政考京營兵制考。

宫内廳書陵部藏本,共十六册。

國會圖書館藏本,無《續草》二十二卷,原共七册,現合爲四册。

蓬左文庫藏本,原係江户時代尾張藩主家舊藏。此本係明正天皇寬永六年(1629年)從中國購入。卷中有“尾陽内庫”印記,共十六册。

日光輪王寺藏本,原係天海大僧正舊藏,此本無《續草》二十二卷,共十册。

蒼霞草十二卷

(明)葉向高撰

明萬曆三十四年(1606年)趙邦柱等刊本　共五册

京都大學文學部東洋史研究室藏本

(鎸)蒼霞草(續并蒼霞草)十卷

(明)葉向高撰

明萬曆三十四年(1606年)序高安陳邦瞻南京刊本　共五册

東京大學總合圖書館藏本　原紀州德川家南葵文庫等舊藏

少室山房類稿一百二十卷　詩藪二十卷　筆叢四十八卷　首一卷

(明)胡應麟撰

明萬曆四十六年(1618年)江湛然刊本

宫内廳書陵部　静嘉堂文庫　京都大學文學部中國語學文學哲學研究室藏本

【按】宫内廳書陵部藏本,無《詩藪》二十卷、《筆叢》四十八卷,共三十六册。

静嘉堂文庫藏本,原係陸心源守先閣等舊藏,共三十二册。

京都大學藏本,無《詩藪》二十卷、《筆叢》四十八卷。此本卷一至卷十係後人寫補,共二十册。

【附録】靈元天皇貞享三年(1686年)京都武村新兵衛刊印胡應麟《詩藪》二十卷。此本係《内編》六卷、《外編》六卷、《雜編》六卷與《續編》六卷。

兩洲集十卷

(明)吴時行撰　吴季賢等校

明崇禎年間(1628—1644年)刊本

内閣文庫　東洋文庫　日光輪王寺天海藏藏本

【按】每半葉有界九行,行二十字。白口,四周單邊。

前有明崇禎七年(1634年)程策《題兩洲集序》,崇禎八年(1635年)金聲《兩洲集叙》、孫調元《題吴兩洲先生集》等。

内閣文庫藏本,原係昌平坂學問所等舊藏,共五册。

東洋文庫藏本,原係藤田豐八等舊藏。此本今缺卷第二,實存九卷,共五册。

日光輪王寺藏本,原係大僧正天海藏舊藏,各册封面内裏皆有如下墨書:

進上　　　　山門北谷

大僧正様　　　　教王房

止園集二十四卷　附四種二十八卷

(明)吴亮撰

明天啓元年(1621年)序刊本　共十五册

内閣文庫藏本　原楓山官庫等舊藏

寥園集四卷

(明)鄭邦泰撰

明天啓四年(1624年)序刊本　共二册

内閣文庫藏本　原楓山官庫等舊藏

謝耳伯先生初集二十四卷

(明)謝兆申撰

明崇禎十三年(1640年)序綏安謝氏刊本　共十册

内閣文庫　蓬左文庫藏本

【按】此本係《文集》十六卷、《詩集》八卷。

内閣文庫藏本,原係楓山官庫等舊藏。

蓬左文庫藏本,原係江户時代尾張藩主家舊藏。

(酉陽山人)編逢集十卷　編逢後集十五卷

(明)唐汝詢撰

明萬曆年間(1573—1620年)刊本　共六册

内閣文庫藏本　原江户時代豐後佐伯藩主家毛利高標舊藏

【按】此本係仁孝天皇文政年間(1818—1829年)由出雲守毛利高翰獻贈幕府,明治初期歸内閣文庫。

卷中有"佐伯侯毛利高標字培松藏書畫之印"朱文方印。

嵋山集十二卷

(明)趙秉忠撰

明刊本

内閣文庫藏本

【按】内閣文庫藏此同一刊本兩部。一部原係昌平坂學問所等舊藏,共四册。一部原係江户時代豐後佐伯藩主家毛利高標舊藏,其收藏與印章情况同前書,共二册。

【附録】桃園天皇寶曆四年(1754年)長崎港《舶來書籍大意書》著録此本,其釋文曰:"《峨山集》係明人趙秉忠著。輯録其諸體之文四十餘篇、諸體之詩百四十餘首,編次爲十一卷。"并注明:"一部一帙四册,内無脱紙,而有蟲蝕。"

文天瑞集(三種)五十六卷

(明)文翔鳳撰

明萬曆四十七年(1619年)新都畢氏序刊本

宫内廳書陵部　内閣文庫　蓬左文庫　尊經閣文庫藏本

【按】此本係《皇極篇》二十七卷、《南極篇》二十二卷、《東極篇》四卷,并有《綱目》三卷。

宫内廳書陵部藏本,今存《皇極篇》二十七卷,并《目》一卷,共十二册。

内閣文庫藏本,原係楓山官庫等舊藏,共十二册。

蓬左文庫藏本,原係江户時代尾張藩主家舊藏,共二十二册。

尊經閣文庫藏本,原係江户時代加賀藩主前田綱紀等舊藏,共十七册。

皇極篇二十七卷　綱目三卷

(明)文翔鳳撰

明刊本　共八册

内閣文庫　東京大學東洋文化研究所藏本

【按】内閣文庫藏本,原係江户時代豐後佐伯藩主毛利高標舊藏,仁孝天皇文政年間(1818—1829年)由出雲守毛利高翰獻贈幕府,明治初期歸内閣文庫。

卷中有"佐伯侯毛利高標字培松藏書畫之印"朱文方印。

南極篇二十二卷

(明)文翔鳳撰

明刊本　共八册

内閣文庫藏本　原江户時代豐後佐伯藩主毛利高標舊藏

【按】此本收藏與印章情况同前書。

世美堂詩集(不分卷)

(明)周炳謨撰

明天啓六年(1626年)序刊本　共一册

内閣文庫藏本　原楓山官庫等舊藏

鏡山庵集二十五卷

(明)高出撰

明天啓六年(1626年)序刊本　共八册

内閣文庫藏本　原昌平坂學問所等舊藏

【附録】據《商舶載來書目》記載,後桃園天皇安永三年(1774年)中國商船"幾字號"載《鏡山集》一部抵日本。

盧隱集(高孩之二集)六卷　郎潛集六卷

(明)高出撰

明萬曆四十五年(1617年)序刊本　共八册

内閣文庫藏本　原昌平坂學問所等舊藏

鍾山獻四卷　續一卷　再續一卷

(明)楊宛撰

明天啓七年(1627年)玄穡居刊本　共四册(今合爲二册)

國會圖書館藏本

四素山房集十九卷

(明)劉鴻訓撰

明崇禎十六年(1619年)序刊本　共二册

内閣文庫藏本　原昌平坂學問所等舊藏

吴翼明先生存集四卷　附録三卷

(明)吴懷賢撰　李維楨等校

明崇禎三年(1630年)序刊本　共六册

内閣文庫藏本　原楓山官庫等舊藏

【按】此本《附録》係《制義》一卷、《玄言閣唾餘》一卷、《補遺》一卷。

棄草文集八卷　二集二卷　詩集七卷

(明)周之夔撰　毛晉訂

明崇禎八年至十一年(1635年至1638年)木犀館刊本

内閣文庫　早稻田大學圖書館藏本

【按】内閣文庫藏此同一刊本兩部。皆無二集及《詩集》。一部原係楓山官庫等舊藏,共六册;一部共三册。

早稻田大學圖書館藏本,《文集》今缺卷第一至卷第三,實存五卷。餘皆全本,共七册。

棄草集十五卷

(明)周之夔撰

明崇禎年間(1628—1644年)刊本　共八册

尊經閣文庫藏本　原江户時代加賀藩主前田綱紀等舊藏

甌安館詩集三十卷

(明)黄景昉撰

明刊本　共十册

内閣文庫藏本　原江户時代豐後佐伯藩主毛利高標舊藏

【按】此本係仁孝天皇文政年間(1818—1829年)出雲守毛利高翰獻贈幕府,明治初期歸内閣文庫。

卷中有"佐伯侯毛利高標字培松藏書畫之印"朱文方印。

中清堂集十七卷

(明)潘一桂撰

明泰昌元年(1620年)序刊本　共八册

内閣文庫藏本　原明人陳衍　楓山官庫等舊藏

【按】此本係《賦》三卷、《詩》八卷、《文》六卷。

【附録】據《商舶載來書目》記載,中御門天皇享保八年(1723年)中國商船"智字號"載《中清堂集》一部一帙抵日本。

采菊雜咏(不分卷)

(明)馬宏衢撰

明崇禎三年(1630年)刊本　共一册

早稻田大學圖書館藏本

歸先生文集三十二卷　附録一卷

(明)歸有光撰

明萬曆年間(1573—1620年)刊本　共十二册

尊經閣文庫藏本　原江户時代加賀藩主前田綱紀等舊藏

【附録】據《商舶載來書目》記載,中御門天皇正德元年(1711年)中國商船"志字號"載《震川集》一部六册抵日本。中御門天皇享保十一年(1726年)中國商船"幾字號"載《歸震川别集》一部四册抵日本。桃園天皇寶曆七年(1757年)中國商船"幾字號"又載《歸震川集》一部一帙抵日本。

仁孝天皇天保八年(1837年)大坂河内屋茂兵衛,江户和泉屋金右衛門刊印明人歸有光《歸震川文粹》五卷。此本由日人村瀨誨輔編輯。

(新刻)譚友夏合集二十三卷　附旨齋詩草一卷

(明)譚元春撰　《附》張澤撰

明嶽歸堂刊本

内閣文庫　京都大學文學部中國語學文學哲學研究室藏本

【按】前有明崇禎六年(1633年)譚元春《自序》。

内閣文庫藏此同一刊本兩部。一部原係楓山官庫等舊藏,共六册。一部原係江户時代林羅山舊藏,卷中有"江雲渭樹"印記,共十册。

京都大學藏本,共十册。

嶽歸堂合集十卷

(明)譚元春撰

明崇禎年間(1628—1644年)刊本　共六册

尊經閣文庫藏本　原江户時代加賀藩主前田綱紀等舊藏

(郄庵訂定)譚子詩歸十卷　首一卷　附醉蘇草一集一卷

(明)譚元春撰　《附》張鄂祥撰
明刊本　共四册
内閣文庫藏本　原楓山官庫等舊藏
【附録】據《商船載來書目》記載,中御門天皇享保八年(1723年)中國商船"多字號"載《譚子詩歸》一部一帙抵日本。

嬾真草堂集五十卷

(明)顧起元撰
明萬曆四十六年(1618年)序刊本　共十二册
内閣文庫藏本　原楓山官庫等舊藏
【按】此本係《詩》二十卷、《文》三十卷。

雪堂隨筆五卷　金陵卧游六十咏

(明)顧起元撰
明天啓年間(1621—1627年)刊本　共五册
尊經閣文庫藏本　原江户時代加賀藩主前田綱紀等舊藏

梅花草堂集(殘本)六卷

(明)張大復撰
明刊本　共三册
内閣文庫藏本　原江户時代大田南畝　豐後佐伯藩主毛利高標舊藏
【按】此本係仁孝天皇文政年間(1818—1829年)出雲守毛利高翰獻贈幕府,明治初期歸内閣文庫。
卷中有"佐伯侯毛利高標字培松藏書畫之印"朱文方印。

汲古堂集二十八卷

(明)何白撰
明萬曆四十三年(1615年)序刊本
内閣文庫　尊經閣文庫藏本
【按】内閣文庫藏本,原係楓山官庫等舊藏,共八册。
尊經閣文庫藏本,原係江户時代加賀藩主前田綱紀等舊藏,共十四册。

丁文遠集二十卷　丁文遠外集八卷

(明)丁紹軾撰
明天啓年間(1621—1627年)刊本　共八册
尊經閣文庫藏本　原江户時代加賀藩主前田綱紀等舊藏

岱宗藏稿五十卷

(明)楊夢衮撰
明天啓四年(1624年)自序刊本　共十二册
京都大學附屬圖書館藏本

婁子柔先生集(二種)三十七卷

(明)婁堅撰
明崇禎三年(1630年)序刊本
内閣文庫藏本
【按】此本細目如次:
《吴歈小草》十卷;《補》一卷;
《學古緒言》二十五卷;《補》一卷。
内閣文庫藏此同一刊本兩部。一部原係楓山官庫等舊藏,共五册。一部原係昌平坂學問所等舊藏,今缺《學古緒言》二十五卷,并《補》一卷,共四册。
【附録】日本桃園天皇寶曆四年(1754年)長崎《舶來書籍大意書》記中國商船"戌字號"所載之漢籍著録此本。其釋文曰:"《婁子柔集》係明人婁堅所著。輯其主題之詩千二百五十餘首,編爲《吴歈小草》十卷。輯其諸體之文三百三十餘篇,編爲《學古緒言》二十五卷。此本爲明崇禎三年刊本,一部二帙十二册。"
據《商舶載來書目》記載,桃園天皇寶曆四年(1754年)中國商船"吕字號"載《婁子柔集》一部二帙抵日本。

餐微子集三十卷

(明)岳和聲撰
明天啓年間(1621—1627年)刊本　共八册
尊經閣文庫藏本　原江户時代加賀藩主前田綱紀等舊藏

三易集二十卷

(明)唐時升撰
明刊本
内閣文庫　尊經閣文庫藏本
【按】内閣文庫藏本,原係昌平坂學問所等舊藏,共六册。
尊經閣文庫藏本,原係江户時代加賀藩主前田綱紀等舊藏,共四册。

(徐子卿先生)論文别集五卷

(明)徐日久撰
明崇禎十六年(1643年)序玆園刊本　共四册
内閣文庫藏本　原楓山官庫等舊藏

馬訥齋詩集五卷

(明)馬如蛟撰
明崇禎年間(1628—1644年)刊本　共二册
廣島大學文學部藏本

玉芝樓稿十六卷

(明)曹大同撰
明天啓年間(1621—1627年)刊本　共四册
尊經閣文庫藏本　原江户時代加賀藩主前田綱紀等舊藏

容臺文集十七卷

(明)董其昌撰　董庭編
明崇禎三年(1630年)序刊本
宮内廳書陵部　國會圖書館　内閣文庫　東洋文庫　静嘉堂文庫藏本
【按】此本係《文集》九卷、《詩集》四卷、《别集》四卷。
宮内廳書陵部藏本,今存《文集》九卷,《目》一册,共十册。
國會圖書館藏本,原共十四册,現合爲八册。
内閣文庫藏此同一刊本三部。一部原係楓山官庫等舊藏,共十册。一部共八册。一部原係江户時代林羅山舊藏,卷中有"江雲渭樹"印記,共十册。
東洋文庫藏本,今存《文集》九卷、《詩集》四卷,共十册。
静嘉堂文庫藏本,原係江户時代板倉侯舊藏,後歸中村敬宇。此本《别集》今缺卷二至卷四,共六册。
【附録】據《商舶載來書目》記載,中御門天皇享保八年(1723年)中國商船"加字號"載《容臺集》一部二帙抵日本。

容臺文集二十卷

(明)董其昌撰　董祖和　董庭輯
明崇禎年間(1628—1644年)陳聘刊本
京都大學人文科學研究所東洋學文獻中心　築波大學附屬圖書館藏本
【按】每半葉有界八行,行十八字。白口,四周單邊。
《後序》版心鎸"龔鳳寫　陳聘刊"。
此本細目如次:
《文集》十卷;《詩集》四卷;《别集》六卷。
京都大學藏本,共二十四册。
築波大學藏本,原係武康駱氏泳初堂舊藏,後歸東京教育大學。卷中有"駱弘珪印"、"字仲如"、"武康駱氏泳初堂藏書之印"等印記,共三十六册。

容臺别集六卷

(明)董其昌撰　董祖和　董庭輯
明刊本　共四册
京都大學文學部中國語學文學哲學研究室藏本　原明人姚大榮等舊藏

容臺詩集四卷

(明)董其昌撰　董庭輯
明刊本　共四册
京都大學文學部中國語學文學哲學研究室藏本

陳眉公先生全集六十卷　首一卷

(明)陳繼儒撰　陳夢蓮校
明陳夢蓮校刊本
内閣文庫　静嘉堂文庫　愛知大學附屬圖書館簡齋文庫藏本
【按】内閣文庫藏本,原係楓山官庫等舊藏,共四十册。
静嘉堂文庫藏本,原係木内重四郎等舊藏,卷中有後人寫補,共二十四册。
愛知大學藏本,原係小倉正恒等舊藏,共三十册。
【附録】日本桃園天皇寶曆二年(1752年)有陳繼儒撰《陳眉公文集》五卷寫本一種。此本係《書蕉》二卷、《巖棲幽事》一卷、《枕譚》一卷、《眉公群碎録》一卷。現存東京大學總合圖書館。

晚香堂集十卷

(明)陳繼儒撰
明刊本　共三册
内閣文庫　東京大學東洋文化研究所藏本
【按】内閣文庫藏本,原係昌平坂學問所等舊藏。

(眉公先生)晚香堂小品二十四卷　目一卷

(明)陳繼儒撰
明崇禎年間(1628—1644年)武林湯大節簡緑居刊本
宫内廳書陵部　内閣文庫　尊經閣文庫　静嘉堂文庫　東京大學總合圖書館藏本
【按】宫内廳書陵部藏本,共八册。
内閣文庫藏本,原係昌平坂學問所等舊藏,共八册。
尊經閣文庫藏本,原係江户時代加賀藩主前田綱紀等舊藏,共十二册。
静嘉堂文庫藏本,共二十四册。
東京大學藏本,共十六册。
【附録】據《商舶載來書目》記載,桃園天皇寶曆九年(1759年)中國商船“比字號”載《眉公晚香堂小品》一部抵日本。後桃園天皇安永三年(1774年)中國商船“波字號”載《晚香堂小品》一部一帙抵日本。

白石樵真稿二十四卷

(明)陳繼儒撰
明刊本　共十五册
東洋文庫藏本

眉公詩鈔八卷　白石樵真稿四卷

(明)陳繼儒撰
明刊本　共十二册
京都大學人文科學研究所東洋學文獻中心藏本　原内藤湖南等舊藏

淑石山房集十六卷

(明)陳一元撰
明刊本　共八册
尊經閣文庫藏本　原江户時代加賀藩主前田綱紀等舊藏
【附録】據《商舶載來書目》記載,中御門天皇享保八年(1723年)中國商船“曾字號”載《淑石山房集》一部一帙抵日本。

無夢園集四十六卷

(明)陳仁錫撰
明崇禎年間(1628—1644年)刊本　共三十册
宫内廳書陵部藏本

(陳太史)無夢園集(六種)三十四卷

(明)陳仁錫撰

明崇禎六年(1633年)長洲陳氏刊本　共四十册

蓬左文庫藏本　原江户時代尾張藩主家舊藏

【按】此本細目如次:

《豈集》一卷;《有集》一卷;

《文集》一卷;《章集》一卷;

《驚集》一卷;《無夢園初集》二十九卷,共三十四卷。

此本係明正天皇寬永十三年(1636年)從中國購入。

卷中有"尾陽内庫"印記。

無夢園初集三十五卷

(明)陳仁錫撰

明崇禎六年(1633年)序刊本　共二十二册

東洋文庫藏本

(陳太史)無夢園初集十四種

(明)陳仁錫撰

明崇禎六年(1633年)序刊本

内閣文庫　尊經閣文庫藏本

【按】内閣文庫藏此同一刊本三部。一部共三十六册。一部原係楓山官庫等舊藏,共十九册。一部原係昌平坂學問所等舊藏,今缺卷十,共三十六册。

尊經閣文庫藏本,原係江户時代加賀藩主前田綱紀等舊藏,共二十一册。

繡古堂集(繡古堂四書典)十卷　附録二卷

(明)陳仁錫撰　陳智錫校

明陳智錫繡古堂刊本　共六册

蓬左文庫藏本　原江户時代尾張藩主家舊藏

【按】此本係明正天皇寬永六年(1629年)從中國購入。

卷中有"尾陽内庫"印記。

平圃詩集四卷

(明)丁啓濬撰

明崇禎十四年(1641年)序刊本　共四册

内閣文庫藏本　原江户時代豐後佐伯藩主毛利高標舊藏

【按】此本係仁孝天皇文政年間(1818—1829年)出雲守毛利高翰獻贈幕府,明治初期歸内閣文庫。

卷中有"佐伯侯毛利高標字培松藏書畫之印"朱文方印。

幔亭集二十卷

(明)徐熥撰　陳薦夫選　王若編

明萬曆二十九年(1601年)序晉安徐𤊹刊本

國會圖書館　内閣文庫　蓬左文庫　尊經閣文庫藏本

【按】前有明萬曆二十九年(1601年)鄧原岳《序》。

國會圖書館藏本,原共八册,現合爲四册。

内閣文庫藏本,原係楓山官庫等舊藏,共八册。

蓬左文庫藏此同一刊本兩部。一部原係江户時代尾張藩主家舊藏,此本係明正天皇寬永六年(1629年)從中國購入,今缺卷第十六至卷第二十,實存十五卷,卷中有"尾陽内庫"印記,共八册。一部共十册。

尊經閣文庫藏本,原係江户時代加賀藩主前田綱紀等舊藏,共十册。

(顔彦叔先生)聯杰合稿(不分卷)

(明)顔俊彦撰

明崇禎元年(1628年)序刊本　共四册

内閣文庫藏本　原江户時代豐後佐伯藩主毛利高標舊藏

【按】此本係仁孝天皇文政年間(1818—1829年)由出雲守毛利高翰獻贈幕府,明治初期歸内閣文庫。

卷中有"佐伯侯毛利高標字培松藏書畫之

印”朱文方印。

那庵詩選四十卷

(明)商梅撰　鍾惺編

明崇禎九年(1636年)序刊本　共六册

國會圖書館　内閣文庫藏本

【按】國會圖書館藏本,共四册(今合爲二册)

内閣文庫藏本,原係楓山官庫等舊藏,共六册。

太乙山房文集十五卷　附孝威孝逸論一卷

(明)陳際泰撰　《附》陳士鳳撰

明崇禎年間(1628—1644年)刊本

宫内廳書陵部　尊經閣文庫　東洋文庫藏本

【按】前有張采《序》,張溥《序》,程弘基《序》。

宫内廳書陵部藏本,原係明人戴金等舊藏。卷前有“戴金家藏萬卷”印記,卷中有“秘閣圖書之章”印記。

尊經閣文庫藏本,原係江户時代加賀藩主前田綱紀等舊藏,此本《附論》有二,一卷係陳士鳳撰《陳孝威論》,一卷係陳士驥撰《陳孝逸論》,共十册。

東洋文庫藏本,原係藤田豐八等舊藏,共八册。

【附録】桃園天皇寶曆四年(1754年)長崎港《舶來書籍大意書》著録此本,其釋文曰:“《太乙山房集》係明人陳大士著。輯録其諸體之文二百五十餘篇,編次爲十五卷。後附其長男陳士鳳所著論十六篇《孝威論》一卷;二男陳士驥所著論十四篇《孝逸論》一卷。”并注明:“一部一帙八册,内缺文五篇、脱紙一張。卷中有朱墨點。”

據《商舶載來書目》記載,桃園天皇寶曆四年(1754年)中國商船“多字號”載《太乙山房集》一部一帙抵日本。

太乙山房文集(陳大士文集)五卷　附論二卷

(明)陳際泰撰

明崇禎年間(1628—1644年)刊本　共四册

内閣文庫藏本

【按】《附論》二卷係陳士鳳撰《陳孝威論》、陳士驥撰《陳孝逸論》。

(張異度先生)自廣齋集十六卷　周吏部紀事一卷

(明)張世偉撰

明崇禎十一年(1638年)序刊本

内閣文庫　尊經閣文庫藏本

【按】内閣文庫藏此同一刊本兩部。一部原係昌平坂學問所等舊藏,共四册。一部原係江户時代豐後佐伯藩主毛利高標舊藏,仁孝天皇文政年間(1818—1829年)由出雲守毛利高翰獻贈幕府,明治初期歸内閣文庫。

卷中有“佐伯侯毛利高標字培松藏書畫之印”朱文方印。共八册。

尊經閣文庫藏本,原係江户時代加賀藩主前田綱紀等舊藏。此本無《周吏部紀事》一卷,共八册。

劍津集十卷

(明)邵捷春撰

明刊本　共二册

内閣文庫藏本　原江户時代豐後佐伯藩主毛利高標舊藏

【按】此本收藏與印章情况同前書。

七録齋集六卷　七録齋論略二卷　續刻六卷　別集二卷

(明)張溥撰

明刊本

内閣文庫　尊經閣文庫　東京大學東洋文化研究所藏本

【按】内閣文庫藏此同一刊本兩部。一部原係楓山官庫等舊藏,無《别集》二卷,共八册。一部原係昌平坂學問所等舊藏,此本無《續刻》六卷、《别集》二卷,共五册。

尊經閣文庫藏本,原係江户時代加賀藩主前

田綱紀等舊藏,共六册。

東京大學藏本,今存《七録齋集》六卷,并《論略》一卷。

寒香集選二卷　選寒光集三卷　寒玉集十一卷　選寒耘集四卷　選寒江集三卷　寒枝集選五卷　選寒喜集二卷

(明)陳函輝撰

明崇禎年間(1628—1644年)刊本　共二十册

尊經閣文庫藏本　原江户時代加賀藩主前田綱紀等舊藏

松圓浪淘集十八卷　松圓偈庵集二卷

(明)程嘉遂撰

明崇禎三年(1630年)序刊本　共五册

内閣文庫　尊經閣文庫藏本

【按】内閣文庫藏本,原係楓山官庫等舊藏。

尊經閣文庫藏本,原係江户時代加賀藩主前田綱紀等舊藏。

【附録】日本桃園天皇寶曆四年(1754年)長崎《舶來書籍大意書》記中國商船"戌字號"所載之漢籍著録此本。其釋文曰:"《松圓集》係明人程孟陽所著。輯其諸體之詩九百四十餘首,編爲《松圓浪淘集》十八卷。輯其諸體之文百三十餘篇,編爲《松圓偈庵集》二卷。又輯其諸體之詩二百二十餘首,編爲《耦耕堂詩》三卷。又輯其諸體之文四十餘篇,編爲《耦耕堂文》二卷。計凡四集。此本爲明崇禎十六年刊本,一部一帙六册。"

白毫庵内篇四卷　外篇一卷　雜篇一卷　雜篇後集一卷

(明)張瑞圖撰

明崇禎十一年(1639年)序刊本　共四册

内閣文庫藏本　原楓山官庫等舊藏

小築邇言二十五卷

(明)徐標撰

明崇禎二年(1629年)序刊本　共十六册

内閣文庫藏本　原昌平坂學問所等舊藏

雁木齋詩草四卷

(明)葉國華撰

明崇禎十六年(1643年)序刊本　共四册

内閣文庫藏本　原楓山官庫等舊藏

鏡山全集七十二卷　首一卷　目二卷　附五卷

(明)何喬遠撰

明崇禎十四年(1641年)序刊本　共三十二册

内閣文庫藏本　原江户時代豐後佐伯藩主毛利高標舊藏

【按】此本係仁孝天皇文政年間(1818—1829年)由出雲守毛利高翰獻贈幕府,明治初期歸内閣文庫。

卷中有"佐伯侯毛利高標字培松藏書畫之印"朱文方印。

寸補(七種)十一卷

(明)程崙撰

明崇禎四年(1631年)序刊本　共五册

内閣文庫藏本　原江户時代豐後佐伯藩主毛利高標舊藏

【按】此本細目如次:

《疏草》一卷;《附論》一卷;

《醫案》五卷;《驗方》一卷;

《渝吟》一卷;《續渝吟》一卷;

《遼書》一卷。

此本收藏與印章情況同前書。

(石佛洞)榷倀小品十六卷

(明)翁吉爆撰　田居中編

明崇禎六年(1633年)序刊本　共八册

内閣文庫藏本　原江户時代豐後佐伯藩主毛利高標舊藏

【按】此本收藏與印章情況同前書。

微塵闇稿十四卷

(明)艾容撰
明崇禎七年(1634年)序刊本
内閣文庫　尊經閣文庫藏本
【按】内閣文庫藏本,原係江户時代豐後佐伯藩主毛利高標舊藏,其收藏與印章情况同前書,共六册。
尊經閣文庫藏本,原係江户時代加賀藩主前田綱紀等舊藏,此本附《豕廬稿》一卷,共八册。

韓子二十卷

(明)韓錫撰
明崇禎七年(1634年)刊本
内閣文庫　尊經閣文庫藏本
【按】内閣文庫藏本,原係江户時代豐後佐伯藩主毛利高標舊藏,其收藏與印章情况同前書,共八册。
尊經閣文庫藏本,原係江户時代加賀藩主前田綱紀等舊藏,共十册。

山居草(山居合咏)(不分卷)

(明)林經世撰
明崇禎八年(1635年)序刊本　共一册
内閣文庫藏本　原楓山官庫等舊藏

雲游草二卷

(明)釋海注撰
明崇禎十一年(1638年)序刊本　共二册
内閣文庫藏本　原楓山官庫等舊藏

武夷游稿(武夷游草)(不分卷)

(明)釋海注撰
明崇禎八年(1635年)序刊本　共一册
内閣文庫藏本　原楓山官庫等舊藏

搴芳集一卷　乙亥草一卷

(明)林銓撰
明崇禎九年(1636年)序刊本　共二册
内閣文庫藏本　原楓山官庫等舊藏

槃園集五卷

(明)徐揚光撰
明崇禎十年(1637年)序刊本　共五册
内閣文庫藏本　原江户時代豐後佐伯藩主毛利高標舊藏
【按】此本係仁孝天皇文政年間(1818—1829年)出雲守毛利高翰獻贈幕府,明治初期歸内閣文庫。
卷中有"佐伯侯毛利高標字培松藏書畫之印"朱文方印。
【附録】據《商舶載來書目》記載,中御門天皇享保八年(1723年)中國商船"吕字號"載《槃園集》一部一帙抵日本。

漸宜堂詩(六種)十六卷

(明)蕭師魯撰
明刊本　共二册
内閣文庫藏本　原昌平坂學問所等舊藏
【按】此本細目如次:
《漸宜堂詩初刻》一卷;《剩草》一卷;
《漸宜堂放言》一卷;
《漸宜堂詩》(二帙)一卷;
《漸宜堂詩草》二卷;《漸宜堂詩(二)》十卷。

古處堂集三卷

(明)蕭師魯撰
明刊本　共一册
内閣文庫藏本　原江户時代豐後佐伯藩主毛利高標舊藏
【按】此本係仁孝天皇文政年間(1818—1829年)由出雲守毛利高翰獻贈幕府,明治初期歸内閣文庫。
卷中有"佐伯侯毛利高標字培松藏書畫之印"朱文方印。

希聲館藏稿十卷　附五卷

(明)黄廷鵠撰

明崇禎十年(1638年)序刊本　共六册
内閣文庫藏本　原楓山官庫等舊藏
【按】此本《附録》細目如次：
《都門草》一卷；《南淮草》一卷；《尤言》一卷；《京兆微波録》一卷；《附》一卷。

宛在堂文集三十四卷

(明)郭之奇撰
明崇禎十一年(1638年)序刊本　共十六册
内閣文庫藏本　原江户時代豐後佐伯藩主毛利高標舊藏
【按】此本係仁孝天皇文政年間(1818—1829年)由出雲守毛利高翰獻贈幕府，明治初期歸内閣文庫。
卷中有"佐伯侯毛利高標字培松藏書畫之印"朱文方印。

宗簡齋集七卷

(明)林邦肅撰　黄景昉等校
明崇禎十一年(1638年)序刊本　共二册
宫内廳書陵部　内閣文庫藏本
【按】宫内廳書陵部藏本，原係江户時代德山藩主家舊藏，爲三代藩主毛利元次廣收"天下秘籍"之一。東山天皇寶永三年(1706年)《御書物目録》著録此本。明治二十九年(1896年)男爵毛利元功獻贈宫内省圖書寮(即今宫内廳書陵部)，卷中有"德藩藏書"印記。
内閣文庫藏本，原係楓山官庫等舊藏。

去來漫草二卷

(明)周廷鑨撰
明崇禎十二年(1639年)序刊本　共一册
内閣文庫藏本　原楓山官庫等舊藏

頤園吟草二卷

(明)周廷鑨撰
明崇禎十六年(1643年)序刊本　共一册
内閣文庫藏本　原楓山官庫等舊藏

使節吟(不分卷)

(明)陳春輝撰
明崇禎十三年(1640年)序刊本　共一册
内閣文庫藏本　原楓山官庫等舊藏

存懶草(曼園詩)一卷

(明)李長倩撰
明刊本　共一册
内閣文庫藏本　原楓山官庫等舊藏

紡授堂集二十六卷

(明)曾異撰
明崇禎十五年(1642年)序刊本
内閣文庫藏本
【按】此本係《文集》八卷、《詩集》八卷、《二集》十卷。
内閣文庫藏此同一刊本兩部。一部原係楓山官庫等舊藏，共十册。一部原係昌平坂學問所等舊藏，此本今缺《詩集》卷七、卷八，共八册。
【附録】桃園天皇寶曆四年(1754年)長崎港《舶來書籍大意書》著録此本，其釋文曰："《紡授堂集》係明人曾弗人著。輯録其諸體之詩七百餘首，編次爲八卷；輯録其諸體之文百餘篇，編次爲八卷；又輯録其諸體之詩六百四十餘首，編次爲二集十卷。明崇禎十五年合并刊印。"并注明："一部一帙八册，但二集内缺九卷。"

(鶴臺先生)熊山文選二十一卷

(明)熊人霖撰
明刊本　共四册
内閣文庫藏本　原昌平坂學問所等舊藏

南榮集選三十五卷

(明)熊人霖撰
明崇禎十六年(1643年)雨錢山房刊本　共六册

内閣文庫藏本　原江户時代豐後佐伯藩主毛利高標舊藏

【按】此本係《詩選》十二卷、《文選》二十二卷。

日本仁孝天皇文政年間(1818—1829 年)由出雲守毛利高翰獻贈幕府,明治初期歸内閣文庫。

卷中有“佐伯侯毛利高標字培松藏書畫之印”朱文方印。

豹陵集十八卷　目二卷

(明)梁雲構撰　梁羽録

明刊本　共十一册

國會圖書館藏本

豹陵二集十二卷

(明)梁雲構撰

明刊本　共二册

内閣文庫藏本　原江户時代豐後佐伯藩主毛利高標舊藏

【按】此本係仁孝天皇文政年間(1818—1829 年)出雲守毛利高翰獻贈幕府,明治初期歸内閣文庫。

卷中有“佐伯侯毛利高標字培松藏書畫之印”朱文方印。

【附録】據《商舶載來書目》記載,中御門天皇享保八年(1723 年)中國商船“波字號”載《豹陵二集》一部一帙抵日本。

恬庵遺稿三十八卷

(明)蔣孟育撰　張燮校

明崇禎年間(1628—1644 年)刊本　共十册

内閣文庫藏本　原楓山官庫等舊藏

潄石山房集十六卷

(明)陳一元撰

明刊本　共六册

内閣文庫藏本　原楓山官庫等舊藏

桐峰逸草二卷

(明)釋元鼎撰

明刊本　共一册

内閣文庫藏本　原木村蒹葭堂等舊藏

汗漫唫(八集)八卷　定光禪院小紀七卷

(明)張之奂撰　張涵夫編

明刊本　共五册

内閣文庫藏本　原高野山釋迦文殊院等舊藏

市南子二十二卷　制敕六卷

(明)李光元撰　吴士元編

明刊本　共二十四册

内閣文庫藏本　原昌平坂學問所等舊藏

黄忠端公遺稿

(明)黄道周撰

黄道周自筆本　共二册

國會圖書館藏本

駢枝别集(黄参玄集)二十卷

(明)黄道周撰　謝廷讃評

明大來堂刊本

國會圖書館　内閣文庫　尊經閣文庫藏本

【按】國會圖書館藏本,原共四册,現合爲二册。

内閣文庫藏此同一刊本兩部。一部原係昌平坂學問所等舊藏,共六册。一部原係楓山官庫等舊藏,共四册。

尊經閣文庫藏本,原係江户時代加賀藩主前田綱紀等舊藏,共四册。

石齋行業四卷

(明)黄道周撰

明刊本　共一册

内閣文庫藏本　原江户時代豐後佐伯藩主毛利高標舊藏

【按】此本係仁孝天皇文政年間(1818—1829年)由出雲守毛利高翰獻贈幕府,明治初期歸内閣文庫。

卷中有"佐伯侯毛利高標字培松藏書畫之印"朱文方印。

五石居詩(五種)五卷

(明)陳紹英撰

明崇禎年間(1628—1644年)刊本

内閣文庫　尊經閣文庫藏本

【按】此本細目如次:

《糜子吟》一卷;

《諧尋草》一卷;

《青谿草》一卷;

《隨車草》一卷;

《長安稿》一卷。

内閣文庫藏本,原係楓山官庫等舊藏,共五册。

尊經閣文庫藏本,原係江户時代加賀藩主前田綱紀等舊藏,共三册。

雷檢討詩五卷

(明)雷思霈撰

明刊本　共一册

内閣文庫藏本　原江户時代元政上人　豐後佐伯藩主毛利高標舊藏

【按】此本係仁孝天皇文政年間(1818—1829年)由出雲守毛利高翰獻贈幕府,明治初期歸内閣文庫。

卷中有"佐伯侯毛利高標字培松藏書畫之印"朱文方印。

金正希先生文集輯略九卷

(明)金聲撰

明刊本　共六册

内閣文庫藏本　原江户時代豐後佐伯藩主毛利高標舊藏

【按】此本係日本仁孝天皇文政年間(1818—1829年)由出雲守毛利高翰獻贈幕府,明治初期歸内閣文庫。

卷中有"佐伯侯毛利高標字培松藏書畫之印"等印記。

爾是園集(程明府詩集)十卷

(明)程維楧撰

明刊本　共四册

内閣文庫藏本　原楓山官庫等舊藏

㲉音二卷

(明)謝泰宗撰

明刊本　共一册

内閣文庫藏本　原楓山官庫等舊藏

長鑱集(殘本)四卷　劍吟集二卷

(明)李雲龍撰　陸彦龍評

明刊本　共一册

内閣文庫藏本　原楓山官庫等舊藏

董文嶽詩八卷

(明)董大政撰

明刊本　共一册

内閣文庫藏本　原江户時代豐後佐伯藩主豐毛利高標舊藏

【按】此本係仁孝天皇文政年間(1818—1829年)由出雲守毛利高翰獻贈幕府,明治初期歸内閣文庫。

卷中有"佐伯侯毛利高標字培松藏書畫之印"朱文方印。

采雲篇二卷

(明)薛夢雷撰

明刊本　共二册

内閣文庫藏本　原楓山官庫等舊藏

五嶽詩選(不分卷)

(明)武圖巧撰

明刊本　共二册

内閣文庫藏本　原楓山官庫等舊藏

狎吹堂穢語二卷

(明)程有學撰
明刊本　共二册
内閣文庫藏本　原楓山官庫等舊藏

游戲吟(不分卷)

(明)鄭燠撰
明刊本　共一册
内閣文庫藏本　原江户時代豐後佐伯藩主豐毛利高標舊藏
【按】此本係仁孝天皇文政年間(1818—1829年)由出雲守毛利高翰獻贈幕府,明治初期歸内閣文庫。
卷中有“佐伯侯毛利高標字培松藏書畫之印”朱文方印。

趨庭集六卷

明人不著姓名
明福州府刊本　共一册
内閣文庫藏本　原江户時代豐後佐伯藩主豐毛利高標舊藏
【按】此本收藏與印章情況同前書。

咏懷堂詩集四卷　外集二卷

(明)阮大鋮撰
明崇禎八年(1635年)序毛升刊本　共六册
内閣文庫藏本　原楓山官庫等舊藏

曹大理集(曹能始先生石倉集)

(明)曹學佺撰
明刊本　共六十一册
内閣文庫藏本　原楓山官庫等舊藏
【按】此本細目如次:
第一册　《金石初稿》
第一、二册　《石倉詩稿》(金陵集三　甲辰、乙巳、丙午、丁未)
第三至八册　《石倉文稿》五卷
第九册　《夜光堂近稿》
第九、十册　《石倉文稿》(不分卷)(夜光堂、浮山、渺軒)
第十一册　《聽泉閣近稿》(戊午、己未)《石倉文稿》(聽泉閣)
第十二册　《淼軒詩稿》(辛酉)
第十三册　《林亭詩稿》《林亭文稿》《福廬游稿》《錢塘看春詩》《游太湖詩》《藤山看梅詩》《續游藤山詩》
第十四册　《潞河集》《游房山詩》《浮山堂集》
第十五册　《芝社集》《武林稿》《苕上篇》(辛丑)
第十六册　《玉華篇》《天柱篇》(癸卯下)
第十七册　《春别篇》《豫章游稿》《江上篇》
第十八册　《挂劍篇》
第十九、二十册　《桂林集詩》三卷
第二十、二十一册　《湘西紀行》二卷
第二十二册　《巴草》
第二十二、二十三册　《蜀草》三卷
第二十三册　《雪桂軒草》(雪桂軒稿)
第二十四至三十七册　《石倉三稿》(西峰集)
第三十八至四十五册　《石倉四稿》(六一草、六二稿、六四集)
第四十六至五十二册　《石倉五稿》(六三集、六五稿)
第五十三至六十一册　《石倉六稿》(六七集、六八集、六九集、古希集)
【附録】據《商舶載來書目》記載,光格天皇天明三年(1783年)中國商船“佐字號”載《曹學佺集》一部二帙抵日本。

曹大理集(殘本)

(明)曹學佺撰
明刊本　共十四册
内閣文庫藏本　原昌平坂學問所等舊藏
【按】此本今存下列各稿:
第一至三册　《石倉文稿》(存卷二、卷五)

第四至六册　《石倉文稿》(不分卷)

第七册　《夜光堂近稿》《聽泉閣近稿》(戊午、己未)

第八册　《淼軒詩稿》(辛酉)

第九册　《浮山堂集》

第十册　《雪桂軒草》《兩河行稿》《潞河集》《游房山詩》

第十一、十二册　《湘西紀行》

第十三册　《巴草》

第十四册　《福廬游稿》《藤山看梅詩》《錢塘看春詩》《游太湖詩》《續游藤山詩》

曹大理集(四十種)七十六卷

(明)曹學佺撰

明崇禎年間(1628—1644年)刊本　共三十册

尊經閣文庫　日光輪王寺天海藏藏本

【按】每半葉有界九行,行十八字。白口,左右雙邊。

前有葉向高《序》。

此本無《總目》,所有細目如次:

《金陵初稿》一卷;《石倉詩稿》(金陵集)三卷;《春別篇》一卷;《豫章游稿》一卷;《江上篇》一卷;《玉華篇》一卷;《天柱篇》一卷;《芝社集》一卷;《武林稿》一卷;《苕上篇》一卷;《挂劍篇》一卷;《海色篇》一卷;《石倉文稿》五卷;《巴草蜀草》三卷;《雪桂軒草》一卷;《兩河行稿》一卷;《潞河集》一卷;《游房山詩》一卷;《浮山堂集》一卷;《石倉文稿》一卷;《聽泉閣近稿》一卷;《石倉文稿》一卷;《夜光堂近稿》一卷;《石倉文稿》一卷;《淼軒詩稿》一卷;《石倉文稿》一卷;《林亭詩稿》一卷;《林亭文稿》一卷;《福廬游稿》一卷;《藤山看梅詩》一卷;《游太湖詩》一卷;《續游太湖詩》一卷;《錢塘看春詩》一卷;《湘西紀行》二卷;《桂林集》三卷;《更聲篇》三卷;《賜環篇》二卷;《西峰集詩部》三卷;《西峰集文部》三卷;《石倉三稿》(文部)十九卷。

曹大理集(十二種)十六卷

(明)曹學佺撰　林光宇等閱

明刊本　共三册

蓬左文庫藏本　原江户時代尾張藩主家舊藏

【按】此本細目如次:

《芝社集》一卷、《天柱篇》一卷、《春別篇》一卷、《豫章稿》一卷、《江上篇》一卷、《玉華篇》一卷、《蜀草》三卷、《巴草》一卷、《浮山堂集》一卷、《石倉文稿》一卷、《武林稿》一卷、《金陵集》三卷。

此本係明正天皇寬永六年(1629年)從中國購入。

卷中有"尾陽内庫"印記。

曹大理集(九種)十二卷

(明)曹學佺撰

明刊本　共四册

内閣文庫藏本　原昌平坂學問所等舊藏

【按】此本細目如次:

《春別篇》一卷、《豫章游稿》一卷、《石倉詩稿》一卷、《江上篇》一卷、《玉華篇》一卷、《苕上篇》一卷、《芝社篇》一卷、《天柱篇》一卷、《石倉文稿》四卷。

曹大理集(四種)十一卷

(明)曹學佺撰

明刊本　共五册

蓬左文庫藏本　原江户時代尾張藩主家舊藏

【按】此本細目如次:

《石倉文稿》六卷、《苕上篇》一卷、《夜光堂近稿》二卷、《聽泉閣近稿》二卷。

此本係明正天皇寬永六年(1629年)從中國購入。

卷中有"尾陽内庫"印記。

桂林集(詩)三卷

(明)曹學佺撰
明刊本　共一册
内閣文庫藏本　原昌平坂學問所等舊藏

石倉文稿八卷

(明)曹學佺撰
明刊本　共六册
京都大學文學部中國語學文學哲學研究室藏本

石倉文稿五卷　巴草一卷

(明)曹學佺撰
明刊本　共五册
内閣文庫藏本

陳幾亭先生合集

(明)陳龍正撰
明崇禎四年(1631年)序刊本　共三十六册
國士館大學附屬圖書館藏本　原楠本正繼等舊藏

大江集二十一卷　大江草堂二集八卷

(明)陳珩撰
明崇禎年間(1628—1644年)刊本　共六册
尊經閣文庫藏本　原江户時代加賀藩主前田綱紀等舊藏
【附録】日本江户時代有陳珩《大江詩鈔》一卷寫本一種,係日人畠山寬選編并手寫。此本現存國會圖書館。

大江集二十一卷

(明)陳珩撰
明崇禎十一年(1639年)序刊本　共四册
内閣文庫藏本
【按】内閣文庫藏此同一刊本兩部。一部原係楓山官庫等舊藏;一部原係木村蒹葭堂等舊藏。

大江草堂二集八卷　篝燈碎語一卷

(明)陳珩撰
明崇禎十七年(1644年)序刊本　共八册
内閣文庫藏本　原楓山官庫等舊藏

(石民)横塘集二十卷

(明)茅元儀撰
明刊本　共四册
尊經閣文庫藏本　原江户時代加賀藩主前田綱紀等舊藏

浴碧堂集十二卷　附録一卷

(明)盧廷選撰
明崇禎年間(1628—1644年)刊本　共六册
宫内廳書陵部藏本　原江户時代德山藩主家舊藏
【按】此本係江户時代德山藩三代主毛利元次廣收"天下秘籍"之一。東山天皇寶永三年(1706年)《御書物目録》著録此本。明治二十九年(1896年)男爵毛利元功獻贈宫内省圖書寮(即今宫内廳書陵部)。卷中有"德藩藏書"等印記。

聖雨齋詩集五卷

(明)周拱辰撰
明崇禎十年(1637年)刊本　共二册
東洋文庫藏本　原藤田豐八等舊藏
【附録】據《商舶載來書目》記載,桃園天皇寶曆四年(1754年)中國商船"世字號"載《聖雨齋文集》一部一帙抵日本。

日本桃園天皇寶曆四年(1754年)長崎《舶來書籍大意書》記中國商船"戌字號"所載之漢籍著録此本。其釋文曰:"此係周孟侯所著。輯其賦二十篇,編爲二卷;輯其諸體之詩三百十餘首,編爲五卷;輯其詩餘六十餘首,編爲二卷;輯其諸體之文六十餘篇,編爲三卷。計凡合爲四集。此本一部一帙四册,無脱紙。"

白湖集十七卷　附録一卷

(明)李時成撰

明崇禎年間(1628—1644年)刊本　共四册

尊經閣文庫藏本　原江户時代加賀藩主前田綱紀等舊藏

秦齋怨一卷　附伊人思一卷

(明)葉紹袁撰　沈宜修編

明崇禎九年(1636年)序刊本　共一册

内閣文庫藏本　原江户時代林羅山舊藏

【按】卷中有"江雲渭樹"印記。

清署小草二十六卷

(明)張維機撰

明崇禎年間(1628—1644年)刊本　共二十二册

尊經閣文庫藏本　原江户時代加賀藩主前田綱紀等舊藏

猊嶠書屋集十八卷

(明)江南錦撰

明崇禎年間(1628—1644年)刊本　共六册

宫内廳書陵部藏本　原江户時代德山藩主家舊藏

【按】此本係《文集》十二卷、《詩集》六卷。

此本係江户時代德山藩三代主毛利元次廣收"天下秘籍"之一。東山天皇寶永三年(1706年)《御書物目録》著録此本。明治二十九年(1896年)男爵毛利元功獻贈宫内省圖書寮(即今宫内廳書陵部)。卷中有"德藩藏書"等印記。

增城集二十二卷

(明)李蛟禎撰

明崇禎年間(1628—1644年)刊本　共六册

尊經閣文庫藏本　原江户時代加賀藩主前田綱紀等舊藏

東壁樓集八卷

(明)朱由榔撰

明刊本　共三册

内閣文庫藏本　原楓山官庫等舊藏

牧雲和尚集(四種)二十二卷

(明)釋通門撰　毛晉編

明刊本　共八册

内閣文庫藏本　原昌平坂學問所等舊藏

【按】此本係《牧雲和尚嬾齋别集》十四卷、《牧雲和尚七會餘録》六卷、《宗本投機頌》一卷、《牧雲和尚病餘游刃》一卷。

【附録】據《商舶載來書目》記載,桃園天皇寶曆四年(1754年)中國商船"浦字號"載《牧雲六種》一部一帙抵日本。

桃園天皇寶曆四年(1754年)長崎《舶來書籍大意書》記中國商船"戌字號"所載之漢籍著録此本。其釋文曰:"《牧雲和尚(六種)》,此係明人牧雲禪師所著。輯其諸體之文三百九十餘篇、讚九十餘首、偈二百餘首、諸體之詩九百九十餘首,編爲《嬾齋别集》十四卷。輯其普説二十餘則、禪净玄音一篇、室中要語十則、書六篇、答語五十餘則、像贊三十餘首、佛事二十餘首、偈三百五十餘首,編爲《七會餘録》六卷。輯其所撰由本祖釋迦世尊至第二十七世般若多羅尊者之世序、由初祖達磨太師至三十世臨濟密雲禪師之世序,編爲《本投機頌》一卷。輯其法華勺海頌四十首、十年頌三十首、四依法頌四首、十二時頌十二聯、四威儀四首、蓮華十二、偈十二首、和偈四首,編爲《病游游刃》一卷。輯其諸體之詩二百五十餘首,編爲《病游初草》一卷。又輯其諸體之詩八十餘首,編爲《病游後草》一卷。計凡合刊爲六種。此本爲明崇禎十三年刊本,一部一帙十册,無脱紙。"

九潭集(不分卷)

(明)釋興慈撰

明天啓六年(1633年)序刊本　共一册

内閣文庫藏本　原楓山官庫等舊藏

(章次弓)視夜樓賦草(視夜樓近草)一卷　視夜樓詩草二卷

(明)章簡撰

明刊本　共一册

内閣文庫藏本　原楓山官庫等舊藏

緱山先生集二十七卷

(明)王衡撰　王時敏校

明萬曆年間(1573—1620年)太倉王氏家刊本

宫内廳書陵部　内閣文庫　蓬左文庫　尊經閣文庫　静嘉堂文庫　東洋文庫　出雲大社日隅宫御文庫藏本

【按】宫内廳書陵部藏本,卷中有缺葉,共五册。

内閣文庫藏此同一刊本兩部。一部原係江户時代林氏大學頭家舊藏,共十二册。一部原係楓山官庫等舊藏,共四册。

蓬左文庫藏本,原係江户時代尾張藩主家舊藏,共十二册。

尊經閣文庫藏本,原係江户時代加賀藩主前田綱紀等舊藏,共十二册。

静嘉堂文庫藏本,原係陸心源守先閣等舊藏,共四册。

東洋文庫藏本,原係藤田豐八等舊藏,共十二册。

【附録】據《商舶載來書目》記載,中御門天皇享保十年(1725年)中國商船"遠字號"載《王緱山集》一部一帙抵日本。

杜曲集十一卷

(明)戴澳撰

明崇禎年間(1628—1644年)刊本　共十二册

尊經閣文庫藏本　原江户時代加賀藩主前田綱紀等舊藏

邵潛夫先生詩選二卷

(明)邵潛撰　冒起宗編

明寄公廬刊本　共二册

内閣文庫藏本　原楓山官庫等舊藏

止止齋集七十卷

(明)沈演撰

明崇禎年間(1628—1644年)刊本　共二十册

尊經閣文庫藏本　原江户時代加賀藩主前田綱紀等舊藏

菉漪園集六卷

(明)汪康謠撰

明崇禎七年(1634年)序刊本　共四册

内閣文庫藏本　原江户時代豐後佐伯藩主毛利高標舊藏

【按】此本細目如次:

《文集》二卷;《詩集》一卷;《咏歸草》一卷;《解郡本末》一卷;《閔讞》一卷。

此本係仁孝天皇文政年間(1818—1829年)出雲守毛利高翰獻贈幕府,明治初期歸内閣文庫。

卷中有"佐伯侯毛利高標字培松藏書畫之印"朱文方印。

自偏堂集三十九卷

(明)伊伸撰

明崇禎年間(1628—1644年)刊本　共十六册

尊經閣文庫藏本　原江户時代加賀藩主前田綱紀等舊藏

【按】此本細目如次:

《自偏堂詩集》十二卷;《自偏堂文集》九卷;《自偏堂書牘》十八卷。

清白堂稿十七卷

(明)蔡獻臣撰

明崇禎年間(1628—1644年)刊本　共十二册

宫内廳書陵部藏本　原江户時代德山藩主家舊藏

【按】此本係江户時代德山藩三代主毛利元次廣收"天下秘籍"之一。東山天皇寶永三年(1706年)《御書物目録》著録此本。明治二十九年(1896年)男爵毛利元功獻贈宫内省圖書寮(即今宫内廳書陵部)。卷中有"德藩藏書"等印記。

擬山園初集五十五卷

(明)王鐸撰

明崇禎十年(1637年)序刊本

内閣文庫　東洋文庫藏本

【按】内閣文庫藏本,原係江户時代豐後佐伯藩主毛利高標舊藏。此本今存卷三十一至卷三十三,共三卷。仁孝天皇文政年間(1818—1829年)由出雲守毛利高翰獻贈幕府,明治初期歸内閣文庫。

卷中有"佐伯侯毛利高標字培松藏書畫之印"朱文方印。共一册。

東洋文庫藏本,共十七册。

詹詹集(不分卷)

(明)劉孔敦撰　張鷴祥訂

明崇禎年間(1628—1644年)刊本　共一册

尊經閣文庫　東北大學附屬圖書館藏本

【按】東北大學藏本,原係狩野亨吉等舊藏。

尊經閣文庫藏本,原係江户時代加賀藩主前田綱紀等舊藏。

響泉齋詩集(不分卷)

(明)釋道炤撰

明崇禎八年(1635年)序刊本　共一册

内閣文庫藏本　原楓山官庫等舊藏

雪廬焚餘稿十卷　焚餘續草二卷

(明)趙維寰撰

明崇禎年間(1628—1644年)刊本　共八册

尊經閣文庫藏本　原江户時代加賀藩主前田綱紀等舊藏

毛晉題跋二卷　續集一卷

(明)毛晉撰

明崇禎年間(1628—1644年)刊本　共二册

尊經閣文庫藏本　原江户時代加賀藩主前田綱紀等舊藏

初學集一百十卷

(明)錢謙益撰

明崇禎甲申(1644年)刊本

静嘉堂文庫　神宫文庫藏本

【按】每半葉有界十行,行十八字。注文小字雙行。白口,四周雙邊。

卷首有蕭士瑋《讀牧翁集七則》,次有程嘉燧《牧齋先生初學集序》,次有明崇禎甲申(1644年)曹學佺《錢受之先生集序》,次有崇禎癸未(1643年)瞿式耜《牧齋先生初學集目録後序》,次有《牧齋初學集目録》。

此本爲清代禁書,其細目如次:

卷一、卷二　還朝詩集;
卷三、卷四　歸田詩集;
卷五至卷十　崇禎詩集;
卷十一　桑林詩集;
卷十二　霖雨詩集;
卷十三、卷十四　試拈詩集;
卷十五、卷十六　丙舍詩集;
卷十七　移居詩集;
卷十八至卷二十　東山詩集;
卷二十一至卷二十七　雜文;
卷二十八至卷四十　序;
卷四十一至卷四十六　記;
卷四十七至卷四十九　行狀;
卷五十至卷六十一　墓志銘;
卷六十二至卷六十五　神道碑銘;
卷六十六、卷六十七　墓表;
卷六十八、卷六十九　塔銘;

卷七十至卷七十三　傳；
卷七十四至卷七十六　譜牒；
卷七十七　哀詞；
卷七十九　啓　帳詞　書；
卷八十　書　帳詞；
卷八十一　疏；
卷八十二　贊　偈；
卷八十三至卷八十六　題跋；
卷八十七　奏疏　議；
卷八十九、卷九十　制科；
卷九十一至卷一百　外制；
卷一百一至卷一百五　太祖實録辨證；
卷一百六至卷一百八　讀杜小箋；
卷一百九、卷一百一十　讀杜二箋。

静嘉堂文庫藏本，共二十册。

神宫文庫藏本，原係杉原心齋緑静堂舊藏。明治三十年(1897年)七月以金二十圓從淺倉屋購入，共三十册。

【附録】據《商舶載來書目》記載，中御門天皇享保八年(1723年)中國商船"浦字號"載《牧齋初學集》一部三帙抵日本。

據《外船賫來書目》記載，中御門天皇享保二十年(1735年)中國商船廣東船"第二十五番"(船主黄瑞周、楊叔祖)載《初學集》一部抵日本。

桃園天皇寶曆四年(1754年)長崎《舶來書籍大意書》記中國商船"戌字號"所載之漢籍著録此本。其釋文曰："《牧齋初學集》，係明人錢謙益所著。輯其諸體之詩千三百五十餘首、諸體之文千百九十篇，編爲百十卷。此本爲明崇禎十七年刊本，一部四帙二十四册，其中一册係後人寫本。"

清權堂集二十二卷

(明)沈德符撰
明刊本　共六册
内閣文庫藏本　原江户時代豐後佐伯藩主毛利高標舊藏

【按】此本係仁孝天皇文政年間(1818—1829年)出雲守毛利高翰獻贈幕府，明治初期歸内閣文庫。

卷中有"佐伯侯毛利高標字培松藏書畫之印"朱文方印。

【附録】據《商舶載來書目》記載，後桃園天皇安永三年(1774年)中國商船"世字號"載《清權堂集》一部一帙抵日本。

(選)寒江集三卷

(明)陳函輝撰
明末化玉齋刊本　共三册
内閣文庫藏本　原昌平坂學問所等舊藏

野紘閣集四卷

(明)陶崇政撰　吴采等評
明末刊藍印本　共四册
内閣文庫藏本　原江户時代豐後佐伯藩主毛利高標舊藏

【按】此本係仁孝天皇文政年間(1818—1829年)出雲守毛利高翰獻贈幕府，明治初期歸内閣文庫。

卷中有"佐伯侯毛利高標字培松藏書畫之印"朱文方印。

米友堂詩集七卷　雜著四卷

(明)許友撰
明刊本　共五册
内閣文庫藏本　原楓山官庫等舊藏

紫柏老人集十五卷

(明)釋真可撰
明天啓年間(1621—1627年)刊本　共八册
尊經閣文庫　内閣文庫藏本

【按】尊經閣文庫藏本，原江户時代加賀藩主前田綱紀等舊藏。

内閣文庫藏本，原楓山官庫等舊藏

徐匡嶽先生來益堂稿四卷

(明)徐匡嶽撰

明萬曆年間(1573—1620年)刊本　共四册

尊經閣文庫藏本　原江户時代加賀藩主前田綱紀等舊藏

克薪堂集十九卷

(明)鄭氏撰

明崇禎年間(1628—1644年)刊本　共八册

尊經閣文庫藏本　原江户時代加賀藩主前田綱紀等舊藏

【按】此本係《詩集》九卷、《文集》十三卷。

(三)文 選 類

(五臣注)文選(殘本)一卷

(梁)蕭統編　(唐)吕延濟等五人注

唐人寫本　日本重要文化財　卷子本共一卷

天理圖書館藏本

【按】此卷係紙本,縱 26.40cm,長 1230.70cm。

此卷殘本,乃係唐人手寫唐開元六年(721年)吕延濟等五人《文選注》之一卷。是書全本三十卷,今存卷第二十,實乃天壤間孤本。

每行十五字至十七字不等,注文小字雙行,行二十二字左右。

此卷今存篇目如次:

鄒陽《獄中上書自明》(斷簡);

司馬長卿《上疏諫獵》;

枚叔《奏書諫吴王濞》;

枚叔《重諫舉兵》;

江文通《詣建平王上書》(斷簡);

任彦昇《奏彈曹景宗》(斷簡);

任彦昇《奏彈劉整》(斷簡);

沈休文《奏彈王源》(斷簡);

楊德祖《答臨淄侯箋》;

繁休伯《與魏文帝箋》;

陳孔璋《答東阿王箋》;

吴季重《答魏太子箋》;

吴季重《在元城與魏太子箋》;

阮嗣宗《爲鄭沖勸晋王箋》。

此卷紙背爲《弘决外典鈔》卷之一。此書現也已散逸,觀書法則不晚于平安(794—1185年)後期。

此卷原係三條公爵家傳之秘本,現已被日本"文化財審議委員會"確定爲"日本重要文化財"。

【附録】推古天皇時期(604 年)日本聖德太子制定《十七條憲法》,其中第五條有文曰:"有財之訟,如石投水;乏者之訟,如水投石。"此語出自《文選·李肅遠〈命運論〉》中"張良受黄石之符,誦三略之説,以游於群雄,其言也如水投石,莫之受也;及其遭漢祖,其言也如以石投水,莫之逆也。"第十四條曰"無有嫉妒","千載以難待一聖"。此語出自《文選·三國明臣傳序》。這是日本古文獻中最早運用《文選》的記録。

依據日本平城宫遺址出土的文物,其中有《李善注文選》木簡殘片。平城宫爲公元 710 年到 784 年日本古都,此木簡殘片爲日本現存最早的《文選》實物。

據《續日本紀》記載,日本聖武天皇天平七年(737 年)唐人袁晋卿隨日本"遣唐使團"歸國時到達日本,隨行帶有《爾雅》與《文選》,袁晋卿被授予"大學音博士"。此爲《文選》傳入日本的最早記録。其後,《續日本後紀》、《三代實録》等,屢見《文選》之名,在日本平安時代(794—1185 年),與《白氏文集》共爲日本貴族知識分子文學之雙璧,對日本文學與文化的影響至大至深。

孝謙女天皇天平勝寶三年(751 年)日本完成第一部書面文學集《懷風藻》的編纂,其《序》文之文氣與文詞,皆與《文選序》極類,若前者有"人文未作",後者有"斯文未作";前者有"逮乎聖德太子",後者有"逮乎伏羲氏之王天下";前者有"心游文囿",後者有"歷觀文囿,心游目想"等等。這是《文選》影響日本古文學創作的最早記録。

日本空海和尚(弘法大師,774—835 年)有《文鏡秘府論》六卷存世,其中大量徵引《文選》材料,以佐其論。其"南卷·集論"中曰"至如梁昭明太子蕭統與劉綽等,撰集《文選》,自謂畢乎天地,懸諸日月。然於取捨,非無舛謬"。這是日本古文獻中學者論説《文選》的早期記録。

日本於元正天皇養老二年(718年),制定《養老律》與《養老令》各十卷,據《養老令義解·選叙令》的規定,自仁明天皇承和元年(834年)起執行"凡秀才取博學高才者,明經取學二經以上者,進士取明嫻時務,并讀《文選》《爾雅》者"。由此確定了《文選》在日本古代仕途中的地位。

九世紀藤原佐世《本朝見在書目録》第四十"惣集家"著録:

《文選》三十卷　昭明太子撰

《文選》六十卷　李善注

《文選抄》六十九卷　公孫羅撰

《文選抄》三十卷

《文選音義》十卷　李善撰

《文選音决》十卷　公孫羅撰

《文選音義》十卷　釋道淹撰

《文選音義》十三卷　曹憲撰

《文選抄韵》一卷

《小文選》九卷

十一世紀初日本著名的女作家清少納言在其名著《枕草子》記當時知識界讀書情況曰:"《文選》與《(白氏)文集》,乃博士之必讀文也。"

十一世紀藤原道長《御堂關白記》"寛弘三年十月廿日"記:"唐人令文……《五臣注文選》、《文集》等持來。"又見《摺本文選》,《摺本注文選》,《集注文選》等書名。此處"摺本"者,即爲"刊本"之義。這或許是宋刻《文選》東傳的最早的記録。

近衛天皇康治二年(1143年)九月二十九日,後來成爲左大臣的藤原賴長在其《臺記》中記載在該日之前讀過的書目一千三十卷,其中有《李氏注文選》一種。該書共六十卷,係藤原賴長從保延五年(1139年)八月二十一日至保延六年(1140年)五月十五日間親筆墨書的寫本。

據瑞溪周鳳《卧雲日件録》中"長禄三年(1459年)八月四日"記載,是日和尚讀《文選》,并品評陸機詩。

十七世紀日本江户時代著名學者林鵝峰(1618—1680年)在《本朝一人一首》中卷十評論日本文化史曰:"《文選》行於本朝久矣。嵯峨帝御宇,《白氏文集》全部始傳來本朝,詩人無不効《文選》、白氏者。"

文選六十卷

(梁)蕭統編　(唐)李善與五臣注

宋明州刊紹興二十八年(1158年)修本

共三十一册

宫内廳書陵部藏本

【按】每半葉十行,行二十字至二十三字不等。注文小字雙行,行三十字左右。版心鎸刻"文選幾",並記刻工姓名,如高、陳才、陳忠、徐彦、徐亮、王因、朱宥、王伸、蔡仲等。重刊之葉題記"李良重刊"、"朱文貴重刊"、"宋琳重刊"、"吴浩重刊"、"陳文重刊"、"陳高重刀"、"洪茂重刀"等。

卷首有後人鈔補唐顯慶三年(658年)九月十七日文林郎守太子右内率府參軍崇賢館直學士臣李善《上文選注表》,又有唐開元六年(721年)九月十日工部侍郎臣吕延祚《上五臣集注表》,又有高力士口宣《敕》,又有昭明太子《文選序》等。

正文首行題書名"文選卷第幾",次行上空五字題"梁昭明太子撰",第三行上空八字題"五臣并李善注"。

每卷《目》連正文,《目》低三字,《總目》低二字,《篇目》亦低二字,撰人低三字。大致五臣注在前,李善注在後,亦間有李善注在前者。

此本《序》文并卷一、卷二,原刊本文字已缺逸,後以岩崎文庫所藏之同版本書鈔補之。

卷六十後有明州司法參軍兼監盧欽《跋》:

"右《文選》版,歲久漫滅殆甚。紹興二十八年冬十月,直閣趙公來鎮是邦,下車之初,以儒雅飾吏治,首加修正字畫,爲之一新,俾學者開卷免魯魚亥豖之訛,且欲垂斯文於無窮云。右迪功郎明州司法參軍兼監盧欽謹書。”

卷三十四末有日本花園天皇正和二年(1313年)墨書一則,其文曰:“正和二年十一月十五日,専以我家秘説授申武州太守而從二位行式部大輔菅原在輔。”

卷二十末又有日本正親町天皇永禄九年(1566年)林宗二手識文。

卷中有“妙覺寺常住日典”等印記。

《古文舊書考》著録此本。

傅增湘《藏園群書經眼録》卷十七著録此本,其識文曰:

> “此明州本《文選》,乃北宋刊版而紹興修補者。余舊藏一卷,爲袁寒雲(克文)所貽,即天禄琳琅著録,有楊慈湖墨筆批點者(天禄琳琅藏本檢查尚存五十一卷)。嗣又獲殘本二十四卷,皆麻紙初印,駸駸有全書之半矣！今鏈東邦,得覯此帙。後復于東洋文庫幸睹全帙,足知此本見存于世者所在多有。然求欲一北宋原刊未經修版者,竟不可得。嗚呼,汴京文物經靖康金狄之禍,蕩然不復留遺矣,可勝嘆哉!”

董康《書舶庸譚》卷三、卷八亦著録此本。

【附録】四條天皇仁治二年(1241年)日本東福寺開山聖一國師圓爾辯圓自中國歸,携回漢籍内外文獻數千卷。1353年東福寺第二十八世大道一以據聖一國師藏書編纂成《普門院經論章疏語録儒書等目録》,其“致部”,著録《六臣注文選》二十一册。

據《商舶載來書目》記載,中御門天皇正德元年(1711年)中國商船“毛字號”載《文選六臣注》一部三十二册抵日本。中御門天皇享保九年(1724年)中國商船“利字號”載《文選六臣注》一部四帙抵日本。光格天皇享和元年(1801年)中國商船“曾字號”載《六臣注文選》一部四帙抵日本。

據《賫來書目》記載,中御門天皇正德四年(1714年)中國商船“第一番”南京船(船主費元齡)載《昭明文選》一部二帙十二册抵日本。中御門天皇享保二十年(1735年)中國商船“第二十五番”廣東船(船主黄瑞周、楊叔祖)載《文選》四部抵日本。其中二部題《昭明文選》,二部題《六臣注文選》。

據《享保四亥年書物改簿》記載,中御門天皇享保四年(1719年)中國商船“第二十四番”南京船(船主邵又張)載《昭明文選》一部抵日本。

據《寅十番船持渡書改目録寫》記載,光格天皇天明六年(1786年)中國商船“寅十番船”載《六臣注文選》一部六帙六十册抵日本,並注明“古本,脱紙四葉”。

據《書籍元帳》記載,仁孝天皇天保十二年(1841年)中國商船“丑二番船”(船主沈萍)載《朱批文選》一部二帙抵日本。此書一部售價三十五匁。同年,中國商船“寅一番船”載《朱批文選》二部各一帙抵日本,每部售價亦三十五匁。仁孝天皇弘化二年(1845年)中國商船“辰字號”載《六臣注昭明文選》一部四帙抵日本。此書一部開標價二十匁,安田屋吉太郎以四十匁購入。仁孝天皇弘化三年(1846年)中國商船“巳字號”載《六臣注昭明文選朱批》一部二帙抵日本。此書一部售價三十五匁。孝明天皇嘉永三年(1850年)中國商船“酉五番船”載《文選》(半部)十六册抵日本。此書售價六匁。同年,中國商船“酉七番船”載《李注文選》一部二十册抵日本。此書售價十三匁。同年,中國商船“戌一番船”載《李善注文選》一部二帙抵日本。此書售價十五匁。

據仁孝天皇弘化二年(1845年)《漢籍發賣投標記録》記載,是年《六臣注昭明文選》一部四帙,投標價分别爲菱屋三十匁,松之屋三十三匁五分,安田屋四十匁。

平安時代(794—1185年)中期有《文選(集注)》手寫本一種。題“梁昭明太子撰、唐人諸家集注”。此本今存卷第四十八、卷第五十九、卷第六十八、卷第八十七、卷一百十三,凡五卷。寫本用黄染楮紙,卷子本。原係金澤文庫等舊藏,後經島田翰、和田雲邨、三菱財團主岩崎氏等家收藏。卷中有中國羅振玉、楊守敬等手識文,並有楊守敬印章三枚。此本已被確定爲"日本國寶",現存東洋文庫。

平安時代中期又有手寫本《李善注文選》一種,今存殘本十九卷。此本注中引陸善經注甚多,文中"世、淵、民"等字皆缺筆。此本已被確認爲"日本國寶",現存神奈川稱名寺。

平安時代中期有《李善注文選》手寫本一種,今存卷第五十六凡一卷。此本每行有界十字左右,注文小字雙行,行十三字左右,幅寬30.5cm,全長1982.6cm。已被指定爲"日本重要文化財",現存東京渡邊昭氏處。

平安時代中期有《李善注文選》手寫本一種,今存卷第六十三凡一卷。此本每行有界十字左右,注文小字雙行,行十三字左右,幅寬29.4cm,全長1618.1cm。已被指定爲"日本重要文化財",現存京都小川廣已處。

平安時代中期有《李善注文選》手寫本一種,今存卷第五十六凡一卷。此本每行有界九字左右,注文小字雙行,行十四字左右,幅寬30.5cm,全長964.0cm。此本從松浦家傳來,卷中有"養安院藏書"印記,已被指定爲"日本重要文化財",現存天理圖書館。

鐮倉時代(1192—1330年)有蕭統《文選》三十卷手寫本一種,今存卷第二十六凡一卷。此本無注,每行十三字左右。幅寬27.9cm,全長1278.8cm。此本已被指定爲"日本重要文化財",現存天理圖書館。

鐮倉時代有《李善注文選》手寫本一種,今存李善《上注表》並卷第一。此本每行有有界十三字左右,幅寬18.5cm,全長2272.7cm。此本已被指定爲"日本重要文化財",現存兵庫縣上野淳一氏處。

後宇多天皇弘安五年(1282年)有《文選》手寫本一種,今存卷第一凡一卷。此本每行無界十五字左右,卷一末有"弘安伍年十月廿六日書□畢"一行。此本已被指定爲"日本重要文化財",現存愛知縣猿投神社。

後二條天皇正安四年(1302年)有《文選》手寫本一種,今存卷第一凡一卷。此本每行有界十四字左右,已被指定爲"日本重要文化財",現存愛知縣猿投神社。

鐮倉時代中期有高僧叡尊手寫《文選》,今存卷三,凡二百二十行。每行十四字,有朱筆施"呼古止"點。有識文曰:"文永二年(1265年)乙丑五月十二日鈔之,偏爲正法久住利益有情也,叡尊。文永三年丙寅六月十日書寫畢,校點畢願證自他三聚戒果。"此本原藏狩谷掖齋求古樓,現存大東急紀念文庫。

後陽成天皇慶長十二年(1607年)直江兼續在京都要法寺内用木活字版刊印《文選》,此爲《文選》最早的和刊本,世謂之"直江版"。此本書名題署"增補六臣注文選",每半葉有界十行,行二十二字,注文雙行。卷末有宋紹興二十八年明州司法參軍兼監盧欽《跋》,係據宋明州刊本翻刊者。卷末有刊印刊記曰:"慶長丁未沽洗上旬八蓂,板行畢"。其後,此本又有後水尾天皇寬永二年(1625年)重印本,卷末有刊印刊記曰:"寬永二乙丑孟夏上旬日,板行畢"。

後光明天皇慶安五年(1652年)佐野治左衛門刊印《六臣注文選》六十卷并《序目》一册。其後,此本有京都林權兵衛重印本、後西天皇寬文二年(1662年)洛陽(京都)野田莊右衛門、八尾勘兵衛重印本、山本平左衛門重印本、植村藤右衛門重印本等。

日本東山天皇元禄十五年(1702年)彌生吉且《倭版書籍考》卷之七著録《六臣注文選》。其識文曰:

"《六臣注文選》,六十卷,序目一卷,都計六十一本。梁昭明太子所作,集周秦漢晋宋齊梁七代之名文。昭明乃武帝之太子蕭統,字曰德施,以文學顯名,太子也。此書原爲三十卷。唐高宗顯慶年中,崇賢館直學士李善注本爲六十卷,其後,玄宗開元年中,有吕延濟、劉良、張銑、吕向、李周翰五臣注本。今本乃李善注本加五臣之注,并傳菅家古點倭訓。寬文二年,野田重周、矢尾友久轉寫倭訓,錯訛甚多。又有元和六、七年間,會津中納言景勝之家老直江山城守景續,于洛陽要法寺版行之,爲六臣之注無點本。"

(六臣注)文選(殘本)十卷

(梁)蕭統編　(唐)李善等六臣注

南宋刊本　包背裝　共五册

慶應義塾大學附屬圖書館藏本　原伊佐早兼等舊藏

【按】每半葉有界十行,行十八字,注文小字雙行,行二十三字。細黑口,左右雙邊(22.8cm×14.2cm)。

各卷首題署"六臣注文選卷第幾",次行上空六字,題署"梁昭明太子撰",第三行上空六字,題署"唐李善并五臣注",第四行上空二字,題署小題。卷内避宋諱,凡遇"桓、慎"等字,皆爲字不成。

卷六十末有伊佐早兼手識文,文曰:"北宋靖康版不足疑"。

卷中有"伊佐早兼古書之寶"等印記。

(六臣注)文選六十卷

(梁)蕭統編　(唐)李善等六臣注

宋贛州學刊本

宫内廳書陵部藏本　原妙興寺僧日興　幕府大將軍德川家康　楓山官庫等舊藏

【按】每半葉九行,行十五字。注文雙行,行二十字,偶用陰文。左右雙邊(25.8cm×19.8cm)。版心鐫刻"文選",并記刻工姓名。有原版刻工如蕭廷崗、蕭廷綱、上官奇、上官生、上官玲、黄正、王彦、阮明、胡亮、葉正、葉華、方珍、藍允、李新、劉宗、李早、劉智、鄧正、鄧感、譚彦、蔡昇、姜文、劉成、劉川、李習、應昌、陳通、鄧安、鄧全、劉訓、蔡寧、藍俊、翁俊、張明、陳才、余文、余彦、黄彦、方政、方惠、方琢、熊海、應世昌、龔襲、管致遠、陳補、蔡昌等。

有宋代補刻本刻工如嚴智、王進、王時、陳達、方中、李寶、劉文、李允、陳浩、陳壽、徐文、胡券、王舉、陳德新、高寅、王政、王明、何澤、弓友、孫何、孫春、陳良、大中、陳政、陳新、陳鎮、陳祐、必達、毛祖、楊榮、劉志、劉昭、凌宗、金祖、金嵩、沈秀、沈昌、鄭昌、鄭春、章宇、丘文、均佐、繆恭等。

有元代補刻本刻工如胡慶十四、徐怡祖、李德瑛、張斌、吴玉、江和、章東、大明、良富、俞聲、李五、趙良、陳仲、葉文、文玉、平山、繆珍、陶春等。

卷首有唐顯慶三年(658年)九月十七日文林郎守太子右内率府參軍崇賢館直學士臣李善《上文選注表》,次有高力士口宣《勅》,次有昭明太子《文選序》,次《目録》。

第一卷首行題"文選卷第一",次行上空五字題"梁昭明太子撰",第三行上空六字題"唐李善注",第四行、第五行與第三行齊題"唐五臣吕延濟、劉良、張銑、吕向、李周翰注",第六行題"賦甲",下有"善注"。

卷中避宋諱,凡遇"弘、意、讓、徵、敬、貞、玄、桓、殷、構"等,皆爲字不成。

各卷末題記校對者名銜,以題"蕭鵬校對,張之綱覆校"者居多。又有他名互雜,例舉如下:

卷一末記:"州學司書蕭鵬校對,鄉貢進士李大成校勘,左從政郎充贛州州學教授張之綱覆校。"

卷十一末記:"州學齋長吴極校對,州學學諭管獻民校勘,左從事郎李州觀察推官鄒敦禮覆校。"

卷十三末記:"州學齋長吴極校對,鄉貢進士楊楫校勘,左迪功郎贛州司户參軍李盛覆校。"

卷十八末記:"州學齋長吴極校對,左迪功郎新昭州平樂縣尉兼主簿嚴興文校勘,左迪功郎贛州石城縣尉主管學事權左司理蕭卓(覆校)。"

卷二十六末記:"左迪功郎新永州零陸縣主簿李汝明覆校。"

此本版式寬闊,字大悦目。卷内有日本後小松天皇應永年間(1394—1427年)讀校手記。

此本於日本親町天皇永禄九年(1566年)至後陽成天皇天正十九年(1591年)間,原係京都妙覺寺森日興舊藏。後獻贈幕府大將軍德川家康,後歸於楓山官庫。明治初期由太政官文庫而入内閣文庫，明治二十四年（1891年）移送宫内省圖書寮（即今宫内廳書陵部）。

卷中有“妙覺寺常住日興”、“佐伯侯毛利高標字培松藏書畫之印”等印記。

《御書籍來歷志》及《古文舊書考》著録此本。

森立之《經籍訪古志》卷六著録原楓山官庫藏宋刊本《文選六臣注》六十卷即係此本。其識文曰：

“卷首題‘文選卷一’，下記‘李善注’。次列書五臣名。大板大字，楮墨完好……‘弘，竟，讓、徵、敬、貞、玄、桓、殷、構’等字缺筆。板心間記‘重刊’等字。第一卷末記‘州學司書蕭鵬校對，鄉貢進士李大成校勘，左從政郎充贛州州學教授張之綱覆校’。第十八卷末記‘州學齋長吴極校對，左迪功郎新昭州平樂縣尉兼主簿嚴興父校勘，左迪功郎贛州石城縣尉主管學事權左司理蕭倬’（下疑缺“校勘”或“覆校”等字——編著者）。第二十六卷末記‘左迪功郎新永州零陵縣主簿李汝明覆校”。各卷所記互異，又有劉格非、陳裂、鄒郭禮等名，而張之綱、蕭鵬校正題識居多，不記刻梓歲月。蓋即宋時州學刊本也。

卷一、卷二末有‘應永三十四年（1427年，日本稱光天皇年號——編著者）四月校點記’。卷八末記‘潛齋點之’。卷二十六末引舊本載安元三年（1177年，日本高倉天皇年號——編著者）助教中原師直《跋》，後記‘應永二十九年（1422年）菊月十一日寫點畢，鼎子誌之’。卷五十末有‘永享四年（1432年，日本後花園天皇年號——編著者）校點記’。倶未詳其人。籤題有‘玄興印記’，僧南化舊物也。

近藤守重云：‘此本板式古樸，仿佛宋槧，然審定之，當是明初覆刻，非宋時原刊也。未知果然否？’

董康《書舶庸譚》卷三亦著録此本。

（六臣注）文選六十卷

（梁）蕭統編　（唐）李善等六臣注

宋贛州學刊本　共六十一册

静嘉堂文庫藏本　原毛氏汲古閣　朱卧庵陸心源皕宋樓等舊藏

【按】此本行款版式與宫内廳書陵部藏宋贛州刊本相同。

陸心源《儀顧堂集》卷一九著録此本，其識文曰：

“（前略）愚按，宋刊《六臣注文選》之存於今者凡三。

其一有識文云：‘右《文選》版，歲久漫滅殆甚。紹興八年冬十月，直閣趙公來鎮是邦，下車之初，以儒雅飾吏治，首加修正字畫，爲之一新，俾學者開卷免魯魚亥豕之訛，且欲垂斯文於無窮云。右迪功郎明州司法參軍兼監盧欽書。’當爲明州刊本。張月霄《藏書記》所載是也。其一有識文云：‘此集精加校正，絶無舛誤，見在廣都縣北門裴宅印賣。’又識云：‘河東裴氏考訂諸家善本，命工鍥於宋開慶辛酉季夏，至咸淳甲戌仲春工畢，把總鍥手曹仁。’當爲廣都刊本，《天禄琳琅》所載是也。

此本雖無刊刻時地，而每卷後所列校對銜名，皆贛州僚屬，當爲贛州刊本。其書法遒勁，酷似平原。元人已甚重之，深爲趙吴興、王弇州所賞鑒，其詳見《天禄琳琅》。此本雖摹印稍後，典型猶未墜也。”

傅增湘《藏園群書經眼録》卷十七著録此本。其識文曰：

“宋贛州州學刊本，半葉九行，每行十五字，注雙行二十五字。朱卧庵（之赤）舊藏。”

卷中有“毛晋一名鳳苞”、“汲古閣”、“汲古閣世寶”、“字子晋”、“華伯氏”、“毛氏藏書子孫永保”、“朱卧庵考藏印”、“休寧朱之赤珍藏圖書”、“留畊堂印”、“留與軒浦氏珍藏”、“浦玉田藏書記”、“静盧齋圖書印”、“江左人文”、“浦氏楊烈”、“越國男子”、“吴氏叔子家藏永保”、“在在處處有神物護持"、"子子孫孫永保"等印記。

(六臣注)文選六十卷

(梁)蕭統編　(唐)李善等注

元張伯顏刊本　共十册

東北大學附屬圖書館藏本　原狩野亨吉等舊藏

【按】每半葉有界十行,行二十二字。注文小字雙行,行同正文,偶有每行二十三字者。黑口,四周雙邊。版心鐫刻"文選",并記卷數、葉數等。

前有唐李崇賢《上文選注表》,題署"文林郎守太子右内率府録事參軍崇賢館直學士臣李善"。

正文首行頂格題署"文選卷第一"。次行上空一字,題署"梁昭明太子選"。第三行上空八字,第四行上空九字,題署"唐文林郎守太子右内率府録事參軍崇賢館直學士臣李善注上"。第五行上空八字,第六行上空九字題署"奉政大夫同知池州路總管府事張伯顏助率重刊"。

(六臣注)文選六十卷

(梁)昭明太子蕭統輯　(唐)李善與五臣注

明吴勉學重校本　共三十册

廣島大學附屬圖書館斯波文庫藏本　原斯波六郎舊藏

文選六十卷

(梁)蕭統編　(唐)李善等注

元張伯顏刊本(一説明刊本)　共二十一册

静嘉堂文庫藏本

【按】陸心源《儀顧堂續跋》卷十三著録此本,其識文曰:

"《文選》六十卷。次行題曰'梁昭明太子選',三行題曰'唐文林郎守太子右内率府録事參軍事崇賢館直學士李善注上'。前有李善《序》、《進書表》,吕延祚《進書表》,玄宗《詔旨》,元余璉《序》。元槧本,每葉二十行,每行大字二十,注雙行,行二十一字。每卷有目,連屬篇目。版心間有刻工姓名。卷一首葉有'九華吴清床刀筆'七字。六十卷末有'監造路吏劉晋英、郡人葉誠'一行,行款與宋尤延之刊本同。其與尤本不同者,每卷首葉之第四行有"奉政大夫同知池州府路總管府事張伯顏助率重刊"廿一字……(下記行款從略)其行款起訖,皆與尤延之本同。惟尤本《兩都賦》序注'亦皆依違尊者,都舉朝廷以言之',六臣本'都'上有'所'字,'舉'上有'連'字。此本有此二字,與尤本不同,似是既刻成而挖改者,當是伯顏據六臣本所改,以掩其襲取尤本之迹耳。池州爲昭明封國,有昭明廟、廟有文選閣。文簡始刻善注,置版學宫,見淳熙辛丑文簡《序》。元初毁于火。大德中,司憲伯都嘗新之,延祐中復毁,伯顏重刻之,見余璉《序》。獨怪淳熙距大德不過百餘年,版雖燬,印本必非難得,伯顏不以原刻重雕,而必改寫重刻,既改寫重刻矣,又惟恐失尤本之真,于每卷首葉縮小排密以就之,何也?宋人刻書,皆于卷末列校刊銜名,從無與著書人并列者。隆萬以後刻本,此風乃甚行,伯顏其作俑者也。伯顏原名世昌,文宗賜名伯顏,蘇州相城人。至順中知福寧州,置田造士,人多稱之,見《僑吴集》及《福建通志》。尤本無吕延祚《序》及玄宗《詔》,伯顏據五臣本增之,不免畫蛇添足。余璉《序》文理謚謬,殆學姚牧庵而失之不及者歟!元之路,宋之州、軍,明之府,卷末'路吏'二字,亦元刻之一證也。"

傅增湘《藏園群書經眼録》卷十七著録此本,斷爲"明刊本"。其識文曰:

"明刊本,陸心源誤題'元刊'。十行二十字,注雙行二十一字。按,此乃明嘉靖元年金臺汪諒本也。"

(李善注)文選六十卷　目一卷

(梁)蕭統編　(唐)李善注

宋明州刊紹興年間(1131—1162年)修補本

日本國寶　共二十一册

足利學校遺蹟圖書館藏本　原金澤文庫等舊藏

【按】此本行款版式與宫内廳書陵部所藏宋明州刊紹興二十八年(1158年)修本《文選》李善與五臣注本相同。

此本原係金澤文庫舊藏,正親町天皇永禄(1558—1565年)初,北條氏政邀請僧人九華講授《周易》、《三略》,便以此書相贈。卷中有九華手識文五則。

其一(卷二十四末)曰:

"能化九華六十一歲,百日之《周易》之講一十六度時書之。"

其二(卷三十末)曰:

"隅州産九華,行年六十一之時,欲赴於鄉里過相州,太守氏康、氏政父子聽《三略》講後,話柄之次賜之。又請再住于講堂矣。"

其三(卷三十九末)曰:

"能化九華六十一歲,百日之《周易》之講一十六度時書之。"

其四(卷五十七末)曰:

"能化九華叟,行年六十一歲,羲《易》之講,百日而畢十又六度,而欲赴舊里,過相州……(以下文字磨滅)。"

其五曰(卷六十末):

"能化大隅産九華叟,《周易》傳授之徒百人,百日講席十有六度也。行年六十一書之。"(此手識文與足利學校遺迹圖書館藏宋刊本《周易注疏》卷十三手識文全同,蓋同時書寫也。)

《目録》末有"司業九華叟"一行,並加花押。旁有"加硃墨點三要"一行。

各册皆有"學校寄進　永禄三年(庚申)六月七日　平氏政朝臣"墨書一行,其中在"平氏政朝臣"旁,有題書"司業九華叟"者,有題書"大隅産能化九華"者,有題書"加朱墨點　三要"者等。

此本係金澤文庫外流出漢籍之一種。

森立之《經籍訪古志》卷六著録原足利學校藏宋刊本《文選六臣注》。其識文曰:

"首有李善《上表》,卷首題'文選卷第一',下記五臣並李善注。每半版十行,行廿一字,注三十餘字,疏密不整。界長七寸三分,幅五寸一分。左右雙邊。字畫精嚴,鎸刻鮮朗,宋刻中尤精妙者。籤題篆書'李善五臣文選'六字,下爲界格夾書卷數,乃爲當時裝潢之舊。每卷首尾有'金澤文庫'印記。第三、第六、第十二、第十五、第三十、第三十九諸卷末,有九華叟《跋》,記'永禄三年學庠寄進平氏政朝臣',捺福壽應隱朱印。末又有三要加朱墨點記,卷中點校頗密。"

此本已由日本"文化財審議委員會"確認爲"日本國寶"。

(李善注)文選六十卷

(梁)蕭統編　(唐)李善注

宋明州刊紹興年間(1131—1162年)修補本

共三十一册

東洋文庫藏本

【按】每半葉有界十行,行二十三字左右。注記雙行,行三十字。白口,左右雙邊。版心記刻工姓名,如方成、王因、江政、宋道、俞忠、施章、黄暉、張謹、葉達等。

前有李善《上文選注表》,又有《集注文選表》及《文選序》等。

卷末有宋紹興二十八年明州司法參軍兼監盧欽《跋》。

傅增湘《藏園群書經眼録》卷十七著録此本。其識文曰:

"此帙與帝室圖書寮藏殘本同,惟竟體完整,無鈔補之卷,爲足珍耳。"

(李善注)文選(殘本)十二卷

(梁)蕭統編　(唐)李善注

宋明州刊紹興年間(1131—1162年)修補本

共六册

御茶之水圖書館藏本　原東福寺玉峰和尚德富蘇峰成簣堂等舊藏

【按】每半葉十行,行二十一字至二十三字不等。注文小字雙行,行三十字左右。左右雙邊(22.3cm×15.0cm)。版心有刻工姓名,如劉仲、張宗、王明、唐彬、盛彦等。其中卷八之第十八葉、第二十一葉之版心,鐫刻“戊申重刊”,卷三之第十葉、第十八葉,並卷八之第十九葉,版心鐫刻“壬子重刊”(推考“戊申”年,似爲淳熙十五年;“壬子”年似爲紹熙三年——編著者)。

是書全本六十卷。此本今存卷一至卷十二。卷十三至卷四十八,爲楊守敬所購得。楊守敬《日本訪書志》卷十二著録宋刊本《李善注文選》六十卷,即係此本卷十三之後。其識文曰:

“宋尤延之校刊本,缺第一至第十二卷,即鄱陽胡刻祖本也。唐代《文選》李善注及五臣注並各自單行,故所據蕭《選》正本亦有異同。至五代孟蜀毋昭裔,始以《文選》刊板,傳記雖未言以何本上木,然可知爲五臣本。按今行袁刻六臣本,於李善表後有《國子監准敕節文》云,《五臣注文選》傳行已久,竊見《李善文選》援引賅贍,典故分明,若許雕印,必大段流布,欲乞差國子監説書官負校定净本後,鈔寫板本,更切對讀後上板,就三館雕造云云。據此可見善注初無刊本。此云‘校定净本後,鈔寫板本’,是净寫善注,又鈔寫五臣板本合刊之證。唯不著年月,故自來著録家有北宋《六臣文選》(即袁氏所原之裴本是也)、北宋《五臣文選》(即錢遵王所收之三十卷本是也,見《讀書敏求記》),而絶無有北宋《善注文選》者,良由善注自合五臣本後,人間鈔寫卷軸本盡亡,故四明贛上雖有刊本(當在南宋之初),皆從六臣本抽出善注,故尤氏病其有裁節語句之弊,然以五臣混善注之弊,亦未能盡除(詳見胡刻《文選考異》)。元時張伯顔刊善注,則更多增入五臣注本。明代弘治間唐藩刊本、嘉靖間汪諒刊本、崇禎間毛氏汲古閣刊本,又皆以張本爲原,而遞多謬誤(各本余皆有之)。

國朝嘉慶間,吴中黄蕘圃始得尤氏宋本聞于世。鄱陽胡氏倩元和顧澗蘋影摹重刻。論者謂與原本毫發不爽。余從日本訪得尤氏原本照之,乃知原書筆力峻拔,胡刻雖佳,未能似之也。此本後有尤延之、袁説友、計衡三《跋》,胡刻本只有《尤跋》,《袁跋》則從陸敕先校本,載于《考異》後,然亦損末二十餘字。此則《袁跋》全存,《計跋》稍有缺爛,猶爲可讀。余嘗擬以胡刻本通校一過,顧卒卒未暇。會章君碩卿酷愛此書,欲見推讓,乃隨手抽第十三卷對勘,如《風賦》‘激颺熛怒’,‘熛’誤作‘漂’;又‘啗齰嗽獲’,注‘中風口動之貌’。胡本口上擠一人字,《考異》亦以爲誤。此本並無人字,不知胡本何以誤增?以斯而例,則胡本亦未可盡據。又原本俗字,胡本多改刊,原本中縫下有刻工人姓名,胡氏本則盡刊削,是皆足資考證者。余在日本時,見楓山官庫藏宋贛州刊本,又見足利所藏宋本,又得日本慶長活字重刊紹興本,及朝鮮活字本,皆六臣本。余以諸本校胡氏本,彼此互節善注,即四明贛上所由出,乃知延之當日刻此書,兼收衆本之長;各本皆誤,始以書傳校改。胡氏勘尤本,僅據袁本、茶陵本凡二本,與尤本不同者,皆以爲尤氏校改,此亦臆度之辭,如《西都賦》‘除太常掌故’,袁本、茶陵本並作‘固’,尤作‘故’,《考異》謂尤氏校改,不知紹興本、朝鮮本、及翻刻茶陵本並作‘故’,非尤氏馮臆也。”

正文卷首頂格題署“文選卷第一”,次行上空二字題署“梁昭明太子撰”,第三行上空三字題署“文林郎守太子右内率府録事參軍事崇賢館直學士臣李善注”,第四行上空一字題署“賦甲”,下有雙行小注,文曰:“賦甲者,舊題甲乙,所以紀卷先後,今卷既改,故甲乙並除,存其首題,以明舊式。”第五行上空二字題署“京都上”,第六行上空三字題署“班孟堅兩都賦二首”,下有雙行小注,文占第六行與第七行,文曰:“自光武至和帝都洛陽,西京父老有怨,班固恐帝去洛陽,故上此詞以諫,和帝大悦也。”第八行上空二字題署“兩都賦序”。

全書有室町時代讀者手施朱筆訓點。

此書原係日本東福寺玉峰和尚(安枕、光璘)等舊藏,後歸龍溪書屋,終爲德富蘇峰所得。

卷中有"寶勝院"、"光璘"、"洒竹文庫"等印記。

(李善注)文選(殘本)一卷

(梁)蕭統編　(唐)李善注

宋明州刊本　清乾隆皇帝璽印本　共一册

御茶之水圖書館藏本　原乾隆皇帝　德富蘇峰成簣堂等舊藏

【按】每半葉十行,行二十字至二十三字不等。注文小字雙行,行三十字左右。左右雙邊(24.0cm×16.0cm)。

是書全本六十卷。此本今存卷二十九,凡一卷。

此本原係明人毛晋等舊藏,後入於清宫,其後又溢出於民間,見《天禄琳琅書目》(後編)卷七所載。

卷首及卷末,皆有"乾隆御覽之寶"朱文橢圓璽印。

書箱封面有墨書曰:"蘇峰先生囑題、宋刊文選、庚戌六月潜山拝觀"。

卷中又有"天禄琳琅"、"蘇峰學人德富氏愛藏圖書記"等印記。

文選六十卷

(梁)蕭統編　(唐)李善注

明弘治年間(1488—1505年)唐藩刊本　共二十册

内閣文庫　静嘉堂文庫　早稻田大學圖書館藏本

【按】前有明隆慶五年(1571年)《序》。

内閣文庫藏本,原係明人戴金等舊藏,後歸江户時代林氏大學頭家。

静嘉堂文庫藏本,原係陸心源守先閣等舊藏。

早稻田大學圖書館藏本,原係服部南郭家服部文庫等舊藏。

此本今缺卷五十四至卷五十七,實存凡五十六卷,共十九册。

文選六十卷　附諸儒議論

(梁)蕭統編　(唐)李善等注　《議論》(元)陳仁子輯

明萬卷堂刊本　共十册

京都大學文學部中國語學文學哲學研究室藏本　原江户時代前田綱紀　尊經閣文庫等舊藏

文選六十卷

(梁)蕭統編　(唐)李善注

明嘉靖元年(1522年)汪諒刊本

内閣文庫　築波大學附屬圖書館藏本

【按】每半葉有界十行,行二十二字至二十三字不等,注文小字雙行。左右雙邊、四周雙邊,間或四周單邊。版心偶見有刻工姓名,如卷一版心有"九華吴清氏刀筆"等。

内閣文庫藏此同一刊本兩部。一部原係昌平坂學問所等舊藏,其中卷一、卷二、卷九、卷十、卷四十七、卷四十八,凡六卷係後人寫補,凡三十一册。一部原係江户時代豐後佐伯藩主毛利高標舊藏,仁孝天皇文政年間(1818—1829年)由出雲守毛利高翰獻贈幕府,明治初期歸内閣文庫。卷中有"佐伯侯毛利高標字培松藏書畫之印"等印記,共二十册。

築波大學藏本,原係東京教育大學等舊藏。此本卷五至卷十、卷三十二至卷三十四、卷五十一至卷五十四,皆以清人胡克家校勘本配補,卷中有"漱雪秘玩"、"天然愛好"、"莫印與儔"等印記,共二十册。

文選六十卷

(梁)蕭統編　(唐)李善等注

明嘉靖四年(1525年)晋府養德院覆元張伯顔刊本

尊經閣文庫　静嘉堂文庫　京都大學人文科學研究所東洋學文獻中心　廣島大學文學部　大倉文化財團藏本

【按】前有明嘉靖四年(1525年)《序》。

此本行款版式與東北大學所藏元人張伯顔刊本同。

尊經閣文庫藏本,原係江户時代加賀藩主前田綱紀等舊藏,共二十册。

静嘉堂文庫藏本,原係陸心源皕宋樓等舊藏,共二十册。

京都大學藏本,係此本之再印本,卷中題署"成國公懷遠朱春臣補葺先世所翻元張伯顔本",共二十册。

廣島大學藏本,共三十册。

大倉文化財團藏本,共二十册。

文選六十卷

(梁)蕭統編　(唐)李善等注

明嘉靖十三年至二十八年(1534—1549年)吴郡袁氏嘉趣堂仿宋蜀本刊本

宫内廳書陵部　國會圖書館　内閣文庫　尊經閣文庫　静嘉堂文庫　東洋文庫　東京大學總合圖書館　京都大學　廣島大學文學部　大倉文化財團　小如舟屋　神宫文庫　御茶之水圖書館藏本

【按】每半葉十一行,行十八字,注文小字雙行。左右雙邊,間或四周單邊(25.0cm×18.2cm)。版心記刻工姓名。

前有蕭統《文選序》,又有李善《上文選注表》、《國子監准敕節文》、吕延祚《進五臣集注文選表》、高力士宣《口敕》。

正文卷首頂格題署"六家文選卷第一",次行上空六字題署"梁昭明太子撰",第三行上空七字題署"唐五臣注",第四行上空七字題署"崇賢館直學士李善注",第五行上空一字題署"賦",第六行上空二字題署"京都上",第七行上空四字題署"班孟堅兩都賦二首",下有雙行小注,文占第七行與第八行,文曰:"自光武至和帝都洛陽,西京父老有怨,班固恐帝去洛陽,故上此詞以諫,和帝大悦也。"第九行上空三字題署"兩都賦序"。

卷中有刊家題識文多處:

1.《序》末有刊印釋文,文曰:"此集精加校正,絶無舛誤,見在廣都縣北門裴宅印賣。"

2.卷第三十末後有刊記二行,文曰:"皇明嘉靖壬寅四月立夏日,吴郡袁氏兩庚草堂善本雕。"

3.卷四十末有刊印文記曰:"此蜀郡廣都縣裴氏善本,今重雕于汝郡袁氏之嘉趣堂。嘉靖丙午春日。"空一行,又有刊記曰:"國朝改廣都縣爲雙流縣,屬成都府。"

4.卷六十末文字結束之後,尾題"六家文選卷第六十終"之前,有刊記曰:"吴郡袁氏善本新雕"。

5.卷六十末後有明嘉靖己酉(1549年)刊記一葉。其文曰:"余家藏書百年,見購鬻宋刻本《昭明文選》,有五臣、六臣、李善本、巾箱本、白文小字大字,殆數十種。家有此本,甚稱精善,而注釋本以六家爲優,因命工翻雕,匡郭字體,未少改易。刻始于嘉靖甲午歲,成于己酉,計十六載而完。用費浩繁,梓人艱集。今模拓傳播,海内覽兹册者,毋徒曰開卷快也。皇明嘉靖己酉春正月十六日　吴郡汝南袁生褧題于嘉趣堂。"

此本仿宋本而刻,故卷中仍避宋諱。

宫内廳書陵部藏此同一刊本三部。一部原係昌平坂學問所等舊藏,卷中有"下榻生"、"淺草文庫"、"昌平坂學問所"、"書籍館印"、"大學圖書之印"、"内務省文庫印"等印記,共六十册;一部原係楓山官庫等舊藏,卷中有"馮時芳印"、"秘閣圖書之章"等印記,共三十一册;一部共二十四册。

國會圖書館藏本,共三十册。

内閣文庫藏本,原係明人戴金等舊藏,後歸日本高野山釋迦文殊院。明治十九年(1886年)從釋迦文殊院購得而入藏内閣文庫。序首游紙二葉,有戴金楷書手識文二則。一則曰:"余篤嗜《文選》,求之數年,不遇善本。至丁丑,覯偶於長安書肆中閱之,發函伸紙,乃嘉靖甲午年吴郡袁氏重雕宋刻廣都縣本。精好倍常,購之以歸,如蓄非常之寶,熟讀涵咏之。令其漸漬汪洋，遇有操觚，一師心匠，豈不快哉！貞礪識。"又一則曰："梁昭明太子統聚文士，劉孝威、庾肩吾、徐防、江伯操、孔敬重、惠子悦、徐陵、王囿、孔爍、鮑至十人，謂之高齋十學士集《文選》。今襄陽有文選樓、池州有文選臺，未知何處爲的？但十人姓名，人多不知，故特著之。貞礪識。"在第一則識文之後，有"貞礪"、"戴金珍秘藏書"兩朱文方印；在第二則識文之後，有"中輔"、"戴金"兩朱文方印。全本共三十一册。

尊經閣文庫藏本，原係江户時代加賀藩主前田綱紀等舊藏，共三十册。

静嘉堂文庫藏本，原係陸心源十萬卷樓等舊藏，共三十册。

東洋文庫藏此同一刊本兩部。一部原係小田切萬壽之助等舊藏；一部原係木村蒹葭堂等舊藏。兩部皆共二十册。

東京大學藏本，共三十二册。

京都大學藏此同一刊本兩部。一部現存附屬圖書館，共二十册。一部現存人文科學研究所東洋學文獻中心，卷内有盛昱手識文，共三十册。

廣島大學藏本，共三十册。

大倉文化財團藏本，卷中有"華亭朱氏"、"吴森"、"都城"、"秀水莊氏蘭味軒"、"廣陽陳確庵慎獨齋"、"焦氏印記"、"中秘國學圖書"等印記，共三十六册。

小如舟屋藏本，原係小川如舟舊藏，共二十册。

神宫文庫藏本，原係高平隆長等舊藏。此本今缺卷三十九至卷四十二、卷五十五、卷五十六。共十四册。

御茶之水圖書館藏本，原係德富蘇峰成簣堂等舊藏。此本原明清人所藏，後歸狩谷掖齋等所有。卷内有讀者識文頗多，如正文卷第一之首葉天頭有墨筆手書，文曰："六臣本賦下有甲字注，善曰，賦甲者，舊題甲乙，所以紀卷先後，今卷既改，故甲乙並除，存其首題，以明舊式。"又卷六十末上述刊記之後有空白一葉，此葉最末二行有刊記曰："嘉靖乙丑歲忠雅堂謹藏"。卷首有"是曾藏蔣絢臣家印"等印記，共三十一册。

文選六十卷

(梁)蕭統編　(唐)李善等注　(明)何孟倫輯注

明嘉靖二十年(1541 年)會魁何孟倫刊本　共十四册

東京大學總合圖書館藏本　原廣東籌賑日災總會贈送本

文選六十卷

(梁)蕭統編　(唐)李善并五臣注

明嘉靖二十八年(1549 年)錢塘洪氏刊本　共六十册

京都大學人文科學研究所東洋學文獻中心藏本

【按】每半葉有界十行，行十八字。

前有明嘉靖二十八年錢塘田汝成《序》。又有蕭統《昭明文選序》、吕延祚《進五臣集注表》、上遣高力士《口敕》、李善《上選注表》等。

文選六十卷

(梁)蕭統編　(唐)李善等注

明萬曆年間(1573—1620 年)丁覲覆嘉靖吴郡袁氏嘉趣堂刊本

神宫文庫　御茶之水圖書館藏本

【按】每半葉有界十行，行十八字，注文小字雙行。四周單邊，版心有刻工姓名。

此本係丁覲覆嘉靖吴郡袁氏嘉趣堂刊本，故卷三十末仍有袁氏嘉趣堂刊本原刊語"皇明嘉靖壬寅四月立夏日吴郡袁氏兩庚草堂善本雕"二行。

正文卷首第四行題署"皇明(此處空八字)龍猇丁覲重刊"。

神宫文庫藏本，卷九、卷十係它本配入，全書皆有訓點。此本係神宫文庫于明治二十九年(1896 年)五月以金二十五圓購入。卷中有

"吕氏鑒賞"、"求至父"、"止觀居士"、"華鳥園印"、"阿波歧曾能藏書"等印記,共二十册。

御茶之水圖書館藏本,原係德富蘇峰成簣堂等舊藏。此本今有殘缺,書中有江户時代讀者所施訓點小注,卷中有森氏朱文印記。卷十一内葉有德富蘇峰手識文,共二十一册。

文選六十卷

(梁)蕭統編　(唐)李善并五臣注

明萬曆二年(1574年)新都崔孔昕覆宋刊本　共三十五册

宫内廳書陵部藏本　原江户時代德山藩主舊藏

【按】每半葉九行,行十八字。

前有汪道昆《序》。

首卷眉欄有日本中御門天皇正德六年(1716年)手識文曰:"長沼玄珍字食號常庵,醫術好文,嗜書肆此《文選》,珍之,藏書累年。一日以近扈告余欲爲文庫之物,聞喜隨志焉。因姑紀之,教他後拆覽之者然。時正德六年丙申春。"

此本係德山藩第三代主毛利元次廣收"天下秘籍"之一。東山天皇寶永三年(1706年)《御書物目録》著録此本。明治二十九年(1896年)男爵毛利元功獻贈宫内省圖書寮(即今宫内廳書陵部)。

卷中有"德藩藏書"等印記。

文選六十卷

(梁)蕭統編　(唐)李善并五臣注　(明)崔孔昕等重校

明萬曆六年(1578年)雲杜徐成位刊本　共三十册

東京大學總合圖書館　京都大學附屬圖書館　廣島大學附屬圖書館　關西大學泊園文庫藏本

【按】東京大學藏本,原係江户時代紀州德川家南葵文庫等舊藏。

關西大學藏本,原係江户時代藤澤東畡、藤澤南陽、藤澤黄鵠、藤澤黄彼三代四世泊園書院等舊藏。

文選六十卷

(梁)蕭統編　(唐)李善等注

明萬曆年間(1573—1620年)刊本　共六十一册

静嘉堂文庫藏本　原宫島藤吉等舊藏

文選六十卷

(梁)蕭統編　(唐)李善注

明萬曆年間(1573—1620年)刊本

内閣文庫　東北大學附屬圖書館藏本

【按】前有鄧原岳《序》。

内閣文庫藏本,共二十册。

東北大學藏本,共三十册。

文選六十卷

(梁)蕭統編　(唐)李善等注

明新安潘氏刊本

内閣文庫藏本

【按】内閣文庫藏此同一刊本兩部。一部原係楓山官庫等舊藏,共六十册。一部原係昌平坂學問所等舊藏。此本今缺卷一,共二十九册。

文選六十卷

(梁)蕭統編　(唐)李善注

明毛氏汲古閣據宋本校刊本

東洋文庫　京都大學　東北大學附屬圖書館　早稻田大學圖書館藏本

【按】東洋文庫藏此同一刊本兩部,皆原係小田切萬壽之助等舊藏。一部共二十四册;一部共十册。

京都大學藏此同一刊本兩部。一部現存人文科學研究所東洋學文獻中心,共十册。一部現存文學部中國語學文學哲學研究室,原係狩野直喜等舊藏。

東北大學藏本,共十二册。

早稻田大學圖書館藏本,原係服部南郭家服

部文庫等舊藏。此本今缺卷十四至卷十七,實存五十六卷,共十五册。

文選(殘本)一卷

(梁)蕭統編

古寫本　卷子本　共二軸

静嘉堂文庫藏本　原竹添井井(光鴻)等舊藏

文選補遺四十卷

(宋)陳仁子編輯　譚紹烈纂類

明覆元茶陵陳氏東山書院十行刊本　共二十册

静嘉堂文庫　蓬左文庫　京都大學文學部中國語學文學哲學研究室藏本

【按】静嘉堂文庫藏本,原係陸心源守先閣等舊藏。

蓬左文庫藏本,原係江户時代尾張藩主家等舊藏。

京都大學藏本,原係狩野直喜等舊藏。

【附録】據光格天皇天明六年(1786年)《寅拾番船持渡書物目録改》記載,同年中國商船"寅十番"載《文選補遺》一部二帙十六册抵日本。《目録》注明:"元陳仁子輯誦,古本,有水浸"。

文選纂注十二卷

(宋)陳仁子編　(明)張鳳翼增訂

明萬曆年間(1573—1620年)書林余碧泉刊本

東洋文庫　早稻田大學圖書館藏本

【按】前有明萬曆十年(1582年)《序》。

東洋文庫藏本,原係小田切萬壽之助等舊藏,　共三册。

早稻田大學圖書館藏本,共六册。

【附録】中御門天皇享保八年(1723年)中國商船"毛字號"載《文選纂注》一部十二册抵日本。

(新刊續補)文選纂注十二卷

(宋)陳仁子編　張鳳翼增訂

明萬曆二十五年(1597年)三衢舒氏四泉刊本

國會圖書館　内閣文庫　尊經閣文庫　蓬左文庫　早稻田大學圖書館藏本

【按】前有明萬曆二十五年(1597年)《序》。

國會圖書館藏本,原共六册,現合爲三册。

内閣文庫藏本,原係昌平坂學問所等舊藏。此本今缺卷一、卷四,共五册。

尊經閣文庫藏本,原係江户時代加賀藩主前田綱紀等舊藏,共十二册。

蓬左文庫藏本,原係江户時代尾張藩主家等舊藏,共四册。

早稻田大學圖書館藏本,共六册。

文選纂注評林十二卷

(宋)陳仁子編　(明)張鳳翼增訂

明萬曆年間(1573—1620年)刊本　共十二册

稻田大學圖書館藏本

【按】前有明萬曆八年(1580年)《序》。

文選纂注評林十二卷

(宋)陳仁子編　(明)張鳳翼增訂

明萬曆年間(1573—1620年)刊本

宫内廳書陵部　尊經閣文庫　京都大學人文科學研究所東洋學文獻中心　廣島大學文學部　大谷大學悠然樓　無窮會天淵文庫藏本

【按】前有明萬曆四十二年(1614年)《序》。

宫内廳書陵部藏本,共十二册。

尊經閣文庫藏本,原係江户時代加賀藩主前田綱紀等舊藏,共十二册。

京都大學藏本,共十二册。

廣島大學藏本,共十二册。

大谷大學藏本,原係大西行禮等舊藏,共十二册。

無窮會藏本,原係加藤天淵等舊藏,共十二册。

文選纂注(新纂六臣注漢文選)二十四卷

(宋)陳仁子編　(明)張鳳翼增訂
明萬曆年間(1573—1620年)刊本
内閣文庫　東洋文庫　東北大學附屬圖書館藏本
【按】前有明萬曆十四年(1586年)《序》。
内閣文庫藏本,原係楓山官庫等舊藏,共二十四册。
東洋文庫藏本,原係藤田豐八等舊藏,共二十四册。
東北大學藏本,原係狩野亨吉等舊藏,共十二册。

文選類林十八卷

(宋)劉攽編　(明)傅嘉祥　高尚鈺校
明隆慶六年(1572年)序刊本
内閣文庫　尊經閣文庫　陽明文庫藏本
【按】每半葉有界九行,行十八字。白口,四周單邊。
内閣文庫藏本,原係豐後佐伯藩主毛利高標舊藏,仁孝天皇文政年間(1818—1829年)出雲守毛利高翰獻贈幕府。明治初期,歸内閣文庫。卷中有“佐伯侯毛利高標字培松藏書畫之印”等印記,共八册。
尊經閣文庫藏本,原係江户時代加賀藩主前田綱紀等舊藏,共五册。
陽明文庫藏本,原係江户時代近衛家凞等舊藏,共八册。

文選類林十八卷

(宋)劉攽編
明隆慶年間(1567—1572年)刊本　共六册
蓬左文庫藏本　原江户時代尾張藩主家等舊藏
【按】此本係日本明正天皇寬永十三年(1626年)從中國購入。
卷中有“尾陽内庫”印記。

文選雙字類要三卷

(宋)蘇易簡輯
明嘉靖年間(1522—1566年)刊本　共六册
廣島大學文學部藏本
【按】前有明嘉靖十九年(1540年)《序》。

文選雙字類要三卷

(宋)蘇易簡編　(明)朱睦㮮校
明嘉靖二十五年(1546年)序刊本　共三册
内閣文庫藏本　原楓山官庫舊藏

選詩(風雅翼)八卷　補遺二卷　續編四卷

(元)劉履編注
明嘉靖四年(1525年)刊本
東洋文庫　静嘉堂文庫藏本
【按】東洋文庫藏本,原係小田切萬壽之助等舊藏,共八册。
静嘉堂文庫藏此同一刊本兩部。一部原係陸心源十萬卷樓等舊藏,共四册。一部原係養安院等舊藏,共四册。
【附録】仁孝天皇文政四年(1821年)有“和刊本”元人劉吕編注《選詩》八卷《補》二卷《續》四卷。

選詩八卷　選詩續編四卷　選詩補遺二卷

(元)劉履補注
明嘉靖三十一年(1552年)刊本
内閣文庫藏本
【按】内閣文庫藏此同一刊本兩部。一部原係楓山官庫等舊藏,共六册。一部原係江户時代林氏大學頭家等舊藏。此本今存卷一、卷二,凡二卷共一册。

選詩三卷

不署編者姓名
明刊本　共三册
蓬左文庫藏本　原江户時代德川光友瑞龍

院等舊藏

廣文選八十二卷

(明)劉節編纂

明嘉靖年間(1522—1566年)刊本

内閣文庫　出雲大社日隅宮御文庫藏本

【按】前有明嘉靖十二年(1533年)《序》。

内閣文庫藏本,原係江户時代林氏大學頭家等舊藏,共十二册。

出雲大社日隅宮御文庫藏本,共二十三册。

【附録】桃園天皇寶曆十一年(1761年)中國商船"久字號"載《廣文選》一部四帙抵日本。

廣文選六十卷

(明)劉節編纂　陳蕙校正

明嘉靖年間(1522—1566年)刊本

宫内廳書陵部　尊經閣文庫　米澤市立圖書館　御茶之水圖書館藏本

【按】每半葉十一行,行二十一字。白口,四周單邊。

前有明嘉靖十一年(1532年)王廷相《序》,又有嘉靖十二年(1533年)吕柟《序》。

宫内廳書陵部藏本,卷中有缺逸,共十八册。

尊經閣文庫藏本,原係江户時代加賀藩主前田綱紀等舊藏,共十八册。

米澤市立圖書館藏本,原係江户時代米澤藩主家等舊藏,共二十一册。

御茶之水圖書館藏本,原係德富蘇峰成簣堂等舊藏。此本尚存原刊古紙封面,第一册内封有明治四十三年(1910年)德富蘇峰手識文。共二十册。

廣文選(校正本)六十卷

(明)劉節編纂　陳蕙校正

明嘉靖年間(1522—1566年)陳氏揚州書院刊本

蓬左文庫　大谷大學悠然樓藏本

【按】前有明嘉靖十六年(1537年)《序》。

蓬左文庫藏本,原係江户時代尾張藩主家等舊藏。此本係日本明正天皇寬永十二年(1635年)從中國購入。卷中有"尾陽内庫"印記,共十八册。

大谷大學藏本,原係大西行禮等舊藏,共二十册。

廣廣文選二十四卷

(明)周應治編纂

明萬曆年間(1573—1620年)刊本

内閣文庫　尊經閣文庫藏本

【按】前有明萬曆二十四年(1596年)《序》。

内閣文庫藏本,原係江户時代林氏大學頭家等舊藏,共二十三册。

尊經閣文庫藏本,原係江户時代加賀藩主前田綱紀等舊藏,共二十五册。

廣文選删十四卷

(明)張溥編

明刊本　共十册

内閣文庫藏本　原楓山官庫等舊藏

文選纂注評苑二十六卷

(明)陸弘祚編撰

明萬曆年間余氏克勤齋刊本

宫内廳書陵部　内閣文庫藏本

【按】前有明萬曆二十四年(1596年)《序》。

宫内廳書陵部藏本,共十二册。

内閣文庫藏此同一刊本兩部。一部原係江户時代林羅山舊藏,卷中有"江雲渭樹"等印記,共十六册。一部共二十册。

(梁)昭明文選十二卷

(明)張鳳翼編撰

明萬曆二十九年(1601年)刊本　共十二册

東洋文庫藏本　原小田切萬壽之助等舊藏

【附録】後光明天皇承應三年(1654年)京都風月莊左衛門刊印《文選》白文本十二卷。

光格天皇天明四年(1784年)京都風月莊左衛門刊印《文選》白文十二卷。此本由日人片山兼山點，葛山壽校。

仁孝天皇文政十一年（1828年）京都書肆風月莊左衛門刊印蕭統編《文選》正文十二卷，此本由日人服部元喬句讀，片山兼山點。其後，此本有孝明天皇萬延元年（1860年）秋田屋市兵衛重印本、萬延二年重印本。

文選補遺四十卷

（明）陳仁編

明刊本　共二十册

尊經閣文庫藏本　原江户時代加賀藩主前田綱紀等舊藏

文選錦字録二十一卷

（明）凌迪知編　凌隆稚校

明萬曆五年（1577年）凌氏桂芝館刊本　共十二册

内閣文庫　尊經閣文庫藏本

【按】尊經閣文庫藏本，原係江户時代加賀藩主前田綱紀等舊藏。

【附録】日本仁孝天皇文政元年（1818年）昌平坂學問所覆刻明刊印萬曆年間《文選錦字録》二十一卷，題“明凌迪知編，凌隆稚校”。

日本江户時代《昌平坂御官版書目》著録《文選錦字録》十册，題“明凌迪知撰”。

仁孝天皇天保十五年（1844年）《官版書籍解題略》卷下著録《文選錦字》二十卷。其識文曰：“明人凌迪知撰。是書集《文選》之字句，分爲十七門。”

據《商舶載來書目》記載，桃園天皇寬延二年（1749年）中國商船“毛字號”載《文選錦字録》一部二帙抵日本。

文選錦字録二十一卷　目一卷

（明）凌迪知撰　凌稚隆校

明萬曆五年（1577年）吴興凌氏桂芝館刊本

國會圖書館　東洋文庫　早稻田大學圖書館　大阪府立圖書館藏本

【按】國會圖書館藏本，共三册。

東洋文庫藏本，原係小田切萬壽之助等舊藏，共十二册。

早稻田大學圖書館藏本，共七册。

大阪府立圖書館藏本，共二十册。

【附録】仁孝天皇文政元年（1818年）江户昌平坂學問所據明萬曆五年吴興凌氏本刊印凌迪知撰《文選錦字録》二十一卷。

文選錦字録二十一卷

（明）凌迪知撰　凌稚隆校

明萬曆十年（1582年）刊本

關西大學泊園文庫藏本　原江户時代藤澤東畡　藤澤南陽　藤澤黄鵠　藤澤黄坡三世四代泊園書院舊藏

（新鍥翰林批注）古今文選評林四卷

（明）沈一貫編　胡諷評

明余彰德刊本　共二册

内閣文庫藏本　原高野山釋迦文殊院等舊藏

（諸名家合評）選詩七卷　附訂注

（梁）蕭統輯　（明）郭正域批點　凌濛初輯評

明吴興凌氏刊朱墨套印本

國會圖書館　東洋文庫藏本

【按】國會圖書館藏本，原共六册，現合爲三册。

東洋文庫藏本，共六册。

文選删注旁訓十二卷

（明）王象乾撰

明刊本　共二十一册

御茶之水圖書館藏本　原德富蘇峰成簣堂等舊藏

【按】上欄外有細筆墨注。

封面係用朝鮮産白色紋樣紙，書名題署亦係朝鮮人手筆。

(新刊)文選批評(文選考注)二十五卷

(明)郭正域選編
明萬曆三十年(1602年)博古堂刊本
内閣文庫　尊經閣文庫藏本
【按】此本分爲《前集》十四卷、《音釋》一卷、《後集》十一卷。
内閣文庫藏本,共十三册。
尊經閣文庫藏本,原係江户時代加賀藩主前田綱紀等舊藏,共二十四册。

選詩三卷

(明)汪道昆輯
明萬曆年間(1573—1620年)刊本　共三册
東洋文庫藏本　原小田切萬壽之助等舊藏

選詩(選詩約注)七卷　補遺一卷

(明)馮衛訥約注　沈思孝校
明萬曆年間(1573—1620年)刊本　共四册
内閣文庫藏本　原楓山官庫等舊藏

選詩旁注七卷　目一卷

(明)虞九章編注
明世德堂刊本　共八册
廣島市立淺野圖書館藏本
【按】前有錢塘馮陵父《序》。

文選詩集七卷

(明)虞九章注
明刊本　共三册
宫内廳書陵部藏本

文選尤十四卷

(明)鄒思明編　鄒德延校
明天啓年間(1621—1627年)刊三色套印本
國會圖書館　内閣文庫　東洋文庫　廣島大學文學部藏本
【按】前有明天啓二年(1622年)《序》。
國會圖書館藏本,原共十四册,現合爲七册。
内閣文庫藏此同一刊本兩部。一部原係楓山官庫等舊藏,共十四册。一部原係昌平坂學問所等舊藏,今存卷一、卷四、卷五、卷十四,共四卷共四册。
東洋文庫藏本,原係小田切萬壽之助等舊藏,共十四册。
廣島大學藏本,共二十四册。

文選章句二十八卷

(明)陳與郊撰
明萬曆年間(1573—1620年)刊本
内閣文庫　東洋文庫　廣島大學文學部　大阪府立圖書館藏本
【按】前有明萬曆二十五年(1597年)《序》。
内閣文庫藏此同一刊本三部,皆共十六册。其中一部原係昌平坂學問所等舊藏,一部原係楓山官庫等舊藏。
東洋文庫藏本,原係小田切萬壽之助等舊藏,共十二册。
廣島大學藏本,共十六册。
大阪府立圖書館藏本,共十二册。
【附録】據《商舶載來書目》記載,東山天皇元禄七年(1694年)中國商船"毛字號"載《文選章句》一部十二册抵日本。
據《丑字番船書籍目録》記載,光格天皇文化二年(1805年)中國商船"丑三番船"載《文選章句》一部抵日本。

孫月峰先生評文選(文選瀹注)三十卷

(明)閔齊華撰
明天啓二年(1622年)烏程閔氏刊本
早稻田大學圖書館藏本

文選瀹注(孫月峰先生評文選)三十卷

(明)閔齊華撰
明崇禎年間(1628—1644年)刊本(閔十一房藏版)
東洋文庫　東北大學附屬圖書館　大谷大學悠然樓藏本

【按】前有明崇禎七年(1634年)《序》。

東洋文庫藏本,原係小田切萬壽之助等舊藏,共十二册。

東北大學藏本,共十二册。

大谷大學藏本,原係大西行禮等舊藏,共十四册。

【附録】桃園天皇寶曆十年(1760年)中國商船"毛字號"載《文選瀹注》一部四帙抵日本。

續文選三十二卷

(明)湯紹祖編

明萬曆三十年(1602年)希貴堂刊本

宮内廳書陵部　東洋文庫藏本

【按】宮内廳書陵部藏本,共十二册。

東洋文庫藏本,共三十册。

(四) 總　集　類

(歷代人總集之屬)

玉臺新詠十卷

(陳)徐陵編

明覆宋刊本　共一册

静嘉堂文庫藏本　原陸心源十萬卷樓等舊藏

【按】前有徐陵《序》,又有宋嘉定乙亥(1215年)陳玉父《重刻跋》。

正文首題署"陳尚書左僕射太子少傅東海徐陵字孝穆撰"。

【附録】日本空海和尚(弘法大師　774—835年)有《文鏡秘府論》六卷存世,文中徵引《玉臺新詠》材料甚多。其"南卷·集論"中有曰"及乎徐陵《玉臺》,僻而不雅"等。這是日本古文獻中關於《玉臺新詠》的最早的記録。

據《商舶載來書目》記載,中御門天皇享保十七年(1732年)中國商船"幾字號"載《玉臺新詠》一部一册抵日本。

據光格天皇文化七年(1810年)《唐船持渡書物目録》記載,是年中國商船"午三番船"載《玉臺新詠》一部一帙抵日本。

據《書籍元帳》記載,孝明天皇嘉永二年(1849年)中國商船"酉三番船"載《玉臺新詠》一部一帙抵日本。此書一部售價六匁。

九世紀末藤原佐世《本朝見在書目録》第四十"惣集類"著録"《玉臺新詠》十卷,徐陵撰。"

日本仁孝天皇文化三年(1806年)昌平坂學問所刊印徐陵編《玉臺新詠》十卷。其後,此本有文化六年(1809年)須原屋茂兵衛重印本。

仁孝天皇文政七年(1824年)刊印徐陵編《玉臺新詠》十卷。

玉臺新詠十卷　續玉臺新詠四卷

(陳)徐陵編　(明)沈逢春校　《續詠》(明)鄭玄撫輯

明天啓年間(1621—1627年)刊本

内閣文庫　京都大學文學部中國語學文學哲學研究室藏本

【按】前有明天啓二年(1622年)《序》。

内閣文庫藏本,原係楓山官庫等舊藏,共三册。

京都大學藏本,共八册。

玉臺新詠十卷

(陳)徐陵編

明崇禎六年(1633年)寒山趙氏覆宋嘉定八年刊本　共二册

大谷大學附屬圖書館　原神田喜一郎(鬯盦)等舊藏

【按】此本係昭和五十九年(1984年)神田喜一郎(鬯盦)家族贈送大谷大學。

玉臺新詠十卷

(陳)徐陵編

明刊巾箱本　共十册

静嘉堂文庫藏本

【按】前有徐陵《序》,又有陳玉父《後序》。

正文首題署"陳東海徐陵字孝穆編"。

玉臺新詠十卷　續玉臺新詠五卷

(陳)徐陵編　《續詠》(明)鄭玄撫輯

明刊本　共八册

内閣文庫藏本　原昌平坂學問所等

續玉臺新詠五卷

(明)鄭玄撫輯

明嘉靖年間(1522—1566年)刊本　共一册

内閣文庫藏本　原昌平坂學問所等舊藏

【按】前有明嘉靖十九年(1540年)《序》。

文館詞林(殘本)一卷

(唐)許敬宗等奉敕編纂

日本平安時代(794—1185年)手寫本　卷子本　共一軸

宫内廳書陵部藏本

【按】卷子本全紙高,有界,上下欄 20.4cm,界幅 2.2cm,每行字數約在十三與十四字左右。

卷本題簽"文館詞林卷第六百六十八",係十八世紀光格天皇時代日人屋代弘賢手筆。

卷首首行題署書名、卷數、子目,文曰"文館詞林卷第六百六十八(中空二字)詔卅八赦宥四(此三字字體略小)。第二、三行題署編纂者名,文曰"中書令太子賓客監修國史弘文館學士上柱國高陽郡開國公臣許敬宗等(此處换至第三行)奉(中間空二字)敕撰"。次爲《目》。此本今存"赦宥詔令"七則。其目如次:

漢哀帝改元大赦詔一首;

魏文帝改元大赦詔一首;

西晋武帝即位改元大赦詔一首;

西晋武帝改元大赦詔一首;

東晋元帝即位改元大赦詔一首;

東晋元帝改元大赦詔一首;

東晋簡文帝即位大赦詔一首。

此本紙背係他人鈔録之《法華相對抄》。卷首與紙背接縫處,有"不忍文庫"印記。

卷末有附加之别紙,乃屋代弘賢、吉田篁墩、市河寬齋、松平定信、市橋長昭五家手識文。現鈔録如次:

屋代弘賢手識文五則。第一則曰:

"右《文館詞林》卷第六百六十八,吾同好高橋真末進春游京師,廣購古書所得也。歸後秘襲而不敢示人。吾常言李唐之世,鄰好最親,其事物至今多足徵也。故真末以之歸余,吁嗟,既亡彼見存,此實曠代奇書也矣!然今所得僅六紙,亦以見其體裁。何不珍翫哉!寬政九年(1797年)十月廿三日源弘賢識足。"

第二則曰:

"宋王應麟《玉海》引《唐會要》曰:'顯慶三年十月二日,許敬宗修《文館詞林》一千卷上之。崔元暐等訓注。垂拱二年二月十四日,新羅王金政明遣使請唐禮并雜文章,令所司寫《吉凶要禮》,并於《文館詞林》採其詞涉規式者,勒成五十卷賜之。'廿四日書。"

第三則曰:

"《倭名類聚鈔》云:'一百帙《文館詞林》。楊文公《談苑》曰:'景德三年有日本僧入貢,名寂照,本國有《文館詞林》、《混元録》等書。'"

第四則曰:

"嘗聞畿内古刹有《文館詞林》亡失焉,僅存第三百卅八、第六百五十五。其尾題'校書殿寫　弘化十四年歲次癸卯二月爲冷泉院書'廿字。印'嵯峨院印'四字云。今此卷亦殘缺乎!雖不知是書爲誰手,筆力沈着,字様端嚴,波撇之末,咸有法度。妙妙不可思議,非學唐人者,决所不能也。以《詞林》之奇與入木之妙,永爲不忍文庫之榮焉。廿八日題。"

第五則曰:

"後聞之稻山行教言曰:攝津國矢田部郡桂尾山勝福寺藏《文館詞林》零本二卷,其一乃三百卅八,首缺;其二乃第六百九十五,首尾全存,而題跋乃如向所識,'冷泉院印'三棵在跋語之處,亦印'嵯峨院印'一顆。'冷泉院印'方一寸七分,'嵯峨院印'方一寸六分。印皆覆字畫。"

又有吉田篁墩手識文。其文曰:

"《新(唐)書·藝文志》:'許敬宗《文館詞林》一千卷。'向聞西京殘册,久索觀窺,頗疲企跋。丁巳十一月十日，同立原君伯昔又觀此一卷于弘賢掌史家，詢爲料外之希覯，豈匪寋哉！篁墩吉漢宦題《文館詞林》古卷後。”

又有市河寬齋手識文。其文曰：

“弘仁文物，專發表於李唐。此卷當時所書寫，如與唐人相接於一堂上，真希世之寶也。戊午八月晦　上毛河世寧拜觀。”（文後有“世寧”、“嘉祥”兩印記）

又有松平定信手識文。其文曰：

“寬政九年冬月，觀於敬菖堂。”（文後有“源定信”、“源貞卿”兩印記）

又有市橋長昭手識文。其文曰：

“文化甲戌四月下澣梅雨新晴日，觀此卷於亦無樓中，神韵與唐人頡頏。撣春居士。”（文後有“長昭”印記）

文苑英華一千卷

（宋）李昉等編輯　（明）胡維新等校

明隆慶元年（1567年）巡按福建監察御史胡維新刊本

宫内廳書陵部　國會圖書館　内閣文庫　蓬左文庫　東洋文庫　静嘉堂文庫　尊經閣文庫　東京大學東洋文化研究所　京都大學　早稻田大學圖書館　關西大學附屬圖書館　陽明文庫　出雲大社日隅宫御文庫藏本

【按】每半葉十一行，行二十二字。白口，四周單邊（21.1cm×15.1cm），版心有刻工姓名。

前有宋嘉泰四年（1204年）周必大《序》。

宫内廳書陵部藏此同一刊本三部。一部卷中有後人寫補，共一百二十册。一部卷中有後人寫補，共一百五十九册。一部卷中有明萬曆年間補刊葉，共一百一册。

國會圖書館藏本，原共一百册，現合爲五十册。

内閣文庫藏此同一刊本三部。一部原係江户時代林羅山等舊藏，卷中有“江雲渭樹”印記，共一百册。一部原係楓山官庫等舊藏，共二百二册。一部共一百一册。

蓬左文庫藏本，原係江户時代尾張藩主家舊藏。此本係明正天皇寬永七年（1630年）由堀杏庵獻贈尾張藩，卷中有“尾陽内庫”印記，共一百一册。

東洋文庫藏本，共九十册。

静嘉堂文庫藏本，原係宫島藤吉等舊藏，共一百二十册。

尊經閣文庫藏本，原係江户時代加賀藩主前田綱紀等舊藏，共一百一册。

東京大學藏此同一刊本三部。一部現存總合圖書館，原係覺廬文庫（市村瓚次郎）等舊藏，卷中有明隆慶六年、明萬曆六年、明萬曆三十六年修補葉，凡一百册。另兩部現存東洋文化研究所，其中一部原係大木幹一等舊藏，此本有明萬曆年間補修。

京都大學藏此同一刊本三部。一部現存文學部中國語學文學哲學研究室，共一百五册。一部現存法律經濟學部，共一百册。一部現存人文科學研究所東洋學文獻中心，卷中有“王懿榮印”等印記，共一百一册。

早稻田大學藏本，卷中有缺逸，共八十九册。

關西大學藏本，原係内藤湖南等舊藏。此本今存卷一至卷二十五，實存二十五卷。卷中有“恭新王章”、“正誼書屋珍藏圖書”、“趙氏藏書”、“朧西華山私記”、“吴興”、“寶傳”等印記，共五册。

陽明文庫藏本，原係江户時代近衛家凞及其先輩等舊藏，共一百一册。

出雲大社藏本，卷中有缺損，共八十五册。

【附録】據《商舶載來書目》記載，中御門天皇寶永七年（1710年）中國商船“不字號”載《文苑英華選》一部二帙抵日本。中御門天皇享保十年（1725年）中國商船“不字號”載《文苑英華》一部二十帙抵日本。

據《長崎官府貿易外船賫來書目》記載，桃園天皇寶曆九年（1759年）中國商船“一番船”載《文苑英華選》十部各四帙抵日本。同年，中國商船“十番”載《文苑英華》二部各二帙抵日本。

據《寅十番船持渡書改目録寫》記載，光格天皇天明六年(1786年)中國商船"寅十番船"載《文苑英華選》一部四帙三十册抵日本,并注明:"古本,無脱紙。"

據仁孝天皇天保十五年(1844年)《漢籍發賣投標記録》記載,是年《文苑英華選》一部四帙,投標價分别爲安田屋廿五匁七分,三枝五十五匁,永見屋五十七匁八分。

文苑英華一千卷

(宋)李昉等編輯　(明)胡維新等校

明萬曆三十年(1602年)三十三年(1605年)三十六年(1608年)重修刊本　共一百三十八册

東京大學總合圖書館藏本　原江户時代紀州德川家南葵文庫等舊藏

文苑英華一千卷

(宋)李昉等編輯

明人寫本　共一百五册

静嘉堂文庫藏本　原陸心源十萬卷樓等舊藏

【按】前有周必大《序》。

又有有宋嘉泰四年(1204年)張時舉《照會》,其文曰:

"……吉州致政周少傅,昨于嘉泰元年春,選委成忠郎新差充�州臨江軍巡轄馬遞鋪權本府使臣王思恭,專一手鈔《文苑英華》,并校正重復,提督雕匠,今已成書一千卷。其紙札工墨等費,并係本州印匠承攬,本府并無干預,今聲説照會。四年八月一日,權幹辦府張時舉具。"

每卷末俱有"登仕郎胡柯、鄉貢進士彭叔夏校正"一條,又有"成忠郎新差充筠州臨江巡轄馬遞鋪王思恭點對兼督工"一條。

文苑英華一千卷

(宋)李昉等編輯　彭叔夏等校

明人仿宋嘉泰年間刊本手寫本　共一百一册

内閣文庫藏本

文苑英華一千卷

(宋)李昉等編輯　彭叔夏等校

明人仿宋嘉泰年間刊本手寫本　共一百一册

大倉文化財團藏本

【按】此本係明人據南宋嘉泰年間刊本鈔出,卷面藍格。

各卷卷末皆有"胡柯·彭叔夏校正"一行。

卷中有"小齋"、"伯謙"等印記。

文苑英華辨證十卷

(宋)彭叔夏撰

古寫本　共四册

静嘉堂文庫藏本　原毛氏汲古閣等舊藏

【按】前有宋嘉泰四年(1204年)十二月彭叔夏《序》。

(選編省鑑新奇)萬寶詩山三十八卷

題(宋)葉景達編

明宣德四年(1429年)葉氏廣勤堂刊本

静嘉堂文庫　米澤市立圖書館藏本

【按】每半葉有界十五行,行二十三字。左右雙邊(11.7cm×8.2cm)。

前有明宣德己酉(1429年)莆陽余性初《叙》。

静嘉堂文庫藏本,原係陸心源皕宋樓等舊藏。陸心源斷此本爲"宋刊本",其《儀顧堂續跋》卷十四著録此本,識文曰:

"《選編新奇萬寶詩山》三十八卷,次行空三行題'書林葉氏廣勤堂新栞'。前有'雍作噩歲重九日余性初叙'。宋省監皆試五言六韵詩,建陽書賈葉景達,彙爲此書,以備場屋之用。凡分四百數十類,約一萬六千餘首。每葉三十行,每行二十三字。《四庫》未收,文達亦未進呈,各家書目亦不著録。始見于明《文淵閣書目》、延陵季氏《宋版書目》、王氏《孝慈堂書目》。爾疋太歲在戊曰箸雍，在酉曰作噩，戊與酉不相值，非戊戌即己酉之訛，蓋理宗淳祐末年刊本也。”此本共三十二册。

米澤市藏本，原係江户時代米澤藩主家舊藏。此本今缺卷十六、卷十七凡二卷。匡蓋上有墨書曰：“萬寶詩山二十册内一册不足”，匡底又有墨書曰：“元禄十二年六月矢尾板三改印之”，卷中有“米澤藏書”印記等，共十九册。

(選編省鑑新奇)萬寶詩山(殘本)二十卷

題(宋)葉景達編
明刊本
静嘉堂文庫藏本　原中村敬宇舊藏

詩家鼎臠二卷

宋人編纂不署姓名
古寫本　勞權手識文本　共一册
静嘉堂文庫藏本　原朱竹垞等舊藏

【按】卷中有清咸豐丁巳(1857年)勞權手識文二則。其一曰：

“此曝書亭抄本，頃以文瀾閣本相勘。首葉所缺正同，其作者姓氏，每多漏脱。有倦叟題識，其即倦圃與否，不可知。既據此校彼一過，亦略注一二異字於行間焉。　咸豐丁巳七月十九日　勞權書。”

又一則曰：

“偶閲《類編花果卉木全芳備祖》，於前集第十九卷“桐花類”見引《鼎臠詩集》，旋檢是編，則方士繇崇安分水道中後二句也。始信此書出宋人所選，不必以未見著録致疑矣。第不知選手姓名，意當有《序》《引》，而今脱佚，尚冀異日考得之。　八月二十又一日，燈下又記於丹鉛精舍，是日蟫隱初度。”

卷中有“朱彝尊印”等印記。

(東萊先生)古文關鍵二卷

(宋)吕祖謙編
明嘉靖年間(1522—1566年)刊本　共二册
静嘉堂文庫藏本　原陸心源十萬卷樓等舊藏

【按】前有明嘉靖壬戌(1562年)孫應鰲《序》。

正文卷首題署“宋東萊吕祖謙伯恭撰”。

【附録】據《商舶載來書目》記載，光格天皇天明三年(1783年)中國商船“古字號”載《古文關鍵》一部一帙抵日本。

據《寅十番船持渡書改目録寫》記載，光格天皇天明六年(1786年)中國商船“寅十番船”載《古文關鍵》一部二册抵日本，並注明：“古本，無脱紙。”

日本仁孝天皇天保十五年(1840年)椙山精一《官板書籍解題略》卷下著録此本，其識文曰：

“《古文關鍵》二卷，宋吕祖謙編。是書取韓愈、柳宗元、歐陽修、曾鞏、蘇軾、張耒八家之文凡六十餘篇，標舉其命意布局之處，以爲學者之示範。以此爲作文之門徑，故曰‘關鍵’。卷首有《總論》，提示看文作文之法，又字旁有勾抹，爲之評論。”

日本光格天皇文化元年(1804年)昌平坂學問所刊印吕祖謙編《東萊先生古文關鍵》二卷。此本係蔡文子注本。

古文苑二十一卷

宋人編，不署姓名　(宋)章樵注
元刊本　共十册
静嘉堂文庫藏本　原季滄葦　陸心源皕宋樓等舊藏

【按】每半葉九行，行十七字。

前有宋紹定壬辰(1232年)七月章樵《序》、宋淳熙六年(1179年)六月韓元吉《序》。又有宋嘉熙丁酉(1237年)良月江思心《序》、宋淳祐丁未(1247年)正月盛如杞《序》等。

卷中有“季振宜藏書”印記

【附録】據《商舶載來書目》記載，桃園天皇寶曆四年(1754年)中國商船“古字號”載《古文苑》一部一帙抵日本。

桃園天皇寶曆四年(1754年)《(長崎港)舶

來書籍大意書》著録是書。其識文曰：

“《古文苑》一部一帙四册，言宋人孫巨源得於佛書龕中，章升道考其舊本，皆史傳《文選》等所逸，然亦不審其真僞。其文古雅雄偉，乃衆作之英華者。明成化年間張象賢校正訓注，刻刊行世。所輯自周宣王至齊之永明年間，將其諸作歌詩、賦頌、書狀、箴銘、碑記、雜文等，分爲二十一體，凡文二百六十餘篇。”

古文苑二十一卷

宋人編不署姓名　(宋)章樵注

明弘治年間(1488—1505年)刊本　共四册

内閣文庫藏本　原江户時代林羅山等舊藏

【按】卷末有明弘治十二年(1499年)《跋》。

卷中有“江雲渭樹”印記。

森立之《經籍訪古志》卷六著録原求古樓藏明刊本《古文苑》二十一卷。其識文曰：

“首有紹定壬辰章樵《序》、張琳《序》及《目録》。每半板十行，行十八字。界長六寸五分，幅四寸八分，四周單邊，不記刊行歲月。考版式字樣，當嘉靖間依宋本重刊者。狩谷望之云：‘此本每卷首有本卷目録，猶《文選》古本，如清刻删除每卷目録，以第二十一卷内諸篇散置逐卷，近刻失古本之面目，往往如此。此本雖非遵王所謂古本者，而亦未失宋時之舊觀也。’”

此本今不知藏于何處。

古文苑二十一卷

宋人編不署姓名　(宋)章樵注

明萬曆二十一年(1593年)姑蘇張象賢刊本

國會圖書館　内閣文庫　静嘉堂文庫　東京大學總合圖書館　關西大學泊園文庫　御茶之水圖書館藏本

【按】每半葉有界八行，行十八字，注文小字雙行。

國會圖書館藏本，原共六册，現合爲二册。

内閣文庫藏本，原係楓山官庫等舊藏，共六册。

静嘉堂文庫藏本，原係陸心源十萬卷樓等舊藏，共十册。

東京大學藏本，原係市村瓚次郎買入本覺廬文庫等舊藏，共八册。

關西大學藏此同一刊本兩部，皆原係藤澤東畡、藤澤南陽、藤澤黄鵠、藤澤黄坡三世四代泊園書院舊藏，皆共八册。

御茶之水圖書館藏本，原係德富蘇峰成簣堂等舊藏。卷中有“島田翰藏書印”、“緑静堂圖書章”等印記，共四册。

(迂齋先生標注)崇古文訣二十卷

(宋)樓昉編輯

宋刊本　黄蕘圃手識本　共十册

静嘉堂文庫藏本　原黄丕烈士禮居　陸心源皕宋樓等舊藏

【按】每半葉有界十二行，行二十三字。白口(間有黑口)，雙黑魚尾，左右雙邊(18.9cm×12.0cm)。版心偶記字數及刻工姓名。

前有宋寶慶丙戌(1226年)嘉平月既望永嘉陳振孫《序》(此《序》缺首葉，今有後人寫補)。並有寶慶丁亥(1227年)端月既望延平姚珤《跋》、寶慶三禩合沙陳森《跋》(此二《跋》皆係後人寫補)。次有《迂齋先生標注崇古文訣目録》。

卷中避宋諱，凡遇“玄、弦、縣、匡、筐、貞、徵、樹、讓、恒、桓、完、溝、構、慎、敦、廓”等，皆爲字不成。

卷中有黄丕烈手識文兩則。

一則寫于清嘉慶十二年(1807年)。其文曰：

“《迂齋標注崇古文訣》，非世間不經見之書也，即舊刻亦非希有。余辛酉游京師，見殘宋刻而補抄者，卷有吾郡西崦朱尗(叔)英圖記，因遂收之，入諸《百宋一廛賦》中，其所存宋刻卷數注載瞭然也。適書友又携一宋刻殘本來，係葉石君舊藏，中可配前缺卷，因遂命工重裝，竟成全璧。始嘆物之會合有緣！此兩宋刻之殘而復完，實爲難得，矧經吾郡諸名家所藏而一歸余手，兩美頓合，豈不幸歟！嘉慶丁卯夏至日　復翁黄丕烈識。”（後有“承之”朱文方印）

另一則寫于清嘉慶十三年（1808年）。其文曰：

“丁卯，余友夏方米之尊人容庵丈，出其舊藏宋本《崇古文訣》，屬爲裝潢。檢視之，知亦係諸宋本湊合而成，卷端有序無目。因從宋本原有序之存者影寫，置余本首，其中更有奇者，多與葉石君舊藏本合；而周九松舊藏本間有失葉在余本内，即如卷十六末葉是也。彼所錯出，又系余本之失葉，顛倒錯亂，雖遇之而不能仍正之，是可嘆已！夏丈寶愛其書，思裝潢，卒因費不貲，索書去，又遠館洞庭，踪迹不常，吾未及將兩書原委告之。戊辰正月下弦日　復翁又識。”

傅增湘《藏園群書經眼録》卷十七著録此本。

卷中有“存齋四十五歲小像戊寅二月某石並刊”、“四十以後號再巳翁”、“楚姓後裔”、“三品風憲一品天民”、“吴郡西崦朱叔英書畫印”、“叔英”、“西崦”、“毗陵周氏九松迂叟藏”、“周良金印”、“汪士鐘印”、“閬源真賞”、“金匱蔡氏醉經軒考藏章”、“葉樹廉印”、“石君”、“南葉”、“士禮居”、“丕烈”、“蕘夫”、“卓如”、“楨廷”、“翰墨緣”、“宋本”、“陸心源”、“十萬卷樓”、“歸安陸樹聲叔桐父印”等印記。

【附録】後櫻町天皇明和五年（1768年）中國商船“宇字號”載《迂齋標注崇古文訣》一部一帙抵日本。

後桃園天皇安永八年（1779年）中國商船“曾字號”載《崇古文訣》一部六帙抵日本。

仁孝天皇天保十五年（1840年）椪山精一《官板書籍解題略》卷下著録此本，其識文曰：

“《崇古文訣》三十卷，宋樓昉撰。昉字暘叔，號迂齋，鄞縣人。紹熙四年進士，歷官興化軍。是集所選古文凡二百餘首，陳氏《書録》稱其大略書如吕氏《關鍵》，所録上自秦漢，下至宋朝，篇目增多，發明精當，於學者更爲便矣。此乃昉曾受業吕祖謙，故推其師説，且加工益密。”

（新刊迂齋先生標注）崇古文訣三十五卷

（宋）樓昉輯　（明）吴邦楨等校

明吴邦楨刊本　共十册

静嘉堂文庫藏本　原陸心源十萬卷樓等舊藏

【按】前有宋寶慶丁亥（1227年）端月既望延平姚珤《跋》，又有寶慶三禩合沙陳森《跋》。

【附録】日本仁孝天皇文政三年（1820年）江户昌平坂學問所刊印樓昉輯《新刊迂齋先生標注崇古文訣》三十五卷。

文章正宗二十四卷

（宋）真德秀編輯

元覆宋刊本　共二十四册

静嘉堂文庫藏本　原陸心源皕宋樓等舊藏

【按】每半葉有界十行，行二十字。注文小字雙行，行同正文。粗黑口，雙黑魚尾，左右雙邊（21.0cm×17.5cm）。版心記大小字數，並有刻工姓名，如日正、光遠、潘仲、君壽、君甫、章德甫、葉玉、葉義、仲楨、德厚、壽卿、壽山、泰甫等。

前有《文章正宗目録》，其中，第七葉、第八葉係後人寫補。

卷中避宋諱，如遇“匡、筐、恒、樹、桓、溝、講、慎”等則爲字不成。

卷中有“月湖俞熙圖書”、“宋嘉之章”、“宋嘉”、“馮孟”、“緑野印信”、“歸安陸樹聲叔桐父印”、“歸安陸樹聲藏書之印”印記等。

陸心源《儀顧堂續跋》卷十四著録此本，並斷爲“宋刊本”，其識文曰：

“《文章正宗》二十四卷，宋槧本。每葉二十行，每行二十字，版心有字數及刊工姓名，宋諱有缺有不缺。蓋宋季坊刊也。間有元修之葉，則無字數及刊工姓名矣。《提要》云‘總集之選録《左傳》、《國語》，自是編始，遂爲後來仿刊古文之例’。誠哉是言！豈知變本加厲,有以典謨訓誥與後世文人並選者乎,是又西山所不料也!”

【附録】據《商舶載來書目》記載,中御門天皇享保四年(1719年)中國商船“不字號”載《文章正宗》一部四十册抵日本。享保十年(1725年)中國商船“不字號”載《文章正宗》一部二帙抵日本。

據《賫來書目》記載,中御門天皇享保四年中國商船第“二十九番”南京船(船主俞枚吉)載《文章正宗》一部抵日本。

據仁孝天皇弘化二年(1845年)《漢籍發賣投標記録》記載,是年《文章正宗》二部,一部投標價分别爲菱屋十六匁八分,永見屋十六匁八分,安田屋廿二匁五分。

據《書籍元帳》記載,仁孝天皇弘化二年中國商船“辰字號”載《文章正宗》二部(其中,一部十六册,一部四帙)抵日本。此書一部開標價二十匁,永見屋半兵衛、安田屋吉太郎以每部二十二匁五分購入。仁孝天皇弘化三年(1846年)中國商船“巳字號”載《文章正宗》一部五帙抵日本。此書一部售價二十匁。仁孝天皇弘化四年(1847年)中國商船“未四番船”載《文章正宗》一部四帙抵日本。此書三帙有水迹,售價十匁。

(西山真文忠先生)文章正宗二十四卷

(宋)真德秀編輯

明正德十五年(1520年)

國會圖書館　宫城教育大學附屬圖書館藏本

【按】森立之《經籍訪古志》卷六著録原寶素堂藏明刊本《西山先生真文忠公文章正宗》二十四卷。其識文曰:

“首有正德庚辰(1520年)崔銑《序》及《綱目》、《目録》。每半版十行,行二十一字,注雙行。界長六寸一分(20.2cm),幅四寸二分(13.9cm)。左右雙邊,版心有刻手名氏。版式雅古,當依宋本重雕者。”

國會圖書館藏本,共十三册。

宫城教育大學附屬圖書館藏本,原係宫城縣師範學校等舊藏,共二十册。

(西山真文忠先生)文章正宗二十四卷　續二十卷

(宋)真德秀編輯

明嘉靖年間(1522—1566年)刊本　共二十册

静嘉堂文庫藏本　原陸心源守先閣等舊藏

(西山真文忠先生)文章正宗二十四卷

(宋)真德秀編輯

明刊本　共十八册

静嘉堂文庫藏本　原宫島藤吉等舊藏

(西山真文忠先生)文章正宗二十一卷

(宋)真德秀編輯

元刊明修補本　共十册

静嘉堂文庫藏本　原陸心源皕宋樓等舊藏

(西山先生真文忠公)文章正宗(殘本)二十卷

(宋)真德秀編輯

明洪武年間(1368—1398年)刊本　共七册

松本圖書館藏本

【按】每半葉有界十行,行二十一字。小黑口,左右雙邊。版心有刻工姓名。

(西山先生真文忠公)文章正宗二十卷　序目一卷

(宋)真德秀編輯

明刊本　共十册

國會圖書館　静嘉堂文庫藏本

【按】静嘉堂文庫藏本,原係宫島藤吉等舊藏。

(集録真西山)文章正宗三十卷

(宋)真德秀輯　(明)浦南金校

明嘉靖二十三年(1544年)杭州府刊本

國會圖書館　東京大學總合圖書館藏本

【按】每半葉有界九行,行十八字。

前有明嘉靖二十三年(1544年)石江曉《序》,又有同年孔天胤《序》。後有同年浦南金《跋》。

孔天胤《序》後,有編校人士楊嘉慶等題列名銜十三行。

卷末題寫刊本文字謄寫工並刻工姓名曰:"吴門沈恒、周慈、吴應龍、章仕、何倫、徐冕寫,袁電等雕。"

國會圖書館藏本,共十册。

東京大學藏本,今存卷一至卷十五。卷中有讀者手識文,共十册。

文章軌範七卷

(宋)謝枋得編輯

明初刊本　共四册

静嘉堂文庫藏本

【按】前有明萬曆己酉(1609年)龍膺《序》、同年榮王《序》,又有明萬曆丙辰(1616年)龍膺《序》、萬曆乙卯(1643年)榮王《序》。後有王佐《跋》、王佐《又跋》等。

正文卷首題署"宋廣信疊山先生謝枋得君直批點"。

【附録】十六世紀日本僧人策彦周良有《初渡集》和《再渡集》,其中有記其在中國大陸搜集漢籍文獻之事。"嘉靖十八年(1539年)八月二十二日"條曰:"《文章規範》二册,金南石所贈。"

中御門天皇享保七年(1722年)中國商船"不字號"載《文章軌範》一部二册抵日本。

東山天皇元禄十五年(1702年)彌生吉且《倭版書籍考》卷七著録此本,其識文曰:

"《文章軌範》係《正編》六卷,《續編》七卷。《正編》乃宋人謝疊山所作;《續編》乃明人鄒東廓所作。東廓名守益,王陽明之門人。全書統合八册,集諸家名文,附各家批評,爲習文章者便用之書也。"

仁孝天皇天保十五年(1840年)椒山精一《官板書籍解題略》卷下著録此本,其識文曰:

"《文章軌範》七卷,宋謝枋得編。是集所録漢晋唐宋之文凡六十九篇。其中韓愈文三十一篇,柳宗元、歐陽修文各五篇,蘇洵文四篇,蘇軾文十二篇。"

中御門天皇正德五年(1715年)京都武林新兵衛、植村藤右衛門等刊印《文章軌範百家評林注釋》。此本係正集七卷、續集七卷。正集題署"宋謝枋得批選,明李廷機評訓";續集題署"明鄒守益批選,焦竑評"。

光格天皇寬政四年(1792年)天游館塾等刊印《文章軌範百家評林注釋》。此本係正集七卷,續集七卷。正集題署"宋謝枋得批選,明李廷機評訓,伊藤龜年(藍田)補訂";續集題署"明鄒守益批選,焦竑評"。

江户時代又有《文章軌範百家評林注釋》正集七卷與續集七卷手寫本一種。此本原係服部南郭家服部文庫等舊藏,現存早稻田大學圖書館。

光格天皇寬政六年(1794年)江户須原屋茂兵衛、大阪河内屋源七郎外八軒等刊印《增纂評注文章軌範》。此本係正集七卷,續集七卷。正集題署"宋謝枋得批選,明茅坤訓注,李廷機評訓,松井暉晨(羅洲)校訂";續集題署"明鄒守益批選"。其後,此本有寬政八年(1796年)江户須原屋茂兵衛,大阪泉本八兵衛外五軒等重印本。

仁孝天皇文政元年(1818年)昌平坂學問所覆印高麗版謝枋得編《疊山先生批點文章軌範》七卷。其後,此本有文政六年(1823年)岡田屋嘉太重印本。

孝明天皇嘉永六年(1853年)昌平坂學問所覆印元刊本謝枋得編《疊山先生批點文章軌範》七卷。

孝明天皇安政四年(1857年)京都錢屋惣四郎等刊印謝枋得編《文章軌範》七卷。此本由日人安藤秉(秋里)纂評。其後,此本有安政五年(1858年)江户須原屋茂兵衛,大阪伊丹屋善兵衛外十二軒重印本,又有同年京都河原屋藤四郎、大阪河内屋茂兵衛外四郎外九軒重印本，又有同年報大阪前川源七郎重印本。

光格天皇寬政三年（1791年）刊印《正文章軌範評林注釋》七卷。此本係"宋謝枋得批選，明李廷機評訓，伊藤龜年（藍田）補訂"。其後，此本有孝明天皇嘉永四年（1851年）大阪河内屋茂兵衛等的補刻本。

中御門天皇正德五年（1715年）京都武村新兵衛、林久兵衛、植村藤右衛門等刊印《續文章軌範百家批評注釋》七卷。此本題署"明鄒守益批選，焦竑評，明李廷機注"。其後，此本有光格天皇寬政三年（1791年）伊藤龜年（藍田）補訂，平田宗城增訂重印本。

（新刊疊山先生批點）文章軌範七卷

（宋）謝枋得編輯

明萬曆年間（1573—1620年）余氏新安堂刊本　共四册

静嘉堂文庫　早稻田大學圖書館藏本

【按】前有明萬曆三十九年（1611年）《序》。

静嘉堂文庫藏本，原係陸心源十萬卷樓等舊藏，共四册。

早稻田大學藏本，原係服部南郭家服部文庫等舊藏，共七册。

（批點分格類意句解）論學繩尺十卷　論訣一卷

（宋）魏天應編輯　林子長注

元刊後人寫補本　共二十一册

静嘉堂文庫藏本　原陸心源十萬卷樓等舊藏

【按】前有元至正己丑（1349年）二月豐城游萃《序》。

正文卷首題署"宋京學學諭筆峰林長子箋解鄉貢進士梅野魏天應選編"。

（批點分格類意句解）論學繩尺十卷　論訣一卷

（宋）魏天應編輯　林子長注　（明）游明校

明成化年間（1465—1487年）刊本　共八册

内閣文庫藏本　原江户時代豐後佐伯藩主毛利高標等舊藏

【按】前有明成化五年（1469年）《序》。

此本原係蟠桃院等舊藏，後歸豐後佐伯藩主家。仁孝天皇文政年間（1818—1829年）由出雲守毛利高翰獻贈幕府。明治初期歸内閣文庫。

卷中有"佐伯侯毛利高標字培松藏書畫之印"等印記。

（校正重刊單篇批點）論學繩尺十卷　首一卷

（宋）魏天應編輯　林子長注

明嘉靖二年（1523年）書林劉氏安正書堂刊本　共六册

蓬左文庫藏本　原江户時代德川幕府第一代大將軍德川家康等舊藏

【按】此本原係德川家康舊藏，後贈送其子尾張藩主家，世稱"駿河御讓本"。

卷中有"御本"、"尾陽内庫"印記。

妙絶古今四卷

（宋）湯漢編

明嘉靖年間（1522—1566年）刊本　共四册

内閣文庫　静嘉堂文庫藏本

【按】前有宋淳祐壬寅（1242年）湯漢《序》，又有寶祐丁巳（1257年）紫霞老人《題》。

内閣文庫藏本，原係九華山的林氏大學頭家等舊藏。

静嘉堂文庫藏本，原係陸心源十萬卷樓等舊藏。

妙絶古今四卷

（宋）湯漢編

明覆嘉靖年間（1522—1566年）刊本　共四册

内閣文庫藏本　原楓山官庫等舊藏

（批點諸儒箋注）古文真寶（前集）六卷

（元）黄堅編　林楨校輯

元刊本　共一册

御茶之水圖書館藏本　原德富蘇峰成簣堂

等舊藏

【按】每半葉有界十一行，行二十一字。左右雙邊或四周雙邊(19.2cm×12.1cm)。

前有元至正丙午(1366年)孟夏鄭本士文《序》。

文中附刻句讀。

卷二中有以日本"五山版"葉補入者。

卷中有大正七年(1918年)二月德富蘇峰手識文，記其于文行堂購書之由。

【附録】日本古文獻中最早關于《古文真寶》的記載，見於五山時代僧人滿濟準後的《日記》。該《日記》於稱光天皇應永二十年(1413年)四月七日記曰："清胤和尚來，《古文真寶》談義在之，自今日始。"這是中日文化史上第一個《古文真寶》講習會。

又，《康富記》後花園天皇寶德二年(1450年)十一月十二日記曰："入夜……《古文真寶》内後集二張子厚《西銘》文也，'理一文殊'見於其注。"

又，《後法興院展記》後土御門天皇文明十七年(1485年)十月十日記曰："有《古文真寶》談義，興藏主談之，今日始《後集》。"此處的"興藏主"即五山時代著名的僧人彦龍周興，由他主持的《古文真寶》講習會一直延續到後土御門天皇長亨元年(1487年)六月十九日。

又，《實隆公記》後柏原天皇永正三年(1506年)八月六日記曰："於萬松軒左首座講《古文真寶》(後集)，今日初度，中將參入。"

最初傳入的是元代刊本《魁本大字諸儒箋解古文真寶》(前後集各十卷)，作爲五山僧人學習漢文古文的必讀書在五山寺廟中廣爲流傳，并有寺廟的覆刊本。室町時代(1393—1573年)覆刊元本《魁本大字諸儒箋解古文真寶》有二種。一種爲小字本，每半葉有界十一行，行二十一字左右。收録古文二十七體，二百八十五篇。此本今存國會圖書館、内閣文庫(殘本《後集》自卷第六至卷第十)、尊經閣文庫、東洋文庫、静嘉堂文庫、天理圖書館等。一種爲《後集》大字本，今存東洋文庫、静嘉堂文庫等。

此後刊本蜂起，約有百種左右，主要的有：

後陽成天皇慶長十四年(1609年)京都本屋新七用活字版刊印本；

後陽成天皇慶長十九年(1614年)刊印本；

後水尾天皇元和年間(1615—1623年)刊印本；

後水尾天皇寬永元年間(1624年)刊印本；

後水尾天皇寬永三年(1626年)刊印本；

後水尾天皇寬永四年(1627年)刊印本；

後水尾天皇寬永七年(1630年)刊印本。

江户時代有木下貞幹手寫本《魁本大字諸儒箋解古文真寶》(前集)十卷。此本現存國會圖書館。

東山天皇元禄十年(1697年)京都武村新兵衛、武村三郎兵衛刊印黄堅編《魁本大字諸儒箋解古文真寶》(前集)十卷。此本由日人宇都宫由的校正。

中御門天皇享保元年(1716年)京都林九次郎、江户林源兵衛刊印黄堅編《魁本大字諸儒箋解古文真寶》(前集)十卷。此本由日人中島義方(訥竹)校正。

靈元天皇貞享四年(1687年)刊印黄堅編《魁本大字諸儒箋解古文真寶》(前集)三卷。其後，此本有光格天皇文化二年(1805年)大阪秋田屋太右衛門修訂重印本。

東山天皇元禄三年(1690年)刊印黄堅編《魁本大字諸儒箋解古文真寶》(前集)三卷、(後集)二卷。

東山天皇元禄四年(1691年)難波(今大阪轄區)礒野三郎右衛門刊印黄堅編《魁本大字諸儒箋解古文真寶》(前集)三卷。

中御門天皇享保五年(1720年)刊印黄堅編《魁本大字諸儒箋解古文真寶》(前集)三卷。

桃園天皇寶曆三年(1753年)京都勝村治右衛門刊印黄堅編《魁本大字諸儒箋解古文真寶》(前集)三卷。其後，此本有孝明天皇弘化三年(1846年)重印本。

桃園天皇寶曆十二年(1762年)京都河南四郎兵衛刊印黄堅編《魁本大字諸儒箋解古文真

寶》(前集)三卷。其後,此本有仁孝天皇文政十年(1827年)京都津逮堂吉野屋仁兵衛重印本、又有孝明天皇嘉永元年(1848年)京都津逮堂重印本。

孝明天皇弘化三年(1846年)江户須原屋茂兵衛、京都勝村治右衛門外五軒刊印黄堅編《魁本大字諸儒箋解古文真寶》(前集)三卷。此本題簽爲《弘化改正古文前集》。

孝明天皇安政二年(1855年)江户須原屋茂兵衛、大阪秋田屋太右衛門外八軒刊印黄堅編《魁本大字諸儒箋解古文真寶》(前集)三卷。此本由日人海老名恒增注。其後,此本有孝明天皇元治元年(1864年)大阪秋田屋太右衛門外七軒等重印本。

孝明天皇安政三年(1856年)江户須原屋茂兵衛、山城屋佐兵衛、京都勝村治右衛門刊印黄堅編《魁本大字諸儒箋解古文真寶》(前集)三卷,此本由日人鈴木善教(益堂)校訂。

江户時代還有京都吉野屋仁兵衛等刊印黄堅編《魁本大字諸儒箋解古文真寶》(前集)三卷。

後陽成天皇慶長十四年(1609年)用活字版刊印黄堅編《魁本大字諸儒箋解古文真寶》(後集)十卷。此本後有後水尾天皇寬永元年(1624年)重印本,又有靈元天皇延寶四年(1676年)重印本。

靈元天皇寬文十三年(1673年)京都野田彌兵衛刊印黄堅編《魁本大字諸儒箋解古文真寶》(後集)十卷。

靈元天皇延寶七年(1681年)刊印黄堅編《魁本大字諸儒箋解古文真寶》(後集)十卷。

靈元天皇寬文九年(1669年)京都上村次郎右衛門刊印黄堅編《魁本大字諸儒箋解古文真寶》(後集)二卷。

靈元天皇延寶三年(1675年)吉田四郎右衛門刊印黄堅編《魁本大字諸儒箋解古文真寶》(後集)二卷。同年,洛陽(京都)板木屋莊兵衛亦刊印黄堅編《魁本大字諸儒箋解古文真寶》(前集)三卷。其後,此本有東山天皇元禄二年(1689年)梅村重印本。

中御門天皇享保三年(1718年)京都北村四郎兵衛刊印黄堅編《魁本大字諸儒箋解古文真寶》(後集)二卷。

中御門天皇享保四年(1719年)京都杉生五郎左衛門、荒川源兵衛刊印黄堅編《魁本大字諸儒箋解古文真寶》(後集)二卷。

中御門天皇享保八年(1723年)大阪大野木市兵衛刊印黄堅編《魁本大字諸儒箋解古文真寶》(後集)二卷。

櫻町天皇元文五年(1740年)京都河南四郎右衛門、長村半兵衛刊印黄堅編《魁本大字諸儒箋解古文真寶》(後集)二卷。

光格天皇天明元年(1781年)京都北村四郎兵衛重印原京都盧橘堂本黄堅編《魁本大字諸儒箋解古文真寶》(後集)二卷。

光格天皇文化三年(1806年)大阪河内屋儀助刊印黄堅編《魁本大字諸儒箋解古文真寶》(後集)二卷。

光格天皇文化十五年(1818年)大阪宋榮堂秋田屋太右衛門刊印黄堅編《魁本大字諸儒箋解古文真寶》(後集)二卷。此本有孝明天皇安政年間(1854—1859年)重印本。

仁孝天皇文政五年(1822年)大阪秋田屋太右衛門、伊丹屋善兵衛外二軒刊印黄堅編《魁本大字諸儒箋解古文真寶》(後集)二卷。

仁孝天皇文政六年(1823年)大阪今津屋辰三郎、河内屋儀助、加賀屋善藏刊印黄堅編《魁本大字諸儒箋解古文真寶》(後集)二卷。

孝明天皇安政五年(1858年)刊印黄堅編《校本古文真寶》(後集)二卷。此本由日人鈴木善教校正。

江户時代有高松本屋茂兵衛、大阪敦賀屋九兵衛刊印黄堅編《魁本大字諸儒箋解古文真寶》(後集)二卷。此本由日人後藤(松陰)校點。

江户時代還有浪華書林刊印黄堅編《魁本大字諸儒箋解古文真寶》(後集)二卷。

除原本刊印之外,五山時代禪僧學人及其後

的學者亦爲《古文真寶》作注。主要的注解本有：

後柏原天皇大永二年(1522年)常庵(龍崇)和尚撰《古文真寶抄》十卷。

後柏原天皇大永五年(1525年)笑雲(清三)和尚撰《古文真寶抄》十卷。

後陽成天皇慶長十四年(1609年)仁如(集堯)和尚撰《古文真寶抄》九卷。

後水尾天皇元和三年(1617年)笑雲(清三)《古文真寶抄》十卷。木活字刊印。其後,此本有明正天皇寛永十九年(1642年)重印本。

靈元天皇寛文三年(1663年)林羅山(信勝)撰、鵜飼石齋(信之)總其成《古文真寶後集諺解大成》二十卷。

靈元天皇寛文五年(1665年)宇都宮遯庵(由的)撰《鼇頭評注古文前集》十卷。

靈元天皇延寶七年(1679年)毛利貞齋(瑚白)撰《古文真寶後集合解評林》十卷。

靈元天皇天和三年(1683年)榊原篁洲(玄輔)撰《古文真寶前集諺解大成》十七卷。

靈元天皇貞享三年(1686年)長澤粹庵撰《古文真寶後集舊解拾遺》三卷。

東山天皇元禄五年(1692年)梅康撰《古文真寶講述》三卷。

東山天皇元禄九年(1696年)宇都宮遯庵(由的)撰《諸儒注解古文前集》十卷。其後,此本重印本又名《鼇頭新增諸儒注解古文真寶》、《鼇頭新增》等。

東山天皇元禄十七年(1704年)毛利貞齋(瑚白)撰《古文真寶後集俚諺抄》二十卷。

光格天皇文化八年(1811年)增田春耕撰《古文後集餘師》(不分卷)。

仁孝天皇天保七年(1836年)森伯容箋解、岡本東皋校《古文前集餘師》四卷。

日本古文獻中尚有當時童子學習《古文真寶》以爲啓蒙之記載。清田儋叟(1719—1785年)有《孔雀樓筆記》,其卷四文曰:

> "三輪立安先生,不知何許人也……予童子之時,先人囑予從立安先生受句讀。予於《古文真寶》每次閲讀則以十葉爲數,頌三遍;若三遍而不能默誦,先生則正色戒厲,囑予復讀至五遍、六遍。"

(諸儒箋解)古文真寶(前集)十卷　(後集)十卷

(元)黄堅編　林楨校輯

明萬曆九年、十一年(1581、1583年)司禮監刊本

内閣文庫　東洋文庫藏本

【按】每半葉有界八行,行二十字。注文雙行小字,字同正文。注文中所引書目,皆用陰文標示。版心題"古文真寶前(後)集",并記卷數、葉數。

《前集》首有青藜齋《序》。《後集》首尾有明神宗《御製序》和《御製跋》,據《御製序》曰:"舊本凡三百十有二篇,今增以三十五篇。"

正文首葉頂格題署"諸儒箋解古文真寶卷之一",下空三字,署"前集"。第二行上空一字半左右題"勸學文",第三行上空三字題:"真宗皇帝勸學"。第四行上空四行,小字雙行,文曰:"言人能勸學,則榮貴。後自有良田、好宅、僕從、妻室之類也。"第五行正文頂格,曰"富家不用買良田,書中自有千鍾粟;安居不用架高堂,書中自有黄金屋;出門莫恨無人隨,書中車馬多如簇;娶妻莫恨無良媒,書中自有顔如玉"云云。

(新刊三訂注解音釋大字標題)古文大全(殘本)二卷

舊題(元)黄堅輯　宋柏貞訂校

元末明初刊本　共二册

東京大學總合圖書館藏本　原江户時代紀州德川家南葵文庫等舊藏

【按】此本今存卷一、卷三,共二卷。

卷中有後人修補,並有批注。

【附録】十六世紀日本僧人策彦周良有《初渡集》和《再渡集》,其中有記其在中國大陸搜集漢籍文獻之事。"嘉靖十八年(1539年)閏七月一日"條曰:"《古文大全》二册,柯雨窗所

贈。"

(標題音釋明解)古文大全(後集)十卷

舊題(元)黄堅輯

明中期覆元刊本　共一册

御茶之水圖書館藏本　原澀江全善　森立之枳園　德富蘇峰成簣堂等舊藏

【按】卷首有《目録》。

卷末有刊印木記,陰文曰:"源泰書堂重刊"。

卷内有日本室町時代末期人讀書時所做之訓點。

卷末有明治十一年(1878年)春日八九翁枳園森立之手識文。

卷中有澁江全善、森立之、島田翰等藏書印記。

(京板新增注釋)古文大全(前集)十卷　(後集)十卷

(元)黄堅編　(明)葉向高校

明萬曆三十六年(1608年)鄭世容刊本　共六册

内閣文庫藏本　原江户時代林氏大學頭家等舊藏

【按】每半葉十行。行二十字左右。注文小字雙行,行同正文。

正文首行頂格題署"京板新增注釋古文大全卷之一"。下空三字,鎸刻"前集"。文中有圖繪插入。此本共收録古文凡三百四十二篇。

(評林注釋要删)古文大全(後集)十一卷

(元)黄堅編　(明)余文台校刊

明萬曆年間(1573—1620年)余文台刊本　共六册

内閣文庫藏本

【按】每半葉九行,行十八字左右。注文小字雙行,行同正文。四周雙邊(19.1cm×12.2cm)。版心刻"古文後集",記葉數,下有"余文台"三字。

正文首葉首行頂格題署"評林注釋要删古文大全卷之一",下空三字,鎸刻"後集"。匡格分上下兩部分,上匡格(10.6cm×2.0cm)記評釋,行數無定,每行四字左右,下匡格(17.0cm×12.2cm)爲《大全》本文。

文苑英華鈔十卷

(明)周詩雅輯

明崇禎年間(1628—1644年)刊本

東京大學東洋文化研究所藏本　原大木幹一等舊藏

文章類選四十卷

(明)朱㮵編

明洪武年間(1368—1398年)刊本　共二十四册

尊經閣文庫藏本　原江户時代加賀藩主前田綱紀等舊藏

【按】前有明洪武三十一年(1398年)凝真子《序》。

苑詩類選三十卷

(明)包節編　王交校

明嘉靖年間(1522—1566年)鄂州知府何氏刊本　共十册

蓬左文庫藏本　原江户時代尾張藩主家等舊藏

【按】前有明嘉靖二十五年(1546年)戴金《序》。

此書取名明其内容從《文苑英華》中鈔出,又重新分類排比之意。

苑詩類選三十卷

(明)包節編　王交校

明人寫本　共八册

宫内廳書陵部藏本

【按】前有明嘉靖二十五年(1546年)戴金《序》。

卷首有"尊酒論文"印記,每册有"烏啼詩夢醒茶熟故人來"印記。

詩紀(古詩紀)一百五十六卷　目三十四卷

(明)馮惟訥輯　方天眷重訂

明萬曆年間(1573—1620年)古鄣吴琯等刊本(聚錦堂藏版)

國會圖書館　京都大學文學部中國語學文學哲學研究室　早稻田大學圖書館　愛知大學簡齋文庫　大倉文化財團藏本

【按】前有明嘉靖三十七年(1558年)張四惟《序》。

國會圖書館藏本,原共四十册,現合爲十四册。

京都大學文學部藏本,共三十二册。

早稻田大學圖書館藏本,今存卷一至卷十四,共十四卷,共十册。

愛知大學藏本,原係小倉正恒等舊藏,共三十一册。

大倉文化財團藏本,共五十四册。

【附録】中御門天皇享保四年(1719年)中國商船"不字號"載《古詩紀》一部三十二册抵日本。

據《午字番船持渡書物覺書(備忘録)》記載,桃園天皇寬延四年(1751年)是年輸入日本《古詩紀》二部。其中,一部三十六册,一部三十二册。

光格天皇享和元年(1801年)久木屋治右衛門等刊印明馮惟訥編《詩紀》十卷。此本題署"方天眷校",又題日人"秦鼎校"。

江户時代有明人馮惟訥編《詩紀》一百五十六卷手寫本一種。此本依據明嘉靖年間刊本抄録,凡三十二册。現存早稻田大學圖書館。

古詩紀(詩紀)一百五十六卷　卷目三十六卷

(明)馮惟訥輯　陸弼等校

明萬曆十四年(1586年)鄣郡吴琯金陵刊本

内閣文庫　蓬左文庫　東京大學文學部漢籍中心　京都大學文學部中國語學文學哲學研究室　廣島大學文學部藏本

【按】每半葉有界九行,行十九字,注文小字雙行。白口,四周雙邊(20.0cm×12.8cm)。版心有寫工姓名,如吴門徐普、何之源等,又有刻工姓名,如金陵徐智督等。

前有明萬曆十四年(1586年)汪道昆《序》,又有王世貞《序》、明嘉靖三十七年(1558年)張四惟《序》等。

《正集》一百三十卷、《前集》十卷、《外集》四卷、《别集》十二卷,凡一百五十六卷。

内閣文庫藏此同一刊本四部。一部原係江户時代林氏大學頭家等舊藏,共二十册。一部共二十六册。一部原係楓山官庫等舊藏,共四十册。一部原係江户時代豐後佐伯藩主毛利高標等舊藏,仁孝天皇文政年間(1818—1829年)出雲守毛利高翰獻贈幕府,明治初期歸内閣文庫。卷中有"佐伯侯毛利高標字培松藏書畫之印"等印記。此本係同版後印本,共二十四册。

蓬左文庫藏此同一刊本兩部,原皆係江户時代尾張藩主家等舊藏。一部今缺卷第一至第三十,實存一百二十六卷,凡三十册。一部今缺《古逸》卷第一至第四,凡六十五册。

東京大學藏本,共四十八册。

京都大學藏本,共三十二册。

廣島大學藏本,與《唐詩紀》一百七十卷連綴,共九十六册。

古詩紀(詩紀)一百五十六卷　卷目三十六卷

(明)馮惟訥編

明萬曆四十一年(1613年)序刊本

静嘉堂文庫　慶應義塾大學附屬圖書館藏本

【按】每半葉有界九行,行十九字。白口,左右雙邊(22.3cm×14.6cm)。版心鐫刻"詩紀",下記卷數、葉數。

前有明萬曆四十一年(1613年)公鼎《序》,又有同年黄承玄《跋》、馮珣《跋》等。

據《序》《跋》則知此本於嘉靖中期初刊於陝西,萬曆前期吴琯再刊於金陵。前者刊版磨滅,後者加王世貞語,且合并竄亂卷次,故黄承玄與惟訥之孫馮珣謀合重刊之。

静嘉堂文庫藏此同一刊本兩部。一部原係東條琴臺舊藏,後歸中村敬宇所有,共三十二册。一部原係陸心源守先閣等舊藏,卷中有缺逸,共二十四册。

慶應義塾大學藏本,共六十四册。

詩紀一百四十卷　卷目三十一卷

(明)馮惟訥編　吴琯等校

明萬曆年間(1573—1620年)刊本　共三十六册

築波大學附屬圖書館藏本

【按】每半葉有界九行,行十九字,注文小字雙行,四周雙邊。版心鐫刻"詩紀",下記卷數、葉數。前有《序》,每半葉七行,行十五字至十七字不等。卷中有"姑蘇印朝憲製"、"樸水齋"等印記。

詩紀前集十一卷　正集一百三十卷　外集四卷　別集十二卷

(明)馮惟訥編

明萬曆四十一年(1613年)序重刊本　共三十六册

東洋文庫藏本　原小田切萬壽之助等舊藏

詩紀一百五十卷　附外集别集

(明)王世貞撰　馮惟訥編

明萬曆年間(1573—1620年)刊清修補本(文樞堂藏版)　共十五册

東北大學附屬圖書館藏本　原狩野亨吉等舊藏

古逸詩載四卷

(明)麻三衡輯

明刊本　共二册

東洋文庫藏本

古逸詩載六卷

(明)麻三衡輯

明刊本

宫内廳書陵部　國會圖書館藏本

【按】宫内廳書陵部藏此同一刊本兩部,皆共四册。其中一部附《古詩别選》二卷。

國會圖書館藏本,原共三册,現合爲一册。

古逸詩載八卷

(明)麻三衡輯

明刊本

國會圖書館　内閣文庫藏本

【按】國會圖書館藏本,原共四册,現合爲一册。

内閣文庫藏此同一刊本兩部。一部原係楓山官庫等舊藏,共四册。一部原係江户時代林羅山等舊藏,卷内有林鵝峰手校文字與手識文,卷中並有"江雲渭樹"印記,共四册。

古詩歸十五卷

(明)鍾惺　譚元春編

明萬曆八年(1580年)金沙王氏刊本　共五册

京都大學附屬圖書館藏本

【附録】據《賫來書目》記載,中御門天皇正德四年(1714年)中國商船第一番南京船(船主費元齡)載《古詩歸》每部各一帙六册抵日本。

據《書籍元帳》記載,仁孝天皇弘化四年(1847年)中國商船"未四番船"載《古詩歸》一部二帙抵日本。此書一部售價八匁。

古詩歸十五卷

(明)鍾惺　譚元春編

明萬曆十五年(1587年)金陵文樞堂刊本

静嘉堂文庫　東京大學總合圖書館　米澤市立圖書館　御茶之水圖書館藏本

【按】静嘉堂文庫藏本,原係中春敬宇等舊藏,共四册。

東京大學藏本,原係江户時代紀洲德川家南葵文庫等舊藏,共四册。

米澤市立圖書館藏本,原係江户時代米澤藩

主家等舊藏,共五册。

御茶之水圖書館藏本,原係德富蘇峰成簣堂等舊藏。卷内有日本江户時代脅坂安元手識文,又有大正四年(1915年)德富蘇峰手記。卷中有"八雲軒"等印記。

古詩歸十五卷　唐詩歸三十六卷

(明)鍾惺　譚元春編

明萬曆年間(1573—1620年)吴郡寶翰樓刊本

内閣文庫　東洋文庫　東北大學附屬圖書館　廣島大學文學部　早稻田大學圖書館　愛知大學附屬圖書館簡齋文庫　大阪府立圖書館藏本

【按】前有明萬曆四十五年(1617年)《序》。

内閣文庫藏本,原係江户時代林氏大學頭家等舊藏。此本今缺《唐詩歸》三十六卷,共五册。

東洋文庫藏本,原係小田切萬壽之助等舊藏,共二十四册。

東北大學藏本,共十六册。

廣島大學文學部藏本,共十六册。

早稻田大學圖書館藏本,共四册。

愛知大學藏本,原係小倉正恒等舊藏,共六册。

大阪府立圖書館藏本,共六册。

古詩歸十五卷　唐詩歸三十六卷

(明)鍾惺　譚元春編

明烏程閔氏三色刊本

内閣文庫　尊經閣文庫藏本

【按】每半葉有界九行,行十八字。

前有明萬曆四十五年鍾惺《序》,並同年譚元春《序》。又有吴德輿《序》、閔振業《序》等。

卷中鍾氏評語用朱色,譚氏評語用藍色。

内閣文庫藏本,原係明正天皇寛永十二年(1635年,一説寛永十六年即1639年)入藏楓山官庫。此本今缺《唐詩歸》三十六卷,共八册。

尊經閣文庫藏本,原係江户時代加賀藩主前田綱紀等舊藏,共十六册。

古詩歸十五卷

(明)鍾惺　譚元春編

明崇禎年間(1628—1644年)金沙王氏石友齋刊本　共五册

内閣文庫　京都大學文學部中國語學文學哲學研究室藏本

【按】前有明崇禎庚辰(1640年)《序》。

内閣文庫藏本,原係高野山釋迦文殊院等舊藏。

京都大學藏本,原係鈴木虎雄等舊藏。

古詩類苑一百三十卷

(明)張之象編　俞顯卿等校

明萬曆年間(1573—1620年)刊本

宫内廳書陵部　内閣文庫　尊經閣文庫藏本

【按】宫内廳書陵部藏此同一刊本兩部,皆共四十册。

内閣文庫藏此同一刊本三部。一部原係楓山官庫等舊藏,共四十册。一部原係江户時代林氏大學頭家等舊藏,共十六册。一部共三十册。

尊經閣文庫藏本,原係江户時代加賀藩主前田綱紀等舊藏,共三十二册。

【附録】據《賫來書目》記載,中御門天皇享保二十年(1735年)中國商船"第二十五番"廣東船(船主黄瑞周、楊叔祖)載《古詩類苑》一部抵日本。

據《商舶載來書目》記載,桃園天皇寶曆十一年(1762年)中國商船"古字號"載《古詩類苑》一部四帙抵日本。

古詩類苑六十卷

(明)張之象編　俞顯卿補訂

明刊本　共二十册

東洋文庫藏本

古今詩删三十四卷

(明)李攀龍編　徐中行等校
明刊本
内閣文庫　静嘉堂文庫藏本
【按】内閣文庫藏此同一刊本三部。兩部皆係江户時代豐後佐伯藩主毛利高標等舊藏。仁孝天皇文政年間(1818—1829年)由出雲守毛利高翰獻贈幕府,明治初期歸内閣文庫。卷中有"佐伯侯毛利高標字培松藏書畫之印"等印記。其中一部共十二册,一部共六册。另一部原係楓山官庫等舊藏,共八册。
静嘉堂文庫藏本,原係陸心源守先閣等舊藏,共十二册。
【附録】據《商舶載來書目》記載,東山天皇元禄十三年(1700年)中國商船"不字號"載《古今詩删》一部一帙抵日本。
據《長崎官府貿易外船賫來書目》記載,桃園天皇寶曆九年(1759年)中國商船"一番船"載《古今詩删》一部一帙抵日本。
據《寅十番船持渡書改目録寫》記載,光格天皇天明六年(1786年)中國商船"寅十番船"載《古今詩删》一部十册抵日本,並注明:"古本,有水迹,無脱紙。"
江户時代有日人細井知愼手寫明人李攀龍編《古今詩删若遺珠》三卷,現存國會圖書館。
櫻町天皇寬保三年(1743年)京都田原勘兵衛刊印李攀龍編《古今詩删》三十四卷。

詩删二十三卷

(明)李攀龍編　鍾惺　譚元春評
明刊朱墨套印本　共十六册
東京大學總合圖書館藏本　原覺廬文庫市村瓚次郎買入本

古今文衡八卷

(明)沈白編
明刊本　共四册
内閣文庫藏本　原江户時代豐後佐伯藩主毛利高標等舊藏
【按】此本係仁孝天皇文政年間(1818—1829年)由出雲守毛利高翰獻贈幕府,明治初期歸内閣文庫。卷中有"佐伯侯毛利高標字培松藏書畫之印"等印記。

(陳明卿先生評選)古今文統十六卷

(明)張以忠編　陳仁錫評
明崇禎年間(1628—1644年)刊本　共十六册
内閣文庫藏本
【按】前有明崇禎二年(1629年)《序》。

(鼎鋟百名公評林訓釋)古今奇文品勝五卷

(明)孔貞運編　丘兆麟校
明刊本　共三册
内閣文庫藏本

古詩鏡(詩鏡)三十六卷　總論一卷　唐詩鏡五十四卷

(明)陸時雍編　張煒如補
明刊本
内閣文庫　東洋文庫　廣島大學文學部藏本
【按】内閣文庫藏此同一刊本兩部。一部原係楓山官庫等舊藏,共二十六册。一部原係昌平坂學問所等舊藏,今缺《唐詩鏡》五十四卷,共八册。
東洋文庫藏本,原係小田切萬壽之助等舊藏,共二十二册。
廣島大學藏本,共十六册。

文編六十四卷

(明)唐順之選批　姜寶編次
明嘉靖年間(1522—1566年)福州知府胡帛校刊本
國會圖書館　内閣文庫　蓬左文庫　東北大學附屬圖書館藏本
【按】每半葉有界十行,行二十字。

前有明嘉靖三十五年(1556年)唐順之《序》。

國會圖書館藏本,原共五十三册,現合爲二十册。

内閣文庫藏此同一刊本兩部。一部原係江户時代水野忠央等舊藏,共三十册。一部原係楓山官庫等舊藏,卷内有修補葉,共三十册。

蓬左文庫藏本,原係江户時代尾張藩主家等舊藏。此本係日本明正天皇寛永二年(1625年)從中國購入,卷中有"尾陽内庫"印記,共三十册。

東北大學藏本,共四十册。

文編六十四卷

(明)唐順之選批　陳元素訂

明天啓年間(1621—1627年)刊本

内閣文庫　静嘉堂文庫　東京大學總合圖書館藏本

【按】每半葉有界十行,行二十一字。

前有明嘉靖三十五年(1556年)唐順之《序》,又有明天啓元年(1621年)陳元素《序》。

内閣文庫藏本,共二十二册。

静嘉堂文庫藏本,原係陸心源十萬卷樓等舊藏。此本今缺卷四十,共二十册。

東京大學藏本,原係江户時代紀州德川家南葵文庫等舊藏。此本卷四至卷九、卷三十至卷三十四,用明嘉靖三十五年刊本補足;又今缺卷四十,共二十四册。

古文奇賞二十二卷　續集三十四卷　三續(奇賞齋廣文苑英華)二十六卷　四續五十三卷　附音義

(明)陳仁錫輯並評　郎斗金重訂

明萬曆—天啓年間(1573—1627年)長洲陳氏刊本

國會圖書館　内閣文庫　静嘉堂文庫　蓬左文庫　尊經閣文庫　東京大學　京都大學附屬圖書館　廣島大學文學部　早稻田大學圖書館　關西大學泊園文庫　愛知大學附屬圖書館簡齋文庫　佛教大學附屬圖書館平中文庫　米澤市立圖書館　出雲大社　宫御文庫藏本

【按】《初集》每半葉無界十行,行二十字,注文小字雙行。白口,四周單邊(20.3cm×14.0cm)。前有明萬曆四十六年(1618年)《序》。

《續集》每半葉無界十行,行二十字,注文小字雙行。白口,四周單邊(19.9cm×14.0cm)。前有明天啓元年(1621年)《序》。

《三集》每半葉無界十行,行二十字,注文小字雙行。白口,四周單邊(20.4cm×14.0cm)。版心有刻工姓名,如章逸素等。前有明天啓四年(1624年)《序》。

《四集》每半葉無界十行,行二十字,注文小字雙行。白口,四周單邊(20.0cm×14.0cm)。版心有刻工姓名,如沈、吴等,並記字數。前有明天啓五年(1625年)《序》。

國會圖書館藏本,《初集》中今缺卷二、卷三、卷九、卷十一、卷十二,實存十七卷。原共一百十五册,現合爲四十一册。

内閣文庫藏本,《古文奇賞》二十二卷,單獨裝訂,同一刊本者三部,一部原係昌平坂學問所等舊藏,共二十四册;一部原係楓山官庫等舊藏,共二十册;一部共二十册。《續集》亦單獨裝訂,其中,《古文奇賞》續三十四卷、續二十六卷、明文四十卷(首有天啓三年《序》),原係昌平坂學問所等舊藏,共六十四册;《續古文奇賞》三十四卷,原係楓山官庫等舊藏,共二十册。

静嘉堂文庫藏本,原係楢原陳政等舊藏,共九十三册。

蓬左文庫藏本,原係江户時代尾張藩主家等舊藏,擁萬堂藏版,共八十六册。

尊經閣文庫藏本,附《明文奇賞》四十卷,共一百二十册。

東京大學藏此同一刊本兩部。一部現存東洋文化研究所,此本今存《正集》二十二卷。一部現存文學部漢籍中心,此本《初集》卷第七、卷第十八、卷第二十、卷第二十一中間有缺葉。《續集》卷第二十、卷第三十四中間有缺葉。《三集》卷第二十二中間有缺葉。《四集》卷第十三、卷第二十一、卷第二十七、卷第四十七中間有缺葉,共五十册。

京都大學藏此同一刊本兩部。一部今存《正集》二十二卷,共十六册。一部原係大通寺等舊藏,今存《正集》二十二卷、《續集》三十四卷,共三十四册。

廣島大學藏本,今存《古文奇賞》二十二卷,并《略紀》一卷,共二十五册。

早稻田大學圖書館藏本,今存《奇賞齋廣文苑英華》即《三續古文奇賞》兩部。一部原係服部南郭家服部文庫等舊藏,(殘本)二十三卷,並存《目録》一卷,其中缺卷四至卷六,共二十六卷。一部全本,共十册。

關西大學藏本,原係江户時代藤澤東畡、藤澤南陽、藤澤黄鵠、藤澤黄坡三世四代舊藏,此本今存《三續古文奇賞廣文苑英華》二十六卷,并《目》一卷,共十六册。

愛知大學藏本,原係小倉正恒等舊藏,共六十二册。

佛教大學藏本,原係平中令茨等舊藏。此本今存《正集》二十卷(缺卷二十一、二十二)。

米澤市藏本,原係江户時代米澤藩主家等舊藏。此本今存《續古文奇賞》三十四卷,共十四册。

出雲大社藏此同一刊本兩部。本一部《正集》今缺卷十二,《三集》、《四集》皆有缺逸。一部今存《三續古文奇賞廣文苑英華》二十六卷。

【附録】據《商舶載來書目》記載,中御門天皇享保八年(1723 年)中國商船“佐字號”載《三續古文奇賞》一部二帙抵日本。後櫻町天皇明和元年(1764 年)中國商船“久字號”載《廣文苑英華》一部四帙抵日本。

據《賫來書目》記載,中御門天皇正德四年(1714 年)中國商船“第四十九番”寧波船(船主游如羲)一部二帙十二册抵日本。

據《丑字番船書籍目録》記載,光格天皇文化二年(1805 年)中國商船“丑七番船”載《古文奇賞》一部二帙、《正續古文奇賞》三部各四帙、《四續古文奇賞》一部二帙抵日本。同年,中國商船“丑五番船”載《續古文奇賞》一部三帙、“丑四番船”載《三續奇賞》三部亦抵日本。

據《書籍元帳》記載,仁孝天皇弘化三年(1846 年)中國商船“巳字號”載《古文奇賞》一部二帙抵日本。此書一部售價十五匁。孝明天皇嘉永六年(1853 年)中國商船“子二番船”載《古文奇賞》一部二帙抵日本。此書售價十一匁。

(奇賞齋)古文彙編二百三十六卷　首一卷

(明)陳仁錫選評

明天啓年間(1621—1627 年)刊本

國會圖書館　内閣文庫　東京大學總合圖書館藏本

【按】前有明崇禎七年(1634 年)《序》。

國會圖書館藏本,原共一百二册,現合爲八十八册。

内閣文庫藏此同一刊本兩部。一部原係昌平坂學問所等舊藏,共一百册。一部原係楓山官庫等舊藏,共一百二十册。

東京大學藏本,原係覺廬文庫(市村瓚次郎買入本)舊藏,卷中有後人寫補,共一百十二册。

【附録】桃園天皇寶曆四年(1754 年)中國商船“幾字號”載《奇賞齋古文彙編》一部十帙抵日本。

詩所五十六卷　詩所歷代名氏爵里一卷

(明)臧懋循編

明萬曆年間(1573—1620 年)刊本

内閣文庫藏本

【按】内閣文庫藏此同一刊本兩部。一部原係江户時代林氏大學頭家等舊藏,共二十四册。一部原係楓山官庫等舊藏,共二十册。

據《長崎官府貿易外船賫來書目》記載,桃園天皇寶曆九年(1759 年)中國商船“十番船”載

《詩所》一部四帙抵日本。

(三臺學韵)詩林正宗十八卷

(明)余象斗編　李廷機校
明萬曆二十八年(1600年)刊本　共十八册
宫内廳書陵部藏本

古文集四卷

(明)何景明編　張士隆校
明嘉靖十五年(1536年)年刊本　共四册
宫内廳書陵部藏本　原江户時代德山藩主家等舊藏
【按】前有明嘉靖丙申(1536年)洪珠《序》,又有同年鄭綱《序》。
此本原係江户時代德山藩三代主毛利元次廣收"天下秘籍"之一。東山天皇茂永三年(1706年)《御書物目録》著録此本。明治二十九年(1896年)男爵毛利元功獻贈宫内省。
卷中有"與竹"、"德藩藏書"等印記。

古文崇正十二卷

(明)敖鯤編
明萬曆年間(1573—1620年)刊本　共十二册
内閣文庫藏本
【按】前有明萬曆八年(1580年)《序》。
内閣文庫藏此同一刊本兩部。其中一部原係楓山官庫等舊藏。

(增定旁訓)古文會編六卷　附讀《孫子》會編一卷

(明)黄道周編並評　陳子龍訂
明刊本　共四册
關西大學泊園文庫藏本　原江户時代藤澤東畡　藤澤南陽等三世四代泊園書院等舊藏
【附録】中御門天皇正德五年(1715年)刊印明人黄道周編評《古文會編》六卷。

(刻陳眉公先生)古文品内録二十卷　古文品外録二十四卷

(明)陳繼儒編
明刊本　共二十册
尊經閣文庫藏本　原江户時代加賀藩主前田綱紀等舊藏

古文品外録二十四卷

(明)陳繼儒編　董其昌等校
明劉龍田喬山堂刊本
宫内廳書陵部　内閣文庫　静嘉堂文庫　東洋文庫　大東急紀念文庫　古義堂藏本
【按】宫内廳書陵部藏本,共八册。
内閣文庫藏本,原係木村兼葭堂等舊藏,共八册。
静嘉堂文庫藏本,原係中村敬宇等舊藏,共十二册。
東洋文庫藏本,共四册。
大東急紀念文庫藏本,原係華君錫、山本北山等舊藏。此本今存卷一至卷十四,實存十四卷,共四册。
古義堂藏本,原係江户時代伊藤仁齋、伊藤東涯等舊藏,共十册。
【附録】桃園天皇寶曆四年(1754年)中國商船"古字號"載《古文品外録》一部一帙抵日本。
據《寅十番船持渡書改目録寫》記載,光格天皇天明六年(1786年)中國商船"寅十番船"載《古文品外録》一部六册抵日本,並注明:"古本,無脱紙。"

古文品外録十二卷

(明)陳繼儒編
明天啓年間(1621—1628年)刊本
東京大學東洋文化研究所藏本
【按】前有明天啓五年(1625年)朱氏《序》。

古文輯選六卷

(明)馮從吾編

明天啓年間(1621—1627年)刊本　共六册
内閣文庫藏本　原楓山官庫等舊藏
【按】前有明天啓二年(1622年)《序》。

古文瀆編十四卷

(明)王志堅編
明崇禎年間(1628—1644年)刊本　共十四册
静嘉堂文庫藏本　原中春敬宇等舊藏
【附録】據《書籍元帳》記載,孝明天皇嘉永五年(1852年)中國商船"亥二番船"載《古文瀆編》一部十六册抵日本。此書售價十五匁。

古文瀆編二十七卷

(明)王志堅編
明崇禎年間(1628—1644年)刊本
内閣文庫藏本
【按】前有明崇禎六年(1633年)《序》。
此本細目如次:
《韓文公集録》三卷;
《柳柳州集録》三卷;
《歐陽文忠公集録》六卷;
《蘇明允集録》二卷;
《蘇文忠公集録》七卷;
《王荆公集録》三卷;
《曾文定公集録》二卷;
《蘇文定公集録》三卷。
内閣文庫藏此同一刊本兩部。一部原係楓山官庫等舊藏,共四十册。一部原係昌平坂學問所等舊藏,此本今存六卷,共六册。

古文瀾編二十卷

(明)王志堅編　王偲等輯
明崇禎年間(1628—1644年)刊本　共二十册
内閣文庫藏本
【按】前有明崇禎五年(1632年)《序》。
内閣文庫藏此同一刊本兩部。一部原係昌平坂學問所等舊藏;一部原係楓山官庫等舊藏。
【附録】據《商舶載來書目》記載,東山天皇元禄十五年(1702年)中國商船"不字號"載《古文瀾編》一部二十册抵日本。後櫻町天皇明和四年(1767年)中國商船"古字號"載《古文瀾瀆編》一部六帙抵日本。
據《丑字番船書籍目録》記載,光格天皇文化二年(1805年)中國商船"丑五番船"載《古文瀾編》一部七帙抵日本。

古文世編一百卷

(明)潘士達編　劉廷元等校
明萬曆年間(1573—1620年)刊本
内閣文庫　尊經閣文庫藏本
【按】前有明萬曆三十八年(1610年)《序》。
内閣文庫藏此同一刊本兩部。一部原係楓山官庫等舊藏,共四十八册。一部原係江户時代林羅山等舊藏,卷中有"江雲渭樹"等印記,共五十册。
尊經閣文庫藏本,原係江户時代加賀藩主前田綱紀等舊藏,共一百册。

古文類選十六卷

(明)王三省編
明嘉靖年間(1522—1566年)相州清慎堂刊本
内閣文庫藏本
【按】卷末有明嘉靖十五年(1536年)《跋》。
内閣文庫藏此同一刊本兩部,皆原係昌平坂學問所等舊藏。一部共八册;一部今缺卷十六,共七册。

古文類選十八卷

(明)鄭旻輯
明隆慶年間(1567—1572年)刊本
東京大學東洋文化研究所藏本
【按】前有明隆慶六年(1572年)《序》。

(鐫張太史評選)古文正宗十二卷

(明)張鼐編
明婁東余少眉刊本　共六册
宮内廳書陵部　米澤市立圖書館藏本
【按】米澤市藏本,原係江户時代米澤藩主家等舊藏。
【附録】據《賫來書目》記載,中御門天皇享保二十年(1735年)中國商船"第二十番"寧波船載《古文正宗》一部一帙抵日本。

(張侗初先生彙輯必讀)古文正宗十卷

(明)張鼐編注　顧沂訂正
明末刊本　共四册
茨城大學附屬圖書館藏本　原江户時代水户史學家菅政友等舊藏

(新鐫張侗初太史永思齋評選)古文必讀八卷

(明)張鼐評選
明刊本　共五册
尊經閣文庫藏本　原江户時代加賀藩主前田綱紀等舊藏
【附録】中御門天皇正德四年(1711年)中國商船"不字號"載《古文必讀》一部四册抵日本。

(京本句解)古文正宗十六卷

(明)茅坤編
明萬曆年間(1573—1620年)刊本　共八册
尊經閣文庫藏本　原江户時代加賀藩主前田綱紀等舊藏

古文合删十二卷

(明)姚德選　吕韶編
明刊本　共二十四册
内閣文庫藏本

(合諸名家點評)古文鴻藻十二卷

(明)黄士京編
明刊本　共十二册
尊經閣文庫藏本　原江户時代加賀藩主前田綱紀等舊藏
【附録】中御門天皇享保八年(1723年)中國商船"古字號"載《古文鴻藻》一部二帙抵日本。

(歷代)古文國瑋集一百十八卷

(明)方岳貢輯並注
明刊本
東京大學東洋文化研究所藏本

(歷代)古文國瑋集六十二卷

(明)方岳貢輯並注
明刊本　共二十五册
尊經閣文庫藏本　原江户時代加賀藩主前田綱紀等舊藏

(歷代)古文國瑋集五十六卷

(明)方岳貢編輯
明末刊本　共十八册
内閣文庫藏本　原昌平坂學問所等舊藏

(歷代)古文國瑋集五十四卷

(明)方岳貢輯並注
明刊本　共三十八册
東北大學藏本　原狩野亨吉等舊藏

(寶月堂精選旁訓)古文定本五卷

(明)孫鑛等評　馬晋允等編
明刊本　共六册
内閣文庫藏本　原昌平坂學問所等舊藏
【附録】中御門天皇享保十一年(1726年)中國商船"古字號"載《古文定本》一部五册抵日本。

古文正集一編十卷　二編不分卷

(明)葛鼐等編輯
明崇禎年間(1628—1644年)吴郡葛氏永懷堂刊本
内閣文庫　東京大學總合圖書館藏本

【按】前有明崇禎九年(1636年)《序》。

内閣文庫藏本,原係楓山官庫等舊藏,共四十四册。

東京大學藏本,原係江户時代紀州德川家南葵文庫等舊藏。此本今存《二編》,卷中有後人修補,又有讀者手識文,共二十册。

古文雋十六卷

(明)趙耀輯　徐中行校

明萬曆六年(1578年)刊本

東京大學東洋文化研究所藏本

(新刊正續)古文類抄二十卷

(明)林希元編

明嘉靖年間(1522—1566年)刊本　共八册

尊經閣文庫藏本　原江户時代加賀藩主前田綱紀等舊藏

(新刊林次崖先生編次批點)古文類抄(殘本)十卷

(明)林希元編　鄭汝霖校

明刊本　共十册

内閣文庫藏本　原江户時代豐後佐伯藩主毛利高標等舊藏

【按】是書全本十二卷。此本今缺卷二、卷七,實存十卷。

此本係仁孝天皇文政年間(1818—1829年)由出雲守毛利高翰獻贈幕府。明治初期歸内閣文庫。卷中有"佐伯侯毛利高標字培松藏書畫之印"等印記。

古文備體奇鈔十二卷　附元包經傳一卷

(明)鍾惺編　《附録》(後周)衛元嵩撰

明崇禎年間(1628—1644年)刊本　共十二册

内閣文庫藏本

【按】内閣文庫藏此同一刊本兩部。其中一部原係昌平坂學問所等舊藏。此本今缺《元包經傳》一卷。

古文選要五卷

(明)張舜臣編

明嘉靖年間(1522—1566年)刊本　共二册

尊經閣文庫藏本　原江户時代加賀藩主前田綱紀等舊藏

古文會編八卷

(明)黄仲昭編

明嘉靖年間(1522—1566年)刊本　共八册

尊經閣文庫藏本　原江户時代加賀藩主前田綱紀等舊藏

古文選玉十二卷

明人選編不署姓名

明萬曆二十六年(1598年)刊本　共八册

内閣文庫藏本

【附録】中御門天皇享保十六年(1731年)中國商船"古字號"載《古文選玉》一部八册抵日本。

古文精粹十卷

明人選編不署姓名

明成化年間(1465—1487年)刊本　共二册

内閣文庫藏本　原楓山官庫等舊藏

名世文宗二十二卷

(明)王世貞原選　鍾惺增定

明刊本(天禄閣藏版)

國會圖書館　内閣文庫　早稻田大學圖書館　宫城教育大學附屬圖書館藏本

【按】國會圖書館藏本,原共十六册,現合爲六册。

内閣文庫藏本,原係昌平坂學問所等舊藏,共十六册。

早稻田大學圖書館藏本,共十六册。

宫城教育大學附屬圖書館藏本,原係宫城縣師範學校等舊藏,共十六册。

【附録】據《賫來書目》記載,中御門天皇享保二十年(1735年)中國商船"第二十五番"廣東船(船主黄瑞周、楊叔祖)載《名世文宗》一部抵日本。

據仁孝天皇天保十四年(1843年)《會所輸入物書籍見帳》記載,是年《名世文宗》一部一帙四册,中型版式,文本良好,投標價分别爲永井屋十八匁,永見屋三十二匁,今村三十二匁九分。

據仁孝天皇天保十四年(1843年)《漢籍發賣投標記録》記載,是年《名世文宗》一部一帙四册,投標價分别爲永井屋十八匁,永見屋三十二匁,今村三十二匁九分。仁孝天皇弘化二年(1845年)《名世文宗》一部,投標價分别爲鐵屋七匁,村と七匁八分,永見屋十七匁。

據《書籍元帳》記載,仁孝天皇弘化二年(1845年)中國商船"辰字號"載《名世文宗》一部十二册抵日本。此書一部開標價十四匁,永見屋半兵衛以每部十七匁購入。仁孝天皇弘化三年(1846年)中國商船"巳字號"載《名世文宗》一部一帙抵日本。此書一部售價十四匁。

(陳眉公先生批點)名世文宗拔粹八卷

(明)王世貞原選　陳繼儒批點

明刊本

東京大學東洋文化研究所藏本

(正續)名世文宗十六卷

(明)王世貞選　陳繼儒校注

明萬曆年間(1573—1620年)刊本

國會圖書館　静嘉堂文庫　東北大學附屬圖書館　早稻田大學圖書館藏本

【按】前有胡時化《序》,又有明萬曆四十五年(1617年)錢允治《序》,並同年陳仁錫《序》。

正文卷前題署"瑯琊王世貞元美編選"、"雲間陳繼儒仲醇校注"、"吴郡錢允治功父參訂"。

國會圖書館藏本,共八册。

静嘉堂文庫藏本,原係木内重四郎等舊藏,共十册。

東北大學藏本,原係狩野亨吉等舊藏,共十二册。

早稻田大學圖書館藏本,原係服部南郭家服部文庫等舊藏,共四册。

名世文宗三十二卷　談藪　一卷

(明)胡時化編

明崇禎年間(1628—1644年)刊本

宫内廳書陵部　静嘉堂文庫　東北大學附屬圖書館藏本

【按】前有明崇禎元年(1628年)《序》。

宫内廳書陵部藏本,共十六册。

静嘉堂文庫藏本,共二十册。

東北大學藏本,共三十二册。

名世文宗三十卷

(明)胡時化編

明四川按察司刊本　共十二册

内閣文庫藏本

【按】前有明萬曆七年(1579年)《序》。

(新刻青陽翁狀元精選四續并三續)名世文宗七卷

(明)翁正春編　林有標匯評

明萬曆二十三年(1595年)光裕堂望雲刊本　共四册

蓬左文庫藏本　原種村肖推寺　江户時代尾張藩主家等舊藏

【按】此本原係種村肖推寺舊藏。明正天皇寛永十二年(1635年)由種村肖推寺獻贈尾張藩主家。

卷中有"尾陽内庫"等印記。

名文拔粹二十二卷

(明)王世貞原選　鍾惺增定

明刊本　原共十二册(現合爲六册)

國會圖書館藏本

(新刻周季侯評選)名文衡八卷

(明)周宗建編
明刊本　共八册
内閣文庫藏本

(新鐫焦太史彙選百家評林)歷代古文珠璣八卷

(明)焦竑選
明萬曆二十一年(1593年)序刊本　共五册
國會圖書館藏本

名文珠璣二十七卷

(明)焦竑選　李廷機校
明萬曆二十三年(1595年)刊本　共十三册
宫内廳書陵部藏本

(新鐫焦太史彙選百家評林)名文珠璣十三卷　(重鍥增補合并焦太史彙選評林)名文珠璣三卷　首一卷　附(續刻温陵四太史評選)古今名文珠璣八卷

(明)焦竑選　劉應秋　董其昌校　《增補合並》焦竑選　楊守勤增補　《附》黄鳳翔等選
明萬曆年間(1573—1620年)刊本　原共十八册(現合爲九册)
國會圖書館藏本

(續刻温陵四太史評選)古今名文珠璣八卷

(明)黄鳳翔等選
明萬曆年間(1573—1620年)刊本　共八册
内閣文庫藏本　原高野山釋迦文殊院等舊藏

歷代名文鳳采五卷

(明)黄景昉等評選
明刊本　共五册
宫内廳書陵部藏本

歷代古文禹金集四卷

(明)林欲楫編
明萬曆三十八年(1610年)光裕堂刊本　共四册
内閣文庫藏本

歷代詩録十二卷

(明)王辰編
明刊本　共十八册
宫内廳書陵部藏本

歷代論選三十六卷

(明)范惟一編
明萬曆年間(1573—1620年)刊本　共十三册
尊經閣文庫藏本　原江户時代加賀藩主前田綱紀等舊藏

(徽郡海嶽許先生精選)今古文宗六卷

(明)許國輯
明萬曆二年(1574年)金陵周竹潭刊本　原共十册(現合爲五册)
國會圖書館藏本

(新刊李九我先生編纂大方)萬文一統二十二卷

(明)李廷機編輯　申時行閲　朱國祚校
明閩建邑書林余文台刊本
宫内廳書陵部　國會圖書館　内閣文庫　尊經閣文庫　蓬左文庫　東京大學總合圖書館藏本

【按】宫内廳書陵部藏本,卷中有缺葉,共十一册。

國會圖書館藏本,原共十五册,現合爲七册。

内閣文庫藏此同一刊本兩部,皆共十册。其中一部原係江户時代昌平坂學問所等舊藏。

尊經閣文庫藏本,原係江户時代加賀藩主前田綱紀等舊藏,共十一册。

蓬左文庫藏本,原係江户時代第一代幕府大將軍德川家康舊藏,後贈送其子尾張藩主家,世稱“駿河御讓本”。此本係日本明正天皇寛永十二年(1635年)從中國購入,卷中有“御本"、"尾陽内庫"等印記，共十册。

東京大學藏本，原係岡千仞文庫等舊藏，共十四册。

【附録】桃園天皇寶曆四年（1754年）中國商船"波字號"載《萬文一統》一部一帙抵日本。

千古斯文二十九卷

（明）徐奮鵬選評　徐春茂　徐春盛注釋

明萬曆年間（1573—1620年）刊本

國會圖書館　内閣文庫藏本

【按】此本細目如次：

《斯文》三卷；《書集》八卷；

《詩集》十一卷；《子集》七卷。

國會圖書館藏本，原共二十七册，現合爲十三册。

内閣文庫藏本，原係江户時代林羅山等舊藏。此本今存《斯文》三卷、《書集》八卷，卷中有"江雲渭樹"印記，共七册。

千古斯文十二卷

（明）徐奮鵬選評

明萬曆四十五年至萬曆四十七年間（1627—1619年）刊本　共十二册

御茶之水圖書館藏本　原德富蘇峰成簣堂等舊藏

【按】前有明萬曆丙辰（1616年）《序》。

此本係《經》《史》《子》《集》各三卷。

卷内有大正乙卯德富蘇峰手記。

卷中有"道睿"印記。

天壤遺文七卷

（明）徐奮鵬評選　徐春茂注釋

明潭陽書林余應虬刊本　共四册

蓬左文庫藏本　原江户時代尾張藩主家等舊藏

【按】此本係日本明正天皇寛永十一年（1634年）從中國購入。

卷中有"尾陽内庫"印記。

文壇列俎十卷

（明）汪廷訥編輯

明萬曆年間（1573—1620年）環翠堂刊本

國會圖書館　内閣文庫　東北大學附屬圖書館藏本

【按】前有明萬曆三十五年（1607年）《序》。

國會圖書館藏本，共十册。

内閣文庫藏本，原係江户時代豐後佐伯藩主毛利高標等舊藏。此本係仁孝天皇文政年間（1818—1620年）由出雲守毛利高翰獻贈幕府，明治初期歸内閣文庫。卷中有"佐伯侯毛利高標字培松藏書畫之印"等印記，共十六册。

東北大學藏本，原係狩野亨吉等舊藏，共十二册。

文府滑稽十二卷

（明）鄒迪光編　鄒同光校

明萬曆年間（1573—1620年）刊本

内閣文庫　尊經閣文庫　東京大學總合圖書館　神户大學文學部藏本

【按】前有明萬曆三十七年（1609年）《序》。

内閣文庫藏本，原係江户時代豐後佐伯藩主毛利高標等舊藏。其收藏及印記情況同前書。共十二册。

尊經閣文庫藏本，原係江户時代加賀藩主前田綱紀等舊藏，共六册。

東京大學藏本，原係廣東籌賑日災總會贈送本，共六册。

神户大學藏本，共十二册。

【附録】東山天皇元禄十五年（1702年）中國商船"不字號"載《文府滑稽》一部十册抵日本。

文儷十八卷

（明）陳翼飛輯　畢懋康訂

明萬曆三十九年（1611年）刊本　共九册

東洋文庫　尊經閣文庫藏本

【按】東洋文庫藏本，共九册。

尊經閣文庫藏本，原係江户時代加賀藩主前

田綱紀等舊藏,共十八册。

文儷十四卷

(明)陳翼飛删定

明刊本

國會圖書館　内閣文庫藏本

【按】國會圖書館藏本,原共十二册,現合爲四册。

内閣文庫藏本,原係江户時代林氏大學頭家等舊藏,共四册。

文致十卷

(明)劉士鏻編　閔無頗　閔昭明增删集評

明天啓元年(1621年)刊朱墨套印本　共八册

内閣文庫　東洋文庫藏本

【按】每半葉有界八行,行十八字。

前有明天啓元年(1621年)沈聖岐《序》,又有同年閔元衢《序》。

内閣文庫藏本,原係昌平坂學問所等舊藏。

(删補)古今文致(新鐫王永啓先生評選古今文致)十卷

(明)劉士鏻編　王宇删補

明天啓年間(1621—1627年)刊本

内閣文庫　静嘉堂文庫　尊經閣文庫　東京大學東洋文化研究所　廣島大學文學部　早稻田大學圖書館藏本

【按】每半葉有界九行,行二十字。

前有金維城《序》,並明萬曆四十年(1612年)劉士鏻《序》,又有明天啓三年王宇(1623年)《序》。

内閣文庫藏本,原係昌平坂學問所等舊藏,共五册。

静嘉堂文庫藏本。原係中村敬宇等舊藏,共五册。

尊經閣文庫藏本,原係江户時代加賀藩主前田綱紀等舊藏,共五册。

廣島大學藏本,共四册。

早稻田大學圖書館藏本,共四册。

【附録】中御門天皇享保八年(1723年)中國商船"古字號"載《古今文致》一部一帙抵日本。

日本孝明天皇慶應三年(1867年)擁翠樓刊印劉士鏻編《删補古今文致》二卷。此本由日人鹽谷世弘(岩陰)編輯。

(删補)古今文致(新鐫王永啓先生評選古今文致)八卷

(明)劉士鏻編　王宇删補

明天啓年間(1621—1627年)刊本　共八册

關西大學泊園文庫藏本　原江户時代藤澤東畡　藤澤南陽　藤澤黄鵠　藤澤黄坡三世四代舊藏

(蘭雪齋增訂)文致七卷　閨秀詩評一卷

(明)劉士鏻編　洪吉臣校

明崇禎元年(1628年)刊本　共三册

静嘉堂文庫　東京大學東洋文化研究所藏本

【按】前有明崇禎元年(1628年)劉士鏻《序》。

静嘉堂文庫藏本,原係淡路守脇坂氏舊藏,後歸中村敬宇。此本今缺卷三、卷四,並無《閨秀詩評》。

文苑春秋四卷

(明)崔銑編

明嘉靖年間(1522—1566年)刊本　共四册

内閣文庫　尊經閣文庫藏本

【按】卷末有明嘉靖十七年(1538年)《跋》。

内閣文庫藏本　原係江户時代林氏大學頭家等舊藏。

尊經閣文庫藏本,原係江户時代加賀藩主前田綱紀等舊藏。

文苑春秋四卷

(明)崔銑編

明萬曆年間(1573—1620年)刊本　共四册

内閣文庫藏本　原楓山官庫等舊藏

【按】前有明萬曆二十年(1592 年)《序》。

古逸書三十卷　首一卷

(明)潘基慶注

明萬曆年間(1573—1620 年)刊本

國會圖書館　内閣文庫　蓬左文庫　東京大學東洋文化研究所藏本

【按】前有明萬曆四十年(1612 年)《序》。

國會圖書館藏本,原共十册,現合爲五册。

内閣文庫藏本,原係江户時代林氏大學頭家等舊藏,共十二册。

蓬左文庫藏本,原係江户時代尾張藩主家等舊藏,共十六册。

【附録】東山天皇元禄九年(1696 年)中國商船"不字號"載《古逸書》一部二帙抵日本。

古逸書三十卷　首一卷

(明)潘基慶注

明覆萬曆年間(1573—1620 年)刊本　共十六册

内閣文庫藏本　原楓山官庫等舊藏

(精刻)古今女史十二卷　古今女史詩集八卷　(新刻)古今女史姓氏字里詳説一卷

(明)趙世杰編輯　江之進等校

明崇禎年間(1628—1644 年)刊本

國會圖書館　内閣文庫　蓬左文庫　東京大學東洋文化研究所藏本

【按】每半葉有界九行,行二十字。

前有明崇禎元年(1628 年)錢受益《序》,又有趙如源《序》、周大紀《序》、趙世杰《序》、朱錫綸《序》等。

國會圖書館藏本,原共八册,現合爲四册。

内閣文庫藏本,原係江户時代林氏大學頭家等舊藏,共八册。

蓬左文庫藏本,原係江户時代尾張藩主家等舊藏。此本係明正天皇寬永十二年(1635 年)從中國購入,卷中有"尾陽内庫"印記,共十册。

【附録】光格天皇寬政十一年(1799 年)中國商船"古字號"載《古今女史》一部一帙抵日本。

古今女史詩集六卷

(明)趙世杰編輯

明崇禎元年(1628 年)刊本　共六册

尊經閣文庫藏本　原江户時代加賀藩主前田綱紀等舊藏

古今女詩選六卷

(明)郭煒閣選　李煟等校

明天啓年間(1621—1627 年)刊本　共三册

早稻田大學圖書館藏本

【按】前有明天啓四年(1624 年)《序》。

詩女史十卷　拾遺三卷

(明)田藝蘅編

明嘉靖三十六年(1557 年)刊本

宫内廳書陵部　内閣文庫藏本

【按】前有明嘉靖三十六年田藝蘅《序》。

宫内廳書陵部藏本,共十二册。

内閣文庫藏此同一刊本兩部。一部原係江户時代林氏大學頭家舊藏,共四册。一部原係楓山官庫等舊藏,共十册。

名媛詩歸四卷

(明)鍾惺編

明刊本　共一册

東北大學附屬圖書館藏本

【附録】中御門天皇享保八年(1723 年)中國商船"女字號"載《名媛詩歸》一部一帙抵日本。

古今名媛詩歸三十卷

(明)鍾惺編

明刊本　共六册

宫内廳書陵部藏本

【附録】光格天皇寬政十一年(1799 年)中國商船"古字號"載《古今名媛詩歸》一部一帙抵日本。

據《寅十番船持渡書改目録寫》記載，光格天皇天明六年（1786年）中國商船“寅十番船”載《名媛詩歸》一部八册抵日本，並注明：“古本，無脱紙。”

桃園天皇寶曆四年（1754年）《（長崎港）舶來書籍大意書》著録是書。其識文曰：

“《名媛詩歸》一部一帙六册，明人鍾伯敬所輯。是書輯自上古至明代名媛四百餘人之古逸十餘首、諸體之詩二千三十餘首，編爲三十卷。各人名下注履歷，每首有評注。”

古今名媛詩歸三十六卷

（明）鍾惺編

明刊本（勉善堂藏版）

宫内廳書陵部　内閣文庫　尊經閣文庫　東洋文庫　東京大學　廣島大學文學部　早稻田大學圖書館藏本

【按】每半葉有界九行，行十九字。

前有鍾惺《序》。

宫内廳書陵部藏此同一刊本兩部。一部共十册；一部共十六册。

内閣文庫藏此同一刊本兩部。一部原係楓山官庫等舊藏，共六册。一部原係木村蒹葭堂等舊藏，共十册。

尊經閣文庫藏本，原係江户時代加賀藩主前田綱紀等舊藏，共六册。

東洋文庫藏本，共十二册。

東京大學藏此同一刊本兩部。一部現存總合圖書館，共八册；一部現存東洋文化研究所。

廣島大學藏本，共十二册。

早稻田大學圖書館藏此同一刊本兩部，各皆十册。

古今名媛彙詩二十一卷

（明）鄭文昂編

明泰昌元年（1620年）刊本　共八册

宫内廳書陵部藏本

名媛璣囊二卷　首一卷

（明）池上客編

明宗文書堂刊本　共二册

内閣文庫藏本　原楓山官庫等舊藏

（鐫歷朝列女詩選）名媛璣囊四卷　首一卷

（明）池上客編

明萬曆二十三年（1595年）鄭竹雲刊本　共二册

内閣文庫藏本

古今宫閨詩八卷

（明）周履靖編　王穉登校

明萬曆年間（1573—1620年）刊本　共八册

内閣文庫藏本　原江户時代豐後佐伯藩主毛利高標等舊藏

【按】前有明萬曆三十年（1602年）《序》。

此本係仁孝天皇文政年間（1818—1829年）由出雲守毛利高翰獻贈幕府，明治初期歸内閣文庫。卷中有“佐伯侯毛利高標字培松藏書畫之印”等印記。

古今表略四卷

（明）顧夢麟編　柏起宗參訂

明天啓四年（1624年）刊本　共四册

東京大學總合圖書館藏本　原覺廬文庫（市村瓚次郎買入本）等舊藏

文璨清娱四十八卷

（明）華國才選

明崇禎四年（1631年）序刊本　原共四十八册（現合爲十六册）

國會圖書館藏本

倫史鴻文二十四卷

（明）林琦編　林有元等評

明崇禎年間（1628—1644年）刊本

宫内廳書陵部　内閣文庫　尊經閣文庫藏

本

【按】前有明崇禎十六年(1643年)《序》。

宫内廳書陵部藏本,卷中有後人寫補,共二十一册。

内閣文庫藏本,原係江户時代豐後佐伯藩主毛利高標等舊藏,仁孝天皇文政年間(1818—1829年)由出雲守毛利高翰獻贈幕府,明治初期歸内閣文庫。卷中有"佐伯侯毛利高標字培松藏書畫之印"等印記,共二十三册。

尊經閣文庫藏本,原係江户時代加賀藩主前田綱紀等舊藏,共十九册。

(新編分類)集諸家詩(不分卷)

不署編撰者姓名

明人寫本　共一册

龍谷大學附屬圖書館藏本

(續新編分類)集諸家詩(不分卷)

不署編撰者姓名

明人寫本　共一册

龍谷大學附屬圖書館藏本

古詩粹選(殘本)二卷

(明)張學禮　胡文焕編

明刊本　共一册

内閣文庫藏本　原江户時代豐後佐伯藩主毛利高標等舊藏

【按】是書全本四卷。此本今存卷一、卷二,共二卷。

此本係仁孝天皇文政年間(1818—1829年)由出雲守毛利高翰獻贈幕府,明治初期歸内閣文庫。

卷中有"佐伯侯毛利高標字培松藏書畫之印"等印記。

詩家全體十四卷

(明)李之用編

明萬曆年間(1573—1620年)刊本　共十册

内閣文庫藏本　原江户時代林氏大學頭家等舊藏

【按】前有明萬曆二十六年(1598年)《序》。

絶句博選五卷

(明)王朝雍輯

明嘉靖年間(1522—1566年)刊本　共二十册

大谷大學附屬圖書館悠然樓藏本　原大西行禮等舊藏

【按】前有明嘉靖十五年(1536年)《序》。

書記洞詮一百十六卷　目十卷

(明)梅鼎祚編

明萬曆年間(1573—1620年)刊本

内閣文庫　静嘉堂文庫　東洋文庫　蓬左文庫　陽明文庫藏本

【按】前有明萬曆二十五年(1597年)河南按察僉事劉鳳《序》。

内閣文庫藏此同一刊本三部。一部原係江户時代林氏大學頭家等舊藏,共十四册。一部原係楓山官庫等舊藏,共三十四册。一部共十六册。

静嘉堂文庫藏本,原係陸心源守先閣等舊藏,共二十八册。

東洋文庫藏本,共四十册。

蓬左文庫藏本,原係江户時代尾張藩主家等舊藏。此本係日本明正天皇寛永六年(1629年)從中國購入,卷中有"尾陽内庫"印記,共二十八册。

陽明文庫藏本,原係江户時代近衛家凞及其先輩等舊藏,共十八册。

【附録】據《長崎官府貿易外船賫來書目》記載,桃園天皇寶曆九年(1759年)中國商船"一番船"載《書記洞詮》二部各四帙抵日本。

桃園天皇寶曆四年(1754年)《(長崎港)舶來書籍大意書》著録是書。其識文曰:

"《書記洞詮》一部四帙二十四册,明人梅鼎祚纂輯。編者探史傳,徧記稗官、釋道二書等,取詔敕、書奏、記箋、啓帖等,爲累版連篇、片牘畸語，輯自周至隋一千三十餘人之文凡三千七百二十餘篇，編爲九十卷。釋部爲首，編西土三十餘人凡文四十餘篇，次輯自後漢迄于隋代一百三十餘人凡文四百九十餘篇，成十九卷。又輯道部自周至隋三十餘人凡文二百七十餘篇，成七卷。全書通爲一百十六卷，每代首列帝后，次叙諸王卿士，旁及閨秀。以年次叙人，從人類文。各人名下注履歷，篇後注出處。書乃萬曆二十五年刊。”

八代詩乘四十五卷

(明)梅鼎祚編　起欽裁正

明萬曆年間(1573—1620年)刊本　共三十一册

築波大學附屬圖書館　廣島大學文學部　天理圖書館藏本

【按】每半葉有界十行，行二十字，小字雙行。左右雙邊(18.5cm×13.0cm)。版心鐫刻各代“詩乘”，並卷數和葉數。

前有明萬曆丙午(1606年)春二月朔梅氏《序》(每半葉六行，行十三字)。

此本細目如次：

《漢魏詩乘》二十卷；《晋詩乘》六卷；

《宋詩乘》四卷；《齊詩乘》二卷；

《梁詩乘》六卷；《陳詩乘》二卷；

《北朝詩乘》二卷；《隋詩乘》三卷。

卷内《六朝詩乘目録下》之末有刊行木記曰：“萬曆丙午春寧國郡雕”。

築波大學藏本，原係東京教育大學等舊藏，共二十册。

廣島大學藏本，共二十四册。

天理圖書館藏本，卷中有“宛平王氏家藏”等印記，共三十一册。

八代文鈔

(明)李賓編　張縉彦等補

明刊本

宫内廳書陵部　尊經閣文庫藏本

【按】宫内廳書陵部藏本，原係江户時代德山藩三代主毛利元次廣收“天下秘籍”之一。東山天皇寶永三年(1706年)《御書物目録》著録此本。明治二十九年(1896年)男爵毛利元功獻贈宫内省，共八十册。

尊經閣文庫藏本，原係江户時代加賀藩主前田綱紀等舊藏，共六十四册。

歷代文紀

(明)梅鼎祚輯録

明崇禎年間(1628—1644年)刊本　共一百五十册

東洋文庫藏本

【按】前有明崇禎六年(1633年)《序》。

此書輯録自西漢至隋代各朝之文。

歷代名家文抄

不署編撰者姓名

明刊本　共二十四册

内閣文庫藏本　原楓山官庫等舊藏

歷朝詩雋(殘本)七卷

(明)趙應元編

明刊本　共五册

内閣文庫藏本　原木村蒹葭堂等舊藏

【按】是書全本八卷，此本今缺卷三，實存七卷。

石倉十二代詩選八百八十八卷

(明)曹學佺選閲

明崇禎三年至四年(1630—1631年)刊本　共三百三十一册

宫内廳書陵部藏本

【附録】桃園天皇寶曆十一年(1761年)中國商船“志字號”載《十二代詩選》一部二十四帙抵日本。

石倉十二代詩選(歷代詩選)三百六十六卷

(明)曹學佺選閲

明崇禎年間(1628—1644 年)四川按察使刊本

宮内廳書陵部　静嘉堂文庫　蓬左文庫　京都大學文學部中國語學文學哲學研究室藏本

【按】每半葉有界九行,行十八字。

前有明崇禎四年(1631 年)《序》;《古詩編》前有明崇禎四年(1631 年)曹學佺《序》;《唐詩編》前有明崇禎四年(1631 年)曹學佺《序》;《宋詩編》前有明崇禎三年(1630 年)曹學佺《序》;《元詩編》前有明崇禎三年(1630 年)曹學佺《序》;《明詩編》前有明崇禎四年(1631 年)曹學佺《序》。

宮内廳書陵部藏本,共一百四册。

静嘉堂文庫藏本,原係陸心源守先閣等舊藏,共八十七册。

蓬左文庫藏本,原係江户時代尾張藩主家舊藏,今存《明詩》八十六卷、《明詩詞集選》一百四十卷。此本係日本明正天皇寬永十二年(1635 年)從中國購入,卷中有"尾陽内庫"印記。

京都大學文學部藏本,共一百二十册。

顔氏傳書(北齊—唐)七種

(明)顔欲章編

明刊本　共十二册

内閣文庫藏本　原江户時代豐後佐伯藩主毛利高標等舊藏

【按】此本細目如次:

《顔氏家訓》二卷　(北齊)顔之推撰;

《顔光禄集》三卷　(唐)顔師古撰;

《刊謬正俗》八卷　(唐)顔師古撰;

《急就篇注》四卷　(唐)顔師古撰;

《還冤記》二卷　(北齊)顔之推撰;

《顔魯公文集》二十卷　(唐)顔真卿撰;

《大業拾遺記》一卷　(唐)顔真卿撰。

此本係仁孝天皇文政年間(1818—1829 年)出雲守毛利高翰獻贈幕府,明治初期歸内閣文庫。卷中有"佐伯侯毛利高標字培松藏書畫之印"等印記。

陳氏家集

(明)陳其昌編

明崇禎年間(1628—1644 年)刊本　共七册

内閣文庫藏本　原江户時代林羅山等舊藏

【按】此本細目如次:

《南雅集》六卷　陳進撰;

《雙溪集》六卷　陳大濩撰;

《石田集》三卷　陳登撰;

《三峰集》四卷　陳崇德撰;

《蒙庵集》八卷　陳全撰;

《友竹集》四卷　陳維裕撰;

《簡齋集》四卷　陳完撰;

《幼溪集》六卷　陳省撰;

《溪山集》五卷　陳航撰;

《南坡集》五卷　陳良貴撰。

卷中有"江雲渭樹"印記。

(新鐫焦太史彙選)中原文獻二十四卷

(明)焦竑編

明萬曆年間(1818—1829 年)刊本　共二十册

内閣文庫藏本　原江户時代林氏大學頭家等舊藏

【按】此本細目如次:

《中原經集》六卷;《中原史集》六卷;

《中原子集》七卷;《中原文集》四卷;

《通考》一卷。

(新鐫焦太史彙選)中原文獻　經集六卷　史集六卷　子集七卷　文集四卷　通考一卷

(明)焦竑選　陶望齡評　朱之藩注

明萬曆二十七年(1599 年)金陵萬卷樓刊本　共十二册

國會圖書館藏本

【附録】東山天皇元禄七年(1694 年)中國商船"智字號"載《中原文獻》一部八册抵日本。

新安文獻志一百卷　先賢事略二卷

(明)程敏政編
明弘治年間(1488—1505年)刊本
内閣文庫　静嘉堂文庫　尊經閣文庫藏本
【按】每半葉有界十三行,行二十七字。
前有翰林院學士新安程敏政《自序》,又有明弘治十年(1497年)王宗植《序》。
内閣文庫藏本,原係楓山官庫等舊藏,共二十八册。
静嘉堂文庫藏本,原係陸心源十萬卷樓等舊藏,卷中有後人寫補,共十四册。
尊經閣文庫藏本,原係江户時代加賀藩主前田綱紀等舊藏,共四十四册。

新安文獻志一百卷　先賢事略二卷

(明)程敏政編　洪文衡校
明萬曆年間(1573—1620年)刊清初印本　共三十二册
内閣文庫藏本　原昌平坂學問所等舊藏

徽郡詩八卷

(明)李敏編　汪灌校
明嘉靖年間(1522—1566年)刊本　共三册
内閣文庫藏本　原楓山官庫等舊藏
【按】前有明嘉靖三十九年(1560年)《序》。

休陽詩雋(前編)四卷　(後編)八卷

(明)汪先岸編
明天啓年間(1621—1627年)刊本　共六册
内閣文庫藏本
【按】前有明天啓四年(1624年)《序》。
内閣文庫藏此同一刊本兩部。一部原係清人汪啓淑等舊藏,後歸昌平坂學問所。一部原係楓山官庫等舊藏。

金華文統十三卷

(明)趙鶴編
明正德七年(1512年)李玘刊本
内閣文庫　蓬左文庫藏本
【按】每半葉有界十行,行十八字。黑口,四周單邊。
前有明正德六年(1511年)金華知府江都趙鶴《序》,後有明正德壬申(1512年)金華知縣李玘《跋》。
内閣文庫藏本,原係昌平坂學問所等舊藏,共八册。
蓬左文庫藏本,原係江户時代尾張藩主家等舊藏,共三册。

金華文統十三卷

(明)趙鶴編
明萬曆年間(1573—1620年)刊本　共五册
尊經閣文庫藏本　原江户時代加賀藩主前田綱紀等舊藏

金華文徵二十卷　姓氏傳略一卷

(明)阮元聲　高倬編
明刊本　共十二册
内閣文庫藏本　原昌平坂學問所等舊藏

金華詩粹十二卷　首一卷

(明)阮元聲編
明崇禎年間(1628—1644年)刊本　共六册
内閣文庫藏本　原楓山官庫等舊藏

會稽掇英集二十卷　續五卷

(宋)孔延之編
明人錢叔寶手寫本　共十二册
静嘉堂文庫藏本　原陸心源皕宋樓等舊藏

吴興藝文補七十卷

(明)董斯張　閔元衢　韓千秋同輯
明崇禎年間(1628—1644年)刊本
内閣文庫　尊經閣文庫　静嘉堂文庫　蓬左文庫藏本
【按】前有明崇禎六年(1633年)吴興郡守陳氏《序》。

内閣文庫藏本,原係江户時代豐後佐伯藩主毛利高標舊藏,仁孝天皇文政年間(1818—1829年)由出雲守毛利高翰獻贈幕府,明治初期歸内閣文庫。此本爲六十七卷,六十八卷以下無。其中又缺卷十三至卷二十二,卷中有"佐伯侯毛利高標字培松藏書畫之印"等印記,共二十八册。

尊經閣文庫藏本,原係江户時代加賀藩主前田綱紀等舊藏,共三十五册。

静嘉堂文庫藏本,原係陸心源十萬卷樓等舊藏,卷六十八至卷七十共三卷係後人寫補,共二十册。

蓬左文庫藏本,原係江户時代尾張藩主家等舊藏,共三十四册。

【附録】後櫻町天皇明和四年(1767年)中國商船"不字號"載《吴興藝文補》一部四帙抵日本。

閩南唐雅十二卷

(明)費道用編　徐𤊹校

明崇禎年間(1628—1644年)刊本　共三册

内閣文庫藏本　原江户時代豐後佐伯藩主毛利高標等舊藏

【按】前有明崇禎六年(1633年)《序》。

此本收藏與印記情況同前書。

閩中十子詩三十卷

(明)袁表　馬熒同輯

明萬曆年間(1573—1620年)刊本　共六册

蓬左文庫藏本　原江户時代尾張藩主家等舊藏

【按】前有明萬曆四年(1576年)吴興徐氏《序》。

清源文獻十八卷　清源文獻姓名爵里一卷

(明)何炯編　馮夢龍等校

明萬曆年間(1573—1620年)泉州府刊本　共十册

内閣文庫藏本

【按】内閣文庫藏此同一刊本兩部。一部原係楓山官庫等舊藏。一部原係江户時代林羅山等舊藏,卷中有"江雲渭樹"等印記。

晉安風雅十二卷　詩人爵里詳節一卷

(明)徐熥編　陳薦夫校

明萬曆年間(1573—1620年)刊本

内閣文庫　尊經閣文庫藏本

【按】前有明萬曆二十六年(1598年)《序》。

内閣文庫藏此同一刊本兩部。一部原係楓山官庫等舊藏,此本今缺卷十一、卷十二,共五册。一部原係江户時代林羅山等舊藏,卷中有"江雲渭樹"等印記,共四册。

尊經閣文庫藏本,原係江户時代加賀藩主前田綱紀等舊藏,共十册。

温陵留墨四卷

(明)朱炳如纂集　丁一如編次

明萬曆年間(1573—1620年)刊本　共四册

内閣文庫藏本　原楓山官庫等舊藏

【按】前有明萬曆元年(1573年)《序》。

此本細目如次:

《宋王梅溪先生温陵留墨》一卷;

《宋真西山先生温陵留墨》二卷;

《明朱白野先生温陵留墨》一卷。

莆陽詩編十二卷

(明)林承霖　謝天駒編

明末刊本　共四册

内閣文庫藏本　原楓山官庫等舊藏

惠風十二卷　姓氏一卷

(明)張正聲編

明刊本　共四册

内閣文庫藏本　原楓山官庫等舊藏

吉州正氣四卷

(明)劉陽編

明隆慶年間(1567—1572年)刊本　共四册

尊經閣文庫藏本　原江户時代加賀藩主前田綱紀等舊藏

全蜀藝文志六十四卷　補續五十六卷　目二卷

(明)楊慎編　《補續》(明)杜應芳編

明嘉靖年間(1522—1566年)刊本

宫内廳書陵部　静嘉堂文庫　尊經閣文庫藏本

【按】前有明嘉靖辛丑(1541年)楊慎《序》。

《四庫全書總目》卷一百八十九著録兩淮馬裕家藏本《全蜀藝文志》六十四卷,題署"明周復俊編",且無《補續》五十六卷。

宫内廳書陵部藏本,原係江户時代豐後佐伯藩主毛利高標等舊藏,仁孝天皇文政年間(1818—1829年)由出雲守毛利高翰獻贈幕府,明治初期歸内閣文庫。卷中有"璜川吴氏收藏圖書"、"佐伯侯毛利高標字培松藏書畫之印"、"秘閣圖書之章"等印記,共五十册。

静嘉堂文庫藏本,原係陸心源十萬卷樓等舊藏,共十二册。

尊經閣文庫藏本,原係江户時代加賀藩主前田綱紀等舊藏。此本今無《補續》五十六卷,共二十册。

成都文類五十卷

(宋)程遇孫等編輯

明刊本　共十册

静嘉堂文庫藏本　原吴枚庵　陸心源十萬卷樓等舊藏

【按】前有宋慶元五年(1199年)袁説友《序》。

此本有編者列銜,名簿如次:

迪功郎監永康軍崇德廟　扈仲榮;

迪功郎新差充利州州學教授　楊汝明;

從事郎廣安軍軍學教授　費士威;

從事郎前成都府府學教授　何惪固;

文林郎山南西道節度掌書記　宋德文;

文林郎前利州東路安撫司幹辦公事　趙震;

宣教郎新奏辟知緜州魏城縣主管勸農公事　徐景望;

奉議郎新雲安軍使兼知夔州雲安縣主管勸農公事借緋　程遇孫。

卷内有補寫,卷三十二以下係後人寫補。

卷中有"吴翌鳳家藏文苑"、"枚庵"等印記。

嚴陵集九卷

(宋)董棻編

古寫本　鮑廷博手識文本　共四册

静嘉堂文庫藏本　原知不足齋等舊藏

【按】前有宋紹興九年(1139年)董棻《序》。

此本輯録自謝靈運至南宋初期嚴州詩文,其目如次:

卷一至卷五　詩;　卷六　詩、賦;　卷七至卷九　碑、銘、題、記。

卷内有鮑廷博手識文二則。其一曰:

"乾隆三十八年六月,從浙江遺書局借天一閣宋刻本對録。　廿八日知不足齋記。凡一百七十四葉。"

又一則曰:

"乾隆四十八年三月重録一過。　初四日記。"

陸心源《儀顧堂續跋》卷十四著録此本。其識文曰:

"《嚴陵集》九卷,前有紹興八年(應爲九年)董棻《序》,知不足齋抄本。每卷有目,連屬篇目,遇國朝字皆提行。乾隆中,鮑以文從天一閣所藏宋本傳録者。"

嶺南文獻軌範補遺六卷

(明)楊瞿崍編

明刊本　共六册

宫内廳書陵部藏本　原江户時代豐後佐伯藩主毛利高標等舊藏

【按】前有楊瞿崍《序》。

此本今缺卷三、卷四,實存卷一、卷二、卷五、卷六,共四卷。

此本係日本仁孝天皇文政年間(1818—1829年)由出雲守毛利高翰獻贈幕府,明治初期由太政官文庫而歸内閣文庫。明治二十四年(1891 年)移送宫内省圖書寮(即今宫内廳書陵部)。

卷中有"分守嶺南道關防"官印,又有"佐伯侯毛利高標字培松藏書畫之印"等印記。

【附録】後櫻町天皇寶曆十三年(1763 年)中國商船"禮字號"載《嶺南文獻》一部四帙抵日本。

(先秦漢魏人總集之屬)

周文歸二十卷

(明)鍾惺編

明崇禎年間(1628—1644 年)刊本　共十二册

静嘉堂文庫藏本　原中村敬宇等舊藏

先秦鴻文(周至漢)五卷　兩漢鴻文二十卷

(明)顧錫疇編

明崇禎年間(1628—1644 年)刊本　共十六册

内閣文庫藏本　原楓山官庫等舊藏

【按】前有明崇禎六年(1633 年)《序》。

春秋戰國文選三十四卷

(明)姚三才選編

明萬曆年間(1573—1620 年)刊本　共二十四册

尊經閣文庫藏本　原江户時代加賀藩主前田綱紀等舊藏

秦漢文歸三十卷

(明)鍾惺輯并注　張嵎裁定　朱東觀等校

明劉氏古香齋刊本

東京大學東洋文化研究所藏本

【按】此本細目如次:

《秦文歸》十卷;《漢文歸》二十卷。

東京大學藏此同一刊本兩部。一部現存總合圖書館,原係覺廬文庫(市村瓚次郎買付本)等舊藏,共四册。一部現存東洋文化研究所,此本附《後漢論贊》一卷、《三國志評》一卷。

【附録】據《商舶載來書目》記載,桃園天皇寶曆四年(1754 年)中國商船"志字號"載《秦漢文歸》一部二帙抵日本。

據孝明天皇安政七年(1860 年)《申一番船入札報告》,是年此船載《秦漢文歸》一部十六册抵日本,投標價分别爲堂半三匁,本屋十匁五分,八河屋十二匁八分。

桃園天皇寶曆四年(1754 年)《(長崎港)舶來書籍大意書》著録是書。其識文曰:

"《秦漢文歸》一部二帙十六册,明人鍾伯敬選評原稿,張秦先裁定。選《史記》、《漢書》并諸家文系六國之事者,輯二百三十餘篇,統歸於秦,是爲《秦文歸》十卷。又以前後漢及三國之文,輯六百七十篇,統一於蜀,而名之曰《漢文歸》,凡二十卷。每篇加批點,篇後有諸家之評。"

秦漢文鈔(不分卷)

(明)馮有翼編

明萬曆年間(1573—1620 年)刊本　共十二册

静嘉堂文庫藏本

秦漢文鈔六卷

(明)閔日斯等編　馬融博批點

明天啓年間(1621—1627 年)刊朱墨套印本

内閣文庫　東洋文庫　東京大學　東北大學附屬圖書館藏本

【按】每半葉有界九行,行十九字。

前有明泰昌元年(1620 年)臧懋循《序》。

此本系《秦文》二卷、《西漢文》三卷、《東漢文》一卷,凡六卷。

内閣文庫藏本,原係江户時代豐後佐伯藩主毛利高標等舊藏。仁孝天皇文政年間(1818—1829年)由出雲守毛利高翰獻贈幕府,明治初期歸内閣文庫。卷中有"佐伯侯毛利高標字培松藏書畫之印"等印記,共六册。

東洋文庫藏本,共十二册。

東京大學藏此同一刊本兩部。一部現存總合圖書館,原係覺廬文庫(市村瓚次郎買付本)等舊藏,共四册。一部現存東洋文化研究所。

東北大學藏本,原係狩野亨吉等舊藏,共六册。

秦漢文鈔八卷

(明)陳仁錫編

明末刊本　共四册

内閣文庫藏本　原高野山釋迦文殊院等舊藏

秦漢文八卷

(明)胡宗纘輯　馬驥等校

明嘉靖年間(1522—1566年)新安程良錫刊本

東京大學東洋文化研究所藏本　原大木幹一等舊藏

【按】前有明嘉靖三年(1524年)黄省曾《序》。

秦漢文八卷

(明)胡宗纘輯　馬驥等校

明嘉靖年間(1522—1566年)金陵雙橋全氏刊本

東京大學東洋文化研究所藏本

【按】每半葉有界九行,行十八字。

前有胡宗纘《序》,又有明嘉靖三十四年(1555年)王寵《序》、明嘉靖三年(1524年)黄省曾《序》、明嘉靖三十四年(1555年)馬驥《序》等。

正文卷前題署"天水胡宗纘編次"、"吴門馬驥、黄省曾校"、"新安程良錫重校刊"。卷八末有刊印木牌,題署"乙卯孟春之日,金陵雙橋全氏刊"。

秦漢文(殘本)三卷

(明)胡宗纘輯　馬驥等校

明胡氏鳥鼠山房刊本

東京大學東洋文化研究所藏本　原大木幹一等舊藏

【按】是書全本四卷。此本今缺卷第四,實存三卷。

秦漢文尤(古至漢)十二卷

(明)倪元璐編

明刊本　共十册

内閣文庫藏本　原楓山官庫等舊藏

秦漢文懷二十卷

(明)鍾惺編

明刊本　共十册

内閣文庫藏本　原昌平坂學問所等舊藏

(張太史評選)秦漢文範十三卷

(明)張溥編并注　吴偉業訂

明末刊本　共六册

東京大學總合圖書館藏本　原渡邊信青洲文庫等舊藏

秦漢文準十二卷

(明)程夢庚編

明刊本　共六册

内閣文庫藏本　原昌平坂學問所等舊藏

(施太史新選)秦文神駒(施太史新選)漢文神駒八卷

(明)施鳳來編

明刊本　共四册

尊經閣文庫藏本　原江户時代加賀藩主前田綱紀等舊藏

皇霸文紀十三卷

(明)梅鼎祚編

明崇禎年間(1628—1644年)刊本

静嘉堂文庫　東洋文庫　廣島大學文學部藏本

【按】每半葉有界十行,行二十字。

前有明崇禎二年(1629年)陳繼儒《序》,并有同年吴伯與《序》。

静嘉堂文庫藏本,原係陸心源守先閣等舊藏,共四册。

東洋文庫藏本,共八册。

廣島大學藏本,共八册。

兩漢文鑑(殘本)三十一卷

(宋)陳鑑編

明正德年間(1506—1521年)慎獨齋刊本

相傳清乾隆皇帝手識本　共三册

御茶之水圖書館藏本　原德富蘇峰成簣堂等舊藏

【按】每半葉十行,行二十字。四周雙邊(15.6cm×10.9cm)。

是書全本爲《西漢文鑑》二十一卷、《東漢文鑑》二十卷。此本《東漢文鑑》今缺卷一至卷十,實存十卷。所缺十卷之《目録》,德富蘇峰已從内閣文庫藏本鈔出,别爲一册。

《東漢文鑑》卷十五與卷十六之首,皆有"慎獨齋劉弘毅校刊"一行。

《西漢文鑑》之首内封有一襯紙,墨書曰:

"《兩漢文鑑》,原四套二十本。五十二年五月初十日,暢春園發下。去襯紙,改一套四本,宋端平年人陳鑑編輯,東西兩漢奏疏議論書賦各體文章。前有《自序》,明劉弘毅校刻,明版。"

此墨書相傳爲清乾隆皇帝手書。

卷内有明治四十二年(1909年)德富蘇峰購書之際手識文。

漢文鑑四十一卷

(宋)陳鑑編

明刊巾箱本

内閣文庫　静嘉堂文庫藏本

【按】每半葉有界九行,行十八字。

前有宋端平甲午(1234年)陳鑑《序》。

正文卷首題署"石壁野人陳鑑編"。

此本細目如次:《西漢文鑑》二十一卷;《東漢文鑑》二十卷。

内閣文庫藏本,原係昌平坂學問所等舊藏,共八册。

静嘉堂文庫藏本,原係陸心源十萬卷樓等舊藏。陸心源《儀顧堂題跋》卷十三著録此本,其識文曰:

"(此本)《四庫》未收,阮文達據影寫巾箱本進呈。按,鑑福州候官人,慶元二年進士。其文皆採自兩《漢書》,題下各注所出,體例頗善。陳左海修《福建通志》,採摭宏富,《經籍門》無此書,可見流傳之罕矣。"

《揅經室外集》卷一亦著録此本,其《西漢文鑑提要》曰:"鑑建安人,自稱石壁野人,乃南宋遺民。此書不載《宋史·藝文志》,惟見明人《百川書志》及《千頃堂書目》。前有端平甲午鑑《自序》,其文皆採自史傳,不無删節之病。然就西京文,纂録其要,可以爲讀史之助,與前次所録《東漢文鑑》同爲宋時巾箱本,合之成全璧云。"

《揅經室外集》卷五又有《東漢文鑑提要》,其文曰:"是編自光武迄獻帝,凡九朝,大半採從本傳,共得文二百三十餘篇。《宋史·藝文志》不載,惟明人《百川書志》、《千頃堂書目》、《絳雲樓書目》并載有宋陳鑑《西漢文鑑》、《東漢文鑑》,而《東漢文鑑》誤作十九卷。又《天一閣書目》亦載此書,乃明刻本。此從宋巾箱册録之,以存一代之藝文焉。"

此本共二十四册。

西漢文紀二十四卷

（明）梅鼎祚編

明崇禎六年（1633年）初刊本

静嘉堂文庫　廣島大學文學部藏本

【按】静嘉堂文庫藏本，原係陸心源守先閣等舊藏，共八册。

廣島大學藏本，共十四册。

西漢文苑十卷

（明）申用嘉編

明萬曆庚子（1600年）刊本

宫内廳書陵部藏本

【按】前有茅坤《序》，又有馮時可《序》。

宫内廳書陵部藏此同一刊本兩部。一部共十二册；一部原係江户時代豐後佐伯藩主毛利高標等舊藏，此本仁孝天皇文政年間（1818—1829年）由出雲守毛利高翰獻贈幕府。明治初期歸内閣文庫。明治二十四年（1891年）移送宫内省圖書寮（即今宫内聽書陵部）。卷内卷十七有缺葉，卷中有“佐伯侯毛利高標字培松藏書畫之印”、“馬氏藏書”、“石莊”等印記，共十四册。

東漢文紀三十二卷

（明）梅鼎祚編

明刊本

静嘉堂文庫　廣島大學文學部藏本

【按】静嘉堂文庫藏本，原係陸心源守先閣等舊藏，共六册。

廣島大學藏本，共十二册。

東漢文十卷

（明）張采輯

明吴門宛委堂刊本　共五册

京都大學文學部中國語學文學哲學研究室藏本

兩漢文選四十卷

（明）張采編

明崇禎年間（1638—1644年）宛委齋刊本

内閣文庫　築波大學附屬圖書館藏本

【按】每半葉無界九行，行十九字。四周單邊。

前有張溥《序》，又有明崇禎六年（1633年）張采《序》。

正文卷前題署“吴下張采受先輯”、“周鍾介生、張溥天如鑒定”。

此本係《西漢文》二十卷與《東漢文》二十卷。《目録》有界。

内閣文庫藏此同一刊本兩部，皆係原昌平坂學問所舊藏。一部共二十册；一部《西漢文》缺卷二，共三十二册。

築波大學藏本，卷中有“葆光書記”、“葆光閣藏”、“千鍾房印”等印記，凡二十册。

【附録】據光格天皇文化七年（1810年）《唐船持渡書物目録》記載，是年中國商船“午三番船”載《兩漢文選》一部二帙抵日本。

兩漢文選四十卷

（明）張采編

明崇禎年間（1628—1644年）金閶宛委齋刊本　共二十九册

内閣文庫　東京大學東洋文化研究所藏本

【按】前有明崇禎六年（1633年）《序》。

内閣文庫藏本，原係楓山官庫等舊藏。

東京大學藏本，原係大木幹一等舊藏。

兩漢鴻文二十卷

（明）顧錫疇編

明刊本　共十册

静嘉堂文庫藏本

三國文二十卷

（明）張采編

明崇禎年間（1628—1644年）刊本　共十一

册

内閣文庫　尊經閣文庫藏本

【按】内閣文庫藏本，原係楓山官庫等舊藏，共十一册。

尊經閣文庫藏本，原係江户時代加賀藩主前田綱紀等舊藏，共十册。

三國文紀三十二卷

（明）梅鼎祚編

明崇禎年間（1628—1644年）刊本　共十册

静嘉堂文庫藏本　原陸心源守先閣等舊藏

【按】此本細目如次：

《魏文紀》十八卷；《蜀文紀》二卷；《吴文紀》四卷。

漢魏詩乘二十卷　附吴詩一卷　總録一卷

（明）梅鼎祚校

明萬曆年間（1573—1620年）刊本

國會圖書館　内閣文庫　東北大學附屬圖書館　大谷大學悠然樓藏本

【按】前明萬曆十一年（1583年）《序》。

國會圖書館藏本，原共六册，現合爲三册。

内閣文庫藏本，原係楓山官庫等舊藏，今缺卷十九、卷二十，實存十八卷。

東北大學藏本，原係狩野亨吉等舊藏，共五册。

大谷大學藏本，原係大西行禮等舊藏，共二册。

漢魏名文乘二十六卷　附録六十卷

（明）張運泰　余元熹同彙評　《附録》（明）鍾惺評

明刊本

内閣文庫　東京大學總合圖書館藏本

【按】此本有附録《韓詩外傳》十卷、《風俗通義》十卷、《白虎通德論》四卷、《天禄閣外史》八卷、《鹽鐵論》十二卷、《新序》十卷、《孔叢》四卷、《新語》二卷。

内閣文庫藏此同一刊本三部。一部原係楓山官庫等舊藏，共三十二册。一部原係昌平坂學問所等舊藏，共六十四册。一部原係高野山釋迦文殊院等舊藏，共二十二册。

東京大學總合圖書館藏此同一刊本三部。一部原係江户時代紀州德川家南葵文庫等舊藏，共四十八册。一部原亦係江户時代紀州德川家南葵文庫等舊藏，共六十三册。一部原係渡邊信青洲文庫等舊藏，此本《名文乘》今缺卷一、卷三、卷四、卷七、卷八、卷九、卷二十二、卷二十三，實存十六卷，共二十册。

漢魏别解十六卷

（明）黄樹　黄紹泰同輯

明刊本　共十六册

蓬左文庫藏本　原江户時代尾張藩主家等舊藏

【附録】中御門天皇寶永七年（1710年）中國商船"加字號"載《漢魏别解》一部十六册抵日本。

（兩晉南北朝人總集之屬）

晉二俊文集（二陸集）二十卷

（晉）陸機　陸雲撰　（宋）徐民瞻編　（明）汪士賢校

明覆宋刊本

宫内廳書陵部　内閣文庫　静嘉堂文庫藏

本

【按】前有宋慶元庚申(1200年)徐民瞻《序》。後有明正德己卯(1519年)都穆《跋》。

《陸士龍文集》卷末有"錢塘郭志學寫"一行。

此本係《陸士衡文集》十卷、《陸士龍文集》十卷。

宫内廳書陵部藏本,原係江户時代德山藩主家舊藏,爲德山藩三代主毛利元次廣收"天下秘籍"之一。東山天皇寶永三年(1706年)《御書物目録》著録此本。明治二十九年(1896年)男爵毛利元功獻贈宫内省圖書寮(即今宫内廳書陵部)。卷中有"金地院"、"竺隱"、"德藩藏書"等印記,共五册。

内閣文庫藏此同一刊本兩部。一部原係楓山官庫等舊藏;一部原係昌平坂學問所等舊藏。兩部皆共四册。

静嘉堂文庫藏本,原係陸心源皕宋樓等舊藏,共四册。

【附録】據《商舶載來書目》記載,後櫻町天皇天明三年(1783年)中國商船"志字號"載《晋二俊文集》一部一帙抵日本。

據《寅十番船持渡書改目録寫》記載,光格天皇天明六年(1786年)中國商船"寅十番船"載《晋二俊文集》一部二册抵日本,并注明:"古本,無脱紙。"

西晉文紀二十卷

(明)張采編　徐浮遠等校

明刊本　共十册

宫内廳書陵部藏本

晉文紀二十卷

(明)梅鼎祚編

明崇禎年間(1628—1644年)刊本　共八册

静嘉堂文庫　廣島大學文學部藏本

【按】前有明崇禎三年(1630年)《序》。

静嘉堂文庫藏本,原係陸心源守先閣等舊藏,共八册。

廣島大學藏本,共十册。

(南朝)宋文二十八卷

(明)張采輯　陳子龍參定

明崇禎十一年(1638年)序刊本

國會圖書館　内閣文庫藏本

【按】前有明崇禎十一年(1638年)《序》。

國會圖書館藏本,原共十册,現合爲五册。

内閣文庫藏此同一刊本兩部,皆共十四册。一部原係昌平坂學問所等舊藏;一部原係楓山官庫等舊藏。

宋文紀十八卷

(明)梅鼎祚編

明崇禎年間(1628—1644年)刊本　共八册

静嘉堂文庫　尊經閣文庫藏本

【按】静嘉堂文庫藏本,原係陸心源守先閣等舊藏。

尊經閣文庫藏本,原係江户時代加賀藩主前田綱紀等舊藏。

【附録】據《商舶載來書目》記載,東山天皇元禄七年(1694年)中國商船"曾字號"載《宋文紀》一部八册抵日本。

南齊文紀十卷

(明)梅鼎祚編

明刊本　共四册

静嘉堂文庫藏本　原陸心源守先閣等舊藏

梁齊文紀十四卷

(明)梅鼎祚編

明刊本　共六册

静嘉堂文庫藏本　原陸心源守先閣等舊藏

三謝詩七卷

(宋)謝靈運　謝惠連　(齊)謝朓撰

明覆宋刊本　林正青　黄肖巖　郭相蒼手識文本　共一册

静嘉堂文庫藏本　原徐興公(汗竹巢)　林

正青(涇雲)　黄肖巖(熥)　郭相蒼(蒹丘)　陸心源十萬卷樓等舊藏

【按】此本係集《謝康樂集》一卷、《謝惠連集》一卷、《謝宣城集》五卷。卷中有1718年(清康熙戊戌年)林正清手識文。其文曰:

"康熙戊戌閏秋,得《三謝集》,復得《宣城集》一本,贈謝子又紹。"(文後有"涇雲"朱文小方印)

又有1838年(清道光戊戌年)十二月黄肖巖手識文。其文曰:

"是歲戊戌,去林正青時戊戌,已百廿有一年矣。林正青去徐興公得之《集》時,又不知幾歷年□(一字不清)。始而興公藏之,繼而鹿原藏之,余何幸而亦藏之!但據林正青贈又紹語,得《三謝集》,復得《宣城集》,應四種。予衹收得惠連、康樂、宣城三種,尚少一種,幸也又憾也!余今以贈郭子蒹秋,亦明珠贈佳人之意,又何憾焉。且安知後者不以戊戌歲爲贈書之故事耶!道光戊戌花朝前一日,肖巖黄熥。"(文後有"臣熥"白文小印)

又有1841年(清道光辛丑二十年)郭相蒼手識文。其文曰:

"是本爲徐興公汗竹巢所藏。戊戌閏夏,余與肖巖讀書紅雨山房,肖巖版以贈余,且曰:'康熙戊戌,林涇雲以是編贈謝又紹。今僕以戊戌爲贈書之故事,不知再至之戊戌,當如何也!'余曰:'恐已入於無有之鄉、廣漠之野。子孫不讀書,將貰此以供朝食矣。'間與劉子永松語□(此一字模糊),劉子曰:'不若贈吾,以辛丑爲戊戌焉可。'時蓋辛丑十二月也。蒹秋郭相蒼書於三牧坊之南。"(文後有"閩中郭蒹秋藝文金石記"朱文長印)

卷中有"鹿原"、"林佶"、"正青之印"、"古閩黄肖巖書籍印"、"林涇雲氏"、"榕城郭蒹秋金石書畫記"、"紅雨山房"、"臣劉永松"、"閩山劉氏珍藏"等印記。

【附録】江户時代有和刊本《三謝詩》。此本係日人松崎復點校。

陳文紀八卷

(明)梅鼎祚編
明刊本
東京大學東洋文化研究所藏本

後周文紀八卷

(明)梅鼎祚編
明崇禎年間(1628—1644年)刊本　共二册
静嘉堂文庫藏本　原陸心源守先閣等舊藏

隋文紀八卷

(明)梅鼎祚編
明刊本　共二册
静嘉堂文庫藏本　原陸心源守先閣等舊藏

六朝文集十二卷

題(梁)蕭衍編
明刊本　共二十四册
宫内廳書陵部藏本

六朝文麗四卷

(明)林時對編
明刊本
尊經閣文庫　内閣文庫藏本

【按】尊經閣文庫藏本,原係江户時代加賀藩主前田綱紀等舊藏,共八册。

内閣文庫藏本,原係高野山釋迦文殊院等舊藏,共四册。

(增定)漢魏六朝别解六十二卷

(明)葉紹恭輯
明崇禎年間(1628—1644年)採隱山居刊本　共二十四册
東洋文庫藏本　原小田切萬壽之助等舊藏

【按】前有明崇禎十五年(1642年)《序》。

漢魏六朝正史文選二十四卷

(明)許清　顧在觀編
明刊本　共十六册
内閣文庫藏本　原高野山釋迦文殊院等舊藏

三國兩晉南北朝文選

(明)錢士馨　陸上瀾編
明末刊本　共十二册
内閣文庫藏本　原江户時代豐後佐伯藩主毛利高標等舊藏
【按】此本細目如次:
《三國文選》四卷;《兩晉文選》一卷;
《南北朝文選》八卷;《文選附輯》一卷。
此本於仁孝天皇文政年間(1818—1829年)由出雲守毛利高翰獻贈幕府,明治初期歸内閣文庫。
卷中有"佐伯侯毛利高標字培松藏書畫之印"等印記。

兩晉文鈔九卷

(明)朱隗編
明刊本
内閣文庫藏本
【按】内閣文庫藏此同一刊本兩部,皆原係江户時代林氏大學頭家舊藏。一部今存卷一、卷二、卷三、卷六、卷七、卷八、凡六卷共六册。一部今存卷一、卷二、卷七,凡三卷共四册。

六朝聲偶集七卷

(明)徐獻忠輯
明嘉靖年間(1522—1566年)長水書堂刊本共四册
内閣文庫　東京大學東洋文化研究所藏本

漢魏諸名家集(二十二家)一百二十九卷

(明)汪士賢　吕兆禧等校
明萬曆年間(1573—1620年)南城書林翁少麓刊本
蓬左文庫　關西大學附屬圖書館泊園文庫藏本
【按】此集細目如次:
《董仲舒集》一卷　(漢)董仲舒撰;
《司馬長卿集》一卷　(漢)司馬相如撰;
《東方朔集》一卷　(漢)東方朔撰;
《揚子雲集》一卷　(漢)揚雄撰;
《蔡中郎集》八卷　(漢)蔡邕撰;
《曹子建集》十卷　(魏)曹植撰;
《陶淵明集》十卷　(晉)陶潛撰;
《陸士衡集》十卷　(晉)陸機撰;
《陸士龍集》十卷　(晉)陸雲撰;
《阮嗣宗集》二卷　(魏)阮籍撰;
《謝惠連集》一卷　(劉宋)謝惠連撰;
《謝康樂集》四卷　(劉宋)謝靈運撰;
《嵇中散集》十卷　(魏)嵇康撰;
《鮑明遠集》十卷　(劉宋)鮑照撰;
《陶貞白集》二卷　(梁)陶弘景撰;
《謝宣城集》五卷　(南齊)謝朓撰;
《顔延之集》一卷　(劉宋)顔延之撰;
《江文通文集》十卷　(梁)江淹撰;
《潘黄門集》六卷　(晋)潘岳撰;
《任彦升集》六卷　(梁)任昉撰;
《庾開府集》十二卷　(北周)庾信撰;
《海瓊玉蟾先生文集》六卷　《續文集》二卷　(宋)葛長庚撰(此本係把趙宋人誤入於此——編著者)。
蓬左文庫藏本,原係江户時代尾張藩主家等舊藏。此本係日本明正天皇寬永十三年(1636年)從中國購入。每部有"紋銀叁兩"長方印。卷中有"尾陽内庫"等印記,共三十五册。
關西大學藏本,原係江户時代藤澤東畡、藤澤南陽、藤澤黄鵠、藤澤黄坡三世四代泊園書院等舊藏。此本目題"焦竑編",共四十八册。

漢魏諸名家集(二十二家)

(明)汪士賢等校

明天啓年間(1621—1627年)新安汪氏刊本

内閣文庫　東洋文庫　蓬左文庫藏本

【按】此本細目如次:

《董仲舒集》一卷　(漢)董仲舒撰;

《司馬長卿集》一卷　(漢)司馬相如撰;

《東方先生集》一卷　(漢)東方朔撰;

《揚子雲集》三卷　(漢)揚雄撰;

《蔡中郎集》八卷　(漢)蔡邕撰;

《曹子建集》十卷　(魏)曹植撰;

《陶靖節集》十卷附《總論》　(晉)陶潛撰;

《陸士衡集》十卷　(晉)陸機撰

《陸士龍集》十卷　(晉)陸雲撰;

《潘黄門集》六卷　(晉)潘岳撰;

《任彦升集》六卷　(梁)任昉撰;

《庾開府集》十二卷　(北周)庾信撰;

《謝康樂集》四卷　(劉宋)謝靈運撰;

《嵇中散集》十卷　(晋)嵇康撰;

《鮑明遠集》十卷　(劉宋)鮑照撰;

《陶貞白集》二卷　(梁)陶弘景撰;

《阮嗣宗集》二卷　(魏)阮籍撰;

《謝宣城集》五卷　(南齊)謝朓撰;

《顔延之集》一卷　(劉宋)顔延之撰;

《謝惠連集》一卷　(劉宋)謝惠連撰;

《江文通文集》十卷　(梁)江淹撰;

《海瓊玉蟾先生文集》六卷《續》二卷　(宋)葛長庚撰(此本係把趙宋人誤入於此——編著者)。

内閣文庫藏本,原係昌平坂學問所等舊藏,共三十五册。

東洋文庫藏本,與内閣文庫藏本相比,則今缺《東方先生集》一卷、《蔡中郎集》八卷、《曹子建集》十卷、《阮嗣宗集》二卷、《海瓊玉蟾先生文集》六卷《續》二卷,共五種文集;却又增加(隋)薛道衡撰《薛司隸集》一卷、(魏)高允撰《高令公集》一卷、(魏)温子昇撰《温侍讀集》一卷、(周)王褒撰《王司空集》一卷、(陳)張正見撰《陳張散騎集》一卷、(陳)江總撰《江令君集》一卷、(陳)沈炯撰《沈侍中集》一卷,共七種文集。全本共二十二册。

蓬左文庫藏本,今存《司馬長卿集》一卷、《陸士衡集》十卷、《顔延年集》一卷、《謝宣城集》五卷,共四册。

漢魏六朝諸家文集(二十二家)一百三十卷

(明)汪士賢　吕兆禧　程榮等同校

明刊本

蓬左文庫　出雲大社日隅宫御文庫藏本

【按】此集細目如次:

《董仲舒集》一卷　(漢)董仲舒撰　(明)汪士賢校;

《司馬長卿集》一卷　(漢)司馬相如撰　(明)汪士賢校;

《東方先生集》一卷　(漢)東方朔撰　(明)吕兆禧校;

《揚子雲集》一卷　(漢)揚雄撰　(明)汪士賢校;

《蔡中郎集》八卷　(漢)蔡邕撰　(明)汪士賢校;

《曹子建集》十卷　(魏)曹植撰;

《阮嗣宗集》二卷　(魏)阮籍撰　(明)程榮校;

《陶靖節集》十卷《首》一卷　(晉)陶潛撰;

《陸士衡集》十卷　(晉)陸機撰　(明)汪士賢校;

《陸士龍集》十卷　(晉)陸雲撰　(明)汪士賢校;

《潘黄門集》六卷　(晉)潘岳撰　(明)吕兆禧校;

《嵇中散集》十卷　(魏)嵇康撰　(明)程榮校;

《謝康樂集》四卷　(劉宋)謝靈運撰　(明)焦竑校;

《顔延之集》一卷　(劉宋)顔延之撰　(明)汪士賢校

《謝惠連集》一卷　(劉宋)謝惠連撰　(明)汪士賢校;

《謝宣城集》五卷　(宋—原文)謝朓撰　(明)汪士賢校;

《任彦升集》六卷　（梁）任昉撰　（明）吕兆禧校；
《梁昭明太子文集》六卷　（梁）蕭統撰　（明）楊慎等校；
《江文通文集》十卷　（梁）江淹撰　（明）汪士賢校；
《陶貞白集》二卷　（梁）陶弘景撰　（明）汪士賢校；
《鮑明遠集》十卷　（劉宋）鮑照撰　（明）程榮校；
《庾開府集》十二卷　（周）庾信撰　（明）汪士賢校。

蓬左文庫藏本，原係江户時代尾張藩主家等舊藏，此本係日本明正天皇寬永五年（1628年）從中國購入。今存十二家，計有《董仲舒集》一卷、《司馬長卿集》一卷、《揚子雲集》一卷、《阮嗣宗集》二卷、《潘黄門集》六卷、《嵇中散集》十卷、《顔延之集》一卷、《謝惠連集》一卷、《謝宣城集》五卷、《任彦升集》六卷、《陶貞白集》二卷、《鮑明遠集》十卷，共十四册。

漢魏六朝諸家文集（二十二家）一百十四卷

（明）汪士賢等校
明刊本
國會圖書館藏　內閣文庫本　尊經閣文庫　日光輪王寺天海藏藏本
【按】此集細目如次：
《董仲舒集》一卷　（漢）董仲舒撰；
《司馬長卿集》一卷　（漢）司馬相如撰；
《東方先生集》一卷　（漢）東方朔撰；
《揚侍郎集》一卷　（漢）揚雄撰；
《蔡中郎集》八卷　（漢）蔡邕撰；
《陶彭澤集》一卷　（晉）陶濳撰；
《嵇中散集》十卷　（魏）嵇康撰；
《陸士衡集》十卷　（晉）陸機撰；
《曹子建集》十卷　（魏）曹植撰；
《陸士龍集》十卷　（晉）陸雲撰；
《阮嗣宗集》二卷　（魏）阮籍撰；
《潘黄門集》一卷　（晉）潘岳撰；
《謝康樂集》四卷　（劉宋）謝靈運撰；
《顔延之集》一卷　（劉宋）顔延之撰；
《謝惠連集》一卷　（劉宋）謝惠連撰；
《梁昭明太子文集》五卷　（梁）蕭統撰；
《任彦升集》六卷　（梁）任昉撰；
《江文通文集》十卷　（梁）江淹撰；
《陶隱居集》一卷　（梁）陶弘景撰；
《鮑明遠集》十卷　（宋）鮑照撰；
《庾開府集》十二卷　（北周）庾信撰；
《海瓊玉蟾先生文集》六卷《續文集》二卷　（宋）葛長庚撰（此本係把趙宋人誤入於此——編著者）。

國會圖書館藏本，《集》中有用後人手寫本配補者，計有《揚侍郎集》一卷、《陶彭澤集》一卷、《曹子建集》（殘本）卷一至卷六、《陸士龍集》（殘本）卷一至卷五、《潘黄門集》一卷、《陶隱居集》一卷，共六種。又《梁昭明太子文集》五卷，系以明代遼國寶訓堂刊本配補。共十五册。

內閣文庫藏本，原係昌平坂學問所等舊藏，共四十六册。

尊經閣文庫藏本，原係江户時代加賀藩主前田綱紀等舊藏，共十五册。

日光輪王寺藏本，原係天海大僧正等舊藏，共四十四册。

漢魏六朝諸家文集（二十二家）一百十四卷

（明）汪士賢等校
明刊雜配本　共三十四册
日光輪王寺天海藏藏本　原天海大僧正等舊藏
【按】此本各家文集之行款體裁不盡一致，係由明刊各本雜配而成。

漢魏六朝文（二十二家）三十四卷

（明）汪士賢等校
明萬曆年間（1573—1620年）余氏萃慶堂刊本
內閣文庫本　東京大學總合圖書館藏本

【按】此集細目如次：

《董仲舒集》一卷　(漢)董仲舒撰；

《司馬長卿集》一卷　(漢)司馬相如撰；

《東方先生集》一卷　(漢)東方朔撰；

《揚子雲集》一卷《揚子雲傳》一卷　(漢)揚雄撰；

《蔡中郎集》一卷　(漢)蔡邕撰；

《曹子建集》一卷　(魏)曹植撰；

《阮嗣宗集》一卷　(魏)阮籍撰；

《陶靖節集》一卷《陶淵明傳》一卷　(晉)陶潛撰；

《陸士衡集》一卷　(晉)陸機撰；

《陸士龍集》一卷《陸雲傳》一卷　(晉)陸雲撰；

《潘黄門集》一卷《潘岳傳》一卷　(晉)潘岳撰；

《嵇中散集》一卷《嵇康傳》一卷　(魏)嵇康撰；

《謝康樂集》一卷《謝靈運傳》一卷　(宋)謝靈雲撰；

《顔延之集》一卷《顔延之傳》一卷　(宋)顔延之撰；

《謝惠連集》一卷《謝惠連傳》一卷　(宋)謝惠連撰；

《謝宣城集》一卷《謝朓傳》一卷　(齊)謝朓撰；

《任彦升集》一卷《任昉傳》一卷　(梁)任昉撰；

《梁昭明太子文集》一卷　(梁)蕭統撰

《江文通文集》一卷　(梁)江淹撰；

《陶貞白集》一卷　(梁)陶弘景撰：

《鮑明遠集》一卷　(宋)鮑照撰；

《庾開府集》四卷　(周)庾信撰。

内閣文庫藏此同一刊本兩部。一部原係楓山官庫等舊藏，共三十六册。一部原係江户時代猪飼履堂等舊藏，後歸昌平坂學問所，共三十册。

東京大學藏本，原係江户時代紀州德川家南葵文庫等舊藏，卷中有缺本，共十四册。

漢魏六朝百三名家集(漢魏六朝一百三家集　漢魏六朝百名家集)

(明)張溥編

明婁東張氏刊本

宫内廳書陵部　國會圖書館　内閣文庫　静嘉堂文庫　尊經閣文庫　東洋文庫　東京大學總合圖書館　京都大學　大倉文化財團　陽明文庫藏本

【按】此集細目如次：

1.《賈長沙集》一卷　(漢)賈誼撰；

2.《司馬文園集》一卷　(漢)司馬相如撰；

3.《董膠西集》一卷　(漢)董仲舒撰；

4.《東方大中集》一卷　(漢)東方朔撰；

5.《漢褚先生集》一卷　(漢)褚少孫撰；

6.《王諫議集》一卷　(漢)王褒撰；

7.《漢劉中壘集》一卷　(漢)劉向撰；

8.《揚侍郎集》一卷　(漢)揚雄撰；

9.《漢劉子駿集》一卷　(漢)劉歆撰；

10.《馮曲陽集》一卷　(漢)馮衍撰；

11.《班蘭臺集》一卷　(漢)班固撰；

12.《東漢崔亭伯集》一卷　(漢)崔駰撰；

13.《張河間集》二卷　(漢)張衡撰；

14.《漢蘭臺令李伯仁集》一卷　(漢)李尤撰；

15.《東漢馬季長集》一卷　(漢)馬融撰；

16.《東漢荀侍中集》一卷　(漢)荀悦撰；

17.《蔡中郎集》二卷　(漢)蔡邕撰；

18.《東漢王叔師集》一卷　(漢)王逸撰；

19.《孔少府集》一卷　(漢)孔融撰；

20.《諸葛丞相集》一卷　(蜀)諸葛亮撰；

21.《魏武帝集》一卷　(魏)武帝撰；

22.《魏文帝集》二卷　(魏)文帝撰；

23.《陳思王集》二卷　(魏)曹植撰；

24.《陳記室集》一卷　(魏)陳琳撰；

25.《王侍中集》一卷　(魏)王粲撰；

26.《魏阮元瑜集》一卷　(魏)阮瑀撰；

27.《魏劉公幹集》一卷　(魏)劉楨撰；

28.《魏應德璉集》一卷　(魏)應瑒撰；

29.《魏應休璉集》一卷　（魏）應璩撰；
30.《阮步兵集》一卷　（魏）阮籍撰；
31.《嵇中散集》一卷　（魏）嵇康撰；
32.《魏鍾司徒集》一卷　（魏）鍾會撰；
33.《晉杜征南集》一卷　（晉）杜預撰；
34.《魏荀公曾集》一卷　（晉）荀勖撰；
35.《傅鶉觚集》一卷　（晉）傅玄撰；
36.《晉張司空集》一卷　（晉）張華撰；
37.《孫馮翊集》一卷　（晉）孫楚撰；
38.《晉摯太常集》一卷　（晉）摯虞撰；
39.《晉束廣微集》一卷　（晉）束皙撰；
40.《夏侯常侍集》一卷　（晉）夏侯湛撰；
41.《潘黄門集》一卷　（晉）潘岳撰；
42.《傅中丞集》一卷　（晉）傅咸撰；
43.《潘太常集》一卷　（晉）潘尼撰；
44.《陸平原集》二卷　（晉）陸機撰；
45.《陸清河集》一卷　（晉）陸雲撰；
46.《晉成公子安集》一卷　（晉）成公綏撰；
47.《晉張孟陽集》一卷　（晉）張載撰；
48.《晉張景陽集》一卷　（晉）張協撰；
49.《晉劉越石集》一卷　（晉）劉琨撰；
50.《郭弘農集》二卷　（晉）郭璞撰；
51.《晉王右軍集》二卷　（晉）王羲之撰；
52.《晉王大令集》一卷　（晉）王獻之撰；
53.《孫廷尉集》一卷　（晉）孫綽撰；
54.《陶彭澤集》一卷　（晉）陶潛撰；
55.《宋何衡陽集》一卷　（劉宋）何承天撰；
56.《宋傅光禄集》一卷　（劉宋）傅亮撰；
57.《謝康樂集》一卷　（劉宋）謝靈運撰；
58.《顔光禄集》一卷　（劉宋）顔延之撰；
59.《鮑參軍集》一卷　（劉宋）鮑照撰；
60.《宋袁陽源集》一卷　（劉宋）袁淑撰；
61.《謝法曹集》一卷　（劉宋）謝惠連撰；
62.《謝光禄集》一卷　（劉宋）謝莊撰；
63.《南齊竟陵王集》二卷　（南齊）蕭子良撰；
64.《王文憲集》一卷　（南齊）王儉撰；
65.《王寧朔集》一卷　（南齊）王融撰；
66.《謝宣城集》一卷　（南齊）謝朓撰；
67.《齊張長史集》一卷　（南齊）張融撰；
68.《南齊孔詹事集》一卷　（南齊）孔稚珪撰；
69.《梁武帝御製集》一卷　（梁）武帝撰；
70.《梁昭明太子集》一卷　（梁）蕭統撰；
71.《梁簡文帝御製集》二卷　（梁）簡文帝撰；
72.《梁元帝集》八卷　（梁）元帝撰；
73.《江醴陵集》二卷　（梁）江淹撰；
74.《沈隱侯集》二卷　（梁）沈約撰；
75.《陶隱居集》一卷　（梁）陶弘景撰；
76.《梁丘司空集》一卷　（梁）丘遲撰；
77.《任中丞集》一卷　（梁）任昉撰；
78.《王左丞集》一卷　（梁）王僧孺撰；
79.《陸太常集》一卷　（梁）陸倕撰；
80.《劉户曹集》一卷　（梁）劉峻撰；
81.《王詹事集》一卷　（梁）王筠撰；
82.《劉秘書集》一卷　（梁）劉孝綽撰；
83.《劉豫章集》一卷　（梁）劉潛撰；
84.《劉庶子集》一卷　（梁）劉孝威撰；
85.《庾度支集》一卷　（梁）庾肩吾撰；
86.《何記室集》一卷　（梁）何遜撰；
87.《吴朝請集》一卷　（梁）吴均撰；
88.《陳後主集》一卷　（陳）陳叔寶撰；
89.《徐僕射集》一卷　（陳）徐陵撰；
90.《沈侍中集》一卷　（陳）沈炯撰；
91.《江令君集》一卷　（陳）江總撰；
92.《陳張散騎集》一卷　（陳）張正見撰；
93.《高令公集》一卷　（後魏）高允撰；
94.《温侍讀集》一卷　（後魏）温子昇撰；
95.《邢特進集》一卷　（北齊）邢邵撰；
96.《魏特進集》一卷　（北齊）魏收撰；
97.《庾開府集》二卷　（北周）庾信撰；
98.《王司空集》一卷　（北周）王褒撰；
99.《隋煬帝集》一卷　（隋）煬帝撰；
100.《盧武陽集》一卷　（隋）盧思道撰；
101.《李懷州集》一卷　（隋）李德林撰；
102.《牛奇章集》一卷　（隋）牛弘撰；
103.《薛司隸集》一卷　（隋）薛道衡撰。

宫内廳書陵部藏本,共一百二十册。

國會圖書館藏本,原共一百册,現合爲五十册。

内閣文庫藏此同一刊本四部。一部原係人見竹洞等舊藏,共一百册。一部原係江户時代林氏大學頭家等舊藏,今缺東漢部分,共九十九卷。一部原係楓山官庫等舊藏,共一百卷。一部殘本,今存二十一家,共十五册。

静嘉堂文庫藏本,原係宫島藤吉等舊藏,共六十七册。

尊經閣文庫藏本,原係江户時代加賀藩主前田綱紀等舊藏,共五十册。

東洋文庫藏本,原係藤田豐八等舊藏。此本今存(梁)庾肩吾撰《庾度支集》一卷、(梁)何遜撰《何記室集》一卷、(梁)吴均撰《吴朝請集》一卷、(陳)陳叔寶撰《陳後主集》一卷、(隋)李德林撰《李懷州集》一卷、(隋)牛弘撰《牛奇章集》一卷,凡六卷共四册。

東京大學藏本,原係覺廬文庫(市村瓚次郎買入本)等舊藏,共六十册。

京都大學藏此同一刊本兩部。一部現存文學部中國語學文學哲學研究室,共五十册。一部現存教養學部,共六十册。

大倉文化財團藏本,原係清人周閑手校本,今缺《庾開府集》卷一。卷中有清同治九年(1870年)周閑朱筆校書跋文,又有"范湖艸堂"印記等,共六十册。

陽明文庫藏本,原係江户時代近衛家熙及其先輩等舊藏,共一百六册。

【附録】據《商舶載來書目》記載,東山天皇元禄十六年(1703年)中國商船"加字號"載《漢魏六朝百三家集》一部七十二册抵日本。櫻町天皇延享四年(1747年)中國商船"加字號"載《漢魏百三名家》一部十帙抵日本。

據《長崎官府貿易外船賫來書目》記載,桃園天皇寶曆九年(1759年)中國商船"一番船"載《百三名家》一部八帙抵日本。

六朝詩集二十四家

(明)薛應旂編

明嘉靖年間(1522—1566年)刊本

内閣文庫　蓬左文庫　大倉文化財團藏本

【按】每半葉十行,行十八字。白口,無魚尾。

前有明嘉靖二十二年(1543年)薛應旂《序》。

此本細目如次:

《梁武帝集》一卷　(梁)武帝(蕭衍)撰;
《梁簡文帝集》二卷　(梁)簡文帝(蕭綱)撰;
《梁宣帝集》一卷　(梁)宣帝(蕭詧)撰;
《梁元帝集》一卷　(梁)元帝(蕭繹)撰;
《後周明帝集》一卷　(後周)明帝(宇文毓)撰;
《陳後主集》一卷　(陳)後主(陳叔寶)撰;
《隋煬帝集》一卷　(隋)煬帝(楊廣)撰;
《陳思王集》四卷　(魏)曹植撰;
《阮嗣宗集》三卷　(晉)阮籍撰;
《嵇中散集》一卷　(魏)嵇康撰;
《陸士衡集》七卷　(晉)陸機撰;
《陸士龍集》四卷　(晉)陸雲撰;
《謝康樂集》一卷　(劉宋)謝靈運撰;
《謝惠連集》一卷　(劉宋)謝惠連撰;
《謝宣城集》五卷　(南齊)謝朓撰;
《江文通集》四卷　(梁)江淹撰;
《鮑氏集》八卷　(劉宋)鮑照撰;
《梁劉孝綽集》一卷　(梁)劉孝綽撰;
《梁劉孝威集》一卷　(梁)劉孝威撰;
《梁沈約集》一卷　(梁)沈約撰;
《何水部集》二卷　(梁)何遜撰;
《陰常侍集》一卷　(陳)陰鏗撰;
《王子淵集》一卷　(北周)王褒撰;
《庾開府集》二卷　(北周)庾信撰。

内閣文庫　藏此同一刊本兩部。一部原係江户時代林氏大學頭家舊藏,共十册。一部原係楓山官庫等舊藏,此本今存《梁武帝集》一卷、《梁簡文帝集》二卷、《梁宣帝集》一卷、《梁元帝集》一卷、《後周明帝集》一卷、《陳後主集》一卷、《隋煬帝集》一卷，共一册。

蓬左文庫藏本，原係江户時代德川光友瑞龍院等舊藏，共十二册。

大倉文化財團藏本，今存十三種，計有《梁武帝集》一卷、《梁簡文帝集》二卷、《梁元帝集》一卷、《梁宣帝集》一卷、《後周明帝集》一卷、《陳後主集》一卷、《隋煬帝集》一卷、《梁劉孝綽集》一卷、《梁劉孝威集》一卷、《梁沈約集》一卷、《何水部集》二卷、《陰常侍集》一卷、《王子淵集》一卷，共八册。

七十二家集

(明)張燮編
明刊本
内閣文庫藏本
【按】此本細目如次：
《宋大夫集》三卷附一卷　(楚)宋玉撰；
《賈長沙集》三卷附一卷　(漢)賈誼撰；
《揚侍郎集》五卷附一卷　(漢)揚雄撰；
《司馬文園集》二卷附一卷　(漢)司馬相如撰；
《董膠西集》二卷附一卷　(漢)董仲舒撰；
《張河間集》六卷附一卷　(漢)張衡撰；
《東方大中集》二卷附一卷　(漢)東方朔撰；
《王諫議集》二卷附一卷　(漢)王褒撰；
《馮曲陽集》二卷附一卷　(漢)馮衍撰；
《班蘭臺集》四卷附一卷　(漢)班固撰；
《蔡中郎集》十二卷附一卷　(漢)蔡邕撰；
《孔少府集》二卷附一卷　(漢)孔融撰；
《諸葛丞相集》二卷附一卷　(漢)諸葛亮撰；
《魏武帝集》五卷附一卷　(魏)曹操撰；
《魏文帝集》十卷附一卷　(魏)曹丕撰；
《陳思王集》十卷附一卷　(魏)曹植撰；
《王侍中集》三卷附一卷　(魏)王粲撰；
《陳記室集》二卷附一卷　(魏)陳琳撰；
《阮步兵集》五卷附一卷　(魏)阮籍撰；
《嵇中散集》六卷附一卷　(魏)嵇康撰；
《傅鶉觚集》六卷附一卷　(晉)傅玄撰；
《孫馮翊集》二卷附一卷　(晉)孫楚撰；
《夏侯常侍集》二卷附一卷　(晉)夏侯湛撰；
《潘黄門集》六卷附一卷　(晉)潘岳撰；
《傅中丞集》四卷附一卷　(晉)傅咸撰；
《潘太常集》二卷附一卷　(晉)潘尼撰；
《陸平原集》八卷附一卷　(晉)陸機撰；
《陸清河集》八卷附一卷　(晉)陸雲撰；
《郭弘農集》二卷附一卷　(晉)郭璞撰；
《孫廷尉集》二卷附一卷　(晉)孫綽撰；
《陶彭澤集》五卷附一卷　(晉)陶潛撰；
《謝康樂集》八卷附一卷　(宋)謝靈運撰；
《謝法曹集》二卷附一卷　(宋)謝惠連撰；
《謝光禄集》三卷附一卷　(宋)謝莊撰；
《顔光禄集》五卷附一卷　(宋)顔延之撰；
《鮑參軍集》六卷附一卷　(宋)鮑照撰；
《謝宣城集》六卷附一卷　(齊)謝朓撰；
《王寧朔集》四卷附一卷　(齊)王融撰；
《梁武帝御製集》十二卷附一卷　(梁)高祖撰；
《梁簡文帝御製集》十六卷附一卷　(梁)太宗撰；
《梁元帝御製集》十卷附一卷　(梁)世祖撰；
《梁昭明太子集》五卷附一卷　(梁)蕭統撰；
《江醴陵集》十四卷附一卷　(梁)江淹撰；
《沈隱侯集》十六卷附一卷　(梁)沈約撰；
《陶隱居集》四卷附一卷　(梁)陶弘景撰；
《任中丞集》六卷附一卷　(梁)任昉撰；
《王左丞集》三卷附一卷　(梁)王僧孺撰；
《陸太常集》二卷附一卷　(梁)陸倕撰；
《劉户曹集》二卷附一卷　(梁)劉峻撰；
《王詹事集》二卷附一卷　(梁)王筠撰；
《劉秘書集》二卷附一卷　(梁)劉孝綽撰；
《劉豫章集》二卷附一卷　(梁)劉潛撰；

《劉庶子集》二卷附一卷　（梁）劉孝威撰；
《庾度支集》四卷附一卷　（梁）庾肩吾撰；
《何記室集》三卷附一卷　（梁）何遜撰；
《吴朝請集》三卷附一卷　（梁）吴均撰；
《陳後主集》三卷附一卷　（陳）陳叔寶撰；
《徐僕射集》十卷附一卷　（陳）徐陵撰；
《沈侍中集》三卷附一卷　（陳）沈炯撰；
《張散騎集》二卷附一卷　（陳）張正見撰；
《江令君集》五卷附一卷　（陳）江總撰；
《高令公集》二卷附一卷　（北魏）高允撰；
《温侍讀集》二卷附一卷　（北魏）温子昇撰；
《邢特進集》二卷附一卷　（北齊）邢邵撰；
《魏特進集》三卷附一卷　（北齊）魏收撰；
《庾開府集》十六卷附一卷　（北周）庾信撰；
《王司空集》三卷附一卷　（北周）王褒撰；
《隋煬帝集》八卷附一卷　（隋）楊廣撰；
《盧武陽集》三卷附一卷　（隋）盧思道撰；
《李懷州集》二卷附一卷　（隋）李德林撰；
《牛奇章集》一卷附一卷　（隋）牛弘撰；
《薛司隸集》二卷附一卷　（隋）薛道衡撰。

内閣文庫藏此同一刊本兩部。一部共六十七册；一部原係江户時代豐後佐伯藩主毛利高標等舊藏，仁孝天皇文政年間（1818—1829年）由出雲守毛利高翰獻贈幕府，明治初期歸内閣文庫。卷中有“佐伯侯毛利高標字培松藏書畫之印”等印記，共九十册。

（唐人總集之屬）

翰林學士集一卷

（唐）許敬宗　鄭元璹等十八人撰

唐人寫本　日本國寶　卷子本　共一卷

名古屋大須觀音寶生院藏本　原奈良東大寺東南院（岐阜羽島）真福寺舊藏

【按】卷子全長二丈一尺二寸一分（706cm左右），寬九寸一分（30cm左右）。文字有界，烏絲欄邊，界長七寸一分（23.6cm左右）。每行十七字至二十字不等。紙質屬黄麻紙類。

《翰林學士集》爲中國歷代諸家書目皆不載。此本係殘卷，卷末與全文隔一行書“集卷第二”，旁注小字“詩一”二字，故不知道此書編著者姓氏，也不知道全帙卷數，甚至不知道正式書名。今題《翰林學士集》，係據十九世紀日本目録學巨著《經籍訪古志》所載。森立之《經籍訪古志》卷六著録“《翰林學士集》零本一卷”，題“舊鈔卷子本，尾張國真福寺藏”。森氏題識曰：

“現存第二卷一軸，簡端缺撰人名氏，不可考……舊題‘翰林學士’，亦未詳其誰。今檢書中所載，許敬宗詩居多，而《目録》每題下稱‘同作幾首’，似對敬宗言。則或疑敬宗所撰歟……是書洵爲初唐舊帙……真天壤間僅存之秘笈，零圭碎璧，尤可寶惜，不必問其作者而可也。”

據此則可知《經籍訪古志》所言之《翰林學士集》，即今名古屋大須觀音寶生院藏本。森立之於《經籍訪古志》此項之末，又引江户時代目録學家小島學古語曰：

“壬寅冬月，泊熱田，淺井正翼携真福寺經藏典籍見訪，狂喜展觀，中有是集，背書代宗朝‘贈司空大□正廣智三藏和上表制集卷第五，上都長安西明寺沙門釋圓照□’云云。古香襲人，殆千年前本也。”

此處所言“背書”云云，係指此卷紙背乃鈔寫《不空之藏和上表制集》第五，爲日本平安時代之遺迹。本集前有《目録》，其文曰：

五言侍宴中山詩序一首敕製并御詩
五言遼東侍宴臨秋同賦臨韵應詔并同作三首并御詩
五言春日侍宴望海同賦光陨應詔合同上九

首并御詩

五言奉和淺水源觀平□舉舊蹟應詔及同上五首并御詩

五言侍宴延慶殿同賦別題得閶闔鳳應詔并同上三首并御詩

五言七夕侍宴賦韵得歸衣飛□一首應詔

五言侍宴延慶殿□同賦得花間鳥一首應詔并御詩

五言侍宴抄栅宫賦得情一首應詔

五言後池侍宴廻文一首應詔

五言奉和詠棊應詔并同上六首并御詩

今從《目録》查看,皆係侍宴應詔之作。《目録》不具詩作者姓氏。編著者統觀全卷,則作詩者自唐太宗李世民之下,約有許敬宗、鄭元璹、于志寧、沈叔安、張後胤、張文崇、陸搢、楊師道、褚遂良、岑文本、長孫無忌、朱子奢、上官儀、高士廉、鄭仁軌、劉泊、劉子翼等十八人,皆係初唐貞觀——永徽年間近臣。

全卷詩作共六十首,今《全唐詩》皆未收録。昔日人市河世寧作《全唐詩逸補》,亦未見此卷,故此六十首詩無一被採補。

此卷《目録》中《五言遼東侍宴》與《五言春日侍宴》處,有前述"尾張國大須寶生院經藏圖書寺社官府點檢之印"朱文方印。紙背有"東南院本"朱書,確係原奈良東大寺東南院藏物,十四世紀歸屬於真福寺。明治四十一年(1908 年)審定此卷爲"日本國寶",昭和二十七年(1954 年)"日本文化財審議委員會"正式認定爲"日本國寶"。

【附録】日本學者住吉朋彦在 2000 年 3 月日本《書陵部紀要》第 51 輯與中國學者王勇在 2003 年《文學遺産》第一期、日本關西大學 2004 年 3 月《東と西の文化交流》上相繼報道,他們先後在宫内廳書陵部發現日平安時代寫本《(唐詩)雜鈔》(殘本)一卷。此卷收録唐人樂府詩三十四首(其中有六首摘録二句或四句)并散文一首,其中十八首爲《全唐詩》所未録。

此卷卷首内題"雜抄卷第十四\曲下"。封面已經宫内廳書陵部修複,茶色錦緞包背裝。正文十二紙四十八面,黏葉裝。高 28.5cm,寬 12.7cm。正文隱約有界。正文低一字記詩題,同行下端記作者名。每行大約十七字到十九字左右。字體以楷書爲主,常連筆書寫,有些字不易辨認。

兹將三十四首目録記載於後:

令狐公(疑爲令狐楚)《樂府詞》
李　端《妾薄命》(摘録四句)
李　端《古別離》(摘録二句)
錢　起《長安路》(摘録二句)
李　端《畫角詩送柳將軍赴西安》
李　端《白帝祠歌送客》
李　端《送春曲》
李　端《夢仙歌》
李　端《荆門雨歌送從兄赴夔州》
李　端《玉女台歌送客》
李　端《周開射虎歌》
李　端《折楊柳送別》
李　端《楚王曲》
李　端《胡騰歌》
李　端《離歌辭呈司空曙》
李　益《莫攀枝》
李　南《落花詞》
屈　晏《秋猿吟》
朱千乘《長門詩》
崔國輔《霍將軍妓》
沙門飯振《李尚書美人歌》
朱千乘《長門詩》
皇甫冉《少室山韋煉師升仙歌》
李義仲《薊門北行》(摘録二句)
朱　灣《題遐上人院畫古松歌》
張　渭《湖上對酒行》
崔　曙《宛丘李明府廳黄崔吟》
李　白《採蓮女》(摘録二句)
李　白《宫中行樂》(摘録四句)
張　渭《放歌行》
鄭　遂《梅花行》
劉　瓊《苦熱行》

劉　瓊《扶風行》

李　傾《彈棋歌送崔参軍還常山》(摘録十二句)

張九齡《韓大夫(駷)驃馬歌》(摘録二十六句)

馬　参《蜀道招北客吟》

唐御覽詩(御覽詩)一卷

(唐)令狐楚編

古寫本　共一册

静嘉堂文庫藏本　原陸心源十萬卷樓等舊藏

【按】卷首題署"唐翰林學士朝議郎守中書舍人賜紫令狐楚奉敕纂進"。

卷中録宋紹興乙亥(1155 年)陸游題記曰:

"右《唐御覽詩》一卷,凡三十人二百八十九首。元和學士令狐楚所集也。按《盧綸墓碑》云:'元和中,章武皇帝命侍臣採詩,第名家,得三百一十篇,公之章句奏御者,居十之一。'今《御覽》所載綸詩,正三十二篇,所謂居十之一者也。據此則《御覽》爲唐舊書不疑。然《碑》云三百一十篇,而此纔二百八十九首,蓋散逸多矣。姑校定訛謬,以俟定本。《御覽》一名《唐新詩》,一名《選進集》,一名《元和御覽》云。紹興乙亥十一月八日　吴郡陸游記。"

又有宋慶元戊午(1198 年)陸游題記曰:

"予書此時年三十有一,後四十有三年,年已七十有四,燈下再觀,恍如昨夢。慶元戊午十一月十六日　老學庵書。"

【附録】日本仁孝天皇天保十五年(1844年)椒山精一《官板書籍解題略》卷下著録此本,其識文曰:

"《唐御覽詩》一卷,一名《唐歌詩》,一名《選集》,一名《唐元和御覽》,唐令狐楚編。楚字穀士,華原人。貞元七年進士及第,官至左僕射,事迹具《唐書》本傳。此書乃憲宗時奉敕編進,陸游《渭南文集》有此書之《跋》,其文曰'右《唐御覽詩》一卷,凡三十人二百八十九首。元和學士令狐楚所集'云。"

日本仁孝天皇文政七年(1836 年)昌平坂學問所刊印唐令狐楚編《御覽詩》一卷。

(竇氏)聯珠集五卷

(唐)竇常　竇牟　竇群　竇庠　竇鞏撰　褚藏言輯

明常熟毛氏汲古閣刊本　顧善耕校宋本　共一册

静嘉堂文庫藏本　原陸心源十萬卷樓等舊藏

【按】前有張昭《跋》、和峴《跋》,又有和皥《題字》、王崧《跋》。

卷中有"顧肇聲讀書記"、"善耕顧氏"等印記。

國秀集三卷

(唐)芮挺章編

明嘉靖年間(1522—1566 年)刊本　共二册

御茶之水圖書館藏本　原長谷川泰伯　德富蘇峰成簣堂等舊藏

【按】每半葉有界十行,行十八字。左右雙邊。每卷卷目皆連屬本文。

此本原係日本長谷川泰伯收藏。長谷川氏自稱藏書爲"南面萬卷之王",後爲德富蘇峰所得。卷内有大正戊午三月四日德富蘇峰手識文。

松陵集十卷

(唐)陸龜蒙編

明弘治十五年(1502 年)吴江劉濟民刊本　共四册

大倉文化財團藏本

【按】每半葉有界十行,行十八字。細黑口。前有皮日休《序》,後有都穆《跋》。

卷内有讀者墨筆按語。

卷中有"沈與文"、"姑餘山人"等印記。

【附録】據《寅十番船持渡書改目録寫》記

載,光格天皇天明六年(1786年)中國商船"寅十番船"載《松陵集》一部四册抵日本,并注明:"唐人之詩。古本,無脱紙。"

(箋注)唐賢三體詩法二十卷

(宋)周弼編輯　(元)釋圓至注

元刊本　共五册

静嘉堂文庫藏本　原陸心源十萬卷樓等舊藏

【按】每半葉有界十二行,行二十五字,注文小字雙行。細黑口,左右雙邊。

前有元大德九年(1305年)九月方回《序》。

正文首題署"宋汶陽周弼伯弜選、高安釋圓至天隱注"。

是書以"七言絶句"、"七言律詩"、"五言律詩"爲"三體"。其中定七言絶句作法之"實接"、"虚接"、"用事"、"前對"、"後對"、"拗體"、"側體"爲"七格";定七言律詩作法之"四實"、"四虚"、"前虚後實"、"前實後虚"、"咏物"、"結句"爲"六格";定五言律詩作法之"四實"、"四虚"、"前虚後實"、"前實後虚"、"一意"、"起句"、"結句"爲"七格"。以此詩法取唐人名詩而編輯之。

【附録】日本五山時代禪宗名僧中巖和尚推崇《三體詩法》,盛行於五山文壇。江户時代繼承這一學風,定《三體詩法》爲初學漢詩者之必讀書。

據《商舶載來書目》記載,東山天皇元禄十二年(1699年)中國商船"多字號"載《唐三體詩》一部六册抵日本。

日本東山天皇元禄十五年(1702年)彌生吉且《倭版書籍考》卷之七著録《三體詩》。其識文曰:

"《三體詩》三卷,宋末詩人周伯强作;《注》係無準派之僧天隱所作;《增注》係元人裴李昌(所作)。裴氏之本題爲《增注三體家法》。分置絶句(第)一(卷),七言八句(第)二(卷),五言八句(第)三(卷)。此乃今世普通之本也,然此本注中訛誤甚多。頃刊行之本,以《諸家集注唐詩》題爲《三體家法》,此本次第排列五言律詩(第)一(卷),七言律詩(第)二(卷),絶句(第)三(卷)。《三體詩》有數種,正本極稀見。"

仁孝天皇天保十五年(1844年)樧山精一《官板書籍解題略》卷下著録此本,其識文曰:

"《箋注三體唐詩》六卷,宋人周弼編。元釋圓至注。是書所選唐詩,言其爲'三體'者,即七言絶句、七言律詩、五言律詩也。首載《序》,分七言絶句爲七格,云'實接'、'虚接'、'用事'、'前對'、'後對'、'拗體'、'側體';分七言律詩爲六格,云'四實'、'四虚'、'前虚後實'、'前實後虚'、'結句'、'咏物';分五言律詩爲七格,前四格與七言同,後三格云'一意'、'起句'、'結句'。宋末風氣日薄,詩家怠於古體,故《衆妙集》、《瀛奎律髓》所録,多爲近體。此書亦同,所列諸格尤可足證詩體之變。然所存詩家授受之規程,亦備一説。行世之本,脱誤甚多。此以古刊本校刊之。"

後小松應永元年(1394年)有僧侶聞傑手寫《唐賢絶句三體詩》三卷一種。此本現存國會圖書館。

後奈良天皇天文十五年(1546年)有常陽小田手寫本《唐賢三體家法詩》三卷一種。此本今存卷三凡一册,每半葉無界九行,每行書寫七絶二句。卷末有手識文曰:"天文新集柔兆敦牂(即丙午年)南吕(即八月)中旬常陽小田於南養北牖勢陽之機口三九之稔昏寫焉。同點朱引畢。"此本現存日光輪王寺天海藏中。

室町時代又有《唐律三體家法詩》二卷手寫本一種。此本與阿佐井野氏刊本以來的"增注本"不同,卷一爲五律,卷二爲七律。無序跋,無識文。每半葉無界九行,每行字數不定,卷一多二十字,卷二多十四字。此本現存日光輪王寺天海藏中。

土御門天皇明應三年(1494年)阿佐井野氏家族覆刊中國元代刊本宋人周弼輯、元釋圓至注《增注唐賢絶句三體詩法》三卷。此本由葉巢子刊，卷一末有葉巢子陰文“刊語”，又有阿佐井野宗禎陽文“刊語”。每半葉十行，行二十二字。注文雙行，小黑口。卷首有元至大二年裴庾《序》和大德九年方回《序》。此爲日本室町時代之重要漢籍和刊本。其後有多種重印本。

室町時代後期有宋人周弼編輯《增注唐賢絶句三體詩法》三卷和刊本一種。此本係元人圓至注，裴庾增注。

正親町天皇永禄二年（1559年）有《唐賢三體家法》手寫本，今存殘本卷一凡一卷。此卷每半葉有界九行，卷末有題識曰“永禄二年乙未林鐘十日紫陽住之學士常州佐竹書之”。此本現存奈良縣阪本龍門文庫。

明正天皇寛永七年（1630年）又左右衛門刊印宋人周弼編輯《增注唐賢三體詩法》三卷。此本元釋圓至注，元人裴庾增注。

明正天皇寛永十一年（1634年）京都風月宗知刊印《唐賢三體詩法》。此本與《錦綉段》合刊。其後，此本有寛永十六年（1639年）重印本。

明正天皇寛永十四年（1637年）西田勝兵衛、野田莊右兵衛刊印宋人周弼編輯《增注唐賢三體詩法》三卷。此本元釋圓至注，元人裴庾增注。

明正天皇寛永二十年（1643年）京都林右衛門刊印宋人周弼編輯《增注唐賢三體詩法》三卷。此本元釋圓至注，元人裴庾增注。其後，此本有明正天皇正保三年（1646年）重印本、後光明天皇慶安三年（1650年）重印本、後光明天皇承應二年（1653年）重印本等。

靈元天皇寛文九年（1669年）八尾清兵衛、山本五兵衛刊印宋人周弼編輯、元人釋圓至注、裴庾增注《唐賢絶句三體詩法》三卷。此本有片假名旁訓。

靈元天皇天和二年（1682年）井筒屋六兵衛刊印宋人周弼編輯《增注唐賢三體詩法》三卷。

靈元天皇天和四年（1684年）敦賀屋三右衛門刊印宋人周弼編輯《增注唐賢三體詩法》三卷。其後，此本有東山天皇元禄八年（1695年）京都西村喜兵衛重印本。

靈元天皇貞享五年（1688年）大阪鹽屋七郎兵衛刊宋人周弼編輯《增注唐賢三體詩法》三卷。

東山天皇元禄五年（1692年）洛陽（京都）川勝五郎右衛門刊印宋人周弼編輯《增注唐賢三體詩法》三卷。

東山天皇元禄七年（1694年）伊藤五郎兵衛刊印宋人周弼編輯《增注唐賢三體詩法》三卷。此本元釋圓至注，元人裴庾增注，又有日人世良順齋標正音注。

東山天皇元禄八年（1695年）秋田屋大野木市兵衛刊印宋人周弼編輯、元人釋圓至注、裴庾增注《箋注唐賢絶句三體詩法》三卷。此本有片假名旁訓。

中御門天皇享保三年（1718年）洛陽（京都）含英堂刊印宋人周弼編輯《增注唐賢三體詩法》三卷。此本元釋圓至注，元人裴庾增注，又有日人林羅山訓點。

仁孝天皇文政四年（1821年）昌平坂學問所刊印宋人周弼編輯、元人釋圓至注《箋注唐賢絶句三體詩法》二十卷。其後，此本有岡田屋嘉七等重印本。

仁孝天皇文政十年（1827年）前川源七郎等刊印宋人周弼編輯《三體詩》三卷（袖珍本）。

仁孝天皇天保十二年（1841年）江户山城屋佐兵衛刊印宋人周弼編輯《唐詩三體家法》三卷，由日人館機等校正。其後，此本有岡田屋嘉七、山城屋佐兵衛等重印本。

仁孝天皇弘化二年（1843年）大阪敦賀屋彦七刊印宋人周弼編輯《唐賢三體詩》三卷。

孝明天皇安政三年（1856年）浪華秋田屋太右衛門刊印宋人周弼編輯《新增唐賢三體詩法》三卷。此本由元釋圓至注，日人後藤松陰訓點。其後，此本有玉山堂山城屋佐兵衛重印本，又有敦賀屋九兵衛重印本。

（箋注）唐賢三體詩法二十卷

（宋）周弼編輯　（元）釋圓至注

明初刊本　共三册

宮内廳書陵部藏本　原江户時代豐後佐伯藩主毛利高標等舊藏

【按】前有大德九年（1305年）方回《序》。

日本仁孝天皇文政年間（1818—1829年）由出雲守毛利高翰獻贈幕府。明治初期歸内閣文庫，明治二十四年（1891年）移入宮内省圖書寮（即今宮内廳書陵部）。

卷中有"佐伯侯毛利高標字培松藏書畫之印"、"高靈申氏家藏"、"秘閣圖書之章"印記等。

《御書籍來歷志》著録此本。

（箋注）唐賢三體詩法二十卷

（宋）周弼編輯　（元）釋圓至注

明經廠刊本

内閣文庫　御茶之水圖書館藏本

【按】每半葉九行，行十七字，黑口。

内閣文庫藏本，原係狩谷掖齋舊藏，後歸昌平坂學問所，共三册。

御茶之水圖書館藏本，原係德富蘇峰成簣堂等舊藏。此本包背裝，共二册。

唐賢絶句三體詩法二十卷

（宋）周弼編輯　（元）釋圓至注

明嘉靖年間（1522—1566年）刊本　共二册

静嘉堂文庫藏本　原陸心源守先閣等舊藏

（新刊）唐賢絶句三體詩注（殘本）十九卷

（宋）周弼編輯　（元）釋圓至注

明弘治年間（1488—1506年）刊本　共二册

内閣文庫藏本　原江户時代林氏大學頭家等舊藏

【按】前有明弘治三年（1490年）《序》。

是書全本二十卷。此本今缺卷二十，實存十九卷。

（箋注）唐賢絶句三體詩注（不分卷）

（宋）周弼編輯　（元）釋圓至注

明刊本　共一册

宮内廳書陵部藏本　原江户時代德山藩主家舊藏

【按】此本係江户時代德山藩三代主毛利元次廣收"天下秘籍"之一。東山天皇寶永三年（1706年）《御書籍目録》著録此本。明治二十九年（1896年）男爵毛利元功獻贈宮内省。

萬首唐人絶句（七言）七十五卷　（五言）二十六卷

（宋）洪邁編輯　（明）陳敬學校

明嘉靖十九年、二十年（1540—1541年）姑蘇陳敬學德星堂刊本

宮内廳書陵部　内閣文庫　蓬左文庫　東洋文庫　御茶之水圖書館藏本

【按】版心鐫刻"德星堂"，并有刻工姓名。

宮内廳書陵部藏本，原係江户時代德山藩三代主毛利元次廣收"天下秘籍"之一。東山天皇寶永三年（1706年）《御書籍目録》著録此本。明治二十九年（1896年）男爵毛利元功獻贈宮内省。此本今存《七言》七十五卷，共四十册。

内閣文庫藏本，原係江户時代楓山官庫等舊藏。此本今存《七言》七十五卷，共十六册。

蓬左文庫藏本，原係江户時代尾張藩主家等舊藏，共二十二册。

東洋文庫藏此同一刊本兩部。一部共三十二册；一部原係小田切萬壽之助等舊藏，共二十四册。

御茶之水圖書館藏本，原係德富蘇峰成簣堂等舊藏。第一册内葉有德富蘇峰手識文，記内閣文庫有林道春元和年間（1615—1623年）手識文本。此本原係菊亭晴季舊藏，卷中有"今出川藏書"等印記，共十八册。

【附録】據《商舶載來書目》記載，中御門天皇寶永七年（1710年）中國商船"吕字號"載

《萬首唐人絶句》一部二帙抵日本。中御門天皇正德四年(1714年)中國商船“多字號”載《唐人萬首絶句選》一部一帙抵日本。

據《賫來書目》記載,中御門天皇享保四年(1719年)中國商船“第二十九番”南京船(船主俞枚吉)載《萬首唐詩》八部抵日本。

仁孝天皇天保十五年(1844年)樧山精一《官板書籍解題略》卷下著録此本,其識文曰:

“《萬首唐人絶句詩》九十一卷,宋洪邁編。淳熙中,録唐五七言絶句五千四百首進御。後加補輯,得滿萬首,於紹熙三年進上,時降敕褒獎,旨稱其選録甚多,博恰精備。”

(宋洪魏公進)萬首唐人絶句四十卷　目四卷

(宋)洪邁編輯　(明)趙宧光　黄習遠　校補

明萬曆三十五年(1573—1620年)吴郡趙氏小宛堂刊本

宫内廳書陵部　内閣文庫　静嘉堂文庫　東京大學　京都大學藏本

【按】前有明萬曆三十五年(1607年)趙宧光《序》,後有黄習遠《跋》。

楊守敬《日本訪書志》卷十三著録此本。其識文曰:

“洪容齋《唐人萬首絶句》,前人議其多謬誤。此本爲明趙宧光與黄習遠重訂,凡去其謬且復者二百十九首,補入六百五十九首,總得一萬四百七十七首。詩以人彙,人以代次,較原書實爲精整。蓋凡夫富藏古籍,見聞廣博,與他人竄亂古書,掩爲己有者有間。書刻於萬曆丙午、丁未間,而《四庫》不著録,《存目》亦無之,想當時未見其本也。”

宫内廳書陵部藏本,卷中有“蔣允儀印”、“龍賓”、“秘閣圖書之章”等印記,共十册。

内閣文庫藏本,原係江户時代林羅山舊藏,爲林羅山手校本。卷中有“江雲渭樹”印記,共三十册。

静嘉堂文庫藏本,原係陸心源守先閣等舊藏,共十二册。

東京大學藏此同一刊本兩部。一部原係江户時代紀州德川家南葵文庫等舊藏,共二十八册。一部現存東洋文化研究所。

京都大學藏此同一刊本兩部。一部現存文學部中國語學文學哲學研究室,共二十册。一部現存人文科學研究所東洋學文獻中心,共三十册。

【附録】桃園天皇寶曆四年(1754年)《(長崎港)舶來書籍大意書》著録是書。其識文曰:

“《萬首唐人絶句》一部十六册,宋人洪邁編輯。據傳是書選唐之五七言詩凡五千餘首,手鈔供宸覽;又摘録五千餘首,以獻檢討,二者相合,題署爲《萬首唐人絶句》,以賜文臣。然詮次多有挂漏舛訛,故明人趙凡夫、黄伯傳共相考訂,删其謬復者二百十餘首,補增六百五十餘首,總凡一萬四百五十餘首,分初盛中晚(四期),入選者以帝王、名臣、隱儒、釋道、閨秀、仙鬼、外夷等相次,詩以人彙,編爲四十卷。明萬曆三十五年刊行。”

日本仁孝天皇文政六年(1823年)昌平坂學問所刊印宋人洪邁編、明人趙宧光校《萬首唐人絶句》四十卷并《目》四卷。其後,此本有江户尚友堂岡村莊助重印本。

(王荆公)唐百家詩選二十卷

(宋)王安石編

古刊本　何義門手校本　共四册

静嘉堂文庫藏本　原陸心源十萬卷樓等舊藏

【按】前有宋乾道己丑(1169年)四月倪仲傅《序》。

何義門手校此本,有手識文三則。其一曰:

“八卷乃秘閣藏書,商邱公從東海司寇家得之;二十卷全者,斧季得之吴興鬻書人,抄本非宋刻也。書迹類明初人,亦不知與八卷有異同否。商邱喜於復完,不復研覈,但非出於毛之僞造，或真爲荆公之舊耶！"

其二曰：

"余見錢牧翁手校岑嘉州詩，上有'荆'字印者，或與此不盡合，此則其可疑者。豈牧翁一時疏略耶！康熙己丑重九日前二日鶯脰湖舟中　焯記。"

其三曰：

"晁氏《讀書記》云：'《唐百家詩選》二十卷，宋敏求次道"嘗取其家所藏唐人一百八家詩，選擇其佳者，凡一千二百四十六首，爲一編。"王介甫觀之，因再有所去取，且題云"欲觀唐詩者，觀此足矣。"遂以爲介甫所纂。'余按，《玉海》載《唐百家詩選》二十卷，不言介甫撰録，得晁氏之説，乃涣然無疑。今爲詩一千二百六十首。"

【附録】據《商舶載來書目》記載，中御門天皇正德三年（1713 年）中國商船"和字號"載王荆公《唐百家詩選》一部四册抵日本。桃園天皇寶曆九年（1759 年）中國商船"波字號"載《百家唐詩》一部八帙抵日本。

據《寅十番船持渡書改目録寫》記載，光格天皇天明六年（1786 年）中國商船"寅十番船"載王荆公《唐百家詩選》一部四册抵日本，并注明："古本，無脱紙。"

桃園天皇寶曆四年（1754 年）《（長崎港）舶來書籍大意書》著録是書。其識文曰：

"王荆公《唐百家詩選》一部四册，宋人王安石選定。是書輯唐四百家之詩凡千二百六十餘首，編爲二十卷。清人丘迥再加考訂，康熙四十二年重刊。"

仁孝天皇天保十五年（1844 年）樕山精一《官板書籍解題略》卷下著録此本，其識文曰：

"宋王安石編撰。然是書去取不解，宋以來疑竇叢生，一曰非安石所爲。《晁志》曰，《唐百家詩》二十卷，皇朝宋敏求次道編，次道爲三司判官，時取其家所藏唐詩一百八家，取其佳者凡一千二百四十六首，擇爲一編。王介甫見之，再作去取，題爲《唐詩》，世遂以介甫爲編纂也。《讀書志》曰此書作於南宋之初，則去安石遠矣。又晁氏以爲此乃元祐以來，諸合舊家獻本而成。邵氏《聞見録》、周氏《清波雜志》俱見是書始末。此本則宋乾道中倪仲傳刊本，有仲傳《序》，其書自父傳。"

日本光格天皇享和二年（1802 年）昌平坂學問所刊印王安石編《唐百家詩選》二十卷。其後，此本有光格天皇文化六年（1806 年）須原屋茂兵衛重印本。

唐百家詩選（殘本）十卷

（宋）王安石編

南宋初期刊本　日本重要文化財　共五册

静嘉堂文庫藏本　原毛氏汲古閣　陸心源皕宋樓等舊藏

【按】每半葉有界九行，行二十字，注文雙行。白口，雙黑魚尾或單黑魚尾，四周雙邊（23.5cm×12.0cm）。版心上部鎸刻"唐詩選卷（幾）"，下部有刻工姓名，如王景、王仲、王華、陳祐、陳彦、謝興、徐岳等。

前有王安石《唐百家詩選序》，此《序》文係宋元符戊寅（1098 年）七月望日章安楊蟠書。

卷中避宋諱，凡遇"玄、懸、縣、朗、擎、驚、竟、鏡、弘、泓、匡、眶、筐、徵、貞、樹、署、屬、頊、煦、吉"等，皆爲字不成。

是書全本二十卷。此本今存卷一至卷五，卷十一至卷十五，凡十卷。

卷中有"子晋"、"汲古主人"、"休文後人"、"北山艸堂珍藏"、"北山艸堂"、"麟湖沈氏世家"、"洪灣沈氏"、"楊灝之印"、"繼梁"、"汪士鐘曾讀"、"士鐘"、"宋本"、"閬源父"、"歸安陸樹聲叔桐父印"等印記。

陸心源《儀顧堂續跋》卷十四著録此本，斷爲"北宋元符年間"刊本。其識文曰：

"《唐百家詩選》，存卷一至卷五、卷十一至卷十五。前有王荆公《序》，元符戊寅楊蟠《序》。每葉十八行，每行二十字，版心有刻工姓名，宋諱……（略），皆爲字不成。卷六'河流暗與溝池合'之'溝'字，卷十三

‘慎莫厭清貧’之‘慎’，皆不缺避，而非南宋刊，其爲元符刊無疑。卷一日、月、雨、雪、雲五類；卷二四時、晨昏、節序、泉石四類；卷三花木、茶果、蟲魚三類；卷四京闕、省禁、屋室、田園四類；卷五棲隱、歸休二類；卷十一音樂、書畫、親族、墳廟、城驛、雜咏六類；卷十二古京宫樹、古室、古方國、昔人遺賞、昔人居處五類；卷十三卷十四，送上送下；卷十五別意、有懷二類。即《百宋一廛賦》所謂小讀書堆分類本也。分類出自後人則不可知，選則未必僞選，或非盡出荆公。詩則不僞。宋犖仲必以此本爲僞，亦一偏之見耳。書賈欲充完本，自（卷）十一以後，首行末行卷字下及版心數目字皆挖改，幸有挖之未净者，原書卷第，細審尚可辨。”

傅增湘《藏園群書經眼録》卷十八著録此本。其識文曰：

“此爲分類本，與商邱宋氏所翻宋本不同。余亦藏有殘本八卷，爲卷九至十六。字撫歐體，樸厚方整，南宋諱不避，當是北宋末年鋟梓。第其中有補修之葉及挖補一二行及一二字者，則已入南渡矣。如卷十五儲光羲《詒余處士》詩‘市亭忽云構’，‘構’字注‘御名’，其結體纖率，氣息薄靡，與原鐫迥異。”

此本已被日本“文化財審議委員會”確認爲“日本重要文化財”。

唐十子詩十種十四卷

宋人編撰，不署姓名

明嘉靖年間（1522—1566 年）王氏石谷書院翻刻宋刊本　共四册

大倉文化財團藏本

【按】前有明嘉靖甲辰（1544 年）七月初朔日石谷山人王準《序》，又有嘉靖丁未（1547年）孟秋一《序》。

卷首有詩人爵里二葉。

每卷後有刊印木記“石谷書院宋版重刻”一行。

此本細目如次：

常建三卷；　郎士元一卷；　嚴維一卷；

劉義一卷；　于鵠一卷；　于濆一卷；

于武陵一卷；　邵謁一卷；　伍喬一卷；

魚玄機一卷。

【附録】據《商舶載來書目》記載，中御門天皇享保八年（1723 年）中國商船“志字號”載《十種唐詩選》一部三册抵日本。

據《賫來書目》記載，中御門天皇享保二十年（1735 年）中國商船“第二十五番”廣東船（船主黄瑞周、楊叔祖）載《十種唐詩》二部抵日本。

據《長崎官府貿易外船賫來書目》記載，桃園天皇寶曆九年（1759 年）中國商船“一番船”載《十種唐詩》十部各一帙抵日本。同年，中國商船“十番船”載《十種唐詩》廿部各一帙亦抵日本。

唐人雜詩四十五卷

宋人編纂，不署姓名

明覆宋刊本　共十二册

静嘉堂文庫藏本　原陸心源守先閣等舊藏

【按】此本細目如次：

崔顥詩集一卷；　王昌齡詩集三卷；

李頎詩集一卷；　盧仝詩集三卷；

劉叉詩集三卷；　會昌進士詩集一卷；

李遠詩集一卷；　耿湋詩集一卷；

唐司空文明詩集三卷；　章碣詩集一卷；

唐求詩集一卷；　王周詩集一卷；

杜審言詩集一卷；　李昌符詩集一卷；

項斯詩集一卷；　唐包秘監詩集一卷；

唐包刑侍詩集一卷；　僧無可詩集二卷；

劉駕詩集一卷；　劉滄詩集一卷；

唐女郎魚玄機詩一卷；　邵謁詩一卷；

詩集（曹鄴）二卷；　張喬詩集四卷；

章孝標詩集一卷；　劉威詩集一卷；

劉兼詩集一卷；　唐秦隱君詩集一卷；

于鵠詩集一卷；　伍喬詩集一卷；

李丞相詩集二卷。

唐詩合選二卷

(宋)謝枋得選注

明雨花齋刊本　共一册

内閣文庫藏本　原木村蒹葭堂等舊藏

【附録】據《商舶載來書目》記載,中御門天皇寶曆六年(1756年)中國商船"多字號"載《唐詩合選箋注》一部一帙抵日本。

唐詩合選

(宋)謝枋得選注

明刊本　共十六册

尊經閣文庫藏本　原江户時代加賀藩主前田綱紀等舊藏

唐文粹一百卷

(宋)姚鉉編輯

元末明初刊本

宫内廳書陵部　東洋文庫　大倉文化財團藏本

【按】每半葉有界十五行,行二十五字。黑口,左右雙邊,版心記刻工姓名。

此本係據南宋紹興九年(1139年)臨安刊本之翻刻者,然卷中有明成化年間修補葉。

書名各卷有異,有題署"文粹"、"唐文粹"、"唐賢文粹"者。

宫内廳書陵部藏本,卷中有"龜山中獻"、"信天翁"、"静逸"、"月橋"等印記,共八册。

東洋文庫藏本,共十册。

大倉文化財團藏本,原係譚錫慶等舊藏。卷中有"乾學"、"徐健庵"、"篤生"、"譚錫慶"等印記。共四十册。

森立之《經籍訪古志》卷六著録原江户時代賜蘆文庫藏宋刊本《唐賢文粹》一百卷。其識文曰:

"每卷首題'吴興姚鉉纂'。每半板十五行,行二十五字。界長六寸四分,幅五寸七分,左右雙邊,版心有刻手名氏。此係市野光彦舊藏。缺一、二兩卷。市野光彦手跋云:'此本爲鐵山禪師藏書,其題籤禪師所自書。裱裝古色,可愛也。審其版式,字方而平,不如元本每字欹歪帶行體也,定爲宋刻之粗率者。向書肆賫此書,予見而愛之。友人秋谷(横山氏,名達彌)早已買而收之。亡幾,秋谷病卒,遺命貽余,爲其同好也。余深感友義之切'云。鐵山諱宗純。慶元間有名之僧,嘗跋覆元本《玉篇》者,傳見延寶《傳燈録》。文化十四年歲在旋蒙赤奮若夏六月。"

森《志》所録此本,即係元末明初所刻之祖本,而原本今不知存於何處。

【附録】據《商舶載來書目》記載,中御門天皇寶永七年(1710年)中國商船"多字號"載《唐文粹》一部二帙抵日本。

據《賫來書目》記載,中御門天皇正德四年(1714年)中國商船"第一番"南京船(船主費元齡)載《唐文粹》一部廿四册四帙抵日本。

據《寅十番船持渡書改目録寫》記載,光格天皇天明六年(1786年)中國商船"寅十番船"載《唐文粹》一部四帙二十四册抵日本,并注明:"古本,有水迹,脱紙四葉。"

(重校正)唐文粹一百卷

(宋)姚鉉編輯

明嘉靖甲申(1524年)姑蘇徐焴覆宋刊本

宫内廳書陵部　内閣文庫　静嘉堂文庫　蓬左文庫　尊經閣文庫　足利學校遺蹟圖書館　大倉文化財團　御茶之水圖書館藏本

【按】每半葉十四行,行二十五字。左右雙邊(21.5cm×15.2cm)。

前有明嘉靖甲申(1524年)十一月汪偉《序》、嘉靖丁亥(1527年)胡纘宗《序》等。又有宋寶元二年(1039年)施昌言《後序》。

卷中有刊印木記,文曰:"嘉靖甲申歲太學生姑蘇徐焴文明刻於家塾",係據北宋寶元二年(1039年)刊本之翻刻者。

森立之《經籍訪古志》卷六著録原江户時代求古樓藏明嘉靖甲申重刊宋本《唐文粹》一百

卷。其識文曰：

"首有嘉靖甲申弋陽汪偉器之《叙》云：'大學生徐焴家刻也。徐生嗜古，博藏其刻。是集躬自監視，一字一畫弗稱，必更之。'又有嘉靖丁亥天水胡纘宗世甫《序》云：'是集古有刻本，近亦彫闕。婁江國子徐生焴，有慨於是，購得古本，翻而鋟之梓。梓成，殊類古刻。'"

宫内廳書陵部藏本，原係江户時代德山藩三代主毛利元次廣收"天下秘籍"之一。東山天皇寶永三年（1706年）《御書籍目録》著録此本。明治二十九年（1896年）男爵毛利元功獻贈宫内省。卷中有"德藩藏書"、"明倫館印"等印記，共十六册。

内閣文庫藏本，共八册。

静嘉堂文庫藏此同一刊本三部。一部原係陸心源十萬卷樓等舊藏，共十六册。一部原係竹添井井（光鴻）等舊藏，共二十册。一部原係宫島藤吉等舊藏，共二十册。

蓬左文庫藏本，原係江户時代德川光友瑞龍院等舊藏，共十八册。

尊經閣文庫藏本，原係江户時代加賀藩主前田綱紀等舊藏，共十六册。

足利學校遺蹟圖書館藏本，原係中村蘭林（即藤原明遠）舊藏，後由中村氏送贈足利學校。此本今缺卷十九下、卷五十六，卷中有"藤原明遠之印"、"足利學校"等印記，共七册。

大倉文化財團藏此同一刊本兩部。一部原係葉氏菉竹堂等舊藏，卷中有"葉氏菉竹堂"印記等，共三十二册。一部原係莫棠楚等舊藏，卷中有"獨山莫氏銅井文房"、"莫棠楚"等印記，共二十四册。

御茶之水圖書館藏本，原係德富蘇峰成簣堂等舊藏。此本今缺卷八十六至卷九十二，封面係朝鮮所産白色紋樣紙改裝，卷中有"德遺堂藏"印記，共十五册。

（重校正）唐文粹一百卷

（宋）姚鉉編輯

明嘉靖六年（1527年）東陽張大輪刊本

京都大學教養學部　御茶之水圖書館藏本

【按】每半葉有界十四行，行二十五字，注文小字雙行。左右雙邊。《序》文葉版心鐫刻"萬朴山房"，《目録》葉版心有刻工姓名。

前有明嘉靖丁亥（1527年）二月二日天水胡纘宗世甫《序》。

京都大學藏本，共十八册。

御茶之水圖書館藏本，原係德富蘇峰成簣堂等舊藏。此本卷第四十五末葉最後一行之下端，刻印"嘉靖甲申歲太學生姑蘇徐焴文明刻於家塾"十八字。封面係用朝鮮産白色紋樣紙改裝。第一册内葉有德富蘇峰手識文，文曰："明治四十三年二月廿四日於村口韓國著荷中發見之"。共二十四册。

（重校正）唐文粹一百卷

（宋）姚鉉編輯

明嘉靖八年（1529年）晋王朱知烊刊本

宫内廳書陵部　國會圖書館　内閣文庫　陽明文庫　小如舟屋藏本

【按】每半葉十三行，行二十一字，小字雙行。白口，四周單邊（22.8cm×15.9cm）。

前有明世宗璽書，又有晋王知烊《序》。

卷四十三有刊印木記，文曰："晋府敕賜養德書院校正重刊"。

森立之《經籍訪古志》卷六著録此本。

宫内廳書陵部藏本，原係狩谷望之、中村敬宇等舊藏。卷第三十一上至卷三十五，係後人寫補。卷中有"掖齋"、"狩谷汪之"、"千手眼大士璽寶"、"不忍文庫"、"中村敬宇"、"東宫御所"等印記，共二十册。

國會圖書館藏本，原共二十册，現合爲十册。

内閣文庫藏本，原係江户時代林氏大學頭家舊藏，共三十六册。

陽明文庫藏本，原係江户時代近衛家凞及其

先輩舊藏，共二十一册。

小如舟屋藏本，今存卷四至卷四十三，共四十卷。卷中有“兼山居圖書”等印記，共九册。

（重校正）唐文粹一百卷

（宋）姚鉉編輯

明覆嘉靖刊本

宫内廳書陵部　静嘉堂文庫藏本

【按】宫内廳書陵部藏本，卷中有“魏氏家藏”等印記，共十六册。

静嘉堂文庫藏本，原島田皇邨等舊藏，共二十册。

唐文粹一百卷　目一卷

（宋）姚鉉編輯　李文瑜閲

明刊本　共三十二册

國會圖書館　内閣文庫藏本

唐文粹一百卷

（宋）姚鉉編輯

明崇禎年間（1628—1644年）刊本

東北大學附屬圖書館　大阪天滿宫御文庫藏本

【按】前有明崇禎三年（1630年）《序》。

東北大學附屬圖書館藏本，原係狩野亨吉等舊藏，共三十册。

大阪天滿宫御文庫藏本，卷内有日本桃園天皇寶曆四年（1754年）藏書者手識文，其文曰：“小出二山老丈者，牧野侯之記室也。嘗好古樂而工彈琴，丈在京日，予寄琴一張，予素不能操。頃以其所惠之物换此書，然則此書實丈之賚也。於予嘉惠，陪他日因紀其事於卷端云。寶曆甲戌冬　善韶志。”共十五册。

唐僧弘秀集十卷

（宋）李龏輯

明常熟毛氏汲古閣刊本　共二册

東洋文庫藏本　原藤田豐八等舊藏

【附録】日本東山天皇元禄四年（1691年）京都林九兵衛印明釋白庵如水編撰《唐僧詩選》二卷。

唐僧恭秀集十卷

（宋）李龏編　（明）沈春澤校

明刊本　共二册

大倉文化財團藏本　原錢氏教經堂等舊藏

【按】每半葉八行，行十八字。白口。

封面有“曝書亭舊藏軍機處”木記。

卷中有“翰林院”、“秀水朱氏潛采堂圖書”、“教經堂錢氏”、“犀盦”、“辛道人”等印記。

注唐詩鼓吹十卷

（金）元好問編輯　郝天挺注

元刊明人修補本　共五册

静嘉堂文庫藏本　原陸心源皕宋樓等舊藏

【按】每半葉有界十行，行二十字，注文雙行小字，行同正文。白口，單黑魚尾，左右雙邊（22.3cm×15.5cm）。版心記大小字數，并記刻工姓名，如李伯英、侯淵等。

前有元至大元年（1308年）九月十二日吴興趙孟頫《唐詩鼓吹注序》，又有至大戊申（1308年）六月十又八日西蜀武乙昌《序》，又有姚燧《序》等。

次有《注唐詩鼓吹目録》，題署“資善大夫中書左丞郝天挺注”。

卷末有元大德七年（1303年）倉龍癸卯六月三日虞摯《注唐詩鼓吹集後序》。

卷中有“江左周郎”、“臣璘”、“歸安陸樹聲叔桐父印”、“歸安陸樹聲藏書之印”等印記。

陸心源《儀顧堂續跋》卷十四著録此本。其識文曰：

“《唐詩鼓吹》十卷，題曰‘資善大夫中書左丞郝天挺注’。每葉二十行，每行二十字，小字雙行，有音有注，注即附於句下。版心有字數及刻工姓名。前有至大元年趙孟頫《序》，至大戊申西蜀武乙昌《序》，姚燧《序》，後有大德七年盧摯《後序》。遺山選詩，於唐祇取此九十餘家，去取不得謂不嚴。

惟胡宿，宋人，《宋史》有傳，誤在唐人之列。想由南北隔絶，未得其詳。郝氏當元一統之時，雖不强爲注釋，而不加辨正，何也？明之廖文炳，國朝之錢朝鼒、王俊臣、王清臣、陸貽典增注此書，自謂正郝氏之失，而亦絶不一及，豈未見《宋史》耶？天挺字繼先，號新齋，出於朵魯别族，仕元世宗至仁宗，官至河南行省平章，謚文定，見《元史》（卷）一百七十四及武乙昌、姚燧《序》，非《金史・隱逸傳》之郝天挺。《四庫提要》已據《池北偶談》，正陸貽典之繆。陸所見本，無武姚二《序》及盧摯《後序》，《四庫》所據本同，均不若此本之完具也。"

【附録】據《商舶載來書目》記載，中御門天皇享保六年（1721 年）中國商船"多字號"載《唐詩鼓吹》一部一帙抵日本。

日本東山天皇元禄十五年（1702 年）彌生吉且《倭版書籍考》卷之七著録《唐詩鼓吹》。其識文曰：

"《唐詩鼓吹》十卷，金元遺山編次，元左丞相郝天挺注解。卷首載柳子厚之詩，不採李杜韓退之白樂天之詩。全篇皆七律。"

桃園天皇寳曆四年（1754 年）《（長崎港）舶來書籍大意書》著録是書。其識文曰：

"《唐詩鼓吹》一部四册，元人郝天挺編。是書選唐九十六家諸體之文凡五百九十餘首，添加注解，編爲十卷。後有明人錢謙益校注，清康熙四十七年重刊本。"

日本東山天皇元禄二年（1689 年）洛陽（京都）唐本屋吉左衛門刊印元好問編《唐詩鼓吹》十卷。此本係元人郝天挺注、明人廖文炳解。其後，此本有東山天皇寳永七年（1710 年）京都藤屋古川三郎兵衛重印本。

櫻町天皇延享四年（1747 年）刊印元好問編《唐詩注解》（即《唐詩鼓吹注解》）十卷。

唐詩鼓吹十卷

（金）元好問編輯　郝天挺注

明初衢和堂刊本　共五册

内閣文庫藏本　原江户時代近江西大路藩主市橋長昭等舊藏

【按】日本光格天皇文化五年（1808 年）市橋長昭舉所藏宋元舊刊本三十種并明刊本多種獻諸文廟，此本即爲其一。

卷中有"仁正侯長昭黄雪書屋鑑藏圖書之印"等印記。

（批點）唐音十五卷

（元）楊士弘編　顧璘批點

明嘉靖年間（1522—1566 年）刊本

東洋文庫　静嘉堂文庫藏本

【按】前有虞集《序》、元至正四年（1344 年）楊士弘《跋》，又有明嘉靖四十四年（1616 年）顧璘《序》。

楊守敬《日本訪書志》卷十三著録明初刊本《唐詩始音》一卷、《正音》六卷、《遺響》七卷。其識文曰：

"首虞集《序》，楊氏《自序》，題'唐詩始音卷之一'，次行題'襄城楊士弘伯謙編次'，三行題'新塗張虞文亮輯注'。注文弇陋，《提要》疑爲明人。今觀其注中有河南布政司語，則爲明人無疑。顧其所據之本，當是楊氏原書。後來嘉靖間顧璘刻本，則《始音》一卷、《正音》十三卷、《遺響》一卷，通爲十五卷。多有删除，《遺響》中并削長孫佑輔、令狐楚、元微之三人之詩，與首所録《姓氏》不相應，則此本猶可貴也。"

東洋文庫藏本，原係藤田豐八等舊藏，共五册。

静嘉堂文庫藏本，原係陸心源十萬卷樓等舊藏，共四册。

唐詩始音（唐音）十五卷

（元）楊士弘編　顧璘批點

明崇禎三年（1630 年）延陵吴鉞重訂刊朱墨套印本

東洋文庫　尊經閣文庫　京都大學文學部中國語學文學哲學研究室　大谷大學悠然樓

藏本

【按】前有明崇禎三年(1630年)《序》。

東洋文庫藏本,原係小田切萬壽之助等舊藏,共六册。

尊經閣文庫藏本,原係江户時代加賀藩主前田綱紀等舊藏,共五册。

京都大學藏本,共六册。

大谷大學藏本,原係大西行禮等舊藏,共三册。

【附録】日本光格天皇享和二年(1802年)昌平坂學問所刊印元人楊士弘編、明人顧璘批點《批點唐音》十五卷。其後,此本有享和三年(1803年)崛野屋仁兵衛等重印本。

唐詩遺響三卷

(元)楊士弘編

明刊本　共四册

宫内廳書陵部藏本

唐詩解五十卷　附録三卷

(明)唐汝詢編撰

明萬曆四十三年(1615年)刊本

宫内廳書陵部　内閣文庫　尊經閣文庫　廣島大學文學部藏本

【按】《附録》三卷係《凡例》一卷、《詩人爵里目録》一卷、《援引書目録》一卷。

宫内廳書陵部藏本,原係江户時代德山藩三代主毛利元次廣收"天下秘籍"之一。東山天皇寶永三年(1706年)《御書籍目録》著録此本。明治二十九年(1896年)男爵毛利元功獻贈宫内省。卷中有後人寫補,共十七册。

内閣文庫藏本,原係昌平坂學問所等舊藏,共八册。

尊經閣文庫藏本,原係江户時代加賀藩主前田綱紀等舊藏,共十二册。

廣島大學藏本,共十六册。

【附録】據《商舶載來書目》記載,中御門天皇正德元年(1711年)中國商船"多字號"載《唐詩解》一部二帙抵日本。

(彙編)唐詩十集四十一卷　目録七卷

(明)唐汝詢補評　唐孟莊校

明天啓年間(1621—1627年)刊本　共十六册

内閣文庫　蓬左文庫藏本

【按】前有明天啓三年(1623年)唐汝詢《序》。

此本細目如次:

《甲集》一卷;《乙集》一卷;

《丙集》二卷;《丁集》四卷;

《戊集》二卷;《己集》一卷;

《庚集》二卷;《辛集》一卷;

《壬集》二十三卷;《癸集》四卷。

内閣文庫藏本,原係楓山官庫等舊藏。

蓬左文庫藏本,原係江户時代尾張藩主家等舊藏。此本係日本明正天皇寬永三年(1626年)從中國購入。卷中有"尾陽内庫"印記等。

【附録】桃園天皇寶曆四年(1754年)《(長崎港)舶來書籍大意書》著録是書。其識文曰:

> "《彙編唐詩十集》一部十六册,明唐仲言編輯。原高廷禮《唐詩正聲》,體格純正,高華而未盡雄渾;李于麟《唐詩選》,高華雄渾而所收未盡逸秀;鍾伯敬《唐詩歸》,其詩雖逸秀,而收録刻意索隱鈞奇,有乖風雅。此三集者,皆有其所至,又有其所未至。是書依次三集,分合諸家,得全唐諸家之詩凡三千二百三十餘首,分爲五言古、七言古、五言律、七言律(七言排律附)、五言排律、五言絶(六言絶附)、七言絶(三言、四言、雜言、小律附)諸體,編爲七編。每編之内,又以十干爲序,分爲體格之純粹者、純正有氣骨者、純正有森秀者、典雅有神韵者,雄渾而森秀者、變體者等,編爲十集。其中,高廷禮所選者,在甲乙丙丁戊五集中;李于麟所選者,在甲乙己庚四集中;鍾伯敬所選者,在甲丙己辛壬五集中。己所選者,在癸集中。每編《目録》詩題下,分配此四選。以十干記

字，便於搜索。編中每詩有諸家之評，缺注者補以己見，上截書評語，或標文家同異。明天啓三年刊行。"

唐詩歸三十六卷

（明）鍾惺　譚元春同輯并注

明崇禎年間（1628—1644 年）金沙王氏石友齋刊本

内閣文庫　東京大學文學部漢籍中心　京都大學文學部中國語學文學哲學研究室　東北大學附屬圖書館　米澤市立圖書館藏本

【按】每半葉無界八行（《目録》有界），行二十二字，注文小字雙行。白口，四周單邊（20.7cm×11.5cm）。

内閣文庫藏此同一刊本兩部。一部原係江户時代林氏大學頭家等舊藏，共十一册。一部共十三册。

東京大學藏此同一刊本兩部。一部現存文學部漢籍中心，共十册。一部現存東洋文化研究所。

京都大學藏本，原係鈴木虎雄等舊藏，共十册。

東北大學藏本，共十一册。

米澤市藏本，原係江户時代米澤藩主家等舊藏，共十一册。

【附録】據《賫來書目》記載，中御門天皇正德四年（1714 年）中國商船"第一番"南京船（船主費元齡）載《唐詩歸》三部抵日本。其中一部爲十四册一帙，二部各爲十二册二帙。中御門天皇享保二十年（1735 年）中國商船"第二十五番"廣東船（船主黄瑞周、楊叔祖）載《唐詩歸》一部抵日本。

據《書籍元帳》記載，仁孝天皇天保十二年（1841 年）中國商船"子一番船"（船主劉念國）載《唐詩歸》一部二帙抵日本。此書售價一部八匁。

唐詩歸三十五卷

（明）鍾惺編

明閔刊朱藍套印本　共十八册

宫内廳書陵部藏本　原明人戴笠　楓山官庫等舊藏

【按】日本《御書籍來歷志》著録此本。

卷中有"戴笠"、"戴觀員字子辰"、"荷鉏人"、"荷鉏人戴笠"、"玉尋堂"、"秘閣圖書之章"等印記。

唐詩歸三十卷

（明）鍾惺　譚元春同輯并注

明刊本　共十二册

静嘉堂文庫藏本　原中村敬宇等舊藏

唐詩品彙九十卷　拾遺十卷

（明）高棅編輯　汪宗尼校訂　《拾遺》（明）張恂重訂

明洪武年間（1368—1398 年）刊本　共二十册

米澤市立圖書館藏本　原汪永瑞等舊藏

【按】每半葉十行每行二十字。白口，左右雙邊（20.2cm×13.0cm）。版心鐫刻"唐詩品彙"（《拾遺》版心鐫刻"唐詩拾遺"），并記卷數等。

前有明洪武癸酉（1393 年）高棅《序》，又有《凡例》、《歷代名公叙論》、《引用書目》、《諸人爵里詳節》、《總目》等。《唐詩拾遺》爲明人張恂重校刊本，卷首有明洪武三十一年（1398 年）《序》。

此本原係中國汪永瑞等舊藏，後歸日本江户時代米澤藩主家。卷一末有"無錫何之源書於蠹魚齋"墨書十字一行。卷中有"莓苔園藏書記"、"汪永瑞印"、"興讓館藏書"等印記。

【附録】據《商舶載來書目》記載，中御門天皇正德二年（1712 年）中國商船"多字號"載《唐詩品彙》一部四帙抵日本。中御門天皇享保十年（1725 年）中國商船"多字號"載《唐詩拾遺》一部一帙抵日本。

據《賫來書目》記載，中御門天皇正德四年（1714 年）中國商船"第一番"南京船（船主費元齡）載《唐詩品彙》一部十六册二帙抵日本。

據《午字番船持渡書物覺書（備忘録）》記載，桃園天皇寬延四年（1751 年）是年輸入日本《唐詩品彙》四部各二十册。

據《長崎官府貿易外船賫來書目》記載，桃園天皇寶曆九年（1759 年）中國商船"一番船"載《唐詩品彙》十五部各四帙抵日本。同年，中國商船"十番船"載《唐詩品彙》五部各四帙、"十二番船"載《唐詩品彙》五部各四帙亦抵日本。

據《外船賫來書目》記載，光格天皇寬政十二年（1800 年）中國商船"申一番船"載《唐詩品彙》五部各四帙抵日本。

據光格天皇文化元年（1804 年）《書籍直組帳》記載，是年中國商船"丑五番船"載《唐詩品彙》一部抵日本。此書原價十二匁，本次輸入提價五成，增六匁，實售價十八匁。

據《書籍元帳》記載，仁孝天皇天保十二年（1841 年）中國商船"子一番船"（船主劉念國）載《唐詩品彙》一部四帙抵日本。此書售價一部十五匁。

據仁孝天皇天保十五年（1844 年）《會所輸入物書籍見帳》記載，是年《唐詩品彙》一部四帙二十册，投標價分别爲木下廿五匁，永見屋廿五匁八分，安田屋四十三匁六分。

據仁孝天皇天保十五年（1844 年）《漢籍發賣投標記録》記載，是年《唐詩品彙》一部四帙，投標價分别爲村と廿匁，安田屋廿八匁五分，永見屋廿九匁四分。

中御門天皇享保十八年（1733 年）須原屋新兵衛刊印明人高棅編《唐詩品彙（七言絶句）》十卷。此本由日人服部元喬（南部）考訂。其後，此本有櫻町天皇元文三年（1739 年）江户須原屋重印本。

光格天皇寬政九年（1797 年）忘憂館刊印明人高棅編《唐詩品彙》九十卷，并《唐詩拾遺》十卷。此本十行二十字，係日人松平世軌等校正。有寬政九年森直《序》。

光格天皇文化十三年（1816 年）曬書樓刊印（明）高棅編《唐詩品彙》九十卷。此本十行二十字，白口單邊，係日人中村廣等校正。

唐詩品彙九十卷　拾遺十卷

（明）高棅編輯

明成化十三年（1477 年）江西陳煒刊本

宫内廳書陵部　静嘉堂文庫　大倉文化財團藏本

【按】卷末有陳煒《刊語》。

宫内廳書陵部藏此同一刊本兩部。一部共二十四册；一部共三十二册。

静嘉堂文庫藏此同一刊本兩部。一部原係陸心源守先閣等舊藏，共十六册。一部原係中村敬宇等舊藏，共二十四册。

大倉文化財團藏本，原係葉滋棠等舊藏。卷中有朱墨校點，并有注記，又有"古閩葉氏芾南"、"緑筠書屋"、"葉滋棠"、"芝石山房"等印記，共十六册。

唐詩品彙九十卷　拾遺十卷　首一卷

（明）高棅編　王宗尼訂

明金陵富春堂刊本　共二十册

早稻田大學圖書館藏本　原野口一太郎家寧齋文庫等舊藏

唐詩品彙九十卷　拾遺十卷

（明）高棅編輯

明屠隆長卿刊本

宫内廳書陵部　大垣市立圖書館藏本

【按】前有題明洪武辛巳（洪武無辛巳年，辛巳爲建文三年 1401 年——編著者）馬得華《序》，又有明洪武癸酉（1393 年）高棅《序》。

宫内廳書陵部藏本，原係江户時代初期林羅山等舊藏，後歸豐後佐伯藩主毛利高標，孝明天皇文政年間（1818—1829 年）由出雲守毛利高翰獻贈幕府。明治初期歸内閣文庫。明治二十四年（1891 年）移入宫内省圖書寮（即今宫内廳書陵部）。卷中有"江雲渭樹"、"佐伯侯毛利高標字培松藏書畫之印"、"秘閣圖書之章”等印記，共三十二册。

大垣市藏本，今缺卷二十七、卷二十八、卷八十四至卷八十七，實存八十四卷，共二十九册。

唐詩品彙九十卷　拾遺十卷

(明)高棅編輯

明嘉靖年間(1522—1566年)刊本

東京大學東洋文化研究所　關西大學附屬圖書館内藤文庫　御茶之水圖書館藏本

【按】每半葉有界十行，行二十字。左右雙邊(19.0cm×11.4cm)。

前有明嘉靖十六年(1537年)《序》。

東京大學藏本，共十六册。

關西大學藏本，原係内藤湖南等舊藏。此本今係“五言古詩”二十四卷。卷内有内藤湖南手識文，其文曰：“壬申(1932年)七月，炳卿”。封面題署《唐詩》，帙外題署《唐詩品彙明黑口本殘帙》。卷中有“一堂自娱”等印記，共八册。

御茶之水圖書館藏本，原系德富蘇峰成簣堂等舊藏。此本封面系用朝鮮産白色紋樣紙改裝，共十六册。

唐詩品彙九十卷　拾遺十卷　附詩人爵里詳節一卷

(明)高棅編輯　張恂重訂

明張恂重校刊本

内閣文庫　東洋文庫　東京大學總合圖書館　京都大學文學部中國語學文學哲學研究室　廣島大學文學部　愛知大學簡齋文庫　大谷大學悠然樓　米澤市立圖書館　無窮會天淵文庫藏本

【按】前有明洪武癸酉(1393年)高棅《序》，及洪武三十一年(1398年)《序》。又有明萬曆三十三年(1605年)《序》。

内閣文庫藏此同一刊本兩部。一部原系昌平坂學問所等舊藏，共二十册。一部原係江户時代林氏大學頭家等舊藏，共二十册。

東洋文庫藏本，原係小田切萬壽之助等舊藏，共十二册。

東京大學藏本，原係覺廬文庫(市村瓚次郎買入本)等舊藏，《附録》中有《歷代名公叙論》一卷，共四十八册。

京都大學藏本，共三十二册。

廣島大學藏本，共十六册。

愛知大學藏本，原係小倉正恒(簡齋)等舊藏，共十四册。

大谷大學藏本，原係大西行禮等舊藏，共二十册。

米澤市藏本，原係江户時代米澤藩主家舊藏，此本今存《唐詩拾遺》十卷，共四册。

無窮會藏本，原係加藤天淵等舊藏，共二十册。

唐詩品彙九十卷　拾遺十卷　附詩人爵里詳節一卷

(明)高棅編輯　費懋質校

明刊本　共三十册

内閣文庫藏本　原昌平坂學問所等舊藏

唐詩品彙九十卷　拾遺十卷

(明)高棅編輯

明刊本　共三十册

尊經閣文庫藏本　原江户時代加賀藩主前田綱紀等舊藏

唐詩拾遺十卷

(明)高棅輯　史應嶽校

明刊本　共五册

大垣市立圖書館藏本

唐詩拾遺十卷

(明)高棅輯

明崇禎年間(1628—1644年)刊本　共二册

愛知大學簡齋文庫藏本　原小倉正恒(簡齋)等舊藏

唐詩正聲二十二卷

(明)高棅編輯

明成化十七年(1481年)三山黄鎬刊本　共三册

蓬左文庫藏本　原江户時代尾張藩主家等舊藏

【附録】據《商舶載來書目》記載,中御門天皇享保十一年(1726年)中國商船"多字號"載《唐詩正聲》一部四册抵日本。桃園天皇寶曆四年(1754年)中國商船"曾字號"載《增定唐詩正聲》一部一帙抵日本。

中御門天皇享保十四年(1729年)京都瀨尾源兵衛刊印明人高棅編輯《唐詩正聲》二十二卷。此本附《詩人世次爵里》。其後,此本有京都嶋本作十郎、小川多左衛門外三軒重印本,又有京都丸屋源兵衛重印本,又有京都山田三良兵衛重印本、又有京都小川多龍衛門重印本、又有大阪加賀屋善藏重印本等。

中御門天皇享保十四年(1729年)南勢津阪氏古人居刊印明人高棅編輯《唐詩正聲》二十二卷,由日人東褧注。

唐詩正聲二十二卷

(明)高棅編　程寬校

明嘉靖年間(1522—1566年)刊本

宫内廳書陵部　足利學校遺蹟圖書館藏本

【按】宫内廳書陵部藏本,共十二册。

足利學校遺蹟圖書館藏本,原係江户時代幕府第一代大將軍德川家康舊藏。後德川家康送贈幕僚三要;三要又送贈足利學校,卷末有三要手識文"寄附下野足利學校　三要"一行。共四册。

唐詩正聲二十二卷

(明)高棅編　費懋賢校

明嘉靖年間(1522—1566年)刊本　共三册

内閣文庫藏本　原江户時代豐後佐伯藩主毛利高標等舊藏

【按】後有明嘉靖四十一年(1613年)《跋》。

此本係仁孝天皇文政年間(1818—1829年)由出雲守毛利高翰獻贈幕府,明治初期歸内閣文庫。

卷中有"佐伯侯毛利高標字培松藏書畫之印"等印記。

唐詩正聲二十二卷

(明)高棅編

明萬曆年(1573—1620年)延陵吴氏西爽堂刊本

内閣文庫　東京大學總合圖書館藏本

【按】内閣文庫藏此同一刊本兩部。一部原係人見竹洞舊藏,後歸昌平坂學問所,共三册。一部原係楓山官庫等舊藏,共五册。

東京大學藏本,原係覺廬文庫(市村瓚次郎買入本)等舊藏,卷中有讀者批注,共八册。

唐詩正聲二十一卷

(明)高棅編

明刊本　共十一册

宫内廳書陵部藏本

唐詩正聲十卷

(明)高棅編

明嘉靖年間(1522—1566年)刊本　共六册

内閣文庫藏本　原江户時代豐後佐伯藩主毛利高標等舊藏

【按】此本係仁孝天皇文政年間(1818—1829年)由出雲守毛利高翰獻贈幕府,明治初期歸内閣文庫。

卷中有"佐伯侯毛利高標字培松藏書畫之印"等印記。

唐詩正聲六卷　附録一卷

(明)高棅編

明刊本

東京大學東洋文化研究所藏本

（增定評注）唐詩正聲十二卷

（明）高棅編　郭濬點定

明天啓年間（1621—1627年）刊本

内閣文庫藏本

【按】前有明天啓六年（1626年）《序》。

内閣文庫藏此同一刊本兩部。一部原係昌平坂學問所等舊藏，共四册。一部原係江户時代木村蒹葭堂等舊藏，後歸豐後佐伯藩主毛利高標等所有。仁孝天皇文政年間（1818—1829年）出雲守毛利高翰獻贈幕府，明治初期歸内閣文庫。卷中有“佐伯侯毛利高標字培松藏書畫之印”等印記。

（批點）唐詩正聲二十二卷

（明）桂天祥批點　萬世德校正

明嘉靖年間（1522—1566年）刊本　共四册

御茶之水圖書館藏本　原德富蘇峰成簣堂等藏本

【按】每半葉有界十行，行二十字。白口，四周單邊，間有四周雙邊。版心鐫刻“唐詩正聲”，下記卷葉數。

前有明嘉靖三年（1524年）春三月十日直隷蘇州府知府前進士南京吏部郎中天水胡纘宗世甫《序》。

正文卷首第一行題署“批點唐詩正聲卷之一”，第二行上空十字題署“臨川桂天祥批點”，第三行上空十字題署“雲中後學萬世德校正”。第四行上空一字正文標題題署“五言古詩一”。

此本封面青色原裝，題籤墨書正楷“批點唐詩正聲”，下有小字，全四册分題“元、亨、利、貞”，并分别注明“元　五言古”、“亨　五言古　七言古”、“利　五言律　七言律”、“貞　五言絶　七言絶”。

卷内有1908年德富蘇峰日文手識文。其文曰：“余未曾保存如此完整之嘉靖版，真罕覯之珍籍也，須寶惜而已。明治四十一年一月十日。”

全唐風雅二十九卷

（明）黄應麟編

明萬曆二年（1574年）閩三山黄氏刊本　共十册

宫内廳書陵部　蓬左文庫　足利學校遺蹟圖書館藏本

【按】前有明萬曆甲戌（1574年）黄應麟《序》。

此本細目如次：

《五言古》六卷；《五言律》五卷；

《五言排律》二卷；《五言絶句》二卷；

《七言古》五卷；《七言律》三卷；

《七言絶句》四卷；《七言排律》一卷；

《六言》一卷。

宫内廳書陵部藏本，卷中有“藍重私印”、“醉茗軒藏書畫”、“秘閣圖書之章”等印記。

蓬左文庫藏本，原係江户時代德川幕府第一代大將軍德川家康舊藏，後贈送其子尾張藩主家，世稱“駿河御讓本”。此本今缺《六言》一卷。

足利遺蹟圖書館藏本，原係中世時代足利學校等舊藏。

全唐風雅十二卷　唐詩人姓氏爵里一卷

（明）黄克纘　衛一鳳編

明刊本　共六册

内閣文庫藏本　原江户時代豐後佐伯藩主毛利高標等舊藏

【按】此本係仁孝天皇文政年間（1818—1829年）由出雲守毛利高翰獻贈幕府，明治初期歸内閣文庫。

卷中有“佐伯侯毛利高標字培松藏書畫之印”等印記。

（新刊）唐詩鼓吹注解大全八卷

（明）廖文炳注

明萬曆二十年（1592年）鄭雲齋宗文堂刊本

内閣文庫　東洋文庫　尊經閣文庫藏本

【按】内閣文庫藏此同一刊本兩部。一部原係楓山官庫等舊藏,共八册。一部原係江户時代林羅山等舊藏,卷中有“江雲渭樹”印記,共四册。

東洋文庫藏本,原係小田切萬壽之助等舊藏,共八册。

尊經閣文庫藏本,原係江户時代加賀藩主前田綱紀等舊藏,共四册。

(新鐫旁訓)唐詩鼓吹評林四卷

(明)屠隆評注

明萬曆二十八年(1600 年)三建書林劉龍田刊本　共二册

京都大學附屬圖書館藏本

唐音輯注三種

(明)張霞編撰

明正統四年(1439 年)序建安葉氏刊本　共六册

内閣文庫藏本　原昌平坂學問所等舊藏

【按】此本細目如次:

《唐詩始音輯注》一卷;

《唐詩正音輯注》六卷(今缺卷二);

《唐詩遺響輯注》七卷(今缺卷六、卷七)。

唐詩類苑二百卷

(明)張之象編輯　王徹校正

明萬曆二十九年(1601 年)嶺南趙應元刊本

宫内廳書陵部　内閣文庫　静嘉堂文庫　東洋文庫　尊經閣文庫　蓬左文庫　京都大學　東北大學附屬圖書館　陽明文庫藏本

【按】宫内廳書陵部藏本,共八十册。

内閣文庫藏本,原係楓山官庫等舊藏,共五十五册。

静嘉堂文庫藏本,原係宫島藤吉等舊藏,共一百二册。

尊經閣文庫藏本,原係江户時代加賀藩主前田綱紀等舊藏,共八十册。

蓬左文庫藏本,原係江户時代尾張藩主家等舊藏,共一百二册。

京都大學藏此同一刊本兩部。一部現存文學部中國語學文學哲學研究室,共五十四册。一部現存人文科學研究所東洋學文獻中心,卷中有“謝肇淛”等印記,共一百二册。

東北大學藏本,原係狩野亨吉等舊藏,共八十册。

陽明文庫藏本,原係江户時代近衛家煕及其先輩等舊藏,共九十五册。

【附録】據《賫來書目》記載,中御門天皇享保四年(1719 年)中國商船“第二十九番”南京船(船主俞枚吉)載《唐詩類苑》一部抵日本。

據《商舶載來書目》記載,櫻町天皇元文元年(1736 年)中國商船“多字號”載《唐詩類苑》一部八帙抵日本。光格天皇安永九年(1780 年)中國商船“多字號”載《唐詩類苑選》一部四帙抵日本。

據《午字番船持渡書物覺書(備忘録)》記載,桃園天皇寬延四年(1751 年)是年輸入日本《唐詩類苑》一部八帙八十册。

據《長崎官府貿易外船賫來書目》記載,桃園天皇寶曆九年(1759 年)中國商船“一番船”載《唐詩類苑》二部各八帙抵日本。

據光格天皇文化元年(1804 年)《改濟書籍目録》記載,是年中國商船“亥十番船”載《唐詩類苑》一部八帙抵日本。

桃園天皇寶曆四年(1754 年)《(長崎港)舶來書籍大意書》著録是書。其識文曰:

“《唐詩類苑》一部八十册,明人張玄超纂輯。是書集自唐開元至天祐年間帝王、公卿、名士及無名士、仙鬼、釋道、閨秀、外夷等諸體之詩凡二萬八千百餘首,分爲天文、地理、宫室、橋道、器用、服食、昆蟲、草木等三十九門,編爲二百卷。明萬寶二十九年刊行。”

唐詩類苑一百卷

(明)卓明卿編　張之象　毛文蔚校

明萬曆年間(1573—1620年)木活字刊本

宫内廳書陵部　内閣文庫　御茶之水圖書館藏本

【按】每半葉有界十行,行二十字。四周單邊,版心下方有"崧齋雕本"四字。

前有明萬曆丙戌(1586年)《序》。

宫内廳書陵部藏本,共三十册。

内閣文庫藏本,原係昌平坂學問所等舊藏,共二十八册。

御茶之水圖書館藏本,原係德富蘇峰成簣堂等舊藏,卷内有大正乙卯十月德富蘇峰手識文,共三十册。

唐詩品一百卷

(明)徐獻忠編輯

明刊本　共三十册

静嘉堂文庫藏本　原陸心源守先閣等舊藏

唐詩類鈔八卷　詩人名氏録一卷

(明)顧應祥編

明嘉靖年間(1522—1566年)刊本　共八册

内閣文庫藏本

【按】後有明嘉靖三十一年(1552年)《跋》。

内閣文庫藏此同一刊本兩部。一部原係江户時代昌平坂學問所等舊藏;一部原係楓山官庫等舊藏。

唐雅八卷

(明)胡纘宗編

明嘉靖年間(1522—1566年)文斗山堂刊本　共四册

御茶之水圖書館藏本　原德富蘇峰成簣堂等舊藏

【按】每半葉有界十行,行二十字。四周雙邊,版心鐫刻"文斗山堂"。前有明嘉靖戊申(1534年)《叙》、《後序》,又有明嘉靖己酉(1535年)曹士奇《跋》。

卷内有1911年(明治四十四年)德富蘇峰手識文。

【附録】據《商舶載來書目》記載,光格天皇安永九年(1780年)中國商船"多字號"載《唐雅》一部一帙抵日本。

據《寅十番船持渡書改目録寫》記載,光格天皇天明六年(1786年)中國商船"寅十番船"載《唐雅》一部十册抵日本,并注明:"古本,無脱紙。"

唐雅(殘本)二十二卷

(明)胡纘宗編

明嘉靖年間(1522—1566年)刊本　共六册

陽明文庫藏本　原江户時代近衛家凞及其先輩等舊藏。

【按】前有明嘉靖二十年(1541年)《序》。

是書全本二十六卷,此本今缺卷四至卷七。

唐雅同聲五十卷

(明)毛懋宗編　朱謀垔校

明崇禎年間(1628—1644年)刊本　共二十四册

静嘉堂文庫藏本

雅音會編十二卷

(明)康麟編　王鈍校

明天順七年(1463年)刊本　共六册

宫内廳書陵部藏本

【按】前有明天順癸未(1463年)王鈍《序》。

卷中有"秘蓮"、"秘閣圖書之章"等印記。

雅音會編十二卷

(明)文瑞編

明天順年間(1457—1464年)刊本　共十二册

尊經閣文庫藏本　原江户時代加賀藩主前田綱紀等舊藏

雅音會編十二卷

(明)康麟編

明嘉靖年間(1522—1566年)刊本　共十二

册

内閣文庫藏本　原江户時代林氏大學頭家等舊藏

詩緒箋四十五卷

(明)程元初編　陶望齡等校

明萬曆年間(1573—1620年)刊本

内閣文庫　尊經閣文庫藏本

【按】前有明萬曆二十七年(1599年)《序》。

此本細目如次:

《初唐風緒箋》九卷;《初唐雅緒箋》五卷;

《初唐頌緒箋》二卷;《盛唐風緒箋》十二卷;

《盛唐雅緒箋》二卷;《歷代名賢詩旨》十五卷。

内閣文庫藏本,原係楓山官庫等舊藏,共八册。

尊經閣文庫藏本,原係江户時代加賀藩主前田綱紀等舊藏。此本係《初唐風緒箋》九卷、《初唐雅緒箋》五卷、《初唐頌緒箋》二卷,凡六卷共六册。

唐風雅頌緒箋(詩緒箋)三十卷

(明)程元初編　陶望齡等校

明萬曆二十九年(1601年)刊本　共七册

内閣文庫藏本　原昌平坂學問所等舊藏

【按】此本細目如次:

《初唐風緒箋》九卷;《初唐雅緒箋》五卷;《初唐頌緒箋》二卷;《盛唐風緒箋》十二卷;《盛唐雅緒箋》二卷。

(重選)唐音大成十五卷

(明)邵天和編

明嘉靖年間(1522—1566年)刊本　共十册

内閣文庫　東京大學東洋文化研究所藏本

【按】前有明嘉靖五年(1526年)《序》。

内閣文庫藏本,原係昌平坂學問所等舊藏。

唐詩近體集韵三十卷

(明)施重光輯

明天啓年間(1621—1627年)刊本

宫内廳書陵部　東洋文庫　尊經閣文庫藏本

【按】宫内廳書陵部藏本,共十二册。

東洋文庫藏本,原係小田切萬壽之助等舊藏,共十六册。

尊經閣文庫藏本,原係江户時代加賀藩主前田綱紀等舊藏,共十四册。

唐詩艷逸品四卷

(明)楊肇祉編

明天啓年間(1621—1627年)朱墨套印刊本　共四册

内閣文庫　静嘉堂文庫藏本

【按】此本細目如次:

《唐詩名媛集》一卷;《唐詩觀妓集》一卷;

《唐詩香奩集》一卷;《唐詩名花集》一卷。

内閣文庫藏本,原係江户時代林氏大學頭家等舊藏。

(唐)詩所十二卷　附録一卷

(明)臧懋循編

明萬曆年間(1573—1620年)刊本

東京大學東洋文化研究所藏本

【按】前有明萬曆三十一年(1603年)《序》。

唐詩所四十七卷　附歷朝名氏爵里一卷　目録一卷

(明)臧懋循編

明萬曆年間(1573—1620年)金陵徐氏刊本

早稻田大學圖書館藏本

【按】前有明萬曆三十一年(1603年)《序》。

此本卷第八以下係後人寫補。

唐詩所四十七卷　附歷朝名氏爵里一卷

(明)臧懋循編

明萬曆年間(1573—1620年)刊本

内閣文庫　蓬左文庫　東京大學東洋文化研究所　大倉文化財團藏本

【按】前有明萬曆三十四年(1606年)《序》。

内閣文庫藏此同一刊本兩部。一部共二十册;一部原係江户時代林氏大學頭家等舊藏,共三十二册。

蓬左文庫藏本,原係江户時代尾張藩主家等舊藏,共十六册。

大倉文化財團藏本,原係寶善堂等舊藏,卷中有朱墨藍筆批點。又有"寶善堂"等印記。共十六册。

【附録】據《商舶載來書目》記載,中御門天皇享保十一年(1726年)中國商船"多字號"載《唐詩所》一部二帙抵日本。

唐詩所五十六卷

(明)臧懋循編

明刊本　共二十二册

京都大學附屬圖書館藏本

唐詩紀一百七十卷　目三十四卷

(明)黄德水　吴琯輯　方一元彙編　方天眷重訂

明萬曆年間(1573—1620年)古鄣吴氏刊本

内閣文庫　東洋文庫　尊經閣文庫　東京大學東洋文化研究所　京都大學文學部中國語學哲學文學研究室藏本

【按】前有明萬曆十三年李維楨(1585年)《序》。

《唐詩紀·初唐》六十卷,係黄德水等編輯;《唐詩紀·盛唐》一百十卷,係吴琯編輯。

内閣文庫藏本,原係江户時代林氏大學頭家等舊藏,共三十册。

東洋文庫藏本,原係小田切萬壽之助等舊藏,共六十四册。

尊經閣文庫藏本,原係江户時代加賀藩主前田綱紀等舊藏,共四十二册。

京都大學藏本,共二十四册。

【附録】據《商舶載來書目》記載,中御門天皇正德二年(1712年)中國商船"多字號"載《唐詩紀》一部四十册抵日本。

據《賫來書目》記載,中御門天皇享保四年(1719年)中國商船"第二十九番"南京船(船主俞枚吉)載《唐詩紀》一部抵日本。

據《午字番船持渡書物覺書》記載,桃園天皇寬延四年(1751年)輸入日本《唐詩紀》二部。其中一部三十二册,一部三十四册。

據《書籍元帳》記載,仁孝天皇天保十二年(1841年)中國商船"子二番船"(船主王雲記)載《唐詩紀》一部二帙抵日本。此書售價一部五匁。

唐詩紀一百七十卷　目三十四卷

(明)方一元編輯

明萬曆十三年(1585年)序刊本(文樞堂藏版)　共三十二册

早稻田大學圖書館藏本

唐詩紀一百七十卷　目三十四卷

(明)黄得水等輯　方一元彙編　方天眷重訂

明萬曆三十七年(1609年)序(聚錦堂藏版)刊本

國會圖書館　内閣文庫　蓬左文庫　京都大學人文科學研究所東洋學文獻中心　大倉文化財團藏本

【按】前有明萬曆十三年李維楨(1585年)《序》,又有萬曆三十七年(1609年)《序》。

國會圖書館藏本,原共四十册,現合爲十七册。

内閣文庫藏本,原係楓山官庫等舊藏,共四十册。

蓬左文庫藏本,原係江户時代尾張藩主家等舊藏。此本今缺《初唐》卷一至卷九,實存凡一百六十一卷,共二十八册。

大倉文化財團藏本,卷中有"紅藥山房"、"長白靈杰蔚生"等印記。

唐詩紀一百十卷

(明)方一元輯　方天眷重訂

明萬曆三十一年(1603年)閩方沆刊本

京都大學文學部中國語學文學哲學研究室藏本

唐詩選七卷　附一卷

(明)李攀龍編選　蔣一葵箋釋　陳繼儒重校

明刊本

宮内廳書陵部　内閣文庫　關西大學附屬圖書館内藤文庫　小如舟屋藏本

【按】每半葉九行,行二十字,小字雙行。白口,左右雙邊(24.5cm×13.9cm)。

前有李攀龍《唐詩選序》、王穉登《鋟李于鱗唐詩選叙》,又有周鉉《題唐詩箋》、吴亮《箋釋李選唐詩序》,末有蔣一葵《唐詩選跋》。後有《唐詩選附録》等。

宮内廳書陵部藏本,今存卷一至卷四,共二册。

内閣文庫藏此同一刊本兩部。一部原係江户時代豐後佐伯藩主毛利高標等舊藏。仁孝天皇文政年間(1818—1829年)由出雲守毛利高翰獻贈幕府,明治初期歸内閣文庫。卷中有"佐伯侯毛利高標字培松藏書畫之印"等印記,共四册。一部原係楓山官庫等舊藏,共四册。

關西大學藏本,原係内藤湖南等舊藏,卷中有後人寫補,共四册。

小如舟屋藏本,即係小川如舟所有,卷中有"龍源藏書"等印記,共四册。

【附録】據《齎來書目》記載,中御門天皇享保二十年(1735年)中國商船"第二十五番"廣東船(船主黄瑞周、楊叔祖)載《唐詩選》五部抵日本。

江户時代有明人李攀龍《唐詩選》七卷寫本一種,此本今缺卷四至卷七,實存三卷。此本現存早稻田大學附屬圖書館。

中御門天皇享保九年(1724年)東京小林新兵衛刊印李攀龍《唐詩選》七卷,此本係日人服部元喬校考訂。其後,此本有櫻町天皇寬保三年(1743年)江户小林新兵衛等重印本。

櫻町天皇延享二年(1745年)江户刊印李攀龍《唐詩選》七卷。此本係日人服部元喬(南郭)考訂。其後。此本有桃園天皇寶曆三年(1753年)大阪吉文字屋市兵衛、江户小林新兵衛等重印本,又有光格天皇天明二年(1782年)大阪吉文字屋市兵衛、江户小林新兵衛等重印本。

後桃園天皇安永三年(1774年)平安(京都)書林文林軒刊印明人李攀龍輯《唐詩集注》。此本係日人竹顯常集補。

光格天皇天明四年(1784年)刊印李攀龍《唐詩選》八卷。此本係日人户崎允明注、山本信有校。

光格天皇寬政四年(1792年)嵩山房小林新兵衛重刻刊印李攀龍《唐詩選》七卷。此本内封題曰"李于麟唐詩選",係日人服部元喬(南郭)考訂。其後,此本有光格天皇寬政五年(1793年)重印本,又有光格天皇寬政八年(1796年)重印本。

光格天皇寬政九年(1797年)大阪吉文字屋市兵衛、江户小林新兵衛刊印李攀龍《唐詩選》七卷,此本係日人服部元喬(南郭)考訂。

光格天皇享和元年(1801年)小林新兵衛刊印李攀龍《唐詩選》七卷。此本係日人服部元喬(南郭)校。其後,此本有光格天皇文化四年(1807年)江户嵩山房重印本。

光格天皇文化十年(1813年)江户小林新兵衛重刊印李攀龍《唐詩選》七卷。此本係日人服部元喬(南郭)校。其後此本有光格天皇文化十四年(1817年)小林新兵衛等重印本,又有仁孝天皇天保六年(1835年)小林新兵衛等重印本。

仁孝天皇文政六年(1823年)江户嵩山房小林新兵衛刊印李攀龍《唐詩選》(和訓本)。此本由日人小林高英和訓。其後,此本有文政十三年(1830年)嵩山房重印本。

仁孝天皇天保十四年(1843年)名古屋永樂屋東四郎、江户須原屋新兵衛外二軒等刊印李攀龍《唐詩選》七卷。此本係日人服部元喬(南郭)考訂。

孝明天皇嘉永七年(1854年)京都出雲寺文次郎、江户小林新兵衛外二軒等刊印李攀龍《唐詩選》七卷。此本係日人服部南郭考訂。其後,此本有孝明天皇安政二年(1855年)、萬延元年(1860年)、萬延二年(1861)、慶應三年(1867年)京都出雲寺文次郎、江户小林新兵衛外二軒等重印本。

(鍾伯敬評注)唐詩選七卷

(明)李攀龍編輯　鍾惺評注　劉孔敦批點

明末刊本

内閣文庫　東北大學附屬圖書館藏本

【按】内閣文庫藏本,今缺卷七,共三册。

東北大學藏本,原係狩野亨吉等舊藏,共四册。

(新刻陳眉公評注李于鱗)唐詩選玉七卷　首一卷

(明)李攀龍編　陳繼儒評注

明登瀛堂刊本　共四册

廣島市立淺野圖書館藏本

【按】前有李于鱗《序》,又有《唐詩選玉引》、《唐詩選玉姓氏》等。

外題署《唐詩選評注》,版心鐫刻"評注唐詩選"。

(郊庵重訂李于鱗)唐詩選七卷

(明)李攀龍編　蔣一葵注　黄家鼎評

明崇禎年間(1628—1644年)刊本

内閣文庫　大阪大學文學部懷德堂文庫藏本

【按】内閣文庫藏本,原係昌平坂學問所等舊藏,共四册。

大阪大學文學部懷德堂藏本,原係大阪懷德堂等舊藏,今存卷第三,凡一卷,共一册。

唐詩選彙解七卷　首一卷

(明)李攀龍編　徐震校

明李德舜刊本　共四册

内閣文庫藏本　原木村蒹葭堂等舊藏

(新刻李袁二先生精選)唐詩訓解七卷　首一卷

(明)李攀龍輯　袁宏道校訂

明萬曆四十六年(1618年)書林余應孔居仁堂刊本　共四册

京都大學文學部中國語學文學哲學研究室藏本

【附録】日本東山天皇元禄十五年(1702年)彌生吉且《倭版書籍考》卷之七著録《唐詩訓解》。其識文曰:

"《唐詩訓解》七卷,有注有評,有袁中郎《序》。李于鱗所作,大明萬曆年間刊本。"

江户時代有田原勘兵衛等刊印明人李攀龍選《新刻李袁二先生精選唐詩訓解》七卷。此本係據明萬曆四十六年(1618年)書林余應孔居仁堂刊本覆刊。

唐詩選合六卷

(明)李攀龍　鍾惺同輯　蔣一葵箋釋

明金陵孝友堂刊本　共四册

東京大學東洋文化研究所藏本

唐詩選感遇六卷　唐詩選紀述二卷

(明)孫慎行編

明刊本　共八册

尊經閣文庫藏本　原江户時代加賀藩主前田綱紀等舊藏

(李于鱗)唐詩廣選七卷

(明)凌弘憲編

明凌瑞森　南榮刊朱墨套印本

内閣文庫　東洋文庫　尊經閣文庫　大倉

文化財團藏本

【按】内閣文庫藏本,原係楓山官庫等舊藏,共五册。

東洋文庫藏本,原係小田切萬壽之助等舊藏,共四册。

尊經閣文庫藏本,原係江户時代加賀藩主前田綱紀等舊藏,共六册。

大倉文化財團藏本,卷中有"雲濤閣"等印記,共八册。

(删補)唐詩選脈箋釋會通評林六十卷　附爵里一卷

(明)周珽輯　陳繼儒批點

明崇禎年間(1628—1644年)刊本

東洋文庫　尊經閣文庫藏本

【按】東洋文庫藏本,原係小田切萬壽之助等舊藏,共十八册。

尊經閣文庫藏本,原係江户時代加賀藩主前田綱紀等舊藏,共二十册。

唐詩搜奇一卷

(明)楊慎編

明刊本　共一册

京都大學文學部中國語學文學哲學研究室藏本

唐詩類韵臆選五卷

(明)莊世召編

明天啓年間(1621—1627年)刊本　共三册

内閣文庫藏本　原江户時代林氏大學頭家等舊藏

【按】前有明天啓四年(1624年)《序》。

古唐詩選二十九卷　目一卷

(明)眭石編　夏長庚校

明萬曆三十七年(1609年)刊本　共二十册

宫内廳書陵部等舊藏

唐詩三集合編七十四卷　首一卷

(明)沈子來　汝修甫同輯

明天啓年間(1628—1644年)刊本　共八册

小如舟書屋藏本　原小川如海等舊藏

【按】前有明天啓四年(1624年)陳繼儒《序》。

初唐彙詩七十卷

(明)吴勉學編

明刊本　共十二册

宫内廳書陵部藏本

(新刻名公批評分門類)唐詩雋三卷

(明)孫鑛編

明蕭氏師儉堂刊本　共二册

内閣文庫藏本　原木村兼葭堂等舊藏

唐二家詩鈔十二卷

(明)梅鼎祚編

明萬曆年間(1573—1620年)鹿裘石室刊本

内閣文庫藏本　原江户時代林氏大學頭家等舊藏

【按】卷後有明萬曆七年(1579年)《跋》。

此本係《李詩鈔》四卷,《杜詩鈔》八卷。

(合刻分體)李杜全集一百八卷　首二卷

(明)劉世教輯

明萬曆四十年(1612年)刊本　原共十册(現合爲五册)

國會圖書館藏本

【按】此集細目如次:

《李翰林全集》四十二卷《首》一卷　(唐)李白撰;

《杜工部全集》六十六卷《首》一卷　(唐)杜甫撰。

【附録】據《商舶載來書目》記載,中御門天皇享保四年(1719年)中國商船"加字號"載《合刻李杜全集》一部二十册抵日本。

據《長崎官府貿易外船賫來書目》記載，桃園天皇寶曆九年（1759 年）中國商船"十番船"載《李杜合集》一部二帙抵日本。

李杜全集四十九卷

（明）玉几山人輯校

明嘉靖二十五年（1546 年）刊本　共二十四册

内閣文庫藏本

【按】全集細目如次：

《分類補注李太白詩》二十五卷《首》一卷　（唐）李白撰　（元）楊齊賢集　蕭士贇補注；

《集千家注杜工部詩集》二十卷《集千家注杜工部文集》二卷《附》一卷　（唐）杜甫撰　（元）高楚芳輯。

李杜全集（李杜詩集）四十八卷

（明）許自昌輯校

明長洲許自昌校刊本（雲林五雲堂藏版）

東洋文庫　東京大學總合圖書館　東北大學附屬圖書館　早稻田大學圖書館　廣島市立淺野圖書館藏本

【按】全集細目如次：

《分類補注李太白詩》二十五卷《年譜》一卷（唐）李白撰　（元）楊齊賢集　蕭士贇補注《年譜》（明）薛仲邕編；

《集千家注杜工部詩集》二十卷《集千家注杜工部文集》二卷　（唐）杜甫撰　（元）高楚芳輯。

東洋文庫藏本，原係小田切萬壽之助等舊藏，共二十四册。

東京大學藏本，原係覺廬文庫（市村瓚太郎買入本）等舊藏，卷中有後人修補，共四十册。

東北大學藏本，共二十册。

早稻田大學圖書館藏本，原係服部南郭家服部文庫舊藏，共十六册。

廣島市立淺野圖書館藏此同一刊本兩部。一部共十八册；一部共二十二册。

李杜全集（李杜詩集）四十八卷

（明）許自昌輯校

明覆長洲許自昌校刊本

東京大學總合圖書館　大阪天滿宫御文庫藏本

【按】全集細目如次：

《分類補注李太白詩》二十五卷《年譜》一卷（唐）李白撰　（元）楊齊賢集　蕭士贇補注《年譜》（明）薛仲邕編；

《集千家注杜工部詩集》二十卷《集千家注杜工部文集》二卷　（唐）杜甫撰　（元）高楚芳輯。

東京大學藏本，原係江户時代紀州德川家南葵文庫等舊藏。《李太白詩》有後人修補。卷中有江户時代"讀耕子"手識文，共十五册。

大阪天滿宫御文庫藏本，書箱底部有墨書曰："此書火後購所（此係日人漢文，——編著者），享和元年辛酉（1801 年）八月造函施政堂藏。"共十六册。

李杜詩選十一卷

（明）張俞光編　楊慎等評

明末刊朱墨套印本　共四册

日光輪王寺天海藏藏本　原天海大僧正等舊藏

【按】每半葉無界八行，行十八字。白口，四周單邊。

前有楊慎《李杜選題辭》。

此本係《李詩選》五卷、《杜詩選》六卷。

卷中以朱筆斷句。

（新刻翰林考證京本）李詩評選四卷　杜詩評選四卷

（明）何烓編撰　李廷機考證

明萬曆十九年（1591 年）書林熊咸初刊本

國會圖書館　尊經閣文庫藏本

【按】國會圖書館藏本，共四册。

尊經閣文庫藏本，原係江户時代加賀藩主前

田綱紀等舊藏，共一册。

李杜詩通六十一卷

(明)胡震亨輯

明永曆四年(1650年)刊本　共八册

東洋文庫藏本　原小田切萬壽之助等舊藏

【按】此本係《李詩通》二十一卷、《杜詩通》四十卷。

【附録】據《商舶載來書目》記載，中御門天皇寶永七年(1710年)中國商船"利字號"載《李杜詩通》一部八册抵日本。

據《寅十番船持渡書改目録寫》記載，光格天皇天明六年(1786年)中國商船"寅十番船"載《李杜詩通》一部十册抵日本，并注明："古本，脱紙八葉。"

韓柳合集二十八卷

(明)茅坤編

明近聖居刊本　共五册

東北大學附屬圖書館藏本　原狩野亨吉等舊藏

韓柳文一百卷

題(唐)劉禹錫編　(明)莫如士校

明嘉靖三十五年(1556年)刊本　共八册

宫内廳書陵部　大阪天滿宫御文庫藏本

【按】前有明嘉靖三十五年(1556年)寧國郡重刊序。

此本係《昌黎集》五十二卷、《河東集》四十八卷。

宫内廳書陵部藏本，共八册。

大阪天滿宫御文庫藏本，卷内有墨書"享保十六年(1731年)辛亥大津江左氏贈寄"，又有墨書"六有齋藏書"，共十二册。

(注)韓柳集

(明)蔣之翹輯注

明崇禎年間(1628—1644年)尚文堂刊本

内閣文庫　尊經閣文庫　京都大學文學部中國語學文學哲學研究室藏本

【按】前有明崇禎六年(1633年)《序》。

此本細目如次：

《唐韓昌黎集》四十卷《叙説》一卷《遺文》一卷《外集》十卷《附》一卷；

《唐柳河東集》四十五卷《叙説》一卷《外集》五卷《遺文》一卷《附》一卷。

内閣文庫藏本，共二十四册。

尊經閣文庫藏本，原江户時代加賀藩主前田綱紀等舊藏，共三十三册。

京都大學藏本，原係鈴木虎雄等舊藏，共四十八册。

【附録】東山天皇元禄十五年(1702年)彌生吉且《倭版書籍考》卷之七著録是書。其識文曰：

"《韓文》四十本、《柳文》三十六本，合七十六本。韓文公《本集》四十卷、《序》《目録》一卷、《序文論例叙説》一卷、《外集》十卷、《遺文》一卷、《附録》一卷。柳子厚《本集》四十五卷、《目録》一卷、《遺文外集》一卷、《叙説》一卷。大明崇禎年中蔣石林評注。石林名之翹，字楚穉，浙江嘉興府人。點者洛陽鵜飼石齋。"

後西天皇、靈元天皇寬文年間(1661—1672年)京都中江久四郎刊印蔣之翹編《注韓柳集》。

韓柳全集

(明)蔣之翹輯注

明崇禎年間(1628—1644年)蔣氏學山堂刊本　共三十二册

京都大學人文科學研究所東洋學文獻中心藏本

【按】前有明崇禎六年(1633年)《序》。

【附録】日本孝明天皇萬治三年(1867年)洛陽(京都)秋田屋平左衛門據明崇禎年間學山堂刊本重行刊印蔣之翹輯注《韓柳集》。

元白長慶集一百三十卷

(明)馬元調校

明萬曆年間(1573—1620年)松江馬氏刊本(實儉堂藏版)　共十二册

東洋文庫　東京大學東洋文化研究所　京都大學藏本

【按】此本係唐人元稹《元氏長慶集》六十卷并《補遺》六卷、唐人白居易《白氏長慶集》七十一卷之合刊本。

東洋文庫藏本,原係小田切萬壽之助等舊藏,共二十四册。

京都大學藏此同一刊本三部。一部現存文學部中國語學文學哲學研究室,此本今無《元氏長慶集補遺》六卷,共十二册。兩部現存人文科學研究所東洋學文獻中心,一部共二十四册;一部共十册。

【附録】據《商舶載來書目》記載,光格天皇天明三年(1783年)中國商船"計字號"載《元白長慶集》一部四帙抵日本。

據《寅十番船持渡書改目録寫》記載,光格天皇天明六年(1786年)中國商船"寅十番船"載《元白長慶集》一部四帙三十二册抵日本,并有前注,曰:"元白二氏集皆以編次於穆宗朝,題曰《長慶集》,惜其傳久而不無漫漶以僞也。"後又有注曰:"《元集序》一篇缺,無脱紙,間或有補寫。"

日本東山天皇元禄五年(1692年)林氏五郎刊印《二白詩選》二卷。

元白長慶集一百四十卷

(明)馬元調校

明刊本　共二十册

内閣文庫藏本

【按】此本細目如次:

《元氏長慶集》六十卷《首》一卷《補》六卷;

《白氏長慶集》七十一卷《目》二卷。

元白長慶集一百三十五卷

(明)馬元調校

明萬曆三十二年(1604年)刊本　共二十册

宫内廳書陵部藏本

元白長慶集一百四十集

(明)馬元調校

明刊本　共二十二册

陽明文庫藏本　原係江户時代近衛家凞及其先輩等舊藏

(王鳳洲先生校選)元稹長慶集九卷　(王鳳洲先生校選)白樂天長慶集二十二卷

(明)徐守銘編　張學禮校

明寧壽堂刊本　共八册

内閣文庫藏本

【按】内閣文庫藏此同一刊本兩部。一部原係楓山官庫等舊藏;一部原係江户時代林氏大學頭家等舊藏。

孫可之文集(孫劉合刻)十六卷

(明)黄煒然　黄也剛輯

明崇禎十六年(1643年)刊本(暎蓮堂藏版)

國會圖書館　内閣文庫藏本

【按】此本細目如次:

《孫可之文集》十卷　(唐)孫樵撰;

《唐劉蜕集》六卷　(唐)劉蜕撰。

國會圖書館,原共四册,現合爲二册。

内閣文庫藏此同一刊本兩部,皆共二册,其中一部原係楓山官庫等舊藏。

韋孟全集七卷

(明)袁宏道評

明刊本　共三册

内閣文庫藏本　原楓山官庫等舊藏

【按】此本係《韋蘇州集》五卷、《孟襄陽集》二卷。

二張詩集四卷

(明)高叔嗣編

明嘉靖年間(1522—1566年)刊本　共四册

内閣文庫藏本　原昌平坂學問所等舊藏

【按】此本係(唐)張九齡撰《張曲江集》二卷、(唐)張水撰《張燕公集》二卷。

三唐人文集三十四卷

(明)毛晉編

明常熟毛氏汲古閣刊本

静嘉堂文庫　京都大學人文科學研究所東洋學文獻中心藏本

【按】此集細目如次:

《李文公集》十八卷;

《孫可之集》十卷;

《皇甫持正集》六卷。

静嘉堂文庫藏本,原係陸心源十萬卷樓等舊藏,共四册。

京都大學藏本,共八册。

唐人四集(四唐人集　唐四名家集)十二卷

(明)毛晉編

明常熟毛氏汲古閣刊本

静嘉堂文庫　京都大學藏本

【按】此集細目如次:

李賀《歌詩編》四卷、《集外集》一卷;

吴融《唐英歌詩》三卷;

杜荀鶴《唐風集》三卷;

竇常、竇牟、竇群等《竇氏聯珠集》一卷。

静嘉堂文庫藏本,原係陸心源十萬卷樓等舊藏,共二册。

京都大學藏此同一刊本兩部,皆係吴門寒松堂藏版。一部現存文學部中國語學文學哲學研究室,共四册。一部現存人文科學研究所東洋學文獻中心,共六册。

【附録】據《商舶載來書目》記載,中御門天皇享保十一年(1726年)中國商船"多字號"載《唐四家詩集》一部一帙抵日本。

初唐四子集四十四卷

(明)張燮輯

明崇禎年間(1628—1644年)張氏刊本　共六册

宫内廳書陵部藏本

【按】此本細目如次:

《王子安集》十六卷《附録》一卷　(唐)王勃撰;

《楊盈川集》十三卷《附録》一卷　(唐)楊炯撰;

《幽憂子集》七卷《附録》一卷　(唐)盧照鄰撰;

《駱丞集》八卷《附録》一卷　(唐)駱賓王撰。

卷中有"穎川"、"磐生"、"秘閣圖書之章"印記等。

(東壁圖書府)唐人集

(明)張遜業校

明江都黄埻刊本

宫内廳書陵部　京都大學文學部中國語學文學哲學研究室藏本

【按】版心鐫刻"東壁圖書府"五字,下方又有"江郡新繩"四字。

《王勃集》首有明嘉靖壬子(1553年)張遜業《序》。

各家詩集皆題"永嘉張遜業有功校正","江都黄埻子篤梓行"。

宫内廳書陵部藏本,今存王勃、楊炯、杜審言、盧照鄰、沈佺期、陳子昂、宋之問,凡七家詩集十四卷。卷中有"竹溪真賞"、"竹溪養素軒中俛鳳"、"竹溪"、"書史傳家"、"養素齋圖書印"、"秘閣圖書之章"、"家藏實玩"等印記,共五册。

京都大學藏本,今存《孟浩然集》二卷、《《沈佺期集》二卷、《杜審言集》二卷、《宋之問集》二卷。凡四家詩集共二册。

【附録】據《商舶載來書目》記載,後櫻町天皇明和元年(1765年)中國商船“登字號”載《東壁圖書府》一部十册抵日本。

唐人六集四十二卷

(明)毛晉編

明常熟毛氏汲古閣刊本

静嘉堂文庫　京都大學人文科學研究所東洋學文獻中心　古義堂藏本

【按】此集細目如次:

《常建詩集》三卷《集外詩》一卷　(唐)常建撰;

《韋蘇州集》十卷《拾遺》一卷　(唐)韋應物撰;

《王建詩》八卷　(唐)王建撰;

《鮑溶詩集》六集《集外詩》一卷　(唐)鮑溶撰:

《姚少監詩集》十卷　(唐)姚合撰;

《韓内翰别集》一卷《補遺》一卷　(唐)韓偓撰。

静嘉堂文庫藏本,原係陸心源十萬卷樓等舊藏。此本今缺常建《集外詩》一卷、韋應物《拾遺》一卷、韓偓《補遺》一卷,共四册。

京都大學藏本,共六册。

古義堂藏本,原係伊藤仁齋、伊藤東涯等舊藏,共八册。

【附録】據《商舶載來書目》記載,桃園天皇寶曆四年(1754年)中國商船“多字號”載《唐詩六家集》一部一帙抵日本。

桃園天皇寶曆四年(1754年)《(長崎港)舶來書籍大意書》著録是書。其識文曰:

“《唐名六家集》一部八册。明毛子晋校正。常建詩三卷,凡詩五十餘首;鮑溶詩六卷,凡詩三十餘首;鮑溶集外詩一卷,凡詩三十餘首;韋應物《韋蘇州集》十卷,凡詩四百五十餘首、拾遺八首;姚合《姚少監詩集》十卷,凡詩五百餘首;王建詩八卷,凡詩四百四十餘首;韓偓《韓内翰别集》一卷,凡詩二百三十餘首、補遺五首,共凡六家集。”

唐人選唐詩八種

(明)毛晉編

明崇禎元年(1628年)虞山毛氏汲古閣刊本

宫内廳書陵部　内閣文庫　静嘉堂文庫　尊經閣文庫　京都大學藏本

【按】此本細目如次:

《御覽詩》一卷　(唐)令狐楚編;

《篋中集》一卷　(唐)元結編;

《國秀集》三卷　(唐)芮挺章編;

《河岳英靈集》三卷　(唐)殷璠編;

《中興間氣集》二卷　(唐)高仲武編;

《搜玉小集》一卷　(唐人編撰,不署姓名);

《極玄集》二卷　(唐)姚合編;

《才調集》十卷　(唐)韋穀編。

宫内廳書陵部藏本,共十六册。

内閣文庫藏此同一刊本兩部。一部原係豐後佐伯藩主毛利高標等舊藏。此本係仁孝天皇文政年間(1818—1829年)由出雲守毛利高翰獻贈幕府,明治初年歸内閣文庫。卷中有“佐伯侯毛利高標字培松藏書畫之印”等印記,共六册。一部原係楓山官庫等舊藏,共十二册。

静嘉堂文庫藏此同一刊本兩部。一部原係陸心源守先閣等舊藏,共四册。一部原係陸心源十萬卷樓等舊藏,此本今缺《才調集》十卷,共二册。

尊經閣文庫藏本,原係江户時代加賀藩主前田綱紀等舊藏,共二十四册。

京都大學藏此同一刊本兩部。一部現存文學部中國語學文學哲學研究室,今缺《極玄集》二卷、《才調集》十卷兩種,共六册。一部現存人文科學研究所東洋學文獻中心,共十四册。

【附録】日本空海和尚(弘法大師,774—835年)有《文鏡秘府論》六卷存世,其“南卷,定位”中曰:“粤若王維、王昌齡、儲光羲等三十五人,皆河嶽英靈也,此集便以《河嶽英靈》爲號。詩二百七十五首,爲上下卷。”這是日本古文獻中關於《河嶽英靈集》的最早之記録。

據《商舶載來書目》記載，中御門天皇寶永七年（1710年）中國商船“多字號”載《唐人選唐詩》一部十二册抵日本。桃園天皇寶曆四年（1754年）中國商船“多字號”載《唐詩才調集》一部一帙抵日本。

據《寅十番船持渡書改目録寫》記載，光格天皇天明六年（1786年）中國商船“寅十番船”載《唐人選唐詩》一部一帙八册抵日本。

據《書籍元帳》記載，孝明天皇嘉永二年（1849年）中國商船“申四番船”載《才調集》二部（其中，一部六册，一部四册）抵日本。此書一部售價四匁。同年，中國商船“西三番船”載《才調集》一部一帙抵日本。此書一部售價四匁。

桃園天皇寶曆四年（1754年）《（長崎港）舶來書籍大意書》著録《唐詩才調集》。其識文曰：

“《唐詩才調集》一部四册，蜀時韋縠輯，明人馮班等補其殘缺，輯唐人古律雜歌等凡千首，編爲十卷。”

仁孝天皇天保十五年（1844年）樾山精一《官板書籍解題略》卷下著録此本，其識文曰：

“《篋中集》一卷，唐元結編。此集成於乾元三年，録沈千運、王季友、于逖、孟雲卿、張彪、趙徵明、元季川共七人凡二十四首。前有《自序》，曰先賢遺文，阻絶難尋，惟總其篋中所存，編而爲集，故名《篋中集》。所收之詩，取其精華，百存其一，淳古淡泊，絶無雕節。

《國秀集》三卷，唐芮挺章編。挺章里貫不詳，諸書稱爲國子進士，蓋太學生也。前有舊《序》，言是集編於天寶三年，所收九十人，凡二百二十首。宋元祐年間曾彦和《跋》云，補所缺詩一篇。至毛晉校定，仍虚三人，本編内實八十五人，凡詩二百十一首。

《河嶽英靈集》三卷，唐殷璠編。璠丹陽人，《序》首題曰‘進士’，《書目解題》亦曰‘唐進士’，其始末未詳。是集録自常建至關防二十四人，凡二百三十四首。其體仿鍾嶸《詩品》之例，於姓名下著品題，分其次第，然所選篇數無多。

《中興間氣集》二卷，唐高仲武編。前有《自序》，曰録自至德之初至於大歷之末二十六人，凡詩一百十首。卷末有（宋）元祐曾子泓《跋》，稱此書獨逸鄭當一人遺詩八首，蓋是書宋時已殘缺。陳氏《書目》云，所録詩一百三十二首，仿《河嶽英靈集》之體，姓氏下有品題，并摘録其警句。然缺張衆甫、章拿元、戴叔倫、孟雲卿、劉灣五人。

《搜玉小集》一卷，不署編纂者姓名。鄭樵《通志》已著録，《目》載三十七人，凡詩六十三首。此乃毛晉重刊所厘定，所考頗詳。

《極玄集》二卷，唐姚合編。是集録自王維至戴叔倫二十一家詩，凡一百首，今存九十九首。姚合自稱詩家射雕子，亦非虚語也。詩家爵里登科，詳以年次，兼具總集小傳，實始自此書矣。

《才調集》十卷，蜀韋縠編。縠仕於王建，爲監察御史，里貫事迹不詳。是集每卷録詩凡一百首，合計共凡一千首。《自序》稱李杜之集、元白之詩，無不畢集。然卷中實無杜詩，蓋杜詩高古，與其書體例不同，故未采録。集中舛訛頗多，如録李白《愁陽春賦》，此爲賦而非詩也；又録王建《宫中調笑詞》，此爲詞而亦非詩也。又録賀知章《柳枝詞》，此乃劉采春所作之歌，而非知章之曲。姓名之訛亦多，且諸家有遺漏之篇，如白居易《於江南贈蕭十九》、賈島《贈杜駙馬》等。然此書可以存舊，又具考證之資料。”

仁孝天皇文政七年（1824年）昌平坂學問所刊印唐元結編《篋中集》一卷、唐殷璠編《河嶽英靈集》三卷、唐芮挺章編《國秀集》三卷、唐高仲武編《中興間氣集》二卷、并唐人無名氏《搜玉小集》一卷。

仁孝天皇文政八年（1825年）昌平坂學問所

刊印唐人姚合編《極玄集》二卷、唐韋縠編《才調集》十卷。

八唐人集四十二卷

(明)毛晉編

明常熟毛氏汲古閣刊本

静嘉堂文庫　東京大學總合圖書館藏本

【按】此集細目如次:

李群玉《李文山詩集》三卷;

賈島《長江集》十卷;

李商隱《李義山集》三卷;

李中《碧雲集》三卷;

薛能《薛許昌集》十卷;

李嘉裕《臺閣集》一卷;

羅隱《甲乙集》十卷;

許渾《丁卯集》二卷。

静嘉堂文庫藏本,原係陸心源十萬卷樓等舊藏,共七册。

東京大學藏本,原係江户時代紀州德川家南葵文庫等舊藏。此本今存羅隱《甲乙集》(殘本)卷一至卷四、許渾《丁卯集》二卷、李商隱《李義山集》三卷,共五册。

中晚唐九家詩

(明)毛晉編

明常熟毛氏汲古閣刊本　共十册

内閣文庫藏本　原昌平坂學問所等舊藏

【按】此本細目如次:

《追昔游集》三卷;　《長江集》十卷;

《臺閣集》一卷;　《李義山集》三卷;

《丁卯集》二卷;　《薛許昌集》十卷;

《李文山集》三卷;　《甲乙集》十卷;

《碧雲集》三卷。

【附録】據《書籍元帳》記載,仁孝天皇弘化四年(1847 年)中國商船"午二番船"載《九家詩》一部一帙抵日本。此書一部售價一匁三分。

十唐人集十八卷

明人編,不署姓名

明銅活字刊本　共六册

静嘉堂文庫藏本　原陸心源十萬卷樓等舊藏

【按】此集細目如次:

《杜審言集》二卷;　《孫逖集》一卷;

《沈佺期集》四卷;　《王勃集》二卷;

《駱賓王集》二卷;　《虞世南集》一卷;

《許敬宗集》一卷;　《玄宗集》二卷;

《嚴武集》一卷;　《李嘉祐集》二卷。

唐十二名家詩

(明)楊一統編

明萬曆年間(1573—1620 年)刊本　共十册

内閣文庫藏本　原江户時代林氏大學頭家等舊藏

【按】前有明萬曆十一年(1583 年)《序》。

此集細目如次:

《王勃集》一卷　(唐)王勃撰;

《楊炯集》一卷　(唐)楊炯撰;

《盧照鄰集》一卷　(唐)盧照鄰撰;

《駱賓王集》一卷　(唐)駱賓王撰;

《陳子昂集》一卷　(唐)陳子昂撰;

《杜審言集》一卷　(唐)杜審言撰;

《沈佺期集》一卷　(唐)沈佺期撰:

《宋之問集》一卷　(唐)宋之問撰;

《孟浩然集》一卷　(唐)孟浩然撰;

《王維集》一卷　(唐)王維撰;

《高適集》二卷　(唐)高適撰;

《岑參集》二卷　(唐)岑參撰。

前唐十二家詩集二十四卷

(明)許自昌輯

明萬曆年間(1573—1620 年)晋安鄭能重刊本

國會圖書館　京都大學文學部中國語學文學哲學研究室藏本

【按】此集細目與内閣文庫本同，惟十二人排列次序略有不同。

國會圖書館藏本，共十册。

京都大學藏本，共十二册。

【附録】據《商舶載來書目》記載，後櫻町天皇明和二年（1765 年）中國商船“久字號”載《十二家唐詩》一部一帙抵日本。

桃園天皇寶曆四年（1754 年）《（長崎港）舶來書籍大意書》著録是書。其識文曰：

“《十二家唐詩》一部八册，明人許玄祐校正。是書合編《王勃集》二卷，賦十一篇、詩八十餘首；《楊炯集》二卷，賦七篇、詩三十餘首；《盧照鄰集》二卷，賦五篇、詩八十餘首；《駱賓王集》二卷，賦二篇、詩百三十餘首；《陳子昂集》二卷，賦一篇、詩百十餘首；《杜審言集》二卷，詩四十餘首；《沈佺期集》二卷，賦二篇、引一篇、詩百三十餘首；《宋之問集》二卷，賦二篇、詩百七十餘首；《孟浩然集》二卷，詩二百六十餘首；《王摩詰集》二卷，賦一篇、詩四百十餘首、友人唱和詩四十餘首；高適《高常侍集》二卷，賦二篇、詩二百四十餘首；岑參《岑嘉州集》二卷，詩三百八十餘首，共凡十二集，萬曆三年刊行。”

前唐十二家詩集二十四卷

（明）許自昌輯

明閶瑯嬛齋刊本　共八册

内閣文庫藏本　原楓山官庫等舊藏

【按】此集細目如次：

《王勃集》二卷　（唐）王勃撰；

《楊炯集》二卷　（唐）楊炯撰；

《盧照鄰集》二卷　（唐）盧照鄰撰；

《駱賓王集》二卷　（唐）駱賓王撰；

《陳子昂集》二卷　（唐）陳子昂撰；

《杜審言集》二卷　（唐）杜審言撰；

《沈佺期集》二卷　（唐）沈佺期撰；

《宋之問集》二卷　（唐）宋之問撰；

《孟浩然集》二卷　（唐）孟浩然撰；

《王摩詰集》二卷　（唐）王維撰；

《高常侍集》二卷　（唐）高適撰；

《岑嘉州集》二卷　（唐）岑參撰。

中唐詩十二家

（明）蔣惟忠編

明嘉靖年間（1522—1566 年）刊本　共十六册

尊經閣文庫藏本　原江户時代加賀藩主前田綱紀等舊藏

中唐十二家詩

（明）朱之藩校

明羅順標等刊本

國會圖書館　内閣文庫藏本

【按】前有明萬曆四十年（1612 年）《序》。

此集細目如次：

《儲光羲集》一卷　（唐）儲光羲撰；

《毗陵詩集》一卷　（唐）獨孤及撰；

《唐孫集賢詩集》一卷　（唐）孫逖撰；

《唐崔補闕詩集》一卷　（唐）崔峒撰；

《唐錢起詩集》一卷　（唐）錢起撰；

《唐隨州詩集》一卷　（唐）劉長卿撰；

《唐劉賓客詩集》一卷《劉賓客外集》一卷　（唐）劉禹錫撰；

《唐盧户部詩集》一卷　（唐）盧綸撰；

《唐張司業詩集》一卷　（唐）張籍撰；

《唐王建詩集》一卷　（唐）王建撰；

《唐賈浪仙長江詩集》一卷　（唐）賈島撰；

《唐李義山詩集》一卷　（唐）李商隱撰。

國會圖書館藏本，原凡十一册，現合爲五册。

内閣文庫藏本，原係江户時代林氏大學頭家等舊藏，共十二册。

十三唐人詩

（明）劉雲份編

明野香堂刊本　共六册

内閣文庫藏本　原昌平坂學問所等舊藏

【按】此本細目如次：

《姚合》一卷；《周賀》一卷；
《戎昱》一卷；《唐球》一卷；
《沈亞之》一卷；《儲嗣宗》一卷；
《曹鄴》一卷；《姚鵠》一卷；
《邵謁》一卷；《韓偓》一卷；
《林寬》一卷；《孟貫》一卷；
《伍喬》一卷。

唐詩二十六家

（明）黄貫曾輯

明嘉靖三十三年（1554 年）黄氏浮玉山房刊本　共十二册

内閣文庫藏本　原楓山官庫等舊藏

【按】每半葉十行，行十九字。

《目録》後有刊印木記"嘉靖甲寅首春，江夏黄氏刻於浮玉山房"二行。

各卷間有書手與刻工姓名，如《李嶠集》中有"吴時用書黄"、"周賢金賢刊"等。

此本細目如次：

《李嶠集》三卷；《蘇廷碩集》二卷；
《虞世南集》一卷；《許敬宗集》一卷；
《李頎集》三卷；《王昌齡集》二卷；
《崔顥集》二卷；《崔曙集》一卷；
《祖咏集》一卷；《常建集》一卷；
《嚴武集》一卷；《皇甫冉集》三卷；
《皇甫曾集》二卷；《權德輿集》二卷；
《李益集》二卷；《司空曙集》二卷；
《嚴維集》二卷；《武元衡集》三卷；
《李嘉祐集》二卷；《耿湋集》二卷；
《秦隱君集》一卷；《郎士元集》二卷；
《包何集》一卷；《顧況集》二卷；
《韓君平集》三卷。

此本今缺《包佶集》一卷。

【附録】桃園天皇寶曆四年（1754 年）《（長崎港）舶來書籍大意書》著録是書。其識文曰：

"《二十六家唐詩》一部六册，明人黄貫曾編。是書選唐之李嶠、蘇廷碩、虞世南、許敬宗、李頎、王昌齡、崔顥、崔曙、祖咏、常建、嚴武、皇甫冉、皇甫曾、權德輿、李益、司空曙、嚴維、顧況、韓君平、武元衡、李嘉祐、耿湋、秦隱君、郎士元、包何、包佶二十六人之諸體詩凡二千二百六十餘首，分爲各集，明嘉靖三十二年刊行。"

唐百家詩

（明）朱警編

明嘉靖年間（1522—1566 年）刊本

宫内廳書陵部　内閣文庫　尊經閣文庫　大倉文化財團　御茶之水圖書館藏本

【按】每半葉十行，行十八字。白口，左右雙邊。

前有嘉靖十九年（1540 年）徐獻忠《唐詩序》，又有《唐百家詩詩目》。

此本細目如次：

初唐二十一家

《唐太宗文皇帝集》一卷　（唐）太宗撰；
《虞世南集》一卷　（唐）虞世南撰；
《許敬宗集》一卷　（唐）許敬宗撰；
《李百藥集》一卷　（唐）李百藥撰；
《楊師道集》一卷　（唐）楊師道撰；
《董思恭集》一卷　（唐）董思恭撰；
《劉廷芝集》一卷　（唐）劉廷芝撰；
《王勃集》二卷　（唐）王勃撰；
《楊炯集》二卷　（唐）楊炯撰；
《盧照鄰集》二卷　（唐）盧照鄰撰；
《駱賓王集》二卷　（唐）駱賓王撰；
《唐喬知之詩集》一卷　（唐）喬知之撰；
《陳伯玉集》二卷　（唐）陳子昂撰；
《杜審言詩集》一卷　（唐）杜審言撰；
《沈雲卿集》二卷　（唐）沈佺期撰；
《宋之問集》二卷　（唐）宋之問撰；
《李嶠集》三卷；（唐）李嶠撰；
《蘇廷碩集》二卷　（唐）蘇廷碩撰；
《張説之集》一卷　（唐）張説之撰；
《張九齡集》六卷　（唐）張九齡撰；
《盧僎集》一卷　（唐）盧僎撰；

盛唐十家

《唐玄宗皇帝集》二卷　（唐）玄宗撰；
《崔顥詩集》一卷　（唐）崔顥撰；
《李頎詩集》一卷　（唐）李頎撰；
《祖咏集》一卷　（唐）祖咏撰；
《孟浩然集》二卷　（唐）孟浩然撰；
《王昌齡詩集》三卷　（唐）王昌齡撰；
《常建詩集》二卷　（唐）常建撰；
《顔魯公詩集》一卷　（唐）顔真卿撰；
《崔曙集》一卷　（唐）崔曙撰；
《嚴武集》一卷　（唐）嚴武撰；
中唐二十七家
《（郎士元）詩集》一卷　（唐）郎士元撰；
《（皇甫冉）詩集》二卷　（唐）皇甫冉撰；
《皇甫御史詩集》一卷　（唐）皇甫曾撰；
《唐司空文明集》三卷　（唐）司空曙撰；
《李端詩集》三卷　（唐）李端撰；
《耿湋詩集》一卷　（唐）耿湋撰；
《嚴維詩集》一卷　（唐）嚴維撰；
《唐靈一詩集》一卷　（唐）釋靈一撰；
《唐皎然詩集》一卷　（唐）釋皎然撰；
《韓君平集》三卷　（唐）韓翃撰；
《唐包秘監詩集》一卷　（唐）包佶撰；
《唐包刑侍詩集》一卷　（唐）包何撰；
《華陽真逸詩》二卷　（唐）顧况撰；
《戎昱詩集》一卷　（唐）戎昱撰；
《李益集》二卷　（唐）李益撰；
《于鵠詩集》一卷　（唐）于鵠撰；
《戴叔倫集》二卷　（唐）戴叔倫撰；
《權德輿集》二卷　（唐）權德輿撰；
《武元衡集》三卷　（唐）武元衡撰；
《羊士諤詩集》一卷　（唐）羊士諤撰；
《唐張處士詩集》五卷　（唐）張祜撰；
《會昌進士詩集》一卷　（唐）馬戴撰；
《唐秦隱君詩集》一卷　（唐）秦系撰；
《吕衡州詩集》一卷　（唐）吕温撰；
《張司業樂府集》一卷　（唐）張籍撰；
《李長吉集》四卷　（唐）李賀撰；
《李嘉祐集》五卷　（唐）李嘉祐撰；
晚唐四十二家
《劉滄詩集》一卷　（唐）劉滄撰；
《盧仝詩集》二卷《集外詩》一卷　（唐）盧仝撰；
《朱慶餘詩集》一卷　（唐）朱慶餘撰；
《周賀詩集》一卷　（唐）周賀撰；
《喻鳧詩集》一卷　（唐）喻鳧撰；
《項斯詩集》一卷　（唐）項斯撰；
《（曹鄴）詩集》二卷　（唐）曹鄴撰；
《（李洞）詩集》三卷　（唐）李洞撰；
《李昌符詩集》一卷　（唐）李昌符撰；
《李山甫詩集》一卷　（唐）李山甫撰；
《崔塗詩集》一卷　（唐）崔塗撰；
《張喬詩集》四卷　（唐）張喬撰；
《張蠙詩集》一卷　（唐）張蠙撰；
《邵謁詩》一卷　（唐）邵謁撰；
《劉駕詩集》一卷　（唐）劉駕撰；
《唐李推官披沙集》六卷　（唐）李咸用撰；
《劉叉詩集》三卷　（唐）劉叉撰；
《蘇拯詩集》一卷　（唐）蘇拯撰；
《章孝標詩集》一卷　（唐）章孝標撰；
《于濆詩集》一卷　（唐）于濆撰；
《李丞相詩集》二卷　（唐）李建勛撰；
《唐女郎魚玄機詩》一卷　（唐）魚玄機撰；
《比紅兒詩》一卷　（唐）羅虬撰；
《唐貫休詩集》一卷　（唐）釋貫休撰；
《唐齊己詩集》一卷　（唐）釋齊己撰；
《僧無可詩集》二卷　（唐）釋無可撰；
《曹松詩集》一卷　（唐）曹松撰；
《劉兼詩集》一卷　（唐）劉兼撰；
《鄭巢詩集》一卷　（唐）鄭巢撰；
《王周詩集》一卷　（唐）王周撰；
《于鄴詩集》一卷　（唐）于鄴撰；
《儲嗣宗詩集》一卷　（唐）儲嗣宗撰；
《章碣詩集》一卷　（唐）章碣撰；
《伍喬詩集》一卷　（唐）伍喬撰；
《唐姚鵠詩集》一卷　（唐）姚鵠撰；
《李遠詩集》一卷　（唐）李遠撰；
《羅鄴詩集》一卷　（唐）羅鄴撰；
《林寬詩集》一卷　（唐）林寬撰；

《經進周曇咏史詩》三卷　(唐)周曇撰;

《劉威詩集》一卷　(唐)劉威撰

《秦韜玉詩集》一卷　(唐)秦韜玉撰;

《殷文珪詩集》一卷　(唐)殷文珪撰。

宫内廳書陵部藏此同一刊本兩部,原皆係江户時代德山藩主家舊藏,乃其三代主毛利元次廣收"天下秘籍"之一。東山天皇寶永三年(1706年)《御書物目録》著録此本,明治二十九年(1896年)男爵毛利元公獻贈宫内省圖書寮(即今宫内廳書陵部)。其中一部爲一百七十卷,有缺卷,卷中有"明倫館印"、"德藩藏書"等印記,共三十六册。一部今存唐人二十一家,卷中有"涵春樓記"、"德藩藏書"等印記,共十二册。

内閣文庫藏本,原係昌平坂學問所等舊藏,共三十二册。

尊經閣文庫藏本,原係江户時代加賀藩主前田綱紀等舊藏,共二十四册。

大倉文化財團藏本,原係蔣珣等舊藏。此本今存唐人詩五十三種,卷中有"鹿原林氏所藏"、"晋安薩玉香"、"蔣珣"等印記。共三十二册。

御茶之水圖書館藏本,原係人見友元、小野節家等舊藏,後歸德富蘇峰成簣堂。此本今缺《唐詩品》一卷與《唐太宗文皇帝集》一卷,存《虞世南集》以下文卷。封面仍係原配裝,卷中有"小野節家藏書"、"宜爾子孫"等印記。

【附録】據《商舶載來書目》記載,光格天皇天明三年(1783年)中國商船"多字號"載《唐詩百名家集》一部八帙及《唐百家詩集》一部四帙抵日本。天明八年(1788年)中國商船"多字號"載《唐詩百家集》一部六帙抵日本。

唐詩鏡五十四卷　目二卷

(明)陸時雍編

明刊本

内閣文庫藏本

唐應試詩三卷

(明)吴汶　吴英編

明文彙堂刊本　共一册

内閣文庫藏本　原江户時代林氏大學頭家等舊藏

【附録】據《賫來書目》記載,中御門天皇享保四年(1719年)中國商船"第二十九番"南京船(船主俞枚吉)載《唐人試帖》五十部抵日本。

全唐詩十五卷

(明)李默　鄒守愚同輯

明嘉靖二十六年(1547年)泰和曾歲漢刊本　共四册

京都大學文學部中國語學文學哲學研究室藏本

唐文粹删十卷

(明)張溥删定

明刊本　共六册

京都大學文學部中國語學文學哲學研究室藏本

唐文歸二十四卷

(明)朱東觀編

明古香齋刊本　共十六册

内閣文庫藏本　原楓山官庫等舊藏

【附録】據《商舶載來書目》記載,中御門天皇正德元年(1711年)中國商船"多字號"載《唐宋文歸》一部六十册抵日本。光格天皇寬政十年(1798年)中國商船"多字號"載《唐文歸》一部十六册抵日本。

唐文初集三卷　唐大中集一卷

(明)鍾惺編

明刊本　共一册

内閣文庫藏本　原楓山官庫等舊藏

唐判選八卷

(明)劉乾明撰

明萬曆年間(1573—1620年)刊本　共四册

尊經閣文庫藏本　原江户時代加賀藩主前田綱紀等舊藏

唐會元精選場屋備用策海正傳十二卷

明人編撰不署姓名

明嘉靖年間(1522—1566年)刊本　共十二册

尊經閣文庫藏本　原江户時代加賀藩主前田綱紀等舊藏

唐文補(不分卷)

(清)何夢華撰　勞季言增輯

何夢華手稿本　共二册

静嘉堂文庫藏本　原陸心源十萬卷樓等舊藏

【按】卷首有某氏手識文二則。其一曰:

"《全唐文補遺》兩册,錢塘何夢華初稿,故人勞季言所增輯者,并删其重復數篇。壬寅初夏,雨窗展卷,倍覺黯然。"

其二曰:

"歐陽詹《弔漢武帝文》,《全唐文》收入李觀下,不知李翁何所據而爲詹?然文義較《全文》所收爲優,多且一句。丙戌立夏後二日,　少青記。"

瀛奎律髓四十九卷

(元)方回編

明成化三年(1467年)紫陽書院刊本

内閣文庫藏本

【按】内閣文庫藏此同一刊本三部。一部原係昌平坂學問所等舊藏,共二十册。一部原係清人馮班舊藏,後歸昌平坂學問所,此本有後修補葉,共六册。一部原係楓山官庫等舊藏,卷内有後修補葉,共六册。

【附録】據《長崎官府貿易外船賫來書目》記載,桃園天皇寶曆九年(1759年)中國商船"一番船"載《瀛奎律髓》五部各二帙抵日本。

據《書籍元帳》記載,仁孝天皇天保十二年(1841年)中國商船"子一番船"(船主劉念國)載《瀛奎律髓》一部二帙抵日本。此書售價十匁。仁孝天皇弘化二年(1845年)中國商船"辰字號"載《瀛奎律髓　刊誤》六部(其中,五部各二帙,一部三帙)抵日本。此書一部開標價二十匁,安田屋吉太郎以每部三十五匁二分購入。

據仁孝天皇天保十四年(1843年)《漢籍發賣投標記録》記載,是年《瀛奎律髓》二部各二帙(其中,一部十六册,一部八册),一部投標價分别爲今村廿五匁五分,三枝廿六匁,村と廿八匁九分。仁孝天皇天保十五年(1844年)《瀛奎律髓》六部各一帙十二册,一部投標價分别爲鐵屋廿匁,松之屋廿匁,安田屋三十五匁六分。

日本靈元天皇寬文十一年(1671年)村上平樂寺據明成化三年紫樣陽書院本刊印元人方回編《瀛奎律髓》四十九卷。

光格天皇文化二年(1805年)江户須原屋茂兵衛刊印元人方回編《瀛奎律髓》三卷。

日本東山天皇元禄十五年(1702年)彌生吉且《倭版書籍考》卷七著録此本,其識文曰:

"《瀛奎律髓》四十九卷,精選唐宋律詩,分四十九門類,係元朝方回萬里所作。此本有《自序》,又有朝鮮尹孝孫等《跋》。"

瀛奎律髓(殘本)五卷

(元)方回編

明嘉靖年間(1522—1566年)刊本　共一册

御茶之水圖書館藏本　原德富蘇峰成簣堂等舊藏

【按】是書全本四十九卷。此本今存卷十三至卷十七,凡五卷。

卷末有德富蘇峰手識文。

卷中有"川竹一氏藏書印"、"森氏開萬册府之記"等印記。

唐宋元名表四卷

(明)胡松編
明嘉靖年間(1522—1566年)刊本　共二册
静嘉堂文庫藏本　原陸心源守先閣等舊藏

唐宋八大家選二十四卷

(明)鍾惺編　汪應魁校
明刊本　共十二册
静嘉堂文庫藏本　原中村敬宇等舊藏

(孫宗伯精選)唐宋八大家文鈔四卷

(明)孫慎行選注
明刊本　共十二册
尊經閣文庫藏本　原江户時代加賀藩主前田綱紀等舊藏

唐宋八大家文鈔一百五十四卷

(明)茅坤批評
明崇禎年間(1628—1644年)刊本
東京大學總合圖書館　大阪大學文學部懷德堂文庫　陽明文庫藏本
【按】此本細目如次:
《唐大家韓文公文抄》十六卷;
《柳柳州文抄》十二卷;
《宋大家歐陽文忠公文抄》三十二卷;
《蘇文公文抄》十卷;
《蘇文忠公文抄》二十八卷;
《蘇文定公文抄》二十卷;
《王文公文抄》十六卷;
《曾文定公文抄》十卷;
《歐陽文忠公五代史抄》二十卷。
東京大學藏本,原係江户時代紀州德川家南葵文庫等舊藏。卷中有後人修補,又有明治戊子(1888年)篁邨源重禮手識文。共四十四册。
大阪大學文學部懷德堂藏本,原係大阪懷德堂等舊藏,共二十六册。
陽明文庫藏本,原係江户時代近衛家凞及其先輩等舊藏,共五十册。
【附録】據《商舶載來書目》記載,中御門天皇正德元年(1711年)中國商船"多字號"載《唐宋八大家文鈔選》一部二帙抵日本。中御門天皇享保十二年(1727年)中國商船"多字號"載《唐宋八大家文鈔》一部四十册抵日本。
據《書籍元帳》記載,仁孝天皇天保十二年(1841年)中國商船"子一番船"(船主劉念國)載《唐宋八大家文鈔》一部六帙抵日本。此書售價一部五十匁。仁孝天皇弘化四年(1847年)中國商船"午五番船"載《八大家文鈔》一部五帙抵日本。此書一部售價五十匁。孝明天皇嘉永二年(1849年)中國商船"西三番船"載《唐宋八大家文鈔》一部二帙抵日本。此書一部售價十四匁。孝明天皇嘉永四年(1851年)中國商船"戌四番船"載《唐宋八大家文鈔》一部二十二册抵日本。此書售價五十匁。

唐人絶句五卷

(宋)趙蕃　韓淲編　謝枋得注
日本孝明天皇弘化四年(1847年)三餘堂雁金屋善助刊本
静嘉堂文庫藏

全唐詩五言聯選二卷

(明)王譻編
日本櫻町天皇延享年間(1744—1747年)刊本
静嘉堂文庫藏本

(弄石庵)唐詩名花集四卷

(明)楊肇祉編
日本東山天皇元禄九年(1696年)刊本
静嘉堂文庫藏本
【附録】是書又有中御門天皇享保二年(1717年)大阪松庇閣奥田彌助刊本。同年,又有平安(京都)林宗兵衛刊二卷本。

（宋人總集之屬）

（端平重修）皇朝文鑑（宋文鑑）一百五十卷　首目三卷

（宋）吕祖謙編

宋寧宗年間（1195—1224 年）刊宋端平年間（1234—1236）及元明遞修本　共六十四册

静嘉堂文庫藏本　原陸心源皕宋樓等舊藏

【按】每半葉有界十行，行十九字，注文小字雙行，行同正文。單魚尾或雙魚尾，白口，左右雙邊（20.0cm×14.8cm）。版心有字數，並記刻工姓名，宋寧宗時原刊刻工如王榮、王秀、王信、王全、王忠、湯執中、徐逵、徐文、徐仁、方至、方明、李彦、李中、李忠、劉達、吴榮二、開三、張明、張炳、程參、呈參、沈乙、沈思忠、沈仁舉、沈思德、共友、金茂、金滋、陳一、陳辛、陳先、陳杞、濮宣、元中、胡文、谷仲、江漢、江才、蔡子、蔡延、周明、葉仁、德裕、童浦、童遇、阮成之、余元中、應德、郁仁、楊明、范堅、范子等。端平年間補刊刻工如宣中、安中、湯安中、元奂、湯元奂等。元代補刊刻工如胡慶、胡慶十四、胡昶、何宗十四、王百九、王壽三、子華、應子華、葛佛一、汪惠老、郭啓聰、楊十三、毛諧、毛汝諧、毛文、潘用、陳梓、陳日、陳仁、陳正、陳萬二、陳邦卿、陳允升、孫斌、孫再、周鼎、周秀、徐艾山、徐友山、徐冰、徐怡、徐明、王正、王高、王興、王中、王付、汪惠、江和、江仁、江厚、吴睡、吴六、吴仲甫、吴仲明、吴祥、雇恭、蔣鼉、蔣佛、蔣佛老、蔣七、張成、張用、張珍、大有、趙春、趙遇春、石賓、宗二、蔡元、蔡秀、蔡文、士元、文仲、平山、茂五、茂實、熊道瓊、章著、章演、章亞明、章文一、應重、應華、虞善、虞良、古賢、黄亨、黄定、子才、子成、弓華、何益、何慶、葛辛、朱曾九、朱大存、朱仁、茅化龍、林茂、林賁叔、惠新、顯祖、彦明、余安上、余必中、余中、婁正、耿琰、高涼、繆進、繆伯山、證元、董焕、滕慶、德衡、沈壽、盛久、青之、齊明、任吉甫、駱興宗、駱善、務陳秀、葉禾、葉仲、曹傑、濮進、茅文、李玉、陸永、劉珏、劉朋、孟三、俞元、俞英、楊采、楊仁等。明代補刊刻工如楊祖、葉就、德瑛等。

前有吕祖謙從子吕喬年《太史成公編皇朝文鑑始末》。又有宋端平初元（1234）劉炳及周必大《序》。後有宋嘉泰甲子（1204 年）重陽沈有開《跋文》，宋嘉定十五年（1222）五月趙彦適《跋》。又有吕祖謙《進表》、《謝表》。

據劉炳《序》文及沈有開、趙彦適二《跋》文，則此《文鑑》先有建寧書坊刻本，然文字脱誤甚多。嘉泰甲子，梁溪沈有開知徽州，參校訂正，刊於郡齋。嘉定十五年辛巳，趙彦適以東萊家本，改補三萬餘字，刻而布世。端平元年，四明劉炳守新安，又於東萊家塾得正誤續本，命新安録事劉崇卿，參以他集，删改三千有奇。此本即以吕氏家塾稿訂正者。

卷中凡語涉宋朝者，皆上空一格，凡遇“玄、懸、匡、筐、禎、貞、偵、懲、署、樹、讓、桓、完、構、講、慎、郭”等，皆爲字不成。

各册封面皆四周雙邊，題署“宋刊文鑑琴川張蓉鏡精校補完善本”。

卷中有“張蓉鏡”、“芙川氏”、“瑯嬛福地張氏藏”、“蓉鏡珍藏”、“芙川張蓉鏡心賞”、“張寬德宏之藏”、“田耕堂藏”、“泰峰借讀”、“歸安陸樹聲藏書之記”、“歸安陸樹聲叔桐父印”印記等。

（新雕）皇朝文鑑一百五十卷

（宋）吕祖謙編

明弘治年間刊本　共三十二册

静嘉堂文庫藏本　原世學樓　陸心源十萬卷樓等舊藏

【按】每半葉十三行，行二十一字。

前有周必大《序》、吕祖謙《繳進文鑑劄子》，又有明天順八年（1464）商輅《序》、明弘治甲子（1504）胡拱辰《序》，後有弘治戊午（1494）口韶《跋》。

文内抬頭行款，皆如宋版舊式，世稱"小字本《宋文鑒》"。

（新雕）宋朝文鑑一百五十卷

（宋）吕祖謙編

明天順八年（1464年）嚴州府刊明弘治十七年（1504年）印本

蓬左文庫藏本

【按】每半葉十三行，行二十一字。黑口。

此本前有周必大《序》，又有商輅《序》，又有弘治胡拱辰《序》。

題銜非篆非隸，文内抬頭行款如宋版式。目録題曰"新雕宋朝文鑑"，而目録末葉則題"皇朝文鑑"。

大宋文鑑一百五十卷

（宋）吕祖謙編

明正德十三年（1518年）建陽劉洪慎獨齋刊本

内閣文庫　京都大學文學部中國語學文學哲學研究室　大倉文化財團藏本

【按】内閣文庫藏本，原係紅葉山文庫舊藏，共二十二册。

京大文學部藏本，共十二册。

大倉文化財團藏本，缺卷十八至卷二十三，卷三十至卷三十五，卷七十七至卷八十四，實存一百三十卷。卷中有吴嘉泰等據宋本《文鑑》及《聖宋文海》等所作朱墨黄筆校語，並有"新有軒"、"東屏"、"吴嘉泰"、"丁亥春生"、"心太平"、"周士别字大州"、"文楨"等印記。共二十一册。

宋文鑑一百五十卷　目三卷

（宋）吕祖謙編

明嘉靖八年（1529年）晋藩朱知烊刊本

宫内廳書陵部　内閣文庫　大阪府立圖書館　御茶之水圖書館藏本

【按】前有世宗《復晋王書》，並有明嘉靖五年（1526年）晋藩志道堂《序》，嘉靖七年（1528年）晋藩養德《跋》，嘉靖八年朱知烊《序》。全書黑口白棉紙。

宫内廳書陵部藏本，原係江户時代德山藩三代主毛利元次廣收"天下秘籍"之一種。東山天皇寶永三年（1706年）《御書物目録》著録此本。明治二十九年（1896年）男爵毛利元功獻贈宫内省圖書寮（即今宫内廳書陵部）。首有"鎮守貴州總兵官關防"一大官印，並有"穎仙"、"尚友居"印記。每册首有"明倫館印"、"德藩藏書"印記。共四十册。

内閣文庫藏本，原係林氏大學頭家舊藏，共四十八册。

大阪府立圖書館藏本，共四十册。

御茶之水圖書館藏本，原係德富蘇峰成簣堂等舊藏。此本尚存原刊時裝幀，共四十册。

（校正重刊官板）宋朝文鑑一百五十卷　目三卷

（宋）吕祖謙編

明文林閣刊本　共三十二册

尊經閣文庫　東京大學總合圖書館　陽明文庫藏本

【按】尊經閣文庫藏本，原係江户時代加賀藩主前田綱紀等舊藏，共三十二册。

東京大學藏本，原係江户時代紀州德川家南葵文庫等舊藏，卷中有後人修補，共四十册。

陽明文庫藏本，原係江户時代近衛家煕及其先輩等舊藏，共三十二册。

宋文鑑删十二卷

（宋）吕祖謙編　（明）張溥評删

明天啓崇禎年間（1621—1644年）刊本　共十二册

東京大學總合圖書館藏本　原覺廬文庫（市村瓚次郎買入本）等舊藏

（二十先生）回瀾文鑑（殘本）五卷

（宋）虞祖南評　虞夔注

舊鈔摹寫宋刊本　共一册

静嘉堂文庫藏本　原陸心源十萬卷樓等舊藏

【按】此本係仿宋建安江仲達群玉堂刊本摹寫。

《目録》後有二十先生《行實》，載司馬光、范仲淹、孫復、王安石、石介、汪藻、洪邁、張栻、朱熹、吕祖謙、周必大、楊萬里、劉子翬、鄭湜、林之奇、劉穆元、張震、方恬、戴溪、陳公顯。

正文卷首題曰"二十先生回瀾文鑑"，次行題署"承奉連州簽書判官廳公事虞祖南承之評次"，第三行題署"幔亭虞夔君舉箋注"。

是書全本二十卷，此本今存卷十五、卷十六、卷十八、卷十九、卷二十，共五卷。

宋藝圃集二十二卷　續集三卷

（宋）李蓘編

明萬曆年間（1573—1620 年）暴孟奇　李蓘刊本

大倉文化財團藏本

【按】是書前有明隆慶元年（1567 年）李氏《序》，後有明萬曆五年（1577 年）李氏《跋》，又有同年暴氏《跋》。

卷中有"大中丞章"印記。

宋四大家文鈔四種

（明）茅坤編並批

明刊本

關西大學泊園文庫藏本　原藤澤東畡　藤澤南陽　藤澤黄鵠與藤澤黄坡三世四代泊圖書院等舊藏

聖宋文選全集三十二卷

不著編輯者姓氏

舊鈔影寫宋刻本　吴騫手識文本　共二十册

静嘉堂文庫藏本　原涉園張亂舫　陸心源十萬卷樓等舊藏

【按】每半葉十六行，行二十八字。

此本選宋人十四家，子目如次：

歐陽永叔二卷；　司馬君實三卷；

范希文一卷；　王禹偁一卷；

孫明復二卷；　王介甫二卷；

余元度一卷；　曾子固二卷；

石守道三卷；　李邦直五卷；

唐子西一卷；　張文潛七卷；

黄魯直一卷；　陳瑩中一卷。

後有吴騫手識，其文曰：

"《聖宋文選》，予昔訪之而曾覩。後晤鮑君以文，爲言海鹽張皜亭主政藏有影宋寫本，渴欲一見，日久未得如願。甲寅秋季，偶至武原，偕陳君仲魚，訪張子亂舫於涉園，主人賢而好客，示以秘藏諸籍，獲觀是書，真生平大快事也。爰書數語，附之簡末，以識欣幸云，兔床吴騫拜觀並記。"

卷中有"涉園主人鑒藏"朱文方印、"皜亭主人審定"朱文圓印、"古鹽張氏小白珍藏"朱文長印。

（聖宋名賢五百家）播芳大全文粹一百二十六卷

（宋）魏齊賢　葉棻編

明人寫本　共二十册

静嘉堂文庫藏本

【按】前有宋紹熙改元（1196 年）八月許開《序》，並列五百二十五家姓氏。其選文分卷如次：

卷一至卷二　賀表

卷三　賀牋

卷四至卷二十二　表

卷二十三至卷四十三　賀啓

卷四十四至卷五十七　謝啓

卷五十八至卷六十四　上啓

卷六十五　回啓

卷六十六至卷六十七　制誥 奏狀 奏劄

卷六十八　萬言書

卷六十九至卷七十　書
卷七十一至卷七十七　疊幅
卷七十八　劄子
卷七十九至卷八十六　尺牘
卷八十七至卷九十　青詞
卷九十一至卷九十八　疏
卷九十九至卷一百一　祝文
卷一百二　婚書
卷一百三　生辰賦　頌詩
卷一百四至卷一百六　樂語
卷一百七　勸農文　檄文
卷一百八至卷一百九　上梁文
卷一百十至卷一百十七　祭文
卷一百十八至卷一百廿　挽詞
卷一百廿一至卷一百廿二　記
卷一百廿三　序
卷一百廿四　碑銘
卷一百廿五　銘　贊　箴
卷一百廿六　頌　題跋

陸心願《儀顧堂題跋》卷十三著録此本。其識文曰：

"《聖宋名賢五百家播芳大全文粹》一百二十六卷，明抄本……（中間記述皆爲卷目，故從略）《四庫》所收一百十卷，朱竹垞所見二百卷，書坊所刻隨時增益。本各不同，安得合數本而較其缺佚也。"

詩苑衆芳一卷

（宋）劉瑄編
古抄影寫宋本　共一册
静嘉堂文庫藏本

【按】卷首題署"吴郡梅溪劉瑄伯玉編"。

此本選宋詩諸家，即潘牥、章康、黄簡、趙汝談、方萬里、鄭起潛、文天祥、李迪、鄭傅之、何宗斗、蔣恢、魏近思、張槃、張紹文、張元道、吕江、蔡華子、陳鈞、蕭炎、沈規、吕勝之、江朝卿、吴龍起凡二十四家。所録每家之詩，少則一、二首，多不過十餘首，凡八十二首。所録各家，以近體爲多，率皆清麗可誦。

卷中有賓研氏手識文。其文曰：

"丙辰春，余姻家樂潛陳氏，購得宋刊本，因屬（囑）抄胥録此册。忽已币月，雨窗漫讀漫過。賓研記。"

河南程氏文集（二程全書）十二卷　遺文一卷

（宋）程顥　程頤撰　胡安國編
明成化十二年（1476年）廣信府刊本
内閣文庫　静嘉堂文庫　御茶之水圖書館藏本

【按】每半葉十行，行二十字。黑口。

卷首有明成化十二年（1476年）成都府學訓導致仕婁諒《序》，後有宋淳祐丙午（1246年）趙師耕《後序》、宋淳祐六年（1246年）立秋李襲之《題》、元至治二年（1322年）七月鄒次陳《跋》、虞槃《跋》。

卷末有"成化丙申（1476年）廣信府刊"木記。

内閣文庫藏本，原係紅葉山文庫舊藏，共四册。

静嘉堂文庫藏本，原係陸心源十萬卷樓舊藏，共四册。

御茶之水圖書館藏本，原係汪閬源舊藏，後轉入德富蘇峰成簣堂。此本今缺卷五與卷六，並缺尾一卷。共三册。

河南程氏全書（二程全書）六十五卷

（宋）程顥　程頤撰　朱熹編
明弘治年間（1488—1505年）刊本
静嘉堂文庫　天理圖書館　古義堂文庫藏本

河南程氏全書（二程全書）六十八卷

（宋）程顥　程頤撰　（明）徐必達校
明萬曆三十四年（1606年）嘉興徐氏刊本
東京大學總合圖書館　東京大學東洋文化研究所　大谷大學中央圖書館　尊經閣文庫　龜岡市立圖書館藏

二程全書六十八卷

（宋）程顥　程頤撰　朱熹編

明刊本　共十九册

宫内廳書陵部藏本

【附録】日本東山天皇元禄十五年（1702年）彌生吉且《倭版書籍考》卷二著録《二程全書》六十八卷。其識文曰：

"是書係大明萬曆年間末徐必達編次，有葉向高《序》。此《序》指近世陸學爲虚，而云孔子之道乃天竺之教下而實行之，至爲有趣。天順年間又有閻氏等編《二程全書》五十一卷本行世。"

（重刊）二程全書六十五卷

（宋）程顥　程頤撰　朱熹編　（明）康紹仲重編

明弘治十一年（1498年）陳宣刊本　共十册

内閣文庫　静嘉堂文庫藏本

【按】每半葉有界十行，行二十一字。黑口，四周單邊。

卷内題"河南布政司左參議武定康紹仲重編，河南按察司僉事清江彭綱校正，河南府知府平陽陳宣刊行"。前有明弘治十一年（1498年）李瀚《序》。後有同年彭綱《跋》及陳宣《後序》。

内閣文庫藏本，原係昌平坂學問所舊藏。此本爲《遺書》二十五卷，《遺書附録》一卷，《外書》十二卷，《經説》八卷，《明道文集》五卷，《伊川文集》八卷，《文集拾遺》一卷。《續附録》一卷。凡六十二卷

静嘉堂文庫藏本，原係璜川吴氏及陸心源十萬卷樓舊藏。此本爲《遺書》二十八卷，《遺書附録》一卷，《外書》十二卷，《經説》八卷，《明道文集》五卷，《伊川文集》八卷，《文集拾遺》一卷。《續附録》一卷。凡六十五卷。

【附録】據江户時代《商舶載來書目》記載，光格天皇寛政五年（1793年）中國商船"志字號"載《二程全書》一部二帙抵日本。該船於寛政十一年（1799年）又載《二程摘要》一部一帙抵日本。

據《外船賫來書目》記載，光格天皇寛政十二年（1800年）中國商船"申一番"載《二程全書》六部（每部二帙）抵日本。同年，"申四番"船載《二程全書》五部（每部二帙）抵日本。

據同時代《漢籍發賣投標記録》記載，仁孝天皇天保十四年（1843年），《二程遺書》一部六帙四十八册標價爲藤屋一百匁八分，若屋一百三匁，今村屋一百二十匁。

二程全書四十九卷

（宋）程顥　程頤撰　朱熹編

明嘉靖三年（1524年）刊本　共十二册

御茶之水圖書館藏本　原德富蘇峰成簣堂舊藏

【按】每半葉有界十行，行二十字。四周雙邊。

此本係《遺書》二十五卷，《附録》《外書》十二卷，《文集》十二卷。

外題"《二程全書》第一"等。各册首有"潘庠世家"印記，另有二種朝鮮印記。此本從朝鮮傳入。封面亦係用朝鮮黄色紋樣紙。

每册末有"蘇峰學人京城所獲"朱文印記。

二程全書六十二卷

（宋）程顥　程頤撰　朱熹編　（明）徐必達校

明萬曆三十四年（1606年）嘉興徐氏刊本

神户大學附屬圖書館文學部分館藏本

【附録】日本江户時代《倭版書籍考》卷二"儒家之部"著録《二程全書》六十八卷二十册。其釋文曰："此爲二程子全書。大明萬曆末本。徐必達編次，有葉向高《序》。又，天順中有閻氏等編《二程全書》，凡五十一卷。"《倭版書籍考》卷二又著録《二程類語》八卷。其釋文曰："此本係萬曆年中，唐伯元類抄二程之要語。卷末有《二程年譜》。"

江户時代有和刊本《二程全書》六十八卷。

此本即係據明人徐必達校本復刊。靈元天皇貞享四年(1687 年)壽文堂據徐必達校本又刊印《伊川易傳》四卷。

後西天皇明曆三年(1657 年)刊印《二程先生類語》七卷,《二程先生年譜》一卷。此據明人唐伯元編,姜召等校本復刊。

靈元天皇延寶元年(1673 年)壽文堂刊印山崎嘉闇編《程書抄略》三卷。此本後有大阪伊丹善兵衛等重印本。

(重廣分門)三蘇先生文粹一百卷　目録二卷

(宋)蘇洵　蘇軾　蘇轍撰

南宋初年刊本　共二十八册

宫内廳書陵部藏本

【按】每半葉十四行,行二十四字。黑口,左右雙邊。版心有刻工姓名。

卷中避宋諱,凡遇"敬、驚、徵、殷、桓、弘、恒、匡"等皆闕筆。

卷一百末葉,於匡郭外有墨書"正統丙寅孟秋重裝於金谿義塾"一行,即係明正統十一年(1446 年)改裝。

此本編次與七十卷本依人輯文相異,其目如次:

卷一　六經論
卷二至卷三　五經論
卷四　書解
卷五　洪範論　中庸論
卷六　春秋論
卷七　南省講三傳十事
卷八　論語解　論語拾遺二十七章
卷九　孟子解　孟子解二十三章
卷十　太玄論
卷十一　帝王君論
卷十二　帝王臣論
卷十三至卷十四　聖賢論
卷十五至卷二十　列國君論
卷二十一至卷二十五　歷代君論
卷二十六至卷二十八　歷代臣論
卷二十九　歷代論
卷三十　歷代土風論　歷代夷狄論
卷三十一　權書
卷三十二　衡論
卷三十三　史論
卷三十四　謚法論
卷三十五至卷四十　論
卷四十一至卷四十二　秘閣試論
卷四十三　幾策
卷四十四　策略
卷四十五至卷四十七　策别
卷四十八　策斷
卷四十九至卷五十三　進策
卷五十四至卷五十七　策
卷五十八至卷六十　策問　私試策問　程式策問
卷六十一至卷六十三　上
卷六十四至卷六十七　奏議
卷六十八至卷七十二　表狀
卷七十三至卷七十八　書
卷七十九至卷八十一　啓
卷八十二至卷八十四　記
卷八十五至卷八十六　叙
卷八十七　引　字説　雜書
卷八十八　雜説　邇英進讀
卷八十九　評史　評文選
卷九十　頌　贊
卷九十一　碑銘傳
卷九十二　祭文
卷九十三　行狀
卷九十三至卷九十六　神道碑
卷九十七至卷九十九　墓誌銘
卷一百　潁濱遺老傳

卷中有"五福五代堂寳"、"八徵耄念之寳"、"太上皇帝之寳"、"乾隆御覽之寳"、"天禄繼鑒"、"天禄琳琅"以及"謙牧堂藏書記"、"謙牧堂書畫記"、"陳氏齊嚴寳玩"、"夫藏書"等諸印記。

【附録】據《賫來書目》記載,中御門天皇正德五年(1715 年)中國商船"第四十九番"寧波舶（船主游如義）載《三蘇全集》一部二帙二十册抵日本。中御門天皇享保四年（1719 年）中國商船“第二十八番”南京船（船主俞枚吉）載《三蘇全集》二部抵日本。

三蘇先生文粹七十卷

（宋）蘇洵　蘇軾　蘇轍撰

宋蜀大字刊本　李兆洛　邵淵耀　孫原湘手識本　日本重要文化財　共三十二册

静嘉堂文庫藏本　原季滄葦　李兆洛　張金吾　郁松年　陸心源皕宋樓等舊藏

【按】每半葉有界十行，行十八字。白口，單黑魚尾，左右雙邊（25.0cm×17.5cm）。版心有刻工名姓，如田彦直、吴志、吴實、吕拱、孝文、宋杲、宋瑜、李士通、狄永、狄杞、林杞、馬祥、張珪、陳孝友、黄企、蔣祖等。

卷中語涉宋帝皆空格，避宋諱，凡“玄、弦、驚、弘、殷、匡、筐、恒、貞、徵、讓、完、購、桓、慎、郭、廓”等，皆爲字不成。

此本卷十一至卷十八、卷二十二至卷二十四、卷二十九至卷三十五、卷四十八至卷五十、卷五十三至卷五十九、卷七十皆鈔補。

目次如下：

卷一至卷十一　蘇老泉先生文；

卷十二至卷四十三　蘇東坡先生文；

卷四十四至卷七十　蘇潁濱先生文。

《目録》後有清道光七年（1827 年）李兆洛手識文，其文曰：

“此書有宋刊密字本，絶精美。此本疏朗，乃宋刊之别體，明時東雅堂奇字齋所依倣也。補寫諸卷雅潔，足以相稱。珍賞家之於古書，如君子善成人之美如此。李兆洛過眼因識。”

又有同年邵淵耀手識文，其文曰：

“宋刻《三蘇文粹》多小字，大字本雖非完帙，而鉤畫清勁，紙墨古疋，乃宋刊宋印者，尤不易得。芙川表兄出以見示，諦玩不能去手。昔堯友表姑翁以名翰林改官都省，出監大藩，韻谿、仲美兩丈，俱以文辭嗣其家聲，將與眉山先後輝映矣。芙川昆季又復才俊而好古，其邁過之流歟，則是書也當世寶之已。道光七年小春月，充有邵淵耀謹跋於隱几山房。”

卷三後又有清道光戊子（1828 年）孫原湘手識文，其文曰：

“宋板大字本《三蘇文粹》七十卷，不著編輯者名氏。凡老泉十一卷，東坡三十二卷，潁濱二十七卷。闕卷十一至十八、廿二至廿四、廿九至三十五、四十八至五十、五十三至五十九、七十。共鈔補者廿九卷，存者五十一卷。點畫嚴整，楮墨間古香浮動逼真，宋槧宋印。惟老泉文後附詩廿二首，東坡、潁濱詩皆不録。文章與近時諸槧本微有異同處，惜未得宋槧小字本一校耳。稽瑞樓有宋槧《增廣分門三蘇先生文粹》殘本四册，想又别是一本，則知是書在南宋時已盛行矣。張生芙川得之愛日精廬，屬爲之跋。道光八年二月心青居士孫道湘識。”

陸心源《儀顧堂續跋》卷十三著録此本。其識文曰：

“《三蘇先生文粹》七十卷，卷一至卷十一老泉先生文；卷十二至四十三東坡先生文；卷四十四至七十潁濱先生文。每葉二十行，每行十八字，版心有刊工姓名，語涉宋帝皆空格，宋諱避至桓構止，蓋紹興初蜀中刊本也。有李申耆兆洛手跋……即延陵季氏《宋版書目》、《愛日精廬藏書志》所著録者。”

傅增湘《藏園群書經眼録》卷十八著録此本。其識文曰：

“《三蘇文粹》余生平所見者三本，皆密行小字巾箱本。此本版式寬展，大字精嚴，紙墨瑩潔，殊爲罕覯。且老泉文後附詩二十二首，爲明刊十四行本所無，尤爲足珍。陸氏定爲蜀本，余審其字畫方嚴峻整，恐仍是浙本耳！南渡以後，蘇文解禁，上自九重，下迄士庶，咸嗜其文，風行一世。留都爲士大夫所萃止，或此時别開大版以供誦習，非如短書小帙徒備懷挾之用也。”

卷中有“季振宜藏書”、“張金吾藏”、“月霄”，“虞山張蓉鏡芙川信印”、“虞山張蓉鏡鑒定宋刻善本”、“蓉鏡珍藏”、“虞山張蓉鏡鑒藏”、“張伯年別字芙川”、“張蓉鏡印”、“郁松年印”、“田耕堂藏”、“小琅嬛福地”、“小琅嬛清閟中氏收藏”、“芙初女史”、“姚氏畹真”、“子孫寶之”、“徐立善印”、“韓世能印”、“飛雨樓”、“文鳳堂”、“淑湅觀察使章”、“邵氏充有”、“心青居士”、“田居放雪曾觀”、“陸樹聲印”、“歸安陸樹聲叔桐父印”、“足吾所好玩而老焉”、“在處有神物護持”、“宋刊奇書”、“真宋刊”、“宋本”、“得者須愛護”、“寶鍥”等印記。

此本已被日本“文化財審議委員會”確認爲“日本重要文化財”。

三蘇先生文集七十卷

(宋)蘇洵　蘇軾　蘇轍撰

元末明初同文書院刊本　共七册

内閣文庫藏　原慈照院　近江西大路藩主市橋長昭舊藏

【按】此本原係近江西大路藩主市橋長昭家舊藏，光格天皇文化五年(1808年)仁正寺藩主(孝明天皇文久三年即1863年改稱“近江西大路藩”，自稱“下總守”、“黄雪山人”——編著者)市橋長昭舉所藏宋元舊刊與明本書籍數十種，獻贈文廟。此本即爲其一。卷末有市橋長昭撰《寄藏文廟宋元刻書跋》。卷中有“仁正侯長昭黄雪書屋鑑藏圖書之印”。

三蘇文粹七十卷

(宋)蘇洵　蘇軾　蘇轍撰

明嘉靖年間(1522—1566年)刊本

内閣文庫　御茶之水圖書館藏本

【按】每半葉有界十四行，行二十六字。白口，左右雙邊。

内閣文庫藏本。原係昌平坂學問所舊藏，共十二册。

御茶之水圖書館藏本，原係德富蘇峰成簣堂等舊藏，卷首有錢硯生手識文，卷内有德富蘇峰手識文，共六册。

三蘇先生文集七十卷　卷首一卷　附録一卷

(宋)蘇洵　蘇軾　蘇轍撰

明龍集己丑書林劉氏安正書堂新刊十行本

蓬左文庫藏本　原江户時代德川幕府大將軍德川家康等舊藏

【按】此本原係江户時代德川幕府大將軍德川家康等舊藏，後贈送其子尾張藩主家，世謂“駿河御讓本”。

卷中有“御本”印記，又有“尾陽内庫”印記等。

(大宋眉山)蘇氏家傳心學文集大全(三蘇文集)七十卷　首一卷

(宋)蘇洵　蘇軾　蘇轍撰　(明)李良師編　劉弘毅校

明正德十二年(1517年)慎獨齋刊本　共十册

内閣文庫　静嘉堂文庫藏本

【按】内閣文庫藏本，原係楓山官庫等舊藏。

静嘉堂文庫藏本，原係中村敬宇等舊藏。

(鼎鍥注釋)三蘇文苑八卷

(宋)蘇洵　蘇軾　蘇轍撰　(明)李椒元編

明萬曆三十二年(1584年)余氏萃慶堂刊本

内閣文庫　大谷大學悠然樓文庫藏本　共四册

(顧太史評閱)三蘇文約十六卷

(宋)蘇洵　蘇軾　蘇轍撰　(明)顧瑞屏評選

明徐漢臨顧諟校刊本

京都大學文學部中國語學文學哲學研究室藏本

(嘉樂齋)三蘇文苑十八卷

(宋)蘇洵　蘇軾　蘇轍撰　(明)楊慎編　袁宏道評

明天啓二年(1622年)刊本　共六册

國會圖書館　内閣文庫　静嘉堂文庫藏本

【按】國會圖書館藏本,原共九册,現合爲四册。

内閣文庫藏此同一刻本兩部。一部原係紅葉山文庫舊藏,共十册。另一部共八册。

静嘉堂文庫藏本,原係中村敬宇等舊藏。

三蘇文盛二十卷

(宋)蘇洵　蘇軾　蘇轍撰　(明)鍾惺編　譚元春評

明刊本

内閣文庫　尊經閣文庫藏本

【按】内閣文庫藏本,原係昌平坂學問所舊藏,共八册。

尊經閣文庫藏本,原係江户時代加賀藩主前田綱紀等舊藏,共十册。

三蘇文歸十卷

(宋)蘇洵　蘇軾　蘇轍撰　(明)鍾惺編

明刊本　共十册

宫内廳書陵部藏本

蘇文奇賞五十卷

(宋)蘇洵　蘇軾　蘇轍撰　(明)陳仁錫選評

明崇禎十五年(1642年)序刊本

東京大學東洋文化研究所藏本

蘇文奇賞五十卷

(宋)蘇洵　蘇軾　蘇轍撰　(明)陳仁錫編

明刊本

内閣文庫藏本

【按】内閣文庫藏此同一刻本兩部,皆共二十册。一部原係昌平坂學問所舊藏;一部原係豐後佐伯藩主毛利高標舊藏,仁孝天皇文政年間(1818—1829年)出雲守毛利高翰獻贈幕府,明治初年歸内閣文庫。卷中有"佐伯侯毛利高標字培松藏書畫之印"等印記。

三蘇文百家評林十六卷

(宋)蘇洵　蘇軾　蘇轍撰　(明)茅坤編

明刊本

尊經閣文庫藏本　原江户時代加賀藩主前田綱紀等舊藏

蘇雋五卷

(宋)蘇洵　蘇軾　蘇轍撰　(明)王世元編　湯賓尹檢評

明萬曆四十一年(1613年)寧國湯氏序三吴王氏刊本

蓬左文庫藏本

蘇門六君子文粹七十卷

(明)胡仲修輯

明崇禎六年(1633年)新安胡氏武林刊本

内閣文庫　尊經閣文庫　静嘉堂文庫　東京大學總合圖書館　愛知大學簡齋文庫藏本

【按】前有明崇禎六年(1633年)十二月錢謙益《序》,並有陳繼儒《序》。

此本細目如次:

《淮海先生文粹》十四卷　(宋)秦觀撰;

《宛丘先生文粹》二十二卷　(宋)張耒撰;

《濟北先生文粹》二十一卷　(宋)晁補之撰;

《豫章先生文粹》四卷　(宋)黄廷堅撰;

《後山居士文粹》四卷　(宋)陳師道撰;

《濟南先生文粹》五卷《首》一卷　(宋)李廌撰。

内閣文庫藏此同一刻本兩部。一部原係昌平坂學問所舊藏,共十二册。一部原係紅葉山文庫舊藏,共十六册。

尊經閣文庫藏本,原係江户時代加賀藩主前田綱紀等舊藏,共十四册。

静嘉堂文庫藏本，原係陸心源等十萬卷樓等舊藏，共十册。

東京大學藏本，共十二册。

愛知大學簡齋文庫藏本，原係小倉正恒（簡齋）等舊藏，共十二册。

【附録】據光格天皇天明六年（1786 年）《寅十番船持渡書改目録寫》記載，同年中國"第十番"商船載《蘇門六君子文粹》一部一帙十册抵日本。《目録》注明："古本，脱紙二帳（張）。"

（鐫）蘇黄風流水品十二卷

（宋）蘇軾　黄庭堅撰　（明）黄嘉惠編

明刊本　共六册

内閣文庫藏本　原豐後佐伯藩主毛利高標舊藏

【按】此本細目如次：

《東坡題跋》四卷，
《東坡尺牘》二卷，
《東坡小詞》二卷，
《山谷題跋》四卷，
《山谷尺牘》二卷，
《山谷小詞》二卷。

此本係仁孝天皇文政年間（1818—1829 年）出雲守毛利高翰獻贈幕府，明治初年歸内閣文庫。

卷中有"佐伯侯毛利高標字培松藏書畫之印"等印記。

蘇黄題跋（東坡題跋四卷　山谷題跋四卷）

（宋）蘇軾　黄庭堅撰　（明）楊鶴編

明刊本

尊經閣文庫藏本　原江户時代加賀藩主前田綱紀等舊藏

蘇黄題跋（東坡題跋六卷　山谷題跋九卷）

（宋）蘇軾　黄庭堅撰　（明）毛晉編

明常熟毛氏汲古閣刊本　共四册

静嘉堂文庫藏本　原中村敬宇等舊藏

二范全集六十七卷

（宋）范仲淹　范純仁撰

元天曆元統年間（1328—1334 年）歲寒堂刊本　共三十六册

静嘉堂文庫藏本　原陸心源皕宋樓等舊藏

【按】每半葉有界十二行，行二十字。注文小字雙行，行同正文。白口（其中有明修補葉爲大黑口），單黑魚尾，左右雙邊（21.8cm × 16.0cm）。版心記刻工姓名，如張允、章益、方才卿、陳子仁、周成等。

前有宋元祐四年（1089 年）四月二十一日龍圖閣學士朝奉郎新知杭州軍州事蘇軾《叙》，次有《范文正公集目録》，次有《范文正公别集目録》，次有《文正公尺牘目録》，次有《范文正公政府奏議目録》，次有宋元祐四年（1089 年）四月丁丑朔正奉大夫參知政事兼太子賓客四明樓鑰《序》，次有《范忠宣公文集目録》。

《范文正公别集》卷四末補刊《跋》之後有列銜三行：

嘉定壬申（1212 年）仲夏重修
朝奉郎通判饒州軍州兼管内勸農營田事宋鈞；
朝請大夫知饒州軍州兼管内勸農營田事趙（伯）□。

各《集》序跋如次：

1.《范文正公别集》之末有《跋》二則。一爲宋乾道丁亥（1167 年）五月既望邵武喻翊《跋》；二爲宋淳熙丙午（1186 年）十二月北海綦焕《跋》。

2.《范忠宣公文集》之末有《跋》四則。

一爲宋嘉定辛未（1211 年）上巳日侄孫朝散郎左司諫兼侍講范之柔《跋》；

二爲宋嘉定壬申（1212 年）朝散大夫權知永州軍州兼管内勸農營田事借紫吴興沈圻《跋》；

三爲宋嘉定壬申六月既望承議郎權通判衡州軍兼管内勸農營田事賜緋魚袋權永州事廖視《跋》；

四爲宋嘉定六月既望門生從政郎永州州學教授清源陳忠道《跋》。

此全集細目如次：

《范文正公集》二十卷；

《别集》四卷；

《遺文》一卷；

《尺牘》三卷；

《奏議》一卷；

《年譜》一卷；

《補遺》一卷；

《言行拾遺事録》四卷；

《祭文》一卷；

《鄱陽遺事録》一卷；

《諸賢詩頌》一卷；

《論頌》一卷；

《吴中遺蹟》一卷；

《洛陽志》一卷；

《遺蹟》一卷；

《諸賢贊頌論疏》一卷；

《朝是優崇》一卷；

《褒賢集》一卷；

《褒賢祠記》二卷；

《范忠宣公文集》二十卷。

卷中有"季振宜藏書"、"季振宜印"、"泰峰所藏善本"、"歸安陸樹聲叔桐父印"等印記。

（合刻）范文正公忠宣公全集

（宋）范仲淹　范純仁撰

明萬曆年間（1573—1620年）刊本　共四册

尊經閣文庫藏本　原江户時代加賀藩主前田綱紀等舊藏

褒賢集（不分卷）

（宋）范仲淹　范純仁撰

元刊本　共三册

御茶之水圖書館藏本　原德富蘇峰成簣堂等舊藏

【按】每半葉有界十二行，行二十字。左右雙邊。

此本係《二范全集》中碑銘傳、記、贊頌論之一部。

《碑》部之首，有古朝鮮内廷之印"書史之記"。

卷内有明治四十二年（1909年）德富蘇峰手識文。

卷中有"汲古閣"朱文印記。

晁氏三先生集六卷

（宋）晁迥　晁冲之　晁説之撰　黄汝嘉輯

明嘉靖三十三年（1554年）裔孫瑮寶文堂重刊本

京都大學人文科學研究所東洋學文獻中心藏本

【按】是書係計晁迴著《晁文元公道院集要》三卷，晁冲之著《具茨晁先生詩集》一卷，晁説之著《晁氏儒言》一卷、《晁氏客語》一卷。

卷中有"趙之謙"印記。

沈氏三先生文集

（宋）沈遘　沈括　沈遼撰

古寫本　吴允嘉手識文本

大倉文化財團藏本　原八千卷樓等舊藏

【按】此本係據明萬曆年間（1573—1620年）花山馬氏刻本影鈔。馬氏本則翻宋高布合刻《吴興三沈集》。

細目如次：

《西溪文集》十卷　沈遘撰；

《長興集》四十一卷　沈括撰；

《云巢集》十卷《補遺》一卷　沈遼撰。

卷中有朱墨筆校，並有附録三卷。

卷末有康熙五十七年吴允嘉手識文。

卷中有"八千卷樓"等印記。

里先忠三先生文選十六卷

（宋）周必大　胡銓　文天祥撰　（明）胡接輝選　胡先庚編

明崇禎年間（1628—1644年）刊本　共七册

東洋文庫藏本

【按】前有明崇禎十年(1637年)《序》。

此本細目如次:

《宋文忠烈先生文選》八卷　(宋)文天祥撰;

《宋周文忠先生文選》二卷　(宋)周必大撰;

《宋胡忠簡先生文選》六卷　(宋)胡銓撰。

三洪集六卷

(宋)洪朋　洪炎　洪芻撰

古寫本　鮑渌飲手校本　共一册

静嘉堂文庫藏　原陸心源十萬卷樓等舊藏

【按】此本細目如次:

《洪龜父集》二卷　洪朋著;

《西渡集》一卷　《補遺》一卷,洪炎著;

《老圃集》二卷　洪芻著。

永嘉四靈詩五卷

(宋)徐照　徐璣撰

明毛氏影寫宋刊本　共一册

静嘉堂文庫藏本　原常熟毛氏汲古閣等舊藏

【按】每半葉十行,行十八字。

每卷首行題"永嘉四靈",旁注"甲、乙、丙、丁"等字。

此集存永嘉四靈之首徐照道暉詩三卷,永嘉四靈之二徐璣致中詩二卷。

卷中有"宋本"朱文腰圓印,"稀世之珍"朱文方印,"毛晉私印"、"子晉"、"汲古主人"三枚朱文方印。

柴氏四隱集二卷

(宋)柴望等四人撰　(明)柴復貞編

古寫本　共一册

静嘉堂文庫藏本

【按】前有張斗《序》、明萬曆戊子(1588年)十一世孫柴復貞《刻書序》、陽仲弘《秋堂詩序》。又有柴望《道州台衣詩序》、柴望《凉州鼓吹詩序》、十二世孫柴自新《識》、柴元彪《襪綫稿序》等。

後有明萬曆戊子(1588年)仲冬柴復貞《後序》,同年孟冬十一世孫柴時秀《跋》。

卷首題署"宋國史秋堂柴望、瞻岵居士柴隨亨、澤臞居士柴元彪、柴元亨撰"。

蔡氏全書十卷

(宋)蔡法　蔡元定撰

明萬曆年間(1573—1620年)刊本　共五册

尊經閣文庫藏本　原江户時代加賀藩主前田綱紀等舊藏

中興群公吟稿戊集七卷

(宋)陳起編

古寫本　黄蕘圃手識文本　共四册

静嘉堂文庫藏本　原黄蕘圃等舊藏

【按】每半葉九行,行十八字。

此本從宋刻鈔出,卷中有黄蕘圃手識文。其文曰:

"《中興群公吟稿》凡四十八卷、百五十三家,見趙希弁《郡齋讀書附志》。今僅存戊集殘帙七卷。嘉慶中,石門顧氏修刻《南宋小集》見知不足齋藏宋槧本,謂其版式與《群賢小集》無異,定爲陳起所刊,取附集後。今所列三十册、三十一册是也。顧槧以'目録'經書賈翦割,未以付梓。此從鮑本轉録,'目'之末葉有'中興江湖吟稿'字。按《四庫提要》云,考《永樂大典》所載,有《江湖集》、《前集》、《後集》、《續集》、《中興江湖集》諸名,則此爲《江湖中興集》之一無疑。《讀書志》雖未著編輯者之名,而顧氏定爲陳起,似可信也。"

此集收録宋詩家如次:

戴石屏三卷;高菊磵二卷;

姜白石一卷;嚴坦叔一卷。

此書《四庫》未收,阮元亦未進呈。

卷中有"海寧陳氏向山閣圖書"朱文長印,"程氏易田"白文方印、"易田"朱文方印。

宋詩拾遺二十三卷

（元）陳世隆選輯
明人寫本　共四册
静嘉堂文庫藏本
【按】陸心源《儀顧堂題跋》卷十三著録此本。其識文曰：

“《宋詩拾遺》二十三卷，題曰‘錢塘陳世隆彦高選輯’。舊抄本，有‘鮑氏辛甫’白文方印、‘俊逸齋長’白文方印，康熙詩人鮑鈔舊藏也。《四庫》未著録，阮文達亦未進呈。《提要》云《北軒筆記》前有小傳，不知何人所作，稱世隆字彦高，錢塘人，宋末書賈陳氏（思）之從孫。元至正中館嘉興陶氏，没於兵。所著詩文皆不傳，惟《宋詩補遺》八卷與《筆記》存於陶氏。今《宋詩補遺》亦無傳本，據此則傳本之稀，有如星鳳。厲樊榭輯《宋詩紀事》，亦未見此書，其失收者，不下百家也。”

宋文歸二十卷

（明）鍾惺選評
明集賢堂刊本
内閣文庫　古義堂文庫藏本
【按】内閣文庫藏本，原係紅葉山文庫舊藏，共十册。
古義堂文庫藏本，原係江户時代伊藤仁齋、伊藤東涯家等舊藏。此本外題係伊藤東涯親筆，共十册。

宋詩選一百七卷

（明）曹學佺編
明崇禎年間（1628—1644 年）刊本（明刻石倉十二代詩選零本）
國會圖書館　内閣文庫　尊經閣文庫藏本
【按】前有明崇禎三年（1630 年）《序》。
國會圖書館藏本，共十二册。
内閣文庫本，共二十五册。
尊經閣文庫藏本，原係江户時代加賀藩主前田綱紀等舊藏，共二十五册。

（彙定）宋元名公詩集二百五十六卷

（明）潘是仁編
明萬曆年間（1573—1620 年）刊本　共二十四册
静嘉堂文庫藏本　原陸心源守先閣等舊藏

（金元人總集之屬）

（翰苑英華）中州集十卷　中州樂府一卷

（金）元好問編輯
元至大年間（1308—1311 年）刊本　共六册
静嘉堂文庫藏本　原陸心源皕宋樓等舊藏
【按】每半葉有界十五行。行二十八字。注文小字雙行，行同正文。雙黑魚尾，白口，四周雙邊（20.0cm×12.5cm）。版心記大小字數。
前有《中州鼓吹翰苑英華序》，末署“河東人元好問裕之引”。次有《翰苑英華中州集總目》。
《中州樂府》尾題後有刊印木記，匡欄雙邊，其文曰：“至大庚戌良月　平水進德齋刊”。
此集明代修補葉甚多，行款版式並不完全一致。
陸心源《儀顧堂續跋》卷十四著録此本。其識文曰：

“《翰苑英華中州集》十卷，《中州樂府》一卷。前有元好問《中州鼓吹翰苑英華序》。首爲十一卷《總目》。卷一首題‘中州集’，下十集仿此。《樂府》則題‘中州樂府’。每卷有目，連屬篇目。《樂府》卷末有

‘至大庚戌平水進修堂(此爲“進德齋”之誤,下同——編著者)’刊木記。每葉三十行,每行二十八字,版心有字數,皆宋本舊式也。平水在平陽府,見《金史·地理志》。元太宗八年,用耶律楚材言,立經籍所於平陽,見《元史》。‘進修堂’當是書坊之名,猶建安之有‘勤有堂’、‘萬卷堂’耳。宋元之際,坊刻南有麻沙,北有平水,遥遥相對。然麻沙刊本流傳尚多,平水刊本,此外惟《平水韵略》,蓋亦難能而可貴矣。汲古毛氏刊本,先缺《樂府》,後得陸文裕家藏本,始成全璧,而十一卷《總目》終缺。此猶元刊元印,《總目》亦全。《提要》以《集》中小傳,皆兼評《樂府》,爲《樂府中州集》合爲一編之證。今《總目》第十卷後,接‘樂府目’,又爲《提要》得一塙證矣。”

卷中有“元本”、“士禮居”、“汪士鐘字春霆號朖園書畫印”、“汪士鐘曾讀”、“歸安陸樹聲叔桐父印”、“歸安陸樹聲藏書之記”等印記。

【附録】據《商舶載來書目》記載,中御門天皇享保十一年(1726年)中國商船“智字號”載《中州集》一部十册抵日本。

據《寅十番船持渡書改目録寫》記載,光格天皇天明六年(1786年)中國商船“寅十番船”載《中州集》一部十册抵日本,並注明:“古本,無脱紙。”

據《書籍元帳》記載,仁孝天皇天保十二年(1841年)中國商船“子一番船”(船主劉念國)載《中州集》一部二帙抵日本。此書售價一部三十二匁,書歸越前守水野氏。孝明天皇嘉永四年(1851年)中國商船“戌四番船”載《中州集》一部八册抵日本。此書售價十一匁。

東山天皇元禄十五年(1702年)彌生吉且《倭版書籍考》卷七著録此本,其識文曰:

“《中州集》十卷,每卷詳記作者之傳,係金代詩人元遺山所作。書採金代文人之詩。遺山名好問,字裕之,幼小之時即爲名詩人。”

室町時代後柏原天皇永正年間(1504—1520年)刊印金人元好問《中州集》十卷,首《中州樂府》一卷,此係《中州集》最早之和刻本,稱爲“五山版”。此本仿元刊本,每半葉十五行,行二十八字,注文雙行,雙黑魚尾,小黑口,左右雙邊。現存内閣文庫。東洋文庫有一殘本,今存《中州樂府》一卷。

靈元天皇延寳二年(1674年)田中理兵衛刊印元好問《翰苑英華中州集》十卷。其後,此本有仁孝天皇天保七年(1836年)山城屋新兵衛等重印本。

中州集十卷　中州樂府一卷

(金)元好問編輯

元刊本　共十册

宫内廳書陵部藏本　原圓東寺　石清水神宫等舊藏

【按】每半葉有界十五行。行二十八字。注文小字雙行,行同正文。雙黑魚尾,白口,四周雙邊(20.0cm×12.5cm)。版心記大小字數。

前有元好問《中州集引》,又有《乙卯新刊中州集總目》。全集末有張德輝《後序》。

全集分爲自甲集至癸集,共十集。

卷中有“圓德寺”、“建伊别文庫”等印記。

中州集十卷　中州樂府一卷

(金)元好問編輯

明弘治九年(1496年)李瀚　西安刊本

國立教育研究所附屬圖書館　大倉文化財團藏本

【按】每半葉有界十一行,行二十一字。黑口,四周雙邊。

前有明弘治九年(1496年)李瀚《序》。又有元好問《引》、嚴永濬《序》,還有張德輝《跋》。

國立教育研究所藏本,共十二册。

大倉文化財團藏本,卷中有“泉心閣”、“少司寇兼御史中丞藍氏”、“藍皇翁”等印記,共十一册。

中州集十卷　中州樂府一卷

（金）　元好問編輯

明常熟毛氏汲古閣刊本

宮内廳書陵部　内閣文庫　東洋文庫　京都大學文學部中國語學文學哲學研究室　廣島大學文學部　鹿兒島大學圖書館岩元文庫　早稻田大學圖書館　神户市外國語大學附屬圖書館　東京都立圖書館　大倉文化財團　無窮會天淵文庫藏本

【按】前有明弘治九年（1496 年）《序》，又有明嘉靖十五年（1536 年）《跋》。

宮内廳書陵部藏本，共十册。

内閣文庫藏本，原係江户時代林氏大學頭家等舊藏，共十册。

東洋文庫藏本，原係藤田豐八等舊藏，共十册。

京都大學藏本，共十册。

廣島大學藏本，共十二册。

鹿兒島大學藏本，共十册。

早稻田大學圖書館藏本，原係野口一太郎家寧齋文庫等舊藏，共二十册。

東京都藏本，原係諸橋徹次等舊藏，共十册。

大倉文化財團藏本，卷中有“百城侯”、“鶴巢”等印記，共十二册。

無窮會藏本，原係加藤天淵等舊藏，共十二册。

國朝文類（元文類）七十卷　首目三卷

（元）蘇天爵編輯

元至正二年（1342 年）杭州路西湖書院刊本　共三十六册

静嘉堂文庫藏本　原陸心源皕宋樓等舊藏

【按】每半葉有界十行，行十九字。注文小字雙行，行同正文。細黑口，雙黑魚尾，左右雙邊（21.8cm×15.0cm）。版心記大小字數，並記刻工姓名，如陳大義、陳義、陳榮、王德明、楊景先、沈亨甫、亨甫、施澤之、澤之、袁子寧、林茂實、姚了山、了山、遠林、焕之、古賢、張用、右之、佑之、祐之、子成等。

前有元至正二年（1342 年）《浙江儒學提舉司公文》，又有元元統二年（1334 年）夏四月文林郎江南諸道行御史臺監察御史南鄭王理《國朝文類序》，同年五月五日將仕佐郎國子助教陳旅《國朝文類序》。

此有《國朝文類目録》，《目録》下末有“儒士葉森點對”六字。

卷七十末有元元統三年三月三日太原王守誠《後序》。

陸心源《儀顧堂續跋》卷十四著録此本。其識文曰：

“《國朝文類》七十卷、《目録》三卷，前至正二年《浙江儒學提舉司公文》一道，備載至元二年中書省咨待制謝端修，修撰王文郁，應奉黄清老，編修吕思誠、王沂、楊俊民等，請於江南學校錢糧内刊版，呈省府委副提舉陳登仕校勘劄付；至元四年，西湖書院交到書版，申文省府委西湖書院山長方員同儒士葉森對勘劄付；至正元年，提舉黄奉政《關文》。次有元統二年江南行御史臺監察御史南鄭王理《叙》、國子助教陳旅《序》。後有元統三年太原王守誠《跋》。至元四年西湖書院初刊。第四十一卷缺下半卷一十八版九千三百餘字，《目録》及各卷有九十三版脱漏，差誤一百九十餘字。經黄奉政於蘇天爵家得元稿，請補刊完全。此本四十一卷既已補完，其餘亦無一缺葉爛版，當是至正二年初印本。……（中間叙行款，略）《元文類》刊本，余所見凡五。一爲翠微精舍本，刊於元至正初；一爲明晋藩本，題曰‘元文類’，刊於嘉靖時；一爲明坊刊細字本，題曰‘校元文類’，當刊於明初；一爲修德堂本，刻於明季；一即此本，乃此書祖本也。”

卷中有“季振宜藏書”、“健庵”、“吾道在滄洲”、“御史之章”、“汪士鐘曾讀”、“梅溪精舍”、“玉蘭堂”、“銕研齋”、“俞有立”、“歸安陸樹聲叔桐父印”印記等。

《四庫全書》未收録此書，僅列存目。錢大昕

《補元史藝文志》與《千頃堂書目》著録此書。

國朝文類(元文類)七十卷　首目三卷

(元)蘇天爵編輯

元至正二年(1342年)杭州路西湖書院刊本明成化九年(1473年)補修本　共十二册

内閣文庫藏本

【按】此本行款與静嘉堂文庫藏元刊《國朝文類》本同。

卷内又有補刊之葉,補葉之版心署"成化九年"四字。卷七十係後人寫補。

國朝文類(元文類)(殘本)六十三卷　首目三卷

(元)蘇天爵編輯

元至正二年(1342年)杭州路西湖書院刊本明成化九年(1473年)補修本　共三十二册

宫内廳書陵部藏本　原江户時代豐後佐伯藩主毛利高標等舊藏

【按】每半葉有界十行,行十九字。小黑口,左右雙邊(21.7cm×14.9cm)。

此本今缺卷六十一至卷六十七,實存六十三卷。

卷内又有補刊之葉,補葉之版心署"成化九年吏部重刊"。又有日人寫補之葉,版心題署"元禄庚辰補",或題署"元禄十三年補"。

卷七十末有日本東山天皇元禄十三年(1700年)日人榊原玄輔手識文二則。

其一曰:

"此本數歷裝訂,紙幅滅損,既迫匡郭,釘痕甚多,不可復裝裁也。後之得焉者,謹勿改鑽之。元禄重陽之後三日榊原玄輔希翊識於江都紀邸之北玉照齋。"

其二曰:

"右以清朝種德堂重訂刊行之本補完訖。近刻文字尤多謬誤,此本雖苦麻沙,比近刻則最爲愈矣。古本不可以其漫滅而忽之如此矣。元禄十三年九月廿五日榊原玄輔希詡識。"

此本係仁孝天皇文政年間(1818—1829年)由出雲守毛利高翰獻贈幕府。明治初期由太政官文庫而歸内閣文庫,明治二十四年(1891年)移送宫内省圖書寮(即今宫内廳書陵部)。

卷中有"冶山書屋"、"竹人家"、"玄輔之印"、"佐伯侯毛利高標字培松藏書畫之印"、"希翊翰墨清興玄輔之印"、"希翊父"等印記。

《御書籍來歷志》與《古文舊書考》著録此本。

森立之《經籍訪古志》卷六著録此本,其識文曰:

"《元文類》七十五卷,元槧本,楓山官庫藏。至正間槧本,文字漫漶。紙質斷爛,蓋坊本也。係榊原玄輔舊藏,其所缺皆手鈔補繕。玄輔字希翊,號篁洲,從木下順庵學,最長律學,又有書名云。卷首有'玄輔之印'、'冶山書屋'、'竹人家'數印。卷末有手跋云。"(識文同上,此處從略)

國朝文類(元文類)七十卷　首目三卷

(元)蘇天爵編輯

元末明初刊本

宫内廳書陵部　内閣文庫藏本

【按】宫内廳書陵部藏本,共七册。

内閣文庫藏本,原係江户時代林羅山等舊藏。此本卷三、卷六至卷十三、卷五十四、卷五十五,凡十一卷係後人寫補。卷中有"江雲渭樹"等印記,共十册。

元文類七十卷　首目三卷

(元)蘇天爵編輯

明嘉靖十六年(1537年)晋藩刊本

東京大學總合圖書館　御茶之水圖書館藏本

【按】前有明嘉靖丁酉年(1537年)晋藩《重刊序》。

東京大學藏本,原係江户時代紀州德川家南葵文庫等舊藏,共十六册。

御茶之水圖書館藏本,原係德富蘇峰成簣堂等舊藏。第一册内葉有大正乙卯年德富蘇峰手識文。共二十四册。

元文類七十卷　首目三卷

(元)蘇天爵編輯

明萬曆年間(1573—1620年)刊本　共二十三册

静嘉堂文庫藏本　原宫島藤吉等舊藏

元文類七十卷　首目三卷

(元)蘇天爵編輯

明修德堂刊本

内閣文庫　静嘉堂文庫　尊經閣文庫　東京大學東洋文化研究所　新發田市立圖書館　陽明文庫　御茶之水圖書館藏本

【按】封面内葉有"修德堂重訂","本衙藏版"兩行文字。版心下刻"修德堂"。

内閣文庫藏此同一刊本三部。一部原係昌平坂學問所等舊藏,共十六册。一部原係楓山官庫等舊藏,共二十四册。一部共十六册。

静嘉堂文庫藏本,原陸心源十萬卷樓等舊藏,共二十册。

尊經閣文庫藏本,原係江户時代加賀藩主前田綱紀等舊藏,共十八册。

東京大學藏本,原係大木幹一等舊藏。

新發田市藏本,共二十册。

陽明文庫藏本,原係江户時代近衛家凞及其先輩等舊藏,共十六册。

御茶之水圖書館藏本,原係高平隆長舊藏,後歸德富蘇峰成簣堂。

此本卷第九至卷第十二、卷第六十二至卷第七十,共十三卷,係用清代刊本配補。各册有"高平隆長"、"喜"等朱文印記,第一册封面有德富蘇峰手識文。

皇元風雅(前集)六卷　(後集)六卷

(元)傅習採集　孫存吾類編　虞集校選

明人寫本　狩谷掖齋　羅振玉手校本　共六册

大倉文化財團藏本　原董康誦芬室等舊藏

【按】此本係明人據元至元二年(1336年)李氏建安書堂刊本手寫。

《前集》首有至元二年(1336年)謝升聲《序》,又有同年虞集《序》。次有《皇元風雅群英姓氏》。

《前集》輯録自劉因以下元人詩一百十四家,《後集》輯録自鄧文原以下元人詩一百六十四家。

卷中有狩谷掖齋據所藏元朝野詩集所作朱筆校補,又有羅振玉據所藏元刊本後集所作藍筆校補,又有董康收書時所作校書手識文。

《後集》卷頭原寫書名"元詩",由藍筆訂正爲"皇元風雅"。

卷中有"老屋三間賜書萬卷"、"莊向生澹庵氏"、"歙西長塘鮑氏知不足齋藏書"、"世守陳編之家"、"茹古精舍"、"茹古人"、"蔣維基"、"蔣氏子厚"、"吴昌綬"、"董康宣統元以後所得書"等印記。

【附録】日本南北朝中期有元傅習採集、孫存吾編類、虞集校選《皇元風雅》(前集)六卷(後集)六卷和刻本。此本《前集》每半葉有界十一行,行二十一字。雙黑魚尾,小黑口,左右雙邊,版心記刻工姓名,有中國人陳伯壽等。卷首有元後至元二年(1336年)虞集《序》。《後集》每半葉有界十三行,行二十一字。卷首有元後至元二年孫子順《序》,並附《皇元朝野群英姓氏》。《姓氏》末摹刻元刊本"古杭勤德書堂"雙邊木記。此本即爲"五山版"。

孝明天皇萬治二年(1867年)京都伊吹權兵衛刊印《皇元風雅》(前集)六卷(後集)六卷。其後,此本有東山天皇元禄六年(1693年)重印本。

皇元風雅(後集)四卷

(元)孫存吾類編　虞集校選

元刊本　共四册

京都東福寺藏本

【按】每半葉有界十三行,行二十一字。黑口,左右雙邊。

正文卷首書名占雙行,下題署"孫存吾類編"、"虞集校選"。

傅增湘《藏園群書經眼録》卷十八著録此本。

元風雅三十卷

(元)蔣易編輯

清人手寫本　黄蕘圃　徐時棟手識文本　共八册

大倉文化財團藏本　原董康誦芬室等舊藏

【按】此本係清嘉慶時(1796—1820年)人據元至元三年(1337年)建陽張氏梅溪書院刻本鈔出。

卷頭書名用朱筆添一"皇"字。

卷内有清嘉慶十八年(1813年)黄蕘圃手識文,又有清同治八年(1869年)徐時棟墨筆校語,並有徐時棟收書手識文。

卷中有"徐時棟"、"柳泉書畫"、"毗陵董氏誦芬室"、"董康"、"廣川書庫"等印記。

洞霄詩集十四卷

(元)孟宗寶編

元刊元印本　共二册

静嘉堂文庫藏本　原馬笏齋　陸心源皕宋樓等舊藏

【按】卷首題書"本山道士孟宗寶集虚編"。

玉山名勝集四卷

(元)顧瑛編

明弘治年間(1488—1505年)刊本　共二册

内閣文庫藏本

【按】每半葉有界八行,行二十二字。

有明弘治元年(1488年)八月中秋日楊循吉《跋》。其文曰:

"右仲瑛館題咏集,朱性父藏録本也。仲瑛風流文雅之盛,雖之百年,猶可想見。視今世富家,皆多粟農夫耳。即與仲瑛充除糞之役,固知亦不納也。鄙哉,鄙哉!　弘治元年八月中秋日吴人楊循吉題。"

玉山名勝集(殘本)三卷

(元)顧瑛編撰

明刊本　共二册

内閣文庫藏本　原豐後佐伯藩主毛利高標等舊藏

【按】每半葉有界八行,每行二十一字,版心上端題集名。

此本共八十二葉,魚尾下記"二至四",中間實際未分卷。四庫鈔本爲五卷,疑此殘本凡三卷。

末葉有"弘治元年八月中秋日吴人楊循吉題"一行。

董康《書舶庸譚》卷六著録此本。其釋文曰:"雖明時刻,亦孤本也。"

玉山名勝集八卷　外集一卷

(元)顧瑛編

明人寫本　共五册

大倉文化財團藏本

【按】正文不題卷數,卷中有藍筆校注。

玉山草堂雅集十六卷

(元)顧瑛類編

宋賓王手寫本　共四册

静嘉堂文庫藏本

【按】前有元至正九年(1349年)楊維楨《序》。

卷中有宋賓王手識文。其文曰:

"兹鄉先賢雅集,雖經汲古鐫板,今皆散佚。且毛氏所刊之書多訛,難以憑準。向晤蓮涇王先生,云此集首柯敬仲九思;余得石門抄本,首陳基者,共一十三卷,中闕三、六、九等卷,因其格行委窄,繕寫不恭,置而未補。今年春,桐鄉金元功,得洞庭翁氏本,亦首陳基者,借之較對,以補石門之闕。暇則並抄之。夏初,入郡謁王蓮涇先生,求借其所藏本觀之,凡一十六卷。其第一有前後卷,實一十七卷、七十九人、詩篇二千四百一十七。較初補脱柯九思、陳旅、李孝先、束氏昆季、徐達左、繆喦、僧自恢九人。時寓桃花塢,較梅宛陵胡仲子諸集,弗暇,因檢九人詩,寄歸補闕,謂得其全。及歸,翻閲王藏與翁本,乃人同詩異。再閲鐵崖先生所爲《序》,云兹集自予而次,凡五十餘家,詩凡七百餘首(按,此數與楊維楨《序》曰"詩凡二千餘首"不合——編著者)。於人詩不符外,又疑鐵崖詩冠首,豈衹作《序》耶?遂録目而兩存之,俟真本定焉。余三補兹集,以鄉先賢雅集,恐失真傳,亟録以識。丙午立秋後三日,古東倉賓王識。"

玉山遺什一卷　玉山唱和一卷

元人編撰,不署姓名
明人寫本　共三册
静嘉堂文庫藏本
【按】此本内容,蓋亦類《玉山草堂雅集》之編。
卷中有"席鑑之印"、"席氏"、"玉炤"、"虞山席鑑玉照氏考藏"等印記

元詩體要十四卷　首一卷

(明)宋緒編
明正德十四年(1519年)遼藩刊本　共十册
宫内廳書陵部藏本　原江户時代豐後佐伯藩主毛利高標等舊藏
【按】前有明宣德八年(1433年)鄧林《序》,又有明正德己卯(1519年)遼藩止庵《序》。
《四庫全書》採進是書,然間有缺葉。《提要》稱"無别本可校",其於當時罕見可知也。
此本係仁孝天皇文政年間(1818—1829年)出雲守毛利高翰獻贈幕府,後由太政官文庫移送宫内省。
卷中有"佐伯侯毛利高標字培松藏書畫之印"、"穎川"、"磐生"、"秘閣圖書之章"等印記。

元藝圃集六卷

(明)李蓘編
明萬曆年間(1573—1620年)刊本　共六册
静嘉堂文庫藏本
【按】每半葉有界十行,行二十字。白口,四周單邊。
前有明萬曆十年(1582年)五月李蓘《序》,又有同年八月李蓘《序》。
【附録】後櫻町天皇明和二年(1765年)中國商船"計字號"載《元藝圃集》一部一帙抵日本。

河汾諸老詩集八卷

(明)房祺編
明景泰六年(1455年)山西布政司刊本　共二册
静嘉堂文庫藏本　原陸心源十萬卷樓等舊藏
【按】前有元大德辛丑(1301年)二月房祺《序》。後有元皇慶癸丑(1313年)高昂霄《跋》。
卷末有刊行木記一行,文曰:"景泰六年冬十月山西布政司刊行"。
陸心源《儀顧堂集》卷一九有此本跋文曰:

"毛子晋刊此詩時,先得周浩若本,缺段菊軒《山行圖詩》以後十二篇,後得智林寺僧石公抄本,缺陳子颺《蒲中八咏》,相對互勘,乃成完璧云云,具見所作'識語'中。子晋藏書之富,甲於國初,求之數年,皆非完本。今去子晋時又二百年矣,偶從書估船中,購得此本,首尾完全,古香溢紙。古人云'物聚於所好',其信然歟!"

河汾諸老詩集八卷

(明)房祺編
明弘治十一年(1498年)王龍河南陝縣刊本　共一册
大倉文化財團藏本

【按】每半葉有界十行，行十七字。黑口，四周雙邊。

前有明弘治十一年(1498年)河南按察司副使晋城車璽《序》，又有房祺《序》。

此本係據元皇慶年間刊本翻刻。

卷中有"翰林院"、"西亭"、"教經堂錢氏"、"辛道人"、"犀盦"、"歙州汪氏一隅艸堂"、"三住蓬山"等印記。

(新編)翰林珠玉(殘本)四卷

(元)虞集撰

元刊本　共一册

蓬左文庫藏本　原德川幕府第一代大將軍德川家康等舊藏

【按】每半葉有界十一行，行二十字。四周單邊(補刻部分左右雙邊)。

内題"新編翰林珠玉"，外題"翰林珠玉　殘篇"。

是書全本六卷。此本今存卷一凡四葉、卷四凡二十三葉、卷五凡一葉、卷六凡十八葉，並有《目録》九葉。

此本原係德川幕府第一代大將軍德川家康舊藏，後贈送其子尾張藩主家，世稱"駿河御讓本"。

卷中有"御本"、"尾陽内庫"等印記。

元音十二卷

(明)孫原理編

明刊本　共四册

静嘉堂文庫藏本　原陸心源十萬卷樓等舊藏

【附録】東山天皇元禄七年(1694年)中國商船"不字號"載《風雅元音》一部八册抵日本。

元音十二卷

(明)孫原理編

明人寫本　共二册

静嘉堂文庫藏本　原陸心源十萬卷樓等舊藏

元人十種詩(元人集十種)

(明)毛晉編

明常熟毛氏汲古閣刊本

宫内廳書陵部　國會圖書館　内閣文庫　静嘉堂文庫　東洋文庫　尊經閣文庫　京都大學人文科學研究所東洋學文獻中心藏本

【按】前有明崇禎戊寅(1638年)徐𤊹《序》。

此本細目如次：

《遺山先生詩集》二十卷　(金)元好問撰；

《薩天錫詩集》三卷《集外詩》一卷　(元)薩都剌撰；

《啽囈集》一卷　(元)宋旡撰；

《翠寒集》一卷　(元)宋旡撰；

《金臺集》二卷《集外詩》一卷　(元)迺賢撰；

《玉山草堂集》二卷《集外詩》一卷　(元)顧德輝撰；

《倪雲林先生詩集》六卷《附録》一卷《倪雲林集外詩》一卷　(元)倪瓚撰；

《南邨詩集》四卷　(元)陶宗儀撰；

《霞外詩集》十卷　(元)馬臻撰；

《句曲外史集》三卷《補遺》三卷《附録》一卷《張伯雨集外詩》一卷　(元)張伯雨撰。

宫内廳書陵部藏此同一刊本三部。一部今缺馬臻《霞外詩集》十卷。卷中有"穎川"、"磐生"、"秘閣圖書之章"等印記，共十三册。一部共三十二册。一部今存二十六卷，共二十七册。

國會圖書館藏本，共四十八册。

内閣文庫藏本，原係木村蒹葭堂等舊藏，今缺張伯雨《集外集》一卷，共三十二卷。

静嘉堂文庫藏本，原陸心源守先閣等舊藏，共二十二册。

東洋文庫藏本，今缺倪瓚《集外集》一卷，凡三十册。

尊經閣文庫藏本，原係江户時代加賀藩主前

田綱紀等舊藏，共十六册。

京都大學藏本，原係繆荃孫等舊藏，卷中有“周永年”、“繆荃孫”等印記。共四十册。

【附録】桃園天皇寶曆九年（1759年）中國商船“計字號”載《元人十集》一部四帙抵日本。

（毛刻）元四大家詩

（明）毛晉編

明常熟毛氏汲古閣刊本

静嘉堂文庫　京都大學人文科學研究所東洋學文獻中心藏本

【按】此本細目如次：

《虞伯生詩》八卷《補遺》一卷　（元）虞集撰；

《楊仲弘詩》八卷　（元）楊載撰；

《范德機詩》七卷　（元）范梈撰；

《揭曼碩詩》三卷　（元）揭傒斯撰。

静嘉堂文庫藏本，原係陸心源十萬卷樓等舊藏，共六册。

京都大學藏本，共十六册。

【附録】桃園天皇寶曆四年（1754年）中國商船“計字號”載《元詩四大家》一部一帙抵日本。

荆南唱和集一卷

（元）周砥　馬治唱和同撰

吴騫手寫本　共一册

静嘉堂文庫藏本　原吴騫拜經樓等舊藏

【按】前有鄭元祐《序》，又有元至正十五年（1355年）七月馬治《序》、周砥《序》。後有高啓《後序》、明洪武丁巳（1377年）徐賁《題》、李應楨《跋》、明成化己丑（1469年）《跋》。

卷中有清嘉慶十七年（1812年）吴騫手識文。其文曰：

“《荆南唱和集》一卷，元明之際集，爲鄭明德、高青邱、徐幼文諸公所贊賞，傳本絶少。予從鮑君以文知不足齋借得，猶明初刊本，因亟傳録其副，并採摭紀傳爲附録係卷末。予生平最愛荆南山水之勝，往來數十年，行篋未嘗一日無此書。今老矣，足不能出户，每一展覽，慨想前輩之風流，邈不可追，並念與荆南朋好，平昔唱酬文酒之樂，不禁擱筆憮然也。嘉慶壬申季冬海寧八十老人吴騫跋。”

吴騫手識文後，有嘉慶十八年（1813年）陳鱣手識文一行。其文曰：

“嘉慶癸酉孟春，勃海陳鱣借録並對勘一過。”

元詩選五十卷

（明）曹學佺編輯

明崇禎年間（1628—1644年）刊本（石倉十二代詩選零本）　共十五册

内閣文庫　京都大學人文科學研究所東洋學文獻中心藏本

【按】前有明崇禎三年（1630年）《序》。

内閣文庫藏本，原係昌平坂學問所等舊藏。

【附録】據《商舶載來書目》記載，後櫻町天皇寶曆十二年（1762年）中國商船“計字號”載《元詩選》一部六帙抵日本。光格天皇寬政十一年（1769年）中國商船“計字號”載《元詩選癸集》一部十六册抵日本。

據光格天皇文化元年（1804年）《改濟書籍目録》記載，是年中國商船“子六番船”載《元詩選》一部一帙抵日本。此書售價五匁。

據《書籍元帳》記載，孝明天皇嘉永五年（1852年）中國商船“亥二番船”載《元詩選》一部四十八册抵日本。此書售價四十二匁。

大雅集八卷

（元）賴良（善卿）編

古寫本　魏錫曾手校本　共二册

静嘉堂文庫藏本

【按】前有元至正壬寅（1362年）錢鼒《序》、賴良《序》、元至正辛丑（1361年）楊維楨《序》、王逢《序》等。

此本係清同治甲戌（1874年）四月魏錫曾依

據祥符周氏所藏古本校刊。

元文類删四卷

(明)張溥編

明末刊本　共二册

内閣文庫藏本　原昌平坂學問所等舊藏

【附録】光格天皇寬政十一年(1769年)中國商船"計字號"載《元文類删》一部一帙抵日本。

天下同文集(殘本)四十四卷

(元)周南瑞輯

馬寒中手寫本　共二册

静嘉堂文庫藏本

【按】前有元大德甲辰(1304年)第一甲子日劉將孫《序》。

卷中有馬寒中手識文二則。其一曰:

"近代諸藏家,惟葉文莊《菉竹堂書目》有此,亦止一册。可知五十卷之外,未必再有乙丙諸集也。錢虞山編列朝詩,以前甲爲冠,意本是選。余於癸未九月,從汲古閣後人借抄,時朱竹垞先生寓吴,蓋三寄書懇之,始得一慰耳!原本缺十數紙,竟無從補完矣。花山馬贊思識。"

其二曰:

"姚牧庵全集已不可見,是集所載,大半中州文表所漏者。較閲一過爲喜,而再識之。寒中。"

(類編歷舉)三場文選十集七十二卷

(元)劉仁初編

元至正元年(1341年)務本書堂刊本　共十二册

静嘉堂文庫藏本　原竹添井井(光鴻)等舊藏

(明人總集之屬)

皇明文衡九十八卷

(明)程敏政編

明正德年間(1506—1521年)刊本　共十二册

静嘉堂文庫藏本　原陸心源十萬卷樓等舊藏

【按】前有程敏政《自序》。後有明正德五年(1510年)張鵬《跋》。

正文卷首題署"皇明文衡卷第一",次行題署"翰林院學士新安程敏政選編"。

卷内有清康熙三年(1664年)葉道穀手識文。其文曰:

"此書向屬亡友朱又安所藏,亡後余得售之云。康熙三年正月雨窗。道穀記。"

【附録】據《商舶載來書目》記載,後櫻町天皇明和二年(1765年)中國商船"久字號"載《皇明文衡》一部廿本抵日本。

皇明文衡一百卷　目録二卷

(明)程敏政編　范震校　李文會重校

明嘉靖六年(1527年)重刊本

國會圖書館　内閣文庫　御茶之水圖書館藏本

【按】每半葉有界十二行,行二十三字。白口,四周單邊。

前有翰林院學士新安程敏政《序》。

正文卷首題署"翰林院學士新安程敏政選編"。

國會圖書館藏本,原共二十册,現合爲十册。

内閣文庫藏此同一刊本三部,皆共二十册。其中,一部原係楓山官庫等舊藏,一部原係江户時代昌平坂學問所等舊藏。

御茶之水圖書館藏本,原係江户時代前田家

藩老横山家舊藏，後横山家供托金澤圖書館，最後爲德富蘇峰所得。此本殘存前四十卷，然書賈作僞，特製此四十卷《目録》，看似完本。卷内有德富蘇峰手識文，卷中有“致堂圖書”等印記，共十三册。

皇明文衡一百卷　目録二卷

(明)程敏政輯　范震校　李文會重校

明嘉靖八年(1529年)宗文堂刊本

宫内廳書陵部　京都大學文學部中國語學文學哲學研究室藏本

【按】每半葉有界十二行，行二十三字。白口，四周單邊。

前有翰林院學士新安程敏政《序》。

正文卷首題署“翰林院學士新安程敏政選編”、“鄉進士國子監助教永康范震校正”、“賜進士應天府儒學教授郯郢李文會重校”。

《目録》後有刊印木記，其文曰：

“《皇明文衡》一書，原板出在金陵，廼於我朝名賢之所著，纂集百餘卷。其間載有聖道、治度、詔誥、表章、詩書、禮樂、詞賦、碑銘、序文、形物、議論諸事類，正後跋俱全集也。今書坊宗文堂購得是本，命工刊行，以廣其傳，四方君子幸爲鑒焉。時嘉靖八年孟春月穀旦　本堂　告白。”

宫内廳書陵部藏本，今存卷一至卷四十五，餘皆缺逸，卷中有後人寫補，共十册。

京都大學藏本，原係狩野直喜等舊藏，共十六册。

皇明文選二十卷　目一卷

(明)汪宗元編

明嘉靖年間(1522—1566年)刊本

宫内廳書陵部　静嘉堂文庫　内閣文庫　尊經閣文庫　大阪府立圖書館藏本

【按】前有明嘉靖三十三年(1554年)《序》。

宫内廳書陵部藏本，共十册。

静嘉堂文庫藏本，共二十册。

内閣文庫藏本，原係江户時代近江西大路藩主市橋長昭舊藏。光格天皇文化五年(1808年)市橋長昭舉所藏宋元刊本及明刊本數種獻諸文廟，此本爲其中之一。共十册。

尊經閣文庫藏本，原係江户時代加賀藩主前田綱紀等舊藏，共二十册。

大阪府立圖書館藏本，共三十二册。

【附録】據《商舶載來書目》記載，後櫻町天皇寶曆十三年(1763年)中國商船“久字號”載《皇明文選》一部二帙抵日本。

皇明文範六十八卷　目二卷

(明)張時徹編

明隆慶年間(1567—1572年)刊本

内閣文庫　蓬左文庫　尊經閣文庫　京都大學文學部中國語學文學哲學研究室藏本

【按】前有明隆慶三年(1569年)《序》。

内閣文庫藏此同一刊本兩部。一部原係江户時代昌平坂學問所等舊藏，共三十六册。一部原係楓山官庫等舊藏，共四十册。

蓬左文庫藏本，此本今缺《序》文，《目録》上卷係後人寫補，共四十二册。

尊經閣文庫藏本，原係江户時代加賀藩主前田綱紀等舊藏，共四十册。

京都大學藏本，共四十八册。

皇明文苑九十六卷

(明)張時徹輯

明嘉靖年間(1522—1566年)刊本　共三十四册

東洋文庫藏本

【按】前有明嘉靖四十三年(1564年)《序》。

皇明文徵六十九卷

(明)何喬遠輯

明崇禎年間(1628—1644年)韓如璜刊本

内閣文庫　尊經閣文庫　京都大學中國語學文學哲學研究室藏本

【按】前有明崇禎四年(1631年)《序》。

内閣文庫藏此同一刊本兩部。一部原係九

華山的豐後佐伯藩主毛利高標等舊藏，系《詩編》與《文編》共七十四卷。仁孝天皇文政年間（1818—1829年）由出雲守毛利高翰獻贈幕府，明治初期經太政官文庫而歸内閣文庫。卷中有"佐伯侯毛利高標字培松藏書畫之印"等印記，共五十二册。一部原係楓山官庫等舊藏，今缺卷三十八至卷五十五，共三十册。

尊經閣文庫藏本，原係江户時代加賀藩主前田綱紀等舊藏，卷中有缺逸，共二十册。

京都大學藏本，共三十册。

【附録】據《商舶載來書目》記載，後櫻町天皇明和元年（1764年）中國商船"久字號"載《皇明文徵》一部四帙抵日本。

（鼎鐫諸方家彙編）皇明名公文隽八卷

（明）袁宏道編　丘兆麟補　吴從先　陳繼儒解

明泰昌年間（1620年）刊本　共八册

尊經閣文庫　關西大學泊園文庫藏本

【按】尊經閣文庫藏本，原係江户時代加賀藩主前田綱紀等舊藏。

關西大學泊園文庫藏本，原係江户時代藤澤東畡、藤澤南陽、藤澤黄鵠、藤澤黄坡三世四代泊園書院舊藏

（鐫李卓吾合選）皇明三異人集

（明）李贄輯

明刊本　共十四册

京都大學人文科學研究所東洋學文獻中心藏本

【按】此本細目如次：

《李卓吾評選方正學集》十一卷　（明）方孝孺撰；

《李卓吾評選楊椒山集》五卷　（明）楊繼盛撰；

《李卓吾評選于簡闇集》九卷　（明）于謙撰。

皇明四大家文選五卷

（明）孫慎行選

明刊本　共四册

蓬左文庫　尊經閣文庫藏本

【按】前有晋陵孫慎行《自序》。

蓬左文庫藏本，原係江户時代尾張藩主家等舊藏。

尊經閣文庫藏本，原係江户時代加賀藩主前田綱紀等舊藏。

皇明五先生集十卷

（明）孔學易編

明萬曆十三年（1585年）刊本　共十册

御茶之水圖書館藏本　原德富蘇峰成簣堂等舊藏

【按】此本收羅一峰、陳白沙、王陽明、莊定山、湛甘泉五先生詩文，每人二卷。

各集卷首皆有明萬曆乙酉年（1585年）孔學易《序》。

皇明八才子文選

（明）卜世昌編

明刊本　共二十册

内閣文庫藏本　原楓山官庫等舊藏

【按】此本細目如次：

《空同文選》六卷　李夢陽撰；

《滄溟文選》四卷　李攀龍撰；

《鳳州文選》八卷　王世貞撰；

《明卿文選》六卷　吴國倫撰；

《伯玉文選》四卷　汪道昆撰；

《子相文選》二卷　宗臣撰；

《子與文選》二卷　徐中行撰；

《子威文選》四卷　劉鳳撰。

皇明八大家文

（明）陸雲龍編

明刊本　共十册

尊經閣文庫藏本　原江户時代加賀藩主前

田綱紀等舊藏

皇明十大家文選二十五卷

(明)鍾惺編

明刊本　共十册

静嘉堂文庫藏本　原木内重四郎等舊藏

皇明十大家文選二十五卷

(明)陸弘祚編　蔡大節校

明刊本

内閣文庫　静嘉堂文庫　大阪府立圖書館藏本

【按】此本細目如次:

《皇明十大家空同文選》四卷　李夢陽撰;

《皇明十大家陽明文選》三卷　王守仁撰;

《皇明十大家尊巖文選》二卷　王慎中撰;

《皇明十大家荆山文選》二卷　唐順之撰;

《皇明十大家槐野文選》二卷　王維楨撰;

《皇明十大家鹿門文選》二卷　茅坤撰;

《皇明十大家潯陽文選》一卷　董份撰;

《皇明十大家滄溟文選》二卷　李攀龍撰;

《皇明十大家鳳洲文選》四卷　王世貞撰;

《皇明十大家南明文選》二卷　汪道昆撰。

内閣文庫藏本,原係昌平坂學問所等舊藏。

静嘉堂文庫藏本,原係中村敬宇等舊藏。

大阪府立圖書館藏本,共十册。

皇明十六家小品三十二卷

(明)丁允和等編　陸雲龍評

明崇禎年間(1628—1644年)峥霄館刊本

内閣文庫　静嘉堂文庫　京都大學人文科學研究所東洋學文獻中心　東北大學附屬圖書館藏本

【按】此本細目如次:

《翠娱閣評選屠赤水先生小品》二卷　屠隆撰;

《翠娱閣評選徐文長先生小品》二卷　徐渭撰;

《翠娱閣評選李本寧先生小品》二卷　李維楨撰;

《翠娱閣評選董思白先生小品》二卷　董其昌撰;

《翠娱閣評選湯若士先生小品》二卷　湯顯祖撰;

《翠娱閣評選虞德園先生小品》二卷　虞淳熙撰;

《翠娱閣評選黄貞父先生小品》二卷　黄汝亨撰;

《翠娱閣評選王季重先生小品》二卷　王思任撰;

《翠娱閣評選鍾伯敬先生小品》二卷　鍾惺撰;

《翠娱閣評選袁中郎先生小品》二卷　袁宏道撰;

《翠娱閣評選文太清先生小品》二卷　文翔鳳撰;

《翠娱閣評選曹能始先生小品》二卷　曹學佺撰;

《翠娱閣評選張侗初先生小品》二卷　張鼐撰;

《翠娱閣評選陳明卿先生小品》二卷　陳仁錫撰;

《翠娱閣評選陳眉公先生小品》二卷　陳繼儒撰;

《翠娱閣評選袁小修先生小品》二卷　袁中道撰。

内閣文庫藏本,共十六册。

静嘉堂文庫藏本,共十六册。

京都大學藏本,卷中有"方功惠"等印記,共十册。

東北大學藏本,今存《翠娱閣評選小品》十種,今缺《翠娱閣評選屠赤水先生小品》二卷、《翠娱閣評選湯若士先生小品》二卷、《翠娱閣評選鍾伯敬先生小品》二卷、《翠娱閣評選文太清先生小品》二卷、《翠娱閣評選張侗初先生小品》二卷、《翠娱閣評選陳眉公先生小品》二卷,凡六種共十四册。

【附録】據《商舶載來書目》記載,中御門天皇享保十一年(1726 年)中國商船“志字號”載《十六名家小品》一部十六册抵日本。

皇明四家小品

(明)陸雲龍輯

明崇禎年間(1628—1644 年)峥霄館刊本　共八册

京都大學藏本

【按】前有明崇禎五年(1632 年)《序》。

此本細目如次:

《翠娱閣評選袁中郎先生小品》二卷　袁宏道撰;

《翠娱閣評選黄貞父先生小品》二卷　黄汝亨撰;

《翠娱閣評選湯若士先生小品》二卷　湯顯祖撰;

《翠娱閣評選虞德園先生小品》二卷　虞淳熙撰。

京都大學藏此同一刊本兩部。一部現存人文科學研究所東洋學文獻中心;一部現存文學部語學文學哲學研究室。

(翠娱閣評選)明文歸初集三十四卷　附翠娱閣近言二卷又一卷

(明)陸雲龍　陳嘉兆編

明崇禎年間(1628—1644 年)刊本　共二十四册

尊經閣文庫藏本　原江户時代加賀藩主前田綱紀等舊藏

皇明百大家文選十七卷

(明)楊起元編

明萬曆年間(1573—1620 年)刊本

内閣文庫藏本　原楓山官庫等舊藏

【按】前有明萬曆十三年(1585 年)周宗孔《序》。

皇明近代文範六卷

(明)張蓉精選并批點

明萬曆三年(1575 年)益藩刊本　共六册

蓬左文庫藏本　原江户時代尾張藩主家等舊藏

【按】此本係明正天皇寬永十年(1633 年)從中國購入。

卷中有“尾陽内庫”印記。

皇明文教録五卷

(明)婁樞編

明隆慶年間(1620 年)刊本　共五册

尊經閣文庫藏本　原江户時代加賀藩主前田綱紀等舊藏

皇朝文則二十二卷

(明)慎蒙編

明萬曆年間(1573—1620 年)刊本　共二十四册

尊經閣文庫藏本　原江户時代加賀藩主前田綱紀等舊藏

皇明策衡二十二卷

(明)茅維編

明萬曆年間(1573—1620 年)刊本

内閣文庫　尊經閣文庫藏本

【按】前有明萬曆三十三年(1605 年)《序》。

内閣文庫藏此同一刊本兩部,皆共二十册。一部原係江户時代林氏大學頭家等舊藏;一部原係楓山官庫等舊藏。

尊經閣文庫藏本,原係江户時代加賀藩主前田綱紀等舊藏,共二十二册。

皇明論衡六卷　皇明表衡十二卷　皇明策衡二十六卷

(明)茅維編

明刊本

内閣文庫　東京大學總合圖書館藏本

【按】前有明萬曆三十三年(1605 年)《序》。

内閣文庫藏本,原係楓山官庫等舊藏,共四十册。

東京大學藏本,卷中有補刊葉,共三十册。

(新刊唐荆川先生彙編)我朝殿閣名公文選十卷

(明)唐順之編　蕭奇勛補

明嘉靖三十八年(1559年)鄭氏宗文堂刊本

内閣文庫藏本　原昌平坂學問所等舊藏

國朝人文翼統(明文翼統)四十卷

(明)楊瞿崍編撰

明崇禎年間(1628—1644年)刊本

内閣文庫　尊經閣文庫藏本

【按】前有明崇禎八年(1635年)《序》。

内閣文庫藏本,原係楓山官庫等舊藏,共二十册。

尊經閣文庫藏本,原係江户時代加賀藩主前田綱紀等舊藏,共六册。

(新鐫)國朝名儒文選百家評林(國朝文選評林)十二卷

(明)沈一貫編

明萬曆十四年(1586年)葉任宇刊本　共六册

内閣文庫藏本　原江户時代豐後佐伯藩主毛利高標等舊藏

【按】此本係日本仁孝天皇文政年間(1818—1829年)由出雲守毛利高翰獻贈幕府,明治初期歸内閣文庫。

卷中有"佐伯侯毛利高標字培松藏書畫之印"等印記。

明文奇賞四十卷

(明)陳仁錫編

明天啓年間(1621—1627年)刊本　共三十二册

宫内廳書陵部　國會圖書館　内閣文庫　静嘉堂文庫　東京大學總合圖書館　京都大學文學部中國語學文學哲學研究室　東北大學附屬圖書館　廣島大學文學部　關西大學泊園文庫　愛知大學附屬圖書館藏本

【按】前有明天啓三年(1623年)《序》。

宫内廳書陵部藏本,共二十册。

國會圖書館藏本,共三十二册。

内閣文庫藏此同一刊本三部。一部原係楓山官庫等舊藏,共二十册。一部共三十一册。一部原係昌平坂學問所等舊藏,今存卷十九、卷二十,共二卷共一册。

静嘉堂文庫藏本,原係中村敬宇等舊藏,共三十二册。

東京大學藏本,原係覺廬文庫舊藏(市村瓚次郎買入本),共二十册。

京都大學藏本,共二十册。

東北大學藏本,原係狩野亨吉等舊藏,共二十册。

廣島大學藏本,共三十二册。

關西大學藏本,原係江户時代藤澤東畡、藤澤南陽、藤澤黄鵠、藤澤黄坡三世四代泊園書院等舊藏,共四十册。

愛知大學藏此同一刊本兩部,皆共二十册。其中一部現存簡齋文庫,原係小倉正恒等舊藏。

【附録】據《商舶載來書目》記載,中御門天皇正德元年(1711年)中國商船"美字號"載《明文奇賞》一部四帙抵日本。

據《長崎官府貿易外船》記載,桃園天皇寶曆九年(1759年)中國商船"一番船"載《明文奇賞》四部各四帙抵日本。

據《丑字番船書籍目録》記載,光格天皇文化二年(1805年)中國商船"丑七番船"載《明文奇賞》一部四帙抵日本。

據《書籍元帳》記載,孝明天皇嘉永二年(1849年)中國商船"西三番船"載《明文奇賞》一部四帙抵日本。此書一部售價二十四匁。

明文翾二十卷

(明)劉士鏻編

明崇禎年間(1628—1644年)刊本

内閣文庫　尊經閣文庫藏本

【按】前有明崇禎七年(1634年)《序》。

内閣文庫藏此同一刊本兩部，皆共二十册。一部原係昌平坂學問所等舊藏；一部原係楓山官庫等舊藏。

尊經閣文庫藏本，原係江户時代加賀藩主前田綱紀等舊藏，共十册。

【附録】據《商舶載來書目》記載，後櫻町天皇明和元年(1764年)中國商船"美字號"載《明文霱》一部二帙抵日本。

明文霱三卷

(明)劉士鏻編

明崇禎年間(1628—1644年)刊本　共一册

静嘉堂文庫藏本

今文選七卷　續集五卷

(明)孫鑛編　余寅等校

明萬曆三十年(1602年)刊本　共六册

宫内廳書陵部　内閣文庫藏本

【按】内閣文庫藏本，原係昌平坂學問所等舊藏。

明文致二十卷

(明)蔣如奇編

明崇禎年間(1628—1644年)刊本　共四册

宫内廳書陵部藏本

【附録】據《商舶載來書目》記載，後櫻町天皇明和二年(1765年)中國商船"美字號"載《明文致》一部六册抵日本。

明文翼運六十卷

(明)沈猶龍編

明崇禎年間(1628—1644年)刊本　共六十一册

尊經閣文庫藏本　原江户時代加賀藩主前田綱紀等舊藏

明文翼運三十六卷

(明)沈猶龍選　鄭邦泰評

明崇禎十年(1637年)序刊本　原共四十五册(現合爲二十四册)

國會圖書館藏本

(新刊焦太史續選百家評林)明文珠璣十卷

(明)焦竑編

明萬曆年間(1573—1620年)刊本　共六册

尊經閣文庫藏本　原江户時代加賀藩主前田綱紀等舊藏

天鈞閣會編(三種)十七卷

(明)惲巍　惲釜　惲紹芳撰　惲厥初編

明刊本　共八册

内閣文庫藏本　原楓山官庫等舊藏

【按】此本係惲氏三集，細目如次：

《黄山集》三卷　惲巍撰；

《谿堂集》二卷　惲釜撰；

《林居集》十二卷　惲紹芳撰。

夫容社吟稿四卷

(明)余德甫　朱用晦撰　吴士編

明隆慶年間(1567—1572年)木活字藍印本　共二册

内閣文庫藏本　原江户時代豐後佐伯藩主毛利高標等舊藏

【按】前有明隆慶四年(1570年)《序》。

此本係仁孝天皇文政年間(1818—1829年)出雲守毛利高翰獻贈幕府，明治初期歸内閣文庫。卷中有"佐伯侯毛利高標字培松藏書畫之印"等印記。

四大家文選四十二卷

(明)歸有光編　顧錫疇評

明崇禎年間(1628—1644年)刊本

宫内廳書陵部　廣島大學文學部藏本

【按】前有明崇禎四年(1631年)《序》。

宫内廳書陵部藏本，共二十四册。

廣島大學藏本，共十三册。

（新鍥）四大家百家評林正式四卷

（明）葉向高編
明萬曆三十二年（1604 年）萃慶堂余氏刊本
大谷大學附屬圖書館悠然樓　足利學校遺蹟圖書館藏本
【按】各集皆有"書林余南扶依京本梓行"刊記。
大谷大學藏本，原係大西行禮等舊藏，共八册。
足利學校遺蹟圖書館藏本，原係足利學校等舊藏，共七册。

鄭端簡公七家文選七卷

（明）鄭曉編撰
明萬曆年間（1573—1620 年）刊本　共三册
尊經閣文庫藏本　原江户時代加賀藩主前田綱紀等舊藏

靈巖集（詩）六卷

編者不署姓名
明刊本　共三册
静嘉堂文庫藏本　原陸心源十萬卷樓等舊藏

（新鐫李卓吾評釋）名文傑録八卷

（明）李贄編
明天啓年間（1621—1627 年）刊本　共四册
静嘉堂文庫藏本

同時尚論録（詩文）十六卷

（明）蔡士順編
明崇禎年間（1628—1644 年）刊本　共八册
内閣文庫　静嘉堂文庫藏本
【按】前有明崇禎十年（1637 年）《序》。
内閣文庫藏本，原係昌平坂學問所等舊藏。
静嘉堂文庫藏本，原係陸心源十萬卷樓等舊藏。

（媚幽閣）文娱（不分卷）　二集（不分卷）

（明）鄭元勛選　陳繼儒定　鄭元化訂
明崇禎三年（1630 年）刊本　共四册
國會圖書館藏本

魯藩别乘十九卷

（明）朱銶編撰
明刊本　共十三册
内閣文庫藏本　原江户時代豐後佐伯藩主毛利高標等舊藏
【按】此本仁孝天皇文政年間（1818—1829 年）出雲守毛利高翰獻贈幕府，明治初期經太政官文庫而歸内閣文庫。
卷中有"佐伯侯毛利高標字培松藏書畫之印"等印記。
【附録】據《商舶載來書目》記載，後櫻町天皇安永三年（1774 年）中國商船"以字號"載《魯藩别乘》一部一帙抵日本。

皇明詩鈔十卷

（明）楊慎編
明嘉靖年間（1522—1566 年）刊本　共二册
愛知大學簡齋文庫藏本　原小倉正恒等舊藏

皇明詩統四十二卷

（明）李騰鵬輯
明萬曆年間（1573—1620 年）刊本　共四十二册
東洋文庫藏本　原小田切萬壽之助等舊藏
【按】前有明萬曆十九年（1591 年）《序》。
卷内《目録》并卷第一，係後人寫補。

皇明律詩類抄二十四卷

（明）狄斯彬編
明萬曆年間（1573—1620 年）刊本　共八册
内閣文庫藏本　原楓山官庫等舊藏
【按】前有明萬曆六年（1578 年）《序》。

皇明詩選十三卷　附雲間三子新詩合稿九卷

(明)李雯　陳子卧　宋徵輿同輯　《雲間稿》(明)夏完淳輯

明崇禎十六年(1643年)吴門蔣復貞刊本

東洋文庫　京都大學文學部中國語學文學哲學研究室　東北大學附屬圖書館藏本

【按】東洋文庫藏本,原係小田切萬壽之助等舊藏,共五册。

京都大學藏本,無《雲間三子新詩合稿》九卷,共七册。

東北大學藏本,無《雲間三子新詩合稿》九卷,共三册。

【附録】據《商舶載來書目》記載,中御門天皇享保十一年(1726年)中國商船"久字號"載《皇明詩選》一部六册抵日本。

日本東山天皇元禄十五年(1702年)彌生吉且《倭版書籍考》卷七著録此本,其識文曰:

"《皇明詩選》二卷,集明李卓吾等大明名士六十餘人之詩,有大清楊賢《序》。"

櫻町天皇寬保二年(1742年)京都風月莊左衛門、錢屋三良兵衛等刊印李雯、陳子卧、宋徵輿同輯《皇明詩選》十三卷。

靈元天皇延寶年間(1673—1680年)刊印李贄輯《明詩選》二卷。此本題籤"皇明詩選"。

中御門天皇正德乙未(1715年)平安書林錦山堂刊印李贄編《續皇明詩選》二卷。

(新鐫注釋出像)皇明千家詩四卷

(明)汪萬頃編

明刊本　共四册

尊經閣文庫藏本　原江户時代加賀藩主前田綱紀等舊藏

【附録】靈元天皇貞享二年(1685年)淺野久兵衛刊印明汪萬頃編《新鐫出像皇明千家詩》四卷。

國朝名公詩選(皇明詩選)十二卷

(明)陳繼儒編　陳元素注

明天啓年間(1621—1627年)刊本

内閣文庫　東洋文庫　尊經閣文庫藏本

【按】前有明天啓元年(1621年)《序》。

内閣文庫藏此同一刊本兩部。一部原係昌平坂學問所等舊藏,共十册。一部原係江户時代木村蒹葭堂等舊藏,後歸豐後佐伯藩主毛利高標。仁孝天皇文政年間(1818—1829年)由出雲守毛利高翰獻贈幕府,明治初期經太政官文庫而歸内閣文庫。卷中有"佐伯侯毛利高標字培松藏書畫之印"等印記,共六册。

東洋文庫藏本,原係小田切萬壽之助等舊藏,共八册。

尊經閣文庫藏本,原係江户時代加賀藩主前田綱紀等舊藏,共八册。

【附録】桃園天皇寶曆三年(1753年)京都山田三良兵衛刊印明陳繼儒編《國朝名公詩選》十二卷。

(鍥國朝評釋名公)瓊琚詩選四卷

(明)湯顯祖編　毛九苞注

明余泗泉刊本　共二册

内閣文庫藏本　原江户時代林羅山等舊藏

【按】卷中有"江雲渭樹"印記。

(鐫翰林考證)國朝七子詩集注解(七才子詩集)七卷

(明)王而郯選　馬象乾編　李廷機考定

明萬曆二十二年(1594年)鄭雲竹刊本

内閣文庫　早稻田大學圖書館　御茶之水圖書館藏本

【按】每半葉有界十行,行二十字,注文小字雙行,行同正文。左右雙邊或四周雙邊。版心鐫刻"宗文書舍"。

卷末在"七字詩集注解七卷終"之下,有刊印木記,木記長形,四周雙邊,文曰:"萬曆甲午歲吉旦鄭雲竹繡梓"。

内閣文庫藏本,原係楓山官庫等舊藏,共四册。

早稻田大學圖書館藏本,共一册。

御茶之水圖書館藏本，原係德富蘇峰成簣堂等舊藏，共四册。

【附録】據《書籍元帳》記載，仁孝天皇弘化四年(1847年)中國商船"午二番船"載《七子詩集》一部一帙抵日本。此書一部售價一匁七分。

東山天皇元禄二年(1689年)刊印《新刊陳眉公考正國朝七才子詩集注解》七卷。此本題署(明)陳繼儒句解，有日人宇遜庵《跋》。

櫻町天皇延享四年(1747年)京都山岡四郎兵衛、井上忠兵衛、梅村三郎兵衛等刊印《新刊陳眉公考正國朝才子詩集注解》七卷。此本題署(明)陳繼儒句解，李士安補注。

櫻町天皇元文二年(1737年)山口茂兵衛刊印《七才子詩》七卷。日人松下烏石(辰)校。其後，此本有京都梅村三郎兵衛等重印本。

明詩正聲十八卷

(明)穆光胤編　陳素藴校

明萬曆年間(1573—1620年)刊本

内閣文庫　尊經閣文庫藏本

【按】内閣文庫藏本，原係楓山官庫等舊藏，共四册。

尊經閣文庫藏本，原係江户時代加賀藩主前田綱紀等舊藏，共六册。

【附録】中御門天皇享保年間(1716—1735年)奎文館瀨尾源兵衛刊印穆光胤編《明詩正聲》十八卷。

明七言律詩五卷

(明)彭會編

明崇禎年間(1628—1644年)刊本　共五册

尊經閣文庫藏本　原江户時代加賀藩主前田綱紀等舊藏

明音類選十二卷

(明)黄佐編

明嘉靖年間(1522—1566年)刊本

内閣文庫　鹿兒島大學附屬圖書館岩元文庫　早稻田大學圖書館藏本

【按】前有明嘉靖三十七年(1548年)《序》。

内閣文庫藏本，原係江户時代豐後佐伯藩主毛利高標等舊藏，仁孝天皇文政年間(1818—1829年)由出雲守毛利高翰獻贈幕府，明治初期經太政官文庫而歸内閣文庫。卷中有"佐伯侯毛利高標字培松藏書畫之印"等印記，共十三册。

鹿兒島大學藏本，共六册。

早稻田大學圖書館藏本，共六册。

明詩歸十卷　首一卷　補遺末一卷

(明)鍾惺　譚元春編

明金閶擁萬堂刊本

宫内廳書陵部　内閣文庫　京都大學文學部中國語學文學哲學研究室　大阪府立圖書館藏本

【按】宫内廳書陵部藏本，共六册。

内閣文庫藏此同一刊本兩部。一部原係昌平坂學問所等舊藏，共十册。一部原係楓山官庫等舊藏，共六册。

京都大學藏本，共十册。

大阪府立圖書館藏本，共六册。

【附録】據《商舶載來書目》記載，中御門天皇享保四年(1719年)中國商船"美字號"載《明詩歸》一部十二册抵日本。

明仕林詩類二十六卷

(明)于承祖編

明萬曆年間(1573—1620年)刊本　共八册

内閣文庫藏本

明詩選最八卷

(明)華淑編

明刊本　共三册

宫内廳書陵部藏本

【按】卷中有"叔遠"、"悟生"等印記。

【附録】據《商舶載來書目》記載，中御門天皇享保十四年(1729年)中國商船"美字號"

載《明詩選最》一部三册抵日本。

明詩選十二卷　首一卷

(明)李攀龍輯　陳子龍增輯　陸雲龍評定
明豹變齋刊本　共六册
内閣文庫藏本　原小田切萬壽之助等舊藏
【附録】中御門天皇享保十一年(1726年)中國商船"美字號"載《明詩選》一部一帙抵日本。

據《書籍元帳》記載,孝明天皇嘉永二年(1849年)中國商船"酉三番船"載《明詩選》一部一帙抵日本。此書一部售價六匁。

中御門天皇享保十八年(1733年)皇都書林西村一郎右衛門、江户西村源六等刊印《明詩選》十三卷。其後,此本有櫻町天皇寬保二年(1742年)風月堂重印本。

明詩選十二卷　首一卷

(明)李攀龍輯　蔣一葵箋釋　王世貞等參評
明崇禎年間(1628—1644年)刊本　共四册
内閣文庫藏本　原藤田豐八等舊藏

明七子詩選注七卷

(明)茅坤　陳子龍輯　汪淇　汪恂訂
明崇禎年間(1628—1644年)刊本　共六册
東洋文庫藏本　原小田切萬壽之助等舊藏

(姑蘇新刻)彤管遺篇十六卷

(明)酈琥編
明隆慶年間(1567—1572年)刊本　共八册
早稻田大學圖書館藏本
【按】前有明隆慶元年(1567年)《序》。

明十二家詩選

(明)魏懋忠編輯
明萬曆二十四年(1546年)刊本
内閣文庫　東京大學文學部漢籍中心藏本
【按】每半葉有界九行,行二十字,注文小字雙行。白口,四周雙邊(21.1cm×14.0cm)。

是書全本輯明人詩十二種:
《李崆峒集》五卷　李夢陽撰;
《徐昌穀集》二卷　徐楨卿撰;
《鄭少谷集》四卷　鄭善夫撰;
《高蘇門集》二卷　高叔嗣撰;
《喬三石集》二卷　喬世寧撰;
《李滄溟集》四卷　李攀龍撰;
《吴川樓集》四卷　吴國倫撰;
《王鳳洲集》四卷　王世貞撰;
《邊華泉集》二卷　邊貢撰;
《何大復集》四卷　何景明撰;
《薛西原集》二卷　薛惠撰;
《盧浮丘集》四卷　盧枏撰。

内閣文庫藏本,原係楓山官庫等舊藏,共十六册。

東京大學藏本,今缺《徐昌穀集》、《鄭少谷集》、《高蘇門集》、《李滄溟集》、《王鳳洲集》,實存七種,其中《吴川樓集》缺卷第三和卷第四,共八册。

盛明十二家詩選十二卷

(明)朱翊鈏輯
明萬曆三年(1574年)序刊本　共四册
國會圖書館藏本
【附録】據《商舶載來書目》記載,櫻町天皇元文四年(1739年)中國商船"世字號"載《盛明十二家選》一部一帙抵日本。

盛明十二家詩選六卷

(明)漢南道人編
明萬曆十三年(1585年)刊本　共六册
大阪府立圖書館藏本

盛明百家詩(前集)一百四十種　(後集)一百六十八種

(明)俞憲輯
明隆慶年間(1567—1572年)刊本　共八十册

宫内廳書陵部　内閣文庫　東洋文庫　東京大學總合圖書館藏本

【按】前有明隆慶五年(1571 年)《序》。

此本細目如次:

【前集】

1.《高楊張徐集》三卷

《高季迪集》　明高啓撰;

《楊孟載集》　明楊基撰;

《張來儀集》　明張羽撰;

《徐幼文集》　明徐賁撰;

2.《宋學士集》一卷　明宋濂撰;

3.《劉誠意伯集》一卷　明劉基撰;

4.《林員外集》一卷　明林鴻撰;

5.《袁海叟集》一卷　明袁凱撰;

6.《王學士集》一卷　明王達撰;

7.《王舍人集》一卷　明王紱撰;

8.《浦舍人集》一卷　明浦源撰;

9.《錢翰撰集》一卷　明錢仲益撰;

10.《李文正公集》一卷　明李東陽撰;

11.《陳白沙集》一卷　明陳獻章撰;

12.《邵文莊公集》一卷　明邵寶撰;

13.《莊定山集》一卷　明莊㫤撰;

14.《石閣老集》一卷　明石珤撰;

15.《夏赤城集》一卷　明夏鍭撰;

16.《秦修敬集》一卷　明秦旭撰;

17.《李空同集》一卷　明李夢陽撰;

18.《沈石田集》一卷　明沈周撰;

19.《桑思玄集》一卷　明桑悦撰;

20.《史山人集》一卷　明史鑑撰;

21.《二杭詩集》一卷

《杭世卿集》　明杭濟撰;

《杭東卿集》　明杭淮撰;

22.《張伎陵集》一卷　明張鳳翔撰;

23.《顧司寇集》一卷　明顧璘撰;

24.《熊侍御集》一卷　明熊卓撰;

25.《王渼陂集》一卷　明王九思撰;

26.《王陽明集》一卷　明王守仁撰;

27.《二朱詩集》一卷

《朱升之集》　明朱應登撰;

《朱子价集》　明朱曰藩撰;

28.《孫山人集》一卷　明孫一元撰;

29.《何大復集》一卷　明何景明撰;

30.《左中川集》一卷　明左國璣撰;

31.《王浚川集》一卷　明王廷相撰;

32.《邊華泉集》一卷　明邊貢撰;

33.《康狀元集》一卷　明康海撰;

34.《徐尚書集》一卷　明徐問撰;

35.《祝枝山集》一卷　明祝允明撰;

36.《二俞詩集》一卷

《俞國昌集》　明俞泰撰;

《俞國光集》　明俞暉撰;

37.《徐迪功集》一卷　明徐禎卿撰;

38.《殷石川集》一卷　明殷雲霄撰;

39.《孟有涯集》一卷　明孟洋撰;

40.《王太僕集》一卷　明王韋撰;

41.《戴學憲集》一卷　明戴冠撰;

42.《韓參議集》一卷　明韓邦靖撰;

43.《鄭少谷集》一卷　明鄭善夫撰;

44.《方棠陵集》一卷　明方豪撰;

45.《常評事集》一卷　明常倫撰;

46.《楊升庵集》一卷　明楊慎撰;

47.《薛考功集》一卷　明薛蕙撰;

48.《張禺山集》一卷　明張含撰;

49.《蔣南冷集》一卷　明蔣山卿撰;

50.《王夢澤集》一卷　明王廷陳撰;

51.《李嵩渚集》一卷　明李濂撰;

52.《陳行卿集》一卷　明陳沂撰;

53.《馬西玄集》一卷《續集》一卷　明馬汝驥撰;

54.《許少華集》一卷　明許宗魯撰;

55.《許雲村集》一卷　明許相卿撰;

56.《陸盧龍集》一卷　明陸果撰;

57.《二周詩集》一卷

《周定齋集》　明周祚撰;

《周浮峰集》　明周沛撰;

58.《高蘇門集》一卷　明高叔嗣撰;

59.《黄泰泉集》一卷　明黄佐撰;

60.《徐相公集》一卷　明徐階撰;

61.《栗太行集》一卷　明栗應宏撰；
62.《傅夢求集》一卷　明傅起岩撰；
63.《蔡翰目集》一卷　明蔡羽撰；
64.《文翰詔集》一卷《續集》一卷　明文徵明撰；
65.《唐伯虎集》一卷　明唐寅撰；
66.《傅山人集》一卷　明傅汝舟撰；
67.《王參政集》一卷　明王慎中撰；
68.《華學士集》一卷　明華察撰；
69.《樊南溟集》一卷　明樊鵬撰；
70.《屠漸山集》一卷　明屠應埈撰；
71.《王履吉集》一卷　明王寵撰；
72.《王少泉集》一卷　明王格撰；
73.《陸貞山集》一卷　明陸粲撰；
74.《袁學憲集》一卷　明袁□撰；
75.《陳后岡集》一卷　明陳束撰；
76.《田豫陽集》一卷　明田汝成撰；
77.《二黄集》一卷
《黄五嶽集》　明黄省曾撰；
《黄質山集》　明黄姬水撰；
78.《張昆侖集》一卷　明張詩撰；
79.《唐中丞集》二卷　明唐順之撰；
80.《陳鳴野集》一卷　明陳鶴撰；
81.《宗室匡南詩集》一卷　明宗室朱拱樋撰；
82.《羅贊善集》一卷　明羅洪先撰；
83.《沈鳳峰集》一卷　明沈愷撰；
84.《任少海集》一卷　明任瀚撰；
85.《薛浮休集》一卷　明薛章憲撰；
86.《皇甫昆季集》二卷
《皇甫華陽集》　明皇甫冲撰；
《皇甫少玄集》　明皇甫涍撰；
《皇甫百泉集》并《續集》一卷　明皇甫汸撰；
《皇甫理山集》　明皇甫濂撰；
87.《孔方伯集》一卷　明孔天胤撰；
88.《蔡白石集》一卷《續集》一卷　明蔡汝南撰；
89.《王巖潭集》一卷　明王廷幹撰；
90.《朱鎮山集》一卷　明朱衡撰；
91.《許茗山集集》一卷　明許應元撰；
92.《王祭酒集》一卷　明王維楨撰；
93.《薛憲副集》一卷　明薛應旂撰；
94.《喬三石集》一卷　明喬世寧撰；
95.《陳參議集》一卷　明陳鳳撰；
96.《王僉憲集》一卷　明王問撰；
97.《馮少洲集》一卷　明馮惟訥撰；
98.《侯二谷集》一卷　明侯一元撰；
99.《孟衛源集》一卷　明孟淮撰；
100.《吴霽寰集》一卷　明吴維嶽撰；
101.《范中方集》一卷　明范惟一撰；
102.《華比部集》一卷　明華雲撰；
103.《謝中丞集》一卷　明謝東山撰；
104.《何刑侍集》一卷　明何遷撰；
105.《洪芳洲集》一卷　明洪朝選撰；
106.《施武陵集》一卷　明施漸撰；
107.《姚山人集》一卷　明姚咨撰；
108.《萬履庵集》一卷　明萬士和撰；
109.《鄧山人集》一卷　明鄧儀撰；
110.《宗室武岡王集》一卷　明宗室朱顯槐撰；
111.《張王屋集》一卷　明張之象撰；
112.《鄭石南集》一卷　明鄭坤撰；
113.《許長史集》一卷　明許邦才撰；
114.《郭山人集》一卷　明郭第撰；
115.《羅山人集》一卷　明羅鹿齡撰；
116.《李學憲集》一卷　明李攀龍撰；
117.《王副使集》一卷　明王世貞撰；
118.《李尚寶集》一卷　明李先芳撰；
119.《徐龍灣集》一卷　明徐中行撰；
120.《吴川樓集》一卷　明吴國倫撰；
121.《梁比部集》一卷　明梁有譽撰；
122.《宗子相集》一卷　明宗臣撰；
123.《張居來集》一卷　明張佳胤撰；
124.《盧次楩集》一卷　明盧柟撰；
125.《周山人集》一卷　明周詩撰；
126.《史文學集》一卷　明史臣紀撰；
127.《王澄原集》一卷　明王言撰；

128.《謝茂秦集》一卷　明謝榛撰；
129.《俞仲蔚集》一卷　明俞允文撰；
130.《王上舍集》一卷　明王穉登撰；
131.《梁國子生集》一卷　明梁辰魚撰；
132.《張敉集》一卷　明張獻翼撰；
133.《俞繡峰集》一卷　明俞寰撰；
134.《周真人集》一卷　明周思得撰；
135.《龔内監集》一卷　明龔輦撰；
136.《釋雪江集》一卷　明釋明秀撰；
137.《釋魯山集》一卷　明釋魯山撰；
138.《釋半峰集》一卷　明釋果斌撰；
139.《釋同石集》一卷　明釋希復撰；
140.《淑秀總集》一卷　明俞憲編。
【後集】
1.《廣中四傑集》一卷
《孫仲衍集》　明孫蕡撰；
《王彦舉集》　明王佐撰；
《黄庸之集》　明黄哲撰；
《李仲修集》　明李德撰；
2.《汪右丞集》一卷　明汪廣洋撰；
3.《倪隱君集》一卷　明倪瓚撰；
4.《張翰講集》一卷　明張以寧撰；
5.《吴主一集》一卷　明吴志淳撰；
6.《唐丹崖集》一卷　明唐肅撰；
7.《王忠文公集》一卷　明王褘撰；
8.《趙鳴秋集》一卷　明趙迪撰；
9.《郭子章集》一卷　明郭奎撰；
10.《許士修集》一卷　明許君繼撰；
11.《華氏黄楊集》一卷　元華幼武撰；
12.《解學士集》一卷　明解縉撰；
13.《韓中允集》一卷　明韓守益撰；
14.《練榜眼集》一卷　明練安撰；
15.《二倪詩集》一卷
《倪維嶽集》　明倪峻撰；
《倪汝敬集》　明倪敬撰；
16.《姚少師集》一卷　明姚廣孝撰；
17.《曾狀元集》一卷　明曾棨撰；
18.《郭定襄伯集》一卷　明郭登撰；
19.《王翰檢集》一卷　明王偁撰；
20.《林登州集》一卷　明林弼撰；
21.《高漫士集》一卷　明高棅撰；
22.《王皆山集》一卷　明王恭撰；
23.《劉忠宣公集》一卷　明劉大夏撰；
24.《聶掌教集》一卷　明聶大年撰；
25.《張東海集》一卷　明張(公)弼撰；
26.《張白齋集》一卷　明張琦撰；
27.《薛檢討集》一卷　明薛格撰；
28.《謝文肅公集》一卷　明謝鐸撰；
29.《羅太守集》一卷《續集》一卷　明羅柔撰；
30.《王古直集》一卷　明王佐撰；
31.《錢山人集》一卷　明錢文撰；
32.《湯將軍集》一卷　明湯胤勣撰；
33.《顧東江集》一卷　明顧清撰；
34.《周草廷集》一卷　明周塤撰；
35.《秦端敏公集》一卷　明秦金撰；
36.《錢太守集》一卷　明錢琦撰；
37.《王方伯集》一卷　明王尚絅撰；
38.《朱蕩南集》一卷　明朱諫撰；
39.《孫鷺沙集》一卷　明孫偉撰；
40.《楊通府集》一卷　明楊中撰；
41.《湛甘泉集》一卷　明湛若水撰；
42.《周尚書集》一卷　明周金撰；
43.《莫南沙集》一卷　明莫止撰；
44.《顧同府集》一卷　明顧彦夫撰；
45.《陸文裕公集》一卷　明陸深撰；
46.《顧憲副集》一卷　明顧可久撰；
47.《齊憲副集》一卷　明齊鸞撰；
48.《王僉事集》一卷　明王謳撰；
49.《鄒九峰集》一卷　明鄒壁撰；
50.《敖東谷集》一卷　明敖英撰；
51.《朱福州集》一卷　明朱豹撰；
52.《錢逸人集》一卷　明錢百川撰；
53.《二浦詩集》一卷
《浦文玉集》　明浦瑾撰；
《浦道徵集》　明浦應麒撰
54.《張學士集》一卷　明張衮撰；
55.《顧廉訪集》一卷　明顧夢奎撰；

56.《二謝詩集》一卷
《謝全野集》　明謝承舉撰；
《謝與槐集》　明謝少南撰；
57.《張通參集》一卷　明張寰撰；
58.《王止一集》一卷　明王珂撰；
59.《潘尚書集》一卷　明潘恩撰；
60.《張司馬集》一卷　明張時徹撰；
61.《續傅夢求集》一卷　明傅起岩撰；
62.《蘇督撫集》一卷　明蘇祐撰；
63.《孫漁人集》一卷　明孫宜撰；
64.《續傅山人集》一卷　明傅汝舟撰；
65.《馮三石集》一卷　明馮世雍撰；
66.《吴少參集》一卷　明吴子孝撰；
67.《田莘野集》一卷　明田汝耔撰；
68.《金子有集》一卷　明金大車撰；
69.《沈少參集》一卷　明沈謐撰；
70.《續姚山人集》一卷　明姚咨撰；
71.《唐山人集》一卷　明唐詩撰；
72.《續沈鳳峰集》一卷　明沈愷撰；
73.《薛兵憲集》一卷　明薛甲撰；
74.《張臬副集》一卷　明張意撰；
75.《姚本修集》一卷　明姚廉敬撰；
76.《沈石灣集》一卷　明沈漢卿撰；
77.《續黄五嶽集》一卷　明黄省曾撰；
78.《陳山人集》一卷　明陳鳳撰；
79.《岳山人集》一卷　明岳岱撰；
80.《顧給舍集》一卷　明顧存仁撰；
81.《高光州集》一卷　明高應冕撰；
82.《趙文學集》一卷　明趙綱撰；
83.《周太僕集》一卷　明周復俊撰；
84.《包侍御集》一卷　明包節撰；
85.《秦封君集》一卷　明秦瀚撰；
86.《秦訪伯集》一卷　明秦梁撰；
87.《强德州集》一卷　明强仕撰；
88.《王侍御集》一卷　明王瑛撰；
89.《黎瑶石集》一卷　明黎民表撰；
90.《駱翰編集》一卷　明駱文盛撰；
91.《王禮部集》一卷　明王表撰；
92.《王翰林集》一卷　明王立道撰；
93.《陸文學集》一卷　明陸九州撰；
94.《陳隱士集》一卷　明陳東川撰；
95.《許石城集》一卷　明許穀撰；
96.《舒東岡集》一卷　明舒纓撰；
97.《林介山集》一卷　明林應麒撰；
98.《尹洞山集》一卷　明尹臺撰；
99.《温大谷集》一卷　明温新撰；
100.《續王僉憲集》一卷　明王問撰；
101.《茅副使集》一卷　明茅坤撰；
102.《二莫詩集》一卷
《莫中江集》　明莫如忠撰；
《莫少江集》　明莫是龍撰；
103.《曹于野集》一卷　明曹大同撰；
104.《吕山人集》一卷《續集》一卷　明吕時臣撰；
105.《續萬履庵集》一卷　明萬士和撰；
106.《何翰目集》一卷　明何良俊撰；
107.《萬總戎集》一卷　明萬表撰；
108.《續皇甫理山集》一卷　明皇甫濂撰；
109.《龔憲副集(龔副使集)》一卷　明龔秉德撰；
110.《劉魏比玉集》一卷
《劉子威集》　明劉鳳撰；
《魏季朗集》　明魏學禮撰；
111.《王督撫集》一卷　明王崇古撰；
112.《李青霞集》一卷　明李時行撰；
113.《續王鳳洲集》二卷　明王世貞撰；
114.《續李滄溟集》一卷　明李攀龍撰；
115.《王儀部集》一卷　明王世懋撰；
116.《胡苑卿集》一卷　明胡安撰；
117.《方員外集》一卷　明方攸躋撰；
118.《續吴川樓集》一卷　明吴國倫撰；
119.《李武選集》一卷　明李文麟撰；
120.《張周田集》一卷　明張九一撰；
121.《續徐龍灣集》一卷　明徐中行撰；
122.《余憲副集》一卷　明余德撰；
123.《李内翰集》一卷　明李蓘撰；
124.《范中吴集》一卷　明范惟丕撰；
125.《王氏松雲集》一卷　明王用章撰；

126.《沈青門集》一卷　明沈仕撰；
127.《方侍御集》一卷　明方新撰；
128.《沈嘉則集》一卷　明沈明臣撰；
129.《朱仲開集》一卷　明朱永年撰；
130.《吴之山集》一卷　明吴擴撰；
131.《張心父集》一卷　明張士瀹撰；
132.《陸客集》一卷　明陸弼撰；
133.《歐司訓集》一卷　明歐大任撰；
134.《丁少鶴集》一卷　明丁一中撰；
135.《梁中舍集》一卷　明梁孜撰；
136.《金白嶼集》一卷　明金鸞撰；
137.《李千户集》一卷　明李元昭撰；
138.《馮海浮集》一卷　明馮惟敏撰；
139.《徐文學集》一卷　明徐渭撰；
140.《魯藩二宗室集》一卷
　《務本公集》　明朱健根
　《中立公集》　明朱觀熰撰；
141.《顧山人集》一卷　明顧聖撰；
142.《林公子集》一卷　明林世璧撰；
143.《葉客集》一卷　明葉芳撰；
144.《周東田集》一卷　明周東田撰；
145.《王逸人集》一卷　明王昆侖撰；
146.《李公子集》一卷　明李言恭撰；
147.《王僅初集》一卷　明王懋明撰；
148.《王貢士集》一卷　明王淶撰；
149.《潘象安集》一卷　明潘緯撰；
150.《康裕卿集》一卷　明康從理撰；
151.《續王上舍集》一卷　明王穉登撰；
152.《朱山人集》一卷　明朱察卿撰；
153.《莫公遠集》一卷　明莫叔明撰；
154.《顧伯子集》一卷　明顧允默撰；
155.《張文學集》一卷　明張文柱撰；
156.《童賈集》一卷　明童佩撰；
157.《黄趙客集》一卷　明黄道撰；
158.《釋全室集》一卷　明釋宗泐撰；
159.《釋夢觀集》一卷　明釋仁撰；
160.《釋方澤集》一卷　明釋方澤撰；
161.《盧羽士集》一卷　明盧大雅撰；
162.《章羽士集》一卷　明章志宗撰；
163.《錢羽士集》一卷　明錢月齡撰；
164.《楊狀元妻詩集》一卷　明黄峨撰；
165.《馬氏芷居集》一卷　明馬閒卿撰；
166.《孫夫人詩集》一卷　明楊文儷撰；
167.《潘氏詩集》一卷　明潘□撰；
168.《李生集》一卷　明李英撰。

宫内廳書陵部藏此同一刊本兩部。一部共六十册；一部系殘缺零本，凡十册。

内閣文庫藏本，原係楓山官庫等舊藏，共八十册。

東洋文庫藏本，原係小田切萬壽之助等舊藏。此本卷中有缺逸，《前編》止於《皇甫昆季集》；《後編》止於《續王鳳洲集》。

東京大學總合圖書館藏本，今缺《王止一集》、《林介山集》共二種，共六十四册。

【附録】據《商舶載來書目》記載，櫻町天皇元文四年（1739 年）中國商船"世字號"載《盛明百家詩選》一部一帙抵日本。

國初文選（石倉歷代文選國初文選）二十卷

（明）曹學佺編

明崇禎年間（1628—1644 年）刊本（石倉歷代文選零本）　共十册

内閣文庫藏本　原楓山官庫等舊藏

明詩兼（不分卷）　近詩兼（不分卷）

（明）韓純玉編

原稿本　共三十六册

静嘉堂文庫藏本

【按】此二本皆係原稿本，尚未編輯就緒。

《近詩兼》首有韓純玉所作此二《集》之《序》，其文曰："彙有明一代之詩，自洪永迄啓楨，芟蕪補逸，勒成《詩兼》一書。五、六十年來，英賢輩出，世值滄桑，人之出處不齊，風之正變亦異，就余篋中所有，倣元遺山《中州集》之例，人自爲帙，係以小序，概其生平。詩因人重，人以詩傳，兼之爲義，固有在焉。嗟乎，詩際興亡，人參存殁，釐之爲二集，統之以近詩"云云。

名家表選八卷

(明)陳塏編

明嘉靖年間(1522—1566年)刊本　共四册

尊經閣文庫藏本　原江户時代加賀藩主前田綱紀等舊藏

滑耀編(不分卷)

(明)賈三近編

明萬曆年間(1573—1620年)刊本　共三册

大東急紀念文庫藏本　原江户時代林氏大學頭家等舊藏

【按】前有明萬曆八年(1580年)《序》。

卷中有林讀耕齋讀書識文。

【附録】據《商舶載來書目》記載,桃園天皇寶曆四年(1754年)中國商船"古字號"載《滑耀編》一部一帙抵日本。

桃園天皇寶曆四年(1754年)《(長崎港)舶來書籍大意書》著録是書。其識文曰:

"《滑耀編》一部一帙四册,明人賈三近匯集由唐至明諸家之文,凡百三十餘篇,分體排列。明萬曆年間刊印。"

皇明論世四卷

(明)李裁選注　李九標編

明萬曆三十一年(1603年)刊本　共四册

宫内廳書陵部藏本

(增定國朝館課)經世宏辭十五卷

(明)王錫爵編　沈一貫參訂

明萬曆年間(1573—1620年)刊本

内閣文庫　東洋文庫　蓬左文庫藏本

【按】前有明萬曆十八年(1590年)金陵周曰《序》。

内閣文庫藏此同一刊本兩部。一部原係昌平坂學問所等舊藏,共八册。一部原係江户時代豐後佐伯藩主毛利高標等舊藏,有《續集》十五卷(其中缺卷四),仁孝天皇文政年間(1818—1829年)由出雲首毛利高翰獻贈幕府,明治初期歸内閣文庫。卷中有"佐伯侯毛利高標字培松藏書畫之印"等印記。共二十九册。

東洋文庫藏本,共十六册。

蓬左文庫藏本,原係江户時代加賀藩主前田綱紀等舊藏。此本係日本明正天皇寬永六年(1629年)從中國購入,卷中有"尾陽内庫"印記,共八册。

(增定國朝館課)經世宏辭七卷

(明)王錫爵編

明刊本　共八册

尊經閣文庫藏本　原江户時代加賀藩主前田綱紀等舊藏

(皇明館課)經世宏辭(續集)十五卷

(明)王錫爵編

明萬曆年間(1573—1620年)刊本　共八册

宫内廳書陵部藏本

皇明館課五十一卷　補遺一卷　續四卷

(明)陳經邦編　顧爾行等校

明萬曆二十一年(1594年)刊本　共三十二册

宫内廳書陵部藏本

【附録】據光格天皇文化七年(1810年)《唐船持渡書物目録》記載,是年中國商船"午三番船"載《皇明館課》一部二帙抵日本。

皇明館課四十八卷

(明)陳經邦編

明萬曆年間(1573—1620年)刊本　共三十六册

尊經閣文庫藏本　原江户時代加賀藩主前田綱紀等舊藏

(新刊國朝歷科翰林文選)經濟宏猷十六卷

(明)沈一貫編　朱之蕃評

明廣慶堂刊本　共十六册

内閣文庫藏本　原江户時代豐後佐伯藩主毛利高標等舊藏

【按】此本係仁孝天皇文政年間（1818—1829 年）出雲守毛利高翰獻贈幕府，明治初期歸内閣文庫。卷中有“佐伯侯毛利高標字培松藏書畫之印”等印記。

（三太史精選皇明垂世）臺館鴻章（詩文）十九卷

（明）沈一貫編

明萬曆年間（1573—1620 年）刊本　共二十四册

内閣文庫藏本　原昌平坂學問所等舊藏

【按】前有明萬曆二十二年（1594 年）《序》。

（新鍥翰林批評注釋）錦綉策抄六卷

（明）王嘉言編

明萬曆年間（1573—1620 年）生春堂刊本

内閣文庫藏本　原江户時代豐後佐伯藩主毛利高標等舊藏

【按】前有明萬曆十三年（1585 年）《序》。

此本係仁孝天皇文政年間（1818—1829 年）出雲守毛利高翰獻贈幕府，明治初期歸内閣文庫。卷中有“佐伯侯毛利高標字培松藏書畫之印”等印記。

皇明會元全集四十九卷

（明）袁升聞編

明萬曆年間（1573—1620 年）刊本　共二十四册

尊經閣文庫藏本　原江户時代加賀藩主前田綱紀等舊藏

（歷科廷試）狀元策二卷　首一卷

（明）焦竑編　吴道南校

明崇禎年間（1628—1644 年）刊本　共六册

内閣文庫藏本　原江户時代林氏大學頭家等舊藏

（新刻李九我先生纂釋）科甲文式元魁真鐸八卷

（明）李廷機編

明刊本　共五册

内閣文庫藏本　原江户時代豐後佐伯藩主毛利高標等舊藏

【按】此本係仁孝天皇文政年間（1818—1829 年）由出雲守毛利高翰獻贈幕府，明治初期歸内閣文庫。卷中有“佐伯侯毛利高標字培松藏書畫之印”等印記。

（新刻張先生批選）四書程墨清商（隆慶萬曆間會試程文）四卷　附録八卷

（明）張榜選

明萬曆年間（1573—1620 年）書林劉永茂刊本　共八册

蓬左文庫藏本　原江户時代尾張藩主家等舊藏

【按】此本係明正天皇寬永六年（1629 年）從中國購入。

卷中有“尾陽内庫”印記。

此本附録細目：

《新刻翰林評選四書新科墨》四卷（閩中余良史刊本）；

《新鍥翰林太史精選皇明歷科詩經》四卷（藝林陳德宗刊本）。

（新鍥彙選）歷科易經程墨芳潤評林六卷

（明）李廷機編

明刊本　共六册

尊經閣文庫藏本　原江户時代加賀藩主前田綱紀等舊藏

（新刊全補歷科）殿試狀元策二卷

（明）郝孔昭編

明隆慶年間（1567—1572 年）刊本　共四册

尊經閣文庫藏本　原江户時代加賀藩主前田綱紀等舊藏

（紅雪居精選卯辰科）尚書程墨文脈（不分卷）

（明）徐中矩編

明崇禎年間（1628—1644年）刊本　共四册

尊經閣文庫藏本　原江户時代加賀藩主前田綱紀等舊藏

（新鐫翰林評選歷科）四書傳世輝珍程文六卷

（明）黄洪憲　陶望齡　湯賓尹　陳懿典　焦竑　朱之藩同閲

明萬曆年間（1573—1620年）閩中余良史刊本

蓬左文庫藏本　原江户時代尾張藩主家等舊藏

【按】前有明萬曆二十五年（1597年）霍林湯氏《序》。

此本係明正天皇寬永六年（1629年）從中國購入。

卷中有"尾陽内庫"印記。

（刻九我李先生評選）丙丁二三場群芳一覽（不分卷）

（明）李廷機編

明萬曆年間（1573—1620年）刊本　共一册

内閣文庫藏本　原江户時代豐後佐伯藩主毛利高標等舊藏

【按】此本係仁孝天皇文政年間（1818—1829年）由出雲守毛利高翰獻贈幕府，明治初期歸内閣文庫。卷中有"佐伯侯毛利高標字培松藏書畫之印"等印記。

癸酉丁卯科鄉試硃卷

（明）慎思永編

明刊本　共五册

尊經閣文庫藏本　原江户時代加賀藩主前田綱紀等舊藏

（新鍥精選注釋）歷科武場鄉會程墨决勝奇謀策學　（新鍥精選注釋）歷科武場鄉會程墨决勝奇謀論學二卷　（新鍥精選詳注）歷科武科鄉會程墨策學决勝奇謀　（新鍥精選詳注）歷科武科鄉會程墨論學决勝奇謀二卷

（明）徐大儀編　（明）顧景元詳注

明刊本　共二册

尊經閣文庫藏本　原江户時代加賀藩主前田綱紀等舊藏

（新刻近聖居評釋）近科武場程墨凱論部　（新刻近聖居評釋）近科武場程墨凱策部　（新刻近聖居評釋）古今名將考　附武經急出要題（不分卷）

（明）趙鳴陽編

明天啓年間（1621—1627年）刊本　共十册

尊經閣文庫藏本　原江户時代加賀藩主前田綱紀等舊藏

歷科程墨文室十帙

（明）韓敬編

明崇禎年間（1628—1644年）刊本　共十六册

尊經閣文庫藏本　原江户時代加賀藩主前田綱紀等舊藏

皇明程墨紀年（不分卷）　四科鄉會程墨紀年（不分卷）

（明）周鍾編

明崇禎年間（1628—1644年）刊本　共十六卷

尊經閣文庫藏本　原江户時代加賀藩主前田綱紀等舊藏

（新刻）龍飛歷科鄉試程策（殘本）一卷

（明）王錫爵編

明刊本　共一册

内閣文庫藏本　原曲直瀨氏等舊藏

【按】此本今存卷七，共一卷。

（類編）理學詩集八卷

（明）周思久編

明嘉靖年間（1522—1566年）刊本　共二册

尊經閣文庫藏本　原江户時代加賀藩主前田綱紀等舊藏

（五）詩文評類

文心雕龍十卷

（梁）劉勰撰

明弘治十七年（1504年）馮允中刊本　共四册

大谷大學附屬圖書館藏本　原神田喜一郎（鬯盦）等舊藏

【按】此本係昭和五十九年（1984年）　神田喜一郎（鬯盦）家族贈送大谷大學。

神田喜一郎在《鬯盦藏書絶句》中曾有詩咏此本，曰：

“絶代天才劉彦和，
文心舊帙恨無多。
至珍馮本同球璧，
除却唐鈔孰等科。”

【附録】日本空海和尚（弘法大師，774—835年）有《文鏡秘府論》六卷存世，其論説徵引《文心雕龍》文者甚多，如“天卷・四聲論”中有如下文字：“吴人劉勰著《雕龍》篇云：‘音有沈飛，響有雙疊，雙聲隔字而每舛，疊韵離句其必睽……異音相慎謂之和，同聲相應謂之韵，韵氣一定，則餘聲易遣，和體抑揚，故遺響難契矣。’此論理到優華，控引弘博，計其幽趣，無以間然。”此段引文見《文心雕龍・聲律》。這是日本古文獻中關於《文心雕龍》的最早記載。

九世紀末日本藤原佐世《本朝見在書目録》第三十“雜家類”著録“《文心雕龍》十卷，劉勰撰”。第四十“惣集類”又著録“《文心雕龍》十卷，劉勰，在雜家”。這是日本古目録學著作中第一次著録《文心雕龍》。

據《書籍元帳》記載，仁孝天皇天保十二年（1841年）中國商船“子三番船”（船主鄭行）載《文心雕龍》五部各一帙抵日本。此書一部售價二匁。同年，中國商船“丑二番船”（船主沈萍）載《文心雕龍》五部各一帙抵日本。此書一部售價亦二匁。

日本中御門天皇享保十六年（1731年）大阪敦賀屋就兵衛等刊印劉勰《文心雕龍》十卷，此本由日人岡白駒句讀。

江户時代有尚古堂用木活字版刊印劉勰《文心雕龍》十卷。

文心雕龍十卷

（梁）劉勰撰

明嘉靖年間（1522—1566年）古歙余誨氏刊本

東京大學東洋文化研究所　大谷大學附屬圖書館　無窮會天淵文庫藏本

【按】大谷大學藏本，原係神田喜一郎（鬯盦）等舊藏。此本係昭和五十九年（1984年）神田喜一郎（鬯盦）家族贈送大谷大學，共二册。

無窮會藏本，原係加藤天淵等舊藏，共四册。

文心雕龍十卷

（梁）劉勰著　（明）汪一元校

明刊本　何義門校宋本　黄蕘圃手識本　共一册

静嘉堂文庫藏本　原陸心源十萬卷樓等舊藏

【按】前有元至正十五年（1355年）錢惟善《序》，又有明嘉靖庚子（1540年）方元楨《序》。

卷中有功甫手識文。其文曰：

“按此書至正乙未刻於嘉禾，弘治甲子刻於吴門，嘉靖庚子刻於新安，辛卯刻於建安，癸卯又刻於新安，萬曆己酉刻於南昌。至《秀隱》一篇，均之缺如也。余從阮華山得宋本，抄補始爲完書。甲寅七月二十四日書南宫坊之新居，時年七十四歲，功甫記。”

又有黄蕘圃手識文三則。其一曰：

“案《讀書敏求記》謂此書至正乙未刻於嘉禾，而此本録功甫跋亦云然。然刻書緣起未之詳也。頃郡中張青芝家書籍散出，中有青芝臨義門先生校本，首載錢《序》一篇，亦屬抄補，爰録諸卷端素紙，行款用墨筆識之。噫，阮華山之宋槧不可見，即元刊亦無從問津，徒賴此校本流傳。言人人殊，即如此本，爲沈寳硯所臨，與青芝本又多異同，同出一師，而傳録各異，何以徵信乎？聊著於此，以見古刻無傳，臨校全不足信有如此者！甲子十一月六日，蕘翁記。”

其二，文曰：

“戊辰三月，得元刻本校正，并記行款。復翁。”

其三，文曰：

“此嘉靖庚子刻於新安本，郡中朱丈文游家藏書也。文翁故後，書籍散亡，此册爲其甥所取，售於五柳書居者。先是五柳主人來云，是校宋本，需直白金六兩。余重之，故允其請而書來。其實，校語無足重，舊刻差可貴爾！攜屬澗蘋，校録一過，與向收弘治本并儲焉。己未中秋，檢書及此，爰題數語，以著顛末。蕘圃黄丕烈。”

（楊升庵先生批點）文心雕龍十卷

（梁）劉勰撰　（明）楊升庵批點　梅慶生音注

明萬曆年間（1573—1620年）豫章梅氏刊本

尊經閣文庫　大谷大學附屬圖書館藏本

【按】每半葉有界九行，行十八字。

前有明萬寳三十七年（1609年）顧起元《序》，又有楊慎《書》。後有都穆《跋》，又有明萬曆二十一年（1593年）朱謀墇《跋》。

尊經閣文庫藏本，原係江户時代加賀藩主前田綱紀等舊藏，共六册。

大谷大學藏本，原係神田喜一郎（鬯盦）等舊藏。昭和五十九年（1984年）神田喜一郎（鬯盦）家族贈送大谷大學。

（楊升庵先生批點）文心雕龍十卷

（梁）劉勰撰　（明）楊慎等評　梅慶生注

明天啓二年（1622年）金陵聚錦堂刊本

内閣文庫　廣島大學附屬圖書館斯波文庫　大阪府立圖書館藏本

【按】每半葉九行，行十八字。

卷首題署“楊升庵先生批點文心雕龍”。第二行上空六字題署“梁通事舍人劉勰著”，第三行亦上空六字題署“明豫章梅慶生音注”。第四行上空二字標題篇章曰“原道第一”。第五行起頂格正文，首曰“文之爲德也大矣……。”

内閣文庫藏此同一刊本兩部。一部原係楓山官庫等舊藏，共四册。一部原係昌平坂學問所等舊藏，共二册。

廣島大學附屬圖書館藏本，原係斯波六郎舊藏，共四册。

大阪府立圖書館藏本，共六册。

文心雕龍十卷

（梁）劉勰撰　（明）鍾惺評

明末刊本　共二册

内閣文庫藏本　原江户時代林氏大學頭家等舊藏

文心雕龍訓詁十卷

（明）王惟儉撰

明刊本　共二册

内閣文庫　京都大學文學部中國語學文學哲學研究室　大谷大學附屬圖書館藏本

【按】前有明萬曆三十七年（1609年）王惟儉《自序》。

内閣文庫藏本，原係江户時代豐後佐伯藩主毛利高標等舊藏。仁孝天皇文政年間（1818—1829年）由出雲守毛利高翰獻贈幕府，明治初期經太政官文庫而歸内閣文庫。卷中有“佐伯侯毛利高標字培松藏書畫之印”等印記。共二册。

京都大學藏本,共二册。

大谷大學藏本,原係神田喜一郎(鬯盦)等舊藏。昭和五十九年(1984 年)由神田喜一郎(鬯盦)家族贈送大谷大學。

(劉子)文心雕龍四卷　注四卷

(梁)劉勰著　(明)楊慎批點　梅慶生音注　曹學佺參評

明萬曆四十年(1612 年)吴興凌氏刊五色套印本　共五册

内閣文庫　京都大學文學部中國語學文學哲學研究室　大谷大學附屬圖書館藏本

【按】每半葉有界九行,行二十字。

前有明萬曆四十一年(1612 年)曹學佺《序》。

此本係用朱、墨、紫、藍(青)、黄五色套印。其中,校釋文字皆用墨色,同時,楊慎及梅慶生同時代人評語,亦用墨色;書中圈點,則用朱、紫、藍(青)及黄諸色,以區别評文之意。

内閣文庫藏本,原係楓山官庫等舊藏。此本音注爲二卷。

京都大學藏本,原係金澤學校、鈴木虎雄等舊藏,卷中有"金澤學校"印記。

大谷大學藏本,原係神田喜一郎(鬯盦)等舊藏。昭和五十九年(1984 年)神田喜一郎(鬯盦)家族贈送大谷大學。

(劉子)文心雕龍二卷　注二卷

(梁)劉勰著　(明)楊慎批點　曹學佺參評　梅慶生音注

明萬曆四十年(1612 年)朱墨套印刊本　共六册

東京大學文學部漢籍中心藏本

【按】每半葉無界九行,行十九字。注文小字雙行。四周單邊(20.9cm×14.3cm)。

【附録】桃園天皇寶曆四年(1754 年)《(長崎港)舶來書籍大意書》著録是書。其識文曰:

"《文新雕龍》寫本一部四册,梁劉彦和著。是書係古今文體之論五十篇,編爲二卷。"

(劉子)文心雕龍二卷　注二卷

(梁)劉勰著　(明)楊慎批點　曹學佺參評　梅慶生音注

明萬曆四十六年(1618 年)序刊本　共五册

廣島大學文學部藏本

(劉子)文心雕龍二卷　同注二卷

(梁)劉勰著　(明)閔繩初注

明萬曆年間(1573—1620 年)五色刊印本　共五册

尊經閣文庫藏本　原江户時代加賀藩主前田綱紀等舊藏

詩品三卷　書品一卷

(梁)鍾嶸撰　《書品》(梁)庾肩吾撰

古寫本　共一册

早稻田大學圖書館藏本　原服部南郭家服部文庫等舊藏

詩式五卷　優古堂詩話一卷

(唐)釋皎然撰　《優古堂詩話》　(宋)吴幵撰

古寫本　盧文弨手識本　共一册

静嘉堂文庫藏本

【按】卷中有清乾隆四十二年(1777 年)盧文弨手識文,其文曰:

"此書世有鐫本,俱不全。今乃得此五卷完備者,從兩漢及唐詩人,名篇麗句,摘而録之,差以五格,括以十九體,此所以謂之式也。若世間本,則虚張其目而已,豈知其用意之所在乎!《杼山集》十卷,余向抄得之,乃陸敕先校定者,極精細。今又得此完本,因亟令人傳録,讀杼山詩者,即以其所謂格與體者求之不可,知其撰造之有自乎!

乾隆四十二年八月既望九日　杭里東

人盧文弨書。"

卷中有"武林盧文弨手校"朱文長印等。

【附録】日本空海和尚(弘法大師,774—835年)有《文鏡秘府論》六卷存世,其"東卷·二十九種對"中曰:"右八種對,出皎公《詩議》。"此係日本古代文化與皎然文學關係的最早記録。

後櫻町天皇明和三年(1766年)京都好文軒秋田屋伊兵衛刊印唐皎然《詩式》五卷。

孝明天皇安政四年(1857年)江户須原屋茂兵衛、京都林芳兵衛外三軒刊印唐皎然《唐詩式》五卷。此本内封題署"唐詩式"。

光格天皇享和三年(1830年)二月有日本學者服部雅元手寫唐皎然《唐詩式》五卷一種。此本原係服部南郭家服部文庫舊藏,現存早稻田大學圖書館。

本事詩(不分卷)

(唐)孟棨撰　(明)毛晉訂

古寫本　共一册

早稻田大學圖書館藏本

【按】早稻田大學圖書館藏唐人孟棨《本事詩》古寫本兩種。一種題署"毛晉訂",一種無此題署。題"毛晉訂"者,原係服部南郭家服部文庫等舊藏。

石林詩話一卷　後山詩話一卷　續詩話一卷

(宋)葉夢得撰　《後山》舊本題(宋)陳師道撰　《續》(宋)司馬光撰

明崇禎年間(1628—1644年)常熟毛氏汲古閣刊本　共二册

東京大學文學部漢籍中心藏本

【按】每半葉有界八行,行十九字,注文小字雙行。白口,左右雙邊(19.0cm×12.6cm)。版心有刻工姓名。

唐詩紀事八十一卷

(宋)計有功編撰　(明)張子立校

明嘉靖年間(1522—1566年)刊本

大谷大學　大倉文化財團藏本

【按】每半葉十行,行二十一字。白口,無魚尾。

前有孔天胤《序》,并有計有功《序》,又有宋嘉定十七年(1224年)王禧《跋》。

大谷大學藏此同一刊本兩部。一部現存附屬圖書館悠然樓,原係大西行禮等舊藏,共二十册。一部亦存附屬圖書館,原係神田喜一郎(鬯盦)等舊藏。昭和五十九年(1984年)由神田喜一郎(鬯盦)家族贈送大谷大學。共十二册。

大倉文化財團藏本,卷二十六至卷三十五,係用明嘉靖中清平山堂刊本配補。卷中有朱墨筆點,共二十四册。

【附録】後櫻町天皇寶曆十三年(1763年)中國商船"多字號"載《唐詩紀事》一部二帙抵日本。

唐詩紀事八十一卷

(宋)計有功編撰　(明)毛晉訂

明崇禎五年(1632年)毛氏汲古閣刊本

宫内廳書陵部　國會圖書館　静嘉堂文庫　廣島大學文學部藏本

【按】前有明崇禎五年(1632年)《序》。

宫内廳書陵部藏此同一刊本兩部。一部共三十二册;一部共四十册。

國會圖書館藏本,共十六册。

静嘉堂文庫藏本,原係陸心源十萬卷樓等舊藏。此本今缺卷一、卷二,共二卷,實存七十九卷。陸心源《儀顧堂題跋》卷十三著録此本,共十三册。

廣島大學藏本,共二十册。

全唐詩話(殘本)五卷

(宋)尤袤撰

明伊蔚堂刊本　共五册

大東急紀念文庫藏本

【按】是書全本六卷。此本今缺卷四,實存五卷。

全唐詩話(殘本)四卷　附紫薇詩話一卷

(宋)尤袤撰　《紫薇》(宋)吕本中撰　(明)毛晉訂

明毛氏汲古閣刊本　共二册

早稻田大學圖書館藏本　原下村正太郎家下村文庫等舊藏

【按】是書全本六卷,此本今缺卷第一、卷第二,實存四卷。

【附録】日本光格天皇享和元年(1801年)北條氏刊印尤袤《全唐詩話》六卷,係日人醫隱堂黑手訂本,由日人北條士伸校。其後,此本有久田治左衛門重印本。

紫薇詩話一卷

(宋)吕本中撰　(明)毛晉訂

明毛氏汲古閣刊本　共一册

大阪府立圖書館藏本

後山居士詩話一卷

(宋)陳師道撰

宋刊本(宋刊《百川學海》零本)　共一册

静嘉堂文庫藏本　原陸心源皕宋樓等舊藏

(增修)詩話總龜四十八卷　後集五十卷

(宋)阮閱編撰　(明)程珖校

明嘉靖二十三年(1544年)宗室月窗道人刊本

宫内廳書陵部　國會圖書館　静嘉堂文庫藏本

【按】每半葉有界十一行,行二十二字。

前有李易《序》、明嘉靖二十三年(1544年)張嘉秀《序》,後有明嘉靖二十四年(1545年)程珖《跋》。

正文卷首題署"龍舒散翁阮閲宏休編"、"皇明宗室月窗道人刊"、"鄱陽亭梧程珖舜用校"。

宫内廳書陵部藏本,卷中有缺逸,共六册。

國會圖書館藏本,原共二十四册,現合爲十二册。

静嘉堂文庫藏本,原係陸心源十萬卷樓等舊藏,共十册。

誠齋詩話一卷

(宋)楊萬里撰

古寫本　鮑淥飲手寫本　勞巽軒手識本　共一册

静嘉堂文庫藏本　原陸心源十萬卷樓等舊藏

【附録】日本光格天皇享和二年(1802年)出雲寺萬次郎等刊印楊萬里《誠齋詩話》一卷。其後,此本有享和三年(1803年)崛野屋仁兵衛重印本。

漁隱叢話(後集)(殘本)三十四卷

(宋)胡仔撰

宋刊本　共五册

大谷大學附屬圖書館藏本　原神田喜一郎(鬯盦)等舊藏。

【按】是書全本四十卷,此本今缺卷一至卷六,實存三十四卷。

此本係昭和五十九年(1984年)神田喜一郎(鬯盦)家族贈送大谷大學。

【附録】江户時代有手寫本宋人胡仔撰《漁隱叢話》(前集)六十卷、(後集)四十卷。此本現存大谷大學附屬圖書館。

據《外船賫來書目》記載,桃園天皇寶曆九年(1759年)中國商船"七番船"載《漁隱叢話》五部十帙抵日本。

(新刻)詩人玉屑二十二卷

(宋)魏慶之撰　(明)胡焕文校

明刊本　共四册

静嘉堂文庫藏本　原竹添井井(光鴻)等舊藏

【附録】據《午字番船持渡書物覺書(備忘録)》記載,桃園天皇寬延四年(1751年)是年輸入日本《詩人玉屑》三部各一帙六册。

據《商舶載來書目》記載,光格天皇寬政七年(1795年)中國商船"志字號"載《詩人玉屑》抵日本。

南北朝時代有"和刊本"宋人魏慶之《詩人玉屑》二十卷。

明正天皇寬永十六年(1639年)京都田原仁左衛門據朝鮮正統四年魏慶之《詩人玉屑》二十一卷本重新刊印。其後,此本有角屋清左衛門重印本。

中御門天皇正德二年(1712年)瀨尾源兵衛、川勝五郎兵衛刊印魏慶之《詩人玉屑》二十一卷。

東山天皇元禄十五年(1702年)彌生吉且《倭版書籍考》卷七著録此本,其識文曰:

"《詩人玉屑》二十一卷。宋末詩人魏菊莊,名慶之,字醇甫,嫌惡仕宦,酷愛菊花,以'草窗'名其子,真詩人也!是本評書詩,論詩式,爲詩家最要之書。和點乃洗心子玄惠爲之,有日本正中年間玄惠《跋》。此玄惠乃北畠之獨清軒之玄惠,有儒名,而實佛者。倭訓有誤。"

詩人玉屑二十卷

(宋)魏慶之撰

明刊本　共八册

内閣文庫藏本　原昌平坂學問所等舊藏

【按】前有明嘉靖六年(1527年)《序》。

(寶顔堂訂正)林下偶談四卷

(宋)吴子良撰　(明)都嘉慶　陳臯謨校

明刊本　共一册

静嘉堂文庫藏本　原竹添井井(光鴻)等舊藏

(精選古今名賢叢話)詩林廣記前集十卷　後集十卷

(宋)蔡正孫編撰　(明)張鼒校

明弘治年間(1488—1505年)仿宋刊本

東北大學附屬圖書館　御茶之水圖書館藏本

【按】每半葉有界八行,行十六字。黑口,左右雙邊。版心留存宋刊本刻工姓名。

前有明弘治十年(1497年)《序》。

東北大學藏本,今存《前集》十卷,共四册。

御茶之水圖書館藏本,原係德富蘇峰成簣堂等舊藏。此本卷内有明治四十二年(1909年)五月德富蘇峰考證文三葉,又有同年同月島田翰書簡二通,卷中有"王宗�印"、"周在浚直印"等印記,共八册。

【附録】靈元天皇寬文八年(1668年)中野道也、中野吉右衛門刊印蔡正孫《精選古今名賢叢話詩林廣記》前集十卷後集十卷。此本前集十卷由日人宇都宫由的訓點,後集十卷由鵜飼真昌訓點。

(新刊名賢叢書)詩林廣記前集十卷　後集十卷

(宋)蔡正孫編撰

明弘治年間(1488—1505年)刊本　共六册

静嘉堂文庫藏本　原陸心源十萬卷樓等舊藏

(陳眉公精校古今)詩林廣記(精選詩林廣記)四卷

(宋)蔡正孫編撰　(明)陳繼儒校

明萬曆年間(1573—1620年)刊本　共二册

御茶之水圖書館藏本　原德富蘇峰成簣堂等舊藏

【按】前有《序》,并有《書後》。

封面題署"精選詩林廣記",内封題署"陳眉公精校古今詩林廣記"。

卷後附刻《唐宋國朝名公詩話詞話解注》。

全書有句讀點。

卷中有"翼輪堂藏書記"、"迂堂藏書"等印記。

詩林廣記四卷

(宋)蔡正孫編撰　(明)黄邦彦校

明萬曆年間(1573—1620年)刊本　共四册

宫内廳書陵部藏本

文則二卷

(宋)陳騤撰　(日本)山井鼎(昆侖)點

中御門天皇享保十三年(1728年)吉文字屋次郎兵衛刊本

國會圖書館藏本

【附録】光格天皇天明三年(1783年)中國商船"不字號"載《文則》一部一帙抵日本。

據《寅十番船持渡書改目録寫》記載,光格天皇天明六年(1786年)中國商船"寅十番船"載《文則》一部七册抵日本,并注明:"古本,有蟲蛀,脱紙三葉,卷中有補寫。"

中御門天皇享保十四年(1729年)有宋人陳騤撰、日人山井鼎(昆侖)點《文則》二卷重印本。

文則二卷

(宋)陳騤撰　(日本)山井鼎(昆侖)點

中御門天皇享保十三年(1728年)大阪黑田(丹波屋)榮藏,杉岡(河内屋)嘉助等刊本

國會圖書館藏本

唐詩始音輯注一卷　唐詩正音輯注六卷　唐音遺響集注七卷

(元)楊伯謙編　張震注

明嘉靖二年(1523年)刊本　共七册

御茶之水圖書館藏本　原德富蘇峰成簣堂等舊藏

【按】此本係明嘉靖二年(1523年)覆刊明正統戊午(1438年)刊本。

卷一之末,仍留有原刻本刊印木記:"正統戊午孟春廣勤書堂新刊"。

《始音》卷一與《正音》卷一之首,皆有大正元年德富蘇峰手識文。

蓮堂詩話二卷

(元)祝誠撰

明嘉靖三十一年(1552年)連陽精舍寫本　共一册

静嘉堂文庫藏本

【按】清人張月霄題識《蓮堂詩話》曰:

"誠仕履未詳。卷下有'賣墳墻壁'條有云'至元丁丑以來',則誠爲元人可知。《讀書敏求記》列之《優古堂詩話》前,或誤以爲宋人歟?是書所論,宋詩居多,而唐與金元之作,亦間及焉。名篇警句,多有他書所未載者,如卷上載金海陵王哀宋姚將軍詩云:

獨領孤軍將姓姚,
一心忠孝爲南朝;
元戎若解徵兵援,
未必將軍死尉橋。

伏讀御定《全金詩》,録海陵王詩五首,此詩未經採入,故表出之。末有題識云,是書《四庫全書》未收録。"

詩法源流一卷

(元)楊載撰

日本北朝後光嚴天皇延文四年(1359年)春屋妙葩刊本　共一册

日光輪王寺天海藏藏本

【按】每半葉有界十一行,行二十字。小黑口,左右雙邊(19.2cm×13.9cm)。版心鐫刻"詩法",下記葉數。

前有元至治壬戌年(1322年)楊忠弘《序》。卷末有武夷山人《跋》。

《跋》文後有刻印木記,文曰:"延文己亥孟春雲居比丘妙葩命工刊行"。

卷中有"黄龍窟藏"印記等。

古賦辯體八卷　外集二卷

(元)祝堯編

明成化年間(1465—1487年)刊本

静嘉堂文庫　大阪府立圖書館藏本

【按】前有明成化二年(1466年)祝堯《序》,又有同年錢溥《序》。

静嘉堂文庫藏本,原係林吉人等舊藏。卷中

有"鹿原林氏藏書"印記，共五册。

大阪府立圖書館藏本，共十册。

【附録】據《商舶載來書目》記載，後櫻町天皇明和元年（1764年）中國商船"古字號"載《古賦辯體》一部四册抵日本。光格天皇天明三年（1783年）中國商船"古字號"載《古賦辯體》一部一帙抵日本。

據《寅十番船持渡書改目録寫》記載，光格天皇天明六年（1786年）中國商船"寅十番船"載《古賦辯體》一部六册抵日本，并注明："古本，蟲蛀，有磨滅處，無脱紙。"

古賦辯體十卷

（元）祝堯編　（明）康河校

明嘉靖年間（1522—1566年）刊本　共十册

宫内廳書陵部藏本

修辭鑑衡二卷

（元）王構撰

古寫本　黄蕘圃手識本　共一册

静嘉堂文庫藏本

【按】前有元至順四年（1333年）四月王理《序》。

此本有黄蕘圃手識文，字迹間有模糊者。其文曰：

"王文定（文肅——編著者）公《修辭鑑衡》，見《絳雲樓書目》'文説類'，不載卷數。錢竹汀《補元史藝文志》'文史類'云'二卷'。頃郡城賜書樓藏□書散出，中有是書舊鈔本，審是影元鈔本，擬購之而苦其索值昂，業置不復問矣。後因論他書值未之定，必得番餅十一金，余遂檢此而□其數，往反再四，交易始諧。蓋他書或名人手校及手録，或影宋精鈔，皆爲世所通行之書，唯此行世稀有，《四庫》雖收，讀其《提要》語，《序》文缺第一葉，以致始受書於王公之劉某，不知其名，且云缺第五葉，今劉起宗之名固在，而□□□□義都全，此本居然全本矣。二卷之説，細玩□□□原作卷一，而後添爲上下者，卷之結尾卷之下，無次第。展視紙本有補綴痕，或尚不止此，然案□□□所□其次叙論詩爲首，文爲後，四六附，凡一百九十餘條，今本無一失者，是可無疑其缺失也。書之希有，而不敢交臂失者以此。王謚文肅，錢《目》云文定者，誤耳！□□□□重陽前五日　復翁燒燭書。"

陳氏文説一卷

（元）陳繹曾撰

文瀾閣傳寫本　共一册

静嘉堂文庫藏本　原陸心源十萬卷樓等舊藏

【附録】東山天皇元禄元年（1688年）洛陽（京都）唐本屋右兵衛，永原屋孫兵衛等刊印元人陳繹曾撰《文章歐冶》。此本由日人伊藤長胤（東涯）校訂。

（蒼崖先生）金石例十卷

（元）潘昂霄撰

元至正年間（1341—1368年）刊本　共四册

静嘉堂文庫藏本　原季滄葦　陸心源皕宋樓等舊藏

【按】每半葉有界九行，行十八字，小字雙行。

前有元至正五年（1345年）三月楊本《叙》，同年三月傅貴全《序》，同年三月湯植翁《序》，至正戊子（1348年）六月王思明《序》。後有至正五年（1345年）潘詡《跋》。卷中《序》《跋》皆手書上版，每半葉十行，行十三字左右。

正文首行題署"蒼崖先生金石例"，第二行題署"鄱陽楊本編輯校正"，第三行題署"廬陵王思明重校"。

卷十末有"諸生趙光邈謹書"、"學生洪慶重録"兩行。

陸心源《儀顧堂續跋》卷十四著録此本。其識文曰：

"昂霄著此書，生前未經定稿。至正五

年，其子詡字敏中者，爲饒州理官，屬（囑）鄱陽楊本字緝如者，校正而次第之，丁亥刻於中州。至正九年戊子，王思明復刊於鄱陽。此則王刊本也。”

卷中有“太原叔子藏書”、“蓮涇”等印記。

（蒼崖先生）金石例十卷

（元）潘昂霄撰

明初刊本　共四册

静嘉堂文庫藏本　原陸心源皕宋樓等舊藏

【按】每半葉十行，行二十二字，小字雙行。

陸心源《儀顧堂續跋》卷十四著録此本，稱爲《元第三刊金石例》。其識文曰：

“蒼崖先生《金石例》十卷，《目録》次行題‘鄱陽楊本校正’，三行‘廬陵王思明重校正’。前有楊本《序》，後有潘詡《跋》……（行款略）卷九後有‘十卷多論先王本朝制度，故兹未暇録焉’一行。《四庫提要》云，書在元代，版凡三刊。至正五年詡刊於家者爲初刊，至正九年戊子，王思明刻於鄱陽爲再刊，此本刊自何人無考，當又在戊子鄱陽刊本之後。前雖缺湯、傅、王三《序》，《目録》有思明校正一行，可證蓋是書元代第三刊也。”

卷中“西畇艸堂”印記等。

排律辯體（梁一唐）十卷

（明）孫鑛編輯

明天啓五年（1625 年）序刊本　共四册

内閣文庫藏本　原江户時代豐後佐伯藩主毛利高標等舊藏

【按】此本仁孝天皇文政年間（1818—1829 年），由出雲守毛利高翰獻贈幕府，明治初期歸内閣文庫。卷中有“佐伯侯毛利高標字培松藏書畫之印”等印記。

（删補）唐詩選脈箋釋會通評林六十卷　首一卷

（明）周敬編輯

明崇禎年間（1628—1644 年）唐氏書鋪刊本共二十四册

愛知大學簡齋文庫藏本　原小倉正恒等舊藏

【按】前有明崇禎八年（1635 年）《序》。

唐音癸籤三十三卷

（明）胡震亨撰

明刊本（容與堂藏版）

静嘉堂文庫　東洋文庫　京都大學文學部中國語學文學哲學研究室藏本

【按】《四庫全書總目》著録《唐音癸籤》三十三卷，其識文曰：“明胡震亨撰……所撰《唐音統籤》凡十集，此其第十集也。九集皆録唐詩，此集則録唐詩話。舊無刊本，至國朝康熙戊戌，江寧書肆乃得鈔本刻行。”

據静嘉堂文庫、東洋文庫及京都大學所存此明刊本，則《總目》所言乃大謬不然。

静嘉堂文庫藏本，原係陸心源守先閣等舊藏，共四册。

東洋文庫藏本，原係小田切萬壽之助等舊藏，共八册。

京都大學藏本，共四册。

【附録】據《書籍元帳》記載，仁孝天皇弘化三年（1846 年）中國商船“巳字號”載《唐音癸籤》一部一帙抵日本。此書一部售價六匁。

古今詩話十二卷

（明）李汝虞編

明萬曆年間（1573—1620 年）刊本　共六册

蓬左文庫藏本　原江户時代尾張藩主家舊藏

【按】前有明萬曆三十六年（1608 年）朱之蕃《序》。

此本係明正天皇寛永五年（1628 年）從中國購入。

卷中有“尾陽内庫”印記等。

古今詩話八卷

（明）陳繼儒編撰

明刊本　共八册

尊經閣文庫藏本　原江户時代加賀藩主前田綱紀等舊藏

【附録】桃園天皇寶曆四年（1754 年）《（長崎港）舶來書籍大意書》著録是書。其識文曰：

“《古今詩話》一部八册，明人陳眉公訂正。選自唐至明諸家之詩話七十餘種，統爲八卷，合刻行世。”

小草齋詩話（殘本）三卷

（明）謝肇淛撰　馬欻校

明天啓四年（1624 年）序刊本　共一册

内閣文庫藏本　原楓山官庫等舊藏

【按】是書全本五卷。此本今缺卷四、卷五，實存三卷。

【附録】仁孝天皇文政二年（1819 年）刊印謝肇淛撰《小草齋詩話》五卷。此本由日人池田巽書寫。

仁孝天皇天保二年（1831 年）江户西村宗七據林氏大學頭家讀耕齋藏本重新刊印。

升庵詩話（殘本）二卷

（明）楊慎撰

明嘉靖二十年（1541 年）刊本　相傳清代乾隆皇帝讀本　共一册

御茶之水圖書館藏本　原德富蘇峰成簣堂等舊藏

【按】每半葉有界九行，行二十字。四周雙邊。

前有明嘉靖辛丑（1541 年）陽月嘉州初亭程啓充《序》。

此書全本四卷。此本今存卷一、卷二，共二卷。

卷首有“乾隆御覽之寶”朱文橢圓印記，又有“天禄琳琅”、“天禄繼鑑”等印記。

升庵詩話四卷

（明）楊慎撰

明嘉靖年間（1522—1566 年）刊本　共二册

御茶之水圖書館藏本　原德富蘇峰成簣堂等舊藏

【按】每半葉有界九行，行十八字。四周雙邊，間或有四周單邊。

前有明嘉靖辛丑（1541 年）陽月嘉州初亭程啓充《序》。

此本與御茶之水圖書館所藏明嘉靖刊《升庵詩話》（殘本）二卷，雖皆爲明嘉靖年間刊本，卷首亦皆有程啓充《序》，但是，此本版式粗糙，造型不雅。

卷末有大正二年（1912 年）德富蘇峰手識文，記其於京都購書之由。

蓉塘詩話二十卷

（明）姜南編撰

明隆慶五年（1571 年）刊本　共八册

宫内廳書陵部藏本

詩藪内編六卷　外編六卷　雜編六卷　續編二卷

（明）胡應麟撰　江湛然編

明萬曆年間（1573—1620 年）少室山房刊本

内閣文庫　尊經閣文庫　蓬左文庫藏本

【按】前有明萬曆十八年（1590 年）新都汪道昆《序》。

内閣文庫藏本，原係楓山官庫等舊藏，共八册。

尊經閣文庫藏本，原係江户時代加賀藩主前田綱紀舊藏，共五册。

蓬左文庫藏本，原係江户時代尾張藩主家舊藏。此本係日本明正天皇寬永十二年（1635 年）從中國購入。卷中有“尾陽内庫”印記等，共八册。

【附録】東山天皇元禄十五年（1702 年）彌生吉且《倭版書籍考》卷之七著録此本，其識文曰：

“《詩藪》十本，次第分爲《内編》、《外編》、《雜編》、《續編》，明胡應麟元瑞編。此書論古今詩體。點者乃山崎嘉翁門人淺見重次郎。”

靈元天皇貞享三年(1686年)京都武村新兵衛刊印明胡應麟《詩藪》(《内編》六卷、《外編》六卷、《雜編》六卷、《續編》二卷)。此本由日人新井白蛾句讀。其後,此本有中御門天皇享保三年(1718年)武村新兵衛重印本。

詩藪内編六卷　外編六卷　雜編六卷　續編二卷

(明)胡應麟撰　江湛然編

明末刊本　共六册

内閣文庫　京都大學文學部中國語學文學哲學研究室　廣島大學文學部藏本

【按】内閣文庫藏本,原係豐後佐伯藩主毛利高標等舊藏。仁孝天皇文政年間(1818—1829年)由出雲守毛利高翰獻贈幕府,明治初期經太政官文庫而歸内閣文庫。卷中有“佐伯侯毛利高標字培松藏書畫之印”等印記。

詩藪内編三卷

(明)胡應麟撰

明刊本　共三册

東洋文庫藏本　原藤田豐八等舊藏

八品函二十四卷

(明)陳仁錫編

明刊本　共十九册

内閣文庫藏本　原江户時代林氏大學頭家等舊藏

【按】此本細目如次:

《詩品會函》四卷《首》一卷;

《賦品鳥函》二卷;

《文品芾函》三卷;

《書品同函》二卷;

《啓品有函》二卷;

《史品赤函》四卷;

《子品金函》四卷;

《逸品繹函》二卷。

詩品匯(會)函四卷　首一卷

(明)陳仁錫撰

明刊本　共四册

國會圖書館藏本

史品赤函四卷

(明)陳仁錫選

明刊本　原共四册(現合爲二册)

國會圖書館藏本

文品芾函三卷

(明)陳仁錫選

明刊本　原共三册(現合爲一册)

國會圖書館藏本

書品同函二卷

(明)陳仁錫選

明刊本　原共二册(現合爲一册)

國會圖書館藏本

詩學權輿二十二卷

(明)黄溥撰

明成化五年(1469年)刊本　共四册

宫内廳書陵部藏本

【按】前有明成化己丑(1469年)黄溥《序》,又有夏塤《序》。

卷中有“紹亭主人”、“河南開囦武林世家”等印記。

詩城摘錦十卷

(明)鄧楚望編

明萬曆二十年(1592年)序刊本　共六册

内閣文庫藏本　原楓山官庫等舊藏

詩話類編三十二卷

(明)王昌會編

明萬曆年間(1573—1620年)刊本　共十六册

内閣文庫　尊經閣文庫　蓬左文庫藏本

【按】前有明萬曆四十四年(1616年)臨川吴之甲《序》。

内閣文庫藏本,原係木村蒹葭堂等舊藏,共十六册。

尊經閣文庫藏本,原係江户時代加賀藩主前田綱紀等舊藏,共十六册。

蓬左文庫藏本,原係江户時代尾張藩主家舊藏。此本係日本明正天皇寬永五年(1628年)從中國購入,卷中有"尾陽内庫"印記等,共二十册。

【附録】桃園天皇寶曆四年(1754年)《(長崎港)舶來書籍大意書》著録是書。其識文曰:

"《詩話類編》一部十六册,明人王嘉侯纂輯。輯諸先哲之詩話,分爲體格、名論、帝王、忠孝、節義、科第、神仙、方外、閨秀、題咏、考試、詼諧、雜録等二十九門,編爲三十二卷。萬曆四十四年刊行。"

冰川詩式十卷

(明)梁橋撰　梁相校

明隆慶年間(1567—1572年)刊本　共四册

内閣文庫　尊經閣文庫藏本

【按】前有明隆慶五年(1571年)《序》。

内閣文庫藏本内,原係楓山官庫等舊藏。

尊經閣文庫藏本,原係江户時代加賀藩主前田綱紀等舊藏。

【附録】東山天皇元禄十五年(1702年)彌生吉且《倭版書籍考》卷之七著録此本,其識文曰:

"《冰川詩式》十卷,嘉靖時冰川先生梁橋作,廣泛裁定詩法之書也。點者乃洛陽祐生本庵之弟子田中立庵,立庵名宗務,日向人也。"

後西天皇萬治三年(1660年)京都上村次郎兵衛等刊印梁橋《冰川詩式》十卷,由日人田中宗務句讀。其後,此本有上村次郎右衛門重印本。

冰川詩式十卷

(明)梁橋撰　梁相校

明萬曆年間(1573—1620年)刊本　共四册

京都大學文學部中國語學文學哲學研究室藏本

詩法五卷

(明)楊成撰

明成化十六年(1480年)刊本　共五册

御茶之水圖書館藏本　原德富蘇峰成簣堂等舊藏

【按】每半葉有界九行,行十九字。四周單邊,版心有刻工姓名。

前有明成化庚子(1480年)夏四月朔三山楊成《序》。

封面外題係木村蒹葭堂墨筆。卷内有德富蘇峰手識文。

卷中有"木村蒹葭堂藏書之印"、"筱崎小竹之印"等印記。

詩法五卷　附詩法源流三卷

(明)楊成撰　《詩法源流》(明)王用章編

明嘉靖二十九年(1550年)跋刊本　共二册

内閣文庫藏本　原楓山官庫等舊藏

(新鐫吴會元增定)翰林詩法十卷

(明)吴默撰

明萬曆二十八年(1600年)序刊本

内閣文庫藏本　原野間三竹　豐後佐伯藩主毛利高標等舊藏

【按】此本係仁孝天皇文政年間(1818—1829年)由出雲守毛利高翰獻贈幕府,明治初期歸内閣文庫。卷中有"佐伯侯毛利高標字培松藏書畫之印"等印記。

詩學正宗十六卷

(明)浦南金編

明嘉靖年間(1522—1566年)五樂堂刊本

共八册

內閣文庫　蓬左文庫藏本

【按】前有明嘉靖三十七年(1558年)延陵吴子孝《序》。

內閣文庫藏本,原係江户時代林氏大學頭家等舊藏。

蓬左文庫藏本,原係日本種村肖推寺等舊藏,明正天皇寬永十二年(1635年)由種村肖推寺獻贈尾張藩主家。卷中有"尾陽内庫"等印記。

詩譚十卷　續録一卷

(明)葉廷秀撰　胡正心等校

明十竹齋刊本　共三册

內閣文庫藏本　原江户時代豐後佐伯藩主毛利高標等舊藏

【按】此本係仁孝天皇文政年間(1818—1829年)出雲守毛利高翰獻贈幕府,明治初期歸內閣文庫。卷中有"佐伯侯毛利高標字培松藏書畫之印"等印記。

詩宿二十八卷

不署撰人姓名　(明)古自寵校

明刊本　共六十四册

御茶之水圖書館藏本　原毛氏汲古閣　德富蘇峰成簣堂等舊藏

【按】前有《義例》,又有《爵里》(詩人考世)、《總目》等。

卷末有刊記曰:"張三畏楷書、古自寵校刊、張贇督刊"。

卷中有"葉斐軒藏書記"、"毛氏子晉"、"毛氏收藏子孫永保"等印記。

名賢詩評二十卷

(明)俞允文編　李忠芳校

明刊本　共十册

內閣文庫　尊經閣文庫藏本

【按】內閣文庫藏本,原係楓山官庫等舊藏。

尊經閣文庫藏本,原係江户時代加賀藩主前田綱紀等舊藏。

【附録】靈元天皇寬文九年(1669年)中野吉右衛門刊印俞允文編《名賢詩評》六卷。此本由日人鵜飼真昌訓點。

詩話一卷

(明)浮白齋主人撰

明刊本　共一册

東京大學東洋文化研究所藏本

詩彀五卷

(明)李英奇撰

明萬曆四十年(1612年)序刊本　共五册

內閣文庫藏本　原楓山官庫等舊藏

蜀中詩話四卷

(明)曹學佺編撰

明刊本　(與《蜀中畫苑》合綴)共四册

宫內廳書陵部藏本

詩法源流三卷

(明)傅若川等編

明嘉靖年間(1522—1566年)刊本　共三册

早稻田大學圖書館藏本　原會津八一家會津文庫等舊藏

藝苑卮言八卷　附録四卷

(明)王世貞撰

明萬曆年間(1573—1620年)刊本

宫內廳書陵部　尊經閣文庫　關西大學附屬圖書館內藤文庫藏本

【按】每半葉有界十行,行二十字。白口,左右雙邊(19.3cm×13.4cm)。

宫內廳書陵部藏本,共二册。

尊經閣文庫藏本,原係江户時代加賀藩主前田綱紀等舊藏,共三册。

關西大學藏本,原係內藤湖南等舊藏。此本今存卷五、卷六,實存二卷。卷中有"天閣"、"古司馬氏"印記,共二册。

【附録】光格天皇天明三年(1783 年)中國商船“計字號”載《藝苑卮言》一部四册抵日本。

櫻町天皇延享元年(1744 年)京都唐本屋吉右衛門等刊印王世貞《藝苑卮言》四卷。此本由日人平瀨又吉校,賴煥修正。

延享三年(1746 年)平安書肆林權兵衛等刊印王世貞《藝苑卮言》八卷。

藝苑卮言八卷

(明)王世貞撰

明嘉靖年間(1522—1566 年)刊本　共四册

大阪大學文學部懷德堂文庫藏本　原大阪懷德堂等舊藏

【按】前有明嘉靖三十七年(1558 年)王世貞《自叙》。

(新刻增補)藝苑卮言十二卷

(明)王世貞撰

明嘉靖三十七年(1558 年)序新安程榮刊本　共二册

東京大學文學部漢籍中心藏本

【按】每半葉有界九行,行二十字,注文小字雙行。白口,左右雙邊(19.8cm×13.3cm)。版心有刻工姓名,如武林孫愛胡、任見吾、任美、光宇等。

卷第三偶有缺葉。

(新刻增補)藝苑卮言十六卷

(明)王世貞撰

明萬曆十七年(1589 年)武林樵雲書舍刊本　共八册

蓬左文庫藏本　原江户時代尾張藩主家舊藏

【按】此本係明正天皇寬永五年(1628 年)從中國購入。

卷中有“尾陽内庫”印記等。

藝苑卮言抄(不分卷)

(明)王世貞撰

古寫本　共一册

早稻田大學圖書館藏本　原服部南郭家服部文庫等舊藏

舉業卮言五卷　首一卷

(明)武之望　陸翀之撰

明萬曆二十八年(1600 年)周氏萬卷樓刊本　共二册

内閣文庫藏本　原楓山官庫等舊藏

藝林粹言(古今粹言)四十一卷

(明)陳繼儒編撰

明末刊本　共十册

内閣文庫藏本　原江户時代豐後佐伯藩主毛利高標舊藏

【按】此本係仁孝天皇文政年間(1818—1829 年)由出雲守毛利高翰獻贈幕府,明治初期歸内閣文庫。卷中有“佐伯侯毛利高標字培松藏書畫之印”等印記。

古論大觀四十卷　首一卷

(明)陳繼儒　吴震元編

明刊本　共三十一册

宫内廳書陵部藏本　原江户時代豐後佐伯藩主毛利高標舊藏

【按】前有朱勛《序》。

此本内容取文集史傳凡論體之文,編輯成篇,分爲十類,一曰天地,二曰六經,三曰歷代,四曰政治,五曰名法,六曰藝文,七曰技術,八曰諸子,九曰二氏,十曰四裔。

此本收藏及印章情况同前書,另有“鳳翔閣藏”印記。

【附録】東山天皇元禄十三年(1700 年)中國商船“不字號”載《古論大觀》一部二十册抵日本。

後櫻町天皇明和二年(1765 年)中國商船

"古字號"載《古論大觀》一部四帙抵日本。

(新刊陳眉公先生精選)古論大觀四十卷

(明)陳繼儒　吴震元編
明書林童氏雲野刊本　共四十册
國會圖書館　蓬左文庫　尊經閣文庫藏本
【按】國會圖書館藏本,卷中《序》與《目録》,并卷十六、卷三十九、卷四十皆係後人寫補。原共二十一册,現合爲十一册。

蓬左文庫藏本,原係江户時代尾張藩主家等舊藏。此本係日本後水尾天皇元和年間(1615—1624年)從中國購入。卷中有"尾陽内庫"印記,凡四十册。

尊經閣文庫藏本,原係江户時代加賀藩主前田綱紀等舊藏,共四十册。

文通三十卷　首一卷　詮夢一卷

(明)朱荃宰編撰
明天啓年間(1621—1627年)刊本
内閣文庫　尊經閣文庫藏本
【按】内閣文庫藏本,原係昌平坂學問所等舊藏,共十册。

尊經閣文庫藏本,原係江户時代加賀藩主前田綱紀等舊藏,共八册。

文體明辯八十四卷

(明)徐師曾編撰
明萬曆年間(1573—1620年)刊本　共四十册
宫内廳書陵部藏本
【附録】據《商舶載來書目》記載,後櫻町天皇寶曆十三年(1763年)中國商船"不字號"載《文體明辯》一部二帙抵日本。

據《書籍元帳》記載,孝明天皇嘉永六年(1853年)中國商船"子二番船"載《文體明辯》一部四帙抵日本。旁注"六月廿六日渡(來)",此書售價五十八匁。

東山天皇元禄十五年(1702年)彌生吉且《倭版書籍考》卷之七著録此本,其識文曰:

"《文體明辯》正編六十一卷、《綱領》一卷、《目録》六卷、《附録》十四卷、《附目》二卷,通計八十四卷,倭本八十册。大明魯庵徐師曾作,係論辯詩格文體之書,歷十七年而成編輯之功。寛文六年六條伊東氏新刊。"

文體明辯六十一卷　首一卷　目六卷　附録十四卷　目二卷

(明)徐師曾編撰
明萬曆八年(1580年)刊本　共四十册
宫内廳書陵部　新發田市立圖書館藏本
【按】宫内廳書陵部藏本,共四十册。

新發田市立圖書館藏本,今存卷二十二至卷二十五,凡四卷共二册。

【附録】日本靈元天皇寛文六年(1665年)洛陽(京都)伊東氏刊印徐師曾《文體明辯》六十一卷并《附録》十四卷。此本據明萬曆八年壽檜堂刊本重刊。其後,此本有京都野田莊右衛門重印本、寛文十三年(1673年)山岡四郎兵衛重印本、孝明天皇嘉永五年(1852年)皇都書肆謙謙舍等重印本。

靈元天皇寛文元年(1661年)京都吉文字屋次郎左衛門刊印徐師曾編撰《文體名辯粹抄》二卷。其後,此本有東山天皇元禄七年大阪毛利田莊太郎重印本、大阪油屋與兵衛重印本、光格天皇寛政六年(1794年)林宗兵衛重印本、松村九兵衛重印本等。

文體明辯四十八卷　詩體明辯二十六卷

(明)徐師曾編撰
明崇禎年間(1628—1644年)刊本
内閣文庫　尊經閣文庫藏本
【按】前有明崇禎十三年(1640年)《序》。

内閣文庫藏此同一刊本三部。一部原係楓山官庫等舊藏,共三十六册。一部原係江户時代昌平坂學問所等舊藏,今缺《詩體明辯》二十六卷,卷一至卷九係用江户時代和刊本補配,共十七册。一部亦無《詩體明辯》二十六卷,共二十册。

尊經閣文庫藏本,原係江户時代加賀藩主前田綱紀等舊藏,共三十册。

【附録】據《賫來書目》記載,中御門天皇享保二十年(1735 年)中國商船"第二十五番"廣東船(船主黄瑞周、楊叔祖)載《詩體明辯》三部抵日本。

詩體明辯二十六卷

(明)徐師曾編　沈芬　沈騏注

明崇禎年間(1628—1644 年)刊本　共十册

内閣文庫藏本

【按】前有明崇禎十三年(1640 年)《序》。

【附録】江户時代有柏五四郎兵衛刊印明人徐師曾編《詩體明辨》六卷并《序目》一卷。

文體明辯十四卷

(明)曾伯魯編

明崇禎年間(1628—1644 年)木活字刊本　共十五册

御茶之水圖書館藏本　原德富蘇峰成簣堂等舊藏

【按】每半葉有界十行,行十九字。四周單邊。

此本封面係用朝鮮産薄黄色紋樣紙改裝。

首册封面有明治四十四年(1911 年)八月德富蘇峰手識文。

文章辨體四十卷

(明)吴訥編撰　鍾原校

明天順年間(1657—1664 年)刊本　伊藤東涯手識本　共十二册

古義堂文庫藏本　原伊藤東涯等舊藏

【按】前有明天順八年(1664 年)《序》。

文章辨體五十卷　外集五卷

(明)吴訥編撰

明天順年間(1657—1664 年)刊本　共二十册

早稻田大學圖書館藏本　原服部南郭家服部文庫等舊藏

【按】前有明天順八年(1664 年)《序》。

文章辨體五十卷　外集二卷

(明)吴訥編撰

明嘉靖二十四年(1545 年)刊本　共二十册

御茶之水圖書館藏本　原德富蘇峰成簣堂等舊藏

【按】每半葉有界十三行,行二十四字。四周雙邊。

卷五十末有刊印木記,其文曰:"浙江湖州府前陝西道監察御史徐洛重刻(下列校正人名銜,此處略)嘉靖二十四年六月望吉日"。

五十卷後有《外集》二卷,另成一册。

文章辨體四十六卷　外集五卷

(明)吴訥編撰

明嘉靖年間(1522—1566 年)刊本

内閣文庫　陽明文庫藏本

【按】内閣文庫藏本,原係江户時代林氏大學頭家等舊藏,共十一册。

陽明文庫藏本,原係江户時代近衛家凞及其先輩等舊藏,共十六册。

文章辨體三十五卷　外集五卷

(明)吴訥編撰

明刊本　共十二册

尊經閣文庫藏本　原江户時代加賀藩主前田綱紀等舊藏

文章正論二十卷

(明)劉祐選　徐圖校

明萬曆年間(1573—1620 年)直隸監察御史刊本

宫内廳書陵部　内閣文庫　尊經閣文庫　無窮會織田文庫藏本

【按】前有明萬曆十九年(1591 年)《序》。

此本係《文章正論》十五卷、《文章緒論》五卷。

宫内廳書陵部藏本，原係江户時代德山藩三代主毛利元次廣收“天下秘籍”之一。東山天皇寶永三年（1706年）《御書物目録》著録此本。明治二十九年（1896年）男爵毛利元功獻贈宫内省圖書寮（即今宫内廳書陵部）。共十六册。

内閣文庫藏本，原係楓山官庫等舊藏，共二十册。

尊經閣文庫藏本，原係江户時代加賀藩主前田綱紀等舊藏，共十六册。

無窮會織田文庫藏本，原係織田小覺等舊藏，共八册。

文章正論二十卷

（明）劉祐選　徐圖校

明覆萬曆年間（1573—1620年）刊本　共二十册

内閣文庫藏本

五家評話六卷

（明）毛晉編輯

明毛氏汲古閣刊本　共六册

廣島大學附屬圖書館藏本

（精刻徐陳二先生評選）歷代名文則六卷

（明）徐肅潁等評選

明天啓年間（1621—1627年）刊本　共六册

尊經閣文庫藏本　原江户時代加賀藩主前田綱紀等舊藏

文則四卷

（明）張雲路撰

明嘉靖三十四年（1555年）刊本　共八册

宫内廳書陵部藏本

文章正則六卷

（明）曾鼎撰

明崇禎年間（1628—1644年）刊本　共五册

尊經閣文庫藏本　原江户時代加賀藩主前田綱紀等舊藏

明文則二卷

（明）徐廙撰

明天啓元年（1621年）刊本　共二册

宫内廳書陵部藏本

（游藝塾）續文規十八卷

（明）袁黄撰

明刊本　共十八册

内閣文庫藏本　原昌平坂學問所等舊藏

（新刊宋元遺稿）高古論式七卷

（明）王廷相編

明刊本　共十四册

内閣文庫藏本　原江户時代豐後佐伯藩主毛利高標等舊藏

【按】前有明嘉靖元年（1522年）《序》。

此本係仁孝天皇文政年間（1818—1829年）由出雲守毛利高翰獻贈幕府，明治初期歸内閣文庫。卷中有“佐伯侯毛利高標字培松藏書畫之印”等印記。

歸震川論文章體則一卷

（明）歸有光撰

明寫本　共一册

名古屋大學附屬圖書館藏本　原森本喬松等舊藏

（湯睡庵太史論定）一見能文四卷

（明）湯賓尹撰

明崇禎年間（1628—1644年）刊本　共四册

尊經閣文庫藏本　原江户時代加賀藩主前田綱紀等舊藏

（翠娱閣評選）袁小修先生小品二卷

（明）袁中道著　陸雲龍評

明刊本　共一册

早稲田大學圖書館藏本

舉業瑶函六集

(明)吕音　夏錫疇編輯　張鼐評

明崇禎三年(1630年)金陵張賓宇刊本(金閶尚友齋藏版)　共八册

東洋文庫藏本

昇庵詩話一卷

(明)陳元贇撰　(日本)山邊松校輯

東山天皇元禄四年(1691年)日本人手寫本

國會圖書館藏本

文林綺繡(四種)五十三卷

(明)凌迪知編

明萬曆三十六年(1608年)萃慶堂刊本

内閣文庫　尊經閣文庫藏本

【按】此本細目如次:

《兩漢雋言》十六卷　(宋)林越編撰;

《左國腴詞》八卷　(明)凌迪知編撰;

《太史華句》八卷　(明)凌迪知編撰;

《文選錦字録》二十一卷　(明)凌迪知編撰。

内閣文庫藏本,原係楓山官庫等舊藏,共八册。

尊經閣文庫藏本,原係江户時代加賀藩主前田綱紀等舊藏,共二十册。

（六）話本小説類

（新雕）大唐三藏法師取經記三卷

不著撰人姓名

宋刊本　日本重要美術財　共一册

御茶之水圖書館藏本　原京都高山寺　德富蘇峰成簣堂等舊藏

【按】每半葉十行，行十八字左右。左右雙邊(17.5cm×13.0cm)。每葉蠹蝕嚴重，書係德富蘇峰重新修繕裝訂，故版心皆已磨滅，文字不可得見。

全書行文中簡體字甚多，如“無”、“盡”、“處”、“亂”等，又多處使用異體字。

卷一存五葉。首葉起首曰：

“驚惶猴行者曰：‘我師不用驚惶，因名虫子，有此衆蛇，雖大小差殊，且緣皆有佛性，逢人不傷，見物不害。’法師曰：‘若然如此，皆賴小師威力。’進步前行。大小蛇兒見法師七人前來，其蛇盡皆避路，閉目低頭，人過一無所害。……”

最末文曰：

“‘……獼猴，今日吐至來日，今月吐至後月，今年吐至來年，今生吐至來生也不盡。’白脱精聞語，心生忿怒，被猴行者化一團大石在肚内，漸漸會大。教虎精吐出，開口吐之不得，祇見肚皮裂破，七孔流血，喝起夜叉，渾門大殺。虎精大小粉骨塵碎，絶滅除蹤。僧行收法，歇息一時，欲進前程，乃留詩曰：‘火類坳頭白火精，渾群除滅永安寧，此時行者神通顯，保全僧行過大坑。’”

卷二全缺。第六葉起爲卷三，標題占二行，頂格書曰：“新雕大唐三藏法師取經記卷第三”，第三行上空四字，分節標題，首書“如優鉢羅國處第十四”。後依次爲“如竺國度(渡?)海之處第十五”，“轉至香林寺受心經處第十六”，“到陝西王長者妻殺兒處第十七”。

卷三共九葉半，第十葉前本葉文占三行，空一行，題曰：“新雕大唐三藏法師取經記卷弟三終”。

全卷末有德富蘇峰墨書手識文，其文曰：

“此書予嘗於日□坊書肆得焉。蠹蝕剥落，無殆着手(似應爲“殆無”——編著者)之地。今偶修補繕治，儼然宋槧，面目如新。嗚呼，微予，此書不免銀魚之餌也。後之觸此書者，珍惜竇愛而可也，至囑。明治三十八年二月十三日夕於成簣堂，蘇峰學人。”(後有“德峰所有”朱文大方印)

卷末另貼一紙，爲淺緑色箋，荷葉蜻蜓圖案着底，係羅振玉題跋。其文曰：

“事既假托三浦將軍所藏《取經詩話》巾箱本，嘆爲中土久佚之秘籍。聞蘇峰先生藏宋槧别本，荷遠道假觀，板式大於《取經詩話》，而雕本尤精，□□□□与三浦本雖微異而實爲一書。書中‘驚’字从‘茍’，闕末筆，乃宋槧之確證，予既取兩本，同影印，并識語以記嘉惠。丙辰冬上虞羅振玉書於東山寓居之四時嘉至軒。”

此本書中附有同年羅振玉致德富蘇峰信函一封。其文曰：“蘇峰先生閣下，辱答書，敬悉。成簣堂文庫所藏《唐三藏取經記》，允見借，口佩高誼……三五日即珍重奉還，斷不口失遲誤”云云。末署“弟羅振玉再拜”。信封貼日本郵票三錢，時羅振玉住日本京都左京區净土寺町字馬場八番。

卷三首葉標題左上角有“高山寺”朱文長印，印色業消退。全書封面有“青山草堂”朱文陰文方印、“德富所有”朱文雙邊方印，又有“須愛護蘇峰囑”朱文印。

孫楷第《日本東京所見小説書目》卷一著録此本。

此本於1932年(昭和八年)被指定爲“日本

重要美術財”。

全相平話五種

不題撰人
元至治年間(1321—1323年)建安虞氏刊本
日本重要文化財　共五册
内閣文庫藏本　原楓山官庫等舊藏
【按】所收《平話》五種,細目如次:
《新刊全相平話武王伐紂書》三卷;
《新刊全相平話樂毅圖齊七國春秋後集》三卷;
《新刊全相秦并六國平話》三卷;
《新刊全相平話前漢書續集》三卷;
《至治新刊全相平話三國志》三卷。

孫楷第《日本東京所見小説書目》卷一著録此本,其識文曰:

“日京内閣文庫藏元至治刊本平話五種,乃天壤間秘籍,早爲吾人所知。《三國平話》,已由商務印書館就日本東京帝大影印本縮印,今爲易見之書。餘爲《武王伐紂書》、《樂毅圖齊七國春秋後集》、《秦併六國》、《前漢書續集》四種,此土未有流傳本,世鮮知其内容。去歲(指1931年——編著者)聞滬上某社已設法照出,託商務印書館承印。渴望甚切,久未出書。今更經烽火。該館圖書器物已爲敵人摧毁,盡化煙塵,不知此種照片劫灰之餘得幸存否?余向遊東時,以時間無多,凡上海擬印之書初意不復展閲,而欣逢秘本。遽難割棄,亟籀讀之。至於今日,憤慨之餘,乃以自幸……”

(七十二朝)人物演義四十卷　首一卷

明人撰寫不署姓名
明刊本　共十六册
内閣文庫藏本　原係楓山官庫等舊藏

人物演義四十卷

明人撰寫不署姓名
明刊本
内閣文庫　静嘉堂文庫藏本
【按】内閣文庫藏本,共十六册。
静嘉堂文庫藏本,今缺刊本首,共十册。

(新刻按鑑編纂)開辟衍繹通俗志傳六卷八十回

(明)周游撰　王黌釋
明崇禎八年(1635年)古吴麟瑞堂刊本
宫内廳書陵部　天理圖書館　東京大學東洋文化研究所　京都大學人文科學研究所東洋學文獻中心藏本
【按】每半葉九行,行十八字。白口,四周單邊。版心題署“開辟衍繹”。

前有王黌《序》,題署“崇禎歲在旃蒙大淵獻(即崇禎八年)春王正月人日”。

卷首題署“五岳山人周游仰止集”、“靖竹居士王黌子承繹”。

全書有插圖二十四葉,凡四十八幅。

宫内廳書陵部藏本,卷中有落葉。

天理圖書館藏本,封面黄紙,雙邊有界。右側題“鍾伯敬先生原評”,左側題“綉像　古吴麟瑞堂藏版”。中間題署“開辟衍繹”。

東京大學藏本,原係雙紅堂等舊藏。

京都大學藏本,共六册。

【按】據《商舶載來書目》記載,桃園天皇寶曆九年(1759年)中國商船“加字號”載《開辟演義》一部一帙抵日本。

據《外船賫來書目》記載,桃園天皇寶曆九年中國商船“己卯十番船”載《開辟演義》十部十帙抵日本。

(按鑑演義帝王御世)盤古至唐虞傳(盤古志傳)二卷

題(明)鍾惺撰　馮夢龍鑒定
明金陵余季岳刊本　共二册
内閣文庫　東京大學東洋文化研究所藏本
【按】此本上圖下文。每半葉十行,行十八字。

前有景陵鍾惺《序》。

卷中題署“景陵鍾惺景伯父編輯”、“古吴馮夢龍猶龍父鑒定”。

封面正中墨書“盤古誌傳”，右上方題署“鍾伯敬先生演”，左下方題署“金陵原梓”。

内閣文庫藏本，原係楓山官庫等舊藏。孫楷第《日本東京所見小説書目》卷三著録内閣文庫藏《按鑑演義帝王御世盤古至唐虞傳》二卷即係此本。

東京大學藏本，原係長澤規矩也雙紅堂文庫等舊藏。此本則係孫楷第先生未見。

（按鑑演義帝王御世）有夏志傳四卷

（明）鍾惺撰

明刊本　共四册

内閣文庫藏本

【按】此本上圖下文。前有鍾惺《序》。

卷中題署“景陵鍾惺敬伯父編輯”、“古吴馮夢龍猶龍父鑑定”。

内閣文庫藏此同一刊本兩部。一部原係楓山官庫等舊藏，孫楷第《日本東京所見小説書目》卷三著録内閣文庫藏《按鑑演義帝王御世有夏誌傳》四卷即此本。一部原係江户時代豐後佐伯藩主毛利高標舊藏，仁孝天皇文政年間（1818—1829 年）由出雲守毛利高翰獻贈幕府，明治初期歸内閣文庫。卷中有“佐伯侯毛利高標字培松藏書畫之印”等印記。此本則係孫楷第先生未見。

【附録】江户時代大阪商賈爲“初讀舶來小説者”編纂中國俗語辭書《小説字匯》，共編入中國通俗小説凡一百六十種，《有夏志傳》字匯爲其中之一。

（新鐫陳眉公先生批評）春秋列國志傳（陳眉公先生批點列國傳）十二卷

（明）余邵魚撰　陳繼儒校

明萬曆四十三年（1615 年）姑蘇龔紹山刊本　共十二册

内閣文庫　尊經閣文庫　天理圖書館　大谷大學附屬圖書館藏本

【按】每半葉十行，行二十字。白口，四周雙邊（22.0cm×14.0cm）。版心題署“批評列國志傳”，下署“一（——十二）卷像”，下記葉數。

每卷首圖五葉。綉像中有畫工姓名，如卷二《武王封土分諸侯圖》，署“李青字鐫”；卷十二《秦王計并六國圖》，署“劉鐫”等。

内閣文庫藏此同一刊本兩部，皆共十二册。一部原係江户時代林羅山等舊藏，卷中有“江雲渭樹”印記，此本則孫楷第先生未見。一部原係楓山官庫等舊藏，孫楷第《日本東京所見小説書目》卷三著録《新鐫陳眉公先生批評春秋列國志傳》十二卷即係此本。

尊經閣文庫藏本，原係江户時代加賀藩主前田綱紀家舊藏，共十二册。

天理圖書館藏本，今缺卷一，實存十一卷。封面題署“列國志傳圖上（下）”，卷中有“宇津岡氏圖書之印”，共二册。

大谷大學藏本，原係神田喜一郎（鬯盦）等舊藏。此本係昭和五十九年（1984 年）由神田氏家族捐贈大谷大學，共十册。

【附録】東山天皇寶永二年（1705 年）日人清地以立以明姑蘇龔紹山刊本《新鐫陳眉公先生批評春秋列國志傳》爲基礎，編譯爲《通俗列國志》（前編、後編）。

江户時代大阪商賈爲“初讀舶來小説者”編纂中國俗語辭書《小説字匯》，共編入中國通俗小説一百六十種，《春秋列國志》字匯爲其中之一。

（新刊京本春秋五霸七雄全像）列國志傳八卷

（明）余邵魚撰　余象斗評

明萬曆三十四年（1606 年）潭陽余象斗重刊本　共八册

蓬左文庫藏本　原江户時代德川大將軍德川家康等舊藏

【按】每半葉上爲“批評”，中間爲“圖像”，下爲“文字”，文字每半葉十三行，行二十字。黑口。

卷末有編刊者署名，“後　學畏齋余邵魚編集”、“書林文台余象斗評釋”。

此本原係德川幕府第一代大將軍德川家康舊藏，後贈送其子尾張藩主家，世稱“駿河御讓本”。

卷中有“御本”印記。

（刻按鑑通俗演義）列國前編十二朝四卷

（明）余象斗編

明崇禎年間（1628—1644 年）閩余氏雙峰堂三台館刊本

天理圖書館　神宮文庫藏本

【按】每半葉上圖下文。文字每半葉九行，行十七字。小字雙行。四周單邊（19.5cm × 11.0cm）。版心題署“十二朝列國前編”。

前有明崇禎二年（1629 年）夏五月《序》，又有《十二朝列國前編目録》。

内題書名曰：“刻按鑒通俗演義列國前編十二朝傳”，次行署“三台山人　仰止　余象斗編集”，再次行署“閩雙峰堂　西一　三台館梓行”。

内封左右分書“列國前編　十二朝傳”，中間有“三台館梓行”五字。書名之上有“刊語”，每行十字，共十行。

各卷首有插圖，或一葉前後連續，或爲一葉之卷頭。其中，卷一有繪圖九葉十三面，卷二有繪圖十葉十八面，卷三有繪圖七葉十二面，卷四有繪圖六葉十二面。

天理圖書館藏本，卷中有“櫻井文庫”、“藝叢之印”等，共二册。

神宮文庫藏本，今缺《序》文，共四册。

【附録】中御門天皇正德二年（1712 年）日人李下散人以明雙峰堂三台館刊本《刻按鑑通俗演義列國前編十二朝》爲基礎，編譯爲《通俗列國志十二朝軍談》。

列國志十卷一百四回

（明）馮止子撰

明金閶五雅堂刊本　共十六册

京都大學文學部中國語學文學哲學研究室藏本

新列國志一百八回

（明）馮夢龍撰

明葉敬池刊本　共十二册

内閣文庫藏本

【按】此本係《新列國志》原刻本。

（新鐫全像）孫龐鬪志演義二十卷

（明）吴門嘯客述

明崇禎九年（1636 年）序刊本

内閣文庫藏本

【按】每半葉九行，行二十字。版心記刻工曰“項南洲刻”。前有望古主人撰《序》。有圖繪凡三十幅。

内閣文庫藏此同一刊本兩部。一部原係豐後佐伯藩主毛利高標舊藏，仁孝天皇文政年間（1818—1829 年）由出雲守毛利高翰獻贈幕府，明治初期歸内閣文庫。卷中有“佐伯侯毛利高標字培松藏書畫之印”等印記。共五册。一部原係楓山官庫等舊藏，共四册。

孫楷第《日本東京所見小説書目》卷三著録内閣文庫藏《新鐫全像孫龐鬪志演義》二十卷，其識文曰“内閣文庫此書有二部”，即係此二本。其識文又曰：“此書雖明刊本，其作風實與今存元刊諸平話爲近，與《春秋後集》亦沆瀣一氣，疑即出於元人《七國春秋前集》。即以一書視之，亦不至大謬。”

【附録】據《商舶載來書目》記載，中御門天皇享保十二年（1727 年）中國商船“志字號”載《七國孫龐鬪志演義》一部一帙抵日本。桃園天皇寶曆六年（1756 年）中國商船“世字號”載《前七國孫龐演義》一部四册抵日本。

江户時代大阪商賈所編《小説字匯》，《孫龐演義》字匯爲其中之一種。

（重刻官版）西漢通俗演義八卷　（重刻京本增評）東漢十二帝通俗演義志傳（陳眉公增評新刻官版東漢通俗演義）十卷

《西漢》（明）甄偉（鐘山居士）演義　周世

用訂訛　《東漢》(明)謝詔編集

明萬曆年間(1573—1620年)周氏大業堂刊本　共八册

宫内廳書陵部藏本　原江户時代德山藩主家等舊藏

【按】《西漢通俗演義》每半葉十四行,行三十字左右。

首有明萬曆壬子(1612年)春月吉鍾山甄偉《自序》。

卷中題署"鍾山居士建衆甄偉演義"、"繡谷後學敬弦周世用訂訛"、"金陵書林敬業周希旦校"。

《東漢十二帝通俗演義》,每半葉十二行,行二十八字左右。

前有陳繼儒《序》,末署"雲間眉公陳繼儒書於白石樵,不記年月。

卷中題署"金川西湖謝詔編集"、"金陵周氏大業堂評訂"。

此本原係江户時代德山藩主家舊藏,乃德山藩第三代主毛利元次廣收"天下秘籍"之一。東山天皇寶永三年(1706年)《御書物目録》著録此本。明治二十九年(1896年)男爵毛利元功獻贈宫内省圖書寮(即今宫内廳書陵部)。

卷中有"德藩藏書"印記。

孫楷第《日本東京所見小説書目》卷三著録此本。

【附録】東山天皇元禄八年(1695年)日人夢軒章峰、稱好軒徽庵以金陵周氏大業堂本《重刻西漢通俗演義》爲基礎,編譯爲《通俗楚漢軍談》。

據《外船賫來書目》記載,日本孝明天皇嘉永二年(1849年)中國商船"申四番"載《東西漢演義》一部二帙運抵日本,售價八匁。

(新刻劍嘯閣批評)兩漢演義傳(東西漢通俗演義　東西漢全傳)十八卷

《西漢》(明)甄偉撰　鍾惺批評　《東漢》(明)謝詔撰　鍾惺批評

明金閶書業堂刊本

國會圖書館　内閣文庫　東京大學總合圖書館　京都大學文學部中國語學文學哲學研究室　早稻田大學附屬圖書館藏本

【按】此本係《西漢演義評》八卷,《東漢演義評》十卷。

每半葉十行,行二十二字左右。版心分别題署"西漢演義評"、"東漢演義評"。

前有明人袁宏道《序》。

此書題名在卷内題署不一。版心及《目録》皆作"西漢演義評"、"東漢演義評",各卷卷頭題署"新刻劍嘯閣批評西漢演義傳"、"新刻劍嘯閣批評東漢演義傳"。

卷中有圖繪。西漢"圖"凡十九葉三十八面,東漢"圖"凡十一葉二十二面。

國會圖書館藏本,原共十二册,現合爲六册。

内閣文庫藏本,原係昌平坂學問所等舊藏,共十六册。孫楷第《日本東京所見小説書目》卷三著録内閣文庫藏《劍嘯閣批評東西漢通俗演義》即係此本。

東京大學藏本,原係森公泰槐南文庫等舊藏。此本係明版清初印本,共十二册。

京都大學藏本,共十四册。

早稻田大學藏此同一刊本兩部,一部共十六册;一部共十四册。

【附録】江户時代大阪商賈編纂之《小説字匯》,《兩漢演義》字匯爲其中之一。

(京本通俗演義按鑑)全漢志傳十二卷

(明)熊鍾谷撰

明萬曆十六年(1588年)刊本

蓬左文庫藏本　東京大學東洋文化研究所藏本

【按】每半葉上圖下文,文十四行,行二十二字。黑口,四周雙邊。

此書前六卷爲《西漢志傳》,後六卷爲《東漢志傳》,各卷内題首行書曰:"京本通俗演義按鑑全漢志傳"。前六卷内題次行上空九字書曰:"鰲峰後人熊鍾谷綴次",第三行上空九字書曰:“書林文台余世騰梓行”。後六卷内題第三行上空九字書曰:“劉世忠梓行”。然又有“刊印木記”占半葉,一小兒手樹木牌,竪書曰:“清白堂楊氏梓行”。

蓬左文庫藏本,原係江户時代德川幕府第一代大將軍德川家康舊藏,後贈送其子尾張藩主家,世稱“駿河御讓本”。封面朱筆書曰“全漢志傳”,并分别題曰“乾”與“坤”,以分上下二册,卷中有“御本”印記,共二册。

東京大學藏本,原係長澤規矩也雙紅堂文庫等舊藏,此本今存卷十二(《東漢志傳》末卷),實存一卷,共一册。

(京板全像按鑑音釋)兩漢開國中興志傳六卷

明人撰寫不署姓名　(明)黄化宇校正

明萬曆二十三年(1595年)書林詹秀閩刊本　共三册

蓬左文庫藏本　原江户時代德川家康等舊藏

【按】每半葉十一行,有圖。

此書前四卷爲記西漢事,後二卷爲記東漢事。

此本原係江户時代德川幕府第一代大將軍德川家康舊藏,後贈送其子尾張藩主家,此即“駿河御讓本”。

卷中有“御本”印記。

(至元新刊全相)三分事略三卷

宋元人撰不署姓名

元刊本　共一册

天理圖書館藏本　原日本播磨國仁壽山書院竹柏園文庫等舊藏

【按】每葉四周單邊(19.2cm×13.0cm),上圖下文。文字匡(13.2cm×13.0cm),每半葉有界二十二行,行二十字;繪像匡(6.0cm×13.0cm)。版心鐫刻“三國上(——中、下)。

正文卷首題署“至元新刊全相三分事略上”、“至元新刊全相三分事略中”、“至元新刊全相三分事略下”。各卷尾題“至元新刊全相三分事略上”、“至元新刊全相三分事略中”、“新全相三分事略下”(此爲陰刻)。

封面四周有匡,上側横書“建安書堂”,次有繪圖“三顧茅廬”,次有書名大字,竪行題署“新全相三　國志□□”,書名中間刊刻“甲午新刊”四字。

(新刊校正古本大字音釋)三國志通俗演義(官版三國傳)十二卷

題(晉)陳壽史傳　(明)羅貫中編輯

明夏振宇刊本　共十二册

蓬左文庫藏本　原江户時代尾張藩主家舊藏

【按】每半葉有界十三行,行二十六字。四周單邊。版心於上象鼻上鐫刻“全像三國演義”,上象鼻下刻“卷之一(——十二)”,下記葉數。

正文每卷首頂格題署“新刊校正古本出像大字音釋三國志傳通俗演義”,第二行上空十字題署“晋平陽侯陳壽史傳”,第三行上空十字題署“後學羅本貫中編次”,第四行爲正文標題(上空三字),第五行起正文頂格。

每卷末在“且聽下回分解”後,另起一行,上空四字左右,書曰:“起自某某年某某歲至某某年某某歲止”,又起一行書曰:“首尾某某年事實。”此葉最末一行頂格書曰:“三國演義卷之一(——十二)終”。

卷前有繡像,一葉兩幅,右側與左側各有題詞,如“萍水相親爲恨豺狼當道路”、“桃園共契頓教龍虎會風雲”等。

此本原係江户時代德川幕府第一代大將軍德川家康舊藏,後贈送其子尾張藩主家,此即“駿河御讓本”。

卷中有“御本”印記,又有“尾陽内庫圖書”印記,共六册。

【附録】關於《三國演義》傳入日本的記録,請參見内閣文庫藏明刊《(精鐫合刻)三國水滸全傳(英雄語)》。此本係後光明天皇正保三年(1646年)入藏德川幕府文庫,此爲目前已知文獻中關於《三國演義》傳入日本的最早的藏本。

東山天皇元禄二年(1689年)日人湖南文山首次用日本語文翻譯《三國演義》,定名爲《通俗三國志》,凡五十一卷。此本以羅貫中《三國演義》爲底本,參照陳壽《三國志》,編譯而成。江户時代儒學家田中大觀在其《大觀隨筆》中記此事曰:"近世國語書有《通俗三國志》,蓋因羅貫中《演義》,而以國語譯之者也。天龍寺僧義徹著。義徹失其字,稱徹藏主,地藏院某長老弟子也。有弟,亦爲僧,字月堂,失其名。蓋義徹草創之,未成而逝。月堂繼之,遂以上梓。而其刻本多月堂手書云。"據此記載,則湖南文山乃係天龍寺僧人義徹與月堂兄弟之筆名。其後,此本於仁孝天皇天保六年(1835年)至天保十二年(1841年)重印。重印本有江户時代後期著名畫家葛飾北齋插畫。以此爲標志,日本開始了對中國歷史戰爭小説的翻譯。由此以後,日本江户時代創作的"軍談作口"與"讀本小説",常常冠以"通俗"二字。

中御門天皇享保十二年(1727年)中國商船"佐字號"載《三國志演義》一部二帙運抵日本。

中御門天皇享保十六年(1731年)中國商船"天字號"載《第一才子書三國志》一部二十四册運抵日本。

光格天皇寬政五年(1793年)中國商船"江字號"載《演義三國志》一部二帙運抵日本。

光格天皇寬政六年(1794年)中國南京商船"寅二番"載《三國志》一部二帙運抵日本。

光格天皇文化二年(1805年)中國商船"丑二番"載《三國志》(袖珍本)三部,一部凡二十四册,運抵日本。

據仁孝天皇天保十五年(1844年)《漢籍發賣投標記録》記載,是年《三國志》一部二十四册標價爲三十二匁五分、三十二匁九分、三十四匁五分。

孝明天皇嘉永六年(1853年)中國商船"子二番"載《三國志》二部各二帙運抵日本。每部售價二十二匁。

中御門天皇享保十年(1725年)《(長崎)四番船大意書》著録《三國志》五部,一部凡二帙二十册。其識文曰:

"此書先年渡來,内四部有李卓吾批評俗説《繪像三國志》;一部有李笠翁批也。"

江户時代大阪商賈所編《小説字匯》,《三國志演義》字匯爲其中之一。

(新刊校正古本大字音釋)三國志通俗演義十二卷

題(明)羅本撰　周曰校

明萬曆十九年(1591年)周曰校補仁壽堂刊本　共十二册

内閣文庫藏本　原楓山官庫等舊藏

【按】行款格式與蓬左文庫藏本同。惟正文第四行題署"周曰校補"。

孫楷第《日本東京所見小説書目》卷三著録《新刊校正古本大字音釋三國志通俗演義》十二卷二百四十則,斷其爲"萬曆辛卯(1591年)本"。其識文曰:"周曰校刊。吾國馬隅卿先生藏此本,日京則文求堂田中氏(即田中慶太郎——編著者)藏有一部。村口書店主人亦有一部待售。長澤氏(即長澤規矩也——編著者)言内閣文庫及名古屋蓬左文庫,并有此本覆本,余未及閲。"

(新刊校正古本大字音釋)三國志通俗演義十二卷

題(明)羅本撰　周曰校

明覆明萬曆十九年(1591年)周曰校刊本　共六册

蓬左文庫藏本　原江户時代德川家康等舊藏

【按】此本原係江户時代德川幕府地一代大將軍德川家康舊藏,後贈送其子尾張藩主家,此即"駿河御讓本"。

卷中有"御本"印記。

此本即孫楷第《日本東京所見小説書目》卷三所言未及見之明萬曆辛卯(1591年)本《新刊校正古本大字音釋三國志通俗演義》十二卷二百四十則之覆刊本。

(新刻京本補遺通俗演義)三國全傳(三國志全傳)二十卷

(明)羅貫中編次

明萬曆二十四年(1596年)誠德堂熊清波刊本　共二十册

御茶之水圖書館藏本　原德富蘇峰成簣堂等舊藏

【按】每半葉有界十四行,行二十八字左右。四周單邊。

前有《重刻杭州考正三國志傳序》。

卷首題署"東原羅本貫中編次,書林誠德堂熊清波梓行"。

此本有圖繪,卷一圖爲"桃園結義",占半葉,後接卷一正文。

卷第三及卷第四標目題"新刻京本補遺漢接晋三國志全傳"。

卷末葉有蓮牌木記,約占六行,竪題"萬曆歲次丙申冬月誠德堂熊清波鍥行"。

卷末行題"新刊三國志全傳二十卷終"。

孫楷第《日本東京所見小説書目》卷三著録此本。

(新鍥京本校正通俗演義按鑑全像)三國志傳二十卷

(明)羅本編次

明萬曆三十三年(1605年)閩建書林鄭氏聯輝堂刊本

内閣文庫　尊經閣文庫　蓬左文庫　御茶之水圖書館藏本

【按】卷首題署"羅本編次"。

卷首内封有刻印木記,文曰:"聯輝堂刻三國志赤帝餘編三垣館鄭氏少垣刻行"。卷末又有刻印蓮牌木記,文曰:"萬曆乙巳歲孟秋月閩建書林鄭少垣梓"。

每葉上欄係插圖,下欄爲文字。

内閣文庫藏本,原係楓山官庫等舊藏,共八册。

尊經閣文庫藏本,原係江户時代加賀藩主前田綱紀等舊藏,共八册。

蓬左文庫藏本,原係江户時代德川幕府第一代大將軍德川家康舊藏,後贈送其子尾張藩主,世稱"駿河御讓本"。卷中有"御本"印記,共十册。

御茶之水圖書館藏本,原係德富蘇峰成簣堂等舊藏。封面大字"三國志赤帝餘編"各册首欄上有墨書曰"芳春堂住十册内"七字。第一册内封有德富蘇峰手記。卷中有"政治新調"、"堀氏藏書"等印記。共九册。孫楷第《日本東京所見小説書目》卷三著録"成簣堂藏《新刊京本校正通俗演義按鑑全像三國志傳》二十卷不分回……書在吾國未見",即係此本。

(新刊京本校正演義全像)三國志傳評林(殘本)十九卷

(明)羅本撰　余象斗校

明刊本　共七册

早稻田大學圖書館藏本

【按】是書全本二十卷。此本今缺卷二十,實存十九卷。

(重刻京本校正通俗演義按鑑)三國志傳二十卷二百四十則

(明)羅本編次

明萬曆三十九年(1611年)閩建書林鄭雲林刊本　共十册

京都大學文學部中國語學文學哲學研究室藏本

(新刻京本按鑑演義合像)三國志(傳)二十卷

(明)羅本撰　楊春元校

明萬曆三十八年(1610年)楊氏閩齋刊本

内閣文庫　天理圖書館　京都大學文學部

大谷大學附屬圖書館藏本

【按】每半葉二十五行，行二十二字至三十二字不等。白口，四周單邊。版心題署"三國志"。

此上爲全相本，插圖在文字上方，兩半葉爲一圖，有畫題。

内閣文庫藏本，原係江户時代林氏大學頭家等舊藏，共五册。

天理圖書館藏本，卷中有後人寫補葉，也有缺葉，共十册。

京都大學藏本，共十册。

大谷大學藏本，原係神田喜一郎（鬯盦）舊藏。此本係昭和五十九年（1984年）由神田氏家族捐贈大谷大學。

（新鋟全像大字通俗演義）三國志傳二十卷　附一卷

（明）羅本撰

明福建劉龍田喬山堂刊本　共八册

日光輪王寺天海藏　天理圖書館藏本

【按】每半葉上圖下文，圖繪左右有文字，總合每半葉無界十五行，行約二十五字，左右各有一行爲三十三字。白口，四周單邊（20.0cm×12.5cm）。版心題署"出像三國志"。

前有屠維季冬朔日清瀾居士李祥《序三國志傳》，次有《目録》，次有《全漢總歌》，次有《新鐫全像三國志傳君臣姓氏附録》等。

内封有大字兩行，題曰"鐫圖像三國志"，中間題曰"劉龍田梓"。上方書"喬山堂"三字。

日光輪王寺天海藏藏本，原係天海大僧正等舊藏。

天理圖書館藏本，原係鹽谷温等舊藏，此本今存卷一至卷六、卷十八至卷二十，實存九卷，共四册。

（新鐫通俗演義）三國志傳（殘本）二十卷

（明）羅本編次

明武林夷白堂刊本　共十册

慶應義塾大學附屬圖書館藏本

【按】每半葉有界九行，行十七字左右。白口，四周單邊（11.1cm×7.10cm）。版心題署"三國志"，下記卷數，并記葉數。

各卷卷首題署書名。第二行低八字，題署"晉平陽侯陳壽史傳"。第三行低八字，題署"後學　羅本編次"。第四行低八字，題署"武林　夷白堂刊"。

是書全本二十四卷。此本今缺《序》《目》，又缺卷一、卷三、卷十二、卷十三，共四卷，實存二十卷。

（李卓吾先生批評）三國志一百二十回

（明）羅本撰　李贄評

明建陽吴觀明刊本

蓬左文庫　天理圖書館　米澤市立圖書館藏本

【按】每半葉十行，行二十二字左右。四周單邊（20.0cm×13.5cm）。版心題署"三國志"，下署"第一（——一百二十）回"，下記葉數。

有插圖一百二十葉。

前有署名"秃子"（即李贄）《三國志演義序》，次有《三國志宗寮姓氏》。

《序》末下隅有雙行文字"長洲文葆光書，建陽吴觀明刻"。

每回末有"總評"，卷中又有評語，刊於框格眉端。

蓬左文庫藏本，原係江户時代尾張藩主家舊藏，共十六册。

天理圖書館藏本，卷中有"北村文庫"印記，共二十册。

米澤市立圖書館藏本，原係江户時代米澤藩主家舊藏。卷中有"林農氏藏書"、"興讓館藏書"等印記，共二十册。

（李卓吾先生批評）三國志一百二十回　目録一卷　姓氏一卷　綉像一卷

（明）羅本撰　李贄評

明吴郡緑蔭堂刊本

宫内廳書陵部　静嘉堂文庫　早稻田大學圖書館　無窮會織田文庫　日光輪王寺天海藏藏本

【按】每半葉無界十行,行二十二字。白口,四周單邊。

前有繆尊素《序》,次有《三國志序》,次有《三國志宗寮姓氏》等。

宫内廳書陵部藏本,原江户時代德山藩主家舊藏。此本原係德山藩第三代主毛利元次廣收"天下秘籍"之一。東山天皇寳永三年(1706年)《御書物目録》著録此本。明治二十九年(1896年)男爵毛利元功獻贈宫内省圖書寮(即今宫内廳書陵部)。卷中有"德藩藏書"印記。共二十册。

静嘉堂文庫藏本,原係中村敬宇等舊藏,共十九册。

早稻田大學圖書館藏本,今缺卷七十三至卷七十七,共二十三册。

無窮會藏本,原係織田小覺等舊藏,共二十册。

日光輪王寺天海藏藏本,原係天海大僧正等舊藏,共十九册。

一説"吴郡緑蔭堂本"爲清代刊本。

(鍾敬伯先生批評)三國志二十卷一百二十回

(明)羅本撰　鍾惺評　陳仁錫校

明刊本

天理圖書館　東京大學東洋文化研究所　愛知大學附屬圖書館簡齋文庫藏本

【按】每半葉十二行,行二十六字。四周單邊(19.5cm×12.0cm)。版心題署"批評三國志",下署"卷之一(——二十)"。

内題次行題署"景陵鍾惺伯敬父批評"、"長洲陳仁錫卿父較閲"。

天理圖書館藏本,每册首有單邊題簽"三國志　一(——二十)",第一册在書名下題署"鍾伯敬評,陳仁錫閲",卷中有"函崎文庫"印記,共二十册。

東京大學藏本,原係長澤規矩也雙紅堂文庫等舊藏,此本今缺序目圖像,共十册。

愛知大學藏本,原係小倉正恒等舊藏,共十一册。

三國志演義(殘本)二卷

(明)羅貫中編次

明代中期刊本　共四册

御茶之水圖書館藏本　原德富蘇峰成簣堂等舊藏

【按】每半葉有界九行,行十七字。四周雙邊。

此本今存卷七、卷八,共二卷。

各卷卷首題署"晉平陽侯陳壽史傳,後學羅本貫中編次"。

文中附刻句點。

三國演義綉像(不分卷)

不署畫工姓名

明金閶大業堂刊本　共二册

京都大學文學部中國語學文學哲學研究室藏本

(新鍥重訂出像注釋通俗演義)西東晉志傳題評十二卷　紀元一卷

明人撰寫不署姓名　(明)陳氏尺蠖齋評釋

明金陵周氏大業堂刊本

尊經閣文庫　天理圖書館藏本

【按】每半葉有界十二行,行二十四字。白口,四周單邊(20.5cm×14.0cm)。版心題署"東西晉志傳",或"西(東)晉志傳",下署卷數、葉數。

是書分爲《西晉演義》四卷、《東晉演義》八卷。内題"西晉"部分,每卷首書曰《新鍥重訂出像注釋通俗演義西晉志傳題評卷之一(——四)》,"東晉"部分每卷首書曰《新鍥重訂出像注釋通俗演義東晉志傳題評卷之一(——八)》。内題之次行題署"秣陵陳氏尺蠖齋評釋"、"綉谷周氏大業堂校梓"。

各卷有圖繪,《西晉志傳》凡五十四幅;《東晉志傳》凡一百四幅,卷一插圖"鄧伯道棄子留侄"中,有"王少淮寫像"五字。

內封中央書曰"東西晉志傳",右側書曰"秣陵陳氏尺蠖齋評",左側書曰"帶月樓梓"。

尊經閣文庫藏此同一刊本兩部,皆原係江户時代加賀藩主前田綱紀舊藏。一部凡十三册;一部今存《東晉志傳》八卷,共六册。

天理圖書館藏本,共十二册。

梁武帝西來演義十卷

(明)天花藏主人撰

明刊本　共六册

宫內廳書陵部藏本　原江户時代德山藩主家舊藏

【按】此本原係德山藩第三代主毛利元次廣收"天下秘籍"之一。東山天皇寶永三年(1706年)《御書物目録》著録此本。明治二十九年(1896年)男爵毛利元功獻贈宫內省圖書寮(即今宫內廳書陵部)。卷中有"德藩藏書"印記。

【附録】東山天皇寶永二年(1705年)日人一鄂清以《梁武帝西來演義》爲基礎,編譯爲《通俗南北朝軍談》與《通俗北魏南梁軍談》。

(劍嘯閣批評秘本出像)隋史遺文十二卷六十回

(明)袁韞玉(吉衣主人)撰

明崇禎年間(1628—1644年)刊本

國會圖書館　東京大學總合圖書館　早稻田大學圖書館　廣島大學附屬圖書館斯波文庫　東京都立日比谷圖書館　米澤市立圖書館　神宫文庫藏本

【按】每半葉有界九行,行十九字。序文每半葉四行,行九字。白口,四周單邊(20.5cm×13.8cm)。版心題署"隋唐"或"隋卷幾第幾回"等。

前有明崇禎癸酉(1633年)吉衣主人《隋史遺文序》,《序》後刊印有"令昭氏"、"吉衣主人"兩方印(令昭即袁氏之字)。次有《劍嘯閣批評出像隋史遺文目次》。

內封書曰"新鐫綉像批評　隋史遺文　名山聚藏板"。

是書有三十六幅,每幅兩半葉通聯。又有句讀評點,每回後有"總評"。

國會圖書館藏本,共十二册。

東京大學藏本,共十二册。

早稻田大學藏本,共十三册。

廣島大學藏本,原係斯波六郎舊藏,共十二册。

東京都立日比谷圖書館藏本,共十二册。

米澤市立圖書館藏本,原係江户時代米澤藩主家舊藏。封面爲原裝緑色紙,卷中有破損處,難以卒讀。

神宫文庫藏本,共十二册。

【附録】東山天皇元禄七年(1694年)中國商船"須字號"載《隋史遺文》一部十二册抵日本。

江户時代大阪商賈編纂《小説字匯》,《隋史遺文》字匯爲其中之一種。

(新鐫全像通俗演義)隋煬帝艷史八卷四十回首一卷

(明)齊東野人撰　不經先生批評

明崇禎年間(1628—1644年)人瑞堂刊本

國會圖書館　內閣文庫　東洋文庫　静嘉堂文庫　天理圖書館　東京大學　京都大學文學部中國語學文學哲學研究室　早稻田大學圖書館　足利學校遺蹟圖書館藏本

【按】每半葉無界九行,行二十字左右。白口,四周單邊(22.5cm×13.5cm或19.6cm×13.0cm),單魚尾。版心題署"艷史",下記回數,并記葉數。

前有《隋煬帝艷史叙》一篇五葉,題署:"笑痴子書於咄咄君"。又有《艷史題辭》一篇三葉,題署:"崇禎辛未朱明既望,檇李友人委蛇居士識於陶陶館中"。又有《艷史序》一篇五葉,題曰:"崇禎辛未歲清和月野史主人漫書於□白堂"。

《序》後有《凡例》數則，次有《隋艷史爵里姓氏》，次有“綉像”，凡七十圖。每幅綉像後題採前人詩文一句。如第一幅綉像後採王昌齡詩句題曰：“火照西宫知夜飲，分明複道奉恩時。”

國會圖書館藏本，原共十二册，現合爲四册。

内閣文庫藏本，原係昌平坂學問所等舊藏，共九册。

静嘉堂文庫藏本，共十二册。

天理圖書館藏此同一刊本三部。一部封面題署“艷史”，題籤雙邊有界。卷内用青墨標句讀點，又用朱墨標四聲。此本今缺卷二十一至卷二十五的插圖，共十二册。一部無封面，此本今缺《隋煬帝艷史叙》前四葉，又缺卷三十一首葉、卷三十二首葉，插圖缺卷二十一至卷二十五，共十二册。一部插圖亦缺卷二十一至卷二十五，共十二册。

東京大學藏此同一刊本三部。一部現存總合圖書館，原係森林太郎鷗外文庫等舊藏，卷中稍有缺葉，共七册。一部現存東洋文化研究所；一部現存文學部漢籍中心，此本第一回至第三回係後人寫補，共十二册。

京都大學藏本，係人瑞堂藏板，共二十册。

早稻田大學藏本，卷中有後人寫補，共十一册。

足利學校遺蹟圖書館藏本，原係由葉錫造氏舊藏，後歸足利學校。此本今存第一回至第三十二回，第三十三回以下闕佚，共十二册。

【附録】日本桃園天皇寶曆十年（1760 年）贅世子《隋煬帝艷史》，改題曰《通俗隋煬帝外史》。

江户時代大阪商賈所編《小説字匯》，《艷史》字匯爲其中之一。

（綉像批評）艷史四十四回　首一卷

（明）齊東野人撰

明刊本　共十二册

宫内廳書陵部藏本

（鐫楊升庵批點）隋唐兩朝史傳十二卷　附録一卷

題（明）羅本編輯　楊慎批評

明萬曆年間（1573—1620 年）金閶書林龔紹山刊本　共十三册

尊經閣文庫藏本　原江户時代加賀藩主前田綱紀舊藏

【按】每半葉九行，行二十字左右。四周單邊。版心題刻“隋唐志傳”，下記卷數。

卷末有長方刊印木記，其文曰：“萬曆己未歲季秋既望金閶書林龔紹山繡梓。”

孫楷第《日本東京所見小説書目》卷三著録尊經閣藏“《鐫楊升庵批點隋唐兩朝史傳》十二卷一百二十回。明萬曆己未（四十七年）刊本，大型”，即係此本。

（新刊參採史鑑）唐書志傳通俗演義（新刊秦王演義）八卷九十節

（明）熊大木（鍾谷）撰

明嘉靖三十二年（1553 年）楊氏清江堂刊本　共四册

内閣文庫藏本　原楓山官庫等舊藏

【按】每半葉十二行，行二十五字。

卷第八後有刊印木記，文曰：“嘉靖癸丑孟秋楊氏清江堂刊”。《目録》後題書名曰“秦王演義”，卷第一題署書名曰“唐書志傳通俗演義”，尾題“新刊京本秦王演義唐國志傳”。

首有明嘉靖癸丑年（1553 年）李大年《序》。

孫楷第《日本東京所見小説書目》卷三著録此本，其識文曰：“今所見諸本，以此本爲最早。據李《序》及署題，作者爲熊鍾谷無疑。他本皆削其名而不書，《序》亦改换。賴此本訂之。此舊本之可貴也。”

【附録】東山天皇元禄九年（1696 年）夢梅軒章峰以明刊本《新刻按鑑演義全像唐國志傳》爲基礎，編譯爲《通俗唐太宗軍談》。

（新刊出像補訂參采史鑑）唐書志傳通俗演義題評八卷

（明）尺蠖齋評釋

明唐氏世德堂刊本　共八册

静嘉堂文庫　尊經閣文庫藏本

【按】每半葉十二行，行二十四字。版心上題"唐國志傳"。下署"世德堂刊"。眉欄有評點文字。

卷中有圖繪，圖在正文中。左右各占半葉爲圖一幅。記畫工姓名曰"王少淮寫"。此本内書名題寫不一。《姓氏卷》題"唐書志傳"，《目録》題"秦王演義"，《序》題"唐書演義"等。卷首有明萬曆二十一年《序》，末署"癸巳陽月書之尺蠖齋中"。

静嘉堂文庫藏本，原係中村敬宇等舊藏。

尊經閣文庫藏本，原係江户時代加賀藩主前田綱紀舊藏。

（新刊徐文長先生評）唐傳演義（隋唐演義）八卷首一卷

（明）熊大木（鍾谷）撰　徐渭評

明萬曆四十七年（1619年）舒氏藏珠館刊本　共八册

内閣文庫藏本　原楓山官庫等舊藏

【按】每半葉十行，行二十一字左右。版心上題"唐傳演義"，下題"藏珠館"。前有明萬曆庚申（1619年）錢塘黄士京《序》。

每卷卷首有插圖四葉，共三十二葉。

封面中央大字題書"隋唐演義"，左上方題署"徐文長先生評"，右下方題署"書林舒載陽梓"。

孫楷第《日本東京所見小説書目》卷三著録此本。

（新刻按鑑演義全像）唐國志傳（唐書演義）八卷

（明）余應鰲撰

明萬曆年間（1573—1620年）余氏三台館刊本　共四册

宫内廳書陵部藏本　原江户時代德山藩主家舊藏

【按】此本上圖下文。正文每半葉十三行，行二十三字左右。

封面題署"新刻按鑑演義全像唐國志傳"，《目録》第一行則題署"唐書志傳"，第一卷題署"紅雪山人余應鰲編次"、"潭陽書林三台館梓行"。

此本原係德山藩第三代主毛利元次廣收"天下秘籍"之一。東山天皇寶永三年（1706年）《御書物目録》著録此本。明治二十九年（1897年）男爵毛利元功獻贈宫内省圖書寮（即今宫内廳書陵部）。卷中有"德藩藏書"印記。

孫楷第《日本東京所見小説書目》卷三著録此本。

（鐫李卓吾批點）殘唐五代史演義傳八卷六十回

題（明）羅本撰　李贄評

明刊本　共八册

天理圖書館藏本

【按】每半葉有界九行，行二十字左右。白口，四周單邊。版心題署"殘唐五代傳"。卷首大題書曰："鐫李卓吾批點殘唐五代史演義傳"。次行題署"貫中　羅本　編輯　卓吾李贄　批評"。

是書有圖繪三十一幅。

【附録】江户時代大阪商賈編纂《小説字匯》，《殘唐五代史演義》字匯爲其中之一。

（新刊出像補訂參采史鑑）北宋志傳通俗演義題評十卷五十回　（新刊出像補訂參采史鑑）南宋志傳通俗演義題評十卷五十回

（明）熊大木撰　陳氏尺蠖齋評　唐氏世德堂校

明唐氏世德堂刊本　共十册

内閣文庫藏本　原楓山官庫等舊藏

每半葉十二行，行二十四字左右。《南宋志傳》版心題署"南宋志傳"，《北宋志傳》題署

"北宋志傳"。

《南宋志傳》前有《序》，題曰"旹癸巳長至泛雪齋叙"，《北宋志傳》前有《序》，題曰"旹癸巳長至日叙"。

孫楷第《日本東京所見小説書目》卷三著録内閣文庫藏明唐氏世德堂刊本《（新刊出像補訂參採史鑑）北宋志傳通俗演義題評》十卷五十回、《（新刊出像補訂參采史鑑）南宋志傳通俗演義題評》十卷五十回，即係此本。

【附録】中御門天皇享保十二年（1727 年）中國商船"志字號"載《南宋志傳演義》一部一帙抵日本。

（新鐫玉茗堂批評按鑑參補出像）南宋志傳十卷　北宋志傳十卷

明人撰述不署姓名　（明）研石山樵訂正　織里畸人校閲

明金閶葉崐池刊本

宮内廳書陵部　國會圖書館藏本

【按】每半葉十行，行二十字。

《南宋志傳》前有《序》，題署"織里畸人書於玉茗堂"，《北宋志傳》前有《序》，題署"萬曆戊午中秋日玉茗主人題"。

此書以《南宋志傳》爲"前集"，以《北宋志傳》爲"後集"。

宮内廳書陵部藏本，原係江户時代德山藩主家舊藏，乃德山藩第三代主毛利元次廣收"天下秘籍"之一。東山天皇寶永三年（1706 年）《御書物目録》著録此本。明治二十九年（1896 年）男爵毛利元功獻贈宮内省圖書寮（即今宮内廳書陵部）。卷中有"德藩藏書"印記。卷中有缺葉，共十二册。

孫楷第《日本東京所見小説書目》卷三著録明金閶葉崐池刊本《新刊玉茗堂批點繡像南北宋傳》（南北宋各十卷五十回）即係此本。然把藏書處"宮内省圖書寮（即今宮内廳書陵部）"誤記爲"内閣文庫"。

國會圖書館藏本，此本則孫楷第先生未見。今存《南宋志傳》十卷，原共六册，現合爲三册。

（新刻全像按鑑演義）南北兩宋志傳二十卷

題（明）陳繼儒編

明潭陽三台館刊本　共十册

内閣文庫藏本　原江户時代林氏大學頭家等舊藏

【按】此本上圖下文，每半葉十三行，行二十三字左右。

前有三台館主人《序》，其曰："昔大本先生，建邑之博洽士也。編覽群書，涉獵諸史，乃綜核宋事，彙記爲一書，名《南北宋兩傳演義》。事取其真，辭取其明，以便士民觀覽，其用力亦勤矣。"

卷一至卷十《南宋志傳》，卷十一至卷二十《北宋志傳》。

孫楷第《日本東京所見小説書目》卷三著録内閣文庫藏《全像按鑑演義南北兩宋志傳》二十卷，三台館刊本，即係此本。

【附録】中御門天皇享保四年（1719 年）日人松下氏以明潭陽書林三台館刊本《全像按鑑演義南宋志傳》爲基礎，編譯爲《通俗宋志軍談》。

（新刊大宋演義）中興英烈傳（新刊大宋中興通俗演義）八卷　（會纂宋武穆王）精忠傳一卷

（明）熊大木編輯

明嘉靖三十一年（1552 年）楊氏清白堂刊本　共十册

内閣文庫藏本　原楓山官庫等舊藏

【按】每半葉十一行，行二十二字。黑口，版心題"大宋演義"或"中興演義"。

前有明嘉靖三十一年（1552 年）《序》，末署"嘉靖三十一歲在壬子冬十一月望日，建邑書林熊大谷鍾谷識"。此本後集有李春芳編《會纂宋岳鄂武穆王精忠録》三卷。

【附録】據《商舶載來書目》記載，中御門天皇享保十二年（1727 年）中國商船"志字號"載《英烈傳》一部四帙抵日本。桃園天皇寶曆九年(1759年)中國商船"世字號"載《精忠傳》一部一帙抵日本。

據《長崎官府貿易外船賫來書目》記載,桃園天皇寶曆九年中國商船"七番船"載《英烈傳》一部四帙、《精忠傳》一部一帙抵日本。

(新刊)大宋中興通俗演義(大宋武穆王演義)十卷

(明)熊大木(鰲峰)編輯

明萬曆年間(1573—1620年)南京仁壽堂雙峰堂　萬卷樓刊本

内閣文庫　日光輪王寺天海藏藏本

【按】每半葉有界十三行,行二十六字。白口,四周單邊。版心題署"全像大宋演義",又有題署"仁壽堂"者。

前有明嘉靖三十一年(1552年)熊大木《大宋武穆王演義序》。卷末有明正德五年(1510年)李春芳《叙岳鄂武穆王精忠録後》。

原本題籤曰:"古本全像大宋岳武穆王通俗演義"。

每卷題"鰲峰熊大木編輯"、"書林"雙峰堂刊行。卷第七則題"書林萬卷樓刊行"。

前有插畫二葉,并有畫工姓名,題曰"金陵王少淮寫"。

正文有斷句。

内閣文庫藏本,原係江户時代豐後佐伯藩主毛利高標舊藏,仁孝天皇文政年間(1818—1829年)由出雲守毛利高翰獻贈幕府。明治初期歸内閣文庫。卷中有"佐伯侯毛利高標字培松藏書畫之印"等印記。孫楷第《日本東京所見小説書目》卷三著録此本。共五册。

輪王寺藏本,原係天海大僧正舊藏。

【附録】中御門天皇享保六年(1721年)日人入江若水以明熊大木雙峰堂刊本《新刊大宋中興通俗演義》爲基礎,編譯爲《通俗兩國志》。

宋鄂武穆王精忠傳

不著撰人姓名

明刊本　共四册

德山市毛利家事務所藏本　原江户時代德山藩主家舊藏

【按】此本原係德山藩第三代主毛利元次廣收"天下秘籍"之一。東山天皇寶永三年(1706年)《御書物目録》著録此本。明治二十九年(1896年)男爵毛利元功獻贈宫内省圖書寮(即今宫内廳書陵部)。卷中有"德藩藏書"印記。

(新刻按鑑演義全像)大宋中興岳王傳八卷

(明)熊大木撰　余應鰲編次

明萬曆年間(1573—1620年)潭陽三台館刊本

國會圖書館　内閣文庫藏本

【按】此本上圖下文。每半葉十三行,行二十三字左右,字體略扁。版心題署"全像演義岳王志傳"。

前署"紅雪山人余應鰲編次"、"潭陽書林三台館梓行"。

卷首《目》,并有《序》,末題"三台館主人言"。

國會圖書館藏本,此本則係孫楷第先生未見,共四册。

内閣文庫藏本,原係江户時代林氏大學頭家等舊藏,孫楷第《日本東京所見小説書目》卷三著録此本,共八册。

(新鐫)楊家府世代忠勇演義志傳八卷

(明)紀振倫撰　秦淮墨客校閲　烟波釣叟參訂

明萬曆年間(1573—1620年)刊本

國會圖書館　天理圖書館藏本

【按】每半葉十行,行二十二字。白口,四周單邊。版心題署"楊家府演義"。

前有明萬曆丙午(1606年)長至日秦淮墨客《序》。

國會圖書館藏本,共六册。

天理圖書館藏本,共四册。

(新鍥)國朝承運傳四卷

明人撰寫不署姓名
明刊本　共二册
内閣文庫藏本　原昌平坂學問所等舊藏
【按】每半葉十行,行十七字。
孫楷第《日本東京所見小説書目》卷三著録此本。

(新刻)皇明開運輯略武功名世英烈傳(官板皇明全像英烈志傳)六卷　首一卷

明人撰寫不署姓名
明三台館刊本
内閣文庫　御茶之水圖書館　日光輪王寺天海藏藏本
【按】每半葉有界十三行,行二十六字左右。白口,四周單邊。
前有無名氏《皇明英烈傳序》。
封面題署"官板皇明全像英烈誌傳"。
卷中有插畫二葉,有畫工姓名,題曰:"上元王少淮寫"。
内閣文庫藏本,原係楓山官庫等舊藏,共六册。
御茶之水圖書館藏本,原係德富蘇峰成簣堂等舊藏。
孫楷第《日本東京所見小説書目》卷三著録内閣文庫、成簣堂藏明三台館刊本《新刻皇明開運輯略武功名世英烈傳》六卷即係上述二本。
輪王寺藏本,原係天海大僧正等舊藏。此本卷末缺半葉,封面内葉粘貼有明崇禎三年(1630年)的帳簿葉,共一册。

(石渠閣精訂)皇明英烈傳八十回

(明)徐渭撰
明崇禎十六年(1643年)余古齋刊本　共十二册
東京大學東洋文化研究所藏本　原長澤規矩也雙紅堂文庫等舊藏
【按】每半葉八行,行十七字。
前有明崇禎癸未(1643年)樂此道人《序》。
《目次》題署"玉茗堂精訂",卷首題署"稽山徐渭文長甫編"。
首有綉像二十一葉。
【附録】東山天皇寶永二年(1705年)日人岡島冠山以明人徐渭《皇明英烈傳》爲基礎,編譯爲《通俗元明軍談》二十卷。
江户時代大阪商賈編纂《小説字匯》,《皇明英烈傳》字匯爲其中之一種。

(新鍥龍興名世録)皇明開運英武傳八卷

明人撰寫不署姓名
明萬曆十九年(1591年)楊明峰刊本　共四册
内閣文庫藏本　原楓山官庫等舊藏
【按】此本上圖下文。正文每半葉十四行,圖下每半葉十八行,圖旁者低一格,行二十五字左右。
卷前有《序》,今存殘文一葉。
全書以"金、石、絲、竹、匏、土、革、木"爲目分爲八卷。
卷一題署"原板南京齊府刊行"、"書林明峰楊氏重梓"。
孫楷第《日本東京所見小説書目》卷三著録此本。

皇明中興聖烈傳五卷

(明)西湖義士述
明刊本　共二册
内閣文庫　東京大學東洋文化研究所藏本
【按】每半葉八行,行十九字。
卷首有圖,凡五葉十幅。
内閣文庫藏本,原係江户時代林氏大學頭家等舊藏,共二册。
東京大學藏本,原係長澤規矩也雙紅堂文庫等舊藏,共四册。孫楷第《日本東京所見小説書目》卷三著録長澤規矩也藏《皇明中興烈傳》五卷即係此本。

（新刻全像三寶太監）西洋記通俗演義（西洋記）一百回二十卷

（明）二南里人（羅懋登）撰

明萬曆年間（1573—1620年）三山道人刊本　共二十册

宫内廳書陵部　大阪府立圖書館藏本

【按】宫内廳書陵部藏本。原係德山藩第三代主毛利元次廣收"天下秘籍"之一。東山天皇寳永三年（1706年）《御書物目録》著録此本。明治二十九年（1896年）男爵毛利元功獻贈宫内省圖書寮（即今宫内廳書陵部）。卷中有"德藩藏書"印記。

【附録】據《商舶載來書目》記載，中御門天皇享保十七年（1732年）中國商船"世字號"載《西洋記》一部二十册抵日本。

據《南京船書籍名目》記載，光格天皇寬政六年（1794年）中國商船"寅二番船"載《西洋記》四部各二帙抵日本。

仁孝天皇天保十二年（1841年）中國商船"子一番"（船主劉念國）載《綉像西洋記》一部四帙運抵日本，售價十匁。

江户時代大阪商賈編纂《小説字匯》，《西洋記》字匯爲其中之一種。

（新刻全像三寶太監）西洋記通俗演義二十卷一百回

（明）二南里人（羅懋登）編次

明步月樓刊本（映旭齋藏版）　共二十册

内閣文庫　早稻田大學圖書館　築波大學附屬圖書館　天理圖書館藏本

【按】每半葉有界十二行，行二十五字。白口，四周雙邊（21.0cm×13.5cm）。版心鐫"出像西洋記"，下署"卷之一（——二十）"，下記葉數。

前有明萬曆丁酉歲（1597年）菊秋之吉羅懋登《序》。

封面右側題署"三寶太監全傳"，中央題署"西洋記"。

正文首行頂格題署"新刻全像三寶太監西洋記通俗演義卷之一"，次行上空十五字題署"二南里人編次"，三行同第二行，題署"三山道人繡梓"。第四行頂格題"第一回"，第五行上空二字，署回目"○盂蘭盆揭諦○補陀山會神"。

文中有繪畫，每卷十圖。繪圖左右對稱，兩側有對語，如第一回第一圖對語曰："連注投機轉金論於香地，懸河瀉辯宣銀□於寳坊"。

築波大學附屬圖書館藏本，原係東京教育大學等舊藏，卷中有"和泉氏藏"等印記。

天理圖書館藏本，今缺《序》第一葉，《目録》有補寫四葉。

（新刻全像三寶太監）西洋記通俗演義二十卷一百回

（明）二南里人（羅懋登）編次　三山道人繡梓

明末覆明刊本

内閣文庫　東洋文庫　天理圖書館　日光輪王寺天海藏藏本

【按】每半葉有界十一行，行二十五字。白口，四周單邊。版心題署"出像西洋記"。

卷首題曰："二南里人編次　三山道人繡梓"。

前有明萬曆丁酉歲（1597年）菊秋之吉羅懋登《序》。

卷末有明正德十三年（1518年）黄謙《御製弘仁普濟天妃宫重修題名碑記》。

各卷有插畫各二十圖，一圖連綴兩半葉。

内閣文庫藏此同一刊本兩部。一部共二十册；一部共十九册。

東洋文庫藏本，共二十册。

天理圖書館藏本，卷中有"竹内文庫"、"海堂鄰人藏書"、"圖書"、"石齋"等印記，共十册。

日光輪王寺藏本，原係天海大僧正舊藏，卷中有缺葉，《序》存三葉，餘下缺，共二十册。

（新刻全像三寶太監）西洋記通俗演義十卷五十回

（明）羅懋登撰
明萬曆丁酉（1597年）刊本
京都大學文學部中國語學文學哲學研究室藏本　原鈴木虎雄等舊藏

（新鐫出像通俗演義）遼海丹忠録八卷四十回

（明）孤憤生戲筆　熱陽人偶評
明崇禎年間（1628—1644年）刊本　共四册
内閣文庫藏本　原楓山官庫等舊藏
【按】每半葉九行，行十九字。
卷中題署"平原孤憤生戲筆"、"鐵厓熱腸人偶評"。
前有明崇禎十五年（1642年）翠娱閣主人《題詞》，其文曰：

"一腔熱血灑何地，不灑於國爲誰灑乎？所可痛者，賀蘭山之俠骨，猶蒙詬詈之聲，錢塘江上之鴟夷，衹快忌嫉之口，此忠臣飲恨九原，旁觀者亦爲之憤懣也。如渾河之殉，爲違制；鎮武之殞，爲浪戰。老謀對國，竟以左排右擠，先楊王而傳首九邊，至遼海所恃爲長城者，蔑而殺之，至醜遡胡犯闕，不得竟牽制之功。所謂青徐蜃氣，猶爲吐怨氣於天壤，溟渤濤聲，猶爲瀉冤聲於昕夕，檀子若在，胡馬寧至飲江哉！顧鑠金之口，能死豪杰於舌端；而如椽之筆，亦能生忠貞於毫下。此予弟丹忠所繇録也。至其詞之寧雅而不俚；事之寧核而不誕。不剿襲於陳言，不借吻於俗輩，議論發抒其經緯，好惡一本於大公。具眼者自鑒之，予亦何敢阿所好乎！因其欲付剞劂也，謹發其意以弁諸首。時崇禎之重午（崇禎三年爲庚午，十五年爲壬午，即重午之年——編著者）翠娱閣主人題。"

此本卷回目録如次：

卷之一　起萬曆四十七年至四十七年秋
第一回　斬叛夷奴酋濫爵
急備御群賢伐謀
第二回　哈赤計襲撫順
承胤師覆清河
第三回　拒招降張旆死者
議剿賊楊鎬出師
第四回　牙旗折報杜松亡
五星斗兆劉挺死
第五回　作士氣芝岡斬降
死王事臺失自焚
卷之二　起萬曆四十七年秋至天啓元年夏
第六回　振南出奇毒虜
芝岡力固全遼
第七回　易經臣禍産亡遼
收降夷謀疏覆瀋
第八回　侍御罵賊殉節
兩賢殺身成仁
第九回　款西夷牽東虜
撫南衛固西河
第十回　遍巡島嶼撫窮民
夜戰鎮江擒叛將
卷之三　起天啓元年夏至天啓二年秋
第十一回　避敵鋒寄迹朝鮮
得地勝雄據皮島
第十二回　劉渠力戰鎮武
一貴死守西平（平，又作川）
第十三回　廣寧城叛將降奴
松山堡監軍死義
第十四回　群賢憂國薦才
奇士東征建節
第十五回　陳方略形成聚米
分屯駐勢合聯珪
卷之四　起天啓二年至天啓三年七月
第十六回　大屯田戰守兼行
通商賈軍資兼足
第十七回　毛帥規取建州路
陳忠首杰櫻桃窩
第十八回　大孝克伸母節
孤忠上格田心
第十九回　張盤恢復金州

　　　　　　杜貴大戰滿浦
第二十回　亮馬佃官兵破賊
　　　　　　牛毛塞虜衆再衄
卷之五　起天啓三年秋至天啓五年春
第二十一回　鐵山八路興師
　　　　　　烏鷄連戰破敵
第二十二回　屬國變生肘腋
　　　　　　帥臣勢定輔車
第二十三回　王千總臘夜擒胡
　　　　　　張都司奇兵拒敵
第二十四回　皇恩兩敕褒忠
　　　　　　偏師三戰奏捷
第二十五回　天神頓息邪謀
　　　　　　急雨盡消賊計
卷之六　起天啓五年春至天啓六年
第二十六回　建重關朱張死節
　　　　　　遏歸虜茂春立功
第二十七回　聖眷隆貂璫遠使
　　　　　　朝鮮封脣齒勢成
第二十八回　寧遠城火攻走賊
　　　　　　威寧海力戰牽奴
第二十九回　官軍奇撓斃奴
　　　　　　裨將潛師獲虜
第三十回　亟拯恤寒儒生色
　　　　　　請附試文脈重延
卷之七　起天啓七年春至崇禎元年
第三十一回　有俊自刎鐵山關
　　　　　　承禄扼虜義州路
第三十二回　除民害立斬叛賊
　　　　　　抒丹心縛宋籓山
第三十三回　請鎮江中外合力
　　　　　　分屯駐父子同功
第三十四回　滿總理寧遠奇勛
　　　　　　趙元戎錦州大捷
第三十五回　疏歸不居寵利
　　　　　　奏辨大息雌黄
卷之八　起崇禎元年至崇禎三年
第三十六回　奇間欲離骨肉
　　　　　　招降竟潰腹心
第三十七回　改運道計鎖東江
　　　　　　軫軍民急控登鎮
第三十八回　雙島屠忠有恨
　　　　　　東江牽制無人
第三十九回　後患除醜虜入寇
　　　　　　大安失群賢盡節
第四十回　督師頓失前功
　　　　　　島衆克承遺烈

全書卷中有題句繪圖二十葉。

董康《書舶庸譚》卷八著録此本,其識文曰:“此書爲悼毛文龍而作。書中記大金皇帝遺書,并當時往還公牘甚多,且每卷仍正史紀年,决非虚構附會。清初此類之書自不容其存在,今海外尚留孤本,雖爲章回體裁,援《元秘史》之例,應以信史目之也。”

孫楷第《日本東京所見小説書目》卷三亦著録此本。

(近報叢譚)平虜傳四卷

(明)吟嘯主人撰

明刊本　共二册

内閣文庫藏本　原江户時代豐後佐伯藩主毛利高標舊藏

【按】每半葉八行,行二十字。此本係仁孝天皇文政年間(1818—1829年)出雲守毛利高翰獻贈幕府,明治初期歸内閣文庫。卷中有“佐伯侯毛利高標字培松藏書畫之印”等印記。

孫楷第《日本東京所見小説書目》卷三著録此本。

(近報叢譚)平虜傳二卷

明人撰寫不署姓名

明刊本　共二册

尊經閣文庫藏本　原江户時代加賀藩主前田綱紀舊藏

(新編)剿闖小説十回

(明)懶道人口授

明興文館刊本　共二册

内閣文庫藏本　原楓山官庫等舊藏

【按】每半葉八行,行二十二字。

前有《序》,末題署“西吴九十翁無競氏題於雲溪之半月泉”。

一説此本係清人刊本。

【附録】江户時代有明人懶道人《新編剿闖小説》十回手寫本一種。此本現存内閣文庫。

(新刊重訂出相附釋標注)水滸記四卷

(元)施耐庵編

明萬曆十八年(1590年)世德堂刊本　共四册

御茶之水圖書館藏本　原德富蘇峰成簣堂等舊藏

【按】内封題署“萬曆庚寅夏日世德堂梓”。卷中有圖繪。

【附録】後水尾天皇寬永元年(1624年)德川幕府的御僧天海大和尚的藏書庫“天海藏”首次入藏《水滸志傳評林》。這是《水滸》傳入日本的最早記録。

據《商舶載來書目》記載,日本中御門天皇享保二年(1717年)中國商船“須字號”載《水滸傳》一部二帙運抵日本。櫻町天皇寬保元年(1741年)中國商船“智字號”載《忠義水滸傳》一部二帙運抵日本。

據《外船賫來書目》記載,桃園天皇寬延三年(1750年)中國商船“午七番”、“午九番”、“午十番”,載《水滸傳》二十四部,一部凡二帙十二册運抵日本。

據光格天皇文化元年(1804年)《書籍直組帳》記載,是年《水滸傳》一部售價十五匁,注明“原價十五匁,無折扣”。

據《書籍元帳》記載,光格天皇文化七年(1810年)中國商船“午四番船”載《貫華堂第五才子書水滸傳》一部二帙運抵日本。仁孝天皇天保十二年(1841年)中國商船“子一番船”(船主劉念國)載《水滸傳》(大本)一部四帙運抵日本。售價十五匁。同年,中國商船“丑二番船”(船主沈萍)載《水滸傳》一部四帙運抵日本。售價同“子一番船”。仁孝天皇弘化四年(1847年)八月中國商船“午四番船”載《水滸傳》一部三十二册運抵日本。售價十五匁。孝明天皇嘉永七年(1854年)九月中國商船“寅一番船”載《水滸傳》(小本)一部二帙運抵日本。售價十四匁。

桃園天皇寶曆七年(1757年)江户前川六左衛門、京都菱屋孫兵衛、鉛屋安兵衛、袋屋佐七、細野重右衛門刊行岡島冠山用日本語文翻譯的《通俗忠義水滸傳》四十四卷,餘卷四十五至卷四十七及《拾遺》,於光格天皇寬政二年(1790年)由京都林權兵衛、横江岩之助、菱屋孫兵衛,梅村伊兵衛刊行。此爲日本首次日譯《水滸傳》。

光格天皇文化三年(1806年)江户時著名作家曲亭馬琴以一百二十回本《水滸傳》爲基礎,日譯《新編水滸畫傳》并刊行初編十卷。此書由著名畫家葛飾北齋作畫插葉,故名《畫傳》,全書凡九編九十卷。其餘八編八十卷由高井蘭山編輯,光格天皇文化十一年(1814年)全部刊行。

中御門天皇享保丁未年(1727年)日人岡田白駒著《水滸全傳譯解》,此爲日人所編輯的關於《水滸傳》解讀的第一部辭書。其後,有後櫻町天皇寶曆七年(1757年)陶山南濤編纂的《忠義水滸傳解》等辭書刊行。

江户時代大阪商賈所編《小説字匯》,《水滸傳》字匯爲其中之一。

後桃園天皇安永二年(1773年)建部綾足以《水滸傳》爲摹本,創作《本朝水滸傳》。此爲日本模擬《水滸》創作之始。其後,光格天皇天明三年(1783年)伊丹椿園創作《女水滸傳》,光格天皇寬政四年(1792年)山東京傳摘取《水滸傳》片段創作《梁山一步談》與《天剛垂楊柳》,寬政十一年至享和元年(1799—1801年)山東京創作《忠臣水滸傳》,仁孝天皇文政八年(1825年)瀧澤馬琴創作《顧城水滸傳》,仁孝天皇天保元年至孝明天皇嘉永四年

(1830—1851 年)柳亭種彦、笠亭仙果、松亭金水創作《國字水滸傳》凡二十編。

江户時代著名作家瀧澤馬琴創作之《南總里見八犬傳》(刊行於 1814—1841 年)爲日本讀本小説最高代表,其第九輯卷三十三《附録》曰:"《水滸》與《西遊記》,且奇又巧,其文絶妙,句句錦綉,堪稱稗史之大筆,和文之師表。"

(京本增補校正全像)忠義水滸志傳評林二十五卷

題(明)羅本撰　余宗評

明萬曆二十二年(1594 年)余象斗雙峰堂刊本　共八册

内閣文庫　日光輪王寺天海藏藏本

【按】每半葉上圖下文,有界十四行,行二十一字。白口,四周雙邊。

前有明萬曆二十二年(1594 年)《題水滸傳叙》。其文曰:

> "《水滸》一書,坊間梓者紛紛。偏像者十餘副,全像者止一家。前像版字中差訛,其版蒙旧,惟三槐堂一副,省詩去詞,不便观誦。今雙峰堂余子改正增評,有不便覽者芟之,漏者删(? 補)之,内有失韵詩詞欲削去,恐觀者言其省漏,皆記上層。前后廿餘卷,一畫一句,并無差錯,士子買者,可認雙峰堂爲記。"(文中簡體字仍舊——編著者)

卷末有刊印蓮牌木記:

萬曆甲午季秋月書
林雙峰堂余文台梓

内閣文庫藏本,原係江户時代林氏大學頭家等舊藏。今缺卷一至卷七,凡七卷,實存十八卷,共六册。孫楷第《日本東京所見小説書目》卷五著録此本,并有詳細考識。

日光輪王寺天海藏藏本,原係天海大僧正等舊藏,則孫楷第先生未見。此本係後水尾天皇寬永元年(1624 年)入藏"天海藏",爲目前已知的日本最早收藏的《水滸傳》文本,共八册。

(新刻全像)忠義水滸傳志二十五卷一百十五回

題(元)施耐庵撰　(明)姚宗鎮輯　鄭國揚校

明劉欽恩刊本(黎光堂藏版)　共八册

東京大學總合圖書館藏本　原森林太郎鷗外文庫等舊藏

【按】每半葉十五行,行三十五字。有上圖下文者,圖下每行二十七字左右。

卷中有讀者批注文。

(新刻全像)水滸傳二十五卷一百十五回

題(元)施耐庵撰　(明)姚宗鎮輯　鄭國揚校

明崇禎年間(1628—1644 年)刊本　共八册

東京大學東洋文化研究所藏本　原長澤規矩也雙紅堂文庫等舊藏

【按】每半葉十五行,行三十五字。有上圖下文者,圖下每行二十七字左右。

前有明崇禎戊辰(1628 年)長至日清源汪子深《序》。

此本係翻刻藜光堂刊本,《目録》中脱第一百十三回目與第一百十四回目。

水滸傳全本三十卷　圖一卷

(明)羅本撰　李贄評

明末金閶映雪草堂刊本(圖覆刊明萬曆三十八年容與堂本)　共十二册

東京大學藏本

【按】每半葉無界十行,行二十字。白口,四周單邊(20.4cm×12.8cm)。

前有《序》,末題署"五湖老人題於蓮子峰小曼陀精舍"。

東京大學藏此同一刊本兩部,皆共十二册。一部現存總合圖書館,卷中有後人修補,又有讀者批注。一部現存文學部漢籍中心。

孫楷第《日本東京所見小説書目》卷五著録東京帝大研究所藏"署金閶映雪草堂刊"《水滸全傳》三十卷,即係此本。

(李卓吾先生批評)忠義水滸傳一百卷

(明)羅本撰　李贄評

明容與堂刊本　共二十册

内閣文庫藏本

【按】每半葉十一行,行二十二字。版心上部題署“李卓吾批評水滸傳”,下部題署“容與堂藏板”,并記葉數。

前有李卓吾《序》,末署“温陵卓吾李贄撰”。又另一行題署“庚戌仲夏日虎林孫樸書於三生石畔”。

董康《書舶庸譚》卷四著録此本。其識文曰:

“版心題‘容與堂藏板’。前有庚戌仲夏虎林孫樸《序》,次爲梁山泊一百單八人之優劣,次爲批評《水滸傳》述語,及論《水滸傳》文字。每卷標‘卷幾’、‘第幾回’。今坊間偶見一百二十回本,亦標卓吾評點,此本似在其前。取兩本互校,今本(即一百二十回本)之九十一回至一百十回,蓋爲後來依據他種關涉《水滸》故事增輯者。《目録》惟第二十六回此本作‘鄆哥大鬧授官廳、武松鬥殺西門慶’,今本作‘偷骨殖何九叔送喪、供人頭武二郎設祭’,文字迥異。其餘九十五之二、八十一之二、九十之二、九十九之二,僅二字之出入,無關大要也。”

孫楷第《日本東京所見小説書目》卷五著録此本,并有詳細識文。

【附録】日本東山天皇元禄元年與中御門天皇享保十三年(1688—1728年)岡島冠山對《李卓吾先生批點忠義水滸傳》施以訓點。日本《先哲叢談》曰:“冠山始校定羅貫中《水滸傳》,施國譯將刊布於世,是爲吾邦刻稗史始。”江户時代室鳩巢《駿臺隨筆》記岡島冠山曰:“長崎譯師岡島喜兵衛,名援之,别號冠山,進寓於東都,時時訪余。其人放達好學,而最善唐話,讀小説過六百部,其勤學如此。其最難解之書《水滸傳》、《金瓶梅》二著亦然。”至桃園天皇寶曆九年(1759年)完成,共成十卷,由京都書林九兵衛刊印。這是《水滸傳》日文訓點之始。岡島冠山之《水滸傳》日譯本,在其去世後於桃園天皇寶曆七年(1757年)以《通俗忠義水滸傳》名,凡四卷十回,梓行刊出。

東山天皇寶永六年至中御門天皇享保二十年(1709—1735年)岡島冠山的學生田文瑟主持《水滸傳》一百二十回本的講座多年。

桃園天皇寶曆七年(1757年)岡島貫山的學生陶山尚善(漢名陶冕)撰《忠義水滸傳解》公刊。此爲日本文化史上第一部研究《水滸傳》之專著。光格天皇天明四年(1784年)鳥山石丈爲《忠義水滸傳解》作補充(從第十六回增加至第三十六回),以同名重新刊出。

光格天皇文化三年(1806年)著名作家瀧澤馬琴刊出《新編水滸畫傳》。此書集《水滸傳》之翻譯、和訓與繪畫於一册。其中繪畫係由江户著名畫師葛飾北齋執筆,後又集爲别册,以單行本刊布。北齋的門人柳川重信又作《水滸傳畫譜》問世。

後桃園天皇安永二年(1773年)建部綾足以中國《水滸傳》爲模本,採用日本歷史題材,創作《本朝水滸傳》。此爲江户時代日本文藝界《水滸傳》模擬作品的先聲,亦爲日本“讀本小説”之鼻祖。

後桃園天皇安永六年(1777年),仇鼎山人創作《日本水滸傳》十卷。

光格天皇寬政四年(1792年),山東京傳創作《梁山一部笑》與《天剛垂楊柳》。

光格天皇寬政五年(1793年),振鷺亭創作《伊呂波水滸傳》。

光格天皇寬政十年(1798年),山東京傳創作《忠臣水滸傳》。

光格天皇文化元年(1804年),好花堂野亭創作《新編女水滸傳》。

光格天文化十一年至明治十二年(1814—1879年)岳亭定岡、知足館松旭、友鳴吉兵衛三人,先後創作《俊杰神稻水滸傳》一百四十卷。

仁孝天皇文政八年至仁孝天皇天保十一年(1825—1840年),瀧澤馬琴創作《傾城水滸傳》二十五卷。

仁孝天皇天保元年(1830年),岳亭丘山創作《水滸太平記》。

仁孝天皇天保八年(1837年),瓢瓢舍千成創作《天魔水滸傳》。

(李卓吾先生批評)忠義水滸傳一百卷

(明)羅貫中撰　李贄評

明刊本(芥子園藏版)　共十册

國會圖書館藏本

(李卓吾先生批評)忠義水滸傳(殘本)七十四回

(明)羅本撰　李贄評

明刊本　共九册

天理圖書館藏本

【按】每半葉十行,行二十二字。四周單邊。版心鐫刻"忠義水滸傳"。

前有《讀忠義水滸傳序》,又有插圖一百葉,凡圖二百幅。

封面雙邊有界,墨書"水滸傳",右側題曰"李卓吾先生評",欄上横書"繪像"。

是書全本一百回。此本今存第一回至第二十回,第三十八回至九十一回,實存七十四回。

(新鐫李氏藏本)忠義水滸全書一百二十卷　首一卷　圖一卷

(元)施耐庵撰　(明)羅貫中編　李贄評

明萬曆年間(1573—1620年)郁郁堂刊本

内閣文庫　静嘉堂文庫　尊經閣文庫　天理圖書館　京都大學文學部中國語學文學哲學研究室　早稻田大學圖書館藏本

【按】每半葉十行,行二十二字。版心上鐫"水滸全書",下記"郁郁堂"等。

前有楊定見《小引》,次有《出像評點忠義水滸全書發凡》,次有《水滸忠義一百八人籍貫出身》,次有《宣和故事》。

卷首題"新鐫李氏藏本忠義水滸全書"。次行題署"施耐庵集撰",再次行署"羅貫中纂修"。

前有《圖像》一卷。

内閣文庫藏此同一刊本兩部,皆共三十二册。一部原係江户時代豐後佐伯藩主毛利高標舊藏,仁孝天皇文政年間(1818—1829年)出雲守毛利高翰獻贈幕府,明治初期歸内閣文庫。卷中有"佐伯侯毛利高標字培松藏書畫之印"等印記。一部原係昌平坂學問所等舊藏。

静嘉堂文庫藏本,原係中村敬宇等舊藏,共三十二册。

尊經閣文庫藏本,原係江户時代加賀藩主前田綱紀舊藏,共二十四册。

天理圖書館藏本,卷中有數葉係後人寫補,共三十二册。

京都大學藏本,共三十六册。

早稻田大學藏本,共三十六册。

忠義水滸全傳(水滸全書)一百二十回　引首一卷

(元)施耐庵撰　(明)羅貫中編　李贄評

明萬曆年間(1573—1620年)刊本

宮内廳書陵部藏本

【按】宮内廳書陵部藏此同一刊本兩部。一部原係江户時代德山藩主家舊藏,爲德山藩第三代主毛利元次廣收"天下秘籍"之一。東山天皇寶永三年(1706年)《御書物目録》著録此本。明治二十九年(1896年)男爵毛利元功獻贈宫内省圖書寮(即今宫内廳書陵部)。卷中有"德藩藏書"印記。此本今缺卷九十五至卷一百七回,實存一百七回,共二十二册。一部共三十二册。

(鍾伯敬先生批評)水滸傳一百卷一百回

題(元)施耐庵撰　(明)鍾惺批評

明末刊本　共十六册

東京大學總合圖書館藏本

【按】每半葉十二行,行二十六字。

前有鍾惺《序》。又有《水滸傳人品評》。

（第五才子書施耐庵）水滸傳七十五卷

（元）施耐庵撰

明崇禎年間（1628—1644年）刊本　共十八册

尊經閣文庫藏本　原江户時代加賀藩主前田綱紀等舊藏

【按】每半葉八行，行十九字。版心魚尾上題署“第五才子書”，下記卷數。

前四卷爲《序》、《目》。

卷一《目録》題署“聖嘆外書”。又有三《序》，第三《序》末署“皇帝崇禎十四年二月十五日”。

卷二爲《宋史綱》、《宋史目》。

卷三爲《讀第五才子書法》。

卷四爲施耐庵所撰《序》。

二刻英雄譜二十卷

（明）羅貫中　施耐庵撰

明刊本

京都大學附屬圖書館藏本　原鈴木虎雄等舊藏

【按】每葉分上下兩段，上段爲《水滸傳》，凡一百十五回，屬文簡事繁本系統；下段爲《三國演義》，凡二百四十回，屬十二卷本系統。

此本每卷首尾，都有原所有者讀書日期注文，或以年號，或以甲子，隨手寫來，并無定規。若整理其先後次序，則讀書在清康熙癸丑至康熙丙辰（1673—1676年）之間。其中最引人注目處，有如下手識文一段：

> “己未夏六月十九日，日本人山形八右衛門，乞望余《水滸傳》及《三國志》《志》部中文理不審之處，以明詳之由。雖萍水之交，芝蘭一般意也。故不辭，以所知示語。語部文理，實可愧愧。”

（精鐫合刻）三國水滸全傳（英雄譜）二十卷　首一卷

（明）熊飛編

明崇禎年間（1628—1644年）熊飛館刊本　共十二册

内閣文庫　尊經閣文庫　築波大學附屬圖書館藏本

【按】此本每版分上下兩段。各面上段爲《水滸傳》，十五行，行約十三字，凡二十卷一百六回；下段爲《三國志》，十五行，行約十三字，凡二十卷二百四十回。四周單邊。版心鐫“英雄譜”或“合刻英雄譜”。

内閣文庫藏本，此本係後光明天皇正保三年（1646年）入藏德川幕府文庫，即係楓山官庫等舊藏。孫楷第《日本東京所見小説書目》卷五著録此本。

尊經閣文庫藏本，原係江户時代加賀藩主前田綱紀等舊藏，孫楷第先生未見此本。

築波大學附屬圖書館藏本，原係江户時代井上金峨舊藏，後歸東京教育大學。卷中有“菊崖”、“考槃堂圖書記”等印記。孫楷第先生未見此本。

水滸後傳八卷四十回

（明）陳忱撰

明萬曆三十六年（1608年）序刊本　共十六册

築波大學附屬圖書館藏本　原江户時代小石元瑞　東京教育大學等舊藏

【按】每半葉無界九行，行二十字左右。白口，左右雙邊。版心上部題“水滸後傳”，下部題“元人遺本”。

前有宋遺民《序》。此《序》係後人寫補。後有《論略》，亦係後人寫補。

《目録》首行題“古宋遺民著　雁宕山樵評”。内題次行題署與此同。

第四回一葉、第三十三回六葉、第三十六回十六葉、第四十回一葉。皆係江户時代日本人小石元瑞所寫補。

第八卷末有日人文政十一年(1828 年)小石元瑞題署,文曰:"秋嵒僊史龍題"。卷中又有"龍印"、"元瑞"等印記。

【附録】東山天皇元禄十六年(1703 年)中國商船"須字號"載《水滸後傳》一部八册抵日本。

(繡像)龍圖公案十卷

不著撰者姓名

明末四美堂刊本　共六册

御茶之水圖書館藏本　原德富蘇峰成簣堂等舊藏

【按】全卷有朱筆批點,内封有明李卓吾點評。卷末有日本仁孝天皇天保辛丑(1841 年)日人朱筆評點。

卷中有"菊崖"等印記。

【附録】據《賚來書目》記載,中御門天皇享保二十年(1735 年)中國商船"第二十五番"廣東船(船主黄瑞周、楊叔祖)載《龍圖公案》一部抵日本。

據日本仁孝天皇弘化二年(1845 年)《漢籍發賣投標記録》記載,《龍圖公案》一部六册,投標價分别爲鐵屋三匁五分六厘、永見屋五匁二分、菱屋七匁八分。

孝明天皇嘉永七年(1854 年)九月中國商船"寅一番"載《龍圖公案》二部各二帙運抵日本。售價每部二匁。

江户時代大阪商賈編纂《小説字匯》,《龍圖公案》字匯爲其中之一種。

龍圖神斷公案(龍圖公案)十卷

不著撰人姓名

明天啓年間(1621—1627 年)刊本　共八册

宫内廳書陵部藏本　原江户時代德山藩主家舊藏

【按】此本原係德山藩第三代主毛利元次廣收"天下秘籍"之一。東山天皇寶永三年(1706 年)《御書物目録》著録此本。明治二十九年(1896 年)男爵毛利元功獻贈宫内省圖書寮(即今宫内廳書陵部)。卷中有"德藩藏書"印記。

(新刊京本通俗演義全像)百家公案全傳(包公傳百家公案)一百回十卷

(明)安遇時編撰

明萬曆年間(1573—1620 年)楊文高刊本　共三十四册

宫内廳書陵部藏本　原江户時代德山藩主家舊藏

【按】此本原係德山藩第三代主毛利元次廣收"天下秘籍"之一。東山天皇寶永三年(1706 年)《御書物目録》著録此本。明治十九年(1897 年)男爵毛利元功獻贈宫内省圖書寮(即今宫内廳書陵部)。卷中有"德藩藏書"印記。

【附録】江户時代大阪商賈編纂《小説字匯》,《百家公案》字匯爲其中之一種。

(新刊京本通俗演義全像)百家公案全傳(包公傳百家公案)十卷

(明)安遇時編撰

明萬曆二十二年(1594 年)書林朱氏與畊堂刊本　共三册

蓬左文庫藏本　原江户時代尾張藩主家舊藏

【按】此本係日本明正天皇寛永十年(1633 年)從中國購入,卷中有"尾陽内庫"印記。

(皇明諸司)廉明奇判公案傳四卷

(明)余象斗編撰

明萬曆年間(1573—1620 年)鄭氏萃英堂刊本

内閣文庫　大阪府立圖書館藏本

【按】内閣文庫藏本,原係江户時代豐後佐伯藩主毛利高標舊藏。仁孝天皇文政年間(1818—1829 年)出雲守毛利高翰獻贈幕府。共四册,明治初期歸内閣文庫。卷中有"佐伯侯毛利高標字培松藏書畫之印"等印記。

大阪府立圖書館藏本,原係富岡鐵齋等舊藏,共一册。

【附録】日本江户時代有明人余象斗《新刊皇明諸司廉明奇判公案傳》四卷寫本一種。此本係江户時代儒學巨擘林羅山手校本,卷中有"江雲渭樹"印記。現存内閣文庫。

(新刻皇明諸司)公案傳六卷

(明)余象斗編撰

明文台余氏刊本　共六册

國會圖書館藏本

【按】每半葉十行,行十七字左右,上圖下文。

卷首題"山人仰止余象斗編述"、"書林文台余氏梓行"。

《目録》葉題署書名曰"全像類編皇明諸司公案"。封面葉題署"全像續廉明公案傳"。

孫楷第《日本東京所見小説書目》卷六著録帝國圖書館藏明萬曆間三台館刊本《新刻皇明諸司公案傳》六卷即係此本。

(皇明諸司)廉明奇判公案傳二卷

(明)余象斗編撰

明潭邑書林余氏雙峰堂刊本

蓬左文庫藏本　原江户時代尾張藩主家舊藏

【按】此本係日本明正天皇寬永十年(1633年)從中國購入,卷中有"尾陽内庫"印記。

(新刻名公神斷)明鏡公案(殘本)四卷

(明)吴沛泉編輯

明王氏三槐堂刊本　共一册

内閣文庫藏本　原江户時代林羅山等舊藏

【按】每半葉十行,行十七字左右。上圖下文。

是書全本七卷。此本今缺卷五至卷七,實存卷一至卷四,共四卷。

卷中有"江雲渭樹"印記。

孫楷第《日本東京所見小説書目》卷六著録此本。

(新鐫國朝名公神斷)詳情公案八卷

(明)寧静子撰

明萬曆年間(1573—1620年)潭陽劉太華明德堂刊本

内閣文庫　日光輪王寺天海藏藏本

【按】上圖下文,文每半葉有界十行或十一行,行十八字左右。白口,四周單邊。

卷末有刊印蓮牌木記二行,文曰:"南閩潭邑秋林,劉氏太華刊行",此二行中間,又有"明德堂梓"四字。

内閣文庫藏本,原係江户時代林氏大學頭家等舊藏,今存卷二至卷四,共一册。

孫楷第《日本東京所見小説書目》卷六著録此本。

輪王寺藏本,原係天海大僧正舊藏,孫楷第先生未見此本,共四册。

(新鐫國朝名公神斷)詳情公案五卷

明人撰寫不署姓名　(明)陳眉公選　丘兆麟訂

明建邑陳氏存仁堂刊本　共二册

蓬左文庫藏本　原江户時代尾張藩主家舊藏

【按】此本係日本明正天皇寬永十年(1633年)從中國購入,卷中有"尾陽内庫"印記。

(新刊海若湯先生彙集古今)律條公案(殘本)六卷　首一卷

(明)陳玉秀編輯

明蕭少衢刊本　共三册

内閣文庫藏本　原江户時代林氏大學頭家等舊藏

【按】是書全本七卷。此本今缺卷二,實存六卷。

剪燈新話四卷

(明)瞿佑撰　黄正位校
明洪武十一年(1378年)序刊本　共四册
早稻田大學圖書館藏本

【附録】《剪燈新話》傳入日本,約在十五世紀中期。日本五山時代僧人周麟有詩集《翰林葫蘆集》,中有《讀〈鑒湖夜泛記〉》一首,作於日本文明十四年(1482年)。其詩曰:"銀河剌上鑒湖舟,月落天孫竊夜游;只恐虚名滿人口,牛郎近有辟陽侯。"此詩所咏吟之《鑒湖泛夜記》,即係《剪燈新話》中一篇。此爲《剪燈新話》在日本讀書界最早流傳之記録。

日本後陽成天皇慶長九年(1604年)漢學巨擘林羅山記其當年所讀書目,在"説話類"典籍中,有《蒙求》、《酉陽雜俎》、《太平廣記》、《游仙窟》、《剪燈新話》和《剪燈餘話》等。

據光格天皇寬政六年(1794年)《寅貳番南京船書籍名目》記載,同年中國南京船載《剪燈新話》、《剪燈餘話》共三十部抵達日本。

日本東山天皇元禄十五年(1702年)彌生吉且《倭版書籍考》卷之七著録此本,其識文曰:

"《剪燈新話》四卷二本,大明洪武年中瞿佑字宗吉者所作。宗吉博覽能文,作此奇怪之説,書中有淫佚之詞,使輕俊之書生,起邪思之妄念也。倭訓有稍稍訛誤。宗吉編集之書,在二十部之許,本書之舊本,一説曾見有四十卷。永樂年中,李昌祺又作《剪燈餘話》,乃未到之書也。"

後水尾天皇元和年間(1615—1624年)日本用活字版刊印《剪燈新話》,此爲"和刊本"之始。

十六世紀朝鮮作家金時習創作《金鼇新話》,將《剪燈新話》内容的百分之四十五翻入其作品中,爲了使讀者能够讀懂原著,朝鮮學者尹春年(滄州)便編著了《剪燈新話句解》。日本後光明天皇慶安元年(1648年)日本刊出朝鮮人尹春年《剪燈新話句解》。

後奈良天皇天文年間(1532—1554年)有《奇異雜談集》問世,此爲江户時代"志怪傳奇文學"之始。《雜談》卷五曰:"新近由船載來《剪燈新話》,乃係收奇怪故事之書。今取其二三篇。剪燈者,即剪燈臘燭芯,寓其長談深夜之意;新話者,乃前有《剪燈夜話》,今談新近所聞,故稱新話。此書中有《姐姐之魂魄借妹妹軀體的成婚之事》、《女人死誘男子於棺内而殺滅之事》、《以弓馬之德赴申陽洞娶三女爲妻而享榮華之事》三篇作品,分别以《剪燈新話》中卷一《金鳳釵記》,卷二《牡丹燈記》、卷三《申陽洞記》爲摹本,翻案(日本古代文藝學上的一種創作方法)而成。

靈元天皇寬文六年(1666年)日本淺井了意創作《御伽婢子》十三卷,成爲日本文學史上"假名草子"(一種文學樣式——編著者)最具代表性的作品。其中十二卷的故事的構成,是以《剪燈新話》中的二十篇作品中的十八篇,置换成日本的人名和地名等,重新創作而成。

剪燈餘話四卷　續集一卷

(明)李昌祺撰　劉敬訂　張光啓校
明正統七年(1442年)黄氏集義精舍刊本
天理圖書館　早稻田大學圖書館藏本

【按】每半葉有界十二行,行二十二字。《續集》每行二十三字。黑口,四周單邊(18.0cm×12.0cm)。版心鎸刻"餘話",下記卷數。卷數下又刻"南陵胡氏家口",并記葉數。

前有明永樂庚子(1420年)春閏正月下澣曾哲棨《序》,又有永樂十八年(1420年)春正月既望王英《序》、同年正月朔吉羅汝敬《後序》,又有明宣德癸丑(1433年)七月朔旦劉敬《序》,又有張光啓《序》、劉敬《跋》等。

卷一尾題"新編剪燈餘話",卷三、卷四尾題"新刊剪燈餘話",《續集》尾題"新刊剪燈餘話續集"。

天理圖書館藏本,原係小津桂窗等舊藏,卷中有"西莊文庫"、"桂窗"印記等,共二册。

早稻田大學藏本,無《續集》,共四册。

（新刻）金瓶梅詞話一百回十卷

（明）笑笑生撰

明萬曆年間（1573—1620年）刊本　共十六册

日光輪王寺慈眼堂藏本　原天海大僧正等舊藏

【按】每半葉有界十一行，行二十四字。白口，四周單邊。

前有欣欣子《金瓶梅詞話序》，次有明萬曆四十五年（1617年）東吴弄珠客《金瓶梅序》等。

卷中有句讀。卷葉被老鼠咬嚙處甚多。

此本爲現存《金瓶梅詞話》之最古本。

【附録】中御門天皇正德五年（1715年）中國商船"第四十九番"寧波船載《第一奇書》一部四帙二十册抵日本。

桃園天皇寬延三年（1750年）中國商船"午七番"、"午九番"、"午十番"，載《金瓶梅》十一部，其中，四部各二十四册，七部各二十册，運抵日本。

據仁孝天皇天保十四年（1843年）《會所輸入物書籍見帳》記載，是年《袖珍金瓶梅》一部二帙二十四册，小本古板，投標價分别爲のと屋三十二匁九分，木下三十五匁，今村三十五匁。

據《書籍元帳》記載，孝明天皇嘉永五年（1852年）中國商船"亥四番"載《金瓶梅》一部二帙運抵日本。售價六匁五分。

仁孝天皇文政十四年（1831年，實際上此時已是天保二年，然作家自署文政年號——編著者）至弘化四年（1847年），江户時代著名的作家與藝人曲亭（瀧澤）馬琴自65歲至81歲創作"草雙子"《新編金瓶梅》十集。此本由江户和泉屋市兵衛甘泉堂刊印，凡四十册。《新編金瓶梅》最後創作與刊出時，曲亭馬琴已經雙目失明，其《日記》云："《金瓶梅》八輯卷四至卷五丁，予作文，阿路書寫，夕七時左稿事。此後稿同台卷之口畫三丁，難以看見，以手觸摸。"

仁孝天皇文政年間（1818—1829年）曲亭馬琴手寫《金瓶梅五集》（筱默桂三評）一册。此本現存早稻田大學附屬圖書館。

孝明天皇安政七年（1860年）京胡甘泉堂與文慶堂合梓《金瓶梅曾我賜寶》四編八册。此書由日人柳水亭種清著，一勇齋國芳畫。

江户時代有《金瓶梅》日人手寫本一種。此本第一册内題"皋鶴堂批評第一奇書金瓶梅"，卷中有日文釋文，句點等。第一回無鈔寫年月，第二回注明鈔寫年月"文政十一戊子稔正月二十九天"，第一百回注明鈔寫年月"天保三壬辰年四月十三日"，即起自1828年終於1832年。其寫書者第二十六回末尾署"荷塘一圭門人鉛汞軒陳人高階正巽譯"，第三十二回末尾署"鉛汞軒主人，姓高階，名正巽，字子止，俗號原田端太夫，又原田書頗罷墮，號鉛汞軒，生於江户麻布長坂太田原侯藩城隍廟西久保八幡宫是也"。此"荷塘一圭"係長崎榮福寺高僧，深諳漢文，鈔書者即其門生。此本現藏鹿兒島大學附屬圖書館玉里文庫。

江户時代大阪商賈編纂《小説字匯》、《金瓶梅》字匯爲其中之一種。

金瓶梅詞話一百回十卷

（明）笑笑生撰

明萬曆年間（1573—1620年）刊本　共十八册

德山市毛利家棲息堂藏本　原江户時代德山藩主家等舊藏

【按】此本與日光輪王寺藏本，文字略有異處。

原係德山藩第三代主毛利元次廣收"天下秘籍"之一。東山天皇寶永三年（1706年）《御書物目録》著録此本。卷中有"德藩藏書"印記。

金瓶梅詞話(殘本)二十三卷

(明)笑笑生撰
明刊本　共三册
京都大學附屬圖書館藏本

(新刻繡像批評原本)金瓶梅(全像金瓶梅)二十卷一百回

(明)笑笑生撰
明刊本　共二十一册
内閣文庫藏本　原楓山官庫等舊藏

【按】每半葉十一行,行二十八字。白口,四周單邊(20.5cm×14.0cm)。版心鐫刻"金瓶梅",下記"第一(—— 一百回)",再下記葉數。

前有東吴弄珠客《金瓶梅序》。

卷前有繪圖,原一百葉凡二百圖,此本《繪圖》缺二葉。

(新刻繡像批評原本)金瓶梅(全像金瓶梅)二十卷一百回

(明)笑笑生撰
明崇禎年間(1628—1644年)刊本　共十册
東京大學東洋文化研究所藏本　原長澤規矩也雙紅堂文庫等舊藏

【按】每半葉十一行,行二十八字。

【附録】日本江户時代岡南閑喬曾將《金瓶梅》(部分)翻譯爲日文。現東京大學東洋文化研究所存有原古城貞吉氏舊藏《金瓶梅》日譯文手寫本二册,此本後歸長澤規矩也氏,由長澤氏贈送東京大學。

(新刻繡像批評)金瓶梅(全像金瓶梅)二十卷一百回

(明)笑笑生撰
明刊本　共十册
天理圖書館藏本　原鹽谷温等舊藏

【按】每半葉十行,行二十二字。

繪圖首有東吴弄珠客《序》。繪圖中"潘金蓮蘭湯邀午戰"與"假弟妹暗續鸞膠"乃係後人補畫

卷内有眉評、旁評。

卷中有"中川氏藏"印記。

清平山堂刊小説(殘本)十五種

(明)洪楩編
明嘉靖年間(1522—1566年)清平山堂刊本　共三册
内閣文庫藏本　原楓山官庫等舊藏

【按】此本無《序》,無《跋》,無《刊記》,無書名。

版心上方有"清平山堂"字樣。

據稱"清平山堂"本小説有近百篇。今内閣文庫存書十五篇,共三册,係寬永十五年(1638年)入藏楓山官庫。

此本細目如次:

第一册:
《柳耆卿詩酒翫江樓記》一卷
《簡貼和尚》(又名胡姑姑,又一名錯下出公案傳奇)　一卷
《西湖三塔記》　一卷
《合同文字記》　一卷
《風月瑞仙亭》　一卷

第二册:
《藍橋記》　一卷
《快嘴李翠蓮記》(新編小説快嘴媳婦李翠蓮記)　一卷
《洛陽三怪記》　一卷
《風月相思記》　一卷
《張子房慕道記》　一卷

第三册:
《陰騭積善》　一卷
《陳巡檢梅嶺失妻記》　一卷
《五戒禪師私紅蓮記》　一卷
《刎頸鴛鴦會》(一名三送命,又一名冤報冤)　一卷
《楊温攔路虎傳》　一卷

(新鐫出像批評通俗演義)鼓掌絶塵四集四十回首一卷

(明)古吴金木散人撰　清心居士等校評

明崇禎年間(1628—1644 年)刊本　共十二册

内閣文庫藏本　原楓山官庫等舊藏

【按】全書四集,每集十回。每回首有繡像,次有明崇禎辛未(1631 年)元旦閉户先生《題》,并有赤城臨海逸叟《序》。

各集校評者署名不一。《風集》題署"永興清心居士評",《花集》題署"錢塘百拙生評",《雪集》題署"錢塘猗猗主人閲",《月集》題署"錢塘爲益居士校"。

各集回目如次:

風集

小兒童題咏梅花觀
老道士指引鳳凰山;
楊柳岸奇逢麗女
玉凫舟巧合新詩;
兩書生乘戲訪嬌姿
二姊妹觀詩送紈扇;
作良媒一股鳳頭雜釵
傳幽謎半幅花箋紙;
難遮掩識破巧機關
怎提防泄漏春消息;
締良姻私越百花軒
改喬裝夜奔巴陵道;
寬洪相國衣飾償姬
地理先生店房認子;
泥塑周倉威靈傳柬
情投朋友萍水相逢;
老堪輿驚報狀元郎
衆鄉紳喜建叔清院;
夫共婦百年偕老
弟和兄一榜聯登;

花集

哈公子施恩收石蟹
小郎君結契贈青驄;
喬識幫閑脱空扁馬
風流俠士一諾千金;
耍西湖喜擲泥菩薩
轉荆州怒打假神仙;
察石佛驚分親父子
掬湘江羞見舊東君;
鳳坡湖龍舟鬥會
杏花亭狐怪迷人;
假天師顯術李家莊
走盤珠聚黨楊公廟;
三少年會獵魁星閣
衆獵户齊獲火睛牛;
韋丞相東館大開筵
盛總兵西廳小比射;
紫石灘夏方重訴苦
天官府陳亥錯投書;
兩同寮怒奏金鑾殿
二總戎榮轉汴京城;

雪集

酒癡生醉後勘絲桐
梓童君夢中傳喜訊;
啞園公誤賣美人圖
老畫師錯寫觀音像;
訴幽情兩下傳詩
諧伉儷一場歡夢;
醜姑兒園内破花心
小牧童堂上遺春譜;
鬧街頭媒婆争娶
推鬼病小姐相思;
假醫生藏機探病
瞽卜士開口禳星;
李二叔拏奸鳴枉法
高太尉觀句斷聯姻;
文荆卿夜擒紙魍魎
李若蘭滴泪贈驪詞;
赴臨安捷報探花郎
返姑蘇幸遂高車願;
飾前非廳前雙膝跪
續後韵葉上兩留題;

月集

嫖賭張大話下場頭

仁慈楊員外大捨手；

腐頭巾攔路説人情

醉典史私衙通賄賂；

喬小官大鬧教坊司

俏妞兒夜走卑田院；

鄰老嫗搬是挑非

瞎婆子撚酸剪髮；

假秀才馬上剥衣巾

老童生當堂請題目；

遭閹割監生命鈍

貶鳳陽奸宦權傾；

求薦書蒙師争館

避仇人縣尹辭官；

乘月夜水魂托夢

報深恩驛使遭誅；

猛游僧力擒二賊

賢府主看演千斤；

水陸道場超枉鬼

如輪長老悟終身。

董康《書舶庸譚》卷四著録此本，其識文曰："每集一事，雖爲言情小説，仍寓針砭社會。"

孫楷第《日本東京所見小説書目》卷二著録此本。其識文曰："董綬經先生《書舶庸譚》卷四著録此書，極稱之，謂其'結構緊嚴，文詞幽蒨'。以余觀之，唯《風集》演梅萼韓玉姿事稍可觀，十回以下，其技已窮，第雜湊成篇而已。雖回目聯對工整，勝於其它諸書，然亦虚存其表，與本文無與也。"

（筆耕山房）宜春香質四集二十回

（明）醉西湖心月主人撰　且笑廣芙僻者評　般若天下不山人參

明刊本　共八册

天理圖書館藏本　原馬隅卿等舊藏

【按】每半葉八行，行十八字。四周單邊，版心鐫刻"宜春香質"，下記"風——（花、雪、月）幾集"。

卷首内題次行曰："醉西湖心月主人撰，且笑廣芙僻者評，般若天下不山人參"。

卷初有插圖十六葉，凡繡像三十二幅。

封面雙邊有界，題署"宜春香質"，右側書曰："繡像批評"。

卷中有"不登大足之堂"、"隅卿藏珍本小説戲曲"、"鄞馬廉字隅卿所藏圖書"印記等。

（新撰）醋葫蘆小説四卷二十回

（明）西子湖伏雌教主撰　芙蓉癖者編

明刊本　共四册

内閣文庫藏本　原楓山官庫等舊藏

【按】前有《序》，末題署"筆耕山房醉西湖心月主人題"。

一説此本係清人刊本。

孫楷第《日本東京所見小説書目》卷五著録此本。

張生彩鸞燈傳一卷

不著撰人姓名

明萬曆年間（1573—1620年）熊龍峰刊本　共一册

内閣文庫藏本　原楓山官庫等舊藏

【按】每半葉七行，行十六字左右。

卷中有"熊龍峰刊行"刊記。世稱"熊龍峰刊小説四種"之一。孫楷第《日本東京所見小説書目》卷二著録此本。

孔叔芳雙魚扇墜傳一卷

不著撰人姓名

明萬曆年間（1573—1620年）熊龍峰刊本　共一册

内閣文庫藏本　原楓山官庫等舊藏

【按】每半葉七行，行十六字左右。

文中有圖繪，共三幅，每圖占幅皆爲半葉。世稱"熊龍峰刊小説四種"之一。

孫楷第《日本東京所見小説書目》卷二著録此本。

蘇長公章臺柳傳一卷

不著撰人姓名

明萬曆年間(1573—1620年)熊龍峰刊本　共一册

内閣文庫藏本　原楓山官庫等舊藏

【按】每半葉七行，行十六字左右。世稱“熊龍峰刊小説四種”之一。

孫楷第《日本東京所見小説書目》卷二著録此本。

馮伯玉風月相思小説一卷

不著撰人姓名

明萬曆年間(1573—1620年)熊龍峰刊本　共一册

内閣文庫藏本　原楓山官庫等舊藏

【按】每半葉七行，行十六字左右。世稱“熊龍峰刊小説四種”之一。

孫楷第《日本東京所見小説書目》卷二著録此本。

醉醒石十四回　圖一回

(明)古狂生撰

明末刊本　共六册

東京大學文學部漢籍中心藏本

【按】每半葉有界九行，行十九字。白口，四周單邊(19.9cm×12.8cm)。

(新刻出像官板大字)西游記二十卷一百回

明人撰寫不署姓名　(明)華陽洞天主人校

明萬曆年間(1573—1620年)金陵世德堂刊本

天理圖書館　廣島市立淺野圖書館　日光輪王寺天海藏藏本

【按】每半葉十二行，行二十四字。白口，四周單邊(20.5cm×13.5cm)。版心鎸刻“出像西游記卷之一(——二十)”或“西游記卷之一(——二十)”，下記葉數。

前有(明萬曆)壬辰(1592年)夏端四日秣陵陳元之《序》。

各卷卷首題署書名略有出入。卷一至卷十一、卷十七至卷十九，卷題“新刻出像官版大字西游記”；卷十二至卷十六、卷二十，卷題“新刻官版大字出像西游記”。各卷次行皆署曰:“華陽洞天主人校”。

各卷尾題也略有出入。卷一、卷七題曰“出像官版大字西游記”；卷二、卷四、卷十三題曰“出像西游記”；卷八題曰“刻出像西游記”等。

各卷内題第三行皆有“金陵世德堂梓行”一行，然卷九、卷十、卷十九、卷二十又有“金陵榮壽堂梓行”一行，卷十六又有“書林熊雲濱重鍥”一行。

各卷出像葉數不同，卷一有十六葉八圖，卷二、卷三、卷六至卷十四、卷十六至卷十八、卷二十有二十葉十圖，卷四、卷五、卷十五、卷十九有十八葉九圖。

卷中有斷句。

此本與前日本高崎藩大河内家歸贈北京圖書館《西游記》本爲同版本書。

天理圖書館藏本，第二册封面有墨書“平等院心王院藏”、“槙尾山西明”，内封又有墨書“槙尾山西明寺藏”；第九册内有游紙一幅，墨書“平等心王院”，下有花押；第十册封面有墨書“平等心王院”。卷中偶有缺葉，共二十册。

廣島市立淺野圖書館藏本，爲此版之後印本，今存前十卷(即第一回至第五十回)，共十册。

日光輪王寺天海藏藏本，原係天海大僧正等舊藏，第一册與第十册之封面有墨書“進上觀泉坊”五字。共十册。

【附録】中御門天皇享保十年(1724年)《四番船大意書草稿》記載“《西游真詮》二部，各兩帙二十册”。

桃園天皇寳曆八年(1758年)中國商船“世字號”載《西游記》一部一帙抵日本。

孝明天皇安政七年(1860年)中國商船“申一番”載《西游記》一部運抵日本。標價爲虎屋十四匁、島屋十六匁、八河屋二十一匁五分。

桃園天皇寶曆八年起日本刊出以《西游真詮》爲底本的《西游記》日譯本,書名爲《通俗西游記》。初編六卷,由日人木口山人(真名西田維則)譯出。此編將書中《序》、《目録》、《總評》等合爲"别册",此"别册"封面中央題署"勸化通俗西游記",左側題書"西游歷盡九九難,東土流傳萬萬功";左側題書"皇都書肆東壁堂博文堂同刻"。其後,書肆崇文堂刊出石磨吕翻譯之第二編。二編書題"通俗西游記後編"。第三編亦係石磨吕山人譯,書題"通俗西游記三編"。第四編係尾形真齋翻譯,第五編係岳亭丘山翻譯。《通俗西游記》凡五編三十一卷,爲日本文化史上最初之《西游記》日本語文譯本。

光格天皇文化三年(1860 年)起日本刊出以《西游真詮》爲底本的《西游記》日譯繪圖本,書名爲《繪本西游全傳》。初編譯者木口山人,二編譯者山珪士信。

江户時代大阪商賈編纂《小説字匯》,《西游記》字匯爲其中之一種。

江户時代著名作家瀧澤馬琴創作的《南總里見八犬傳》(刊行於 1814—1841 年)爲日本讀本小説最高代表,其第九輯卷三十三(附録)曰:"《水滸》與《西游記》,且奇又巧,其文絶妙,句句錦綉,堪稱稗史之大筆,和文之師表。"

(李卓吾先生批評)西游記一百回

明人撰寫不署姓名　(明)李贄批評

明書業堂刊本

宫内廳書陵部　内閣文庫　廣島市立淺野圖書館藏本

【按】前有李贄《序》,次有《目録》。

卷中有綉像一百幅。

宫内廳書陵部藏本,原係江户時代德山藩主家舊藏,爲德山藩第三代主毛利元次廣收"天下秘籍"之一。東山天皇寶永三年(1706 年)《御書物目録》著録此本。明治二十九年(1897 年)男爵毛利元功獻贈宫内省圖書寮(即今宫内廳書陵部)。卷中有"德藩藏書"印記,共二十册。孫楷第《日本東京所見小説書目》卷四著録宫内省圖書寮藏明刊大字本覆本《李卓吾先生批評西游記》一百回即係此本。

内閣文庫藏本,原係楓山官庫等舊藏,共十册。孫楷第《日本東京所見小説書目》卷四著録内閣文庫載明刊大字本《李卓吾先生批評西游記》一百回即係此本。

廣島市立淺野圖書館藏本,則孫楷第先生未見,共二十册。

(鼎鐫京本全像)西游記二十卷一百回

明人撰寫不署姓名　(明)華陽洞天主人校

明閩楊氏刊本　共十册

内閣文庫藏本　原楓山官庫等舊藏

(鼎鍥全相唐三藏)西游記十卷

明人撰寫不署姓名

明書林劉蓮台刊本　共十册

日光輪王寺天海藏藏本　原天海大僧正等舊藏

【按】每半葉有界十行,行十七字。白口,四周雙邊。

各卷書名并不一致。内封題署"全像唐僧出身西游記傳",卷末題署"鼎鋟唐三藏西游釋尼傳大尾"。

卷末有刊印木記"書林劉蓮台梓"。

唐僧西游記(全像唐三藏西游記)二十卷一百回

明人撰寫不署姓名

明朱繼源刊本　共十册

國會圖書館　日光輪王寺天海藏本

【按】每半葉有界十二行,行二十四字。白口,四周單邊。

前有壬辰(明萬曆二十年? 1592 年)陳元之《刊西游記序》。

每卷第一行題署"唐僧西游記"。

卷末題署"全像唐三藏西游記卷終",後有

刊印蓮牌木記。

封面内葉有署名題記二行，文曰："二刻官板唐　三藏西游記"。二行中間有"書林朱繼源梓行"五字。

國會圖書館藏本，第一回至第五回、第五十六回至第六十回係後人寫補。孫楷第《日本東京所見小説書目》卷四著録帝國圖書館藏明刊本《唐僧西游記》二十卷一百回即係此本。

日光輪王寺天海藏藏本，原係天海大僧正等舊藏，此本孫楷第先生未見。

（鐫像古本）西游證道書一百回

（明）汪象旭　黄太鴻箋評

明刊本　共二十卷

内閣文庫藏本

三遂平妖傳四卷　二十回

題（明）羅本撰

明刊清修本　共四册

天理圖書館藏本　原伊勢松坂　小津桂窗等舊藏

【按】每半葉有界九行，行二十字。四周單邊（19.5cm×12.3cm）。版心題署"平妖傳"。

前有童昌祚《重刊平妖傳引》。

卷一有插圖七幅，凡十三葉；卷二有插圖七幅，凡十四葉；卷三有插圖八幅，凡十六葉；卷四有插圖八幅，凡十六葉。

封面黄紙，左右雙邊有界，題署"平妖傳"。右側題署"馮猶龍先生增定"；左側題署"本衙藏板"。

正文卷首頂格題署"三遂平妖傳卷之一"，次行上空十字，題署"東原羅貫中編次"，三行同第二行，題署"錢塘王士禎修校梓"。

卷一下間有"苑刊"二字，插圖中偶有"金陵劉希賢刻"、"劉希賢刻"等字。

此本卷一及卷二第一葉至第十七葉係清代覆刻補版，封面與四十回本同。

此本原係江户時代伊勢松坂之小津桂窗舊藏，當時著名作家瀧澤馬琴曾向小津氏借閲，後附日本仁孝天皇天保四年癸巳（1833年）夏肆月之吉瀧澤馬琴《讀三遂平妖傳題跋》一文三葉。

此明刊本天壤間現存兩部，此爲一部，另一部現存北京大學圖書館。

【附録】東山天皇元禄八年（1695年）中國商船"邊字號"載《平妖傳》一部十册抵日本。

日本光格天皇享和二年（1802年）刊印日人本城維芳《三遂平妖傳》（國字評）十卷本。此本有光格天皇寬政九年（1797年）著名學者皆川淇園《序》，其文曰：

"余與弟章（係日本江户時代國學家富士谷成章——編著者）幼時嘗聞家大人説《水滸傳》第一回魔君出幽將生世之事，而心願續聞其後事，而家大人無暇顧及之。余兄弟請其書，枕籍以讀之，經一年後粗得通曉其大略。及十八、九歲，得一百回《水滸》讀之。友人清君錦亦酷好之，每會，互舉其文奇者以爲談資。後又遂與君錦共讀他演奇小説，如《西游》、《西洋》、《金瓶》、《封神》、《女仙》、《禪真》等諸書，無不遍讀……最後《平妖傳》讀之，與君錦、弟章玩讀不已。此距今四十餘年前事也。"

江户時代大阪商賈編纂《小説字匯》，《平妖傳》字匯爲其中之一種。

（天許齋批點北宋）三遂平妖傳四十回

題（宋）羅貫中編　（明）張譽（無咎）校

明泰昌元年（1620年）序刊本　共六册

内閣文庫藏本　原江户時代豐後佐伯藩主毛利高標舊藏

【按】每半葉九行，行二十字。原本有圖繪凡四十頁，此本今存七葉。

前有《叙》，末題署"泰昌元年（1620年）長至前一日隴西張譽無咎父題"。

此本係仁孝天皇文政年間（1818—1829年）由出雲守毛利高翰獻贈幕府，明治初期歸内閣文庫。卷中有"佐伯侯毛利高標字培松藏書書之印”等印記。

孫楷第《日本東京所見小説書目》卷四著録此本。

（墨憨齋批點北宋）三遂平妖傳（新平妖傳）四十回

（明）馮夢龍校

明金閶嘉會堂刊本　共八册

内閣文庫藏本

【按】每半葉九行，行二十一字。

此本卷内書名題法各異。封面題署“墨憨齋手校新平妖傳”。

《目録》葉題署“墨憨齋批點北宋三遂平妖傳”，《引首》葉題署“天許齋批點北宋三遂平妖傳”。

孫楷第《日本東京所見小説書目》卷四著録此本。

（映旭齋增訂北宋）三遂平妖全傳十八卷

題（明）羅本撰

明馮夢龍增訂刊本　共六册

京都大學人文科學研究所東洋學文獻中心藏本

（綉像）雲合奇縱二十卷八十回

（明）徐渭編　湯顯祖評

明刊擁萬堂修本

國會圖書館　東京大學總合圖書館藏本

【按】前有明萬曆四十四年（1616年）《序》。

國會圖書館藏本，共六册。

東京大學藏本，原係森公泰槐南文庫等舊藏，卷中有修補，共八册。

【附録】江户時代大阪商賈編纂《小説字匯》，《雲合奇縱》字匯爲其中之一種。

（皇明）雲合奇縱十六卷

（明）徐渭撰　朱鴻亨　李爲楝校

明萬曆年間（1573—1620年）刊本　共八册（現合爲四册）

國會圖書館藏本

【按】前有明萬曆四十四年（1616年）《序》。

（鼎鍥全像按鑑）唐鍾馗全傳四卷

明人撰著不著姓名　安正堂補正

明劉雙松刊本　共一册

内閣文庫藏本　原江户時代豐後佐伯藩主毛利高標舊藏

【按】此本上圖下文。

卷首次行，題署“書林安正堂補正”，第三行題署“後街劉雙松梓行”。

卷二、卷三、卷四之書角題署書名作“鍾馗降妖傳”。

此本係仁孝天皇文政年間（1818—1829年）出雲守毛利高翰獻贈幕府，明治初期歸内閣文庫。

卷中有“佐伯侯毛利高標字培松藏書畫之印”等印記。

（新刻全像音詮）征播奏捷傳通俗演義六卷一百回

（明）玄真子撰　吉瞻僊客考證　道聽野史紀略　名衢逸狂演義　鎮寧儒生音詮

明萬曆三十一年（1603年）佳麗書林刊本（巫峽望僊巖藏版）

尊經閣文庫　京都大學文學部中國語學文學哲學研究室藏本

【按】每半葉十一行，行二十六字左右。版心題署“征播奏捷傳”。

前有九一居主人《征播奏捷引》，又有名衢逸狂《自記》。

封面大字題署書名，分爲二行，中間有小字，題署“萬曆癸卯秋佳麗書林謹按原本重鐫”。欄外墨書横題“巫峽望僊巖藏版”。

卷第下有四人署名曰“清虚居瞻僊客考”、“巫峽岩道聽野史紀略”、“棲真齋名道狂客演”、“凌音閣鎮寧儒生音詮”。

尊經閣文庫藏本，原係江户時代加賀藩主前田綱紀家等舊藏，共三册。孫楷第《日本東京所見小説書目》卷三著録尊經閣藏明萬曆《新刻全像音注征播奏捷傳通俗演義》六卷一百回即此本。

京都大學藏本，則係孫楷第先生所未見，共六册。

（新刻全像廿四尊得道）羅漢傳六卷

（明）朱星祚撰

明萬曆三十二年（1604年）楊氏聚奎齋刊本　共三册

内閣文庫藏本　原楓山官庫等舊藏

（新鍥晉代許旌陽得道擒蛟）鐵樹記二卷十五回

（明）竹溪散人（鄧志謨）編

明萬曆年間（1573—1620年）余氏萃慶堂刊本　共二册

内閣文庫藏本　原楓山官庫等舊藏

（鍥五代薩真人得道）咒棗記（薩仙咒棗記）二卷十四回

（明）竹溪散人撰

明萬曆年間（1573—1620年）余氏萃慶堂刊本　共二册

内閣文庫藏本　原楓山官庫等舊藏

【按】孫楷第《日本東京所見小説書目》卷四著録内閣文庫藏明萃慶堂刊本《薩真人得道咒記》二卷即係此本。

（鍥唐代吕純陽得道）飛劍記二卷十三回

（明）竹溪散人編

明萬曆年間（1573—1620年）余氏萃慶堂刊本　共二册

内閣文庫藏本　原楓山官庫等舊藏

【按】孫楷第《日本東京所見小説書目》卷四著録内閣文庫藏明萃慶堂刊本《吕仙飛劍記》二卷即此本。

（新刊八仙出處）東游記（全像東游記上洞八仙傳）二卷

（明）吴元泰撰　凌雲龍校

明余文台刊本　共二册

内閣文庫藏本

【按】此本上圖下文。前有余象斗《八僊傳引》。

卷中題署"蘭江吴元泰著"、"社友凌雲龍校"。

封面中央墨書大字，分兩行題署"全像東游記上洞八僊傳"，兩行中間題署"書林余文台梓"。

内閣文庫藏此同一刊本兩部。一部原係江户時代林羅山舊藏，卷中有"江雲渭樹"印記。一部原係楓山官庫等舊藏。

孫楷第《日本東京所見小説書目》卷四著録此本。

（新刻鍾伯敬先生評）封神演義二十卷一百回

（明）許仲琳撰

明舒文淵刊本　共二十册

内閣文庫藏本　原楓山官庫等舊藏

每半葉有界十行，行二十字，有圖繪五十幅。

前有李氏《序》，末署邗江李雲翔爲霖甫撰。後有"李雲翔印"、"爲霖氏"二方印。

封面前行小字題署"批評全像武王伐紂外史"，换行大字題署"封神演義"，下有雙行小字"每部定價紋銀貳兩"，左側有書坊舒冲甫識文小字三行，文曰："此書久係傳説，苦無善本。語多俚穢，事半荒唐。評古愚今，名教之所必斥。兹集乃先生考訂批評家藏秘册，余不惜重貲購求，鋟行以供海内奇賞。真可羽翼經傳，爲商周一代信史，非徒寶悦琛瑰而已，識者鑒之。金閶書坊舒冲甫識。"第二卷第一葉題署"金閶載陽舒文淵梓行"。

孫楷第《日本東京所見小説書目》卷四著録此本。其識文曰："按此書國内甚流行，然明刻舊本絶不可見……此本則序題儼然，自爲驚人秘笈。"

(新鐫批評出相)韓湘子三十回　圖像一卷

(明)雉衡山人(楊爾曾)撰　泰和仙客評

明天啓年間(1621—1627年)刊本　共六册

宫内廳書陵部　内閣文庫　東洋文庫　天理圖書館藏本

【按】每半葉有界十行,行二十二字。左右雙邊(19.5cm×13.0cm)。版心題署"韓湘子",下記"第一(——三十)回",并記字數。

前有明天啓癸亥(1623年)季夏朔日　煙霞外史《序》。

内題次行署"錢塘雉衡山人編次,武林泰和仙客評閲"。

封面雙邊有界,題署"韓湘子全傳"。右側題署"新鐫繡像",左側題署"金陵九如堂藏版"。

宫内廳書陵部藏本,共六册。

内閣文庫藏本,原係江户時代豐後佐伯藩主毛利高標舊藏。仁孝天皇文政年間(1818—1829年)出雲守毛利高翰獻贈幕府,明治初期經太政官文庫而歸内閣文庫。

卷中有"佐伯侯毛利高標字培松藏書畫之印"等印記。共六册。

東洋文庫藏本,共六册。

天理圖書館藏此同一刊本三部。一部封面爲黄紙,封面上有"三多齋發兑"朱印,共六册。一部封面爲白紙,共八册。一部無封面,金鑲玉裝,共六册。

【附録】江户時代大阪商賈編纂《小説字匯》,《韓湘子》字匯爲其中之一種。

緑窗女史十四卷

不著撰人姓名

明刊本

内閣文庫　尊經閣文庫藏本

【按】内閣文庫藏本,共十四册。

尊經閣文庫藏本,原係江户時代加賀藩主前田綱紀等舊藏,共十二册。

仙佛奇踪八卷

(明)洪廣明撰

明萬曆三十年(1602年)刊本　共四册

宫内廳書陵部　東京大學東洋文化研究所藏本

【按】此本係《長生詮》一卷、《逍遥墟》三卷、《無生訣》一卷、《寂光境》三卷。

宫内廳書陵部藏本,原係德山藩第三代主毛利元次廣收"天下秘籍"之一。東山天皇寶永三年(1706年)《御書物目録》著録此本。明治二十九年(1896年)男爵毛利元功獻贈宫内省圖書寮(即今宫内廳書陵部)。卷中有"德藩藏書"印記。

東京大學藏本,原係仁井田陞舊藏。

【附録】據《長崎官府貿易外船賫來書目》記載,桃園天皇寶曆九年(1759年)中國商船"十番船"載《仙佛奇踪》十部各一帙抵日本。

(全像)古今小説四十卷

(明)緑天館主人評

明天許齋刊本

内閣文庫　尊經閣文庫藏本

【按】每半葉十行,行二十字左右。卷中有圖繪,共四十幅。

此本細目如次:

卷一,　蔣興哥重會珍珠衫;

卷二,　陳御史巧勘金釵鈿;

卷三,　新橋市韓五賣春情;

卷四,　閑雲庵阮三償冤債;

卷五,　窮馬周際遭賣䭔媪;

卷六,　葛令公生遣弄珠兒;

卷七,　羊角哀捨命全交;

卷八,　吴保安棄家贖友;

卷九,　裴晉公義還原配;

卷十,　滕大尹鬼斷家私;

卷十一,　趙伯昇茶肆遇仁宗;

卷十二,　衆名姬春風吊柳七;

卷十三,　張道陵七試趙昇;

卷十四，　陳希夷四辭朝命；
卷十五，　史弘肇龍虎君臣會；
卷十六，　范巨卿鷄黍死生交；
卷十七，　單符郎全州佳偶；
卷十八，　楊八老越國奇逢；
卷十九，　楊謙之客舫遇俠僧；
卷二十，　陳從善梅嶺失渾家；
卷二十一，　臨安里錢婆留發迹；
卷二十二，　木綿庵鄭虎攙報冤；
卷二十三，　張舜美元宵得麗女；
卷二十四，　楊思温燕山逢故人；
卷二十五，　晏平仲二桃殺三士；
卷二十六，　沈小官一鳥害三命；
卷二十七，　金玉奴棒打薄情郎；
卷二十八，　李秀卿義結黄貞女；
卷二十九，　月明和尚度柳翠；
卷三十，　明悟禪師趕五戒；
卷三十一，　鬧陰司司馬貌斷獄；
卷三十二，　游豐都胡母迪吟詩；
卷三十三，　張古老種瓜娶文女；
卷三十四，　李公子救蛇獲稱心；
卷三十五，　簡帖僧巧騙皇甫妻；
卷三十六，　宋四公大鬧禁魂張；
卷三十七，　梁武帝累修成佛；
卷三十八，　任孝子烈性爲神；
卷三十九，　汪信之一死救全家；
卷四十，　沈小霞相會出師表。

内閣文庫藏本，原係江户時代豐後佐伯藩主毛利高標等舊藏。仁孝天皇文政年間(1818—1829年)出雲守毛利高翰獻贈幕府。明治初期歸内閣文庫。卷中有“佐伯侯毛利高標字培松藏書畫之印”、“淺草文庫”印記等。

董康《書舶庸譚》卷三著録此本，其識文曰：“籤題天許齋藏板，緑天主人評次，并有《序》云，‘茂苑野史氏藏古今通俗小説甚富，因賈人之請，抽其可以嘉惠里耳者凡四十種’，是此書亦由各書集合而成也。”孫楷第《日本東京所見小説書目》卷二著録此本。共五册。

尊經閣文庫藏本，原係江户時代加賀藩主前田綱紀等舊藏，孫楷第《日本東京所見小説書目》卷二亦著録此本，并斷此本係初印本。共二十六册。

孫楷第在上引《書目》著録該書時説：“《古今小説》，中國已佚。此二本至可寶貴。”

喻世明言（重刻增補古今小説）二十四卷

(明)可一居士評　墨浪主人較
明藝林衍慶堂刊本　共六册
内閣文庫藏本　原楓山官庫等舊藏

【按】前有緑天主人《序》。

卷中有插圖。

封面題署爲“增録古今小説”，并有衍慶堂刊印緣起，其文曰：“緑天館初刻《古今小説》四十種，見者侈爲奇觀，聞者争爲擊節，而流傳未廣，擱置可惜。今版歸本坊，重加較訂、刊誤、補遺，題曰《喻世明言》，取其明白顯易，可以開啓人心，相勸於善，未必非世道之一助也。

藝林衍慶堂謹識。”

【附録】桃園天皇寶曆三年(1753年)日人岡白駒從明人《三言》中選擇五篇編纂爲《小説奇言》。其中《奇言》卷三選自《喻世明言》卷十《藤大尹鬼斷家私》。

警世通言四十卷

(明)可一主人評　無礙居士較
明天啓二年(1622年)刊清三桂堂王振華印本
東京大學東洋文化研究所藏本

【按】東京大學東洋文化研究所藏此同一刊本兩部。一部今缺卷二十至卷四十一、實存十九卷。一部原係長澤規矩也雙紅堂文庫舊藏，今缺卷三十七至卷四十一、實存三十六卷。卷中有“中良按”手識文，疑是桂川中良手迹。又有“桂林舍”印記等，共十二册。

【附録】櫻町天皇寬保三年(1743年)中國商船“計字號”載《警世通言》一部八册抵日本。

桃園天皇寶曆三年(1753年)日人岡白駒從明人《三言》中選擇五篇編纂爲《小説奇言》五卷。其中《奇言》卷一選自《警世通言》卷二十六《唐解元玩世出奇》(明天啓年間兼善堂刊《警世通言》第二十六卷卷目作《唐解元一笑姻緣》——編著者)。

桃園天皇寶曆五年(1755年)日人一齋從明人《三言》中選擇五篇編纂爲《小説粹言》五回。其中《粹言》第一回選自《警世通言》卷三《王安石三難蘇學士》,第三回選自《警世通言》卷五《吕大郎還金完骨肉》。

江户時代大阪商賈編纂《小説字匯》,《警世通言》字匯爲其中之一種。

警世通言四十卷

(明)可一主人評　無礙居士較

金陵兼善堂刊本　共十二册

蓬左文庫藏本

警世通言二十四卷

(明)可一居士評　墨浪主人較

明天啓四年(1624年)萩林衍慶堂刊本　共十二册

天理圖書館藏本

【按】每半葉十行,行二十字。四周單邊(20.0cm×13.0cm)。版心鐫刻"警世通言卷一(——二十四)",下記葉數。

前有明天啓甲子臘月無礙居士《序》。

次有《目録》,《目録》題次行曰"可一居士評墨浪主人校"。

各卷有插圖一葉,凡圖二幅。

封面單邊有界,題曰"警世通言",左側有衍慶堂刊印識語,其文曰:"自昔博洽鴻儒,兼採稗官野史,而通俗演義一種尤便於下里之耳目,奈射利者祟取淫詞,大傷雅道,本坊耻(之)。兹刻出自平平閣主人手授,非警世勸俗之語,不敢濫入。庶幾木鐸老人之遺意,或亦士君子所不棄也。萩林衍慶堂謹識。"

卷中《序》文之第五葉、第六葉,卷十七之第二十三葉,係後人寫補。

醒世恒言二十四卷

(明)馮夢龍撰

明刊本

東京大學東洋文化研究所藏本　原長澤規矩也雙紅堂文庫等舊藏

【附録】中御門天皇享保七年(1722年)中國商船"久字號"載《繪像醒世恒言》一部八册抵日本。

中御門天皇享保十二年(1727年)中國商船"世字號"載《醒世恒言》一部二十册抵日本。

光格天皇天皇天明六年(1786年)中國商船"計字號"載《醒世恒言》一部一帙抵日本。

櫻町天皇寬保三年(1743年)日人岡白駒從《醒世恒言》中選卷八《喬太守亂點鴛鴦譜》、卷九《陳多壽生死夫妻》、卷二十二《張淑兒巧智脱楊生》、卷二十三《十五貫戲言成巧禍》,凡四篇編纂爲《小説精言》刊行於世。

桃園天皇寶曆三年(1753年)岡白駒又從明人《三言》中選擇五篇編纂爲《小説奇言》。其中《奇言》卷二選自《醒世恒言》卷十《劉小官雌雄兄弟》,卷四選自《醒世恒言》卷七《錢秀才錯占鳳凰儔》。

光格天皇寬政二年(1790年)刊印假名《通俗醒世恒言》四卷。此本由日人石川雅望從漢文譯出。

江户時代大阪商賈編纂《小説字匯》,《醒世恒言》字匯爲其中之一種。

醒世恒言四十卷

(明)馮夢龍撰　可一居士評　墨浪主人校

明天啓七年(1627年)萩林衍慶堂刊本　共十六册

天理圖書館藏本

【按】每半葉十二行,行二十二字。四周單邊(18.5cm×13.0cm),版心鐫刻"醒世恒言卷一(——四十)",下記葉數。

前有明天啓丁卯(1627年)中秋隴西可一居

士《序》。

次有《目録》,《目録》題次行曰"可一居士評　墨浪主人校"。

各卷卷首僅記卷數。

封面黄紙,雙邊有界,題曰"警世通言",并有衍慶堂刊印識語,其文曰:"本坊重價購求古今通俗演義一百二十種,初刻爲《喻世明言》,二刻爲《警世通言》,海内均奉爲鄴架珍玩矣。兹三刻爲《醒世恒言》,種種典寔,事事奇觀,總取木鐸醒世之意,弁前刻共成完璧云。 莍林衍慶堂謹識。"

封面右上側爲繪像,左下側題"金閶葉敬溪梓",正中題署"醒世恒言"。

【附録】後櫻町天皇寶曆十一年(1761 年)西田維則創作"讀本小説"《通俗赤繩奇緣》一篇,此篇係據《醒世恒言》第三卷《賣油郎獨占花魁》翻案而成。

仁孝天皇文政七年(1824 年)有十返舍九一翻譯《賣油郎獨占花魁》一篇,重命名爲《通俗賣油郎》。

醒世恒言(繪像古今小説)四十卷

(明)馮夢龍撰　可一居士評　墨浪主人校

明天啓七年(1627 年)金閶葉敬池刊本　共十六册

内閣文庫　天理圖書館藏本

【按】每半葉十行,行二十字。四周單邊,版心鐫刻"醒世恒言"。

前有明天啓丁卯(1627 年)中秋隴西可一居士《序》。

次有《目録》。卷目如下:

兩縣令競義婚孤女　三孝廉讓産立高名
賣油郎獨占花魁　灌園叟晚逢仙女
大樹坡義虎送親　小水灣天狐貽書
錢秀才錯占鳳凰儔　喬太守亂點鴛鴦譜
陳多壽生死夫妻　劉小官雌雄兄弟
蘇小妹三難新郎　佛印師四調琴娘
勘皮靴單證二郎神　鬧樊樓多情周勝仙
赫大卿遺恨鴛鴦縧　陸五漢硬留合色鞋
張孝基陳留認舅　施潤澤灘闕遇友
白玉娘忍苦成夫　張廷秀逃生救父
張淑兒巧智脱楊生　吕洞賓飛劍斬黄龍
金海陵縱欲亡身　隋煬帝逸游召譴
獨孤生歸途鬧夢　薛録事魚服證仙
李玉英獄中訟冤　吴衙内鄰舟赴約
盧太學詩酒傲公侯　李汧公窮邸遇俠客
鄭節使立功神臂弓　黄秀才徼靈玉馬墜
十五貫戲言成巧禍　一文錢小隙造奇冤
徐老僕義憤成家　蔡瑞虹忍辱報仇
杜子春三入長安　李道人獨步雲門
汪大尹火焚寶蓮寺　馬當神風送滕王閣

《目録》題識次行曰"可一居士評　墨浪主人校"。

卷初有插圖三十七葉,凡圖七十四幅。各卷卷首僅記卷數。

封面單邊有界,題署書名"醒世恒言",右側有繪像,左側題"金閶葉敬溪(池)梓"。

内閣文庫藏本,原係承應二年(1653 年)由楓山官庫收藏。董康《書舶庸譚》卷三著録此本,共十六册。

天理圖書館藏本,共九册。

拍案驚奇四十卷

(明)即空觀主人(凌濛初)手定

明崇禎年間(1628—1644 年)尚友堂刊本

日光輪王寺藏本　原天海大僧正等舊藏

【按】每半葉無界十行,行二十字左右。白口,四周單邊。版心鐫刻"拍案驚奇",末刻"尚友堂"三字。

前有本書編者《拍案驚奇序》,末署"即空觀主人題於浮樽"。《序》文每半葉五行,行十字。

次有明崇禎戊辰(1628 年)初冬即空觀主人識《拍案驚奇凡例》(計五則)。

次有《拍案驚奇目録》(每半葉有界十行)。卷目序次如下:

卷之一　轉運漢遇巧洞庭紅
　　　　波斯胡指破鼉龍殼

卷之二　姚滴珠避羞惹羞
鄭月娥將錯就錯
卷之三　劉東山誇妓（本文作“技”——編著者注）順城門
十八兄奇踪村酒肆
卷之四　程元玉店肆代償錢
十一娘雲岡縱譚俠
卷之五　感神媒張德容遇虎
湊吉日裴越客乘龍
卷之六　酒下酒趙尼媪迷花
機中機賈秀才報怨
卷之七　唐明皇好道集奇人
武惠妃崇禪鬥異法
卷之八　烏將軍一飯必酬
陳大郎三人重會
卷之九　宣徽院仕女鞦韆會
清安寺夫婦笑啼緣
卷之十　韓秀才乘亂娉嬌妻
吴太守憐才主姻簿
卷十一　惡船家計賺假屍銀
狠僕人誤投真命狀
卷十二　陶家翁大雨留賓
蔣震卿片言得婦
卷十三　趙六老舐犢喪殘生
張知縣誅梟成鐵案
卷十四　酒謀財於郊肆惡
鬼對案楊化借屍
卷十五　衛朝奉狠心盤貴産
陳秀才巧計賺原房
卷十六　張溜兒熟布迷魂局
陸蕙娘立決到頭緣
卷十七　西山觀設籙度亡魂
開封府備棺追活命
卷十八　丹客半黍九還
富翁千金一笑
卷十九　李公佐巧解夢中言
謝小娥智擒船上盜
卷二十　李克讓竟達空函
劉元普雙生貴子
卷二十一　袁尚寶相術動名卿
鄭舍人陰功叨世爵
卷二十二　錢多處白丁横帶
運退時刺史當稍
卷二十三　大姊魂游還宿願
小妹病起續前緣
卷二十四　鹽官邑老魔魅色
會骸山大士誅邪
卷二十五　趙司户千里遺音
蘇小娟一詩正果
卷二十六　奪風情村婦捐軀
假天語幕僚斷獄
卷二十七　顧阿秀喜捨檀那物
崔俊臣巧會芙蓉屏
卷二十八　金光洞主談舊蹟
玉虚尊者悟前身
卷二十九　通閨闥堅心燈火
鬧囹圄捷報旗鈴
卷三十　王大使威行部下
李參軍冤報生前
卷三十一　何道士因術成奸
周經歷因奸破賊
卷三十二　喬兑换胡子宣淫
顯報施隊師入定
卷三十三　張員外義撫螟蛉子
包龍圖智賺合同文
卷三十四　聞人生野戰翠浮庵
静觀尼晝錦黄沙衖
卷三十五　訴窮漢暫掌别人錢
看財奴刁買冤家主
卷三十六　東廊僧怠招魔
黑衣盜奸生殺
卷三十七　屈突仲任酷殺衆生
鄆州司馬冥全内侄
卷三十八　占家財狠婿妒侄
延親脈孝女藏兒
卷三十九　喬勢天師禳旱魃
秉誠縣令召甘霖
卷四十　華陰道獨逢異客

江陵郡三拆仙書

《目録》後有繡像四十幅。

扉葉左側有"金閶安少雲梓行"一行,并有"尚友堂印"白文方印。

正文各卷起首葉中,有墨書"天海藏"三字。

【附録】據《唐船持渡書籍目録》記載,光格天皇享和元年(1801年)中國商船"酉四番船"載《拍案驚奇》四部抵日本。

江户時代大阪商賈編纂《小説字匯》,《拍案驚奇》字匯爲其中之一種。

拍案驚奇三十九卷

(明)即空觀主人(凌濛初)手定

明崇禎年間(1628—1644年)尚友堂刊本

廣島大學文學部中國文學研究室藏本

【按】每半葉無界十行,行二十字左右。版心鐫刻"拍案驚奇",上象鼻下刻"卷之一(——四十)",下記每卷之葉數,末刻"尚友堂"三字。

前有本書編者《拍案驚奇序》,末署"即空觀主人題於浮樽"。《序》文每半葉五行,行十字。

次有明崇禎戊辰(1628年)初冬即空觀主人識《拍案驚奇凡例》(計五則)。

次有《拍案驚奇目録》。次有插圖三十葉,凡繡像六十幅。然插圖次序與回目不合。

卷目中把原四十回本的第四十回,即《華陰道獨逢異客,江陵郡三拆仙書》作爲第二十三回,原四十回本的第二十三回,即《大姊魂游還宿願,小妹病起續前緣》删去,故成三十九回。

扉葉四周雙邊,正中題署"拍案驚奇",右側上題署"即空觀主人手定",左側略偏下題署"本衙藏板翻刻必究"。上側綫外,鐫刻"初刻"二字。

拍案驚奇(殘本)一卷

(明)凌濛初撰

明刊本　共一册

愛知大學簡齋文庫藏本　原小倉正恒等舊藏

二刻拍案驚奇三十九卷　宋公明鬧元宵(雜劇)一卷

(明)即空觀主人(凌濛初)撰

明崇禎年間(1628—1644年)尚友堂刊本　共八册

内閣文庫藏本　原楓山官庫等舊藏

【按】每半葉無界十行,行二十字。版心鐫刻"二刻驚奇",偶有作"二續驚奇",下記"卷之一(——四十)",又記各卷之葉數,末端標"尚友堂"三字。

前有《二刻拍案驚奇序》,末署"(明)壬申(1632年)冬日睡鄉居士題并書"。次有《二刻拍案驚奇小引》,末署"崇禎壬申冬日即空觀主人題於玉光齋中"。《序》《引》皆每半葉無界五行,行十字。

《目録》葉每半葉有界十行,每卷一事二目。卷目次序如下:

卷之一　進香客莽看金剛經
　　　　出獄僧巧完法會分
卷之二　小道人一着饒天下
　　　　女棋童兩局定終身
卷之三　權學士權認遠鄉姑
　　　　白孺人白嫁親生女
卷之四　青樓市探人踪
　　　　紅花場假鬼鬧
卷之五　襄敏公元宵失子
　　　　十三兒五歲朝天
卷之六　李將軍錯認舅
　　　　劉氏女詭從夫
卷之七　吕使(君)情構宦家妻
　　　　吴太守義配儒門女
卷之八　沈將士三千買笑錢
　　　　王朝議一夜迷魂陣
卷之九　莽兒郎驚散新鶯燕
　　　　龍香女認合玉蟾蜍
卷之十　趙五虎合計挑家釁

莫大郎立地散神奸
卷十一　滿少卿飢附飽颺
焦文姬生仇死報
卷十二　硬勘案大儒争閑氣
甘受刑俠女著芳名
卷十三　鹿胎庵客人作寺主
剡溪里舊鬼借新屍
卷十四　趙縣君喬送黄柑
吴宣教甘償白鏹
卷十五　韓侍郎婢作夫人
顧提控掾居郎署
卷十六　遲取券元烈賴原錢
失還魂牙僧索剩命
卷十七　同窗友認假作真
女秀才移花接木
卷十八　甄監生浪吞秘藥
春花女誤洩風情
卷十九　田舍翁時時經理
牧童兒夜夜尊榮
卷二十　賈廉訪贋行府牒
商功父陰攝江巡
卷二十一　許察院感夢擒黽（正文卷目“黽”作“僧”，董康《書舶庸譚》著録此卷目作“黿”）
王氏子因風獲盜
卷二十二　癡公子浪（正文“浪”作“狠”）使噪皮（正文“皮”作“脾”）錢
賢丈人巧賺回頭婿
卷二十三　大姊魂游完宿願
小姨病起續前緣
卷二十四　庵内看惡鬼善神
井中譚前因后果
卷二十五　徐茶酒乘鬧劫新人
鄭蕊珠鳴冤完舊案
卷二十六　懵教官愛女不受報
窮庠生助師得令終
卷二十七　僞漢裔奪妾山中
假將軍還珠江上
卷二十八　程朝奉單遇無頭婦
王通判雙雪不明冤
卷二十九　贈芝麻識破假形
擷草藥巧諧真偶
卷三十　瘗遺骸王玉英配夫
償聘金韓秀才贖子
卷三十一　行孝子到底不簡屍
殉節婦留待雙出柩
卷三十二　張福孃一心貞守
朱天錫萬里符名
卷三十三　楊抽馬甘請杖
富家郎浪受驚
卷三十四　任君用恣樂深閨
楊太尉戲官館客
卷三十五　錯調情賈母詈女
誤告狀孫郎得妻
卷三十六　王漁翁捨鏡崇三寶
白水僧盗物喪雙生
卷三十七　疊居奇程客得助
三救厄海神顯靈
卷三十八　兩錯認莫大姐私奔
再成交楊二郎正本
卷三十九　神偷寄興一枝梅
俠盜慣行三昧戲
卷四十（雜劇）　宋公明鬧元宵（凡九折）

此本殆非初印本，惟卷二十三爲初刻。

董康《書舶庸譚》卷三著録此本。

孫楷第《日本東京所見小説書目》卷二著録此本。

卷之二末葉與卷之三首葉，有“内閣文庫”、“日本政府圖書”印記等。

今古奇觀四十卷　圖一卷

（明）抱瓮老人輯　笑花主人閲

明末刊本　共十六册

東京大學總合圖書館藏本　原森林太郎鷗外文庫等舊藏

【按】卷中有後人修補，又有讀者批注。

【附録】據光格天皇文化元年（1804 年）《書籍直組帳》記載，是年中國商船“丑五番船”載

《今古奇觀》十部抵日本。此書每部原價七匁,本次輸入提價三成,增三匁五分,實售價每部十匁五分。

據仁孝天皇天保十四年(1843年)《漢籍發賣投標記録》記載,是年《今古奇觀》二部各二帙十二册,袖珍小本,投標價分别爲大坂屋十六匁八分,木下十七匁,富中廿匁。

據仁孝天皇天保十四年《漢籍發賣投標記録》記載,是年《今古奇觀》一部一帙十二册,投標價分别爲三枝十匁六分,永見屋十二匁三分,金澤屋十五匁六分。

據仁孝天皇天保十五年(1844年)《會所輸入物書籍見帳》記載,是年《今古奇觀》一部二帙十六册,小本袖珍,投標價分别爲木下十三匁一分,永見屋十三匁二分,金澤屋十四匁。

江户時代大阪商賈編纂《小説字匯》,《古今奇觀》字匯爲其中之一種。

西湖二集三十四卷　附西湖秋色一百韵一卷

(明)周楫編

明刊本(雲林聚錦堂藏版)

内閣文庫　天理圖書館藏本

【按】每半葉十行,行二十字。四周單邊。版心鐫刻"西湖二集"。

前有湖海士《序》。

卷首有綉像五十八幅,凡二十九葉。

《目録》次行題書"武林濟川子清原甫纂,抱膝人訏謨甫評"。

《西湖秋色》内題次行題書"武林周楫清原甫著,友人蒲國琦敷仙甫、蒲國琛璽書甫同閲,門人虞　(清山明甫)(闕字)"。

封面單邊有界,中央題書"西湖二集",右側題書"精刻繪像",左側題書"内附西湖秋色一百韵　雲林聚錦堂藏版"。

内閣文庫藏本,原係江户時代豐後佐伯藩主毛利高標等舊藏。仁孝天皇文政年間(1818—1829年)出雲守毛利高翰獻贈幕府,明治初期歸内閣文庫。卷中有"佐伯侯毛利高標字培松藏書畫之印"等印記,共十二册。

天理圖書館藏本,卷中綉像第三十幅以下缺五葉,《西湖秋色》第四葉與第五葉係後人寫補,共二十册。

(新刻)鍾情麗集四卷

(明)王峰主人編

明弘治十六年(1503年)金台晏氏刊本

御茶之水圖書館藏本　原德富蘇峰成簣堂等舊藏

【按】每半葉十二行,行二十字左右。

前有明成化丙午(1486年)南通州樂庵中人《序》,又有成化丁未(1487年)簡庵居士《序》。卷題"玉峰主人編輯"、"南轅通州門中人校正"。孫楷第《日本東京所見小説書目》卷六著録此本。

(增補批點圖像)燕居筆記(上)九卷(下)十三卷

(明)馮夢龍編　余公仁補

明余公仁刊本　共十六册

宫内廳書陵部　神宫文庫藏本

【按】每半葉有界十一行,行十六字。白口,四周單邊。

前有魏邦達《燕居筆記序》,次有《新編批點圖像燕居筆記總目》,次有《增補批點圖像燕居筆記目録》。

卷中有綉像二十七葉,綉像葉版心作"筆記畫品"。

此本細目如次:

(上)九卷目:

卷一,　詩類;

卷二,　吟、詞、歌、行、賦、曲;

卷三,　題圖、文、贊、箴、銘、狀、序;

卷四,　判、辯本、疏;

卷五,　書、雁魚箋;

卷六,　聯類、金聲巧聯;

卷七,　記類;

卷八,　記類;

卷九,　傳類、録類。

（下）十二卷目：

卷一，《浙湖三奇志》；

卷二，《鍾情麗集》；

卷三，《高氏雙雙傳》；

卷四，《三妙傳》；

卷五，《天緣奇遇》；

卷六，《擁爐嬌紅傳》（卷頭題書《嬌紅傳》）；

卷七，《懷春雅集》（卷頭題書《融春集》）；

卷八，《五金魚傳》；

卷九，《劉生覓蓮記》（卷頭題書《覓蓮傳奇》）；

卷十，《劉元普》（卷頭題書《劉元普天錫佳兒》）；

卷十一，《珍珠衫》（卷頭題書《蔣興哥重會珍珠衫》）；

卷十二，《轉運漢》（卷頭題書《轉運漢巧遇洞庭紅》）。

宫内廳書陵部藏本，係孫楷第《日本東京所見小説書目》卷六著録本。孫氏斷此本爲"清初刊本"。

【附録】江户時代大阪商賈編纂《小説字匯》，《燕居筆記》字匯爲其中之一種。

（新刻增補全相）燕居筆記十卷

（明）林近陽增編

明余泗泉刊本　共四册

内閣文庫藏本

（重刻增補）燕居筆記十卷

（明）林近陽增編

金陵李氏刊本　共四册

内閣文庫藏本

【按】孫楷第《日本東京所見小説書目》卷六著録此本。

（京臺新鍥公餘勝覽）國色天香十卷

（明）謝友可撰　吴敬所編輯

明金陵周氏萬卷樓刊本　共十册

内閣文庫藏本

【按】版式分上下兩層。上層每半葉十六行。行十四字。下層每半葉十三行，行十六字。

前有明萬曆丁亥（1587年）九紫山人謝友可《序》。

封面有匡部一分爲三，中間雙行題署書名"京臺新鍥公餘　勝覽國色天香"，兩行之間題曰"周氏萬卷樓重刊"。右側題署"學海遺珠玩味中啓文人博雅"，左側題署"藝林説錦披讀處動才子情思"。

孫楷第《日本東京所見小説書目》卷六著録此本。

（新刻京臺公餘勝覽）國色天香十卷

（明）謝友可撰　吴敬所編輯

明萬曆年間（1573—1620年）刊本

東京大學東洋文化研究中心藏本　原長澤規矩也雙紅堂等舊藏

（心日山房評釋公餘）金谷奇方四卷

（明）赤心子評選

明刊本　共四卷

内閣文庫藏本

豐韵情書六卷

（明）竹溪主人彙編　南陽居士評閲

明萬曆四十二年（1612年）萃慶堂刊本　共二册

内閣文庫藏本

（新刻）灑灑篇六卷

（明）鄧志謨編

明刊本　共四册

内閣文庫藏本　原楓山官庫舊藏

（新刻）灑灑編六卷

（明）嘯竹主人稿　鄧百拙校

明刊本　共四册
内閣文庫藏本

奇女子傳四卷

(明)吴震元編次
明刊本　共四册
内閣文庫藏本

(新鐫全像)一見賞心編十四卷

(明)洛原子編集
明萃慶堂刊本　共四册
内閣文庫藏本

(新鐫朱蘭嵎先生批評)三教開迷歸正演義二十卷一百回

(明)潘鏡若撰　朱之蕃評
明金陵白門萬卷樓刊本　共十册
天理圖書館藏本

【按】每半葉無界十一行,行二十二字。四周單邊,或四周雙邊,或左右雙邊(20.5cm×13.0cm)。版心鐫刻"開迷歸正演義　卷一(——二十)",下記葉數。

前有金陵朱之蕃《序》,次有九華山士潘若鏡《序》,次有《三教開迷傳凡例》,次有浙湖居士顧起鶴《引》等。

《目録》題署"朱蘭嵎批評三教開迷歸正演義目録",尾題"三教演義""新刻陳眉公批評三教開迷歸正演義"。

正文首行題署"新鐫朱蘭嵎先生批評三教開迷歸正演義卷之一",次行上空十三字,題署"九華潘若鏡編次",三行同第二行,題署"蘭嵎朱之蕃評訂",第四行亦同第二行,題署"白門萬卷樓梓行"。第五行上空二字,題書"西江月"。

各卷尾題略有出入。卷一題曰"三教演義";卷二題曰"三教開迷演義";卷七、卷九、卷十四至卷十七、卷十九、卷二十題曰"三教開迷歸正演義";卷八題曰"新刻陳眉公批評三教開迷歸正演義"等。

卷頭有眉欄,約1.50cm寬,内有評論文字。

卷中有"橋本藏書"等印記。

【附録】江户時代大阪商賈編纂《小説字匯》,《三教開迷》字匯爲其中之一種。

三教偶拈

(明)馮夢龍撰
明刊本
東京大學東洋文化研究所藏本　原雙紅堂文庫等舊藏

輪迴醒世十八卷

明人撰寫不著姓名
明金陵李潮聚奎樓刊本　共十八册
蓬左文庫藏本　原江户時代尾張藩主家舊藏

【按】前有明秣陵也閑居士《序》。

卷中有附圖。

此本係明正天皇寬永十一年(1634年)從中國購入。

卷中有"尾陽内庫"印記等。

真珠船二十卷

(明)黄焜輯
明末刊本　共二十册
龍谷大學大宫文庫藏本　原寫字臺文庫等舊藏

(新刻全像)達磨出身傳燈傳四卷

(明)朱開泰撰
明楊麗泉清白堂刊本　共一册
天理圖書館藏本　原盛宣懷愚齋等舊藏

【按】此本上圖下文,四周雙邊(20.0cm×11.5cm)。上圖高7cm,下文每半葉十行,行十七字,紙高13cm。版心鐫刻"達磨全祖傳"或"達磨全傳"。

卷一與卷三,内題首行書名曰"新刻全像達磨出身傳燈傳",卷二首行書名曰"新鍥全像達磨出身傳燈傳",卷四首行書名曰"新刻達磨傳燈傳”。

卷一内題次行曰“書林　麗泉　楊氏梓行”，卷二内題次行曰“書林清白堂　楊麗泉　梓行”；卷三内題次行曰“逸士　朱開泰修選　書林清白堂　楊麗泉　梓行”。

卷中有缺葉、破損。

卷中有盛宣懷氏“愚齋圖書館藏”印記等。

（錢塘湖隱）濟顛禪師語録一卷

（明）沈孟柈叙述

明隆慶年間（1567—1572 年）刊本　共一册

内閣文庫藏本　原楓山官庫等舊藏

石點頭十四卷

（明）天然痴叟撰　馮夢龍評

明金閶葉敬池刊本

東京大學東洋文化研究所　天理圖書館藏本

【按】每半葉九行，行二十字。四周單邊或左右雙邊。版心鐫刻“石點頭”。

前有龍子猶《序》。

《目録》次行題書“天然痴叟著，墨憨主人評”。

封面單邊有界，中央題書“石點頭”，右側題書“墨憨齋評”，左側題書“金門葉敬池梓”，欄上横書“綉像傳奇”。

東京大學藏此同一刊本兩部。一部現存總合圖書館，原係土肥慶藏鄂軒文庫等舊藏，卷中有批注，共八册。東洋文化研究所藏本，原係長澤規矩也雙紅堂文庫等舊藏，卷第八至卷第十一係後人寫補。

天理圖書館藏本，共八册。

【附録】桃園天皇寶曆四年（1754 年）中國商船“世字號”載《石點頭》一部八册抵日本。

江户時代大阪商賈編纂《小説字匯》，《石點頭》字匯爲其中之一種。

（筆鍊閣編述）八洞天八卷

（明）五色石主人編

明刊本　共二册

内閣文庫藏本

【附録】江户時代大阪商賈編纂《小説字匯》，《八洞天》字匯爲其中之一種。

（新批評綉像）飛花咏小傳（玉雙魚）十六卷

明人撰述不署姓名

明刊本　共四册

内閣文庫藏本

（鼎刻江湖歷覽）杜騙新書四卷

（明）張應俞撰

明刊本

東京大學東洋文化研究所藏本　原雙紅堂文庫等舊藏

【附録】江户時代大阪商賈編《小説字匯》，《杜騙新書》字匯爲其中之一種。

（鼎刻江湖歷覽）杜騙新書四卷

（明）張慶俞編撰

明萬曆年間（1573—1620 年）刊本

内閣文庫　尊經閣文庫藏本

【按】内閣文庫藏本，原係豐後佐伯藩主毛利高標舊藏。此本係仁孝天皇文政年間（1818—1829 年）由出雲守毛利高翰獻贈幕府，明治初期歸内閣文庫。卷中有“佐伯侯毛利高標字培松藏書畫之印”等印記，共二册。

尊經閣文庫藏本，原係江户時代加賀藩主前田綱紀等舊藏，共四册。

（七）詞　曲　類

（詞賦駢體之屬）

花間集十卷

（後蜀）趙崇祚編

明覆宋刊本　孫星衍手識本　共一册

静嘉堂文庫藏本　原孫星衍　陸心源十萬卷樓等舊藏

【按】前有後人寫補蜀廣政三年歐陽炯《序》，又有宋紹興十八年（1148 年）二月晁謙之《題》。

正文次行題署"蜀銀青光禄大夫行衛尉少卿趙崇祚集"。

卷中有清人孫星衍手識文。其文曰：

"錢曾《讀書敏求記》有此書，稱紹興十八年濟陽晁謙之刊正，題於後。鏤版精好，楮墨絶佳，宋刊本之最難得者。此本前應有歐陽炯《序》，爲書賈佚去，或是明人翻刊宋本，然是晁刻舊觀，亦可寶也。五松居士，庚午歲八月記於平津館。"

卷中有"臣星衍"、"五松書屋"印記等。

花間集十卷

（後蜀）趙崇祚編

明嘉靖年間（1522—1566 年）刊本

内閣文庫　尊經閣文庫藏本

【按】内閣文庫藏本，原係昌平坂學問所等舊藏，共一册。

尊經閣文庫藏本，原係江户時代加賀藩主前田綱紀等舊藏，共三册。

花間集十卷

（後蜀）趙崇祚編　（明）湯顯祖評

明刊朱墨套印本　共四册

内閣文庫　廣島大學文學部　大谷大學附屬圖書館藏本

【按】前有後晉廣政三年（940 年）歐陽炯《序》，又有明萬曆四十三年（1615 年）湯顯祖《序》、明萬曆庚申（1620 年）無瑕道人《序》等。

内閣文庫藏本，原係楓山官庫等舊藏。

大谷大學藏本，原係神田鬯庵（喜一郎）舊藏，1984 年秋由神田氏家族捐贈大學。

花間集十二卷　附花間集補二卷

（後蜀）趙崇祚編

明萬曆三十年（1602 年）刊本　共四册

東北大學附屬圖書館藏本

花間集十卷　尊前集二卷

（後蜀）趙崇祚編　《尊前集》（明）顧梧芳輯

明常熟毛氏汲古閣刊本　共七册

東京大學文學部漢籍中心藏本

【按】每半葉有界九行，行二十字，注文小字雙行。白口，左右雙邊（17. 3cm × 11. 2cm）。版心有刻工姓名。

花間集四卷

（後蜀）趙崇祚輯

明萬曆四十八年（1920 年）刊本

京都大學文學部中國語學文學哲學研究室　大阪府立圖書館藏本

【按】京都大學文學部藏本，共二册。

大阪府立圖書館藏本，共四册。

(校宋本)樂章集所增詞一卷

(宋)柳永撰
王國維手寫本　共一册
東洋文庫藏本

竹文詞一卷

(宋)謝過撰
王國維手寫本　共一册
東洋文庫藏本
【按】此本係王國維於清光緒三十四年(1908年)據南詞本手寫。

省齋詩餘一卷

(宋)廖行之著
舊抄本　有毛扆　勞權手校手識文
静嘉堂文庫藏本
【按】是集有毛扆手識文,其文曰:
"壬戌四月十四日,從孫氏藏本校正。毛扆。"
又有勞氏手識文兩處,其文曰:
"己酉八月,依毛斧季校本手録。巽卿。"
又曰:
"咸豐己未六月二十一日,《大典》本《省齋集》校過,多所改正,惜不及半耳。"
此集與(宋)管鑒《養拙堂詞》、(金)元好問《遺山樂府》、(元)仇遠《無絃琴譜》、(明)高啓《扣舷集》、(明)楊基《眉庵詞》凡六種合鈔一册。

養拙堂詞一卷

(宋)管鑒撰
舊寫本　毛扆　勞權手校手識文本
静嘉堂文庫藏本
【按】是集有毛扆手識文,其文曰:
"乙丑六月十一日,從周氏舊録本再校一過。時斜風細雨。毛扆。"
又有勞權手識文,其文曰:
"《直齋書録解題》載《養拙堂詞集》一卷。但云管鑒明仲撰,而不著其籍貫,與此本相同。直齋所據,蓋長沙書坊所刻百家本也。此本從吴興丁月河借得,爲毛斧季手校,乘暇手寫一帙,以補宋詞之缺。道光己酉七月十二日校畢誌。蟫盦詞隱勞權。"
此集與(宋)廖行之《省齋詩餘》、(金)元好問《遺山樂府》、(元)仇遠《無絃琴譜》、(明)高啓《扣舷集》、(明)楊基《眉庵詞》凡六種合鈔爲一册。

王周士詞一卷

(宋)王以寧撰
王國維手寫本　共一册
東洋文庫藏本

赤城詞一卷

(宋)陳克撰
王國維手寫本　共一册
東洋文庫藏本
【按】此本係王國維據宋人曾慥《樂府雅詞》手寫。

壽城詞一卷

(宋)杜安世撰
明汲古閣刊本　有王國維手識文　共一册
東洋文庫藏本

漱玉詞彙鈔一卷

(宋)李清照撰　(清)汪玢輯
清道光年間(1821—1850年)刊本　勞巽卿手校　共一册
静嘉堂文庫藏本
【按】前有清道光壬午(1822年)汪玢《序》。其文曰:"余笄總之年,即喜誦其詞。惜汲古閣刊本不滿二十闋。既而娣佩徐珊助余蒐他選遺珠,并輯録諸家詞話,爲一册"云云。其後附《易安事輯》一卷。
此本係清道光年間錢塘汪玢所輯。第一行

題“漱玉詞鈔”,第二行題“宋李氏清照易安著錢塘汪氏玢孟文箋”。

此本全書有勞權(巽卿)墨校手筆。卷中有“蟫叟”白文長印,“羿軒”朱文小方印。

辛稼軒長短句十二卷

(宋)辛棄疾撰　(明)季濂批評

明歷城王詔校刊本　共四册

静嘉堂文庫藏本　原陸心源十萬卷樓等舊藏

【按】此本輯辛稼軒長短句共五百六十八闋。

澗泉詩餘一卷

(宋)韓淲撰

古寫本　勞巽卿手識本　共一册

静嘉堂文庫藏本

【按】卷内有勞巽卿手識文。其文曰:

“咸豐丙辰四月十八日,借丁月湖家舊寫本校。此本共百九十五闋。《大典》本《澗泉集》,祇九十八闋。據補《攤破浣溪沙》一調。丁巳十二月朔日鐙前記。”

蜕巖詞二卷

(元)張翥撰

舊寫本　王國維手釋文本　共一册

東洋文庫藏本

芳芷栖詞二卷

(明)高濂撰

明人毛晉手寫本　共一册

静嘉堂文庫藏本

【按】前有明萬曆辛巳(1581年)《序》。

正文第二行題“端南居士高濂深甫”。

卷中有“毛晉私印”、“汲古閣”印記等

楊升庵先生長短句四卷

(明)楊慎撰

明嘉靖年間(1522—1566年)刊本　共二册

内閣文庫　尊經閣文庫藏本

【按】每半葉有界十行,行二十字。

前有明嘉靖十九年(1540年)唐錡《序》。後有明嘉靖二十二年(1543年)王廷表《跋》。

内閣文庫藏本,原係江户時代豐後佐伯藩主毛利高標舊藏,仁孝天皇文政年間(1818—1829年)由出雲守毛利高翰獻贈幕府。明治初期歸内閣文庫。卷中有“佐伯侯毛利高標字培松藏書畫之印”等印記。

尊經閣文庫藏本,原係江户時代加賀藩主前田綱紀等舊藏。

唐宋諸賢絶妙詞選十卷

(宋)黄昇編

明萬曆二年(1574年)舒伯明刊本　共四册

大倉文化財團藏本

【按】每半葉十行,行二十字。版心有詞人姓氏。

此本係翻宋淳祐九年(1249年)劉誠甫刻本。前有胡德方《序》。

卷中有“明善堂覽書畫”印記。

中興以來絶妙詞選十卷

(宋)黄昇編

明萬曆二年(1574年)舒伯明刊本

大倉文化財團藏本

【按】每半葉十行,行二十字。版心有詞人姓氏。

此本係翻刻宋淳祐九年(1249年)序劉誠甫刊本。前有玉林《序》。

卷中有“明善堂覽書畫”等印記。

花庵絶妙好詞選十卷　中興以來絶妙詞選十卷

(宋)黄昇編

明常熟毛氏汲古閣刊本　共六册

東京大學文學部漢籍中心　京都大學文學部狩野文庫藏

【按】每半葉有界九行,行二十字,注文小字雙行。白口,左右雙邊(17.3cm×11.2cm)。

版心有刻工姓名。

京都大學藏本,原係狩野直喜等舊藏,今缺《中興以來絶妙詞選》十卷。

宋名家詞八十九卷(六集)

(明)毛晉輯

明崇禎年間(1628—1644 年)古虞毛氏汲古閣刊本

内閣文庫　東洋文庫　静嘉堂文庫　蓬左文庫　東京大學總合圖書館　京都大學人文科學研究所東洋學文獻中心　關西大學泊園文庫藏本

【按】《宋名家詞》全八十九卷,凡六集,細目如次:

第一集

珠玉詞一卷　(宋)晏殊著
六一詞一卷　(宋)歐陽修著
樂章集一卷　(宋)柳永著
東坡詞一卷　(宋)蘇軾著
山谷詞一卷　(宋)黄庭堅著
淮海詞一卷　(宋)秦觀著
小山詞一卷　(宋)晏幾道著
東堂詞一卷　(宋)毛滂著
放翁詞一卷　(宋)陸游著
稼軒詞一卷　(宋)辛棄疾著

第二集

片玉詞二卷補遺一卷　(宋)周邦彦著
梅溪詞一卷　(宋)史達祖著
白石詞一卷　(宋)姜夔著
石林詞一卷　(宋)葉夢得著
酒邊詞二卷　(宋)向子諲著
溪堂詞一卷　(宋)謝逸著
樵隱詞一卷　(宋)毛幵著
竹山詞一卷　(宋)蔣捷著
書舟詞一卷　(宋)程垓著
坦菴琴一卷　(宋)趙師使著

第三集

惜香樂府十卷　(宋)趙長卿著
西樵語業一卷　(宋)楊炎正著
竹屋癡語一卷　(宋)高國觀著
夢窗甲稿一卷、乙稿一卷、丙稿一卷、丁稿一卷、絶筆一卷、補遺一卷　(宋)吴文英著
近體樂府一卷　(宋)周必大著
竹壘詩餘一卷　(宋)黄機著
金谷遺音一卷　(宋)石孝友著
散花菴詞一卷　(宋)黄昇著
和清真詞一卷　(宋)方千里著
後村别調一卷　(宋)劉克莊著

第四集

廬川詞一卷　(宋)張元幹著
于湖詞三卷　(宋)張孝祥著
洺水詞一卷　(宋)程珌著
歸愚詞一卷　(宋)葛立方著
龍洲詞一卷　(宋)劉過著
初寮詞一卷　(宋)王安中著
龍川詞一卷、補一卷　(宋)陳亮著
姑溪詞一卷　(宋)李之儀著
友古詞一卷　(宋)蔡伸著
石屏詞一卷　(宋)戴復古著

第五集

海野詞一卷　(宋)曾覿著
逃禪詞一卷　(宋)楊无咎著
空同詞一卷　(宋)洪瑹著
介菴詞一卷　(宋)趙彦端著
平齋詞一卷　(宋)洪咨夔著
文溪詞一卷　(宋)李公昂著
丹陽詞一卷　(宋)葛勝仲著
孏窟詞一卷　(宋)侯寘著
克齋詞一卷　(宋)沈端節著
蕓窗詞一卷　(宋)張榘著

第六集

竹坡詞三卷　(宋)周紫芝著
聖求詞一卷　(宋)吕濱老著
壽域詞一卷　(宋)杜安世著
審齋詞一卷　(宋)王千秋著
東浦詞一卷　(宋)韓玉著
無住詞一卷　(宋)陳與義著

後山詞一卷　(宋)陳師道著
蒲江詞一卷　(宋)盧師皋著
琴趣外篇六卷　(宋)晁補之著
烘堂詞一卷　(宋)盧炳著

内閣文庫藏此刻本兩部。一部原係豐後佐伯藩主毛利高標舊藏,明治初期歸内閣文庫。卷中有“佐伯侯毛利高標字培松藏書畫之印”等印記。今存第一集至第四集,共六十一卷。一部原係紅葉山文庫舊藏,今存第一集至第三集,共四十八卷。

静嘉堂文庫藏本,原係陸心源十萬卷樓等舊藏。此本今第一集、第二集、第三集有缺,共二十六册。

蓬左文庫藏本,係明正天皇寛永十三年(1636 年)從中國購入,卷中有“尾陽内庫”印記。今存第一集至第三集,共四十八卷。

東京大學藏本,原係森公泰槐南文庫等舊藏,卷中有森槐南手識文。此本第一集中《稼軒詞》爲四卷,又第六集中有宋人黄公度《知稼翁詞》一卷,共三十一册。

餘藏皆全本。

【附録】1353 年日本東福寺第二十八世大道一以所編纂之《普門院經論章疏語録儒書等目録》,其“露部”著録《東坡詞》二册、《東坡長短句》一册。

宋詞十九種

不署編撰者
舊刊本　陸敕先　毛斧季手校手識本
静嘉堂文庫藏本

【按】陸敕先、毛斧季手校宋詞十九種,并有手跋,其細目、手識文如次:

一、《珠玉詞》一卷　(宋)晏殊著　陸敕先校本,其手識文曰:

“七月二十四日校,凡二鈔本。其一即底本也。章次皆同,而此刻獨異。據卷首有潛翁手註,云其依宋刻本。”

二、《近體樂府》三卷　(宋)歐陽修著　陸敕先校本

此本後有金陵某氏《跋》,紹興辛亥二月朱松《跋》。陸敕先手識文曰:

“辛亥七月二十六日,燈下本集校訖,凡分三卷。後刻邵人羅泌校正,其别作字俱另書附於各卷之末　壬子六月六日讀於松影堂。”

三、《樂章集》一卷　(宋)柳三變著　毛斧季校本。其識文曰:

“癸亥中秋,借含經堂宋本校一過。卷末續添曲子,乃宋本所無。又從周氏、孫氏兩鈔本校正,可稱完璧。毛扆。”

四、《東坡詞》一卷　(宋)蘇軾著　毛斧季校本。卷末有毛氏手識文,其文曰:

“六月初九日　雨窗讀。”

五、《小山詞》二卷　(宋)晏幾道著　陸敕先、毛斧季校本

陸敕先手識文曰:

“辛亥七月二十二日校,凡三鈔本。其一即底本也,章次皆同,而此刻自《玉樓春》後,顛倒錯亂,不知何故。内一本分二卷,《歸田樂》以下爲下卷。其本極佳,得脱謬字極多,惜下卷逸去耳。六月十一日讀畢。”

又,毛斧季手識文云:

“己巳四月二十七日,從孫氏舊録本校。孫氏凡二卷。其次如硃筆所標云。毛扆。”

六、《東堂詞》一卷　(宋)毛滂著　陸敕先毛斧季手校本

陸敕先手識文曰:

“七月二十一日校,凡三鈔本。其一即底本也。章次皆同,而與此刻異,内一小字本最佳,所得脱誤字極多。”

又,毛斧季手識文曰:

“鄉謂子鴻深於詞,及閲此,未免尚隔一層。甚矣學問之難也。己卯五月十六日,從舊録本校一過。毛扆。”

七、《放翁詞》二卷　(宋)陸游著　毛斧季手校本

毛斧季手識文曰：

"辛亥七月二十一日鈔本校。外有《夜遊宫》一、《月照梨花》二、《如夢令》一，共四闋，見《花菴詞選》中，宜刻作拾遺。"

毛斧季另一手識文曰：

"六月十三日曉刻，雨窗讀訖。"

前有淳熙己酉(1189年)秋熟日《自序》。

八、《稼軒詞》四卷　存二卷　（宋）辛棄疾撰　毛斧季校本

此本全四卷，今缺卷一、卷二，但存卷三、卷四。

有毛斧季手識，其文曰：

"辛亥七月三日，翁所授元板本重校。

甲寅三月望日讀訖。"

九、《片玉詞》二卷　補遺一卷　（宋）周邦彦著　毛斧季校本

前有淳熙上章困敦孟陬月强焕《序》，庚午夏之朔胡震亨《序》。

卷中有毛斧季手識兩處，其曰：

"辛亥七月一日，元刻本《片玉集》及一鈔本校。二本同。是日又得底本重校。按卷首云美成長短句，非《清真》，亦非《片玉也》。故多異同云。"

又曰：

"甲寅三月望後二日讀訖。"

十、《梅溪詞》一卷　（宋）史達祖著　毛斧季校本

前有嘉泰辛酉(1201年)五月張鎡《序》。

卷中有毛斧季手識文兩處，其文曰：

"六月二十九日二鈔本校，其一即底本也。"

"甲寅四月晦前一日讀。"

十一、《白石詞》一卷　（宋）姜夔著　毛斧季校本

前有黄昇《序》。

卷中有毛斧季手識文兩處，一則文曰：

"六月二十九日，二鈔本校。章次題註與此全别。一本卷面有云'宜依《花菴》章次'。則此本蓋依《花菴》付梓云。"

二則文曰：

"甲寅四月晦日讀。"

十二、《石林詞》一卷　（宋）葉夢得著　毛斧季校本

前有紹興十七年(1147年)七月關註《序》。

卷中有毛斧季手識文三處，一則文曰：

"辛亥六月二十八日，三鈔本校。其一即底本也。"

二則文曰：

"子鴻校後，手校一過。其不中款處多抹去。"

三則文曰：

"五月朔日讀。"

十三、《酒邊集》一卷　（宋）向子諲著　陸敕先、毛斧季校本

前有胡寅《序》。

陸敕先手識文曰：

"庚戌四月十三日，兩鈔本校。敕先辛亥荷日重校。"

毛斧季手識文曰：

"甲寅五月初二日讀。"

十四、《溪堂詞》一卷　（宋）謝逸著　陸敕先、毛斧季校本

陸敕先手識文曰：

"庚戌四月十三日，鈔本校。敕先。辛亥六月二十四日重校。"

毛斧季手識文曰：

"己巳三月九日，從孫氏舊録本校。毛扆。"

十五、《樵隱詞》一卷　（宋）毛幵著　陸敕先、毛斧季校本

是集前有乾道柔兆閹茂陽月壬木叔《序》。

卷中陸敕先手識文曰：

"庚戌四月十一日，鈔本校。敕先辛亥六月二十三日校。"

毛斧季手識兩處，其文曰：

"辛巳六月二十三日，從錫山孫氏鈔本校。次序標上。毛扆。"

"情夢羽先生藏本已失，無從參考。甲

寅午日讀訖。”

十六、《西樵語業》一卷　（宋）楊炎正著　陸敕先、毛斧季校本

陸敕先手識文曰：

“庚戌四月二十日，底本校。敕先。”

毛斧季手識文曰：

“己巳二月十六日，從孫氏鈔本校。毛扆。”

十七、《竹屋痴語》一卷　（宋）高觀國著　毛斧季校本

毛斧季手識文曰：

“六月二十日兩鈔本校。五月初十日讀訖。”

十八、《夢窗甲稿》一卷　（宋）吴文英著

此集無校識。

十九、《仙源居士惜香樂府》十卷　（宋）趙長卿著　劉澤編　胡賡校正　陸敕先、毛斧季校本

陸敕先手識文兩處，其文曰：

“庚戌四月十八日晚刻，鈔本校畢，敕先。”

“辛亥六月廿二日，漢威重校。”

毛斧季手識文曰：

“甲寅五月初九日讀訖。”

勞權手校四庫未收宋詞八種

舊寫本　勞權手識文本

静嘉堂文庫藏本

【按】勞權手校四庫未收宋詞八種，阮元亦未進呈。舊鈔八部合一册。其細目如次：

一、《文定詞》一卷，（宋）丘密著。

二、《簫臺公餘詞》一卷，（宋）姚述堯著。

是集卷末有勞氏手識文，其文曰：

“咸豐丙辰四月十九日，借丁月湖家舊寫本校。羿叟。”

三、《龜峰詞》一卷，（宋）陳經國著。

是集卷末有勞氏手識三處，其文曰：

“乾隆丁亥十月，借錢唐汪氏振綺堂本對寫，二十七日。”

“咸豐壬子八月朔，據知不足齋魏柳州先生鈔本校。柳州名之琇，工詩精醫，曾校定《名醫類案》，鮑氏刊行。所著《續名醫類案》，收入《四庫全書》。詩名《柳州遺稿》，吾杭之耆舊也。蟫盦詞隱勞權識。”

“柳州寫此詩，烏絲欄中知不足齋正本字迹，似主人委鈔也。”

四、《樂齋詞》一卷，（宋）向鎬著。

此集卷首有《附箋》，其文曰：

“《宋詩紀事》四十六：‘向鎬字豐之。紹興間萍鄉令，有《樂齋詞》。’”

卷末又有勞氏手識文兩處，其文曰：

“壬子十一月初三日，剪燭校一過。庚戌冬初，據知不足齋校本校。羿卿。”

“壬子八月朔，又據柳州鈔本校。《直齋書録解題》著録此詞，名乃作‘滈’，二字古通用。直齋所見長沙本如此，故當隨本耳。”

五、《綺川詞》一卷，（宋）倪偁著。

是集有勞氏手識文，其文曰：

“壬子八月朔，侵晨據知不足齋寫本校。”

六、《撫掌詞》一卷，不著撰人名氏，（宋）歐良編。

此集有勞氏手識文，文曰：

“《撫掌詞》，卷前不署姓名，從《典雅詞》傳出，蓋南渡人詞也。歐良乃編集者之名。此本去‘後學’二字，遂以當作者矣。末附傚李長吉十二月宫樂詞，此係樂府，故不得入詞。原本所有，仍補入之。良，南城人，官司户。見劉後村所作詩集《序》。咸豐癸丑五月二十三日午後，據曝書亭鈔本《典雅詞》校過。飲香詞隱勞羿卿記於漚喜亭池上。”

七、《雙溪詞》一卷，（宋）王炎著。

是集前有宋嘉定十一年四月《自序》一篇。

八、《渭川居士詞》一卷，（宋）吕勝己著。

草堂詩餘八卷

(宋)闕名輯
明西陵來行學校刊本　共七册
蓬左文庫藏本

草堂詩餘五卷

(宋)闕名輯　(明)楊慎批點　閔暎璧校訂
明刊朱墨套印本
内閣文庫　大谷大學附屬圖書館藏本

【按】每半葉八行,行十八字。

前有楊慎《序》。

正文卷前題署"西蜀升庵楊慎批點"、"吴興文仲閔暎璧校訂"。

内閣文庫藏本,原係昌平坂學問所等舊藏,共四册。

大谷大學藏本,原係神田鬯庵(喜一郎)舊藏,1984 年秋由神田氏家族捐贈大學。共五册。

(類編)草堂詩餘四卷

(宋)武陵逸人編輯　開雲山農校
明覆宋刊本　共四册
静嘉堂文庫藏本　原陸心源十萬卷樓等舊藏

【按】每半葉有界十一行,行十九字。

前有明嘉靖二十九年(1550 年)何良俊《序》。

正文卷前題署"武陵逸人編次"、"開雲山農校正"。

(類選箋釋)草堂詩餘六卷　(類編箋釋)續選草堂詩餘二卷　新集五卷　别集四卷

(宋)闕名輯　(明)顧從敬類選　錢允治注　陳繼儒校　《續》(明)長湖外史類輯　錢允治類編并注　《新集》(明)錢允治原輯　沈際飛評選　《别集》(明)秦士奇訂定
明萬曆四十二年(1614 年)南城翁少麓刊本　共十六册
東京大學藏本

【按】每半葉有界九行,行二十字,注文小字雙行。白口,左右雙邊(22.6cm×13.1cm)。版心有刻工姓名,如吴郡章欽、二占、三占等。

東京大學藏此同一刊本兩部。一部現存大學總合圖書館,原係市村瓚次郎買入本覺廬文庫舊藏,共十六册。一部現存文學部漢籍中心,共四册。

【附録】桃園天皇寶曆四年(1754 年)《(長崎港)舶來書籍大意書》著録是書。其識文曰:

> "《草堂詩餘》兩部各八册,明人沈天羽訂評。大凡詩亡而後有樂府,樂府闕而後有詩餘,詩餘廢而後有歌曲。然則,詩餘者,乃樂府祇流别、歌曲之濫觴也。
>
> 貞觀、開元之間,李太白作《清平調》,王維作《鬱輪袍》,王昌齡、王之渙等占小詞,此皆伎人之所爲,而傳習則極盛。然迨至天寶之末,則漸示式微。宋之初,因李太白《憶秦娥》、《菩薩蠻》二詞,擬作之詞出,風氣復盛。《草堂集》所載李太白此二詞,乃千古詞家之鼻祖也。
>
> 宋人輯唐宋諸名家小詞,名《草堂詩餘》。舊本傳明人顧從敬,重校類選,編小令四十九辭、百七十六調;中調四十五辭、九十調;長調百四辭、二百四調,編爲《正集》六卷。又長湖外史類輯唐宋諸名家小詞,編小令三十九辭、百六十五調;中調十三辭、三十五調;長調十七辭、三十三調,編爲《續集》二卷,有箋解與批點,上截細書評語。又由《花間》、《尊前》、《花庵》諸集及稗官逸史中,博採唐五代金元諸名家之小詞,輯小令六十四辭、二百四十四調;中調四十辭、七十七調;長調五十八辭、百四十二調,編爲《别集》四卷。又錢允治類輯明代諸名家之小詞,調名相混,誤字依舊,輯小令六十三辭、百五十四調;中調三十七辭、百十七調;長調五十三辭、百四十九調,附注誤字,添加批點,編爲《新集》五卷。總合爲四集,刊行

於世。”

(類選箋釋)草堂詩餘六卷　續二卷　國朝詩餘五卷

(宋)闕名輯　(明)顧從敬類選　《續》錢允治箋釋　陳仁錫校　《國朝詩餘》錢允治編　陳仁錫釋

明萬曆年間(1573—1620年)翁元泰霏玉樓刊本

内閣文庫　東洋文庫藏本　大谷大學附屬圖書館藏本

【按】每半葉有界九行,行二十字,注文小字雙行。白口,左右雙邊。

《草堂詩餘》前有明萬曆四十二年(1614年)陳仁錫《序》,并同年錢允治《序》,又有明嘉靖二十九年(1550年)何良俊《序》。

《續集》前有明萬曆四十二年(1614年)陳仁錫《序》。

《國朝詩餘》前有明萬曆四十二年(1614年)錢允治《序》。

内閣文庫藏本,原係楓山官庫等舊藏,無《國朝詩餘》五卷,共一册。

東洋文庫藏本,今缺《國朝詩餘》五卷,共四册。

大谷大學藏本,原係神田鬯庵(喜一郎)舊藏,1984年秋由神田氏家族捐贈大學。共二册。

(新刻增修箋注妙選群英)草堂詩餘二卷

(宋)闕名輯　闕名注

明萬曆三十年(1602年)余氏滄泉堂刊本　共二册

大谷大學附屬圖書館藏本　原神田鬯庵(喜一郎)舊藏

【按】此本係1984年秋,神田氏家族捐贈大谷大學。

(新刻注釋)草堂詩餘評林六卷

(宋)闕名輯　(明)李廷機評

明萬曆三十六年(1608年)起秀堂刊本　林羅山手校本　共二册

内閣文庫藏本　原林羅山等舊藏

【按】卷中有“江雲渭樹”等印記。

(毛扆勞權手識宋金元明人)詩餘琴譜六種

舊寫本　共一册

静嘉堂文庫藏本

【按】此本係宋金元明人著詞曲類集六種之合訂本,有明末毛扆(季斧)與清道光、咸豐年間勞權(巽卿)手識文。細目如次:

一、《省齋詩餘》一卷　(宋)衡陽廖行之(天民)撰

此本有毛氏手識文一則,其文曰:

“壬戌四月十四日,從孫氏藏本校正。”

又有勞市氏手識文二則。其文曰:

“己酉八月,依毛季斧校本手録。巽(卿)。”

“咸豐己未六月二十一日,《大典》本《省齋集》校過。多所改正,惜不及半耳。秋井草堂記。”

二、《養拙堂詞》一卷　(宋)管鑑(明仲)撰

此本有毛氏手識文一則,其文曰:

“乙丑六月十一日,從周氏舊録本再校一過。時斜風細雨,毛扆。”

又有勞氏手釋文一則,其文曰:

“《直齋書録解題》載《養拙堂詞集》一卷,但云管鑑明仲撰,而不著其籍貫,與此本相同。《直齋》所據蓋長沙書坊所刻百家本也,此本從吴興丁月河借得,爲毛季斧手校。乘暇手寫一帙,以補宋詞之缺。道光己酉七月十二日校畢,蟫盦詞隱勞權。”

此本《四庫全書》未收録,阮元亦未進呈。

三、《無絃琴譜》二卷　(元)錢塘仇遠(山村)撰

此本從《永樂大典》中録出,《四庫全書》未收録。

四、《扣舷集》一卷　(明)高啓撰

此本有勞氏手識文,其文曰:

“咸豐甲寅六月，逭暑漚喜亭，得閑無所作，鈔此遣日，且囑沈環卿校之。晦日，飲香詞隱漫記於池上西窗下。”

此本《四庫全書》未收録。

五、《眉庵詞》一卷　（明）楊基撰

此本有勞氏手識文，其文曰：

“咸豐甲寅七月漫録。時適移家玉参差館，遷居甫定，心緒怅悼，借此聊遣病懷，金子及爲余校正。中秋前三日，飲香生記於漚喜亭。”

此本《四庫全書》未收録。

六、《遺山樂府》一卷　（金）元好問撰

此本有勞氏手識文二則。曰：

“遺山先生《新樂府》五卷，此凌栢軒編選一卷本，今秋鈔於王吉甫，復遇趙氏星鳳閣鈔本校補，缺一闋。此本雖不如《新樂府》之全，頗有出於其外者。《抱經堂文集》有‘題辭’，行附録之。道光甲辰十二月初九日燈下，巽卿。”

“咸豐丁巳八月二十日《新樂府》本校於秋井草堂，《詞綜》發凡作兩卷，即此本也。凡選廿有一闋。隨勘一過，漏三下，飲香生識。”

此本卷中有“勞巽卿”白文方印、“漚喜亭”朱文長印、“巽卿”朱文方印、“玉参差館”朱文方印等印記。

此本《四庫全書》未收録。

詩詞雜俎十二種

（明）毛晉編輯

明虞山毛氏汲古閣刊本

静嘉堂文庫　早稻田大學圖書館藏本

【按】此本細目如次：

《衆妙集》一卷　（宋）趙師秀撰

《翦綃集》二卷　（宋）李龏輯

《石湖詩集》一卷　（宋）范成大撰

《月泉吟社》　（宋）吴渭撰

《谷音》二卷　（宋）杜本輯

《河汾諸老詩集》八卷　（宋）房祺編

《三家宫詞》三卷　（明）毛晉編輯

《二家宫詞》二卷　（明）毛晉編輯

《元宫詞》一卷

《漱玉詞》一卷　（宋）李清照撰

《斷腸詞》一卷　（宋）朱淑真撰

《龍輔女紅餘志》二卷　（元）龍輔編撰

静嘉堂文庫藏本，原係陸心源十萬卷樓等舊藏，共四册。

早稻田大學藏本，今缺《衆妙集》、《元宫詞》共二種，共七册。

詞林萬選四卷

（明）楊慎選

明琴川毛氏汲古閣刊本

内閣文庫　東洋文庫藏本

【按】内閣文庫藏本，原係江户時代豐後佐伯藩主毛利高標舊藏，仁孝天皇文政年間（1818—1829年）由出雲守毛利高翰獻贈幕府。明治初期歸内閣文庫。卷中有“佐伯侯毛利高標字培松藏書畫之印”等印記，共一册。

東洋文庫藏本，卷中有王國維手識文，共二册。

詞壇合璧

（明）朱之蕃訂

明萬曆四十三年（1615年）世德堂刊本

東北大學附屬圖書館藏本

【按】此本細目如次：

《草堂詩餘》五卷　（明）楊慎批點　閔暎璧校

《花間集》四卷　（唐）趙崇祚輯　湯顯祖評

《詞的》四卷　（明）茅暎評選

《四家宫詞》二卷　（明）楊慎批評　朱萬選校

典雅詞十四種

（明）毛晉編輯

毛氏摹印宋刊本　共五册

静嘉堂文庫藏本　原陸心源皕宋樓等舊藏

【按】此本細目如次：

第一册　《西麓繼周集》一卷　（宋）陳允平撰

第二册　《燕喜詞》一卷　（宋）曹寇撰

《拙庵詞》一卷　（宋）趙磻老撰

《碎錦詞》一卷　（宋）李好古撰

第三册　《雙溪詞》一卷　（宋）馮取洽撰

《袁宣卿詞》一卷　（宋）袁去華撰

《文簡公詞》一卷　（宋）程大昌撰

第四册　《澹庵長短句》（零本）　（宋）胡銓撰

《章華詞》（零本）　不題撰人姓名

《篁嵘詞》（零本）　（宋）劉子寰撰

《巢令君阮户部詞》（零本）　（宋）阮閲撰

第五册　《知稼翁詞》一卷　（宋）黄公度撰

《龍川詞》（零本）　（宋）陳亮撰

《孏窟詞》（零本）　（宋）侯寘撰

詞苑英華

（明）毛晉編輯

明常熟毛氏汲古閣刊本

東洋文庫　静嘉堂文庫　東京大學文學部漢籍中心藏本

【按】每半葉有界九行，行二十字，注文小字雙行。白口，左右雙邊（17.3cm×11.2cm）。版心有鐫刻工姓名者，有無姓名者。

此本細目如次：

《花庵絶妙詞選》十卷

《中興絶妙詞選》十卷

《草堂詩餘》四卷

《花間集》十卷

《尊前集》二卷

《詞林萬選》四卷

《詩餘圖譜》三卷

《少游詩餘》一卷

《南湖詩餘》一卷

東洋文庫藏本，原係小田切萬壽之助等舊藏，此本今無《少游詩餘》與《南湖詩餘》兩種，共二十册。

静嘉堂文庫藏本，原係陸心源守先閣等舊藏，共十二册。

東京大學藏本，《詩餘圖譜》、《少游詩餘》、《南湖詩餘》三種，皆係明崇禎八年（1635年）濟南王象晉刊本，汲古閣藏版，共十二册。

【附録】據《外船賫來書目》記載，光格天皇寛政十二年（1800年）中國商船“申一番船”載《詞苑英華》一部二帙抵日本。同年，中國商船“申三番船”載《詞苑英華》一部二帙亦抵日本。

據《寅十番船持渡書改目録寫》記載，光格天皇天明六年（1786年）中國商船“寅十番船”載《詞苑英華》一部二帙十册抵日本，并注明“無脱紙。”

詞林摘艷十卷

（明）張禄輯

明萬曆年間（1573—1620年）刊本　共十册

國會圖書館藏本

【按】前有明萬曆二十五年（1597年）《序》。

詩餘圖譜三卷

（明）張綖編撰

明崇禎八年（1635年）濟南王象晉刊本（毛氏汲古閣《詞苑英華》之一種）　共十二册

京都大學人文科學研究所東洋學文獻中心藏本

花草稡編十二卷　樂府指迷一卷

（明）陳耀文編

明萬曆年間（1573—1620年）刊本　共十二册

内閣文庫藏本　原楓山官庫等舊藏

【按】每半葉有界十行，行二十字。

前有明萬曆十一年（1583年）陳耀文《序》。

詩餘廣選十六卷　雜説一卷　徐卓晤歌一卷

(明)卓人月編　《徐歌》徐士俊撰　卓人月編

明崇禎二年(1629年)刊本　共八册

内閣文庫藏本　原楓山官庫等舊藏

辭品六卷　附衛夫人筆陳圖一卷　試筆一卷

(明)楊慎撰　《筆陳圖》(晉)衛夫人撰　《試筆》(宋)歐陽修撰

明嘉靖年間(1522—1566年)刊本　共四册

大阪大學文學部懷德堂文庫藏本　原大阪懷德堂等舊藏

【按】前有明嘉靖三十三年(1554年)《序》。

尊前集二卷

(明)顧梧芳輯

舊寫本　王國維手識本　共二册

東洋文庫藏本

尊前集二卷

不題撰者

明崇禎年間(1628—1644年)毛氏汲古閣刊本　共二册

静嘉堂文庫藏本

(精選)古今詩餘醉十五卷

(明)潘游龍編　范文光參　陳珽訂

明崇禎年間(1628—1644年)十竹齋刊本　共八册

内閣文庫藏本　原楓山官庫等舊藏

【按】每半葉八行,行十八字。版心鐫刻"十竹齋"三字。

前有明崇禎十年(1637年)郭紹儀《序》、明崇禎九年(1636年)范文光《序》、同年陳珽《序》,又有管貞乾《序》、潘游龍《序》。

(新刻古今名賢)草堂詩餘四卷

(明)李謹輯

明嘉靖二十八年(1549年)浙江三衢童氏重刊本　王國維手識文本　共四册

東洋文庫藏本

鷗夢詞一卷

(清)劉履芬撰

手稿本　王國維手識本　共一册

東洋文庫藏本

【按】卷中天邊地頭有杜文瀾手勒方錡、潘鍾瑞評語。

樂府古題要解二卷

(唐)吴兢編撰

明人柳僉手寫本　柳僉等手識文本　共一册

静嘉堂文庫藏本　原天一閣等舊藏

【按】卷中有明人柳僉手録本書之識文,其文曰:

"正德乙亥七月二十二日録訖,唐史臣吴(諱見前)《樂府古題要解》一小帙。值區區感寒受鬱,亦樂於鈔寫。以詩寄興云:'偶病不粒食,鈔書二十番;娱生無此癖,守死亦爲冤。把筆頭攲帽,衣緜酒罷樽;時名付花流,此外復何言。'　布衣柳僉謹志。"

又有五松居士手識文,其文曰:

"唐吴兢所撰《樂府古題要解》二卷,本附《古樂府詞》十卷以行,故《崇文總目》稱爲十二卷。此天一閣藏本,爲正德時布衣柳僉手録。檢毛晉刻《津逮秘書》,中有此《跋》。稱凡三本,一得之廣山楊氏,一得之錫山顔氏,最後乃得一元版。則此本明人依元版手録者也。　五松居士記。"

【附録】日本中御門天皇享保十一年(1726年)刊印吴兢撰《樂府古題要解》二卷。此本後有享保十七年(1732年)須原屋新兵衛重印本。

中御門天皇享保十七年(1732年)江户須原屋新兵衛刊行唐人吴兢《樂府古題要解》二卷。此本爲日人伊藤一蔥、羽淵文仲校。

樂府古題要解二卷

(唐)吴兢編撰

明刊本　共一册

早稻田大學附屬圖書館藏本

樂府詩集(郭樂府)一百卷　目録二卷

(宋)郭茂倩編次

元至正年間(1341—1368年)刊本　共三十二册

宫内廳書陵部藏本　原江户時豐後佐伯藩主毛利高標等舊藏

【按】每半葉有界十一行,行二十字。小黑口,左右雙邊(22.6cm×14.6cm)。版心記葉數,時有刻工姓名。

前有元至正初元(1341年)周慧孫《序》,又有元至元六年(1340年)李孝光《序》。

此本收録"樂府歌辭"十二種,細目如次:

《郊廟歌辭》十二卷;《燕射歌辭》十二卷;

《鼓吹曲辭》五卷;《横吹曲辭》五卷;

《相和歌辭》十八卷;《清商曲辭》八卷;

《舞曲歌辭》四卷;《琴曲歌辭》四卷;

《雜曲歌辭》十八卷;《近代曲辭》四卷;

《雜謡歌辭》七卷;《新樂府辭》二卷。

仁孝天皇文政年間(1818—1829年)由出雲守毛利高翰獻贈幕府,明治初期經太政官文庫而歸内閣文庫。明治二十四年(1891年)移送宫内省圖書寮(即今宫内廳書陵部)。此本卷中有脱葉,卷首有"葉氏藏書"、"佐伯侯毛利高標字培松藏書畫之印"等印記,卷中又有"葉君錫藏書"印記。

【附録】桃園天皇寶曆歷四年(1754年)中國商船"加字號"載《樂府詩集》一部二帙抵日本

樂府詩集(郭樂府)一百卷　目録二卷

(宋)郭茂倩編次

元至正年間(1341—1368年)刊本　共十八册

静嘉堂文庫藏本　原係陸心源皕宋樓舊藏

【按】每半葉有界十一行,行二十字。小黑口,左右雙邊(22.6cm×14.6cm)。

版心記葉數,時有刻工姓名。

前有元至正初元(1341年)周慧孫《序》,又有元至元六年(1340年)李孝先《序》。

此本係元刊元印本。

陸心源《儀顧堂續跋》卷十四著録此本。其釋文曰:

"《樂府詩集》一百卷,題曰太原郭茂倩編次。前有至正初元周慧孫《序》、至元六年李孝先《序》。元槧本……卷中朱筆皆求赤筆。《四庫提要》云,據《建炎以來繫年要録》,茂倩爲侍讀學士郭裒之孫、源中之子。其仕履未詳。愚按,茂倩字德粲,東平人,通音律,善篆隸。元豐七年,河南法曹参軍。祖勸,翰林侍讀學士給事中,贈吏部尚書。父源明字潛亮,出名元賡字永敬。嘉祐二年進士,官至職方員外郎、知單州軍州事。蘇頌誌其墓,見《蘇魏公集》卷五十九,與《繫年要録》微有不同。《要録》從《永樂大典》録出,恐有傳寫之訛。《蘇集》從宋本影寫,當可據。惟郭源中亦有其人,累官都官員外郎,充廣陸郡王申王院教授、職方員外郎。見《蘇魏公集·外制》。或源明與源中弟兄,而茂倩嗣源中歟?"

此本卷中有"錢孫保一名容保"、"錢孫保字求赤"、"孫保"、"錢氏校本"、"彭城"、"天啓甲子"、"錢興祖印"、"春草堂"、"秦川"、"相舒一字秦川"、"秀水盛氏抽堂圖書"、"膽大心小知圓行方"、"風興堂藏書記"、"盛百二"、"臣百二"、"盛氏圖書"、"羅浮山人"、"歸安陸樹聲藏書之記"等印記。

樂府詩集一百卷　卷目二卷

(宋)郭茂倩編次

元刊明嘉靖三十年(1551年)修刊本　共二十册

内閣文庫藏本　原楓山官庫等舊藏

樂府詩集一百卷　目二卷

(宋)郭茂倩編次

明虞山毛氏汲古閣據元本重刊本

内閣文庫　東洋文庫　東京大學　大阪大學文學部懷德堂文庫　神户大學附屬圖書館文學部分館　慶應義塾大學附屬圖書館藏本

【按】每半葉有界十一行,行二十一字,注文小字雙行。白口,左右雙邊(19.8cm×14.5cm)。版心鐫刻"樂府",上記卷數,下記字數。末葉版心鐫"汲古閣正本"五字。

前有元至元六年十二月李光孝《序》。卷末有毛晉《跋》。

内閣文庫藏本,原係昌平坂學問所等舊藏,共二十册。

東洋文庫藏本,原係小田切萬壽之助等舊藏,共十六册。

東京大學藏此同一刊本三部。二部現存東洋文化研究所,其中,一部原係大木幹一等舊藏。另一部現存文學部漢籍中心,凡三十二册。

大阪大學文學部懷德堂文庫藏本,原係大阪懷德堂等舊藏,共十册。

慶應義塾大學藏本,共十二册。

【附録】桃園天皇寶曆四年(1754年)《(長崎港)舶來書籍大意書》著録是書。其識文曰:

"《樂府詩集》一部二帙二十册,宋郭茂倩編次。是集輯漢魏六朝之郊廟歌辭八百餘首,輯燕射歌辭百六十餘首,輯漢魏六朝之鼓吹歌辭二百五十餘首,輯漢梁之横吹曲辭三百餘首,輯自魏至唐之相和歌辭八百十餘首,輯六朝唐代之清商曲辭七百二十餘首,輯自漢至唐之舞曲歌辭百八十餘首,輯自陶唐至唐代之琴曲歌辭百七十餘首,輯自秦代至唐朝之雜曲歌辭七百三十餘首,輯隋唐之近代曲辭三百三十餘首,輯自陶唐至後梁之雜謡歌辭三百十餘首,輯唐新樂府辭四百二十餘首。此本乃明人毛子晉依宋版訂正重刊。"

古樂府(古一隋)十卷

(元)左克明編輯

元刊本　共三册

武田科學財團杏雨書屋藏本　原内藤湖南恭仁山莊等舊藏

【按】每半葉有界十二行,行二十一字。小字雙行。白口,四周雙邊(20.5cm×14.9cm)。版心鐫"古樂府",上記卷數,下記字數。

前有元至正丙戌(1346年)左克明《自序》。

各卷首有本卷目次。

此本全書朱點,并有頭注。間有改裝,上欄注記文字被裁斷。

古樂府(古一隋)十卷

(元)左克明編輯　(明)汪尚磨校

明嘉靖年間(1522—1566年)刊本

宫内廳書陵部　内閣文庫　静嘉堂文庫　大洲市立圖書館藏本

【按】前有元至正丙戌(1346年)良月左克明《序》。後有明嘉靖二十六年(1598年)《跋》。

宫内廳書陵部藏本,共四册。

内閣文庫藏此同一刊本兩部。一部原係明人徐𤊹舊藏,後歸日本江户時代豐後佐伯藩主毛利高標所有。此本係仁孝天皇文政年間(1818—1829年)由出雲守毛利高翰獻贈幕府。明治初期經太政官文庫而歸内閣文庫。卷末《刻古樂府序》後餘白處,有徐𤊹草書手識文五行,其文曰:"《古樂府》吾家藏有三副,皆手自句讀。今歲偶過會稽,見肆中《樂府》一部,失首一帙,中有朱筆批評,輒作證解之語,字格不俗。問之乃山陰徐渭所點者。徐字文長,號天池,博學善詩,爲越東之才士。遂購以歸,殘欠弗論耳。壬寅春初惟起識。"此文亦載徐𤊹所著《重編紅雨樓題跋》卷一。卷中有"晉安徐興公家藏書"、"汗竹巢"、"閩中徐惟起藏書印"、"佐伯侯毛利高標字培松藏書畫之印”等印記。全書共四册。一部原係島津家舊藏,後歸昌平坂學問所。卷中有“昌平坂學問所”等印記,共十册。

静嘉堂文庫藏本,共四册。

大洲市藏本,原係函崎文庫等舊藏。此本今存卷三至卷十,卷一、卷二皆缺。

古樂府(古一隋)十卷

(元)左克明編輯　(明)汪文元校

明萬曆七年(1579 年)刊本

宫内廳書陵部　御茶之水圖書館藏本

【按】前有元至正丙戌(1346 年)左克明《序》,又有明萬曆己卯(1579 年)《重刊叙》。

此本係白綿紙印本。

宫内廳書陵部藏本,共六册。

御茶之水圖書館藏本,原係德富蘇峰成簣堂等舊藏,共八册。

古樂府(古一隋)十卷

(元)左克明編輯　(明)何汝教校

明萬曆三十年(1602 年)刊本　共五册

關西大學附屬圖書館藏本　原江户時代藤澤東畡　藤澤南陽　藤澤黄鵠　藤澤黄坡三世四代泊園文庫舊藏

古樂府(古一隋)十卷

(元)左克明編輯

明刊本　共二册

内閣文庫藏本　原楓山官庫等舊藏

古樂苑五十二卷　前集一卷　古樂苑衍録四卷　總目二卷

(明)梅鼎祚編輯　吕胤昌校

明萬曆十九年(1591 年)西吴梅氏刊本

内閣文庫　蓬左文庫　尊經閣文庫　東京大學東洋文化研究所　京都大學　廣島大學文學部　神宫文庫藏本

【按】前有明萬曆辛卯年(1591 年)辛卯月辛卯時汪道昆《古樂苑序》。次有《古樂苑凡例》。次有《古樂苑總目》。

内閣文庫藏此同一刊本兩部。一部原係昌平坂學問所等舊藏。此本《古樂苑衍録》之卷一、卷二係後人寫補,共三十二册。一部原係楓山官庫等舊藏。此本今缺《衍録》四卷,共十册。

蓬左文庫藏本,原係江户時代尾張藩主家舊藏。此本係明正天皇寬永十三年(1636 年)從中國購得,卷中有“尾陽内庫”印記,共十册。

尊經閣文庫藏本,原係江户時代加賀藩主前田綱紀等舊藏,共十册。

京都大學藏此同一刊本兩部。一部現存文學部中國語學文學哲學研究室,共十册。一部現存人文科學研究所東洋學文獻中心,共十六册。

廣島大學藏本,共二十册。

神宫文庫藏本,共十六册。

【附録】桃園天皇寳曆四年(1754 年)《(長崎港)舶來書籍大意書》著録是書。其識文曰:

> “《古樂苑》一部二帙十二册,明人梅鼎祚編次,衍録古樂之體例及聲例品藻等,輯上古至秦古歌辭六十餘首。又載古辭自漢至隋,凡郊廟歌辭三百五十餘首、燕射歌辭百八十餘首、鼓吹曲辭二百餘首、横吹曲辭百六十餘首、相和歌辭五百四十餘首、清商曲辭六百二十餘首、舞曲歌辭百四十餘首、琴曲歌辭百四十餘首、雜曲歌辭六百六十餘首、雜歌謡辭七百八十餘首,又雜曲歌辭三十餘首、仙歌曲辭五十餘首、鬼歌曲辭十餘首,添加注解,編爲本編五十一卷,題爲《古樂苑》。”

古樂苑五十二卷　前集一卷　古樂苑衍録四卷

(明)梅鼎祚編輯

明刊本　共二十册

宫内廳書陵部　廣島大學文學部藏本

樂府原四卷

(明)徐獻忠撰　高應冕校

明嘉靖四十年(1561年)刊本　共二册

東北大學附屬圖書館藏本

唐樂府十八卷

(明)吴勉學撰

明刊本

内閣文庫　京都大學文學部中國語學文學哲學研究室藏本

【按】内閣文庫藏本,原係楓山官庫等舊藏,共四册。

京都大學藏本,共六册。

青樓韵語四卷

(明)朱玄亮輯注并校正　張夢徵彙選并摹像

明萬曆四十四年(1616年)刊本　共二册

東京大學總合圖書館藏本　原渡邊信青洲文庫等舊藏

(校注)橘山四六二十卷

(宋)李廷忠撰　(明)孫雲翼注

明萬曆三十五年(1607)曲阿孫氏刊本　共八册

宫内廳書陵部　尊經閣文庫　大阪大學文學部懷德堂文庫藏本

【按】前有明萬曆丁未(1607年)雲翼《序》,稱所藏原係寫本,"甲申應貢之京師偶攜是帙,遂取繙閲,隨手箋釋,後隨牒炎徼,左僻多暇,爰取訂正,稍加詮次"云云。

宫内廳書陵部藏本,原係江户時代豐後佐伯藩主毛利高標舊藏,仁孝天皇文政年間(1818—1829年)出雲守毛利高翰獻贈德川幕府。明治初期經太政官文庫而歸内閣文庫。明治二十四年(1891年)移送宫内省圖書寮(即今宫内廳書陵部)。此本首有"佐伯侯毛利高標字培松藏書畫之印"印記。每册首又有"斯經置之泰邨"、"秘閣圖書之章"印記。第七册尾有"華園"、"海福"等印記。

尊經閣文庫藏本,原係江户時代加賀藩主前田綱紀等舊藏。

大阪大學文學部懷德堂文庫藏本,原係大阪懷德堂等舊藏。

(校注)橘山四六二十卷

(宋)李廷忠撰　(明)孫雲翼注

明刊本　共四册

静嘉堂文庫藏本　原陸心源十萬卷樓等舊藏

(梅亭先生)四六標準四十卷

(宋)李劉撰　羅逢吉編集

南宋刊本　日本重要文化財　共十九册

内閣文庫藏本　原新宫城主水野忠英等舊藏

【按】每半葉十行,行十九字。左右雙邊或四周雙邊。

卷中有"新宫城書藏"等印記。

此本字體峻麗,可推爲南宋建本之佳者。

此本已被"日本文化財審議委員會"確認爲"日本重要文化財"。

(宋李梅亭先生)四六標準四十卷　目四卷

(宋)李劉撰　(明)吴士睿校

明萬曆三十五年(1597年)新安吴士睿黄立範刊本

内閣文庫　尊經閣文庫　静嘉堂文庫　東京大學東洋文化研究所　京都大學文學部中國語學文學哲學研究室藏本

【按】每半葉十行,行二十字。白口,左右雙邊。

内閣文庫藏本,原係豐後佐伯藩主毛利高標等舊藏,仁孝天皇文政年間(1818—1829年)出雲守毛利高翰獻贈幕府,明治初期經太政官文庫而歸内閣文庫。卷中有"佐伯侯毛利高標字培松藏書畫之印"等印記,共六册。

尊經閣文庫藏本,共八册。

静嘉堂文庫藏本,原係陸心源守先閣等舊藏,共六册。

京都大學藏本,共十二册。

八代四六全書十七卷

(明)李天麟編輯　余良樞校

明萬曆年間(1573—1620年)刊本

内閣文庫　東洋文庫　尊經閣文庫　東京大學東洋文化研究所　京都大學文學部中國語學文學哲學研究室　東北大學附屬圖書館藏本

【按】前有明萬曆十五年(1587年)《序》。

内閣文庫藏本,共十二册。

東洋文庫藏本,共十册。

尊經閣文庫藏本,原係江户時代加賀藩主前田綱紀等舊藏,共十二册。

東京大學藏本,原係大木幹一等舊藏。

京都大學藏本,原係鈴木虎雄等舊藏,今缺卷第一、卷第二、卷第四至卷第七,實存十二卷,共四册。

東北大學藏本,原係狩野亨吉等舊藏,共十二册。

四六全書

(明)李日華編

明崇禎年間(1628—1644年)刊本　共二十册

尊經閣文庫藏本　原江户時代加賀藩主前田綱紀等舊藏

四六全書(五種)三十九卷

(明)李日華編輯　魯重民補編

明崇禎十三年(1640年)刊本　共十七册

内閣文庫藏本

四六雲蒸全集八卷

(明)吴文企撰　胡桂秋校

明萬曆三十三年(1605年)晏氏刊本　共二册

東北大學附屬圖書館藏本　原狩野亨吉等舊藏

(彙選注釋名公全啓)四六雲韶六卷

(明)陳士蘭編

明萬曆三十三年(1605年)余氏萃慶堂刊本　共三册

内閣文庫藏本

(車書樓彙輯名公)四六争奇八卷

(明)許以忠編輯　蔣時機校復

明天啓年間(1621—1627年)劉氏懷德堂刊本

内閣文庫　蓬左文庫藏本

【按】内閣文庫藏本,原係江户時代豐後佐伯藩主毛利高標舊藏,仁孝天皇文政年間(1818—1829年)由出雲守毛利高翰獻贈幕府,明治初期經太政官文庫而歸内閣文庫,卷中有"佐伯侯毛利高標字培松藏書畫之印"等印記,共八册。

蓬左文庫藏本,原係江户時代尾張藩主家舊藏。此本係明正天皇寬永六年(1629年)從中國購得。卷中有"尾陽内庫"印記,共四册。

(車書樓纂注)四六逢源六卷

(明)曾汝魯輯注

明天啓七年(1627年)序金陵周四達刊本

東京大學東洋文化研究所藏本

(車書樓選刻各名公舉業必用)四六津梁十二卷

(明)徐標編輯

明刊本

東京大學東洋文化研究所藏本　原大木幹一等舊藏

(古今)四六彙編十卷

(明)游之光編

明刊本　共五册

内閣文庫藏本

(新刻傍訓)四六古事苑二十卷

(明)鄧志謨撰　余應虬校
明萬曆四十六年(1618年)序刊本　共四册
國會圖書館藏本

(新刻旁訓)四六古事苑十卷

(明)鄧志謨編撰　余應虬校
明刊本　共四册
東北大學附屬圖書館藏本　原狩野亨吉等舊藏

(古照堂彙纂)四六奇賞十卷　首一卷

(明)陳仁錫編　鍾惺　艾南英校
明刊本
内閣文庫　尊經閣文庫藏本
【按】内閣文庫藏此同一刊本兩部。一部原係江户時代林氏大學頭家舊藏,共七册。一部原係楓山官庫等舊藏,共六册。
尊經閣文庫藏本,原係江户時代加賀藩主前田綱紀等舊藏,共三册。

四六法海十二卷

(明)王志堅輯　張我城等閲
明天啓年間(1621—1627年)吴郡王氏刊本(戴德堂藏版)
内閣文庫　東京大學　京都大學人文科學研究所東洋學文獻中心　大阪大學文學部懷德堂文庫　廣島大學文學部藏本
【按】前有明天啓七年(1627年)《序》。
内閣文庫藏此同一刊本兩部。一部原係楓山官庫等舊藏,共十二卷。一部原係江户時代豐後佐伯藩主毛利高標舊藏,仁孝天皇文政年間(1818—1829年)由出雲守毛利高翰獻贈幕府,明治初期經太政官文庫而歸内閣文庫。卷中有"佐伯侯毛利高標字培松藏書畫之印"等印記,共六册。
東京大學藏此同一刊本兩部。一部現存總合圖書館,原係覺廬文庫(市村瓚次郎買付本)等舊藏,共十六册。一部現存東洋文化研究所。
京都大學藏本,共十二册。
大阪大學文學部懷德堂文庫藏此同一刊本兩部。一部懷德堂藏版,原係大阪府藤井寺市岡田尹左衛門舊藏,共十六册。一部則係養正堂藏版,原係大阪懷德堂舊藏,共十二册。
廣島大學藏本,共十二册。
【附録】據光格天皇文化元年(1804年)《書籍直組帳》記載,是年中國商船"丑七番船"載《四六法海》一部抵日本。此書原價六匁,本次輸入提價五成,增三匁,售價九匁,另需再加五分,再加五分,實售價十匁。

(新刻旁注)四六類函十二卷

(明)朱錦類選　閔師孔注　許以忠編
明刊本
内閣文庫藏本
【按】内閣文庫藏此同一刊本兩部。一部原係楓山官庫等舊藏,共十册。一部今缺卷十二,共六册。

四六新函十二卷

(明)鍾惺編
明刊本　共六册
内閣文庫藏本

四六徽音集(五集)二十卷

(明)馮夢禎等選評　鍾萬禄等校正
明金陵徐思山余南崖刊本　共十册
蓬左文庫　尊經閣文庫藏本
【按】此本細目如次:
《四六徽音集》四卷　(明)馮夢龍編;
《四六徽音後集》四卷　(明)閻士選編;
《四六徽音續集》四卷　不署編者姓名;
《四六徽音徵集》四卷　不署編者姓名;
《四六徽音羽集》四卷　(明)湯賓尹編。
蓬左文庫藏本,原係江户時代尾張藩主家舊

藏。

尊經閣文庫藏本，原係江户時代加賀藩主前田綱紀等舊藏。

（岳石帆先生鑒定）四六宙函三十卷

（明）李自榮編　王世茂釋

明天啓年間（1621—1627 年）刊本

尊經閣文庫　東京大學東洋文化研究所　東北大學附屬圖書館藏本

【按】尊經閣文庫藏本，原係江户時代加賀藩主前田綱紀等舊藏，共十六册。

東京大學藏本，原係大木幹一等舊藏。

東北大學藏本，原係狩野亨吉等舊藏，共十九册。

（新刻學餘園類選名公）四六鳳采四卷

（明）丘兆麟輯注

明萬曆年間（1573—1620 年）潭陽劉大易刊本　共四册

蓬左文庫　京都大學文學部中國語學文學哲學研究室藏本

【按】前有明萬曆四十二年（1614 年）《序》。

蓬左文庫藏本，原係江户時代尾張藩主家舊藏。此本係明正天皇寛永六年（1629 年）從中國購得，卷中有"尾陽内庫"印記。

京都大學藏本，原係鈴木虎雄等舊藏。

鸞鳩四六小啓八卷

（明）連繼芳撰　沈肇元注

明萬曆三十六年（1608 年）刊本　共四册

内閣文庫藏本　原楓山官庫等舊藏

（古今）四六古集七卷　（古今）四六今集六卷

（明）張應泰編

明萬曆年間（1573—1620 年）刊本　共九册

尊經閣文庫藏本　原江户時代加賀藩主前田綱紀等舊藏

（新鐫選注名公）四六雲濤十卷

（明）鍾惺編

明崇禎年間（1628—1644 年）刊本　共五册

尊經閣文庫藏本　原江户時代加賀藩主前田綱紀等舊藏

四六類編十六卷

（明）李日華編　魯重民補訂

明崇禎十三年（1640 年）刊本

尊經閣文庫　東京大學總合圖書館藏本

【按】尊經閣文庫藏本，原係江户時代加賀藩主前田綱紀等舊藏，共八册。

東京大學藏本，原係覺廬文庫等舊藏（市村瓚次郎買付本），共六册。

（新鐫王先生彙選）四六旁訓評林鯤鵬呈瑞十二卷

（明）王世貞編

明刊本　共七册

尊經閣文庫藏本　原江户時代加賀藩主前田綱紀等舊藏

（恕銘朱先生彙選）當代名公四六新函十二卷

（明）朱□編

明萬曆年間（1573—1620 年）刊本　共六册

尊經閣文庫藏本　原江户時代加賀藩主前田綱紀等舊藏

宋四六叢珠彙選十卷

（明）王明敖輯

明刊本　共二册

廣島大學文學部藏本

擬唐人宫辭一卷　閨辭百咏一卷　擬唐人塞下曲一卷　擬唐人游仙詞一卷

（明）倪百鰲撰

明隆慶四年（1570 年）序刊本　共四册

内閣文庫藏本　原楓山官庫等舊藏

歷代宫詞(唐—明)四卷

(明)林應聘編
明萬曆年間(1573—1620年)刊本　共二册
内閣文庫藏本　原楓山官庫等舊藏
【按】前有明萬曆二十八年(1600年)《序》。

大明一統賦三卷

(明)莫旦撰
明嘉靖年間(1522—1566年)刊本　共三册
尊經閣文庫　廣島市立淺野圖書館藏本
【按】每半葉有界九行,每行十九字。白口,左右雙邊。
後有明嘉靖十六年丁酉(1537年)司馬泰《序》。序文曰:"成化間有莫旦氏者,吴人也,著《大明一統賦》。協辭比事秩以整,舖採摛文沛以贍,而尊聞傳信又鑿鑿不誣。撫臺蔡半洲翁,每爲稱善,間以出示泰,乃請歸郡齋刻之"云云。
文中所述莫旦氏,乃虚設烏有之名。此本全二十三節,總萬餘言,自爲之注。
尊經閣文庫藏本,原係江户時加賀藩主前田綱紀等舊藏。

大明一統賦補四卷

(明)莫旦撰
明刊本　共四册
内閣文庫藏本　原楓山官庫等舊藏

賦苑八卷

(明)李漸卿編
明刊本
宫内廳書陵部　内閣文庫藏本
【按】宫内廳書陵部藏本,卷中有後人寫補,共十六册。
内閣文庫藏此同一刊本兩部。一部原係江户時代林氏大學頭家等舊藏,共十六册。一部原係楓山官庫等舊藏,共十册。

賦海補遺三十卷

(明)周履靖等編
明葉如堂刊本　共十册
内閣文庫藏本　原楓山官庫等舊藏

蜀都賦

(明)范檞撰　江鎣注
明刊本　共一册
内閣文庫藏本　原楓山官庫等舊藏

半山老人歌曲一卷

(宋)王安石撰
王國維手寫本　共一册
東洋文庫藏本

寗齋樂府(不分卷)

(宋)陳深撰
王國維手寫本　共一册
東洋文庫藏本
【按】此本係王國維據樊謝老人手鈔《宋元四家詞》本鈔録。

誠齋樂府一卷

(宋)楊萬里撰
王國維手寫本　共一册
東洋文庫藏本

東山寓聲樂府三卷　補遺一卷

(宋)賀鑄撰
古寫本　王迪手識文本　共一册
静嘉堂文庫藏本
【按】此本前有張耒《序》。
卷中有王迪手識文,其文曰:
"《東山寓聲樂府》,宋山陰賀鑄撰。原本三卷,久已失傳,所傳者亦囿侯氏本而已。常熟張氏藏本與侯本同,皆缺中下兩卷,非足本也。近獲知不足齋鮑氏手跋校本兩種。一本與侯氏、張氏同;一本分爲二卷,與侯氏、張氏相較，同者僅八首。此本雖非原書，亦屬罕見，足可寶貴，不知鮑氏何自得之？頃以三家藏本彙而編之，得二百四十五首，録成三卷，仍其舊名。又於諸家選本中，輯得四十首，爲補遺一卷，附於後。方回先生詞，可以十得六七矣。道光戊申長至後九日，錢塘惠菴王迪識於惠迪吉齋。"

樂府雅詞三卷　拾遺二卷

（宋）曾慥編

古寫本　朱彝尊手識文本　共二册

静嘉堂文庫藏本　原朱彝尊等舊藏

【按】前宋有紹興丙寅（1146年）上元日《自序》一篇。

卷中有清康熙四十四年（1705年）朱彝尊手識文，其文曰：

"曾端伯《樂府雅詞》，陳氏《書録解題》十二卷，《拾遺》二卷。此書鈔自上元焦氏，止存三卷及《拾遺》，殆非足本。然藏書家著於録者罕矣。康熙乙酉竹垞老人跋於吴閶慧慶僧舍，時年七十有七。"

是編皆輯宋人之詞。

九代樂章二十三卷

（明）柳濂編

明嘉靖年間（1522—1566年）刊本　共四册

内閣文庫藏本　原楓山官庫等舊藏

【按】前有明嘉靖二十九年（1601年）《序》。

（散曲之屬）

雍熙樂府二十卷

（明）郭勛編撰

明嘉靖十五年（1536年）安肅春山刊本

共二十册

京都大學文學部中國語學文學哲學研究室藏本

【附録】後櫻町天皇明和二年（1765年）中國商船"與字號"載《雍熙樂府》一部四十册抵日本。

雍熙樂府二十卷

（明）郭勛編撰

明嘉靖十九年（1540年）楚愍王朱顯榕刊本

共二十册

宫内廳書陵部　東洋文庫藏本

【按】每半葉十行，行二十一字。白口，四周雙邊（20.5cm×13.8cm）。版心鐫刻"永熙樂府"，下記卷數、葉數。

前有明嘉靖庚子（1540年）楚藩長春山人《永熙樂府序》。末署"嘉靖十有九年庚子春正月之吉重刊，楚藩長春山人書於翠光樓"。此《序》文每半葉五行，行十二字。版心鐫刻"楚府官版"等。

宫内廳書陵部藏本，原係江户時代德山藩三代主毛利元次廣收"天下秘籍"之一。東山天皇寶永三年（1706年）《御書物目録》著録此本。明治二十九年（1896年）男爵毛利元功獻贈宫内省圖書寮（即今宫内廳書陵部）。卷中有脱葉，每册有"海昌世家"、"德藩藏書"印記等。

東洋文庫藏本，第一册之首有補寫明嘉靖四十五年春山居士本之《序》二葉。卷首有附葉，上有清宣統元年（1909年）王國維手識文四則。其文如次：（此四則識文收入中國戲劇出版社1957年刊《王國維戲曲論文》中，然字句與手識文略有差異）。

手識文一則曰：

"此《雍熙樂府》二十卷足本，光緒戊申冬日得於京師。案此書明代正、嘉五十餘年間凡經三刻：第一次刻於嘉靖辛卯，即此刻祖本，《提要》所謂'舊本題海西廣氏編'者也；第二次刻乃嘉靖庚子本，有楚愍王顯榕《序》；第三次則嘉靖丙寅本，有安肅春山《序》，錢塘丁氏《善本書室藏書志》著録者是也。此乃楚藩刻本，與丁氏之安肅本同爲二十卷，較《四庫》著録者多至七卷，是可寶也。宣統改元元夕前一夜，　國維識。"（文後有"王國維"朱文印記）

手識文二則曰：

"此書出於粤東藏書家，不知何人將安肅春山《序》鈔録於卷首，且改嘉靖丙寅爲丙辰，不知嘉靖初無丙辰。庚子，嘉靖十九年；丙寅則永陵厭代之歲也。又記。頃見《楝亭書目》：'《永熙樂府》二十卷，明蒼嵒輯'，又與《提要》所云題廣氏編者不同，并識於此。"

手識文三則曰：

"宣統改元冬十月，見日本毛利侯《草臼樓書目》，有《永熙樂府》十六卷，明郭勛編。案勛，明武定侯郭英曾孫，正德初嗣侯，嘉靖十九年進翊國公加太師，後有罪，下獄死。史稱其桀黠有智術，頗涉書史，則此書必其所編也。《明史》附見《郭英傳》。國維又記。"

手識文四則曰：

"又見明嘉靖本《草堂詩餘》，末一行曰：'安肅荆聚校刊'，下有印記曰：'春山居士'，則春山乃荆聚别字，附識於此。"

雍熙樂府二十卷

（明）郭勛編撰

明嘉靖四十五年（1566年）安肅春山居士荆聚刊本　共二十册

内閣文庫　京都大學文學部中國語學文學哲學研究室藏本

【按】每半葉十行，行二十一字。白口，四周雙邊（20.0cm×13.8cm）。版心鐫刻"永熙樂府"，下記卷數、葉數。

卷首有春山《永熙樂府序》，末署"嘉靖丙寅歲中秋日安肅春山謹識"。

内閣文庫藏本，原係昌平坂學問所等舊藏。

（新鐫古今大雅）北宫詞紀六卷　（新鐫古今大雅）南宫詞紀六卷

（明）陳所聞編輯　陳邦泰訂正

明萬曆三十二年（1604年）刊本　共十六册

京都大學文學部中國語學文學哲學研究室　大阪大學文學部懷德堂文庫　東北大學附屬圖書館　廣島大學文學部藏本

【按】每半葉有界十行，行二十字。天頭寬3.8cm，依韵排列，文字邊廓18.7cm×16.0cm。版心題鐫"北宫詞紀"。

首題"北宫詞紀"，署"萬曆甲辰（1604年）夏龍洞山農題"。次題"北宫詞紀小引"，署"萬曆甲辰午日友弟朱之蕃識"。次係"刻北宫詞紀凡例"。次係"古今品詞大旨"。次係"目録"。

京都大學藏本，共十六册。

大阪大學文學部懷德堂文庫藏本，原係大阪懷德堂等舊藏。今存《新鐫古今大雅南宫詞紀》六卷，共四卷。

東北大學藏本，今存《新鐫古今大雅北宫詞紀》六卷，共十二册。

廣島大學藏本，今存《新鐫古今大雅南宫詞紀》六卷，共四册。

吴騷集四卷

（明）王穉登輯　張琦校

明萬曆四十二年（1614年）刊本　共四册

京都大學文學部中國語學文學哲學研究室藏本

【按】每半葉有界十行，行二十一字。單魚尾，四周單邊（20cm×14.5cm）。版心題曲名。

前有陳繼儒《序》，尾署"萬曆甲寅（1614年）秋日清瀨居士陳繼儒書於尚白齋中"。

次有《目録》。曲文中間有綉像。

（白雪齋選訂樂府）吴騷合編四卷　首一卷

（明）騷隱居士撰　半嶺道人校

明崇禎年間(1628—1644年)吴郡緑蔭堂刊本

内閣文庫　東京大學東洋文化研究所　東北大學附屬圖書館　天理圖書館藏本

【按】每半葉有界九行,行二十字,小字雙行。四周單邊(20.0cm×14.0cm)。版心上鐫"吴騷合編",下鐫各卷卷目,如"仙吕卷一(——北商調卷四)",後記葉數。

各卷内題"虎林騷隱居士選訂,半嶺道人删訂"。各卷間有綉像插畫,卷一凡八葉,卷二凡八葉,卷三凡十二葉,卷四凡十二葉。

内封有大框,中央書印"樂府吴騷",右側書"吴菌次先生論定",左側書"吴郡緑蔭堂梓"。欄上横書"盛明雜劇"。

内閣文庫藏本,原係楓山官庫等舊藏,共四册。

東北大學藏本,共八册。

天理圖書館藏本,重新裝訂綫色封面,共八册。

吴歈萃雅四卷

(明)梯月主人編輯　隱隱道民校點

明長洲周之標刊本　共四册

京都大學文學部中國語學文學哲學研究室藏本

【按】每半葉九行,行二十一字。四周單邊(22.8cm×14.8cm)。

前有長洲周之標君建《題辭》二篇,後有"君建"印記一方。次有《小引》,署"丙辰臘月望日梯月主人走筆漫題"。次係《魏良甫曲律十八條》,次有《吴歈萃雅凡例》。

全書有朱墨圈點。

(新版點刻)樂府南音二卷

(明)洞庭簫士編輯

明刊本　共一册

内閣文庫藏本　原江户時代豐後佐伯藩主毛利高標舊藏

【按】此本係仁孝天皇文政年間(1818—1829年)由出雲守毛利高翰獻贈幕府。明治初期經太政官文庫而歸内閣文庫。卷中有"佐伯侯毛利高標字培松藏書畫之印"等印記。

碧山樂府八卷

(明)王九思撰

明刊本　共四册

東北大學附屬圖書館藏本

碧山樂府四卷

(明)王九思撰

明崇禎十三年(1640年)序刊本

東京大學東洋文化研究所藏本　原長澤規矩也雙紅堂文庫舊藏

彩筆情辭六卷

(明)張栩編輯

明天啓年間(1621—1627年)刊本

東京大學東洋文化研究所藏本

(南北曲之屬)

(李卓吾先生批評合像)北西厢記二卷　附録一卷　蒲東珠玉集一卷

(元)王實甫　關漢卿撰　(明)李贄評　《珠玉集》(明)張楷撰

明萬曆元年(1573年)書林游敬泉刊本　共四册

天理圖書館藏本　原鹽谷温等舊藏

【按】每半葉無界十行,行二十七字。科白低一字,細字雙行。四周雙邊(21.5cm×

12.5cm)。眉欄邊框(2.5cm×12.0cm)。版心上鐫卷名,如"西厢記"、"北西厢"、"西牌附録"、"蒲東詩"等,下記卷數、葉數。

卷中有繡像十二幅,凡二十五葉。

前有李贄《重校北西厢記總評》,次有《重校北西厢記凡例》,次有《重校北西厢記目録》。又有《附録》(《錢塘夢》、《園林午夢》、《蟾宫曲四首閨怨》折桂令四闋),又有"鶯鶯遺像"半葉,并《重校西厢記考證》(《會真記》等三十五則)。

《目録》題"重校北厢記"。次有刊印蓮牌木記:"皇明萬曆新歲書林游敬泉梓"。

上卷内題"重校北西厢記",尾題"李先生批評西厢記雙卷終"。

下卷内題"新刻李卓吾批評釋義合像北西厢記",尾題"重刻北厢記下卷終"。

第四册附録内題"李卓吾先生批評蒲東珠玉詩集",尾題"李卓吾批評西厢記附録"。

四册封面皆係鹽谷温手筆,左側題曰"重校北西厢記卷一(——四)"。

眉欄有評語。卷中有繡像插畫,上卷凡十二葉,下卷凡十二葉。全書有墨書批點。

【附録】據《賫來書目》記載,中御門天皇享保二十年(1735年)中國商船"第二十五番"廣東船(船主黄瑞周、楊叔祖)載《西厢記》一部二册抵日本。

據《商舶載來書目》記載,櫻町天皇元文四年(1739年)中國商船"世字號"載《西厢記》一部三册抵日本。

(李卓吾先生批評)北西厢記二卷

(元)王實甫　關漢卿撰　(明)李贄評

明萬曆庚戌(1610年)虎林容與堂刊本　共二册

宫内廳書陵部藏本　原江户時代德山藩主毛利元次等舊藏

【按】每半葉有界十行,曲文每行二十二字,科白低一字,每行二十一字。四周單邊(22.5cm×14.0cm)。文中有評語,細字雙行。版心鐫刻"李卓吾批評西厢記卷之上(下)",并記字數、葉數,末鍥"容與堂"三字。

卷中有繡像二十幅,凡四十葉。插圖偶題畫工姓名,如卷上"閑愁萬種無語怨東風"一副,署"黄應光鐫",下卷繡像第八葉有"庚戌夏日模于吴山堂　無瑕",第十葉款書"降雪道人"等。

全本二卷二十齣。

此本原係江户時代德山藩三代主毛利元次廣收"天下秘籍"之一。東山天皇寶永三年(1706年)《御書物目録》著録此本。明治二十九年(1896年)男爵毛利元功獻贈宫内省圖書寮(即今宫内廳書陵部)。卷中有"德藩藏書"印記等。

(元本出相)北西厢記二卷　釋義一卷　附會真記一卷

(元)王實甫　關漢卿撰　(明)王世貞　李贄評　《會真記》(唐)元稹撰

明萬曆庚戌(1610年)起鳳館曹以杜刊本

天理圖書館　大谷大學附屬圖書館藏本

【按】每半葉有界十行,每行雙行小字,曲文每行二十二字,科白低一字,每行二十一字。白口,四周單邊(20.0cm×13.5cm)。版心鐫刻卷數,如"卷上"、"卷下"等,下記葉數。

前有起鳳館主人《刻李王二先生批評北西厢序》,次有《新校北西厢記考》,次有《凡例》,次有"鶯鶯遺照",款書"王耕于田父仿唐六如之作",次有《元本出相北西厢記上卷目録》(下卷首有《元本出相北西厢記下卷目録》)。

卷中有綉像插畫,上卷係二十一葉,下卷係二十葉。

封面外題爲鹽谷温手筆,左側墨書"新校北西厢記　卷一(——卷四)",右側墨書"元本出相北西厢"。

天邊地頭有評語,本文有評點。

天理圖書館藏本,原係鹽谷温等舊藏,共四册。

大谷大學藏本,原係神田喜一郎(鬯盦)等

舊藏。昭和五十九年(1984 年)神田喜一郎(鬯盦)家族贈送大谷大學。此本今無《釋義》一卷、《會真記》一卷,共一册。

(重校)北西厢記(李卓吾先生批評西厢記)二卷　附録一卷

(明)王實甫　關漢卿撰　(明)李贄評

明萬曆年間(1573—1620 年)刊本(三槐堂藏版)　共二册

天理圖書館藏本　原鹽谷温等舊藏

【按】每半葉有界十行,科白細字雙行,行二十六字。四周雙邊(20.0cm×12.0cm)。版心鐫刻"西厢記上(下)",下記葉數。

卷前有李贄《總評》。卷中有綉像,上卷凡十七葉,下卷凡二十葉。偶見畫工姓名,如"次泉刻像"。

封面左側墨書"李評西厢記"。内封兩側題"李卓吾先生　批評西厢記"。中央下部有"三槐堂藏版"五字。

卷首有《重校北西厢記目次》,又有《重校北西厢記總評》等。各齣末有《釋義》。

第一册有湖上漁父手識文,第二册内封有吴湘生等手識文。

此本原係千葉鑛等舊藏,後歸中國小説史名家鹽谷温,爲海内外之孤本。

(李卓吾先生批點)西厢記真本二卷　附録四卷

(元)王實甫撰　(明)李贄評

明崇禎十三年(1640 年)西陵天章閣醉香主人刊本　共四册

天理圖書館　京都大學文學部中國語學文學哲學研究室　大谷大學附屬圖書館藏本

【按】每半葉有界九行,曲文每行二十字,科白低一字,每行十九字。白口,四周單邊(20.5cm×14.5cm)。

卷中有繡像,二十幅,凡四十一葉。偶見畫工姓名,如洪授、南洲等。

前有《題卓老批點西厢記》,題署"崇禎歲庚辰仲秋之朔醉香主人書於快閣"。

此本"附録"細目如次:

《西厢摘句骰譜》一卷;《圍棋闖曲》一卷;《會真記》一卷;《錢塘夢》一卷。

大谷大學藏本,原係神田喜一郎(鬯盦)等舊藏。昭和五十九年(1984 年)神田喜一郎(鬯盦)家族贈送大谷大學。

(新刻考證古本大字出像釋義)北西厢二卷

(元)王實甫　關漢卿撰　(明)謝世德訂

明萬曆七年(1579 年)金陵少山堂胡少山刊本　共二册

御茶之水圖書館藏本　原德富蘇峰成簣堂等舊藏

【按】每半葉有界十一行,曲文每行二十二字,科白低一字,細字雙行,每行二十一字。白口,四周雙邊。版心鐫刻卷數、葉數等。

正文首題"新刻考證古本大字出像釋義北西厢上卷",次行分署"皇明　江右　逸樂齋訂正","書林　胡氏　少山堂　梓行"。

前有《刻出像釋義西厢記引》,末署"萬曆己卯春月江右鄙人謝氏世吉甫識之於少山書堂"。

卷末有"萬曆己卯秋月金陵胡少山梓"刊印木記。

(重刊元本題評音釋)西厢記二卷

(元)王實甫　關漢卿撰　(明)王德信音釋　余瀘東校

明萬曆二十年(1592 年)忠正堂熊龍峰刊本　共二册

内閣文庫　東北大學附屬圖書館藏本

【按】每半葉有界十行,曲文每行二十字,科白低一字,每行十九字。白口,四周雙邊(20.5cm×13.0cm)。版心鐫刻"西厢記上(下)卷",下記字數。

第一册扉葉四周二重雙邊,右側題署"重鍥出像音釋",左側題署"西厢評林大全",中央小字題曰:"庚寅春旦忠正堂熊龍峰鋟"。

内題首行曰:"重刻元本題評音釋西厢記卷

上”，次行分署:“上饒　余瀘東　校正，　書林　熊龍峰　繡梓”。

内閣文庫藏本，原係江户時代林羅山等舊藏。卷中有“江雲渭樹”印記。

東北大學藏本，原係狩野亨吉等舊藏。

(重校)北西厢記二卷

(元)王實甫　關漢卿撰

明萬曆年間(1573—1620年)刊本　共二册

無窮會織田文庫藏本　原織田小覺等舊藏

【按】每半葉有界十行，行二十六字。科白小字雙行。版心鎸刻“(北)西厢記上(下)”。

卷中有綉像十七幅，凡三十四葉。偶見畫工姓名，如“次泉刻像”。

各齣末有《釋義》、《音字》。

(重校)北西厢記五卷　附録一卷

(元)王實甫　關漢卿撰　(明)陳邦泰校録《附録》張楷撰

明萬曆戊戌(1598年)秣陵繼志齋陳邦泰刊本　共四册(與《琵琶記》合刊，各二册)

内閣文庫藏本

【按】每半葉有界十行，曲文每行二十字，科白細字雙行。版心鎸刻“北西厢記一(——五)”，又記葉數等。

前有《刻重校北西厢記序》，末署“萬曆壬午夏龍洞山農撰，謝山樵隱重書戊戌之夏日”。又有《重校北西厢記總評》，次有秣陵陳邦泰校録《重校北西厢記凡例》十則，次有戊戌孟夏秣陵陳大來校《重校北西厢記目録》等。

卷中有“鶯鶯遺照”一幅半葉，款書“明伯虎唐寅寫於田汪耕摹”。

《附録》係《錢塘夢》、《園林午夢》、《蟾宫曲》四首(閨怨即折桂令)。末有《重校蒲東珠玉詩》(二十二葉)，末署“四明張楷著”，版心鎸刻“北西厢記　六卷”。

(新校注古本)西厢記五卷　附録一卷

(元)王實甫　關漢卿撰　(明)王驥德校注　沈璟評　謝伯美　朱朝鼎校

明萬曆甲寅(1614年)山陰朱朝鼎香雪居刊本　共六册

天理圖書館藏本

【按】每半葉有界十行，曲文每行二十字，科白低一字，每行雙行十九字。白口，四周單邊(21.5cm×14.5cm)。

前有《新校注古本西厢記序》，末署“萬曆歲在癸丑重陽日吴郡粲花館主人書”，後有“毛氏以燧”、“毛以燧印”印記兩枚。次有《新校注古本西厢記自序》，末署“萬曆甲寅春日大越琅琊生方諸僊史伯良氏書”，後有“王驥德印”、“伯良氏”印記兩枚。次有題詞“千秋絶艷”，款書“周公瑕書”，後有“六止居士”、“周氏公瑕”印記兩枚。次有《例三十六則》，凡九葉。次有《新校注古本西厢記標目》，款書“永興蔡迦陵寫”。次有《新校注古本西厢記引證書目》，次有《新校注古本西厢記考目録》，次有繡像“崔孃遺照”，款書“宋畫院待詔陳居中摹”，此葉版心鎸刻“新安黄應光鎸”。

此本有繡像二十一幅，凡四十三葉。繡像首圖《遇艷》，款書“長州錢穀叔寶寫”，後有“叔茂”印記一枚，接下又有款書“吴江汝氏文淑摹”，後有“文淑”印記一枚。其它繡像款書，見“黄應光”、“應光”等字樣。

正文卷一首行題“新校注古本西厢記卷一”，次行分署上段爲“元大都王實甫編，明會稽方諸生校注”，下段爲“明山陰徐渭附解，吴江詞隱生評，古虞謝伯美、山陰朱朝鼎同校”。

卷末有《新校注古本西厢記跋》，末署“萬曆癸丑歲嘉平月山陰朱朝鼎書於香雪居”，後有“五雲深處”、“朱朝鼎”、“五鉌氏”印記三枚。

(新校注古本)西厢記五卷　附録一卷

(元)王實甫　關漢卿撰　(明)王驥德校注　沈璟評　朱朝鼎　(清)李潤校　金人瑞評

明萬曆甲寅(1614年)山陰朱朝鼎香雪居刊挖版重印本

國會圖書館　内閣文庫藏本

【按】此本行款與天理圖書館藏明萬曆甲寅(1614年)山陰朱朝鼎香雪居刊本全同。清初挖版重印。

卷一凡三十八葉,與初印本同版,惟首葉内題此行"古虞謝伯美",挖改爲"古越李潤";"明會稽方諸生校注"之次行,增補挖改"金聖嘆評"。

卷二凡四十六葉,與初印本同版。惟首葉内題此行"古虞謝伯美",挖改爲"古越李潤"。

卷三凡四十二葉,與初印本同版。惟首葉内題此行"古虞謝伯美",挖改爲"古越李潤"。

卷四凡三十五葉,其中第一葉起至第三十四葉與初印本同版,惟最後一葉爲補刻"得勝令徐云,這第三段是覺境。鴛鴦煞徐云,咫尺猶云近似,謂柳絲之長,牽惹之物,近似人情之牽惹也。"以下餘白。首葉内題此行"古虞謝伯美",挖改爲"古越李潤"。

卷五凡三十四葉,與初印本同版。惟首葉内題此行"古虞謝伯美",挖改爲"古越李潤"。

國會圖書館藏本,原共六册,現合爲三册。

内閣文庫藏本,原共六册,今缺第一册。

西厢記古本　附會真記一卷　元人增對奕一卷

(元)王實甫　關漢卿撰　《會真記》(唐)元稹撰　(明)凌濛初校注

明天啓年間(1621—1627年)烏程凌氏刊朱墨套印本

内閣文庫　天理圖書館　京都大學文學部中國語學文學哲學研究室　大谷大學附屬圖書館藏本

【按】每半葉無界八行,行十八字。曲文細字,科白單行。四周雙邊(20.0cm×14.0cm)。版心鐫刻"西厢記",下記卷數、字數。

卷中有綉像插畫,如第一册凡二十葉。《老夫人閑春院》畫後,鐫刻"新安黄一彬刻";《張君瑞慶團圖》後,鐫刻"吴門王文衡寫"等。

眉欄上有評語,本文有批點,皆係朱文。各卷末附有《解證》,全書有朱點。

前有即空觀主人《西厢記凡例》十則,後有"濛初之印"與"初成氏"朱刻印記。　又有《西厢記舊目》,并繡像二十幅。

五本題署如次:

西厢記第一本　元　王實甫　填詞　張君瑞鬧道場雜劇

西厢記第二本　元　王實甫　填詞　崔鶯鶯夜聽琴雜劇

西厢記第三本　元　王實甫　填詞　張君瑞害相思雜劇

西厢記第四本　元　王實甫　填詞　草橋店夢鶯鶯雜劇

西厢記第五本　元　關漢卿　填詞　張君瑞慶團圝雜劇

内閣文庫藏本,共四册。

天理圖書館藏此同一刊本兩部。一部封面左側題籤係黄絹朱字"西厢",共四册。一部共十二册。

京都大學藏本,共四册。

大谷大學藏本,原係神田喜一郎(鬯盦)等舊藏。昭和五十九年(1984年)神田喜一郎(鬯盦)家族贈送大谷大學。共四册。

(新校注古本)西厢記六卷　圖一卷

(元)王實甫　關漢卿撰　(明)方諸生校注

明萬曆年間(1573—1620年)香雪居刊本

共六册

内閣文庫藏本　天理圖書館藏本

【按】每半葉有界十行,小雙行二十字。四周單邊(21.0cm×13.5cm)。版心鐫刻"校注古本西厢記",下記卷數、字數,末尾鐫刻"香雪居"。

内題"元大都王實甫編,明會稽方諸生校注,明山陰徐渭附解,吴江詞隱生評,古虞謝伯美、山陰朱朝鼎同校"。

前有明萬曆甲寅(1614年)春日伯良(王驥德)《序》。

卷中有綉像插圖。

内閣文庫藏本,原係昌平坂學問所等舊藏。

天理圖書館藏本,卷中有河東伯子的評點。

此本今缺卷六，實存五卷。

看西厢

（清）高國珍撰

著者手稿本　共六册

天理圖書館藏本

【按】每半葉八行，行二十字，小字雙行。四周雙邊（20.5cm×14.5cm）。

第一册　看西厢支文節解，　全文凡四十一葉。

前有清乾隆十九年（1754年）菊月《自序》。版心書"看西厢總叙"，或"讀西厢辯——西厢記支分節解"，下記葉數。

内題次行題曰："山東濟南府齊河縣高國珍注解"。

卷首附《讀西厢辯》一葉、《勸讀西厢文》二葉、《勸細讀西厢文》一葉、《讀西厢條例》一葉、《西厢捷録》三葉。

第一册　第二册　看西厢句解，　全文凡九十三葉。

前有清乾隆十九年（1754年）《自序》。版心書"看西厢句解"，下依内容，分别書"驚艷——驚夢"，再下記葉數。

内題次行題曰："山東濟南府齊河縣高國珍注解"。

第三册　第四册　蛇足西厢，　全文二卷。

前有清乾隆十九年（1754年）菊月《自序》，又有乾隆歲次乙亥（1755年）暑月初旬《自序》。次題《西厢記人物總論》。版心書"看西厢記（看西厢蛇足）　人物總論（——驚夢）"，下記葉數。

内題次行題曰："山東濟南府齊河縣高國珍忝注"。

第五册　看西厢文評，　全文凡一百二十三葉。

前有清乾隆十九年（1754年）菊月《自序》。版心書"看西厢文評總批（——驚夢）"，再下記葉數。

内題次行題曰："山東濟南府齊河縣高國珍評"。

第六册　看西厢碎評，　全文一百十葉。

前有清乾隆十九年（1754年）菊月《自序》。版心書"看西厢文碎評驚艷（——驚夢）"，再下記葉數。

此本無内題，卷頭書"西厢記題目總名"，并書"山東濟南府齊河縣高國珍評"。

（漢元帝孤雁）漢宫秋

（元）馬致遠撰

明刊本　共一册

天理圖書館藏本

【按】每半葉有界九行，小雙行二十字。左右雙邊（19.5cm×13.0cm）。版心鐫刻"漢宫秋"，中記葉數，下刻"顧曲齋藏版"。

卷中有綉像插畫四葉。

李雲英風送梧桐葉一卷

（元）喬夢符撰

明刊本　共一册

天理圖書館藏本

【按】每半葉有界九行，曲文每半葉二十行，科白低一字，每半葉十九行，小字雙行。左右雙邊（20.0cm×13.0cm）。版心鐫刻"梧桐葉"，下記葉數，末有"顧曲齋藏版"五字。

卷中有綉像插畫四葉。

（重校）琵琶記四卷　（重校）北西厢記五卷　（重校）蒲東珠玉詩一卷　（重校）西厢記考證一卷　附一卷

（元）高明等撰　（明）陳邦泰編輯

明萬曆二十六年（1598年）刊本　共四册

内閣文庫藏本　原楓山官庫等舊藏

【附録】據《賫來書目》記載，中御門天皇享保二十年（1735年）中國商船"第二十五番"廣東船（船主黄瑞周、楊叔祖）載《琵琶記》一部二册抵日本。

琵琶記(元本出相南琵琶記)三卷　釋義一卷

(元)高明撰
明刊本
静嘉堂文庫　天理圖書館藏本
【按】每半葉有界十行,小雙行二十二字。四周單邊(21.0cm×13.5cm)。版心鐫刻"卷上(——中、下、釋義)",下記字數。
《目録》出題"元本出相南琵琶記",《釋義》尾題"新鐫伯喈釋義大全"。
卷中有綉像插畫,卷上凡二十六葉,卷中凡三十葉,卷下凡二十六葉。
卷中有缺葉,欄上有頭注。
静嘉堂文庫藏本,共四册。
天理圖書館藏本,共六册。

(袁了凡先生釋義)琵琶記二卷

(元)高明撰　(明)袁黄(了凡)釋義　汪廷訥校
明刊本　共二册
京都大學文學部中國語學文學哲學研究室藏本

琵琶記二卷

(元)高明撰
明萬曆年間(1573—1620年)尊生館刊本　共二册
東京大學東洋文化研究所藏本　原雙紅堂文庫等舊藏

(重校)琵琶記二卷

(元)高明撰
明刊本　共二册
蓬左文庫藏本　原江户時代尾張藩主家等舊藏
【按】此本原係種村肖推寺舊藏。日本明正天皇寬永十二年(1635年)由肖推寺獻贈尾張藩主家。

(硃訂)琵琶記二卷

(元)高明撰　(明)孫鑛評
明刊朱墨套印本　共二册
内閣文庫藏本　原楓山官庫等舊藏
【按】全劇共四十二齣。

(重校)玉簪記二卷

(明)高濂撰
明還稚齋校正刊本(長春堂藏版)　共二册
京都大學文學部中國語學文學哲學研究室
早稻田大學圖書館藏本

浣紗記二卷

(明)梁魚辰撰
明刊本　共二册
早稻田大學圖書館藏本

(新編金童玉女)嬌紅記二卷

(明)劉東生撰
明宣德十年(1435年)金陵積德堂刊本　共二册
京都大學文學部中國語學文學哲學研究室藏本

(墨憨齋重定)量江記二卷

(明)余翹原編　馮夢龍詳定
明刊本　共一册
東京大學東洋文化研究所藏本

(墨憨齋重定)西樓楚江情傳奇二卷

(明)袁于令撰　馮夢龍詳定
明刊本　共二册
京都大學文學部中國語學文學哲學研究室藏本

(墨憨齋新定)灑雪堂傳奇二卷

(明)梅孝已撰　馮夢龍訂
明刊本　共二册

京都大學文學部中國語學文學哲學研究室藏本

明珠記五卷　附無雙傳一卷

(明)陸采撰　《附》(唐)薛調撰
明刊朱墨套印本　共五册
内閣文庫藏本　原楓山官庫等舊藏
【按】全劇共四十三齣。

明珠記二卷

(明)陸采撰　陳繼儒批評
明萬曆年間(1573—1620年)師儉堂刊本　共二册
早稻田大學圖書館　大谷大學附屬圖書館藏本
【按】大谷大學藏本,原係神田喜一郎(鬯盦)等舊藏。昭和五十九年(1984年)神田喜一郎(鬯盦)家族贈送大谷大學。

紅梨記二卷

(明)徐復祚撰
明刊本　共二册
早稻田大學圖書館藏本

(校正原本)紅梨記四卷　附紅梨花雜劇一卷

(明)徐復祚撰　《附》(元)張壽卿撰
明刊朱墨套印本　共四册
内閣文庫藏本　原楓山官庫等舊藏
【按】《紅梨記》全劇共三十齣。
《紅梨花》全劇共四齣。

(新鐫)二胥記二卷

(明)孟稱舜撰
明崇禎十七年(1644年)刊本
東京大學東洋文化研究所藏本　原雙紅堂文庫舊藏

(新鐫)節義鴛鴦冢嬌紅記二卷

(明)孟稱舜撰　陳洪綬評點　朱曾莱訂正
明崇禎十二年(1639年)刊本　共六册
京都大學文學部中國語學文學哲學研究室藏本

鴛鴦夢一卷

(明)葉小紈撰
明崇禎九年(1636年)
東京大學東洋文化研究所藏本　原雙紅堂文庫舊藏

(柳浪館批評玉茗堂)邯鄲記二卷

(明)湯顯祖撰
明柳浪館刊本　共四册
大谷大學附屬圖書館藏本　原神田喜一郎(鬯盦)等舊藏
【按】此本係昭和五十九年(1984年)由神田喜一郎(鬯盦)家族贈送大谷大學。

邯鄲記二卷

(明)湯顯祖撰　臧晉叔訂
明刊本　共二册
東洋文庫　早稻田大學圖書館藏本
【按】東洋文庫藏本,原係藤田豐八等舊藏。

(湯義仍先生)邯鄲夢二卷

(明)湯顯祖撰
明刊本　共二册
早稻田大學圖書館藏本
【按】早稻田大學藏此同一刊本兩部,皆原係野口一太郎家寧齋文庫舊藏。

(柳浪館批評玉茗堂)紫釵記二卷

(明)湯顯祖撰
明刊本
京都大學文學部中國語學文學哲學研究室
早稻田大學圖書館藏本
【按】京都大學藏本,今缺第五十一齣後半至末尾,共四册。
早稻田大學圖書館藏本,共二册。

(重校)紫釵記二卷

(明)湯顯祖撰
明金陵繼志齋刊本　共四册
大谷大學附屬圖書館藏本　原神田喜一郎(鬯盦)等舊藏
【按】此本係昭和五十九年(1984年)由神田喜一郎(鬯盦)家族贈送大谷大學。

(柳浪館批評玉茗堂)南柯夢記二卷

(明)湯顯祖撰
明刊本　共四册
東洋文庫藏本　原藤田豐八等舊藏

(鐫新編出像)南柯夢記二卷

(明)湯顯祖撰
明萬曆年間(1573—1620年)金陵唐振吾刊本　共四册
大谷大學附屬圖書館藏本　原神田喜一郎(鬯盦)等舊藏
【按】此本係昭和五十九年(1984年)由神田喜一郎(鬯盦)家族贈送大谷大學。

南柯記二卷

(明)湯顯祖撰　臧叔晉訂
明萬曆二十八年(1600年)序刊本　共四册
東北大學附屬圖書館藏本

南柯記二卷

(明)湯顯祖撰　臧叔晉訂
明刊本　共二册
東北大學附屬圖書館藏本

牡丹亭還魂記八卷

(明)湯顯祖編
明萬曆十六年(1588年)芥子園刊本
東北大學附屬圖書館　早稻田大學圖書館　大阪府立圖書館藏本
【按】前有明萬曆戊子(1588年)秋清遠道人《序》。
東北大學藏本,共六册。
早稻田大學圖書館藏本,共四册。
大阪府立圖書館藏本,共四册。

牡丹亭記四卷　首一卷

(明)湯顯祖撰　臧懋循訂
明刊朱墨套印本　共六册
内閣文庫藏本　原楓山官庫等舊藏
【按】全本共五十五齣。

牡丹亭還魂記二卷

(明)湯顯祖撰　臧懋循訂
明懷德堂刊本　共四册
天理圖書館　京都大學　大谷大學附屬圖書館藏本
【按】每半葉有界九行,曲文每行十九字,科白低一字,每行十八字。左右雙邊(19.0cm×13.0cm)。版心鐫刻"還魂記",下記卷數、葉數。
前有明萬曆戊子(1588年)秋清遠道人《序》。
卷初有繡像凡三十五葉。
天理圖書館藏本,《序》的第一葉,及下卷第七十五葉缺葉。
京都大學藏此同一刊本兩部。一部現存文學部中國語學文學哲學研究室;一部現存人文科學研究所東洋學文獻中心。
大谷大學藏本,原係神田喜一郎(鬯盦)等舊藏。昭和五十九年(1984年)由神田喜一郎(鬯盦)家族贈送大谷大學。

還魂記二卷

(明)湯顯祖編
明刊本　共二册
早稻田大學圖書館藏本
【按】此本内封題署《牡丹亭》。
【附録】據《賫來書目》記載,中御門天皇享保二十年(1735年)中國商船"第二十五番"

廣東船（船主黄瑞周、楊叔祖）載《還魂記》一部一册抵日本。

（清暉閣批點玉茗堂）還魂記二卷

（明）湯顯祖撰
明天啓三年（1623年）刊本　共六册
京都大學文學部中國語學文學哲學研究室藏本

（臨川玉茗堂批評）西樓記二卷

（明）袁于令撰　湯顯祖評
明刊本　共四册
天理圖書館藏本
【按】每半葉有界十行，曲文每行二十一字，科白低一字，每行二十字。四周單邊（21.5cm×13.5cm）。版心鐫刻“西樓記”，并記卷數與葉數。
上卷卷首有繡像凡四葉。
正文内題次行題署“幔亭僊史編次”。
卷中有用朱墨筆書寫之眉評、旁評及評點文字。
此本卷下有後人寫補。

（重校）玉合記四卷　首一卷

（明）梅鼎祚撰　梁伯龍校
明刊本　共四册
京都大學文學部中國語學文學哲學研究室藏本

（李卓吾先生批評）玉合記二卷

（明）梅鼎祚撰　李贄撰
明虎林容與堂刊本
宫内廳書陵部　東洋文庫藏本
【按】前有《玉合記序》，題署“温陵卓吾李贄撰”。
本文内題次行題署：“虎林容與堂梓”。
宫内廳書陵部藏本，共二册。
東洋文庫藏本，原係藤田豐八等舊藏，共四册。

（李卓吾先生批評）綉襦記二卷

（明）薛近兖撰　李贄評
明刊朱墨套印本
東洋文庫　東北大學附屬圖書館藏本
【按】東洋文庫藏本，原係藤田豐八等舊藏，共四册。
東北大學藏本，原係狩野亨吉等舊藏本，共一册。

（新刻重訂出相附釋標注）裴淑英斷髮記二卷

（明）李開先撰
明萬曆十四年（1586年）金陵世德堂刊本　共四册
大谷大學附屬圖書館藏本　原神田喜一郎（鬯盦）等舊藏
【按】此本係昭和五十九年（1984年）由神田喜一郎（鬯盦）家族贈送大谷大學。

（新刻校正全相音釋）折桂記二卷

明人撰寫，不署姓名
明興慶堂刊本　共二册
京都大學文學部中國語學文學哲學研究室藏本　原王國維等舊藏

（新刻出像音注司馬相如）琴心記四卷

（明）孫柚撰
明萬曆年間（1573—1620年）富春堂刊本　共四册
内閣文庫藏本　原楓山官庫等舊藏

焚香記二卷

（明）王玉峰撰
明刊本　共二册
早稻田大學圖書館藏本

飛丸記二卷

（明）秋郊子撰
明刊本　共二册

早稻田大學圖書館藏本

精忠記二卷

(明)姚茂良撰
明刊本　共二册
早稻田大學圖書館藏本

東郭記二卷

(明)孫鍾齡撰
明刊本　共二册
早稻田大學圖書館藏本

金雀記二卷

明人撰寫不著姓名
明刊本　共二册
早稻田大學圖書館藏本

霞箋記二卷

明人撰寫不著姓名
明刊本　共二册
早稻田大學圖書館藏本

四聲猿一卷

(明)徐渭撰　袁宏道評　傑瑞先引
明刊本
天理圖書館　大谷大學附屬圖書館藏本
【按】每半葉有界九行,曲文每行二十字,科白低一字,每行十九字。四周單邊(21.0cm×14.0cm)。版心鐫刻"徐文長文集",次下依卷中内容,分别鐫刻"傳"、"四聲猿引"、"四聲猿"等,并記葉數,又見"枕山書房"、"森寶書"、"槐南詩料"等字樣。
前有陶望齡、袁宏道撰寫之《徐渭傳》。
内題"徐文長四聲猿"。
卷中有繡像,其中"玉樓春色"畫中,有畫工"古歙汪修畫"五字。
天理圖書館藏本,共一册。
大谷大學藏本,原係神田喜一郎(鬯盦)等舊藏。昭和五十九年(1984年)神田喜一郎(鬯盦)家族贈送大谷大學。共二册。

(新刻出像音注)趙氏孤兒記二卷

明人撰寫不署姓名
明富春堂刊本　共四册
京都大學文學部中國語學文學哲學研究室藏本

鸚鵡洲(殘本)一卷

(明)陳與郊撰
明萬曆四十八年(1620年)林於閣刊本　共一册
大谷大學附屬圖書館藏本　原神田喜一郎(鬯盦)等舊藏
【按】是本全二卷,此本今存卷上一卷。
此本係昭和五十九年(1984年)由神田喜一郎(鬯盦)家族贈送大谷大學。

(新刻出像音注蘇英皇后)鸚鵡記二卷

明人撰著不署姓名
明萬曆年間(1573—1620年)金陵富春堂刊本　共二册
大谷大學附屬圖書館藏本　原神田喜一郎(鬯盦)等舊藏
【按】此本係昭和五十九年(1984年)由神田喜一郎(鬯盦)家族贈送大谷大學。

紅拂記四卷　附虬髯客傳一卷

(明)張鳳翼撰
明刊朱墨套印本　共四册
内閣文庫藏本
【按】全劇共三十四齣。
内閣文庫藏此同一刊本兩部。一部原係楓山官庫等舊藏,一部今缺《虬髯客傳》。

(重校)竊符記二卷

(明)張鳳翼撰
明萬曆年間(1573—1620年)秣陵繼志齋刊本　共二册

大谷大學附屬圖書館藏本　原神田喜一郎（鬯盦）等舊藏

【按】此本係昭和五十九年（1984 年）由神田喜一郎（鬯盦）家族贈送大谷大學。

（新刻出像音注）搪韋皋玉環記四卷

明人撰寫不署姓名

明富春堂刊本　共四册

京都大學文學部中國語學文學哲學研究室藏本

（新刻王狀元）荆釵記二卷

（明）朱權撰

明刊本　共二册

内閣文庫藏本　原昌平坂學問所等舊藏

（新刻出像音注）劉志遠白兔記二卷

明人撰寫不署姓名

明富春堂刊本　共二册

京都大學文學部中國語學文學哲學研究室藏本

（重校）錦箋記二卷

（明）周履靖撰

明萬曆三十六年（1608 年）陳大來刊本　共二册

京都大學文學部中國語學文學哲學研究室藏本

尋親記二卷

（明）王錂撰

明常熟毛氏汲古閣刊本　共二册

内閣文庫藏本　原楓山官庫等舊藏

千金記二卷

（明）沈采撰

明常熟毛氏汲古閣刊本　共二册

内閣文庫藏本　原楓山官庫等舊藏

【按】全劇共五十齣。

（新刻全像）臙脂記二卷

（明）童養中撰

明萬曆年間（1573—1620 年）金陵文林閣刊本　共二册

大谷大學附屬圖書館藏本　原神田喜一郎（鬯盦）等舊藏

【按】此本係昭和五十九年（1984 年）由神田喜一郎（鬯盦）家族贈送大谷大學。

曇花記四卷

（明）屠隆撰　臧懋循評

明刊朱墨套印本　共四册

内閣文庫藏本　原楓山官庫等舊藏

【按】全劇共三十折。

（玉茗堂重校音釋）曇花記二卷

（明）屠隆撰

明刊本　共二册

大谷大學附屬圖書館藏本　原神田喜一郎（鬯盦）等舊藏。

【按】此本係昭和五十九年（1984 年）由神田喜一郎（鬯盦）家族贈送大谷大學。

繡襦記四卷

（明）薛近兖撰

明刊朱墨套印本　共四册

内閣文庫藏本　原楓山官庫等舊藏

【按】全劇共四十一齣。

（新刻）驚鴻記二卷

（明）吴世美撰

明萬曆年間（1573—1620 年）刊本　共二册

大谷大學附屬圖書館藏本　原神田喜一郎（鬯盦）等舊藏

【按】前有明萬曆十八年（1590 年）《序》。

此本係昭和五十九年（1984 年）由神田喜一郎（鬯盦）家族贈送大谷大學。

渭塘夢一卷

明人撰著不署姓名
明刊本　共一册
内閣文庫藏本　原楓山官庫等舊藏

(雪韵堂批點)燕子箋記二卷

(明)阮大鋮撰
明末刊本　共四册
大谷大學附屬圖書館藏本　原神田喜一郎(鬯盦)等舊藏
【按】此本係昭和五十九年(1984年)由神田喜一郎(鬯盦)家族贈送大谷大學。

喜逢春二卷

(明)清嘯生撰
明末刊本　共二册
大谷大學附屬圖書館藏本　原神田喜一郎(鬯盦)等舊藏
【按】此本係昭和五十九年(1984年)神田喜一郎(鬯盦)家族贈送大谷大學。

(新編增補評林)莊子嘆骷髏南北詞曲二卷

(明)杜蕙撰
明重刊萬曆年間(1573—1620年)陳奎刊本　共一册
大東急紀念文庫藏本　原寶玲文庫等舊藏

(新刻出相音注勸善)目連救母行孝戲文八卷

(明)鄭之珍撰
明萬曆年間(1573—1620年)金陵唐氏富春堂刊本　共六册
大谷大學附屬圖書館藏本　原神田喜一郎(鬯盦)等舊藏
【按】此本係昭和五十九年(1984年)由神田喜一郎(鬯盦)家族贈送大谷大學。

天籟集二卷

(金)白樸撰
文瀾閣寫本　共一册
静嘉堂文庫藏本　原陸心源十萬卷樓等舊藏

曲律四卷

(明)王驥德撰
明天啓年間(1621—1628年)刊本　共二册
静嘉堂文庫藏本　原陸心源守先閣等舊藏
【按】每半葉十行,行二十字。
前有明天啓五年(1625年)馮夢龍《序》,又有明萬曆三十八年(1610年)王驥德《序》,并有明天啓四年(1624年)毛以燧《序》。
正文卷前題署"會稽方諸生王驥德伯良撰"、"勾餘柳城翁孫如法世行訂"、"鬱藍生吕天成勤之校"。

元曲選十集(元人百種曲選　元人雜劇百種)

(明)臧懋循編輯
明萬曆四十四年(1616年)序吴興臧懋循雕蟲館刊本
宫内廳書陵部　静嘉堂文庫　東洋文庫　天理圖書館　蓬左文庫　天理圖書館　東京大學　京都大學　大阪大學文學部懷德堂文庫　東北大學附屬圖書館　大阪府立圖書館藏本
【按】每半葉有界九行,曲文每行二十字,科白低一字,每行十九字,小字雙行。白口,左右雙邊或靠邊縫處爲雙邊,餘爲三單邊(20.7cm左右×12.7cm左右)。單魚尾,版心鐫刻雜劇名。
封面有題"元人百種曲選",有題"元人雜劇百種"等。
卷前有圖。曲目如次:
甲集上
破幽夢孤雁漢宫秋雜劇一卷　(元)馬致遠撰
李太白匹配金錢記雜劇一卷　(元)喬吉撰
包待制陳州糶米雜劇一卷　(元人撰著,不署姓名)

玉清庵錯送鴛鴦被雜劇一卷　(元人撰著,不署姓名)
隨何賺風魔(靈)蒯通雜劇一卷(元人撰著,不署姓名)
甲集下
温太真玉鏡臺雜劇一卷　(元)關漢卿撰
楊氏女殺狗勸夫雜劇一卷　(元)蕭德祥撰
相國寺公孫合汗衫雜劇一卷　(元)張國賓撰
錢大尹智寵謝天香雜劇一卷　(元)關漢卿撰
争報恩三虎下山雜劇一卷　(元人撰著,不署姓名)
乙集上
張天師斷風花雪月雜劇一卷　(元)吴昌齡撰
趙盼兒風月救風塵雜劇一卷　(元)關漢卿撰
東堂老勸破家子弟雜劇一卷　(元)秦簡夫撰
同樂院燕青博魚雜劇一卷　(元)李文蔚撰
臨江驛瀟湘秋夜雨雜劇一卷　(元)楊顯之撰
乙集下
李亞仙花酒曲江池雜劇一卷　(元)石君寶撰
楚昭公疎者下船雜劇一卷　(元)鄭廷玉撰
龐居士誤放來生債雜劇一卷　(元)劉君錫撰
薛仁貴榮歸故里雜劇一卷　(元)張國賓撰
裴少俊墻頭馬上雜劇　(元)白樸撰
丙集上
唐明皇秋夜梧桐雨雜劇一卷　(元)白樸撰
散家財天賜老聲兒雜劇一卷　(元)武漢臣撰
硃砂擔滴水浮漚記雜劇一卷　(元人撰著,不署姓名)
便宜行事虎頭牌雜劇一卷　(元)立直夫撰
包龍圖智賺合同文字雜劇一卷　(元人撰著,不署姓名)
丙集下
凍蘇秦衣錦還鄉雜劇一卷　(元人撰著,不署姓名)
翠紅鄉兒女兩團圓雜劇一卷　(明)楊文奎撰
李素蘭風月玉壺春雜劇一卷　(元)武漢臣撰
吕洞賓度鐵拐李嶽雜劇一卷　(元)岳伯川撰
小尉遲將鬥將認父歸朝雜劇一卷　(元人撰著,不署姓名)
丁集上
陶學士醉寫風光好雜劇一卷　(元)戴善夫撰
魯大夫秋胡戲妻雜劇一卷　(元)石君寶撰
神奴兒大鬧開封府雜劇一卷　(元人撰著,不署姓名)
半夜雷轟薦福碑雜劇一卷　(元)馬致遠撰
謝金吾詐折清風府雜劇一卷　(元人撰著,不署姓名)
丁集下
吕洞賓三醉岳陽樓雜劇一卷　(元)馬致遠撰
包待制三勘蝴蝶夢雜劇一卷　(元)關漢卿撰
説傳諸伍員吹簫雜劇一卷　(元)李壽卿撰
河南府張鼎勘頭巾雜劇一卷　(元)孫仲章撰
黑旋風雙獻功雜劇一卷　(元)高文秀撰
戊集上
迷青瑣倩女離魂雜劇一卷　(元)鄭光祖撰
西華山陳摶高卧雜劇一卷　(元)馬致遠撰
龐涓夜走馬陵道雜劇一卷　(元人撰著,不署姓名)
救孝子賢母不認尸雜劇一卷　(元)王仲文撰
邯鄲道省悟黄粱夢雜劇一卷　(元)馬致遠撰

戊集下

杜牧之詩酒揚州夢雜劇一卷　(元)喬吉撰

醉思鄉王粲登樓雜劇一卷　(元)鄭光祖撰

昊天塔孟良盗骨雜劇一卷　(元)朱凱撰

包待制智斬魯齋郎雜劇一卷　(元)關漢卿撰

朱太守風雪漁樵記雜劇一卷　(元)庾天錫撰

己集上

江州司馬青衫泪雜劇一卷　(元)馬致遠撰

四丞相高會麗春堂雜劇一卷　(元)王實甫撰

孟德輝舉案齊眉雜劇一卷　(元)□□撰

包龍圖智勘後庭花雜劇一卷　(元)鄭庭玉撰

死生交范張鷄黍雜劇一卷　(元)宫天挺撰

己集下

玉簫女兩世姻緣雜劇一卷　(元)喬吉撰

宜秋山趙禮讓肥雜劇一卷　(元)秦簡夫撰

鄭孔目風雪酷寒亭雜劇一卷　(元)楊顯之撰

桃花女破法嫁周公雜劇一卷　(元)王曄撰

陳季青悮上竹葉舟雜劇一卷　(元)范康撰

庚集上

布袋和尚忍字記雜劇一卷　(元)鄭庭玉撰

謝金蓮詩酒紅梨花雜劇一卷　(元)張壽卿撰

鐵拐李度金童玉女雜劇一卷　(明)賈仲明撰

包待制智賺灰闌記雜劇一卷　(元)李行道撰

崔府君斷冤家債主雜劇一卷　(元人撰著,不署姓名)

庚集下

㑳梅香騙翰林風月雜劇一卷　(元)鄭光祖撰

尉遲恭單鞭奪槊雜劇一卷　(元)尚仲賢撰

吕洞賓三度城南柳雜劇一卷　(明)谷子敬撰

須賈大夫㖌范叔雜劇一卷　(元)高文秀撰

李雲英風送梧桐葉雜劇一卷　(元)李唐賓撰

辛集上

花間四友東破夢雜劇一卷　(元)吴昌齡撰

杜蘂娘智賞金綫池雜劇一卷　(元)關漢卿撰

王月英元夜留鞋記雜劇一卷　(元)曾瑞撰

漢高皇濯足氣英布雜劇一卷　(元)尚仲賢撰

兩軍師隔江鬬智雜劇一卷　(元人撰著,不署姓名)

辛集下

馬丹陽度脱劉行首雜劇一卷　(元)楊景賢撰

月明和尚度柳翠雜劇一卷　(元)李壽卿撰

劉晨阮肇悮入桃源雜劇一卷　(明)王子一撰

張孔目智勘魔合羅雜劇一卷　(元)孟漢卿撰

玎玎璫璫盆兒鬼雜劇一卷　(元人撰著,不署姓名)

壬集上

荆楚臣重對玉梳記雜劇一卷　(明)賈仲明撰

逞風流王焕百花亭雜劇一卷　(元人撰著,不署姓名)

秦脩竹塢聽琴雜劇一卷　(元)石子章撰

金水橋陳琳抱粧盒雜劇一卷　(元人撰著,不署姓名)

趙氏孤兒大報讐雜劇一卷　(元)紀君祥撰

壬集下

感天動地竇娥冤雜劇一卷　(元)關漢卿撰

梁山泊李逵負荆雜劇一卷　(元)康進之撰

蕭淑蘭情寄菩薩蠻雜劇一卷　(明)賈仲明撰

錦雲堂暗定連環計雜劇一卷　(元人撰著,不署姓名)

羅李郎大鬧相國寺雜劇一卷　(元)張國寶

撰

癸集上

看錢奴買冤家債主雜劇一卷　(元)鄭庭玉撰

都孔目風雨還牢末雜劇一卷　(元)李致遠撰

洞庭湖柳毅傳書雜劇一卷　(元)尚仲賢撰

風雨像生貨郎旦雜劇一卷　(元人撰著,不署姓名)

癸集下

馬丹陽三度任風子雜劇一卷　(元)馬致遠撰

薩真人夜斷碧桃花雜劇一卷　(元)(元人撰著,不署姓名)

沙門島張生煮海雜劇一卷　(元)李好古撰

包待制智賺剩金閣雜劇一卷　(元)武漢臣撰

馮玉蘭夜月泣江舟雜劇一卷　(元)(元人撰著,不署姓名)

宫内廳書陵部藏本,原係江户時代德山藩三代主毛利元次廣收"天下秘籍"之一。東山天皇實永三年(1706年)《御書物目録》著録此本。明治二十九年(1896年)男爵毛利元功獻贈宫内省圖書寮(即今宫内廳書陵部)。此本今無《天台陶九成論曲》一卷、《元曲論》一卷、《圖》一卷并《音釋》。卷中有"明倫館印"、"德藩藏書"等印記,共四十册。

静嘉堂文庫藏本,今殘存十七種,共十册。

東洋文庫藏本,卷中有王國維識語圖記,共一百册。

蓬左文庫藏本,共三十册。

天理圖書館藏本,《序》第一葉,及第十四册、第十八册、第三十二册、第四十二册、第五十二册、第五十八册、第七十八册、第八十二册,皆有後人寫補。此本天頭有墨書,卷中有評論,共八十二册。

東京大學藏此同一刊本兩部。一部現存東洋文化研究所;一部現存文學部漢籍中心,此本卷中《倩女離魂》、《醉思鄉》、《王粲登樓》等有缺葉,共四十八册。

京都大學藏此同一刊本兩部。一部現存文學部中國語學文學哲學研究室,共二十册。一部現存人文科學研究所東洋學文獻中心,共五十册。

大阪大學文學部懷德堂文庫藏本,原係大阪懷德堂等舊藏,共四十八册。

東北大學藏本,共八十册。

大阪府立圖書館藏本,原係八田兵次郎等舊藏,卷首及第十四二册係後人寫補,共六十五册。

【附録】據光格天皇文化七年(1810年)《未九番唐船持渡别段賣》記載,同年中國商船"未九番"載《元人雜劇百種》一部六帙抵日本,并注明"學問所御用"。

元曲選十種

(明)臧懋循編輯

明刊本　共十册

大阪府立圖書館藏本

【按】細目如次:

第一册　杜牧之詩酒揚州雜劇一卷　(元)喬吉撰

第二册　包待制智斬魯齋郎雜劇一卷　(元)關漢卿撰

第三册　朱太守風雪漁樵記雜劇二卷　(元)闕名撰

第四册　半夜雷轟薦福碑雜劇一卷　(元)馬致遠撰

第五册　醉思鄉王粲登樓雜劇一卷　(元)鄭光祖撰

第六册　謝金吾詐拆清風府雜劇一卷　(元)闕名撰

第七册　昊天塔孟良盜骨雜劇一卷　(元)朱凱撰

第八册　神奴兒大鬧開封府雜劇一卷　(元)闕名撰

第九册　陶學士醉寫風光好雜劇一卷　(元)戴善夫撰

第十册　魯大夫秋胡戲妻雜劇一卷　（元）石君寳撰

六十種曲十二集（綉刻演劇十本第一套至第六套）　附萬全記（富貴山）二卷

（明）毛晉輯

明崇禎年間（1628—1644年）常熟毛氏汲古閣刊本

國會圖書館　東京大學總合圖書館　京都大學　大阪大學文學部懷德堂文庫　早稻田大學附屬圖書館　天理圖書館　大阪府立圖書館藏本

【按】每半葉有界九行，曲文每行十九字，科白每行低一字，爲十八字。左右雙邊或四周單邊（21.0cm—19.5cm×14.5cm—12.0cm），版心鐫刻書名，下記葉數，下刻“汲古閣”并曲名。

首題“繡刻演劇十本”，次有登高日閱世道人“演劇首套弁語”，次有“六十種曲總目”

此本總目如次：

子集

《雙珠記》二卷　（明）沈鯨撰；

《尋親記》二卷　（明）闕名撰；

《東郭記》二卷　（明）孫鍾齡撰；

《金雀記》二卷　（明）闕名撰；

《焚香記》二卷　（明）王玉峰撰。

丑集

《荆釵記》二卷　（明）朱權撰；

《霞箋記》二卷　（明）闕名撰；

《精忠記》二卷　（明）姚茂良撰；

《浣紗記》二卷　（明）梁辰魚撰；

《琵琶記》二卷　（元）高明撰。

寅集

《西厢記》二卷　（明）李日華撰；

《幽閨記》二卷　（元）施惠撰；

《明珠記》二卷　（明）陸采撰；

《玉簪記》二卷　（明）高濂撰；

《紅拂記》二卷　（明）張鳳翼撰。

卯集

《還魂記》二卷　（明）湯顯祖撰；

《紫釵記》二卷　（明）湯顯祖撰；

《邯鄲記》二卷　（明）湯顯祖撰；

《南柯記》二卷　（明）湯顯祖撰；

《西厢記》二卷　（元）王德信撰。

辰集

《春蕪記》二卷　（明）汪錂撰；

《琴心記》二卷　（明）孫柚撰；

《玉鏡臺記》二卷　（明）朱鼎撰；

《懷香記》二卷　（明）陸采撰；

《綵毫記》二卷　（明）屠隆撰。

巳集

《運甓記》二卷　（明）闕名撰；

《鸞鎞記》二卷　（明）葉憲祖撰；

《玉合記》二卷　（明）梅鼎祚撰；

《金蓮記》二卷　（明）陳汝元撰；

《四喜記》二卷　（明）謝讜撰。

午集

《三元記》二卷　（明）沈受先撰；

《投梭記》二卷　（明）徐復祚撰；

《鳴鳳記》二卷　（明）王世貞撰；

《飛丸記》二卷　（明）闕名撰；

《紅梨記》二卷　（明）徐復祚撰。

未集

《八義記》二卷　（明）徐元撰；

《西樓記》二卷　（明）袁于令撰；

《還魂記》二卷　（明）湯顯祖撰、（明）碩園删定；

《繡襦記》二卷　（明）徐霖撰；

《青衫記》二卷　（明）顧大典撰。

申集

《錦箋記》二卷　（明）周履靖撰；

《蕉帕記》二卷　（明）單本撰；

《紫簫記》二卷　（明）湯顯祖撰；

《水滸記》二卷　（明）許自昌撰；

《玉玦記》二卷　（明）鄭若庸撰。

酉集

《灌園記》二卷　（明）張鳳翼撰；

《種玉記》二卷　（明）汪廷訥撰；

《雙烈記》二卷　(明)張四維撰;
《蜥吼記》二卷　(明)汪廷訥撰;
《義俠記》二卷　(明)沈璟撰。
戌集
《千金記》二卷　(明)沈采撰;
《殺狗記》二卷　(明)徐𤨏撰　馮夢龍訂定;
《玉環記》二卷　(明)闕名撰;
《龍膏記》二卷　(明)楊珽撰;
《贈書記》二卷　(明)闕名撰。
亥集
《曇花記》二卷　(明)屠隆撰;
《白兔記》二卷　(元)闕名撰;
《香囊記》二卷　(明)邵燦撰;
《四賢記》二卷　(明)闕名撰;
《節俠記》二卷　(明)闕名撰;
《萬全記》二卷　(□)闕名撰。

國會國書館藏本,原一百二十册,現合爲六十册。

東京大學藏本,共一百册。

京都大學藏此同一刊本兩部,皆共一百二十册。一部現存文學部中國語學文學哲學研究室,一部現存人文科學研究所東洋學文獻中心。

早稻田大學藏本,共一百二十册。

天理圖書館藏此同一刊本兩部。其中一部卷中第三十二册有後人寫補,兩部皆共一百二十册。

大阪府立圖書館藏本,共一百二十册。

容與堂六種曲

(明)李贄批評
明刊本　共八册
宫内廳書陵部藏本
【按】此本細目如次:
《玉合記》、《幽閨記》、《會真記》、《蒲東記》、《紅拂記》、《西厢記》。

盛明雜劇十六卷

(明)沈泰輯
明刊本　共六册
京都大學文學部中國語學文學哲學研究室藏本
【按】此本細目如次:
《高唐夢》一卷　(明)汪道昆撰;
《五湖游》一卷　(明)汪道昆撰;
《遠山戲》一卷　(明)汪道昆撰;
《洛水悲》一卷　(明)汪道昆撰;
《漁陽弄》一卷　(明)徐渭撰;
《翠鄉夢》一卷　(明)徐渭撰;
《雌木蘭》一卷　(明)徐渭撰;
《女狀元》一卷　(明)徐渭撰;
《昭君出塞》一卷　(明)陳與郊撰;
《文姬入塞》一卷　(明)陳與郊撰;
《義犬記》一卷　(明)陳與郊撰;
《霸亭秋》一卷　(明)沈自徵撰;
《鞭歌妓》一卷　(明)沈自徵撰;
《簪花髻》一卷　(明)沈自徵撰;
《北邙説法》一卷　(明)葉憲祖撰;
《團花鳳》一卷　(明)葉憲祖撰。

盛明雜劇(二集)三十卷

(明)沈泰等輯
明刊本
内閣文庫　天理圖書館藏本
【按】每半葉有界九行,行二十字。左右雙邊(20.0cm×13.5cm)。版心上部鐫刻各曲之曲名,如"風月牡丹仙"等,下部記葉數。
前有明崇禎己巳(1629年)秋日袁晉《序》。
卷前有繡像凡六十葉。
細目如次:
《風月牡丹仙》　(明)朱有燉撰　沈泰　徐士俊評
《香囊怨》　(明)朱有燉撰　沈泰　徐士俊評
《武陵春》　(明)許潮撰　沈士俊評

《蘭亭會》　(明)許潮撰　沈泰評
《寫風情》　(明)許潮撰　黄嘉惠評
《午日吟》　(明)許潮撰　黄嘉惠評
《南樓月》　(明)許潮撰　朱煒評
《赤壁游》　(明)許潮撰　黄嘉惠評
《龍山宴》　(明)許潮撰　黄嘉惠評
《同甲會》　(明)許潮撰　沈士俊評
《易水寒》　(明)葉憲祖撰　王璣評
《夭桃紈扇》　(明)葉憲祖撰　沈泰評
《碧蓮繡符》　(明)葉憲祖撰　張佩玉評
《丹桂鈿合》　(明)葉憲祖撰　黄之堯評
《素梅玉蟾》　(明)葉憲祖撰　沈泰評
《有情痴》　(明)徐陽輝撰　沈泰評
《脱囊穎》　(明)徐陽輝撰　汪槱評
《曲江春》　(明)王九思撰　沈士伸評
《魚兒佛》　(明)湛然撰　寓山居士評
《雙鶯傳》　(明)袁于令撰　武功山人評
《不伏老》　(明)馮惟敏撰　栩庵居士評
《虬髯翁》　(明)凌濛初撰　汪槱評
《英雄成敗》　(明)孟稱舜撰　汪槱評
《紅蓮債》　(明)陳太乙撰　如道人評
《絡冰絲》　(明)徐士俊撰　沈泰評
《錯轉輪》　(明)祁元孺撰　醉鶴居士評
《蕉鹿夢》　(明)車柅齋撰　林宗氏評
《櫻桃園》　(明)王澹翁　如道人評
《逍遥游》　(明)王雲來撰　黄嘉惠評
《相思譜》　(明)吴中情奴撰　巫山散人評

内閣文庫藏本,原楓山官庫等舊藏,共八册。

天理圖書館藏本,卷中《丹桂鈿合》、《逍遥游》、《相思譜》三種係後人影寫,共十二册。

盛明雜劇(二集)(殘本)二十六卷

(明)沈泰等輯

明崇禎二年(1629年)古歙黄真如刊本　共四册

大阪大學文學部懷德堂文庫藏本　原大阪懷德堂等舊藏

【按】是書全本凡三十卷。此本今存二十六卷,實缺逸凡四卷。其細目如次(缺逸者旁注明“今缺逸”):

《風月牡丹仙》　(明)朱有燉撰
《香囊怨》　(明)朱有燉撰
《武陵春》　(明)許潮撰
《蘭亭會》　(明)許潮撰
《寫風情》　(明)許潮撰
《午日吟》　(明)許潮撰
《南樓月》　(明)許潮撰
《赤壁游》　(明)許潮撰
《龍山宴》　(明)許潮撰
《同甲宴》　(明)許潮撰
《易水寒》　(明)葉憲祖撰
《夭桃紈扇》　(明)葉憲祖撰
《碧蓮繡符》　(明)葉憲祖撰
《丹桂鈿合》　(明)葉憲祖撰
《素梅玉蟾》　(明)葉憲祖撰
《有情痴》　(明)徐陽輝撰
《脱囊穎》　(明)徐陽輝撰　今缺逸
《曲江春》　(明)王九思撰　今缺逸
《魚兒佛》　(明)湛然撰
《雙鶯傳》　(明)袁于令撰
《不伏老》　(明)馮惟敏撰
《虬髯翁》　(明)凌濛初撰
《英雄成敗》　(明)孟稱舜撰　今缺逸
《紅蓮債》　(明)陳太乙撰　今缺逸
《絡冰絲》　(明)徐士俊撰
《錯轉輪》　(明)祁元孺撰
《蕉鹿夢》　(明)車柅齋撰
《櫻桃園》　(明)王澹翁撰
《逍遥游》　(明)王雲來撰
《相思譜》　(明)吴中情奴撰

雜劇三種

明人撰著,不署姓名

明刊本　共一册

内閣文庫藏本　原江户時代林氏大學頭家等舊藏

【按】此本細目如次:

《新刊鬱輪抱雜劇》

《新刊杜祁公看傀儡雜劇》
《新刊葫蘆先生雜劇》

傳奇四十種

明人編纂不署姓名
明刊本　共八十册
宮内廳書陵部藏本　原江户時代德山藩主家等舊藏
【按】此本所收《傳奇》四十種，其中三十三種出自汲古閣《六十種曲》：
《東郭記》二卷；《霞箋記》二卷；
《精忠記》二卷；《南西厢記》二卷；
《幽閨記》二卷；《明珠記》二卷；
《紅拂記》二卷；《紫釵記》二卷；
《西厢記》二卷；《春蕪記》二卷；
《玉鏡臺（記?）》二卷；《懷香記》二卷；
《鸞鎞記》二卷；《玉合記》二卷；
《金蓮記》二卷；《投梭記》二卷；
《紅梨記》二卷；《西樓記》二卷；
《繡襦記》二卷；《青衫記》二卷；
《蕉帕記》二卷；《紫簫記》二卷；
《水滸記》二卷；《灌園記》二卷；
《種玉記》二卷；《雙烈記》二卷；
《義俠記》二卷；《玉環記》二卷；
《龍膏記》二卷；《贈書記》二卷；
《白兔記》二卷；《香囊記》二卷；
《節俠記》二卷。
其餘七種爲：
《橘浦記》二卷；《西游記》二卷；
《玉簪記》二卷；《療妒記》二卷；
《新灌園》二卷；《酒家傭》二卷；
《量江記》二卷。
此本係書賈將諸曲零本拉雜拼凑，漫題《傳奇四十種》。
此本原係江户時代德山藩三代主毛利元次廣收"天下秘籍"之一。東山天皇寶永三年（1706年）《御書物目録》著録此本。明治二十九年（1896年）男爵毛利元功獻贈宮内省圖書寮（即今宮内廳書陵部）。
卷中有"德藩藏書"、"明倫館印"等印記。

王國維手寫明人雜劇七種

王國維輯并手寫
王國維手寫本　共六册
東洋文庫藏本
【按】王國維據明人手寫本雜劇七種，再行手寫。其目如次：
《新編吕洞賓花月神仙會》（明）周憲王朱有燉撰
《新編瑶池會八仙慶壽》（明）周憲王朱有燉撰
《群仙慶壽蟠桃會》（明）周憲王朱有燉撰
《吴起敵秦掛帥印》　元人撰著，不署姓名
《新編張天師明斷辰鈎月》（明）周憲王朱有燉撰
《新編東華仙三度十長生》（明）周憲王朱有燉撰
《新編紫陽仙三度常椿壽》（明）周憲王朱有燉撰

（朝野新聲）太平樂府九卷

（元）楊朝英編
元刊本　共四册
静嘉堂文庫藏本　原陸心源十萬卷樓等舊藏

周憲王樂府三種

（明）周憲王朱有燉撰
明宣德九年（1514年）錦窠老人刊本　共三册
京都大學文學部中國語學文學哲學研究室藏本　原王國維等舊藏
【按】朱有燉《樂府》三種細目如次：
《洛陽風月牡丹仙》（即《牡丹仙》）；
《天香圃牡丹品》（即《牡丹品》）：
《十美人慶賞圃》（即《牡丹圃》）。

粲花齋新樂府四種

(明)吴炳撰

明末刊本　共四册

東京大學文學部漢籍中心藏本

【按】每半葉有界九行,行二十字。白口,四周單邊(19.0cm×13.6cm)。

此本細目如次:

《緑牡丹傳奇》二卷　《療妒羹記》二卷

《畫中人傳奇》二卷　《西園記》二卷

卷中偶有缺葉。

墨憨齋傳奇五種

(明)馮夢龍輯并訂定

明吴門志鄴堂刊本　共十册

京都大學文學部中國語學文學哲學研究室藏本

【按】此本細目如次:

《墨憨齋重定夢磊傳奇》二卷　(明)史叔考原撰

《墨憨齋新定灑雪堂傳奇》二卷　(明)梅孝己原撰

《墨憨齋詳定酒家傭傳奇》二卷　(明)陸無從欽虹江同原撰

《墨憨齋新灌園傳奇》二卷　(明)張伯起原撰

《墨憨齋訂定人獸關》二卷　(明)李玉原撰

嘯餘譜(十一種)

(明)程明善編輯

明萬曆年間(1573—1620年)刊本

内閣文庫　東洋文庫　東京大學總合圖書館　天理圖書館藏本

【按】每半葉有界九行,行二十字,小字雙行。四周單邊(20.5cm×14.5cm)。版心鐫刻"嘯餘譜",下記卷數、卷名并葉數。

前有馬鳴霆《序》,又有明萬曆己未(1619年)程明善《自序》。

此本細目如次:

《玉川子嘯旨》一卷,舊題宋人撰著,(不署撰者姓名)

《律吕》一卷,(不署撰者姓名)

《詩餘譜》二十四卷,(不署撰者姓名)

《北曲譜》十三卷,(明)寧獻王朱權撰

《南曲譜》二十二卷(明)沈璟撰

《司馬温公切韵》一卷(不署撰者姓名)

《皇極聲音數》一卷(不署撰者姓名)

《樂府原題》一卷(宋)鄭樵撰

《致語》一卷(不署撰者姓名)

《中原音韵》一卷《務頭正語作詞起例》一卷(元)周德清撰

《中州音韵》一卷(不署撰者姓名)

内閣文庫藏此同一刊本兩部。一部原係楓山官庫等舊藏,共十二册。一部原係江户時代林羅山等舊藏,卷中有"江雲渭樹"印記等,共十册。

東洋文庫藏本,原係小田切萬壽之助等舊藏,共二十四册。

東京大學藏本,卷中有後人修補,又有清同治己巳(1869年)讀者手識文,共二十册。

天理圖書館藏本,共十册。

（八）尺　牘　類

（孫尚書）内簡尺牘編注十卷

（宋）李祖堯撰

明刊本　共六册

静嘉堂文庫藏本　原陸心源十萬卷樓等舊藏

中州啓劄四卷

（元）吴宏道編

元刊後人寫補本　黄蕘圃手識文本　共二册

静嘉堂文庫藏本　原陸心源皕宋樓等舊藏

【按】每半葉有界十三行，行二十二字。注文小字雙行，行同正文。黑口，左右雙邊（19.8cm×12.2cm）。

前有元大德辛丑（1301年）四月朔承事郎江西等處儒學副提舉許善勝《序》。卷中《序》及首四葉係後人寫補。

卷末有清嘉慶乙亥（1815年）黄蕘圃手識文。其文曰：

“郡城故家李鑑明古遺書，殘鱗片甲約有百餘種，其可取者三、四十册而已，至宋元舊刻，無可爲披沙之揀，唯此《中州啓劄》尚屬元刻。檢錢少詹《元史藝文志・總集類》云，‘吴宏道（字仁卿，蒲陰人）《中州啓牘》（原文如此——編著者）四卷’，與此正合。雖鈔補而仍缺失，取其希有，故存之，不復分與訒庵矣（李氏書與余友張訒庵合得）。乙亥二月十四日　　復翁。”

卷中有“馬玉堂”、“吴江凌氏藏書”、“凌淦字麗生一字礪生”、“笏齋”、“歸安陸樹聲藏書之記”、“歸安陸樹聲所見金石書畫記”等印記。

陸心源《儀顧堂續跋》卷十四著録此本。其識文曰：

“錢氏《補元史藝文志》著於録，原本久佚。乾隆中館臣從《大典》録出二卷，附存其目，前有大德辛丑江西儒學提舉許善勝《序》。是書爲元江西行省檢校掾史蒲陰吴宏中元卿（《序》作弘道仁卿）編，見許《序》。所收爲趙閑閑、許魯齋、元遺山、姚雪齋、竇太師、楊西庵、王文炳、杜止軒、徐威卿、楊飛卿、商孟卿、郝陵川、王滄游……四十四人之作，皆布帛菽粟之辭。《四庫》館未見全本，此則猶元時原本也。”

中州啓劄四卷

（元）吴宏道編

古寫本　共一册

静嘉堂文庫藏本　原陸心源守先閣等舊藏

小簡精選

（明）萬玉堂主人編

明刊本　共六册

内閣文庫藏本　原昌平坂學問所等舊藏

【按】此本細目如次：

《兩漢三國小簡精選》一卷；

《晉南北朝小簡精選》二卷；

《隋唐取代小簡精選》一卷；

《宋元小簡精選》二卷。

古今振雅雲箋十卷

（明）徐渭編

明刊本（天禄閣藏版）

内閣文庫　米澤市立圖書館藏本

【按】每半葉無界九行，行十八字。白口，四周單邊（25.6cm×12.6cm）。前有文安之《序》。

正文卷首題署“古今振雅雲箋卷之一”，次行題署“武林徐渭文長纂輯”，第三行題署“茂苑張嘉和起禎參訂”。

封面題署“古今尺牘振雅雲箋”。

内閣文庫藏本,原係昌平坂學問所等舊藏,共五册。

米澤市立圖書館藏本,原係江户時代米澤藩主家等舊藏,共十册。

古今振雅雲箋十卷

(明)徐渭編

明刊本　共五册

静嘉堂文庫藏本　原中村敬宇等舊藏

(鐫海内名家手柬)春谷奇音八卷

(明)汪道昆編　王世貞校

明萬曆年間(1573—1620年)書林鄭世豪刊本

蓬左文庫藏本　原江户時代尾張藩主家等舊藏

【按】前有明萬曆二十五年(1597年)鳳洲王氏《序》。

此本係日本明正天皇寬永九年(1632年)從中國購入。

卷中有“尾陽内庫”等印記。

尺牘清裁四十六卷

(明)王世貞編

明嘉靖五年(1526年)刊本　共八册

御茶之水圖書館藏本　原德富蘇峰成簣堂等舊藏

【按】前有明嘉靖辛未年(1526年)王世貞《序》。

帙内有明治四十一年(1908年)五月德富蘇峰手識文。

【附録】日本櫻町天皇寬保二年(1742年)江户須原屋茂兵衛等刊印王世貞撰《王元美尺牘》(一名《弇園摘芳》)。

桃園天皇寬延四年(1751年)京都伊勢屋額田正三郎刊印明王世貞《尺牘清裁》四十九卷。

尺牘清裁四十六卷

(明)王世貞編　陳仁錫評

明崇禎年間(1628—1644年)刊本

内閣文庫藏本

【按】内閣文庫藏此同一刊本兩部。一部原係昌平坂學問所等舊藏,共五册。一部原係楓山官庫等舊藏,共十册。

尺牘清裁十卷　補遺一卷

(明)王世貞編　王世懋校

明萬曆四十六年(1618年)刊本　共五册

足利學校遺蹟圖書館藏本　原田崎草雲氏等舊藏

尺牘清裁六十卷　補遺一卷

(明)王世貞編　陳仁錫評

明崇禎年間(1628—1644年)刊本　共十六册

大阪府立圖書館藏本

尺牘奇賞四卷

(明)陳仁錫編　鍾惺評

明刊本　共二册

内閣文庫藏本　原木村蒹葭堂舊藏

(伯敬鍾先生注釋捷用)雲箋續集八卷

(明)鍾惺編注

明雨花齋刊本　共四册

内閣文庫藏本　原木村蒹葭堂等舊藏

(繡梓尺牘)捷用雲箋十一卷

(明)鍾惺撰　陳繼儒注

明刊本　共二册

内閣文庫藏本

(鼎鐫眉公陳先生編集四民便用)五雲書四卷

(明)陳繼儒撰　陳士龍評

明崇禎年間(1628—1644年)刊本　共二册

内閣文庫藏本　原木村蒹葭堂等舊藏

(更癸軒合纂四民交際)尺一瓊瑶八卷

(明)戴思敬編

明刊本　共四册

尊經閣文庫藏本　原江户時代加賀藩主前田綱紀等舊藏

古今翰苑瓊琚十二卷

(明)楊慎編　孫鑛評

明天啓年間(1621—1627年)刊本　共六册

内閣文庫藏本　原楓山官庫等舊藏

【按】前有明天啓元年(1621年)《序》。

古今翰苑瓊琚十二卷　皇明宸藻一卷

(明)楊慎編　孫鑛評

明末刊本　共六册

内閣文庫藏本

(歷朝)尺牘大全十四卷

(明)王錫爵編

明萬曆年間(1573—1620年)周近泉刊本　共十四册

内閣文庫藏本　原楓山官庫等舊藏

【按】前有明萬曆三十九年(1611年)《序》。

(新刻大家通用)古今翰墨文宗(後集)八卷

(明)楊標編

明萬曆年間(1573—1620年)刊本　共四册

尊經閣文庫藏本　原江户時代加賀藩主前田綱紀等舊藏

翰海十二卷

(明)沈佳胤編　陳龍彩校

明金閶徐含靈刊本

内閣文庫　静嘉堂文庫　尊經閣文庫　蓬左文庫　東京大學東洋文化研究所　京都大學附屬圖書館藏本

【按】前有明崇禎三年(1630年)陳繼儒《序》。

内閣文庫藏此同一刊本兩部。一部原係木村蒹葭堂等舊藏,共五册。一部共六册。

静嘉堂文庫藏本,共五册。

尊經閣文庫藏本,原係江户時代加賀藩主前田綱紀等舊藏,共六册。

蓬左文庫藏本,原係江户時代尾張藩主家等舊藏。此本係日本明正天皇寬永九年(1632年)從中國購入,卷中有"尾陽内庫"印記,共八册。

京都大學藏本,共六册。

【附録】櫻町天皇寬保元年(1741年)京都丸屋市兵衛刊印《翰海》十二卷。其後,此本有桃園天皇寬延三年(1750年)博文堂重印本。

文翰類選大成一百六十三卷

(明)李伯璵編　馮厚校

明成化八年至九年(1472—1473年)淮府刊明弘治十四年(1501年)補刊本　共六十四册

蓬左文庫藏本　原江户時代德川家康大將軍　尾張藩主家等舊藏

【按】此本係明正天皇寬永十二年(1635年)從中國購入。原係江户時代幕府第一代大將軍德川家康所有,後饋贈其子尾張藩主家,世稱之爲"駿河御讓本"。

卷中有"御本"、"尾陽内庫"等印記。

文翰類選大成一百六十三卷

(明)李伯璵編　馮厚校

明嘉靖年間(1522—1566年)刊本

内閣文庫藏本

【按】前有明嘉靖二十五年(1546年)《序》。

内閣文庫藏此同一刊本兩部。一部原係江户時代林氏大學頭家等舊藏。此本今缺卷一百十七,共一百册。一部原係楓山官庫等舊藏,此本今存卷一至卷四十,共十六册。

文翰類選大成一百六十三卷

(明)李伯璵編　馮厚校
明萬曆年間(1573—1620年)刊本　共一百册
陽明文庫藏本　原係江户時代近衛家凞及其先輩等舊藏
【按】前有明萬曆四十四年(1616年)《序》。

(歷朝)皇明翰墨選注十四卷

(明)屠隆編
明萬曆年間(1573—1620年)刊本　共十四册
尊經閣文庫藏本　原江户時代加賀藩主前田綱紀等舊藏

(梨雲館合刻)屠緯真水尺牘三卷

(明)屠隆編
明刊本　共四册
内閣文庫藏本　原楓山官庫等舊藏
【按】此本係《由拳尺牘》一卷、《白榆尺牘》一卷、《屠赤水尺牘》一卷,凡三卷。

國朝七名公尺牘八卷

(明)屠隆編
明文斐堂刊本　共八册
内閣文庫藏本　原楓山官庫等舊藏
【按】前有明萬曆三十一年(1603年)《序》。

(新刻)國朝名公尺牘類選十二卷

(明)吴之美編
明刊本　共四册
尊經閣文庫藏本　原江户時代加賀藩主前田綱紀等舊藏

國朝名公翰藻五十二卷

(明)凌迪知編
明刊本
内閣文庫藏本
【按】内閣文庫藏此同一刊本兩部。一部原係江户時代豐後佐伯藩主毛利高標等舊藏,仁孝天皇文政年間(1818—1829年)由出雲守毛利高翰獻贈幕府,明治初期經太政官文庫而歸内閣文庫。卷中有"佐伯侯毛利高標字培松藏書畫之印"等印記,共二十八册。一部共四十册。

海内名公雲翰玉唾新編十二卷

(明)王穉登編
明萬曆年間(1573—1620年)刊本　共五册
尊經閣文庫藏本　原江户時代加賀藩主前田綱紀等舊藏

(新鐫古今)名公尺牘彙編選注四卷

(明)王穉登編　俞肇光注
明萬曆年間(1573—1620年)刊本　共四册
内閣文庫藏本　原江户時代豐後佐伯藩主毛利高標等舊藏
【按】前有明萬曆二十八年(1600年)《序》。
此本係仁孝天皇文政年間(1818—1829年)由出雲守毛利高翰獻贈幕府,明治初期經太政官文庫而歸内閣文庫。卷中有"佐伯侯毛利高標字培松藏書畫之印"等印記。

(管子)酬諮續録四卷

(明)管志道編
明萬曆年間(1573—1620年)刊本　共二册
内閣文庫藏本　原楓山官庫等舊藏
【按】前有明萬曆三十三年(1605年)《序》。

師門求正牘三卷

(明)管志道編
明萬曆年間(1573—1620年)刊本　共一册
内閣文庫藏本　原楓山官庫等舊藏
【按】前有明萬曆二十四年(1596年)《序》。

問辨牘四卷　續四卷

(明)管志道編

明萬曆年間(1573—1620年)刊本　共八册
内閣文庫藏本　原楓山官庫等舊藏
【按】前有明萬曆二十六年(1598年)《序》。

環碧齋尺牘四卷

(明)祝世禄編
明刊本　共二册
内閣文庫藏本　原楓山官庫等舊藏

(新刻分彙往來句解)青鳥啣箋四卷

(明)王□編
明萬曆年間(1573—1620年)刊本　共二册
尊經閣文庫藏本　原江户時代加賀藩主前田綱紀等舊藏

名公詒簡四卷

(明)韓國楨編
明刊本　共四册
内閣文庫藏本　原楓山官庫等舊藏

(新刻)晉齋尺牘四卷

(明)程本華編　鄧志謨注
明萬曆年間(1573—1620年)刊本　共四册
内閣文庫藏本　原木村蒹葭堂等舊藏

尺牘雋言十二卷

(明)陳臣忠編
明刊本　共五册
尊經閣文庫藏本　原江户時代加賀藩主前田綱紀等舊藏

尺牘雋言十二卷

(明)陳世忠編
明刊朱墨套印本
静嘉堂文庫藏本
【按】静嘉堂文庫藏此同一刊本兩部。一部原中村敬宇等舊藏,共五册;一部共八册。

(新刻)一札三奇八卷

(明)鄧志謨編
明刊本　共四册
内閣文庫藏本　原木村蒹葭堂等舊藏

(新刻注釋雅俗便用一札三奇)丹山鳳八卷

(明)梅鳳亭編
明刊本　共三册
内閣文庫藏本　原木村蒹葭堂等舊藏

(新鍥陸林二先生纂輯士民便用)雲錦書箋六卷附一卷

(明)陸培撰　林時對注
明刊本　共四册
内閣文庫藏本　原木村蒹葭堂等舊藏

雙魚集尺牘彙編二十八卷

(明)顔繼祖編　曾紹熺注
明崇禎年間(1628—1644年)刊本　共一册
内閣文庫藏本　原江户時代豐後佐伯藩主毛利高標等舊藏
【按】前有明崇禎六年(1633年)《序》。
此本係仁孝天皇文政年間(1818—1829年)由出雲守毛利高翰獻贈幕府,明治初期經太政官文庫而歸内閣文庫。卷中有"佐伯侯毛利高標字培松藏書畫之印"等印記。

(補選捷用)尺牘雙魚四卷

(明)陳繼儒輯
明刊本　共一册
東洋文庫藏本

(新鐫增補教正寅機熊先生)尺牘雙魚九卷

(明)熊寅機輯
明金閶葉啓元刊本　共二册
東洋文庫藏本
【附録】　後光明天皇承應三年(1654年)中野市右衛門刊印明熊寅機《尺牘雙魚》九

卷。

(綉梓)尺牘雙魚四卷

明人編纂不署姓名
明刊本　共一册
東洋文庫藏本

(卓吾李先生校士民切要)帖式手鏡一卷　家中書札一卷

(明)李贄撰
明王氏積玉堂刊本　共一册
内閣文庫藏本　原昌平坂學問所等舊藏

鳳笙閣簡鈔四卷　附一卷

(明)凌約言編
明萬曆年間(1573—1620年)刊本　共一册
内閣文庫藏本　原江户時代豐後佐伯藩主毛利高標等舊藏

【按】此本係仁孝天皇文政年間(1818—1829年)由出雲守毛利高翰獻贈幕府,明治初期經太政官文庫而歸内閣文庫。卷中有"佐伯侯毛利高標字培松藏書畫之印"等印記。

(新鐫時用通式)翰墨全書(桃花箋)十二卷

(明)王宇撰　陳瑞錫注
明天啓年間(1621—1627年)刊本　共四册
内閣文庫藏本

【按】内閣文庫藏此同一刊本兩部。其中一部原係木村蒹葭堂等舊藏。

【附録】明正天皇寛永二十年(1643年)京都田原仁左衛門刊印明王宇《新鐫時用通式翰墨全書》十二卷。

(新刊大方通用啓柬書詞)翰墨文宗(前集)十卷

(明)楊淙編
明萬曆五年(1577年)饒仁卿刊本　共五册
内閣文庫藏本　原昌平坂學問所等舊藏

(新刊)翰府通式四卷

(明)胡文焕編
明萬曆年間(1573—1620年)刊本　共四册
内閣文庫藏本

【按】前有明萬曆二十二年(1594年)《序》。

(留餘堂)名公尺牘八卷

(明)潘大復編
明萬曆年間(1573—1620年)刊本　共四册
内閣文庫藏本　原江户時代豐後佐伯藩主毛利高標等舊藏

【按】前有明萬曆四十八年(1620年)《序》。

此本係仁孝天皇文政年間(1818—1829年)由出雲守毛利高翰獻贈幕府,明治初期經太政官文庫而歸内閣文庫。卷中有"佐伯侯毛利高標字培松藏書畫之印"等印記。

(鼎鐫張狀元彙輯便民柬牘)霞天錦札五卷

(明)張瀛海編　龍陽子校
明刊本　共二册
内閣文庫藏本

王文端公尺牘八卷

(明)王家屏撰
明刊本　共四册
内閣文庫藏本　原江户時代豐後佐伯藩主毛利高標等舊藏

【按】此本係仁孝天皇文政年間(1818—1829年)由出雲守毛利高翰獻贈幕府,明治初期經太政官文庫而歸内閣文庫。卷中有"佐伯侯毛利高標字培松藏書畫之印"等印記。

王文肅公牘草十八卷

(明)王錫爵撰
明萬曆年間(1573—1620年)　共五册
内閣文庫藏本　原江户時代豐後佐伯藩主毛利高標等舊藏

【按】前有明萬曆四十三年(1615年)《序》。

此本收藏及印記情況同前書。

（新刻注釋雅俗便用）折梅箋八卷

（明）馮夢龍撰　余長庚注
明刊本　共四册
内閣文庫藏本　原木村蒹葭堂等舊藏

（精選當代各名公短札）字字珠八卷　首一卷

（明）許以忠編　吴明郊注
明萬曆年間（1573—1620年）刊本　共九册
内閣文庫藏本　原江户時代豐後佐伯藩主毛利高標等舊藏
【按】前有明萬曆四十五年（1617年）《序》。
此本係仁孝天皇文政年間（1818—1829年）由出雲守毛利高翰獻贈幕府，明治初期經太政官文庫而歸内閣文庫。卷中有“佐伯侯毛利高標字培松藏書畫之印”等印記。

（旁注）雲箋一統八卷

（明）許以忠編
明刊本　共八册
内閣文庫藏本　原楓山官庫等舊藏

春雪箋八卷

（明）許以忠等編
明刊本　共四册
内閣文庫藏本　原楓山官庫等舊藏

如面談十六卷　二集十八卷

（明）鍾惺撰　馮夢龍校
明刊本（二集系清初刊本）　共二十册
内閣文庫藏本　原昌平坂學問所等舊藏

如面譚二集十八卷　目一卷

（明）鍾惺撰
明刊本　共八册
宫内廳書陵部藏本

瑶箋四卷

（明）郁濬編
明刊本　共四册
内閣文庫藏本　原江户時代豐後佐伯藩主毛利高標等舊藏
【按】此本係仁孝天皇文政年間（1818—1829年）由出雲守毛利高翰獻贈幕府，明治初期經太政官文庫而歸内閣文庫。卷中有“佐伯侯毛利高標字培松藏書畫之印”等印記。

（三子）金蘭翰墨四卷

（明）張沛等撰
明萬曆年間（1573—1620年）刊本　共八册
内閣文庫藏本　原江户時代林羅山等舊藏
【按】前有明萬曆二十八年（1600年）《序》。
卷中有“江雲渭樹”印記。

（增補校正兩先生注釋三刻）柬札赤水玄珠四卷

（明）陳際泰撰　揭重熙注
明刊本　共一册
内閣文庫藏本

（蘭嵎朱宗伯彙選當代名公鴻筆）百壽類函八卷

（明）朱宗伯編　吴明郊等注
明刊本　共三册
内閣文庫藏本　原楓山官庫等舊藏

（新刻群英摘錦奇芭）簡明便覽八卷

（明）艾蓄齋編
明萬曆年間（1573—1620年）明雅堂刊本　共三册
内閣文庫藏本　原江户時代豐後佐伯藩主毛利高標等舊藏
【按】前有明萬曆十三年（1585年）《序》。
此本係仁孝天皇文政年間（1818—1829年）由出雲守毛利高翰獻贈幕府，明治初期經太政官文庫而歸内閣文庫。卷中有“佐伯侯毛利高標字培松藏書畫之印”等印記。

（刻烹雪居新編四民便用注釋）翰墨駿（翰墨飛黄）五卷

（明）漱石生編
明刊本　共一册
内閣文庫藏本　原木村蒹葭堂等舊藏

（增補校正贊廷李先生）雁魚錦箋八卷

（明）李贊廷注
明花雨齋刊本　共四册
内閣文庫藏本　原木村蒹葭堂等舊藏
【附録】靈元天皇寛文三年（1663 年）大和田九左衛門據明花雨齋刊本刊印明人李贊廷《增補校正贊廷李先生）雁魚錦箋》八卷并《附録》一卷。

附録之一

《書録》著録日本藏漢籍主要文庫一覽表

藏書機構	所在地	藏書狀況	參考書目
宫内廳書陵部	東京都千代田區	歷代天皇與皇室等舊藏	《圖書寮漢籍善本目録》、《皇室の至寶》等
國立公文書館（内閣文庫）	東京都千代田區北の丸公園	以江戶時代德川氏楓山官庫、昌平阪學問所、原近江西大路藩主市橋長昭、豐後佐伯藩主毛利高標等舊藏為基礎	《内閣文庫漢籍分類目録》等
國立國會圖書館	東京都千代田區永田町	以土肥慶藏"鶚軒文庫"、根岸武香"青山文庫"、西村茂樹"西村文庫"、龜田次郎"龜田文庫"、新城新藏"新城文庫"等舊藏爲基礎	《國立國會圖書館漢籍目録》等
東洋文庫	東京都文京區駒込	以岩崎氏家一系與Morrison文庫等舊藏爲基礎	《東洋文庫漢籍分類録》（經、史、子部）
國立東京博物館	東京都台東區上野公園	以德川達道、德川宗敬等舊藏爲基礎	《東京國立博物館圖版目》、《東京國立博物館藏書目録》

外務省外交史料館	東京港區麻布台	外務省記録等舊藏	
靜嘉堂文庫	東京都世田谷區	以中村敬宇、竹添光鴻及陸心源“皕宋樓”、“十萬卷樓”、“守先閣”等舊藏爲基礎	《靜嘉堂文庫漢籍分類目録》
尊經閣文庫	東京都目黑區駒場	以加賀藩主前田氏家一系舊藏爲基礎	《尊經閣文庫漢籍分類目録》等
御茶之水圖書館（婦人の友圖書館）	東京都千代田區駿台	以德富蘇峰“成簣堂”等舊藏爲基礎	《新修成簣堂文庫善本目録》等
大東急記念文庫	東京都世田谷區上野毛	以久原房之助、井上通泰等舊藏爲基礎	《大東急記念文庫貴重書解題》等
東京都立中央圖書館	東京都港區	以諸橋轍次、河田迪齋三代、實藤惠秀、澀澤敬三、田中慶太郎等舊藏爲基礎	《諸橋文庫目録》、《河田文庫目録》等
東京都立日比谷圖書館	東京都立千代田區日比谷公園	以井上哲次郎、岡千仞、安藤正次、桑木嚴翼、田中慶太郎、中山久四郎、山本敬太郎、片岡鐵兵、小西重直、小室翠雲等舊藏爲基礎	《東京都立日比谷圖書館特別買上文庫目録（諸家漢籍）》等
無窮會圖書館	東京都町田市玉川學園	以織田確齊、井上賴圀、加藤天渕、三宅小太郎舊藏爲基礎	《織田文庫圖書目録》等
三康文化研究所附屬三康圖書館	東京都港區芝公園	以大橋新太郎等舊藏爲基礎	《三康圖書館藏書目録》等
大倉文化財團	東京都港區	以董康“誦芬室”等舊藏爲基礎	《大倉文化財團漢籍善本目録》等

金澤文庫	神奈川縣横濱市金澤區	以北條即時一系及稱名寺等舊藏爲基礎	《金澤文庫古書目録》等
鎌倉市立圖書館	神奈川縣鎌倉市御成町	以田邊松坡舊藏爲基礎	
大倉精神文化研究所	神奈川縣横濱市北區太尾町	以姬路藩主榊原忠次及服部富三郎、松井等舊藏爲基礎	
足利學校遺迹圖書館	櫪木縣足利市昌平町	以上杉憲實一系舊藏爲基礎	《訂補足利學校遺迹圖書館古書分類目録》等
鹿沼市立圖書館	櫪木縣鹿沼市今宫町	以鈴木源二郎等舊藏爲基礎	《大擥文庫目録》
新潟縣立新潟圖書館	新潟縣新潟市一番堀	以阪口仁一郎"五峰文庫"以及根津音一等舊藏爲基礎	《新潟縣立新潟圖書館分類目録》等
新發田市立圖書館	新潟縣新發田市中央町	以肥田野築村、丹羽伯弘等舊藏爲基礎	《新發田市立圖書館漢籍分類目録》等
宫城縣立圖書館	宫城縣仙台市榴が岡	以原伊達藩主家、青柳文藏等舊藏爲基礎	《宫城縣立圖書館藏書目録》等
米澤市立圖書館	山形縣米澤市金池	以原米澤藩主上杉氏家族並家臣直江兼續"興讓館"等舊藏爲基礎	《米澤善本的研究與解題》等
酒田市立光丘圖書館	山形縣酒田市日吉町	以本間光丘、大川周明遠、藤宗義等舊藏爲基礎	《光丘文庫增加目録》等
蓬左文庫	愛知縣名古屋市東區	以尾張藩主家族舊藏爲基礎	《名古屋市蓬左文庫漢籍分類目録》等
大垣市立圖書館	歧阜縣大垣市	以尼崎藩主戶田氏家族舊藏爲基礎	《大垣市立圖書館漢籍目録》等

京都府立總合資料館	京都市左京區下鴨半木町	以鴨腳家文書爲基礎	《京都府立總合資料館藏書目》
國立京都博物館	京都市七條	以日本和中國歷代藝術品爲基礎	《京都國立博物館圖書目録》、《京都國立博物館藏品圖版目録》等
陽明文庫	京都市右京區宇多野	以近衛家凞一系舊藏爲基礎	《陽明文庫漢籍分類目録》等
龜岡市立圖書館	京都府龜岡市	以明治初年京都購得漢籍爲基礎	《未刊諸文庫古書分類目録》等
大阪府立圖書館	大阪市北區	以藤田豐八、石崎勝造、佐藤六石及"朝日新聞文庫"等舊藏爲基礎	《大阪府立圖書館貴重圖書目録》等
杏雨書屋(武田科學振興財團)	大阪市郊 JUSO(十三)	以早川佐七、內藤湖南、藤浪剛一、福井崇蘭館、江馬家等舊藏爲基礎	《新修恭仁山莊善本書影》等
堺市立中央圖書館	大阪府堺市大仙中町		《堺市立中央圖書館藏和漢書目録》等
神戶市立中央圖書館	兵庫縣神戶市生田區楠町	以吉川幸次郎等舊藏爲基礎	
天理圖書館	奈良縣天理市杣の內町	以伊藤仁齋一系"古義堂文庫"、及鹽谷溫、盛宣懷"愚齋"等舊藏爲基礎	《天理圖書館稀書目録》等
龍門文庫	奈良縣吉野郡吉野町	以阪本猷等舊藏爲基礎	《龍門文庫善本書目》等
大和文華館	奈良縣奈良市	以東亞歷代藝術品爲主	《大和文華館所藏品圖版目録》等

神宮文庫	三重縣伊勢市倉田山	以原三條家等舊藏爲基礎	《神宮文庫五十周年紀念集》等
島根縣立圖書館	島根縣松江市内中原	以山口宗義、曾田虎一郎等舊藏爲基礎	《未刊諸文庫類目録》等
倉敷市立圖書館	島根縣倉敷市本町	以窪田茂一等舊藏爲基礎	《貪泉文庫圖書目録》等
廣島市立中央圖書館(淺野圖書館)	廣島縣廣島市基市基町	以舊廣島藩主淺野家並家老職上田家舊藏爲基礎	《廣島市立淺野圖書館書目録》等
金光教藝備教會	廣島縣深安郡邊町	以佐藤範雄等舊藏爲基礎	
福井縣立圖書館	福井縣福井市寶永	以越前藩主松平家舊藏爲基礎	《松平文庫目録》等
德島縣立圖書館	德島縣德島市德島町	以原藩主蜂須賀家、石原吳鄉等舊藏爲基礎	《阿波國文庫》等
金刀比羅宮圖書館	香川縣仲多度郡琴平町	以琴陵宥常等舊藏爲基礎	《日本文庫めぐり》等
八戶市立圖書館	青森縣八戶市堤町	以八戶藩主南部家舊藏爲基礎	《八戶市立圖書館漢籍録》分類目
市立函館圖書館等	北海道函館市青柳町	以該館所藏鄉土資料爲基礎	《鄉土資料分類目録》
沖繩縣立圖書館	沖繩縣那霸市字寄宮	以東恩納寬純等舊藏爲基礎	
東京大學總合圖書館	東京都文京區本鄉	以原紀州德川家藩主德川賴倫,以及阿川重郎、市村瓚次郎、度邊信、森鷗外等舊藏爲基礎	《東京大學總合圖書館漢籍目録》等

東京大學東洋文化研究所	東京都文京區本鄉	以浙江徐則恂"東海藏書樓"、長澤規矩也、大木幹一舊藏等爲基礎	《東京大學東洋文化研漢籍目録》
東京大學史料編纂所	東京都文京區本鄉	以近藤守重、後藤末雄、林韡等舊藏爲基礎	《東京大學史料編纂所目録》(第一編)等
東京大學文學部漢籍中心	東京都文京區本鄉	自籌	《東京大學文學部漢籍所藏明版目録》等
早稻田大學附屬圖書館	東京都新宿區西早稻田	以服部南郭爲中心的服部家、大限重信、多田駿、花房直三郎、野口一太郎、小倉金之助等舊藏爲基礎	《早稻田大學圖書館所藏漢籍分類目録》等
慶應義塾圖書館	東京都港區三田		《慶應義塾圖書館藏和漢書善本解題》等
慶應義塾大學附屬研究所斯道文庫	東京都港區三田	以安井息軒、安井小太郎、古城貞吉、龜井英英子、安川寬等舊藏爲基礎	《(斯道文庫)近收善本展觀書目録》、《麻生文庫稀覯書目録》等
國學院大學附屬圖書館	東京都澀谷區東	以井上毅等舊藏爲基礎	《梧陰文庫目録》等
國士館大學附屬圖書館	東京都世田谷區世田谷	以楠本正繼、高田真治等舊藏爲基礎	《楠本文庫漢籍目録》
二松學舍大學附屬圖書館	東京都千代田區三番町	以三島中洲、加藤常賢、橋川時雄、赤塚忠、小野精一等舊藏爲主	《二松學舍大學附屬圖書目録總目》等
名古屋大學附屬圖書館	愛知縣名古屋市千種區不老町	以岡谷正男、青木正兒、森本喬松等並神宮皇學館等舊藏爲主	《名古屋大學附屬圖書館所藏和漢古典籍目録稿》、《名古屋大學藏書目録古書之部》等

愛知大學附屬圖書館	愛知縣豐橋市畑町	以原東亞同文會、並小倉正恒等舊藏爲基礎	《愛知大學漢籍分類目録》等
京都大學附屬圖書館	京都市左京區	以船橋秀賢爲祖的舟橋家文獻（清家文庫）、西園寺公望（陶庵文庫）、近衛文麻呂（近衛文庫）等爲基礎	
京都大學人文科學研究所東洋學文獻中心	京都市左京區北白川東	以中國武進陶湘“涉園”、及松本文三郎、內藤湖南、中江丑吉、矢野仁一等舊藏爲基礎	
京都大學文學部	京都市左京區	以狩野直喜、今西龍、鈴木虎雄、田邊元等並原田中慶太郎文求堂所購十硯山房舊藏等爲基礎	《京都大學文學部漢籍分類目録》、《京都大學文學部圖書月報》等
佛教大學附屬圖書館	京都市北區紫野	以平中苓次等舊藏爲基礎	《平中苓次文庫漢籍善本》
大谷大學附屬圖書館	京都市北區小山上總町	以大谷瑩誠、大西行禮、神田香岩等舊藏爲基礎	《禿庵文庫目録》等
龍谷大學附屬圖書館	京都市下京區七條大宫	以證如上人及歷代西本願寺門主“寫字臺文庫”禿祐等舊藏爲基礎	《龍谷大學和漢書分類目録》、《龍谷大學大宫圖書館和漢古典籍分類目録》等
築波大學附屬圖書館	築波市	以東京教育大學舊藏爲基礎	《築波大學和漢貴重圖書目録》等
橘女子大學圖書館	京都市		

神戸大學附屬圖書館	兵庫縣神戸市灘區六甲台町		
滋賀大學附屬圖書館	滋賀縣大津市石山平津町	以原彦根藩校、水口藩校和膳所藩校等舊藏爲基礎	《滋賀大學附屬圖書館藏書目録》等
關西大學附屬圖書館	大阪府吹田市山手町	以藤澤氏"泊園文庫"、田結莊金治、田結莊千里及五弓雪窗等舊藏爲基礎	《關西大學總合圖書館開館紀念特别展示》等
上越教育大學附屬圖書館	新潟縣上越市	以宫崎家舊藏黄檗鐵眼版《一切經》爲基礎	《黄檗鐵眼版一切經目録》等
茨城大學附屬圖書館	茨城縣水戸市	以菅政友等舊藏爲基础	
廣島大學附屬圖書館	廣島縣廣島市東千田町	以今中次麻吕、古賀行義、杉本直次郎、斯波六郎、田山茂等舊藏爲基礎	
九州大學中央圖書館	福岡縣福岡市東區箱崎	以楠本碩水等舊藏爲基礎	《碩水文庫目録》等
東北大學附屬圖書館	宫城縣仙台市川内	以狩野亨吉、石津照璽、夏目漱石等舊藏爲基礎	《東北大學附屬圖書館和漢書目録》等
宫城教育大學附屬圖書館	宫城縣仙台市荒卷字青葉	以仙台府學、宫城縣師範學校、宫城縣女子師範學校、青柳館文庫等舊藏爲主	《宫城教育大學所藏和漢書古典目録》等
北海道大學附屬圖書館	北海道札幌市北區北八條	以新渡戸稻造等舊藏爲基礎	《新渡戸文庫目録》等
北海學園大學附屬圖書館	北海道札幌市豐平區旭町	以淺羽靖等舊藏爲基礎	《北駕文庫藏書略目録》

琉球大學附屬圖書館	沖繩縣那霸市首里	以伊波普猷等舊藏爲基礎	《琉球大學附屬圖書館鄉土資料目録》等
輪王寺	櫪木縣日光市山内	以天海大僧正等舊藏爲基礎	《日光山天海藏主要古書解題》等
真福寺	愛知縣名古屋市中區	以原大須觀音等舊藏爲基礎	《大須觀音真福寺文庫展》等
七　寺	愛知縣名古屋市	以《一切經》藏爲基礎	《七寺〈一切經〉與古逸經典》
東福寺	京都市東山區本町	以十二世紀日僧圓爾辯圓從中國載歸之漢籍爲基礎	《普門院經論章疏語録儒書等目録》等
高山寺	京都市右京區拇尾	以十三世紀明智慧上人高弁所藏之漢籍爲基礎	《高山寺とその經藏》等
知恩院	京都市東山區新橋通林下町		
龍光院	京都市北區紫野大德寺町		
智積院	京都市東山區鹽小路通東瓦町		
南禪寺	京都市左京區		
石山寺	滋賀縣大津市石山寺邊町	以八世紀以來累世積累爲基礎	《石山寺(寶物篇)》等
延曆寺	滋賀縣大津市阪本町		
東大寺	奈良縣奈良市雜司町	以藥師院文庫、興福寺史料、東大寺文書爲基礎	《名刹歲時記・東大寺物語》、《國寶南大門仁王尊像修東大寺展》等

龍潭寺	静岡縣引佐郡引佐町		
新宫寺	宫城縣名取市	以文殊堂收藏的《一切經》爲基礎	《名取新宫寺〈一切經〉調查報告書》等

【説明】關於上述主要文庫中漢籍蒐儲的脈絡和本書編著者訪書經緯,上海古籍出版社2005年5月已有拙著《日本藏漢籍珍本追蹤紀實——嚴紹璗海外訪書志》一書刊出。關於中華文化由以漢籍為主要媒體東傳日本而推進東亞文明的創造的考察,北京大學出版社2004年8月已有拙著《比較文學視野中的日本文化》一書刊出。有興趣的讀者在使用本書的同時可以參考閲讀上述二書。

附録之二

漢籍東傳日本的軌迹與形式

中國文獻典籍東傳日本列島，就其歷史的悠久以及傳播的規模而言，不僅構成了中日兩大民族文化交流的極其重要的内容，創造了輝煌的東亞古代文明，而且對世界各民族文化的發展，做出了不朽的貢獻。

在古代漫長的歲月中，中國文獻典籍的東傳，在不同的歷史時期，因爲兩國政治、經濟和文化的諸種條件的變異，它的傳播具有不同的渠道和不同的方式，形成了漢籍流佈史上各具特點的階段。

一　以人種交流爲自然通道的傳播形式（公元五世紀——八世紀末）

日本歷史上排列有序的天皇紀年，是從繼體天皇元年（即公元507年）開始的。在此之前，皇譜上尚有清甯天皇、顯宗天皇、仁賢天皇、武烈天皇四位可以排出，然而卻很難確定他們確實的年代。再往前的所謂天皇，即使在《古事記》與《日本書紀》上有所記載，那也純粹是傳説與神話了。這就是説，從日本的歷史發展來説，大約從公元五世紀末到六世紀初，它從傳説的時代進入了有歷史記載的時代。

中國文獻典籍東傳日本的稽考，一般説來，大約與上述歷史階段相一致，即在六世紀之後，才開始有比較可靠的文獻記載和實物資料，從而爲我們的研討，提供了比較可靠的原典憑證。

（一）漢籍傳入日本的最早的傳説

從八世紀日本形成獨立而完整的書面文獻以來，關於漢籍東傳日本的發端，在十多個世紀中，衆説紛紜。例如有“徐福齎來説”、“倭人西征新羅掠書説”等，但這些説法，大多是在十世紀之後，由一些好事者幻化敷衍而成，與研究中的原典性的實證觀念與方法，相距甚遠。

漢籍最早傳入日本，據日本第一部書面文獻《古事記》的記載，是在日本“應神天皇”年間。《古事記》三卷成書於公元712年，這是日本保存至今的第一部書面文獻。其“卷中・應神天皇”條有如下的記載：

天皇命令百濟國説：“如有賢人，則貢上。”按照命令貢上來的人，名叫和邇吉師。隨同這個人一起貢上《論語》十卷、《千字文》一卷，共十一卷。和邇吉師是文首等的祖先。

這位從朝鮮半島進入日本的知識人，便是史載把中國典籍傳入日本的第一人。稱此人爲“吉師”，具有尊敬的意義，但以後，在日本文化史上，從事兩種或兩種以上語言通譯的人，就被稱之爲“吉師”，這大概是“和邇”此人是兼通中國、朝鮮和日本語的，故歷代便沿用此例，稱“通譯”爲“吉師”了，直到江戶時代才正式稱之爲“通事”。

至於“應神天皇”，他是早於上述作爲日本紀年標誌的“繼體天皇”的“天皇”，在傳説的皇譜中排列第十二世，其年代則諸説紛紜。依據日本岩波書店出版的《新版日本史年表》，“應神天皇”的在位，約在四世紀末與五世紀之初。據《古事記》與《日本書紀》的記載，當時，應神天皇爲他的皇太子聘請教師，故而特地從百濟邀入和邇吉師，於是便有了《論語》和《千字文》的傳入。

根據文獻的這一記載，並參照其他的文獻與實物的材料，大致可以推斷，早期漢籍的東傳，最早是經由朝鮮半島的百濟而得以實現的。

在日本《古事記》成書之後八年，即公元720年，日本完成了第一部具有歷史書意義的著作《日本書紀》四十卷的編纂。該書於“應神天皇十六年”的記事中，又有如下的記載：

王仁來之，則太子菟道稚郎子師之，習諸典籍於王仁，莫不通達。所謂王仁者，是書首等之始祖也。

上述《古事記》中説的“和邇吉師”，即是《日本書紀》中稱之爲“王仁”的人。這是因爲《古事記》是用“真名”(mana)寫作的，“王仁”在古日本語中讀若“wani”，“和邇”便是用以標誌“wani”的“真名”(此即指在假名形成之前以漢字爲材料的注音符號——編著者)，而《日本書紀》是用漢文寫作的，故記其漢名字爲“王仁”。

公元751年，日本完成了第一部書面文學集《懷風藻》的編纂。《懷風藻》收六十位詩人的一百二十首詩。此集的《序》文在闡述日本開化的歷程時説：

橿原建邦之時，天造草創，人文未作。至於神後征坎，品帝乘乾；百濟入朝，啓龍編於馬廄；高麗上表，圖烏冊蒙於鳥文。王仁始導蒙於輕島，辰爾終敷教於譯田。遂使俗漸洙泗之風，人趨齊魯之學。

據此説法，八世紀時代的日本知識界則是把“王仁”看成是日本的啓蒙之師。從他的姓氏與文化教養上可以推考，王仁極有可能是一位生活於朝鮮的漢族移民，或是移民的後裔。他在漢籍東傳史上，具有首導之功。

(二)傳説中的天皇的故事——關於對漢籍的模演

誠如前述，漢籍可能在四世紀末和五世紀初傳入了日本(實際狀況可能要更早一些)。《日本書紀》中關於若干天皇的故事，可以支援這一説法。該書卷十一記載了在“應神天皇”去世之後，太子菟道稚郎子與他的長兄大鷦鷯之間，爲即皇位而恭謙互讓，其間有非常有趣的對話：

譽田天皇(即應神天皇)崩。時太子莵道稚郎子讓位於大鷦鷯尊。未即帝位,乃咨大鷦鷯尊:"夫君天下以治萬民者,蓋之如天,容之如地。上有歡心,以使百姓;百姓欣然,天下安矣。今我也弟之,且文獻不足,何敢繼嗣位,登天業乎?大王者風姿岐嶷,仁孝遠聆,以齒且長,足爲天下之君。其先帝立我爲太子,豈有能才乎,唯受之者也,亦奉宗廟社稷重事也。僕亦不佞,不足以稱。夫昆上而季下,聖君而愚臣,古今之常典也。願王勿疑,須即帝位,我則爲臣之助爾。"

大鷦鷯尊對言:"先皇謂皇位者一日之不可空,故預選明德立王爲爾,祚之以嗣,授之以民,寵其章令聞於國。我實不賢,豈棄先帝之命輒從弟王之願乎?"

固辭不承,各相讓之。

這一事件所表現的觀念、情節,乃至對話的臺詞等,皆與中國文獻《左傳·僖公五年》、《史記·周本紀》等所記載的周泰伯、仲雍讓位於季歷事極爲相似,甚至可以看作是以《左傳》、《史記》並《論語》等爲臺本的演義。如果沒有這些中國的典籍已經在日本流傳,五世紀時代的兩位日本皇子,是斷斷不會演出如此精彩的謙恭禮讓的場面的。

不惟如此,大鷦鷯即位後即史傳的"仁德天皇",他體恤民情,施行仁政,其活動言辭,全仿《論語》之説。《日本書紀》記"仁德天皇"事曰:

四年春二月,詔群臣曰:"朕登高臺以遠望之,煙氣不起於城中,以爲百姓既貧而家無炊者。朕聞古聖王之世,人人誦詠德之音,家家有康哉之歌。今朕臨億兆於茲三年,頌音不聆,炊煙轉疏,即知五穀不登,百姓窮乏也。封畿之內,尚有不給者,況乎畿外諸國耶?"三月,詔曰:"自今之後,聖於三載,悉除課役,息百姓之苦。"

七年夏,天皇居臺上而遠望之,煙氣多起。是日語皇后曰:"朕即富矣,豈有愁乎?"皇后且言:"宫垣壞而不得修,殿屋破而衣服露,何謂富乎?天皇曰:"天之立君,是爲百姓,然則君以百姓爲本。是以古聖王者,一人饑寒,顧之責身。今百姓貧之,則朕貧也;百姓富之,則朕富也。未之有百姓富之,而君貧矣。"

仁德天皇的這一套"君民貧富觀",以及他爲此而推行的罷免民衆三年課役的舉措,無疑是來源於《論語》。他所説的"百姓貧之,則朕貧也;百姓富之,則朕富也"這一席話,正是《論語·顏淵篇》中所説的"百姓足,君孰與不足?百姓不足,君孰與足?"的生動的"翻案"。

(三)推古朝《十七條憲法》與漢籍的東傳

到公元七世紀初,中國文獻典籍在日本的傳播,已經遠遠地超出了諸如《論語》、《千字文》這樣狹小的範圍了。推古天皇十二年(604年),日本聖德太子制定了《十七條憲法》,作爲國家立國的政治準則和官僚群臣的行爲規範。

《十七條憲法》一曰"和爲貴","上和下睦";二曰"篤敬三寶";三曰"承詔必謹";四曰"以禮爲本";五曰"絕饗棄欲,明辨訴訟";六曰"懲惡勸善";七曰"人各有仁,掌宜不濫";八曰"早朝晏退";九曰"信是義本";十曰"絕忿棄瞋,不怒人違";十一曰"明察功過,賞罰必當";十二曰"勿斂百姓";十三曰"勿妨公務";十四曰"無有嫉妒……千載以難待一聖";十五曰"背私向公";十六曰"使民以時";十七曰"事不可獨斷,必有衆宜"。

《十七條憲法》顯示了當時日本的統治階層立國建政的智慧,而其中大量的準則與規範,則來源於中國的已經成熟的政治思想,不僅如此,《十七條憲法》中有十三條二十一款的文字,則取自漢籍《周易》、《尚書》、《左傳》、《論語》、《詩經》、《孝經》、《韓詩外傳》、《禮記》、《莊子》、《韓非子》、《史記》、《説苑》及《昭明文選》等。這些都表明,在七世紀初期,中國文獻中的主要典籍已經傳入日本,其主要内容已爲日本當朝的政治家所掌握。

(四)日本《萬葉集》中的中國文獻典籍

八世紀後半期,日本完成了第一部和歌集《萬葉集》的編撰。是集凡二十卷,彙集在此之前數個世紀中流傳的和歌四千餘首,是日本文化史上第一次偉大的編纂,從而成爲日本文學史上輝煌的一葉。它不僅在日本文化史上,而且在世界文化史上,都是一顆光彩奪目的明珠。

"和歌"與日本文學中的"漢詩"不同,它是日本語的歌,文化史上也稱之爲"倭歌"或"倭詩"。《古今和歌集·假名序》中説:"倭歌以人心爲種,具備萬言之葉",即是説和歌以發露性情爲主,是日本民族表達美意識的最基本的文學樣式之一。然而,在這部歷來被認爲是"完全的"民族文學樣式中,卻生動地顯現出它融入了以漢籍爲載體的大量的中國文化,從中可以窺見這一時代漢籍的流佈。

1. 關於《萬葉集》中的"長歌"的標題與序文

《萬葉集》中的和歌,依其"歌行"的多少,分别稱之爲"長歌"、"短歌"、"旋頭歌"等。其中,"長歌"是《萬葉集》的主體,而"短歌"在後來則發展爲和歌的主體。

在《萬葉集》之前的和歌,無論其"歌行"是多少,皆爲"無標題歌",這正如中國的《詩經》,皆爲"無標題詩"一樣。然而彙編入《萬葉集》中的"長歌",大都冠以標題,並且還有序文,例如《天皇登香具山望國之時御製歌》(卷一)、柿本人麻呂《從石見國别妻上來時歌並短歌序》(卷二)等。更值得注意者,本《集》中所有的和歌皆是用"萬葉假名"(即"真名")撰寫,而所有的長歌標題與長歌序文,則皆用漢文寫成。

在東亞文學史上,詩歌冠以標題並有序文,則淵源於中國漢代的古詩。膾炙人口的《孔雀東南飛》,原名《爲焦仲卿妻作並序》,它是東亞文學中第一篇有詩題,又有序文的樂府詩。當然,在此之前,今古文《詩經》都已經有人作了"詩序",但仍然没有"詩題"。自《爲焦仲卿妻作並序》之後,中國的詩歌,便常常有"詩序"和"詩題"了。唐人王維《送秘書晁監歸日本序》有四百六十字,而全首詩才八句四十字。至於像王勃的《滕王閣序》,人們往往只記住了"落霞與孤鶩齊飛,秋水共長天一色"這樣的"詩序"而竟然忘記了"詩"的本身。毫無疑問,和歌從"記紀時代"的無題無序,到這一時代《萬葉集》的有題有序,正是從中國詩的新形式中移入的。其中,尚有不少的歌殘留着類比的痕迹。、

試以《萬葉集》中大伴旅人的《梅花歌並序》與中國王羲之的《蘭亭集序》相比較:

大伴旅人:梅花歌序	王羲之:蘭亭集序
天平二年正月十三日,萃于帥老之宅,	永和九年,歲在癸丑,暮春之初,會於

申宴會也。於是初春令月，氣淑風和。梅披鏡前之粉，蘭熏佩後之香。加以曙嶺移雲，松桂羅而傾蓋；夕岫結霧，鳥封谷而迷林。庭舞新蝶，空歸故雁。於是，改天坐地，促膝飛觴；忘言一室之里（原文），開衾煙霧之外。淡然身故，怏然自足。若非翰苑，何以攄情。詩紀落梅之篇，古今乎何異矣。宜賦園梅，聊成短詠。

會稽山陰之蘭亭，修契事也。群賢畢至，少長咸集。此地有崇山峻嶺，茂林修竹，又有清流急湍，映帶左右，引以爲流觴曲水，列坐其次，雖無絲竹管弦之盛，一觴一詠，亦足以畅叙幽情。是日也，天朗氣清，惠風和暢，仰觀宇宙之大，俯察品類之盛，所以遊目騁懷，足以極視聽之娱，信可樂也。

這兩篇序文，在心情表達、情緒渲染、氣氛烘托、以及篇章布局、遣詞造句、駢偶運用諸多方面，都具有其內在的群類性。

王羲之作品的東傳，在日本上層社會中具有廣泛的影響。現今日本的正倉院（756 年建立）寶物中有日本聖武天皇（724 —749 年在位）的皇后“光明子”親手書寫的《樂毅論》墨寶一卷。這一幅墨寶，是皇后以王羲之手書的《樂毅論》爲底本描摹的，尾署“天平十六年十月三日藤三娘”。此中“天平十六年”，即公元 744 年，“藤三娘”者，即自稱藤原不比等之三女也。

2. 關於《萬葉集》中“短歌”與“反歌”的定名

《萬葉集》中的長歌，在敍事抒情的末尾，常常有一個尾聲。這個尾聲，在長歌的標題上，總是題署“短歌”，它由三十一個音組成。作爲尾聲的“短歌”，可以有一首，也可以有多首。此種短歌形式，以後便發展成爲獨立的歌式，成爲其後一千餘年間“和歌”的主體形式，以至在日本文學史上，造成了“和歌”即“短歌”的共識。但是，在《萬葉集》中，這種創造了日本文學史上千餘年輝煌局面的“短歌”，只是一種詩歌標題的定名，實際上，作爲《萬葉集》中“長歌”的尾聲，在標題中被稱之爲“短歌”的歌，在長歌的尾聲中，卻被稱之爲“反歌”。

這裏便有了兩個問題。一是《萬葉集》中的長歌，何以都會有“尾聲”？二是此種尾聲，何以在標題中被稱之爲“短歌”，而在實際的尾聲中卻又被稱之爲“反歌”呢？

原來，《萬葉集》中的“短歌”與“反歌”的定名，與這一時代漢籍的傳入與流佈，有着莫大的關係。

一般説來，從春秋時代起，中國的詩歌在演奏詠唱之末，便十分重視它的“尾聲”。《論語・泰伯篇》曰：“關雎之亂，洋洋乎盈耳”，便是孔老先生稱讚《關雎》的尾聲，輝煌而有氣派。這兒的“亂”，便是《關雎》的尾聲，前人已經講得明白。其後，中國騷賦體詩歌在其形成和發展中，逐漸地把“尾聲”的安排體系化了。《荀子・賦篇》是中國賦體文學的早期作品之一。該篇尾聲的安排是這樣的：

…………

皓天不覆，憂無疆也；千歲必反，古之常也。弟子勉學，天不忘也；聖人拱手，時幾將矣。與愚以疑，願聞反辭。

其小歌曰：

念彼遠方，何其塞矣。仁人絀約，暴人衍矣。忠臣危殆，讒人服矣……。

在這篇賦中，其尾聲的安排，稱之爲“反辭”。在具體的歌詠中，“反辭”另起一章，並被稱之爲

"小歌"。此處的"反辭""小歌",在《萬葉集》中就被稱之爲"反歌"了。

這種形式在《楚辭》中也屢見,即在正文之後,用一小段文字來加深主題,延續意義,發表評論等,名之曰"亂"、"少歌"、"倡"等。和歌採用尾聲的形式,顯然是與中國騷賦體文學的此種結尾具有重大的關係。

3,關於《萬葉集》和歌的中國文化題材

《萬葉集》的和歌,就其創作題材而言,當是以歌人直抒性情爲主,然而也有不少借物比興,迂迴曲折。其中,透過若干題材,便可窺見漢籍的流入和影響。例如,著名歌人大伴家持有《贈阪上大娘歌》十五首,係爲一組豔歌。考究其題材來源,實淵自唐人張文成的《遊仙窟》:

大伴家持《阪上大娘歌》	張文成《遊仙窟》
No. 1	
夢中相見兮,伸臂回攬; 驚醒空手兮,心中怏怏。	(少府)少時坐睡,則夢見十娘。驚覺攬之, 忽然空手,心中怏怏,復何可論。
No. 4	
薄暮且將至,開門待客來; 夢中常相見,猶是意中人。	積愁腸已斷,懸望眼應穿; 今宵莫閉戶,夢裏向渠邊。
No. 15	
黎明別離兮,比益難堪; 胸懷如炙兮,痛切似割。	(少府與十娘別)未曾飲炭,腹熱如燒; 不憶吞刃,腸穿似割。

《萬葉集》中的這一組《贈阪上大娘歌》,顯然是以唐人張文成的《遊仙窟》的情節爲模本,翻爲十五首和歌,合而成爲一組豔情組歌。這無疑表明,像《遊仙窟》這樣的唐人傳奇,已經在這一時代的日本貴族知識分子中流傳了。

類似的文化現象中,便透露出爲數不少的中國文獻典籍已經傳入日本。山上憶良是七世紀時代著名的歌人,《萬葉集》收録他以中國的"七夕"爲題材的組歌十二首。其名作《沈痾自哀文》,例舉漢籍書名如《志怪記》、《壽延經》、《抱朴子》、《帛公略說》、《遊仙窟》、《鬼谷先生相人書》等多種。其中,《抱朴子》、《遊仙窟》二書,流傳至今,殆無異說。《志怪記》今日已經逸失,《隋書·經籍志》著録"《志怪記》三卷,殖氏撰",唐初的《北堂書鈔》曾引用其文。《壽延經》並非佛教真經,只是當時流行的一種類比教典形式而演述現世信仰的通俗性小冊子,敦煌出土的《佛說延壽命經》即是此類作品。《帛公略說》是道教類作品,而《鬼谷先生相人書》則是陰陽家占術類文獻。不管這些漢籍今日保存與否,山上憶良的歌作題材,已經爲我們展現了七、八世紀時代中國文獻典籍東傳日本的基本面貌。

(五)上古時代漢人的東移民與漢籍的東傳

一般說來,日本上古時代對漢籍的接受,最早主要是通過人種的交流來實現的。這是業已存在的久遠的中日文化關係的最原始形式的通道。

據《日本書紀》卷十記載，應神天皇時期，"弓月君自百濟來歸，因以奏之曰，臣領己國之人夫百二十縣而歸化"。又記載曰"倭漢直祖阿知使主，其子都加使主並率己之黨類十七縣而來歸焉"。《新撰姓氏録》説，"弓月君"是秦始皇第五世孫；《三代實録》説是秦始皇的第十三世孫。《續日本紀》又説"阿知使主"是漢靈帝的曾孫。總之，他們主要都是經由朝鮮半島到達日本的中國移民。數量之多，令人歎爲觀止。

關於早期中國大陸漢人向日本列島的遷徙，在"日本漢學史"和"日本人類學史"上，一般把公元前三世紀起至公元四世紀時代的大陸漢人遷徙民，稱之爲"秦漢歸化人"或"秦漢渡來民"，把公元四世紀以後的大陸遷徙民稱之爲"新漢人"。

《新撰姓氏録》説："仁德天皇（應神天皇之子）時，秦氏流徙各處，天皇使人搜索鳩集，得九十二部一萬八千七百六十人。"這裏的"秦氏"，是泛指當時大陸遷徙民中從事紡織的漢人。在日本語中，"紡織的機械"讀若"hata"。當時的漢人主要從事"hata"業，所以賜姓"hata"，用漢字"秦"來表示。如果從日本語的語義學上考察，那麼，早先古日語中的"hata"，與漢字"秦"之間是沒有什麼關係的，只是因爲從事此種"hata"職業的人員，都是從"秦"遷徙而來的，故把"秦"讀若爲"hata"。後來，秦氏繁衍，分出了許多的子姓，用漢字寫爲如"羽太"、"幡多"、"波多"、"八田"等，但這些子姓的日本語語音則全部讀若"hata"。他們是大陸漢人的後裔則是沒有疑問的。至今，在日本的京都市右京區有一稱之爲"太秦"的著名旅遊地；在名神高速道路上，有一個稱之爲"秦莊"的城市，皆係當年大陸遷徙民聚居之地。

關於早期中日人種之間的融合，中日兩大民族之間自十一世紀以來，流傳着一個撲朔迷離的傳説，這便是徐芾東渡日本的故事。如果我們不是把徐芾東渡日本看成是一個具體的歷史事件，而是把它作爲在上古時代的幾個世紀内，中國大陸曾經發生過的漢人向日本列島移民這樣一個總體事實的"尋根追懷"，那麼，這個傳説是很有意義的。

徐芾東渡日本的傳説，最早起源於十世紀左右的日本列島本土，反饋回中國。此事首載於《義楚六帖》，其後便傳播於國内，敷衍彌漫，遂成今日的故事。關於"徐芾東渡的史實與傳説"，本編著者已據中日之文獻、實物並在日本實地調查日本所謂"徐芾上陸地"多處，並多次爲文考證論説，茲不贅述。近數年來，國内新聞媒體聳動宣傳所謂"發現"數個"徐芾村"，並稱"徐芾由此起航日本"等等，皆非學術之論，不足爲據[①]。

其實，包括"王仁導入説"在内，都表示了在上古時代，中日文化的接觸與漢籍的東傳，主要是依託了人種的遷徙而得以實現的。傳説常常要依附特定的代表人物，而傳説中的人物，都只是一個特定時代中的特定現象的代表，這是人類古代史上的最爲普遍的文化現象。一旦將傳説中的代表人物敷衍爲所謂"真人實事"之後，它的文化史的意義就大大地被縮小，乃至被湮沒了。

當公元前三世紀左右，大陸漢人向日本列島遷徙時，在當時的亞洲乃至世界上，中國文化已經處在相當發達的階段，因此，無論是"秦漢渡來民"或是"新漢人"，在他們東遷之時，就傳遞着這樣的文化，而文獻典籍便是文化的主要的載體。

中國文化以文獻典籍爲載體，以人種遷徙爲通道，東傳日本，創造了飛鳥奈良時代日本文化發展的生動的局面。

日本元正天皇養老二年（718 年），制定了《養老律》和《養老令》。這是把經歷了近一個世紀的

---

① 關於徐芾出海採藥與東渡日本的傳説與史實，衆説紛紜。拙著《中國文化在日本》（新華出版社刊，1993 年版）一書的第三章《徐芾的傳説》中，已多有辨證，茲不贅言。

封建新政法典化的著作。其中《養老令》規定，國家設立大學，以養成官僚群臣。大學課程分爲“大經”、“中經”、“小經”。所謂“大經”，即《禮記》及《春秋左氏傳》；所謂“中經”，即《毛詩》、《周禮》及《儀禮》；所謂“小經”，即《周易》與《尚書》。此外尚需兼學《孝經》和《論語》。這是仿中國唐代國子監、太學與四門學的課業而列的章法。八世紀初期，中國文化的主要著作已經傳達於日本貴族知識分子群體之中，並幫助他們完成了《古事記》、《日本書紀》、《懷風藻》和《萬葉集》等在日本古代文化史上具有劃時代意義的偉大著作的編著。

（六）日本最早的漢籍抄録事業

中國文獻典籍的傳入，爲日本帶入了新文化。當時正在企求建立封建新政的日本朝廷與貴族知識分子，努力地學習漢文化。於是在日本的文化事業中出現了抄寫漢籍的新專業。當時，由政府專門抄寫漢籍的機構，稱爲“寫經所”，從事抄録的專門人員稱爲“寫經生”。寫經所的宗旨與寫經生的任務，以抄寫漢籍佛典爲主，同時兼寫漢籍外典。

日本至今保存的八世紀由寫經生們書寫的寫本，主要的有：

1. 滋賀縣石山寺藏《史記集解》卷九十六、卷九十七。（日本國寶）
2. 滋賀縣石山寺藏《漢書》卷一“高帝紀”下、卷三十四“列傳第四”。（日本國寶）
3. 名古屋大須觀音寶生院藏《 琱玉集》卷十二、卷十四。（日本國寶）
4. 名古屋大須觀音寶生院藏《漢書》卷二十四“食貨志第四”。（日本國寶）
5. 高野山大明王院藏《漢書》“周勃列傳”殘本。（日本重要文化財）

所有這些都是八世紀日本寫經生們傳留至今的無比珍貴的文化財産，從中無異可以考量這一時代中國文獻典籍在日本列島傳播的趨勢了。

二　以貴族知識分子爲主體的傳播形式
（九世紀——十二世紀）

公元 794 年（日本桓武天皇延曆十三年），日本天皇移居新京，定名爲平安京。這便開始了日本史上的“平安時代”。如果説八世紀中期以前，中國文獻典籍的東傳，主要是依靠了遷徙民的移動這樣一種非常古老而又十分原始的方式的話，那麼，自九世紀遷都平安京之後，由於文化自覺意義的提陞，漢籍東傳的通道與形式，便有了不小的變化。

（一）平安時代的“漢風潮”與《秘府略》的編纂

平安時代是日本文化史上一個輝煌的時代。這一時代中，日本權力階級與知識階層自覺地渴望獲得中國的文化，竟歷三百餘年而不衰。八、九世紀的日本皇室和上層權力集團，爲了儘快地使自己的國家擺脱殘存的原始形態，趕上中國唐代所達到的那樣一種文明，以鞏固自己的地位，並獲得盡可能多的物質的享受和精神的享受，他們第一次自覺地對中國文化實行全方位的開放，終於在朝野造成了一片謳歌漢風的風氣。

814 年，嵯峨天皇即位，在不到四年的時間内，便敕令編撰了《淩雲集》與《文華秀麗集》兩部漢詩集，啓其後三百年間日本漢文化之先河。此後十五代天皇，相繼以自身深厚的漢文化教養，著力于本國的文化建設。827 年,淳和天皇敕命編撰《經國集》,它與前述二集在日本文化史上合稱爲"敕撰三集"。838 年仁明天皇首開中國《群書治要》的講筵,855 年,文德天皇敕命編撰漢文體《續日本後紀》,860 年,清和天皇命全國採用唐玄宗注《孝經》,879 年,陽成天皇敕命編撰仿中國實録體的第一部宫廷記事《文德實録》,892 年,宇多天皇敕命編撰《三代實録》等等。

在漢文化如此發達的形勢下,823 年——833 年日本淳和天皇時期,朝臣參議茲野貞主編纂了一部大型漢籍類書《秘府略》一千卷。當時我國梁朝編纂的《華林遍略》,北齊編纂的《修文殿御覽》,隋代編纂的《北堂書鈔》,以及唐朝編纂的《藝文類聚》、《初學記》和《白氏六帖》等,都已傳入日本。正是在這些類書的啓示下,日本知識分子利用當時已經傳入的漢籍文獻,編撰成了這樣一部大型漢籍類書。可惜《秘府略》大部分已失逸,目前尚存卷第六百八十四"百穀部"與卷第六百八十六"布帛部"。從這二卷殘本來看,"百穀部"引漢籍如劉向《别録》、蔡英《本草經》、氾勝之《氾勝之書》、無名氏《吳民本草》、鄧楨《魯都賦》、嵇含《孤黍賦》等凡一百二十四種。"布帛部"引漢籍如郭頌《世語十作》、揚雄《蜀都賦》、陸翽《石虎鄴中記》等凡九十種。由此推考,《秘府略》一千卷,包括互有重復在内,徵引漢籍文獻當在一千種以上。

(二)日本學問僧在這一時代漢籍東傳中的作用

在上古時代,正如《論語》最早是經過百濟這一通道才傳入日本那樣,中日之間的交往,主要是藉靠朝鮮半島才得以實現的。然而,自七世紀開始,隨着日本向中國派遣"遣隋使"和"遣唐使",中日之間開通了直接往返的海上航道。這在中日文化關係史上具有極重要的意義,因爲自此之後,中日之間的文化交流,才擺脱了第三國文化的仲介作用,從而具有了完全獨立的形態。當時,經由海上直抵中國的日本人士,主要是政府的使臣、前來中國尋求文明與文化的知識分子、到大陸求法問道的僧人,以及他們的隨從等。

在上述人士中,到中國來求法的日本僧人爲其大宗。國内學者如王利器先生等認爲,日本的文化是由於佛教的傳入而漸趨興旺的,中國文獻典籍也正是在佛教向日本傳播的過程中,由僧侣們傳入日本的(參見王利器《文鏡秘府論校注·前言》)。

在漢籍的早期傳播史上,如果我們不是指佛教内典文獻,而是指以"四部分類"爲概念的更廣泛的外典文獻,那麽,在這個時代中,經由日僧之手而東渡的漢籍文獻,則數量是微乎其微的。有些先生的概念是從"印象"中生成的,但現在的研究恐怕是要依靠數量統計的辦法了。

今日本《大正大藏經》的"目録部"中,保留着這個時代日本主要的僧侣從中國歸國時帶回的經論章疏目録,動輒數百上千卷,數量特别巨大。如最澄大師於公元 804 年歸返日本國,攜回内典經論章疏四百六十卷,圓珍上人於公元 858 年歸返日本國,攜回經論章疏有一千餘卷。但是,僧侣們在攜回如此之多的佛教典籍時,卻很少攜漢籍外典歸於東瀛。據《大正大藏經》記載,在平安時代僅有六位入唐求法僧在歸國時攜回少量的非佛教典籍,如《翰林院集》、《王智章詩》、《開元詩格》、《百司舉要》、《波斯人形》等,大凡合計八十八種。這些外典,當然是彌足珍貴。但是,如果以同時代的藤原佐世在《本朝見在書目録》中著録的一千五百六十八種漢籍相比較,那麽,僅占爲 5.6%,

其比例竟是如此弱小，真可謂是鳳毛麟角了①。當然，這也不是説入唐僧侣們在漢籍外典的傳播中沒有作用了。當時，有少數僧侣確曾留意於佛典之外的釋外文化與典籍，例如，據《入唐求法巡禮行記》與《頭陀親王入唐略記》的記載，唐武宗會昌四年(844 年)，日本學問僧惠蕚在蘇州的南禪院中手鈔《白氏文集》三十三卷，並於 847 年攜回日本。此所謂"雜書等雖非法門，然亦世者所要"。然而，一般地説來，如統計數位所顯示的，雖然在平安時代，中日佛教僧侣的交往日見頻繁，但是，僧侣們對漢籍東傳的作用卻與他們在宗教方面的熱情，不成比例。

（三）平安時代貴族知識分子的文化理念

從考察文化史的事實可以得知，這一時代如此之多的漢籍傳入日本，主要是依靠了那時貴族知識分子醉心於中國文化而得以實現的。

日本貴族是最早掌握漢字和漢文化的一個階層。平安時代是貴族文化占主流的時代。當時，他們以中國文明爲榜樣，力圖建立起新的生活模式。當時著名的學者慶茲保胤在《池亭記》(982 年)中敍述自己的生活樂趣時説：

> 飯餐之後，入東閣，開書卷，逢古賢。夫漢文帝爲異代之主，以好儉約、安人民也；白樂天爲異代之師，以長詩句、歸佛法也；晉朝七賢爲異代之友，以身在朝、志在隱也。余遇賢主、賢師、賢友，一日有三遇，一生有三樂。

這是一個很典型的描述。它表現了平安貴族知識分子對中國文化的理念，而這些理念又全都是依靠漢籍作爲載體而得以實現的。

日本《文德實録》"承和五年"(838 年)記載着古代海關的這樣一個故事：

> 太宰少貳藤原岳守於唐船得《元白詩筆》獻，因功敘位。

這是日本早期的關於海關的記録。海關官員藤原岳守因爲在中國船上發現了一部《元白詩筆》而升官進爵，這表明當時權力階級對獲得中國文獻典籍的重視程度與急迫心情。

又據日本《宇槐雜抄》記載，十一世紀初日本政權的實際操縱者左大臣藤原道長，一次就託中國商人劉之沖購入漢籍一百多種，氣魄甚大。

平安時代最大宗的漢籍東傳，便是依託了貴族知識分子的對漢文化的理念，依靠他們在中國的尋訪書籍，然後運歸國内。此種態勢在奈良時代的後期已經初步形成，當時的名人吉備真備，曾隨第九次遣唐使團赴中國，並與阿倍仲麻呂一起在華學習十餘年，回國後又於公元 751 年再任第十一次遣唐使團的副使來中國。他兩次在中國，細覓窮搜經史子集各類文獻典籍。九世紀末的藤原佐世在《本朝見在書目録》中稱吉備真備爲獲得《東觀漢記》的完整的本子，"在唐國多處營求，竟不得其具本"。此處的"具本"，即是"全本"之意。然而，吉備真備還是從中國攜回了兩個本子 ——一

---

① 《大正大藏經》的《目録部》著録中，涉及漢籍東傳的目録著作主要有八種：最澄大師《傳教大師越州録》、《法門道具等目録》；弘法大師《奉獻雜文表》；慈覺大師《入唐新求聖教目録》、《慈覺大師在唐送進録外書》；惠運禪師《惠運禪師將來教法目録》；圓珍和尚《日本比丘圓珍入唐求法目録》；宗睿上人《書寫請來法門等目録》。

百二十七卷本和一百四十卷本的《東觀漢記》歸國，在版本目録學上是極爲可貴的。吉備真備把從中國帶回的文獻典籍，編著了專門的目録，即《將來目録》。書籍需要編著目録，可見數量之巨。此《目録》便是後來藤原佐世編撰《本朝見在書目録》的重要參考之一。

（四）《源氏物語》中引用的漢籍

十一世紀初期，日本女作家紫式部完成了長篇小説《源氏物語》的創作。這部小説，以五十四卷（回）百餘萬言的宏大篇幅，典型地展現了平安時代以宫廷爲中心的上層貴族的生活，成爲世界文學史上的不朽的巨著。它不僅是日本文學史上第一部長篇小説，而且也是世界文學史上第一部寫實主義長篇小説。從漢籍流佈史的視角考察，它生動而鮮明地反映了平安時代知識分子的文化理念 —— 在小説情節的演進中，透露出以漢籍爲載體的中國文化在作品中存在的普遍性，以及它們與作者的本土文化相融合的深刻性。

一般説來，《源氏物語》與漢籍之間的關係，大體上有三個層面的關聯 —— 局部性的、整體性的、基礎性的關聯。這三個層面當然是不能分開的，它們往往共存於一個故事組合之中，在情節的進程中或隱或露，融會貫通。可以説，這是平安時代日本知識分子接受漢文化的最具成就的典範。

在《源氏物語》的各種情節的組合中，女作家在其某個進展點上，爲了表現諸如戀愛的惆悵、仕途的失意、羈旅的愁苦，以及試圖把這種失落的心態與大自然融合爲一體而構成空朦的意境，常常佈設中國文獻典籍中相應的詩文，引人入勝，饒有餘情。例如第十二卷《須磨》，歷來有"壓卷之作"的定評。該卷寫小説的主人公源氏公子在權力的爭鬥中被趕出京城，放逐須磨。當源氏公子懷着離愁，乘上行舟，踏上須磨地方的時候，看到的是一片荒涼，"古殿的遺址只剩幾棵松樹，近處只有海的波浪，遠處雲霧彌漫，群山隱約難辨"。置身於這樣的環境中，主人公意識到自己確實是被放逐了。這種荒漠淒涼的景象，女作家是通過採用白居易的詩句"三千里外遠行人"的意象，讓讀者去體味其中的縷縷苦楚。

"三千里外遠行人"一句，原自白居易《冬至宿楊梅館》詩。詩曰：

> 十一月中長至夜，　三千里外遠行人；
> 若爲獨宿楊梅館，　冷枕單床一病身。

女作家紫式部在這一情節進展點上，融入白居易詩的這一意象，成功地構築了源氏公子被放逐的環境與心理形態 —— 在這荒涼的海邊，"長夜"、"獨宿"、"冷枕"、"單床"、"病身"等將集於一身。紫式部運用白居易的這一詩句，把物態類比與心態表述和諧地組合在一起，把一個謫居邊地的貴公子的生活環境與苦悶的内心世界作了典型的概括。

同樣的把漢籍融入到小説中去的藝術手段，在《須磨》一卷中被多處運用。當"明月升空，源氏公子想起今天是十五之夜，便有無窮的往事湧上心頭"時，女作家在此情節點上，又佈設了白居易的詩句"二千里外故人心"，把情節推向新的層次，從而讓思念故土之心躍然紙上，使"聞者感動流淚"。

根據我的計算，《源氏物語》中，紫式部在一百五十二處情節進展點上，佈設了一百三十一節來自中國文獻典籍的詩文句，創造了形式多樣的意象組合。

我們把《源氏物語》中所徵引的漢籍文獻，列表如下：

被引用之中國文獻	詩文句數	徵引次數	被引用之中國文獻	詩文句數	徵引次數
詩經	3	3	陶淵明詩	1	1
論語	2	2	昭明文選	7	8
儀禮	1	1	劉夢得詩	1	1
韓非子	1	1	白居易詩文	80	97
戰國策	1	1	權得輿詩	1	1
孝經	1	1	元稹詩	2	2
史記	13	14	遊仙窟	3	3
漢書	2	2	長恨歌傳	1	1
古詩十九首	2	2	李娃傳	1	1
列子	2	2	任氏傳	1	1
晉書	2	2	章台新柳	1	1
述異記	1	3	周秦行記	1	1

這張表生動地表明了，平安時代漢籍在日本的流佈不僅已經十分地廣泛，而且已經深入了日本知識分子的文化理念中。設想假如當時日本的知識界並未接受如此之多的漢籍，那麽，即使是女作家紫式部本人具有良好的中國文化修養，讀者又如何能夠理解她在作品中融入的如此之多的來自漢籍的詩文句呢！

（五）藤原佐世與《本朝見在書目録》

九世紀時代，漢文化在日本朝野極爲昌盛。正是在這種形勢下，九世紀後期，即公元 876 年—898 年之間（中國唐僖宗乾符三年 — 唐昭宗光化元年，日本清和天皇貞觀十二年 — 宇多天皇昌泰元年），位居當時大學頭（大學校長）的藤原佐世（？—898 年），完成了日本全國官方收藏漢籍總目的編纂。此書原署名《本朝見在書目録》，後人改稱爲《日本國見在書目録》。這是日本現存的最古老的一部完整的目録學著作，它記録了九世紀後半期日本國家各公務機關如圖書寮、大學寮、弘文院、太政官文殿、校書殿等，以及天皇私人藏書處如冷然院、御書所等實際收藏的漢籍目録，並逐一表明著者、卷數等，從而全面地反映了中古時代漢籍在日本傳播的實際情況。

《本朝見在書目録》的編纂，其體例依《隋書·經籍志》分經史子集四部四十類，定爲四十家，類目如次：

易家	尚書家	詩家	禮家	樂家	春秋家	孝經家
論語家	異説家	小學家	正史家	古史家	雜史家	霸史家
起居注家	舊事家	職官家	儀注家	刑法家	雜傳家	土地家
譜系家	簿録家	儒家	道家	法家	名家	墨家
縱横家	雜家	農家	小説家	兵家	天文家	五行家
醫方家	楚辭家	別集家	總集家			

關於《本朝見在書目録》著録漢籍的部帙卷數，歷來説法不一。日本《明文抄》記“《見在書目》一萬八千六百十八卷”，而《國名風土記》引《比古婆衣》記載，“《見在書目録》所在，一萬八千八百二十卷。”本編撰者在日本親自檢閲現今唯一的傳本 —— 手抄室生寺本，共檢得漢籍一千五百六十八部，凡一萬七千二百零九卷。

這實在是一組令人震驚的數位！《隋書・經籍志》著録典籍三千一百二十七種，《唐書・經籍志》著録典籍三千零六十種。若與《本朝見在書目録》相比較，那麽，在九世紀後期，《隋志》著録的50%，《舊唐志》著録的51.2%，此即當時中國國内所存在的文獻典籍的一半，已經傳入日本了，這在世界文化史上，實在是令人感到驚羨的！

從漢籍東傳日本的歷史角度考察，《本朝見在書目録》在日本漢籍史中至少提供了如下兩大學術訊息。

第一，據《本朝見在書目録》的著録，可知九世紀時代由日本官方保存的一部分漢籍，他們是漢籍的原典文本。這些漢籍後來在中國國内卻已經發生了“形態的變化”。

例如，《隋書・經籍志》“易類”著録“《歸藏》十三卷，晉太尉參軍薛真注”，此書在兩《唐書》中，亦皆作“十三卷”。可是，據《本朝見在書目録》的記載，當時日本收藏的《歸藏》卻是“四卷”，題署“晉太尉薛真注”。

八卦及乎三代，實爲三易。夏曰“連山”，殷曰“歸藏”，周文王作卦辭，名曰“周易”。《太平御覽》卷六百八引《新論》曰：“《易》，一曰《連山》，二曰《歸藏》，三曰《周易》。《連山》八萬言；《歸藏》四千三百言，爲四卷。”由此則知，《歸藏》原典應爲“四卷”，所謂“十三卷”之類，則係後人增補分割所變成。

又如，《本朝見在書目録》“雜傳家”著録“《研神記》一卷”。此書《隋書・經籍志》著録爲“《研神記》十卷”，後來，《唐書・經籍志》著録，亦記爲“《研神記》十卷”。

考《金樓子・著書篇》，其記曰：“《研神記》一秩一卷，金樓子自爲序。”《金樓子》一書又見於唐代吕溫所著的《吕叔和文集》。其卷二“上官容書樓歌子題注”曰：“貞元十四年，友人崔仁亮於東都買得《研神記》一卷。”由此可以斷定，九世紀日本所藏的《研神記》一卷，是此書的原典，《隋書》與《唐書》所記“十卷本”，不是誤記，就是增補後的本子了。

由於《本朝見在書目録》的編纂，早於《唐書・經籍志》五十餘年，更早於《新唐書・藝文志》一百五十餘年。就此《目》中的著録而言，可以訂正兩《唐志》著録的“改筆”。

如“春秋家”著録“《春秋辨疑》十卷陸淳”。兩《唐志》則著録著者爲“陸質”。這是因爲唐代爲避唐憲宗李純諱，改“陸淳”爲“陸質”。由此可知，日本的藏本，蓋元和(806年)以前的舊本。

第二，《本朝見在書目録》可以補《隋志》與兩《唐志》缺漏的書目，而這些缺漏著録的漢籍（或許是已經在中國國内逸失了），卻已經在日本流傳。

例如，《本朝見在書目録》“雜史家”著録“《大業略記》三卷趙毅”。此書不見《隋志》與兩《唐志》著録。

唐代釋門道宣著有《集古今佛道論衡》，其卷四曰：“趙毅，北地新平人，隋秘書郎司隸刺史，撰《文帝起居注》二十五卷、《大業略記》三卷，並藏秘閣。”

根據道宣的這一記載，可以判定《本朝見在書目録》著録的可靠性。

又如，《本朝見在書目録》“道家”著録“《老子化胡經》十卷”。此書亦不見《隋志》及兩《唐志》著録。然今敦煌存文獻中有《老子西昇化胡經》二卷，此係一殘本。由此則知《老子化胡經》確係我國隋唐或隋唐之前的文獻,而《隋志》以來,則缺而不録。

此種補漏,具有較爲普遍的價值。本編撰者以《本朝見在書目録》與《隋志》與兩《唐志》相比勘,查得有三百餘種中國文獻典籍爲《隋志》與兩《唐志》所不録,卻存儲在九世紀時代日本官方的藏書機構中。僅以《本朝見在書目録》著録的"易家"三十三種書爲例,其中竟然有二十一種典籍不見於《隋志》與兩《唐志》:

1.《周易》八卷　陸善經注;	2.《周易》三卷;
3.《周易副象》二卷　萬叔撰注;	4.《周易六十四卦奏贊》一卷;
5.《周易通義》十卷;	6.《周易異議》十卷　弘農劉遵字修禮撰;
7.《周易流演》(不記卷數);	8.《周易私記》一卷　古豊師撰;
9.《周易義記》(不記卷數);	10.《周易略例》一卷　武守節注;
11.《周易難問》一卷;	12.《周易略例》一卷　唐邢璋解;
13.《周易異論》一卷;	14.《周易通問》一卷　韋光晨;
15.《周易搜藏訣》一卷;	16.《周易許氏扶抑》一卷;　徐佩孔時解
17.《周易譯名》十二卷;	18.《周易判卦略例》一卷;
19.《周易贊》一卷;	20.《周易集音》一卷;
21.《周易精微賦》一卷　劉遵撰。	

這些在中國本土已經失落卻流傳在日本的典籍,它們提供了學術史上既被人忽視卻又十分重要的許多課題。例如,就經學史而言,自唐代孔穎達《五經正義》書出,便應科舉之需而翕然趨讀,於是,孔氏前後的經書注本,逐漸亡逸,書志不録,天長日久,阻隔藐遠,於學術史上便茫茫然而訊息全無了。例如,唐代學者陸善經,世傳其曾編著《文選注》,今已逸失,然現今殘存的《文選集注》(日本國立京都大學文學部影印本)卻大量徵引其注文。其中如卷六十三收《離騷》前半部本文二百五十句,徵引陸善經注文一百零五條;卷六十六收《招魂》本文二百五十句,徵引陸善經注文八十一條;又收《招隱士》本文四十八句,徵引陸善經注文二十三條。由此看來,陸善經在當時應是一著名的學者,但《唐書・藝文志》僅著録其《孟子注》七卷一種,《新唐書》在《禮志》、《職官志》等處,曾著録他參加過編寫《禮記・月令注》、《大唐六典》與《開元禮》三種,此外,便一無所知了。然而,《本朝見在書目録》卻著録他的個人著作傳入日本的有八種:

《周易》八卷	陸善經注;	《周詩》十卷	陸善經注;
《古文尚書》十卷	陸善經注;	《三禮》卅卷	陸善經注;
《春秋三傳》卅卷	陸善經注;	《論語》六卷	陸善經注;
《孟子》七卷	陸善經注;	《列子》八卷	陸善經注。

從藤原佐世的著録而言,陸善經無疑是中國中古時代一位被遺忘了的經學大師,他的著作不存於國内,卻流傳於日本,真讓人爲漢籍東傳日本的速度和規模感到驚心動魄!

(六)宋刊本東傳之始

平安時代後期,宋刊本開始東傳日本。公元983年,日本僧人奝然赴中國,向宋廷贈送了鄭玄注《孝經》。鄭注《孝經》在我國逸失已久,宋太宗便以當時國内新刊印的《大藏經》回贈。這大概就是中國宋刊本傳入日本列島之濫觴。

十一世紀初期,日本政權的實際操縱者藤原道長在他的日記《御堂關白記》的"寬弘七年(1010年)十一月二十八日"記事中,記載中國商人曾向他獻上"折本注《文選》、同《文集》"等。所謂"折本",指的是與"卷子本"以卷軸形式不同的"印刷本"的裝潢形式。藤原道長在這裏便是指"宋刊本"的《昭明文選》與《白氏文集》。

可以這樣説,平安時代近四百年間,由於中日雙方的共同努力,以日本貴族知識分子爲主要的橋樑,中國文獻典籍以同時代在世界上罕見的規模東傳日本,從而對日本文化的發展,具有奠基性的意義。

(七)平安時代傳入日本至今尚存的唐人寫本

這一時代傳入日本的漢籍,當以寫本爲大宗,後期有少量的宋刊本入境。它們歷經社會滄桑,兵火洗劫,留存於今日者,已爲希世珍寶。經筆者在日本多年查考,共得三十二種可以確認爲平安時代傳入日本之唐人寫本。其中被列爲皇宫御物一種,列爲日本國寶十九種,列爲日本重要文化財十二種,另有《趙志集》一種,不明真相,難以辨定。今録敘於次:

1. 皇家宫内廳藏《古文尚書》卷三、卷四、卷八、卷十三。
2. 東洋文庫藏《古文尚書》卷三、卷五、卷十二。(日本國寶)
3. 京都神田氏家藏《古文尚書》卷六。(日本國寶)
4. 東洋文庫藏《毛詩》卷六。(日本國寶)
5. 京都市藏《毛詩正義》卷六。(重要文化財)
6. 東京國立博物館藏《毛詩正義》卷十八。(重要文化財)
7. 東洋文庫藏《禮記正義》卷五。(重要文化財)
8. 早稻田大學附屬圖書館藏《禮記喪服小記子本義疏》卷五十九。(日本國寶)
9. 藤井齊成會藏《春秋經傳集解》卷二。(日本國寶)
10. 奈良縣興福寺藏《經典釋文》卷十四。(重要文化財)
11. 早稻田大學附屬圖書館藏《玉篇》卷九。(日本國寶)
12. 大東急記念文庫藏《玉篇》卷八。(重要文化財)
13. 京都府福光寺藏《玉篇》卷二十四。(重要文化財)
14. 京都府高山寺藏《玉篇》卷二十七。(日本國寶)
15. 滋賀縣石山寺藏《玉篇》二十七。(日本國寶)
16. 京都市神田氏家藏《史記集解》卷二十九。(重要文化財)
17. 兵庫縣蘆屋市上野氏家藏《漢書》卷八十七。(日本國寶)
18. 高松市藏《周書》卷十九。(重要文化財)

19. 奈良縣大神神社藏《周書》卷十九。（重要文化財）
20. 金澤文庫藏《蔔筮書》卷三十二。（重要文化財）
21. 東京國立博物館藏《碣石調幽蘭》第五。（日本國寶）
22. 京都市小川氏家藏《世説新語》卷六。（日本國寶）
23. 京都國立博物館藏《世説新語》卷六。（日本國寶）
24. 京都市小西氏家藏《世説新語》卷六。（日本國寶）
25. 東京國立博物館藏《世説新語》卷六。（日本國寶）
26. 滋賀縣延曆寺藏《六祖慧能傳》一卷　（日本國寶）
27. 兵庫縣蘆屋市上野氏家藏《王勃集》卷二十八。（日本國寶）
28. 東京國立博物館藏《王勃集》卷二十九、卷三十。（日本國寶）
29. 京都市神田氏家藏《王勃集》卷二十九。（重要文化財）
30. 名古屋大須觀音寶生院藏《翰林學士集》一卷（暫定名）（日本國寶）
31. 日本文化廳藏《新撰類林抄》卷四。（日本國寶）
32. 天理圖書館藏《五臣注文選》卷二十。（重要文化財）

三　以禪宗僧侶爲主體的傳播形式
（十三世紀——十六世紀）

日本自十二世紀後期起，國家政治權力進入了多元的形態。平安時代那種歌舞升平的景象結束了，代之而起的是以將軍爲首領，以武士爲主體的，長達四百年的互相爭伐。全國名義上雖然有一個天皇，但是，天皇不是被將軍挾持，就是政令不出京城。自 1331 年到 1392 年間，竟然還出現過兩個天皇，這就是日本史上的南北朝時代。

戰爭嚴重摧殘了文化。由平安朝四百年間建立起來的文化事業，幾乎被破壞殆盡——在這四個世紀中傳入日本的中國典籍，如《本朝見在書目録》中所著録的一千五百餘種唐代以前與唐代的寫本，也大部分毁於這數百年間。當時在日本的國土上，唯一遠離戰火的是寺廟，一線學脈，便維繫於此。於是，寺廟文化便成爲這一時代文化的主流了。

這一特殊歷史時期中的特殊的文化現象，使日本的僧侶階層成了中國文獻典籍東傳日本的最主要的傳遞者。這一時期中的佛學宗教交流成爲了中國文獻典籍與文化通向日本列島的主要渠道。

（一）禪宗的東傳與禪宗僧侶“儒佛互補”的觀念

本來，儒學與佛學曾經長期對峙，互相排斥。然而，這一時代中國大陸佛教中的禪宗日趨發達，而儒學中又興起了程朱理學。禪宗以見性成佛爲主旨，宋學以窮理盡心爲本分。儒佛要旨的相融，使文化形勢爲之一變。

早期傳入日本的佛教，爲朝臣公卿所把持，又因爲注重經典和強調法會，實爲有閑知識者所有，故稱爲“貴族佛教”。將軍武士（武家）起而爭奪天下，需要一種與朝廷公卿（公家）不同的意識形態作爲其精神心理的支柱，禪宗作爲首選而獲得武家強有力的支援。

十三世紀日本鐮倉將軍幕府，依中國“五山”之名法，在其政治中心鐮倉，定建長寺、圓覺寺、壽福寺、淨智寺、淨妙寺爲日本“鐮倉五山”，確認了禪宗在日本的地位。十四世紀中期，禪宗在與“貴族佛教”幾經較量之後，終於突入京都，又定南禪寺、天龍寺、建仁寺、東福寺、萬壽寺爲“京都五山”。從而我們把日本文化史的這一時代稱爲“五山文化時代”。

五山時代的僧侣，對事涉外典的中國儒學，採取了相容並包的態度。他們認爲非佛學的漢籍“於道不爲無助，雖讀外書亦可也”。

所以當有人向五山著名的僧人義堂周信問及如何看待“佛名而儒行者”時，他認爲“若夫先告以儒行，令彼知有人倫綱常，然後教以佛法，悟有天真自性，不亦善乎！”在日本五山寺廟中，閱讀和鑽研非釋門的中國文獻典籍，往往成爲修行者的一項美德。

當時，禪僧中岩圓月在致五山傑出的名僧虎關師鍊的信中，是這樣來描述虎關師鍊的學術的：

> 微達聖域，度越古人，強記精知，且善昔述。凡吾西方經籍取千餘軸，莫不究達其奥，置之勿論。其餘上從虞夏商周，下逹漢魏唐宋，乃究其典籍、訓詁、天命之書，通其風、賦、比、興、雅、頌之詩。以一字之褒貶，考百王之通典；就六爻貞卦，參三才之玄根。明堂之説，封禪之儀，移風易俗之樂，應答接問之論，以至子思、孟軻、荀卿、楊（揚）雄、王通之編，旁入老、列、莊、騷、班固、范曄、太史紀傳，入三國及南北八代之史，隋唐以降，五代、趙宋之紀傳，乃複曹、謝、李、杜、韓、柳、歐陽、三蘇、司馬光、黄、陳、晁、張、江西之宗、伊洛之學……可謂座下於斯文，不羞古矣。
>
> —— 中岩圓月《東海一漚集》卷三《與虎關和尚》

中岩圓月在這封信中，竭誠讚揚虎關師鍊於中國的經史子集無所不通，其學術幾乎涵蓋了宋之前的所有中國的名流。其中雖難免有溢美過譽之詞，但一位僧侶對他佛門中的同道，不是修行佛法，而是學涉外典作了如此崇高與充滿敬意的評價，可以明顯地顯現出這一時代中日本禪宗與中國非佛學文化相互通達的勢態了。

令人震驚的是，中岩圓月在這封信中，實際上也是開出了一張中世時代初期流傳於日本的漢籍書單子。

在這一時代的文化史上，義堂周信、虎關師鍊、中岩圓月等著名僧人，都是傑出的學問僧。他們對於禪林具有極大的影響力。他們本人既然具有禪林學術以内外兼通爲尚的理念，所以當時五山寺廟中，禪人們“專談經史百氏之書，傍及雜説，吹藜繼晷，莫不達明”。研讀中國文獻典籍，便蔚成風氣。

（二）禪僧在漢籍東傳中的貢獻

在這樣一種學術風氣下，五山僧侣便十分留意於漢籍的收集、引進和保存。

1211 年，日本僧侣俊芿從中國歸國。他初學顯密諸宗，後來在杭州徑山學禪參定，常涉儒書外典。據日本《泉湧寺不可棄法師傳》記載，在俊芿帶回國的典籍中，有佛典一千二百餘卷，此自不待言。令人驚奇的是，另有外典漢籍七百十九卷，其中有朱熹《四書集注》的初刊本。這是日本文化史上的新現象。它意味着禪宗與宋學融通互補的理念，正在逐步變成日本僧侣們的具體的實踐。

1241 年，日本禪宗史上著名的僧人圓爾辯圓（聖一國師）從中國歸國，帶有典籍數千卷，收藏於東福寺。1353 年，東福寺第二十八世大道一以（住持）點檢藏書，爲之編成《普門院經論章疏語録儒書等目録》。根據此目的記載，除去佛典之外，外典漢籍爲一百二種，去其重復，共得九十四種，兹録於後：

(調),《周易》二卷　《周易音義》一卷　《易總説》二冊　《易集解》一冊

(陽),《纂圖互注周易》一冊　《尚書》一冊　《毛詩》二冊　《禮記》三冊　《春秋》五冊　《周禮》二冊　《孟子》二冊　《吕氏家塾讀書記》五冊　《律氏詩記》五冊　《論語精義》　《无垢先生中庸説》二冊

(雲),《論語直解》一冊　《直解道德經》三冊　《晦庵集注孟子》三冊　《毛詩句解》二冊　《尚書正義》一冊　胡文定《春秋解》四冊　《毛詩》三冊　《晦庵大學》一冊　《文公家禮》一冊　《小字孝經》一卷　《百家姓》一卷　《黄石公□書》一冊　《王先生語》二冊　《九經直音》一冊　《晦庵大學或問》三冊　《晦庵中庸或問》七冊　《三注》三冊　《連相注千字文》一冊

(騰),《莊子疏》十卷

(致),《六臣注文選》二十一冊　《文中子》三冊　《韓子》一冊　《楊(揚)子》三冊

(雨),《事物叢林》十冊　《方輿勝覽》九冊　《韓雋》二冊　《帝王年運》三冊　《招遠圖》一冊

(露),《東坡詞》二冊　《東坡長短句》一冊　《詩律捷徑》二冊　《誠齋先生四六》四冊　《筆書訣》一冊　《萬金啓實》二冊　《啓劄矜式》八冊　《聖賢事實》二冊　《帝王事實》二冊　《三曆會同》三冊　《搜神秘覽》三冊　《(京本)三曆會同》一冊　《連珠集》一冊　《賓客接訣》一冊　《合壁詩學》二冊　《四言雜事》二冊　《小文字》四冊

(結),《説文》十二冊　(又)《説文》十二冊　《爾雅兼義》三冊

(爲),《大字玉篇》五冊　《大字廣韻》五冊　《玉篇》三冊　《廣韻》五冊　《校正韻略》二冊　《韻關》二冊　《韻略》二冊

(霜),《白氏六帖》八冊　《歷代職源》十冊

(金),《白氏文集》十一冊

(生),《韓文》十一冊(不全)　《柳文》九冊(不全)

(麗),《老子經》二卷　《莊子》一部(缺卷一至卷五)

(劍),《太平御覽》一部

(果),《毛詩註疏》七冊　《合璧詩》八冊　《周禮》三冊　《積玉》三冊　《禮記》五冊　《孟子》二冊　《周易》二冊　《注論語並孝經》一卷　《禮書》三冊　《揚子》二冊　《注蒙求》一冊　《文中子》一冊　《荀子》一冊　《魯論》二冊　《軒書》三冊　《大學》一冊　《注千字文》一冊　《大明録》三冊　《玉篇》四卷　《廣韻》四卷　《語真寺詩》一卷　《鐔津文集》一部

(吕),《樂善録》一部

(闕),《歷代地理指掌圖》一部

從這一組書目中，可以看出聖一國師作爲日本禪宗的一代宗師，他對於中國文獻典籍的興趣，以及這種興趣的側重面。其中尤可注意的是，如有《晦庵集注孟子》、《晦庵大學或問》、《晦庵中庸或問》，以及《吕氏家塾讀書記》、胡文定《春秋解》等，都顯示了宋學新著及宋元學風的傳入。

聖一國師圓爾辯圓傳入的這些漢籍，大部分已經逸失，現今，尚有《呂氏家塾讀書記》藏於日本宮内廳書陵部；《樂善録》及《歷代地理指掌圖》藏於東洋文庫；《搜神秘覽》藏於天理圖書館；《中庸説》與《太平御覽》藏於東福寺等。

（三）日本中世時代的僧侶在華搜集漢籍的途徑

那麽，五山時代的日本僧侣們，究竟是通過什麽方式，從中獲得數量如此之多的漢籍呢？

今存十六世紀日本僧人策彦周良在華的日記《初渡集》與《再渡集》，其中詳細地記載了他本人在中國收集文獻典籍的實況。兹摘如下：

嘉靖十八年七月四日　《聽雨紀談》一册，謝國經贈。
七月八日　《讀杜愚得》八册，以粗扇兩把、小刀三把交换。
七月九日　《鶴林玉露》四册　銀二匁（Monme　此爲日人貨幣，銀一兩的六十分之一）

策彦周良在中國收集漢集，用的是三種方法，一是相知饋贈，二是物物交换，三是用錢購買。這大概是五山時代的僧侣在中國獲得文獻典籍的主要形式與方法。

關於"相知饋贈"，當時還有更寬闊的領域與内容。自十四世紀後期起，特别是在十五世紀，中國明代官方要向來華的代表日本官方的僧侣贈送儒書外典，以示友好。這似乎已經成爲外事禮賓中的一種慣例。而奉命訪華的僧侶，也總是預先擬定所需書目，提請中方照單贈送。1464 年，日本建仁寺住持天與清啓受將軍足利義政之委派訪華，在啓程之前，他曾先行約請東福寺僧人應曇西堂、持寺僧人周繼西堂等，共同録列未曾東傳而又希冀得到的中國圖書目録，並由五山漢詩僧瑞溪周鳳書寫表文。其文曰：

> 書籍銅錢，仰之上國，由來久矣。今求二物，伏希上達，以滿所欲。書目見於左方：
> 《教乘法數》全部，《三寶感應録》全部，《賓退録》全部，《北堂書鈔》全部，《兔園策》全部，《史韻》全部，《歌詩押韻》全部，《遐齋集》全部，《張垺休画（原文）壜集》全部，《遯齋閑覽》全部，《石湖集》全部，《揮塵録》全部附《後録》十一卷並三卷並《餘録》一卷，《百川學海》全部，《老學庵筆記》全部。

這張書單所請求的典籍，其數量之多，真有點駭世驚俗，但明朝當局，仍然依單照送。不料天與清啓回國途中遇到劫匪，被打劫一空。明朝政府獲此訊息，又照單把所損失的物品全部補上，包括上述所有的典籍，充分體現了中日之間文化交流的友好氣氛。此單在開首時説，"書籍銅錢，仰之上國，由來久矣"，它爲我們昭示了這一歷史時代中漢籍東傳日本的一個主要渠道，而作爲這二者之間的橋梁，無疑便是往來於中日之間的禪宗僧侣們了。

四　以商業爲主要通道的傳播方式（十七世紀——十九世紀中期）

日本自十六世紀後期起，政權逐漸趨於統一。當時的知識分子描述十六世紀最後一位天皇——後陽成天皇（1586 年—1610 年）的文教狀態時，曾經這樣説：

紀綱整肅於朝中，車書混一於海内，加之萬機餘暇，孳孳學術。惜白駒忙於晝窗，跋紅燭轉於夜機。不啻校訂本朝國史，特設經史子集之庫。

在此之前，因迫於戰爭而集中於寺廟中的文化，這時開始下山而走向世俗社會。在這場漫長的爭權奪利的戰爭中，最後壯大起了一位將軍德川家康。他於 1602 年受封"征夷大將軍"，駐營江戸（今東京），開始了日本歷史上的江戸時代。

（一）德川幕府的漢籍搜藏

德川家康注重"武功文治"，還在他受封之前，便在江戸的富士見亭特設一座文庫。1633 年，德川内幕府還特地於行政機構中設立"書物奉行"一職，專事書籍的管理。六年之後（1639 年）"富士見亭文庫"又遷徙到了新建的紅葉山上，這便是有名的"紅葉山御文庫"，其雅號也名"楓山文庫"，或稱"楓山秘府"。這一文庫着力於搜集中世時代流傳於僧侣手中的一部分漢籍，特别是其中的漢籍善本。如把原來稱名寺金澤文庫中的一部分漢籍善本移藏於這一文庫。此外，這一文庫又通過書商渠道，直接從中國採購典籍。特别是十八世紀初期幕府第八代將軍德川吉宗（1716 年—1745 年在位）獎勵學問，使該文庫的藏書得以大幅度增加。第十一代將軍德川家齊（1787 年—1837 年在位）任用江戸時代著名的版本目録學家近藤重藏出任"書物奉行"，極爲注重漢籍的收藏。到幕府末年，"楓山文庫"所藏書籍已經有十萬冊之鉅，而其中約有七萬五千冊左右則爲漢籍文獻。

江戸時代後期由著名的目録學家森立之等編纂《經籍訪古志》，其中屢屢提到"楓山官庫藏本"，即係指該文庫之收藏。在德川家康去世之後，曾把他所藏的一部分漢籍，作爲遺産，分割給予其後裔。這一文庫的漢籍，明治之後便成爲"内閣文庫"的主要收藏。

（二）江戸文化向庶民階層的推移

日本的江戸時代，商業經濟有了很大的發展。這一時代中，町人崛起，他們在經濟上富裕的同時，也逐步地進入文化的領域。江戸時代的哲學、文學等人文學術，也多少具有庶民文化的特點。原先，文化在平安時代是由貴族所掌握，在五山時代則是由僧侣所掌握，到了江戸時代，文化由社會某一階層所壟斷的局面被打破了，其接觸面有了較寬闊的拓展，其中包含着有向庶民方向移動的趨勢。江戸時代中國文獻典籍的東傳，與這一時代文化發展的此種總趨勢是同步的。

1797 年，日本本城維芳日譯《通俗平妖傳》，他的朋友皆川淇園在爲此日譯本所撰寫的《序言》中，曾經這樣描述中國明清小説在十八世紀日本流傳的狀況：

余與弟章幼時嘗聞家大人説《水滸傳》第一回“魔君出幽將生死之事”，而心願續聞其後時，而家大人無暇及之。余兄弟請其書，枕席以讀之。經一年後粗得通曉其大略。及十八九歲，得一百回《水滸》讀之。友人清君錦亦酷好之，每會互舉其文奇者以爲談資。後又遂與君錦共讀他演義小説，如《西遊》、《西洋》、《金瓶》、《封神》、《女仙》、《禪真》等諸書，無不遍讀……最後，得《平妖》讀之，與君錦、弟章玩讀不已。此距今四十餘年前事也。

這段序文，表現了作者青少年時期（即十八世紀中）對《水滸傳》等中國章回體小説的熾烈的憧憬，以至老年回憶往事，餘情仍溢於言表。

像《水滸傳》這樣的中國明人小説，大概是在十七世紀後期，經由商人之手而傳入日本的。現今日本京都大學鈴木文庫所藏的明刊本《二刻英雄譜》，可能便是最早傳入日本的《水滸傳》和《三國志演義》合刻的一個本子。此本每卷的首尾都有原所有者讀書的日期與注文，其中一些精彩的章回段落，主人還重讀過幾次。其日期注文，或以年號，或以甲子，隨手寫來，並無定規。若將它們排列起來，其時間則在清康熙癸丑（1673 年）至丙辰（1676 年）之間，最爲引人注目之處，則有手識文一段：

己未（1679 年）夏六月十九日，日本人山形八右衛門，乞望余《水滸傳》及《三國志》。《志》部中文理不審之處，以明詳之由。雖萍水之交，芝蘭一般意也。故不辭，以所知示。語語部文理，實可愧愧。

這一段“手識文”雖不十分通順，但是有很高的價值。由此可以知道，此本《二刻英雄譜》由一位中國人帶往日本，時間不會晚於 1676 年。1679 年，此書的主人應日本人山形八右衛門之請而講述《水滸傳》和《三國志》。估計這位中國人是一客商，此日本人則爲一“唐通事”。

十八世紀中期，中國明清白話小説作品已經在日本庶民中廣泛地流傳，甚至還依明清話本爲底本，重新編纂日本的中國小説“新三言”。

1743 年，日本人岡田駒選編並刊行了《小説精言》四卷：

卷一　十五貫戲言巧成禍　（《醒世恒言》卷三十三）
卷二　喬太守亂點鴛鴦譜　（《醒世恒言》卷十八）
卷三　張淑兒巧智脱楊生　（《醒世恒言》卷二十一）
卷四　讒多壽生死夫妻　（《醒世恒言》卷九）

1753 年，岡田駒又選編《小説奇言》五卷：

卷一　唐解元玩世出奇　（《警世通言》卷二十六）
卷二　劉小官雌雄兄弟　（《醒世恒言》卷十）
卷三　藤大尹鬼斷家世　（《喻世明言》卷十）
卷四　錢秀才錯占鳳凰儔　（《醒世恒言》卷七）
卷五　梅嶺恨迹　（《西湖佳話》卷十四）

1755 年，日本人一齋選編並刊行了《小説粹言》五回：

第一回　王安石三難蘇學士　（《警世通言》卷三）
第二回　轉運漢巧遇洞庭紅　（《拍案驚奇》卷一）
第三回　吕大郎還金完骨肉　（《警世通言》卷五）
第四回　包龍圖智賺合同文　（《拍案驚奇》卷三十二）
第五回　懷私怨狠仆告主翁　（《拍案驚奇》卷十一）

爲了使讀者能夠比較方便地閲讀這些中國小説，大阪書林曾爲“初讀舶來小説者”編輯了一部中國俗語辭書，題曰《小説字彙》。這部工具書徵引當時流傳於市巷常見的中國各類文學讀本一百五十九種，爲之釋文。

一百五十九種中國文學讀本如下：

水滸傳	金瓶梅	西遊記	後西遊記	癡婆子傳
三國志演義	珍珠舶	列國志	一片情	歡喜冤家
封神演義	五代史演義	鳳簫媒	照世杯	醉菩提
杜騙新書	開辟演義	拍案驚奇	五色石	雲仙笑
古今言	百家公案	有夏志傳	包孝肅公傳	豔史
英列傳	點玉音	蘇秦演義	禪真後史	兩漢演義
玉樓春	水晶燈	歸夢蓮	禪真逸史	萬錦情懷
小説選言	白猿傳	炎冷岸	錦帶文	五金魚傳
龍圖公案	隋史遺文	梧桐影	笑談	定人情
今古小説	幻緣奇遇	女仙外史	清律	燈月緣
韓湘子	傳奇十種	春渚紀聞	兩山墨談	西廂記
平妖傳	八洞天	荔枝奇逢	僧尼孽海	暘谷漫録
肉蒲團	好逑傳	玉杵記	西湖二集	定鼎奇聞
飛花豔想	引鳳簫	連城璧	賽花鈴	韓魏小史
委巷叢談	笑林廣記	金翹傳	南遊記	三胥記
覺世名言	醒世恒言	燕居筆記	陰陽夢	生綃剪
五鳳吟	平山冷燕	兩交婚傳	昭陽趣史	幻情緣
鴛鴦針	醒醒花	鼓掌絶塵	南北宋則	金陵百媚
浪史	亞禪	一百笑	詳清公案	隋唐演義
門外春秋	俠士傳	遍地金	玉支璣	玉鏡新談
花陳綺言	懷春懷集	春燈鬧	驚夢啼	蝴蝶媒
西湖佳話	混唐後傳	注水滸傳	妍科傳	東渡記
琵琶記	俗呼小録	今古奇觀	西洋暦術	笑府
麟兒報	獪園	聊齋志異	會真本紀	混唐平西録
利奇緣	情夢折	畫圖緣	後水滸傳	孫龐演義
妍國夫人傳	笑的好	杏花天	西洋記	警世通言
虞初新志	俗語雅字	石點頭	情史	巧聯珠
美人鏡	錦者亭	東遊記	賽紅絲	戀情人

雅笑編	繡異緣	合浦珠	三教開迷	豔異編
滑躍編	雙劍雪	風流悟	夢月樓	鳳凰記
桃花影	一夕語	玉嬌梨	雅笑編	五色奇文
孤樹哀談	雲合奇縱	繡權野史		

如果拿這一《小説字彙》所徵引的中國文獻，與平安時代的《本朝見在書目録》或五山時代的《普門院經論章疏語録儒書等目録》相比較，那麼，這一時代，無論是在中國文獻的引入方面，抑或是在與中國文化的接觸方面，顯而易見，具有明顯的庶民文化特徵。

（三）"唐通事"的發生與發達

在研究日本江戶時代的漢籍流佈史時，有一個與此有很大關係的歷史現象，常常爲研究者所忽略。這便是這一時期中"唐通事"的發生與發達

所謂"唐通事"，是日本江戶時代對從事中國漢語口譯的專門人員的一種職業性稱謂。它是在十七世紀前後，首先在長崎地區發展起來的，以後，在西日本的其他地區以及京都、關東地區，也相繼出現了這一種從事日漢通譯的專門性職業。

十七世紀初期開始，德川幕府實行鎖國政策。1612 年（明萬曆四十年，日本慶長十七年）發佈禁止天主教的命令，拆毀了京都的教堂。1616 年（明萬曆四十四年，日本慶長二十一年）又命令所有外國船隻，只能停靠長崎、平戶兩港。1633 年（明崇禎六年，日本寛永十三年）德川家光全面封鎖日本，禁止一切日本人出境，也禁止一切外國人入境，並嚴禁天主教的流傳。

在此嚴酷的法令中，惟獨中國人與荷蘭人得到特許。1636 年（明崇禎九年，日本寛永十六年）規定，在日本的對外貿易中，特允許中國人與荷蘭人在他們保證不攜帶天主教的文獻的條件下，他們的商船可以在長崎一港靠岸貿易。於是，往來於中日之間的中國商人，與集中於長崎的來自日本各地的商人之間，便在此種特殊的條件下，從事漢籍貿易。長崎港也因此而成爲了中國文化的主要集散地。

中日貿易在這種特殊的政治條件下，在長崎發展起來。當時的長崎港滙聚了來自中國各地的幾乎所有的對日貿易的商人。同時，當時又恰逢明末清初之際，由於政治的、民族的、經濟的種種原因，一些中國人從大陸遷徙日本列島，也幾乎都是從長崎上岸。在如此忙亂的局面中，溝通中國人與日本人之間的交流，語言便具有頭等重要的意義。專門的翻譯人員在當時已經是必不可少的了，因而"唐通事"便應運而生。

"通事"在江戶時代之前被稱之爲"曰佐"、"吉師"等，人數很少，且並不是專門的職業。自寛永年間（1624 —1643 年）起，開始設置經過專門的漢語白話養成的翻譯人員。據《長崎通航一覽》的記載，1666 年（清康熙五年，日本寛文六年）曾任命"通事"一百六十餘人（包括荷蘭語翻譯），已經具備相當的規模了。

"唐通事"有一定的組織形式，並有嚴格的等級。其結構大致如下：

唐方諸立合（海關官員）二人　　同助一人
唐通事目付（漢語總翻譯）二人
唐大通事五人

唐小通事十四人　内助一人
唐小通事並十一人　同末席十人
唐稽古通事三十人　唐内通事三人
（作爲“唐通事”的對譯用語，基本上都是中國的方言，所以，各級通事内，又爲“南京口”、“廣東口”、“福州口”等）

早期的“唐通事”，從現今《群書類叢》編纂的《七十一番歌合》所畫的姿態與撰寫的歌詞，知道主要是由中國的遷徙民擔任的。據《長崎年表》記載，1672 年（清康熙十一年，日本寬文十二年），在明末戰亂與民族紛爭中，避居長崎一地的中國人有三十五家（據小宮山昌秀《西州投化記》記載，當時避居長崎的中國人有三十八家）。中國人馮六，便是長崎“唐通事”的始祖。其後一些著名的“唐通事”，如劉一水、陳嚴正、鄭幹輔等都是中國人。早期的日本人“唐通事”，也大都是華裔的後代，例如知深見玄岱，便是中國彰郡人高壽覺的孫子；莊左衛門和元右衛門二人，便是中國范陽人盧君玉的兒子和曾孫。隨着歲月的推進，由日本人擔任“唐通事”，則愈來愈多。到十七世紀中期，據説已經達到了一百七十餘人了。

日本人擔任“唐通事”，一般從幼年時候開始，就要進行漢語白話的語音教育。江戶時代的漢學家雨森芳洲在論述“唐通事”的培養時，曾經這樣説：

> 通詞家咸曰：“唐音難習，教之當以七八歲始。”殊不知七八歲當晚矣，非從襁褓中則莫之能也。我東有單音而無合音。單音者何？曰ア、イ、ウ、エ、オ是也，碎者也。合音者何？曰アン、イン、ウン、エン、オン……是也，全音也。我東孩兒之於單音也，聽慣聆熟於襁褓不言之中。二歲以上，智慧全開，結而成語，其勢然也。今不便之合音，遽教唐音於七八歲時，惟見其難耳。然則爲之如何？曰二歲以上戲耍引逗之際，漸次教以合音，使之吻軟舌滑，有如天成，以爲五六歲上學話之地，則庶幾易易耳！
>
> —— 雨森芳洲《橘窗茶話》卷上

雨森芳洲要求日本“唐通事”的培養，應該從襁褓中開始，雖然言之有理，但也實在太苛求了。但一般説來，孩子從小進行漢語白話的養成教育，到了十五歲、十六歲便可以擔任“稽古通事”了。每當中國商船進港，他們跟隨大小通事接待，並協助向“奉行所”（主管政府機關）起草呈文，向中國商人宣佈日本的法令等。經過幾年的實習，一般在二十來歲，便可以升任“唐小通事”了。

在“唐通事”的養成教育中，作爲語音訓練的教材，主要是《三字經》、《千字文》等，稍長一些，則學《論語》、《孟子》。而作爲培訓白話會話的最重要的手段，便是閲讀中國明清白話俗語通俗文學作品。雨森方洲説：“或曰學唐話，須讀小説可乎？曰可也！”他又説：“我東人欲學唐話，除小説無下手處。”所以，江戶時代的著名學者柳里恭在其大著《獨寢》（卷上）中便舉《水滸傳》、《西遊記》、《三國志演義》等爲“唐通事”養成的必讀的教科書。十七世紀寬文年間（1661 年 — 1673 年）大通事林道榮，就曾稱博學於中國的演義、話本、小説等。

當時，編纂漢語養成的教本，主要就是選編中國明清俗語文學的詞句和故事。留存現今的由當時著名的翻譯家與漢語教育家岡島冠三編撰的《續俗文音譯》，此書題簽爲《續俗文音釋》七卷，是用於學習漢語口語的重要的教本。該書的卷一至卷三，以一般常言爲内容，稱爲“長短雜話”，試摘例如下：

卷一　◆把官路當人情，好不便宜。
◆好事不出門，惡事傳千里。
◆三十六計，走爲上計。
◆常言道："花無百日紅，人無千日好，豈能常相和。"

卷二　◆有個婦人在那裏哽哽咽咽的啼哭。
◆脱得赤條條地坐在凳子上納涼。
◆你還不知道"剪拂"這兩個字的意思麽？
原來強人下拜，不説這兩字，爲軍中不利，所以，只説"剪拂"，此乃吉利的字樣。你須記著，"剪拂"就是下拜一般。

卷三　◆若養著他在家裏，必然玷辱我的體面，不如早早趕出去。
◆這忘八家的婊子，梳弄來不知偷了多少漢，至今還要想私通，真正是個淫婦。

這些内容，無一例外都是從中國明清話本上摘選出來的，每一條都有日本語對照，是一種口語對譯的手冊。該書的卷四和卷五爲"長短話"，即編入須熟讀的小故事，卷六爲"與人説故事"，即編入講讀的口語材料，其内容全部是從明代的《三言》中選取，有的則稍做改編。

江戸時代以這樣的方式來培養"唐通事"，由此便成爲中國明清俗語文學作品大量進入日本的一個緣由。

（四）江戸時代漢籍東傳日本的基本特徵

一般説來，這一時代中漢籍的東傳，具有三個主要的特點。

第一，漢籍東傳的規模，遠遠超過了以前的任何時代。

日本光格天皇文化元年（1804 年），日人向井富出任長崎"書物改役"（書籍檢查官）。他根據自己所掌握的長崎海關的檔案文獻，編撰成《商舶載來書目》，從 1693 年至 1803 年的一百一十年間，按年登記在長崎入港的中國商舶所載的漢籍（此文稿現存於日本國會圖書館）。

今按其著録，列表於次：

中國商船名號	往返日本的年代	輸入漢籍種數	中國商船名號	往返日本的年代	輸入漢籍種數
以字號	1693 — 1789	109	波字號	1693 — 1799	160
浦字號	1693 — 1798	80	加字號	1693 — 1803	263
多字號	1693 — 1803	176	不字號	1693 — 1803	137
幾字號	1693 — 1803	247	忠字號	1693 — 1803	849
世字號	1693 — 1803	366	毛字號	1694 — 1783	9
呂字號	1694 — 1786	21	須字號	1694 — 1795	36
比字號	1694 — 1797	34	與字號	1694 — 1798	38
遠字號	1694 — 1798	18	禮字號	1694 — 1798	83

女字號	1694 — 1798	27	江字號	1694 — 1798	101
美字號	1694 — 1798	49	安字號	1694 — 1799	18
也字號	1694 — 1800	38	邊字號	1694 — 1801	52
天字號	1694 — 1802	145	登字號	1694 — 1803	152
智字號	1694 — 1803	150	古字號	1694 — 1803	315
良字號	1694 — 1803	14	久字號	1694 — 1803	210
計字號	1694 — 1803	151	佐字號	1694 — 1803	65
曾字號	1694 — 1803	192	和字號	1694 — 1803	100
利字號	1694 — 1803	192	留字號	1695 — 1800	13
奈字號	1695 — 1799	35	滿字號	1695 — 1801	15
農字號	1695 — ?	7	津字號	1698 — 1798	22
仁字號	1699 — 1803	14	福字號	1701 — 1793	10
由字號	1706 — 1799	10	宇字號	1707 — 1803	25
武字號	1711 — 1793	10			

（——編著者説明：這裏標注的中國商船名號，如“以字号”、“波字号”等，並不是中國商船自身的船名，而是依據中國船名的日本語讀法，依照日语假名“い、ろ、は”的排列。如中國商船有名“得泰號”者，就排列在登字號中）

根據向井富所提供的上述海關資料，在自1693年至1893年內的一百一十年間，先後共有四十三艘中國商船在長崎港進行過書籍貿易，總計輸入日本的漢籍爲四千八百七十一種。

此外，作爲江戶幕府鎖國政策的一種補充形式，當時在日本的西海岸，存在着廣泛的走私活動，不少當地的藩主參與其間，漢籍貿易是其中的重要買賣之一。

1826年（日本文政九年）中國商船“得泰號”由駿河的下吉田靠岸，船主朱柳橋與日人野田笛浦有一段有趣的“筆談”：

野田笛浦：貴邦載籍之多，使人有望洋之歎。是以余可讀者讀之，不可讀者不敢讀，故不免有夏蟲之見者多多矣。”

朱柳橋：“我邦典籍雖富，邇年以來，裝至長崎已十之七八。歸邦人以國字譯之，不患不盡通也。”

——《得泰船筆語》卷三上

如果説，日本平安時代漢籍的東傳，其文本種類爲當時中國全國文獻的50%左右的話，那麼，此時東傳的漢籍，其文本種類已經達到了中國國內文獻的70%到80%左右。可以説，一個國家把本國的出版物的70%—80%的文本種類傳入了另一個國家，這在世界文化史上，實在是罕見的了。

第二，江戶時代東傳的漢籍，進入了商業流通領域，它主要是作爲商品，在兩國商人之間進行貿易。

現在保存的十九世紀上半期的海關檔案，大都載有當時運抵日本上岸時的價格。

如1841年（日本天保十二年）中國商船“子字一號”（船主劉念國）進長崎港，據日本《書籍原

帳》的記録,每一種漢籍都明碼標價:

《三魏子全集》(三部,各八帙),50 匁

《陸象山全集》(三部,各二帙),15 匁

《劍南詩鈔》(五部,各一帙),14 匁

《傷寒三注》(十部,各一帙),16 匁

………………

中國文獻在日本被這樣明碼標價,在江戸時代之前並不多見。漢籍在此時以商品形式進入市場,還形成若干競爭。保存至今的一些“投標”記録表明,一部漢籍上岸之後,有時有多家爭購,出價不一。

如 1843 年(日本天保十四年)10 月 6 日至 8 日,127 種漢籍各家出價不一:

《朱批左傳杜注》(一部十册)

安田屋價 83 匁;　藤屋價 98 匁 3 分;

永井屋價 112 匁

《姓氏族譜箋注》(一部六册)

永井屋價 9 匁;　永見屋價 12 匁

今村屋價 25 匁

漢籍作爲商品而流動的這種新的勢態,便造成了交易規模的擴大,傳遞速度的增快,創造了漢籍東傳日本的新局面。

第三,漢籍東傳日本的速度,前所未有。

在上古時代與中世時代,漢籍從中國本土傳至日本列島,少則數十年,多至二三百年,其間常有要經朝鮮半島作爲仲介。此時,漢籍的傳遞依靠以商業渠道爲主,傳播的速度便大大地加快了。

例如,1633 年(明崇禎六年)新安呂氏爲“小學”著作《音韻日月燈》作《序》,而載有此《序》的刊本,在 1639 年(日本寛永十六年)已經收藏於日本德川氏家族尾張藩主家的“尾陽内庫”中了,其時間差爲六年。明人曹學佺編撰《大明一統名勝志》二百八卷,這是一部大書,係 1630 年(明崇禎三年)曹氏刊本。此書於 1635 年(日本寛永十二年)爲“尾陽内庫”所收藏,其時間差爲五年。明人張鼐撰《新刻張侗初先生永思齋四書演》二十卷,係 1632 年(明崇禎五年)曾楚卿刊本,此書於 1635 年(日本寛永十二年)運抵日本,其時間差僅爲三年。

在此之前的時代裏,因爲日本接獲中國典籍文獻的時間速度很慢,因此,日本文化在與中國文化的會合中,始終存在着一百幾十年至二百年左右的時間差距——六世紀到八世紀的飛鳥奈良文化,主要是與六朝文化會合;九世紀到十二世紀的平安文化,主要是與唐代文化會合;十三世紀到十六世紀的五山文化,主要是與宋代文化會合。由於江戸時代漢籍東向傳遞的速度加快,從而使日本列島接受中國文化的新的信息量大爲增加,由此便造成了十七世紀至十九世紀江戸文化與中國明末和清代文化會合的可能性。江戸時代哲學中的“陽明學派”與“古學派”的形成,文學中的“讀本”樣式的出現,都與漢籍東傳的這一特點密切相關。

在日本漫長的古代社會中,日本人以他們對於中國大陸文明的渴望,一刻也沒有停止過向中國尋求知識,中國的文獻典籍便是在這樣一種人文背景中東傳日本列島。它從一個側面顯示了中國文化所具有的世界歷史性意義。

當然,我們在這裏所闡述的日本古代社會中漢籍東傳的不盡相同的渠道和方式,在每一個時

代中，並不是獨一無二的，它們往往以一種方式爲主體，彼此交錯，豐富多彩。從中，我們便可以大致描繪出中國文化以漢籍爲載體，東傳日本列島的基本軌迹。

附録之三

日本軍國主義者在中國掠奪的文化資材

中國的文獻典籍，在中日文化關係史上，曾經起着無可替代的文化橋樑作用。它們作爲文化的載體，把悠久而豐富的中國文化傳入了日本，成爲促進日本文化發展的强有力的營養素，從而推進了日本文化與文學的各種新的樣式的形成和發展。日本的傳統漢學與近代中國學，也都是以中國文化的傳入作爲基本條件而日漸發展起來的。

千百年來，中日兩國的學者、僧侶、官員乃至商人、平民等，孜孜努力，歷盡千辛萬苦，把中國文獻典籍送入了日本。在這樣漫長的歷史時期中，兩國都不曾向對方謀取任何政治霸權和經濟利益，從而確立了中日兩國以文化交流爲基本紐帶的和平共處的勢態，共同創造了東亞古代輝煌的文明。

日本自明治維新以來，隨着國力的增長，"國權論"日甚一日，誠如東海散士柴四郎在 1885 年 10 月出版的《佳人之奇遇》中所鼓吹的那樣，"方今燃眉之急，與其内伸十尺之自由，毋寧外長一尺之國權"。到了十九世紀後期和二十世紀初期，軍國主義作爲官方的意識形態，不僅成爲其政治的與經濟的决策思想，而且極度地侵入了文化知識領域，使一部分學者墮落蜕變爲軍國主義分子，這不僅表現爲他們製造輿論爲日本的侵華戰争張目，而且把他們内心對中國豐富的文化資材的貪慾，試圖通過戰争而加以實現。於是，這不僅使中日兩國歷千餘年的平等的文化交流毁於一朝，而且，也使近代日本的中國學界跌入了最黑暗的深淵。

這種對於中國文化資材的掠奪，二十世紀中大致經歷了兩個階段。先是日本依恃其在中國的强權地位，對中國文獻典籍强行殺價"購買"。1907 年，三菱財團岩崎氏家族僅以十萬元便囊刮了清末江南四大藏書家之一陸心源的"皕宋樓"、"十萬卷樓"和"守先閣"的全部秘藏，已可見一斑（以上文獻今藏日本"静嘉堂文庫"）。進而又以所謂的"庚子賠款"在中國購書，這就是用中國的錢在中國爲日本"買書"。例如，1929 年，日本駐杭州總領事米内山庸夫使用"庚子賠款"收購了浙江"東海藏書樓"（以上今藏東京大學東洋文化研究所）。至此，日本軍國主義者雖然心存刼奪，却仍然願意演出"買賣"的場面，以掩人耳目。

1927 年日本首相田中義一（Tanaka-Giichi 1864—1929）擬訂了秘密文件《帝國對滿蒙的積極政策》，即所謂的"田中奏摺"。這是當年 6 月 27 日至 7 月 7 日日本政府的"東方會議"所策劃的"對華政策綱領"的最集中的表現。至此，日本軍國主義以侵略中國爲主要目標的"大陸政策"甫告完成。日本對華的政治與軍事氣候大變。進入二十世紀三十年代，日本對華的全面攻略，已從"方策"變成實際行動，軍國主義的文化人對中國的文獻與文物的攫取，便從"購買"、"饋贈"等轉向爲公開的劫奪。1931 年,日本浪人潛入西藏、蒙古,劫走西藏藏經《丹珠爾》一部 130 函,蒙經《甘珠爾》一部 102 函,《母珠爾》一部 225 函,並蒙文佛經 225 種。繼而,又在 1936 年從上海劫走滿族厢紅旗文書自雍正朝至清末的各類文檔 2402 函(以上今藏日本"東洋文庫")。於此便開始了日本軍國主義者對中國以文獻典籍與文物爲基本内容的文化資材的全面洗劫。

必須注意到發生在本世紀上半葉的對中國文獻典籍與文物的這種洗劫,是完全有目標有計劃進行的。至今仍有人爲這一場對中國的空前規模的文化資材的洗劫辯護,稱之爲"隨着戰争的發生,兵火所到是不可避免的"。事實上,這不是戰争的兵火所爲的,而完全是人爲的有意的掠奪。作者近二十年來,爲追蹤我國流傳在日本的文獻典籍與文物資料,曾先後 30 餘次在日本進行了相關的調查,其中,十分關注我國被劫奪的文獻典籍與文物等文化財産,深信這種洗劫,大部分幕後都有指使者和提供導向者。令人震驚的是,他們有不少是堂堂的日本中國學家。例如在 1946 年當時盟國調查團交給日本外務省的一份《中國被劫奪文化財産單》的報告中,關於當年東京帝國大學在中國劫走的文物的目録後,注明這批文物"應即向帝大駒井和愛追查交涉交回";在當年京城(漢城)帝國大學在中國劫走的文物的目録後,註明"即與鳥山喜一交涉追回"。像駒井和愛、鳥山喜一這些人,都是蜚聲日本學術界的名人,然而,在他們作爲"學者"的幕後,竟然有着如此黑暗的勾當!

本文將從下面幾個方面揭示在那樣一個特殊的時代裏,日本軍國主義者對以文獻典籍與文物爲基本内容的中國文化資材進行劫奪的實况。

(一)日本軍國主義者對南京的"文獻掃盪"

1937 年 6 月,日本侵略軍在攻佔我國文化名城南京之後,進行了慘絶人寰的"南京大屠殺"。日本"中支那派遣軍"在殺戮南京數十萬中國人的同時,又有計劃地對這一座中國的歷史文化名城實行"文獻掃盪"。

先是,日本陸軍"上海派遣軍"特務部部長"指示"其在南京的特工人員"立即檢查南京市内的重要圖書,準備接收"。接着,便從東北大連調動"南滿洲鐵道株式會社"所屬大連圖書館的專業人員趕赴南京,同時調赴南京的還有在上海的"東亞同文書院"與日本"東方文化事業總委員會"所屬"上海自然科學研究所"的"漢籍專家"們。於是,集中了日本特工和專業人員 330 人,日本士兵 367 人,中國搬運苦力 830 人,對南京城内歷來收藏的中國文獻典籍與文物資料,進行有預謀的有目標的"大掃盪"。

據當時參與這一"文獻掃盪"的原大連圖書館的專業人員青木實(Aoki-Minoru)在事後回憶説:

> 我們奉日本軍特務部之命,於 6 月底趕赴南京。當時天悶氣熱,即使一動也不動,渾身也都是大汗滲滲的。我們在南京城裏的地質調查所工作,從這裏可以清楚地看到紫金山。在這座石砌的三層大樓裏,每個房間都堆放着大量的圖書和雜誌,據説總共有 70 萬册。我們的工作是對這些圖書進行分類,但由於數量太大,工作不可能做得那麽細緻。我們根據"十位法"的規則,用粉筆在圖書的封面上寫上如"00"、"03"等,然後由苦力們搬到指定的地方去。這個工作幹了兩個來月,好不容易到 9 月初才結束。……其中,有些書是非常珍貴的,如三千多册《清朝歷代皇帝實録》等。

另據1941年日本《中支那建設資料整理委員會業務概要》的報告説：

（在南京）收集的有關圖書，裝滿卡車。每天向（地質）調查所搬入十幾輛卡車的圖書。在調查所主樓的一、二、三層房間裏，堆積起了二百多座書山。

日本軍國主義者在南京進行的"文獻掃盪"的攻擊目標有七十餘處，其中，有如下的幾處最重要的藏書處被劫奪：

1. 原中央研究院被劫漢籍文獻33319册。

2. 原國立中央博物院籌備處被劫漢籍文獻1365種（不明册數），被劫古物1679件。此外有圖書文物設備167件。

3. 原國學圖書館被劫漢籍文獻167923册，被劫歷代名人字畫464幅，被劫古物8件。

4. 原中山文化教育館（在中山陵）被劫漢籍文獻58730册，被劫古物186件。

這次日本軍國主義者對南京的文獻與文物的毁滅性兜捕，其總方案來自日本國内的一些所謂的"中國學家"，由日本派遣軍特務部的首腦發佈命令，動員軍隊執行，劫奪的現場就有若干日本的"漢籍專家"。直到1939年2月末，日本内閣所屬的"東亞研究所"還派出後藤貞治（Gotou-Sadaharu）、小川要一（Ogawa-Yoichi）等十名研究人員，前往南京整理被劫奪的圖書。這次日本軍國主義者在南京總共劫奪我國文獻典籍與文物資料約爲八十萬册（件）左右，爲人類文明史上罕見的"文化軍事剿滅戰"。

（二）我國各地文獻典籍被劫奪舉例

日本侵華派遣軍各部隊，在攻略我國城市鄉鎮的同時，依據其法西斯主義的"中國學家"們提供的中國各地及中國學者收藏文獻典籍與文物資料的情報，每到一處，便有計劃有目標地進行兜捕。作者在日本有關檔案中查到許多的相關材料，舉例如下：

1. 1938年3月，濟南日本軍憲兵營接日本國内函信，查抄陳名豫宅，劫走宋刊本《淮南子》一部、元刊本《蔡中郎集》一部等中國宋元古版書共13種。

2. 1938年6月，日本軍土肥原賢二（Dohihara-Kenni）所屬之合井部隊，在開封查抄馮翰飛宅，劫走吴道子親筆《山水》一幅、王石谷親筆《山水》一幅、戴醇士親筆《山水》一幅，並宋人畫《兒童戲水圖》一幅。

3. 1938年12月，日本"南支那派遣軍"司令部從廣州沙面黎氏家，劫走宋刊本《十三經》、《韓昌黎文集》、《歐陽文忠公文集》、《王安石集》等宋版書11種。

4. 1940年5月，日本"中支那派遣軍"所屬之勝字第4218部隊駐江蘇省嘉定縣（今上海市嘉定區）外岡鎮。其部隊長田青清郎（Taao-Kiyoshirou）陸軍少佐於當地劫走中國歷代"地方志"535種，並劫走《圖書集成》及《二十四史》各一部。

5. 1942年2月2日，日本"南支那派遣軍"特別調查班在日本諜報人員竹藤峰治（Takefuji-

Nineji)引導之下,查抄香港般含道"馮平山圖書館"。班長肥田木指揮其成員劫走下列文獻典籍:

(1)原國立北京圖書館寄藏圖書善本70箱,又零散文獻3787册;
(2)宗師王重民先生寄藏東方學圖書3箱;
(3)原中華圖書協會寄藏圖書210箱;
(4)原廣東嶺南大學寄藏圖書20箱;
(5)原中華教育文化基金會寄藏圖書及各類著作稿本5箱。

上述所有箱册,當時皆被貼上"東京　参謀本部御中",啓運離港。至今尚不知此次被運往日本陸軍参謀本部的這303箱文獻典籍的確切册數,但已查明其中至少有28種文獻可稱爲"國寶"的,如宋刊本《五臣注文選》、《禮記》、《後漢書》等,並明人寫本《永樂大典》數卷。1946年2月,在東京的日本國會圖書館(原帝國圖書館)發現了從香港劫來的中國古籍25000册,其後,又在日本伊勢原鄉下,發現了這批文獻中的另外的10000餘册。

6.1945年5月,日本"中支那派遣軍"所屬鏡字第6806部隊的櫻井信二(Sakurai-Nobuni),指揮士兵從原教育部官員王鯤楚宅,劫走鄭板橋親筆書屏四幅、鄭板橋親筆中堂花卉一幅,同時被劫走的還有曾國藩親筆書對聯二幅。

以上僅是舉出的六個實例。當時,在狼烟四佈的中國廣袤大地上,這樣瘋狂的掠奪,真是屢見不鮮。

作者在日本外事檔案中查到當年"中國戰時文化財産損失委員會"向遠東軍事法庭提供的《中國戰時文物損失調查報告(圖書類)》(未見有其他類存本),詳述我國各省市圖書館在戰時被日本軍國主義者劫奪之文獻典籍。今舉江蘇省圖書館和浙江省嘉興市圖書館兩例,從中可以窺見我國文獻損失之慘重。

江蘇省圖書館被日本軍國主義者劫走中國古文獻共141種,其中有元刊本共30種,兹列表如次:

四書通義大成	周易本義	尚書集傳	儀禮圖(殘本)
春秋左傳補注	春秋師説	漢隸分韵	續資治通鑒
松漠紀聞	陸宣公奏議	揚子法言	中説(元刊二種)
傷寒百問歌	圖繪寶鑒	石屋和尚語録	風俗通義
古今源流至論	冲虚至德真經	纂圖南華真經	駱賓王文集
王摩詰詩集	王荆文公詩注	范覽良文集	白玉蟾上清集

宋雪齋文集	范德機詩集	澹居稿	古文苑
唐詩鼓吹	古樂府		

浙江省原嘉興市圖書館本是一個不大的圖書館,然而,被日軍劫走的中國古文獻竟然也有274種,該館原藏的最珍貴的13種稿本,被全部劫走,蕩然無存。今將此13種稿本列名如下:

半間偶録	石經閣日鈔	會同縣鄉土志	芷村手記
馮柳東詩稿	關岳事迹考	官同蘇館遺集	疑疹匯纂
駢體通義	古瓶小草	愫庵遺著五種	
小曝書亭吟稿附焚餘稿		花土苴附小種字林柱銘	

從這些情况來觀察,可以斷定,這一時期中我國文獻典籍與文物遭此野蠻的掠奪,還不僅僅是日本軍隊單純的軍事行爲。很難想象散佈於我國廣袤土地上的百萬侵華日軍士兵,竟然都能具有關於中國文獻與文物的知識,竟然都能識得"宋版"、"元版"、"稿本"、"鈔本"等等。文獻與文物既非軍事目標,也無軍事價值,何以日軍一經佔領中國城鎮,就會從中國的公私藏書處與私家宅院中獲得重要與珍貴的典籍文物?誠如前述,這無疑是日本文化知識界,特别是日本中國學界中有一批法西斯軍國主義"學者"參與策劃並實施的對中國文化資材的最瘋狂的掠奪。

(三)全國古文獻與古文物被劫概况

在從1937年的7月到1945年8月的八年之間,日本軍國主義分子隨其武力所到之處,"學者"與軍人彼此爲姦,有目標地劫奪我國的文化資材。作者在日本的各類相關的檔案及若干大學、博物館中,目睹我國古文獻與古文物被劫奪之慘况,今以三市六省爲例,綜合所得之材料,列表如次。

表一　上海　北京　南京　被劫奪文獻與文物一覽

	上海	北京	南京
書（公家）	264715 册	448957 册	886461 册
籍（私人）	25726 册	137471 册	53118 册

字（公家）	19 幅	5 幅	464 幅
畫（私人）	459 幅	131 幅	7256 幅
古（公家）	7426 件	2471 件	24491 件
物（私人）	186 件	411 件	2093 件
碑（公家）	2 件		
帖（私人）	5 件	2127 件	3851 件
標（公家）			13414 件
本（私人）			7200 件

表二　江蘇 廣東 浙江等六省被劫古文獻與古文物一覽

	江蘇	浙江	湖南	湖北	福建	廣東
書（公家）	61851 册	39400 册	22276 册	104867 册	96833 册	624008 册
籍（私人）	70419 册	31213 册	9077 册	93917 册	576 册	13865 册
字（公家）	74 幅	160 幅	24 幅	1 幅	99 幅	
畫（私人）	914 幅	1480 幅	100 幅	145 幅	218 幅	2383 幅
古（公家）		340 件	39 件		4650 件	
物（私人）	1322 件	1193 件		2203 件	218 件	100 件
碑（公家）	17 件	163 件	233 件		31 件	
帖（私人）	625 件	463 件	106 件	521 件	47 件	33 件

標（公家）	21 件	964 件
本（私人）	5000 件	

（附注：統計數字中江蘇項不含南京，廣東項不含香港。表中空格表示資料空缺，不等於“無”或“零”。）

綜合上述各省市的情況，從 1930 年至 1945 年的十五年間，散佈於我國廣袤大地上的珍貴的文獻與文物，遭到人類文明史上空前罕見的洗劫。根據作者查证的各類材料，包括日本已允許查閱的若干外事檔案，及至今保存在日本的遠東軍事法庭的原始調查資料，大致已查清了除我國西藏、新疆、雲南、貴州、青海及四川、臺灣等省外的全國文化資材被日本軍國主義者劫奪的總况，分述如下：

1. 中國文獻典籍被劫往日本的共計爲 23675 種，合爲 2742108 册，另有 209 箱，内裝不知其數。其中，屬中國國家所有者爲 5360 種，合爲 2253252 册，另有 41 箱；屬私人所有者爲18315 種，合爲 488856 册，另有 168 箱。

2. 中國歷代的字畫被劫往日本的共計爲 15166 幅，另有 16 箱，内裝不知其數。其中，屬中國國家所有者爲 1554 幅；屬中國私人所有者爲 13612 幅，另有 16 箱。

3. 中國歷代古物被劫往日本的共計爲 28891 件，另有 2 箱，内裝不知其數。其中，屬中國國家所有者爲 17818 件；屬中國私人所有者爲 11073 件，另有 2 箱。

4. 中國歷代碑帖被劫往日本的共計爲 9378 件。其中，屬中國國家所有者爲 455 件，屬中國私人所有者爲 8923 件。

5. 中國歷代地圖被劫往日本的共計爲 56128 幅。其中，屬中國國家所有者爲 125 幅；屬中國私人所有者爲 56003 幅。

所有這些材料都表明，這是中日兩國關係史與兩國文化關係史上最黑暗的一幕。

（四）對軍國主義的抵制與確立中日文化關係的新的出發點

在這樣一個特殊的時代裏，記載着中國輝煌的文化的我國文獻與文物，不是作爲文化交流的媒介載體傳入日本，而是作爲中國人民遭受帝國主義掠奪的屈辱的象徵而進入日本。中國人民和中國學術文化界，將永遠記住這最黑暗的一幕，作爲歷史的借鑒。

這種勢態完全是由於當時日本整個國家的意識形態法西斯化所決定的。一批具有强烈的“國家主義”與“超國家主義”觀念的文化人，自覺充當侵略戰争的喉舌，他們在所謂的“中國文化研究”中，從“文獻處理”到“學術表述”，完全採取了帝國主義的强權態度，謀求爲天皇制政體的最高利益服務。

但是，作者在此也認爲有必要指出，並不是所有的日本學者，包括日本的中國學家在内，都參與了這一黑幕活動，更不是説所有的日本文化人與學者，都變成了軍國主義分子。

當時，在日本的中國學界主體的墮落之外，尚有一部分學者，始終保持着學者的良心，他們中有的流亡國外，有的入獄，也有的仍然生活在國内，過着清貧寂寞的日子。作者二十餘年間在日本的 30 餘次追蹤訪書中，也深得許多日本學者的援助，在對日本軍國主義的罪惡深感憤怒的同時，也對所有這些具有真正的學術良心的學者，懷抱深深的敬意。

本文特别要提出的是作爲本世紀初日本中國學的創始人之一的狩野直喜先生(Kano-Naoki 1868—1947年),與作爲本世紀下半葉日本中國學巨擘的吉川幸次郎先生(Yoshigawa-koujirou 1904—1980年)。可以説,他們是在那樣一個混亂不堪的政治軍事的動亂的時代裏,始終保持着學術良心的真正的日本中國學家的代表。

狩野直喜作爲日本中國學的創始者之一,在中國的文學、史學和哲學思想等領域中,諸多創建。當1929年日本外務省利用清政府的"庚子賠款"建立"東方文化事業總委員會"時,狩野直喜以他的學術與聲譽,出任總委員會的日方委員,並兼任該委員會所屬之京都研究所所長。狩野直喜始終秉承其學術的宗旨,潛心於研究,他不僅與當時粘着於日本天皇制國體的以東京帝國大學爲首的新儒家學派不同,甚至與自身的京都學派的某些成員也不同。例如,京都學派的另一創始人内藤湖南(Naito-Konan),雖然在史學的研究領域有重大的成果,但他對中國的文獻與文物始終心懷不端,1905年5月,内藤氏利用日俄戰争中日本取勝已成定局之機,在中國瀋陽故宫崇謨閣將有關滿族史料《漢文舊檔》寫本五册全部偷曬成藍圖並製版,又將《蒙古源流》的蒙文部分攝成照片而歸。其後,内藤湖南又在日本宫内大臣田中光顯的指使之下,與當時日本的"滿洲駐屯軍總司令部"合謀,由軍方出面,强行壓價,"購得"瀋陽黄寺所藏明代蒙古文佛經中之珍品——《金字蒙古文藏經》。1912年,内藤氏再次來華要求拍攝瀋陽故宫崇謨閣所藏之《滿文老檔》,未獲中國方面批準,改爲拍攝《五體清文鑒》,却同時收買内奸,將關於清代開國期太祖、太宗兩朝最重要之史料——《滿文老檔》製成4000張底片,全部携歸日本。其後,又將中國絶代國寶——唐人寫本《説文解字》"木部"六頁弄歸日本。

然而,狩野直喜與内藤湖南不同,他一生恪守學術信念,雖然他曾在歐洲追蹤斯坦因、伯希和、柯兹洛夫等從中國敦煌、張掖等西域一綫的文獻與文物,但他未曾在中國國内以强權手段取走過什麽文獻與文物。相反,狩野直喜並不十分贊同日本政府的對華政策。當三十年代日本軍閥公然發動對華全面戰争的時候,他譴責了日本軍部,並於1938年辭去了外務省東方文化學院京都研究所所長的職務,同年,他被免去外務省"東方文化事業總委員會"委員之職。狩野直喜以七十歲的高齡,潛心於《周易》的研究,而對所謂的"大東亞聖戰",從未有過阿諛逢迎之詞,常以《易·乾文》中"貞者事之幹"、"貞固足以幹事"等勉勵自己,以寂寞無奈的心情,度過了整個戰争的歲月。

當時,不僅有像狩野直喜這樣值得中國人民尊敬的老學者,也有像吉川幸次郎等一些對戰争不滿的青年學者,他們遠離戰争的狂熱,潛心於學問的研究。據説,吉川幸次郎七八歲在神户念小學時,有些頑童常常嘲笑"支那人,支那人!",幼小的吉川就很反感,他想"中國人爲什麽就不行呢?"長大之後,他來中國北京大學留學,與先師魏建功先生等爲同窗,走上了研究中國文化之路。在日本軍國主義者發動侵華戰争期間,他躲避戰争的叫囂,與好友入矢義高(lriya - Toshitaka 1910—1999年)、田中謙二(Tanaka-Kenji)等一起,組成"讀元曲會"。他們每周聚會一次,讀一段元曲,議論一番。在那樣一個"大東亞史觀"泛濫的年代裏,却編纂了《元曲辭典》,並完成了《元曲選釋》,吉川氏本人還完成了三十餘萬言的《元雜劇研究》。戰後1947年,他以此稿提請了文學博士學位,並以其卓越的研究,經二十年而成爲日本中國學界公認的巨擘。他們是日本中國學領域中真正具有學術良心的學者。

當然,在當時更廣闊的文化學術領域裏,一批追求未來日本光明之路的學者,正艱難地工作着。他們在國内與世界各地,堅持反對自己國家的軍國主義,致力於爲創建和平民主的新日本而奮鬥。盡管他們的力量是薄弱的,他們的奮鬥終究也未能阻止日本軍國主義的暴行,但是,他們的意識與情感是真誠的。

1945年秋,世界的正義與民主力量,終於戰勝了日本法西斯軍國主義。在日本的中國學領域内,上述各方面的人士匯集在一起,共同反對這一領域内的法西斯軍國主義勢力,推動對戰時中國研究的反省,迎來了戰後日本中國學的新時代。

經過中日人士的共同努力,一部分在戰時被日本軍國主義者所劫奪的中國文化資財,歸還了原所有者。前記在香港被劫奪而存於日本國會圖書館(即帝國圖書館)的文獻典籍,已由當時的中國政府所接收。更重要的是,具有學術良心的許多日本中國學學者,致力於對戰爭的反省,並要求把"中國文化資財歸還中國"作爲實現中日友好的實際行動。著名的中國學家實藤惠秀先生曾有這樣的反省,他説:"日本侵略軍以查禁'危險文書'爲藉口,從中國的淪陷區各大學搶奪大批圖書雜誌,運回日本………我以整理爲名,接受了一些資料。今日細想之下,這真是無法無天的罪行啊!"1960年,實藤惠秀先生戰後首次訪華,把有關文書送歸人民的新中國。他説:"我把自己在中國用不正當的手段拿走的四十多册圖書送還中國。中國方面有對外文化協會會長楚圖南先生接受。當時,我全身出了冷汗。"這是一個正義和正直的舉動,實藤先生向中日兩國的國民,也是向全世界顯示了懷抱有正義感的日本知識分子的真誠的良心和他們可貴的精神覺醒。

1974年11月我在第一次訪問日本國立京都大學人文科學研究所時,曾目睹了在八國聯軍侵略中被劫奪走的明人寫本《永樂大典》殘卷。當時陪同我的一位日本教授説:"這是一件非常遺憾的事。當時從中國取走文物文獻的不只是日本一國,中間有些複雜的問題。如果將來有一天世界各國爲此達成一個國際性協議的話,日本一定會遵守這一協議,把這些文物文獻歸還貴國。"在這之後的第九年即1983年11月25日,聯合國教科文組織曾經以120票對0票通過決議,要求將歷史上被劫奪的文物文獻歸還原屬國家。1995年,聯合國教科文組織重申這一國際法原則,指出任何因爲戰爭原因而被搶奪或丢失的文物文獻,都應該歸還原主,没有任何時間的限制。日本作爲聯合國成員國,它對這一決議是投了贊成票的。但是,時至今日却未見有任何實際的行動。中國學者和中國國民理所當然地要求日本的決策人執行這一國際協議,應該立即對非法佔有中國文物文獻的所有機關和個人,進行"侵略中國所獲文物文獻清理",中國學術界完全有權監督這一清理過程,並把所有劫奪的中國的文獻典籍和文物完全歸還中國,以此作爲在21世紀推進中日關係的切實的步驟。

附録之四

《書録》編著參考書目

日本語文文獻

古事記(8 世紀)　《日本古典文學大系》本　岩波書店刊　昭和四十六年(1971 年)版
日本書紀(8 世紀)　《日本古典文學大系》本　岩波書店刊　昭和四十六年(1971 年)版
懷風藻(8 世紀)　《日本古典文學大系》本　岩波書店刊　昭和四十六年(1971 年)版
萬葉集(8 世紀)　《日本古典文學大系》本　岩波書店刊　昭和四十六年(1971 年)版
本朝見在書目録　(9 世紀末)藤原佐世編纂　江戸時代室生寺寫本
通憲入道藏書目録　(12 世紀)藤原通憲(信西)編撰　《群書類從》本
仙洞御文書目録　(14 世紀)中原清種編撰　《群書類從》本
普門院經論章疏語録儒書等目録　(14 世紀)大道一以編撰　江戸時代寫本
元祿七年(1694 年)外船大意書控　江戸時代寫本　宮內廳書陵部藏本
倭版書籍考　彌生吉且編　日本元祿十五年(1702 年)木村市郎兵衛刊本
活版考　岡本保孝編　傳抄本
正德四年(1714 年)外船齎來書目　江戸時代寫本　天理圖書館藏本
正德五年(1715 年)外船齎來書目　江戸時代寫本　天理圖書館藏本
享保三年(1718 年)外船大意書草稿　江戸時代寫本　長崎市立博物館藏本
享保四年(1719 年)外船齎來書目　江戸時代寫本　長崎市立博物館藏本
享保十年(1725 年)外船大意書控　江戸時代寫本　長崎市立博物館藏本
享保二十年(1735 年)外船齎來書目　江戸時代寫本　天理圖書館藏本
寬延三年(1751 年)持渡書物覺書　江戸時代寫本　宮內廳書陵部藏本
寶曆四年(1754 年)戌番外船大意書　江戸時代寫本　國家公文書館(內閣文庫)藏本
典籍概見　隨緣道人(釋敬首)撰　釋天心筆記　日本寶曆四年(1754 年)刊本
寶曆九年(1759 年)外船齎來書目　江戸時代寫本　長崎縣立長崎圖書館藏本
寶曆十年(1760 年)外船齎來書目　江戸時代寫本　長崎縣立長崎圖書館藏本
寶曆十年(1760 年)辰壹番唐船持渡商賣書物目録並大意書　江戸時代寫本　天理圖書館藏本
明和二年(1765 年)寅拾番船持渡書改目録寫　江戸時代寫本　松浦史料博物館藏本
和漢軍書要覽　吉田一保編　日本明和七年(1770 年)大阪吉文字屋市兵衛等刊本

掌中目録　蘭陵山人(九尺庵)編　日本天明二年(1782 年)刊本
禁書目録　京都書林三組行司編　日本明和八年(1771 年)京師書林行司刊本
寛正六年(1794 年)外船齎來書目　江戸時代寫本　長崎縣立長崎圖書館藏本
寛正十二年(1800 年)外船齎來書目　江戸時代寫本　長崎縣立長崎圖書館藏本
寛正十二年(1800 年)外船齎來書目　江戸時代寫本　長崎縣立長崎圖書館藏本
享和元年(1801 年)外船齎來書目　江戸時代寫本　長崎縣立長崎圖書館藏本
元禄六年(1693)—享和三年(1803)商舶載來書目　江戸時代寫本　國立國會圖書館藏本
文化元年(1804 年)書籍直組帳　江戸時代寫本　長崎縣立長崎圖書館藏本
文化四年(1807 年)外船大意書(殘本)　江戸時代寫本　長崎縣立長崎圖書館藏本
活版經籍考　(18 世紀)吉田篁墩(漢宦)編著　江戸時代寫本
文化七年(1810 年)持渡書物目録留　江戸時代寫本　慶應義塾大學斯道文庫藏本
正齋書籍考　近藤正齋(守重)編撰　澀江抽齋手校　日本文政六年(1823 年)大阪前川文榮堂等刊本
天保元年(1830 年)(書目)直組帳　江戸時代寫本　長崎縣立長崎圖書館藏本
掌中書名便覽　高井蘭山(伴覺)編　日本天保三年(1832 年)江戸和泉屋金右衛門等修正本
昌平坂御宮板書目(寛政十一年 1799—天保十年 1839 年)
天保十一年(1841 年)外船書籍元帳　江戸時代寫本　長崎縣立長崎圖書館藏本
天保十二年(1842 年)外船書籍元帳　江戸時代寫本
天保十四年(1844 年)會所請込物書籍見帳　江戸時代寫本　宮本又次氏藏本
天保十四年(1844 年)(書目)見帳(大庭修題爲《落札帳》)　江戸時代寫本　九州大學九州文化史研究所藏本
天保十五年(1845 年)會所請込物書籍見帳(殘本)　江戸時代寫本　宮本又次氏藏本
天保十五年(1845 年)辰四番割紅毛船込ワキ物　江戸時代寫本　九州大學九州文化史研究所藏本
弘化二歳(1845 年)外船書籍元帳(江戸時代寫本)　長崎縣立長崎圖書館藏本
弘化三歳(1846 年)外船書籍元帳(江戸時代寫本)　長崎縣立長崎圖書館藏本
弘化四歳(1847 年)外船書籍元帳(江戸時代寫本)　長崎縣立長崎圖書館藏本
弘化五歳(1848 年)外船書籍元帳　江戸時代寫本　(嘉永と改元申四月八日被仰渡)　長崎縣立長崎圖書館藏本
官板書籍解題略　樧山精一編　日本弘化四年(1847 年)出雲寺刊本
嘉永元年(1848 年)外船書籍元帳(江戸時代寫本)　長崎縣立長崎圖書館藏本
嘉永二年(1849 年)外船書籍元帳(江戸時代寫本)　長崎縣立長崎圖書館藏本
嘉永三年(1850 年)外船書籍元帳(江戸時代寫本)　長崎縣立長崎圖書館藏本
嘉永四年(1851 年)外船書籍元帳(江戸時代寫本)　長崎縣立長崎圖書館藏本
嘉永五年(1852 年)外船書籍元帳(江戸時代寫本)　長崎縣立長崎圖書館藏本
嘉永六年(1853 年)外船書籍元帳(江戸時代寫本)　長崎縣立長崎圖書館藏本
嘉永七年(1854 年)外船書籍元帳(江戸時代寫本)　長崎縣立長崎圖書館藏本
安政二年(1855 年)外船書籍元帳(江戸時代寫本)　長崎縣立長崎圖書館藏本
安政五年(1858 年)於會所午壹番船書籍　江戸時代寫本　九州大學九州文化史研究所藏本

購來書籍目録　江戸時代寫本　國家公文書館（内閣文庫）藏本
分類舶載書籍通覽　江戸時代寫本　國家公文書館（内閣文庫）藏本
經籍訪古志（丹波元堅跋釋本）　森立之等撰　1885年刊（京都大學藏本）
慶長以來諸家著述目録　中根肅治編　明治二十七年（1894年）刊
帝國圖書館和漢書書名目録　明治二十七年—昭和三十七年（1894—1962年）刊
續史籍集覽　1898年東京近藤活字所刊
重訂御書籍來歷志　林煒編撰　傳抄本
古藝餘香　田中光顯編　傳抄本
國史大系　1900—1901年東京經濟雜誌社刊
古文舊書考　島田翰撰　日本明治三十八年（1905年）東京民友社刊
青州文庫古版書目　明治三十八年（1905年）刊
漢籍解題　桂五郎編撰　明治三十九年（1906年）明治書院刊 昭和五十六年（1981年）名著刊行會刊
皕宋樓藏書源流考　島田翰編　光緒三十三年（1907年）董康刻刊
大日本佛教全書　1911—1922年佛教刊行會刊
日本詩紀　市川世寧編　明治四十四年（1911年）國書刊行會刊
諸家珍藏稀書解題　大正六年（1917年）刊
靜嘉堂秘笈志　河田羆編撰　大正七年（1918年）靜嘉堂刊
雲村文庫目録（和田維四郎氏蒐集文庫本の目録）　大正九年（1920年）刊
文求堂唐本目録　大正十年（1921年）刊
佛書解題　大村西崖・中野義照編　大正十一年（1922年）藏經院刊
神宮文庫圖書目録　神宮司廳編　大正十一年（1922年）刊
古典保存會複製書　1923—1925年古典保存會刊
龍谷大學漢書分類目録　大正十二年（1923年）刊
東洋文庫展觀書目　大正十三年（1924年）東洋文庫刊
米澤圖書館古書展覽會出品目録　大正十三年（1924年）刊
阿川文庫目録　阿川家圖書館編　大正十四年（1925年）刊
典籍叢談　新村出著　大正十四年（1925年）岡書店刊
大谷大學圖書館和漢書分類目録　大谷大學編　大正十五年（1926年）刊
大學堂書店古書販賣目録　昭和二年（1927年）杉田書店刊
研幾小録　内藤虎次郎著　昭和三年（1928年）弘文堂刊
大正新修大藏經（目録部）　昭和三年（1928年）大正一切經刊行會刊
大阪府立圖書館貴重圖書目録　昭和三年（1928年）刊
靜岡縣葵文庫和漢書　昭和三年（1928年）刊
靜嘉堂文庫圖書分類目録・續編　昭和四年（1929年）・《續編》昭和十四年（1939年）刊
尚書正義（日本景宋本）　昭和四年（1929年）大阪每日新聞社刊
龍谷大學和漢書分類目録（佛教書）　昭和四年（1929年）刊
學習院圖書館和漢圖書目録　昭和四年（1929年）刊
世界珍書解題　日本收癖家協會編　昭和五年（1930年）刊

圖書寮漢籍善本目録　宮内省圖書寮編　昭和五年(1930年)刊
大谷大學圖書館藏西藏大藏經 — 甘珠爾勘同目録　昭和五年 — 昭和七年(1930年—1932年)刊
東京書林定室會擁書樓千葉氏藏書入劄目録　昭和六年(1931年)刊
舊刊影譜　川瀨一馬編　昭和七年(1932年)日本書志學會刊
成簣堂善本書影　昭和七年(1932年)蘇峰先生古稀祝賀記念會刊
大谷大學和漢圖書分類目録(第1門 — 第10門)　昭和七年(1932年)刊
足利學校秘本書目　昭和八年(1933年)日本書志學會刊
真福寺藏琱玉集　昭和八年(1933年)古典保存會刊
蘇峰隨筆一愛書五十年　德富豬一郎著　昭和八年(1933年)フックドム社刊
大阪圖書館近畿善本圖録　昭和八年(1933年)貴重圖書影本刊行會刊
宋刊本展覽會陳列書解説　長澤規矩也編撰　昭和八年(1933年)日本書志學會
靜嘉堂文庫宋本書影　昭和八年(1933年)刊
靜嘉堂文庫宋本展覽會陳列書解説　諸橋轍次主持　昭和八年(1933年)刊
佚存書目　服部宇之吉解説　昭和八年(1933年)文求堂刊
近畿善本圖録　大阪府立圖書館編　昭和八年(1933年)刊
訪書餘録　和田維四郎著　昭和八年(1933年)刊
日本古刊書目　古澤義則編撰　昭和八年(1933年)帝都出版社刊
東京文理科大學附屬圖書館和漢書分類目録　昭和九年(1934年)刊
尊經閣文庫漢籍分類目録　昭和九年(1934年)秀英舍刊
岩崎文庫和漢書目録　岩井大慧鑒定　昭和九年(1934年)開明堂刊
大阪府立圖書館恭仁山莊善本書影　昭和十年(1935年)小林寫真所刊
大阪府立圖書館真福寺善本集影　昭和十年(1935年)刊
大阪府立圖書館尾州大須真福寺善本展覽會目録　昭和十年(1935年)刊
東洋文庫地方誌目録　岩井大慧鑒定　昭和十年(1935年)刊
無窮會神習文庫目録　林正章編　昭和十年(1935年)明立株式會社刊
真福寺善本　黑板勝美編撰　昭和十年(1935年)刊
南畝文庫藏書目　川瀨一馬編　昭和十年(1935年)刊
京都帝國大學文學部稀覯書展觀目録　昭和十年(1935年)刊
龍谷大學圖書館善本目録　昭和十一年(1936年)刊
神戶市立圖書館和漢圖書目録　昭和十一年(1936年)刊
圖書寮宋本書影　昭和十一年(1936年)日本書志學會刊
富岡文庫善本展覽會目録　大阪府立圖書館編　昭和十一年(1936年)刊
富岡文庫善本書影　大阪府立圖書館編　昭和十一年(1936年)刊
帝國圖書館和漢圖書書名目録　昭和十二年(1937年)刊
古活字本展覽會目録　川瀨一馬編　昭和十二年(1937年)刊
東京帝國大學和漢書目録　昭和十三年(1938年)刊
關東現存宋元板書目(第二稿)　長澤規矩也編　昭和十三年(1938年)刊
小田切文庫　東洋文庫編　昭和十三年(1938年)刊

東方文化學院京都研究所漢籍目録　昭和十三年(1938年)刊
東洋文庫十五年史　岩井大慧主編　昭和十四年(1939年)東洋文庫刊
金澤文庫古書目録　關靖編　昭和十四年(1939年)岩松堂刊
大阪古典會有不爲齋文庫善本入劄目録　昭和十四年(1939年)刊
小如舟書屋藏書目録　小川博士古稀慶賀會編　昭和十四年(1939年)刊
岩崎文庫和漢書目録　東洋文庫編　昭和十四年(1939年)刊
尊經閣文庫國書分類目録　昭和十四年(1939年)刊
東洋文庫朝鮮本分類目録　附安南本　昭和十四年(1939年)刊(昭和1974年重印)
近世日本ノ儒學　福島甲子三著　昭和十四年(1939年)岩波書店刊
栗田文庫目録　昭和十五年(1940年)中文館刊
圖書目録(和漢書部)日本銀行調查局編　昭和十五年(1940年)刊
神戸商工會議所圖書館和漢書目録　昭和十六年(1941年)刊
新城文庫漢籍目録　竹内晉編　昭和十六年(1941年)刊
織田文庫圖書目録　林正章編　昭和十六年(1941年)開明堂刊
龍谷大學和漢書分類目録　鷹野香象編　昭和十六年(1941年)刊
陽明文庫展觀目録(一)　昭和十六年(1941年)刊
近世漢學者著述目録大成　關儀一郎等著　昭和十六年(1941年)東洋圖書刊行會刊
古書籍公定價格總覽　昭和十六年(1941年)日本古書通訊社刊
東方文化研究所漢籍分類目録　東方文化研究所編　昭和十七年(1942年)刊
石井積翠軒文庫善本目録　川瀨一馬編撰　昭和十七年(1942年)刊(昭和五十六年重印本)
日本詩史　江村北海著　西澤道寬譯注　昭和十七年(1942年)刊
古書販賣目録　昭和十七年(1942那)南陽堂書店刊
東京大學和漢圖書目録(十編)　昭和十八年—二十四年(1943年—1949年)刊
陽明文庫展觀目録(二)昭和十九年(1944年)刊
東洋文庫漢籍叢書分類目録 榎一雄編　昭和二十年(1945年)刊
圖書寮典籍解題　昭和二十三年(1948年)國立書院刊
天理大學圖書館稀書展覽會目録　昭和二十五年(1950年)刊
禿庵文庫目録　昭和二十五年(1950年)刊
内藤文庫漢籍目録　京都大學人文科學研究所編　昭和二十七年(1952年)刊
龍門文庫善本書目　川瀨一馬編撰　昭和二十七年(1952年)刊
日本近世名家自筆集　天理圖書館編　昭和二十八年(1953年)刊
日本漢文學史　岡田正之著　昭和二十九年(1954年)弘文館刊
東京都立大學中央圖書館特別買上文庫目録(諸家書畫・諸家拓本)　1954年刊
蓬左文庫漢籍目録　昭和三十年(1955年)刊
天理圖書館開館廿五周年紀念稀覯本集　昭和三十年(1955年)刊
東京大學史料編纂所圖書目録(和漢書)　昭和三十年(1955年)東京大學出版會刊
大東急記念文庫初公開展解説　長澤規矩也・川瀨一馬編　昭和三十年(1955年)刊
大東急記念文庫貴重書解題　長澤規矩也編　昭和三十一年(1956年)刊
内閣文庫漢籍分類目録　内閣文庫編　昭和三十一年(1956年)刊

京都國立博物館圖書目録　昭和三十一年(1956 年)刊
古義堂文庫目録　天理圖書館編　昭和三十一年(1956 年)刊
鈴木文庫目録(一)　京都大學文學部編　昭和三十一年(1956 年)刊
平野文庫圖書目録　鹿兒島縣立圖書館編　昭和三十二年(1957 年)刊
國學院大學圖書館收藏稀覯書解題　昭和三十二年(1957 年)刊
慶應義塾圖書館和漢書善本解題 慶應義塾圖書館編　昭和三十三年(1958 年)刊
慶應義塾大學麻生太賀吉氏斯道文庫善本展覽會目録 昭和三十三年(1958 年)刊
米澤善本の研究と解題　附興讓館舊藏和漢書目録　ハーバード・燕京同志社東方文化講座委員會編　昭和三十三年(1958 年)刊
神宮文庫五十周年紀念善本寫真集　神宮司廳編　昭和三十三年(1958 年)刊
京都大學文學部漢籍分類目録(第一)　京大文學部編　昭和三十四年(1959 年)
琉球の文字　仲原善忠著　昭和三十四年(1959 年)刊
關西大學泊園文庫書目　壺井正義編　1958—1960 年關西大學出版部刊
梧陰文庫目録　國學院大學圖書館編　昭和三十四年(1959 年)刊
國立國會圖書館藏書目録(和漢書の部)(昭和三十四年・三十五年版)　國會圖書館整理部編　昭和三十五年(1960 年)・三十七年(1962 年)刊
愛知大學漢籍分類目録　昭和三十五年(1960 年)刊
東京古典會創立五十周年紀念善本圖録　昭和三十五年(1960 年)刊
開館卅周年善本聚英　天理圖書館編　昭和三十五年(1960 年)刊
天理圖書館稀書目録　天理圖書館編　昭和三十五年(1960 年)刊
大谷大學圖書館善本聚英　昭和三十六年(1961 年)刊
日本における漢籍收集 — 漢籍關係目録集成 — 日本におけるアジア研究の現状の調査　東洋文庫編　昭和三十六年(1961 年)刊
宋版　天理圖書館編　昭和三十七年(1962 年)刊
河田文庫目録　東京都立日比谷圖書館編　昭和三十七年(1962 年)研文社刊
諸橋文庫目録　東京都立日比谷圖書館編　昭和三十七年(1962 年)研文社刊
宋元の繪畫　東京國立博物館編　昭和三十七年(1962 年)刊
和漢圖書增加目録(昭和 35—36 年度) 中央大學圖書館編　昭和三十七年(1962 年)刊
岩井博士古稀紀念典籍論集　岩井博士古稀紀念事業會編　昭和三十八年(1963 年)大安社刊
關西大學所藏生田文庫・穎原文庫目録　昭和三十八年(1963 年)刊
國寶　文化財委員會編　昭和三十八年(1963 年)刊
廣島市立淺野圖書館藏古書目録　山手光等編　昭和三十九年(1964 年)刊
大倉文化財團漢籍善本目録　大倉文化財團編　昭和三十九年(1964 年)刊
狩野文庫目録　京都大學文學部圖書館編　昭和三十九年(1964 年)刊
天淵文庫藏書目録　無窮會編　昭和三十九年(1964 年)刊
石硯山房舊藏書目録　京都大學文學部編　昭和三十九年(1964 年)刊
大阪古典會杉本要翁追悼古典籍入劄會目録　昭和三十九年(1964 年)刊
(校注)劉知遠諸宮調　内田道夫著　昭和三十九年(1964 年)刊

東京大學文學部中國哲學文學研究室藏書目録　昭和四十年(1965年)刊
毛利元次公所藏漢籍目録　上村幸次編　昭和四十年(1965年)德山市立圖書館刊
大谷大學所藏敦煌古寫經　野上俊靜編　昭和四十年(1965年)・昭和四十七年(1972年)大谷大學刊
(增補)東洋文庫漢籍叢書分類目録　東洋文庫編　昭和四十年(1965年)刊
足利學校遺跡圖書館漢籍目録　長澤規矩也編　昭和四十一年(1966年)足利市役所刊
中國古版通俗小説集　天理圖書館編　昭和四十一年(1966年)刊
漢籍叢書所在目録　東京大學東洋文化研究所編　昭和四十一年(1966年)刊
三都古典連合會展觀入劄目録　昭和四十一年(1966年)刊
日光山"天海藏"主要古書解題　長澤規矩也編　昭和四十一年(1966年)刊
千葉縣立中央圖書館藏書目録　昭和四十一年(1966年)刊
東洋文庫漢籍分類目録(集部)　東洋學文獻センター連絡協定會編　昭和四十二年(1967年)刊
漢籍分類目録(集部)東洋文庫編　昭和四十二年(1967年)刊
東京學藝大學所藏望月文庫目録(東京府青山師範學校創立五十周年紀念文庫)　東京學藝大學圖書館編　昭和四十二年(1967年)刊
江戶時代における唐船持渡書の研究　大庭修著　關西大學東西學術研究所刊　昭和四十二年(1967年)版
京都大學文學部中國語學文學哲學史研究室鈴木文庫目録(續編)　京都大學文學部圖書室編　昭和四十三年(1968年)刊
岩元文庫目録　鹿兒島大學圖書館編　昭和四十三年(1968年)刊
名古屋蓬左文庫善本解題圖録　名古屋市教育委員會編　昭和四十三年(1968年)刊
本邦殘存典籍による輯佚資料集成　新美寛編　昭和四十三年(1968年)刊
鈴木文庫目録(二)京都大學文學部編　昭和四十三年(1968年)刊
國立國會圖書館所藏貴重書解題　昭和四十四年(1969年)刊
國立教育研究所附屬教育圖書館藏書目録　赤松恭一郎編　昭和四十四年(1969年)刊
中國地方誌總合目録　國會圖書館編　昭和四十四年(1969年)刊
天理圖書館開館四十周年紀念善本書影　昭和四十五年(1970年)刊
靜盦漢籍解題長編　長澤規矩也編　昭和四十五年(1970年)汲古書院刊
九州大學附屬圖書館教養學部分館漢籍目録　濱一衛編　昭和四十六年(1971年)刊
大垣市立圖書館漢籍分類目録　昭和四十六年(1971年)刊
玄武洞文庫解題目録　大阪府立圖書館編　昭和四十六年(1971年)刊
日本現存明代地方誌目録　山根幸夫編　1971年刊
東京都立日比谷圖書館特別買上文庫目録　都立日比谷圖書館編　昭和四十六年(1971年)刊
日本古典文學大系　岩波書店刊　昭和四十六年(1971年)版
書林會古書綜合目録　昭和四十七年(1972年)刊
秘笈圖譜　昭和四十七年(1972年)天理圖書館刊
關西大學所藏吉田文庫目録　昭和四十七年(1972年)刊
東京古典會小汀文庫稀書珍本展觀入劄目録　昭和四十七年(1972年)刊

日本現存宋人文集目録　吉田寅・柳田直彦編　1972年刊
倉泉文庫圖書目録　倉敷市立圖書館編　昭和四十七年(1972年)刊
東京大學東洋文化研究所漢籍分類目録　窪德忠等編　昭和四十七年(1972年)刊
鹿沼市立圖書館大欅文庫目録　昭和四十七年(1972年)鹿沼市役所刊
泰西中國記集　天理圖書館編　1973年刊
古刊朝鮮本　天理圖書館編　1973年刊
本居宣長紀念館善本目録　岡本勝等編　昭和四十八年(1973年)松本市教育委員會刊
足利學校善本圖録　長澤規矩也編　昭和四十八年(1973年)刊
楠本文庫漢籍目録　國士館大學附屬圖書館編　昭和四十八年(1973年)刊
神戶外國語大學圖書館所藏漢籍分類目録　林雪光等鑒定　昭和四十八年(1973年)刊
神宮文庫漢籍善本解題　昭和四十八年(1973年)汲古書院刊
明治大學圖書館所藏書志目録　昭和四十八年(1973年)刊
茨城大學所藏菅文庫漢籍分類目録　昭和四十九年(1974年)刊
東北大學所藏和漢書古典分類目録(經・史)　昭和四十九年(1974年)刊
東北大學所藏和漢書古典分類目録(子・集・叢書)　昭和五十年(1975年)刊
大阪市立美術館藏中國繪畫(資料編)　大阪市立美術館編　昭和五十年(1975年)朝日新聞社刊
名古屋市蓬左文庫漢籍分類目録　蓬左文庫編　昭和五十年(1975年)名古屋市教育委員會刊
神戶大學附屬圖書館漢籍分類目録　昭和五十年(1975年)刊
東京都立中央圖書館藏書志目録　昭和五十年(1975年)刊
重要文化財目録　文化廳監修　昭和五十年(1975年)每日新聞社刊
(經團聯圖書館)圖書目録　昭和五十一年(1976年)刊
和刻本漢籍分類目録　長澤規矩也編　1976年汲古書院刊
關西大學所藏岩崎美隆文庫・五弓雪窗文庫目録　昭和五十一年(1976年)刊
全國特殊コレクション要覽(改訂版)　國立國會圖書館参考書志部編　1977年國立國會圖書館刊
宋元文化と金澤文庫展資料目録　1977年金澤文庫刊
大阪女子大學附屬圖書館和漢書分類目録　昭和五十二年(1977年)刊
八戶市立圖書館漢籍分類目録　昭和五十二年(1977年)刊
未刊諸文庫古書分類目録　長澤規矩也編　昭和五十二年(1977年)汲古書院刊
大阪天滿宮御文庫漢籍分類目録　寺井種茂等編　昭和五十二年(1977年)刊
石濱文庫目録　大阪外國語大學圖書館編　昭和五十二年(1977年)刊
悠然樓漢籍分類目録　大谷大學圖書館編　昭和五十二年(1977年)刊
國立公文書館内閣文庫沿革略　内閣文庫編　昭和五十三年(1978年)刊
正倉院展目録　奈良國立博物館編　昭和五十三年(1978年)刊
東洋文庫所藏漢籍分類目録(經部)　昭和五十三年(1978年)東洋文庫刊
日本現存明人文集目録　山根幸夫編　昭和五十三年(1978年)東京女大刊
諸岡文庫目録　東京外國語大學附屬圖書館編　昭和五十三年(1978年)刊

東京大學總合圖書館古醫書目録　昭和五十三年(1978年)刊
日本書目大成　長澤規矩也　阿部隆一編　1979年汲古書院刊
河上肇文庫目録　京都大學經濟學部編　1979年刊
人文科學研究所五十年　京都大學人文科學研究所編　1979年刊
明刊元雜劇《西廂記》目録　傳田章編撰　1979年刊
京都大學人文科學研究所漢籍分類目録　1979—1980年刊
名古屋市蓬左文庫善本解題圖録　昭和五十五年(1980年)蓬左文庫刊
明治以降日本人の中國旅行記(解題)　昭和五十五年(1980年)刊
長崎大學附屬圖書館經濟學部分館漢籍分類目録　深井晉司編　昭和五十五年(1980年)東大東洋文化研究所刊
熊本大學附屬圖書館落合文庫漢籍分類目録　深井晉司編　昭和五十五年(1980年)東大東洋文化研究所刊
三康圖書藏書目録　三康文化研究所編　昭和五十五年(1980年)刊
東京國立博物館圖版目録　昭和五十五年(1980年)刊
宮城教育大學所藏和漢書古典目録　宮城教育大學附屬圖書館編　昭和五十五年(1980年)刊
日本の古辭書　天理圖書館編　1980年刊
正倉院の寶物　昭和五十六年(1981年)平凡社刊
日本近代名著解題　岡野他家夫編撰　昭和五十六年(1981年)原書房刊
東京都立中央圖書館藏書目録(1971—1975年)　昭和五十六年(1981年)刊
國立國會圖書館所藏貴重書解題(古寫本の部)　昭和五十六年(1981年)刊
櫛田文庫目録　東北大學附屬圖書館編　昭和五十六年(1981年)刊
增修金瓶梅研究資料要覽　澤田瑞穗主編　1981年早稻田大學中國文學會刊
中國傳來物語　寺尾善雄編撰　昭和五十七年(1982年)河出書房新社刊
和漢古書分類目録　福井市立圖書館編　昭和五十七年(1982年)刊
龍門文庫善本書目　川瀨一馬編　昭和五十七年(1982年)阪本龍門文庫刊
東京大學文學部漢籍コーナー所藏明版目録　山本仁編　昭和五十七年(1982年)刊
東京大學文學部漢籍コーナー所藏鈔本目録　山本仁編　昭和五十七年(1982年)刊
新發田市立圖書館漢籍分類目録　昭和五十七年(1982年)東大東洋文化研究所刊
新潟縣立新潟圖書館漢籍分類目録　昭和五十七年(1982年)東大東洋文化研究所刊
杏雨書屋特別展示會　武田科學振興財團編　1984年刊
江戸時代における中國文化受容の研究　大庭修著 1984年同朋舍刊
大須觀音真福寺文庫展　名古屋博物館等編　昭和五十九年(1984年)刊
新修恭仁山莊善本書影　杏雨書屋編　1985年刊
關西大學總合圖書館開館記念特別展示內藤文庫展觀目録　關西大學總合圖書館編　昭和六十年(1985年)刊
足利學校　長澤規矩也撰　1985年足利學校遺跡圖書館後援會刊
金澤文庫　前田元重・高橋秀榮編　1985年金澤文庫刊
陽明文庫漢籍分類目録　昭和六十一年(1986年)陽明文庫刊

東洋文庫所藏漢籍分類目録(史部) 1986年東洋文庫版
堺市立中央圖書館藏和漢書目録 堺市立中央圖書館編 昭和六十一年
日本の寫經 増田武文等編 昭和六十二年(1987年)シーゲ出版社刊
國立國會圖書館漢籍目録 國立國會圖書館圖書部編 昭和六十二年(1987年)國會圖書館刊
二松學舍大學附屬圖書館漢籍目録(二松學舍創立百十年紀念) 二松學舍大學附屬圖書館編 昭和六十三年(1988年)刊
訂補足利學校遺跡圖書館古書分類目録 長澤規矩也編 昭和六十三年(1988年)汲古書院版
上越教育大學所藏黄檗鐵眼版一切經目録 上越教育大學附屬圖書館編 昭和六十三年(1988年)刊
神田鬯盦博士寄贈圖書目録 昭和六十三年(1988年)大谷大學圖書館刊
大和文華館所藏品圖版目録 大和文華館編 昭和六十三年(1988年)
(名刹歲時物語)東大寺物語 白洲正子・陳舜臣等編 1989年世界文化社刊
(國寶南大門仁王尊像修理記念)東大寺展 東大寺・國立奈良博物館・朝日新聞社共編 1991年刊
早稻田大學圖書館所藏漢籍分類目録 早稻田大學圖書館編 平成三年(1992年)早稻田大學圖書館刊
靜嘉堂文庫宋元版圖録(解題篇) 靜嘉堂文庫編 平成四年(1993年)汲古書院刊
西國十三番大本山石山寺(寶物篇) 石山寺編 平成四年(1993年)京都美術社刊
皇 室 の 至 寶 每日新聞社編 平成五年(1994年)刊
東洋文庫所藏漢籍分類目録・子部 東洋文庫圖書部編 平成五年(1994年)刊
東京大學總合圖書館漢籍目録 戶川芳郎等 1995年東京大學總合圖書館刊
名古屋大學附屬圖書館所藏和漢古典籍目録稿 名古屋大學附屬圖書館編 平成七年(1996年)刊
龍谷大學大宫圖書館和漢古典籍貴重書解題(自然科學之部) 龍谷大學圖書館(真柳誠執筆)編 1997年龍谷大學刊
龍谷大學大宫圖書館和漢古典籍分類目録(自然科學之部) 龍谷大學圖書館編 1997年龍谷大學刊
龍谷大學大宫圖書館和漢古典籍貴重書解題(哲學・藝能之部) 龍谷大學圖書館編 1998年龍谷大學刊
廣島大學斯波文庫漢籍目録 廣島大學附屬圖書館編 平成十一(2000)年刊
東洋文庫仁井田文庫漢籍目録 東洋文庫編 平成十三(2002)年刊

漢語文文獻

日本訪書志 楊守敬編撰 光緒三十三年(1907年)刊
日本訪書志補 王重民編撰 1930年刊
方志考稿 瞿宣穎著 1930年刊

書舶庸譚　董康著　1936年文祿堂刊(1946年重校刻印)
四庫全書總目　永瑢等編撰　1965年中華書局刊
日本東京所見小説書目　孫楷第編撰　1958年人民文學出版社刊(1981年重印)
中國地方誌綜録　朱士嘉編　1958年商務印書館刊
倫敦所見中國小説書目提要　柳存仁編撰　1982年書目文獻出版社刊
中國善本書提要　王重民編撰　1983年上海古籍出版社刊
藏園群書經眼録　傅增湘編撰　1983年中華書局刊
鉅宋廣韻(宋孝宗乾道五年刊本原日本向山榮家藏本)1983年上海古籍出版社刊
儀顧堂題跋・儀顧堂續跋　陸心源編撰　1987年中華書局影印本
善本書室藏書志　丁生甫編輯　1987年中華書局影印本
黄丕烈年譜　江標編撰　1988年中華書局刊
中國古籍善本書目　1990年上海古籍出版社刊(以後陸續出版)
山東文獻書目　王紹曾主編　1993年齊魯書社刊
所見中國古代小説戲曲版本圖録　吳希賢編　1995年中華全國圖書文獻縮微複印中心刊
徽州出版史敘論　徐學林著　1995年安徽美術出版社刊
新編天一閣書目　駱兆平編著　1996年中華書局刊
福建古代刻書　謝水順・李珽著　1997年福建人民出版社刊
北京大學 圖書館藏善本書録　1998年北京大學出版社刊
湖南省古籍善本書目　常書智・李龍如主編　1998年嶽麓書社刊
日藏古抄本李嶠詠物詩注　張庭芳注　胡志昂編　`1998年上海古籍出版社刊
中國傳統文化研究叢書(典藏編・目録編・版本編・校勘編)　1998年齊魯書社刊
西諦書跋　鄭振鐸撰　吳曉鈴整理　1998年文物出版社刊
美國哈佛燕京圖書館中文善本書志　1999年上海辭書出版社刊
日本見藏中國叢書目初編　李鋭清編著　1999年杭州大學出版社刊　1999年上海遠東出版社刊
常熟翁氏藏書圖録　中國嘉德國際拍賣有限公司編　拓曉堂執筆　2000年上海科學技術文獻出版社　2003年北京圖書館出版社刊　2004年中華書局刊　2004年香港中文大學出版社刊
利玛窦世界地图研究　黄时鉴、龚缨晏著　2004年上海古籍出版社刊
2005年上海古籍出版社刊　2005年北京線裝書局刊

本《書録》編著者謹向上述所有著作的著者和編者表示敬意,書稿中曾在某些著録中參考或徵引過其中的若干材料,因爲《書録》行款格式所限,未能一一標出,編著者在此統列各位高名與書名,一併致謝。

附録之五

日本藏漢籍珍本訪察隨笔

一　在皇宫書陵部訪"國寶"

日本皇宫内的漢籍收藏，集中於宫内廳書陵部。按照現時日本國民的普遍性的觀念，這些都是皇家的私人圖書，不列入日本成千上百個公家和私人的藏書機構的行列。自大正年間(1912—1926年)開始，由日本國家"文化財保護委員會"(1968年改組爲内閣文化廳)審定的屬於"日本國寶"的漢籍文獻典籍已經有八十餘種，屬於"日本文化財"的漢籍文獻典籍已經有一百七十餘種，但宫内廳書陵部的唐鈔宋刻，因爲是"御物"，所以，從來也不列入審定的範圍之内的。

日本宫内書廳陵部特藏的漢籍，是考察漢籍在日本流佈的一個極珍貴的寶庫。然而，日本宫禁内究竟收藏有多少漢籍？其版本源流與價值究竟如何？學術界僅有一鱗半爪的傳聞而親自目睹者甚少。

從1985年春天起，我在日本國立京都大學人文科學研究所日本學部、日本佛教大學文學部、日本宫城女子大學日本文學部、日本文部省(舊稱)國際日本文化研究中心、日本文部科學省National Institute of Japanese Literature等處，任職客座教授。由各方面提供幫助，得以多次訪問宫内廳書陵部，獲得十分豐富的收穫。

我第一次訪問宫内廳書陵部，是由國立京都大學介紹，特别是由當時的國立東京外國語大學教授高橋均(Takahashi Hitoshi)先生(現爲東京外國語大學名譽教授、大妻女子大學教授)爲之聯絡安排的。1985年8月的一天，東京特别的熱，我是前兩天由京都大學趕到東京的。高橋均教授陪同我先在地處千代田區神田錦町的大修館稍稍休息，這裏離宫内廳書陵部已經不遠。大修館是日本著名的出版社之一。高橋先生與大修館很熟悉，他們特别讓我觀看了正在修訂的由著名的漢學家諸橋轍次(Morohashi-Tetsuji)先生(1883—1982年)領銜編輯的《大漢和辭典》的工作室。這部文化巨著，還由鐮田正(Kamada-Tadashi)、米山寅太郎(Yoneyama Torataro)諸位參加，1963年首次由大修館刊出，其學術聲名，即刻蜚聲學界。諸橋轍次、米山寅太郎都是二十世紀日本著名的漢籍研究家。自七十年代以來，大修館幾乎每年對《大漢和辭典》修訂再版，故有專門的修訂工作室。工作間裏有一個佔據全室五分之四空間的工作平臺，上面鋪滿了文稿。細看鋪在桌子上的文稿，挖補填充之處甚多。滿室肅静，静静中却有許多的緊張感，但又讓人覺得，一切緊迫而有條理。文稿浩瀚而堆放極爲整齊，不像我曾經看見過的有的編輯室，書籍報刊狼藉滿屋，胡亂堆積至屋頂，在岌岌可危中躬身坐着勤勞的編輯。後來想起這個訪書前的小插曲，或許暗示了某些機緣。在宫内廳書陵部訪書後不久，仍然是由高橋均教授安排，我有幸在静嘉堂文庫拜見了這部《大漢和辭典》編著者之一的米山寅太郎先生。更有趣的是，十年之後，即1995年，由中日雙方五十餘位學者參加編著的《中日（日中）文化交流史大系》十卷的日文版，便是由大修館出版的。期間我作爲中國方面的主編之一（總主編周一良先生，王勇先生與我共同操理具體事務），多次出入大修館，回想當年第一次到這裏參觀《大漢和辭典》修訂的現場，總有一種特别和悦的感覺。

當日九點鐘，高橋教授和我在東京都的竹平町與大手町交界處，經過竹橋而到達平川門，便面對深奥莫測的日本皇宫了。這裏有皇家警衛隊的值崗。他們身穿黑色制服，銀色領章，全副武裝，在入口處讓我們停步，問我們的來意，隨即向我們提了些問題，經電話核實無誤之後，便發給我們兩個人每人一枚菊花佩章，作爲通行证。跨進大門，方才喧囂的世界一下子變得無比的寂静，走在發出沙沙聲音的細石路上，四周是一片翠緑。我們身佩日本皇家的標誌物"菊花"紋章，身邊又不時有皇家騎警的摩托車輕輕地駛過，提醒我們當代的天皇就生活在這裏，顯得十分的嚴肅且具略略的神秘感。我們最後越過蓮花濠，走到一座外觀平直無華的建築面前——這就是宫内廳書陵部。在入口處再次被留步查問，所提的問題與剛才在平川門幾乎是一樣的，門崗手裏拿着一張紙條，大概就是方才我們在平川門被查詢的回答吧，這次要看看我們回答的是不是一樣了。當入口處的先生認定我們就是剛才從平川門進來的那兩個人時，問訊就結束了。嚴肅的氣氛突然變得隨和熱情。我們被延請上二樓（翻新後的書陵部的閲覽室在一樓了），先在會客室裏小坐，喝了一杯咖啡，便進入了閲覽室。負責我們這一次閲讀的森（Mori）先生是一位皇族，他對我説："先生是從大陸來的第一位讀者，凡是我們已經編目的任何文獻，先生都可以請求。"他遞給我兩支鉛筆和紙，暗示我必須收起自己的文具。我遞上已經準備好的書單，帶着白手套的工作人員，用小車把書推出來。在閲讀的間隙，森先生又把幾種特殊裝訂的古籍拿出來，很謙虚地説是要向我"請教"的，氣氛甚爲融洽。

二十世紀八十年代日本皇家警備隊對它的造訪者這樣嚴格的審查，隨着時代的推進，在近二十年來日本社會的所謂"國際化"潮流中變得松動起來。現在，書陵部的大樓已經翻新，變得很是氣派，而皇苑的入門，也顯得平静坦然，因爲那裏已經没有了武裝的保衛人員，入口處只有身着便服的和善的看門老人了。而且整個皇苑除了目前皇室成員的起居處之外，已經全部免費向全體國民開放，成爲東京都内又一大休閒之處了。當然，到宫内廳書陵部閲覽圖書，還是需要事先聯絡，並大致地説明閲讀的目的。

宫内廳書陵部以前稱爲"圖書寮"。"圖書寮"是公元701年（日本文武天皇大寶元年），根據"大寶令"而創建的。所謂的"寮"，在當時是作爲中央一級的"省"的下轄的機構。"大寶令"確定了天皇統治下以太政大臣爲中心的八省中央官制。"圖書寮"屬於"中務省"（其職掌與中國唐代的尚書省略同），專門從事圖書的收集、謄寫與保存，以供中央各省查閲。724年，日本聖武天皇敕令"於圖書寮所藏佛家及内外典籍、書法、屏風、障子、並雜圖繪等，一物已上，自今以後，不得輒借親王以下及庶民。若不奏聞而借者，本司科違敕罪"。自此以後一千餘年間，圖書寮的藏書便爲歷代天皇所獨佔。八世紀末，在日本惠美押勝（ Emi-no-Oshikatsu ）政亂時期，圖書寮曾一度改稱爲"内史局"。至江户時代，又轉隸由"藏人"管轄，"藏人"當時執掌宫内機密事務。1884年（明治十七年），日本採用近代官制，圖書寮便移至宫内省。第二次世界大戰後，日本進行了全面的政治機構的改革，宫内官職也有變動。1949年6月1日，圖書寮正式移交"宫内廳書陵部"。

宫内廳是日本内閣中一個特别的職能部門，專事負責天皇家和宫廷事務，"書陵部"爲宫内廳中管轄皇家文獻典籍和歷代陵墓陵園的一個專門機構，所以稱之爲"書陵"。其實，一般地説，自平安時代後期以來，日本語文習慣上把漢文中的"書"稱之爲"本"，"書店"就被稱爲"本屋"；而漢文的“書”，則專指“書法”的意義了。“書”的意義則指“書法”、“寫字”、“書法作品”等，可以作名詞，也可以作動詞的。但是，日本知識分子仍然願意按傳統典雅的意義，如仿照成書於公元720年的日本第一部史書《日本書紀》中經常所見的“一書曰”、“又一書曰”那樣的古例，把文獻典籍稱爲“Syo”（書），而不稱爲“Hon“（本）。所以，日本皇家藏書機關把文獻典籍稱之爲“書”，雖然不合日本習慣語文的意思，却内具漢文的典雅之趣。目前“書陵部”内設立有三個課（日本現代公務部門中的“課”，大致與中國政府中的“處”的建制和規模相等）。此即“編修課”、“陵墓課”和“圖書課”。編修課負責皇室起居注和實録；陵墓課負責歷代陵墓調查和管理；圖書課負責皇室公文和圖書典籍文獻的保管和整理，這裏也就是由中國傳入日本皇室的漢籍的保存之所了。

目前，宫内廳書陵部的漢籍收藏中已經公開的部分，依據我的調查，有唐人寫本6種；宋人寫本1種，宋刊本72種；元人寫本5種，元刊本69種；明人寫本30種，明刊本970餘種。另有宋版《一切經》一部凡6263帖，明宫版《道藏經》一部凡4115帖，極爲氣派。此外，尚有朝鮮古刊高麗版漢籍100餘種左右，以及許多自奈良時代到江户時代的日本人的漢籍手寫本，和自“五山版”以來的“和刊本”漢籍。

宫内廳書陵部所藏漢籍的確切的數字，並不完全知曉，因爲其中尚有相當的漢籍還要供當今的天皇及其家族閱讀披覽。目前可以稽核的收藏，主要是由下列各部分組成的：（一），原東山御文庫的舊藏，以及皇室手寫本爲主的歷代禁内的圖書，這些文獻稱之爲“御所本”，目前公開的約有19426册；（二），原桂宫、伏見宫等親王家藏書，其中屬桂宫家本約有9720册，屬伏見宫家本約有1666册；（三），原松岡、毛利德山等江户時代諸大名（即諸侯）家的圖書，其中原屬松岡家本有和書7550部凡12000册，原屬德山家本有漢籍1088部凡20901册，原屬紀伊德川家、家老水野家本有國土書繪卷815册，原屬土佐藩主山内家本有漢籍3763册；（四），原侯爵家、伯爵家、子爵家等公家世襲的圖書，其中有原屬九條家本約爲11889册，原屬幕末攝政關白鷹司家本約爲7069册，原屬伯爵柳原家本約爲3668册，原屬白川家本約爲1128册，原屬壬生家本約爲410册，原屬子爵野宫家本約爲932册，原屬子爵庭天家本約爲1812册，原屬伯爵橋本家本1574册，原屬子爵藤波家本約爲436册，原屬侯爵四條家本約爲73册，原屬子爵高辻家本漢籍949册，原屬子爵土御門家本約爲503册；（五），德川家康楓山官庫的部分收藏，約有2000部凡30000册左右；（六），歷代學者的藏書，如原屬江户時代儒學家新井百石的和書漢籍凡343册，原屬儒學家古賀精里、古賀侗庵、古賀茶溪的漢籍凡14876册，原屬漢學家國分高胤的漢籍凡9712册等。

一般説來，凡圖書文本上鈐有“圖書寮藏本”、“内史局藏本”、“藏人方藏本”、“宫内省藏本”、“宫内省圖書寮藏本”、“宫内廳書陵部藏本”印記者，皆屬於宫内廳書陵部的收藏。宫内廳書陵部收藏的漢籍，雖然並不是每一種都是海内孤本，但大多數宋元刊本，還都具有文物與文獻諸方面的價值。

中國版刻印刷雖然起源於唐代，但成爲大宗生産的印刷物，畢竟是從宋代開始的。一般説來，宋刊本在中國文化史上，無論是在文獻學方面，還是在文物學方面，它所具有的價值，歷來是無可置疑的。宫内廳書陵部作爲中國境外的一個特殊的漢籍藏書機構，所儲宋刊本之宏富，已經顯示出了它在漢籍流佈史上的重要的意義。特别值得注意的是，宫内廳書陵部所蒐儲的宋刊本，許多在中國國内已經逸失，這更顯示出它在文化學術史上價值了。

宫内廳書陵部的漢籍藏書，在文獻學與文物學諸方面都極具價值者，數量甚爲豐富。其範圍也不僅是宋人宋刊，還包括許多宋人之前的著作文稿，其中既有從中國國内傳入的，也有日本歷代的手寫本。像宋刊單疏本《尚書正義》、宋刊興國軍學本《春秋經傳集解》、宋刊本《寒山詩集》、《歐陽文忠公集》、《東坡集》、《太平寰宇記》、《東都事略》等,又如日本平安時代手寫本《文館詞林》、鐮倉時代手寫本《群書治要》等,都是重大的特藏,有待於方家的深入研討,使這一大批深藏於東瀛皇宫内的漢籍,在中國文化史、日本文化史與中日文化關係史、東亞文化史上,焕發其不朽的光芒。

日本宫内廳書陵部是一個儲量極爲豐厚的漢籍寶庫,近二十年來,無論是在它警衛森嚴的時代,或是打出"迎接國際化的時代"而向社會開放以來,每當我步入它的大門,或走出它的玄關,心中總充塞着難以名狀的情感:是一種會見祖輩故人的激動,還是一種難以割捨的親情?是兩個國家、兩個民族文化連接的喜悦,還是一縷惜别的無奈?歸來時,但見大樓外寬闊的走道,湛藍的天空,清醒的空氣,做一個深深的呼吸,神情肅穆,走自己的路。

我最近一次到宫内廳書陵部,是2001年11月。當時,我正在日本文部科學省 National Institute of Japanese Literature 擔任客座教授、我國上海圖書館副館長王世偉教授、中國國家圖書館《文獻》編輯部主任王菡教授應這一研究所的邀請,前來日本訪問。National Institute of Japanese Literature 的企畫調整官岡雅彦(Oka-Masahiko)教授聯繫在宫内廳書陵部的新館内訪書半日,我也參加作陪。多日不見,宫内廳書陵部内的設備已經大大地提陞,讀書之前,先要作兩手消毒,這實在是保護文獻的好事,國内還未有所聞。

儘管已經多次訪問過宫内廳書陵部,但是,初次訪問的各種印象總是縈繞腦中,還有一件似乎與宫内廳書陵部無關的事情,也揮之不去。當筆者第一次從日本皇宫訪書回到京都大學人文科學研究所不久,即收到了我委托書陵部代爲攝製的書影。當我到位於住地附近的銀閣寺道的"京都銀行"去匯寄攝製費用時,銀行的小姐没有要我的匯費,看着我迷茫不解的樣子,小姐莞爾,她説:"本銀行爲學術研究辦理小額匯寄,是不收匯費的。"

附録:正倉院訪藏"國寶"

日本皇室的漢籍收藏,除了宫内廳書陵部外,還應該提到的就是位於關西奈良的正倉院了。對於大多數人來説,正倉院是個充滿魅力却又如謎團般的神聖之處。

正倉院爲日本歷代皇室御物的珍藏之處,八世紀初期始建於奈良。因爲它收藏有大批華夏和西域的珍品,被稱之"絲綢之路的終點"。原來,當時的朝廷爲了收納國家的租税,在一些大寺院和國府中建設了若干倉庫,習慣上把一個大倉庫稱爲一個"正倉"。所以,倉庫興建之初,一時間被稱爲"正倉院"的庫房是很多的。日本天平勝寶八年(756年),當時的光明皇太后爲紀念亡故的丈夫聖武太上天皇,將數百件原聖武天皇珍愛的寶物,敬獻於奈良東大寺"盧舍那佛"(即今東大寺大佛),祈求冥福。東大寺將這些皇家寶物收藏於東大寺最北端的一個倉庫中,被敕封爲"正倉院"的"正倉"。隨着時間的推移,東大寺"正倉"的皇家物品收儲量增大,其他"正倉院"也相繼敗落,"正倉院"便成爲一個固化了的專門指稱皇家御物收藏庫的專有名詞了。

日本歷史上天皇屢次遷移皇都,八世紀末由奈良遷至長岡京,由長岡京遷至京都,十九世紀中期明治天皇駐蹕江户,改稱東京。有趣的是,每一次的遷都,在地理上使得正倉院與皇室朝廷愈來愈遠,但在一千二百餘年間,皇室的寶物却依然儲存在這遠離皇室的倉庫之中。

在日本文化史上,特别在闡述"物質文明"的發展綫索的時候,學者們都會列舉正倉院存物爲证。但是,事實上,古往今來,除了典藏官員外,並没有幾個人能够真正進入正倉院院内觀摩察訪的。我巡訪東大寺有數十回,雖然已經相當的熟悉,但每次都被它散發的强大的宗教氣息所震懾。這一組宏大的寺院體系,建立於八世紀初中期。它是作爲鎮護國家的官寺而確立其宗教性的和政治性的地位的。當年建成不久,天平勝寶六年(754年),我國唐代僧人鑒真在大佛殿前庭設立"戒壇”,對日本聖武太上皇、光明皇太后、孝謙天皇(這是一位女性天皇)等四百四十餘位皇親國戚、朝廷群臣施行“受戒儀式”,爲日本佛教史上輝煌的記録。

正倉院有五個間隔區,就漢籍文獻而論,第一區存隋代寫經 22 卷,唐代寫經 221 卷,宋代版刻 114 卷。此外還有其他之書,如《老子》、《白氏文集》、《論語》等,凡 4960 卷。

二　在國會圖書館訪“國寶”

東京都永田町,一條彌漫着濃烈的日本政客味道的街道!

這裏道路寬廣,建築雄偉。儘管一年四季常開的街花不時地向路人透出沁人肺腑的香氣,但道路兩側鋼筋水泥的建築群中無時無刻不在進行着的令人眼花繚亂的各種政治論争,衝擊着道路沿綫鮮花的芬芳。其中有不少正在進行着的是以日本民族的根本利益爲代價的黑色交易,有時候還夾雜着對東亞和平和國際穩定發出的叫囂,使人在途經這一街區時常常感到莫名的壓抑,有時還感到鄙棄和憎惡。

這裏是日本國會和國會議員辦公室的所在地。

日本國家唯一的國立圖書館“國會圖書館”便在這街道上,它與日本國會隔街相對,同樣爲没有任何外裝飾的巨大的鋼筋水泥建築群。但它與馬路對面的日本國會的内容物却非常的不同,這裏儲藏的是經歷一百餘年收集到的主要是以“書本”爲載體的人類文明與文化的成果。

我從 1985 年開始在這裏閲讀和調查各類文獻,近二十年來,出入數十次。國會圖書館作爲日本國家圖書館,面對日本全國納税國民和合法入境日本的世界各地的人士,入館時填寫一張“入館單”,問你的姓名地址電話之類,無需其他的證件,當然更不收分文的“閲讀費”、“善本費”以及“取書勞務費”、“保管費”等等的錢財。更有趣的是館外的行李保存箱,存入行李的時候需要日圓一百圓方可以啓動,但當你用鑰匙開啓箱子取出行李時,這一百圓錢又會從方才你放錢的小孔中彈出來還給你。這在日本各種國立機構中,幾乎都是一樣的,例如在國立國家公文書館,在我工作過的國立日本國家文學研究資料館,都有這樣的寄存行李的箱子,每一個箱子中都有這樣的把你放入的錢幣返彈給你的裝置。這種裝置是基於這樣的一種觀念,即凡是使用國民納税的税金建設和維持的國家公益機構,對於國民的服務應該是無償的。

日本國會圖書館,是日本在戰後仿照美國國會圖書館而建立起來的一個屬於國家的圖書儲存和閲讀系統。從歷史淵源上説,現在稱之爲“國會圖書館”的這個機構,是從明治維新中建立起來的兩個圖書館合併調整而成立的。原來,在明治維新初期,國家行政系統(即政府)運行中常常需要查閲圖書文獻典籍等,適應這一需要,明治五年(1872 年)由文部省建立了隸屬於它管理的“帝國圖書館”。創立時候的名稱爲“書籍館”,明治八年(1875 年)改名爲“東京書籍館”,明治十三年(1880 年)又改名爲“東京圖書館”,明治二十九年(1896 年)由第九次帝國議會確認其名稱爲“帝國圖書館”,一直沿用到 1945 年日本戰敗。另一個是則在國家立法系統(議會)中,明治二十四年(1891 年)在當時日本“帝國憲法”公佈之後的兩年,依據這一憲法,日本帝國議會由貴族院書記官長金子堅太郎和衆議院書記官長會禰荒助共同提案,請求設立“議會圖書館”。這一提案於明治三十二年(1899 年)通過,在國會中建立了“衆議院圖書館”。

1945 年下半年開始,在盟軍的監督下,日本進行了國家體制的全面的改革,其中也包括了對國家收儲圖書文獻系統的改造。昭和二十二年(1947 年)十二月,駐日盟軍最高司令官和總司令部(GHQ\SCAP)向日本派遣美國圖書館專家,美國國會圖書館副館長 V・W・Kukaxtubu 和美國圖書館協會遠東部部長 C·H ·Buraun 到達日本,就建立和發展屬於日本國家的現代化的國家圖書館的問題教示日本。昭和二十三年(1948 年)二月九日日本國會通過了《國立國會圖書館法》,作爲國家法律第 5 號文件公佈。同年六月五日,在合併戰前上述兩大圖書館的基礎上,正式建立了"日本國會圖書館"。國會任命金森德次郎先生爲首任館長,館址設於赤坂離宫。同年八月一日,盟軍司令部宣佈把依據戰争法規没收的日本戰争財閥三菱財團的"東洋文庫"和"静嘉堂文庫"也一並歸入國會圖書館,建立"日本國會圖書館東洋文庫支部"和"日本國會圖書館静嘉堂文庫支部"。這是日本國會圖書館收藏漢籍最多的時期。

其後,昭和二十四年(1949 年)六月六日通過了《國立國會圖書館法改正案》,後來,在昭和三十年(1955 年)一月八日、平成六年(1995 年)七月一日、平成十一年(1999 年)四月七日、平成十二年(2000 年)四月七日以及平成十四年(2002 年)三月三十一日,又五次對《國立國會圖書館法》進行了改正。

國會圖書館所收藏的漢籍文獻,是以滿足大多數人的使用爲主.所以貴重的文本並不是很多,但也有若干世上罕見的存本。

日本國會圖書館作爲日本全國唯一的國家圖書館,在表達對讀者的"人文關懷"方面,似乎具有示範性意義。此種"人文關懷"的最基本的核心,就是"一切讓讀者方便"。這種"方便"不是使用口號或標語來表示的,也不是依靠諸如舉辦"爲讀者服務月"、"向讀者獻真心"之類的短時間激發的群衆運動來顯示的,而是滲透在讀者入館之後的"生存感覺"之中。我在入口處自動存好書包,便填寫入館單,自我認定自己是合法居住在日本的外國人,不需要出示任何證件,便領到了有編號的閲讀证。在這裏,圖書館和讀者彼此之間的"信用",具有第一位的意義。每一個入口處,都可以自由地領取質地不錯的 A4 尺寸的透明塑料袋,供你放入自帶的文具紙張等,不至於在手裏拿着不方便。進館之後閲讀任何文獻書籍,館方不以任何名目向閲讀者收取任何費用,因爲作爲國家圖書館的全部物質設備和工作人員的工資,都來源於全體納税人。我在日本的大學任職,與日本的教授同工同酬,也照章納税,便取得了在這樣的公共圖書館自由閲讀的權利。讀者可以在全館的任何閲讀室閲讀自己需要閲讀的文獻資料。圖書館還向所有讀者免費提供他們編印的多種《簡報》資料,讀者從中可以獲得許多訊息。在讀者用餐方面,當然不可能有像我在尊經閣文庫那樣的待遇——工作人員替讀者代爲預定飯菜,這當然只是在一種小型文庫纔可以辦到的(參見《在尊經閣文庫訪"國寶"》一節)。國會圖書館雖然不能代爲讀者預定飯食,但在大厦的頂層有明亮的讀者餐廳,供應的時間與全館開閉一致。餐廳中同樣質地的"定食"或"拉麵",比市面上約便宜日圓百圓左右。讀者到餐廳喫飯時,用不着還書,只要放在閲讀桌上即可。我曾經請問過工作先生,他笑笑説:"還没有聽説過因爲讀者用餐而發生書籍丢失的事吧。"館内有一個咖啡廳,色調柔和,便於在閲讀中需要思考的人和需要休息的人在這裏協調自己。使我很高興的是,這裏供應的各種軟飲料,價錢都比外面的便宜。我很喜歡這裏的檸檬蘇打水,經常在這裏喝一杯,能激發思緒聯翩。坐在小椅上,環視咖啡廳四周,氣氛温馨,有時會有一種無奈襲上心頭,想起國内一進公園内,一進機場内,一進車站内,只要一進,因爲你已經無法再脱身,各種供應的價格就變得有點面目猙獰,攪得人肝火虚陞,心情極壞。其實,"爲……服務"的真假虚實,却常常在這些細微末節中顯現本質的。假如我們自己國家的圖書館,也能從本質上體現爲納税人服務的觀念和實施,例如,進館之後,在各種的閲讀中能够體現納税人已經向國家交納了税收的意識,如果也有一處這樣寬闊乾净而不以赢利爲目的的讀者休息室,也許讀者從中體驗到的,絶對不會只是一杯咖啡或蘇打水的味道了。國會圖書館的底層有一間比較寬大的複印室,這裏做出的複製品,用肉眼與原件相比較,常無纖毫之差;那些忙碌的工作人員,真是百問而不厭煩,他們用一種顯然是經過訓練的,雖然是統一的但聽起來却很柔和的音色,用穩定的語調和速率,回答你的任何問題。1999 年 10 月的一天,我在當天閉館前十來分鐘請求他們把膠卷翻印爲 A4 的紙本,總計 152 頁。第二天午後六點鐘,我就收到了國會圖書館寄來的全部的影印件。這種敬業幹練,真令我十分的驚訝。

三　在日本國家公文書館訪"國寶"

日本國家的公文書館第一部,中國學術界至今一直稱之爲"内閣文庫"。它作爲日本國家的圖書館之一,是日本收儲漢籍古本最大的藏書機構,其儲藏量無疑居全日本各公私文庫之冠。

這一文庫是在日本明治維新的第六年(1873 年),以當時的最高行政長官即太政大臣的名義,接管了原江户時代幕府大將軍德川氏家的"楓山官庫"建立的。初時設於東京赤阪離宫内。1884 年(明治十七年)1 月,據太政官第 11 號命令,將各官廳所藏圖書集中於斯,更名爲"太政官文庫",這便是日本當時的中央圖書館。1885 年(明治十八年)12 月,日本實行新的政府組織法,廢除了太政官而創設内閣制度,原"太政官文庫"便也改名爲"内閣文庫"了。1891 年(明治二十四年),内閣文庫將本庫所藏最貴重書籍 30000 餘册移交皇宫,作爲"永世保存"。這樣一來,内閣文庫保藏的漢籍在數量上雖然仍然居全日本之首,但它所收藏的宋元古本就不多了。第二次世界大戰之後不久,内閣文庫兼而作爲國會圖書館的一個支部而運營。

1959 年,日本學術會議(日本最高的學術機關)會長致函内閣總理大臣,爲防止政府公文的失散,並爲一般人的利用創造方便,建議創立"國家公文書館"。經過十數年的調查研究,1971 年 3 月,在日本第六十五屆國會上,經過衆議院與參議院兩院批準,决定設立作爲總理府附屬機關的"國立公文書館"。原"内閣文庫"作爲"公文書館"的第一部合併入"公文書館"之中。至此,在我國學術界知名的"内閣文庫",其正式的大名,實爲"國立公文書館第一部"。(本文爲叙述方便,依照歷史程序,有時仍然使用"内閣文庫"之名。)

公文書館的漢籍藏書,在 1945 年美軍對東京的大轟炸中受到損失。當時,炸彈擊中了文庫的漢籍藏書中的"經部"書。在滅火過程中,消防水龍直接衝擊到"經部"中的"禮部"藏書。損失至鉅。現今收藏的漢籍古本約爲 185000 餘册,其中宋刊本 20 餘種,元刊本 70 餘種,大都爲明刊本,其數大約爲 4700 餘種。我曾將公文書館第一部所藏明刊本與中國國内編輯的《中國善本書目》作過粗略的對勘,僅從書名而言,則大約有 1500 餘種不見於我國 1985 年完成調查編輯的《中國古籍善本書目》(上海古籍出版社出版)的著録。

近十五年間,我曾十數回訪問内閣文庫,追訪停留在這裏的數目至鉅的漢籍文獻。在窗明几净的閲覽室内,盡情地讀書,只是常常嘆息於時間的短促,未能把自己要做的事情做完,留下無盡的遺憾。

公文書館的漢籍特藏,大致可以分爲"楓山官庫"本、"昌平阪學問所"本、"醫學館"本和"釋迦文院"本四大系統。

所謂"楓山官庫",是德川幕府的第一代大將軍德川家康在當時的幕府行轅駐在地江户的富士見亭創設的一個特殊的文庫,它是幕府大將軍的主要的藏書庫。日本慶長二年(1602 年),在經歷了近 400 年内戰之後,德川家康終於以武力確立了對日本政治的控制。這一年,天皇被迫任命德川家康爲"征夷大將軍",行轅駐屯江戸(即今東京),從而開啓了 250 年德川氏家族統治的江戸時代。德川家康於武功之外,尤喜文翰,確立了"武功文治"的基本治國策略。他禮待當時日本宋學大師藤原惺窩、林羅山等人，延請林羅山爲幕府大學頭，立意採用經過這一批日本儒學家闡發過的中國宋學作爲官方的意識形態。他在自己確立對全國行使統治權的當年，即1602年，就在江戶的富士見亭設立文庫，稱爲“富士見亭文庫”。1639年，這個文庫遷徙至江户的紅葉山，故名“紅葉山文庫”，又稱“楓山文庫”（這兩個稱呼在日本語中發音皆爲“Momijiyama”但漢字書寫却不同）。由於是幕府大將軍的書庫，所以又稱爲“楓山官庫”。德川氏探尋古書珍籍，主要是兩種方法，一是征收國内已經有的古本，如原金澤文庫的一部分藏書，便歸入了此庫。現今内閣文庫藏書中，凡有“金澤文庫”印及“稱名寺”印的即是。另有一些是命令各地的藩主進獻的，《德川實紀》“慶長十九年（1614年）七月二十七日”有如下的記載：

> 此日，江户御史成瀨豐後守正武，向江（户）城進《周禮》、《家禮儀節》、《戰國策》、《楚辭》、《淮南子》、《晋書》、《玉海》、《靖節集》、《李白集》、《陸宣公集》、《杜樊川集》、《唐音》、《二程全書》、《朱子大全》、《朱子語録》、《紫陽文集》、《南軒集》、《真西山文集》、《大學衍義》、《東萊博義》、《文山集》、《文章正宗》、《讀杜愚得》、《自警編》、《理學類編》、《牧隱集》、《湖陰集》、《皇華集》、《唐書演義》等三十部。

德川幕府探尋古書珍籍的另一個方法，便是在長崎通過它的“海關”，掌握中國商船載來的新本漢籍。當時，德川幕府在全國實行“封鎖令”，唯留長崎一港，准許中國與荷蘭的商船進出，並在長崎港設立“書物奉行所”，這是對進口書籍進行檢查的專門性機構。“書物奉行所”爲幕府掌握中國刊刻出版典籍的最新消息，並爲幕府採購漢籍。通過這一渠道，德川幕府獲得的明清史籍、政書、文集、醫書、隨筆、戲曲、小説等漢籍，至爲豐富，不乏天下孤本。

我在公文書館中查檢當年德川幕府“楓山官庫”的特藏，有中國“地方志”六百餘種，堪稱富礦。此外，“楓山官庫”對中國小説戲曲文獻的收儲，亦至爲豐富。收藏的明人戲曲，包括雜劇和傳奇，有不少的朱墨套印本，印刷精美，在中國印刷史和文化史上，都是寶貴的實物史料。例如高則誠《琵琶記》二卷四十二齣，陸采《千金記》五卷四十三齣並附薛調《無雙傳》一卷，薛近兖《綉襦記》四卷四十一齣並附白行簡《汧國夫人傳年》一卷，張鳳翼《紅拂記》四卷三十四齣並附《虬髯客傳》一卷，湯顯祖《牡丹亭記》四卷五十齣並《首》一卷，屠隆《曇花記》四卷三十折，徐復祚《紅梨記》四卷三十齣並附張壽卿《梨花雜劇》一卷四齣等，皆係精美之本。此外，另藏明人明刊通俗話本小説三十七種。

楓山官庫極盛時的漢籍藏書，達120000册之多，其中以明刊本最爲宏富。明治年間太政官接管時，實存74500餘册，保存完好。此爲公文書館漢籍特藏的一個重要的源頭。

公文書館漢籍藏書中另一個重要的來源，是江户時代的“昌平坂學問所”。這一系統的藏本是以江户時代初期幕府的漢學巨擘林羅山及其後裔林氏家族十代的舊藏爲基礎，包括了近江西大路（今滋賀縣轄内）藩主市橋長昭藏本、豐後（今大分縣轄内）藩主毛利高標藏本和大阪庶民學者木村孔恭（蒹葭堂）等的藏本。

“昌平坂學問所”是日本明正天皇寬永十年（1630年）幕府的漢學巨擘林羅山在上野忍岡開設的書院内。日本東山天皇元禄三年（1690年）遷址於御茶之水附近的湯島，成爲林氏的家塾。湯島從此成爲日本儒學活動與祭孔的中心地，直至二十世紀中葉日本在第二次世界大戰中被戰敗才告終了（1944年舉行了最後一次祭孔典禮）。日本光格天皇寬政九年（1797年），湯島林氏家塾改爲幕府的官學，稱爲“學問所”。因此，學問所的藏書，首先便是由林羅山開山傳下的經林氏後代數世補益的漢籍。

林羅山，又名林忠、林信勝，字子信，又號三郎、道春等。他是日本漢學史上一位極其重要的學者。他在學術上的最重要的意義，便是把中國儒學文化的作用，在日本思想界從以前漢學家的“修身齊家”的自我修養，擴展到了“治國平天下”的治理國家的程度，從而把原本是日本漢學中的一個流派——朱子學，在意識形態上提高到德川幕府時代官方哲學的地位，林羅山本人便也成爲這一時代日本漢學的象徵。史傳他自幼具有很高的中國文化的修養，十四歲時，便爲《長恨歌》和《琵琶行》作注釋，撰成《歌行露雪》一稿。此手稿本今存内閣文庫。林羅山一生勤奮好學、尚學多能，整理中國典籍文獻50餘種。今内閣文庫所存明弘治十二年(1499年)刊宋人章樵注《古文苑》二十一卷、明萬曆三十五年(1607年)刊宋人洪邁編《萬首唐人絶句》四十卷、明萬曆三十六年(1608年)趙秀堂刊明人李廷機編纂《新刻注釋草堂詩餘評林》六卷等，都有林羅山親筆批點校語。

林羅山的藏書，常用“江雲渭樹”印記。此見於林羅山的第三子林鵝峰《後喪日録》中“明曆三年(1657年)三月二十八日”的記載：

> 入文庫檢藏書，押先考“江雲渭樹”印蝴蝶洞印，分頒贈士林舊交之人并門生，以爲之证也，凡六十部。

林鵝峰在《國史館日録》的“寬文八年(1668年)六月十四日”(曝書之條)中又記載曰：

> 余命賀璋，每書之卷頭押印，尾退勤之。自先考所傳之書，則押“江雲渭樹”印，是偶免丁酉之災者也(此指1657年江户城的大火——筆者)。余所得之書，則用“弘文學士院”之印。

此外，林羅山的舊藏，還有鈐“道春”印記者，又有鈐“讀畊齋”印記者。其中，“道春”是林羅山於後陽成天皇慶長十二年(1607年)“祝髪”時用的道名，此印乃直徑爲2cm的古樸圓印，今内閣文庫藏日人古寫本《棠陰比事》，卷頭鈐有“江雲渭樹”朱文長印與“道春”朱文圓印者即是。所謂“讀畊齋”則是林羅山的齋號，此印高3.6cm，單廓厚重。林家有一件有趣的事，原來林羅山的第四子亦號“讀耕齋”，但只是此“耕”不是那“畊”，二字不能相混。今内閣文庫藏日本元和時代古活字本《施氏七書講義》，有林羅山後水尾天皇元和己未(1619年)夏五月的手識文，卷首有“讀畊齋”朱文長印即是。

林氏家族藏書中包括了林羅山第二代起的歷代子弟的漢籍。其中，有的是繼承祖業，有的是添購增補。如現今公文書館存明萬曆十四年刊本《楚辭》，卷末有林羅山手識文並訓點。其後又有《書楚辭後》一首，詩曰：

> 楚辭一部思忡忡，宋玉之徒慕遺風；
> 可嘆三閭大夫志，忠貞節操傳無窮。

詩後題署“壬午孟春十九日 國子監主 林子恭書”，並鈐有“信言”朱文方印。此林子恭，乃係林羅山的曾孫，本名信言，林氏家塾第五代主持人，故自言“國子監主”。由此可以推知“壬午”即日本寶曆十二年(1762年)。這類漢籍，係林氏祖傳之遺産。

另一類藏書則爲林羅山後裔自行增益的文獻。如現今公文書館所藏明刊本《遁世編》六册，卷

末加紙一葉,墨書文曰:

> 《遁世編》一部六册,舊友卜幽叟所藏也。十餘年前,余與亡弟靖會幽叟於野節宅,時書賈賫來此書,幽求得之。靖披閲之,以爲奇書也。其所着本朝遁世題名本於此。今玆六月十一日,幽手携此書呈余曰:"聞此書未藏文庫,今既老衰喪明,死亦不遠,以是爲遺物,受之則爲幸!"余不能拒其志,置諸座右。七月二十六日,俄幽叟蓋棺。嗚呼,四十六年舊識,不可再見,對此書則猶逢叟而已!

此"題識"後題署"寬文庚戌仲秋 林學士記"。此"林學士"當爲林羅山第三子林鵝峰。原來日本靈元天皇寬文三年(1663 年)十二月,幕府大將軍授林氏家塾"弘文院"稱號,其時,林羅山已歿,故林鵝峰便稱爲"林學士"了。此本《遁世編》六册,爲林羅山舊藏增益之本。現今公文書館漢籍藏本中,常見有"林叙事"、"弘文學士院林爺"等題籤,並用"弘文學士院"印記者,便是屬於這一類的。總之,以林羅山的舊藏爲中心,加上由林氏後裔增補的漢籍,搆成了"林大學頭"家本,它們不僅是當年"昌平坂學問所"藏本的骨幹,而且也是現在公文書館漢籍藏本的主力。

作爲"昌平坂學問所"本的另一個組成部分,是豐後佐伯藩主毛利高標的藏本。毛利高標藏書豐富,又擅長古籍版本的品鑒。日本仁孝天皇文政十一年(1828 年)他的孫子出雲守毛利高翰,將其祖父所珍藏的漢籍 17000 餘種,計凡 27000 册,進獻給江户幕府。江户幕府將其一分爲三,分别儲存於楓山官庫、昌平坂學問所、醫學館三處。這三個機構在明治維新中,皆歸併於内閣文庫,分久而又合一,在日本漢籍史上也算是件好事了。

毛利氏的漢籍藏本中,如宋刊本《廬山記》五卷,保存完好,這大概是宋人陳舜俞《廬山記》最早的全本了。此本已被確認爲"日本重要文化財"。其次,明代版本書最多,其中如《皇明實録》的明人寫本,起自"大明太祖……統天大孝高皇帝",迄於"大明穆宗……純德弘孝莊皇帝",計凡二千二百二十三卷,共五百一册,亦至爲珍貴。另有不少高麗刊本。

在毛利氏獻書之前,日本光格天皇文化五年(1808 年),仁正寺藩主市橋長昭,把自己所藏的漢籍的精本三十種,獻納予昌平坂學問所。仁正寺位於今滋賀縣境内,與京都毗鄰。孝明天皇文久三年(1863 年),天皇改"仁正寺藩"爲"近江西大路藩",佔有今滋賀縣的大津、長浜一帶。在日本江户時代諸藩閥中,市橋長昭研習文籍,廣收文獻,自號"黄雪山人",風雅自持。市橋長昭此次貢獻的三十種漢籍的每一種上,都有他撰寫的《寄藏文廟宋元刻書跋》一篇,以明其獻書的心迹。其文如次:

> 長昭夙從事斯文,經十餘年,圖籍漸多,意方今藏書家不乏於世,而其所儲大抵屬晚近刻書,至宋元槧蓋或罕有焉。長昭獨積年募求,乃今至累數十種。此非獨在我之爲難,而即在西土亦或不易,則長昭之苦心可知矣。然而物聚必散,是理數也,其能保無散委於百年之後乎!孰若舉而獻之廟學,獲藉聖德以永其傳,則長昭之素願也。虔以宋元槧三十種爲獻。是其一也。
>
> 文化五年二月下總守市橋長昭謹志　河三亥書
>
> 自《周易》至《山谷集》十四種一函,自《淮海集》至《國朝名臣事略》十六種一函,右二函。文化五年戊辰五月市橋下總守寄藏。

這一篇贈書宣言，很具文化氣藴，今人讀此也可回味再三。作爲鎮守一方的諸侯，明白"物聚必散"的道理，把私藏的漢籍精品貢獻於世，在當時真是難能可貴，亦屬風雅之舉。市橋長昭所貢獻的這三十部宋元版典籍上，都有他的藏書印記"仁正侯長昭黄雪書屋鑑藏圖書之印"。

我在這裹多説一句，在日本文化史上，自江户時代以來，稱爲"文人"也好，"士人"也好，"知識人"也好，他們有一個習慣，即在年老或謝世之後，本人一生所收儲的圖書，常常捐贈社會，並以個人名姓，命名爲"某某文庫"等，由公衆使用，至當今亦然。

此三十種書，自《周易》至《山谷集》十四種一函，自《淮海集》至《國朝名臣事略》十六種一函。卷中皆鈐有"仁正侯長昭黄雪書屋鑒藏圖書之印"十五字篆書朱文印。現今公文書館存近三十種中的二十三種，如宋刊宋印本《東坡集》，原係中國鄞江衛氏藏書，此本已被確認爲"日本重要文化財"。其餘數種已收藏於宫内廳。

昌平坂學問所舊藏漢籍的第四個源頭，則是大阪學者木村孔恭的特藏。木村氏兼通和漢之學，是江户時代一位著名的漢學家。他以《詩經・蒹葭》之名，定自己的書齋名爲"蒹葭堂"。他曾校點清人鄭亦鄒的《白麓藏書鄭成功傳》，此本又有日本後桃園天皇安永三年（1774 年）的日本刊本（公文書館藏本，書號:290\39），光格天皇文化元年（1804 年），木村氏家屬將他的遺書二千餘册，貢獻於昌平坂學問所。"蒹葭堂"本以明代與清初刊本居多，并且有許多江户時代的手寫本。如"楚辭類"書大體有四種，一爲明古與堂刊朱熹《楚辭集注》，一爲明末刊朱熹《楚辭集注》，一爲明刊張正聲《廣離騷》，一爲日本江户時代的手寫本吴仁杰《離騷草木疏》，其它大致如此。

公文書館的漢籍，其它尚有"醫學館"本和"釋迦文院"本。

所謂"醫學館"，原先稱爲"躋壽館"，它是幕府醫官多紀氏家族的私塾，後來成爲了幕府的醫學館。該館的藏書，是多紀氏家族歷代收集和校訂的漢籍古醫書，保存至今的如宋人劉昉著的《幼幼新書》的宋刊本，這是關於小兒科的極珍貴的文獻。多紀氏十分注重收集中國醫學新刊，如明代熊氏種德堂所刊的醫書，多紀氏收集就有以下六種：

明成化三年刊本《新刊名方類证醫書大全》二十四卷並附《醫學源流》一卷；
明成化十年刊本《黄帝内經素問》十二卷；
明成化十年刊本《新刊黄帝素問靈樞集注》十二卷；
明成化十年刊本《新刊素問入式運氣論奥》三卷；
明嘉靖三十九年刊本《注解傷寒論》十卷；
明萬曆年間刊本《針灸大成》四卷。

現今公文書館保存原"醫學館"本漢籍醫典有"醫經"三十三種，"經脈"六種，"藏象"一種，"診法"二十一種，"運氣"一種，"方論"三百三十四種，合計凡四百五十七種。其中"方論"佔絶大多數，因爲它們最具實用價值。醫學館、楓山官庫的醫書合在一起，搆成了日本保藏中國明清醫學典籍的最大的寶庫。

至於"釋迦文院"本，則是日本明治十九年（1886 年）由内閣文庫購入的原高野山釋迦文院舊藏的漢籍，共有 8700 餘册，幾乎都是明末刊本，大部分是江户時代直接從中國輸入，經由日本的長崎港上陸的文獻。這批文獻在移入内閣文庫之前，在日本本土絶少經他人之手，書卷幾乎没有日人的批點和其它形式的改裝的痕迹。

十數年來，我在公文書館的讀書中，當以宋元刊本爲調查之首，又常見不少本子上有明清人的題識,亦隨手記録,以便日後參考。

公文書館特藏的漢籍,其中的宋元古版多已移入宫中,目前留存的古本中,有宋人宋刊本九種已被認定爲"日本重要文化財",至爲貴重。

四　在東京國立博物館訪"國寶"

在東京都東北側的上野地區,有一座美麗的"上野公園"。在寸土寸金的東京都,這裏緑樹伸展,林蔭覆蓋,形成獨特的自然景觀。生活在喧囂的都市中的人們,常常到這裏作些近距離的呼吸調整。特别到春日櫻花盛開的日子,更是携兒扶老,呼朋唤友,整日價在櫻花樹下席地圈坐,享受大自然對日本民族特别的恩賜,盡情地表達他們獨特的美感意識。中國人對於"上野公園"的認識,更由於魯迅先生的散文而增添了又一份别樣的情感。

沿着上野公園的周側,有着一棟棟各具風格的大小建築,成爲日本藝術展覽的薈萃之地,其中位於東側,靠近"鶯谷"的宏大建築群,則是聞名世界的日本"東京國立博物館"。這是一座收儲着衆多藝術珍品的藝術的寶庫,其中也有着數量巨大的中國文獻典籍和藝術珍品。

"東京國立博物館"的由來,要從日本明治維新説起。

1872 年,日本文部省(與我國教育部職責類似)博物局在東京神田"聖堂"大成殿舉行博覽會。其後,展覽品每月向公衆開放,形成"博物館"的雛形。1881 年,日本内閣決定建設相對固定的博覽會展覽場所,於是便邀請著名的英國工程師 Josiah Conder 設計博物館建築,在上野公園内動工。博物館於 1882 年建成。1886 年,這個設立在上野公園内的博物館劃歸宫内省(内閣中設立的直屬官房長官的專事管理皇家事務的部)管理,這是因爲博物館的收儲物品中兼及不少皇室藏品。1889 年,命名爲"帝國博物館"。到了 1900 年,這個"帝國博物館"干脆改名爲"東京帝室博物館"。當時的藏品分爲歷史部、美術部、工藝部和自然部四個部門。

1923 年,東京大地震,博物館的主樓遭到了嚴重的破壞。地震之後的修葺復興,一直進行了將近十五年的時間,到 1938 年,大地震後的修葺工程才算全部完成,重新建造的以"本館"爲中心的堪稱是巍峨的建築群一直保留到現在。

在修建的過程中,博物館把原來的"自然部"所收藏的物品和展品全部移交給了東京博物館(即現在的日本國立科學博物館)和其他機關。這樣,"帝室博物館"便成爲了專門收藏歷史文物和美術工藝品的機構。戰後日本國家實行了全面的機構體制改造,1947 年,遵循日本公務機關的全面改革,"東京帝室博物館"更名爲"國立博物館",其管轄權經過六十年一個甲子的輪回,由宫内省又重新劃歸到文部省。1950 年,依據國會製訂的"文化財保護法","國立博物館"歸屬國家文化財審議委員會管轄。1952 年,"國立博物館"再次更名,定名爲"東京國立博物館",一直沿用至今。1968 年日本國家文化財審議委員會改組爲内閣文化廳,日本著名的三大國家博物館,即"東京國立博物館"、"京都國立博物館"和"奈良國立博物館"皆劃歸其管轄。到 1984 年,東京國立博物館内已經陸續增設了"法隆寺寶物館"、"東洋館"和"資料館",1999 年又增添了"平成館"。從而大大地擴大了業務範圍。

二十一世紀之初,日本又面臨着新一輪的國家行政體制改革風潮。東京國立博物館"與日本其他一些"國有"機構一樣,遵循世界大多數國家的運行規則,從純粹的"國家事業機構"改組成爲了獨立行政法人單位。

從東京國立博物館出來,走過寬闊的廣場,就步入了美麗的上野公園。原先設計者的意圖,是把公園與博物館互相連接,渾然爲文明的景致。近十年來,這種文明的景致中出現了愈來愈多的不和諧的成分。在上野公園的緑樹掩映之中,人們可以窺見其中散佈着點點的塑料帳篷,一些流浪者出没其間。近幾年來帳篷幾乎已經連接成爲"居住小區"了,佔據了大部分的樹叢空地。流浪者們用呆滯的,又帶些絶望的,或嫉妒的眼神,注視着過往的行人。他們把空殼的飲料瓶罐,隨意扔在草坪上,他們赤身在公園爲遊人準備的水龍旁擦洗身體……1994 年間,我的太太到上野公園,總是盛贊這裏的自然與人工混成的景色,留連忘返;2001 年和 2002 年,我們又居住在東京,她又陪我訪問國立東京博物館,特意建議穿行上野公園,可第一次就被公園中隨意卧躺的流浪者和他們的目光所嚇退。據説,這些流浪在美麗的上野公園中的無家可歸者們,他們中有破産的企業主實行的自我流放,有家庭破裂者的自我出走,有長期失業者的飄無居所,有懶怠於付出體力養活自己的寄生者……總之,他們是日本現代文明中的另一個類型,他們就生活在東京國立博物館這座展示日本民族與世界文明進程的紀念館的身旁,他們好像也要向世人展示:日本的歷史和現實就在我們這裏。

我站在上野公園寬闊的噴水池邊,在寬闊的天空底下,我注視着東京博物館這雄偉的建築,其中珍藏着我們民族不朽的瑰寶;我側眼看着離我咫尺之遥坐躺在公園凳子上的百無聊賴的流浪者們,想到他們毫無生路的暗淡日子。我的心中真是無奈!

五　在東洋文庫訪"國寶"

東洋文庫在日本學術界被稱之爲亞洲文獻的寶庫,實際上是一個把中國與中國文化作爲主要對象的專門性的圖書館兼研究所,創建於 1924 年。

東洋文庫的原有者是中國北洋軍閥政府的英國顧問莫里遜(George Ernest Morison 1862—1920 年),此人於 1897 年以倫敦《泰晤士報》通訊員身份來華,到 1917 年的二十年間,在中國收集圖書文獻二萬四千餘册,地圖畫卷一千餘份。這些文獻主要是以英文、法文、德文、意大利文、俄文、日文、西班牙文、葡萄牙文、瑞典文、波蘭文、匈牙利文、希臘文和芬蘭文等十幾種語文撰寫的有關中國、西伯利亞及南洋各國的論著。這些論著涉及政治、外交、法制、經濟、軍事、歷史、考古、藝術、地理、地質、動物等許多的領域,有許多的珍版善本,如馬可·波羅的《東方聞見録》,東洋文庫保存有十五世紀的 14 種刊本。這些文獻中有大量的極爲重要的中國近代史資料,如中國海關自建立以來的"季報"、"年報"、"十年報",美國政府的"遠東外事匯報",英國政府關於中國問題的"藍皮書",歐洲各國政府駐華大使館的"報告"等等。另外有五百餘册中國語辭書,大都是在華的傳教士們在十七——十九世紀時代編纂的中國地方方言與歐洲語言對譯的各種"手册"。此外還有百十種五千餘册定期刊物,這些刊物是關於中國及東亞的專門性雜誌,以及歐洲各國的亞細亞協會、東洋學會的會報、論叢之類。

上述資料最早藏於中國北京東交民巷。1900 年義和團起事時莫里遜把它們轉移至肅親王府,以後,莫里遜本人在現在的王府井大街租賃新居,這批資料又遷至該處。大約在 1916 年前後,莫里遜私下進行出賣這批文獻的交易,曾與美國的耶魯大學、加利福尼亞大學、荷蘭公使館等洽商。當時,中國學術界曾竭力主張將這批文獻留存在國内,却又無能爲力。這一消息爲日本横濱正金銀行總裁井上準之助(Inoue-Jyunnosuke 1869—1932 年)所知。此人後來於 1919 年出任日本銀行總裁,1923 年出任山本權兵衛(yamamoto-Gonbee 1852—1933 年)内閣的大藏大臣,1929 年出任浜口内閣大藏大臣,1932 年被右派組織血盟團暗殺。他與當時日本三菱財閥的巨頭岩崎久彌(Iwasaki-Hisaya 1863—1955 年)相協商。1917 年夏天,他們委派正金銀行的董事小田切萬壽之助(Otaki-Masunosuke 1868—1934 年。此人 1902 年曾經擔任日本國駐上海總領事）爲代表，携帶著名的東洋史學家石田干之助博士（Ishida-Mikinosuke 1891—1974 年）等來華，與莫里遜反復磋商，同年 8 月 29 日終於以 35000 英磅成交，北洋政府竟然同意這些極爲珍貴的文獻於當年秋天從我國天津塘沽出港。以後，這批典籍遂被蒐藏於日本深川岩崎久彌的别墅中。

岩崎久彌以這批從中國來的文獻爲基礎，撥款三百五十五萬日元作爲基金，聘請日本當時著名的建築設計家櫻井小太郎博士（ Sakurai-Kotarou 1870—1953 年）設計督造書庫，於 1924 年 11 月竣工，正式建立“東洋文庫”。由井上準之助首任代理理事長。

事實上東洋文庫創建之初，除圖書部收儲文獻典籍外，由當時東京帝國大學教授、著名的東洋學家白鳥庫吉（1865—1942 年）建立了研究部系統，這是它與日本其它文庫最大的不同之點，也是以後東洋文庫在日本學術界享有盛名的一個重要的原因。

研究部以“東洋”爲其研究的對象，中心議題則是關於中國的歷史社會文化的研討。戰後美國資本滲入日本學術界。1953 年，洛克菲勒基金會首次撥款給東洋文庫，在研究部中建立了“中國近代史研究委員會”。六十年代，美國亞洲基金會和福特基金會共向東洋文庫撥款 327000 美圓，當時折合爲 11750000 日圓，這在當時是一筆巨額投資，計劃把東洋文庫變成美國在日本的“中國研究中心”。這一規劃在日本知識界引起了很大的衝突和争鬥。當時，有相當多的人文學者要求東洋文庫拒絶接受這樣的“美援”，以捍衛日本學術的獨立和尊嚴。這場持續多年的争辯，其實是當時六十年代日本國民進行的反對“日美安保條約”，争取日本民族獨立自主的社會鬥争的一個側面。今天學術界的許多人恐怕難以想象當年日本社會發生和存在過的這樣一場廣泛的群衆運動。後來，争辯雙方達成了“妥協”的方案，即東洋文庫不以這筆“美援”直接投入文庫研究部的運行，而是委派日本自己的學者，利用這些美國資金，前往歐洲，主要是到葡萄牙、西班牙等南歐各國，攝製由早期的在中國的傳教士們帶歸的而日本缺逸的相關的文獻典籍，供日後研究之用。現今東洋文庫所收藏的數量豐富的關於中國的地方志資料，關於十五世紀以來的中國的經濟史材料，例如地契、賣身契、典當行票等等的原始憑证，正是使用這筆資金獲得的成果。

1974 年我第一次訪問日本的時候，曾經向邀請方日本國立京都大學人文科學研究所提出想看看“東洋文庫”，接待我們的井上清（Inoue-Kiyoshi）教授很爲難地説：“這是一個爲美圓所控制的機構，不去也罷了。”十年後的 1985 年，我當時正在京都大學人文科學研究所日本學部擔任客座教授。當時，井上清教授的一位摯友，也是京都大學的教授先生，到我的寓所聊天，我從冰櫃中拿出一瓶可口可樂給他，他正色地問我：“先生喜歡喝這個？”我説：“一般説來並不喜歡，只是你來了，没有什麽飲料，才請你喝這個。”他説：“這個東西是美國人用來腐蝕我們亞洲人的，它的毒素是從精神到肉體的，我喜歡喝茶，這是最舒服的。”於是我們便改用飲茶。談話間説到東洋文庫，他又對我説“那裏的關於中國的地方志的資料相當齊全，先生可以充分地利用。我本人不去那個地方，從來不去的。過去我反對過他們接受美援。美國人出錢參加研究是可以的，但是不能指使我們爲他們的利益服務。東洋文庫後來變相地接受了美援，所以我不去那個地方的。我假如需要他們收藏的材料，我會直接向他們拍攝原件的國家申請。”至今想起他的話，我仍然十分地感慨。我想現今的人們，一定會覺得這位先生十分的迂腐，甚至不可理解。但是，我的内心，至今一直對日本學術界中執著於這樣的信念、堅持着這樣的理想的各位同仁，懷抱十分敬重的心情的。也許正是這位教授提出的這樣的警示性的作用，自從 1985 年的談話以來，近二十年來，我和我的家人是從來也不喝可口可樂的，看到它，我就想到“它的毒素是從……”。

東洋文庫的研究系統設立有五個部十數個研究委員會。大致配置如下：

第一部　中國研究部

東亞考古委員會:整理與研究有關中國、朝鮮等東亞考古資料。

古代史研究委員會:通過對中國上古文獻和金文的解讀,從事上古歷史、語言和文獻的綜合研究。

敦煌文獻研究委員會:關於敦煌材料的收集、整理和研究,匯編材料,提供學術動向,專題研究。

宋代史研究委員會:編纂、審定和出版關於宋代史的資料、目録和索引,並出版《宋代研究文獻速報》等。

明代史研究委員會:調查和收集明代的各種契約文書,並給予解讀和專題研究。

近代史研究委員會:對近代中國進行政治外交和社會經濟諸領域的專題的和綜合的研究。

第二部　日本研究部

考察世界各國(歐美和亞洲)近代化的進程,并且和日本的近代化過程進行比較研究。

第三部　東北亞研究部

滿洲蒙古研究委員會:把對中國北方和東北地區的民族和社會經濟歷史的研究,從"中國研究部"中獨立出來,把它們單獨列入"東北亞研究"中,這是切割"中國學"的整體含義,繼續日本在戰前和戰争中的所謂的"滿洲學"和"蒙古學"觀念的表現。八十年代以來,這一觀念不僅没有得到糾正,而且中國國内知識界有些人士,或者是因爲無知,或者是因爲私慾(我不願意從民族的和國家的價值觀上評判他們),對於腐朽的"滿洲學"和"蒙古學"也在那裏推波助瀾,使人深感痛心。

朝鮮研究委員會:調查與收集關於朝鮮的民政資料、地方志等,進行朝鮮民族歷史形態的研究。

第四部　中亞伊斯蘭西藏研究部

中亞伊斯蘭研究委員會:研究中亞西亞歷史與伊斯蘭民族、宗教的諸種關係,調查相關的資料,編纂工具書等。九十年代以來,該委員會加强了對中國的回民和他們的伊斯蘭教信仰的調查和研究。自 2001 年以來,更與中國國内的某些研究者合作,有計劃地對我國新疆、雲南、四川等地區和北京的回民的狀態、情緒動向和他們的伊斯蘭教信仰的進行定點的調查,在此基礎上組織多種研究和國際性的研討會。

西藏研究委員會:該委員會自稱它擁有世界上空前規模的西藏語文獻,發行"西藏學"書籍,運用計算機進行西藏語處理等等。但是,把對中國西藏的研究,從"中國研究部"中切割出來,與"中亞伊斯蘭"合爲一部,并且與"中國學"並行,建立所謂的"西藏學",表現了東洋文庫某些決策人在學術上的荒謬和政治上的别有用心。這個委員會的研究,一直得到文庫之外的資金的支持。

第五部　印度東南亞研究部

南方史研究委員會:從事南亞印度資料的收集、交流和研究。

六　在足利學校遺迹圖書館校訪"國寶"

我國人文學界關於日本"足利學校"的記載並不很多,對於這座中世紀時代的建築中儲藏着我國典籍的"國寶",更是知者甚少。明代以來,大約只有兩個文獻中提到了日本這一漢籍藏書處。一是明人鄭舜功(不是鄭成功)於嘉靖三十四年(1555 年)奉浙江總督楊宜之命,爲倭寇之事東渡日本,著有《日本一鑒》。該書卷四記曰:"中國書籍流彼多珍藏山城,大和下野文庫及相模金澤文庫,以爲聚書之淵藪。"文中的"下野文庫",推考即指足利學校。二是當年編纂《四庫全書》時,其"經部・五經總義類"中著録了一部《七經孟子考文補遺》,其識文稱:"原本題西條掌書記山井鼎撰，東都講官物觀校勘。……二人皆不知何許人也。驗其版式紙色，蓋日本國所刊。”又説：“前有凡例，稱其國足利學校有宋版《五經正義》一通，又有古文《周易》三通、《略例》一通，……又有足利本《禮記》一通”等等。《四庫》的編纂者一方面對《七經孟子考文補遺》中大量徵引的中國經典與古本相合感到震驚，一方面對它的時代性又有些懷疑，儘管如此，編纂者還是認定，由“足利學校”所提供的這些中國經典所作成的“七經孟子考文”，在校勘學上“是亦足釋千古之疑也”。

這裏所説的足利學校是日本歷史上時代極爲悠久的一所“漢學學校”，位於東京都北部的栃木縣，地處足尾山地的南端，其北側則是著名的日光風景區。關於足利學校的最初的發端傳説不一。一説緣起於奈良時代（701—794 年）的“國學”。所謂“國學”，則是依據“律令”在每一個“國”設立的以郡司的子弟爲主要的對象進行儒學教育的學校①；一説此學校爲平安時代（794—1185 年）著名的漢學家小野篁（Ono-no-Takamura）所創立②；一説此爲鐮倉時代（1192—1330 年）關東藩閥上杉氏家所建立。但是不管怎麽説，足利學校在學界的隆盛則是始於十五世紀上半葉。當時的將軍上杉憲實（Kamisugi-1409—1466 年）也稱藤原憲實（Fujiwara-）出任關東總管，他於 1439 年（日本永享十一年）聘請鐮倉圓覺寺僧人快元爲學校庠主（校長），撥田賜書，重建足利學校，於今已經五百餘年了。據説當年極盛時，來自日本各地的莘莘學子，曾達三千餘人，其中主要的是武士和僧人。他們在這裏研讀《五經》、《四書》、《老子》、《列子》、《史記》、《文選》及“三注”——《千字文集注》、《古注蒙求》、《胡增詩注》等，以後還增加了“醫書”等的學習。

上杉（藤原）憲實在學校中建立了“庠主制度”，即確立了整個學校的教育由庠主負責，並允許庠主本人對學生進行個別的教育（此即學問的秘傳）。此種建制類似於中國的“書院制度”，一直到近代學校出現之前，這種建制對日本的教育事業貢獻甚大。

今遺迹舊址，過“入德”（大門）、“學校”（中門）、“杏壇”（内門），尚有一座莊嚴的聖廟大成殿。大成殿的原本建築已經失火燒燬，現在的殿宇重建於靈元天皇寬文八年（1668 年）。大殿正面五間，側面六間，四周有庇蔭，稱爲“棠階”。廟殿中央正面有木雕孔子坐像一尊，右側安置着平安時期嵯峨天皇時代的“學聖”小野篁（Ono-no-Takamura）。當年的學子們就在這座聖殿裏舉行極其神

---

① 這裏説的“國學”的“國”，是“地區”的概念，所謂“國學”，就是“地區學校”的意思，它與江户時代中期日本知識界形成的與“漢學”相對峙的“國學”，是完全不同的兩個學術範疇。

依據七、八世紀時代律令的規定，作爲全國地方行政區劃的“國”，每國必須設立一所學校，從本地區或鄰近地區聘請“國博士”和“國醫博士”各一人作爲教師。依據“國”的人口多少（大、上、中、下四等級），確定“國學生”招的數量，分别爲 50 人、40 人、30 人、20 人，“國醫學生”的招生分别爲 10 人、8 人、6 人、4 人。學生的實際來源大部分是地方郡司的子弟。九世紀以後，由於缺少“國博士”擔任教官，有許多“非業博士”混雜其間，作爲地方學校的“國學”便日見衰落。

江户時代的“國學”，指的是在“漢學”向日本社會各個階層的滲透日漸深化的進程中，一部分江户時代的知識人，以日本古文獻《古事記》和《萬葉集》爲基本文本，提倡研究“日本精神的學問”，在與“漢學”的抗争中，提昇“民族自覺意識”。但是，在這個時代出現的所謂“國學家”，無一例外都具備相當深厚的漢文化教養，這是日本“前近代”文化史上的重大特徵。

在日本語中，“國學”一詞，無論是指稱前者還是後者，都讀若“こくがく（kokugaku）”。有人爲了防止混淆，便把作爲地方學校的“國學”讀若“くにがっこう（kunigakkou）”。

② 小野篁（802—852 年），日本平安時代初期著名的學者、漢文學家。嵯峨天皇的近臣。曾經被委任爲“遣唐使團”的副使，却拒絶出行，而被流放隱岐。漢文文學作品收録於《經國集》，和文文學作品收録於《古今和歌集》中。

聖的祭孔大典，同時受祭的還有顔子、曾子、子思子和孟子。庭院中松柏成行，銀杏参天，有“降字松”一棵，高十餘丈，此係第七代庠主上杉九華所命名，以表示讀破漢字書卷的意思。

大約在十九世紀的初期，足利學校改建爲“足利藩學求道館”，成爲江户時代末期遍佈各地的“藩學”之一。明治時代初期在維新的浪潮中，一度出現了歷史古籍被任意抛擲在街頭的極端場面。1872 年（明治五年）“足利學校”終於被廢止而改建爲“市民會館”。但自 1890 年明治天皇發佈《教育敕語》之後，皇權强化了利用傳統爲其服務的機能，足利學校也成爲日本“國家主義者”和“民族主義者”乃至“軍國主義分子”的活動場所。明治三十九年（1906 年）十二月，日本現役軍人的高層在這裏舉行集會，以向中國孔子致意的形式，誓言奪取日俄戰争的最後勝利，並推進日本在滿洲（中國東北地區）的利益。當時的日本陸軍元帥兼海軍大將伊東佑亨（Itou-yuukou ）的手迹碑，至今依然竪立在庭院中，保存完好，題署“明治三十九年十二月二十三日”。同一天集合在足利學校並竪立紀念碑的，還有日本海軍大將、不久陞任海軍元帥的東鄉平八郎（Togou-Heihachirou）以及由他們率領的一批日本陸海軍將級軍官①。我徘徊在這些碑前，仰望廟殿中央的孔子坐像，真是唏嘘不已！貪得無厭的欲望，變異的思想，在時代的衝突中，歷史竟然讓一位中國的思想家在異國的土地上變成了一具進攻他自己祖國的政治玩偶！

1998 年 7 月上旬，我重返足利學校拜訪，恰逢早稻田大學文學部教授村山吉廣（Murayama-Yoshihiro）先生在足利學校舉辦的“夏季學術講座”上開講《論語》，爲時三日。但見寬大的講堂中，端坐着五十餘位聽衆，年齡從二十餘歲到七十餘歲皆有，以五十歲以上者居多。人人正襟危坐，挺胸提氣，目不斜視。先生以日語講釋文章内容，以漢語領大家誦讀，一人吟之，衆人和之，朗朗之聲，發震屋宇。我旁聽了約四十分鐘，内心深爲之動。回想五百年前的足利學校，講學的氣勢可能就是如此非凡。

上杉憲實本人極好書籍，廣收古本，用“松竹清風”藏書印。他的藏書幾乎全部捐贈給了足利學校，如宋刊本《周易注疏》、《尚書正義》、《春秋左氏傳注疏》等。根據他的遺囑，其後，上杉氏三代皆向足利學校捐贈圖書，如宋嘉祐刊本《唐書》等皆是。足利學校藏書的第二個來源，則是室町時代僧人們的捐贈，如宋巾箱本《周禮》、日本應安五年（1372 年）手寫本《周易傳》等皆是。它的第三個來源是歷代庠主的私人藏書，如宋明州刊《六家文選》、宋江公亮《春秋經傳集解》等皆是。此外，尚有德川家康的捐贈本，如明正德年間慎獨齋刊本《史記索隱》、明嘉靖年間刊本《律吕解注》、《唐詩正聲》等，不一而足。

上杉憲實在世時，於足利學校藏書管理極嚴。永享十一年（1439 年）閏正月初他親自立下圖書規則五條——《足利學校置五經疏本條目》。此《條目》頗有意味，其文如下：

▲收蓄時固其扃鐍縢，勿浪與人。若有志批閲者，就舍内看一册可，輒送還，不許將携出閫外。

---

① 伊東佑亨（Itou-yuukou 1843—1914 年），薩摩藩士。日本陸軍元帥，海軍大將。中日甲午戰争時期，任日本聯合艦隊司令官，在黄海戰役中，直接指揮日本海軍進擊我國威海衛。日俄戰争中任大本營參謀長。爵封侯爵。

東鄉平八郎（Togou-Heihachirou 1847—1934 年），與伊東佑亨同爲薩摩藩士出身。日本海軍大將，元帥。中日甲午戰争期間，任日本戰艦“浪速號”艦長，在黄海海域豐島衝擊沉我清朝海軍“高昇號”，打響了近代史上日本軍隊侵略中國的第一仗。1905 年 5 月在日本海海域的對馬冲，作爲日本聯合艦隊司令，指揮擊跨俄羅斯海軍艦隊，確立了日本在日俄戰争中的勝利。後任日本軍令部部長，東宫御學問所總裁。爵封侯爵。

▲主事者臨進退時，預先將交割，與新舊人相對僉，定每部卷數，而後可交代。

▲借讀者勿以丹墨妄句投雜揉，勿令紙背生毛，勿觸寒具手。

▲至夏月梅潤，則令湖櫃不蒸（原文如此）；至風凉，則令曝不瓦；至漏時，則令不濕腐；至冬月，則嚴大禁，早設其備。

▲或質於庫，或鬻於市肆，或爲穿窬所獲，罪莫大焉！罪莫大焉！

除此規則之外，不少書卷上都有上杉憲實親筆墨書“足利學校公用也，此書不許出校門外”等等，亦可見其用心之良苦。筆者十五年間五次訪問足利學校，目睹漢籍珍本，流連忘返，感慨繫之。

足利學校收藏有如此貴重的中華文獻典籍，在長久的歲月中幾乎無人知曉。當年江户時代的儒學家山井鼎在編撰《七經孟子考文》時，他把這些藏本作爲校本而加以徵引，成就了他在漢籍校勘學上的重大貢獻，清人阮元又據山井鼎氏《考文》而校《十三經注疏》。這些典籍，原先都是中土之瑰寶，現今則復藏之於東瀛足利，它們在漫長的東亞文化關係史上，作爲中國文化的主要的載體，向日本列島傳達了中華文化。至今，它仍然安静地生存於東京都北部栃木縣足尾山地的南端，日復一日，年復一年，以它無比的養分，滋潤着這一方土地。

七　在金澤文庫訪“國寶”

在日本作爲中世紀時代創建的漢籍收藏機構中，可以與足利學校相提並稱的，要算是金澤文庫了。所有現存的“金澤本”漢籍，全都可以歸屬善本類，其中最多的是屬於宫内廳的“御物”，此外，有的被確定爲“日本國寶”，有的則被確定爲“日本重要文化財”。

自 1985 年以來，我有機會六次訪問了金澤文庫，最近的一次，則是在 1998 年的 7 月與張哲俊博士同往。日本稱之爲“金澤”的地名甚多，東西皆有。此處説的“金澤文庫”，則位於東京都之南端神奈川縣的横濱市内。如果從東京出發，則在東京的品川乘坐“京濱特快”，過横濱車站，在“金澤文庫站”下車，轉乘第 13 號公共汽車，十分鐘後在“稱名寺站”下車即是。文庫北臨東京灣，西南衬日向、稻荷、金澤三山，景色旖麗。

金澤文庫原是日本中世紀時代武家北條氏政權的文教設施，創建的確切年代已經不可考知。十三世紀北條氏二代執政北條義時的第五子北條實泰，受封爲武藏國六浦莊領主（今横濱市金澤區轄内），在此地建立居館。1258 年（日本正泰二年），北條實泰的獨生子北條實時在六浦莊内建立“稱名寺”，並以僧人妙性房審海爲開山，他與元代赴日本的名僧一山一寧交誼厚篤。北條實時本人在稱名寺中行傳法灌頂儀式，出家爲僧。1275 年（日本建治元年），北條實時從鎌倉遷居六浦莊，並在稱名寺内建立一個“文庫”，收儲他所藏的日漢文獻，這可能便是“金澤文庫”的起始。如是，金澤文庫的建立，比足利學校大約要早上二百年左右。

北條實時在青年時代曾經師事儒學家清原教隆，學習《春秋經傳集解》與《群書治要》等經籍，對於學問和政道，均甚關注。當時，金澤文庫所藏的漢籍，分爲“儒書”與“佛典”兩大部類，皆鈐“金澤文庫”印記。不過，印記的顏色則以朱墨加以區别——儒學著作爲墨色“金澤文庫”印，按《千字文》次序分類排列；佛學著作爲紅色“金澤文庫”印，各宗按經論章疏排列。今存“金澤文庫本”中，尚可見“武藏國倉城郡六浦莊内金澤村　越後守平實時堂廊”等題識，乃係當時所收藏者。

金澤文庫藏書的功能，與足利學校的藏本不相同，它並不“公用”。金澤文庫是中世紀武家的私人文庫，僅供當時北條氏一門及稱名寺僧人所利用，所以，一般的僧俗人士亦難窺其底藴。十五世紀時五山僧人萬里集九，曾於1486年遊學金澤文庫。他在《梅花無盡藏》中記其事曰："文明十八年二月有七己亥，槃桓瀬户六浦之濱。遺廟之前掛昔時諸老所作之詩板，邊旁點劃不泯，如新鎸也。漸進入稱名律寺間，西湖梅以未開放爲遺恨矣。珠簾、猫兒、支竺、群書之目録、稱名寺水晶、唐猫兒之孫，一大時教及群書，蓋先代儲焉。無介者而不能觸目。對案書卷，遂不揚面。吁，律縛之傳，但守法而已云云。"此文中的"文明十八年"，即公元1486年。萬里集九這一趟金澤之游看來比較掃興，因爲没有介紹人或介紹信，所以"對案書卷，遂不揚面"，心情甚爲無奈。但由此也説明，在金澤文庫建立的百餘年後，於管理上仍然秉承舊規，制度是相當的嚴格。

其實，當萬里集九遊學金澤文庫之前，鐮倉幕府已在1333年（日本弘元三年）崩潰，北條氏勢力已經消退，金澤文庫已經移交稱名寺的住持管理。十五世紀初，上杉憲實出任關東管領，他不但重振了足利學校，而且也傾力於金澤文庫的經營。在上杉氏管理期間，金澤文庫曾一度改名爲"金澤學校"，這大約是爲了與"足利學校"齊平之故。

日本《古藝餘香》第六册著録有當時金澤文庫所藏之書行款格式：

《絶海和尚初主甲州府干德山惠林寺語録》三册，左右雙邊。半板長七寸，巾（幅）四寸九分。十行二十字。

有永樂元年道聯之序、永樂二年心泰之跋。

藏典印，單格，朱文篆字。

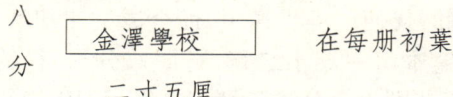

八分　［金澤學校］　在每册初葉

二寸五厘

筆者曾在東京前田育德會尊經閣文庫（江户時代加賀藩主前田綱紀等遺存）中閲讀南宋刊本《世説新語》。此本正文首葉第一行在"世説新語上"之下，有"金澤文庫"墨印，而邊框右側上方，則鈐有"金澤學校"印記一枚，此二印皆清晰可讀。此可確证"金澤學校"就是"金澤文庫"了。

據此，金澤文庫則經歷了北條氏、稱名寺住持和上杉憲實等三個經營時期。所以，今日若要論説"金澤文庫本"的概念，實際上應該包括下列諸種的收藏：

第一，鈐有"金澤文庫"印記的所有典籍；

第二，北條氏一系（由北條實時起，包括其子孫北條顯時、北條貞顯等）的手識文本及手寫本；

第三，鈐有"稱名寺"印記的典籍；

第四，稱名寺開山妙性房審海以及其後歷代住持的手識文本和手寫本；

第五，鈐有"金澤學校"印記的典籍；

第六，有證據出自十三世紀至十六世紀稱名寺的典籍。

金澤文庫由於它本身存在的時代，决定了"金澤文庫本"主要是宋元刊本和明代初期的刊本與同時代的手寫本，以及與這一時期相一致的日本自己的"和刊本"與"和寫本"，其中有不少是國内已經逸失，於當今被稱爲"國寶"的典籍了。

古代日本進入戰國時代之後，群雄割據，争霸關東，在戰争的摧殘中，金澤文庫的庫務日趨式微。筆者在《在足利學校訪國寶》一文中曾提到當年足利學校的第七代庠主上杉九華，經過相州地方時爲北條氏康父子講授易學，北條氏以金澤文庫所珍藏之宋刊本《文選》作爲談資相贈，即可窺見其藏書散出之一般。

1592年(日本文禄元年)僧人鐵山造訪金澤文庫,與百年前萬里集九所見已面目全非。有詩爲证:

不見圖書三萬堆,秋風荒野獨堪哀。
秦坑千歲非應恨,帙雜紅塵軸緑苔。
(見《鐵山集》卷中)

其後,1616年(日本元和二年)江户時代漢學的魁首林羅山過金澤,嘆其藏書之散失,亦作詩曰:

懷古泪痕羈旅情,腐儒早晚起蒼生。
人亡書泯幾回首,境致空留金澤名。
(見《羅山詩集》卷一)

金澤文庫舊藏散出者,首先爲江户時代幕府大將軍德川家康所收藏。德川家康有私人藏書處,稱"富士見亭文庫"。1633年(日本寬永十年)德川家康的後裔將文庫遷至紅葉山,故又更名爲"紅葉山文庫",又稱"楓山文庫"或"楓山官庫"。無論是在"富士見亭文庫"時期,還是在"楓山官庫"時期,德川幕府收儲的"金澤文庫本"數量甚多,並刊佈流世。例如,唐代魏徵等編撰的《群書治要》五十卷,不見於《宋史・藝文志》等記載,大概在那個時代便已經失逸了,而金澤文庫却藏有鐮倉時代(1192—1330年)日本僧人手寫此書的全帙。此寫本每一葉十二行,行間八分,一行約十七字。卷中有日本後深草天皇建長年間(1249—1255年)至花園天皇延慶年間(1308—1310年)之間日本清原教隆、藤原敦周、藤原敦綱、藤原經雄、北條實時和金澤貞顯等學問大家的手識文。德川家康在得到這個本子後,曾於1616年(日本元和二年)正月命令將這個寫本用活字排印。但此時此本《群書治要》已經缺失卷第四、卷第十三和卷第二十,殘存四十七卷了。今存《本光國師日記》"元和二年"條中,記録了當時江户幕府重印《群書治要》的全過程,《日記》中對於活字排印工序中的"切木"、"雕手"、"植手"、"折手"、"校合"等,皆記載詳密。此書經半年後印成五十一部,每部凡四十七册。然此時德川家康已經去世,所以印本未能流佈,只是把它們分贈給了德川家康的後裔尾張、紀伊兩家藩主。1781年(日本天明元年)尾張藩主家的大納言宗睦,有感於《群書治要》雖然已經印刷百餘年,却始終未能流佈,即從楓山官庫中借得原"金澤文庫本"《群書治要》,復加校刊,再版梓行。1786年(日本天明六年)重印本告成,分予諸藩主並各位親臣。這就是流傳於世的有名的"天明版"《群書治要》。1796年(日本寬政八年)尾張藩主家得知《群書治要》在中國國内已經失逸,於是,以五部移送當時掌管長崎海關的近藤重藏,托其轉達中華。近藤氏以一部存長崎聖堂,一部贈諏訪社,三部贈唐商館,托中國商人携回本土——當時,江户幕府實行全國封鎖令,唯准中國與荷蘭的商人,得以長崎爲唯一的進出口岸。

清嘉慶七年(1802年),鮑廷博編撰《知不足齋叢書》,他在第二十一集《孝經鄭注序》中言及《群書治要》,並曰:"此書久佚,僅見日本天明刻本",由此則知道日本尾張藩主家所刻此本已經在中國國内流傳,時距尾張藩主家托近藤重藏將"天明印本"轉送中國商人只有六年的時間。

稍後,阮元編輯《宛委别藏》,即將《群書治要》編入其中。其題曰:"《群書治要》五十卷,原缺卷四、卷十三、卷二十。唐魏徵等撰,日本天明刊本。"至此,日本尾張藩主家刊本已經爲阮元所得了。後來,《連筠簃叢書》、《粤雅堂叢書(三編)》等皆從《宛委别藏》中輯入了《群書治要》,此爲清人的校刊典籍,起了不小的作用。這是"金澤文庫本"的一段趣事。

有據可证的,當年德川幕府從金澤文庫中取走了宋元刊本二十四種。日本明治時代"廢藩"之後,楓山官庫的珍本大部分入了宫内省圖書寮(即今宫内廳書陵部)。原金澤文庫所藏的宋刊本,如《尚書正義》、《春秋經傳集解》、《論語注疏》、《集韻》、《太平寰宇記》、《諸病源候論》、《外臺秘要方》、《楊氏家藏方》、《太平聖惠方》、《新編類要圖注本草》、《初學記》、《太平御覽》、《王文公文集》、《景文宋公集》、《東坡集》、《崔舍人玉堂類稿附西垣類稿》、《畫一元龜》、《世説新語》等,皆已悉爲"皇室御物"。其餘的典籍在當時便歸於"太政官文庫",後變名爲"内閣文庫"(今"國家公文書館第一部")。除德川幕府之外,江户時代的各家藩主也收儲"金澤文庫本"。當時,德川光圀編撰《大日本史》,曾令其史官赴金澤取書,如《周易正義》、《施氏問對》等,後藏於彰考館;加賀藩主前田綱紀也移"金澤文庫本"於本藩,如《春秋左氏音義》、《孔子家語》、《列子》、《世説新語》等,後藏於前田育德會尊經閣文庫;尾張藩主家也有"金澤文庫本",如《齊民要術》、《太平聖惠方》等,後藏於蓬左文庫。此外,有的典籍流出金澤文庫後,作爲文物爲諸家争奪,終被分割分藏,如宋刊本《錦綉萬花谷》(殘本)六卷,四卷移藏於萬松山龍潭寺(今静岡縣境内),二卷爲松方家所得,又轉輾漢學家竹添光鴻,現存於静嘉堂文庫。南宋初年刊本《禮記正義》(殘本)八卷,移藏於身延山久遠寺(今山梨縣境内)。直到本世紀五十年代初,天理教創設之"天理圖書館",以其雄厚的財力,還收集到流傳於世上的"金澤文庫本",如宋刊本《歐陽文忠公集》一百五十三卷並《附録》五卷。是書爲宋神宗熙寧五年(1072 年)由歐陽修之子歐陽發編定,於宋寧宗慶元至嘉泰年間在吉州刊印。卷中鈐有"金澤文庫"第一號墨印,係從金澤文庫散出無疑。此本已在 1952 年(昭和二十七年)被確認爲"日本國寶"。

金澤文庫衰敗之後,到明治年間,伊藤博文曾加修葺。1930 年日本大橋新太郎曾出資復興這一中世紀時代的文教設施,金澤文庫便作爲圖書館而開始運行。1955 年,日本政府最終確定了把"金澤文庫"建設成爲中世紀歷史博物館的方針,一直貫徹至今。

目前,金澤文庫的漢籍善本的收藏,計有宋刊本如《南史》、《文苑英華》、《嘉定十一年具注曆》等典籍四十五種。此外尚有宋刊本《大藏經》一部,凡七百四十五種,共計三千四百九十卷。這部《大藏經》屬於東禪寺版和開元寺版的混編本,但全爲宋刊本,亦至爲名貴。

八,在静嘉堂文庫訪"國寶"

在中日兩國近代文化史上,"静嘉堂"這一名稱,向爲學者所矚目。它在日本是除宫内廳書陵部儲藏的漢籍"御物"之外,收藏漢籍宋元古本最爲豐富的一個文庫。在它現今所儲藏的 1180 餘種漢籍善本中,有宋刊本 120 餘種,元刊本 150 餘種,明刊本 550 餘種,明人寫本 70 餘種,此外,還有清代名家如朱彝尊、顧廣圻、黄丕烈諸人的手寫本和手識文本 260 餘種,實爲漢籍版本的無價之寶。

静嘉堂文庫是日本在明治時代中期,由當時的大資産階級建立起來,用以宣揚東方文化傳統、穩定社會秩序的一個文化設施。它是作爲日本三菱(MIZUBISHI)公司的一個文化機構,由當時日本的財閥、三菱的"靈魂"岩崎彌之助(Iwazaki-Yanosuke 三菱二代主)開始籌建,至岩崎小彌太(三菱四代主)時才得以最後完成。

十九世紀中期,日本近代文化運動發展,西學東漸日本列島,1885 年日本福澤諭吉(Fukuzawa-

Yuyoshi)發表"脱亞論"①,一時之間,古典漢籍被任意抛擲,東方本位文化的地盤日見縮小。岩崎氏家族有感於斯,便開始了對傳統文化典籍的收儲。自1892年至1907年的十五年間,投資數十萬兩銀子,終於在東京建成了一個收藏日漢古代典籍珍本的首屈一指的文庫。這一文庫取《詩經·大雅·既醉》中"其告維何,籩豆静嘉;朋友攸攝,攝以威儀"中的"静嘉"一詞爲名,此爲"静嘉堂文庫"。

文庫創建之初,岩崎彌之助曾委托他的老師、著名的漢學遺老重野安繹(Shigeno-Yasueki)主持其事。重野氏曾參與《大日本史》的編纂,以"静嘉"命其藏書之處,正是重野氏的主意。静嘉堂文庫建立之初的最早的藏書,是明治二十七年(1894年)得到了青木信寅(Aoki-Nobutora)的一批藏書凡1033册,但全部是"和文文獻"(日本文獻)。它的最早的漢籍收藏起自明治二十九年(1896年)在中國上海購入的古書82部凡4473册。自此以來到1907年(明治四十年)套購我國陸心源舊藏的十年間,静嘉堂文庫先後九次(批)從日本文化人處購買或獲得贈送的典籍達到37890册,其中漢籍有1328種凡14529册,約占全部藏書的一半(有稍許誤差——著者)。在日本近代文化設施建設中,已經顯現了它將作爲保存"漢文文典"文庫的傾向。

静嘉堂初建於東京駿河臺岩崎氏的宅邸内,它是作爲岩崎家的個人事業經營的。1924年,岩崎小彌太(Iwazaki-Koyata)爲了紀念他的父親而把文庫遷徙到岩崎彌之助的"納骨堂"(骨灰冢)之側。這是一座英國式的建築,保存至今。1940年,岩崎氏把文庫交三菱財團經營,獲法人資格。戰後遠東軍事法庭在清理戰争罪行時,鑒於三菱財團在戰争中與日本軍部的關係至爲密切,是日本最重要的軍事物資的供貨商之一,静嘉堂文庫被視爲"戰犯財産"而予以没收,被充作國有財産。同時被没收的還有岩崎氏家族的另一個文化設施東洋文庫。1948年該文庫被確定爲國立國會圖書館的一個支部,成爲公家的圖書館。1970年,三菱財團再次確認了它對該文庫的權益,同年四月,静嘉堂文庫脱離國會圖書館,復歸三菱財團經營。三菱財團組成"静嘉堂文庫理事會"爲其决策機構,文庫長主持日常事務。

在静嘉堂文庫的歷史上,真正使該文庫成爲收藏中國宋元古本最富的寶庫的,則是1907年(清光緒三十三年,日本明治四十年)岩崎氏家族在中國購得歸安陸心源的"皕宋樓"、"十萬卷樓"和"守先閣"的舊藏珍本4,146種,合計43,218册。這批漢籍的東移,在中日兩國的近代史上,是一件引人注目的大事。

陸心源字剛甫,號存齋,浙江歸安人。因爲讀顧亭林書,仰慕他的爲人,故而把自己的書堂題名爲"儀顧堂"。清咸豐至同治年間,陸心源宦遊江南,正值太平天國戰争,江南藏書紛紛散出,他廣爲收購,僅從上海的郁松年處,便購得48000餘册,精帙鉅編,琳琅滿目。陸心源藏書最盛時約在150000册左右,以"皕宋樓"儲宋元舊刊,以"十萬卷樓"收明代及明之後的秘刻併名人手寫本等,以"守先閣"藏尋常刊本。陸氏藏書,一時名噪大江南北,與楊氏海源閣、丁氏八千卷樓、瞿氏鐵劍銅琴樓齊名,爲清末四大藏書家之一。

1905年,日本漢籍目録學家島田翰(Shimada-Kan)游於江南,數登陸氏"皕宋樓",悉發其藏本

① 學術界對福澤諭吉的評價存在着很大的争議。日本學者一般把他稱之爲"日本近代國民思想"的"啓蒙之父"。他的頭像被印製在當代日本通用錢幣的最高面值1萬圓的鈔票上。中國學者與朝鮮半島學者中有一些研究者稱他爲"日本法西斯主義的先驅"。如果從日本與東亞文明史的進程來看,福澤諭吉的關於改造日本國民陳舊意識,建立日本近代國民思想的意願和實踐,在東亞文明史上具有積極的意義。隨着日本社會内在的各種因素的變化和發展,福澤諭吉的"脱亞論"逐漸地國家主義化,發展成爲一種極端民族主義的形態。

而讀之。島田氏在後來的《皕宋樓藏書源流考》中，記述他當時的觀察與感受的心態説：

乙巳丙午之交，予因江南之游，始破例數登陸氏皕宋樓，悉發其藏，讀之太息。塵封之餘，繼以狼藉。舉凡异日之部居類彙者，永以飽蠹魚。又嘆我邦藏書家未有能及之者，顧使此書在我邦，其補益文獻非鮮少。遂慫恿其子純伯觀察樹藩，必欲致之我邦。

島田翰在數次參觀陸氏家藏書後，心起異志，而陸心源之子陸樹藩，坐喫山空，敗家傾産，亟欲出售家傳秘籍，即以五十萬元標價，與日本人開始了討價還價。島田翰回國，謀於巨富岩崎氏家。岩崎氏獲訊，即委派重野成齋在赴歐洲途中，於上海和陸樹藩會面洽購。重野成齋大殺其價，從50萬元殺至35萬元，經25萬元，最後竟然以10萬元成交。陸心源的不肖子孫陸樹藩，不僅是他祖上的敗家子，而且，也是中華民族文化的罪人。1907年6月，中國清末收藏文獻典籍的寶庫"皕宋樓"、"十萬卷樓"與"守先閣"之舊藏，全部舶載渡海以歸日本三菱財團魁首岩崎氏之静嘉堂。此爲二十世紀中國文獻典籍被外人劫掠之重大慘禍。

我第一次訪問静嘉堂文庫，則是1985年的夏天。當時我正在日本國立京都大學人文科學研究所擔任客座教授。是年7月赴東京做追蹤調查，便欲一睹陸氏"皕宋樓"等珍藏。静嘉堂文庫接待讀者，可以電話預定書目，讀者到達時，工作人員已將典籍取出，虚位以待，如此數十次而無怨言。但書庫深奥，鎮庫之寶甚豐，當然也不會讓人隨意涉足的。我的好友東京外國語大學教授高橋均(Takahashi Hitoshi)先生(現爲該大學名譽教授)，與静嘉堂文庫長米山寅太郎(Yoneyama Torataro)先生相識，便由高橋教授牽綫引薦。於是，便約定吉日，作訪問静嘉堂文庫之行。

静嘉堂文庫坐落在多摩川旁的一塊臺地上。汽車行走在鋪滿細石的小路上，發出細碎的沙沙聲，兩旁樹木翠緑，寂静安謐。文庫是一座英國式的建築，紅墻緑瓦，斗拱式的入口，細木條地板。閲覽室内高懸"静嘉堂"匾額，而會客室却屬歐洲古典式，東西文化合璧於一爐，倒也天然協調。米山寅太郎文庫長在會客室熱情地接待了筆者，詳細地介紹了文庫的歷史，喝過咖啡，便引領我走進了書庫。

當工作人員燃明書庫的燈光時，我們便躋身於當年歸安陸氏的舊藏中了。文庫對典籍的保藏，至爲講究，書架皆配以對開式的玻璃門，室内能够控制濕度，並能通風换氣，但不裝空調，也不用電風扇。我從書架上隨手撿取一部朱熹的《詩集傳》，係南宋寧宗——理宗時刊本，翻閲數卷，但見天頭寬大，筆力遒勁，雖有後人寫補，然墨光如漆。"詩卷第一"葉上，可以辨認者有"袁又愷藏書"、"五硯主人"等印章，則此本爲袁廷檮之舊藏。卷首尚有清道光年間吴之璦手識文，行草體，題署"戊申"，當爲1848年。此真可謂滿室皆是珍本秘籍，我這時忽然頓悟，似乎明白了八十年前日本人島田翰登上"皕宋樓"，何緣會産生那様一種驚險和劫奪之心了。

當我第一次訪書結束，以依依之心告辭這個文庫之後兩個月，我收到了文庫長米山寅太郎先生惠贈的静嘉堂所藏宋刊本書影四十幅，這於我是最寶貴的禮物了。

自那以來，到2001年的11月，我在日本文部科學省 National Institute of Japanese Literature 等處任職客座教授，有機會曾經四次訪問了這一日本儲藏漢籍瑰寶的文庫。每次都承蒙文庫長米山寅太郎教授接見。

從學術史上來説，静嘉堂文庫實在是一個無盡的寶庫；然而却又是二十世紀之初中國綜合國力虚脱積弱的標誌。九十餘年來，它在中國學術界所留下的傷痕和追憶，無論是現在還是將來，都將永遠地銘刻於心。

九　在杏雨書屋訪"國寶"

日本"杏雨書屋"一名,學界所知者寥寥。我因在日本遍訪唐人寫本《説文解字》,幾經曲折,蒙日本學術界諸位先生的指點與協助,終於在大阪郊區找到了這一蒐儲着諸多的漢籍珍本的藏書庫。

唐人《説文解字》寫本,據説世間僅存"木部"六葉與"口部"一葉,皆流失於海外。我從 1985 年開始在日本尋訪流傳東瀛的漢籍善本,一直把找到唐人寫本《説文解字》作爲海外訪書的目標之一。原來據文獻記載,此唐人寫本《説文解字》於 1926 年之前尚在國内,其後則歸日本人内藤湖南。物换星移,滄海桑田,於今則是下落不明矣。

内藤湖南(1866—1934 年)名虎次郎,字炳卿,湖南爲其號。他是二十世紀初近代"日本中國學"的主要創始者之一。從青年時代起,他就是"亞細亞主義"的信奉者,年輕時作爲日本《朝日新聞》社的記者,曾多次在中國採訪。1902 年 11 月,他在北京崇文門外木廠胡同劉鐵雲宅邸,看到了劉氏爲選編《鐵雲藏龜》而正在使用的甲骨文片,成爲世界上第一個親眼目睹中國這一舉世震驚的發現的外國人。

自 1907 年起,内藤湖南在京都帝國大學主持"東洋史講座"整整二十年。其間,1910 年,當時京都帝國大學探得我國駐比利時公使李盛鐸向清廷奏請將斯坦因、伯希和等在敦煌未及運走之文書自邊地取回北京的消息,即派内藤湖南、狩野直喜、小島琢治三教授,與富岡謙藏、濱田耕作二講師赴中國,在華北滯留五十餘日,携帶若干敦煌卷子歸國。這便是敦煌文獻第一次流入日本。

内藤湖南一生嗜書如命,僅在 1900 年至 1909 年之間,他通過大阪鹿田松雲堂,便收藏了宋刊《眉山七史》、元刊《玉篇》(零本)、元刊《中州集》(此書後與中國董康交换它本)、元刊《三國志》、《南史》、《北史》、《隋書》、《唐書》、《五代史》、《君臣圖像》等,此外,尚有日本平安時代寫本《春秋左氏傳》、五山版《唐才子傳》等珍本。1915 年,内藤湖南通過田中慶太郎的文求堂,以一千五百元的鉅貲,購得《史記集解》殘本五十八卷,後被日本文化財審議委員會指定爲"日本國寶"。

1900 年中國學者文廷式到日本,内藤湖南從文氏處得知他藏有蒙文本《元朝秘史》,大喜過望,當即便請文氏贈予。1902 年,文廷式應内藤之要求,贈内藤湖南手鈔本《元朝秘史》一部凡十卷並《續》二卷,是爲此書傳入日本之始。後來,日本著名的東洋史學家那珂通世所編纂之《成吉思汗實録》一書,主要就是根據内藤所藏的這部蒙文《元朝秘史》手鈔本譯撰而成的,由此而爲二十世紀日本的"蒙古史研究"和"元朝史研究"作了奠基。内藤湖南也從此開始了對我國滿蒙史料的特别的"關注"。1905 年春季,日俄戰争已經進入後期。日本經過所謂"瀋陽會戰",確定了它在陸上的勝局。是年 4 月,内藤湖南受日本外務省派遣,調查瀋陽政務,兼調查瀋陽所留存的關於清朝的歷史資料。内藤湖南檢閲了瀋陽故宫文溯閣收藏的《四庫全書》,同時又在故宫的崇謨閣等處發現了《滿洲實録》、《滿文老檔》、《蒙古源流》、《五體清文鑒》和《漢文舊檔》凡五種關於滿族、蒙古族和清朝前期(後金)時代的重要資料。内藤當即將《漢文舊檔》五册手寫本(現場收藏六册,其中有一册重復)全部曬成藍圖製版而歸。此《舊檔》收録太宗時期的各項稿簿、朝鮮來書、奏疏文稿等。其中有不少爲《清實録》所忌諱而未收的文稿,對於考察滿族入關之前的内政與外事,皆爲重要史料,内藤湖南實爲第一發現人,並爲最早傳入日本者。内藤湖南此次在瀋陽期間,又拍攝了《蒙古源流》的蒙文部分。在這一"考察文獻"的過程中,内藤湖南得到日本宫内大臣田中光顯的指示,與日本所謂"滿洲軍總司令部"合作,由軍方出面,强行壓價購得了瀋陽黄寺所收藏的明代所製蒙古文佛經中的珍品——《金字蒙古文藏經》。1912 年,内藤湖南爲"採訪史料"再度到我國東北,請求拍攝瀋陽故宫崇謨閣所藏之《滿文老檔》。因爲這一檔案保存的是關於清代開國之初的清太祖與清太宗兩朝最爲重要的資料，所以未能獲得當時中國方面的批准，然中方同意拍攝《五體清文鑒》。然而，内藤湖南却利用中國政府及其管理系統的腐敗，在拍攝《五體清文鑒》5000 餘張之外，又同時偷拍了被禁止翻印的《滿文老檔》4000 餘張。二十年間内藤湖南在中國如此“精心地”收集到的有關“滿蒙”的史料，依據我的統計共有九十七種。在他的主持下，由他的學生們如鴛源一（1896 年出生）、今西春秋（1907 年出生）、三田村泰助（1909 年出生）等進行整理（標點、解題、羅馬字標音對照等），自 1919 年開始，最先以《滿蒙叢書》的形式，建築起了日本二十世紀初期的“滿洲學”和“滿蒙學”的雛形。我們不必在本文中對内藤湖南的關於“滿蒙史料”的收集做政治價值的判斷，但是，這些資料的收集和整理，在其後日本軍國主義統治集團確立其對“東亞”的戰略並採取的實際行動中，其意義是不言自明的。

内藤湖南的晚年，定居於京都府恭仁山莊，一生收藏之文獻典籍，也移藏於此。“恭仁山莊藏本”除允好友觀瞻之外，不作公開之用。1934 年内藤湖南去世之後，翌年，大阪府立圖書館曾徵得其家族同意，舉辦過“恭仁山莊善本展”，並有珂羅版圖譜一册行世。後來世人有“恭仁山莊本已交大阪府館收藏”之説，其源蓋在於此。其實，“善本展”後，展品已經全部交還其家族了。1936 年，當時的日本東方文化學院影印了恭仁山莊所藏的宋紹興刊本《毛詩正義》單疏本。此本與唐人寫本《説文解字》“木部”殘卷，合稱“恭仁山莊雙璧”，皆已被指定爲“日本國寶”。

半個世紀過去了。整整五十年中，日本社會發生了巨大的震盪，於今“恭仁山莊本”究竟存落於何處，不僅中國的文獻學者，就是大多數日本的文獻學者皆茫茫然不知其所在。

我原先在京都大學人文科學研究所東洋學文獻中心，發現有一“内藤文庫”，係内藤湖南舊藏，欣欣然有喜色。然披覽之餘，頓然失望。原來此“内藤文庫”所藏，則係内藤湖南收集的有關我國滿族與蒙族的文獻資料，凡 161 種，合 1591 册。此爲“滿蒙研究”之重要史料。後來又有日本友人相告，内藤氏家族在 1984 年將“恭仁山莊”與“恭仁山莊本”一起，轉讓給了位於大阪府的關西大學，當時，關西大學正擬另設立一個“内藤文庫”。於是，我便開列“日本國寶”漢籍三件、“日本重要文化財”漢籍四件，請代爲查詢，然終無所獲。後來收到京都大學名譽教授福永光司老先生寄贈的關西大學收藏内藤湖南文獻的幾個影印件，確認了内藤湖南原先所有的“國寶級”漢籍不在其内。1989 年秋，曾蒙日本著名的漢籍文化史學家大庭修教授的好意，邀約我訪問了正在籌建中的大學附屬圖書館的“内藤文庫”。當時這一“文庫”還在整理之中，基本上弄清楚了原來關西大學“内藤文庫”所收藏的漢籍，是以宋元刊本之外的明刊本爲主體的。

我原以爲“恭仁山莊本”的國寶已無處可以尋覓，正在徬徨之際，京都大學名譽教授島田虔次老先生託人傳話。島田先生説：“嚴先生在日本訪書，最好去大阪看看杏雨書屋，那是内藤湖南的精本。”這個訊息使我十分振奮，因爲這正是我在尋找，却又無從知其下落的一批唐鈔宋刊 —— 包括唐人寫本《説文解字》在内的堪稱天壤間孤本的珍寶。

原來，早在 1938 年，内藤氏家族就已經把“恭仁山莊本”中的極品，凡刊本 67 種、手寫本 31 種，轉讓給了經營醫藥的豪富武田氏家族。

武田氏家原有藏書樓，名曰“杏雨書屋”，以儲東洋本草醫書爲主，與其從業相當。據説這一藏書樓的建立與 1923 年的“關東大地震”有關。當年在大地震中，關東地區如東京帝國大學圖書館、内閣文庫等所藏文獻典籍損失慘重，爲防止再次發生典籍的失散，該家族以私人之力，開始從事中國與日本的本草醫書典籍文獻的收藏。先是購得小野家的本草典籍，1932 年又購得早川佐七氏的植物學典籍。待他們收購到内藤湖南的極品精本以及原福井崇蘭館的舊藏後，“杏雨書屋”作爲藏書樓便有了規模了。1964 年，建立了武田科學振興財團，從事相應的文化事業。1977 年 6 月，武田氏家族第六代傳人武田長兵衛先生，把原來作爲武田氏家族的私人財産的"杏雨書屋"的收藏，全部交武田科學振興財團管理，雖然在所有權上，仍然屬於私家系統，但是不再歸私人所有了。

杏雨書屋是一個私家的藏書機構，不公開對外。亟欲登堂入室睹其藏本者，皆需要特别的紹介。當今京都大學名譽教授羽田明先生被聘爲杏雨書屋主人，羽田明教授是日本東西關係史研究的名家。他出身學術世家，父親羽田亨教授是名震日本和歐美的日本京都帝國大學總長。於是，我便懇請我的好朋友、日本國立京都大學小南一郎教授和狹間直樹教授從中聯絡，特别請求著名的東洋史學家貝塚茂樹教授爲之薦介。貝塚茂樹教授是京都大學著名的"京大三杰"之一。他對於中國的甲骨文字和古史，都有精到的研究。二十世紀六十年代初期，貝塚茂樹教授與伊藤道治教授等，提出"中國黄河長江文明論"，認爲把中國文明的起源歸結爲"黄河文明"是過於狹窄了，"長江"也同樣是中國古代文明的發源地之一。在將近五十年前的中國文明史研究中，這一見解無疑具有前瞻性和前沿性。過了三十年之後，中國學者開始呼應這一理論，提出了中國文明起源的"河江文明論"，真是感慨萬千！貝塚茂樹教授的哥哥湯川秀樹教授，是諾貝爾物理學奬獲得者，也是日本第一個諾貝爾奬得主；弟弟小川環樹教授，又是著名的中國文學研究家。小南一郎教授陪同我拜見了貝塚茂樹教授，他爽快地答應了我的請求，筆書推薦函一通，並答應用電話與他的好朋友羽田明教授進行聯絡。

由於京都大學方面各位教授的好意，我終於在杏雨書屋讀到了世界珍寶唐人寫本《説文解字》，當我看到書卷後前輩人士的題跋識語時，忽然感到冥冥之中或許真有某種因緣的關係。因爲我在這部珍本的尾題中看到了"小川琢治"這一名字。小川琢治（1870—1941 年）先生，他就是推薦我這次獲准閲讀的貝塚茂樹教授和他的哥哥和弟弟這著名的"京大三杰"的父親，當年京都帝國大學的教授，專治東亞歷史地理史。這位小川琢治先生與内藤湖南於 1910 年在中國北京觀看了此部唐人寫本。不意七十餘年後，一個中國人又漂洋過海到日本來尋找當年在北京失傳的中華瑰寶，而撰寫推薦信的，竟然就是在北京觀看這部書的日本人的後裔。真是萬事輪迴，滄海桑田啊！

九月的一個上午，由狹間直樹教授陪同，我們乘"阪急特快"電車，到了大阪郊外一個叫做"Juso"的地方。這裏的景色很美，寬闊的淀川從它的身旁流過，街心公園一片翠緑。我們穿過一條很狹窄的却又很熱鬧的巷道，到了"武田醫藥製造廠"。真是難以想象，中國文獻中的稀世珍寶，竟然就儲存於我眼前巨大的水泥面廠房卵翼之下的一棟小樓中——小樓位於廠房的左側，這便是"杏雨書屋"。工作人員客氣地了解我們的來意後，我們即被引入二樓一間寬敞的房間中。房内的陳設雅淡清新，似無纖塵之染，一位老先生正聚精會神地讀着綫裝古書。工作人員端上兩杯咖啡，便問需要什麽書。當我們喝完咖啡，他便依書單從外屋用小車推進幾部書，我欣喜地接過本子，然而，心裏却頓時有些發凉——這位先生遞進來的不是原品，而是原品的影印件。我和狹間教授相視片刻，接過影本。我想，真本乃係國寶，恐怕不會輕易示人。現在雖説不是原品，但畢竟是全部的影印件，也已經相當的不易。於是，便向狹間教授苦笑地點點頭，還是認真地閲讀起來了。

羽田明教授是下午特地從京都趕來的。他一進屋，便先與那位讀古書的老先生打招呼，然後便徑直來到我們面前。羽田先生很有風采，不拘小節，看上去並不像已經是七十四歲的老人。他説："我趕來看看，有什麽需要幫忙的。您是第一位來這裏訪書的中國學者，我們應該盡地主之誼呀！"他又説："本書屋以收藏爲主，並不公開，所以，一般是不接待外來參觀的。來這裏看書的，都是有專門研究的。"説着，他便向我們介紹了那位看古書的老者——原來，這位老先生，他就是國際著名的生物學家北村四郎，京都大學的名譽教授。這使我十分地震驚，作爲一位現代生物學家，而且是國際知名的學者,一定是站在現代本門學科的最前列,掌握和關注的一定是最具有現代意義的學術,而這位老先生却如此安詳和入神地在這裏讀着中國的古書。看他的桌子前鋪着的中國綫裝書,與頭腦中突然映入的"現代生物學"、"國際知名"一時間還真不知道應該如何地對接呢！北村先生含笑點頭,指着桌上的古書説:"我是這裏的常客,讀中國的古醫書,非常的有意思。"談話間,羽田明教授似乎發現了什麼,他問我:"先生喜歡看影印本嗎,爲什麼不先看一看原本呢?"這使我很窘迫。

由工作人員所造成的這一遺憾,終於由於羽田明教授的到來而得到解决。當我打開用白錦緞裹纏的書包時,真是欣喜與感慨交加,展現在我的眼前的是在我國國内已經失却,而已經成爲他國之"國寶"的中國文獻。從前曾聞恭仁山莊有《四寶詩》,其曰:"白首名揚甘伏雌,抱殘守缺慕經師;收來天壤間孤本,宋刊珍篇單疏詩"云云,終於得見其真顔了。

在我結束訪書時,羽田明教授以誠懇之情,贈我書屋藏九十七種圖影。暮色中我和狹間教授離開了廠房,我在心中默默地向書屋告辭,因爲我明白,這一走,不知何日何時才能再來目睹這民族的瑰寶。中國典籍中的無價之寶,仍然静悄悄地留在巨大的廠房的一角,幾乎不爲人所知曉,不知還要待到何年。

十　在天理圖書館訪"國寶"

先前曾聽説清末豪富盛宣懷的"愚齋"藏書,身後一部分散於日本,後來入了天理圖書館。八十年代中期,天理圖書館曾將館藏若干精品匯編成《天理圖書館善本叢刊》(漢籍之部)十二卷刊出,煌煌可觀。如卷二之《趙志集》,一説是中國唐代寫本,一説是日本平安時代中期寫本。但無論歸屬於何種,時間界定大致在公元十世紀則是無疑的。《趙志集》所著録的作品,不啻《全唐詩》未收,就是後來的《全唐詩逸》中亦缺漏未能補入,這是一部在中國已經亡逸的唐代詩歌卷子。就天理圖書館的全部收藏而言,《善本叢刊》則未能全部收録。例如已被日本文化財審定委員會認定爲"日本國寶"的宋刊本《劉夢得文集》和《歐陽文忠公集》等,皆因篇幅過大而未能刊行。

我着意於天理藏書久矣,却總不得其門而入。這是因爲有一個長期不能釋懷的疑問 ——即這個天理圖書館,究竟是天理市的圖書館呢,還是天理大學的圖書館呢,抑或還是天理教的圖書館呢?這個疑問曾請教多位日本教授,答案各異,一時竟不知道到哪兒去聯繫。我的朋友辻田正雄先生知道我的想法後,便邀約了中國戲劇文學研究家岩城秀夫先生、中國哲學宗教研究家鵜飼光昌法師和我,在一個和煦的冬日,一行四人開始了天理訪書行。

我們由京都出發,乘"近畿鐵道"天理綫特急,約兩個小時到了天理市。它是位於奈良縣中部的一個獨特的宗教城市。這個城市的居民,大部分都信仰"天理教" —— 這是一個起源於十九世紀後期的日本神道教派系,屬於日本"教派神道"中十三教團之一。教祖中山みき(Nakayama Miki)是日本江户時代後期的一個自耕農家庭的主婦,她在 41 歲即 1838 年 10 月 24 日托聲"天神附體",稱"我本真神,此次爲救助世間而由天降。願各位將 Miki 置於神屋之中!"三天之後,即同年的 10 月 26 日,衆人承伏,接受神旨,將中山みき(Nakayama Miki)家屋定爲"神殿"。中山みき以"阻止貧困"作爲"神"的召唤,散家財以賑窮人,並以自己走"康健生活之路"作爲模本,定祭祀之神爲“天理王命”（Tenriou-no-mikoto），創建“天理神道”①。一個多世紀以來，教徒甚衆。以前，我曾在京都最熱鬧的街區，看到過身穿玄色法衣的天理教徒，他們手擎宣傳教理的木牌，上書“人是最寶貴的”，向行人佈教。天理市是“天理教”的教徒聚居之所，故以“天理”教名以命市。天理教本部設在該市，據説，它實際上控制着這個城市的議會與政府。

我們出得車站，廣場寬闊而肅穆，在陽光下給人以莊重之感。從車站乘計程車去天理圖書館，道路整齊而乾净，似無纖塵之染。路上行人大都着玄色法衣，胸前白圈中大書“天理教”三字，背後則書所屬各支部名，其服飾與中國清代兵勇制服甚似。

天理教崇尚節儉，故市内除指定地區外，一路上不見酒吧舞廳，甚至連歇脚的咖啡店也不易找到，教會把資金主要用在了宗教活動與文化事業上了。天理圖書館和天理大學，便是天理教的兩大文化設施。這裏順便説一句，日本的諸大宗教，皆着意在高層次上培養神職人員或親近本宗的世俗研究者，所以，凡有實力的宗教派系和各教團，常常有自己的大學。例如國際基督教大學、上智大學、佛教大學、花園大學、龍谷大學、創價大學等。當時我正任職於佛教大學文學部，後來又在天主教的一所教會大學即宫城女子學院大學日本文學專業先後當過一年的客座教授。天理教當然也就有了天理大學。天理大學把天理圖書館視爲大學的圖書館，但事實上天理圖書館是天理教本部開設的圖書館，並不是大學的附屬機構，這與其他的大學非常的不同。由於天理教是天理市政治、文化與主流意識形態的總代表，它的圖書館，當然也就是天理市的圖書館了。至此，我前面提到的疑問總算有了答案，原來矗立在我們面前的這一座“歐式風格”與“和式風格”兼備的建築物，外觀灰淡而室内輝煌的藏書所，它既是天理大學的，又是天理市的，當然也是天理教的文化設施。

蒙天理大學樽本照和教授和天理圖書館金子和正教授的鼎力襄助，我們才有幸進入圖書館的内部，親眼看到了那些遠藏異國他鄉的珍貴漢籍。我們先是在天理大學——這是一所没有圍墻的大學，在它的一間樸實整潔的會客室中，由樽本照和教授爲我們作了簡短的介紹之後，便引領我們到了咫尺之遥的圖書館。這是一座内儲“日本國寶”、“日本重要文化財”、“日本重要美術財”的寶庫，其外觀看似平淡而室内却氣勢恢弘。天理圖書館距今有六十餘年的歷史，它大宗的收藏圖書是在二十世紀四五十年代的十數年間。當時，戰敗後的日本，百業俱廢，財力匱乏，許多漢籍古版流散街頭，其中不少便在此時流入了美國。天理教則以其獨特的宗教活動，積聚了充裕的資金。1956年其教主七十週年祭時，計劃經費達四十億日圓，在宗教界顯示了雄厚的財力。在此背景之下，天理圖書館在社會上廣泛收集文獻典籍，大力拓展其文化建設。四十年代末，京都市堀川“古義堂”藏書歸於天理圖書館，這是日本江户時代漢學界中古義學派的創始人伊藤仁齋及其傳人伊藤東涯父子的特藏，共計5500餘種，其中，中國古刊本135種，凡2370餘册。後來被日本文化財審議委員會認定的“日本國寶”《歐陽文忠公集》即在其内。1953年，天理圖書館以鉅資收購了中國清末政治家與實業家盛宣懷的“愚齋”舊藏236種，凡1367册。傳説當年盛宣懷在治事的餘暇，頗寄情於圖書金石。據盛宣懷自撰的《愚齋存稿並東游日記》的記載，光緒三十八年（1908年），在他赴日本治病期間，曾選購流寓於東瀛的漢籍數百部，歸於“愚齋”。不意五十年後，這批漢籍竟再次回流東洋，令人唏嘘不已！這次在天理圖書館内隨手檢得明刊本《程氏墨苑》、《增修互注禮部韵略》和《新刻全像達摩出身傳燈傳》等，皆鈐有“愚齋圖書館”藏印，即是盛宣懷的舊藏了。此外，該館還收集

① 關於“天理教”的創始與教義，請參見（A）日本三橋健主編《わが家の宗教　神道》東京大法輪閣社刊平成七年（1996年）版　平成九年（1997年）三版。（B）日本井上順孝主編《神道—日本生まれの宗教システム》東京新曜社刊1998年版。

到了四位日本中國學界重要的學者的部分漢籍特藏。其中，鹽谷温博士的中國古戲曲小説文獻625種，凡4407册；吉川幸次郎博士的中國戲曲小説文獻375種，凡1690册（吉川氏的大宗舊藏，現已歸神户市立圖書館）；矢野仁一博士的清史文獻，包括滿文文書凡3000種；服部宇之吉博士的經部禮類舊藏。大約在此先後，天理圖書館通過有關的門道，購得中國地方志文獻1376種，凡17024册。天理圖書館的漢籍特藏，如果從版本的角度考察，目前已經整理出來的善本中，有宋刊本39種，金刊本1種，元刊本40種，明刊本366種。在日本宗教界的漢籍保存史上，這也可以説是相當的壯觀了。

金子和正教授爲我們這次訪書，專門在館内布置了一間"特展室"，把鎮庫之寶，包括國寶、重要文化財，還有張大千親筆等放置於此，供我們細細地研賞，其誠意實在令人感動。

在天理圖書館的漢籍特藏中，有兩件典籍可以稱爲"鎮庫之寶"，此即宋刊本《劉夢得文集》與宋刊本《歐陽文忠公集》。它們已經被日本國家文化財審議委員會確定爲"日本國寶"了。

天理圖書館以其豐厚的收藏，展示了它在文化史上的貴重的價值。當我返回京都後不久，便接到金子和正教授熱情洋溢的信函，邀我再次去天理訪書，並做"訪書談"，隨信寄來了許多寶貴的書影，令人展讀不已。

十一　在尊經閣文庫訪"國寶"

日本江户時代的藩主，最初都是一些跟隨其主子德川家康征伐天下的武將，屬於識字不多只會拼命的武士階層。當他們成爲了一方諸侯，從攻城略地轉變到治國安邦，面臨着生存方式的重大轉型。其中有部分藩主，像紀伊藩（Kii-Han）、尾張藩（Owari-Han）、加賀金澤藩（Kanezawa-Han）等，便開始設立私學，收藏文獻，對子弟與臣屬進行爲實行"文治"所必備的文化教育。在這個過程中，數量不少的漢籍文獻，便進入了江户各地藩主的家族中，成爲十六世紀後期發展起來的新的漢籍藏書家。用現在流行的話説，這便創造了漢籍在日本傳播的一道新的風景綫，著名的"尊經閣"便是在這一形勢中發展起來的屬於"加賀金澤藩主"前田氏家族的藏書樓。

作爲江户時代顯赫的大名，前田氏的祖先前田利家（Maeda-Toshiie 1538—1599年）發迹於十六世紀中期日本室町時期的末期，即在織田信長（Oda-Nobunaga 1534—1582年）與豐臣秀吉（Toyotomi-Hideyoshi 1537—1598年）争奪天下的軍閥混戰之中，前田利家作爲一介武夫，先是效忠於織田信長，晚年則轉向忠誠於原先主子的對手豐臣秀吉。1598年豐臣秀吉在臨終時，曾托孤於前田利家，顯示出他當時已經是一方重鎮了。1599年前田利家去世後，由長子前田利長（Maeda-toshinaga 1562-1614年）繼承功勛。前田利長初時與他的父親一樣，爲豐臣氏家族服務，而與另一大軍閥德川家康（1542-1616年）相對立。德川家康爲此曾經拘押了他的母親，作爲人質。1600年5月，日本近世史上發生了著名的"關之原戰"，在長期的軍閥混戰之中，德川家康一族最終奠定了統一日本的契機。前田利長也與他的父親輩一樣，舉行了一次轉向倒戈，從忠誠於豐臣氏而轉向爲德川家康奔馳殺伐。前田氏家族也因此而從德川家康處受領俸禄。自前田利長的弟弟前田利常（Maeda-toshitsune 1593—1658年）開始，便受封爲"加賀金澤藩主"，並與德川氏家族通婚。前田利常的第二代在繼承"加賀金澤藩主"的同時，又擴大受封領地爲"富山藩主"和"大聖寺藩主"。一家三支，立爲三處領主，成爲江户時代極爲顯赫的家族。後來，十九世紀中期開始的明治維新，在政治建制上實行"撤藩設縣"。前田氏三家藩主，雖然被撤消了"加賀金澤藩主"，却被授予了"侯爵"，被撤消了"富山藩主"而被授予"伯爵"，被撤消了"大聖寺藩主"而被授予"子爵"。明治天皇雖然一度也厲行改制，却也始終不會虧待從前的朝臣們的。

當我在訪書的過程中，慢慢地進入到了日本歷史的幕簾的背後的時候，我忽然意識到，眼下我所認識的日本，與在社會上道聽途説的日本已經很不一樣了。就説關於“武士意識”的理解吧。世俗的説法是，所謂的“武士”，就是兇狠與愚忠的標誌物。然而，從這一時代前田氏家族的發迹的軌迹來看，在室町末期三大軍閥的争鬥中，這一家族反復無常，惟利是圖，毫無忠誠可言。由此我想到，對於日本文化和歷史的理解，如果僅僅依靠傳聞，作些一知半解的文章，真是毫無意義。一旦研究深入，探摸到歷史的某些真相時，許多的官樣文章便就轉成爲“文化垃圾”了。這或許離開本題遠了點，但仔細想想，却又是本題的基本出發點，即人文學術的一切研究皆應該從文本調查開始，否則，所謂的研究便難免讓人生疑，在學術的發展中一錢不值了。

再説，在前田氏家族中，受封爲“加賀金澤藩主”的一支最爲强大。其勢力發展到第三代前田綱紀（Maeda-Tsunanori 1643—1724 年）時期，他們作爲“武將”的攻城略地的殺伐的作用，幾乎完全結束，其生存方式已經轉變到治國安邦方面了。德川幕府本身也已經設立了傳授程朱理學的學校，正在强化“階位制”的觀念，并且，正在透過中國傳入的儒學，教化日本固有的神道學説。此種從精神方面實行的“文治”策略已經顯現了它在實際統治中的價值。前田綱紀着手開始在藩政方面進行制度的整備，他邀集了像木下順庵（Kinishita-Jyunan1621—1698 年）、室鳩巢（Muro-Kyuus-ou1658—1734 年）、稻生若水（Inou-Jyakusui 1655—1715 年）等這樣一些江户時代中期很有名望的學者，一起商討學問，收集相關的文獻典籍，並對京都東寺和三條西家等收藏的古文獻進行整理。一時之間，前田綱紀作爲“好學的大名”而名躁幕府。經過“金澤藩主”前田氏家的幾代的努力，他們收集到了自公元 752 年（日本天平勝寶四年，中國唐玄宗天寶十一年）到 1700 年（日本元禄十三年，清康熙三十九年）的許多舊文書，編輯爲 2204 通，此外，又以《三朝宸翰》爲題，收集了伏見天皇（1287—1297 年在位）、花園天皇（1308—1317 在位年）、後醍醐天皇（1318—1330 年在位）三位天皇的親筆文書。此外，還有“漢籍”與“和書”一萬多册。所有這些文獻典籍，明治維新後，皆由“前田育德會”管理。

前田氏家雖然受封爲藩主，但他們在關東地區購置有不少的房産。例如，在面臨太平洋相模灣的鐮倉，建有碩大豪華的別墅（現在爲“鐮倉文學館”）。1926 年（日本昭和元年）“前田育德會”决定在東京都的前田氏的家産“室芳春院松子”建立獨立法人的文庫，使這樣一大批典籍文獻向社會公衆公開，定名爲“尊經閣文庫”。

尊經閣文庫位於東京都目黑區駒場緑樹掩映之中。日本近代文學館、東京大學人間文化學部等，與它咫尺相鄰。從喧鬧的澀谷或吉祥寺乘坐“京王井之頭”電車，在駒場下車，迎面撲來的是一種静謐的氣氛。一年四季中，或踏着樹影婆娑的人行道，或踩着枯黄的落葉，走進“尊經閣文庫”古樹參天的庭院，心裏總是涌起肅穆的感覺。1993 年 2 月 1 日，由我的朋友、任職國立東京外國語大學教授的高橋均（Takahashi Hitoshi）先生（現在是東京外國語大學的名譽教授）爲之引薦聯絡安排，當我從仙臺趕到東京後，即進入文庫讀書了。此後，曾多次行走在這充溢着人文氛圍的道路上，尋覓着中華文化的寶藏。

在“尊經閣文庫”讀書，總是在事先用電話預約好，所以，當讀者進入文庫的時候，你需要的文獻，已經由工作人員安放在桌子上了。讀者並不多，有時候只是一個人，煞是安静。

尊經閣文庫對讀者的接待安排，有一件事情是其他藏書處都不曾想到和做過的，這就是在快到中午的時候，工作人員總是客氣地問道：“您中午是否需要在這裏用午餐？假如需要的話，我們可以替您代爲定飯。”於是，他們便拿出一張“Bentou”（盒飯）的目録，請你點定一份，價錢比外面的略便宜一些。原來，文庫的工作人員，每天向附近的餐館訂約午飯，乘便中他們就幫助讀者一起把飯預定了。中午時分，當工作人員休息喫飯的時候，他們就招呼我説："請您到隔壁房間喫飯。"隔壁房間是一間大約二十多平米的西洋式會客室。四邊的墻壁用一米高的木裙圍貼，墻上懸掛的是前田氏幾代藩主的油畫像，金框鑲邊。四周擺放的是奥地利式的皮沙發，中間有絲絨桌布鋪面的大桌子，桌子上擺放着一壺茶，摸一摸總是熱的，壺旁有配套的茶杯。一盒"定食"端正地放在桌子上，下面鋪墊了塑料紙。這壺茶，並不是餐館送來的。文庫的工作人員每次都這樣默默地爲一個素不相識的讀者的午餐做這樣的準備。我坐下來，常常深吸一口氣，端詳着"定食"飯盒的裝潢——有時候，飯盒蓋上會有很好看的圖畫，有時候會有一首"短歌"或"俳句"什麽的，然後再慢慢地打開飯盒的蓋子。這時候，往往會有一些回憶襲上心頭，揮之不去，使人無奈。

我的學術生涯，從上個世紀的七十年代後期開始，進入了"日本中國學"領域。在編纂這一領域内第一部工具書《日本的中國學家》(1980 年由中國社會科學出版社出版）的時候，四個多月的時間中，每天在北京圖書館讀書。當時的北京圖書館的總館在北海的西側。那時候，在閲覽室借閲外文書等待的時間，出奇的長。一般的情况是，如果在上午開館第一個到達櫃檯的讀者，遞進"索書條"到借到書，大約在 20 分鐘到 30 分鐘左右；如果是後來的讀者，大約等書的時間，會在一個小時，甚至一個半小時左右。因此，我每天總是在 6 點半左右騎車從中關村的宿舍趕到位於府右街的建築壯麗的北京圖書館，争取成爲當天的第一個讀者。每天的中午，當時的北京圖書館或許有些大意了，没有意識到讀者也是需要吃飯的，因此也就没有爲讀者準備下最簡單的食品，而依據閲覽室的規則，讀者也不能把飲用水和食品帶入室内，這當然是爲保護圖書必須採取的規則，稍稍不足的是圖書館也不爲讀者準備飲用水，偶爾在大廳中放一鉛皮桶水，也刹那間被人喝完。所以，每天一進入北京圖書館，便是没有吃的，也没有喝的。中午時分，如果要吃飯，只有把借的書退回去，到外面去吃；吃好了回來再借書。假如吃飯用一個小時，借書再等待一個多小時，加上第一次借書的半個多小時，那麽在北京圖書館爲讀者提供的一天九個小時的閲讀時間中(8:00－17:00)便丢失了三個來小時，這對於一個每日清晨從中關村趕來爲送進第一張"索書條"的人來説，是無論如何也捨不得的。於是，我與許多的讀者大衆一樣，都是咬一咬牙，把生理上的全部的興奮集中在讀書上。我常常環視閲覽室内的左鄰右舍，大多數的朋友都神情專注，没有動窩用飯的意思，這種由對榜樣的尊敬而引發的自責，有時候還真起作用！後來，我發現當年北京圖書館大廳一樓（即二樓樓梯下來靠邊）的男厠所中，有供讀者"方便"之後洗手的水龍頭，雖然設備是極端的粗糙，但却可以在那裏喝幾口自來水，抵制住碌碌飢腸的煎熬。於是，依靠這樣的意志和這樣的方法，終於度過了一百多個中午，查完了我在北京圖書館想要查的資料。現在，只要我路經府右街的北京圖書館舊館（現在的中國國家圖書館分館），心裏總是充滿懷舊之情，對於大廳一樓的男厠所中的水龍頭好象有説不完的牽掛，總是希盼在大廳修葺或舊樓翻修中，不要弄壞了男厠所中的這幾個水龍頭。雖説不上有救命之恩，但也是在我的生命的痛苦的時刻，爲自己提供過體内能量的地方啊！

現在，北京圖書館早已經陞格爲"中國國家圖書館"，而且也早已經遷居於白石橋巍峨的大厦之中，並且聽説對讀者的"人文關懷"也顯得很是温馨。但不知爲什麽，我的生命史中的這一段短暫的經歷，竟然會成爲永遠的記憶。當我在尊經閣文庫的讀者休息室中一邊自我用飯，一邊環顧日本這個武士家族的發家歷史的時候，由這樣的記憶常常引發一些問題縈繞心頭，一個在自己的文化的發展中接受了"中華文化"影響的民族，與創造了"中華文化"的本土民族，"國民精神"的共性與差異究竟是如何形成的，這些文化材料的本質意義與"變異"特徵究竟是以何種形態表現的？……這或許在異國的訪書中，又爲自己從事的"比較文化"研究，提供了思考的材料與綫索。——我將在另外的論著中探討這些問題了。

十二　在御茶之水圖書館訪“國寶”

二十世紀上半葉日本著名的國粹主義者德富蘇峰（1863—1957年）曾經珍藏過許多有價值的漢籍，他的藏書樓名之爲“成簣堂”。

德富蘇峰本名德富猪一郎，是明治時代末期到昭和時代中期極爲活躍的政論家。二十四歲時建立“民友社”，創辦《國民之友》和《國民新聞》等雜誌和報刊，鼓吹“平民主義”。從“甲午戰争”時期開始，他在思想上急遽轉向“國家主義”，在政治上介入黨派政治活動。經過“日俄戰争”到“九一八事變”，德富蘇峰的“皇室中心主義”觀念不斷膨脹，1938年刊出《皇道日本的世界化》，1942年刊出《興亞的大義》等，竭盡全力表述他的日本民族主義、國家主義和超國家主義思想。他以人文學術鼓吹戰争達於顛峰，曾經出任日本軍國主義文化組織“大日本言論報國會”的會長。1943年4月，他與另一個日本國粹主義分子三宅雪嶺（雄二郎），同時獲得日本政府的“文化勛章”，完全成爲日本國家主義和軍國主義的文化人。1946年遠東軍事法庭以“B級戰犯”罪名將他拘捕，撤消其所有社會公職和榮譽，並限定不准重新擔任國家公務。

德富蘇峰一生喜歡收藏典籍文獻，命自己的藏書處爲“成簣堂”，並長年瘋狂寫作。他從1918年開始撰寫《近世日本國民史》，到1952年完成此書，總計有一百卷之鉅，另外還發表了近兩百種著作。他在1952年被解除“戰犯監管”，當年就出版了《勝利者的悲哀》。於1957年因病死去。他是日本近代著名作家德富蘆花（1868—1927年）的親兄長，他比他的弟弟只長五歲，却比他的弟弟長壽三十年。德富蘆花信仰基督教，同情日本社會主義運動，反對皇國政府判處日本共産黨最早的創始人之一的幸德秋水死刑……親兄弟倆有着很不相同的思想觀念，映襯出二十世紀上半葉日本社會激烈的動盪和不安。

在遠東軍事法庭判處德富蘇峰後，他的“成簣堂”藏書就移交給了一個叫做“御茶之水圖書館”的藏書處了。

“御茶之水”（お茶の水 Ocyanomizu），這是日本東京都的地名。

東京都的大動脈“中央鐵道”從這裏穿過，日本交通的大樞紐東京站、世界著名的東京大學、居住着當代天皇的日本皇宫、明治時代日本祭祀孔子的大本山湯島等都離這裏不遠，這是一個繁華喧鬧人口流動量極大的地區。但是，這個“御茶之水”的名詞對我們中國人來説，聽起來還真有點不習慣，也覺得十分的奇怪。這是因爲我們還不大理解日本語文中關於“詞”的構成一些原則。一般説來，日本語文中在表達“尊稱”的時候，在作爲實詞的名詞之前，通常要加上“O”（お），“Go”（ご）等的接頭詞，由此擴展到對一些喜歡的對象，例如“飯”、“酒”、“茶”等，也使用類似於尊稱的接頭詞，把“飯”稱爲“Go-han”（ご飯），把“酒”稱爲“O-sake”（お酒），於是，“茶”也便稱爲“O-cya”（お茶）了。日本語中的“O”（お），可以用漢字“御”來表示。由於進入日本語文的漢字，大量地處於一字多音的狀態中，“御”在日語中還可以發聲爲“Mi”等，此處不再贅述。單説這“御茶之水”，其實就是“茶之水”之意，而“茶之水”則就是“茶水”的意思了。在文化史上，地名往往表達歷史的陳迹。在今日繁華的東京，還有叫“洗足池”、“早稲田”、“五反田”這樣的淳樸而古老地名，這裏被稱之爲“御茶之水”，當年一定是“茶寮”林立的鬧市區了。

原來的“御茶之水圖書館”位於中央鐵道“御茶之水站”的東側，但是，今天的讀者已經見不到這個圖書館的原貌和原名了。我在日本訪書中，走遍了“御茶之水”這個地域的東南西北，却始終也没有找到有一個被稱之爲"御茶之水圖書館"的藏書樓。早稻田大學文學部教授田中隆昭(Tanaka-Takaaki)博士爲我多方打聽,終於弄明白了原來"御茶之水圖書館"已經更名爲"婦人之友圖書館"了,成爲日本女性的專門讀書的地方。其實,在此之前,我已幾次經過這個"婦人之友圖書館"了,却從未駐步。任何的想象力都不可能把"漢籍特藏"與"女性之友"連接在一起的。田中教授是著名的《源氏物語》研究專家,長我七歲,爲了協助我察訪日本的漢籍,他背着一個大書包,在六月的烈日下東奔西走。書庫管理方面起初不是很願意接待,有種種的説法。在田中教授的斡旋下,終於答應在我提出書目,並經過他們同意後,可以閲讀,

在這個"婦人之友圖書館"訪書,他們提出了一個我在日本二十年間其他地方讀書從未遇到過的"新要求",即對方提出,由於我出具的書單上全部是"貴重本",因此,從此書離開庫房的一刻起到閲讀結束歸回書庫的期間,必須對出庫的這些書籍向"保險公司"進行"即時保險",所需要的"保險費"當然由我承擔了。我想了想,這不能説人家没有道理,就答應下來了。於是,最終落實了首此觀書的時間。

在一個初夏的上午,我開始第一次"觀書"。依據我的書單,先交納了一天的保險費日圓4840圓,於是被引領進與辦公室連接的閲讀間. 這是一間幾乎只有一個人容量的讀書室,四周用玻璃窗圍着,窗明几净,透明玲瓏。工作人員用精緻的手推車,把我期盼的文獻送進來,並爲我準備了鉛筆。於是,我就開始了讀書。

我在閲覽過程中的任何動作,四周都能察覺纖毫。

中午,我不能離開這裏,因爲我關注着這幾册善本的命運,只能匆匆地到對門的洗手間喝幾口冷水——這是我八十年代初期在北京圖書館練出的本領。我在下午五點結束閲讀。待我乘電梯下樓的時候,我才明白對這些"善本"的"即時保險"是多麽的重要。原來,工作人員竟然與我和其他嘈雜人等一起,推着小車,把我剛剛返回的無價的"善本"裸露地堆放在車上,乘用這公共的電梯下到了地下一層的書庫中。我想,幸虧今天没有歹徒知道我來這兒讀此善本,否則,他只要在電梯上侍侯,……。

第二天,我就繼續着第一天的程序,與安歇在這座大樓地下的來自華夏的典籍繼續晤面。

十三　在真福寺訪"國寶"

佛教自經由中國與朝鮮半島傳入日本之後,自飛鳥奈良時代直至江户時代,中日兩國以佛教爲中心的宗教交流持續不斷,學問僧不斷西渡,取回漢籍文獻甚爲豐厚。特别是自禪宗發達之後,從十二世紀後期至十七世紀初期,在日本文化史上還出現了以佛教寺廟爲文化中心地的"五山文化時代",這是一個經營漢籍傳播極爲發達且成就極爲輝煌的時代,所以,日本的佛教寺廟便成爲收藏中國文獻典籍的巨大的寶庫。

日本佛教寺廟的漢籍特藏,如關東地區的輪王寺、中部地區的真福寺、關西地區的東福寺、石山寺、高山寺、三井寺、萬壽寺等,皆擁有珍典秘籍,其中不乏絶世之寶。但寺門有宗規,不爲外人窺目。近代以來,雖間有披露,然學術界真正能得以睹物過目者則極爲少矣。

蒙日本佛教大學的照應,特别是我的朋友吉田富夫教授(Yoshida-Tomoo\日本佛教大學副校長)的斡旋,更由於丹羽香女士(Niwa-Kaori\日本中央學院大學副教授)和清水茂先生(Shimizu-Shigeru\京都大學名譽教授)的悉心安排,使我得以首先進入日本中部地區的寺廟,經眼秘籍。

在日本的寺廟特藏中,"真福寺本"具有特别重要的價值。早先黎庶昌氏《古逸叢書》中,曾著

録有八世紀時代日本人寫本《漢書・食貨志》一種,並《琱玉集》一種(皆爲殘本),此即係"真福寺本"。二十世紀以來,有兩位日本學者曾經傳遞過關於"真福寺本"的訊息。明治三十八年(1907年),後來成爲日本"近代中國學"奠基者之一的内藤湖南(Naito-Konan),當時作爲新聞記者途經名古屋時,曾經拜訪過真福寺。同年7月28日,他在大阪刊《每日新聞》上以《名古屋的實物》爲題,報導了他在真福寺經眼的古本。儘管文字語焉不詳,但這是首次披露真福寺漢籍珍本的收藏。三十年之後即1935年,東京帝國大學的黑板勝美(Koroita-Katsubi)博士,根據當年内藤氏提供的綫索,對名古屋真福寺的典籍進行了調查。黑板勝美博士報告該寺有日本國寶級典籍三件——即八世紀日人寫本《漢書・食貨志》(殘卷),同時代寫本《琱玉集》(殘卷),唐人寫本《翰林學士詩集》(殘卷)。此外,尚有宋刊本數種,被確認爲"日本重要文化財"。自三十年代黑板勝美博士報告之後,六十年以來,再未見有學者提及"真福寺本",更無有評述者。

我前幾次在日本期間,向朋友打聽真福寺,皆不知其詳。原來,名古屋在第二次世界大戰末期,曾遭受美軍空中轟擊,除車站旁的幾條小巷外,全城幾乎被夷爲平地。我心中有老大的疑惑,這真福寺及其所藏之珍寶典籍,大概已遭兵燹,不禁悲悵。

丹羽香女士幫了我的大忙,經她多方的調查,證實"真福寺"爲真言宗智山派之大本山,屬空海大師一宗。原寺的確已經在1945年的戰火中被毀滅,現今名古屋香火旺盛的"大須觀音",即係該寺之後身。原寺所藏之典籍文獻,現由該寺"寶生院"掌管。經與寺院諸長老協商讀書事項,寺院方面表示,既然是從中國來訪書,又是北京大學的先生,理當同意接待。但是否可以出示國寶,此事尚需持主親自批准,並且需視當日天氣而定,如天冷、陰濕、雨雪等,則皆爲不宜。又寺廟收藏,實係私家性質,故開庫時尚需要付一筆費用。當丹羽香女士把她聯絡的諸事轉告我時,我真是欣喜至極,完全接受寺廟方面提出的這些規約,於是,便約定了觀書的日期。

真是天不助我!前一天還是晴空萬里,當日却是一個雨天。我感到此次試欲經眼珍寶秘籍,似爲奢望了,但若能拜謁寺廟,確認文獻的存在,也是一件有益之舉。

接待我們的是大須觀音寶生院法務執事岡部快晃(俊光\Okabe-Yoshimitsu)法師。我們遞上日本佛教大學的公函,被延領入室。法師和順熱情,在用過抹茶之後,談話即轉入正題。原來,真福寺的漢籍,主要爲十四世紀該寺二代持主信瑜的收藏。如是,則此地的典籍——無論是寫本或是刻本,皆不會晚於元末明初之時。據岡部法師談,真福寺原來建立於岐阜羽島的木曾川與長良川的交會點上,其地名"大洲",亦名"大須"。當時,二代持主信瑜與奈良東大寺東南院法師聖珍交好,聖珍遂將一批唐人寫本與宋人刊本贈予信瑜——此即爲今日之漢籍"國寶"與"重要文化財",最早便藏於岐阜羽島。十七世紀初,德川家康執掌軍政大權之後,分封其子到名古屋,是爲"尾張藩"(今名古屋轄區古稱尾張)。1612年,德川家康下令真福寺遷入尾張——即今漢籍國寶所藏之地。德川家康於1616年還親臨尾張新真福寺,閲讀和漢古文獻,故尾張藩主對真福寺之特藏尤爲重視,多次着人點檢文獻,加蓋官印。這次我所見的多種本子上,皆有"尾張國大須寶生院經藏圖書寺社官府點檢之印"之朱文方印(印約一寸五分五厘見方),首尾又常有"寺社官府再點檢印"之朱文圓印(印直徑約一寸),這些都是當時的大名尾張藩主以官方的名義進行整理的標記。

岡部法師在談話中説:"昭和十年(即指上述1935年黑板勝美博士的調查)東京大學的先生來這裏,説這麽好的文書,一定要造地下室特藏起來。寺院方面聽從東京大學先生的這個提議,造了一個特别的地下室。十年後,美軍轟炸,地面的建築燒盡了,唯獨這些寶籍却在地下無恙。幸虧東京大學的先生啊!今天,中國北京大學的先生專程來敝寺,我想還是看一看原物爲好。"對於末一句話,我懷疑自己是不是聽差了道,可是,丹羽女士已經會心地笑了。

跟隨法師走過曲折的回廊，再换一次鞋，便步入地下通道，幾個轉彎後，便不知道東西南北了。岡部法師用密碼打開了厚約30公分的鋼門，又接通電源，在開啓第二層鐵門後，展現在我們眼前的是一間約50平方米的特藏室。室内中央及正對着入口處的墻旁，皆有一列櫃子。一面墻上懸掛着四張日本文化財審議委員會頒發的“日本國寶證書”。

法師遞給我們白色的工作手套，便從櫃中取出一卷軸，脱去綾緞包袱，我們屏住呼吸，慢慢地展開 —— 這便是舉世無雙的唐人寫本《翰林學士詩集》（殘卷）了。

在我訪書的過程中，岡部法師還熱情地邀我觀看了其他許多文獻。他從横列於中央的櫃子中，拉開一層抽屜，指着説：“這些文書已經幾百年了，但無人來寺廟中整理，先生如果有興趣，我們願意提供條件。”我信手翻來，其中和文文獻居大多數，間有漢文文獻。我爲法師的真誠所感動，我想這“真福寺本”還真是一個尚未開發的寶庫，有待中日兩國的知人學者未來的合作。

待我們重返地面的時候，名古屋已是一片夜色。法師領我進了大殿，一起向觀音菩薩合十致意，感謝菩薩施萬福於我們。分别時，岡部法師表示有機會時，將把我方才看過的文獻做成複本，全部贈送。我在感謝之餘，問起觀書的費用。法師莞爾，説：“先生專程來研究，我們應該提供條件，應該的，的確應該的！”日本語在表現上具有“體面主義”特徵，岡部法師連説了三遍“應該的”，我就完全明白了寺廟的友好的表示了。

雨已經停了，大氣似被洗過的一般，清凉爽快。夜幕中，我們又驅車拜謁了歧阜羽島真福寺舊址——憑弔方才經眼的漢籍國寶從奈良遷入名古屋的三百年前的中轉之地。但見廟宇的廊柱上掛着醒目的白底黑字的牌子，上書：“德川家康因緣，開運㞢大須觀音”。兩側有白幡樹起，上書：“名古屋大須觀音之古裹\大須觀音”。淡淡的月光籠罩着寧静的廟宇，寂静無聲。六百年前，以《翰林學士詩集》爲鎮庫之寶的一批漢典，便儲藏在異國的這座小廟之中。直到六百年後這個冬日的深夜，它的故里才有後人經百般尋訪，專程來此憑弔。我站在廟門之前，久久徘徊，待我返回京都的住所，已是翌日的清晨了。

1999年10月17日和2002年2月22日，我又先後兩次拜訪了名古屋大須觀音和真福寺的舊址 ——歧阜羽島。

十四　在石山寺訪“國寶”

日本的滋賀縣，古稱“近江”，烟波浩森的琵琶湖佔據了它的心臟部位。近江與它周圍的山城，伊賀、大和、伊勢、丹波、攝津和紀伊等地區共同搆成了日本古代文明的摇籃。沿着美麗的琵琶湖的西岸，散佈着成系列狀的古刹巨寺，展示着日本初期佛教的盛勢。石山寺雄居琵琶湖西岸的最南端，位於瀨田川的琵琶湖入口處。當代日本現代化力量的代表——東海道新幹綫便在此越過瀨田川，南北奔馳。静静的瀨田川從石山寺的東大門前流淌過。

據日本鐮倉時代（1190—1330年）創作的《石山寺緣起》的描述，石山寺作爲日本真言宗的寺廟，最初創建於聖武天皇天平勝寶元年（749年）。據説是依據聖武天皇的敕願，爲開採塑造東大寺大佛所需要的“黄金”，遂由高僧良弁將天皇的“念持佛金銅如意輪觀音像”安置於此地的石山，成爲“石山寺”最初的起源。九世紀時代，以空海的弟子聖寶入寺作爲契機，該寺成爲日本真言宗的寺廟，排列爲西國三十三所朝山者領取護身符佛堂的第十三號場所。

對現今大多數具備日本文化史的日本國民來説，“石山寺”吸引他們的，首先是數量衆多的作爲“日本國寶”和“日本重要文化財”的寺廟的建築，例如，作爲“日本國寶”的“本堂”和“多重塔”；

作爲“日本重要文化財”的“東大門”、“鐘樓”、“寶篋印塔”和“袈裟襷文銅鐸”。寺内還有十尊佛像雕塑也被列爲“日本重要文化財”：

(銅造)觀世音菩薩立像:白鳳時代(七世紀)造,像高56.2cm
(銅造)釋迦如來坐像:奈良時代造,像高14.0cm
(木造)大日如來坐像:平安時代前期造,像高96.5cm
(木造)維摩居士坐像:平安時代前期造,像高94.0cm
(木造)毗沙門天立像:平安時代前期造,像高203,0cm
(木造)不動明王坐像:平安時代中期造,像高85.0cm
(木造)毗沙門天立像:平安時代後期造,像高295.0cm
(木造)如意輪觀音半跏像:平安時代後期造,像高60.5cm
(木造)大日(金剛界)坐像:鎌倉時代造。像高101.7cm
(塑像)淳祐内供坐像:室町時代造,像高79.0cm

這真是一所藝術的寶庫！它展示了在特定的時空中日本佛教藝術所具有的獨特的美感神韵,使人的神思伸向悠遠的歷史和閃爍不定的未來……

其中,作爲“日本國寶”的石山寺本堂,據説是十世紀末和十一世紀初期著名的女作家紫式部創作《源氏物語》的場所,被稱爲“紫式部源氏之間”而保存至今。《源氏物語》是世界文學史上第一部寫實主義長篇小説,它以五十四卷的宏大篇幅,展現了王朝貴族的生存形式,透過權力的爭鬥和情愛的糾葛,多角度地顯現了對人性的思索,千餘年來一直震動着日本國民的心靈。石山寺本堂作爲女作家創作這部小説的場所,可以想見當時女作家在創作這部小説時的心境.現在,這裏幾乎成爲遊覽本寺的所有人士的首瞻之地,大家在讚嘆這位蓋世女作家的才華的同時,到底會有多少人能够體味到她内心的“物哀”、寧静,而又起伏迭宕的情感呢!

還有,作爲“日本重要文化財”的“淳祐内供坐像”,是爲紀念平安時代石山寺高僧淳祐(890—953年)而在中世紀雕塑的坐像。我之所以注意到淳祐,是因爲他是平安時代前期日本文化史上最具名望的漢文學家菅原道真(845—903年)的嫡派孫子。菅原道真是日本“漢文學”發展中從“讚頌天皇聖德”走向“應物斯感”的橋樑,是接受中國白居易文學而創導日本“白體詩”的旗幟,成爲平安時代“漢文學”的基石。菅原道真也是這一時期重要的政治家,他得到宇多天皇的信任,在鵜醐天皇時代更參與内廷機要,在政治鬥争中最後被左遷到九州任“太宰權帥”。身後靈魂被尊崇爲“神”而坐鎮各地的“天滿宫”。出身於濃厚的“漢文化”氣氛家庭的淳祐,竟然離家而以僧人觀賢爲師,與中國“儒學”相背離,而他長大的時候,恰是他的祖父被陞格爲“神”而享祀“神社”的時候,他却遁入佛門,並被佛家後世景仰而永年坐鎮廟宇。祖孫兩代的信仰和後人的評價,内含着極爲豐富的日本文化的特徵而使人回味。據説,淳祐曾經陪同他的老師觀賢登高野山,拜謁空海大師。入參之時,淳祐手摸空海的膝蓋而頓覺兩手香氣滿握,一生未能消除。當淳祐回返石山寺,手録佛學經典六十卷時,經卷頁面竟然香氣四溢。世稱此六十卷經文爲“薰聖教”,至今保存在石山寺,已被確認爲“日本國寶”。

石山寺的寶物中,除了這樣一些宗教的建築記載着歷史的蹤迹之外,它還收藏着爲數不少的“聖教典籍”和“外典文獻”,它們在人類文化史上閃爍着的時代的光芒也一直到當今。

目前石山寺藏典籍文獻被日本文化財保護委員會列入作爲“國家級”保護對象的多達二十二

種，其中有“日本國寶”九種：

(1)《玉篇》中國唐人寫本(殘卷一卷)；

(2)《釋摩訶衍論》中國唐人寫本(五帖)；

(3)《史記》日本奈良時代人寫本(殘本二卷)；

(4)《漢書》日本奈良時代人寫本(殘本二卷)；

(5)《春秋經傳集解》日本平安時代初期人寫本(殘本二卷)；

(6)《延曆交替式》日本平安時代初期人寫本(一卷)；

(7)《淳祐内供筆聖教》(又名《薰聖教》)日本平安時代人寫本(六十卷)；

(8)《越中國官倉納穀交替記》日本平安時代寫本(殘本一卷)；

(9)《周防國玖珂鄉延喜八年戶籍》日本平安時代寫本(殘本一卷)；

此外，還有“日本重要文化財”十三種：

(1)《一切經》日本奈良一室町時代人寫本(四千六百四十四卷)；

(2)《十誦律》日本奈良時代人寫本(殘本一卷)；

(3)《佛説凈業障經》日本奈良時代人寫本(殘本一卷)；

(4)《説一切有部俱舍論》日本奈良時代人寫本(殘本一卷)；

(5)《大般若經音義》日本平安時期初期人寫本(殘本一卷)；

(6)《不空三藏表制集》日本平安時期初期人寫本(殘本一卷)；

(7)《法華玄贊義決》日本平安時期初期人寫本(殘本一卷)；

(8)《法華義疏》日本平安時期後期人寫本(七卷)；

(9)《叡山大師傳》日本平安時期後期人寫本(一卷)；

(10)《智证大師傳》日本平安時期後期人寫本(一卷)；

(11)《俱舍論記》日本十一世紀院政時代人寫本(五十七卷)；

(12)《行歷抄》日本鐮倉時代初期人寫本(一卷)；

(13)《本朝文粹》日本鐮倉時代初期人寫本(殘本一卷)；

石山寺還藏有美術品多件，其中有三幅已經被日本文化財保護委員會確認爲“日本重要文化財”：

(1)(絹本着色)《佛涅槃圖》一幅，鐮倉時期作品。縱283.4cm，横297.2cm。

(2)(紙本着色)《石山寺緣起》一幅，鐮倉時期作品，間有室町，江户時期所繪，七卷三十三段。

(3)(絹本着色)《不動明王二童子圖》一幅，室町時期作品。

十五　在東福寺訪“國寶”

在佛教廟宇林立的京都，東福寺在此佛學叢林中具有特殊的文化地位。

1974年秋天，朋友引領我走訪宇治市的萬福寺，京都市的東福寺、泉涌寺，還有奈良的藥師寺和唐招提寺等，因爲是第一次進入日本的寺廟，説“拜謁”也好，説“參觀”也好，只是有一種新鮮肅穆的感覺，没有其他的體味。後來，在我研討“東亞文化關係史”和“漢籍在日本流佈的軌迹”等課題，逐漸地積累了關於日本寺廟的知識，才知道當年朋友們引領我們參觀的苦心。其中，東福寺在漢籍東傳中的地位，隨着我的知識的增長而被納入追訪的視野之中。

原來，在中世紀中國宋學和禪宗東傳日本的過程中，1257年(宋理宗寶祐五年，即日本後深草天皇建長九年）在京都最明殿寺主持日本第一個禪林宋學講筵的圓爾辯圓，就是東福寺的開山。圓爾辯圓於 1235 年 35 歲時到中國求學，在中國兼學天台宗、密宗和禪宗三宗，在杭州受教於禪宗大師無準師範（佛鑒禪師）。1241 年歸國時候携帶經論章疏 2100 餘卷，其中，1200 餘卷爲佛學漢文著作，919 卷爲非佛學外典漢籍。

在圓爾辯圓留學中國期間，日本四條天皇嘉禎二年（1236 年）當時權勢炙手的攝政大臣九條道家（藤原道家）欲在京都營造一座大寺，他取當時位於奈良的規模最大的寺廟東大寺的第一字"東"，又取也在奈良的當時香火最爲旺盛的寺廟興福寺的第二個字"福"，連綴而名"東福"以命名該寺爲"東福寺"。東福寺的興建歷時十九年，到後深草天皇建長七年（1255 年）完工。期間恰好圓爾辯圓從中國學法歸來，九條道家即以這位"海歸僧士"領銜東福寺。

作爲東福寺的開山，圓爾辯圓便把從中國携回的典籍全部存放在東福寺的"普門院"中。一百一十年後，即到了 1353 年，東福寺的第二十八代主持大道一以清點師祖從中國携歸的大宗典籍，在儲存地中竟然完存，於是便編纂了《普門院經論章疏語録儒書等目録》。從文獻學的立場上説，這批典籍無疑全部是宋與宋之前的寫本或刻刊本，在文化史上價值無窮。

現在，假如以鐵道京都站爲中心，東福寺則在它的東南方向上。沿着熱鬧的河原町通一直南行，到東九條河西町，坐落在大街西側有一座名"萬壽寺"的廟宇。此廟雖然不大，但也是中世紀時代日本"京都五山"之一。從此寺廟對面的橫街往東前行，大約過三個街口，就到了著名的東福寺。當然也可以在鐵道京都站乘坐"奈良本綫"南行，第一站就直接到"東福寺站"。這一地區佛教氣氛凝重，寺廟林立。若從東福寺道繼續上行，則到了泉涌寺；若往北行，則有三十三間房、智積院、方廣寺；若往東北走，則就是清水寺了……。東福寺是臨濟宗的東福寺派的大本山，在中世紀京都五山系統中排行四位。

東福寺不只是一座殿堂，而是一組佔地闊大、屋宇輝煌的庭院建築群。雄偉的毗羅寶殿，寂静的禪堂，内具佛的想象力的八角圓堂，震懾信徒們心靈的仁王門、六波羅門、月下門……這些建築都已經被列爲日本國家的"重要文化財"。很有意思的是建築群中有一座"百雪隱"，一般人難以明白它的功用，原來却是人人需要使用的"東司"，文雅語稱"洗手間"，民間稱爲"厠所"的，也已經被列爲"日本重要文化財"了。

由圓爾辯圓携回的這 2100 餘卷漢文典籍，其中雖然有一些已經流傳出去，但是，東福寺仍然保藏其大宗的收藏。"普門院"的文籍仍然不對外人開放，我盡自己的所能，收尋到了至今典藏於此的若干文本。

我在秋日的陽光下漫步在這神聖的宗教之地，尋訪歷經八百年而至今仍然静静地留存在這裏的漢籍文獻。高聳的銀杏樹、黄蘆樹，樹葉有的微黄，有的仍然是墨緑，也有的透出紅色了，而草坪却依然是葱葱如緑色的地毯。我呼吸着這裏清澈的空氣，數次入殿，徘徊再四，來自華夏大地的典籍與日本的文明史混融爲一，也與我的來訪息息相通。

十六　在日光輪王寺"天海藏"訪國寶

日本的日光山的"天海藏"是十七世紀中期以日光山的輪王寺爲依託，以天海大僧正爲中心建立起來的一座藏書樓。它是目前已知的收集漢籍外典，特别是明人明版小説甚爲豐富的日本寺廟特藏。這座門庭幽深的佛家藏書樓，不啻對於外國人，就是對於它本國的學者來説，至今大概亦還是一個謎。

日光是日本關東地區著名的風景覽勝之地。十七世紀初，即慶長年間（1596—1614 年）末期，江户幕府第一代大將軍德川家康，將日光賜予慈眼大師爲領地。公元 1616 年，德川家康去世，其靈柩於翌年安置於清水久能山，建立"久能山東照宫"，在日光同樣建立"日光東照宫"，共同祭祀他的亡魂。所以，景色旖旎的日光，潛藏着挾天皇以令天下的霸王之氣。

慈眼大師（？—1643 年），即爲天海大僧正，幼名龜王丸，法號南光坊，智樂院，爲天台宗大師。現今"天海藏"典籍中，有墨書"筆者龜書之特"等語者，即係天海大僧正年輕時讀書的手記。日本後陽成天皇文禄年間（1592—1595 年），龜王丸曾就讀於足利學校。足利學校自中世紀以來，是日本"漢學"的中心之一。龜王丸在這裏經受了良好的漢文化教養，爲他以後在宗教界、政治界和學術界的活動，奠定了相當有意義的漢文化造詣的基礎。在主持日光山之前，他曾在關西的比睿山，三井寺、興福寺等修行。後陽成天皇慶長年間（1596—1614 年），他充任德川家康幕僚，信任益厚，故有敕賜日光山爲其領地之舉。天海大僧正居於日光山的輪王寺，屬日本佛教宗派中的天台宗。大僧正於 1643 年圓寂，當時安葬於日光東照宫之側的大黑山的輪王寺廟所，顯示永遠厮守幕府大將軍德川家康的亡魂。據説出喪的行列甚爲可觀，朝廷委派堀田正綱爲使節，著名的玉繩藩主松平正綱（1576—1648）擔任總指揮，有僧俗一千餘人參加喪葬。隊伍從江户出發，經上野長樂寺、下野春日岡、鹿沼藥王寺等，到達日光山。其豪華顯貴真如當年德川家康的出殯儀式。

1647 年（正保四年）十二月後光明天皇敕賜天海大僧正爲"大師"，翌年（慶安元年）四月，正式敕賜"慈眼大師"名號，於輪王寺廟堂中建"慈眼堂"，設爲大僧正祭祀之所，並爲遺書收藏之處。在日本佛教史上，天台宗諸僧侶中曾經被敕賜過三位"大師"，此即敕賜最澄（767－822 年）爲"傳教大師"，敕賜圓仁（794－864 年）爲"慈覺大師"，敕賜良源（912－985 年）爲"慈惠大師"。此次天皇敕賜天海大僧正爲"慈眼大師"，實爲是經歷了六百年後的重大典禮。作爲紀念天海大僧正而設立的"慈眼堂"，其布設的區域與東照宫很類似，即不僅僅在日光輪王寺設立本堂，而且在天台宗的本山坂本比睿山和東睿山，也設有"慈眼堂"。於中可以體味慈眼大師當年的顯赫。

從日本文化史上説，慈眼大師是典型的"神佛合習"的宗教家。在神道教信仰方面，他倡導"山王一實神道"，撰著《東照大權現緣起》三卷，神化德川家康，把德川家康作爲"東照大權現"而祭祀。此本《東照大權現緣起》爲"真名本漢文體"（這是一種使用漢字作爲日本語的記音符號，又使用漢文語法表述意義的混用寫作，非具備極深的日本文化和漢文文化者所不能爲），原書今存日光東照宫，已被日本國家文化財保護委員會認定爲"重要文化財"。在佛教信仰方面，他作爲天台宗宗門，藉助德川家光（德川氏政權第三代）的力量，刻板刊印《一切經》。這是一個偉大的印刷工程，從明正天皇寬永十四年（1637 年）三月十七日開版，到後光明天皇慶安元年（1648 年）三月十日完工，經歷了十一年缺七天的時間，刻板刊印六千餘卷佛典，日本佛教史上稱之爲《天海版一切經》。這是日本文化史上第一次刻刊《一切經》，其中一部分使用木活字，一部分使用版刻。雖然大藏完工之時，慈眼大師已經去世，但他所倡導的這一刻經事業，不僅在日本佛教史上，而且在日本文化史上，都是具有劃時代的意義的。（《天海版一切經》的活字和經文，數百年來已經散落各處，如日本寬永寺今藏有《般若心經》的木活字組版，川越市博物館今藏有《仁王般若經》經文，已被認定爲日本重要文化財等。）

所謂"天海藏"，就是指以天海大僧正的名義，在他圓寂之後，收儲於輪王寺慈眼堂——即大僧正靈堂内的内外典的遺籍。如果考察這批典籍的來源，其渠道大致有四：第一爲天海大僧正讀過的典籍；第二爲天海大僧正手寫的典籍；第三爲山門各坊的捐贈本；第四爲朝廷公卿大臣的捐贈本。所藏的典籍就其數量而言，當以内典居多，如奈良時代後期寫本《大般若涅槃經集解》，即已被認定爲“日本國寶”了。

近百年來,“天海藏”在讀書界造成了一個謎。一方面它絶少讓方外之人涉足於其間,一方面它又不時地透露出儲藏有若干極具價值的珍寶典籍。我國學術界得以知“天海藏”者,則首推上個世紀四十年代初王古魯先生之報導。王先生報導他與日本的中國學家豐田穰氏,曾於1941年訪書於該寺之慈眼堂。此時正值日本侵華和我國抗日戰争激烈年代,其後又有三十年間中日兩國没有邦交。故而自王先生後,便不復聞有國人再次涉足之事。雖然如此,“慈眼堂”一名,則爲文獻書志學家所注目。

二十世紀八十年代中期我曾在日本國立京都大學人文科學研究所任客座教授之職,曾就“輪王寺”、“天海藏”、“慈眼堂”諸事請教過當時任職東京大學東洋文化研究所所長的尾上兼英(Onoe-Kanehide)教授。尾上兼英教授曾經作爲日本已故的書志學權威長澤規矩也(Nagasawa-kikuya)先生的學術助理,進入過“輪王寺慈眼堂”。尾上先生説,當年,慈眼堂曾經邀請長澤規矩也教授整理他們那裏的藏書,尾上先生作爲長澤先生的助手,有機會目睹其間的珍寶秘藏。後來因爲長澤規矩也先生故世了,所以,他也被拒於法庫大門之外了。筆者聽來瞠目結舌,於是便打消了試圖造訪輪王寺的奢侈願望。此後至今的二十年間,筆者三十餘回訪問日本,多次造訪日光山,徘徊於輪王寺廟門前。仰觀山色之秀麗,體味廟堂之威嚴。托我佛祖之光,三番幾次,終於目睹了日光輪王寺的漢籍珍藏,並大致理清了“天海藏”漢籍的概貌,體味了它的價值,算是了却了心頭多年的宿願。

原來,“天海藏”的漢籍,就其内容來説,大致可以一分爲五:

第一爲外界傳聞最多的近古小説;

第二爲明人文集;

第三爲佛教山門外的其他宗教文獻;

第四爲儒學的一般經典;

第五爲小學類典籍。

在這些典籍中,就刊本而言,則以明本居多,間有宋元刊本,寫本以十三世紀至十七世紀爲多。“天海藏”漢籍藏本如此這般的内容搆成,正是些微而生動地反映了十七世紀前後日本饒有趣味的文化現象。

“天海藏”是一座幽深的文庫,筆者承蒙友人的協助,僅是從一角窺視了其中的若干的典籍。這座具有三百餘年歷史的釋門法庫,與他的所在地日光一樣,光環照人却又撲朔迷離。當前,日本舉國上下主張以開放的姿態,迎接二十一世紀不可阻擋的國際化趨勢,期待着“天海藏”也一定會將它的全部的珍典秘籍,展現於關心它的讀者面前的。

後　記

嚴紹璗

當我終於結束了《日藏漢籍善本書録》的案頭工作時，面對東窗外微微的晨曦，二十年的感慨集於胸中，滙成無可名狀的心態。

1974 年當我在日本初次萌生追蹤彼地所藏漢籍時，還是一個三十三歲的毛頭後生；1985 年我開始在日本京都大學任上啟動自己的計劃時，是四十四歲的中年人；當本書稿完成而付梓的時刻，我已經年近六十五了。《鹽鐵論》的《教養》中説“七十曰耄”，自己在匆匆忙忙之間不意竟然開始走向耄耋之期了，真是有點不敢想象卻是如此地真實。当年有友人说我笑话：“你這部書做好了，可以提陞副教授了。”1985 年，這部書剛剛啟動我卻已經成了副教授。友人繼續祝福説：“你這部書做好了，可以提陞教授了。”1990 年，這部書没有做好我卻成了教授了。友人又繼續祝福説：“你這部書做好了，可以成為博士導師了。”1994 年我成为“博士導師”了，這部書還沒有做好。友人想不出我還能“陞”點什麼了，他問我：“你還做這部書幹什麼？”我想了想説：“我想讓它成為我的墓誌銘吧！”是的，二十年的生涯，不敢有多大的誇張，但好像進行在地獄的通道中，它凝聚着我的理念和勞作，多少有點“涅槃”的感覺。

我懷着真誠之心，感謝在本書稿啟動與成型過程中給過我支持的所有的國内和國外的先輩、導師、朋友和我的親人。不管他們任職何方，不管他們的意識形態有什麼差異，他們以自己的真誠成就着一個中國學者在學術上的執着的追求。

當本計劃開始實施以来，數十年間我常常憶起魏建功教授、楊晦教授等對我的殷殷囑託。原來，當 1964 年我在北京大學畢業，準備投身中國科學院哲學社會科學學部張政烺先生門下讀研究生時，魏建功教授和楊晦教授決意把我留在北大從事整理 1949 年前“燕京—哈佛學社”留存的資料。當時，魏先生是北京大學的副校長兼任中文系古典文獻專業主任，楊先生是中文系的系主任。我聽從二老的決定，開始在聶崇岐先生的指導下翻閱塵封在北大才齋（“文化大革命”中改名為“红二楼”）頂層的積滿塵埃的“燕京—哈佛學社”的資料。还在 1960 年的时候，魏先生就對我説過：“你學好了英文，你再去學習日文吧！日本人搞了我們很多的東西，一定要有人去翻動他們（的研究），看看他們到底做了些什麽，不要被他們笑話了我們！”或許，這是我日後從事“日本中國學（漢學）”研究的最早的萌芽。到了 1964 年的夏天，魏老又對我說：“燕京一哈佛學社是美國在中國的主要的文化研究機構,他們現在撤退到日本和美國本土了,現在有幾位老先生還健在,你要弄清楚他們到底做了什麼和怎麼做的。"这样,我就留在了北大。

這大概便是我最早開始的對"國際中國學(漢學)"的摸索。儘管不久就因為直接主管這件事的國務院副秘書長齊燕銘先生被認定為"修正主義分子"而叫停了,但我由此而在朦朧中開始了對"國際中國學(漢學)"的注目。在"文化大革命"的艱難日子裏,1971 年的 7 月,我從江西的"五七幹部學校"返回北大 。当时还頂着"反革命修正主义"帽子的楊晦先生對我説:"你那個日文,可不能丢了。現在還能行嗎?"還對我説道:"你那個日文不要丢,還應該把英文撿起來,有空你要學點法文、德文。你不要看現在用不着,將來是一定會有用的。外文這個東西,用時方知少啊!你還要讀點馬恩的書,看原著最好呀!"我望着他瘦小的身軀,卻感到他體内的生命之火,正噴發出無比的力量!作為一個他們教導長大的後輩,怎能忘記他們對自己的發自内心的期待和對祖國的忠誠啊!(請參看《青春的北大》,北京大學出版社刊,1998 年版)

二十年間我在日本的追蹤調研和在國内的整理編纂,時時感到周圍有許多真情的期待和支持。陰法魯教授是繼魏先生在"文革"後出任古典文獻專業主任的,在陰先生患病之前即最初的十年間,他不僅常常詢問我進展的狀態,而且,他作為我國傑出的音樂史家,在藝術文獻方面多次提示我在日本應該追蹤什麼樣的文獻,指示我它們可能流落在日本的什麼地方,成為我最初的入門嚮導之一。當時正擔任北京大學中文系常務副系主任、後來成為北京大學社會科學處負責人的向景潔先生,爲我籌劃可能申請到的經費,當我第一次得到 300 元人民幣的學術經費時,感激之情由衷而起。今天看來這點錢是很小的數目,但它實在傾注着一位學術領導人的關愛之心,我就是因為有了這點錢才使用上了當時剛剛出現不久的複印機等現代設備的。

我特別要感謝我的内人鄧岳芬女士,她作為北京大學生命科學院的教授,與我的學業雖然天壤有別,但她一直以理解、寬容和期待,成就着我的學業。她承擔着全部的家務,以支援我的生命運行;她避免在各種問題上与我爭論,以保證我情緒的平和穩定;她甚至幫助我鈔録與她的生命科學毫無關係因此事實上也是看不明白的卡片,以減少我的勞苦。我由此而有了一個可靠的基地而得以推進自己的學業。

二十年來,我有機會先後在日本国立京都大學、佛教大學、宮城学院女子大學、日本文部省國際日本文化研究中心和日本文部科学省 National Institute of Japanese Literature 等擔任客座教授,其中,京都大學和宮城女子大學對本項目都曾直接給予了經費的支援,國際日本文化研究中心作爲文部省的機構,也提供了購書的費用,佛教大學爲我在寺廟中進行相關的調查創造了便利的條件,日本文部科学省 National Institute of Japanese Literature 更直接提供了大量阅读的便利。二十年間,還因爲我從事中日文化與文學關係研究的緣故,往來於中國和日本之間的出差有三十餘回。有許多的日本朋友包括許多學界的前輩,如已故的貝塚茂樹、小川環樹、島田虔次、羽田明、大庭修、宫崎市定、井上清、田中隆昭；健在的米山寅太郎、伊藤漱平、尾崎康、丸山昇、清水茂、尾上兼英、竹内实、高橋均、伊藤正文、狹間直樹、福永光司、吉田富夫、興膳宏、山田敬三、中島長文、金子和正、塚本照和、村田裕子（長井裕子）、丹羽香等各位，他們作爲活躍在“日本中國學”前沿的学者，在自身學術研究的百忙之中，對我的工作給予了鼎力的支援。1985 年夏天我第一次到日本皇宫的宫內廳讀書，是東京外國語大學名譽教授高橋均先生為之周旋和安排的，八月酷暑，讀書處沒有空調，大家汗流浹背而高橋均先生數天中始終陪伴着我。數年後也是高橋均先生陪我與尊經閣文庫聯繫而得以首次觀書。早稻田大學名譽教授田中隆昭先生協助我費了許多的周折，天天背着個偌大的書包，東奔西走，終於打聽到了原德富蘇峰的成簣堂藏書，經“御茶之水圖書館”而變成了“婦人之友圖書館”，终于实现了我的宿愿。為尋找原日本真福寺藏唐人寫本《翰林學士詩集》（日本國寶），我費盡工夫而不知其下落，因為這座真福寺已經在 1945 年盟軍對名古屋的轟炸中，被美國的炸彈夷為平地了。日本中央學院大學副教授丹羽香女士，在歧阜縣和愛知縣反復調查，終於找到了原真福寺古本的下落——他們現在正沉睡在名古屋大須觀音的地下室中，又由日本佛教大學副校長吉田富夫教授出具介紹，而得以經眼此珍本。特別使我難忘的是追尋內藤湖南生前的遺寶《説文解字》唐人寫本的“木部”六葉殘本，在關西地區數處相關地方反復核查而不見蹤影，消息傳到京都大學名譽教授、日本學士院會員（院士）島田虔次老先生處，他特地打電話給我，説“嚴先生查看這些材料，可以到杏雨書屋看一看”。但當我請教“杏雨書屋”時，京都大學的不少教授也不知道它在何方。京都大學人文科學研究所小南一郎教授查明了這一書屋的底細，告訴我這是日本武田科學財團在大阪的一個製藥工廠的藏書室，他們希望有一位有相當名氣的人士介紹才能引领入室。小南先生説：“我建議請貝塚茂樹先生引見吧！”對我來説，“貝塚茂樹”是當代日本學術史上仰之彌高的“重大存在”了，不知道是否能夠實現。但當小南一郎先生與之聯繫時，貝塚先生立即允諾，並且説：“中國的學者到杏雨書屋觀書，那是當然的！”小南又引領我拜見了貝塚老先生。他與我親切交談後，給杏雨書屋主人羽田明教授寫了言辭誠懇的推薦信。當年，貝塚茂樹先生已經八十高齡，我是四十六歲的後輩。羽田明教授是著名的東西文化關係史學家，他接信後就請工作人員與我約定日期。著名的中國近代史學家狹間直樹教授陪同我前往杏雨書屋。開初，工作人員因為捨不得原本，只是出示照片。當日下午羽田明先生趕到書屋與我見面，問我“先生為何不看原本？”我才讀到了這件稀世珍寶，成為它流落到日本後第一個見到它的中國人！（請參看《日藏汉籍珍本追蹤纪实》，上海古籍出版社刊，2005 年版）

正是在這樣的意義上可以説，我的這一學業本身就體現了中日兩國的學者，在新的歷史條件下的理解與合作，成爲中日文化交流的新的內容。

当然，二十年間，我在日本和国内也曾經遇到過打着“（中日）日中友好合作”的幌子下進行騙術的所謂的“關心人士”和“友好人士”。但事情既然已經過去，騙局也已經被識破，也就不必再提到他們，只是作為生存的教訓，提醒自己認識世界的複雜性而已。

當本書即將掩卷之時，我要再一次向中華書局的五任歷史編輯室的主任表達深深的謝忱。本項目是在謝方先生任主任期間首次落實的，他對我說："你抓到了一個非常有意義的題目，好好地做，儘量要快，有難處找我吧。"謝方先生给我服了"定心丸"。到了魏連科先生的時代，他對我說："你盡力地做，不要急。這是個傳世的項目，别人沒法做，只有你能做，要做就做好，好是急不得的。"魏連科先生堅持"質量第一"的原則，體現了出版社的學術品格。本書稿的大部分内容是在張忱石先生擔任歷史編輯室主任期間成稿的。忱石兄對我在日本進行的調查給予了充分的關心。1994 年初夏，他因爲參加《日本學者研究中國史論著選譯》的發行典禮而到達日本京都，於百忙之中還專程聽取我關於《書録》的近期進展情況的報告並給予多方指點。當本書稿在 1998 年 12 月完成初稿之際，恰是李解民先生出任歷史編輯室主任之時。解民兄爲本《書録》的出版公刊，又提供了充分的支援。本書稿的补充修正和最後的審定，是經由主任馮寶志先生完成的。我有許多雜事麻煩着他，而他件件處理良好，並為出版事項做了細緻的籌劃。他們的任期各有短長，風格各不一樣，但是，他們對事業的忠誠卻始終如一。還有一件令我不能忘懷的必須要提到的屬於中華書局的事，是 2002 年為紀念中華書局成立 90 周年在北京人民大會堂舉行會議，鄧經元先生已經多年抱病，坐着輪椅來參加紀念會。在會前全國人大副委員長許嘉璐先生接見的大會客室裏，鄧先生用力地把輪椅轉到我的面前，拉着我的手，用有點僵硬的語調問我："你那部書怎麼樣了，現在有規模了吧！"面對這樣的場景，我一時間感到語塞。鄧經元先生和我已經有快十年不見面了，他離開中華書局的領導崗位也已經多年，在自己身體抱病不能行走的狀態中，竟然在大庭廣衆之中，記得將近二十年前對一個著者的承諾，這種對學術的忠誠，顯示了鄧經元先生，也顯示了中華書局的真精神！

事實上，中華書局方面我要感謝的先生是很多的，像陳抗先生、梁運華先生、沈锡麟先生和熊國禎先生等，他們也都爲《書録》的調查、編輯和出版，盡了很多的力。我對二十年來執行本書責任編輯的崔文印先生更有莫名的感激和謝忱。當年本項目確立之時，他們都是年富力強的學術精英，而當本書稿刊印之日，他們都已經退職退休，我心裏感到無比的惆悵。

2004 年 11 月，我接到國家新聞出版總署前副署長、現任中國國家出版集團總裁楊牧之先生的電話，他在問候中特別提到《日藏漢籍善本書録》這部書。他說："紹盪兄，這是部很有意義很有價值的書，聽說已經做到了尾聲了，在你身體允許的條件下，讓它早日貢獻於出版界和學術界吧！"2005 年 3 月末的一天，北京大學文科主管校長吳志攀教授在看到本書稿第二次清樣時對我說："你現在集中精力把這麼大的這部書做好。做這樣的書太不容易了。研究所所長有許多雜務，你找個博士做你的所长助理，由我來交代他做什麼。"

此時,我不禁憶起了郭沫若先生著名的《鳳凰涅槃》。鳳凰在烈火中迎來了新生。我當然不敢以此自喻。但我確實在地獄的通道中,看到前方的光亮,看到有那麼多的朋友和親人在幫助我經由煉獄而迎接成功。

我僅以此書作為花圈,獻給在二十餘年間幫助過我而現在已經離開這個世界的所有的朋友!祝願你們在天國愉快!

我僅以此書作為花束,獻給在二十餘年間幫助過我而現在仍然在用自己無私的品格展現着人生價值的朋友!祝願你們在現實世界更加愉快和成功!

我僅以此書作為自己未來的墓誌銘,因為它凝聚著我一生追求的最基本的學術理念和維護着的最基本的學術的尊嚴!

我相信凡是使用本《書録》的朋友,或查檢、或閱讀,一定都是為着某種學術的需要和學術的興趣,但願它能為你的需要提供幫助,也期望你能發現問題而提陞編著者的學術水平和學術修養。正是在这样的意义上,我僅以此書作為自己良心的物化形式,獻給一切在學術上共同奮進的朋友!

2005年7月仲夏之日撰於京郊北京大學藍旗營跬步齋

書名索引（附書名首字音序檢字表）

説　明

一、本索引爲檢索本書著錄的書目而編製，以書名首字的筆畫和筆順進行檢索。

二、凡本書著録書目的首字爲"刻"、"刊"、"鐫（鎸）"、"鍥"、"鋟""雕（彫）"者，或首二字爲"新刻（刊、鐫、鍥、鋟、雕）"、"重刻（刊、鐫、鍥、鋟、雕）"、"鼎刻（鐫、鍥、鋟、雕）"者，不列爲被檢索字。

例 1：　（刻）杜少陵先生詩分類集注
應檢索：　杜少陵先生詩分類集注

三、本書著録各書的主體書目、又稱、並列書目、可獨立的附列書目，一般均另列檢索條目，以便檢索。

例 2：　（朱子）易學啓蒙
可檢索：　朱子易學啓蒙
　　易學啓蒙

例 3：　巡方規吏十要（察吏安民約章）　附禁浙敝風條約十四款
可檢索：　巡方規吏十要（察吏安民約章）　附禁浙敝風條約十四款
　　察吏安民約章
　　禁浙敝風條約十四款

四、本索引附有音序檢字表，可按讀音檢索書目首字的筆畫數及前二筆畫，以及在本索引的頁數和左右欄。

如查"豹"字，可在《書名首字音序檢字表》"B"下檢到：　豹　10 畫丿丶……2265 右
表示"豹"字爲 10 筆，前二筆畫爲丿丶，以"豹"爲首字的書目在本索引 2265 頁右欄。據此即可查到要查找的書目。

書名首字音序檢字表

D

E

F

G

K

L

Y

書名索引

1 畫

2 畫 一

2　畫　丨

2　畫　丿

2 畫 乛

3 畫 一

3畫　丨

3 畫 丿

3 畫 乛

4 畫 一一

4 畫　一丨

4　畫　一丿

4 畫 一乛

4 畫 丨一

4 畫 丨丿

4 畫 丨乛

4 畫　丿一

4　畫　丿丨

4　畫　丿丿

4　畫　丿丶

4 畫 丿乛

4 畫 丶一

4　畫　丶丿

4　畫　丶乛

4　畫　乛一

4畫　乛丨

5畫　一一

5 畫 一丨

5 畫　一丿

5 畫 一丶

5畫　丨一

5畫　丨乛

5 畫 丿一

5 畫 丿丨

5 畫 丿乛

5　畫　丶一

5　畫　丶丿

5　畫　丶丶

5　畫　丶乛

5　畫　乛一

5　畫　乛丨

5　畫　乛丶

5　畫　乛乛

6　畫　一一

6　畫　一丨

6 畫　一丿

6畫　一乛

6畫　丨一

6畫　丨乛

6畫　丿一

6畫　丿丨

6畫　丿丿

6 畫　丿丶

6 畫 丿乛

6 畫 丿乛

6 畫 丶一

6 畫 丶丿

6 畫 丶丶

6畫　乛一

6畫　乛丿

6畫　乛乛

7畫　一一

7畫　一丨

7　畫　一丿

7　畫　丨一

7　畫　丨乛

7　畫　丿一

7　畫　丿丨

7　畫　丿丿

7　畫　丿丶

7　畫　丿乛

7 畫　丶一

7 畫　丶丿

7 畫　丶丶

7 畫 丶乛

7 畫 乛一

7 畫 乛丨

7 畫 乛丿

8 畫 一一

8 畫 —丨

8 畫　一丿

8 畫　丨一

8 畫　丨丶

8　畫　｜一

8　畫　丿一

8　畫　丿丨

8　畫　丿丿

8　畫　丿丶

8 畫 丿乛

8畫　丶一

8 畫 丶丿

8 畫 丶丶

8　畫　丶乛

8　畫　乛一

8　畫　乛丨

8 畫　乛丿

9 畫　一一

9 畫 一丨

9　畫　一丿

9　畫　一乛

9　畫　丨一

9　畫　丨丿

9　畫　丨乛

9 畫 丿一

9 畫 丿丨

9　畫　丿丿

9　畫　丿丶

9　畫　丿乛

9　畫　丶一

9　畫　丶丿

9　畫　丶丶

9 畫 丶乛

9 畫 乛一

9 畫 乛丨

9 畫 乛丿

9 畫 乛丶

9 畫 乛乛

10 畫 一一

10 畫 一丨

10 畫　一丿

10　畫　一乛

10　畫　丨一

10　畫　丨乛

10　畫　丿一

10　畫　丿丨

10　畫　丿丿

10　畫　丿丶

10 畫 丿乛

10 畫 丶一

10 畫　丶丿

10 畫 丶丶

10畫　丶冖

10畫　冖一

10畫一丨

10　畫　乛丿

10　畫　乛丶

10　畫　乛乛

11　畫　一一

11　畫　一丨

11 畫 一丿

11畫　一丶

11畫　丨一

11畫　丨丶

11畫　丨乛

11　畫　丿一

11　畫　丿丨

11　畫　丿丿

11　畫　丿丶

11　畫　丿乛

11 畫 丶一

11 畫 丶丿

11 畫 丶丶

11 畫　丶乛

11 畫　乛一

11 畫 一丨

11　畫　乛丿

11　畫　乛丶

11　畫　乛乛

12　畫　一一

12　畫　一丨

12 畫 一丿

12 畫 一丶

12 畫 一乛

12 畫 丨一

12 畫 丨丶

12 畫 丨乛

12 畫 丿一

12 畫　丿丨

12　畫　丿丿

12　畫　丿丶

12　畫　丿乛

12　畫　丶一

12　畫　丶丿

12 畫 丶丶

12 畫 丶乛

12 畫 乛一

12 畫 乛丨

12 畫 乛丿

12 畫 乛丶

12 畫 乛乛

13 畫 一一

13 畫 一丨

13　畫　一丿

13　畫　一丶

13　畫　丨一

13　畫　丨丶

13　畫　丨乛

13 畫 丿一

13 畫 丿丨

13 畫 丿丿

13 畫 丿丶

13　畫　丿乛

13　畫　丶一

13　畫　丶丿

13　畫　丶丶

13 畫 丶乛

13 畫 乛一

13 畫 乛丨

13 畫 乛乛

14 畫 一一

14 畫 一丨

14　畫　一丿

14　畫　丨一

14　畫　丨丨

14　畫　丨乛

14　畫　丿一

14　畫　丿丨

14　畫　丿丿

14　畫　丿丶

14　畫　丿乛

14 畫　丶一

14畫　丶丿

14　畫　丶丶

14　畫　丶乛

14　畫　乛一

14　畫　乛丨

14　畫　乛丶

14　畫　乛乛

15　畫　一一

15　畫　一丨

15　畫　一丿

15　畫　一丶

15　畫　丨一

15　畫　丨丨

15　畫　丨乛

15　畫　丿一

15　畫　丿丨

15 畫 丿丿

15 畫 丿丶

15 畫 丿乛

15 畫 丶一

15　畫　丶丿

15　畫　丶丶

15　畫　乛一

15　畫　乛丿

15　畫　乛丶

15　畫　乛乛

16 畫 一丨

16 畫 一丿

16　畫　丨一

16　畫　丨乛

16　畫　丿一

16　畫　丿丨

16　畫　丿丿

16　畫　丿丶

16 畫 丿乛

16 畫 丶一

16 畫 丶丿

16 畫 丶丶

16　畫　丶乛

16　畫　乛一

16　畫　乛丨

16　畫　乛乛

17　畫　一一

17　畫　一丨

17　畫　一丿

17　畫　一丶

17　畫　丨一

17　畫　丨乛

17　畫　丿一

17　畫　丿丨

17　畫　丿丿

17　畫　丿丶

17　畫　丿乛

17　畫　丶一

17　畫　丶丶

17 畫 丶乛

17 畫 乛一

17 畫 乛乛

18 畫 一一

18 畫 一丨

18 畫 一丿

18　畫　一、

18　畫　丨一

18　畫　丨丨

18　畫　丨乛

18　畫　丿一

18　畫　丿丨

18　畫　丿丶

18　畫　丿乛

18　畫　丶一

18　畫　丶丶

18　畫　丶乛

18　畫　乛一

18　畫　乛乛

19　畫　一丨

19　畫　一丿

19　畫　丨丨

19　畫　丨乛

19　畫　丿丶

19　畫　丿乛

19　畫　丶一

19　畫　丶丿

19　畫　丶丶

19　畫　乛丨

19　畫　乛丿

19　畫　乛乛

20　畫　一丨

20　畫　丨一

20　畫　丨乛

20　畫　丿一

20　畫　丿丨

20　畫　丿丶

20　畫　丿乛

20　畫　丶一

20　畫　丶丶

20　畫　乛乛

21　畫　一一

21　畫　一丨

21　畫　一丶

21　畫　丨乛

21　畫　丿丨

21　畫　丿丶

21　畫　丿乛

21　畫　丶一

21　畫　丶丿

21　畫　丶乛

21　畫　乛一

21　畫　乛乛

22 畫 一丨

22 畫 丨乛

22 畫 丨乛

22 畫 丿丶

22 畫 丿乛

22 畫 丶一

22 畫　丶丶

22 畫　乛一

23 畫　一

23 畫　丨

23 畫　丶

24 畫　一

24 畫 丨

24 畫 丿

24 畫 丶

26 畫

27 畫

28 畫

29 畫

圖書在版編目(CIP)數據

日藏漢籍善本書録/嚴紹璗編著. —北京:中華書局,2007

ISBN 978-7-101-02327-5

Ⅰ. 日…　Ⅱ. 嚴…　Ⅲ. 古籍-善本-圖書目録-中國　Ⅳ. Z838

中國版本圖書館 CIP 數據核字(2006)第 164422 號

書　　名	日藏漢籍善本書録(全三册)
編 著 者	嚴紹璗
書名題簽	啟　功
責任編輯	崔文印
出版發行	中華書局 (北京市豐臺區太平橋西里 38 號　100073) http://www.zhbc.com.cn E-mail:zhbc@zhbc.com.cn
印　　刷	北京市白帆印務有限公司
版　　次	2007 年 3 月北京第 1 版 2007 年 3 月北京第 1 次印刷
規　　格	開本 880×1230 毫米　1/16 印張 157¼　插頁 10
印　　數	1-2000 册
國際書號	ISBN 978-7-101-02327-5
定　　價	580.00 元